Kommentar

zum Gesetz betreffend

die Gesellschaften mit beschränkter Haftung

(früher Staub-Hachenburg).

Fünfte Auflage

unter Mitarbeit von

Dr. Fritz Bing,
Rechtsanwalt
in Mannheim,

und

Dr. Walter Schmidt II,
Rechtsanwalt
in Berlin,

von

Dr. Max Hachenburg,
Rechtsanwalt in Mannheim.

Zweiter Band

(§§ 35—84).

Berlin und Leipzig 1927.

Walter de Gruyter & Co.

vormals G. J. Göschen'sche Verlagshandlung — J. Guttentag, Verlagsbuchhandlung — Georg Reimer — Karl J. Trübner — Veit & Comp.

Roßberg'sche Buchdruckerei, Leipzig

Dritter Abschnitt.

Vertretung und Geschäftsführung.

§ 35. § 35.

Die Gesellschaft wird durch die Geschäftsführer gerichtlich und außergerichtlich vertreten.

Dieselben haben in der durch den Gesellschaftsvertrag bestimmten Form ihre Willenserklärungen kundzugeben und für die Gesellschaft zu zeichnen. Ist nichts darüber bestimmt, so muß die Erklärung und Zeichnung durch sämtliche Geschäftsführer erfolgen. Ist der Gesellschaft gegenüber eine Willenserklärung abzugeben, so genügt es, wenn dieselbe an einen der Geschäftsführer erfolgt.

Die Zeichnung geschieht in der Weise, daß die Zeichnenden zu der Firma der Gesellschaft ihre Namensunterschrift beifügen.

I. (Abs. 1.) **Die Geschäftsführer vertreten die Gesellschaft gerichtlich und außergerichtlich.** Anm. 1.
Das kennzeichnet sie nach außen als Organ der GmbH.

Ihre rechtliche Stellung ist damit nicht erschöpft. Sie sind gesetzliche Vertreter der Gesellschaft. Sie sind aber auch nach innen deren **geschäftsführendes** Organ. Ihre Bezeichnung trifft genau genommen nur diese nach innen gerichtete Aufgabe. Man hat die Bezeichnung „Vorstand", wie bei der Aktiengesellschaft, vermieden, um den Gegensatz erkennbar zu machen. Besonders praktisch war dies nicht. Die Bezeichnung als Geschäftsführer hat sich im Verkehr nicht eingeführt.

1. **Die Geschäftsführer vertreten die Gesellschaft gerichtlich und außergerichtlich.** Anm. 2.

a) Sie haben dadurch die Stellung eines gesetzlichen Vertreters der Gesellschaft. In § 26 Abs. 2 BGB. ist dies für den Vorstand eines rechtsfähigen Vereins ausdrücklich hervorgehoben. Diese Gesetzesvorschrift ist auch hier subsidiär anwendbar (Allgemeine Einleitung Anm. 3 und 4). Alle Vorschriften der Gesetze für den gesetzlichen Vertreter eines Vereins gelten für die Geschäftsführer einer GmbH., soweit nicht Sondervorschriften entgegenstehen. Der Gesellschaft gegenüber sind sie stets Angestellte. Sie stehen meist entweder in einem Auftrags- oder Dienstverhältnis (unten Anm. 46ff.). Dann fallen sie unter die Angestelltenversicherung (Oberschiedsgericht für Angestelltenversicherung 20. 11. 15 JW. 1916, 762). Es gibt auch Geschäftsführer kraft Gesellschaftsvertrags (unten Anm. 41). Dritten gegenüber ist in allen Fällen die Stellung als Vertreter die gleiche.

Die Geschäftsführer sind gesetzliche Vertreter. Sie sind **das vom Gesetz geforderte** Anm. 3.
ordentliche ständige Organ für die Vertretung der Gesellschaft. Sie sind in der Regel ihr ausschließliches Vertretungsorgan. Nur gegenüber den Geschäftsführern bedarf die Gesellschaft anderer Vertreter. So schließt der Aufsichtsrat in gesetzlicher Vertretungsbefugnis Verträge mit den Geschäftsführern (§ 52 des Gesetzes, § 247 HGB.). In Sonderfällen können auch andere Personen zur Geltendmachung der Ansprüche der Gesellschaft gegen die Geschäftsführer bestellt werden. Deshalb bleibt der Geschäftsführer doch das Organ der Gesellschaft (§ 46 Nr. 8). Im Rechtsverkehr kann die GmbH. sich

§ 35. auch Bevollmächtigter bedienen. Sie sind nicht gesetzliche Vertreter (Prokuristen, Handelsbevollmächtigte usw.). Sie sind gewillkürte Vertreter. Zu einer Vertretung der Gesellschaft gegenüber den Geschäftsführern sind sie nicht berufen. Sie erhalten ihre Vollmacht ja nur durch diese.

Die Geschäftsführer sind notwendiges Vertretungsorgan (über den Begriff der notwendigen Vertretung vgl. auch Liebmann Anm. 2). Das Gesetz verlangt dies (vgl. § 6 Abs. 1: „Die Gesellschaft **muß** einen oder mehrere Geschäftsführer haben"). Ist kein Geschäftsführer bestellt, so hat der Registerrichter die Eintragung abzulehnen. Während Bestehens der Gesellschaft **können** zeitweise die Geschäftsführer fehlen. Sie können abberufen werden, ohne daß sofort Ersatz gefunden oder geschaffen wird. Ein Geschäftsführer kann plötzlich sterben usw. Dadurch hört die Gesellschaft nicht auf zu existieren. Rechtsgeschäfte können der GmbH. gegenüber und in ihrem Namen durch sonstige Vertreter vorgenommen werden. Aber die Gesellschaft hat wieder für die Ernennung eines Geschäftsführers zu sorgen. Kommt bei Stimmengleichheit eine solche nicht zustande, so bleibt nur die Auflösungsklage aus wichtigem Grunde (§ 61). Die **persönliche Eignung des Geschäftsführers als des gesetzlichen Vertreters der GmbH. kann von Bedeutung werden**, wenn die GmbH. ein Gewerbe betreibt, bei dem die Unzuverlässigkeit des Gewerbetreibenden Grund zur Untersagung des Betriebes sein kann (GO. § 35). Die Unzuverlässigkeit des Geschäftsführers gilt hier als Unzuverlässigkeit des Gewerbetreibenden (PrOVG. 25. 1. 06 GewArch. 5, 579; PrOVG. 26. 11. 08 GewArch. 8, 425; PrOVG. 23. 1. 11 GewArch. 10, 591; BraunschwVGH. 14. 5. 13 GewArch. 13, 256). Für Übertretung gewerbepolizeilicher Vorschriften sind die Geschäftsführer persönlich verantwortlich (OLG. Dresden 7. 2. 12, GewArch. 12, 465; BayObLG. 28. 10. 13 BayObLGStr. 13, 407).

Anm. 3a. Nicht zur Vertretung gegenüber Dritten gehört die Ausübung gesellschaftsrechtlicher Befugnisse **innerhalb** der Gesellschaft. Diese sind zwischen den Organen der Gesellschaft verteilt. In Betracht kommen neben den Geschäftsführern die Gesellschafter und, sofern er bestellt ist, der Aufsichtsrat. Das Gebiet dieser Organe wird durch Gesetz oder Satzung bestimmt. Keines kann in das Gebiet des andern eingreifen. Die Geschäftsführer können keine Verpflichtung Dritten gegenüber für die Gesellschaft eingehen, welche diese zu einem gesellschaftsrechtlichen Akte anhält, das den anderen Organen zusteht. Sie können daher keine die Gesellschaft bindende Zusage machen, einen Dritten durch Erhöhung des Stammkapitals in die Gesellschaft aufzunehmen (RG. 10. 5. 10 Holdheim 1910, 278, RundschauGmbH. 10, 291). Sie können keine Änderung des Gesellschaftsvertrages versprechen. Solche Zusagen sind stets nur unter dem Vorbehalte, daß die Gesellschafter den Beschluß fassen, zu verstehen. Willenserklärungen der Gesellschaft gegenüber den Gesellschaftern geben die Geschäftsführer ab. So bei allen Einforderungen von Stammeinlagen, bei Kaduzierung, bei der Umlage des Ausfalls, bei Einladungen zu Gesellschafterversammlungen usw. Dies gilt auch, wenn der Gesellschafter, dem gegenüber die Erklärung abgegeben werden muß, Geschäftsführer ist. Sind nicht hinreichend viele Geschäftsführer vorhanden, so muß ein anderer Geschäftsführer berufen werden. Der Aufsichtsrat ist zur Abgabe dieser Erklärung nicht befugt. Er hat nur zu Rechtsakten mit dem Geschäftsführer als solchem die Macht (§ 52 verb. § 247 HGB.), nicht aber mit dem Gesellschafter, der Geschäftsführer ist. Handelt der Aufsichtsrat gegenüber einem solchen, so ist er Vertreter ohne Vertretungsmacht (§ 180 BGB.; vgl. Anm. 9 zu § 21). Seine Erklärung kann von dem später bestellten Geschäftsführer genehmigt werden. Ebensowenig können die Gesellschafter oder der Aufsichtsrat einen Bevollmächtigten ernennen. Sie können nicht mehr Rechte übertragen, als sie selbst haben. Es ist unzulässig, mit Übergehung des Geschäftsführers einen Spezialbevollmächtigten für die Prozeßführung zu ernennen (OLG. München 7. 6. 11 OLGRspr. 24, 153).

Die Geschäftsführer sind stets nur die Vertreter der Gesellschaft. Sie sind nicht die Gesellschaft selbst. Daher sind sie nicht zur Ausübung des Richteramtes unfähig, wenn die Gesellschaft durch eine Straftat geschädigt ist (§ 27 Ziff. 1 StPO.; RG. 29. 3. 09 Recht 09, 1640). Zu Schiedsrichtern in Streitigkeiten der Gesellschaft können sie nicht bestellt werden. **§ 35.**

b) Der Umfang der Vertretungsbefugnis erstreckt sich auf alle gerichtlichen und außergerichtlichen Angelegenheiten. Er ist durch Statut oder Vertrag unbeschränkbar. Eine Übertragung seiner gesamten Befugnis auf einen andern ist dem Geschäftsführer nicht gestattet (KG. 23. 4. 15 RJA. 14, 177; Recht 1915 Nr. 2365; OLG. Darmstadt 21. 10. 16 RundschGmbH. 1917, 113). Eine Spezialvollmacht für bestimmte Rechtsgeschäfte ist zulässig (vgl. unten Anm. 14ff.). **Anm. 4.**

Für die gerichtlichen Angelegenheiten sind die Geschäftsführer gesetzliche Vertreter der Gesellschaft im Sinne des § 51 ZPO. Dem Aufsichtsrate kann auch für genau bestimmte Einzelfälle die Prozeßvertretung nicht übertragen werden (OLG. Hamburg 11. 3. 20 HanseatGZ. 1920 Hauptblatt Nr. 102). Zur Vollständigkeit der Klage gehört ihre Angabe als gesetzlicher Vertreter (§ 130 Ziff. 1 ZPO.). Nicht aller Geschäftsführer. Wohl aber derer, die im Prozesse auftreten (vgl. Anm. 11 zu § 13). Die Geschäftsführer haben die Parteieide für die Gesellschaft zu leisten. Eine Eideszuschiebung und Eidesauflage „an den oder die Geschäftsführer" ist unzulässig. Der Eid kann nur der Person auferlegt werden, die zur Zeit des Urteils Geschäftsführer ist (RG. 22. 6. 09 JW. 09, 465). Es müssen daher die Namen benannt sein. Dem Geschäftsführer kann auch über Handlungen und Wahrnehmungen der Aufsichtsratsmitglieder als solcher der Eid zugeschoben werden (RG. 26. 7. 12 Recht 1912 Nr. 2972, BauersZ. 20, 203). Weil die Geschäftsführer Vertreter der Gesellschaft sind, so können sie nicht als Zeugen vernommen werden (für das Aktienrecht RGZ. 2, 400; vgl. RGZ. 14, 20. Dies muß auch hier angenommen werden: RG. 30. 5. 02 Recht 02, 518). Es gilt auch für diejenigen Geschäftsführer, welche die Vertretung im Prozesse nicht ausüben (ebenso Brodmann Anm. 1). Erst nach der Eröffnung des Konkursverfahrens kann der Geschäftsführer als Zeuge vernommen werden. Dann ist nicht mehr die Gesellschaft, sondern der Konkursverwalter Partei (RG. 13. 1. 14 LZ. 1914, 776). Zustellungen und Ladungen können an jeden Geschäftsführer erfolgen, auch wenn er nicht allein zur Vertretung berechtigt ist (§ 171 Abs. 3 ZPO.; vgl. Abs. 2 Satz 3). Die vorherige Vereinbarung des Geschäftsführers, der zugleich Gesellschafter ist, daß er der Klage des anderen Gesellschafters (auf Auflösung der GmbH.) als Nebenintervenient beitreten werde, macht die Zustellung der Klage an ihn nicht ungültig (RG. 2. 3. 09 LZ. 09, 394). Erst durch die erfolgte Intervention tritt die prozessuale Interessenkollision ein, die den Geschäftsführer an der Vertretung der GmbH. hindert. Offenbarungseide sind durch den Geschäftsführer zu leisten. Zuständig ist nicht das Gericht des Wohnsitzes des Geschäftsführers, sondern das des Sitzes der Gesellschaft. Hört der Geschäftsführer vor der Leistung des Eides auf, das Amt zu bekleiden, so erlischt seine Pflicht hierzu (OLG. Dresden 13. 5. 02 OLGR. 6, 144 und SeuffA. 58, 75), auch wenn seine Abberufung zwar beschlossen, aber noch nicht angemeldet ist (OLG. Rostock 27. 5. 11 OLGR. 24, 157). Umgekehrt muß ein ernannter Geschäftsführer den Offenbarungseid auch vor der Eintragung zum Handelsregister leisten. Mehrere Geschäftsführer bei Einzel- wie bei Kollektivvertretung haben den Offenbarungseid jeder selbständig zu leisten. Die Eidesleistung ist kein Rechtsgeschäft (BauersZ. 20, 12). Erklärungen über gepfändete Ansprüche eines Gesellschafters oder Geschäftsführers hat der Geschäftsführer namens der Gesellschaft zu geben (vgl. BauersZ. 15, 109). Dies muß auch gelten, wenn er selbst der Vollstreckungsschuldner ist. Will ein Geschäftsführer die Gesellschaft verklagen, z. B. auf Gewährung von Gehalt, so kann er nicht an sich selbst zustellen (§ 181 BGB.). Bei Kollektivvertretung klagt er allein. Er stellt die Klage dem anderen Geschäftsführer zu (a. M. Brodmann Anm. 2 S. 137). Zur Vertretung der Gesellschaft muß, wenn die Gesellschaft einen anderen Geschäftsführer nicht hat oder bei Kollektivvertretung nur einer übrigbleibt, entweder ein solcher vom Amtsgericht gemäß § 29 BGB. (vgl. unten Anm. 42) oder ein Prozeßpfleger nach § 57 ZPO. bestellt werden (RG. 7. 4. 04 BauersZ. 15, 83; vgl. auch

§ 35. RG. 2. 3. 09 LZ. 09, 394). Ist zwischen den Gesellschaftern Streit darüber, ob ein Geschäftsführer zu Recht oder Unrecht entlassen, ein anderer zu Recht oder Unrecht ernannt wurde, so ist die GmbH., vertreten durch den **neuernannten** Geschäftsführer, passiv legitimiert (KG. 23. 2. 11 OLGR. 24, 155). Vor Bestellung des besonderen Vertreters ist ein Urteil nicht möglich. Wegen Klagen der GmbH. gegen ihren Geschäftsführer vgl. § 46 Ziff. 8 unten Anm. 43.

Anm. 5. Auch in öffentlich-rechtlicher Hinsicht vertreten die Geschäftsführer die Gesellschaft, so gegenüber den Stempelbehörden, den Polizeibehörden, bei Wahlen zur Handelskammer, bei Steuerveranlagungen usw. Wegen der Haftung in solchen Angelegenheiten siehe Anm. 8 zu § 13 und Anm. 10ff. zu § 36.

Anm. 6. 2. Die Geschäftsführer sind das ordentliche geschäftsführende Organ der Gesellschaft. Sie haben die geschäftlichen Entschlüsse zu fassen und für ihre Durchführung zu sorgen. Sie treffen die Verfügungen über die Arbeiten des Personals. Sie haben den Gesellschaftern oder dem Aufsichtsrate Bericht zu geben, kurz für einen geordneten Geschäftsbetrieb zu sorgen. Der Geschäftsführer ist zur Buchführung nicht nur verpflichtet, sondern auch berechtigt. Durch falsche Buchführung macht er sich an sich noch nicht strafbar. Wohl aber liegt Urkundenfälschung vor, wenn er die von einem Aufsichtsratsmitglied geprüfte Buchung nachträglich ändert (RG. 10. 12. 15 BayerZ. 23, 202). Diese Tätigkeit ist keine unentziehbare. Der Gesellschaftsvertrag kann die Geschäftsführung in die Hände der Gesellschafter oder des Aufsichtsrates legen. Nur die Vertretung nach außen muß er jenen lassen. Es gibt Fälle, in denen im Innenverhältnisse die Geschäftsführer nur Vollzugsbeamte der übergeordneten Organe sind (Anm. 3 zu § 37, Anm. 39 zu § 52). Nur soweit das Gesetz in zwingender Weise den Geschäftsführern bestimmte Pflichten auferlegt, kann die Satzung ihnen die zu deren Erfüllung erforderliche Stellung nicht entziehen. Das ist Sorge für die Buchführung § 41; Einreichung der Listen § 40; Beantragung des Konkurses § 64. Ohne eine Bestimmung des Gesellschaftsvertrages oder des für die einzelnen Geschäftsführer maßgebenden Anstellungsvertrages können weder Gesellschafter noch Aufsichtsrat die in seinem Amte liegenden Befugnisse dem Geschäftsführer schmälern oder entziehen. Es genügt hierzu auch nicht, daß die Geschäftsführer gehalten werden, den Weisungen dieser Organe zu folgen. Zu trennen von der durch den Gesellschaftsvertrag eingeführten Beschränkung der Tätigkeit der Geschäftsführer ist deren zeitweilige Aufhebung (Suspension). Sie ist der Vorläufer der Entlassung. Durch diese Maßnahme wird dem Geschäftsführer im Verwaltungswege jede Ausübung seiner Tätigkeit untersagt. Zuständig hierzu ist das Organ, das zur Entlassung berechtigt ist, die Gesellschafter oder der Aufsichtsrat. Gleichwohl ergibt sich aus dem Vertretungsrecht des Geschäftsführers, daß er allein berechtigt ist, über Geldanweisungen zu entscheiden. Eine Ablehnung eines dahingehenden Verlangens durch den Geschäftsführer berechtigt den Aufsichtsratsvorsitzenden nicht, bei einer Auszahlung Selbsthilfe zu üben (vgl. BayerZ. 24, 55).

Anm. 7. Auf die Beschlußfassungen mehrerer Geschäftsführer sind die Bestimmungen des BGB. §§ 28, 32, 34 hier sowenig wie für den Vorstand der Aktiengesellschaft subsidiär anwendbar. Im Zweifel besteht Kollektivgeschäftsführung (anders für das Aktienrecht Simon in ZHR. 49, 12; danach würde die Beschlußfassung nach dem Mehrheitsprinzip erfolgen; ebenso Ring Nr. 7 zu § 231 HGB.; Makower Anm. III zu § 231 HGB.; für die hier vertretene Ansicht aber Denkschrift zum HGB. 140). Das besagt nicht, daß auch im Innenbetrieb stets mehrere zusammen handeln müssen. Das hätte keinen praktischen Sinn. Wohl aber kann jeder Geschäftsführer den Handlungen des anderen widersprechen. Sie haben dann zu unterbleiben. Der Gesellschaftsvertrag kann dies ändern. Es kann jeder selbständig gestellt werden. Es können auch durch Statut oder Gesellschafterbeschluß oder durch den Aufsichtsrat den einzelnen Geschäftsführern einzelne Zweige der Geschäftsführung überwiesen werden, dem technischen Leiter die Fabrikation, dem kaufmännischen der Verkauf und die Buchführung. In solchen Fällen haftet jeder Geschäftsführer der Gesellschaft nur in betreff der ihm überwiesenen Tätigkeit

(RGZ. 12, 76). Eine Teilung dieser Art durch Vereinbarung unter den Geschäftsführern § 35.
selbst ist dagegen der Gesellschaft gegenüber ohne Wirkung (RGZ. 12, 76). Die zwingenden vorgeschriebenen Pflichten der Geschäftsführer (übersichtliche Buchführung, Aufstellung der Gesellschafterliste usw.) werden durch statutarische oder sonstige Geschäftseinteilung nicht berührt. Zulässig ist die Vorschrift des Gesellschaftsvertrages, daß bei Meinungsverschiedenheit unter den Geschäftsführern der Aufsichtsrat oder die Gesellschafterversammlung entscheidet. Das ist kein Schiedsgericht. Es gibt keine Ablehnung eines Mitgliedes dieser Organe als befangen. Es liegt nur eine Verwaltungsmaßnahme vor.

II. (Abs. 2.) Der Abs. 2 enthält die Vorschriften über Allein- oder Kollektivvertretung der Anm. 8.
Geschäftsführer. Er bezeichnet dies als „die Form" der Willenserklärung. Eine Formvorschrift ist dies nicht. Von der Form der Willenserklärungen der Geschäftsführer handelt Abs. 3.

1. Zur Empfangnahme von Willenserklärungen, die der Gesellschaft gegenüber abzugeben sind, gilt stets Einzelvertretungsbefugnis (Abs. 2 Satz 3). Dies kann durch den Gesellschaftsvertrag nicht ausgeschlossen werden (§ 28 Abs. 2, § 40 BGB.). Vorausgesetzt ist, daß die Gesellschaft nur Empfängerin der Erklärung eines andern ist. Es genügt, daß sie einem Geschäftsführer zugeht, auch wenn er für die namens der Gesellschaft abzugebende Erklärung nur Gesamtvertreter ist. Dies gilt z. B. für Entgegennahme von Vertragsofferten, Kündigungen, Mängelanzeigen, Fristbestimmungen, Wahlanzeigen, Zahlungsaufforderung bei Wechselprotesten (RG. 53, 231; RG. 29. 4. 16 Recht 1916 Nr. 1259). Beim Scheckprotest wie beim Wechselprotest genügt die Entgegennahme zur Zahlungsaufforderung durch *einen* Geschäftsführer. Die Vorlegungsbescheinigung dagegen muß von sämtlichen Gesamtvertretern unterzeichnet sein. Denn bei ihr handelt es sich nicht um *Empfangnhme* einer Willenserklärung seitens der Geschäftsführer (RG. 16. 10. 20 RGZ. 100, 138).

Wo es auf das Wissen einer Tatsache ankommt, genügt die Kenntnis auch nur eines Kollektivvertreters (vgl. Bolze 16 Nr. 231; Staub-Bondi Anm. 9 zu § 48; Düringer-Hachenburg Anm. 8 zu § 48; Brodmann Anm. 3 S. 137; Josef in BadRpr. 1922, 57). Haben daher zwei kollektivberechtigte Geschäftsführer einen Rechtsakt für die Gesellschaft vorgenommen und fällt auch nur einem von ihnen betrügerisches Verhalten zur Last, so hat die Gesellschaft dies zu vertreten (RG. 12. 12. 98 JW. 1899, 46; RG. 22. 10. 12 LZ. 1913 [7], 140[6]; vgl. auch RGZ. 56, 93). Wenn von zwei Gesamtvertretern der mit dem Abschluß betraute gutgläubig und nur der andere schlechten Glaubens war, so überwiegt das letztere; RG. 4. 3. 13 RGZ. 81, 433; RG. 17. 1. 14 JW. 1914, 399. Die Verjährung einer Klage der Gesellschaft, die mit Kenntnis des Anspruchsberechtigten beginnt, wegen unlauteren Wettbewerbs, läuft, wenn auch nur einer der Geschäftsführer Kenntnis hatte. Ebenso eine zivil- oder strafrechtliche Frist (BayObLG. 13. 1. 07 DJZ. 08, 432). Dasselbe gilt beim Wissenmüssen. Der gute Glaube ist ausgeschlossen, wenn nur ein Geschäftsführer wissen mußte, daß die durch die Urkunde belegte Vollmacht widerrufen (§ 173 BGB.), daß der Veräußerer der Ware nicht ihr Eigentümer war (§ 932 Abs. 2 BGB.).

2. *Für Willenserklärungen der Gesellschaft* selbst gilt als gesetzliche Regel die Anm. 9.
Kollektivbefugnis der Geschäftsführer. Der Gesellschaftsvertrag kann hierüber anders bestimmen. Durch die notwendige Gebundenheit der mehreren Vertreter und den Ausschluß der Dispositionsmacht des einzelnen wird Sicherheit für die Gesellschaft erstrebt. Sind die zwei oder drei Geschäftsführer genötigt, gemeinsam zu handeln, so führt dies zur gemeinsamen Verantwortung und zur gemeinsamen Überlegung. Ein Mißbrauch der Vertretungsmacht zum eigenen Interesse und zum Schaden der Gesellschaft ist erschwert. Es werden nicht immer alle beide schlecht sein. Das Risiko der Untreue nur eines Geschäftsführers ist auf den dritten Kontrahenten abgewälzt. Daraus entspringen die zahlreichen Konflikte im Verkehrsleben. Auf der einen Seite sucht die Gesellschaft sich zu schützen. Sie macht von dem Einwande der mangelnden Vertretung durch die mehreren Geschäftsführer Ge-

§ 35. brauch. Auf der anderen Seite ist der Dritte bestrebt, die Gültigkeit der Rechtshandlung durchzusetzen. Maßgebend wird stets sein, daß die durch Gesetz und das Statut verlangte Mehrheit bei dem Vorgang tätig war. Die Art und Form tritt dabei in den Hintergrund. Die Gleichstellung zweier oder mehrerer kollektiv zeichnender Geschäftsführer nach außen hin hindert nicht, daß einer von ihnen im Innenverhältnis der „erste" und allein maßgebende ist (vgl. BauersZ. 31, 43). Die Mitwirkung der letzteren kann auch nach außen zurücktreten, nur in irgendeiner Weise muß sie vorhanden sein.

a) **Gesetzliche Regel ist die Kollektiv-(Gesamt-)Vertretungsbefugnis der Geschäftsführer.** Daher hat das Gericht, wenn einer von mehreren Geschäftsführern allein handelt, von Amts wegen zu prüfen, ob ihm Alleinvertretung in Abänderung des Gesetzes zusteht (RG. 1. 7. 12 LZ. 1912 (6) 846).

α) Die Kollektivvertretung ist keine beschränkte Vertretung. Wie die Gesamtprokura eine volle Prokura ist, nur getragen von einer Mehrheit von Personen, so liegt hier eine Vertretungsbefugnis vor, nur getragen von mehreren Geschäftsführern. Die Vertretung kann derart eine kollektive sein, daß alle Geschäftsführer zusammen handeln müssen. So mangels anderer Bestimmung im Gesellschaftsvertrage nach dem Gesetze. Sie kann sich aber auf mehrere (meist zwei) der Geschäftsführer beschränken (vgl. auch unten Anm. 21).

Anm. 10. Die Kollektivvertretung bezieht sich auf Rechtsakte aller Art in dem vollen Umfange der §§ 35 Abs. 1 und 37 Abs. 2. Sie kann nicht auf einzelne Akte oder Geschäftszweige oder Arten von Rechtshandlungen eingeschränkt werden. Eine rechtsgeschäftliche Willenserklärung ist z. B. auch die Einziehung rückständiger Stammanteile (OLG. Braunschweig, OLGR. 36, 287). Eintragungen im Handelsregister, wonach mehrere Geschäftsführer zur Zeichnung der Firma gemeinschaftlich berechtigt sind, sind zwar nicht korrekt, aber nicht ungültig. Ihr Inhalt ist dahin auszulegen, daß sie sich auf die Vertretungsbefugnis überhaupt beziehen (RGZ. 24, 27; KGJ. 15, 98). Unstatthaft ist aber die Anordnung, daß jeder Geschäftsführer allein Vertretungsbefugnis habe, für einzelne Arten von Geschäften aber (z. B. für Eingehung von Wechselverbindlichkeiten) die sämtlichen Geschäftsführer zusammen handeln sollen.

Anm. 11. β) Die Ausübung der Kollektivvertretung. Soll der Rechtsakt bindend sein, so müssen die sämtlichen Kollektivvertreter mitwirken. Dies gilt auch schon im Gründungsstadium (KG. 6. 12. 10 KGBl. 11, 25). Fälle dringender Gefahr sind nicht ausgenommen. Solennes Mitwirken kann durch die Natur der einzelnen Akte geboten sein (Wechselunterschriften, Abstimmung bei Generalversammlung). Über die nachträgliche Genehmigung einer Wechselunterschrift vgl. unten Anm. 18. Die Geschäftsführer brauchen aber sonst nicht den Rechtsakt in unmittelbarer Gemeinsamkeit vorzunehmen. Der Akt muß sich nur als ein von allen Kollektivberechtigten getätigter darstellen. Die rechtserhebliche Erklärung muß von allen abgegeben sein (vgl. unten Anm. 18). Von diesem Gesichtspunkte aus ist zu beurteilen, ob im einzelnen Falle bei nicht gleichzeitigem Handeln der Kollektivberechtigten dennoch ein rechtsverbindlicher Akt vorliegt. Vorherige oder nachträgliche Mitwirkung ist zulässig (ROHG. 16, 33; Bolze 8 Nr. 548). Auch Mitwirkung durch das Gesamtverhalten ohne Worte ist nicht ausgeschlossen (ROHG. 6, 392; 12, 34; 17, 402). Es genügt, wenn nur ein Kollektivvertreter verhandelt, der andere zuhört und nicht widerspricht. Nur muß stets eine wirkliche Mitwirkung bei dem betreffenden Akte vorliegen. Sie darf nicht ein Internum der Kollektivvertreter bleiben (RGZ. 40, 19; RG. 31. 1. 98 JW. 98 S. 164, 165; KG. in KGJ. 20 A 75). Ein allgemeiner Auftrag eines Kollektivvertreters an den anderen ist nicht imstande, das Erfordernis der Mitwirkung zu erfüllen (Bolze 4 Nr. 807; KGJ. 20 A 76; Behrend § 128 Anm. 10; vgl. über die intern bleibende Vollmacht zum Einzelgeschäfte Anm. 14). Auch bei „Abschlüssen von geringer Bedeutung" ist dies nicht anzunehmen (OLG. Karlsruhe 17. 1. 05 in BadRpr. 05, 39). Keineswegs genügt es schließlich, „daß ein Geschäftsführer unter solchen Umständen redend auftritt, daß der Dritte annehmen konnte, aus seinem Munde spreche der Gesamtvorstand der Gesellschaft" (so OLG. Hamburg in ZHR. 35, 346; vgl. auch OLG. Hamburg OLGR. 5, 47; teilweise a. M. BauersZ. 31, 27). War in solchem Falle der einzelne Geschäftsführer nicht allein vertretungsberechtigt, so hat er seine Machtbefugnisse überschritten. Er verpflichtete nicht die Gesellschaft, sondern sich selbst (§ 179 BGB.; vgl. unten Anm. 13 zu § 36). Indessen gilt der Grundsatz der Mitwirkung sämtlicher Geschäftsführer nur im Gebiete des bürgerlichen Rechts. Ihn auf das Gebiet des öffentlichen Rechts zu übertragen, ist nicht angängig. Insbesondere ist bei Antragsdelikten im Strafrecht die Frist gewahrt, wenn auch nur einer unter mehreren gesamtberechtigten Geschäftsführern den Antrag gestellt hat (RG. 21. 10. 13, RGSt. 47, 338). § 35.

γ) Der Beweis der Mitwirkung ist von dem zu führen, der sich darauf stützt. Anbietung des Beweises, daß die Erklärung mit Wissen und Willen des anderen Kollektivvertreters abgegeben wurde, genügt nicht. Es muß dargelegt werden, worin die Mitwirkung bestanden hat (ROHG. 17, 402; Bolze 8 Nr. 548). Wo das Gesetz beglaubigte Vollmachten fordert, muß das Zusammenwirken des anderern Geschäftsführers sich aus der Urkunde ergeben. So im Grundbuchverkehr (KGJ. 20 A 76) und bei der Teilnahme an der Gründung einer GmbH. (§ 2 Abs. 2 GmbHG.). Anm. 12.

δ) Ein Kollektivgeschäftsführer, der ohne Mitwirkung des anderen handelt, ist vollmachtloser Vertreter und haftet persönlich (§ 179 BGB., KG. 8. 5. 03 OLGR. 7, 152; vgl. RG. 6, 214; Bolze 18, 229). Dieser Haftung steht § 15 HGB. nicht entgegen. Der Mangel der Einzelvertretung ist zwar aus dem Handelsregister ersichtlich. Allein die Vermutung gilt nur im Verkehr mit derjenigen Person, auf deren Rechtsverhältnisse sich die Eintragung bezieht. Das ist die Gesellschaft, nicht der Geschäftsführer. Jene, nicht dieser kann auf Grund des § 15 dem Dritten entgegenhalten, er habe den Mangel voller Vertretungsmacht aus dem Handelsregister ersehen müssen. Es liegt daher nicht der Ausnahmefall des § 179 Abs. 3 BGB. vor. Anm. 13.

ε) Die Kollektivgeschäftsführer können, ohne selbst mitzuwirken, einzelne von ihnen zur Vornahme bestimmter Geschäfte ermächtigen (vgl. unten Anm. 16). Dadurch wird die vorherige Zustimmung, wenn sie im Einzelfalle nicht als Mitwirkung erscheint, weil sie nicht nach außen hervortrat, erheblich. Die beiden Fälle können ineinander übergehen. Eine Grenze, wann eine Mitwirkung, wann eine Ermächtigung vorliegt, kann nur auf Grund der Gesamtumstände gezogen werden. Es ist zur Gültigkeit dieses Vorgangs nicht erforderlich, den allein, aber mit Zustimmung der anderen handelnden Geschäftsführer stets zum Handlungsbevollmächtigten der Gesellschaft zu machen. Jeder Geschäftsführer kann für ein Einzelgeschäft oder eine Gruppe von solchen sein Recht durch einen andern ausüben lassen (vgl. hierzu auch Anm. 6a zu § 37). Es ist nicht zutreffend, daß nur die Gesamtheit der Geschäftsführer die Vollmacht ausstellen kann. Das gilt nur, wenn es sich um eine Vertretung der Gesellschaft handelt. Wenn aber nur für den einzelnen Geschäftsführer eine Erklärung abgegeben werden soll, so genügt es nach den Grundsätzen des bürgerlichen Rechts über die Vollmacht, daß diese von dem vertretenen Geschäftsführer ausgestellt ist. (Über die theoretisch interessante, praktisch aber weniger wichtige Unterscheidung zwischen der Erteilung der Vollmacht für die Gesellschaft und der für den Geschäftsführer vgl. Brodmann Anm. 4 zu § 37.) Der fremde Vertreter wirkt dann mit dem andern Geschäftsführer zusammen. Das wird selten sein. Meist wird die Vollmacht dem andern Geschäftsführer erteilt. Es sind aber auch Fälle denkbar, in denen der eine Geschäftsführer seinem Kollegen aus irgendeinem Grunde, aus Mißtrauen, aus persönlichem Ärger oder sonstigen Motiven die Vollmacht nicht gibt. Dann steht nichts im Wege, daß für ihn ein Dritter handelt. Es muß nur hervorgehen, daß es sich um die Vertretung des einen Geschäftsführers handelt. In der gleichen Weise wirkt die dem andern Geschäftsführer erteilte Vertretungsmacht. Er handelt als Geschäftsführer für sich kraft eigenen Rechts. Er handelt als Vertreter des andern Geschäftsführers. Handlungs- Anm. 14.

§ 35. bevollmächtigter seiner Gesellschaft wird er deshalb nicht. Zur Wirksamkeit seiner Erklärung ist stets das Handeln beider Geschäftsführer erfordert. Es genügt nicht, daß er für sich allein auftritt im Bewußtsein der Ermächtigung seiner Kollegen. Aber ebensowenig, daß er nur als Vertreter des andern Geschäftsführers erscheint. In den meisten Fällen liegt in seinem Auftreten ohne weiteres das Handeln für beide. Nur bei Formalakten, Wechselzeichnung, Abtretung eines Hypothekenbriefes, Vertretung bei Gründungen von AG. oder GmbH. usw. muß auch aus der Unterschrift die Doppelstellung des Handelnden hervorgehen. Er unterschreibt für sich und zugleich als Vertreter seines Mitgeschäftsführers (vgl. Anm. 18). Neben dieser dem andern erteilten Ermächtigung des einen Geschäftsführers steht die von beiden Geschäftsführern gemeinsam einem derselben namens der Gesellschaft erteilte Vollmacht. Sie ist ebensowohl möglich wie die einem Dritten gegebene. Nur darf sie nie die Einzelvertretung an Stelle der Kollektivvertretung für alle Geschäfte setzen. Daß der eine Geschäftsführer bei seiner Bevollmächtigung mitwirkt, ist zulässig (RG. 8. 10. 12 RGZ. 80, 180; a. M. KG. 13. 3. 12 ZBlFG. 13, 634, das nur, wenn sämtliche Geschäftsführer zusammen handeln müssen, die Mitwirkung des Bevollmächtigten zu seiner Bevollmächtigung zuläßt, andernfalls zufolge des § 181 BGB. sie ausschließen will. Die Auslegung des Statutes, daß im ersteren Falle das Statut die Mitwirkung gestatte, ist im zweiten ebenso möglich. Jedenfalls fällt die ganze Erwägung bei der Vertretung des einen Geschäftsführers durch den andern fort). Solche Vollmachten finden sich besonders bei Handlungen vor Behörden.

Anm. 15. Die hier durchgeführte Unterscheidung ist keine nur formal juristische. Sie liegt in dem Wesen des jeweiligen Vorgangs begründet. Aus den verschiedenen Absichten des Handelnden ergeben sich verschiedene Folgen. Es kann z. B. die Vollmacht, die einer der Geschäftsführer dem andern gab, auch von ihm allein widerrufen werden. Der andere vertritt nur jenen. Die Vollmacht für die Gesellschaft kann nur diese widerrufen. Die nur für den Geschäftsführer erteilte Ermächtigung erlischt mit dem Momente, in dem der Geschäftsführer, der sie gibt, sein Amt verliert. Er kann niemand mehr Recht übertragen, als er selbst hat. Anders wenn die Gesellschaft, vertreten durch ihre beiden Geschäftsführer, dem einen derselben eine besondere Vollmacht für ein besonderes Geschäft ausstellte. Hier wird die Ermächtigung nicht davon abhängen, ob der Geschäftsführer, der diese Vollmacht ausstellte, zur Zeit ihres Gebrauchs noch im Dienste der Gesellschaft ist, so wenig wie bei der Vollmacht, die ein Dritter erhielt.

Die Vollmacht darf in einem wie im anderen Falle nur für bestimmte Geschäfte erteilt werden. Das fließt aus dem Zwecke der Kollektivvertretung. Eine Generalvollmacht, die ein Geschäftsführer dem andern erteilte, bedeutete eine Aufhebung der Kollektivvertretung. Ob eine Ermächtigung für einen bestimmten Kreis von Geschäften stets gleicher Art zulässig ist, hängt von den besonderen Umständen des Falles ab. Man wird die Ermächtigung, die Geschäfte an der Börse abzuschließen, zulassen müssen. Es widerstrebt der Handelssitte, daß die mehreren Vorstände bei jedem solcher Abschlüsse dort zusammenkommen und zusammenhandeln müssen. Bedenklicher ist dagegen die Generalvollmacht zur Erteilung von Quittungen gegenüber der Bank (Denkschr. z. HGB. 91). Dazu liegt keine Notwendigkeit vor. Die durch die Doppelunterschrift begründete Sicherheit der Gesellschaft würde in Frage gestellt. Allerdings kann die Gesellschaft einem Dritten Generalvollmacht ausstellen. Diese wird von den Geschäftsführern vollzogen. Sie bedürfen aber der Genehmigung der Gesellschafter (§ 46 Ziff. 7, vgl. Anm. 45 zu § 46).

Anm. 16. Die Zulässigkeit einer Vertretung der Gesellschaft durch einen der kollektivberechtigten Geschäftsführer auf dem Wege der Erteilung einer Vollmacht ergibt sich aus § 125 Abs. 2 Satz 2 und § 232 Abs. 1 Satz 2 HGB. Diese sind nicht als positive Satzungen zu betrachten. Sie sind gesetzliche Bestätigungen von Grundsätzen, die sich aus allgemeinen Begriffen ergeben (zust. Makower HGB. 90; RGZ. 48, 58, wo ausdrücklich hervorgehoben ist, daß der § 232 Abs. 1 Satz 2 HGB. keine

Neuerung enthält, sondern nur diejenigen Rechtsanschauungen wiederholt, welche schon unter der Herrschaft des alten HGB. Anerkennung gefunden hatten und RGZ. 80, 182, wo dasselbe Prinzip bei der Genossenschaft mit den Bedürfnissen des mit ihr verkehrenden Publikums begründet ist. Die Entwicklung der Rechtsprechung ist ausführlich dargestellt im Urteil des RG. vom 14. 2. 13 RGZ. 81, 325). Die zur Gesamtvertretung einer offenen Handelsgesellschaft berechtigten Gesellschafter können nach ausdrücklicher gesetzlicher Bestimmung (HGB. § 125 Abs. 2 Satz 2) einzelne von ihnen zur Vornahme bestimmter Geschäfte oder bestimmter Arten von Geschäften ermächtigen. Das gleiche gilt für gesamtberechtigte Vorstandsmitglieder einer AG. (HGB. § 232 Abs. 1 Satz 2). Die GmbH., die zwischen beiden Gesellschaftsformen in der Mitte steht, kann in dieser Beziehung von ihnen nicht getrennt werden. Aus den erwähnten positiven Vorschriften erhellt, daß in allen Fällen der Gesamtvertretung der eine Vertreter dem andern durch eine an ihn gerichtete formlose Erklärung Vollmacht verschaffen kann (ebenso RG. 10. 10. 16, LZ. 1917, 206, Recht 1917 Nr. 1896; vgl. auch RG. 18. 2. 21, RGZ. 101, 342). Man wird dem Ergebnis des Reichsgerichts zustimmen dürfen. Abzulehnen dagegen ist Brodmanns (Anm. 2 S. 135) Standpunkt, der die Kollektivvertretung grundsätzlich als undurchführbar, ihre Einführung durch das Gesetz als einen Fehler ansieht. Übrigens scheint auch Brodmann seine eigenen Forderungen nicht bis zum logischen Ende zu vertreten (vgl. a. a. O. Seite 136 unten). **§ 35.**

Die Ermächtigung durch den einen Geschäftsführer untersteht den **Anm. 17.** Regeln des BGB. über Vollmachten (RGZ. 48, 58). Sie kann auch durch konkludente Handlungen erfolgen. Unter Umständen auch durch fortgesetzte Duldung (RG. 48, 58, OLG. Hamm 23. 12. 15, RundschGmbH. 1916, 264, BauersZ. 25, 152). Doch ist auch dabei zu beachten, daß es sich stets nur um eine auf einen besonderen Fall beschränkte Vollmacht handeln darf. Sie ist so widerruflich wie jede Vollmacht. Auch auf sie findet § 174 BGB. Anwendung. Wenn ein Bevollmächtigter ein einseitiges Rechtsgeschäft einem anderen gegenüber vornimmt, ist dasselbe unwirksam, sofern der Bevollmächtigte eine Vollmachtsurkunde nicht vorlegt und der andere das Rechtsgeschäft aus diesem Grunde unverzüglich zurückweist.

Durch die Verhinderung eines von zwei Gesamtgeschäftsführern wird der andere **Anm. 17a.** allein nicht vertretungsberechtigt. Eine solche Bestimmung müßte durch den Gesellschaftsvertrag getroffen sein. Schweigt dieser, so muß die Gesellschaftsversammlung Abhilfe schaffen. Doch ist Vollmachtserteilung durch die Geschäftsführer an einen Dritten möglich (RG. 12. 2. 22, RGZ. 103, 417).

ζ) Eine eigenmächtige Handlung eines Kollektivgeschäftsführers wird durch **Anm. 18.** nachträgliche Zustimmung der andern Kollektivvertreter wirksam. Die Genehmigung ist dem Dritten gegenüber auszusprechen. Zustimmung gegenüber dem Mitvertreter allein genügt nicht (vgl. RG. 11. 7. 05 JW. 05, 527). Sie ist eine rechtsgeschäftliche Willenserklärung. Sie unterliegt den Vorschriften des BGB. über Nichtigkeit und Anfechtung. Darin liegt ein erheblicher Gegensatz zu der vorherigen Ermächtigung. Diese kann rein intern bleiben. Die Genehmigung kann auch durch einen Geschäftsführer erteilt werden, der erst nach dem Abschlusse des Geschäfts bestellt wurde. Es genügt sein Mitwirken beim Vollzuge. Dabei ist nicht erforderlich, daß er die Vertragsurkunde selbst eingesehen hat. Jede Kenntnis des wesentlichen Inhaltes reicht aus. Es wird endlich, sobald sich das Verhalten des neuen Geschäftsführers objektiv als Genehmigung darstellt, einerlei sein, ob er auch nur diese Kenntnis hatte. Der Gegner darf sich auf die Genehmigung berufen, sofern der neue Geschäftsführer gegen die im Handelsverkehr herrschende Gewohnheit es unterließ, sich die Kenntnis zu verschaffen (RG. 7. 1. 08 RGZ. 61, 223; RG. 10. 3. 11 RGZ. 75, 419; RG. 18. 2. 21 RGZ. 101, 342, Recht 1921 Nr. 1692). Die Genehmigungserklärung gegenüber dem Dritten muß nicht ausdrücklich sein (RG. 29. 4. 16 Recht 1916 Nr. 1382 und BauersZ. 29, 169). Die Verkehrssitte entscheidet.

§ 35. Es genügt, daß sie in dem nach außen hervortretenden Verhalten die Genehmigung sieht. Wenn der Vertragsgegner in Unkenntnis der Kollektivvertretung oder die Genehmigung des andern Geschäftsführers voraussetzend, der GmbH. gegenüber solche Schritte vornimmt, die ersichtlich die Wirksamkeit des Vertrags zur Voraussetzung haben und wodurch auch die andern Kollektivvertreter Kenntnis von demselben erlangten, so ist der Vertragsgegner zur Annahme berechtigt, daß der Vertrag auch von dem nicht beteiligten Geschäftsführer genehmigt ist (RG. 7. 1. 08 RGZ. 61, 223; RG. 10. 3. 11 RGZ. 75, 419; OLG. Nürnberg 30. 4. 13 Recht 1913 Nr. 1571). Selbstverständlich ist die nachträgliche Zustimmung nur in dem Falle wirksam, wo nach der Natur des betreffenden Rechtsaktes solche Genehmigung ausreicht. Nicht immer ist dies der Fall. Handelt es sich um die Teilnahme der GmbH. an der Generalversammlung einer Aktiengesellschaft, so muß die Stimmenabgabe seitens der Kollektivvertreter gemeinsam geschehen. Würde nur der eine erscheinen, der andere nachträglich die Stimmenabgabe genehmigen, so reichte das, weil dem Wesen der Abstimmung zuwider, nicht aus. Das gleiche gilt bei Formalakten, wie Auflassungen, Wechseln und sonstigen notwendig schriftlichen Verträgen. Ein von einem Kollektivgeschäftsführer unterschriebener Wechsel, eine von ihm getätigte Auflassung ist der Gesellschaft gegenüber ungültig, auch wenn der andere Kollektivgeschäftsführer diesen Akt hinterher genehmigt (a. M. Brodmann Anm. 2 Seite 136). Doch ist der Unterschied wohl mehr grundsätzlich als praktisch von Bedeutung. Auch bei solchen Formalakten gilt § 177 BGB. Der von einem vollmachtlosen Vertreter geschlossene Vertrag wird gültig, wenn der Vertretene ihn nachträglich genehmigt. Eine Auflassung durch einen der mehreren Kollektivgeschäftsführer wird wirksam, wenn sie nachträglich von einem Geschäftsführer genehmigt wird, der allein die Gesellschaft zu vertreten befugt ist, oder von so vielen Geschäftsführern, als die Gesellschaft zu vertreten befugt sind (KG. 4. 3. 01 RJA. 2, 85; vgl. oben Anm. 14 a. E.). Das gleiche gilt von dem Wechsel (RG. 8. 6. 01 JW. 1901, 519) und der Mitwirkung bei der Gründung einer GmbH. oder einer Aktiengesellschaft (vgl. Anm. 5 zu § 2). Von der Genehmigung des ganzen durch den einen Geschäftsführer vorgenommenen Geschäfts zu scheiden ist die des Auftretens desselben auch für den andern Geschäftsführer (oben Anm. 14). Er handelt nicht für die Gesellschaft allein, so daß die Doppelvertretung fehlt. Sie findet statt. Nur wird der eine Geschäftsführer durch einen vollmachtlosen Vertreter repräsentiert. Dann genügt dessen nachträgliche Genehmigung *seiner* Vertretung bei der Handlung für die Gesellschaft. Es muß aber aus dem Verhalten des einen Geschäftsführers erhellen, daß er *auch* für den andern auftritt.

Anm. 19. η) Bei *stillschweigenden Erklärungen*, also in den Fällen, in denen aus dem Verhalten der Organe der Gesellschaft nach Ansicht des Gesetzes und des Verkehrs auf den rechtsgeschäftlichen Willen geschlossen wird, z. B. bei der nicht rechtzeitigen Anzeige, der Verspätung einer Vertragsannahme (§ 149 BGB.), bei der Nichtablehnung eines für ihren Gewerbebetrieb an die Gesellschaft gesandten Auftrages zur Geschäftsbesorgung (§ 362 Abs. 4 HGB.) müssen die Voraussetzungen bei sämtlichen zur Kollektivvertretung berufenen Geschäftsführern vorhanden sein. Auch wo das qualifizierte Schweigen als Erklärung betrachtet wird, müssen die besonderen Momente bei sämtlichen vorliegen. (Über die stillschweigende nachträgliche Genehmigung durch einen Geschäftsführer zu Handlungen des andern vgl. Anm. 18.)

Anm. 20. b) **Von der Kollektivvertretungsbefugnis kann der Gesellschaftsvertrag Ausnahmen machen.**

α) Nur der *Gesellschaftsvertrag* kann die Beschlüsse anderer Organe bestimmen; weder der Aufsichtsrat noch der Gesellschafter sind dazu in der Lage. Auch der Gesellschaftsvertrag kann ihnen dieses Recht nicht verleihen (LG. Frankfurt Recht 01, 1994). Die Vorschrift des § 232 Abs. 2 HGB., wonach bei der Aktiengesellschaft der Gesellschaftsvertrag dem Aufsichtsrat diese Befugnis verleihen kann, ist eine singuläre Bestimmung. Solange sie im Gesetze fehlte, galt sie nicht für das Aktienrecht (vgl. Staub Kommentar zum alten HGB. § 5 zu Art. 229). Sie gilt demgemäß nicht für die GmbH. (KG. 8. 3. 18 Rspr. OLG. 38, 189 und 40, 197, Recht 1919 Nr. 820, 1920 Nr. 2625, KGJ. 51 A 134). Ebensowenig kann der Gesellschaftsvertrag die Bestimmung der Gesellschafterversammlung überlassen (KG. 21. 6. 23 Recht 1923 Nr. 1366; OLG. Stuttgart 31. 12. 23 WürttJZ. 66, 81, Rspr. OLG. 43, 325). Dadurch, daß die anderen Geschäftsführer wegfallen, wird, wenn der Gesellschaftsvertrag nicht für diesen Fall Vorsorge trifft, der allein übrigbleibende Geschäftsführer nicht ohne weiteres auch allein zeichnungsberechtigt (RG. 28. 8. 22, DJZ. 22, 697, BauersZ. 30, 41). Doch genügt die Bestimmung, daß, wenn die Gesellschaft nur einen Geschäftsführer hat, dieser allein vertretungsberechtigt ist. Dies trifft auch den Fall des vorübergehenden Fehlens des zweiten Geschäftsführers. § 35.

β) Die Ausnahmen des Gesellschaftsvertrags: Anm. 21.

αα) Die Regel ist die Beseitigung der gesetzlichen Vorschrift, wonach sämtliche Geschäftsführer zusammen handeln müssen. Dabei kann sich der Gesellschaftsvertrag damit begnügen, die Mitwirkung zweier oder sonst einer bestimmten Zahl der Geschäftsführer zu fordern. Das ist in den meisten Verträgen, welche das Kollektivprinzip beibehalten, der Fall. Eine Vertretung durch mehr als zwei Geschäftsführer ist zu schwerfällig. Dabei ist es zulässig anzuordnen, daß von drei oder mehreren Geschäftsführern einer mit jedem der anderen, diese letzteren aber nur mit einem bestimmten Geschäftsführer zusammen handeln können. Man will dem Hauptgeschäftsführer nicht ohne einen der Mitgeschäftsführer, keinem dieser aber ohne jenen die Vertretung überlassen. Weiter geht die Einführung der Einzelvertretungsbefugnis der Geschäftsführer. Dieselbe kann für jeden einzelnen Geschäftsführer oder auch für mehrere angeordnet werden. Der zur Einzelvertretung befugte Geschäftsführer vertritt die Gesellschaft gemäß §§ 35 Abs. 1 und 37 Abs. 2. Es ist zulässig, von zwei Geschäftsführern dem einen Alleinvertretung zu geben, während der andere nur mit jenem gemeinsam die Gesellschaft zu vertreten berechtigt ist (KG. 7. 7. 11 RJA. 11, 213). Die eingeschränkte Stellung dieses beruht auf dem ersichtlich gemachten Willen der Gesellschafter (a. M. Brodmann Anm. 2 zu § 35). Unstatthaft ist aber eine Einzelvertretung nur für bestimmte Geschäfte (KG. 1. 3. 12 RJA. 12, 32). Darin liegt eine unstatthafte Beschränkung der Einzelvertretung. Unzulässig ist eine Vorschrift, daß bei mehreren Geschäftsführern ein solcher, der Gesellschafter ist, die Gesellschaft allein vertritt, während die anderen nur Kollektivvertretung haben. Der Umstand, ob jemand Gesellschafter ist oder nicht, geht nicht aus dem Handelsregister hervor (KG. 12. 12. 07 RJA. 9, 112). Zulässig ist nur die verschiedene Behandlung der namentlich bezeichneten oder durch Kennzeichen, die aus dem Handelsregister ersichtlich sind, beschriebenen Geschäftsführer. So ist es statthaft zu bestimmen, daß der von der Gesellschafterversammlung als Vorsitzender des Vorstandes gewählte Geschäftsführer zur alleinigen Vertretung befugt ist. Diese Eigenschaft ergibt sich aus der Anmeldung. Wenn zum Handelsregister angemeldet wird, daß ein Geschäftsführer zur Zeichnung der Firma allein berechtigt ist, so besagt dies, daß der einzelne Geschäftsführer zur Vertretung der Gesellschaft überhaupt berechtigt ist (vgl. oben Anm. 10). Ist ein unrichtiger Eintrag erfolgt, z. B. eine Einzelvertretung im Handelsregister entgegen dem Gesellschaftsvertrage eingetragen, so schadet das der GmbH. nichts (OLG. Stuttgart 16. 2. 09 OLGR. 19, 293). Maßgebend für die Gesellschaft ist nur der Gesellschaftsvertrag. Enthält dieser keine Abänderung des Gesetzes, so kann sie aus der falschen Beurkundung im Register durch die Handlung eines Geschäftsführers nicht verpflichtet werden.

Keine Änderung von der Kollektivvertretung zur Einzelvertretung tritt ein, wenn einer von zwei Geschäftsführern fortfällt (oben Anm. 20). Der Zurückbleibende wird dadurch allein nicht Einzelvertreter. Doch setzt dies voraus, daß nur die Gesamtvertretung vorgesehen ist. Anders, wenn der Gesellschaftsvertrag bestimmt, daß bei Vorhandensein eines Geschäftsführers Einzel-, bei der mehrerer Gesamtvertretung stattfinde. Es liegt

§ 35. dann in der Hand der Gesellschafter, den verbleibenden Geschäftsführer durch das Unterlassen der Bestellung eines zweiten zum Einzelvertreter zu machen. Doch ist diese Änderung dem Registerrichter anzuzeigen. Andernfalls mangelt es an der Bestellung zum Einzelvertreter. Der Wegfall des Mitvertreters allein verwandelt seine Befugnis noch nicht. Auch nicht seine Verhinderung (RG. 17. 2. 22 RGZ. 103, 417).

Anm. 22. ββ) **Die Befugnis zur Vertretung durch einen Geschäftsführer in Gemeinschaft mit einem Prokuristen** ist im GmbHGesetze nicht ausdrücklich ausgesprochen. Allein sie war bei der offenen Handelsgesellschaft und der Aktiengesellschaft von der Praxis schon anerkannt, ehe das Gesetz sie übernahm (vgl. besonders RG. 40, 17; ROHG. 8, 337; KGJ. 10, 39; §§ 125, 232 HGB.). Sie ist auch für die GmbH. nicht zu bestreiten (KG. 1. 3. 12 BauersZ. 20, 60).

Anm. 23. Diese Vertretung in der Weise anzuordnen, daß auch, wenn nur **ein** Geschäftsführer vorhanden ist, dieser lediglich zusammen mit einem Prokuristen die Gesellschaft vertreten darf, oder daß, wenn mehrere Geschäftsführer vorhanden sind, jeder von ihnen nur mit einem Prokuristen die Gesellschaft vertreten darf, erachtet die herrschende Meinung bei der Aktiengesellschaft nicht für zulässig (vgl. besonders KG. bei KGJ. 20 A 30; Pinner Aktienrecht 140 und bei Holdheim 8, 257; Lehmann-Ring Nr. 6 zu § 232; Goldmann Anm. 12 zu § 232; Staub HGB. 8. Aufl. Anm. 17 zu § 232). Ebenso bei der GmbH. (vgl. Liebmann Anm. 10; Neukamp-Becker Anm. 3 zu § 37; KG. 12. 1. 05 ZBlFG. 6, 136 und KGJ. 29 A, 95). Der § 232 HGB. bestätige nur die frühere Praxis. Er solle nur das gesetzlich feststellen, was früher als Bedürfnis für die Praxis von der Rechtsprechung gebilligt worden war. Die frühere Praxis des Aktienrechts hat auch die Vertretung durch ein Vorstandsmitglied zusammen mit einem Prokuristen nur dann als zulässig erachtet, wenn das Vorstandsmitglied außerdem auch noch mit anderen Vorstandsmitgliedern zusammen die Gesellschaft vertreten durfte (vgl. ROHG. 8, 337; 6, 134; RG. 40, 17). Man wird dieses wirtschaftliche Moment auch für die GmbH. als durchgreifend anerkennen. Demgemäß kann das Statut bestimmen, daß ein Geschäftsführer allein die Gesellschaft vertreten kann, daß aber, wenn mehrere Geschäftsführer bestellt werden, dieselben entweder alle gemeinsam, oder mehrere von ihnen gemeinsam, oder einer allein und andere gemeinsam die Gesellschaft vertreten können, daß endlich, wenn mehrere Geschäftsführer, oder einer oder einzelne von ihnen die Gesellschaft allein oder gemeinsam vertreten, außer diesen Vertretungsarten auch noch eine Vertretung in der Weise erfolgen kann, daß ein Geschäftsführer zusammen mit einem Prokuristen die Gesellschaft vertritt. Dagegen ist es nicht zulässig, zu bestimmen, daß der einzige Geschäftsführer allein mit einem Prokuristen die Gesellschaft vertritt. Ebenso ist die Bestimmung unzulässig, daß, wenn mehrere Geschäftsführer bestellt sind, jeder nur in Gemeinschaft mit einem Prokuristen die GmbH. vertreten kann.

Anm. 24. Die in der Praxis übliche Fassung des Gesellschaftsvertrages, daß die Gesellschaft, wenn ein Geschäftsführer bestellt ist, durch diesen, wenn mehrere Geschäftsführer bestellt sind, durch zwei oder mehrere gemeinsam, oder durch einen Geschäftsführer und einen Prokuristen oder durch zwei Prokuristen vertreten sein kann, wird vom Kammergericht beanstandet (KG. 11. 7. 19 Rspr. OLG. 41, 208, KGJ. 52 A 98). Nach dieser Formulierung könne man der Ansicht sein, die Gesellschaft dürfe durch zwei Prokuristen schlechtweg sich vertreten lassen. Das sei rechtlich nicht angängig. Denn Prokuristen könnten (HGB. § 49 Abs. 2) nicht ohne spezielle Ermächtigung Grundstücksgeschäfte abschließen. Auch könne man aus der Eintragung der Klausel die Auffassung bekommen, die Gesellschaft dürfe vielleicht überhaupt von der Bestellung von Geschäftsführern absehen und sich mit Prokuristen behelfen. Das wäre gegenüber der Bestimmung von § 35 GmbHGesetz „irreführend“. Eintragungen im Handelsregister dürften aber nicht irreführend sein. Dem Registergericht könne daher die Eintragung der Klausel nicht „angesonnen“ werden. Die Begründung des Kammergerichtes greift nach keiner Richtung durch. Dürften alle Vertragsbestimmungen, die ein Mißverständnis hervorrufen könnten, nicht eingetragen werden, so könnten bei jeder Eintragung die merkwürdigsten Bedenken auftauchen. Die Einschränkung des § 49 Abs. 2 HGB. wird durch die übliche Klausel in keiner Weise berührt (wie das KG. Brodmann Anm. 2). Die Bestimmung der Vertretung durch zwei Prokuristen hat allerdings eine andere Bedeutung. Sie muß überhaupt nicht im Gesellschaftsvertrag enthalten sein. Dieser verlangt nur die Regelung der gesetzlichen Vertretung. Die Bestellung der Prokuristen ergibt sich aus § 48 HGB. Dort ist auch dem Geschäftsinhaber die Wahl zwischen Einzel- und Gesamtprokura gelassen. Dies gilt auch für die GmbH. Die Vorschrift der Satzung über die Kollektivprokura bedeutet nur eine Weisung, daß nur diese erteilt werden soll. Etwas anderes kann sie nicht enthalten. Die Erteilung einer Einzelprokura durch die Geschäftsführer ist nicht ungültig. Sie verletzt nur das Statut. Die Geschäftsführer können zur Verantwortung gezogen werden. Auch die nicht wie die Gesellschafter zustimmten (§ 46 Ziff. 7). Um Beanstandungen der Registerrichter zu entgehen, empfiehlt es sich in der oben angeführten üblichen Vorschrift des Gesellschaftsvertrags, die zwei Prokuristen nicht neben die Geschäftsführer zu stellen. In besonderem Satz wäre auszusprechen, daß bei Bestellung von Prokuristen nur Gesamtprokura erteilt werden soll. § 35.

Für diese Kollektivvertretung (Geschäftsführer zusammen mit Prokuristen) gilt dasselbe wie für die Kollektivvertretung der Geschäftsführer. Auch sie ist keine beschränkte Vertretung, sondern eine volle Vertretung, die nur auf mehreren Schultern ruht (vgl. oben Anm. 9). Der Umfang dieser Vertretungsbefugnis ist nicht der der Prokura, sondern der der Vertretungsbefugnis des Geschäftsführers (anders KGJ. 15, 98). Anm. 25.

Die Zulässigkeit der Ermächtigung eines Kollektivvertreters durch alle Kollektivvertreter gemeinsam (oben Anm. 14), die nachträgliche Zustimmung (oben Anm. 18), die gesetzliche Einzelvertretungsbefugnis der Kollektivvertreter (Anm. 8) gilt auch hier. Willenserklärungen werden gültig an einen von ihnen abgegeben. Zustellungen und Ladungen können an einen von ihnen gültig bewirkt werden. Das Wissen des einen von ihnen schadet der Gesellschaft so, als sei es bei allen Kollektivvertretern vorhanden. Der Ausspruch des Gesetzes (§ 35 Abs. 2 Satz 3), daß die der Gesellschaft gegenüber abgegebene Willenserklärung dann als abgegeben gilt, wenn sie einem der kollektivberechtigten Geschäftsführer abgegeben ist, enthält ein Prinzip. Wenn mehrere Personen kollektivberechtigt sind, eine dritte Person zu vertreten, so liegt hierin gleichzeitig eine gesetzliche Ermächtigung für jeden einzelnen der Kollektivvertreter, Erklärungen für den Machtgeber zu empfangen. Der Grund der Vorschrift wurzelt nicht darin, daß es sich um Geschäftsführer, sondern daß es sich um Kollektivvertreter handelt (vgl. § 171 Abs. 3 ZPO.; RG. 53, 231). Anm. 26.

Der Prokurist, der gemeinsam mit einem Geschäftsführer die Gesellschaft vertritt, wird dadurch doch nicht gesetzlicher Vertreter der Gesellschaft. Er bleibt gewillkürter Vertreter. Er kann als Zeuge vernommen werden (Bondi im SächsArch. 12, 12).

Die Bestellung von Prokuristen als Vertreter der GmbH. ist zulässig, auch wenn dies nicht im Gesellschaftsvertrag erwähnt ist. Es ergibt sich dies aus den Anordnungen des HGB., die für jeden Kaufmann schlechthin gelten. Unzutreffend ist die mitunter bei Registergerichten auftretende Ansicht, daß vor der Bestellung von Prokuristen die Vertretung der GmbH. durch diese im Gesellschaftsvertrag zugelassen sein müsse. Die sich häufig in Gesellschaften findende Bestimmung, daß diese neben den Geschäftsführern auch durch zwei Prokuristen vertreten wird, hat nicht die Bedeutung, diese Bestellung der Prokuristen erst zu ermöglichen. Sie besagt, daß die Gesellschaft in ihrem Geschäftsbetriebe nur Kollektivprokuristen bestellen soll. Eine demungeachtet erfolgende Ernennung eines Einzelprokuristen ist rechtsgültig (oben Anm. 24). Die Gesellschafter können auch zwei Prokuristen ernennen mit der Maßgabe, daß jeder derselben nur mit einem Geschäftsführer, nicht aber mit einem andern Prokuristen die Gesellschaft Anm. 27.

§ 35. vertrete. Ein demungeachtet durch zwei Prokuristen abgeschlossenes Geschäft ist für die GmbH. nicht verbindlich (RG. 20. 4. 11 BauersZ. 19, 130).

Anm. 28. γ) **Andere Abweichungen vom Grundsatze der Kollektivvertretung der Geschäftsführer sind nicht möglich** (KG. 1. 3. 12 BauersZ. 20, 60, OLGR. 27, 375, Recht 1913 Nr. 265; KG. 9. 7. 20 RJA. 17, 93). Eine reichsgesetzliche Ausnahme macht Binnenschiffahrtsgesetz § 123 Abs. 4. Für die Anmeldung zum Schiffsregister genügt unter allen Umständen ein Geschäftsführer. Eine Ordnung der Vertretung dahin, daß der Geschäftsführer zusammen mit einem Handlungsbevollmächtigten oder mit einem Mitgliede des Aufsichtsrats vertreten darf, ist unzulässig.

III. (Abs. 3.) **Die Art der Zeichnung.** Die Zeichnung geschieht in der Weise, daß die Zeichnenden zu der Firma ihre Namensunterschrift beifügen.

Anm. 29. 1. Die Vorschrift ist keine Formvorschrift. Sie belehrt den Geschäftsführer, wie er zeichnen soll. Sie ist daher nur Ordnungsvorschrift. Sie entspricht der für die Prokura gegebenen Vorschrift des HGB. § 51 (RGZ. 50, 60; 75, 1; RG. 26. 9. 13 RGZ. 83, 121). Die Geschäftsführer können nicht nur in dieser Form ihre schriftlichen Erklärungen abgeben. Jede schriftliche Erklärung ist gültig, welche den Willen, für die Gesellschaft zu zeichnen, deutlich ergibt. Daher kann die widerrechtliche Verwendung eines Vordrucks mit der gedruckten Firma der GmbH., etwa zum Zwecke einer Warenbestellung, unter Umständen Urkundenfälschung sein (RG. 27. 1. 20 Recht 1920 Nr. 1758). Andererseits genügt die einfache Unterschrift nicht, wenn es unerkennbar bleibt, ob sie für die GmbH. abgegeben sein soll (KG. 28. 6. 18 KGJ. 51, 225).

Anm. 30. Dies gilt auch für gesetzliche Formalakte. Auch bei Rechtsgeschäften, welche kraft gesetzlicher Vorschrift schriftlich zu beurkunden sind, muß die Unterschrift nicht notwendigerweise in der hier vorgeschriebenen Form abgegeben werden. Die Vorschrift ist auch hier bloße Ordnungsvorschrift (RGZ. 50, 60; RG. 8. 6. 01 JW. 1901, 519). Das strengere Erfordernis bei den Formalakten besteht nur in der schriftlichen Beurkundung des Aktes. Die Urkunde muß den ganzen Inhalt des Rechtsgeschäftes enthalten. Sie muß also auch ergeben, daß es für die Gesellschaft vorgenommen worden ist. Aus den begleitenden Umständen kann dieses Moment nicht ergänzt werden. Aber die Unterschrift muß nicht dieses Moment ergeben. Noch weniger kann dies nur durch die im Gesetze erwähnte Form geschehen. Es genügt, daß der Text ergibt, daß für die Gesellschaft kontrahiert wird. Das wirkt ebenso, als ob die Geschäftsführer nur unter die gestempelte Firma ihre persönlichen Namen setzen (vgl. für den Grundbuchverkehr KGJ. 13, 171, für den Beitritt zu einer Genossenschaft KG. 19. 9. 04 KGJ. 10, 244). Wenn die Geschäftsführer zugleich eine persönliche Verpflichtung (Bürgschaft) übernehmen, so genügt die von ihnen einmal gegebene Unterschrift für beides, wenn nur diese Absicht beider Erklärungen aus der Urkunde erhellt (RG. 22. 9. 13 JW. 1914, 32).

Nur beim Wechsel ist ein weiteres strenges Erfordernis aufgestellt (RGZ. 50, 60; RG. 8. 6. 01 JW. 519). Hier muß die Firma der Gesellschaft in der Unterschrift notwendig geschrieben sein. Eine bloße Unterstempelung der Firma genügt nicht, auch dann nicht, wenn die Geschäftsführer ihre persönlichen Namen geschrieben beifügen (ebenso Neukamp-Becker Anm. 6, Liebmann Anm. 7, Parisius-Crüger-Crecelius Anm. 8; a. M. Brodmann Anm. 4. Vgl. über diese wechselrechtliche Frage Staub-Stranz WO. §§ 11 und 42 zu Art. 4, § 16 zu Art. 21, dagegen allerdings RGZ. 47, 167). Die Wechselunterschrift ist gültig, wenn einer von zwei Gesamtvertretern dem andern oder die beiden Gesamtvertreter zusammen einem Dritten Vollmacht zur Unterschrift erteilten (oben Anm. 14). Im Prozeßfalle hat dann nicht der Kläger den Grund zur Vollmacht, sondern der Beklagte die Nichtbevollmächtigung zu beweisen (RG. 10. 10. 16 LZ. 1917, 206, Recht 1917 Nr. 1896).

Meldet der Geschäftsführer einer GmbH. eine Kommanditgesellschaft zur Eintragung ins Handelsregister an, bei der er mit anderen zusammen Kommanditist, die GmbH. Komplementar ist und unterzeichnet er nur mit seinem Namen, so ist die Anmeldung ungültig. Nicht weil der Ordnungsvorschrift des Abs. 3 nicht genügt wäre, sondern weil mit der

Eintragung die Formvorschrift von HGB. § 108 nicht erfüllt ist (RG. 28. 6. 18 RGZ. 51 A, **§ 35.**
125). Daß die Streitfrage, ob eine Urkunde, in der zugleich die Gesellschaft und der die Urkunde ausstellende Geschäftsführer persönlich als handelnd erscheinen, von dem Geschäftsführer zweimal mit seinem Namen unterschrieben werden muß, vom RG. (RGZ. 75, 1 JW. 1914, 32, SeuffArch. 62, 92) generell verneint würde (so Brodmann Anm. 4) dürfte irrig sein. Es kommt auf den Sinn und Inhalt der Vertragsurkunde und das, was die Parteien erkennbar gewollt haben, an.

2. Die Vorschrift über die Art der Zeichnung gilt auch im Verkehr der Geschäftsführer mit **Anm. 31.**
den Gesellschaftern. So bei Einladungen oder Zahlungsaufforderungen. Aber auch hier hat sie lediglich instruktionelle Bedeutung.

3. Das Statut kann auch vorschreiben, wie die Geschäftsführer zu zeichnen haben. Manchmal **Anm. 32.**
wird nur die gesetzliche Vorschrift näher ausgeführt. So, wenn bestimmt wird, es solle der Firma die Bezeichnung Geschäftsführer und die Unterschrift hinzugefügt werden. Auch solche statutarischen Vorschriften haben lediglich instruktionelle Bedeutung. Der Gesellschaftsvertrag kann nicht mit bindender Wirkung bestimmen, daß die Zeichnung in anderer Form ungültig sei. Eine Anordnung des Gesellschaftsvertrages, daß die Geschäftsführer nur in schriftlicher Form die Gesellschaft verpflichten, verstieße gegen den Grundsatz der Formfreiheit. Es läge auch eine dem Dritten gegenüber unwirksame Beschränkung der Vertretungsbefugnis der Geschäftsführer vor. Unwirksam ist ferner die Vorschrift, daß die schriftlichen Willenserklärungen der Geschäftsführer eine bestimmte Form haben müssen, um nach außen rechtsverbindlich zu sein (ROHG. 18, 341).

Im Verkehr der Geschäftsführer mit den Gesellschaftern haben solche **Anm. 33.**
statutarische Vorschriften der Regel nach nur instruktionelle Bedeutung. Doch kann hier das Statut eine weitergehende Wirkung einführen. Nur muß dies deutlich erhellen. So, wenn für die Einforderung von Einzahlungen eingeschriebener Brief oder wenn für die Erteilung der Genehmigung zur Veräußerung eines Geschäftsanteiles notarielle Form verlangt wird. Auch in solchen Fällen werden geringe Abweichungen von der vorgeschriebenen Form als unerheblich zu betrachten sein (RG. 34, 113).

Zusatz 1. Die Vorschriften des § 6 über die Geschäftsführer (vgl. Anm. 1—6 zu § 6).

I. (§ 6 Abs. 1.) **Die Gesellschaft muß einen oder mehrere Geschäftsführer haben.**

1. Der grundsätzliche Charakter der Vorschrift. Das „muß" bedeutet auch hier **Anm. 34.**
eine zwingende Vorschrift. Sie ist es aber nur für die Entstehung der Gesellschaft. Die Eintragung kann nicht erfolgen, wenn kein Geschäftsführer bestellt ist. Ist sie aber entstanden, so hat der Wegfall des Geschäftsführers keinen Einfluß auf ihre Fortexistenz (vgl. oben Anm. 3). Über die Fürsorge in dringenden Fällen vgl. unten Anm. 43.

2. Einen oder mehrere Geschäftsführer. Der Gesellschaftsvertrag kann die Zahl **Anm. 35.**
festsetzen. Er muß es nicht. Die Ernennung mehrerer Geschäftsführer im Gesellschaftsvertrag enthält an sich keine Festsetzung der Zahl. Ist aber eine Zahl der Geschäftsführer im Gesellschaftsvertrag festgesetzt, so kann eine gültige Abweichung hiervon nur durch Statutenänderung erfolgen (RG. 1. 6. 08 LZ. 2, 601[35]). Wird dann über die höchst zulässige Zahl ein Geschäftsführer ernannt, so ist dessen Bestellung als Verletzung des Gesellschaftsvertrages anfechtbar. Solange keine Anfechtung erfolgte, besteht sie zu Recht. Die Gesellschafter können auf die Erhaltung dieser gewillkürten Bestimmung verzichten (vgl. Anm. 15 zu § 47). Die Wahl wird unanfechtbar durch Verzicht der nicht zustimmenden Gesellschafter. Wurde bei Ernennung mehrerer Geschäftsführer die Höchstzahl überschritten, so ist der ganze Beschluß anfechtbar, nicht nur die Überschreitung. Es läßt sich nicht sagen, welcher von den mehreren Geschäftsführern zu Unrecht bestellt ist. Anders nur, wenn die Gesellschafter bei der Bestellung denjenigen, der über die zulässige Zahl hinaus gewählt wird und der Genehmigung der fehlenden Gesellschafter bedarf, bezeichnet haben. Liegt die Ernennung der Geschäftsführer dem Aufsichtsrate ob, so ist eine Mehrernennung durch diesen unwirksam. Es bedarf einer Anfechtung nicht. Dem Aufsichtsrat steht die Befugnis nicht zu, auf eine Bestimmung des Gesellschaftsvertrages dispositiver Art zu verzichten. Der

§ 35. Registerrichter lehnt daher hier den Eintrag der unter Verletzung der Vorschrift des Gesellschaftsvertrages vom Aufsichtsrate ernannten Geschäftsführer ab. Durch eine Genehmigung aller Gesellschafter kann diese Ernennung geheilt werden. Erfolgt sie nur durch Mehrheitsbeschluß, so ist dieser anfechtbar. Enthält der Gesellschaftsvertrag über die Zahl der Geschäftsführer nichts, so unterliegt auch die Zahl der Geschäftsführer jeweils der einfachen Beschlußfassung der Gesellschafter. Diese Beschlüsse der Gesellschafter werden nicht angemeldet. Aus der Anmeldung der Geschäftsführer zum Handelsregister, auf welche die Motive Wert legen, allein läßt sich auch die vorgeschriebene Zahl nicht entnehmen. Über die Gesamtvertretung und Gesamtgeschäftsführung mehrerer Geschäftsführer siehe oben Anm. 7 und 9ff. Die Zusage gegenüber einem Geschäftsführer, keine weiteren zu ernennen, hindert die Gesellschafter nicht daran. Ihre Zuwiderhandlung erzeugt nur zivilrechtliche Ansprüche des Geschäftsführers. Anders, wenn ihm als Gesellschafter ein Sonderrecht auf den Posten des alleinigen Geschäftsführers eingeräumt wurde.

Anm. 36. II. (§ 6 Abs. 2 und 3.) **Die Qualifikation der Geschäftsführer.**

Sie können Gesellschafter oder auch andere Personen sein. Das deutsche Recht kennt keine gesetzliche Geschäftsführerbefugnis der Gesellschafter (anders der Entw. des Schweizer OblR. § 798). Geschäftsführer wird auch ein Gesellschafter nur durch Bestellung. Doch kann eine Verbindung zwischen Gesellschafter und Geschäftsführer kraft der Satzung hergestellt werden. Dann wird für einen Gesellschafter das gesellschaftliche Recht und die gesellschaftliche Pflicht zur Geschäftsführung begründet. Das geschieht in den Fällen, in denen die GmbH. nur als die äußere Form für eine sonst als Personengemeinschaft gedachte Vereinigung gewollt ist. Auch für solche Gesellschafter-Geschäftsführer ist der Widerruf aus wichtigen Gründen stets zulässig (Anm. 7 zu § 38). Wenn ein Gesellschafter bei der Gründung zum Geschäftsführer bestellt ist, so ist damit noch nicht gemeint, daß der Gesellschafter so lange Geschäftsführer bleiben müsse, als er Gesellschafter ist. Noch weniger, daß er das Amt des Geschäftsführers in seiner Eigenschaft als Gesellschafter gemäß § 3 Abs. 2 auszuüben übernommen hat. Es liegt vielmehr im Zweifel darin eine bei Gelegenheit der Gründung erfolgte Bestellung eines Geschäftsführers (vgl. Anm. 27 zu § 3 und unten Anm. 41).

Anm. 37. Wenn der Gesellschaftsvertrag sämtliche Gesellschafter zur Geschäftsführung ernennt, so sind damit nicht die jeweiligen, sondern nur die bei Festsetzung der Bestimmung der Gesellschaft angehörenden Personen als Geschäftsführer gewollt. Die Bestellung der Geschäftsführer im Gesellschaftsvertrage ist ja nicht ein Bestandteil des Gesellschaftsvertrages, sondern eine bei Gelegenheit des Abschlusses des Gesellschaftsvertrages erfolgte Bestellung (siehe oben Anm. 36). Doch ist hier nur eine Auslegungsregel gegeben. Die Satzung kann auch gültig bestimmen, daß die jeweiligen Gesellschafter Geschäftsführer sein sollen. Das muß aber deutlich gesagt sein. Es genügt, um dies zu erkennen, wenn für den Fall, daß Minderjährige oder Frauen oder Ausländer Gesellschafter werden, besondere Vorschriften gegeben sind.

Anm. 38. Über weitere Qualifikationen der Geschäftsführer bestimmt das Gesetz nichts. Zum Geschäftsführer kann keine geschäftsunfähige Person ernannt werden. Mehr läßt sich aus den Vorschriften des bürgerlichen Rechtes, die hier eingreifen, nicht ableiten. Ein beschränkt Geschäftsfähiger kann Geschäftsführer werden (§ 113 BGB.). Das ist wichtig in Fällen, in denen Gesellschaftern ein Recht auf die Geschäftsführung zusteht. Wird ein Minderjähriger zum Geschäftsführer bestellt, so kann die GmbH. aus der Minderjährigkeit des Geschäftsführers Dritten gegenüber kein Recht herleiten (RG. 14. 10. 24 JW. 1925, 261, mit Anm. von Hachenburg). Die Rechte des Minderjährigen bleiben gleichwohl gewahrt. Ohne Genehmigung seines gesetzlichen Vertreters ist kein wirksamer Dienstvertrag zustande gekommen. Er hat nicht für die ordnungsmäßige Buchführung zu sorgen. Er kann strafrechtlich nicht zur Verantwortung gezogen werden (hierin a. M. RG. 14. 10. 24), aber wenn er die Verpflichtung als Geschäftsführer zivilrechtlich nicht übernehmen konnte, so fehlt die Grundlage der strafrechtlichen Verantwortung. **§ 35.** Auch Frauen können Geschäftsführer sein. Nur ist hier bei Übernahme dieses Amtes die Zustimmung des Ehemannes (§ 1358 BGB.) erforderlich. Die Frau übernimmt persönlich zu leistende Dienste. Das deutsche Gesetz verlangt auch nicht, wie manches ausländische für die Aktiengesellschaft, daß die Geschäftsführer oder eine Anzahl von ihnen Deutsche sein müssen. Es ist auch nicht erforderlich, daß sie ihren Wohnsitz im Inlande haben (Österr. OLG. Innsbruck 11. 3. 15 JW. 1916, 822). Zur Beaufsichtigung einer ausländischen Zweigniederlassung wird gerade der Wohnsitz im Auslande erwünscht sein. Geschäftsführer können auch Mitglieder des Aufsichtsrates sein (KG. 12. 2. 00 KGJ. 20 A 49; vgl. auch Anm. 48 zu § 52). Ein Aufsichtsrat, der nur aus Geschäftsführern bestünde, wäre allerdings ein Widerspruch. Nicht aber, wenn alle Mitglieder desselben stellvertretende Geschäftsführer sind. Auch, daß diese mit Aufsichtsratsmitgliedern oder untereinander verwandt oder durch Sozietät verbunden sind, ist kein gesetzliches Hindernis. Die in Reichs- und Landesgesetzen für Beamte enthaltenden Vorschriften, wonach dieselben zur Bekleidung solcher Stellen die Genehmigung ihrer vorgesetzten Behörde einholen müssen, beeinträchtigen ihre Wählbarkeit nicht. Die Verletzung solcher Vorschriften hat nur disziplinarrechtliche Folgen. Der Registerrichter hat kein Recht der Beanstandung (Behrend 838 Anm. 10; Ring Nr. 3 zu § 231 HGB.).

Die Statuten können Beschränkungen einführen (Behrend § 127 Anm. 22). Sie können z. B. bestimmen, daß Personen, welche die bürgerlichen Ehrenrechte verloren haben oder in Konkurs geraten sind, nicht Geschäftsführer sein können. Es kann vorgeschrieben sein, daß nur Gesellschafter Geschäftsführer sein können, oder nur Personen, die an einem bestimmten Orte wohnen. Es ist Sache der Auslegung, festzustellen, ob eine Bestimmung des Gesellschaftsvertrags eine notwendige Eigenschaft der Geschäftsführer vorsieht oder nur Verpflichtungen derselben aussprechen will. Wird der Wohnsitz am Niederlassungsorte verlangt, so wird man im Zweifel sich für eine Bedingung entscheiden.

Die Wahl einer geschäftsunfähigen Person ist nichtig. Ist sie aber auf **Anm. 39.** eine nach den Statuten nicht bestellbare Person gefallen, so ist der Beschluß anfechtbar. Nicht das zwingende Recht, sondern nur der Gesellschaftsvertrag ist verletzt. Wird er nicht angefochten, so ist der Geschäftsführer befugt, sein Amt auszuüben. Seine Rechtshandlungen für die Gesellschaft verpflichten diese. Mit der Anfechtung verliert die Bestellung ihre Wirkung (vgl. hierüber Anm. 15—17 zu § 45).

Tritt nachträglich der gesetzliche Ungültigkeitsgrund der Geschäftsunfähigkeit ein, so **Anm. 40.** erlischt die Geschäftsführerstellung. Ist eine durch den Gesellschaftsvertrag eingeführte Eigenschaft fortgefallen, so wird im Zweifel anzunehmen sein, daß hierdurch nur ein wichtiger Grund zum Widerrufe der Bestellung gegeben ist (zust. Ring Nr. 3 zu § 231 HGB.; anders Behrend § 127 Anm. 22, Holdheim in seiner Wochenschrift 1, 187). Doch kann sich aus dem gesamten Sachverhalt auch ergeben, daß ein Erlöschen ohne Willensakt der Gesellschaft gewollt ist. So wenn es heißt, daß, wenn ein Geschäftsführer aufhört, Gesellschafter zu sein, er ohne weiteres sein Amt verliert oder es nicht mehr bekleiden kann.

III. (§ 6 Abs. 2.) Die Bestellung zum Geschäftsführer erfolgt entweder in dem **Anm. 41.** Gesellschaftsvertrage oder nach Maßgabe der Bestimmungen des dritten Abschnitts (§ 6 Abs. 2).

a) Im Gesellschaftsvertrage. Wenn die Gesellschaft gegründet wird, so kann im Gesellschaftsvertrage selbst über die Person der ersten Geschäftsführer Bestimmung getroffen werden. Eine solche Bestimmung gilt im Zweifel nicht als Bestandteil des Gesellschaftsvertrags. Sie ist nur eine bei Gelegenheit des Abschlusses des Gesellschaftsvertrags erfolgte Bestellung von Geschäftsführern. Die Bestellung ist in diesem Falle durch die Gesellschafter namens der Gesellschaft erfolgt. Daher ist die Kündigung durch die Gesellschafter auch solchen Geschäftsführern gegenüber zulässig. Zur Bestellung anderer Geschäftsführer ist nicht ein Statutenänderungsbeschluß erforderlich (RG. 21. 10. 99

§ 35. RGZ. 44, 95 und LZ. 3, 76; RG. 4. 5. 04 Recht 05, 587; KG. 25. 2. 01 OLGR. 3, 65). Auch können aus der Tatsache allein, daß die Bestellung im Gesellschaftsvertrage erfolgt, keine Schlüsse für die Dauer des Anstellungsverhältnisses gezogen werden. Der Geschäftsführer gilt nicht für die Dauer der Gesellschaft oder seines Gesellschaftsverhältnisses oder gar auf Lebenszeit ernannt. Andererseits bedeutet die Aufhebung der die Bestellung der Geschäftsführer enthaltenden Paragraphen des Gesellschaftsvertrags nicht schon allein die Änderung der Bestellung (KG. 21. 5. 00 OLGR. 1, 187, RJA. 1, 58).

Die Gründer können aber mit der Aufnahme der Bestellung der Geschäftsführer in den Gesellschaftsvertrag einen anderen Zweck verfolgen. Es kann eine Verpflichtung eines Gesellschafters zur Übernahme des Geschäftsführeramts im Gesellschaftsvertrage ausgesprochen werden. Die Leistung der Arbeit fällt unter § 3 Abs. 2 (OLG. Frankfurt 12. 7. 07 OLGR. 16, 119 und Anm. 26ff. zu § 3). Es kann auch die Bestellung als Geschäftsführer im Gesellschaftsvertrage zu dem Zwecke erfolgen, um dem Gesellschafter ein Sonderrecht auf dieses Amt zu geben. Ist dies nicht ausdrücklich erklärt, so müssen zwingende Momente darauf hinweisen. „Nur wenn das Bestehen und Fallen des Vertrags davon abhängig gemacht wäre, daß der Kläger eine der Geschäftsführerstellen verwalte, würde die Bestellung unwiderruflich sein“ (RG. 26. 5. 08 LZ. 3, 75). Dazu genügt nicht die Ernennung im Gesellschaftsvertrage, auch nicht die starke Beteiligung des Gesellschafters (RG. a. a. O.). Ist aber die Berufung zum Geschäftsführer als Ausfluß des Gesellschaftsrechts gedacht, so ist dieses Recht nur aus wichtiger Ursache (§ 38) entziehbar. Dazu gehört z. B. die Bestimmung im Gesellschaftsvertrag, daß die Bestellung auf so lange erfolgt, als der Betreffende einen Geschäftsanteil im Besitz hat (RG. 19. 5. 14 LZ. 1914 S. 17, 162). Diese Grenze darf nicht überschritten werden (RG. 22. 2. 08 LZ. 2, 450[32]). Dieser Widerruf steht der Gesellschaft stets zu, wenn er im Statut nicht erwähnt ist. Dieses Recht ist unverzichtbar (vgl. auch unten Anm. 46).

Anm. 42. b) Ist die Bestellung nicht im Gesellschaftsvertrage erfolgt, so geschieht sie nach den Vorschriften des dritten Abschnitts. Maßgebend ist § 46 Nr. 5. Die Bestellung erfolgt dann durch Bestimmung der Gesellschafter. Sie beschließen in der Versammlung. Im Einverständnis aller Gesellschafter kann die Wahl schriftlich ohne Versammlung erfolgen. Wird im Gesellschaftsvertrage zugleich der erste Geschäftsführer ernannt, so darf daraus nicht geschlossen werden, daß auch für alle künftigen Bestellungen notarielle Form vorgeschrieben sein soll (KG. 25. 2. 01 OLGR. 3, 64, KGJ. 21 A 261).

Der Gesellschaftsvertrag kann eine andere Bestellung der Geschäftsführer anordnen (§ 45 Abs. 2). Der Gesellschaftsvertrag kann einem Gesellschafter das Recht der Bestellung einräumen. So wenn ein Handelsgeschäft in eine GmbH. umgewandelt wird und der Besitzer einen oder mehrere seiner Angestellten mit kleinen Beträgen beteiligt. Jener bedingt sich die Bestellung der Geschäftsführer aus. Das Ernennungsrecht kann den Gesellschaftern in der Weise zustehen, daß jeder Gesellschafter einen Geschäftsführer beruft. Das ist die Lösung bei Gesellschaften, die aus zwei Gesellschaftern bestehen und die sich von der offenen Handelsgesellschaft nur durch die Beschränkung der Haftung unterscheiden. Die Gesellschafter erhalten das Recht, selbst Geschäftsführer zu sein. Sie dürfen bei Niederlegung des Amtes einen anderen bestellen. Andernfalls wäre bei Stimmengleichheit stets mit der Gefahr der vergeblichen Abstimmung, bei ungleichen Stimmen mit der hier nicht angebrachten Majorisierung zu rechnen (über eine andere Art der Vermeidung dieser Schwierigkeit durch das Recht der Ernennung des Aufsichtsrats unter Mitwirkung eines Dritten vgl. Anm. 9 zu § 52). Für die Ausübung des Ernennungsrechts des einzelnen Gesellschafters bestehen keinerlei gesetzliche Regeln. Auftauchende Fragen müssen durch die Verkehrsauffassung nach den Umständen des besonderen Gesellschaftsvertrags beantwortet werden. So, ob das Ernennungsrecht nur persönlich oder auch durch einen Bevollmächtigten ausgeübt werden kann. Im Zweifel ist das letztere anzunehmen. So, ob mit der Veräußerung des Geschäftsanteils das Recht auf den Erwerber übergeht. So, ob es durch Nichtausübung trotz Aufforderung der Gesellschaft verwirkt wird. Haben die beiden Gesellschafter jeder das Recht, einen Geschäftsführer zu ernennen und haben diese beiden nur Kollektivunterschrift, so kann ein renitenter Gesellschafter die Vertretung der Gesellschaft unmöglich machen. Es muß daher dieser die Befugnis zustehen, ihm eine Frist zur Ausübung seines Rechtes zu setzen. Freilich fällt dann nach deren Ablauf wieder den Gesellschaftern das Bestellungsrecht zu. Bei Stimmengleichheit kann dann wieder die Wahl vereitelt werden. Ein Recht des anderen Gesellschafters, an Stelle des Säumigen die Ernennung des Geschäftsführers zu vollziehen, besteht nur, wenn es im Gesellschaftsvertrage bedungen ist. § 35.

Der Gesellschaftsvertrag kann dem Aufsichtsrat das Recht der Bestellung der Geschäftsführer übertragen. Dann hat auch schon vor der Eintragung der Gesellschaft zum Handelsregister der Aufsichtsrat das Recht, den Geschäftsführer zu bestellen. Die Bestellung erfolgt entweder im Gesellschaftsvertrage oder nach Maßgabe des dritten Abschnitts des Gesetzes (§ 6 Abs. 2). Dies umfaßt auch die Berufung durch den Aufsichtsrat (KG. 30. 6. 11 RJA. 11, 211, ZBlFG. 13, 95). Hat der Gesellschaftsvertrag zwar einen Aufsichtsrat eingeführt, ohne aber seine Funktionen zu bestimmen, so bleibt es bei der Ernennung der Geschäftsführer durch die Gesellschafter (§ 46 Nr. 5). Es finden allerdings die Bestimmungen des HGB. über den Aufsichtsrat Anwendung (§ 52). Allein § 247 HGB. ermächtigt den Aufsichtsrat nur, die Gesellschaft bei Rechtsgeschäften mit den Vorstandsmitgliedern zu vertreten. Das Recht der Bestellung ist darin nicht enthalten. Das kann ihm nur der Gesellschaftsvertrag geben (§ 182 Ziff. 4 HGB.). Mithin bedarf es hier dessen Verleihung. Dagegen steht infolge des § 257 HGB. dem Aufsichtsrate der GmbH. stets das Recht zu, die vertragsmäßige Kündigung vor- und anzunehmen und eine freiwillige Auflösung zu vereinbaren. (A. M. für die Kündigung Liebmann Anm. 6. Er will die Kündigung entweder einem etwa vorhandenen zweiten Geschäftsführer oder einem gemäß § 29 BGB. bestellten besonderen Vertreter oder den Gesellschaftern geben. Ersteres ist inkonsequent, das letztere unpraktisch. Wenn auch mangels besonderer Übertragung den Gesellschaftern die Anstellung und der Widerruf bleiben, so wollte man doch dem Aufsichtsrat den rechtsgeschäftlichen Verkehr mit dem Geschäftsführer überlassen.) Ist dem Aufsichtsrate Bestellung und Abberufung des Geschäftsführers übertragen, so kann nicht ein überstimmtes Mitglied des Aufsichtsrats eine Gesellschafterversammlung berufen und durch diese die Abberufung aussprechen lassen (KG. 23. 2. 11 OLGR. 24, 157; vgl. Anm. 3 zu § 38). Die Gesellschafterversammlung ist nicht eine dem Aufsichtsrat übergeordnete Berufungsinstanz. Die Ernennung der Geschäftsführer kann auch einem sonstigen Organe, dem Präsidenten der Gesellschaft oder einem von der Gesellschafterversammlung erwählten Delegierten der Gesellschafter oder der Handelskammer, oder sie kann einer Staatsbehörde etwa dem Minister des Innern oder dem jeweiligen Bischof übertragen werden. Unzulässig ist es aber, den von einem Dritten ernannten Geschäftsführer von den Beschlüssen der Gesellschaft völlig unabhängig zu stellen. Dessen Abberufung kann nicht lediglich dem ernennenden Dritten zustehen (RG. 3, 129 für das Aktienrecht). Sie kann auch einem bestimmt benannten Geschäftsführer übertragen sein. Auch die sämtlichen Geschäftsführer können durch Statut ermächtigt sein, andere Geschäftsführer zu ernennen (Kooptationsbefugnis). Dies ist schon im Aktienrechte zulässig (Staub-Pinner HGB. Anm. 20 zu § 231). Erst recht gilt es hier. Über die Bestellung des Geschäftsführers bei der Kartellgesellschaft vgl. Anm. 15 Exkurs zu § 3. Auch bei der Gründung erfolgt die Bestellung der Geschäftsführer in der durch Gesetz oder Statut vorgesehenen Weise. In allen Fällen muß bei der Anmeldung irgendwie urkundlich die Bestellung dargetan werden (§ 39 Abs. 2). So bei mündlicher Abstimmung durch eine Behörde durch Beifügung des Ernennungsaktes. Anm. 42a.

Stets bedeutet die Bestellung des Geschäftsführers einen Akt der inneren Verwaltung. Sie ist kein Vertrag mit einem Dritten. Einen solchen könnte nur der Geschäftsführer selbst für die Gesellschaft schließen. Wenn auch ein Dienstverhältnis aus der Bestellung entspringt, so ändert dies an dem Charakter des Rechtsgeschäfts, der Schaffung eines Organs der Ge- Anm. 42b.

§ 35. sellschaft nichts. Dies wird von Bedeutung für die Beteiligung des Geschäftsführers bei der Abstimmung über seine Anstellung und die Festsetzung seiner Bezüge. Beides bildet eine Einheit (Hachenburg LZ. 1, 468 und Anm. 22 zu § 47). In gleicher Weise darf sich auch ein Mitglied des Aufsichtsrats bei seiner Anstellung als Geschäftsführer beteiligen. Das Nähere hierüber Anm. 22 zu § 47.

Soweit dem einzelnen Gesellschafter ein Recht auf Bestellung des Geschäftsführers zusteht, ist er bei Verletzung dieses Rechts zur Beschwerde gegenüber der Anmeldung und Eintragung des auf anderem Wege ernannten Geschäftsführers befugt. Nicht aber kann jeder Gesellschafter gegen die Ernennung vorgehen (vgl. Anm. 21 zu § 14). In jedem Falle muß, falls ein Gesellschafter das Recht zur Ernennung eines Geschäftsführers haben soll, der Gesellschaftsvertrag dieses Recht enthalten. Eine interne Abmachung hierüber zwischen den Gesellschaftern ist für die Gesellschaft unverbindlich (OLG. Hamburg 5. 7. 23 HansGZ. 1923 Nr. 117).

Wird die Ernennung des Geschäftsführers durch die dritte Stelle unmöglich oder unterbleibt sie für den vorliegenden Einzelfall, so kehrt das Ernennungsrecht wieder zu den Gesellschaftern zurück. Das Recht des Widerrufs aus wichtigen Gründen (§ 38) bleibt stets bei diesen. Die Satzung kann es auch auf den Ernennungsberechtigten übertragen. Die Gesellschafter können verlangen, daß er es ausübt. Bei Ablehnung oder sonstigem Versagen steht es wiederum ihnen zu.

Anm. 43. Endlich aber gilt auch hier die im § 29 BGB. vorgesehene Zwangsbestellung eines Geschäftsführers durch das Amtsgericht auf Antrag eines Beteiligten in dringenden Fällen (KG. 2. 12. 01 KGJ. 23 A 105, RJA. 3, 25; KG. 8. 3. 12 RJA. 12, 39; Simon in ZHR. 49, 13; vgl. Allgem. Einl. Anm. 3 u. 4; BayObLG. 28. 2. 13 DJZ. 1914, 445; Recht 1913 Nr. 1417; BayObLG. 12. 11. 15; OLG. Dresden 25. 3. 24, JW. 1924, 1185 mit Anm. von Friedländer). Als Beteiligte gelten sowohl Gesellschafter (KG. 7. 3. 07 OLGR. 14, 366, KGJ. 34 A 169) als Gläubiger. Die Bestellung erfolgt „bis zur Hebung des Mangels". Die Wahl der Person steht dem Gerichte völlig frei. Es kann auch einen Gesellschafter bestellen, auch wenn für diesen die Mehrheit der Gesellschafter nicht stimmte (KG. 8. 3. 12 RJA. 12, 39). Mit der Bestellung eines ordnungsgemäßen Geschäftsführers erlischt die Befugnis des außerordentlichen. Einer Abberufung desselben bedarf es nicht. Das Erlöschen wird aber zugunsten des vom Amtsgerichte bestellten Geschäftsführers erst wirksam, wenn er hiervon Kenntnis erlangt (vgl. § 674 BGB.). Ein Fall des Mangels eines Geschäftsführers liegt nicht nur dann vor, wenn die Gesellschaft ohne einen solchen ist, sondern auch, wenn sie zwar deren mehrere hat, infolge des Prinzips der Kollektivvertretung durch das Wegfallen eines derselben aber nicht mehr die hinreichende Zahl zu genügender Vertretung vorhanden ist (oben Anm. 4). Doch ist § 29 BGB. nur anwendbar, wenn Sonderbestimmungen des GmbHG. fehlen. Solche gibt § 66 für die Ernennung von Liquidatoren. Ebenso aber auch § 46 Ziff. 8 bei inneren Gesellschaftsstreitigkeiten. Diese Vorschrift ist nicht auf Ersatzansprüche zu beschränken. Sie gilt von allen Prozessen gegen den Geschäftsführer, auch wenn sie der Gesellschaft als Dritte gegenüberstehen (KG. 7. 3. 01 OLGR. 14, 366). Durch Ordnungsstrafe die Wahl eines Geschäftsführers erzwingen kann der Registerrichter nicht (KG. 13. 6. 13 KGJ. 45 A 178). Über die Abberufung des Geschäftsführers vgl. Anm. 1ff. zu § 38. Sie steht nach dem Gesetze den Gesellschaftern zu (§ 46 Ziff. 5). Sie kann anderen Organen übertragen sein. Der einzelne Gesellschafter hat kein Recht dazu. Er kann auch keine einstweilige Verfügung gegen den Geschäftsführer beantragen (KG. 2. 10. 10 OLGR. 24, 154). Der Gesellschaftsvertrag kann es ihm zusprechen.

c) Solange die Gesellschaft noch nicht eingetragen ist, kann unter Umständen jemand wie ein Geschäftsführer für sie handeln, ohne dazu besonders aufgestellt zu sein. Notwendig ist, daß er für die Gesellschaft handeln will und daß die Gesellschaft nach der Eintragung seine Handlungen genehmigt (OLG. Kiel 16. 3. 15 SchlHolstAnz. 79, 115).

Zusatz 2. Das Dienstverhältnis der Geschäftsführer. § 35.

Der Abschluß des Anstellungsvertrags erfolgt durch die gleichen Organe, denen die Bestellung zusteht, also mangels anderer Bestimmung im Gesellschaftsvertrage durch die Gesellschafter. Sie können bei dem Ernennungsbeschlusse einen aus ihrer Mitte oder einen Dritten mit dem Abschlusse des Dienstvertrags beauftragen. Anm. 44.

I. Im Dienstvertrage kann dem Geschäftsführer eine andere Bezeichnung gegeben werden (Direktor, Präsident). Für die Vertretung der Gesellschaft ist er Geschäftsführer. Nur als solcher kann er zum Handelsregister angemeldet werden (OLG. Kolmar 14. 2. 08 LZ. 2, 871; a. M. Liebmann Anm. 3). Die Anmeldung als „Direktor" braucht der Registerrichter nicht zurückzuweisen, wenn er die Gewißheit hat, daß ein Geschäftsführer gemeint ist.

II. Das Vorliegen eines Dienstvertrags zeigt, daß der Geschäftsführer als solcher nicht Kaufmann ist. Er betreibt die Handelsgeschäfte nicht in eigenem Namen. Ob aber die Übernahme des Postens eines Geschäftsführers einer GmbH. als Verstoß gegen das Verbot der Einrichtung eines Konkurrenzgeschäftes anzusehen ist (BauersZ. 15, 177), ist durch Auslegung auf Grund der konkreten Sachlage festzustellen. Andererseits ist der Geschäftsführer nicht Handlungsgehilfe der Gesellschaft (RG. 28. 1. 08 Recht 08, 1087; vgl. Anm. 3 zu § 37). Für ein mit dieser vereinbartes Konkurrenzverbot finden nicht die Bestimmungen der §§ 74 und 75 HGB. Anwendung (unten Anm. 49). Die Vertragsstrafe kann wegen Übermäßigkeit herabgesetzt werden. Der Geschäftsführer als solcher ist ja nicht Kaufmann (BauersZ. 15, 278). Nicht ausgeschlossen ist, daß ein Kaufmann im Betriebe seines Handelsgeschäfts die Stellung eines Geschäftsführers übernimmt. Dann liegt auch darin ein Handelsgeschäft. Der Geschäftsführer ist nicht Gewerbetreibender. Er ist nicht verpflichtet, seinen Namen am Laden anzubringen, auch wenn er persönlich Inhaber der Konzession ist (PrOVG. 29. 5. 13 GewArch. 13, 366). — Dagegen hat das Reichsgericht (7. 11. 16 JW. 1917, 43) die Börsentermingeschäftsfähigkeit des Geschäftsführers bejaht, wenn er nach außen hin namens der Gesellschaft Börsentermingeschäfte abschließt (gegen OLG. Hamm 26. 11. 13 OLGR. 27, 375 und OLG. Hamburg 23. 3. 16 Bankarchiv 15, 324; vgl. hierzu Nußbaum in JW. 1917, 43). Anm. 45.

III. **Der Inhalt des Dienstverhältnisses.** Anm. 46.

A. **Die dienstlichen Verpflichtungen des Geschäftsführers können auf dem Gesellschaftsvertrage beruhen.** Im Aktienrecht kann dem Gesellschafter neben den Einlagen von Geld und Sachen nur die Verpflichtung zu periodischen Naturalleistungen auferlegt werden (§§ 211 und 212 HGB.). Nach dem GmbH. können die Gesellschafter auch sonstige Verpflichtungen, mithin auch die Verpflichtung zur Leistung von Diensten, und insbesondere auch die Verpflichtung zur Ausübung des Geschäftsführeramtes übernehmen (vgl. Anm. 27 zu § 3 und oben Anm. 38). Im Zweifel ist aber eine im Gesellschaftsvertrage erfolgte Übertragung und Übernahme des Amtes als Geschäftsführer nichts weiter, als die bei Gelegenheit des Gesellschaftsvertrags erfolgte Bestellung und Übernahme, nicht aber die Bestellung und Übernahme als gesellschaftliche Verpflichtung (vgl. oben Anm. 41). Ist aber letzteres gemeint, so liegt kein Dienstvertrag, sondern ein Teil des Gesellschaftsvertrages vor. Die aus dem Amte des Geschäftsführers fließenden Einzelverpflichtungen sind gesellschaftliche Verpflichtungen (RG. 4. 5. 04 Holdheim 04, 256). Über die Folgen der Verletzung solcher Pflichten s. Anm. 33ff. zu § 3.

B. **Das Verhältnis kann auch auf einem Auftrage beruhen.** Dann darf die Bestellung nicht ein Bestandteil des Gesellschaftsvertrags sein. Die Leistung der Tätigkeit erfolgt ohne Entgelt. Anm. 47.

C. **Die Regel ist ein Dienstvertrag** (OLG. Frankfurt 12. 7. 07 OLGR. 16, 118). Selbst dann, wenn die Anstellung im Gesellschaftsvertrage erfolgt. Sie gilt dann im Zweifel als eine bei Gelegenheit des Gesellschaftsvertrags erfolgte, nicht als gesellschaftliche Verpflichtung (vgl. oben Anm. 41 u. 46). Anm. 48.

§ 35. 1. Es liegt kein Dienstverhältnis zwischen Handlungsgehilfen und Prinzipal
Anm. 49. vor. Die Geschäftsführer sind nicht Handlungsgehilfen. Gegenüber den Handlungsgehilfen der Gesellschaft sind sie selbst die Prinzipale (Anm. 3 zu § 37). Die Vorschriften über die Handlungsgehilfen finden auch nicht analoge Anwendung. Also auch bei Verabredung einer Konkurrenzklausel nicht § 75 HGB. (RG. 28. 1. 08 Holdheim 17, 147; OLG. Dresden 28. 10. 15, SächsOLG. 37, 202). Daß aber deswegen der Gehaltsanspruch des Geschäftsführers nicht das Vorrecht aus § 61 Nr. 1 KO. genieße (KG. 21. 1. 16 OLGR. 32, 381) geht zu weit (vgl. unten Anm. 67). Das Verhältnis des Geschäftsführers zur Gesellschaft wird überhaupt nicht durch das Handelsgesetzbuch, sondern durch das GmbHG. und die Bestimmungen des BGB. über den Dienstvertrag geregelt (RG. 15. 12. 11, LZ. 1912, 309; vgl. unten Anm. 50). Für die Gehaltsklage eines Geschäftsführers ist nicht das Kaufmannsgericht, sondern das ordentliche Gericht zuständig, auch wenn es sich um die Tätigkeit vor Eintragung der Gesellschaft handelt (OLG. Dresden 17. 6. 20 SeuffArch. 76 Nr. 60). Auch tarifmäßige Erhöhung der Angestelltengehälter ist ohne Bedeutung für den Geschäftsführer (BauersZ. 27, 28). Unter die Angestelltenversicherung fallen sie aber, sobald sie nicht mehr als 6000 M. jährlich beziehen (§ 1 VersichG. f. Angestellte 20. 12. 11 BauersZ. 20, 25; Oberschiedsger. f. Angest.-Versicherung 20. 11. 15 JW. 1916, 762; oben Anm. 2). Vorausgesetzt ist, daß die Beschäftigung ihren Hauptberuf bildet. Die Geschäftsführung im Nebenamte macht nicht versicherungspflichtig. Nicht unter das VersichG. gehört auch der Geschäftsführer einer GmbH., deren Anteile er sämtlich besitzt. Was er von dieser bezieht, erhält er als Gesellschafter. Es mag bezeichnet sein wie immer, es ist Gesellschaftsgewinn (vgl. unten Anm. 51).

Anm. 50. 2. **Die Vorschriften des BGB. über den Dienstvertrag,** der eine Geschäftsbesorgung zum Gegenstande hat (§ 675 BGB.), sind anwendbar.

a) **Die Vergütung.** Auslagen sind dem Geschäftsführer zu erstatten (§§ 668, 669, 675 BGB.), jedoch nur in angemessenem Umfange. Seine Besoldung kann verschiedenen Inhalt haben. Das übliche ist Gehalt. Mitunter freie Wohnung und Beköstigung (RG. 22, 35), auch freie Wohnung nebst Garten. Dann hat er den Garten selbst zu bestellen (Bolze 11 Nr. 345). Es können ihm landwirtschaftliche Grundstücke der Gesellschaft zur Bewirtschaftung in eigenem Nutzen überlassen werden. Auch dann liegt ein Teil seines Dienstvertrags vor, keine selbständige Pacht (OLG. Königsberg 8. 2. 08 SeuffA. 64, 278). Pensionsabreden sind nicht nur zulässig, sondern in den letzten Jahren immer häufiger geworden. Sie können auch bei Beendigung des Dienstverhältnisses getroffen werden. Auch in der Pension liegt die Vergütung für geleistete Dienste (vgl. Bolze 14 Nr. 256, über den Pensionsanspruch als remuneratorische Schenkung). Die Vergütung kann im Zusammenhange mit dem Erfolge der Tätigkeit stehen. Sie kann sich nach dem erzielten Umsatz richten. So Provisionen von allen Geschäften, welche die Gesellschaft abschließt oder eine Vergütung von dem Umsatz bestimmter Erzeugnisse, insbesondere solcher, die nach den von dem Geschäftsführer gemachten Erfindungen hergestellt werden. Eine Provision vom Umsatz als ausschließliche Vergütung ist zulässig, wird sich aber bloß in Ausnahmefällen praktisch rechtfertigen lassen (vgl. BauersZ. 24, 138). Üblicher ist ein Anteil am Reingewinn (Tantieme). Für diese Tantieme gilt nicht die beschränkende Vorschrift des § 237 HGB. Es darf also die Tantieme nicht nur von demjenigen Reingewinn, der nach Vornahme sämtlicher Abschreibungen und Rücklagen übrigbleibt, bezahlt werden. Mangels besonderer Abrede ist die Tantieme nach den gesetzlichen und statutarischen Abschreibungen und Rücklagen (RG. 11, 163) zu berechnen. Die Tantiemepflicht des Gewinnvortrags (für das Aktienrecht vgl. RG. JW. 1905, 345) bestimmt sich bei der GmbH. lediglich nach dem Vertragsinhalte. Hat der Geschäftsführer im vorhergehenden Jahre von dem Gesamtgewinn den Anteil erhalten, so kann er ihn nicht im folgenden Jahre von dem Vortrage nochmals fordern. Findet er im Jahre seines Eintritts einen Gewinnvortrag aus dem früheren Jahre vor, so ist dieser im Zweifel nicht tantiemepflichtig. Er soll an dem von ihm erzielten Gewinn interessiert sein. Auch die Quelle des Gewinnes kann nach dem Vertrage erheblich sein. Der Gewinn, der sich aus der Veräußerung einer dauernd dem Betriebe des Geschäfts gewidmeten Sache ergibt, wird im Zweifel nicht tantiemepflichtig sein (a. M. BauersZ. 20, 50). Es handelt sich nicht darum, ob diese Gewinne ungewöhnliche sind. Maßgebend ist, daß nach der Verkehrssitte der Geschäftsführer an dem durch ihn im regelmäßigen Geschäftsgange erzielten und zur Verteilung unter die Gesellschafter bestimmten Gewinn beteiligt sein soll. Für den Fall, daß der Geschäftsführer im Laufe des Geschäftsjahres ausscheidet, hat er Anspruch auf einen Teil des Jahresgewinnes, nicht etwa auf einen Gewinnanteil des betreffenden Jahresabschnittes. Das gilt auch, wenn erst in die Zeit nach dem Austritt besonders gewinnbringende Geschäfte fallen (OLG. Hamburg 16. 2. 09 OLGR. 19, 302). Dasselbe Prinzip ist anwendbar, wenn der Geschäftsführer im Laufe eines Geschäftsjahres eintritt. Es ist unerheblich, daß der Hauptnutzen aus der früheren Zeit herrührte. Für den Tantiemeanspruch ist jeweils nur das eine Geschäftsjahr maßgebend. Falsche, auch bewußt falsche, Angaben über den Reingewinn des vorhergehenden Jahres, die den Geschäftsführer zum Abschlusse des Vertrags mit der Tantieme bestimmten, schaffen hieraus allein keinen Schadensersatzanspruch gegen die Gesellschaft (RG. 5. 11. 15 Recht 1916 Nr. 18, BauersZ. 23, 158). Er wäre aber in besonderen Fällen nicht zu versagen. So wenn der Geschäftsführer eine andere vorteilhaftere Stellung ausschlug, die er bei Kenntnis der wahren Sachlage angenommen hätte. Ein Entschädigungsanspruch dafür, daß durch Änderung im Betriebe, Stillegung usw. die jahrelang konstant gewesene Tantieme wegfällt, ist nicht gegeben. Ist die Tantieme den Geschäftsführern als Gesamtheit bewilligt, so fällt diese, soweit nicht in den Anstellungsverträgen ein anderes vereinbart ist, jedem derselben zu einem Kopfteil zu. Beim Ausscheiden eines Geschäftsführers ohne Ersatz wächst dessen Quote den verbleibenden an. Ist eine Unterbilanz aus dem Vorjahre zu decken, so erhält der Geschäftsführer keine Tantieme. Das Gegenteil kann sich aber aus dem Anstellungsvertrage ergeben. Für die Regel spricht, daß zunächst die statutarischen Rücklagen zu machen sind. Der Geschäftsführer erhält nur Tantieme, wenn die Gesellschafter Dividende erhalten. Zwingend ist diese Auslegung aber nicht. Das Gegenteil kann gewollt sein (RG. 2. 12. 13 RGZ. 83, 319). Ist dem Geschäftsführer ein Gewinnanteil zugesagt, bei dem ein Mindestbetrag garantiert ist, so ist der Anspruch auf diesen Betrag unabhängig von der Erzielung eines Gewinnes, trotz der irreführenden Bezeichnung (KG. 4. 4. 13 OLGR. 27, 378, BauersZ. 21, 108). Durch Verfehlungen eines Geschäftsführers gegen seine Verpflichtungen wird sein Anspruch auf die Tantieme nicht verwirkt. Die GmbH. hat nur einen Schadensersatzanspruch (OLG. Karlsruhe BadRpr. 09, 182). § 35.

Die Bestimmungen des Gesellschaftsvertrags über die Tantiemen der Geschäftsführer sind zunächst nur Normen im Verhältnis der Gesellschaft und der Gesellschafter. Sie werden aber Bestandteile des Abkommens zwischen der Gesellschaft und dem Geschäftsführer. Es genügt hierzu der erkennbare Wille beider Teile, daß der Geschäftsführer die dort vorgesehene Tantieme erhält. Einer abweichenden Regelung steht nichts im Wege. Der Gewinnanteil kann niedriger oder höher bemessen werden. Ist dem Geschäftsführer eine höhere Gewinnbeteiligung im Anstellungsvertrage versprochen, als das Statut vorsieht, so bleibt diese Zusage ihm gegenüber gültig. Es bedarf keiner Statutenänderung, wenn nur der Gewinn zur Verfügung der Gesellschafterversammlung steht. So gut diese durch Mehrheitsbeschluß auf die Dividende bei der Frage der Verteilung verzichten kann, so gut kann sie es durch den Anstellungsvertrag (vgl. hierzu auch BauersZ. 22, 26). Anders wenn ein statutarisches Recht der Gesellschafter verletzt wäre. Dann geht der Anspruch der Gesellschafter dem des Geschäftsführers vor. Die nicht zustimmenden Gesellschafter können den den Gesellschaftsvertrag verletzenden Beschluß anfechten. Sie können ihn auch für ihren Anteil am Gewinne als unwirksam behandeln (vgl. Anm. 3 S. 469 zu § 29). Fließt der Reingewinn auf andere Weise als durch Dividende an die Gesellschafter, z. B. durch Rückkauf der Geschäftsanteile, so ist die Tantieme so fest- Anm. 50a.

§ 35. zustellen, daß der bei einer Verteilung vorhandene Stand des Vermögens der Gesellschaft berechnet wird (RG. JW. 04, 419).

Eine zugesicherte Vergütung können die Gesellschafter nicht mit Rücksicht auf das ungünstige Ergebnis des Geschäftsjahrs herabsetzen (OLG. Kolmar 11. 7. 11 Recht 11, 2991). Sie können nur die Anstellung für die Zukunft auf den nächstzulässigen Termin kündigen. Ist über die Vergütung nichts vereinbart, so ist die übliche Vergütung als gewollt anzusehen (§ 612 BGB.). Die Gesellschaftsversammlung kann auch nachträglich eine angemessene Entschädigung bewilligen (ROHG. 22, 281). Sie kann sie auch aus Reserven nehmen. Die ihm zukommende Vergütung kann der Geschäftsführer selbst erheben. Er kann dieses Rechtsgeschäft mit sich selbst vornehmen. Es besteht nur in der Erfüllung einer Verbindlichkeit (§ 181 BGB.). Akzeptiert er aber, um zu seinem von den anderen Geschäftsführern bestrittenen Anspruch zu kommen, einen von einem Dritten mit seinem Einverständnisse auf die Gesellschaft gezogenen Wechsel, so steht der Gesellschaft gegen die Wechselklage des Ausstellers die Einrede der Arglist zu (OLG. Stuttgart 12. 6. 08 Recht 08, 2497). Die Verjährungsfrist für den Rückforderungsanspruch wegen zuviel erhobener Tantieme ist je nach der Veranlassung verschieden. Geht die falsche Berechnung auf eine aus Verschulden des Geschäftsführers falsch aufgestellte Bilanz zurück, so tritt Verjährung in fünf Jahren ein (GmbHG. § 43, HGB. § 241). Ist die Unrichtigkeit der Bilanz oder lediglich der Tantiemeberechnung trotz der angewendeten Sorgfalt eines ordentlichen Kaufmanns entstanden, so verjährt der Anspruch in zwei Jahren (BGB. § 196 Ziff. 8; Motive zum BGB. 2, 831).

Anm. 50b. Gewährt die Gesellschaft dem Geschäftsführer fortgesetzt auch ohne eine Vertragspflicht einen Gewinnanteil oder eine sonstige weitere Vergütung, so kann sich hieraus in Würdigung der Gesamtumstände ein Vertragsbestandteil entwickeln. Eine feste Regel läßt sich hierfür nicht geben. Es kann auch eine jedesmalige freiwillige Zuwendung, die im Belieben der Gesellschaft steht, gewollt sein. Dem gleich stehen die sogenannten G r a t i f i k a t i o n e n. Sie unterscheiden sich von den Tantiemen dadurch, daß sie keinen Anteil am Reingewinn, sondern eine durch die Gesellschaft am Ende des Jahres zu bestimmende Summe darstellen. Auch hier kann die Übung einen Anspruch erzeugen. Auch hier kann schon im Anstellungsvertrage ein solcher anerkannt sein. Dann liegt die Eigenart dieser Zusage darin, daß die Höhe von dem billigen Ermessen der Gesellschaft abhängt, daß die Gratifikation bei begründeter Unzufriedenheit mit den Leistungen des Geschäftsführers versagt werden kann, daß bei Austritt während des Jahres der Geschäftsführer keinen Anspruch auf einen verhältnismäßigen Anteil hat. Der Nachweis, daß die Parteien von dieser regelmäßigen Auffassung Abweichendes gewollt haben, ist beiderseits zulässig. Inwieweit der Geschäftsführer sich Leistungen Dritter auf seine Ansprüche gegen die Gesellschaft anrechnen lassen muß, ist im Einzelfalle festzustellen. So wenn er mit Zustimmung seiner Gesellschaft auch die Leitung einer rechtlich selbständig bestellten Abteilung derselben übernimmt und hierfür Gehalt bezieht. Hier muß, wenn seine Arbeit sich nicht erhöht, angenommen werden, daß sein Gesamteinkommen dasselbe bleiben soll. Oder er bezieht vertragsmäßig von beiden Gesellschaften Tantieme. Die Muttergesellschaft besitzt aber alle Geschäftsanteile der selbständig gemachten Abzweigung. Dann erhielte der Geschäftsführer von dem Gewinne der letzteren zweimal seinen Anteil. Er muß sich daher den von dieser gewährten auf den ihm bei jener zustehenden anrechnen lassen. Anders wieder liegt die Frage, ob die Gesellschaft Anspruch auf die Einkünfte ihres Geschäftsführers hat, die ihm als Aufsichtsrat bei einer AG. oder GmbH. zufließen, wenn er nur auf Grund der Beteiligung seiner Gesellschaft diesem Aufsichtsrat angehört. Sie ist im Zweifel zu v e r n e i n e n. Es bedarf einer Absprache zwischen dem Geschäftsführer und seiner Gesellschaft, um dies herbeizuführen.

Anm. 51. Ein Gesellschafter, der selbst alle Geschäftsanteile besitzt, kann sich selbst zum Geschäftsführer ernennen. Er kann sich aber nicht für seine Tätigkeit eine bestimmte unter allen Umständen zahlbare Summe als Gehalt aussetzen. Wenn es ihm zu seiner Übersicht über die Quellen seiner Einnahmen besser erscheint, so mag er das Einkommen aus der Gesellschaft in Gehalt, Zinsen und Gewinn einteilen. Rechtlich im Verhältnis zum Dritten bleibt dies stets nur der Nutzen aus dem Geschäftsbetriebe. Andernfals würde eine solche Festsetzung ihn ermächtigen, im Falle schlechter Ergebnisse sich selbst das Stammkapital unter dem Namen, Gehalt und Zinsen auszufolgen (§ 30 und § 31 Abs. 1). Erhebt er diese Beträge, so muß er sie zurückerstatten. Das Interesse der Gläubiger geht dem seinen vor. Das gilt auch, wenn er als Nichtgesellschafter zum Geschäftsführer ernannt wurde und später alle Geschäftsanteile erwarb. Er kann sich nicht auf seinen früheren Vertrag berufen. Nicht anders ist es, wenn sämtliche Gesellschafter zugleich Geschäftsführer sind. Während der erstere Fall der Einzelfirma gleicht, entspricht diese wirtschaftlich der offenen Handelsgesellschaft (RG. 5. 3. 22 BauersZ. 32, 14, Recht 1924 Nr. 106). Erst wenn als Geschäftsführer einer von mehreren Gesellschaftern bestellt ist, kann von einer festen Vergütung, auf die er stets Anspruch hat, die Rede sein (vgl. auch oben Anm. 49). § 35.

b) **Die Pflichten der Geschäftsführer.** Anm. 52.

α) Ein Konkurrenzverbot ist im Gesetze nicht vorgesehen (vgl. auch Freymuth, Wettbewerbsverbot für Gesellschafter und Geschäftsführer der GmbH. in RundschGmbH. 1925, 626ff.). Es wird daher nur dann und insoweit anzunehmen sein, als die Konkurrenz gegen die Pflichten der Geschäftsführer sonst verstößt. Es müssen also dadurch die Interessen der Gesellschaft geschädigt werden. Es kann auch schon ein bloßer Versuch unzulässig sein (OLG. Hamburg 14. 2. 13 BauersZ. 21, 181). Die Folgen des Konkurrenzverbotes sind nicht die des § 236 HGB., die GmbH. kann nur Schadensersatz (OLG. Hamburg 6. 12. 16 BauersZ. 24, 154, OLG. Hamburg 15. 6. 17 OLGR. 37, 7) fordern. Die Konkurrenztätigkeit kann einen Grund zur sofortigen Entlassung bilden (siehe unten Anm. 62). Davon zu trennen ist die Konkurrenzklausel, welche nach Auflösung des Verhältnisses in Kraft treten soll. Hier ist erheblich, daß der Geschäftsführer nicht Handlungsgehilfe ist. Das Konkurrenzverbot kann gültig auch für den Fall, daß die GmbH. dem Geschäftsführer kündigt, bedungen werden (oben Anm. 49). In welchen Fällen die Konkurrenzklausel beim Aufhören des Geschäftsführeramts gelten soll, ist Auslegungsfrage. Ebenso, ob bei einer Verständigung der Gesellschaft mit dem Geschäftsführer über frühzeitige Lösung des Verhältnisses das Konkurrenzverbot fortfällt. Daß die gänzliche Aufhebung eines Dienstvertrags im Zweifel die Aufhebung in allen Teilen bedeutet und daher die Konkurrenzklausel mangels Vorbehalts beseitige (BauersZ. 18, 85), trifft nicht zu. Es muß jeweils im Einzelfalle geprüft werden, ob ein Fortbestehen oder ein Fortfallen der Klausel der Sachlage entspricht. Dagegen wird man bei der Auflösung des Dienstverhältnisses durch den Geschäftsführer wegen Vertragsverletzung durch die Gesellschafter, gleich wie beim Handlungsgehilfen schon vor dem heutigen HGB. angenommen wurde, aus der Berücksichtigung von Treu und Glauben den Geschäftsführer von dem Konkurrenzverbot befreien. Der Geltendmachung des Verbots stünde die Einrede der Arglist entgegen (vgl. RGZ. 59, 77).

β) Zuwendungen Dritter, insbesondere heimliche Provision darf der Geschäftsführer nicht nehmen. Darin wird in den meisten Fällen ein Grund zur Entlassung liegen (vgl. unten Anm. 62). Auf alle Fälle gebührt die heimliche Provision der Gesellschaft (§§ 675, 667 BGB.; vgl. Staub-Bondi HGB. Anm. 46 zu § 59; Düringer-Hachenburg HGB. 2, 49). Über die Bestechung als Fall des unlauteren Wettbewerbs vgl. § 12 UnlWG.

c) **Krankheits- und sonstige Behinderungsfälle** werden durch das bürgerliche Recht (§ 616 BGB.) geregelt. Die Sonderbestimmung des § 63 HGB. gilt nur für Handlungsgehilfen. Anm. 53.

α) Entsteht die Behinderung durch einen Umstand, den keiner von beiden Teilen zu vertreten hat, so verliert der Geschäftsführer den Anspruch auf die Gegenleistung (§ 323 BGB.). Nur kommt die Vergünstigung des § 616 BGB. auch ihm zugute. Er behält für eine verhältnismäßig nicht erhebliche Zeit, während welcher er durch einen in seiner

§ 35. Person liegenden, von ihm nicht verschuldeten Umstand behindert ist, seinen Anspruch auf die Vergütung. Entsteht die Unmöglichkeit der Dienstleistung durch einen Umstand, den der andere Teil zu vertreten hat, so behält er den Anspruch auf die Gegenleistung. Der andere Teil ist die Gesellschaft. Für diese kommen hier die Gesellschafter als Organ (§§ 45ff.), der etwa bestellte Aufsichtsrat, ein zweiter Geschäftsführer in Betracht. Daß dieser letztere vertretungsberechtigt sein muß, wird nicht verlangt werden dürfen. Keine Gesellschaft wird berechtigt sein, einem Geschäftsführer sein Gehalt zu weigern, wenn der zweite Geschäftsführer, der mit ihm Kollektivvertretung hatte, ihn durch körperliche Mißhandlung mehrere Wochen arbeitsunfähig machte. Ebenso bleibt der Anspruch des Geschäftsführers, wenn die Gesellschaft seine Dienste nicht annehmen will und während dieses Annahmeverzuges die Unmöglichkeit der Dienstleistung entsteht (§ 324 BGB.).

Anm. 54. β) Entsteht die Unmöglichkeit der Dienstleistung aus einem Grunde, den der Geschäftsführer zu vertreten hat, so kann die Gesellschaft Schadensersatz wegen Nichterfüllung verlangen. Sie kann auch aus wichtigen Gründen den Vertrag aufheben und Schadensersatz fordern (§ 627 BGB.).

Anm. 55. γ) Das Recht der Gesellschaft, wegen der Unmöglichkeit der Dienstleistungen aus wichtigem Grunde sofort zu kündigen (§ 626 BGB.), besteht auch bei unverschuldeter Unmöglichkeit. Hierüber weiteres unten Anm. 64.

Anm. 56. δ) Urlaub kann sich der Geschäftsführer in den üblichen Grenzen selbst erteilen. Doch muß er für seine Vertretung Sorge tragen. Wenn ein Aufsichtsrat bestellt ist, hat er dem Vorsitzenden des Aufsichtsrats Anzeige zu machen. Bei Vorhandensein mehrerer Geschäftsführer haben sich dieselben während der Urlaubszeit gegenseitig zu vertreten. Auch wenn er im Anstellungsvertrage nicht bedungen ist, entspricht der Erholungsurlaub einer in der Verkehrsauffassung begründeten Auslegung des Anstellungsverhältnisses. Doch kann der Antritt des Urlaubs gegen den ausgesprochenen Willen des Aufsichtsrats oder der Gesellschafterversammlung unter Umständen als schwerer Verstoß gegen die Pflichten des Geschäftsführers angesehen werden und eine sofortige Kündigung rechtfertigen (RG. 27. 11. 12 LZ. 1913, 299).

Anm. 57. d) **Die Kündigung** (§ 622 BGB.). Das Dienstverhältnis der mit festen Bezügen zur Leistung von Diensten höherer Art Angestellten, deren Erwerbstätigkeit durch das Dienstverhältnis vollständig oder hauptsächlich in Anspruch genommen wird, kann nur für den Schluß eines Kalendervierteljahres und nur unter Einhaltung einer Kündigungsfrist von 6 Wochen gekündigt werden, auch wenn die Vergütung nach kürzeren Zeitabschnitten bemessen ist. Bezieht der Geschäftsführer feste Bezüge und Tantieme (oder Provision), so gilt das gleiche. Der Begriff der festen Bezüge wird dadurch nicht aufgehoben.

Anm. 58. Bezieht der Geschäftsführer nur Tantieme, so kann dem Geschäftsführer jederzeit gekündigt werden (§ 627 BGB.). Denn es liegt dann nicht ein dauerndes Verhältnis mit festen Bezügen vor. Zwar ist das Verhältnis ein dauerndes. Denn ein auf unbestimmte Zeit geschlossenes Verhältnis ist ein dauerndes. Aber er ist ohne feste Bezüge. Daher hat hier „der zur Dienstleistung Verpflichtete, ohne in einem dauernden Verhältnis mit festen Bezügen zu stehen, Dienste höherer Art zu leisten, die auf Grund besonderen Vertrauens übertragen zu werden pflegen". Bezieht der Geschäftsführer nur Provision, so gilt dasselbe. Eine Anwendung des § 623 BGB. (so Staub-Pinner HGB. Anm. 29 § 231) ist nicht zu begründen.

Anm. 59. Der Vertrag kann eine andere Kündigungsfrist oder auch eine bestimmte Dauer vereinbaren (§ 620 BGB.) oder beides kombinieren. Denn die betreffenden Vorschriften sind nur dispositiv. Auch kann der Vertrag kürzere Kündigungsfristen festsetzen. Gesetzliche Minimalkündigungsfristen gibt es hier nicht. Aber ein auf Lebenszeit oder auf länger als fünf Jahre eingegangener Vertrag ist nur für die Gesellschaft bindend, während der Geschäftsführer nach dem Ablaufe von fünf Jahren mit sechsmonatlicher Frist kündigen kann (§ 624 BGB.). Diese Vorschrift des BGB. ist zwingender Natur. Unter die Vorschrift fällt auch eine Anstellung „für die Dauer der Gesellschaft". Man kann dies nicht als einen Dienstvertrag von unbestimmter Zeit, bei dem jeder Teil aufs Kalenderquartal kündigen könnte, ansehen. Der Geschäftsführer ist für Lebenszeit, sofern nur die Gesellschaft besteht, gebunden. Deshalb wird ihm nach fünf Jahren die Kündigung zustehen. Der Gesellschaft nicht, solange sie existiert. Gerät die Gesellschaft in Konkurs, so stehen dem Geschäftsführer von der Konkurseröffnung an Gehaltsansprüche nicht mehr zu (RG. 15. 5. 17 BauersZ. 25, 89). Über die Anwendbarkeit des § 624 BGB. auf die Fälle der Übernahme des Geschäftsführeramtes auf Grund der gesellschaftlichen Pflicht vgl. Anm. 27 zu § 3. Über die Bedeutung der Aufnahme der Bestellung in den Gesellschaftsvertrag für die Dauer des Anstellungsverhältnisses vgl. oben Anm. 41. Die Bestimmung des § 622 BGB. kann nicht nur ausdrücklich durch den Anstellungsvertrag geändert werden. Es können auch die Gesamtumstände eine solche Kündigungsfrist als nicht der Sachlage entsprechend ersehen lassen. So wenn dem Geschäftsführer „eine Lebensstellung" zugesagt würde. Das ist keine Anstellung auf Lebensdauer. Aber sie verpflichtet die GmbH. zur Einhaltung einer solchen Kündigungsfrist, daß dem Geschäftsführer die Möglichkeit, wieder eine entsprechende Stelle zu finden, gewährleistet sein muß (RG. 9. 4. 09 BauersZ. 15, 153). Kündigt die Gesellschaft ohne Beachtung der gesetzlichen oder vertraglichen Frist, so ist diese Kündigung wirkungslos. Ob sie als Kündigung auf die nächst zulässige Zeit anzusehen ist, muß im Einzelfalle geprüft werden. Der Geschäftsführer kann die unzulässige Kündigung annehmen. Dann wird das Anstellungsverhältnis durch Vertrag aufgehoben. Die Annahme kann auch stillschweigend erfolgen. Das Stillschweigen der Geschäftsführer allein ist keine Zustimmung. Sie liegt auch noch nicht darin, daß er sich nach einer anderen Stelle umsieht. Dies enthält zunächst nur eine Vorbereitung zu einer späteren Erklärung. Erst wenn er eine andere Position hat, wird er die unstatthafte Entlassung billigen. Solange aber diese Annahme nicht erfolgt ist, kann die Gesellschaft ihre Entlassung zurücknehmen. Sie ist nur ein Antrag. Sie ist daran nur gebunden, wenn er alsbald angenommen wird. Verzögert der Geschäftsführer die Zustimmung, so wird die Gesellschaft wieder frei. Eine andere Frage ist es, ob aus ihrem Verhalten nicht für den Geschäftsführer ein wichtiger Grund zur Vertragsauflösung fließt. Niederlegung des Amts ist Kündigung. Sie kann daher vom Geschäftsführer nicht widerrufen werden. Es bedarf eines neuen Anstellungsbeschlusses (KG. 7. 3. 07 Recht 07, 646[1366]). Hat ein Geschäftsführer mit dem Aufsichtsrat einen Vertrag abgeschlossen, wonach er nach Umfluß einer Probezeit bei zufriedenstellenden Leistungen einen langjährigen Vertrag erhalten soll, hat aber der Aufsichtsrat ihn ohne Rücksicht auf die Leistungen schon während der Probezeit gekündigt, weil ein dahingehender Geheimbeschluß schon vor dem Vertragsabschlusse gefaßt war, so ist die Kündigung unrechtmäßig. Die Gesellschaft ist zum Schadensersatz verpflichtet (RG. 2. 5. 16 BauersZ. 24, 45). § 35.

Ist nach Ablauf der Dienstzeit das Verhältnis fortgesetzt, ohne daß seitens der Gesellschaft unverzüglich widersprochen ist, so besteht das Verhältnis nunmehr auf unbestimmte Zeit (§ 625 BGB.). Die Bestimmungen des Vertrages über die Vertragszeit oder die bisherigen Kündigungsbedingungen sind nicht anwendbar, falls dies nicht erkennbar dem Willen der Parteien entspricht. Die sonstigen Vertragsabreden bleiben in Kraft. Der bloße Mangel eines auf die Fortsetzung des Vertrags gerichteten Willens der Gesellschaft genügt zur Beendigung nicht. Erforderlich ist die Erklärung des Willens, mindestens durch schlüssige Tatsachen (RG. 9. 6. 14 Recht 1914 Nr. 2751). — Ein Dienstverhältnis auf unbestimmte Zeit ist auch dann anzunehmen, wenn jemand zum Geschäftsführer ernannt worden ist, die Ernennung angenommen hat, der vorgesehene besondere Dienstvertrag aber nicht zustandegekommen ist (RG. 3. 4. 17 Recht 1917 Nr. 1400). **Anm. 60.**

e) **Die sofortige Kündigung** löst das ganze Anstellungsverhältnis. Zu trennen davon ist der Widerruf der Bestellung. Er trifft nur die Stellung nach außen. Die Vertretungsbefugnis erlischt (vgl. Anm. 5 zu § 38). Die Ausübung dieses Widerrufsrechtes kann mit dem Dienstvertrage in Widerspruch stehen. Dann stehen dem Geschäftsführer seine sonstigen Vertragsrechte zu. Dies hebt § 38 Abs. 1 hervor. Es kann aber auch in Gemäßheit seines **Anm. 61.**

§ 35. Vertrages oder des Gesetzes ein wichtiger Grund zur sofortigen Kündigung des Dienstverhältnisses nach den Vorschriften des BGB. vorliegen. Dann stehen ihm Vertragsrechte aus dem vorzeitigen Widerruf nicht zu.

α) Für die Kündigung wird die Unterscheidung in dauernde Dienstverhältnisse mit festen Bezügen oder ohne solche erheblich. Im ersteren Falle greifen die Vorschriften der §§ 626 und 628 Abs. 2 BGB. Platz.

Das Dienstverhältnis kann von jedem Teile ohne Einhaltung einer Kündigungsfrist gekündigt werden, wenn ein wichtiger Grund vorliegt. Wird die Kündigung durch vertragswidriges Verhalten des anderen Teiles veranlaßt, so ist dieser zum Ersatze des durch die Aufhebung des Dienstverhältnisses entstehenden Schadens verpflichtet.

Liegt ein dauerndes Dienstverhältnis mit festen Bezügen nicht vor (§ 627 BGB.), so ist jederzeit Kündigung möglich.

Anm. 62. β) Welches wichtige Gründe sind, sagt das Gesetz nicht. Es gibt auch keine Anhaltspunkte. Hier ist alles dem richterlichen Ermessen überlassen. Die wichtigen Gründe können in einem vertragswidrigen Verhalten des Geschäftsführers liegen. Sie müssen es nicht. Das erhellt schon aus der besonderen Regelung in § 628 Abs. 2 BGB. Sie können in der Person des Geschäftsführers zu finden sein. So im Falle der Krankheit. Sie können aus den Verhältnissen der Gesellschaft fließen. Sie müssen auch in diesem Falle solche sein, daß ihr das Fortbestehen des Dienstvertrags nicht zugemutet werden kann. Einfache Auflösung der Gesellschaft genügt dazu nicht. Der Geschäftsführer wird Liquidator (RG. 24, 79; RG. JW. 1901, 209 und 1903, 11). Über den Konkurs der Gesellschaft vgl. unten Anm. 67.

Anm. 63. Daß bei der Prüfung des Verhaltens des Geschäftsführers strengere Grundsätze Platz greifen als bei den Handlungsgehilfen (so das ROHG. 13, 182 für die Vorstandsmitglieder einer Aktiengesellschaft), wird nicht unbedingt zutreffen. Es ist sogar das Gegenteil denkbar. So wird das Fortbleiben vom Geschäft nicht so streng zu nehmen sein wie beim Handlungsgehilfen. Andererseits führt das Vertrauensverhältnis zu strengerer Beurteilung. Die gehobene Stellung verlangt eine stärkere Selbstdisziplin. Der Geschäftsführer vertritt die Gesellschaft. Er ist auch für ihre Stellung Dritten gegenüber verantwortlich. Sein Verhalten kann ihr Ansehen in ganz anderem Maße berühren als das ihrer Hilfspersonen. Die Rechtsprechung hat dies in einer Reihe von Fällen durchgeführt (Bolze 18 Nr. 407). Indiskretion kann einen Grund zur Entlassung abgeben (ROHG. 21, 376); ferner unberechtigte Eigenmacht, Verheimlichung und falsche Buchführung in bezug auf den einer anderen Firma gewährten Erlaß (Bolze 2 Nr. 1125); Annahme einer Gratifikation aus Anlaß einer Bestellung seitens der Gesellschaft, ja schon die Bemühung um die Erlangung von Prozenten hierbei (RG. 31. 3. 08 LZ. 2, 595); unbefugte Bereicherung auf Kosten der letzteren, Bestechlichkeit (ROHG. 13, 182); Vertrauensmißbrauch (ROHG. 21, 376); Agenturvertrag, unerlaubte Konkurrenz-, Börsen- und Differenzspiel (RG. 53, 266) und das Vorschützen des Differenz- und Börsentermins einwandes (RG. 53, 266); der Versuch, ohne Kenntnis der Gesellschaft ein Konkurrenzunternehmen ins Leben zu rufen (OLG. Braunschweig 1. 11. 12 OLGR. 27, 379), dagegen nicht die Vorbereitung für die Übernahme eines sogleich nach fristgemäßer Beendigung des Dienstvertrags zu eröffnenden Konkurrenzgeschäftes (OLG. Karlsruhe 9. 5. 14 RundschauGmbH. 1914, 218). Unter besonderen Umständen auch der Verdacht einer strafbaren Handlung, insbesondere wenn er selbst verschuldet ist und die Aufklärung erst im Prozesse verspätet erfolgt (OLG. Hamburg 19. 1. 12 Recht 1912, 287[4], LZ. 1912 [6] 860; vgl. auch Anm. 8 zu § 38) und auch der Urlaubsantritt gegen den ausgesprochenen Willen des Aufsichtsrats oder der Gesellschafterversammlung (RG. 29. 11. 12 LZ. 1913, 299). (Über die Weigerung des Geschäftsführers, ungültige Beschlüsse der Gesellschafter auszuführen vgl. Anm. 41 f. zu § 45.)

Man wird sagen dürfen, daß, je größer das Unternehmen und damit die Vertrauensstellung des Geschäftsführers ist, desto weniger kleinlich der Maßstab für seine Art der Betätigung sein darf. Desto peinlicher muß er aber alle Momente, die das Vertrauen erschüttern können, vermeiden. Es muß dabei darauf hingewiesen werden, daß hier ganz besondere Vorsicht bei dem Gebrauch der Urteile in der Praxis geboten erscheint. Es lassen sich keine allgemeingültigen Regeln geben. Derselbe Fall kann je nach der Sachlage bald als wichtige Ursache erscheinen, bald nicht. Ist dagegen das Verhalten eines Geschäftsführers einem anderen Geschäftsführer gegenüber beleidigend, so kann dieser vom Dienst wegbleiben, bis ihm anständige Behandlung gewährleistet ist (RG. 15. 2. 21 BauersZ. 28, 183). Eine Entlassung des andern Geschäftsführers muß nicht erfolgen, es sei denn, daß die Kränkung eine nicht wieder gutzumachende Feindschaft erweckte. Bei einer Gesellschaft, deren Anteile in einer Hand sind, kann ein ungezogenes Benehmen des Geschäftsführers gegenüber diesem einen Gesellschafter einen Entlassungsgrund bilden. Hat die GmbH. eine große Anzahl von Gesellschaftern, so wird das gleiche ungezogene Betragen gegenüber einem Gesellschafter eine andere Bedeutung haben. Es müssen hier noch besondere Momente, z. B. der Auftrag des Gesellschafters als Repräsentant der Gesellschaft bei der Überwachung hinzutreten. Man denke ferner, daß die Geschäftsanteile bis auf einige unbedeutende dem Gesellschafter, der Geschäftsführer ist, gehören. Die Indiskretion (oben ROHG. 21, 376) gewinnt eine andere Bedeutung. Die kleine Minderheit kann dem Geschäftsführer deshalb nicht kündigen. Dasselbe gilt von den anderen zitierten Fällen. Danach entscheidet sich auch die Bedeutung von Luxusausgaben, die der Geschäftsführer für Repräsentationen und Wohnungseinrichtung usw. macht (BauersZ. 19, 145). In der Regel wird dies ohne Genehmigung der Gesellschafter unstatthaft sein. Aber auch hier kann die besondere Sachlage ein anderes ergeben. Überall kann durch die gerade bei der Gesellschaft so sehr mögliche Verschiedenheit der Sachlage eine andere Entscheidung als die richtige erscheinen lassen. Die Unterstützung von Schuldnern der Gesellschaft kann statthaft sein, wenn es geschieht, um ihren Zusammenbruch zu verhindern (OLG. Hamburg 19. 5. 14 ZAktW. 1914, 177). Auch das Verhalten des Geschäftsführers zum Aufsichtsrat wird von demselben Standpunkte aus zu betrachten sein. Je mehr diesem Gesellschafterrechte übertragen sind, je mehr die Geschäftsführer ihm untergeben erscheinen, desto stärker werden Verstöße im Verkehr des Geschäftsführers mit dem Aufsichtsrat als Entlassungsgrund erscheinen (vgl. BauersZ. 20, 11). **§ 35. Anm. 63a.**

Die Aufkündigung des **Dienstverhältnisses** aus wichtiger Ursache ist nicht identisch mit dem Widerruf der **Bestellung** (oben Anm. 61). Auch er kann im Gesellschaftsvertrag auf den Fall des Vorliegens wichtiger Ursachen beschränkt sein (§ 38 Abs. 2, vgl. Anm. 5ff. zu § 38). Der Widerruf hebt aber nur die **Vertretungsmacht** auf. Die Kündigung beseitigt das interne Rechtsverhältnis. Es sind Fälle denkbar, in denen ein wichtiger Grund zum Widerrufe der Bestellung gegeben wird, ohne daß ein wichtiger Grund zur Aufhebung des Dienstverhältnisses vorliegt. So wenn infolge Änderung des Gesellschaftsvertrags die Zahl der Geschäftsführer beschränkt wird (Anm. 8 zu § 38; RG. 26. 5. 08 LZ. 3, 76). Die Ansprüche aus dem Dienstverhältnisse bleiben dem Geschäftsführer, der dieser neuen Ordnung weichen muß. In den meisten Fällen treffen die wichtigen Gründe sowohl das äußere wie das innere Verhältnis. Die Kündigung des Dienstverhältnisses enthält den Widerruf der Bestellung. Daher werden die Fälle, in denen die Rechtsprechung den wichtigen Grund behauptet oder verneint, für beide Momente verwendet werden können. Nicht erforderlich ist, daß die GmbH. bei Ausspruch der Entlassung sich darüber äußert, daß sie zugleich das Dienstverhältnis kündige. Die kaufmännische Auffassung kennt die rechtliche Unterscheidung in das äußere und innere Verhältnis nicht. Vielleicht kommt einmal eine Zeit, in der auch die Gesetzgebung diese Konstruktion aufgibt. Jedenfalls ist es undenkbar, daß einem Geschäftsführer, dem der Aufsichtsrat mitteilt, er enthebe ihn seines Amtes, darin nur den Widerruf der Be- **Anm. 63b.**

§ 35. stellung unter Fortdauer des Dienstvertrags sehen will, da das Schreiben nichts davon enthalte. Zulässig ist es im Prozesse, andere Gründe geltend zu machen, als bei der Entlassung angegeben war, auch solche, die erst nachher bekannt wurden (RG. 5. 12. 11 LZ. 1912, 220). Auch für den aus wichtiger Ursache, selbst wegen Pflichtwidrigkeit entlassenen Geschäftsführer besteht das zur Erfüllung seiner Pflicht und zu seiner Verteidigung erforderliche Recht auf Einsicht der Bücher usw. fort. Sie bilden die Grundlage seiner Darlegung der Geschäftsführung (RG. 8. 4. 08 Holdheim 17, 251).

Anm. 64. Als Grund der sofortigen Kündigung für den Geschäftsführer ist es zu erachten, wenn die Gesellschafterversammlung oder der Aufsichtsrat von ihm ungesetzliche Handlungen verlangt. Grund zur sofortigen Kündigung ist es ferner für ihn, wenn mehr von ihm verlangt wird, als wozu er nach dem Dienstvertrage verpflichtet ist (z. B. einem für eine Berliner Gesellschaft engagierten Geschäftsführer wird zugemutet, dauernd nach Köln überzusiedeln), wenn ihm die Vertretungsbefugnis entzogen wird (vgl. Anm. 4 zu § 38), auch wenn die Einzelvertretung ohne schwerwiegenden Grund in eine Kollektivvertretung verwandelt wird. Ebenso wenn einem Geschäftsführer, der früher nur den gesetzlichen Beschränkungen unterlag, durch Beschluß der Gesellschafter auferlegt wird, bei Käufen, Geschäftsabschlüssen usw. die Genehmigung der Gesellschaft einzuholen (OLG. Frankfurt 12. 7. 07 OLGR. 16, 119). Ebenso wenn die Gesellschafter ohne Benachrichtigung des Geschäftsführers und während seiner Abwesenheit wesentliche Satzungsänderungen oder geschäftliche Veränderungen vornehmen. Darin kann ein Verstoß gegen den geschäftlichen Anstand und eine Kundgebung erheblicher Mißachtung liegen (RG. 7. 1. 11 LZ. 1911, 301, Holdheim 1911, 118). Unter Umständen auch wenn durch das Abstoßen mehrerer Abteilungen des Geschäfts die Vergütung des am Reingewinn beteiligten Geschäftsführers wesentlich geschmälert wird (RG. 7. 1. 11 Holdheim 1911, 119). Endlich ist auch die von der Gesellschaft ohne hinreichenden Grund ausgesprochene Entlassung als Kündigungsgrund für den Geschäftsführer anzusehen. Sie enthält ein vertragswidriges Verhalten. Es kann dem Geschäftsführer in der Regel nicht zugemutet werden, wenn die Gesellschaft nach einigen Wochen einsieht, daß sie grundlos handelte, das Amt wieder aufzunehmen. Jedenfalls dann nicht, wenn er schon vorher seinerseits die sofortige Kündigung aussprach. Erweist sich die Entlassung des Geschäftsführers als ungerechtfertigt, so kann der Schaden desselben auch darin bestehen, daß ihm durch das Versehen der Gesellschaft die Erlangung einer seiner Person entsprechenden Lebensstellung unmöglich gemacht ist. Auch dieser Schaden ist zu ersetzen (RG. 1. 5. 12 BauersZ. 20, 27). Andererseits ist das Gericht berechtigt, den Schaden zwischen dem Geschäftsführer und der Gesellschaft in Anwendung des § 254 BGB. zu teilen (RG. JW. 1903, 30 und 1906, 297), sobald ein Verschulden auf beiden Seiten vorliegt. So wenn der Geschäftsführer den Aufsichtsrat der Gesellschaft zu seinem Vorgehen reizte, wenn auch die Gründe zur Entlassung nicht ausreichten (BauersZ. 20, 49).

Anm. 65. γ) Über die Erklärung der sofortigen Kündigung und über die Folgen derselben gelten die allgemeinen Grundsätze des bürgerlichen und des Handelsrechts. (Vgl. Staub-Bondi HGB. Erläuterungen zu § 70; Düringer-Hachenburg HGB. I Anm. 6 u. 7 zu § 70.) Eine Verpflichtung der Gesellschaft, von dem Kündigungsgrunde sofort Gebrauch zu machen, gibt es nicht. Es ist nur zu prüfen, ob in dem Behalten oder Verbleiben des Geschäftsführers eine Verzeihung der Vertragswidrigkeit liegt (RG. 22. 1. 04 RGZ. 56, 373). Das Unterlassen der Kündigung seitens der Gesellschaft ist kein Verzicht, wenn sich der Geschäftsführer freiwillig oder auf Anordnung der Gesellschafter der Tätigkeit enthält (RG. 21. 12. 09 JW. 1910, 117[25]). Ist die sofortige Kündigung zu Unrecht erfolgt, so ist der Geschäftsführer nur dann verpflichtet, um Rechtsnachteile zu vermeiden, den Dienstvertrag fortzusetzen, wenn die Gesellschaft die Unrechtmäßigkeit der Kündigung klar zu erkennen gegeben hat. Durch die unrechtmäßige Kündigung ist die Gesellschaft in Annahmeverzug gekommen. Sie muß die Folgen dieses Verzuges beseitigen, soweit es dem Schuldner gegenüber überhaupt möglich ist. Dazu gehört, daß sie zu erkennen gibt, daß sie die Dienste des Schuldners **als die vertragsmäßigen** anzunehmen bereit ist. Dazu gehört weiter die Erklärung der Unrechtmäßigkeit der Kündigung. Die Mitteilung, der Geschäftsführer werde unter den im alten Vertrag enthaltenen Bedingungen wieder angestellt, genügt nicht (RG. 10. 3. 14 BauersZ. 24, 25). **§ 35.**

δ) Kündigt der Geschäftsführer, so richtet er die Kündigung an den anderen Geschäftsführer, wenn einer vorhanden ist. Hat die Gesellschaft Prokuristen, so genügt die Mitteilung an einen von ihnen. Soweit dem Aufsichtsrat die Anstellung der Geschäftsführer obliegt, kann auch ihm mit Rechtswirkung die Kündigung zugestellt werden (vgl. BauersZ. 24, 154).

f) Die Pfändbarkeit des Gehaltes unterliegt der allgemeinen Regel über die Beschlagnahme des Arbeitslohnes. Auch für den Geschäftsführer der GmbH. besteht die Vorschrift der Pfändungsfreiheit des Existenzminimums wie bei den Handlungsgehilfen (Lotmar, Der Arbeitsvertrag 401ff.). Die Vergütung darf nicht gepfändet werden, soweit der Gesamtbetrag derselben die Summe von 1560 M. pro Jahr nicht übersteigt (OLG. Dresden 15. 11. 10 BauersZ. 20, 29. Wegen der Grenze der Pfändungsfreiheit vgl. VO. über Lohnpfändung vom 25. 6. 19 [RGBl. 589] in der Fassung der Ges. v. 23. 12. 21 [RGBl. 1657] und vom 13. 12. 23 [RGBl. I 1186] sowie der VO. vom 7. 1. 24 [RGBl. I 25]). In dem gleichen Umfange darf auch keine Abtretung und keine Aufrechnung erfolgen. Wohl aber ist die gesetzliche Retention gestattet (Lotmar a. a. O., Pappenheim in der DJZ. 7, 86 und BauersZ. 18, 265). **Anm. 66.**

g) Der **Konkurs** der Gesellschaft gibt beiden Teilen ein Kündigungsrecht. In keinem Falle ist eine längere als die gesetzliche Kündigung einzuhalten (§ 22 KO.). Der Geschäftsführer hat für die Rückstände aus dem letzten Jahre bis zur Konkurseröffnung **einen bevorrechtigten Anspruch** (§ 61 KO.), für die Zeit vom Beginn des Konkurses bis zu dem Zeitpunkte, zu welchem die Kündigung gilt, einen Masseanspruch (§ 59 KO., OLG. Karlsruhe OLGR. 11, 370), und für die Zeit, von welcher ab die Kündigung in Wirksamkeit tritt, bis zu dem Zeitpunkte, wo der Vertrag lief, Anspruch auf Schadensersatz als gewöhnliche Konkursforderung (§ 23 Abs. 2 KO.; vgl. unten Anm. 6 u. 9 zu § 63; ferner: Jäger, LZ. 1913, 366; Wiesner, Konkurs der GmbH., Würzb. Dissertation 1906). Daß der Geschäftsführer Gesellschafter ist, nimmt ihm das Konkursprivileg nicht (a. M. LG. Frankfurt LZ. 1912, 718[1]). Anders, wenn er kraft Gesellschaftsvertrags zur Leistung dieser Dienste verpflichtet ist (vgl. Anm. 33 zu § 3). Anders auch, wenn der Geschäftsführer **alleiniger Gesellschafter** ist. Er kann sich nicht durch die Bestimmung eines Gehaltes einen Teil des Kapitals vor den Gläubigern sichern. Kündigt kein Teil, so ist der Anspruch des Dienstverpflichteten Masseanspruch (§ 59 KO.). Der Vertrag erreicht durch den Konkurs nicht ohne weiteres sein Ende. Das Dienstverhältnis ist kein Geschäftsbesorgungsverhältnis. Zu Ende geht nur die Ermächtigung, Geschäfte zu besorgen. Das Dienstverhältnis als solches besteht zunächst fort. **Anm. 67.**

h) **Der Tod des Geschäftsführers löst das Verhältnis auf** (§§ 675, 673 BGB.). Die Auflösung der Gesellschaft ist kein Beendigungsgrund. Für den Geschäftsführer kann es ein wichtiger Grund zur sofortigen Kündigung sein. Ob dies für die Gesellschaft gilt, ist nach den Umständen des Falles zu entscheiden. In der Regel liegt darin kein Kündigungsgrund. Hebt trotzdem die Gesellschaft als Folge ihrer Auflösung das Dienstverhältnis auf, so hat sie den Geschäftsführer zu entschädigen. Die aufgelöste Gesellschaft kann nach der Auflösung keinen Gewinn mehr verteilen. Daher auch keine Tantieme. Sie hat aber auch in diesem Falle den Geschäftsführer schadlos zu halten. Er erhält das, was er ohne die Auflösung erhalten hätte. Es muß also für ihn der Gewinn und sein Anteil daran errechnet werden. **Anm. 68.**

i) **Bei der Beendigung des Dienstverhältnisses kann der Geschäftsführer ein schriftliches Zeugnis verlangen** (§ 630 BGB.). Die Ausstellung erfolgt durch den an seine Stelle tretenden Geschäftsführer namens der Gesellschaft. Solange er selbst Ge- **Anm. 69.**

§ 35. schäftsführer ist, stellt der Aufsichtsrat das Zeugnis aus (vgl. Anm. 45 zu § 52), besteht kein Aufsichtsrat, die Gesellschafter. Der Geschäftsführer kann eine Versammlung zu diesem Zwecke berufen. Der Geschäftsführer als Gesellschafter stimmt hierbei in der Regel mit. Nur wenn er sein Stimmrecht mißbraucht, um ein unwahres Zeugnis zu erreichen, ist er auszuschließen (Anm. 21 ff. zu § 47). Ein von einem Prokuristen ihm ausgestelltes Zeugnis braucht er nicht anzunehmen. Dieser vertritt die Gesellschaft nur Dritten gegenüber. Für den Geschäftsführer ist er ein Untergebener.

Anm. 70. k) Nach Beendigung des Dienstverhältnisses hat der Geschäftsführer Rechnung zu legen (ROHG. 24, 365; §§ 259, 666, 675 BGB.). Dabei hat er Bücher und Bilanzen vorzulegen. Die Bestimmung des § 259 ist entsprechend anzuwenden.

Anm. 71. l) Über Konkurrenzverbote nach Beendigung des Dienstverhältnisses siehe oben Anm. 51.

Anm. 72. m) Ansprüche des Geschäftsführers auf seine Vergütung verjähren in zwei Jahren. Die Frist beginnt am 31. Dezember desjenigen Jahres, in welchem die Leistung verlangt werden kann. Für die Tantieme kann die Verjährung nicht schon mit dem Ablaufe des Jahres, auf das der Geschäftsführer ausscheidet, beginnen. Sie setzt die Feststellung des Reingewinns voraus. Bei einer unrichtigen Bilanz hat der Geschäftsführer ein Recht auf Berichtigung. Ehe diese geschah, ist die Voraussetzung der Klage nicht gegeben. Der Fall liegt dem des Fehlens einer Bilanz gleich. Daher beginnt die Verjährung des Anspruchs des Geschäftsführers auf die Vergütung erst mit der Bilanzrichtigstellung. Das Verlangen nach dieser verjährt erst in dreißig Jahren.

Anm. 73. n) Wenn mit dem Dienstvertrag eine Abrede über den Erwerb oder die Veräußerung eines Geschäftsanteils verbunden ist, so bedarf der ganze Vertrag der notariellen Beurkundung (Anm. 18 zu § 15). Andernfalls ist das ganze Abkommen nichtig, es sei denn, daß der Anstellungsvertrag auch ohne das Abkommen über diesen Geschäftsanteil geschlossen worden wäre (OLG. Naumburg 6. 4. 10 BauersZ. 18, 12). Dasselbe gilt auch von der Aufhebung eines Anstellungsvertrags, der mit einer Abrede über die Veräußerung eines Geschäftsanteils ein einheitliches Ganzes bildet (RG. 1. 3. 09 Recht 1909, 3198). Ungültig ist auch der Anstellungsvertrag, der mit einer Abnahmepflicht eines nicht voll bezahlten Geschäftsanteils verbunden ist (§ 33 Abs. 1). Haben die Parteien die Ungültigkeit der Abrede über den Geschäftsanteil wegen Formmangels oder aus den anderen Gründen gekannt, so muß im Zweifel angenommen werden, daß sie den Anstellungsvertrag auch ohne den ungültigen Teil wollten (RG. 25. 6. 12 JW. 1912, 854[7]). Ist mit dem Dienstvertrag die Verpflichtung des Geschäftsführers, der zugleich Gesellschafter ist, verbunden, in bestimmten Fragen in bestimmtem Sinne zu stimmen, so wird der Vertrag nicht ohne weiteres nichtig. Es darf nur nicht verlangt werden, daß der Geschäftsführer gegen seine Überzeugung stimmt (RG. 13. 2. 14 DJZ. 1914, 630). Ist mit dem Dienstvertrag die Übernahme eines Geschäftsanteils verbunden, so kann nicht der Geschäftsführer — mit der Behauptung, man habe ihm falsche Angaben über die Geschäftslage gemacht — die Rückübertragung des Geschäftsanteils unter Aufrechterhaltung des Dienstvertrags verlangen. Beides bildet eine Einheit (RG. 5. 11. 15 Recht 1916 Nr. 11, BauersZ. 23, 158). — Der Anspruch auf Rückübertragung nach Beendigung des Dienstvertrags setzt einen dahingehenden Vertrag in notarieller Form voraus (OLG. Karlsruhe 23. 3. 15 RundschGmbH. 1915, 385).

Anm. 74. o) Die allgemeinen Vorschriften des BGB. über die Verträge gelten auch für den Anstellungsvertrag. Auch dann, wenn die Bestellung des Geschäftsführers ein gesellschaftsrechtlicher Akt der Gesellschafter ist. Es gelten alle Nichtigkeits- und Anfechtungsgründe. Auch die Anfechtung wegen Betrugs und Irrtums ist möglich. Ob der Irrtum erheblich ist, hat die Verkehrsauffassung zu entscheiden, namentlich inwieweit Eigenschaften des Geschäftsführers in Betracht kommen. Danach entscheidet sich auch die Erheblichkeit eines Mangels an körperlicher und geistiger Rüstigkeit und des Vorhandenseins nervöser Reizzustände. Schlechthin bei großen Unternehmungen

solche Momente für genügend zur Anfechtung zu erklären (BauersZ. 20, 34), geht zu weit. § 35.
Auch das außergeschäftliche Leben des Geschäftsführers kann bei der besonderen Stellung beachtlich sein (RG. 29. 9. 08 DJZ. 1908, 1341. Die Anstellung des Chefarztes eines Sanatoriums wurde mit Erfolg angefochten, da dieser 15 Jahre vor seiner Anstellung mit seiner jetzigen damals mit einem Anderen verheirateten Ehefrau in unerlaubtem Verhältnisse stand). Ob der Irrtum ein verschuldeter war, ist hier so wenig wie sonst von Bedeutung. Er kann nur zur Vergütung des sog. negativen Interesses verpflichten (§§ 119ff. BGB.). Der Einwand eines Geschäftsführers, er habe das Protokoll über seine Anstellung unterschrieben, ohne zu wissen, daß das dasselbe führende Aufsichtsratsmitglied für jeden Fall der Vertragsverletzung eine hohe Vertragsstrafe einfügte, ist daher grundsätzlich zuzulassen (vgl. BauersZ. 18, 37 mit unrichtiger Begründung, daß die eigene Fahrlässigkeit dem Geschäftsführer zum Nachteile gereiche). Er irrte über den Inhalt der Erklärung. Es kann sich nur fragen, ob ein solcher Irrtum über den Inhalt des Abkommens ein verkehrserheblicher ist. Ein Zwang zur Übernahme des Geschäftsführeramtes wird wohl kaum vorkommen. Wohl aber ist er als Motiv zur Aufhebung möglich. Der Verzicht des Geschäftsführers auf seinen Anstellungsvertrag bildet häufig die Grundlage einer Sanierung der Gesellschaft. Ein Recht darauf hat weder die Gesellschaft noch ein Gesellschafter noch ein Gläubiger. Eine Androhung, daß andernfalls die GmbH. den Konkurs erklären werde, enthält aber keinen Zwang. Es wird dem Geschäftsführer kein Übel in Aussicht gestellt (RGZ. 59, 351; a. M. BauersZ. 18, 50). — Wenn die Gesellschaft ihren Sitz verlegt, braucht der Geschäftsführer unter Umständen — größere Lebenshaltungskosten ohne Erhöhung der Bezüge — sich nicht ohne weiteres versetzen zu lassen (RG. 7. 7. 14 BauersZ. 22, 104).

p) Verträge über die Bestellung eines Geschäftsführers zwischen diesem und einem Dritten Anm. 75.
sind zulässig. Sie finden sich bei der Gründung der GmbH. Die Gründer stehen dem künftigen Geschäftsführer, oft dem Vorbesitzer des in die Gesellschaft eingebrachten Geschäfts, für die Bestellung ein. Auch während des Bestehens der GmbH. sind sie häufig. Eine Abrede zwischen dem Käufer eines Geschäftsanteils und dem Verkäufer als Teil eines Kaufvertrags, daß dieser mit seinen anderen Geschäftsanteilen für die Wahl jenes als Geschäftsführer einzustehen habe, ist nicht gültig (Anm. 44 zu § 45). Es ist zwar nicht, wie im Aktienrecht, der Stimmenkauf verboten. Es muß aber auch hier als gegen die guten Sitten verstoßend erscheinen, wenn ein Gesellschafter seine Stimme für die Wahl des Geschäftsführers als Teil einer Leistung eines Umsatzvertrags zusagt. Dies wird man namentlich dann annehmen, wenn der zum Geschäftsführer zu wählende Käufer für den Geschäftsanteil mehr als dessen Wert bezahlt. Die Nichtigkeit der Zusage der Wahl hat die Nichtigkeit des Kaufes zur Folge (für das Aktienrecht RG. 13. 10. 11 BauersZ. 19, 146). Ein Vertrag, den eine andere Firma mit dem Geschäftsführer einer GmbH. schließt, damit dieser seiner Gesellschaft ordnungsmäßig kündige und zu ihr übertrete, ist rechtlich nicht zu beanstanden (RG. 29. 5. 16 BauersZ. 24, 19). Nur die Verleitung zum Vertragsbruch verstößt gegen die guten Sitten (JW. 1906, 198; RGZ. 81, 86; JW. 1916, 413).

Zusatz 3. Ausländische Gesetze. Das österr. Gesetz § 18 enthält im wesentlichen Anm. 76.
dieselben Bestimmungen wie das deutsche. Die Kollektivzeichnung durch einen von mehreren Geschäftsführern mit einem Prokuristen ist ausdrücklich hervorgehoben (Abs. 3). Daß Geschäftsführer ohne Einwilligung der Gesellschaft sich an Konkurrenzunternehmungen nicht beteiligen können, ist gesetzlich festgelegt (§ 24 Abs. 1). Wie das österr. Gesetz, so das bulgarische Gesetz (Art. 26 Abs. 1). Auch nach dem polnischen wie nach dem deutschen und österr. Gesetz vertreten die Geschäftsführer die GmbH. unbeschränkt (Art. 9 Abs. 2). Grundsätzlich verschieden ist die Einstellung des Schweizer Entwurfs. Auch nach ihm wird die GmbH. durch die Geschäftsführer vertreten. Die Geschäftsführer aber sind normalerweise die sämtlichen Gesellschafter. Die GmbH. hat also dort natürliche Vertreter (§ 798 Abs. 1). Das Statut kann abweichen. Es kann einem Gesellschafter oder einzelnen Gesellschaftern die Rechte der Geschäftsführer übertragen (§ 798 Abs. 2). Es kann auch Dritte dazu be-

§ 35. stimmen (§ 799). Erklärungen an die Gesellschaft werden wie nach deutschem Recht auch bei einer Geschäftsführermehrheit einem Geschäftsführer gegenüber gültig abgegeben (§ 798 Abs. 3). — Nach französischem Recht sind die Geschäftsführer nicht gesetzliche Vertreter im Sinne des deutschen Rechts. Ihre Befugnisse werden durch die Statuten festgesetzt. Sie sind der Einschränkung nach außen hin fähig (Art. 24, vgl. Gain, Les sociétés à responsabilité limitée, Paris 1925, S. 56f.). Im italienischen Entwurf wird der Umfang der Berechtigungen der Geschäftsführer durch die Gesellschafterversammlung bestimmt. Die Geschäftsführer entscheiden unter sich nach Stimmenmehrheit (Art. 150, 151).

§ 36.

§ 36.

Die Gesellschaft wird durch die in ihrem Namen von den Geschäftsführern vorgenommenen Rechtsgeschäfte berechtigt und verpflichtet; es ist gleichgültig, ob das Geschäft ausdrücklich im Namen der Gesellschaft vorgenommen worden ist, oder ob die Umstände ergeben, daß es nach dem Willen der Beteiligten für die Gesellschaft vorgenommen werden sollte.

Der Inhalt des § 36 entspricht dem des § 164 BGB. Die Vorschrift des § 36 entstand in der Zeit vor diesem. Andernfalls wäre sie unterblieben. Das Gesetz stellt in § 36 zwei Grundsätze auf.

Anm. 1. I. Nur die Gesellschaft erwirbt die Rechte und Pflichten.

II. Dem ausdrücklichen Kontrahieren im Namen der Gesellschaft steht die Folgerung aus den Umständen gleich.

Anm. 2. Zu I. Die innerhalb der Vertretungsmacht von den Geschäftsführern abgegebenen Willenserklärungen wirken für und gegen die Gesellschaft.

1. Vorausgesetzt ist ein Handeln innerhalb der Vertretungsmacht. Sind die Geschäftsführer nur kollektivvertretungsberechtigt, so müssen sie kollektiv handeln.

Anm. 3. 2. Im Namen der Gesellschaft muß die Erklärung abgegeben sein. Handeln für Rechnung der Gesellschaft genügt nicht (vgl. RG. 35, 41). Handeln im eigenen Namen berechtigt und verpflichtet nur den Geschäftsführer (ROHG. 23, 57; RG. 2, 166). Der Geschäftsführer muß seinen Willen, in fremdem Namen zu handeln, erkennbar machen (§ 164 Abs. 2 BGB.). Wer behauptet, daß im Namen der Gesellschaft abgeschlossen wurde, muß dies beweisen (vgl. hierzu Staub-Bondi HGB. Anm. 4 im Exkurs zu § 58; teilweise abweichend Brodmann Anm. 1). Doch kommt es auf den Wortlaut nicht an. Im Handelsverkehr drückt man nicht selten durch die Wendung, daß man „für Rechnung" eines andern handle aus, man handle im Namen eines anderen. Oft identifizieren sich im praktischen Rechtsverkehr auch die Vorstände von Gesellschaften bei ihren geschäftlichen Verhandlungen mit der Gesellschaft. Redewendungen wie „ich verspreche Ihnen", „ich garantiere Ihnen", „ich zahle die Pacht", „ich rate Ihnen" schließen ein Handeln im Namen der Gesellschaft nicht aus (ROHG. 17, 98; 18, 296; Liebmann Anm. 1 zu § 36). Sobald der Geschäftsführer mit einem Dritten über eine Angelegenheit der Gesellschaft verhandelt, ist nach der Verkehrsauffassung anzunehmen, daß er für diese handelt. So wenn es sich um die Ausübung eines Rechtes der GmbH. auf die Stammeinlage, auf Nachschüsse, auf die besonderen Leistungen eines Gesellschafters dreht. Auch die in Privatbriefen des Geschäftsführers niedergelegten Angebote und Ausführungen gelten dann als für die Gesellschaft erfolgt. Es kann aber auch aus den Umständen erhellen, daß der Geschäftsführer als Privatperson nur seine Meinung mitteilen wollte. Das hat dann die GmbH. darzutun. Strikte Beweise sind hier nicht zu führen. Das Gericht hat aus der Gesamtsachlage seine Schlüsse zu ziehen.

Anm. 4. 3. Die Wirkungen der Willenserklärung treffen die Gesellschaft. Sie wird berechtigt und verpflichtet. Sie kann daher einerseits die Mängel der Willenserklärung aus der Person der handelnden Geschäftsführer für sich geltend machen. Sie muß aber andererseits Betrug, Zwang, Irrtum, verübt von den Geschäftsführern, überhaupt jede Verschuldung bei Eingehung oder Ausführung von Rechtsgeschäften, welche ihre gesetzlichen Vertreter trifft, als ihre eigene gegen sich gelten lassen. Sie muß diejenigen Folgen über sich ergehen lassen, welche die Gesetze an solche Verschuldung knüpfen (vgl. §§ 166, 278 BGB., auch RG. 8, 236). Über das Verhalten der Geschäftsführer beim Verkauf eigener Anteile der Gesellschaft vgl. Anm. 34 zu § 2. **§ 36.**

Die Wirkungen treffen nur die Gesellschaft, also weder die Geschäftsführer noch die Gesellschafter (OLG. Dresden 29. 3. 09 SächsArch. 09, 238). Auch die Pflicht zur Entrichtung einer Steuer trifft nur die Gesellschaft. Daraus, daß der Geschäftsführer wegen Steuerhinterziehung bestraft werden kann, folgt nicht, daß er auch zur Entrichtung der Abgaben verpflichtet ist (RG. 19. 4. 07 RGZ. 66, 32). Nur soweit unerlaubte Handlungen vorliegen, haftet der Geschäftsführer auch selbst (vgl. unten Anm. 11).

Zu II. Der ausdrücklichen Erklärung für die Gesellschaft zu handeln, steht es gleich, daß sich dies aus den Umständen ergibt. Zu diesen konkludenten Umständen gehören auch frühere Erklärungen des einen Kontrahenten (ROHG. 2, 56). Sie können vorhanden sein trotz der Ausdrucksweise, als schließe der Vertreter das Geschäft für sich selbst (ich kaufe, ich garantiere usw.; vgl. oben Anm. 3). Sie können vorhanden sein, auch wenn eine Urkunde vorliegt, welche der Geschäftsführer in eigenem Namen gezeichnet hat (ROHG. 12, 134). Für Formalakte gilt das nicht. Hier muß aus der Urkunde hervorgehen, daß für die Gesellschaft kontrahiert wurde (vgl. Anm. 30 zu § 35). Anm. 5.

Zusatz 1. Das gleiche gilt auch für Willenserklärungen, welche der Gesellschaft gegenüber abgegeben sind (Mängelanzeigen, Kündigungen, Offerten, Annahmeerklärungen usw. § 164 Abs. 3 BGB.). Zur Entgegennahme von Willenserklärungen genügt auch einer von mehreren Geschäftsführern, die sonst nur gemeinsam zu vertreten befugt sind (§ 35 Abs. 2 Satz 3; vgl. Anm. 8 zu § 35). Anm. 6.

Zusatz 2. Haftung der Gesellschaft für Delikte der Geschäftsführer. Schon für das frühere Recht ist angenommen worden, daß alle juristischen Personen, also auch die GmbH., für außerkontraktlichen Schaden, welchen ihre gesetzlichen Vertreter stiften, haften. Jetzt folgt dies unmittelbar aus § 31 BGB. (vgl. Allgem. Einl. Anm. 3; Simon in ZHR. 49, 13). Die GmbH. haftet für außerkontraktliches Verschulden ihres Geschäftsführers wie ein Verein. Der Geschäftsführer ist zwar nicht verfassungsmäßiger Vertreter der GmbH. Der in § 31 für verfassungsmäßige Vertreter eines rechtsfähigen Vereins aufgestellte Grundsatz gilt indessen auch für die gesetzlichen Vertreter anderer juristischer Personen (RG. 9. 7. 15 LZ. 1915, 1302; RG. 18. 10. 17 RGZ. 91, 72). Die GmbH. haftet auch dann, wenn bei Gesamtvertretung nur ein Geschäftsführer sich des Deliktes schuldig gemacht hat und der andere Geschäftsführer von dem Vorgange nicht gewußt hat (RG. 20. 10. 12 LZ. 1913, 14; Recht 1913 Nr. 110; RG. 30. 1. 25 RGZ. 110, 145; JW. 1925, 1990, mit Anm. von Goldschmidt). Dagegen haftet die GmbH. für Delikte ihres Geschäftsführers nicht, bei denen er nur für sich, nicht als Vertreter der GmbH., gehandelt hat (OLG. Hamburg 20. 5. 21 HansGZ. 1921, 237). § 831 Abs. 2 BGB. ist hier nicht anwendbar. Die Gesellschaft wird mit dem Einwande, daß sie in der Auswahl der Geschäftsführer sorgsam verfahren sei, nicht gehört. Eine GmbH., die gewerbsmäßig Kraftfahrzeuge vertreibt, haftet einem Dritten für den Schaden, der durch einen infolge Verschuldens ihres Geschäftsführers herbeigeführten Unfall eines Automobils verursacht ist. Dies auch, wenn der Dritte auf Einladung des Geschäftsführers sich bei der Probefahrt des Automobils beteiligt hatte (RG. 21. 5. 08 Recht 08, 2528, BayerZ. 15, 272). Soweit die Geschäftsführer sich zum Vollzuge ihrer Tätigkeit der Gehilfen bedienen, haftet die GmbH. auch für deren Versehen (§ 278 BGB.). Soweit der Geschäftsführer bei der Auswahl der Angestellten nicht mit der erforderlichen Sorgfalt verfuhr, haftet die GmbH. auch für den durch den Angestellten bei der ihm obliegenden Verrichtung direkt zugefügten Schaden. Ebenso wenn er der Überwachungspflicht (RGZ. 53, 53; JW. 06, 745) nicht genügt. Anm. 7.

§ 36. Die Gesellschaft haftet auch für Besitzstörungen, die der Geschäftsführer in Ausübung
Anm. 8. seiner Funktionen begeht (RG. 15, 182).

Anm. 9. Aber strafrechtlich verantwortlich ist die Gesellschaft nicht (vgl. Anm. 5 zu § 13). Auch zu Geldstrafen kann sie nicht verurteilt werden (ROHG. 8, 204; 13, 290; 21, 360; RGSt. 5, 182). Strafrechtliche Folgen treffen nur die Geschäftsführer selbst. Voraussetzung ist, daß in ihrer Person und in ihrem Tun der gesamte Tatbestand der strafbaren Handlung erfüllt ist (RGSt. 34, 378). Insbesondere haften sie für Steuervergehen im Betriebe der Gesellschaftsgeschäfte. Die Steuern aus den Mitteln der Gesellschaft zu entrichten, sind die Geschäftsführer verpflichtet. Sie haben auch alle sonstigen Verpflichtungen auf Grund der Reichsabgabenordnung und der Steuergesetze zu erfüllen. Für Geldstrafen, Sicherungsgelder und Kosten der Zwangsmittel haften die Geschäftsführer und neben ihnen die Gesellschaft (RAO. § 84). Neben der Haftung der Gesellschaft können, wenn durch schuldhafte Verletzung der Pflichten seitens der Geschäftsführer Steueransprüche verkürzt worden sind, Ersatzansprüche gegen die Geschäftsführer geltend gemacht werden. Ebenso, wenn durch ihre Schuld Erstattungen oder Vergütungen zu Unrecht gewährt worden sind (RAO. §§ 89, 92). Wenn die Strafe für die Steuerzuwiderhandlung verwirkt ist, ohne daß das Verschulden einer natürlichen Person festgestellt zu werden braucht, kann die Geldstrafe gegen die Gesellschaft selbst erkannt werden. Diese kann dann zu den Kosten des Verfahrens verurteilt werden (RAO. § 357). Ein Geschäftsführer, der zum Vorteil der Gesellschaft nicht gerechtfertigte Steuervorteile erschleicht oder vorsätzlich bewirkt, daß Steuereinnahmen verkürzt werden, verfällt selbst in die für die Steuerhinterziehung angedrohte Strafe, mindestens in Höhe von 20 M. (RAO. § 359). Wenn ein Geschäftsführer in der Absicht der Steuerhinterziehung Bücher oder Aufzeichnungen unrichtig führt, unrichtige Geschäftsabschlüsse vorlegt, oder ähnliche arglistige Mittel anwendet und deshalb wiederholt wegen Steuerhinterziehung unter Feststellung dieser Tatsache bestraft ist, so kann ihm die weitere Tätigkeit in dem Unternehmen auf Zeit oder Dauer durch das Landesfinanzamt untersagt werden (RAO. § 366, vgl. Liebmann Anm. 4 zu § 37).

Geschäftsführer einer GmbH., die Spielautomaten aufstellt, können nicht wegen gewerbsmäßigen Glücksspiels verurteilt werden (RG. 30. 6. 10 Recht 10, 3115; RundschGmbH. 10, 366). Strafbar sind die Geschäftsführer, wenn sie gegen § 12 DepotG. verstoßen. Dagegen nicht bei einer Verletzung des § 95 BörsG. wegen wissentlich unrichtigen Rates als Kommissionär bei Ankauf von Wertpapieren (BauersZ. 18, 3). Jeder Geschäftsführer hat ohne Rücksicht auf eine Geschäftsverteilung für die gesetzlich vorgeschriebene rechtzeitige Anmeldung des Gewerbebetriebs zu sorgen. Die Verabsäumung macht alle strafbar (KG. in KGJ. 7, 213). Die gleiche Verantwortlichkeit trifft die Geschäftsführer für die Übertretung polizeilicher Vorschriften im Gewerbebetrieb der Gesellschaft (RGSt. 29, 28). So bei baupolizeilichen Vorschriften (KG. 17. 10. 07 DJZ. 08, 141). Der Geschäftsführer haftet für die Nichtlösung der Erlaubniskarte für ein der GmbH. gehörendes Kraftfahrzeug. Ob eine Steuerhinterziehung beabsichtigt war, ist aus der Person des Geschäftsführers zu beurteilen (RG. 26. 9. 10 RGSt. 44, 122). Über die gesellschaftsrechtliche Strafe der Auflösung bei Gefährdung des Gemeinwohls vgl. Anm. 1 zu § 62. Die vom Geschäftsführer wegen Hinterziehung der Einkommensteuer verwirkte Geldstrafe berührt die Gesellschaft nicht (BauersZ. 25, 88).

Anm. 10. Aus unerlaubter Handlung haftet der Geschäftsführer zivilrechtlich selbst. Hat er sie für die Gesellschaft begangen, so ist er neben der Gesellschaft Gesamtschuldner (Bolze 10 Nr. 151; RG. 30, 44; RG. 10. 6. 07 Recht 1907, 2241 und 20. 9. 11 BauersZ. 19, 73; RG. 18. 10. 17 RGZ. 91, 72). Daher richtet sich unter Umständen auch der Unterlassungsanspruch sowohl gegen die Gesellschaft als gegen den Geschäftsführer (RG. 18. 11. 16 RundschGmbH. 1917, 185, BauersZ. 24, 137). Haben neben dem Vorstande die Mitglieder des etwa vorhandenen Aufsichtsrats mitgewirkt, so können sie als Anstifter oder Gehilfen erscheinen. Eine bloße Zustimmung des Aufsichtsrats enthält diese Momente noch nicht. Sie muß die Absicht des Geschäftsführers fördern (RG. 12. 6. 11 BauersZ. 19, 74).

Anm. 11. Für das Vorliegen der unerlaubten Handlung gelten die Vorschriften des BGB. (§§ 823 ff.). Hierzu genügt aber nicht eine schuldhafte Verletzung der mit der Gesellschaft geschlossenen Verträge (RG. 30 S. 47, 50. Vgl. Näheres Anm. 24 zu § 43). Der Geschäftsführer haftet dann nur (§ 826 BGB.), wenn er dabei vorsätzlich in einer gegen die guten Sitten verstoßenden Weise den Gläubiger schädigt. Dazu genügt nicht das Wissen, daß der Vertrag nicht erfüllt wird. **§ 36.**

Zusatz 3. Wer sich fälschlich als vertretungsberechtigter Geschäftsführer ausgibt und namens der Gesellschaft kontrahiert, obwohl er keine oder keine alleinige Vertretungsmacht hat, ist Pseudovertreter. Er haftet dem Dritten nach § 179 BGB. (Über diese Haftung siehe Staub-Bondi HGB. Anm. 39ff. im Exkurs zu § 58; Düringer-Hachenburg HGB. 1 Anm. 66ff. Vorbem. zu §§ 48ff.) Auch wenn die mangelnde Vertretung aus dem Handelsregister hervorgeht, kann nicht auf Grund § 179 Abs. 3 BGB. die Haftung vom Vertreter abgelehnt werden, weil der Dritte den Mangel der Vertretungsbefugnis hätte kennen müssen. Die Berufung auf § 15 HGB. wäre irrig. Damit sind nur solche Eintragungen getroffen, die sich auf die Rechtsverhältnisse des Kontrahenten beziehen. Um eine solche Eintragung handelt es sich hier nicht. Hier bezieht sich die Eintragung auf die Verhältnisse der Gesellschaft, nicht des Geschäftsführers. Anm. 12.

Zusatz 4. Rechtsgeschäfte des Geschäftsführers namens der Gesellschaft einerseits, mit sich selbst andererseits sind begrifflich nicht ausgeschlossen (RG. 4. 11. 03 RG. 56, 104ff.). Sie sind als Regel nicht gestattet und daher unwirksam (§ 181 BGB.). Das Selbstkontrahieren bringt die Gefahr eines Konfliktes der Interessen mit sich. Unwirksam ist daher z. B. eine Absprache des Geschäftsführers mit einer Bank, wonach diese die Gesellschaft an Stelle des Geschäftsführers als Schuldner annimmt. Denn auch hierin liegt ein Kontrahieren des Geschäftsführers mit der Gesellschaft (RG. 2. 6. 02 RGZ. 51, 425). Dasselbe gilt bei der Übernahme der Schuld eines Dritten an den Geschäftsführer durch die GmbH. (RG. 20. 11. 08 Recht 09, 209). Ebensowenig kann der Geschäftsführer sich selbst namens der GmbH. eine Hypothek bestellen (KG. 25. 1. 09 SeuffBl. 09, 640). Er kann auch keinen Scheck auf sich ausstellen und den Betrag aus dem Bankguthaben der GmbH. erheben (RG. 18. 3. 13 LZ. 1913, 542). Auch die Übergabe eines dem Geschäftsführer gehörenden, von ihm mit dem Blanko-Giro versehenen Wechsels überträgt diesen nicht auf die Gesellschaft (RG. 11. 9. 09 LZ. 3, 850). Doch sind zwei Ausnahmen vorgesehen. Einmal wenn ihm die Vornahme des Rechtsgeschäfts mit sich selbst gestattet ist. Zum andern, wenn es sich um Erfüllung einer Verpflichtung handelt. Wann die erstere Alternative vorliegt, war bestritten. Staub (in der ersten Auflage) hatte sich an Dernburgs Ausspruch (I 497): „Vielleicht läßt sich sagen, es muß ihm als gestattet gelten, was nicht gegen Treu und Glauben verstößt", angeschlossen. Verboten sein sollte nur ein Mißbrauch jener Doppeleigenschaft, ihr Gebrauch zu Zwecken, die gegen Treu und Glauben verstoßen. Man wird diese dem Inhalte und Zwecke des Gesetzes nicht entsprechende Ansicht nicht aufrechterhalten können. Es bedarf einer mindestens unzweifelhaft aus den Umständen hervorgehenden Gestattung (RG. 20. 3. 08 RGZ. 68, 175/177; auch Brodmann Anm. 5 zu § 36). Diese kann durch den Gesellschaftsvertrag, sie kann aber auch durch die Gesellschafter als oberstes Willensorgan der Gesellschaft erteilt werden (RG. a. a. O. 178). Die Genehmigung kann auch als stillschweigende aus dem Verhalten der Gesellschaft erkennbar sein (RG. 19. 12. 11 LZ. 1912, 470). Es kann in der Zustimmung zu einem Abkommen der Gesellschaft mit dem Geschäftsführer als Dritten diese Genehmigung des Kontrahierens mit sich selbst liegen. Der Gesellschaftsvertrag kann hierüber Bestimmungen treffen. Er kann anordnen, daß zu einem Vertrage mit sich selbst der Geschäftsführer nur durch einstimmigen Beschluß aller Gesellschafter ermächtigt werden darf. Wann ein Erfüllungsgeschäft vorliegt, kann nur im Einzelfalle bestimmt werden. Es darf sich nur darum handeln, das zu leisten, was der Gesellschaft durch Vertrag oder Gesetz obliegt. Sobald eine neue Verpflichtung hinzutritt, kann man nicht mehr von einer Erfüllung sprechen, daher darf die Hingabe an Erfüllungs Statt nur mit der Genehmigung der Gesellschaft erfolgen (OLG. Dresden 31. 5. 15 BauerZ. 23, 60). Die Vornahme eines Erfüllungsgeschäfts sich selbst gegenüber muß in die Erscheinung treten. Die Belastung eines Grundstücks mit einer Hypothek verlangt eine dingliche Einigung unter Anm. 13.

§ 36. den Beteiligten (§ 873 BGB.). Sie setzt übereinstimmende, auf die Entstehung oder Veränderung eines dinglichen Rechtes bezügliche Willenserklärungen der Beteiligten voraus. Sie sind von einem Teile gegenüber dem anderen abzugeben. Die einseitige Erklärung des Grundstückseigentümers genügt zwar zur Eintragung der Hypothek ins Grundbuch. Vorausgehen aber muß die dingliche Einigung. Ohne spezielle Ermächtigung kann daher der Geschäftsführer einer GmbH. nicht einer anderen GmbH., deren Geschäftsführer er ebenfalls ist, eine Hypothek einräumen. Eine solche Hypothekenbestellung wäre andernfalls in wirksamer Weise nicht zustande gekommen (RG. 3. 2. 17 RGZ. 89, 367). Die Besitz- und Eigentumsübertragung muß Dritten gegenüber durch die Tat erkennbar gemacht werden. Der Geschäftsführer muß das Geld aus der Kasse nehmen, die Gutschrift auf sein Konto vollziehen usw. Dagegen bedarf es zur Entstehung eines obligatorischen Vertragsverhältnisses keiner Willenserklärung. Die Einigung der beiden Parteien wird ersetzt durch den Entschluß des Geschäftsführers. Diese Tatsache muß freilich erwiesen werden. Sie kann aber aus später vorgenommenen Handlungen des Geschäftsführers erkennbar sein (vgl. RG. a. a. O. 471, 472). Nur soweit es sich um Formalgeschäfte handelte, muß eine ausdrückliche Erklärung abgegeben sein. So wenn der Geschäftsführer ein Grundstück, das im Eigentum der einen von ihm vertretenen Gesellschaft steht, an die andere Gesellschaft verkauft, deren Geschäftsführer er ebenfalls ist.

Anm. 13a. Für unzulässig erklärt es das RG., daß ein Gesellschafter, der alle Geschäftsanteile besitzt, sich zum Abschlusse eines Rechtsgeschäfts mit sich selbst ermächtige und der Gesellschaft auf diese Weise ein Darlehen gebe. Die Erteilung der Ermächtigung trage ebenfalls den Charakter eines zwischen der Gesellschaft und dem Geschäftsführer vorzunehmenden Rechtsgeschäfts (RG. 20. 3. 08 RGZ. 68, 172; RG. 27. 10. 14 RGZ. 85, 380; Recht 1915 Nr. 8, 14, 102, 103; BauersZ. 22, 140). In solchem Falle bedürfe es der Bestellung eines zweiten Geschäftsführers oder Prokuristen. Auch sei die Bestellung gemäß § 29 BGB. durch das Amtsgericht möglich. Es ist nicht recht verständlich, welche Rechtslage durch die Ablehnung dieses Selbstkontrahierens geschaffen werden sollte. Einen Anspruch auf Rückgabe des Geldes muß der Gesellschafter-Geschäftsführer doch haben. Schlimmstenfalls aus der Bereicherung. Die ganze Entscheidung hat ein etwas formalistisches Gepräge. Es ist doch unbestreitbar zulässig, daß der eine Gesellschafter, der alle Geschäftsanteile besitzt, den Gesellschaftsvertrag ändert. Es kann dann dieser allgemein zulassen, daß der Geschäftsführer zu Abschlüssen mit sich selbst ermächtigt sei. Kann er dies, so ist nicht einzusehen, weshalb er sich nicht diese Erlaubnis für die Einzelfälle durch Beschluß geben kann. Dieser Beschluß selbst ist kein Rechtsgeschäft mit dem Geschäftsführer, sondern eine Willensbildung und Regelung einer internen Frage wie die Statutenänderung (vgl. Anm. 7 zu § 45). Das Reichsgericht (RG. 21. 10. 24 RGZ. 109, 77, JW. 1925, 247, mit Anm. von Hachenburg) hat seinen Standpunkt für den Fall ausdrücklich bestätigt, daß die Gesellschaft nicht (wie bei der Entscheidung vom 20. 3. 08) einen, sondern zwei Gesellschafter und Geschäftsführer habe, von denen der eine zu einer Gesellschafterversammlung nicht erschienen ist, in der ordnungsmäßig die Erhöhung des Stammkapitals auf die Tagesordnung gesetzt war. Der erschienene Gesellschafter und Geschäftsführer könne den Übernahmevertrag für den neuen Stammanteil nicht wirksam namens der Gesellschaft mit sich selbst abschließen. — Auch hier ist die Konstruktion des Reichsgerichts formalrechtlich und wird den wirtschaftlichen Bedürfnissen nicht gerecht. Wäre nur ein Gesellschafter vorhanden, so könnte dieser unzweifelhaft das Rechtsgeschäft namens der Gesellschaft mit sich abschließen. Er müßte dazu in der Lage sein. Daß er sich dabei die Befreiung von § 181 BGB. ausdrücklich durch Beschluß einräumt, wäre unnötig. Sein Wille ergibt sich konkludent. Genau so muß es da sein, wo zwei Gesellschafter vorhanden sind, aber nur einer erschienen ist. Zeichnet der erschienene Gesellschafter in der Gesellschafterversammlung den ganzen Betrag der Erhöhung, so liegt darin zugleich die Annahme als Geschäftsführer und die Ermächtigung der Gesellschafterversammlung. Der vom Reichsgericht für seine Ansicht angeführte § 47 Abs. 4 steht dem nicht entgegen. Er bezieht sich bloß auf Vorgänge, bei denen der Gesellschafter der Gesellschaft als Dritter gegenübersteht, nicht auf gesellschaftsrechtliche Vorgänge. Wie der Gesellschafter bei seiner Wahl zum Geschäftsführer mitstimmt, so auch hier bei der Übernahme. Es hätte sonst eine kleine Minderheit die Möglichkeit, die Übernahme durch den fast das ganze Stammkapital besitzenden Gesellschafter zu verhindern. — Abweichend Flechtheim (JW. 1925, 566). Indessen scheinen seine Ausführungen zum Teil auf einem Mißverständnis zu beruhen. Abweichend auch Brodmann (JW. 1925, 596). Seine Stellung mag nicht formalistisch sein. Er verwahrt sich auch dagegen. Aber sicher ist sie formalrechtlich und theoretisch. Sie läßt die wirtschaftliche Notwendigkeit nicht gelten. Für sie entspricht es auch dem Gesetz, daß ein kleinster Gesellschafter den fast das ganze Kapital besitzenden ausschließen kann. Man denke den folgenden Fall: Ein Fabrikant hat für sein Unternehmen eine GmbH. geschaffen. Er ist Geschäftsführer. Er hat seinen Prokuristen mit einem kleinen Betrag beteiligt. Das Stammkapital muß erhöht werden. Wenn der Prokurist in der Gesellschafterversammlung aus Obstruktion nicht erscheint, kann der andere das erhöhte Kapital nicht übernehmen. Das Ergebnis ist unannehmbar. Auch in minder krassen Fällen. Eine Lösung ist notwendig. Sie ist nur dadurch möglich, daß man nicht nur das Selbstkontrahieren, sondern dazu auch gestattet, die Möglichkeit des Selbstkontrahierens zu schaffen. Es ist hier genau wie bei der Einmanngesellschaft. Brodmann bekämpft sie freilich auf das schärfste. (Aus dem gleichen Gedankengang erklärt sich auch die Stellungnahme bei Neukamp-Becker Anm. 3 gegen die Möglichkeit des Selbstkontrahierens. Neukamp-Becker hält die Vereinigung aller Stammanteile in einer Hand für einen Auflösungsgrund der GmbH.; vgl. Anm. 9a zu § 60.) Man mag Brodmann de lege ferenda beistimmen oder nicht. De lege lata ist die Einmannsgesellschaft möglich. Was für sie recht ist — und die Entscheidung des RG. vom 21. 10. 24 selbst scheint für sie von dem früheren Standpunkt abzuweichen — muß für die Zweimannsgesellschaft billig sein. Auch Brodmanns Darlegung vermag den hier eingenommenen Standpunkt nicht zu erschüttern. — Ein Fall des § 181 liegt nicht vor, wenn der Geschäftsführer einen Darlehensvertrag mit einem Dritten abschließt, dem er selbst einen Teil der Mittel für das Darlehen überlassen hat. Ein Vertragsverhältnis besteht hier bloß zwischen der GmbH. und dem Dritten. Das Verbot des Selbstkontrahierens ist unter allen Umständen streng aufzufassen (RG. 6. 11. 13 BauersZ. 21, 273). § 36.

Ein die Grenzen des § 181 BGB. überschreitendes Geschäft ist nicht nichtig. Es ist ebenso zu beurteilen wie jede Vollmachtsüberschreitung. Es ist daher von der Genehmigung des Vertretenen abhängig (RG. 4. 11. 03 RGZ. 56, 108; RG. 18. 3. 18 LZ. 1918, 542). Gibt der Geschäftsführer der Gesellschaft ein Darlehen gegen Bestellung einer Hypothek, wobei er, da Kollektivvertretung vorgeschrieben ist, mitwirkt oder, wenn er alleiniger Geschäftsführer ist, allein handelt, so kann die Hypothek wirksam werden. Die Gesellschaft hat durch einen ordnungsgemäß bestellten Geschäftsführer die Genehmigung auszusprechen oder ihn zum Kontrahieren mit sich selbst zu ermächtigen. Ein Beschluß der Gesellschafter selbst, der die Genehmigung der Eintragungsbewilligung ausspricht, genügt nicht, da diese zu solchen Rechtsakten, Bestellung von Rechten, nicht befugt sind (§ 46). Wohl aber ist es ein durch den Gesellschaftsvertrag eingeführter Aufsichtsrat. Er vertritt ja gemäß § 247 HGB. die Gesellschaft in ihren Rechtsgeschäften mit dem Geschäftsführer (vgl. Anm. 45 zu § 53). Eine vor dieser Genehmigung, wenn auch nach der Bestellung der Hypothek zugunsten des Geschäftsführers eingetragene Zwangshypothek geht dann aber jener vor (§ 184 Abs. 2 BGB.). Ein von dem Geschäftsführer persönlich auf die Gesellschaft gezogener, von ihm für die GmbH. akzeptierter Wechsel ist in der Hand des **gutgläubigen Dritten** gültig. Der § 181 BGB. steht nur dem Anspruche des Geschäftsführers selbst beim Erwerbe einer Forderung aus dem Wechsel entgegen. Dies wird selbst in dem Falle angenommen, daß der Vorstand einer AG. den Wechsel während seiner Vorstandschaft als Blankoakzept herstellt und erst nach deren Erlöschen ausfüllte (RG. 24. 11. 06 LZ. 1, 218[1]). In gleicher Weise wirkt § 181 BGB. aber auch in den Fällen, in denen der Geschäftsführer sich der Gesellschaft gegenüber verpflichtet. Besteht kein Aufsichtsrat (§ 247 HGB.), so muß ein anderer vertretungsbefugter Geschäftsführer mit dem sich verpflichtenden abschließen. So in dem Falle, daß er für einen Schuldner der Gesellschaft die Bürgschaft übernimmt. Stets ist bei einer solchen die Form des § 766 BGB. Anm. 13b.

§ 36. zu wahren. Aufnahme in das Protokoll des Aufsichtsrates genügt nur dann, wenn der Geschäftsführer es unterzeichnet (BauersZ. 15, 266). Bei Rechtsgeschäften mit dem Geschäftsführer können die Stellvertreter desselben mit ihm kontrahieren. Sie sind für den Fall der tatsächlichen oder rechtlichen Verhinderung der Geschäftsführer nicht dessen Vertreter, sondern die der Gesellschaft (§ 44). Sie sind dies kraft eigenen Rechtes (KG. 12. 12. 04 OLGR. 11, 395). In gleicher Weise ist das Kontrahieren des Geschäftsführers mit den Prokuristen der Gesellschaft zulässig. Wenn auch der Prokurist nicht gesetzlicher Vertreter der Gesellschaft ist (RG. ZBlFG. 5, 216), so ist er doch zu ihrer Vertretung nicht als Unterbevollmächtigter des Geschäftsführers, sondern durch die Gesellschaft selbst berufen. Zulässig ist aus demselben Grunde, daß ein Geschäftsführer zweier GmbH. namens der einen Gesellschaft mit einem Bevollmächtigten der anderen, den er selbst ernannt hat, abschließt (KG. 12. 12. 10 BauersZ. 18, 181).

Anm. 14. Bei einer Klage des Geschäftsführers gegen die Gesellschaft ist eine Zustellung an sich selbst nicht statthaft (§ 185 ZPO.; RGZ. 7, 405). Eine Ersatzzustellung kann geschehen. Hat die Gesellschaft keinen anderen Geschäftsführer, der sie im Prozesse vertritt, so muß unter den Voraussetzungen des § 57 ZPO. ein Prozeßpfleger bestellt werden. Auch die Bestellung eines anderen Geschäftsfühers nach § 29 BGB. durch das Amtsgericht kommt in Frage. Ist der Kläger der einzige Geschäftsführer, so würde die Gesellschaft, da er von ihrer Vertretung ausgeschlossen ist, im Prozesse nicht vertreten sein. Ein von dem Geschäftsführer erwirktes Urteil unterläge der Nichtigkeitsklage (vgl. auch Anm. 14 zu § 35).

Anm. 15. Innerhalb des Kollegiums der Geschäftsführer darf der Geschäftsführer, wenn es sich um Rechtsgeschäfte mit oder gegen ihn handelt, nicht mitstimmen (§§ 28 Abs. 1, 34 BGB.). Von der Beratung ist er nicht ausgeschlossen.

Anm. 16. Ausländische Gesetze.

§ 19 des österreichischen Gesetzes stimmt wörtlich mit dem § 36 GmbHG. überein. Ebenso der Art. 21 des bulgarischen. Im polnischen Gesetz ist der Gedanke des § 36 GmbHG. nicht ausdrücklich enthalten. Er ergibt sich indirekt aus der Bestimmung des Art. 9 Abs. 2. Daß die geschäftlichen Handlungen der Geschäftsführer auch dann für die Gesellschaft wirken, wenn es bei ihrer Vornahme nicht ausdrücklich hervorgehoben wurde, ist im polnischen Gesetz nicht ausdrücklich gesagt. Ebensowenig im französischen (Art. 24). Nach französischem Recht muß der Geschäftsführer sogar ausdrücklich erklären, daß er als Geschäftsführer handle (Gain, Les sociétées à responsabilitée limitée, Paris 1925, S 61). Die Stellung der Geschäftsführer nach dem italienischen Entwurf ist beschränkter (Art. 150). Nach dem Schweizer Entwurf entspricht die Stellung des Geschäftsführers der eines Mitgliedes einer offenen Handelsgesellschaft (Kollektivgesellschaft — Schweizer Entwurf § 800).

§ 37.

§ 37.

Die Geschäftsführer sind der Gesellschaft gegenüber verpflichtet, die Beschränkungen einzuhalten, welche für den Umfang ihrer Befugnis, die Gesellschaft zu vertreten, durch den Gesellschaftsvertrag oder, soweit dieser nicht ein anderes bestimmt, durch die Beschlüsse der Gesellschafter festgesetzt sind.

Gegen dritte Personen hat eine Beschränkung der Befugnis der Geschäftsführer, die Gesellschaft zu vertreten, keine rechtliche Wirkung. Dies gilt insbesondere für den Fall, daß die Vertretung sich nur auf gewisse Geschäfte oder Arten von Geschäften erstrecken oder nur unter gewissen Umständen oder für eine gewisse Zeit oder an einzelnen Orten stattfinden soll, oder daß die Zustimmung der Gesellschafter oder eines Organs der Gesellschaft für einzelne Geschäfte erfordert ist.

Die Geschäftsführungsbefugnis und die Beschränkungen derselben (Abs. 1) und die Vertretungsbefugnis und ihre Beschränkungen (Abs. 2) sind auseinandergehalten. Das österreichische Gesetz (§ 20) hat denselben Inhalt. In Abs. 1 ist neben dem Gesellschaftsvertrag und den Beschlüssen der Gesellschaft auch die für die Geschäftsführer verbindliche Anordnung des Aufsichtsrates erwähnt. § 37. Einleitung.

1. (Abs. 1.) **Die Geschäftsführungsbefugnis und ihre Beschränkungen.** Anm. 1.

a) Die Gesellschaft hat verschiedene geschäftsführende Organe. Ihr oberstes ist die Gesellschafterversammlung. Auch ein Aufsichtsrat kann als solches bestellt werden. Auch andere Organe sind begrifflich möglich, z. B. Ausschuß, Syndikus usw. Das Gesetz geht von den Geschäftsführern, dem eigentlich geschäftsführenden Organe, aus (vgl. Anm. 6 zu § 35). Daß aber auch die Gesellschafter in ihrer Zusammenfassung Organ der Gesellschaft sind, muß trotz der ungenauen Ausdrucksweise in Abs. 2 Satz 2 („oder eines Organes der Gesellschaft") angenommen werden (vgl. Neukamp Anm. 4a). Anm. 2.

b) Über die Ausübung der Geschäftsführung gibt das Gesetz keine Vorschrift. Auch nicht darüber, wenn mehrere Mitglieder Kollektivvertretungsbefugnis haben. Grundsätzlich geht die Geschäftsführungsbefugnis mit der Vertretungsbefugnis Hand in Hand. Wer das Recht hat, die Gesellschaft allein zu vertreten, hat auch alleinige Geschäftsführungsbefugnis. Kollektivvertretungsbefugte Geschäftsführer sind auch zur Geschäftsführung nur kollektiv befugt (vgl. Anm. 7 zu § 35).

c) Die Geschäftsführer haben gewisse Beschränkungen zu beobachten. Sie haben „die Beschränkungen einzuhalten, welche für den Umfang ihrer Befugnis, die Gesellschaft zu vertreten, durch den Gesellschaftsvertrag oder, soweit dieser nicht ein anderes bestimmt, durch die Beschlüsse der Gesellschafter festgesetzt sind". Dies fließt aus dem Verhältnis zwischen dem Geschäftsführer und der Gesellschaft. Er hat allerdings nicht die Stellung eines Handlungsgehilfen. Im Geschäftsleben nach außen erscheint er als der Prinzipal eines Handlungsunternehmens (RG. 28. 1. 08 Recht 08, 1067; RG. 7. 1. 11 Holdheim 11, 120). Nach innen ist er aber der Angestellte der Gesellschaft. Das Gesetz behandelt nur den Fall der Beschränkung der Vertretung. Das ist aber nur der Ausfluß der ganzen Sachlage. Die Gesellschaft kann nicht nur die Vertretungsbefugnis beschränken. Sie kann es ebenso bei der inneren Geschäftsführung, auch wo es sich nicht um Rechtsgeschäfte mit Dritten handelt. Dem Geschäftsführer kann ebensowohl das Kaufen wie das Bauen eines Hauses, der Erwerb eines Geschäfts wie die Errichtung einer Niederlassung genommen sein. Der Geschäftsführer ist dem Willen der Gesellschaft unterworfen. Sie ist sein Prinzipal. Er ist ihr Angestellter. Sie kann sich mit der allgemeinen Richtschnur für seine Tätigkeit in ihrer Zweckbestimmung begnügen. Sie kann ihm aber auch Einzelweisungen erteilen. Sie kann ihm aufgeben, daß und wie er im vorliegenden Falle handeln soll. Auch das letztere ist in § 37 Abs. 1 ausgedrückt. Will er sich dem nicht fügen, so darf er die Stelle nicht annehmen oder muß sich die Selbständigkeit bedingen, welche die Einwirkung der Gesellschaft ausschließt. Der Herr des Unternehmens ist die Gesellschaft auch dem Geschäftsführer gegenüber. Sie kann daher nicht nur verlangen, daß er in negativer Richtung ihr folge und die Beschränkungen innehält, die sie ihm auferlegt. Er muß auch die positiven Beschlüsse respektieren und sie ausführen (vgl. aber auch Anm. 4 und 5). Der Geschäftsführer ist stets nur der Gesellschaft unterstellt, auch dann, wenn sämtliche Geschäftsanteile in einer Hand vereinigt sind. Der Eigentümer der Geschäftsanteile ist nicht sein Vorgesetzter. Er kann ihm nicht wie ein solcher Weisungen über sein persönliches Verhalten geben (OLG. Hamburg 14. 7. 13 Rundsch.GmbH. 1914, 85). Anm. 3.

Die Beschränkungen der Befugnis des Geschäftsführers können im Gesellschaftsvertrag ausgesprochen sein. Dies enthält dann ein Doppeltes. Einmal eine Satzung der Gesellschaft. Ein Beschluß der Gesellschafter, einen Geschäftsführer ohne diese Beschränkung zu bestellen, verletzt den Gesellschaftsvertrag. Ein jeder Gesellschafter hat das Recht der Anfechtung. Ob diese nur die Befreiung von der Beschränkung erzwingt oder den

§ 37. ganzen Bestellungsbeschluß vernichtet, hängt von der Bedeutung der Ausnahme für die Anstellung ab. Eine Einstimmigkeit des Beschlusses schließt die Anfechtbarkeit aus. Er bleibt auch für später eintretende Gesellschafter gültig. Wenn die übergroße Mehrzahl der Gesellschafter einen anzustellenden Geschäftsführer ohne Änderung des Gesellschaftsvertrages von der Verbindlichkeit befreit, die Vertretungsbeschränkung des Gesellschaftsvertrages einzuhalten, so ist dies gleichbedeutend mit der Erklärung, daß sie an den Geschäftsführer, der sich an die Statutenbestimmungen nicht hält, keine Ersatzansprüche wegen eingetretener Schäden stellen werde. Darin liegt keine Änderung des Gesellschaftsvertrages (BauersZ. 27, 123; vgl. auch unten Anm. 1ff. zu § 53).

Anm. 3a. Die Beschränkung im Gesellschaftsvertrage hat zum anderen die Bedeutung einer Weisung an den Geschäftsführer. Sie bildet einen Teil seines Rechtsverhältnisses zur Gesellschaft. Es ist nicht erforderlich, daß sie ihm vorher bekanntgegeben würde (a. M. Brodmann Anm. 2. Er will die im Gesellschaftsvertrage festgelegten Beschränkungen nicht ohne weiteres als für den Geschäftsführer, der nicht gleichzeitig Gesellschafter ist, bindend ansehen. Im Gegenteil könnte nach seiner Ansicht in solchen Beschränkungen ein sofortiger Kündigungsgrund zugunsten des Geschäftsführers enthalten sein. Der Geschäftsführer muß aber wissen, daß die GmbH. in dem Statut ihre bindende Verfassung hat. Mit der Erklärung, daß er sie nicht kannte, wird er nicht gehört. Die Gesellschaft kann ihn als ihren Angestellten auch jederzeit durch ihren Beschluß in seiner Geschäftsführung beschränken. Anders nur, wenn der Inhalt seiner Anstellung dem Geschäftsführer eine Selbständigkeit gewährleistet, die mit dem Inhalte des Gesellschaftsvertrages in Widerspruch steht. Dann gilt dieser nicht für ihn. Das Nichterwähnen der Festsetzung des Statutes allein hat nicht diese Bedeutung. Die Beschränkung kann sich damit begnügen, bestimmte Fälle aufzuführen, die dem Geschäftsführer entzogen sind, Erwerb und Verwertung von Liegenschaften, Aufnahme von Darlehen, Anschaffung von Maschinen usw. usw. Auch wenn nichts weiter gesagt ist, so ist damit die Genehmigung der Gesellschafter vorbehalten. Die Auslegung kann auch ergeben, daß die eines anderen Organes, insbesondere des Aufsichtsrates, gemeint ist. Diese Beschränkung soll in der Regel nicht die hervorgehobenen Rechtsakte von dem Geschäftsbetriebe der Gesellschaft ausschließen. Sie will nur den Geschäftsführer an die Mitwirkung des anderen Organes binden. Der Gesellschaftsvertrag kann ebensowohl, statt einzelne Fälle anzunehmen, den umgekehrten Weg beschreiten. Er zählt die Punkte auf, in denen allen der Geschäftsführer handeln darf. In solchen Fällen ist der Schwerpunkt der Verwaltung in ein anderes Organ (Aufsichtsrat) verlegt. Es kann endlich der Kreis der Befugnisse generell begrenzt sein. Alles, was außerhalb dieser Gruppe liegt, ist Vorbehaltsgebiet der Gesellschaft. Eine Beschränkung des Geschäftsführers enthält auch die Zweckbestimmung der Gesellschaft. Geschäfte außerhalb derselben soll er nicht vornehmen. Er hat die Geschäfte dieser Gesellschaft zu führen. Er bedarf mithin zu jeder Überschreitung der Genehmigung. Es gilt dasselbe von ihm wie vom Liquidator. Nur daß dessen Befugnisse durch den Liquidationszweck noch mehr eingeschränkt sind. Der Geschäftsführer einer Hochschule für Musik darf daher kein Getreide kaufen, der Geschäftsführer einer Getreidehandelsgesellschaft keine Wohnhäuser bauen. Ob ein Geschäft in den Bereich seiner Befugnis fällt, ist aus dem konkreten Zweck zu beantworten. In der Regel ist der Geschäftsführer zu allen Handlungen befugt, die der normale Geschäftsgang der Gesellschaft mit sich führt, die also nicht durch ihre Art und ihren Gegenstand außerhalb des Zweckes der GmbH. liegen. Eine Bestimmung des Gesellschaftsvertrages, daß der Geschäftsführer in jedem Falle, der außerhalb des Zweckes der Gesellschaft liegt, die Zustimmung der Gesellschaft einzuholen hat, gibt nur den Inhalt des Gesetzes wieder. Eine Vorschrift, daß dies in allen wichtigen Fragen zu geschehen habe, ist eine satzungsmäßige Einschränkung. Sie begrenzt die Befugnis des Geschäftsführers auf die unwichtigen (vgl. aber auch Anm. 6 zu § 49).

Alles, was der Gesellschaftsvertrag bestimmen kann, kann auch durch Beschluß der Gesellschafter angeordnet werden. Er ist ebenso verbindlich für die Geschäftsführer.

Dahin gehören die zahlreichen „Instruktionen", welche Gesellschafter oder Aufsichtsrat § 37. ausarbeiten. Sie können wieder die verschiedensten Beschränkungen einführen. Sie können die Fälle festsetzen, in denen Gesellschafter und Aufsichtsrat zu befragen sind. Sie können die Geschäftsführer auf einzelne Gebiete beschränken. Entgegenstehende vertragliche Abreden mit dem Geschäftsführer können durch Beschlüsse nicht beseitigt werden. Auch bei der Zulässigkeit der Beschlüsse bleibt die Möglichkeit zu beachten, daß diese in ihrer ganzen Art eine Herabsetzung des Geschäftsführers ausdrücken können, die als wichtiger Grund zur sofortigen Kündigung erscheint (OLG. Frankfurt 12. 7. 07 OLGR. 16, 118). So, wenn die Gesellschaftsversammlung beschließt, daß einem Dritten das Recht zustehen soll, dem Geschäftsführer Weisungen zu erteilen (BauersZ. 29, 123). So, wenn die Verordnungen der Gesellschafter ohne Wissen des Geschäftsführers während seines Urlaubes erfolgen (RG. 7. 11. 11 Recht 11, 1534). Die Beschlüsse der Gesellschafter können dem Geschäftsführer auch positive Anordnungen geben. Er kann angehalten werden, Klagen zu erheben oder zurückzuziehen, Anstellungen und Entlassungen von Handlungsgehilfen vorzunehmen usw. In den Fällen, in denen der Schwerpunkt der Geschäftsführung bei den Gesellschaftern oder dem Aufsichtsrate liegt, werden solche Weisungen die Regel sein. Es ist nicht erforderlich, im Gesellschaftsvertrage oder in der Bestellung des Geschäftsführers hervorzuheben, daß dieser den Weisungen der Gesellschaft oder des an ihrer Stelle stehenden Organes zu folgen habe. Dies fließt aus dem Gesetze. Die Ausnahme bedarf der Festsetzung.

Eine solche kann durch den Gesellschaftsvertrag bestimmt sein. Er kann an- Anm. 3b. ordnen, daß die Gesellschafter nicht befugt sind, Beschlüsse über die Geschäftsführung zu fassen oder dem Geschäftsführer Vorschriften zu erteilen. Ein dem widersprechender Beschluß verletzt den Gesellschaftsvertrag. Er ist durch die widerstrebenden Gesellschafter anfechtbar. Einstimmig gefaßt ist er unanfechtbar. Für den Geschäftsführer aber ist der Beschluß unwirksam, soweit derselbe in sein auf den Gesellschaftsvertrag aufgebautes Dienstverhältnis eingreift. Für einen Geschäftsführer, der erst nach dem Beschluß oder durch einen solchen Beschluß angestellt wurde, ist er gültig. Der Gesellschaftsvertrag kann soweit gehen, daß er den Geschäftsführer von der Prüfung und Überwachung durch die Gesellschafter befreit (Anm. 32 zu § 46). Darin liegt auch der Ausschluß der Erteilung von Dienstanweisungen und der Aufstellung von Beschränkungen. Solche Fälle kommen dann vor, wenn der Geschäftsführer der Hauptgesellschafter ist und die Geschäftsführung auf Grund des Gesellschaftsvertrages als besondere Pflicht übernahm oder wenn sie ihm als besonderes Recht eingeräumt wurde (Anm. 28 zu § 3). Diese gleiche Stellung kann der Geschäftsführer durch Gesellschafterbeschluß erlangen. Die Gesellschafter stellen ihn unter Verzicht auf ihre Dispositionsbefugnis an. Sie räumen ihm das ausschließliche Recht der Verwaltung ohne Befragung der Gesellschafter ein. Sie schließen ihre unmittelbaren Anweisungen aus. Das kann im Widerspruche mit dem Gesellschaftsvertrage stehen (s. o.). Dann ist der Beschluß anfechtbar. Ist dies nicht der Fall, so sind Beschlüsse, welche gegen diese Abrede verstoßen, zwar gültig. Sie verletzen den Gesellschaftsvertrag nicht. Sie binden aber den Geschäftsführer nicht. Er kann sie unbeachtet lassen. Sie sind eine Verletzung seines Vertrages (RG. 7. 11. 11 Holdheim 11, 118). Wie weit solche Zusagen gehen, muß im Einzelfalle durch Auslegung unter Berücksichtigung der Verkehrsauffassung festgestellt werden. Daraus allein, daß der Geschäftsführer als alleiniger Vertreter der GmbH. angestellt wurde, folgt nicht, daß die Gesellschafter ihm nicht die Bestellung von Handlungsgehilfen oder Prokuristen aufgeben dürfen. Daraus, daß er zu jeder Handlung auch ohne Befragen der Gesellschafter befugt ist, folgt nicht, daß diese nicht in einzelnen besonderen Fällen ein Verbot aussprechen können. Nur darf das nicht zu einem Aufheben der Zusage der Unabhängigkeit führen. Daraus, daß dem Geschäftsführer im Anstellungsvertrag in bestimmtem Umfange Beschränkungen auferlegt sind, folgt nicht, daß ihm auch das Recht eingeräumt sei, keinen weitergehenden Beschränkungen unterworfen zu werden (RG. 7. 11. 11 Holdheim 11, 119. Abweichend von der hier ver-

§ 37. tretenen Auffassung legt Brodmann — Anm. 1 — bei den Beschränkungen den Hauptnachdruck auf die Beschlüsse der Gesellschafter, umgekehrt Neukamp-Becker — Anm. 2 — auf die Vorschriften des Statuts).

Über die Beschränkungen der Geschäftsführer durch das Gesetz bei der Bestellung der Prokuristen und Generalhandelsbevollmächtigten (§ 46 Ziff. 7) vgl. Anm. 33—49 zu § 46.

Anm. 4. d) Hält der Geschäftsführer die ihm hiernach auferlegten Beschränkungen nicht ein, macht er Geschäfte, die ihm das Statut untersagt, holt er die Genehmigung der Gesellschaftsversammlung oder des Aufsichtsrates nicht ein, wo er dies soll, oder handelt er entgegen den ihm von diesen Organen innerhalb ihrer Zuständigkeit gegebenen Anweisungen, so liegt hierin eine Pflichtverletzung. Für deren Folgen steht er ein. Er haftet für den durch eine solche Handlungsweise der Gesellschaft erwachseuen Schaden. Er wird dadurch nicht entschuldigt, daß er glaubte oder glauben durfte, er handle zum Vorteil der Gesellschaft (a. M. BauersZ. 29, 122). Weigert sich der Geschäftsführer, einer Weisung zu einer positiven Handlung zu folgen, so gibt es kein unmittelbares Recht der Gesellschafter, ihn dazu zu zwingen. Sie können nicht die Handlung selbst vornehmen, auch nicht, wenn alle Gesellschafter handeln. Ebensowenig der Aufsichtsrat (vgl. auch Anm. 3 zu § 35). Es gibt wohl Klage auf Vollzug des Beschlusses. Sie wäre durch den zu diesem Zwecke ernannten besonderen Vertreter zu erheben (§ 46 Ziff. 8; vgl. Anm. 43 zu § 35). Sie wäre aber unpraktisch. Sie kann nicht durch Zwangsandrohung vollvollstreckt werden (§ 888 Abs. 2 ZPO.). Sie wäre nur die Grundlage zur Entlassung oder Ersatzforderung. Die Gesellschafter können den widerspenstigen Geschäftsführer absetzen und an seine Stelle einen neuen berufen. Es können sich hierdurch im besonderen Falle Schwierigkeiten ergeben, so bei einer Handlung, die sich gegen einen Gesellschafter richtet, z. B. die Erhebung einer Klage wegen Mängel seiner Sacheinlage. Der Beklagte stimmt nicht mit (§ 47 Abs. 4). Er ist aber der Hauptgesellschafter. Mit Rücksicht auf ihn unterläßt der Geschäftsführer die Klage. Die Minderheit will ihn absetzen. Nun schützt ihn der angegriffene Gesellschafter, der die Mehrheit besitzt und gegen die Entlassung stimmt. Hier muß ihm die Stimme versagt werden. Es liegt ein Mißbrauch seines Stimmrechtes vor (Anm. 21 zu § 47). Anderenfalls vereitelt er mittelbar die Klage. Den Gegensatz hierzu bildet der Fall, daß sich die Gesellschafter unbefugt in die Geschäfte der Gesellschaft einmischen. Sie schließen Geschäfte mit den Kunden der GmbH. ab. Sie vereiteln den Abschluß eines solchen durch den Geschäftsführer. Eine Verbotsklage unter Strafandrohung (so BauersZ. 18, 13) gibt es nicht. Diese setzt eine Vertragsverletzung oder eine unerlaubte Handlung als bevorstehend voraus. Keines von beiden ist gegeben. Die GmbH. kann lediglich, sofern die Handlung des einen Gesellschafters zum Nachteil der Gesellschaft ausschlüge, ihn als Geschäftsführer ohne Auftrag haftbar machen wie jeden Dritten, der sich in ihre Angelegenheiten mischt. Eine allgemeine negatorische Klage gegen solche Einmischungen ist dem Gesetze fremd.

Anm. 5. Verlangen die anderen Organe von dem Geschäftsführer etwas Ungesetzliches oder Statutenwidriges, enthält die Ungesetzlichkeit eine Verletzung zwingender Vorschriften des Gesetzes, so ist das Gebot ungültig. Es darf bei eigener Verantwortung von den Geschäftsführern nicht befolgt werden (§ 43 Abs. 3). Liegt nur die Verletzung einer dispositiven oder statutarischen Vorschrift vor, so sind die Geschäftsführer jedenfalls gedeckt, wenn sie den Anweisungen des ihnen übergeordneten Organes folgen (a. M. Liebmann Anm. 1, Parisius-Crüger-Crecelius Anm. 1). Nicht sie sind die Hüter der Befolgung der Vorschrift, sondern das ihnen übergeordnete Organ. Daher haben sie in solchen Fällen die Anweisungen zu befolgen. Anordnungen des Aufsichtsrates zum offenbaren Nachteil der Gesellschaft darf der Geschäftsführer nicht befolgen. Er ist anderenfalls mitverantwortlich. Er ist zur sorgsamen Prüfung verpflichtet. Besteht der Aufsichtsrat auf seinem Willen, so muß der Geschäftsführer entweder die Gesellschafter befragen oder sein Amt niederlegen. Ob es sich nur um Zweifel handelt oder um ein klares Erkennen eines Fehlers, ist im Einzelfalle festzustellen.

2. (Abs. 2.) **Die Vertretungsbefugnis und ihre Beschränkungen.** Die Vertretungsbefugnis des Geschäftsführers ist unbeschränkt und unbeschränkbar. Beschränkungen haben Dritten gegenüber keine rechtliche Wirkung. **§ 37.** Anm. 6.

a) Die Geschäftsführer sind zu allen Rechtshandlungen befugt. Staub (1. Aufl. S. 225 Anm. 6) erkannte Ausnahmen an, welche die Gesetze stillschweigend oder ausdrücklich machten. So, daß z. B. der Geschäftsführer nicht neue Geschäftsanteile ausgeben könne ohne Kapitalserhöhungsbeschluß (§ 55; RG. 10. 5. 10 RundschGmbH. 10, 291), Geschäftsanteile nicht einziehen ohne statutarische Ermächtigung (§ 34), daß er den Aufsichtsrat oder ein anderes in Gemäßheit der Statuten bestelltes Gesellschaftsorgan nicht abberufen dürfe. Das sind aber keine Ausnahmen von der Vertretungsbefugnis. Das sind Handlungen, die auf gesellschaftsrechtlichem Gebiete liegen. Innerhalb der Gesellschaft stehen den Geschäftsführern nur die Rechte zu, die ihnen durch Gesetz oder Statut zugewiesen sind (vgl. Anm. 3 zu § 35). Auf individualrechtlichem Gebiete oder, wie das Gesetz es ausdrückt, Dritten gegenüber ist ihre Vertretungsmacht unbeschränkt und unbeschränkbar. Es wird daher bei der Prüfung der Frage, ob eine Beschränkung die ihr widersprechende Handlung des Geschäftsführers unwirksam macht, stets zu prüfen sein, ob es sich um einen Akt gesellschafts- oder individualrechtlicher Art handelt. So ist auch die Genehmigung der Teilung eines Geschäftsanteiles (§ 17 Abs. 1) ein gesellschaftsrechtlicher Akt, den der Geschäftsführer als solcher nicht vornehmen kann (vgl. Anm. 18 zu § 46, Anm. 52 zu § 15). Abweichend RG. 27. 4. 15 (Holdheim 24, 157; Recht 1915 Nr. 2132; BayersZ. 23, 61). Das RG. sieht in dem Erwerber des Geschäftsanteiles — oder vielmehr des Teiles des Geschäftsanteiles — solange einen „Dritten" im Sinne des § 27, als ihm die Genehmigung der Gesellschaft noch nicht zugegangen ist. Daher erscheint ihm die Genehmigungserklärung nicht als gesellschaftsrechtlicher Akt. Ebenso OLG. Dresden 23. 3. 21 (RundschGmbH. 1921, 239) und RG. 13. 6. 22 (RGZ. 104, 413; DJZ. 1922, 694; JW. 1922, 1521 mit zustimmender Anm. von Merzbacher), hier unter ausdrücklicher Bezugnahme auf Staub. Dem Gedankengange des RG. kann nicht beigepflichtet werden. Richtig ist allerdings, was der Ausgangspunkt für das RG. bleibt, daß der Erwerber des Geschäftsanteiles bis zur Genehmigungserklärung noch nicht Gesellschafter, also „Dritter" ist. Allein der ganze Vorgang stellt gleichwohl einen inneren Vorgang der Gesellschaft dar. Denn durch die Erklärung soll ja gerade der Dritte aufhören, Dritter zu sein. Die Schwierigkeit, die sonst ein Dritter als fremder Vertragskontrahent der Gesellschaft gegenüber hat — nämlich festzustellen, ob die Erklärung des Geschäftsführers objektiv zutrifft —, besteht für ihn nicht. Die Ausführungen des RG. würdigen insoweit die Umstände des besonderen Falles nicht. Die hier vertretene Auffassung führt auch nicht zu praktischen Unzuträglichkeiten. Man beachte den Vergleich über die Anfechtung einer Bilanzfeststellung (Anm. 2 zu § 29) oder den Beschluß der Einforderung der Stammeinlagen und der Nachschüsse usw. Rechtsgeschäfte mit Dritten, deren Inhalt ein solcher gesellschaftsrechtlicher Vorgang ist, sind stets unter dem Vorbehalt der Handlung des zu deren Durchführung berufenen Organes geschlossen. Es bedarf keiner ausdrücklichen Bedingung. Wo ein Beschluß der Gesellschafter kraft Gesetzes erfordert ist, kann der Geschäftsführer ihn nicht ersetzen. (Über die Auffassung Brodmanns in der Frage der Beschränkung der Vertretungsbefugnis vgl. Anm. 2 zu § 36. Er nimmt dort zu den wichtigsten Anwendungsfällen im einzelnen Stellung.)

Entsprechend seiner Einstellung erklärt das RG. die Ernennung von Prokuristen und Handlungsbevollmächtigten durch die Geschäftsführer für zulässig (RG. 26. 1. 11 RGZ. 75, 164). Auch diese Tätigkeit sei durch § 37 Abs. 2 gedeckt (vgl. dagegen Anm. 33 zu § 46). Dagegen erachtet auch das RG. die Aufstellung eines Generalbevollmächtigten durch den Geschäftsführer für unzulässig (RG. 24. 2. 15 RGZ. 86, 262). Es stimmt darin im Ergebnis mit der hier vertretenen Ansicht überein (Anm. 45 zu § 46), wenn auch mit anderer Begründung. Sie liegt für das RG. im allgemeinen bürgerlichen Recht. Der Geschäftsführer besitze innerhalb der Gesellschaft eine besondere Vertrauensstelle. Anm. 6a.

§ 37. Sie in ihrem ganzen Umfange übertragen zu können, müsse als unzulässig erachtet werden (vgl. RG. 27. 2. 12 JW. 1912, 526). Der Gedankengang des RG. enthält einen zweifellos richtigen Kern. Indessen bleibt dabei die Grenze flüssig, bis zu der eine Bevollmächtigung überhaupt möglich ist. Es ist festzuhalten, daß die Vollmachtserteilung durch den Geschäftsführer möglich ist. Sie darf aber immer nur soweit gehen, daß der Bevollmächtigte von der Entschließung der durch den Geschäftsführer vertretenen Gesellschaft abhängig bleibt (grundsätzlich ebenso Brodmann Anm. 3 zu § 36).

Anm. 6b. Es macht für den Umfang der Vertretungsbefugnis der Geschäftsführer Dritten gegenüber keinen Unterschied, ob die Handlung zum Betriebe des betreffenden Handelsgewerbes oder irgendeines Handelsgewerbes oder eines gewerblichen Unternehmens überhaupt gehört. Soweit das Aktionsgebiet der Gesellschaft reicht, soweit reicht auch die Vertretungsbefugnis der Geschäftsführer. Das Aktionsgebiet der Gesellschaft aber ergreift das gesamte Gebiet des privaten Vermögensrechtes. Es wird auch nicht etwa durch den statutarischen Gegenstand des Unternehmens begrenzt. Der letztere ist lediglich eine Schranke der Geschäftsführungsbefugnis (Abs. 1 oben Anm. 3). Es kann also der Geschäftsführer einer Bankgesellschaft ein Grundstück zur baulichen Verwertung, der Geschäftsführer einer Baugesellschaft Wertsachen zum Weiterverkaufe kaufen. Derartige Geschäfte verbinden die Gesellschaft. Auch aus der Wichtigkeit und Tragweite eines Geschäftes ist eine Beschränkung des Vertretungsrechtes der Geschäftsführer nicht zu entnehmen. So ist z. B. der Geschäftsführer nach außen durchaus berechtigt, einen ganzen Geschäftszweig, ja sogar das ganze Geschäft zu veräußern oder eine Obligationsanleihe aufzunehmen, deren Betrag die Ziffer des Stammkapitals um das Doppelte übersteigt. Nach innen ist er allerdings verpflichtet, bei Geschäften von solcher Wichtigkeit und Tragweite die Gesellschafterversammlung zu berufen (§ 49 Abs. 2). Seine Vertretungsbefugnis nach außen berührt das nicht. Landesgesetzliche Vorschriften, welche zur Gültigkeit gewisser Rechtshandlungen der GmbH. die Genehmigung des Staates verlangen, sind jedoch, soweit sie nach dem BGB. überhaupt noch bestehen, auch hier nicht unverbindlich. Das GmbHG. will in das Staatsrecht nicht eingreifen. Jene Vorschriften sind nicht Beschränkungen der Vertretungsbefugnis der Geschäftsführer innerhalb der Aktionsfähigkeit der Gesellschaft. Sie sind Beschränkungen der Willens- und Handlungsfähigkeit der Gesellschaft. Dadurch begrenzen sie mittelbar allerdings auch die Vertretungsbefugnis.

Anm. 7. b) Dem Geschäftsführer ausdrücklich auferlegte Beschränkungen der Vertretungsbefugnis, sie mögen von der Gesellschafterversammlung beschlossen oder schon im Statut vorgesehen sein, sind dem Dritten gegenüber wirkungslos. Auch dann, wenn sie im Handelsregister eingetragen sind. Das ist unzulässig. Geschieht es doch, so entsteht daraus keine Wirkung gegen Dritte. Einzelne Arten nach außen wirkungsloser Beschränkungen hebt der Abs. 2 hervor. Unzulässig ist danach z. B. eine Vertretungsbeschränkung derart, daß der Geschäftsführer nicht zur Eingehung von Wechselverbindlichkeiten oder von Rechtsgeschäften, deren Gegenstand den Betrag von 1000 M. übersteigt, befugt sein soll. Denn das wäre eine Beschränkung auf gewisse Arten von Geschäften. Unzulässig war ferner die Vorschrift, daß alle die Gesellschaft verpflichtenden Urkunden von einem Mitgliede des Aufsichtsrates gezeichnet sein müssen, oder daß der Geschäftsführer Vollmachten nur schriftlich erteilen dürfe (ROHG. 12, 34) oder daß er Bevollmächtigte und Beamte nicht oder nur in gewissem Umfange bestellen dürfe (RG. 22, 70), oder die Vorschrift, daß er nur eine Zweigniederlassung zu vertreten habe. Für eine Zweigniederlassung kann ein besonderer Geschäftsführer mit dieser beschränkten Wirkung nach außen nicht bestellt und nicht eingetragen werden. Eine solche Bestellung enthält die volle Vertretungsbefugnis für alle Geschäfte der Gesellschaft. Sie hat nur Bedeutung nach innen (KGJ. 12, 34; 20A, 73, ob der Grundbuchrichter aus einer solchen Bestellung mit Recht Legitimationsbedenken herleiten kann, siehe daselbst; OLG. Hamburg in OLGR. 1, 188 und in RJA. 1, 67; KG. 10. 12. 20 Rspr.OLG. 42, 227; Recht 1923 Nr. 373; KGJ. 53 A 97). Nur für die Prokuristen ist eine Beschränkung der Vertretungsmacht auf den Betrieb einer oder mehrerer Zweigniederlassungen möglich (§ 50 Abs. 3 HGB.). Es kann daher kommen, daß hier wie bei den AG. die Vertretungsmacht eines sog. Filialdirektors, der nicht Geschäftsführer ist, dem aber die Leitung der ganzen Zweigniederlassung untersteht, rechtlich beschränkter ist als die des ihm unterstellten Filialprokuristen. § 37.

c) Statutarische Beschränkungen der Vertretungsbefugnis sind in das Handelsregister nicht einzutragen (oben Anm. 7). Soweit sie die Geschäftsführungsbefugnis betreffen, interessieren sie das Publikum nicht. Soweit die Vertretungsbefugnis damit beschränkt sein soll oder wenigstens ein solcher Anschein erweckt werden könnte, sind sie unwirksam (KG. in KGJ. 3, 13). Eine Eintragung der Amtsdauer ist ohne rechtliche Bedeutung. Auch nach Ablauf dieser eingetragenen Zeit ist der Geschäftsführer Dritten gegenüber gesetzlicher Vertreter der Gesellschaft. Anm. 8.

d) Beschränkungen der Vertretungsbefugnis haben keine Wirkungen. Die Gesellschaft ist an die den Rahmen der Beschränkungen überschreitenden Rechtshandlungen gebunden. Sie erwirbt auch die Rechte aus denselben (vgl. jedoch unten Anm. 12). Der Gesellschaft aber ist der Geschäftsführer verantwortlich (§ 43). Die unbeschränkte Vertretungsbefugnis der Geschäftsführer wird nicht durch die Bestimmung berührt, daß nur mehrere Geschäftsführer gemeinschaftlich zur Vertretung der Gesellschaft befugt sind (RG. 1. 7. 12 LZ. 1912, 846). Anm. 9.

e) Dritten gegenüber haben die Beschränkungen der Vertretungsbefugnis keine Wirkungen. Damit sind alle Akte gemeint, in denen die Gesellschaft als Rechtsperson mit anderen Rechtspersonen selbständige Geschäfte auf dem Gebiete des Individualrechtes schließt. Daher sind Organe, Beamte der Gesellschaft und die Gesellschafter dann keine Dritten, wenn es sich um Akte des inneren gesellschaftlichen Lebens handelt. Der Gesellschafter kann bemängeln, daß die durch den Geschäftsführer erfolgte Einforderung der Einlage nicht auf gültigem Beschlusse der Gesellschafter beruht. Er ist kein Dritter (vgl. RGZ. 24, 59). Geht aber der Gesellschafter mit der Gesellschaft ein selbständiges Rechtsgeschäft ein, so ist er als Dritter zu betrachten (RGZ. 4, 72; 22, 76; Bolze 10 Nr. 297. Ebenso wie hier Liebmann Anm. 7; a. M. Brodmann Anm. 3). Die Beamten, die mit dem Geschäftsführer kontrahieren, sind bis zu ihrer Anstellung Dritte (ROHG. 6, 132; RG. 22, 72). Bestimmt aber das Statut, daß die Geschäftsführer die Reisetätigkeit ihrer Angestellten nur nach Anordnung des Aufsichtsrates regeln dürfen, so liegt hier ein Stück innerer Verwaltung vor. Der Angestellte kann mit Recht die ohne den Aufsichtsrat erfolgte Zuteilung seines Reisegebietes ablehnen. Die Bestellung eines Geschäftsführers oder die Erhöhung seines Gehaltes usw. ist gesellschaftsrechtlicher Art. Es kann kein Geschäftsführer einen anderen bestellen oder dessen Bezüge ändern. Das liegt den Gesellschaftern oder dem Aufsichtsrate ob (ROHG. 19, 335; Bolze 5 Nr. 761; Behrend § 125 Anm. 3). Gewährt der Geschäftsführer der Gesellschaft ein Darlehen, so ist dies der Annahme durch den anderen zur Einzelvertretung berechtigten Geschäftsführer, oder falls kein solcher vorhanden ist, der späteren Genehmigung (vgl. Anm. 14 zu § 36) fähig. Hier ist ein Akt individualrechtlicher Art gegeben (a. M. Neukamp-Becker Anm. 4). Anm. 10.

Auch der Grundbuchrichter kann den Nachweis der etwaigen statutarisch erforderlichen Genehmigung des Aufsichtsrates oder der Gesellschafterversammlung zu einem Grundstücksverkauf nicht verlangen. Dritten gegenüber ist der Grundstücksverkauf auch ohne diese Genehmigung gültig. Anm. 11.

f) Auch wenn der Dritte die Beschränkung gekannt hat, ist sie ihm gegenüber wirkungslos. Er darf davon ausgehen, daß die Beschränkung ihm gegenüber nicht gilt. Nur im Falle der Kollusion ist die Gesellschaft an das sie benachteiligende Geschäft nicht gebunden. Diese liegt aber nicht schon dann vor, wenn der Dritte weiß, daß die erforderliche Genehmigung nicht eingeholt war oder die betreffende sonstige Beschränkung überschritten Anm. 12.

§ 37. ist. Es bedarf eines bewußten Zusammenwirkens mit dem Geschäftsführer zu absichtlicher Schädigung der Gesellschaft (ROHG. 6, 135; 9, 432; 15, 22; 19, 335; RG. 9, 148; 22, 75; Bolze 10 Nr. 297; RG. JW. 1904, 482, 3; RG. 56, 391; OLG. Hamburg 31. 1. 16 Rspr. OLG. 32, 142). Die durch die Kollusion bewirkte Ungültigkeit des Geschäftes beruht jetzt auf § 826 BGB. Wer zu einer vorsätzlichen Schädigung der Gesellschaft wissentlich mitwirkt, verstößt gegen die guten Sitten. Er schädigt vorsätzlich die Gesellschaft. Daher ist er schadensersatzpflichtig. Aus dieser Verpflichtung fließt wieder die Einrede der Gesellschaft, daß ein auf solche Weise erlangter Anspruch nicht geltend gemacht werde (RG. JW. 1904, 48[23]; RG. 21. 6. 09 Recht 09, 2360; RG. 8. 5. 14 Holdheim 20, 212). Es steht mithin der Gesellschaft eine dauernde Einrede gegen den Dritten zu. Einer Anfechtung oder eines Widerrufes bedarf es nicht. Zur „Absicht" der Schädigung ist auch hier nicht verlangt, daß das Ziel der Handlung des Geschäftsführers die Schadenszufügung sei. Es bedarf nur des Bewußtseins, daß der Gebrauch der Vertretungsmacht zu einem Zwecke, zu dem sie nicht erteilt wurde oder nicht gebraucht werden sollte, der Gesellschaft schaden wird. Eine unabwendbare Schädigung wird nicht erfordert. Es genügt, daß sie mit Wahrscheinlichkeit zu erwarten ist. Entfernte Möglichkeiten haben dagegen auszuscheiden (RG. 56, 78). Besonders häufig sind die Fälle, in denen der Geschäftsführer die Gesellschaft in seinem persönlichen Interesse Verbindlichkeiten eingehen läßt. Sie übernimmt Bürgschaft für ihn. Es läßt sich nicht unbedingt sagen, daß jeder solche Gebrauch der Vertretungsmacht als eine absichtliche Schädigung der Gesellschaft zu betrachten sei. Jedenfalls dann nicht, wenn die Gesellschaft für die ihr durch ein solches Kontrahieren des Geschäftsführers entstehende Verbindlichkeit hinreichend gedeckt ist. In den meisten anderen Fällen wird man aber in der Belastung der Gesellschaft mit einer Schuld, die der Geschäftsführer in seinem eigenen Interesse kontrahiert, eine Schädigung derselben sehen. So hat in dem oben zitierten Falle (Recht 09, 2360) das RG. die Belastung der GmbH. mit einer Darlehensschuld durch die Geschäftsführer für ungültig erklärt. Der Geschäftsführer hatte zur Deckung seiner Einlagepflicht als Gesellschafter das Darlehen aufgenommen. Er sagte die Rückzahlung seiner Schuld durch die Gesellschaft zu. Der Darlehensgeber kannte die Sachlage (ebenso RG. 7. 11. 16 RGZ. 89, 90). In einem anderen Falle (RG. BauersZ. 18, 4) wurde die Umbuchung eines Betrages vom Konto der Gesellschaft auf das ihres Vorstandes auf dessen Weisung zur Tilgung seiner Schuld an die Bank, bei der das Konto bestand, für nichtig erkannt. Auch gegenüber einem gutgläubigen Dritten, der den im Wege der Kollusion entstandenen Anspruch durch Abtretung erwirbt, bleibt der Gesellschaft dem Erwerber gegenüber die Einrede. Anders nur bei einem Giro eines Orderpapiers (Wechsels).

Anm. 13. g) Der Geschäftsführer kann unter dem Vorbehalte der Genehmigung anderer Gesellschaftsorgane kontrahieren. Die Erteilung der Genehmigung ist Bedingung des Geschäftes. Die Genehmigung bewirkt, daß das Geschäft nicht nur unter den Parteien als von Anfang an gültig anzusehen ist. Der § 186 Abs. 2 BGB. bezieht sich nur auf Fälle, in denen ohne Vertretungsrecht gehandelt wurde. Der Gegenkontrahent ist solange, bis der Aufsichtsrat oder die Gesellschafterversammlung sich äußern, an seine Zusage gebunden. Bleibt die Erklärung aus, so kann er der Gesellschaft eine Frist setzen, die Zustimmung beizubringen, andernfalls er zurücktrete. Vereitelt der Geschäftsführer gegen Treu und Glauben den Eintritt der Bedingung oder führt ihn der Gegenkontrahent in dieser Weise herbei, so ist § 162 BGB. anwendbar. Die Bedingung gilt im ersteren Falle als eingetreten, im anderen Falle als nicht eingetreten. Die Versagung der Genehmigung macht den Vertrag ungültig (RG. 12. 2. 21 OLGR. 42, 221).

Anm. 14. Eine Beschränkung der Vertretungsmacht des Geschäftsführers tritt nicht dadurch ein, daß er bloß durch einstweilige Verfügung bestellt ist. Das RG. hat folgenden Fall entschieden: Die Bestellung eines Geschäftsführers war durch die Gesellschafterversammlung widerrufen worden. Einer der Gesellschafter hatte eine einstweilige Verfügung erwirkt, durch die der Geschäftsführer erneut bestellt wurde. Die zur Durchführung der einstweiligen Verfügung notwendige Sicherheit wurde zwar hinterlegt, die Hinterlegungsurkunde aber nicht zugestellt. Einen danach vom Geschäftsführer abgeschlossenen Vertrag hat das RG. für gültig erklärt. Daß die Durchführung der einstweiligen Verfügung mangels Zustellung noch in der Schwebe war, ist gleichgültig. Es genügt, daß der aus der einstweiligen Verfügung Berechtigte von seinem Recht erkennbar Gebrauch gemacht hat, etwa durch Eintragung des Geschäftsführers im Handelsregister. Das RG. verkennt nicht die Gefahr, daß die GmbH. auf diese Weise Schaden erleide. Es stellt aber das allgemeine Interesse an der Rechtssicherheit dem Spezialinteresse der Gesellschaft voran (RG. 27. 5. 21 RGZ. 102, 197). § 37.

Ausländische Gesetze. Mit dem § 37 stimmt der § 20 des österreichischen Gesetzes wörtlich überein. Im bulgarischen Recht (Art. 22) ist die unbeschränkte Vertretungsmacht der Geschäftsführer dadurch modifiziert, daß sich diejenigen, die eine Beschränkung der Vertretungsmacht kannten, nicht auf die unbeschränkte Vertretungsmacht berufen können. Das enthält an und für sich einen richtigen Grundgedanken, bringt aber in die Frage der Gültigkeit der Geschäftsabschlüsse unter Umständen ein starkes Moment der Unsicherheit, das die deutsche und österreichische Gesetzgebung vermieden hat. — Dagegen hat sich wieder das französische Gesetz (Art. 24 Abs. 2) dem deutschen angeschlossen. Der Gesellschaftsvertrag kann zwar die Vertretungsmacht der Geschäftsführer beschränken, aber die Beschränkung ist Dritten gegenüber wirkungslos. Darin unterscheidet sich gerade die französische GmbH. von den anderen Gesellschaftsformen des französischen Handelsrechtes (Gain, Les sociétés à responsabilité limitée, Paris 1925, S. 57). Unbeschränkbare Vertretungsmacht der Geschäftsführer besteht auch nach polnischem Gesetz (Art. 9 Abs. 1). Nach dem Schweizer Entwurf ergibt sich das gleiche ohne ausdrückliche Erwähnung im Gesetz aus der Angleichung der GmbH. an die offene Handelsgesellschaft. Nur nach dem italienischen Entwurfe (Art. 150 Abs. 1) bestimmt lediglich die Gesellschafterversammlung den Umfang der Vertretungsmacht der Geschäftsführer. Anm. 15.

§ 38.

§ 38.

Die Bestellung der Geschäftsführer ist zu jeder Zeit widerruflich, unbeschadet der Entschädigungsansprüche aus bestehenden Verträgen.

Im Gesellschaftsvertrage kann die Zulässigkeit des Widerrufs auf den Fall beschränkt werden, daß wichtige Gründe denselben notwendig machen. Als solche Gründe sind insbesondere grobe Pflichtverletzung oder Unfähigkeit zur ordnungsmäßigen Geschäftsführung anzusehen.

Als Regel ist die völlige freie Widerruflichkeit aufgestellt (Abs. 1). Dem Gesellschaftsvertrage ist die Anordnung einer beschränkten Widerruflichkeit vorbehalten (Abs. 2). Einleitung.

Die beiden Absätze schließen einander aus. Greift Abs. 1 Platz, so kommt Abs. 2 eben deshalb nicht in Betracht. Die Bezugnahme im Statut auf den § 38 schlechthin wird regelmäßig die Einschränkung der Widerruflichkeit bedeuten (RG. 19. 5. 14 LZ. 1914, 1762; DJZ. 1914, 1108; Recht 1914 Nr. 2320; BauersZ. 23, 34).

I. (Abs. 1.) **Die gesetzliche Regel ist die völlig freie Widerruflichkeit der Bestellung des Geschäftsführers.** Das Statut kann sie beschränken, ganz aufheben kann es sie nicht. Auch nicht, wenn einem Gesellschafter ein gesellschaftliches Recht auf das Amt des Geschäftsführers gewährt wurde (Anm. 41 zu § 35) oder wenn ihm eine gesellschaftliche Pflicht zu dessen Bekleidung obliegt. In keinem dieser Fälle gehört zur Ausübung des Widerrufes ein Statutenänderungsbeschluß (RG. 44, 95; RG. 17. 4. 01 JW. 1901, 410; KG. 25. 2. 01 OLGR. 3, 65; RG. 31. 3. 16 LZ. 1916, 809; RG. 29. 11. 18 JW. 1919, 313 und LZ. 1919, 702). Die Widerruflichkeit der Bestellung zum Geschäftsführer wird nicht dadurch beeinträchtigt, daß die GmbH. Teilhaber einer offenen Handelsgesellschaft oder Komplementar Anm. 1.

§ 38. einer Kommanditgesellschaft wird (BayObLG. 16. 2. 12 DJZ. 1913, 647; BayObLG. 13, 69; Recht 1912 Nr. 1126 und 1231; BauersZ. 20, 64; KG. 28. 2. 13 DJZ. 1913, 1500). „Daß die GmbH. durch die Rechtshandlungen, die der Vertreter der offenen Handelsgesellschaft und der Kommanditgesellschaft als solcher vornimmt, infolge ihrer Beteiligung an der offenen Handelsgesellschaft und der Kommanditgesellschaft berechtigt oder verpflichtet wird und sie daher eine Vertretung erhält, auf die sie nicht denselben Einfluß ausüben kann wie auf ihren Geschäftsführer als solchen, ist lediglich eine tatsächliche Folgeerscheinung einer derartigen Beteiligung.“ Zufolge der gesetzlichen Vorschrift enthält der Gesellschaftsvertrag von vornherein die Widerrufsmöglichkeit als notwendigen gesetzlichen Bestandteil in sich. Ein Verzicht auf die Widerruflichkeit würde daran nichts ändern, er mag erklärt sein, wie immer. Die Widerruflichkeit der Bestellung des Geschäftsführers ist zwingendes Recht. Deshalb sind auch Bestimmungen in den Anstellungsverträgen, die auf einen Widerrufsverzicht hinauslaufen, ungültig. Das gleiche gilt von derartigen Bestimmungen des Gesellschaftsvertrages. Deshalb ist auch hier wie bei der Aktiengesellschaft die Ernennung eines von den Beschlüssen der Gesellschafter völlig unabhängigen, durch einen Dritten zu bestellenden und abzuberufenden Geschäftsführers (vgl. Anm. 42 zu § 35) ungültig. In derselben Weise wie der Widerruf ist auch die Umwandlung einer Einzelvertretung in eine Kollektivvertretung jederzeit zulässig. Es kann dies wirksam durch keine Festsetzungen, auch nicht im Statut, beseitigt werden. Inwieweit diese Umwandlung dem Geschäftsführer ein Recht auf Aufhebung seines Dienstvertrages gibt, vgl. Anm. 63 zu § 35.

Anm. 2. Die Ausübung des Widerrufes beruht auf reiner Willkür. Der Geschäftsführer kann nicht auf Fortbestehen seines Amtes klagen. Davon zu trennen ist das dem Geschäftsführer zugesprochene Recht des Widerspruches gegen den Eintrag seiner Abberufung und das Beschwerderecht, wenn er behauptet, daß ein gültiger Beschluß nicht vorliegt (KG. 18. 12. 95 in ZBlFG. 2, 882 Nr. 557. Abweichend offenbar KG. 30. 12. 14 RundschGmbH. 1915, 178, wo dem abberufenen Gesellschafter das Klagerecht gegen die Gesellschaft eingeräumt, die Möglichkeit des Widerspruches gegen die Eintragung ohne Rechtsstreit aber versagt wird). Erfordert ist eine ausdrückliche und deutliche Erklärung der Gesellschafter. Sie muß, ohne daß bestimmte Worte vorgeschrieben sind, den Zweck erkennen lassen. Die Entziehung der Leitung des Betriebes, der Werke und der Fabrikation enthält nicht den Widerruf der Bestellung zum Geschäftsführer (RG. 27. 11. 07 Recht 1908, 864). Bei der Beschlußfassung über den Widerruf seiner Bestellung stimmt der Geschäftsführer, der Gesellschafter ist, mit. Nur dann nicht, wenn sich dieses Mitstimmen als Mißbrauch seines Stimmrechtes darstellt. Insbesondere wenn er hierdurch die Gesellschaft an der Geltendmachung wichtiger Gründe hinderte (OLG. Hamburg 30. 4. 10 BauersZ. 18, 25; einschränkend Brodmann Anm. 2. Über die Auffassung des KG. vgl. Anm. 23 zu § 47). Verlangt das Statut zu allen Beschlüssen Einstimmigkeit, so muß im letzteren Falle diese Bestimmung zurücktreten. Der Beschluß als solcher ist zunächst ein interner Vorgang. Er wird erst wirksam, wenn er dem Geschäftsführer eröffnet ist (RG. 21. 4. 20 Recht 1920 Nr. 3229; LZ. 1920, 709f.; vgl. Anm. 8 zu § 45). Er bleibt daher ohne Wirksamkeit, wenn er vorher seitens der Gesellschafter wieder aufgehoben wird (RG. 14. 5. 08 LZ. 2, 701[35]). Ist er dem Geschäftsführer mitgeteilt, so bedarf die Wiederaufhebung dessen Einverständnis. War der Beschluß noch nicht zum Handelsregister angemeldet, so ist eine Anmeldung über den Fortbestand der Vertretungsmacht nicht nötig (RG. das.).

Anm. 3. Der Widerruf wird durch die Gesellschafter ausgesprochen (§ 46 Ziff. 5). Über das Stimmrecht des Geschäftsführers, dessen Bestellung widerrufen wird, vgl. oben Anm. 2. Wird der Widerruf zusammen gegenüber mehreren Geschäftsführern beschlossen, so stimmt keiner derselben, sobald es sich um einen einheitlichen Vorgang handelt (vgl. Anm. 25 zu § 47). Das Statut kann die Zuständigkeit für den Widerruf anders anordnen (§ 45). Die Übertragung des Widerrufsrechtes kann in der an ein Gesellschaftsorgan erfolgten Übertragung des Rechtes, die Geschäftsführer zu bestellen, liegen. Es ist Frage der Auslegung (KG. 26. 9. 05 KGJ. 30 A, 133). Im Zweifel wird man annehmen dürfen, daß Bestellung und Widerruf in einer Hand vereinigt sein sollen. In der Übertragung des Widerrufsrechtes an den Aufsichtsrat liegt ein Verzicht der Gesellschafter auf eine Beschlußfassung ihrerseits (OLG. Hamburg OLGR. 2, 462; KG. 23. 2. 11 OLGR. 24, 157; vgl. Anm. 42 zu § 35). Doch kann der Gesellschaftsvertrag auch einen anderen Sinn haben. Es muß dies aus seinem Inhalte erhellen. Ist der Widerruf dem Aufsichtsrate zugesprochen, so müssen die Gesellschafter dies befolgen. Sie können aber die Bestimmung durch Statutenänderung aufheben (offenbar ebenso Parisius-Crüger-Crecelius Anm. 1, dessen Bezugnahme etwas unklar ist). Erst nach deren Eintrag ist der Widerruf durch die Gesellschafter möglich. (Bei der Aktiengesellschaft hat das RG. eine Vertragsbestimmung für zulässig erklärt, daß der Widerruf an und für sich vom Aufsichtsrate ausgeübt wird, daß aber die Generalversammlung für Fälle zuständig sein solle, in denen der Widerruf mit dem Wegfalle der laufenden Vergütung verbunden sein soll. Das gleiche muß für die GmbH. gelten. Es ist darin eine Einschränkung des dem Aufsichtsrat eingeräumten Rechtes enthalten [RG. 3. 6. 13 RGZ. 82, 346]). Dem einzelnen Gesellschafter steht kein Recht des Widerrufes zu. Er steht zu dem Geschäftsführer in keinem Rechtsverhältnisse (OLG. Jena 5. 5. 02 ThürBl. 49, 247). Er kann daher auch keine einstweilige Verfügung beantragen, daß der Geschäftsführer bis zum Beschlusse der Gesellschaft zu suspendieren sei (KG. 22. 10. 10 OLGR. 24, 154; KG. 10. 4. 13 OLGR. 28, 362; a. M. OLG. Dresden 25. 3. 24 JW. 1924, 1185 mit Anm. von Friedländer). Auch die Glaubhaftmachung wichtiger Gründe hilft hier nichts. Wohl aber dann, wenn im Gesellschaftsvertrage ihm dies Recht als Organ der Gesellschaft zugesprochen ist. Man denke an den Fall, daß nur zwei Gesellschafter vorhanden sind und jedem derselben das Recht der Kontrolle und der Absetzung des Geschäftsführers zuerkannt ist. Es kann aber auch bei größeren Gesellschaften jedem Gesellschafter nur das Recht, eine einstweilige Verfügung zu beantragen, zuerteilt sein. Einem Geschäftsführer steht gegenüber dem anderen das Widerrufsrecht nicht zu. Es kann aber auch ihm übertragen sein. Auch wo dies nicht der Fall ist, kann er bei Vorhandensein der prozessualen Voraussetzungen eine einstweilige Verfügung für die Gesellschaft erwirken, wonach dem anderen Geschäftsführer die Vertretung der Gesellschaft untersagt wird. § 38.

Durch den Widerruf verliert der Geschäftsführer die Vertretungsbefugnis (OLG. Braunschweig 8. 7. 13 OLGR. 27, 380; RG. 20. 4. 15 JW. 1915, 653; Holdheim 24, 125; LZ. 1915, 1014; Recht 1915 Nr. 987; BauersZ. 23, 35 gegen die Vorinstanz OLG. Hamburg 13. 10. 14 OLGR. 32, 142). Regelmäßig wird der Widerruf zugleich den Dienstvertrag auflösen sollen. Der Dienstvertrag selbst ist nicht nach dem GmbHG., sondern nach dem Recht des BGB. zu beurteilen. Wird ein Vorbehalt dabei nicht gemacht, so hat der Geschäftsführer sich als entlassen zu betrachten. In jedem Falle, der Geschäftsführer mag bloß seines Amtes enthoben oder es mag außerdem der Dienstvertrag ohne Frist gekündigt sein, bleibt es ihm überlassen, die aus dem Gesetze und Vertrage sich ergebenden Konsequenzen zu ziehen. Das Gesetz drückt sich dahin aus: „unbeschadet der Entschädigungsansprüche aus bestehenden Verträgen“. Damit ist nicht etwa gemeint, daß immer bloß Schadensersatzansprüche geltend gemacht werden können. Dies trifft zu, wenn die Gesellschaft das ganze Verhältnis zum Geschäftsführer lösen will. Sie widerruft die Vertretungsbefugnis und entläßt ihn. Ob nach dem Vertrage ein rechtlicher Grund vorlag, ist gleichgültig. Der § 38 gibt der Gesellschaft das Recht, die Vertretungsbefugnis zu entziehen. Sie wird meist damit auch das Verhältnis überhaupt lösen. Dann bleiben „die Entschädigungsansprüche aus bestehenden Verträgen“ (OLG. Braunschweig 8. 7. 13 OLGR. 27, 380; RG. 20. 4. 15 JW. 1915, 653; Holdh. 24, 125; LZ. 1915, 1014; Recht 1915 Nr. 987; BauersZ. 23, 35 gegen die Vorinstanz; OLG. Hamburg 13. 10. 14 OLGRspr. 32, 142). Die Gesellschaft kann auch anders verfahren. Sie kann die Vertretungsbefugnis entziehen und das Dienstverhältnis im übrigen fort- Anm. 4.

§ 38. setzen. Dann bleibt es dem Geschäftsführer überlassen, ob er sich das gefallen lassen oder nicht vielmehr daraufhin seinerseits das Dienstverhältnis lösen und seine Entschädigungsansprüche gemäß § 628 Abs. 2 BGB. geltend machen will (vgl. auch Anm. 64 zu § 35). Solange der Geschäftsführer gegen die Gesellschaft einen Rechtsstreit darüber führt, ob seine Entlassung zu Recht erfolgte, braucht er sich um eine anderweite Stellung nicht zu bemühen. § 615 BGB. findet solange keine Anwendung (RG. 28. 4. 14 BauersZ. 22, 105).

Anm. 5. II. (Abs. 2.) **Im Gesellschaftsvertrage kann die Widerruflichkeit auf wichtige Gründe beschränkt werden.**

1. Damit ist eine Gesellschaftsregel aufgestellt. Dem Geschäftsführer gegenüber ist auch in diesem Falle der freie Widerruf geblieben. Unter den Gesellschaftern aber soll es als Gesellschaftsregel gelten, daß der Widerruf nur aus wichtigen Gründen erfolgen kann. Geschieht er trotzdem ohne wichtigen Grund, so ist der Gesellschaftsvertrag verletzt. Der Widerruf gilt dem Geschäftsführer gegenüber. Der Beschluß kann aber wegen Verletzung des Gesellschaftsvertrages angefochten werden. Der Geschäftsführer selbst kann also auch angesichts einer solchen Statutenbestimmung nicht auf Fortbestehen seines Amtes klagen (anders Brodmann Anm. 3, Parisius-Crüger-Crecelius Anm. 2, Neukamp-Becker Anm. 5, wie hier Liebmann Anm. 3). Das RG. (21. 10. 99 RGZ. 44, 95) hat nur scheinbar das Gegenteil ausgesprochen. Dort lag der Fall so, daß der Geschäftsführer ein Gesellschafter war. Jener Ausspruch des RG. geht im letzten Ende dahin, daß nach der Ansicht des § 38 der Geschäftsführer gegen eine willkürlich Geltendmachung des Widerrufsrechtes sichergestellt sein soll, selbst wenn seine „Mitgesellschafter" ihn durch Mehrheitsbeschluß, aber ohne triftigen Grund, an der Ausübung seiner Amtsbefugnisse hindern sollten. Das Ausschlaggebende ist, daß der Geschäftsführer in jenem Falle zugleich Gesellschafter war. Als Gesellschafter steht ihm allerdings die Anfechtung des Beschlusses zu. Als Gesellschafter kann ihm auch ein Sonderrecht auf die Geschäftsführung eingeräumt sein (vgl. auch BauersZ. 16, 11). Dann bedarf eine Aufhebung der Beschränkung des Widerrufes auf wichtige Gründe seiner Zustimmung (RG. LZ. 2, 450[32]; ebenso Brodmann Anm. 3, Neukamp-Becker Anm. 2). Deshalb war in jener Konstellation die Entscheidung richtig. Sie ist vom RG. wiederholt worden (RG. 19. 5. 14 DJZ. 1914, 1109; LZ. 1914, 1762; Recht 1914 Nr. 2320; BauersZ. 23, 34; RG. 11. 2. 16 LZ. 1916, 809; RG. 29. 11. 18 JW. 1919, 313). In den späteren Entscheidungen drückt sich noch klarer der Gedanke aus, daß es sich um einen Gesellschafter handeln muß, dem statutarisch die Geschäftsführereigenschaft als Sonderrecht eingeräumt ist. Daß mit der Bestellung eines Gesellschafters im Gesellschaftsvertrage zum Geschäftsführer ein solches Sonderrecht geschaffen werden kann, wird regelmäßig anzunehmen sein. Auch dann, wenn der Widerruf nicht ausdrücklich auf wichtige Gründe beschränkt wurde (OLG. Frankfurt 14. 2. 16 FrankfRundsch. 50, 16). Selbstverständlich kann ein Sonderrecht nur mit den im Gesetze vorgesehenen Beschränkungen eingeräumt sein. Eine solche Beschränkung muß aber im Gesellschaftsvertrage nicht ausdrücklich festgelegt werden. Sie ergibt sich bei entsprechender Vertragsauslegung von selbst (RG. 29. 11. 18 Recht 1919 Nr. 659, 660; LZ. 1919, 596). Wenn aber die Gesellschafter einen Nichtgesellschafter als Geschäftsführer auf Grund ihrer Statuten bestellen, so wirkt die Beschränkung des Widerrufs zwar auch zu dessen Gunsten, aber stets nur als Teil des Dienstvertrages. Die Wirksamkeit des trotzdem erfolgten Widerrufes vermag der Geschäftsführer als solcher nicht zu bestreiten. Es steht ihm stets nur der Anspruch wegen Vertragsbruches zu. Statthaft ist auch die Abrede zwischen der Gesellschaft und dem Geschäftsführer, daß jene diesem im Falle eines Widerrufes ohne wichtigen Grund eine Vertragsstrafe zu bezahlen habe. Auch dies geht nicht über die für die Zulässigkeit des Widerrufes gezogene Schranke hinaus (RG. 27. 11. 07 LZ. 2, 166[44]).

Anm. 6. Ein Prüfungsrecht des Registerrichters besteht hier nicht (KG. 27. 2. 14 RundschGmbH. 1914, 185). Die Abmeldung des Geschäftsführers hat er einzutragen. Auch wenn der

Widerruf ohne das Vorliegen eines wichtigen Grundes erfolgt sein sollte, so liegt keine Nichtigkeit vor (a. M. Motive 34. Aber die dort vorgetragene Ansicht hat im Gesetze keinen Ausdruck gefunden [KG. 27. 2. 14 RundschGmbH. 1914, 185. Ebenso Liebmann Anm. 5, Parisius-Crüger-Crecelius Anm. 3]). Der Beschluß des Widerrufes braucht die Gründe nicht anzugeben. Der Geschäftsführer kann deren Angabe nicht fordern. Auch dies zeigt, daß der Registerrichter keine Nachprüfung vornehmen kann. § 38.

2. Soll die Beschränkung des Widerrufes auf die wichtigen Gründe gesellschaftsrechtliche Bedeutung haben, so muß sie im Gesellschaftsvertrage stehen (KG. 8. 3. 12 RJA. 12, 37). Die Verletzung einer Abrede zwischen dem Geschäftsführer und den Gesellschaftern oder nur dieser untereinander kann nie eine Anfechtung des Beschlusses begründen. Es können nur den Beteiligten Schadensersatzansprüche erwachsen. Eine Abänderung des Gesellschaftsvertrages, durch welche eine Bestimmung über die Beschränkung des Widerrufes eingeführt oder abgeschafft wird, unterliegt den allgemeinen Vorschriften. Dies auch dann, wenn der Geschäftsführer Gesellschafter ist. Nur wenn ihm das Recht, als Geschäftsführer tätig zu sein, besonders im Gesellschaftsvertrage bestellt ist, bedarf die Aufhebung der Widerrufsbeschränkung seiner Zustimmung. Anm. 7.

3. Wichtige Gründe sind solche, welche die Entlassung als im Interesse der Gesellschaft notwendig erscheinen lassen (OLG. Hamburg 29. 10. 03 OLGR. 8, 259). In Abs. 2 sind bestimmte Tatumstände besonders hervorgehoben. Der Gesellschaftsvertrag kann weitere wichtige Gründe aufzählen. Dadurch nähert sich das Statut der gesetzlichen Regel der freien Widerruflichkeit. Über die Kündigung des Dienstvertrages aus wichtigen Gründen vgl. Anm. 62 zu § 35. Über die Erhebung des Differenzeinwandes vgl. RG. 10. 1. 03 RGZ. 52, 266; Schuldenlast RG. 11. 4. 05 JW. 05, 365 Nr. 1; Akzeptierung von Wechseln mit der Firma der GmbH. zur Deckung eigener Schulden RG. 28. 10. 05 Holdheim 15, 118. Als wichtigen Grund sieht das RG. die Änderung des Gesellschaftsvertrages, wonach statt bisher drei nur noch zwei Geschäftsführer gewollt sind, an. Einer von den vorhandenen drei Geschäftsführern muß notwendigerweise weichen. Vorbehalten bleibt ihm Anspruch auf Entschädigung (RG. 26. 5. 08 LZ. 3, 76; Holdheim 17, 252). Ebenso ist andauernde Uneinigkeit unter den Geschäftsführern ein solch wichtiger Grund (das.). Dagegen ist die künftige Möglichkeit zu Konflikten etwa mit anderen Geschäftsführern kein wichtiger Grund (RG. 29. 11. 18 Recht 1919 Nr. 659, 660; LZ. 1919, 596). Ob wichtige Gründe vorgelegen haben, wird der Nachprüfung der Revisionsinstanz regelmäßig entzogen sein (RG. 8. 5. 13 LZ. 1913, 617). Ist im Zeitpunkt des Widerrufs der Bestellung ein wichtiger Grund zur Kündigung des Dienstverhältnisses nicht vorhanden, so können auch nachträglich wichtige, die Kündigung rechtfertigende Gründe eintreten. Sie wirken vom Zeitpunkt ihres Eintritts an (RG. 20. 4. 15 JW. 1915, 653). Anm. 8.

4. Bestimmte Ereignisse können der Bedeutung als wichtige Ursache entkleidet werden. Das verstößt nicht gegen das Prinzip der Widerruflichkeit. Nur darf nicht diese praktisch völlig ausgeschaltet sein. Eine Vereinbarung, daß auch im Falle arglistigen Handelns kein Widerruf statthaft sein sollte, wäre ungültig (§ 276 Abs. 2 BGB.). Gültig aber die Bestimmung, daß eine Arbeitsunfähigkeit, z. B. solange sie nicht länger als ein Jahr dauert, nicht als Widerrufsgrund gelten solle. Der Geschäftsführer wird von der Pflicht zur Arbeit befreit. Dagegen wird wieder eine Abrede, daß die Gesellschafter auch im Falle einer Geisteskrankheit Geschäftsführer bleiben, nicht gültig sein. Auch nicht, wenn gesagt wird, daß sein Amt durch seinen Vormund ausgeübt werde. Doch ist diese Übereinkunft im Gesellschaftsvertrage der Auslegung zugänglich, daß dem Gesellschafter ein Recht auf den Geschäftsführerposten zustehe und daß dieses bei dessen Entmündigung durch den Vormund desselben Geschäftsführers ausgeübt werden wird. Es kann dem Geschäftsführer gestattet sein, bei Abschlüssen mit Dritten sich eine Provision von diesen zu bedingen, Börsentermingeschäfte zu schließen usw. Die Festsetzung, daß bestimmte Gründe zum Widerrufe nicht berechtigen, besagt, daß der erwähnte Vorgang nicht wich- Anm. 9.

§ 38. tig genug ist, um die Entlassung zu rechtfertigen. Der Nachweis, daß im konkreten Falle die besonderen Umstände den Widerruf dennoch rechtfertigen, bleibt der Gesellschaft vorbehalten (RG. 15. 2. 11 JW. 11, 408[28]). Eine Bestimmung, die den Widerruf dadurch erschwert, daß sie für ihn eine qualifizierte Mehrheit bei der Abstimmung verlangt, ist zulässig. Selbst wenn dadurch praktisch ein Widerruf der Bestellung nur dann möglich ist, wenn alle Gesellschafter gleichheitlich stimmen (OLG. Düsseldorf 11. 7. 24 RundschGmbH. 1924, 276).

Eine Bestimmung im Gesellschaftsvertrage, welche jeden Widerruf der Bestellung ausschließt, ist ungültig. Sie kann als Beschränkung des Widerrufes im Sinne des Abs. 2 aufrechterhalten werden (OLG. Hamburg 12. 10. 03 OLGR. 8, 259). Unwirksam ist eine Beschränkung der wichtigen Gründe auf solche Verletzungen der Verpflichtungen, die den Verlust der bürgerlichen Ehrenrechte nach sich ziehen (OLG. Hamburg 30. 4. 10 BauersZ. 18, 27. Die Begründung mit dem Verstoß gegen die gute Sitte war nicht erforderlich). Unzulässig ist es auch, den Widerruf durch die Festsetzung von Vertragsstrafen für den Fall eines Widerrufes aus wichtiger Ursache zu beschränken (RG. 15. 2. 11 JW. 11, 408[28]). Die Vertragsstrafe ist nur für den Fall gültig, wenn der Widerruf ohne das Vorliegen wichtiger Gründe erfolgt (RG. 27. 11. 07 Recht 08, 862).

Anm. 10. **Zusatz. Niederlegung des Amtes durch den Geschäftsführer.** Übt der Geschäftsführer kraft seiner Eigenschaft als Gesellschafter das Amt aus (§ 3 Abs. 2), so finden die Vorschriften über die Gesellschaft Anwendung. Sie enthalten ein allgemeines Prinzip des Gesellschaftsrechtes (§ 712 Abs. 2 und § 671 Abs. 2 u. 3 BGB). Jeder geschäftsführende Gesellschafter kann jederzeit die Geschäftsführung niederlegen, wenn er einen wichtigen Grund dazu hat. Wenn er dies nicht in der Art tut, daß die anderen Sozien Ersatz schaffen können, so muß er den aus der unzeitigen Kündigung der Gesellschaft erwachsenden Schaden ersetzen. Aber auch hiervon wird er befreit, wenn er zur unzeitigen Kündigung einen wichtigen Grund hatte. Dazu kommt aber auch hier wieder die Frage, ob der kraft Gesellschaftsvertrages (§ 3 Abs. 2) zur Führung der Geschäfte verpflichtete Gesellschafter bei einer unbegründeten Niederlegung seines Amtes nicht im Wege der Einziehung seines Geschäftsanteiles von der Gesellschaft ausgeschlossen werden kann (vgl. Anm. 33 zu § 3 und Anm. 18 zu § 34). Mit der Niederlegung der Geschäftsführung geht die der Vertretung Hand in Hand. Die Gesellschaft kann nicht an ihrer Spitze eine Person haben wollen, die nicht verpflichtet ist, die Geschäfte zu führen, wohl aber berechtigt ist, sie zu vertreten (vgl. auch § 168 BGB). Doch kann sich aus den Umständen ein gegenteiliger Wille ergeben.

Anm. 11. Übt der Geschäftsführer sein Amt kraft eines Auftrages aus, ist also die Tätigkeit eine unentgeltliche, so kann der Geschäftsführer das Amt jederzeit niederlegen (§ 671 BGB.). Er muß nur, wenn er dies ohne wichtigen Grund zur Unzeit tut, die Gesellschaft entschädigen. Im Falle des Dienstvertrages, also wenn der Geschäftsführer besoldet wird, kann er nur aus wichtigen Gründen das Amt niederlegen oder, wie das BGB. sagt, ohne Einhaltung einer Kündigungsfrist kündigen (§ 626 BGB.), ohne wichtigen Grund nur unter der Voraussetzung, daß er nicht in einem dauernden Verhältnisse mit festen Bezügen steht (§ 617 BGB., OLG. Braunschweig 8. 7. 13 OLGR. 27, 380; OLG. Hamm 10. 7. 17 RundschGmbH. 1917, 344). Eine Kündigung seitens der Gesellschaft nach der Amtsniederlegung durch den Geschäftsführer ist zwar gegenstandslos, verstößt aber weder gegen Satzung noch Gesetz. Auch dort, wo der Geschäftsführer zur Kündigung ohne Einhaltung einer Kündigungsfrist berechtigt ist, darf dies nicht zur Unzeit geschehen, anderenfalls macht er sich schadensersatzpflichtig (§§ 675, 671 Abs. 2 BGB.). Also Kündigung auf Vertragsablauf.

Anm. 12. **Ausländische Gesetze.**

Das österreichische Gesetz (§ 16) hält grundsätzlich ebenso an der freien Widerruflichkeit des Geschäftsführers unter Wahrung seiner Entschädigungsansprüche fest. Eine Einschränkung auf wichtige Gründe besteht nur bei dem im Gesellschaftsvertrage ernannten Geschäftsführer. Die Widerruflichkeit ist bei Geschäftsführern ausgeschlossen, die auf Grund des Statutes von einer öffentlich-rechtlichen Körperschaft ernannt sind. Das bulgarische Gesetz

(Art. 18) deckt sich mit dem deutschen. Es kennt nur weiter, wie eine Ernennung, so auch eine Abberufung durch den Aufsichtsrat und läßt die Einschränkung der Widerruflichkeit nur für Geschäftsführer zu, die im Gesellschaftsvertrage ernannt und Gesellschafter sind. Ähnlich auch das polnische Gesetz (Art. 9 Abs. 3): Freie Abberufbarkeit im allgemeinen, Einschränkung auf wichtige Gründe für die im Gesellschaftsvertrage ernannten Geschäftsführer, darüber hinaus automatisches Ausscheiden der Geschäftsführer, die gleichzeitig Gesellschafter sind, bei ihrem Ausscheiden aus der Gesellschaft (Art. 9 Abs. 4). Freie Widerruflichkeit sieht auch der italienische Entwurf vor (Art. 150 Abs. 3). Bei Abberufung durch Dreiviertelmehrheit der Gesellschafter verliert der Geschäftsführer sogar die ihm sonst zustehenden Schadensersatzansprüche. Der Schweizer Entwurf unterscheidet, der Gestaltung der Gesellschaft entsprechend, vor allem zwischen Gesellschafter-Geschäftsführern und fremden Geschäftsführern (§ 801). Nur der letztere ist frei abberufbar. Auch er nur unter Wahrung seiner Schadensersatzansprüche. Das französische Gesetz (Art. 24 Abs. 3) läßt den Geschäftsführer nur aus den gesetzlichen Gründen abberufen. Indessen ist diese Einschränkung nach dem Kommissionsberichte des französischen Gesetzes offensichtlich sehr theoretisch. Man hat in Wirklichkeit durch diese Bestimmung die Abberufbarkeit gar nicht einschränken wollen. Der Gesellschaftsvertrag läßt dann allerdings Sicherungen des Geschäftsführers zu (vgl. Gain, Les sociétés à responsabilité limitée, Paris 1925, S. 55). § 38.

§ 39.

§ 39.

Jede Änderung in den Personen der Geschäftsführer sowie die Beendigung der Vertretungsbefugnis eines Geschäftsführers ist zur Eintragung in das Handelsregister anzumelden.

Der Anmeldung ist eine Abschrift der Urkunden über die Bestellung der Geschäftsführer oder über die Beendigung der Vertretungsbefugnis beizufügen. Diese Bestimmung findet auf die Anmeldung zum Handelsregister einer Zweigniederlassung keine Anwendung.

Die Geschäftsführer haben ihre Unterschrift zur Aufbewahrung bei dem Gerichte zu zeichnen.

Die Anmeldung der Änderung im Personalbestande und in der Vertretungsbefugnis des Vorstandes ergibt sich aus der Bedeutung der Bekanntgabe der Vertretung für das Verkehrsinteresse. Das österreichische Gesetz § 17 hat denselben Inhalt mit Abweichungen in der Redaktion einzelner Punkte. Einleitung.

1. **Jede Änderung im Personalbestande und in der Vertretungsbefugnis ist anzumelden.** Anm. 1.
Die Anmeldung des ersten Geschäftsführers liegt in der Anmeldung des Gesellschaftsvertrages (vgl. Anm. 3 zu § 7). Zu den Änderungen in der Person der Geschäftsführer gehört der Wegfall eines angemeldeten. Dabei kann es sich um Niederlegung oder Abberufung oder Zeitablauf oder Tod handeln. Ob ein neuer Geschäftsführer hinzutritt oder nicht, ist unerheblich. In gleicher Weise ist die Ernennung eines neuen Geschäftsführers anmeldepflichtig. Es ist gleichgültig, ob er an Stelle eines wegfallenden berufen wird oder zu den vorhandenen hinzutritt. Erforderlich ist aber, daß sich in dem angemeldeten Bestande ein Wechsel vollzieht. Nicht anzumelden ist die Wiederernennung nach dem Ablaufe des Dienstverhältnisses. Auch dann nicht, wenn dem Geschäftsführer gekündigt, die Erneuerung der Anstellung aber vor der Anmeldung des Erlöschens vereinbart wird (KG. 7. 3. 07 OLGR. 14, 336; RG. 14. 5. 08 RGZ. 68, 381). Anzumelden ist ferner eine Änderung in der Person des Geschäftsführers. Dazu gehört nicht die Verleihung von Titeln. Diese sind überhaupt nicht eintragungsfähig (KG. 16. 6. 00 KGJ. 20 A, 269). Wohl aber Änderungen in seinem Namen (a. M. anscheinend Brodmann Anm. 2). Bei weiblichen Geschäftsführern infolge von Heirat, bei männlichen durch Adoption. Bei beiden durch Annahme eines

§ 39. anderen Familien- oder Vornamens. Anzumelden ist auch die Art der Vertretungsbefugnis. So wenn die bisherigen allein vertretungsbefugten Geschäftsführer kollektiv vertretungsbefugt werden oder umgekehrt. Zwar spricht § 39 Abs. 1 nur davon, daß „die Beendigung" der Vertretungsbefugnis anzumelden sei. Doch sollte dasselbe angeordnet werden wie in § 234 HGB. Dort ist von einer „Änderung der Vertretungsbefugnis" gesprochen. Wollte man das hier nicht gelten lassen, so hätte § 39 Abs. 1 in diesem Teile überhaupt keinen Sinn. Denn der Wegfall der Vertretungsbefugnis des Geschäftsführers bedeutet den Wegfall des Amtes. Die Änderung in der Art der Vertretungsbefugnis kann in zweifacher Art vorkommen. Einmal kann schon der bisherige Gesellschaftsvertrag diese Abweichung gestatten. Oder die Abänderung schließt eine Änderung des bisherigen Gesellschaftsvertrages in sich. Dann muß die Abänderung des Gesellschaftsvertrages angemeldet werden. Es ist nur eine Anmeldung nach § 39 erforderlich. Einer besonderen Anmeldung der Abweichung von der bisherigen Vertretungsbefugnis bedarf es nicht. Die Eintragung und Veröffentlichung ist schon nach § 54 erfolgt. Eine doppelte Eintragung und Publizierung ist zwecklos. Nicht einzutragen ist, wenn die Geschäftsführer einzelne von ihnen zur Vornahme bestimmter Geschäfte oder Geschäftsarten ermächtigen. Denn das ist eine Vollmacht. Landesgesetzlich kann die Angabe des Wohnortes des Geschäftsführers und die Anzeige einer Veränderung desselben vorgeschrieben werden (BayObLG. 4. 4. 10 Recht 1910, 1830). Im übrigen vgl. über die landesrechtlichen Bestimmungen, wonach noch weitere Angaben einzutragen sind, Brodmann Anm. 1, Neukamp-Becker Anm. 3. Solche auf Landesrecht beruhenden Zusätze widersprechen dem GmbHG. (Brodmann a. O.).

Anm. 2. 2. Anzumelden haben die **Geschäftsführer** (§ 78 des Gesetzes). Die Anmeldung geschieht durch so viel Geschäftsführer, als zur Vertretung der Gesellschaft befugt sind. Also auch durch einen einzelnen Geschäftsführer, falls Einzelvertretung statutarisch eingeführt ist (KG. 20. 5. 10 RJA. 10, 262). Der neu bestellte Geschäftsführer kann sich auch selbst anmelden. Das ausscheidende Mitglied hat nicht mitzuwirken. Es besitzt zu dieser Zeit die Vertretungsbefugnis nicht mehr (KGJ. 16, 26 und OLG. Hamburg 13. 1. 13 KGJ. 45 A 329; BauersZ. 21, 11). Der ausgeschiedene Geschäftsführer hat einen Anspruch darauf, daß die Gesellschaft das Aufhören seines Amtes anmelde. Er kann darauf klagen. Das rechtskräftige Urteil ersetzt die Anmeldung der Geschäftsführer der Gesellschaft (KG. 15. 4. 10 RJA. 10, 253). Er kann nötigenfalls auch die Zwangsbestellung eines Geschäftsführers gemäß § 29 BGB. beim Amtsgericht beantragen (OLG. Hamburg 13. 1. 13 KGJ. 45 A 329; BauersZ. 21, 11). Sind nicht so viel Geschäftsführer neu bestellt, daß die nach der Satzung zur Vertretung erforderliche Zahl vorhanden ist, so weist der Registerrichter die Anmeldung zurück. Erst muß die satzungsmäßige Anzahl wieder vorhanden sein.

Anm. 3. 3. **Für die Form der Anmeldung** ist § 12 HGB. maßgebend. § 39 Abs. 2 fügt hinzu, daß die **Urkunde**, durch welche die Änderung bewirkt wird, in Abschrift beigefügt werden muß. Das Protokoll über den Beschluß der Gesellschafter ist vorzulegen (OLG. Dresden 20. 9. 17 BauersZ. 25, 168). Ein Anstellungsvertrag genügt nur dann, wenn derselbe von sämtlichen Gesellschaftern unterzeichnet ist. Dann gilt dies als schriftliche Beschlußfassung (§ 48 Abs. 2). Ist der allein unterzeichnende Gesellschafter durch einen Beschluß der anderen hierzu ermächtigt, so ist das hierüber aufgenommene Protokoll beizufügen. Eine Beglaubigung kann nicht gefordert werden (anders österr. Gesetz § 17 Abs. 1 Satz 2). Die Urkunde ist aber nur dann beizufügen, wenn eine solche vorhanden ist. Für die Anmeldung des Erlöschens des Amtes des Geschäftsführers schreibt das Gesetz keinen Beleg vor. Sie geschieht durch die zur Zeit der Anmeldung vertretungsberechtigten Geschäftsführer. Eine Beibringung von Urkunden kann hier nicht verlangt werden (KG. 2. 11. 96 KGJ. 16, 23; anders KG. 20. 5. 10 BauersZ. 18, 133 passim; und mit ausdrücklicher Stellungnahme gegen die hier vertretene Ansicht OLG. Dresden 29. 9. 17 OLGR. 38, 190. Ebenso KG. 1. 11. 18 Recht 1921 Nr. 301; RJA. 16, 84). Der Registerrichter kann Ermittelungen anstellen, wenn ihm diese Erklärung nicht genügt (§ 12 FGG.). **§ 39.** Aber zur Anmeldung reicht sie aus.

Über die Zeichnung der Unterschrift Abs. 3 vgl. § 12 HGB. Ihre persönliche Unterschrift, nicht die Unterschrift der Firma, haben die Geschäftsführer zur Aufbewahrung zu zeichnen. In der Praxis wird mitunter auch die Firma gezeichnet. **Anm. 4.**

4. Die Anmeldung ist bei dem Gerichte am Sitze der Gesellschaft und bei dem Gerichte der Zweigniederlassung zu bewirken (§ 13 HGB., vgl. Anm. 7 zu § 12 des Gesetzes). Zu letzterer aber ist die zu 3 erwähnte Beilage nicht mit einzureichen. **Anm. 5.**

Über die Frage, ob für die Zweigniederlassung ein besonderer Geschäftsführer eingetragen werden kann, siehe Anm. 7 zu § 37.

5. **Über den Zwang zur Anmeldung** siehe § 14 HGB. (vgl. Anm. 37 zu § 7 des Gesetzes). Der Zwang richtet sich gegen die Geschäftsführer, nicht gegen die Gesellschafter und nicht gegen die Mitglieder des Aufsichtsrates, wenn ein solcher bestellt ist. **Anm. 6.**

6. **Der Registerrichter ist berechtigt und verpflichtet,** die ihm einzureichenden Urkunden auf ihren Inhalt zu prüfen. Sie müssen die nachgesuchte Eintragung rechtfertigen (KG. 8. 12. 02 Holdheim 12, 108 RJA. 3, 190). Die angemeldete Änderung muß tatsächlich stattgefunden haben (RG. 12. 10. 05 ZBlFG. 6, 709; KG. 20. 5. 10 RJA. 10, 262). Sie muß rechtsgültig sein. Anderenfalls hätte die Vorlage keinen Zweck. Ergibt die Prüfung eine Ungültigkeit des Aktes, so ist der Eintrag abzulehnen. Der Richter kann auch bei Zweifeln Ermittelungen anstellen (§ 12 FGG. Ebenso Brodmann Anm. 2; a. M. Liebmann Anm. 4). Beglaubigung der Urkunde kann er nicht fordern (vgl. oben Anm. 3). Über eine Verletzung des Gesellschaftsvertrages hat er eben nicht zu wachen. Die Gesellschafter können sich darüber hinwegsetzen und auf diese Bestimmungen verzichten. Über das Beschwerderecht der Geschäftsführer bei Mängeln im Beschlusse der Gesellschaft vgl. Anm. 2 zu § 38. Stellt sich nachträglich ein Fehlen eines Beschlusses oder eine Nichtigkeit heraus, so ist der Eintrag wieder zu löschen (KG. 20. 5. 10 BauersZ. 68, 133). **Anm. 7.**

Zusatz 1. Die Eintragung ist bekanntzumachen. Das ist in § 10 HGB. vorgeschrieben. Er ist hier anwendbar (vgl. Anm. 34 zu § 7). **Anm. 8.**

Zusatz 2. Über die Wirkungen der erfolgten oder nicht erfolgten Eintragung der Geschäftsführer oder ihrer veränderten Vertretungsbefugnis gegenüber Dritten enthält das GmbHG. jetzt nichts mehr. Die Vorschrift als § 40 ist gestrichen. Die jetzt geltende allgemeine Vorschrift des HGB. (§ 15) machte eine Sondervorschrift überflüssig. **Anm. 9.**

Die Erläuterung des § 15 gehört in die Kommentare zum HGB. Für die Geschäftsführer der GmbH. ist zu sagen: **Anm. 10.**

a) **Die Eintragung ist nicht Bedingung der Rechtsgültigkeit der Bestellung des neuen Geschäftsführers. Auch der nicht eingetragene, aber ordnungsgemäß bestellte Geschäftsführer ist Geschäftsführer der Gesellschaft und als solcher legitimiert, auch nach außen.** (OLG. Hamburg 4. 8. 17 OLGR. 37, 9). Nur die Wirkung der Offenkundigkeit nach § 15 HGB. datiert von der Eintragung und Publikation (RG. 9, 91). Das gleiche gilt für das Aufhören der Vertretungsbefugnis des abberufenen oder niederlegenden Geschäftsführers. Derselbe ist nicht mehr vertretungsberechtigt (OLG. Königsberg 26. 6. 1917 RundschGmbH. 1917, 420). Aber der Mangel der Legitimation wird erst offenkundig mit der Eintragung und Publikation. Bis dahin besteht noch ihr der Schein. Der gutgläubige Dritte kann sich darauf berufen (vgl. unten Anm. 2).

b) Die Vorschriften über die Wirkung der erfolgten und nicht erfolgten Eintragung und Publikation beziehen sich nur auf das Verhältnis zu dritten Personen, welche mit der Gesellschaft in Rechtsbeziehungen treten, nicht auf das Verhältnis der Gesellschaft zum Geschäftsführer und **zu den Gesellschaftern.** Die Rechtshandlungen des Geschäftsführers gegenüber den Gesellschaftern hängen nicht davon ab, daß die Gesellschafter die Bestellung des Geschäftsführers kannten oder nicht kannten oder kennen konnten oder nicht kennen konnten. Den Gesellschaftern gegenüber **Anm. 11.**

§ 39. entscheidet lediglich die Bestellung. Gesellschafter, die mit der Gesellschaft selbständige Rechtsgeschäfte abschließen, sind Dritte.

Anm. 12. c) Ist der Geschäftsführer eingetragen, so kann dem Dritten nicht entgegengehalten werden, daß seine Bestellung nicht rechtsgültig oder erloschen ist (vgl. ROHG. 20, 208). Noch weniger wird die Wirksamkeit seiner Handlungen durch eine spätere Anfechtung des Beschlusses seiner Bestellung berührt.

Anm. 13. d) Die Eintragung und Publikation des Geschäftsführers ersetzt auch die Vorlegung einer Vollmacht bei einseitigen Rechtsgeschäften. Das Erfordernis des § 174 BGB. wird durch die Eintragung ersetzt.

Anm. 14. e) Für den Geschäftsverkehr mit der Zweigniederlassung gilt die Eintragung oder Nichteintragung der Zweigniederlassung (§ 15 Abs. 3; Anm. 9 zu § 12 unseres Gesetzes).

Anm. 15. **Ausländische Gesetze.**

Eine dem deutschen Gesetze analoge Bestimmung kennt nur das österreichische Gesetz (§ 17) und das bulgarische Gesetz (Art. 19). Für die Schweiz ergibt sich ohne ausdrückliche gesetzliche Bestimmung die gleiche Handhabung aus § 802 des Entwurfes.

§ 40.

§ 40.

Alljährlich im Monat Januar haben die Geschäftsführer eine von ihnen unterschriebene Liste der Gesellschafter, aus welcher Name, Vorname, Stand und Wohnort der letzteren sowie ihre Stammeinlagen zu entnehmen sind, zum Handelsregister einzureichen. Sind seit Einreichung der letzten Liste Veränderungen hinsichtlich der Person der Gesellschafter und des Umfangs ihrer Beteiligung nicht eingetreten, so genügt die Einreichung einer entsprechenden Erklärung.

Einleitung. **Das Gesetz verlangt, daß die Namen der Gesellschafter und ihre Anteilsberechtigung aus den Registerakten ersichtlich sein sollen.** Rechtliche Bedeutung hat dies aber nicht. Die Liste ist nicht fortdauernd auf dem laufenden zu erhalten. Sie wird alljährlich einmal eingereicht. Im Laufe des Jahres eintretende Veränderungen sind aus ihr nicht zu ersehen. Die Aufnahme als Gesellschafter in die Liste schafft keine Mitgliedschaft. Durch die Nichtaufnahme wird sie nicht verloren. Anders wirkt das im österreichischen Gesetze (§ 26) und im Schweizer Entwurfe vorgeschriebene Anteilbuch. Erst durch die Eintragung in dieses wird der Erwerber der Gesellschaft gegenüber Gesellschafter (Anm. 35 zu § 16). Auf Grund des Anteilbuches ist die Liste einzureichen. Sie vertritt für Dritte das Anteilbuch.

Anm. 1. 1. Eine von den Geschäftsführern unterschriebene Liste der Gesellschafter ist einzureichen. Aus ihr muß deren Name, Vorname, Stand und Wohnort sowie ihre Stammeinlagen zu entnehmen sein.

a) Die Liste muß von den Geschäftsführern unterschrieben sein. Zur Unterschrift genügen soviel, als zur Vertretung der Gesellschaft erforderlich sind (vgl. die Ausdrucksweise in § 78 des Gesetzes; auch unten Anm. 8).

Anm. 2. b) Sie muß die Adresse der Gesellschafter enthalten. Das ist wichtig für die Gesellschafter, welche eine Versammlung der Gesellschafter berufen wollen. Was zur Adresse gehört, ist nach den konkreten Verhältnissen zu bestimmen. Sie hat den Namen und Wohnort anzugeben. In den meisten Fällen auch Vornamen und Stand. Aber nur, wenn dies zur Bezeichnung erforderlich ist. In Großstädten, wie Berlin, Hamburg usw. ist auch die Wohnung beizufügen. Sonst könnte der Zweck der Liste nicht erfüllt werden. Juristische Personen sind mit dem Namen und Sitz zu bezeichnen.

Anm. 3. c) Vorgeschrieben ist ferner die Angabe der Stammeinlagen der einzelnen Gesellschafter. Hat ein Gesellschafter mehrere Geschäftsanteile, so sind diese besonders an-

zugeben. Denn nicht die Höhe der Gesamtbeteiligung, sondern „die Stammeinlagen" § 40.
sollen ersichtlich sein. Auch wenn der Gesellschaft Geschäftsanteile zugefallen (§ 27 Abs. 3) oder von ihr erworben (§ 33) sind, muß dies in der Gesellschafterliste berücksichtigt werden. Die Liste wäre sonst falsch. In Fällen der Einziehung aus Überschüssen, also bei gleichbleibendem Stammkapital, ist diese Tatsache zu erwähnen. Anderenfalls würde eine Person als Gesellschafter figurieren, obwohl der Geschäftsanteil vernichtet ist. Ebenso bei Kaduzierung eines Anteiles, ehe ein neuer Gesellschafter gefunden ist (vgl. Anm. 26 zu § 21).

Zu berücksichtigen sind nur diejenigen Gesellschafter, die der Gesellschaft gegenüber nach § 16 als solche gelten. Es kann sein, daß die eingereichte Liste gleichzeitig die Anforderungen erfüllt, die an eine „Genehmigung" bei der Veräußerung von Teilen eines Geschäftsanteiles gestellt werden müssen (GmbHG. § 17). Ohne weiteres aber kann in der Einreichung der Liste eine solche Genehmigung nicht erblickt werden (RG. 12. 5. 14 RGZ. 85, 46). Anm. 4.

2. Die Liste ist alljährlich im Monat Januar, also bis spätestens zum 31. Januar einzureichen. Die erste Liste wird bei der Gründung, die nächste im darauffolgenden Januar übergeben (§ 8). Ist die Gründung im Januar angemeldet, so braucht die nächste Liste erst im Januar nächsten Jahres eingereicht zu werden. Die Liste soll den Stand zur Zeit ihrer Absendung anzeigen. Eine im Dezember eingereichte Liste kann vom Registerrichter als verfrüht zurückgewiesen werden. Wird eine Liste versehentlich erst nach dem Januar eingereicht, so braucht sie doch nur den Stand vom Januar zu enthalten (BauersZ. 25, 91). Anm. 5.

Unterbleiben kann die Einreichung, „wenn seit der Einreichung der letzten Liste Veränderungen hinsichtlich der Person der Gesellschafter und des Umfanges ihrer Beteiligung nicht eingetreten sind". Dann haben die Angaben, die nach der Vorschrift aus der Liste hervorgehen sollen, sich nicht verändert. Sobald aber eine Veränderung in der Person des Gesellschafters eintrat, auch wenn die Person selbst die gleiche blieb, muß die Liste neu eingereicht werden. Es müssen also nicht nur Rechtsnachfolger eines Gesellschafters angemeldet sein. Es genügt auch, daß der Name sich verändert hat (durch Verheiratung oder Namensänderung) oder der Stand oder der Wohnort. Darauf weist der Wortlaut des Gesetzes hin. Ebenso auch der Zweck desselben. Eine Veränderung des Umfanges der Beteiligung liegt vor, wenn ein Gesellschafter einen Geschäftsanteil hinzuerwirbt oder ganz oder teilweise abtritt. Anm. 6.

Ist nach keiner Richtung eine Veränderung eingetreten, so braucht eine neue Liste nicht eingereicht zu werden. Dann genügt die entsprechende Erklärung. Ist aber auch nur eine Veränderung nach einer Richtung eingetreten, so muß eine vollständig neue Liste eingereicht werden. Die Angabe der eingetretenen Veränderung allein genügt nicht. Maßgebend ist der Stand der Veränderungen am Tage der Einreichung der Liste. Veränderungen, die vor dieser Zeit eingetreten waren, kommen nicht in Betracht, wenn sie wieder anderen Veränderungen weichen mußten. Die Eröffnung des Konkursverfahrens befreit nicht von der Verpflichtung zur Einreichung der Liste. Die Geschäftsführer können auch dann zur Einreichung der Liste angehalten werden, wenn ihnen vom Konkursverwalter gekündigt ist und sie die Kündigung angenommen haben. (So das KG. 1. 10. 15 KGJ. 48, 134. Der Begründung allerdings, daß der Konkursverwalter nur die Beziehungen der Geschäftsführer zur Konkursmasse, nicht zur Gesellschaft — soweit es sich nicht um notwendige Beziehungen zum Konkursverfahren handele — lösen könne, kann nicht durchweg beigetreten werden.) Anm. 7.

3. Die Pflicht der Einreichung liegt den Geschäftsführern ob. Darunter sind nur so viele verstanden, als zur Vertretung der Gesellschaft erforderlich sind, nicht etwa sämtliche Geschäftsführer. Eine andere Auslegung ist mit der Ausdrucksweise des Gesetzes (vgl. § 78) nicht vereinbar. Die gegenteilige Ansicht der Motive (S. 34) hat im Gesetze keinen Ausdruck gefunden. Der Sprachgebrauch des Gesetzes spricht dagegen. (Zustimmend KG. 9. 3. 05 ZBlFG. 6, 37 Nr. 57; OLGR. 11, 396; RJA. 6, 239; Neukamp-Becker Anm. 1.) Anm. 8.

§ 40. Die Bestimmungen des Gesellschaftsvertrages über die Vertretung der Gesellschaft finden auch bei der Einreichung der Liste Anwendung.

Anm. 9. 4. Die Einreichung geschieht durch einfache schriftliche Erklärung, ohne Beglaubigung. Auch Übersendung durch die Post ist gestattet.

Anm. 10. 5. Die Einreichung erfolgt beim Hauptregister und beim Zweigregister (§ 13 HGB.).

6. **Der Zwang der Einreichung** richtet sich nach § 14 HGB. (vgl. Anm. 37 zu § 7). Wenn der Geschäftsführer die unwahre Erklärung einreicht, daß Veränderungen nicht eingetreten sind, so liegt hierin keine strafbare Handlung. Der Registerrichter, der dies erfährt, kann den Geschäftsführer auch in diesem Falle nur durch Androhung von Ordnungsstrafen zur Einreichung einer richtigen Liste anhalten.

Anm. 11. 7. **Eine Eintragung in das Handelsregister erfolgt nicht.** Ebensowenig eine Publikation. Der Registerrichter hat lediglich die Einreichung der Liste zu kontrollieren. Er kann sie erzwingen (§ 14 HGB.). Die eingereichte Liste ist zu den Akten zu nehmen. Eine sachliche Prüfung steht ihm nicht zu (KG. 28. 1. 10 OLGR. 21, 50). Er kann insbesondere nicht den Nachweis der Übertragung der Geschäftsanteile auf die als Rechtsnachfolger früherer Gesellschafter erscheinenden Personen oder der Zustimmung der Gesellschaft hierzu fordern. Er kann nicht beanstanden, daß der aufgeführte Gesellschafter ein nicht eingetragener Verein sei. (Die gegenteilige Ansicht des KG. 2. 6. 08 DJZ. 08, 1285, bezüglich des Genossenschaftsrechtes, findet ihre Stütze in der besonderen Bestimmung des § 15 GenG. und der Bedeutung der Eintragung des Genossen in die Liste. Sie darf nicht ausgedehnt werden.) Einen Anspruch der Gesellschafter auf Aufnahme in die Liste kennt das Gesetz nicht. Ein übergangener Gesellschafter kann nur Anzeige beim Registergerichte machen und das Einschreiten von Amts wegen veranlassen.

Anm. 12. 8. **Die Einsicht ist jedem gestattet.** Beim Vorhandensein eines berechtigten Interesses kann auch eine Abschrift, auch eine beglaubigte Abschrift, gefordert werden (§ 9 HGB.).

Anm. 13. 9. **Die eingereichte Liste genießt keinen öffentlichen Glauben.** Die Vorschrift des § 15 HGB. ist hier nicht anwendbar. Lädt ein Gesellschafter zu einer Versammlung der Gesellschafter (§ 50 Abs. 3), so sind die von ihm auf Grund der Liste geladenen Personen nicht stimmberechtigt, wenn sie nicht mehr Gesellschafter sind (s. Anm. 12 zu § 50).

Anm. 14. 10. In Art. 11, XI. EG. zum HGB. ist als Abänderung des GmbHG. verordnet: „Der § 40 fällt fort." Damit ist aber nicht der vorstehende § 40, sondern der frühere § 40 gemeint. Mißverständnisse in der Praxis, die anfangs auftraten, sind heute nicht mehr zu befürchten.

Anm. 15. **Ausländische Gesetze.**

Die Listenführung über die Gesellschafter ist in den ausländischen Gesetzen, soweit sie überhaupt besteht, genauer als nach deutschem Recht. Nach dem österreichischen Gesetze haben die Geschäftsführer ein Verzeichnis der Gesellschafter unter Angabe der Stammeinlage und der geleisteten Einzahlungen zu führen. Die Veränderungen im Besitze und in der Höhe der Einzahlung sind nachzutragen (§§ 26, 64). In dieses Verzeichnis kann während der Geschäftsstunden jeder Einsicht nehmen, der ein rechtliches Interesse nachweisen kann. Außerdem ist im Januar jedes Jahres nach deutschem Vorbilde die Liste beim Registergerichte einzureichen. Haftung der Geschäftsführer für die Richtigkeit der eingereichten Liste ist ausdrücklich vorgesehen. Die Bestimmungen in Art. 29, 30, 76 des bulgarischen Gesetzes entsprechen dem österreichischen Rechte. Hinzu kommt weiter die Verpflichtung der Geschäftsführer, jede Veränderung in der Liste binnen drei Tagen dem Registergerichte mitzuteilen. — Ein Buch über die Stammanteile ist auch nach dem Schweizer Entwurfe (§ 805) zu führen. Öffentliche Einsicht ist hier aber nur in die alljährlich dem Registergerichte übergebene Liste vorgesehen. Die Führung eines Gesellschaftsbuches mit Angabe der Gesellschafter und des Standes jedes Geschäftsanteiles schlägt auch der italienische Entwurf (Art. 149) vor. Vorlage an das Registergericht ist nicht vorgesehen. Dagegen freie Einsicht für jeden Interessenten in das Buch selbst.

§ 41.

§ 41.

Die Geschäftsführer sind verpflichtet, für die ordnungsmäßige Buchführung der Gesellschaft zu sorgen.

Sie müssen in den ersten drei Monaten des Geschäftsjahres die Bilanz für das verflossene Geschäftsjahr nebst einer Gewinn- und Verlustrechnung aufstellen.

Durch den Gesellschaftsvertrag kann die bezeichnete Frist bis auf sechs Monate, bei Gesellschaften, deren Unternehmen den Betrieb von Geschäften in überseeischen Gebieten zum Gegenstande hat, bis auf neun Monate erstreckt werden.

Für Gesellschaften, bei welchen der Gegenstand des Unternehmens im Betriebe von Bankgeschäften besteht, ist die Bilanz innerhalb der vorbezeichneten Fristen in den im § 30 Absatz 2 bestimmten öffentlichen Blättern durch die Geschäftsführer bekanntzumachen. Die Bekanntmachung ist zum Handelsregister einzureichen.

Literatur: Beck, Das Buchhaltungswesen der GmbH., 4. Aufl., Hannover 1924.

I. **Die Pflicht der Geschäftsführer zur Führung der Bücher** (Abs. 1), (vgl. § 239 HGB. für die Aktiengesellschaft). Anm. 1.

1. Die Sorge für die Buchführung, nicht die Buchführung selbst ist ihnen zur Pflicht gemacht. Sie brauchen nicht eigenhändig die Bücher zu führen. Sie haben nur dafür zu sorgen, daß sie ordnungsmäßig geführt werden. Darin liegt die Pflicht, geeignete Leute als Buchführer zu bestellen und diese bei ihrer Tätigkeit zu überwachen. Kümmert der Geschäftsführer sich längere Zeit nicht um die Führung der Bücher, so handelt er fahrlässig (RG. 8. 7. 19 LZ. 1920, 394).

2. Diese Pflicht ist eine auf öffentlichem Interesse beruhende. Ihre Außerachtlassung zieht Strafe nach sich, wenn die Gesellschaft zahlungsunfähig wird (§ 83 GmbHG.). Weder Satzung noch Dienstverträge noch Gesellschafterbeschlüsse vermögen daran etwas zu ändern. Die strafrechtliche Verantwortlichkeit verbleibt immer bei allen Geschäftsführern (RGSt. Plenarurteil 13, 235 und RGSt. 13, 358, beide für das Aktienrecht). Das gilt auch auf die stellvertretenden Geschäftsführer (§ 44; a. M. Liebmann Anm. 4). Auch eine im gegebenen Falle vielleicht zulässige Suspension vom Amte kann an dieser gesetzlichen Pflicht nichts ändern. Daraus folgt umgekehrt, daß der suspendierte Geschäftsführer zu allen jenen Tätigkeiten zugelassen werden muß, welche erforderlich sind, um seine gesetzliche Pflicht wegen der Buchführung zu erfüllen. Ebenso, daß der Aufsichtsrat oder die Gesellschafter in ihrer Regulierung der Tätigkeit des Geschäftsführers ihm die Buchführung nicht entziehen dürfen. Doch kann eine Geschäftsverteilung, eine Suspension, eine Stellung als nur stellvertretender Geschäftsführer einem Geschäftsführer den Entschuldigungsbeweis verschaffen, daß er aus gerechter Ursache nicht in der Lage war, der gesetzlichen Verpflichtung zu genügen. Ist z. B. ein von der Buchführung befreiter Geschäftsführer über die ordnungsmäßige Buchführung getäuscht worden, so kann dies unter Umständen Straffreiheit zur Folge haben. Denn überall ist hier eine schuldhafte Verletzung der Pflichten vorausgesetzt (RGSt. 29, 308). Die Verhinderung durch Krankheit ist dann ein Entschuldigungsgrund, wenn man für Vertretung nicht sorgen konnte (RGSt. 7, 730). Unkenntnis der Buchführung entschuldigt nicht (RG. 25. 6. 08 JW. 08, 604). Die strafrechtlichen Bestimmungen (§ 83) sollen den Vorschriften in § 41 mehr Nachdruck verleihen. Diese verfolgen aber nicht das Ziel, Schutz für jedermann zu gewähren. Daher kann aus der Verletzung der Anm. 2.

§ 41. Pflicht zur ordnungsmäßigen Buchführung ein Dritter keine Schadensersatzansprüche gegen die Geschäftsführer ableiten (RG. 4. 2. 10 RGZ. 73, 30). Aus der Rechtsnatur der Verpflichtung ergibt sich, daß der Umfang des Geschäftsbetriebes für ihre Erfüllung gleichgültig ist. Auch wenn eine Gesellschaft den Geschäftsbetrieb in einem Jahre vollständig einstellt und die Kosten zu einer Gesellschafterversammlung nicht aufbringen kann, bleibt die Verpflichtung zur Aufstellung der Bilanz bestehen (OLG. Colmar 27. 11. 12. LZ. 1913, 566).

Anm. 3. **Der Aufsichtsrat**, wenn ein solcher besteht, hat zwar die Überwachungspflicht, aber nicht die strafrechtliche Verantwortlichkeit für die ordnungsmäßige Buchführung.

Anm. 4. 3. **Für ordnungsmäßige Buchführung** haben die Geschäftsführer Sorge zu tragen.

a) **Daß die GmbH. Bücher zu führen hat, ist hier vorausgesetzt.** Es folgt dies aus § 13 Abs. 3 GmbHG. und aus § 6 Abs. 2 HGB. Die GmbH. ist stets eine Handelsgesellschaft. Auf Handelsgesellschaften finden die Vorschriften über die Kaufleute Anwendung.

Anm. 5. b) **Für die Frage, was zur ordnungsmäßigen Buchführung gehört,** sind die §§ 38ff. HGB. in Verbindung mit §§ 41 und 42 GmbHG. maßgebend. Auch die Inventur- und Bilanzziehung gehört zur ordnungsmäßigen Buchführung. In letzterer Hinsicht enthalten die §§ 41 und 42 des GmbHG. Sondervorschriften.

Die einzelnen in Frage kommenden Vorschriften des HGB. sind:

Anm. 6. α) § 38 HGB.:

„Jeder Kaufmann ist verpflichtet, Bücher zu führen und in diesen seine Handelsgeschäfte und die Lage seines Vermögens nach den Grundsätzen ordnungsmäßiger Buchführung ersichtlich zu machen.

Er ist verpflichtet, eine Abschrift (Kopie oder Abdruck) der abgesendeten Handelsbriefe zurückzubehalten und diese Abschriften sowie die empfangenen Handelsbriefe geordnet aufzubewahren."

Anm. 7. Die Pflicht zur Buchführung beginnt mit dem Entstehen der Kaufmannseigenschaft. Hier also mit der Eintragung der Gesellschaft. Ihr Zweck ist, dem Kaufmann jederzeit Übersicht über seine Vermögensverhältnisse zu gewähren, die nötig ist, um die jeweils durch die Vermögensverhältnisse gebotenen geschäftlichen Maßnahmen zu treffen (RG. 16. 9. 13 RGSt. 47, 311).

Anm. 8. Über die Zahl und Art der Geschäftsbücher ist nichts vorgeschrieben. Allein da auch den GmbH. eine Gewinn- und Verlustrechnung zur Pflicht gemacht ist (vgl. § 41 Abs. 2), so liegt auch hier, wie bei den Aktiengesellschaften, darin das Gebot der doppelten Buchführung (vgl. Staub-Bondi HGB. Anm. 6 zu § 38; Düringer-Hachenburg Anm. 19 zu § 38; a. M. Brodmann Anm. 1, Neukamp-Becker Anm. 2, Liebmann Anm. 4, Passow, Bilanzen S. 29ff.).

Anm. 9. Ein Briefkopierbuch ist jetzt nicht mehr vorgeschrieben. Die ein- und ausgehenden Briefe sind aufzubewahren. Gesellschaften, welche in ihrem Betriebe Wertpapiere zur Verwahrung oder zum Pfande nehmen, haben ein Bankdepotbuch zu führen.

Anm. 10. Handlungsbücher, die in Gebrauch sind, sind der Pfändung nicht unterworfen (§ 811 Nr. 11 ZPO.). Sie gehören zwar zur Konkursmasse (§ 1 Abs. 3 KO.). Diese kann sie aber nur mit dem Geschäft im ganzen und nur insoweit veräußern, als sie zur Fortführung des Geschäftsbetriebes unentbehrlich sind (§ 117 Abs. 2 KO.).

Anm. 11. β) § 39 HGB.:

„Jeder Kaufmann hat bei dem Beginne seines Handelsgewerbes seine Grundstücke, seine Forderungen und Schulden, den Betrag seines baren Geldes und seine sonstigen Vermögensgegenstände genau zu verzeichnen, dabei den Wert der einzelnen Vermögensgegenstände anzugeben und einen das Verhältnis des Vermögens und der Schulden darstellenden Abschluß zu machen.

Er hat demnächst für den Schluß eines jeden Geschäftsjahrs ein solches Inventar und eine solche Bilanz aufzustellen; die Dauer des Geschäftsjahrs darf zwölf Monate nicht überschreiten.

Die Aufstellung des Inventars und der Bilanz ist innerhalb der einem ordnungsmäßigen Geschäftsgang entsprechenden Zeit zu bewirken. § 41.

Hat der Kaufmann ein Warenlager, bei dem nach der Beschaffenheit des Geschäfts die Aufnahme des Inventars nicht füglich in jedem Jahre geschehen kann, so genügt es, wenn sie alle zwei Jahre erfolgt. Die Verpflichtung zur jährlichen Aufstellung der Bilanz wird hierdurch nicht berührt."

Inventar und Bilanz sind zunächst bei Eröffnung des Handelsgewerbes, hier also nach Eintragung der Gesellschaft, zu errichten. In diesem Augenblicke beginnt die Lebenstätigkeit der Gesellschaft. Nicht früher. Eine vorherige Bilanz, welche von den Gesellschaftern aufgestellt wurde, auch wenn sie der Gründung zugrunde gelegen hat, befreit die Geschäftsführer nicht von der selbständigen Aufstellung der Eröffnungsbilanz. In dieser sind die Werte, nach den Ergebnissen ihrer eigenen Prüfung geschätzt, aufzunehmen (RG. 27. 11. 96 RGSt. 29, 223). Streitig ist, ob nicht eine Rückbeziehung der Eröffnungsbilanz auf einen früheren Zeitpunkt gestattet ist. Das wird häufig dann gewünscht, wenn das eingebrachte Geschäft so übernommen wird, daß es als von einem früheren Zeitpunkte für Rechnung der Gesellschaft geführt gilt. Die Frage ist von praktischer Erheblichkeit. Im Falle der Rückbeziehung ist der Gewinn des unter der Besitzdauer des Inferenten abgelaufenen Epoche verteilbar. Anderenfalls nicht. Denn dann ist es kein Gewinn, den die Gesellschaft erzielt hatte. Staub-Pinner (HGB. Anm. 8 zu § 239) bestreitet die Zulässigkeit der Rückbeziehung unter Hinweis auf die ausdrückliche Bestimmung des Gesetzes. (Ebenso OLG. Jena bei Holdheim 2, 219, Lehmann-Ring Nr. 9 zu § 260, Brodmann Anm. 3 und Liebmann Anm. 5.) Die gegenteilige Meinung vertritt im Anschluß an die kaufmännische Auffassung Simon, Bilanzen der Aktiengesellschaften 105ff. Die letztere Auffassung dürfte dem Bedürfnisse des Verkehres entsprechen. Allerdings muß stets die Eröffnungsbilanz auf Grund der vorhandenen Sachlage errichtet werden. Das schließt aber nicht aus, daß die Gesellschaft eine Abrede traf, nach der ihr der Mehrwert des Geschäftes seit der Bilanz des Vorbesitzers bis zur Übernahme als Gewinn zufließen soll und daß ein Verlust der Zwischenzeit von ihr als solcher zu tragen ist. Es soll hierdurch nicht der Gestehungspreis geändert, verbilligt und verteuert werden. Dieser bleibt wie festgesetzt. Nur erhält die Gesellschaft neben den auf den Tag der Vorbilanz vorhandenen Aktiven oder statt derselben die jetzt existierenden. Die Differenz hat auf Gewinnkonto zu erscheinen. Es liegt kein Grund vor, diesem berechtigten Willen der Parteien die Wirksamkeit zu versagen. Anm. 12.

Wird ein Geschäft auf Grund der auf den Tag des Einbringens zu errichtenden Bilanz eingelegt, so kann die Schlußbilanz dieses Geschäftes zugleich Eröffnungsbilanz für die GmbH. sein, wenn nur das Geschäft die Einlage aller Gesellschafter bildet. Anders, wenn noch weitere Einlagen erfolgen. Anders auch, wenn kraft besonderer Abrede die Übernahme der Bilanz auf Grund anderer Regeln erfolgt, als bei der Schlußbilanz des eingebrachten Geschäftes maßgebend waren.

Wird ein Geschäft auf Grund der für dasselbe zu errichtenden Schlußbilanz eingebracht, so müssen die in derselben enthaltenen Werte auch in die Eröffnungsbilanz aufgenommen werden. Eine Erhöhung derselben, auch wenn infolge starker Abschreibungen die Aktiven wertvoller sind, ist unstatthaft. Dies gilt auch dann, wenn die Gesellschafter dies vor der Gründung unter sich verabredet hatten (vgl. Anm. 35 zu § 5).

Die Eröffnungsbilanz unterliegt nicht der Genehmigung der Gesellschafter nach § 46 Nr. 1 (RGSt. 29, 223).

Eine der Eröffnungsbilanz nach § 39 HGB. gleichgeartete Bilanz war auf Grund der Goldbilanzverordnung vom 28. Dezember 1923 für alle Kaufleute spätestens zum 1. Januar 1924 oder zu dem Anfange des nach dem 1. Januar 1924 beginnenden Geschäftsjahres vorgeschrieben. Sie schloß die durch die Inflation bedingten Unklarheiten und Unrichtigkeiten ab. Sie stand außer Zusammenhang mit den früheren Bilanzen. Nicht nur nannte die Verordnung sie „Eröffnungsbilanz". Sie war es auch wirklich. Anm. 12a.

§ 41. Für sie war daher auch der § 42 Abs. 1 GmbHG. außer Kraft gesetzt (§ 4 Abs. 1 GBilV.). Nur konnte die Tatsache nicht aus der Welt geschafft werden, daß die Gesellschaft schon vor dieser Eröffnungsbilanz bestanden hatte. Für ihre Genehmigung und Veröffentlichung galten daher die gleichen Bestimmungen wie für die der Jahresbilanzen (§ 2 Abs. 2 GBilV.). Der über die Grundlage der Goldmarkeröffnungsbilanz geführte Streit, vor allem darüber, ob die Bildung offener und stiller Reserven zulässig sei (vgl. hierzu den zusammenfassenden Aufsatz Pinners in JW. 1924, 1085), gehört der Vergangenheit an.

Anm. 13. Die Eröffnungs**bilanz** setzt eine Eröffnungs**inventur** voraus. Sie muß auch hier errichtet werden.

Anm. 14. Inventur und Bilanz müssen nicht am Tage der Eröffnung fertig sein. Sie müssen bei Beginn der Gesellschaft begonnen und ohne Zeitverlust fertiggestellt werden (RGSt. 28, 430).

Anm. 15. Die Gesellschaft muß Inventur und Bilanz **für den Schluß eines jeden Geschäftsjahres** aufstellen. In welcher Zeit, darüber siehe unten Anm. 24ff. Wenn eine Gesellschaft ihr bisheriges Geschäftsjahr verlegt, so darf hierdurch keinesfalls eine Verlängerung der zwölfmonatigen Dauer eines Kalenderjahres eintreten (§ 39 Abs. 2 HGB.). Die Verlegung kann nur durch Einschiebung eines kürzeren Geschäftsjahres erfolgen. Für dieses kürzere Geschäftsjahr muß eine besondere Bilanz gezogen werden. Die Veränderung des Geschäftsjahres wirkt erst von der Eintragung ab für das laufende Geschäftsjahr (KG. 20. 5. 21 OLGR. 42, 225; Recht 1923 Nr. 374; KGJ. 53 A, 99). Darüber, ob ein Gewinn für dieses abgekürzte Geschäftsjahr verteilt werden darf, vgl. Anm. 14 zu § 29.

Anm. 16. Die in § 39 Abs. 3 HGB. gemachte Ausnahme von der Pflicht jährlicher Inventarisierung gilt auch für GmbH., soweit nur die Aufstellung einer Bilanz und einer Gewinn- und Verlustrechnung ohne Inventur möglich ist.

Anm. 17. Über den materiellen Inhalt der jährlichen Bilanz siehe Anm. 20ff. zu § 42. Die Vorschriften des § 42 gelten auch für die Eröffnungsbilanz.

Anm. 18. γ) § 40 HGB.:

„Die Bilanz ist in Reichswährung aufzustellen.

Bei der Aufstellung des Inventars und der Bilanz sind sämtliche Vermögensgegenstände und Schulden nach dem Werte anzusetzen, der ihnen in dem Zeitpunkte beizulegen ist, für welchen die Aufstellung stattfindet.

Zweifelhafte Forderungen sind nach ihrem wahrscheinlichen Werte anzusetzen, uneinbringliche Forderungen abzuschreiben."

Daß die Bilanz in Reichswährung aufzustellen ist, gilt auch hier. Über die Bilanzansätze stellt das GmbHG. in § 42 Sondervorschriften auf. Dort ist auch der § 40 HGB. näher erörtert. Besonderes bestimmt auch die Verordnung über die Goldbilanzen.

Anm. 19. δ) § 41 HGB.:

„Das Inventar und die Bilanz sind von dem Kaufmanne zu unterzeichnen. Sind mehrere persönlich haftende Gesellschafter vorhanden, so haben sie alle zu unterzeichnen.

Das Inventar und die Bilanz können in ein dazu bestimmtes Buch eingeschrieben oder jedesmal besonders aufgestellt werden. Im letzteren Falle sind sie zu sammeln und in zusammenhängender Reihenfolge geordnet aufzubewahren."

Die Pflicht zur Unterzeichnung der Bilanz liegt hier den **sämtlichen** Geschäftsführern ob (vgl. oben Anm. 2; RGSt. 7, 87; 8, 424. Ebenso Parisius-Crüger-Crecelius Anm. 3; a. M. Brodmann Anm. 3). Ist der einzige Geschäftsführer entlassen, so kann die Gesellschaft nicht ohne Bestellung eines neuen Geschäftsführers die Bilanz genehmigen. Weigert der Geschäftsführer die Unterzeichnung der Bilanz, so kann sie nicht durch die des Prokuristen ersetzt werden. Der Geschäftsführer muß eine **von ihm** zu

zeichnende Bilanz vorlegen. Einen Zwang, eine andere als die ihm richtig erschei- § 41.
nende mit seinem Namen zu decken, gibt es nicht. Eine ungerechtfertigte Weigerung wird als wichtiger Grund der Entlassung erscheinen.

ε) § 43 HGB.: Anm. 20.

„Bei der Führung der Handelsbücher und bei den sonst erforderlichen Aufzeichnungen hat sich der Kaufmann einer lebenden Sprache und der Schriftzeichen einer solchen zu bedienen.

Die Bücher sollen gebunden und Blatt für Blatt oder Seite für Seite mit fortlaufenden Zahlen versehen sein.

An Stellen, die der Regel nach zu beschreiben sind, dürfen keine leeren Zwischenräume gelassen werden. Der ursprüngliche Inhalt einer Eintragung darf nicht mittels Durchstreichens oder auf andere Weise unleserlich gemacht, es darf nichts radiert, auch dürfen solche Veränderungen nicht vorgenommen werden, deren Beschaffenheit es ungewiß läßt, ob sie bei der ursprünglichen Eintragung oder erst später gemacht worden sind."

ζ) § 44 HGB.: Anm. 21.

„Die Kaufleute sind verpflichtet, ihre Handelsbücher bis zum Ablaufe von zehn Jahren, von dem Tage der darin vorgenommenen letzten Eintragung an gerechnet, aufzubewahren.

Dasselbe gilt in Ansehung der empfangenen Handelsbriefe und der Abschriften der abgesendeten Handelsbriefe sowie in Ansehung der Inventare und Bilanzen."

η) § 45 HGB.: Anm. 22.

„Im Laufe eines Rechtsstreits kann das Gericht auf Antrag oder von Amts wegen die Vorlegung der Handelsbücher einer Partei anordnen.

Die Vorschriften der Zivilprozeßordnung über die Verpflichtung des Prozeßgegners zur Vorlegung von Urkunden bleiben unberührt."

ϑ) § 46 HGB.: Anm. 23.

„Werden in einem Rechtsstreite Handelsbücher vorgelegt, so ist von ihrem Inhalte, soweit er den Streitpunkt betrifft, unter Zuziehung der Parteien Einsicht zu nehmen und geeignetenfalls ein Auszug zu fertigen. Der übrige Inhalt der Bücher ist dem Gericht insoweit offen zu legen, als es zur Prüfung ihrer ordnungsmäßigen Führung notwendig ist."

Die §§ 44, 45, 46 sind hier anwendbar.

II. **Die Pflicht zur Aufstellung der Bilanz** (Abs. 2 u. 3). **Die Geschäftsführer haben die Pflicht, in den ersten drei Monaten des Geschäftsjahres die Bilanz für das verflossene Geschäftsjahr neben einer Gewinn- und Verlustrechnung aufzustellen. Ausnahmsweise kann diese Frist auf sechs Monate, ganz ausnahmsweise auf neun Monate verlängert werden.** Anm. 24.

1. **Die Verpflichtung** zur Aufstellung der Bilanz trifft sämtliche Geschäftsführer. Über etwaige Entschuldigungsgründe siehe oben Anm. 2. Der Geschäftsführer, auch wenn er Gesellschafter ist, hat aber kein klagbares Recht gegen die Gesellschafter auf Anerkennung der von ihm aufgestellten Bilanz. Er hat nur eine Klage auf Entlastung gegen die Gesellschaft (vgl. RG. in JW. 02, 32 Nr. 30; Fleischmann DJZ. 02, 77). Anm. 25.

2. **Die Aufstellung** der Bilanz und der Gewinn- und Verlustrechnung hat regelmäßig in den ersten drei Monaten zu erfolgen. Diese Vorschrift hat eine ganz andere Bedeutung als die des § 260 Abs. 2 HGB. Dort ist den Vorstandsmitgliedern der Aktiengesellschaft zur Pflicht gemacht, die Jahresberichte dem Aufsichtsrate und der Generalversammlung innerhalb der dort bestimmten Frist **vorzulegen.** Die Pflicht der Aufstellung ist hiervon verschieden. Für sie gelten im Aktienrechte die allgemeinen Vorschriften. Die Aufstellung hat so zeitig zu erfolgen, wie dies nach Lage der Sache möglich ist. Wäre die aktienrechtliche Bilanz nach Lage der Sache innerhalb der ersten zwei Monate nach Ablauf des Geschäftsjahres möglich, die Aufstellung aber unterblieben, und würde im dritten Monate der Konkurs ausbrechen, so wären die Vorstandsmitglieder strafbar, obgleich die in § 260 Abs. 2 HGB. vorgesehene Vorlegungsfrist noch nicht abgelaufen war. Ganz anders hier. Die Vorschrift des § 41 GmbHG. bezieht sich lediglich auf die Aufstellung Anm. 26.

§ 41. der Bilanz durch die Geschäftsführer, dagegen nicht auf die Feststellung der Bilanz durch die Gesellschafter. „Es genügt, wenn im Interesse der Gesellschaftsgläubiger dafür gesorgt ist, daß die Anfertigung der Vermögensübersicht, deren Ergebnis unter Umständen die Geschäftsführer zur sofortigen Stellung des Antrages auf Konkurseröffnung verpflichten kann, nicht ungebührlich verzögert werde" (Motive 34). Die Feststellung der Bilanz durch die Gesellschafter dagegen „ist eine innere Angelegenheit, welche bei der GmbH. sich zunächst nach dem Gesellschaftsvertrage zu richten hat". Mit dieser Gesetzesabsicht stimmt auch der Wortlaut des Gesetzes überein. Es ist daher eine andere Auslegung nicht statthaft als die, daß die Aufstellung der Bilanz durch die Geschäftsführer innerhalb der ersten drei Monate nach Ablauf des Geschäftsjahres zu erfolgen hat. (Zustimmend Neukamp-Becker Anm. 3, Brodmann Anm. 4, Liebmann Anm. 4.) Die gegenteilige Ansicht (Förtsch Anm. 2) kann nicht aus Abs. 4 gefolgert werden. Auch diese Publikation bezieht sich nur auf die von den Geschäftsführern aufgestellte, nicht auf die von den Gesellschaftern festgestellte Bilanz (vgl. unten Anm. 39). Die Aufstellung der Bilanz braucht daher nicht früher zu erfolgen als innerhalb der hier gesetzten Frist, auch dann nicht, wenn sie nach Lage der Sache früher erfolgen konnte. Andererseits ist vom Gesetze nicht vorgeschrieben, daß innerhalb dieser Zeit die Vorlegung der Bilanz an die Gesellschafter oder an den etwa bestehenden Aufsichtsrat zu erfolgen hat. Diese Vorlegung ist eine innere Angelegenheit. Zum Schutze der öffentlichen Interessen ist hier nur die Aufstellung der Bilanz innerhalb der ersten drei Monate des Geschäftsjahres vorgeschrieben. Die Geschäftsführer sollen innerhalb dieser Zeit die Lage des Vermögens erkennen. Sie müssen Konkurs eröffnen können, wenn eine Unterbilanz oder eine Überschuldung vorhanden ist. Auch die Vorlegung an die Gesellschafterversammlung (§ 46 Nr. 1) und an den Aufsichtsrat (§ 52 des Gesetzes und § 246 HGB.) hat zu geschehen. Aber das Gesetz sagt nicht, innerhalb welcher Frist dies zu geschehen hat. Auf die Eröffnungsbilanz bezieht sich die Vorschrift nicht. Bei ihr kann jedoch ein unnötig langes Hinausziehen zur Strafbarkeit führen (RG. 27. 6. 13 Recht 1913 Nr. 2540).

Anm. 27. 3. **Die Bilanz und die Gewinn- und Verlustrechnung** sind innerhalb dieser Frist aufzustellen. Über den sachlichen Inhalt der Bilanz findet sich das Nähere in § 42. Die Vorschrift, daß außerdem eine Gewinn- und Verlustrechnung aufzustellen ist, hat zur Folge, daß die GmbH. sich der doppelten Buchführung bedienen müssen (vgl. oben Anm. 8 und unten Anm. 33). A. M. Brodmann Anm. 1. Ihm ist zwar zuzugeben, daß nirgends die doppelte Buchführung ausdrücklich vorgeschrieben ist. Indessen ist es praktisch, da Gewinn- und Verlustrechnung verlangt sind, nicht anders möglich. Das verkennt auch Brodmann nicht. Er will aber die Gewinn- und Verlustrechnung auf die „Regelfälle" beschränken, wo die Voraussetzungen für sie vorliegen. Das ist willkürlich. Das Gesetz gibt keinerlei Hinweis für die Einschränkung. Ebensowenig ist sie sachlich notwendig. Wer die GmbH.-Form wählt, muß ebenso auch die Auswirkungen der Handelsgesellschaft hinnehmen. Wie Brodmann, Neukamp-Becker Anm. 2, Passow, Bilanzen S. 29ff., Liebmann Anm. 4. Wenn Liebmann einen Widerspruch darin sieht, daß wegen der Gewinn- und Verlustrechnung doppelte Buchführung verlangt wird, eine Strafbarkeit aber bei bloß einfacher Buchführung im Konkursfalle ausgeschlossen wird (unten Anm. 35), so liegt ein Mißverständnis bei ihm vor. Strafbarkeit träte nur ein, wenn die Konkursordnung dasselbe Verlangen stellen würde wie das GmbHG. (vgl. unten Anm. 33). Die Gewinn- und und Verlustrechnung ist etwas von der Bilanz Verschiedenes (OLG. Karlsruhe BauersZ. 15, 195). Während die Bilanz bei der GmbH., ebenso wie bei der Aktiengesellschaft, die sämtlichen beim Jahresabschlusse vorhandenen Aktiva und die sämtlichen Passiva (Schulden, Stammkapital und sonstige Reservekonten) aufstellt, werden bei der Gewinn- und Verlustrechnung die Ergebnisse des abgelaufenen Geschäftsjahres zusammengestellt. Bezeigt alles, was in dem betreffenden Jahre an Aktiven, und alles, was an Passiven (Schulden und Reservekontodotierungen) hinzugekommen ist. Als erster Posten in der Gewinn- und Verlustrechnung figuriert der aus dem Vorjahre herübergenommene Gewinnsaldo oder

Verlustsaldo. Daher kommt es, daß das Fazit der Gewinn- und Verlustrechnung das gleiche ist wie das Fazit der Bilanz. Bei jener werden die Ergebnisse eines Geschäftsjahres und die bisherigen Gesamtergebnisse bis zum Beginn dieses betreffenden Geschäftsjahres zusammengerechnet werden (Gewinn- und Verlustrechnung). Bei der Bilanz werden die vorhandenen Bestände und die vorhandenen Passiva einander gegenübergestellt, das muß das gleiche Resultat zeigen (s. hierüber auch Staub-Pinner HGB. Anm. 22 zu § 260). § 41.

Das Fehlen der Gewinn- und Verlustrechnung gibt dem Gesellschafter kein Recht, den Beschluß der Bilanzgenehmigung anzufechten (OLG. Düsseldorf 25. 4. 10 OLGR. 22, 11). Er hat überhaupt kein Mittel, diese zu erzwingen. Nur die Gesellschaft kann sie von ihrem Geschäftsführer fordern. Verzichtet die Mehrheit darauf, so bewendet es dabei.

Nicht vorgeschrieben ist die Aufstellung eines Geschäftsberichtes, der für Aktiengesellschaften vorgesehen ist. Er kann in den Statuten und im Dienstvertrage angeordnet werden. Die Gesellschafter können ihn auch durch einfachen Beschluß jederzeit, sei es allgemein, sei es für einen besonderen Fall, fordern. Er erscheint als eine Maßregel zur Überwachung und Prüfung des Geschäftsführers (§ 46 Ziff. 6; BauersZ. 18, 272). Anm. 28.

Ob die aufgestellte Jahresrechnung vor der Versammlung den Gesellschaftern und dem Aufsichtsrate vorzulegen ist, darüber siehe Anm. 10 zu § 46. Die aufgestellte und von der Gesellschafterversammlung genehmigte Bilanz ist einem einzelnen Gesellschafter nachträglich nur dann vorzulegen, wenn der Gesellschaftsvertrag ihm das Recht hierauf gibt. Denn die Gesellschafter nehmen ihre Geschäftsführungsbefugnisse in der Gesellschafterversammlung wahr (§§ 45, 47). Weder § 810 noch § 716 BGB. findet hier eine Anwendung (Parisius-Crüger-Crecelius Anm. 4 zu § 41). Auch dem Gesellschafter, der verhindert war, der Gesellschafterversammlung beizuwohnen, steht ein gesetzliches Recht auf Vorlage der Bilanz nicht zu. Anders nur, wenn er zur Gesellschafterversammlung nicht geladen war. Dann war ihm die gesetzlich vorgesehene Gelegenheit zur Einsicht nicht gewährt. Ob er der Gesellschaft die durch besondere Abschrift entstehenden Kosten zu ersetzen hat, hängt davon ab, ob er selbst daran schuld ist, daß ihm die Ladung zur Versammlung nicht zugehen konnte (OLG. Jena 20. 3. 05 OLGR. 14, 389). Ob bei notarieller Beurkundung der Beschlüsse der Gesellschafter jeder derselben das Recht auf Einsicht dieser Urkunde hat, richtet sich nach Landesrecht (für Preußen z. B. vgl. Pr.FG. Art. 61). Anm. 29.

4. Die Aufstellung der Bilanz und der Gewinnberechnung hat in den ersten drei Monaten nach Ablauf des Geschäftsjahres zu erfolgen. Durch Gesellschaftsvertrag kann jedoch die Frist bis auf sechs Monate, bei Gesellschaften, deren Unternehmen den Betrieb von Geschäften in überseeischen Gebieten zum Gegenstande hat, bis auf neun Monate erstreckt werden. Anm. 30.

a) Durch den Gesellschaftsvertrag, also nicht durch einen einfachen Gesellschafterbeschluß, noch weniger durch eine Bestimmung im Dienstvertrage. Die Berufung auf diese schützt den Geschäftsführer im Konkursfalle nicht vor Strafe (a. M. Neukamp-Becker Anm. 4, der nur zivilrechtliche Haftung gelten lassen will). Die Bilanz ist nicht rechtzeitig errichtet. Eine nachträgliche Änderung des Gesellschaftsvertrages ist zulässig. Sie macht aber die verspätete Errichtung der Bilanz nicht zu einer rechtzeitigen. Anm. 31.

b) Die Fristen können bis auf sechs Monate, in einem Falle bis auf neun Monate erstreckt werden. Dieser letztere Fall liegt vor, wenn das Gebiet, in welchem die Geschäfte gemacht werden, nur im Wege längerer Seereise erreicht werden kann. England, Korsika, Sizilien sind z. B. nicht überseeische Gebiete. Gedacht war besonders an deutsche Kolonialgesellschaften. Anm. 32.

5. Nicht rechtzeitige Aufstellung der Bilanz zieht die in § 240 KO. vorgesehene Strafe nach sich (vgl. § 83 GmbHG.). Die Strafvorschrift tritt aber nur ein, wenn die konkursgesetzlichen Pflichten verletzt sind. Die KO. verlangt aber weder die doppelte Buchführung noch die auf Anm. 33.

§ 41. ihr beruhende Gewinn- und Verlustrechnung. Begnügten sich die Gesellschafter mit der einfachen Buchführung, so ist der Geschäftsführer im Falle des Konkurses der GmbH. nicht strafbar (BauersZ. 18, 12). Das Unterlassen der Gewinn- und Verlustrechnung verletzt nur die Pflicht des Geschäftsführers gegenüber seiner Gesellschaft. Sie macht ihn dieser gegenüber haftbar. Die Verantwortung entfällt mit dem Verzichte der Gesellschaft. Noch weniger kann eine Verletzung einer Anordnung des Gesellschaftsvertrages strafbar machen. Er kann vorschreiben, daß die Geschäftsführer auch einen Geschäftsbericht zu erstatten oder die Jahresrechnung innerhalb der bestimmten Frist nicht bloß aufzustellen, sondern auch den anderen Gesellschaftsorganen vorzulegen haben und ähnliches. Ein Verstoß hiergegen kann nur zivilrechtliche Folgen haben. Er kann zur Schadloshaltung und in geeigneten Fällen zur Entlassung führen. Eine formlose Verlegung des Geschäftsjahres, etwa um die Aufstellung der Bilanz als rechtzeitig erscheinen zu lassen, durch den Geschäftsführer ist ausgeschlossen (BauersZ. 28, 122).

Ein Zwangsmittel, um die Bilanzerrichtung herbeizuführen, steht dem Registerrichter nicht zu.

Anm. 34. III. **Die Pflicht zur Veröffentlichung der Bilanz** (Abs. 4).

1. Die Publikation der Bilanz ist als Regel nicht vorgeschrieben. Auch nicht die Einreichung zum Handelsregister. Darin ist einer der Hauptunterschiede und in den Augen vieler einer der Hauptvorteile der G. m. b. H. von der Aktiengesellschaft. Die Allgemeinheit hat kein Interesse an den Ergebnissen der G. m. b. H. Sie hat daher auch kein Recht sie zu erfahren. Über die Bestrebungen der Einführung und des Publikationszwanges haben nicht einmal die Gesellschafter ein Recht auf Einsicht der von der Gesellschafterversammlung genehmigten Bilanz (oben Anm. 20; Hachenburg LZ. 3, 7ff.

Anm. 35. 2. Nur bei Bankgeschäften ist die Publikation vorgeschrieben. Sie müssen die Bilanz innerhalb der vorbezeichneten Fristen in den in § 30 Abs. 2 bestimmten öffentlichen Blättern durch die Geschäftsführer bekanntmachen. Die Bekanntmachung ist zum Handelsregister einzureichen.

Anm. 36. a) Vorausgesetzt sind Gesellschaften, bei denen der Gegenstand des Unternehmens im Betriebe von Bankgeschäften besteht. Geben die Statuten den Betrieb von Bankgeschäften als Gegenstand des Unternehmens an, so muß die Publikation erfolgen ohne Rücksicht, ob tatsächlich Bankgeschäfte betrieben werden oder nicht. Eine ganz allgemein gehaltene Bezeichnung des Gegenstandes des Unternehmens (Handelsgeschäfte aller Art) reicht nicht aus. Ein gewerbsmäßiger Betrieb von Bankgeschäften auch ohne Erwähnung in der Satzung zwingt zur Veröffentlichung. Bloß gelegentlicher Abschluß eines Bankgeschäftes hat keine Bedeutung. Betreibt die Gesellschaft neben dem Bankgeschäft andere Geschäfte, Warenhandel, Spedition usw., so befreit dies von der Veröffentlichung nicht. (Ebenso Brodmann Anm. 5.) In solchen Fällen muß die ganze Bilanz publiziert werden. Sie ist eine einheitliche (Neukamp-Becker Anm. 7, Liebmann Anm. 10).

Anm. 37. Über den Begriff des Bankgeschäftes siehe RG. 24. 6. 01 RJA. 2, 175 und KGJ. 22A, 286; Staub-Bondi HGB. Anm. 64—69 zu § 1; Düringer-Hachenburg HGB. I Anm. 40 zu § 1.

Anm. 38. Die dem Bankiergeschäfte charakteristischen Geschäfte sind diejenigen Geschäfte, welche die Bedürfnisse des Verkehrs nach Anschaffung und Veräußerung von Geld und Wertpapieren befriedigen. Die Anschaffung und Veräußerung von Wertpapieren kann für eigene Rechnung, besonders im Anschluß an die Emmissionstätigkeit und für fremde Rechnung als Kommissionsgeschäft erfolgen. Der Anschaffung und Veräußerung von Geld dient das Geldwechselgeschäft, das Diskontierungsgeschäft, das Darlehen in seinen mannigfachen Formen (Lombardgeschäft, Blankokredit, Akzeptkredit, Kontokurrentkredit usw.); die Übernahme von Anleihen, Aktien und sonstigen Gesellschaftsanteilen; das Depositengeschäft; auch das Einziehen von Wechseln, Schecks und Verpflichtungsscheinen. Andere mit dem Bankgeschäft häufig verbundene Geschäfte, Depot von Wertpapieren, Gründungen von industriellen Unternehmungen usw. sind dem Bankgeschäft nicht wesentlich.

Unerheblich ist der Zweck, den die GmbH. bei der Erzielung des Gewinnes aus dem Bankgeschäft verfolgt. Die Bilanz ist zu publizieren, auch wenn der Gewinn, soweit er nicht in die Reserven fließt, für gemeinnützige Zwecke und bei Liquidation verwendet werden soll (KG. 24. 6. 01 KGJ. 22 A, 285; OLGR. 3, 415). Die Bilanz ist auch dann einzureichen, wenn sich die Gesellschaft in Liquidation befindet. Durch die Liquidation wird das Interesse der Gläubiger der Gesellschaft, Einblick in ihre Geschäfte zu gewinnen, nicht vermindert. Auch während der Liquidation lassen sich der Abschluß neuer Geschäfte und die Inanspruchnahme von Kredit nicht vermeiden. Daß § 41 Abs. 4 bei der Aufzählung der Rechte und Pflichten der Liquidatoren (§ 71 GmbHG.) nicht erwähnt wird, steht dem nicht entgegen (KG. 25. 4. 13 OLGR. 28, 376; DJZ. 1914, 102; Recht 1914 Nr. 1170; RundschGmbH. 194, 255). § 41.

b) Die Bilanz ist zu veröffentlichen. Nicht auch die Gewinn- und Verlustrechnung (a. M. Brodmann Anm. 5, der die Gewinn- und Verlustrechnung für unzertrennlich von der Bilanz hält. Diese Ansicht widerspricht der gegenteiligen Ausdrucksweise des Gesetzes. Sie muß auch gegenüber Brodmann seiner Stellungnahme zur Frage der doppelten Buchführung — oben Anm. 27 — überraschen). Zu veröffentlichen ist die Bilanz, welche die Geschäftsführer aufgestellt haben. Ob dieselbe durch die Gesellschafter bereits genehmigt ist, ist gleichgültig. Auch wenn die Gesellschafter die Feststellung der Bilanz verzögern oder gar verweigern, haben die Geschäftsführer innerhalb der im Abs. 3 bezeichneten Frist die von ihnen aufgestellte Bilanz zu publizieren. Die Genehmigung ist eine interne Angelegenheit (vgl. oben Anm. 26). Die Öffentlichkeit ist nur interessiert an derjenigen Bilanz, welche die Geschäftsführer unter Beobachtung der gesetzlichen und statutarischen Vorschriften aufgestellt haben. (Ebenso Rehm Bilanzen 809; a. M. Neukamp-Becker Anm. 7, Parisius-Crüger-Crecelius Anm. 4, Liebmann Anm. 10.) Dagegen darf die Bilanz nicht auf Grund einer zwar beschlossenen, aber noch nicht im Handelsregister eingetragenen Kapitalerhöhung aufgestellt sein. Die Erhöhung wird erst durch die Eintragung wirksam. Eine vorher auf ihrer Grundlage aufgestellte Bilanz ist daher unrichtig. Der Registerrichter kann diese Unrichtigkeit ohne weiteres berücksichtigen (OLG. Karlsruhe 12. 8. 13 RJA. 13, 116; Recht 1914 Nr. 2106; BadRpr. 15, 191 BayerZ. 22, 106). Anm. 39.

c) Innerhalb der im Abs. 3 bezeichneten Frist muß nicht bloß die Aufstellung, sondern auch die Publikation erfolgt sein. Anm. 40.

d) Die Publikation der Bilanz hat in öffentlichen Blättern zu erfolgen. Das sind die, welche § 30 Abs. 2 bezeichnet (vgl. hierüber Anm. 16 zu § 30). Anm. 41.

Die völlig unverkürzte Wiedergabe ist nicht erforderlich. Aber die Wiedergabe muß so erfolgen, daß sie den Zweck der Bilanz, die erforderliche Übersicht über die Vermögenslage zu geben, erfüllt (Staub-Pinner HGB. Anm. 1 zu § 265). Sie muß in deutscher Sprache erfolgen (KG. 24. 6. 01 RJA. 2, 175). Dies folgt aus dem Zwecke der Bekanntmachung. Anm. 42.

e) Die Publikation erfolgt durch die Geschäftsführer. Jedem von ihnen liegt die Sorge dafür ob. Gegen jeden von ihnen richtet sich der Zwang (vgl. unten Anm. 45). Anm. 43.

f) Die Bekanntmachung ist zum Handelsregister einzureichen. Also ein Belagsblatt über die Publikation der Bilanz, nicht die Bilanz selbst. Die Einreichung erfolgt durch die Geschäftsführer. Die Pflicht ist erfüllt, wenn so viele Geschäftsführer, als zur Vertretung der Gesellschaft erforderlich sind, die Einreichung bewirken.

Die Einreichung bedarf keiner Form, auch keiner Beglaubigung. Einfache Eingabeform, Absendung durch die Post genügt. Sie hat auch zum Zweigregister zu erfolgen. Anm. 44.

Die Einreichung kann nach § 14 HGB. durch Ordnungsstrafen erzwungen werden. Dieser Zwang richtet sich zwar zunächst nur auf die Einreichung der Belagsblätter. Aber er ist auf die Bewirkung der Publikation selbst auszudehnen. Anm. 45.

§ 41. g) Die eingereichte Bilanz hat der Registerrichter nur entgegenzunehmen.
Anm. 46. Es steht ihm nicht das Recht zu, die Unrichtigkeit der Bilanz zu rügen (KGJ. 12, 25; OLG. Hamburg bei Holdheim 7, 193). Noch weniger kann er die Aufstellung einer anderen Bilanz verlangen, etwa weil die Publikation die Angaben über die Höhe der Abschreibungen nicht enthält (OLG. Hamburg 11. 10. 01 OLGR. 3, 278 und RJA. 2, 235; auch KG. 17. 3. 02 bei Holdheim 11, 148). Doch muß stets eine Bilanz vorliegen. Ungenügend ist eine Aufstellung, die nichts weiter als die Endsummen der Aktiva und der Passiva enthält (OLG. Hamburg ebenda; KG. im preußischen Justizministerialblatt 1900, 630), oder die das Stammkapital von den Schulden nicht trennt (KG. 2. 4. 02 KGJ. 24 A, 202). Andererseits kann der Registerrichter wieder nicht darauf dringen, daß alle bedeutsamen Vermögensobjekte in der Bilanz spezialisiert werden. Auch hat er nicht zu prüfen, ob die angegebenen Werte richtig sind (KG. 17. 3. 02 bei Holdheim 11, 148). Er kann demnach nur prüfen, ob eine „Bilanz" veröffentlicht ist und ob die Mängel, die er rügt, diese Eigenschaft aufheben (vgl. auch Staub DJZ. 1901, 547; Rehm Bilanzen 802).

Anm. 47. **Zusatz:** Für die Verpflichtung zur Bilanzaufstellung gelten folgende weitere Bestimmungen des Betriebsrätegesetzes vom 4. 2. 20 RGBl. 1920 S. 147ff:

§ 72. In Betrieben, deren Unternehmer zur Führung von Handelsbüchern verpflichtet sind und die in der Regel mindestens 300 Arbeitnehmer oder 50 Angestellte im Betriebe beschäftigen, können die Betriebsräte verlangen, daß den Betriebsausschüssen oder, wo solche nicht bestehen, den Betriebsräten alljährlich vom 1. Januar 1921 ab, nach Maßgabe eines hierüber zu erlassenden Gesetzes, eine Betriebsbilanz und eine Betriebsgewinn- und Verlustrechnung für das verflossene Geschäftsjahr spätestens 6 Monate nach Ablauf des Geschäftsjahres zur Einsichtnahme vorgelegt und erläutert wird.

Die Mitglieder des Betriebsausschusses oder des Aufsichtsrates sind verpflichtet, über die ihnen vom Arbeitgeber gemachten vertraulichen Angaben Stillschweigen zu bewahren.

§ 73 bestimmt dann, daß, soweit die Eigenart des Betriebes es bedingt, und dann, wenn wichtige Staatsinteressen auf dem Spiele stehen, von der Aufstellung dieser Bilanzen Abstand genommen werden kann.

Für die große Zahl der Gesellschaften mit beschränkter Haftung hat die Vorschrift keine praktische Bedeutung, da Gesellschaften in dieser Größe verhältnismäßig selten sind. Die im Gesetz vom 4. 2. 20 vorgesehenen weiteren Bestimmungen sind als „Gesetz über die Betriebsbilanz und die Betriebsgewinn- und Verlustrechnung" am 5. 2. 21 (RGBl. 21, S. 159ff.) erlassen worden. Das Gesetz enthält in § 1 vor allem die Bestimmung, daß die Betriebsbilanz nach den für das Unternehmen geltenden gesetzlichen Bilanzgrundsätzen die Bestandteile des Vermögens und der Schulden des Unternehmens derart ersehen lassen müsse, daß sie für sich allein und unabhängig von anderen Urkunden eine Übersicht über den Vermögensstand des Unternehmens gewähren müsse (§ 1). An Stelle der Verpflichtung zur Vorlage von Unterlagen dieser Bilanz besteht die Verpflichtung, über die Zusammenhänge der einzelnen Bilanzposten Auskunft zu geben (§ 2).

Anm. 48. Ausländische Gesetze. Daß die Geschäftsführer für die ordnungsmäßige Buchführung und die Errichtung der Bilanz und des Inventars verantwortlich sind, ist auch dann zweifellos, wenn der Gedanke in dem betreffenden Gesetz keinen sichtbaren Ausdruck gefunden hat. Für den Schweizer Entwurf folgt diese Verantwortung aus der dem offenen Handelsgesellschafter ähnlichen Stellung des Geschäftsführers (§ 800). Für das französische Gesetz, in dem der Geschäftsführer als der Beauftragte der Gesellschafter bei der Verwaltung des Gesellschaftsvermögens erscheint, sagt Gain (Les sociétés à responsabilité limitée, Paris 1925, S. 59): „Sie — die Geschäftsführer — sind dafür verantwortlich, daß die Buch- und Kassenführung der Gesellschaft mit den Gesetzen und Handelsbräuchen in Übereinstimmung bleibt; ferner für die Errichtung der Inventare und Bilanzen." In Inventar-, Bilanz- und Aufsichtsratsbericht kann jeder Gesellschafter persönlich oder durch einen Bevollmächtigten Einsicht nehmen (Art. 30). Das polnische Gesetz spricht (Art. 11) ausdrücklich von der Verpflichtung des Vorstandes, den Gesellschaftern alljährlich einen Bilanz- und einen Tätigkeitsbericht vorzulegen. Eine Veröffentlichung dieser Bilanz ist bei einer Reihe von Unternehmungsarten vorgeschrieben. Durchweg bei solchen, bei denen öffentliche Interessen in Frage stehen. Ebenso aber auch dann, wenn eine bestimmte Mindestgröße der Gesellschaft — 20000 Goldfranken — überschritten wird. Ähnlich der italienische Entwurf (Art. 58): Errichtung der Bilanz durch die Geschäftsführer und ihre Hinterlegung beim Handelsgerichte nach Genehmigung durch die Gesellschafterversammlung. Die Einsicht in die Bilanzen steht bei Handelsgesellschaften nach italienischem Rechte ohnehin jedem offen (Art. 127). Am ausführlichsten behandeln das österreichische und ihm folgend das bulgarische Gesetz die Besonderheiten der GmbH. Sie folgen im wesentlichen den deutschen Bestimmungen (österreichisches Gesetz § 22, bulgarisches Gesetz Art. 24). Sie gehen über das deutsche Gesetz hinaus, sie verpflichten den Geschäftsführer, jedem Gesellschafter sofort nach Aufstellung der Bilanz eine Abschrift von ihr zuzustellen. Österreich gibt weiter jedem Gesellschafter das Recht, eine Woche vor der maßgebenden Beschlußfassung in alle Bücher und Belege Einsicht zu nehmen. Dieses Recht kann durch den Gesellschaftsvertrag nur dann eingeschränkt werden, wenn ein Aufsichtsrat besteht. § 41.

§ 42.

§ 42.

Für die Aufstellung der Bilanz kommen die Vorschriften des § 40 des Handelsgesetzbuches mit folgenden Maßgaben zur Anwendung:

1. Anlagen und sonstige Vermögensgegenstände, welche nicht zur Weiterveräußerung, sondern dauernd zum Betriebe des Unternehmens bestimmt sind, dürfen höchstens zu dem Anschaffungs- oder Herstellungspreise angesetzt werden; sie können ohne Rücksicht auf einen geringeren Wert zu diesem Preise angesetzt werden, sofern ein der Abnutzung gleichkommender Betrag in Abzug oder ein derselben entsprechender Erneuerungsfonds in Ansatz gebracht wird;
2. die Kosten der Organisation und Verwaltung dürfen nicht als Aktiva in die Bilanz eingesetzt werden;
3. das Recht der Gesellschaft zur Einziehung von Nachschüssen der Gesellschafter ist als Aktivum in die Bilanz nur insoweit einzustellen, als die Einziehung bereits beschlossen ist und den Gesellschaftern ein Recht, durch Verweisungen auf den Geschäftsanteil sich von der Zahlung der Nachschüsse zu befreien, nicht zusteht; den in die Aktiva der Bilanz aufgenommenen Nachschußansprüchen muß ein gleicher Kapitalbetrag in den Passiven gegenübergestellt werden;
4. der Betrag des im Gesellschaftsvertrage bestimmten Stammkapitals ist unter die Passiva aufzunehmen. Das gleiche gilt von dem Betrage eines jeden Reserve- und Erneuerungsfonds, sowie von dem Gesamtbetrage der eingezahlten Nachschüsse, soweit nicht die Verwendung eine Abschreibung der betreffenden Passivposten begründet;
5. der aus der Vergleichung sämtlicher Aktiva und Passiva sich ergebende Gewinn oder Verlust muß am Schlusse der Bilanz besonders angegeben werden.

I. Die rechtliche Bedeutung der Vorschriften über die Bilanz. Anm. 1.

1. Jede Bilanz ist die Bewertung eines gewerblichen Vermögens (RG. 27. 10. 13 Recht 1913 Nr. 3213). Es gibt keine Bilanz, die nicht Vermögensbilanz ist. Ihre Aufgabe ist es

§ 42. immer, die einzelnen Stücke eines Vermögens zu verzeichnen und zu bewerten. Nur der Zweck kann verschieden sein. Sie dient entweder der Feststellung eines im Gewerbe erzielten Ertrages oder eines bei der Veräußerung erzielten Betrages. Das wirkt sich bei den Bewertungsvorschriften aus. Die auf Ablauf eines jeden Geschäftsjahres zu errichtenden Bilanzen sind Ertragsbilanzen. Als Veräußerungsbilanzen erscheinen die Eröffnungsbilanz bei Beginn der Gesellschaft und die Schlußbilanz (Liquidationsbilanz) bei ihrem Aufhören. Die Goldmarkbilanz (VO. über die Goldbilanzen vom 28. 12. 23 mit Durchführungsverordnungen vom 28. 3. 24) erscheint als Eröffnungsbilanz. Sie dient der Ermittelung des auf den Stichtag vorhandenen Vermögens, als beginne die Gesellschaft ihr Gewerbe von neuem.

Anm. 2. 2. Alle Bilanzen sind Bewertungen. Nur die Art derselben ist verschieden. Allen Bilanzen gemeinsam ist, daß teilweise bestimmte Berechnungsvorschriften gegeben sind, teilweise Schätzungen notwendig werden. Der Gegensatz macht sich bei der AG. und der GmbH. besonders bemerkbar. Eine Nichtbeachtung einer gesetzlichen Bewertungsvorschrift verletzt das Gesetz und schafft einen absoluten Anfechtungsgrund. Eine Schätzung läßt notwendigerweise dem Bilanzerrichter Spielraum. Hier ist die Meinung der Mehrheit der Gesellschafter maßgebend (RGZ. 32, 52; 40, 33; 43, 127; 64, 258; 68, 269; 72, 33; RG. 6. 12. 18 RGZ. 94, 214, JW. 1919, 312[14]). Nur darf die Bewertung auch hier nicht willkürlich derart erfolgen, daß sie nach kaufmännischen Grundsätzen offenbar unrichtig ist (RG. 19. 11. 18 JW. 1919, 313; LZ. 1919, 702[13]; Rosendorff Stille Reserven 52; vgl. auch Staub-Pinner Anm. 6 zu § 261 HGB.; Flechtheim JW. 1918, 488; 1919, 312. Auf die ganze besonders für das Aktienrecht erörterte Frage der Willkür kann hier nicht weiter eingegangen werden). Es ist der gleiche Gedanke, den das BGB. bei der Bewertung einer Gegenleistung durch den Gläubiger oder einen Dritten wiedergibt (§§ 315ff.). Nur bei offenbarer Unbilligkeit ist diese Schätzung unwirksam. Anders, wenn das Gesetz eine feste Norm gibt. So, wenn der Marktwert als Höchstgrenze bestimmt wird. Bei Forderungen trifft beides zusammen. Bei zweifelloser Beibringlichkeit ist der Nennwert maßgebend. Bei zweifelhafter tritt die Schätzung ein.

Anm. 3. 3. Für die Erwerbsgesellschaften mit juristischer Persönlichkeit, AG. und GmbH., wird die Eigenschaft der Ertragsbilanz besonders bedeutsam. Die Bewertung der dauernd dem Geschäfte gewidmeten Gegenstände wird der jeweiligen Schätzung entzogen. Die Gestehungskosten bilden die oberste Grenze. Das Schätzungsmoment tritt auch hier wieder bei der vorgeschriebenen Abschreibung für die Abnutzung hervor. Der Einzelkaufmann und die offene Handelsgesellschaft mögen auch hier wandelbare Sätze einführen. Für die AG. und die GmbH. sind sie fest geworden. Man will ja nur die Ergebnisse des Betriebes, nicht die Veräußerungswerte kennen. Daher tritt aber diese Vorschrift wieder bei der Liquidations- und bei der Goldmarkbilanz zurück. Sie sind Veräußerungsbilanzen (RG. 1. 10. 12 RGZ. 80, 104; Crisolli: Der Aktionär und die Goldbilanz S. 26ff.).

Anm. 4. 4. Für die GmbH. wie für die AG. sind besondere Bilanzvorschriften gegeben. Sie ergänzen die allgemeinen Regeln des HGB. (§ 40). Ihre Bedeutung ist aber hier eine andere als bei den übrigen Unternehmungen des Handelsrechtes. Wohl geben sie auch dort die Anweisung für Errichtung der Bilanzen. Aber der Einzelkaufmann und die Gesellschafter der offenen Handelsgesellschaft können sich darüber hinwegsetzen. Ihre Bilanzen sind nur für den inneren Gebrauch, für die Selbsterkenntnis bestimmt. Machen sie sich ärmer oder reicher, so ist dies ihre Angelegenheit. Erst wenn sie Dritten gegenüber von einer der gesetzlichen Anordnung widersprechenden Bilanz Gebrauch machen, können Rechtsfolgen für sie erwachsen. Durch die zu günstige Bilanz kann ein Betrug verübt werden (RG. in JW. 1910, 328[1]). Auch dann, wenn der Verkäufer bei der Errichtung der Bilanz in gutem Glauben war. Es genügt, daß dieser bei deren Gebrauch zum schlechten Glauben wurde. Die zu niedrige Bilanz kann eine Steuerhinterziehung oder eine Benachteiligung von Gewinnbezugsberechtigten bedeuten. Ob diese Art Kaufleute sich selbst aber Gewinne berechnen, die sie nicht verdienten, ist an sich unerheblich. Sie könnenja auch ohne Gewinnausweis beliebige Beträge dem Geschäft entziehen. Dafür haften sie den Gläubigern persönlich. Anders bei den juristischen Personen des Handels. Hier haftet nur das Stammkapital. Daher überall das Prinzip von dessen Erhaltung sich geltend macht (vgl. Anm. 9ff. zu § 30). Dadurch gewinnen die Bilanzvorschriften hier eine andere Bedeutung. Über die vom Gesetz eingeführten darf nicht hinausgegangen werden. Denn anderenfalls läge die Gefahr der Ausschüttung des zur Erhaltung des Stammkapitals erforderlichen Vermögens vor. Daher bilden die Vorschriften des Gesetzes über die Bewertung der Aktiven die oberste Grenze. Ein Überschreiten ist verboten. Man spricht von einer „öffentlich-rechtlichen" Bestimmung (so Staub-Pinner Anm. 1 zu § 261 und 17 zu § 273 HGB.). Mit dem öffentlichen Rechte hat dies freilich nichts zu tun. Oder von solchen, die ein „Allgemeininteresse schützen" (RG. 72, 37; Crisolli a. a. O. 13). Dieses wurzelt aber hier nur in der Erhaltung des Kapitals der GmbH. Ein anderes Interesse der Allgemeinheit besteht nicht. Die „Allgemeinheit" sind die Gläubiger der GmbH. Nur sie haben zu befürchten, daß durch die Überwertung die allein ihnen haftende Substanz der Gesellschaft gemindert wird. Daraus folgt gleichzeitig, daß eine Unterwertung des Vermögens der Gesellschaft dieses Verbot der Aushöhlung der GmbH. nicht verletzt. Hier treten nur die Interessen der Gesellschafter an der Verteilung des Gewinnes hervor (vgl. Anm. 1ff. zu § 29). Der Schutz dieser Interessen ist ihnen selbst anvertraut. Sie können auf diese verzichten. Das kann im Gesellschaftsvertrage oder in einem übereinstimmenden Beschlusse der Gesellschafter geschehen. Es kann ausdrücklich oder stillschweigend verabredet sein. Diese Unterbewertung ist das Mittel zur Bildung der sog. stillen oder versteckten Reserven. Das Vermögen der Gesellschaft ist in Wirklichkeit größer, als die Bilanz es aufweist. Die Frage der stillen Reserven ist hauptsächlich für die Aktiengesellschaften erörtert (vgl. Rosendorff, Die stillen Reserven; Staub-Pinner Anm. 6 zu § 261 und das dort zitierte Schrifttum). Auch für die GmbH. sind sie von erheblicher Bedeutung. Die rechtliche Wurzel ist bei beiden die Möglichkeit der Unterbewertung durch Übereinstimmung der Gesellschafter. Sie verzichten auf den vollen Ausweis und auf die volle Ausschüttung des Reingewinnes. Hierzu genügt die Unterwerfung der Gesellschafter unter den Beschluß der Mehrheit über die Gewinnverteilung. Kann dieser durch Bildung einer aufgezeigten, offenen Rücklage zurückgehalten werden, so muß dies auch auf dem Wege der verminderten Gewinnziffer zulässig sein (vgl. Anm. 4 zu § 29). Daß diese stillen Reserven ausdrücklich im Gesellschaftsvertrage gestattet sein müssen (Rosendorff a. a. O.), läßt sich nicht begründen. Jeder aus dem Gesellschaftsvertrage ersichtliche Wille der Gesellschafter genügt. Das liegt auch schon in der Vorschrift der Statuten über feste Prozentsätze der Abschreibungen ohne Rücksicht auf die wirkliche Abnutzung. Auch in der Anordnung, daß die Abschreibungen nach freiem Ermessen durch den Aufsichtsrat festgesetzt werden. Also genügt auch die Aufhebung des gesetzlichen Anspruches der Gesellschafter auf die Gewinnverteilung, um die Bildung stiller Reserven zu gestatten. § 42.

In die Rechte Dritter am Reingewinn kann die Gesellschaft durch die Art der Bilanzaufstellung nicht eingreifen. Das zeigt sich am deutlichsten bei der Berechnung der Körperschaftsteuer. Für sie muß sich die GmbH. an die Vorschriften des Gesetzes auch für die Mindestbeträge halten. Ob dasselbe auch für vertragsmäßige Rechte Dritter gilt, muß jeweils durch Auslegung gefunden werden. Den Hauptfall bildet auch bei der GmbH. der Tantiemeanspruch der Geschäftsführer oder sonstiger Angestellter. Mangels anderweiter Absprache bildet die Bilanz die Grundlage der Berechnung. Die Bildung stiller Reserven im Rahmen des üblichen müssen auch diese Anteilberechtigten anerkennen. Sie darf aber nicht geschehen, um den beim Vertragsschlusse vorausgesetzten Gewinnbezug illusorisch zu machen. Der Angestellte hat ein Recht auf Errichtung einer Bilanz, die der Auslegung des Vertrages nach Treu und Glauben entspricht (OLG. Stuttgart 16. 3. 23 WürttJ. 65 Spruchbeil. 104). Zulässig ist eine Abrede, wonach für diesen eine Bilanz nach der gesetzlichen Regel, also frei von jeder Unterbewertung, au zumachen ist. Damit ist Anm. 4a.

§ 42. nur wieder das hergestellt, was ohne den Gesellschaftsvertrag oder den Gesellschafterbeschluß rechtens wäre. Möglich ist auch, daß die Parteien zwar die Jahresbilanzen während der Dauer der Anstellung dem Willen der Gesellschafter unterwerfen, beim Ausscheiden des Geschäftsführers aber ihm seinen Anteil an den stillen Reserven wieder zuführen. Die besonderen Vorschriften des Aktienrechts (§ 235 HGB.) über die Berechnung der Tantiemen des Vorstandes und des Aufsichtsrates gelten für die GmbH. nicht (vgl. Anm. 50 zu § 35).

Anm. 5. 5. **Die Wirkung der Bilanzvorschriften.**

a) Im Verhältnis zwischen der Gesellschaft und den Geschäftsführern bilden sie die Richtlinien für diese. Die Gesellschafter können verlangen, daß die Geschäftsführer sie beobachten. Ihre Mißachtung kann nicht nur zur Weigerung der Genehmigung der Bilanz, sondern unter Umständen zur sofortigen Entlassung führen. Dabei sind die im Gesellschaftsvertrage aufgestellten Regeln ebenso wie die des Gesetzes zu beachten. Es kann aber umgekehrt auch der Geschäftsführer verlangen, daß die Gesellschafter nach den Vorschriften des Gesetzes handeln. Nur soweit es ihnen gestattet ist, von ihnen abzuweichen, hat er ihren Anordnungen sich zu fügen. Er darf also namentlich der Unterbewertung nicht widersprechen. Eine Überbewertung hat er abzulehnen. Ein solcher Beschluß der Gesellschafter bindet ihn nicht. Ebensowenig eine Vorschrift der Satzung, deren Anwendung zu einer Überschreitung der Höchstansätze führte. Dahin gehörte die Anordnung, die einen Maximalbetrag der Abschreibung vorsieht. Wenn die Abnutzung einen höheren Prozentsatz verlangt, muß der Geschäftsführer hierzu berechtigt sein. Die Bestimmungen der Gesellschaftsverträge über die Höhe der Abschreibungen sind im Zweifel als Mindestsätze anzusehen. Wo sie anders gemeint sind, verlangen sie Ungesetzliches. Der Geschäftsführer darf, ja muß über sie hinweggehen.

Anm. 5a. b) Im Verhältnis zwischen den Geschäftsführern und den einzelnen Gesellschaftern.

Die Errichtung der Bilanz ist kein Rechtsgeschäft. Sie ist ein im Gesetze geregeltes und vorgeschriebenes Vermögensverzeichnis. Die Vorlage der Bilanz durch die Geschäftsführer ist nur die Erfüllung eines Teiles ihrer Verwaltungspflichten. Die Bilanz kann daher nie mit irgendwelchen Rechtsmitteln angegriffen werden. Sie kann ungenügend erscheinen. Sie kann falsch sein. Die Bilanz als solche ist weder anfechtbar noch nichtig. (Eine ungenaue Ausdrucksweise verleitet oft zu Mißverständnissen. So spricht z. B. auch Neukamp-Becker — Anm. 3f. — von „Anfechtung der Bilanz", obwohl Anfechtung des Bilanzgenehmigungsbeschlusses gemeint ist.) Sie bildet die Grundlage für die Beschlüsse der Gesellschafter. Sie können sie gutheißen oder ablehnen (vgl. Anm. 5 und 7). Sie können die darin enthaltene Rechnungsablage der Geschäftsführer nachprüfen und zum Ausgange von Vorwürfen und Ansprüchen machen. Mit der Gültigkeit oder Ungültigkeit der Bilanz hat das nichts zu tun. Daher kann nie ein einzelner Gesellschafter, auch wenn eine Bilanz gegen die im Allgemeininteresse erlassenen Verbote der Überbewertung verstößt, eine Klage auf Feststellung der Nichtigkeit der Bilanz erheben. Noch weniger kann er gegen den Geschäftsführer auf Errichtung einer ordnungsgemäßen Bilanz klagen. Es stehen ihm überhaupt keine Rechte gegen diesen zu. Die Gesellschafter üben ihre Rechte nur in der Gesellschafterversammlung oder in der sonst im Statut angeordneten Weise als Gesamtheit aus.

Anm. 5b. c) Im Verhältnis der Gesellschafter untereinander.

Errichtet wird die Bilanz nur durch die Geschäftsführer. Sie ist vollendet mit ihrer Unterzeichnung. Auch dann, wenn sie den Gesellschaftern nicht vorgelegt wäre. Die konkursrechtlichen Folgen der unterlassenen Bilanz sind auch dann ausgeschlossen. Nur die Pflicht der Gesellschaft gegenüber wäre verletzt. Die Gesellschafter haben nur über die Genehmigung der Bilanz zu beschießen. Sie errichten sie nicht. Sie vollenden sie auch nicht. Ihr Beschluß ist ein gesellschaftsrechtlicher, nicht ein bilanzrechtlicher Akt (a. M. Staub-Pinner Anm. 1 zu § 260 und Horwitz, Generalversammlung der Aktiengesellschaften 334 Note 11. Allein sie müssen den Gesetzestext, der auch bei der AG. nur

von Genehmigung spricht, als „ungenau" in „Feststellung" umdeuten. Aber das Gesetz § 42.
ist durchaus klar und unzweideutig). Die Gesellschafter können die Bilanz der Geschäftsführer ablehnen. Sie können beschließen, wie sie zu ändern sei. Allein sie selbst sind nicht in der Lage, dies zu vollziehen. Sie können sich nicht an die Stelle der Geschäftsführer setzen. Ihr Beschluß ist nur eine Weisung an diese. Weigern sie sich, so muß ihre Bestellung widerrufen, es müssen andere an ihre Stelle gesetzt werden. Ob zugleich ein wichtiger Grund zur Aufhebung des Dienstvertrages vorliegt, hängt davon ab, ob die Entschließung der Gesellschafter innerhalb der Schranken des Gesetzes blieb.

Erteilen die Gesellschafter die Genehmigung, so liegt darin die Anerkennung der Anm. 6.
Bilanz als richtig. Dieser Beschluß ist wie alle Beschlüsse der Gesellschafter den Regeln über deren Gültigkeit unterworfen. Er kann nichtig oder anfechtbar sein. Daneben ist auch die Unwirksamkeit möglich, wenn die Zustimmung als Sonderrecht eines Gesellschafters vereinbart ist. Im Falle der Nichtigkeit entbehrt der Beschluß jeder rechtlichen Bedeutung. Kein Gesellschafter darf sich auf ihn berufen. Jeder kann ihn als nicht bestehend betrachten. Keinem Dritten kann er entgegengehalten werden. Kein Dritter darf sich auf ihn stützen (RG. 26, 159; 37, 64; RG. 3. 2. 17 RGZ. 89, 379; RG. 23. 4. 18 RGZ. 92, 413; JW. 1918, 733[3]). Im Falle der Anfechtbarkeit bedarf es einer Klage eines Gesellschafters. Sie kann in der Satzung beschränkt werden. Insbesondere ist eine Befristung möglich. Nach ihrem Ablaufe ist der Beschluß wirksam (Näheres Anm 13 zu § 45). Die Bilanz ist endgültig genehmigt. Auch ohne Befristung wird die Bilanzgenehmigung durch Verzicht auf die Anfechtung gültig. Im Falle der Unwirksamkeit heilt die nachträgliche Zustimmung des sonderberechtigten Gesellschafters den Beschluß. (Über Sonderrechte vgl. Anm. 18f. zu § 14. Der neue Begriff des Sonderrechtes, mit dem Crisolli a. a. O. 15 Note 25 für die Bilanzen operiert, erscheint hier nicht verwendbar.)

Die Nichtigkeit der Bilanzgenehmigung tritt stets da, aber auch nur da ein, wo die Anm. 7.
Bilanz eine im Allgemeininteresse gegebene Vorschrift verletzt (oben Anm. 4). Also hier bei einer Überbewertung. Denn dann beschließen die Gesellschafter, daß ein Teil des Stammkapitals als an die Gesellschafter auszahlbar erscheint. So wenig sie dies unmittelbar anordnen können, so wenig ist dies mittelbar erlaubt. Dabei ist es gleichgültig, ob die Gesellschafter sich der Überbewertung bewußt sind oder nicht. Es handelt sich nicht um eine Straffolge, die an ein subjektives Moment geknüpft ist. Die objektive Tatsache, daß eine Auszahlung des zur Erhaltung des Stammkapitales erforderlichen Vermögens angegriffen wird, genügt (vgl. Anm. 4 zu § 30). Doch muß es sich um eine wirkliche Überbewertung handeln. Bloße Verschiedenheit der Meinung bei Zulässigkeit der Schätzung (oben Anm. 2) genügt dazu nicht. Erst wenn die erlaubten Grenzen, innerhalb deren das Ermessen frei ist, überschritten sind, tritt wieder die Nichtigkeit ein. Dann ist die Bewertung eine willkürliche. Erst recht gilt dies, wenn die Gesellschafter wissentlich die Überbewertung gutheißen (RGZ. 40, 35; 72, 33; vgl. auch Anm. 2 zu § 29). Dies gilt sowohl da, wo der Gegenstand selbst geschätzt wird wie eine Beteiligung oder der Ausgang eines Prozesses, als auch, wo es sich um die Festsetzung der Abnutzung der dauernd dem Unternehmen gewidmeten Anlagen handelt. Ist der Genehmigungsbeschluß nichtig, so bedarf es keiner Anfechtung. Auch wo der Gesellschaftsvertrag diese befristet, kann die Nichtigkeit auch nach Ablauf der Frist geltend gemacht werden. Die Geschäftsführer brauchen den Beschluß nicht zu beachten. Sie können, wenn sie nach der Genehmigung die Unzulässigkeit der Bewertung entdecken, eine neue Bilanz errichten und sie einer neuen Versammlung vorlegen. Sie können die Ausführung von weiteren Beschlüssen, die auf der unzulässigen Bewertung aufbauen, weigern. So namentlich die Auszahlung von Dividenden und Tantiemen (Anm. 2 zu § 29 und Anm. 7 zu § 32). Sie sind durch die Genehmigung der Gesellschafter vor einer Haftung nicht geschützt (§ 43 Abs. 3. Über den Schutz des gutgläubigen Dividendenempfängers vgl. aber Anm. 3ff. zu § 29). Ist auf Grund einer Überbewertung eine Reserve gebildet, so muß diese wieder aufgehoben werden. Der Geschäftsführer bedarf hierzu einer Genehmigung der Gesellschafter nicht.

§ 42. Im Falle einer **Unterbewertung** sind nur die Interessen der Gesellschafter verletzt (RG. 16. 4. 20 RGZ. 98, 318). Hier ist nur eine Anfechtung möglich. Durch Verzicht auf sie oder Versäumen einer statutarischen Frist wird der Beschluß gültig. Ein Dritter, dem lediglich der Anspruch eines Gesellschafters auf dessen Gewinnanteil übertragen ist, hat kein Anfechtungsrecht (RG. 16. 4. 20 RGZ. 98, 322). Wo der Gesellschaftsvertrag ausdrücklich oder stillschweigend die Bildung stiller Reserven gestattet (oben Anm. 7), ist die Anfechtung wegen Unterbewertung ausgeschlossen. Wo dies nicht der Fall ist, muß der Anfechtung stattgegeben werden (RG. 7. 11. 16 LZ. 1917, 394[16]). Der Einwand, daß die Interessen der Gesellschaft die geheimen Rücklagen verlangen, greift nicht durch (KG. 26. 4. 18 OLGR. 38, 189; RG. 6. 11. 18 RGZ. 94, 243; JW. 1919, 312[14]). Nur die Satzung kann diese Fürsorge treffen. Über die Anfechtung wegen zu niederer Schätzung vgl. oben Anm. 9. Die Anfechtung ist zu versagen, solange die Schätzung innerhalb der erlaubten Grenzen bleibt. Was aber erlaubt, was Willkür ist, bleibt der Erwägung im Einzelfalle vorbehalten. Daß Reserven und Unterbewertungen stets zulässig sein sollen, wenn die Reserven für die Zukunft der Gesellschaft zweckmäßig sind so Pinner Beiträge zum Aktienrecht, Berlin 1918 und Flechtheim JW. 1919, 312 ist nicht zutreffend. Sache des Gesellschaftsvertrages wäre es, dafür Vorsorge zu treffen.

Anm. 8.

Ist eine Genehmigung der Bilanz nichtig, oder wird sie mit Erfolg angefochten, oder bleibt sie endgültig unwirksam, so muß eine neue Bilanz durch die Geschäftsführer errichtet werden. Die Gesellschafter selbst haben auch in diesen Fällen kein Recht dazu. Auch dann nicht, wenn das Gerichtsurteil angibt, wie die richtige Bilanz aussehen muß (Anm. 46 zu § 45). Auch dann erwächst nur eine Pflicht der Geschäftsführer. Auch dann können die Gesellschafter diese bei dauernder Widersetzlichkeit nur entlassen.

Anm. 9. 6. Was von der **Bewertung** der Bilanzposten gilt, gilt erst recht von der **Aufnahme** der Vermögensbestandteile. Die Bilanz darf keine enthalten, die nicht existieren (vgl. Ziff. 2 und 3 und unten Anm. 24f.). Diese Unrichtigkeiten machen die Genehmigung stets nichtig (RG. 13. 12. 10 BayZ. 1911, 138). Es braucht auch hier sich nicht um eine wissentliche Fälschung durch Einfügen fingierter Aktiven zu handeln. Auch Unrichtigkeiten aus Versehen geben ein unstatthaftes Bild und führen zur Ausschüttung von Stammvermögen. Ob ein Aktivposten zulässig ist, kann im Einzelfalle zweifelhaft sein (vgl. unten Anm. 14 ff.). Bei der Prüfung der Gültigkeit des Genehmigungsbeschlusses ist diese Frage ausschlaggebend.

Die Auslassung eines Postens aus der Bilanz ist nicht im Interesse der Allgemeinheit verboten. Sie gefährdet nicht die den Gläubigern dienende Erhaltung des Stammkapitals. Es ist nicht einzusehen, weshalb die Gesellschafter unter sich nicht ebensogut wie sie ein Konto auf 1 RM. abschreiben können, es ebensowohl unerwähnt lassen dürfen (a. M. Cohn DJZ. 1913, 442 und ihm folgend die früheren Auflagen). Eine Vorschrift der Erwähnung eines Kontos, auch wenn es nicht bewertet wird, besteht nicht. Jedenfalls für die GmbH. und die Beschlüsse der Gesellschafter. Das Außerachtlassen eines Postens ist anfechtbar. Es gilt dasselbe wie bei der Unterbewertung (vgl. oben Anm. 7). Dem kaufmännischen Gebrauche entspricht dieses völlige Verschweigen nicht. Man liebt es, die Abschreibung auf die Anlagen und die darin liegende Reserve zu zeigen. Indes führt dies nicht zu einer Unzulässigkeit des Ausschaltens. Nur darf man nicht aus der Gestattung der Unterbewertung (oben Anm. 7) auf eine Erlaubnis zum Übergehen des Kontos selbst schließen. Endlich ergibt sich auch nicht das strikte Verbot desselben aus dem Prinzip der **Bilanzwahrheit**. In dieser Allgemeinheit existiert es nicht. Die Allgemeinheit d. h. die mit der GmbH. in Verkehr tretenden Personen haben nur ein Interesse daran, daß die Bilanz nicht günstiger erscheint als das wirkliche Vermögen. Armer darf sich die Gesellschaft rechnen. Der Grundsatz der Bilanzwahrheit ist unter den Gesellschaftern nur ein relativer. Sie können darauf verzichten. Für Dritte ist die unter den Gesellschaftern gutgeheißene Bilanz nicht maßgebend. Diesen gegenüber kann die Wahrheitspflicht aus vertraglichen oder außervertraglichen Momenten fließen. Ein Geschäftsführer, der einem

Gesellschafter dessen Geschäftsanteil abkaufen will, darf hierbei die diesem unbekannte § 42.
Tatsache der Nichtaufnahme eines ganzen Aktivums nicht unterdrücken, es sei denn, daß dieser Posten wegen seines geringen Wertes für die Entschließung des Verkäufers gleichgültig ist.

7. Die Bilanzvorschriften gelten in gleicher Weise auch für die Passiven. Nur ist hier das Anm. 10.
Verhältnis umgekehrt. Hier geht das Interesse der Allgemeinheit dahin, daß sie nicht niederer aufgenommen werden, als sie in Wahrheit sind. Denn auch hierdurch wird ein größeres Vermögen, als vorhanden ist, ausgewiesen. Die Gefährdung des Stammkapitals tritt ein. Dagegen haben nur die Gesellschafter ein Interesse daran, daß nicht höhere Passiven auftauchen. Sie mindern nur den Gewinnausweis. Im ersteren Falle ist die Genehmigung der Bilanz nichtig, im zweiten anfechtbar. Wo ein Anspruch gegen die Gesellschaft bestritten ist, ist er zu schätzen. Hier hat das vorsichtige Ermessen Spielraum. Eine Anfechtung wegen zu hoher Bewertung wird nur bei Willkür oder Absicht zulässig sein (oben Anm. 2). Zu trennen von den Verbindlichkeiten der Gesellschaft sind die auf der Passivseite der Bilanz erscheinenden Konten, die nur als Rechnungsposten zur Begründung einer Zurückhaltung des das Stammkapital überschreitenden Vermögens erforderlich sind. Also namentlich alle Rücklagen. Sie sind zulässig, sobald die Satzung sie gestattet oder die Gesellschafter sie beschließen (RG. 7. 11. 16 LZ. 1917, 394). Mit einer Überbewertung der Passiven zum Zwecke der Bildung stiller Reserven hat dies nichts zu tun.

8. Zu trennen von der Bewertung der Bilanzposten ist deren Bezeichnung. Hier gilt das Anm. 11.
Prinzip der Bilanzwahrheit. Es ist nicht erlaubt, Aktiva oder Passiva unter anderem Namen erscheinen zu lassen. Damit ist nicht ein Fehler in der Bezeichnung gemeint. Der Bilanzbeschluß kann nicht als nichtig angegriffen werden, weil ein Posten Aktien unter „Beteiligungskonto" geführt wird oder ein Geschäftsanteil bei einer GmbH. unter den Debitoren steht. Anders aber, wenn durch die Bezeichnung der Anschein eines Aktivums erweckt wird, für dessen Bewertung andere Vorschriften gelten (RG. 9. 10. 13 RGZ. 83, 172). Ware, die bei einem Kommissionär unverkauft lagert, darf nicht unter den Ausständen figurieren. Ebensowenig dürfen Passivposten verschoben werden, so daß sie andere Rechtsnatur aufweisen. Reserven dürfen daher nicht unter die Kreditoren versteckt werden. In all diesen Fällen aber ist entscheidend, ob eine Überhöhung des Vermögens oder eine Herabsetzung stattfand. Nur im ersteren Falle besteht die Nichtigkeit. Im letzteren bleibt es bei der Anfechtung.

9. **Eine Kontinuität der Bilanzen** in dem Sinne, daß jede Bilanz in der gleichen Weise Anm. 12.
wie die vorhergehende errichtet werden muß, kennt das Gesetz nicht (RG. 5. 11. 12 RGZ. 80, 332). Nur insoweit sie durch absolutes Recht festgesetzt sind, müssen die gleichen Regeln beachtet werden. Soweit die Gesellschafter abweichend bestimmen können, ist auch eine Wandelung in der Bewertung zulässig. Auf diesem Wege werden die durch Unterbewertung geschaffenen stillen Reserven hervorgeholt. Dies gilt zunächst für das Betriebskapital, Waren und Außenstände. Wurden die Waren nur zur Hälfte der Gestehungskosten aufgenommen, so können sie im folgenden ungünstigen Jahre wieder zum vollen Betrage eingestellt werden. Der Ausweis des Verlustes wird durch die Verwendung der stillen Reserven vermieden. Es darf eine Terraingesellschaft, die mit Grundstücken Handel treibt, diese, falls das Statut es nicht verbietet, nach dem jeweiligen Werte aufnehmen. Sie kann es auch, wenn sie sie vorher nur zu den Gestehungskosten eingestellt hatte. Die Höherbewertung hat auf Gewinnkonto zu erscheinen. Nur muß ersichtlich sein, woher dieser Gewinn kommt. Üblich ist die Berechnung eines solchen nicht realisierten Gewinnes nicht (unten Anm. 21). Sie kann aber dazu dienen, eine bilanzmäßige Überschuldung, die bei der früheren Bewertungsart vorliegt, auszuschließen. Die Geschäftsführer sind dann von der Pflicht der Konkursanmeldung frei (RG. 14. 5. 12 ZtschrGmbH. 1912 Nr. 88, 6). Aber auch bei den festen Anlagen ist eine solche Höherbewertung nicht unmöglich. Freilich bildet der Anschaffungs- und Herstellungspreis stets die Höchstgrenze (§ 42 Ziff. 1, vgl. unten Anm. 21). Allein wenn sie durch die Abschreibungen unter den derzeitigen Wert kamen, wenn

§ 42. diese trotz der Abnutzung immer noch dem ursprünglichen Erwerbspreise gleichkommt, so dürfen diese Anlagen wieder bis zu dem letzteren erhöht werden (Näheres unten Anm. 30). Das Gesetz gestattet, sie zum Schätzungswerte aufzunehmen, falls er die Selbstkosten nicht übersteigt. Ein Grund, ein solches Verfahren als schwindelhaft zu bezeichnen (Simon, Bilanzen S. 414), liegt nicht vor. Wenn das Gesetz die zwei Möglichkeiten der Bewertung gestattet, so darf die Gesellschaft auch davon Gebrauch machen. Die Gesellschaft, welche den derzeitigen Wert, begrenzt nach oben durch den Erwerbspreis, wählt, kann ihn aber nicht als Bewertungsgrundlage unter Wiederbeginn der Abschreibungen benutzen. Wieder anders liegt der Fall, wenn durch außerordentliche Abschreibungen stille Reserven geschaffen wurden. Diese können wieder aufgehoben werden. Die ordentlichen, durch die Abnutzung bedingten Abschreibungen müssen bestehen bleiben (vgl. Neukamp GZ. 48, 502). Eine Gesellschaft, die wertvolle und große Fabrikgebäude mit einer Mark in die Bilanz eingestellt hat, kann die durch derartige Bilanzierung aufgespeicherte Reserve in einem ungünstigen Geschäftsjahre in der Weise ausschütten, daß sie die Fabrikgebäude wieder mit dem jeweiligen wahren Werte in die Bilanz einstellt. Eine Bilanzkontinuität kann aber kraft gesellschaftsrechtlicher Verpflichtung bestehen. Die Art der Bewertung kann entweder durch die Satzung vorgeschrieben sein, sie kann auch durch Beschluß der Gesellschafter und endlich auch durch eine fortgesetzte Übung bestimmt werden. In den beiden letzteren Fällen kann die Mehrheit der Gesellschafter beschließen, davon abzuweichen. Der einzelne Gesellschafter hat kein Recht auf diese Stabilität der Bewertungsart. Vorausgesetzt ist, daß sich diese Bewertung innerhalb der auch für die Gesellschafter maßgebenden Vorschriften bewegt. Anders, wenn die Mehrheit das Recht der Unterbewertung hat. Dann ist sie auch bei der Änderung frei. Anderenfalls wäre ein Wiedererscheinen der in den stillen Reserven verborgenen Werte unmöglich. So gut wie über die offenen Rücklagen, verfügt die Mehrheit der Gesellschafter auch über die verborgenen. Doch gibt es wieder Fälle, in denen die Beschlüsse über die Bilanzgenehmigung eine dauernde Vereinbarung darstellen. Wenn die Gesellschafter eine Schätzung der Bilanz gutheißen, so liegt darin eine Festsetzung, von der sie nicht ohne Grund abgehen dürfen. Sie können innerhalb der Schätzungsgrenzen den Wert bestimmen. Ist dies geschehen, so hat es dabei sein Bewenden. Das grundlose Wiederabspringen davon wäre Willkür. Als Grundlage für die Abweichung genügt die Aufdeckung eines offenbaren Irrtums (RGZ. 28, 55; RG. in JW. 1893, 99). Ebenso auch die Veränderung der Umstände. Eine auf 50% abgeschriebene Forderung kann wieder voll eingestellt werden, wenn der Schuldner sich doch als zahlungsfähig erweist.

Anm. 12a. Da das Gesetz die Bilanzkontinuität nicht kennt, ist es möglich, daß ein Gesellschafter den Bilanzgenehmigungsbeschluß eines Jahres anficht und doch die Bilanz des folgenden Jahres genehmigt. Dringt er mit seiner Anfechtung durch, so müssen die beanstandeten Bilanzposten in der nächsten Bilanz berichtigt werden. Aber die Anfechtung dieser nächsten Bilanz ist darum nicht nötig. Die Berichtigung kann genau so gut erfolgen, wie wenn in der genehmigten Bilanz des vorhergehenden Jahres Fehler festgestellt worden wären (RG. 6. 2. 20 RGZ. 98, 112; a. M. Staub-Pinner Anm. 1 zu § 213).

Anm. 12b. Für die Notwendigkeit der Bilanzkontinuität tritt Brodmann (Anm. 1) ein. Aber seine Darlegung scheint schließlich nur zu bestätigen, daß die Kontinuität auch nach seiner eigenen Auffassung nicht notwendig ist. Zunächst darf nicht übersehen werden, daß alle seine Argumente eigentlich nur für die AG. gelten. Dann bestreitet er nicht, daß Bilanzverluste durch Auflösung stiller oder offener Reserven ausgeglichen werden können. Er lehnt nur ab, unzulängliche Jahresergebnisse auf diese Weise aufzubessern, ohne freilich einen Rechtsgrund dafür nachzuweisen. Endlich gibt er die Möglichkeit der Abweichung von der früheren Schätzung eines Bilanzpostens zu. Freilich nur dann, wenn die Schätzung fehlerhaft gewesen sei. Eine neuerdings abweichende Schätzung sei nicht genügend. Dabei übersieht aber Brodmann, daß bei einer Schätzung begrifflich das Ermessen des

Schätzenden Spielraum hat, daß also die Antithese, eine Schätzung sei entweder unrichtig oder nicht unrichtig, die die Voraussetzung seiner Rechtsauffassung ist, in dieser Schärfe gar nicht besteht. Ist also schon für die AG. der Unterschied zwischen der Brodmannschen und der herrschenden Auffassung praktisch ziemlich geringfügig, so ist er für die GmbH. völlig bedeutungslos. Bei ihr gibt es auch nach Brodmann kein gesetzliches Hindernis, das den Folgen der mangelnden Bilanzkontinuität entgegensteht. Er betont, daß die Aufrechterhaltung der Kontinuität nicht nur im Interesse der Gesellschaftsgläubiger und der Gesellschaft, sondern auch jedes einzelnen Gesellschafters liege. Das hat dann aber mit der prinzipiellen Frage nichts zu tun. — Für die Bilanzkontinuität, wenn auch ohne eindeutige Stellungnahme, offenbar auch Parisius-Crüger-Crecelius Anm. 1. Für die im vorstehenden vertretene Meinung Liebmann Anm. 3f. § 42.

10. **Die Bilanz muß eine einheitliche sein.** Sie muß das gesamte Gesellschaftsvermögen umfassen. Spezialbilanzen über einzelne Geschäftszweige oder Zweiggeschäfte sind zwar zulässig. Sie bilden aber auch zusammen nicht die Bilanz. Diese muß das Gesamtergebnis der geschäftlichen Tätigkeit enthalten. Vertragsmäßig kann für das Verhältnis der Gesellschaft zu Dritten eine Filialbilanz maßgebend sein. Anm. 13.

II. **Aktiva und Passiva als Bestandteile der Bilanz.** Anm. 14.

a) **Unter den Aktiven** darf alles erscheinen, was als Vermögenswert zu betrachten ist. Das sind nicht bloß körperliche Objekte, sondern auch Rechte, insbesondere Forderungen, Anteilrechte, auch eigene Geschäftsanteile (RG. 30. 5. 10 LZ. 1910, 688), Patente, Verlagsrechte, Lizenzrechte und ähnliches. (Über das bilanzmäßige Erscheinen von Gegenständen, die zur Sicherung übereignet sind, vgl. Haas LZ. 1914, 61 und Bondi ebenda 273 ferner unten Anm. 24.) Ideelle Werte, die sich nicht in einem gegen jeden durchzusetzenden Rechte ausdrücken, sind nur dann als Bilanzobjekte möglich, wenn die Gesellschaft sie von Dritten erworben hat. So ein erworbenes Fabrikationsgeheimnis, so die mit dem Geschäfte gekaufte Firma (RG. 9. 7. 01 JW. 1901, 653; RG. in JW. 1911, 121[62]) oder Kundschaft eines Geschäfts. Dagegen nicht die selbsterworbene Kundschaft, die eigene Firma, eigene Fabrik- und Erfindungsgeheimnisse (RG. 27. 6. 14 LZ. 1915, 231). Noch weniger können Aufwendungen, die als Verlust der Gesellschaft zu erscheinen haben, zu Aktiven werden. So alle Organisations- und Verwaltungsspesen (vgl. unten Anm. 40). Aber ebenso alle Abtragungen von Passiven. Die sich mitunter findenden Ablösungskonten, welche bei der Tilgung von Verbindlichkeiten späterer Jahre gegen eine sofort zu zahlende geringere Summe gebildet werden, sind unzulässig. Daß die Gesellschaft andernfalls mit Verlust abschließen würde (BauersZ. 18, 33), ist kein Grund für die Zulassung eines solchen Aktivums. Die Gesellschaft macht in dem einen Jahre eine besondere Ausgabe. Sie verzichtet insoweit auf den Gewinn. In den folgenden Jahren zeigt sich dann wie bei jedem solchen Buchverluste der Nutzen aus der Transaktion. Dies gilt auch dort, wo es sich nicht um eine feste Schuld, die nur auf Jahre verteilt ist, handelt, sondern auch von Renten, die von dem Erleben des Berechtigten abhängen. Ebenso von Beteiligung am Reingewinne der Gesellschaft oder von Lizenzen für den Handel in einem Gebiete, das dem Berechtigten vertragsmäßig bei einer Verteilung des Absatzes vorbehalten war. Bei der Ablösung von Lizenzen für die Benutzung eines Patentes liegt der Erwerb eines solchen besonderen Gebrauchsrechtes vor. Dieses ist der Bewertung als Aktivum fähig. Es kann durch Veräußerung wieder umgesetzt werden. Die Ablösung einer Dienstbarkeit oder eine Nutznießung gibt zwar nicht das Recht, hierfür ein besonderes Konto zu errichten. Allein hier wird eine Aufwendung zur Verbesserung des beschwerten Grundstückes gemacht. Daher ist das Immobilienkonto um diesen Betrag zu belasten. Die Abtragung einer Hypothek dagegen ist nur die Befreiung der Gesellschaft von einem Passivum. Sie erhöht den Gesamtwert des Vermögens, nicht aber den des belasteten Grundstückes. Nicht identisch mit Zahlungen von später fälligen Schulden sind die Vorauszahlungen aus gegenseitigen Verträgen, deren Gegenleistung erst in das folgende Jahr fällt. So bei Mieten, Versicherungen usw. Hier ist

§ 42. es üblich, die Vorauszahlung für das kommende Geschäftsjahr als Aktivum zu bilanzieren. Das ist nicht ganz korrekt. Denn eine Rückforderung besteht nicht. Sie käme erst in Frage, wenn die Gegenleistung ausbliebe. Dieser Posten bedeutet aber auch nur, daß der Gesellschaft ein Anspruch auf die Gegenleistung im folgenden Jahre noch zusteht.

Anm. 14a. Nicht unter den Aktiven dürfen Gegenstände aufgeführt werden, die der Gesellschaft nicht gehören, auch wenn sie ein Recht auf den Erwerb derselben hat. Auf Grund eines Kaufvertrages darf vor der Auflassung noch kein Immobilienkonto angelegt werden. Doch erscheint die Vermögenslage der GmbH. und die Bilanz deshalb noch nicht als gefälscht (§ 82 Ziff. 3), sobald der Anspruch wirtschaftlich sicher ist. Ein Prinzip, daß es stets nur auf die wirtschaftliche Lage, nicht auf die rechtliche ankäme (Rehm, Bilanzen, 192), ist nicht anzuerkennen. Nur bei gekaufter und bezahlter Ware entspricht es der kaufmännischen Auffassung, diese auf Warenkonto aufzuführen (vgl. RGSt. 43, 407). Der rechtlich allein bestehende Anspruch auf Lieferung ist als solcher einer kaufmännischen Buchung nicht fähig. Aus der Belastung des Kontos des Verkäufers mit dem vorausbezahlten Kaufpreis kann statt der Aufnahme der Waren in das Warenkonto eine Erhöhung der Debitoren folgen. Das entspricht der kaufmännischen Übung bei allen Vorauszahlungen aus gegenseitigen Verträgen.

Unzulässig ist es bei beiderseits unerfüllten gegenseitigen Verträgen, den „Wert" derselben, sei es in der Höhe des zu erwartenden Nutzens, sei es die zur Erlangung desselben gemachten Aufwendungen, aufzunehmen. So die schwebenden „Abonnements" einer Wach- und Schließgesellschaft, eines Trottoirreinigungsinstituts und ähnlicher Unternehmungen. Solche Abschlüsse mögen den Idealwert des Unternehmens bestimmen und bei einem Verkaufe für die Berechnung des Preises erheblich sein. Aktiva werden sie deshalb nicht. Unrichtig ist es auch, bei verkauften und bereitliegenden Waren die Kaufpreisforderung unter die Debitoren zu stellen. Gehören die Waren noch der Gesellschaft, konnten sie noch nicht im Ausgang gebucht werden, so haben sie noch unter den Warenbeständen zu erscheinen. Daher eine Aufnahme des Kaufpreises unter die Aktiva nicht statthat. Besteht für die GmbH. keine statutarische Pflicht, die Waren nur zu den Gestehungskosten aufzunehmen (vgl. unten Anm. 41), so ist nach erfolgtem Verkaufe an zahlungsfähige Kunden, wenn keine Aufwendungen mehr erfolgen, der erzielte Kaufpreis der Wert im Sinne des § 40 HGB. Daher liegt in diesem Falle ein praktischer Unterschied vom Bilanzergebnis nicht vor (vgl. unten Anm. 23).

Anm. 15. b) **Passiva.** Das Wort wird in doppeltem Sinne gebraucht. Einmal bedeutet es die Verbindlichkeiten der Gesellschaft. Erst nach ihrer Berücksichtigung wird der reine Wert des Geschäftes festgestellt. Zum anderen versteht man unter den Passiven alle Konten, die gedeckt sein müssen, ehe ein Reingewinn vorliegt. Sie zeigen an, wieviel die Gesellschaft, sei es infolge gesetzlicher oder statutarischer Vorschrift oder aus wohlerwogener freier Selbstbestimmung der Gesellschafterversammlung, an Werten besitzen muß, damit sie zum Wohle der Interessenten gedeihe. Besitzt sie mehr, als ihr zum Gedeihen erforderlich ist, so ist der Überschuß entbehrlich und verteilbar. Besitzt sie weniger, so hat sie eine Unterbilanz. Die Einstellung der Passiven in diesem Sinne in die Bilanz bezweckt eine Bindung des Aktivvermögens. Nur der Überschuß der Aktiva über die Passiva darf verteilt werden (§ 29). Die Passivseite der Bilanz ist das Mittel, um jenen Zweck der Bindung des Aktivvermögens zu erreichen.

Anm. 16. Zu den Passiven gehören in erster Reihe die Schulden der Gesellschaft. Verpflichtungen, die nur aus dem Reingewinn zu erfüllen sind, sind keine bilanzmäßigen Passiven. Das gilt sowohl von Beteiligungen am Reingewinn als auch von unmittelbaren Ansprüchen, für die aber nur der Reingewinn haftet. Die Bilanz soll ja erst den Reingewinn berechnen. Posten, die erst aus ihm zu decken sind, scheiden aber bei seiner Berechnung aus. Von diesem Gesichtspunkte aus ist die Frage nach der Aufnahme von Steuerpflichten unter die Verbindlichkeiten zu beantworten. Jede fällige Steuer ist eine echte Schuld. Künftige Steuern dürfen nicht unter die Passiven aufgenommen

werden, wenn sie ihrer Natur nach aus dem Einkommen zu bestreiten sind. Das gilt nicht § 42.
nur von der Einkommens- und Körperschafts-, sondern auch von der Vermögensteuer. Trotz ihres Namens und ihrer Berechnung ruht sie doch auf dem künftigen Einkommen. Nur Steuern, die auf den Vermögensstock gelegt sind, dürfen auch bei künftiger Fälligkeit als Passiva auftreten. Sie sollen ja auch das Vermögen mindern. Die auf Grund des Dawesabkommens nach dem Gesetze vom 30. August 1924 auf die Unternehmungen gelegten „Industrieobligationen" sind eine aus dem Einkommen zu tilgende öffentliche Last. Sie schließen sich an die Vermögensteuer an. Sie verpflichten nicht zur Zahlung eines festen Kapitals, sondern nur eines Jahresbeitrages zur Verzinsung und Amortisation. Sie bedeuten eine auf eine bestimmte Höchstsumme beschränkte Steuer. Daher ist die Industrieobligation nicht in die Bilanz als Schuld einzustellen (Hachenburg, Gutachten für den Reichsverband der deutschen Industrie 1924; Geiler in JW. 1924, 1492). Die Tilgung einer Industrieobligation durch vorzeitige Ablösung schafft ein Aktivum wie bei jeder Vorauszahlung von Steuern (oben Anm. 14). Das gleiche gilt auch von den Industrieobligationen, die der Treuhänder in Verkehr bringt. Ihnen gegenüber steht der Anspruch gegen die Industriebank, daß der Aussteller der Obligation nur zu Leistungen an diese aus seinem Einkommen zur Verzinsung und Tilgung verpflichtet ist (Näheres Hachenburg a. a. O.).

Den Gegensatz zu den Schulden der Gesellschaft bilden die Passivkonten, deren Auf- **Anm. 17.**
gabe nur die Zurückhaltung des Vermögens ist. Bei allen Gesellschaften bildet das Stammkapital ein Passivum. Es ist keine Schuld der Gesellschaft (unten Anm. 47). Der Gesellschafter ist nicht Gläubiger der Gesellschaft. Er kann es erst werden, wenn die Gesellschaft aufgelöst ist. Dann entsteht ein Anspruch auf Rückzahlung seines Anteiles aus Gesellschaftsvermögen. Er wird fällig nach Ablauf des Sperrjahres. Bis zur Ausschüttung bleibt das Stammkapital in den Liquidationsbilanzen als Passivkonto. Über das Schicksal des Stammkapitalkontos bei der Einziehung eines Geschäftsanteiles vgl. Anm. 20 zu § 34. Über die Bedeutung des Stammkapitalkontos als Grundlage des Verbotes der Auszahlung des Gesellschaftsvermögens vgl. Anm. 1ff. zu § 30. Über die Aufnahme der vollen Stammkapitalziffer bei Nichtvollzahlung vgl. unten Anm. 48.

Zu den Passivkonten gehören alle Rücklagen (Reserven). Sie können bei der Gründung **Anm. 18.**
der GmbH. bereits entstehen. Sie können während ihres Bestehens aus den Gewinnen gebildet werden. Rücklage ist jedes Vermögen der Gesellschaft, das, ohne zur Erhaltung des Stammkapitals erforderlich zu sein, nicht unter die Gesellschafter verteilt werden darf (Näheres unten Anm. 49).

Als Passivkonten erscheinen auch die einbezahlten Nachschüsse (unten Anm. 64).

Zu trennen von den Rücklagen sind die Passivkonten, die nur Gegenposten gegenüber **Anm. 19.**
Aktiven sind und die auf diese vorzunehmenden Abschreibungen ersetzen (unten Anm. 50). Sie zwingen freilich auch zur Zurückhaltung des Vermögens. Aber nur, weil dieses durch die Betrachtung nur der Aktivseite größer erschiene, als es in Wahrheit ist. Diese Konten sind Berichtigungen. Sie können ebensowohl auf der Aktivseite als eine Minderung der dort befindlichen Werte erscheinen.

III. **Der Inhalt der Bilanzvorschriften.**

A. Die allgemeinen Vorschriften des § 40 HGB. gelten auch hier (oben Anm. 4). Sie sind **Anm. 20.**
teilweise geändert durch die Vorschriften des vorliegenden Paragraphen. Alle Vermögensgegenstände und Schulden sind grundsätzlich nach dem Werte zur Zeit der Bilanzerrichtung anzusetzen.

Im Aktienrecht (§ 261 Nr. 1 u. 2) ist allgemein der Anschaffungs- oder Herstellungspreis **Anm. 21.**
die Höchstgrenze der Bewertung. Die GmbH. kennt diese Höchstgrenzen nicht. Im Aktienrechte dürfen Waren oder andere Gegenstände nur zu den Gestehungskosten in der Bilanz erscheinen. Für die GmbH. wird dies nur für dauernde Anlagen vorgeschrieben. Die Aufnahme der Ware zum Verkaufswerte ist aktienrechtlich eine gesetzlich verbotene Überwertung (oben Anm. 4). Für die GmbH. kann dies nur durch den Gesellschaftsvertrag

§ 42. untersagt werden. Die Bewertung nach dem gemeinen Veräußerungswerte verletzt nur die Interessen der Gesellschaft (ebenso Neukamp-Becker Anm. 3dα). Dieses System des Gesetzes gibt zwar zu schweren Bedenken Anlaß. Gerade bei einer Gesellschaftsform, die nicht im Lichte der Öffentlichkeit arbeitet, deren Bilanzen nicht publiziert werden und deren einzige Kreditbasis doch das Gesellschaftsvermögen ist, sollte Fürsorge dafür getroffen werden, daß nicht Gewinne verteilt werden, die noch nicht realisiert sind. Wird der gegenwärtige Schätzungswert der Vermögensgegenstände in die Bilanz eingestellt, so besteht die Gefahr, daß der Überschuß dieses Schätzungswertes über den Anschaffungspreis zur Verteilung unter die Gesellschafter gelangt, während die später versuchte Realisierung der betreffenden Objekte zu diesem Preise nicht gelingt. Die Motive erklären, daß die Erstattungspflicht, welche nach § 31 bei Beeinträchtigung des Stammkapitals durch Auszahlung fiktiver Gewinne eintritt, von selbst einen wirksamen Beweggrund zu vorsichtiger Bewertung der Aktiven bilden wird. Das stimmt nicht. Die Waren dürfen nach dem Gesetze zu dem derzeitigen Werte aufgenommen werden. (A. M. Brodmann Anm. 2. Er setzt aber den erwünschten Rechtszustand an Stelle des bestehenden. Parisius-Crüger-Crecelius Anm. 1 halten dies irriger Weise auch für die hier vertretene Auffassung. Wie hier Liebmann Anm. 1.) Danach kann der auf den Bilanzstichtag vorhandene Wert die Erwerbskosten erheblich übersteigen. Wird er bei der späteren Veräußerung nicht erzielt, so wurde ein nicht realisierter Gewinn verteilt. Eine Erstattungspflicht greift nicht Platz. Vielfach enthalten die Gesellschaftsverträge Bestimmungen, welche die Vorschrift des § 261 HGB. für Waren usw. auf die GmbH. anwendbar machen. Diese Vorschrift ist aber dispositiv. Die Gesellschafter können sich darüber wegsetzen (Anm. 2ff. zu § 29). Über die Berechnung der Herstellungskosten auch bei statutarischer Vorschrift vgl. unten Anm. 34.

Anm. 22. 2. Die Vorschrift des § 40 über die Aufnahme der Vermögensgegenstände zum derzeitigen Werte dürfen die Gesellschafter bei einer Unterbewertung verlassen. Nur die Überbewertung gefährdet das Stammkapital. Daher sind alle Bestimmungen der Statuten gültig, die eine Unterbewertung vorsehen oder zulassen (vgl. oben Anm. 4). Daher ist die Genehmigung der Bilanz nur bei einer Überwertung nichtig. Die Unterbewertung macht sie höchstens anfechtbar.

Anm. 23. 3. **Wert** bedeutet den Gebrauchswert für das Geschäft, nicht den Veräußerungswert bei einer augenblicklichen Zwangsversilberung (RGZ. 43, 127; Bolze 20 Nr. 574). Daher darf für Waren, auch wenn sie nicht zu den Gestehungskosten aufgenommen sind, nicht der volle Verkaufspreis, den die Kundschaft bezahlt, eingestellt werden. In Betracht kommt der Wert, den die Ware bei Fortbestehen des Geschäftes für dieses hat (OLG. Hamburg 26. 2. 09 OLGR. 19, 299; RG. 22. 2. 10 JW. 1910, 328[1]). Nur wenn keine Aufwendungen mehr erfordert werden und die Waren an gute Kunden zu festen Preisen verkauft wurden, wird der Wert der Waren durch den Kaufpreis richtig ausgedrückt (RG. 5. 11. 12 RGZ. 80, 330; JW. 13, 142[23]; OLG. Kassel 23. 6. 13 BauersZ. 21, 184). Bei der Bewertung zweifelhafter Vermögensbestandteile ist der Tag, für den die Bilanz errichtet werden soll, in dem Sinne maßgebend, daß auf den Wert gesehen wird, der dem Bestandteile an diesem Tage objektiv beigewohnt hat. Zur Ermittelung sind alle im Momente der Bilanzierung verfügbaren Erkenntnisquellen heranzuziehen. Der Bilanzierende muß sich nicht künstlich in den Zustand früherer Erkenntnismöglichkeit zurückversetzen (RG. 5. 1. 12 JW. 1912, 305[26]).

Anm. 24. 4. Als Aktiva können zwar alle Gegenstände, welche Gegenstand des Rechtsverkehres sind, gebucht werden. Neben körperlichen Sachen und Rechten kommen auch rein wirtschaftliche Güter in Betracht (siehe oben Anm. 14). Gegenstände aber, welche der Gesellschaft zwar rechtlich, aber nicht wirtschaftlich gehören, dürfen nicht aufgenommen werden. So Sachen und Rechte, die ihr nur als Treuhänder übertragen sind. Dazu gehört auch der Gegenstand, an dem Dritte als Innengesellschafter beteiligt sind. So, wenn die GmbH. auf ihren Namen ein Grundstück erwarb, an dem zwei andere Personen beteiligt sind. Sie darf dieses entweder nur zu einem Drittel aufnehmen, oder sie muß für die anderen zwei Drittel einen Passivposten einstellen. Ebenso sind Gegenstände zu behandeln, die ihr nur kraft Sicherungsübereignung gehören. Der Wert dieser Vermögensstücke kommt in der durch dieselben gesicherten Forderung zum Ausdruck (vgl. oben Anm. 14). § 42.

a) **Wertpapiere und Waren** sind (vgl. oben Anm. 23) zum Marktpreise einzustellen. Hat sich der Veräußerer eines Wertpapieres oder einer Ware verpflichtet, diese zum Erwerbspreise zurückzunehmen, so darf der Gegenstand auch bei Sinken des Marktpreises zum hohen Ankaufspreise aufgenommen werden. Es ist zulässig, aber nicht notwendig, den Gegenstand zum Marktpreise und zugleich für die Differenz eine Forderung gegen den Veräußerer aufzunehmen. Ist kein Marktpreis vorhanden, so ist der Wert zu schätzen. So bei einem Unternehmen, das Kunstwerke vertreibt. Auch bei Grundstücken, wenn sie zur Weiterveräußerung bestimmt sind, ist nicht der Gestehungspreis, sondern der Wert am Bilanzstichtage einzusetzen (RG. 14. 5. 12 RGSt. 46, 99). **Anm. 25.**

b) **Forderungen** sind nach ihrem gegenwärtigen Werte einzustellen. Ausländische unter Berücksichtigung des Kursstandes der auswärtigen Währung. Ist die Forderung in Raten fällig, so müssen etwaige Kursschwankungen berücksichtigt werden. Zinslose und betagte Forderungen erscheinen unter Berechnung des Zwischenzinses. Alle aber unter Berücksichtigung der Solvenz des Schuldners und der sonstigen Aussicht der Realisierung. Verjährte Forderungen dürfen aufgenommen werden, wenn der Einwand noch nicht vorgetragen wurde. Die Möglichkeit desselben ist aber stets zu berücksichtigen. Nicht erforderlich ist, daß bei einer in Raten zahlbaren Forderung die Modalität der Teilung in der Bilanz erscheine. Es genügt die objektive Bewertung (RG. 25. 3. 08 LZ. 2, 452). Die Buchung von nicht vollwertigen Forderungen kann durch Minderung des Nennbetrages oder Einstellung eines Gegenpostens auf der Passivseite (Delkrederekonto), vgl. unten Anm. 50, geschehen. Soweit das Delkrederekonto die für die Bewertung der zweifelhaften Forderungen erforderlichen Beträge übersteigt, liegt ein Reservekonto vor (vgl. unten Anm. 50). Ist der volle Eingang nicht zu erwarten, so darf eine Aufnahme aller Ausstände zum Nennbetrage nicht stattfinden. Auch die Gesellschafter können dies nicht beschließen. Wenn der Geschäftsbericht erwähnt, daß die Gesellschaft auf den vollen Eingang ihrer Debitoren nicht zu rechnen habe, so liegt darin das Zugeständnis der Unrichtigkeit der Aufnahme zum Nennbetrage. Die Genehmigung der Gesellschafter befreit den Geschäftsführer von dem Vorwurfe, den Gesellschaftern eine unrichtige Bilanz vorgelegt zu haben. Die Bilanz bleibt aber überwertet (Anm. 2 zu § 29). **Anm. 26.**

c) Auch für **Schulden** ist der **wahre Wert** einzustellen. Er muß sich mit dem Nennbetrage nicht decken. Man denke an Schulden mit Regreßrecht, an Gefälligkeitsverbindlichkeiten, an bestrittene Verpflichtungen usw. Näheres bei Staub-Bondi HGB. Anm. 7 zu § 40; Düringer-Hachenburg HGB. Anm. 15 zu § 40. Über Schulden, die nur aus dem Reingewinne und bei dessen Vorliegen zu begleichen sind, vgl. oben Anm. 26. **Anm. 27.**

d) **Forderungen und Schulden müssen getrennt in der Bilanz erscheinen.** Es genügt nicht, daß der Saldo, der sich nach Abzug der Schulden ergibt, aufgeführt wird (OLG. Bamberg 16. 11. 07 LZ. 2, 468[2]). **Anm. 28.**

e) Die vorstehenden Regeln gelten auch für **Gegenstände, die in die Gesellschaft inferiert wurden.** Hat die Gesellschaft Waren oder ähnliche umlaufende Werte übernommen, hat sie z. B. hierfür einen Geschäftsanteil von 100000 M. bei ihrer Gründung gewährt, so können sie in der ersten Jahresbilanz gleichwohl zu höherem wahren Werte erscheinen (vgl. oben Anm. 21 u. 22). Im Aktienrecht ist dies nicht gestattet (§ 261 HGB.). Nur bei Vermögensgegenständen, die dauernd zum Geschäftsbetriebe bestimmt sind, darf höchstens der **Anschaffungspreis** eingestellt werden. Dies gilt auch dann, wenn bei dem Einbringen die Bewertung einer Liegenschaft zum Betriebe des Gewerbes eine höhere war als die von der Gesellschaft dafür gewährte Verrechnung auf die Einlage (siehe unten Anm. 33 und vgl. auch Anm. 42 zu § 5, Anm. 64 zu § 41). **Anm. 29.**

§ 42. B. Die Sondervorschriften für die Bilanzen der GmbH.

Anm. 30. **Nr. 1. Anlagen und sonstige Vermögensgegenstände, welche nicht zur Weiterveräußerung, sondern dauernd zum Betriebe des Unternehmens bestimmt sind, dürfen höchstens zum Anschaffungs- oder Herstellungspreise angesetzt werden; sie können ohne Rücksicht auf einen geringeren Wert zu diesem Preise angesetzt werden, sofern ein der Abnutzung gleichkommender Betrag in Abzug oder ein derselben entsprechender Erneuerungsfonds in Ansatz gebracht wird.** Anlagen und Betriebsgegenstände dürfen höchstens zum Anschaffungs- oder Herstellungspreise angesetzt werden (zur Berechnung des Herstellungspreises vgl. Hachenburg in LZ. 1913, 1). Für sonstige Gegenstände ist ohne Rücksicht auf einen geringeren Anschaffungspreis der Schätzungswert die Höchstgrenze (oben Anm. 22). Diese Maximalgrenze braucht wie bei der AG. so bei der GmbH. nicht innegehalten zu werden, wenn der Anschaffungspreis eingestellt und der Wert der Abnutzung berücksichtigt wird. Wertverminderungen durch Konjunkturen usw. brauchen nicht beachtet zu werden. Doch ist es nur g e s t a t t e t, von der Befugnis des Satz 2 Gebrauch zu machen. Das eigene wohlverstandene Interesse der Gesellschaften wird sie bestimmen, von dieser Freiheit dann keinen Gebrauch zu machen, wenn sich ein zu großes Mißverhältnis zwischen wahrem Wert und Bilanzansatz herausstellen würde und so die Verteilung von unentbehrlichem Gesellschaftsvermögen als Dividende erfolgen würde. Macht die Gesellschaft von dem Satz 2 keinen Gebrauch, so kommt lediglich Satz 1 zur Anwendung. Es darf höchstens der Anschaffungspreis eingestellt werden. Daneben gilt § 40 HGB. als zweite Maximalbewertungsvorschrift. Aus dem Nebeneinanderstehen beider Vorschriften folgt, daß ein unter § 42 Ziff. 1 fallender Gegenstand dann ohne Abschreibung zu dem Erwerbspreis in die Bilanz eingestellt werden darf, wenn dieser unter dem wahren Werte war und er zur Zeit der Bilanz immer noch diesem entspricht (BauersZ. 18, 2). Über das Übergehen von der einen Bewertungsart zur anderen vgl. oben Anm. 12. Auf die Liquidationsbilanz findet die Vorschrift des § 42 Ziff. 1 keine Anwendung. Der in § 299 Abs. 1 HGB. für die AG. ausgesprochene Gedanke gilt auch für die GmbH. (RG. 1. 10. 12, RGZ. 80, 104; Recht 1912, 3259; vgl. Anm. 6 zu § 71).

Anm. 30a. Für alle Gesellschaften, die beim Inkrafttreten der Goldbilanzverordnung vom 28. Dezember 1923 bestanden, ist der durch § 42 Ziff. 1 geschaffene Zusammenhang unterbrochen. Sie hatten spätestens zum 1. Januar 1924 oder zum Beginn des nach dem 1. Januar 1924 anfangenden Geschäftsjahres eine Goldmarkeröffnungsbilanz zu errichten. Für sie war § 42 Ziff. 1 außer Kraft gesetzt. Unter die durch die Inflation in völlige Verwirrung geratene Vergangenheit war der Schlußstrich gezogen. Mit der Eröffnungsbilanz begann etwas wirtschaftlich Neues. Wurden in diese Eröffnungsbilanz die in § 42 Abs. 1 bezeichneten Gegenstände zu einem h ö h e r e n Preise als dem Herstellungs- oder Anschaffungspreise, vermindert um den Betrag der Abnutzung, eingesetzt, so war der Unterschied in der Bilanz gesondert auszuweisen (GBilV. § 4 Abs. 3; 2. DurchführungsV. vom 28. März 1924 § 4 Abs. 1). Nicht erforderlich war dieser Ausweis für Waren aller Art, auch Betriebsmaterialien, sowie für Wertpapiere, soweit diese einen Börsen- oder Marktpreis hatten. War der Anschaffungs- oder Herstellungspreis nicht oder nicht einwandfrei oder nur mit verhältnismäßigem Aufwande zu ermitteln, so konnte der Ausgleich überhaupt unterbleiben. Es galt dann einfach der Anschaffungs- oder Herstellungspreis zur Zeit der Bilanzerrichtung, vermindert um ein Drittel und um die entsprechenden Abschreibungen (2. DurchführungsV. § 4 Abs. 2 u. 3). Die so festgestellten Werte galten fortan und gelten als Anschaffungspreis im Sinne von § 42 Ziff. 1 GmbHG. (GBilV. § 4 Abs. 4).

Anm. 31. 1. A n l a g e n sind die u n b e w e g l i c h e n G e g e n s t ä n d e, welche dauernd zum Geschäftsbetriebe der Gesellschaft bestimmt sind und deren Zubehör. Also namentlich Fabrikgebäude und Maschinen. Ob ein Aktivum Anlage oder ein sonstiger dauernd der Gesellschaft gewidmeter Gegenstand ist, macht rechtlich keinen Unterschied.

Anm. 32. Zu s o n s t i g e n V e r m ö g e n s g e g e n s t ä n d e n, welche nicht zur Weiterveräußerung, sondern dauernd zum Betriebe des Unternehmens bestimmt sind, können Mobilien mannigfachster Art, wie Geräte und Utensilien, gehören. Ebenso Wertpapiere und unkörperliche Rechte (Patente, Urheberrechte usw.), wenn sie nicht zum Zwecke der Weiterveräußerung, sondern dauernd zum Betriebe des Geschäftes bestimmt sind. Man denke an Wertpapiere, welche als Kaution für die Erfüllung von Konzessionsbedingungen dauernd bei Behörden deponiert sind (a. M. Brodmann Anm. 2 und Liebmann Anm. 3b), oder an Geschäftsanteile, welche die Gesellschaft übernimmt, um dauernd bei einem anderen Unternehmen beteiligt zu sein. Es erwirbt die Gesellschaft sämtliche Aktien einer Aktiengesellschaft, um auf diese Weise dauernd tatsächliche Inhaberin des Betriebes der betreffenden Aktiengesellschaft zu werden. Auf solche Papiere findet aber nur der erste Satz Anwendung. Sie dürfen also höchstens zum Anschaffungspreise in die Bilanz eingestellt werden. Dagegen findet die Erleichterung des zweiten Satzes, wonach sie zum Anschaffungspreise eingestellt werden können, ohne Rücksicht auf einen geringeren Wert, nicht Anwendung. Sie kann ihrer Natur nach auf sie nicht Anwendung finden. Denn die Bedingung der Anwendbarkeit ist, daß ein der **Abnutzung** gleichkommender Betrag abgeschrieben oder in Reserve gestellt wird. Das ist hier aber nicht möglich. Also findet diese Bestimmung keine Anwendung (anders für das Aktienrecht Simon, Bilanzen S. 330; Ring Nr. 11 zu § 261; Makower 596; Pinner 209). Es dürfen daher derartige Rechte höchstens zum Anschaffungspreise und höchstens zum jeweiligen wahren Werte (Marktpreis) eingestellt werden. Daraus ergibt sich die Korrektheit der sog. Abschreibungen auf Patentkonto. Sie entsprechen der derzeitigen Bewertung. Zu den Anschaffungskosten eines Geschäftsanteiles einer anderen GmbH. gehören auch die **Nachschüsse**, welche auf dieselben geleistet werden. Ob sie zu Produktivzwecken erfolgen (so BauersZ. 19, 101), ist nicht erheblich. Nur muß, wenn die andere GmbH. eine Unterbilanz aufweist und die Nachzu deren Deckung dienen, die Bemessung des wahren Wertes darauf Rücksicht nehmen. Der Geschäftsanteil ist so aufzunehmen, wie er nach Leistung der Nachschüsse erscheint. § 42.

2. **Der Anschaffungs- oder Herstellungspreis ist die Höchstgrenze.** Unter dem **Anschaffungspreise** ist alles zu verstehen, was dazu aufgewendet wurde, um den Gegenstand in das freie Eigentum der Gesellschaft zu bringen, also nicht bloß der Kaufpreis, sondern auch die Provision, die Steuern usw., die dabei verausgabt wurden. Ebenso auch die Beträge, die zur Ablösung von Lasten auf dem Anwesen (Dienstbarkeiten, Nutzrechte Dritter usw.) verwendet wurden (vgl. oben Anm. 14). Andererseits kommen Rabatte, Skonti in Abzug. Bei Betriebsgegenständen, die in die Gesellschaft inferiert wurden, muß der voll angesetzte Preis als Anschaffungspreis angenommen werden, da auch das Stammkapital in solcher Weise in die Bilanz eingestellt wird. Wird seitens eines Gesellschafters ein Agio in der Weise, daß er einen Gegenstand zur Deckung seiner Einlage und des Agios in die Gesellschaft einbringt, gewährt, so bildet der Betrag der Stammeinlage und des Agios den Anschaffungspreis. Ist dagegen in dem Preise eines eingebrachten Grundstückes ein Gründergewinn enthalten, so dürfen nur die **reinen** Gestehungskosten — also Preis abzüglich Gründervergütung — in die Bilanz eingesetzt werden. Auch dann, wenn etwa auf Grund einer Schätzung der Gesamtpreis als angemessen sich rechtfertigen ließe (RG. 30. 10. 16 RGZ. 88, 428). Ob die Geschäftsanteile den Parikurs haben oder nicht, ist gleichgültig. Aber andererseits kann der Umstand, daß die Geschäftsanteile der Gesellschaft einen Marktpreis unter pari haben, ein Anlaß zur Prüfung sein, ob die inferierten Gegenstände den bei der Gründung festgesetzten Wert haben. Über Gegenstände, welche die Gesellschaft selbst in eine andere Gesellschaft inferiert, siehe unten Anm. 36. Nicht zulässig ist es, den Verlust, den die Gesellschaft bei der Neuanschaffung von Maschinen durch das Überflüssigwerden der bisherigen Einrichtung und deren Verkauf erleidet, dem Konto der Neueinrichtung zu belasten. Es liegt keine, auch nur mittelbare Aufwendung auf den Erwerb vor, sondern lediglich ein Betriebsverlust. Man könnte mit demselben Rechte auch im Falle einer Vernichtung der Maschinen durch Brand oder sonstigen Zufall, der die Anschaffung neuer Apparate zur Folge hat, den Verlust durch Zuschlag auf das neue Maschinenkonto beseitigen. Damit nimmt man aber diese Neueinrichtung zu Anm. 33.

§ 42. einem höheren Preise auf, als sie gekostet hat (a. M. BauersZ. 18, 8, wo von einer „wenn auch nur mittelbaren, so doch wägbaren und erkennbaren Beziehung" die Rede ist. Eine Beziehung genügt aber nicht). Dagegen wird es zulässig sein, bei dem Niederlegen und Wiederaufrichten eines Baues ohne Abschreibung des Wertes des abgerissenen die Kosten des Neubaues dem Gebäudekonto zuzuschreiben. Das Gebäude bildet mit dem Grundstück, auch bei der Zerlegung in besondere Konten, eine Einheit. Die Gestehungskosten bleiben (Liebmann bei Holdheim 21, 181ff.). Nur soll der hierdurch gebildete Betrag nie den wahren Betriebswert überschreiten.

Anm. 34. Was unter dem Herstellungspreise zu verstehen ist, ist streitig. Die Frage spielt im Aktienrecht eine weit größere Rolle als bei der GmbH. Dort bilden auch für die Waren die Gestehungskosten die Höchstgrenze. Für die GmbH. kann dies nur durch den Gesellschaftsvertrag eingeführt werden. Die in den früheren Auflagen angenommene Ansicht, daß nur die Aufwendungen für Arbeitslohn und Rohmaterial in Betracht kommen (Simon Bilanzen 3. Aufl. 344; Staub-Pinner HGB. 12./13. Aufl. Anm. 21 zu § 261; Lehmann-Ring Nr. 7 zu § 261; Makower Vc zu § 261), kann in dieser Schärfe nicht aufrechterhalten werden. Ebensowenig aber ist es zulässig, alle Verwaltungskosten anteilmäßig auf den hergestellten Gegenstand zu verteilen. (Für die Berücksichtigung der Generalunkosten: Esser ZHR. 34, 327; Fischer, die Bilanzwerte, was sie sind und was sie nicht sind, 2. Band, 261; Cosack, Lehrbuch 7. Aufl. § 214 II 1d; Brodmann Anm. 2 zu § 42; Liebmann Anm. 3c zu § 42. Gegen sie: Simon Bilanzen S. 346; Lion Bilanzsteuerrecht 136 Anm. 210; Neukamp-Becker Anm. 3dα zu § 42. Unentschieden: Staub-Pinner 12./13. Aufl. Anm. 21 zu § 261.) Aufwendungen für Vorstandsgehalt, Kosten der Buchführung usw. sind keine Herstellungskosten. Zu diesen gehört alles, aber auch nur alles, was aufgewendet wird, um den bewußten Gegenstand zu erzeugen. Ein absolut sicherer Grenzstrich, innerhalb dessen die Herstellungskosten liegen und außerhalb desselben sie aufhören, läßt sich nicht geben. Maßgebend ist die Auffassung des Verkehrs (Hachenburg LZ. 1913 [7], 1). Es wird ein Umsetzen gegebener Werte, Kapital und Arbeit, in die Gestalt des erzeugten Gegenstandes verlangt. Die Bestimmungen des Gesetzes stehen dieser Auffassung nicht entgegen. Das Argument aus § 261 Ziff. 3 HGB. (§ 42 Ziff. 1 GmbHG.), § 261 Ziff. 4 HGB. (§ 42 Ziff. 2 GmbHG.) ist nicht beweisend. Daraus, daß die Abschreibungen auf Maschinen usw. buchtechnisch einen Verlust darstellen, folgt nicht, daß sie wirtschaftlich verloren sind. Sie sind genau so wie die Arbeitslöhne in dem hergestellten Gegenstande wieder vorhanden. Die Verwaltungskosten dürfen nicht als Aktivum in der Bilanz erscheinen. Sie können auch nicht, wenn und soweit sie nicht zur Herstellung des Produktes erforderlich sind, in dem Gestehungspreise wieder erscheinen. Sie kommen erst in dem Verkaufspreise zum Vorschein. Aber mit der Berechnung der Gestehungskosten hat das nichts zu tun. Unzutreffend ist auch das Argument aus dem Anschaffungspreise der fertig gekauften Gegenstände (Simon a. a. O.). Für diese darf kein Zuschlag aus Zinsverlust, Direktorialgehalt usw. gemacht werden. Das ist richtig. Es gilt aber genau dasselbe für den Herstellungspreis. Die allgemeinen Verwaltungsspesen dürfen auch hier nicht in Rechnung gestellt werden. Die Unrichtigkeit der Beschränkung des Erstehungspreises auf Rohmaterial und Lohn erhellt, wenn man den fortwährenden Übergang von Handarbeit zur Maschinenarbeit berücksichtigt. Wenn z. B. eine Gesellschaft zur Herstellung eines Produktes einer Arbeit von zehn Arbeitern in zehn Tagen zum Lohne von durchschnittlich 4 M. pro Tag bedarf, so hat sie einen in den Herstellungspreis einrechenbaren Aufwand für Lohn von 400 M. Sie schafft eine Maschine an, die neun Arbeiter erspart. Dann hätte sie einen Minderaufwand von 360 M. In Wahrheit kostet sie die Herstellung statt der ersparten neun Arbeiter den Betrag der Abnutzung der Maschine und den Aufwand für ihren Betrieb. Die Maschine leistet jetzt die Menschenarbeit. Sie muß auch bei der Berechnung der Gestehungskosten an deren Stelle treten. Was von dem Verbrauche der Maschine gesagt ist, gilt von der Abnutzung aller anderen dem Betriebe des Geschäftes dauernd gewidmeten Gegenstände, soweit sie in dem Werte der Produkte wieder erscheinen. Dasselbe gilt von der Vergütung für Arbeit, auch wenn dieselbe nicht unmittelbar als Lohn der mit der Herstellung des Gegenstandes befaßten Arbeiter erscheint. So ist die Abschreibung für Werkzeuge, für Fuhrwerk, das bei der Fabrikation zum Transport der Halbfabrikate in andere Fabrikräume dient, in Ansatz zu bringen. Nicht dagegen die Abschreibung auf Gebäudekonto oder die Miete für eine fremde Fabrik. Es gehören hierher die Ausgaben für die Kraftanlage, durch welche die Maschinen betrieben und der Fabrikraum beleuchtet wird, sowohl die Abschreibungen auf diese als die zum Betriebe und zur Instandhaltung erforderlichen Aufwendungen. Nicht aber die Kosten der Erhaltung eines Weges zur Fabrik, auch wenn die Arbeiter ihn benutzen. Es gehören zum Herstellungspreise die Löhne der Aufsichtsbeamten, die nur die Arbeiter überwachen. Nicht aber die des Fabrikportiers, auch wenn er das Erscheinen der Arbeiter kontrolliert usw. Für die GmbH. ist hervorzuheben, daß bei der Vorschrift im Gesellschaftsvertrage, daß die Gestehungskosten als Grundlage für die Warenaufnahme dienen, dieser über die Art der Berechnung Angaben machen darf. Auch wo diese fehlen, ist die für die besondere Fabrikation herrschende Verkehrsauffassung maßgebend. § 42.

Im einzelnen: Anm. 35.

a) Beim Kauf in der Subhastation ist der ganze dafür eingesetzte Verlust der Erwerbspreis. Wenn eine Gesellschaft ein Grundstück, auf welchem hinter 20000 M. eine Hypothek von 30000 M. für sie eingetragen ist, zum Preise von 20000 M. ersteht, so ist nicht der Preis von 20000 M., sondern der Betrag von 50000 M. als Erwerbspreis in die Bilanz einzustellen. Denn dann gehört dieser Ausfall zu den Opfern, welche die Gesellschaft bringen mußte, um das Grundstück für 20000 M. zu erwerben (Simon 348; Rehm 307; Makower Anm. Vb zu § 261 HGB.; a. M. Esser Anm. 3 dazu). Allerdings muß ein wirkliches Opfer vorliegen. Ein solches ist nicht gegeben, soweit noch der Wert der persönlichen Forderung reicht. Aber auch, soweit diese wertlos ist, liegt in demjenigen Umfange kein Opfer vor, in welchem die Hypothek dinglich wertlos war. Der dingliche Wert reicht bis zur Grenze des wahren Wertes des Grundstückes. Eine darüber hinausgehende dingliche Berechtigung ist insoweit wertlos und ihr Verlust kein Opfer.

b) Bei eigenen Patenten gehören neben den Patentgebühren usw. auch die Aufwendungen für die Experimente der Erfindung zu den Gestehungskosten (RG. bei Holdheim 13, 160). Anm. 36.

c) Über Betriebsgegenstände, welche die Gesellschaft inferiert erhalten hat, siehe oben Anm. 33. Legt die Gesellschaft selbst (bei Gründung einer anderen Gesellschaft) Gegenstände ein, so darf sie, wenn die Stammanteile der zu gründenden Gesellschaft dauernde Betriebsgegenstände bei ihr werden sollen, die erworbenen Geschäftsanteile höchstens zu demjenigen Preise in ihre eigene Bilanz einstellen, welchen die inferierten Werte sie selbst gekostet haben. Denn das ist der von ihr aufgewendete Anschaffungspreis jener Geschäftsanteile. Man kann dagegen nicht einwenden, daß ja die Werte veräußert sind. Die Inferierung ist allerdings eine Veräußerung. Aber sie ist keine Umsetzung in Geld. Es sind andere Werte dafür angeschafft worden. Jeder Betriebsgegenstand muß zu seinem Anschaffungspreise eingestellt werden, bis er in Geld umgesetzt ist. Auf solche Geschäftsanteile findet der zweite Satz des § 42 Ziff. 1 die dort vorgesehene Erleichterung, wonach die Betriebsgegenstände zum Anschaffungspreise eingestellt werden können, ohne Rücksicht auf den wahren Wert, keine Anwendung (siehe oben Anm. 32). Anm. 37.

3. Dieser Anschaffungspreis kann bei Betriebsgegenständen in der Bilanz auch dann beibehalten werden, wenn der Wert sich verringert, sofern nur der Abnutzungsbetrag abgeschrieben oder in Reserve gestellt wird. Die Abschreibung darf nicht mit Rücksicht auf den schlechten Geschäftsgang unterbleiben. Es genügt auch nicht, daß das im Geschäftsbericht erwähnt wird. Anm. 38.

a) So zu verfahren ist ein Recht der Gesellschaft. Sie ist nicht hierzu verpflichtet (oben Anm. 30). Anm. 39.

b) Diese Erleichterung bezieht sich nur auf solche Betriebsgegenstände, auf welche sie ihrer Natur nach paßt, also nicht auf Wertpapiere, Geschäftsanteile usw. Bei solchen zum

§ 42. Betriebe dauernd bestimmten Gegenständen kann die Bedingung, daß ein der Abnutzung gleichkommender Betrag abgeschrieben wird, nicht erfüllt werden (oben Anm. 32).

c) Soweit die Gesellschaft von dieser Befugnis keinen Gebrauch macht, greift der § 40 HGB. neben § 42 Nr. 1 Platz (oben Anm. 30). Bei Betriebsgegenständen sind in diesen Fällen zwei Maximalgrenzen der Bewertung vorhanden. Die eine ist der Anschaffungspreis, die andere der wahre Wert. Es kann daher die Abschreibung unterbleiben, wenn der Gegenstand zu einem sehr niedrigen Betrage in die Gesellschaft eingebracht wird, so daß er zur Zeit der Bilanz auch ohne die Abschreibung den eingesetzten Wert repräsentiert (BauersZ. 18, 1).

d) Für die Höhe der Abschreibungen gibt es keine festen Grundsätze. Maßgebend ist die kaufmännische Übung und das vernünftige Ermessen der Organe der Gesellschaft. Die weitverbreitete Sitte, in guten Jahren Abschreibungen auch höher zu bemessen, als es mit Rücksicht auf die Abnutzung erforderlich wäre, ist als berechtigt anzuerkennen (vgl. Denkschrift z. HGB. 46; OLG. Hamburg 24. 10. 04 OLGR. 10, 240). Nur einem böslichen oder willkürlichen Verfahren, das auf Herabdrückung der Dividende abzielt, kann widersprochen werden (RG. 12. 7. 97, RGB. 40, 35). Es genügt nicht immer, die tatsächliche Abnutzung bis zu dem Tage der Bilanz in Rechnung zu setzen. Sind die Gegenstände dem Wirtschaftszwecke entsprechend nur für einen kürzeren Zeitraum benutzbar, so muß die Abschreibung entsprechend höher bemessen werden (RG. 1. 1. 18 RGZ. 91, 408).

e) Für jedes Aktivkonto muß eine entsprechende Abschreibung erfolgen. Sie kann auf der Aktivseite als Minderung des früheren Wertes oder auf der Passivseite als Rücklage erscheinen. Unzulässig ist es aber, nur ein einheitliches Konto für alle Abschreibungen auf die Passivseite einzustellen. Dadurch würde jede Kontrolle der Abschreibung und der Bilanz aufgehoben. Die Abschreibungshöhe ist für die einzelnen Konten notwendigerweise verschieden. Dem dient die Trennung derselben auch bei einer Einheit wie bei Immobilien in Grundstücks- und Gebäudekonto (Fischer, Die Bilanzwerte 71). Um so weniger kann eine Zusammenzählung selbständiger Aktiven zugelassen werden.

Anm. 40. Nr. 2. **Die Kosten der Organisation und Verwaltung dürfen nicht als Aktivum in die Bilanz eingestellt werden.** Zu den Organisationskosten sind alle bei der Gründung aufgewendeten Beträge zu rechnen. So Maklerprovisionen, die Notariats- und Gerichtskosten, die Stempel, Drucksachen usw. Dasselbe gilt bei der bereits bestehenden Gesellschaft für die bei der Einrichtung eines neuen Geschäftszweiges entstehenden Vorbereitungskosten. Ein „Einführungskonto bei Errichtung der Zweigniederlassung" ist unstatthaft (BauersZ. 18, 1). In gleicher Weise zählen alle Spesen bei der Erhöhung des Stammkapitals hierher. Verwaltungskosten sind nicht nur Gehälter und sonstige unmittelbar für die Verwaltung verausgabte Summen. Es gehören auch alle Ausgaben bei der Geschäftsführung hierher. So alle Reklamekosten. Ein Reklamekonto für verausgabte Anpreisungen ist unstatthaft. So ferner alle Kosten für Studien und Experimente. Ein Versuchskonto ist unzulässig, die Resultate mögen noch so interessant sein. Es kann sein, daß in den ersten Jahren eine GmbH. durch solche Ausgaben Kapitalverluste aufweist. Diese dürfen aber nie dazu führen, sie durch unstatthafte Konten auszugleichen. Es ist Sache der späteren Jahre, aus dem Gewinn diese Verluste wieder einzubringen. Ratsam ist es für solche Gesellschaften, Nachschüsse einzuführen. Sie sind bestimmt, unter Erhaltung des Stammkapitals diese Verluste der Versuchszeiten zu decken. Es kann alsdann sofort bei Eintritt von Gewinn mit der Verteilung begonnen werden. Diese ist dann zunächst in Wahrheit ein Rückersatz der Nachschüsse, aber ohne deren Form.

Soweit aber durch die aufgewendeten Kosten der Organisation und der Verwaltung greifbare Vermögensobjekte geschaffen sind, welche für den Geschäftsbetrieb von Wert sind, sind diese nach § 40 HGB. oder § 42 Nr. 1 des GmbH.-Gesetzes als Aktiva in die Bilanz einzustellen. Über die Verwaltungskosten als Teil der Gestehungskosten der Erzeugnisse der Gesellschaft vgl. oben Anm. 34. Bei der Übersiedelung in ein neues Fabrikgebäude können die Kosten der Loslösung der Maschinen, ihr Transport und ihre Wiederauf-

stellung als Teil des Herstellungspreises in Ansatz kommen. Solche Gegenstände können § 42.
nach § 42 Nr. 1 zum vollen Herstellungspreis eingestellt werden (oben Anm. 33).

Zu den Verwaltungskosten gehören auch die Steuern der Gesellschaft. Die Körperschaftssteuer darf auch nicht von dem Einkommen der Gesellschaft abgesetzt werden (KStG. § 17). Anm. 41.

Nr. 3. Vorschriften über die bilanzmäßige Behandlung der Nachschußansprüche. **Anm. 42.**

1. Die Ansprüche der Gesellschaft auf Zahlung von Nachschüssen gehören in die Aktivseite der Bilanz, wenn

a) die Einziehung der Nachschüsse bereits beschlossen ist. Vorher liegt kein Anspruch der Gesellschaft vor (§ 26 und Anm. 1 dazu); **Anm. 43.**

b) den Gesellschaftern ein Recht, durch Verweisung auf den Geschäftsanteil sich von der Zahlung der Nachschüsse zu befreien, nicht zusteht. Nur wenn die Gesellschafter unbedingt zur Zahlung des Nachschusses verpflichtet sind, kann der Anspruch der Gesellschaft als wirkliches Wertobjekt betrachtet werden. Die Gesellschafter haben nicht das Abandonrecht, wenn bei beschränkter Nachschußpflicht dieses Recht im Vertrage nicht ausdrücklich vorbehalten ist (§ 28 Abs. 1) oder wenn es bei unbeschränkter Nachschußpflicht im Vertrage ausgeschlossen (§ 27 Abs. 4) oder die Frist zur Abandonnierung versäumt ist (§ 27 Abs. 1).

Zu welchem Betrage die Nachschußansprüche in die Bilanz einzustellen sind, richtet sich nach der Lage der Schuldner. Bei Zahlungsunfähigkeit eines Gesellschafters ist der Posten zu streichen. Dem entspricht die Minderung auf der Passivseite.

2. Ein dem Aktivposten entsprechender Betrag muß aber unter die Passiva eingestellt werden. Denn die Nachschußansprüche entstehen nicht aus dem Betriebe des Gesellschaftsgeschäftes. Sie dürfen also nicht zur Gewinnverteilung benutzt werden. Um dies zu verhindern, muß ein dem Aktivposten entsprechender Betrag den Passiven einverleibt werden (vgl. oben Anm. 15). **Anm. 44.**

Dieser Passivposten bildet ein gesetzliches Reservekonto (vgl. unten Anm. 55). Dasselbe kann nur insoweit gestrichen werden, als der betreffende Aktivposten gestrichen wird. Das ist einmal der Fall, wenn der Betrag eingeht. Dann fällt der Aktivposten insoweit weg. Der eingezahlte Betrag vermehrt die sonstigen Aktiven der Gesellschaft. Es entsteht jetzt ein den eingezahlten Nachschüssen entsprechender Passivposten (vgl. unten Anm. 64). Ebenso fällt der Passivposten weg, soweit auf die Nachschußansprüche verzichtet wird. Auch insoweit verschwindet der betreffende Aktivposten. **Anm. 45.**

Dieser Passivposten ist stabiler als der Passivposten in Höhe der eingezahlten Nachschüsse (Nr. 4). Seine Verwendung zu anderen Zwecken, insbesondere zu denjenigen Zwecken, zu welchen der den eingezahlten Nachschüssen gegenüberzustellende Passivposten verwendet werden kann (vgl. unten Anm. 64), ist nicht zulässig. **Anm. 46.**

Nr. 4. Der Betrag des Stammkapitals, eines jeden Reserve- und Erneuerungsfonds und des eingezahlten Nachschußkapitals ist unter die Passiva aufzunehmen. Sie sind keine Schulden der Gesellschaft. All diese Konten haben nur Sperrwirkung. **Anm. 47.**

1. Das Stammkapital. Ein seiner Ziffer gleichkommender Betrag des Gesellschaftsvermögens ist stets von der Verteilung ausgeschlossen. Gewinn darf nur verteilt werden, wenn die Aktiva mindestens diese Ziffer erreicht haben (vgl. oben Anm. 15). Die Kapitalsherabsetzung erscheint während des Sperrjahres (§ 58 Nr. 3 GmbHG.) noch nicht in der Bilanz. Bei gleichzeitiger Kapitalserhöhung und -herabsetzung drückt sich daher zwar die Erhöhung, nicht aber die Ermäßigung im ersten Jahre bilanzmäßig aus (OLG. Darmstadt 14. 2. 13 RundschGmbH. 1913, 331).

Dies gilt auch, wenn die Einzahlung noch nicht voll erfolgte. Unzulässig ist es, nur den einbezahlten Betrag als Stammkapitalskonto einzusetzen. Der Betrag der noch rückständigen Einzahlungen ist als Forderung der Gesellschaft unter den Aktiven zu buchen (RGSt. 26, 114, Brodmann Anm. 5). Dabei muß ersichtlich sein, daß es sich **Anm. 48.**

§ 42. um Ansprüche au rückständige Einzahlungen handelt. Sie dürfen nicht mit den anderen ausstehenden Forderungen vermischt werden. Wenn die Gesellschaft im Vergleichswege gegen Zahlung einer bestimmten Summe auf die noch rückständigen Einzahlungen verzichtet, so ist der bezahlte Betrag von den rückständigen Einlagen abzusetzen. Über Vergleiche über die rückständige Stammeinlage vgl. Anm. 8 zu § 19.

Erwirbt die Gesellschaft eigene Geschäftsanteile, so bilden diese nach ihrem Werte einen Teil ihrer Aktiven. An dem Passivposten Stammkapital ändert dies nichts (RG. 30. 5. 10 LZ. 4, 688).

Anm. 49. Über die Aufnahme des Stammkapitals bei Amortisation von Geschäftsanteilen aus Gewinnüberschüssen vgl. Anm. 20 zu § 34.

Erhält die Gesellschaft unentgeltlich einen eigenen Geschäftsanteil, ohne ihn selbst zu amortisieren, aber auch ohne die Absicht, ihn auf Gewinnkonto erscheinen zu lassen, so kann sie einstweilen einen Stammkapitaltilgungsfonds begründen. Diesem wird der Betrag zugeführt (GmbHZeitschr. 7 [1912] Nr. 82, 12). Ist das Stammkapital intakt, so bedeutet dies die Bildung eines besonderen Reservekontos mit dem Zweck der künftigen Amortisierung. Liegt eine Unterbilanz vor, so besagt das Stammkapitaltilgungskonto, daß ohne Rücksicht auf den durch den Erwerb des Geschäftsanteils erfolgten Vermögenszuwachs der Verlust aus den künftigen Gewinnen gedeckt werden soll. Ob eine Verletzung des § 30 Abs. 1 GmbHG. vorliegt, wird aber stets nur unter Einrechnung des Geschäftsanteils als Aktivum zu entscheiden sein.

2. Reserve- und Erneuerungsfonds. Der Erneuerungsfonds ist ein unechter Reservefonds. Er wird zur echten Reserve, wenn und soweit sein Betrag über die auf die entsprechenden Aktiven notwendigen Abschreibungen hinausgeht. Umgekehrt erscheinen häufig unter dem Namen Reserven solche Beträge, die in Wirklichkeit nur Gegenposten zur Bewertung von Aktiven sind (unechte Reserven).

Anm. 50. a) Unechte Reservekonten sind Passivposten, welche materiell als Gegenposten der Berichtigung anderenfalls zu hoher Bewertung der Aktiva dienen. Dahin gehört der Erneuerungsfonds (§ 42 Nr. 1 und Nr. 4). Man kann den Betrag, um welchen ein Gegenstand sich abnutzt, von seinem Wertsbetrag abschreiben. Dann wird das Aktivum um den Betrag der Abnutzung verringert in die Bilanz eingestellt. Das Ergebnis ist dasselbe, wenn man das Aktivum unverkürzt stehen läßt und für den Abnutzungsbetrag einen Gegenposten unter den Passiven einverleibt. Das ist der Erneuerungsfonds. Aber dann ist dieser kein echter Reservefonds. Der sogenannte Delkrederefonds ist ein Gegenposten gegen voll angesetzte, in Wirklichkeit zweifelhafte Forderungen (vgl. oben Anm. 26). Es ist nicht korrekt ausgedrückt, wenn eintretende Verluste „aus dem Delkrederefonds" gedeckt werden. Das deutet auf eine echte Reserve. Der Verlust war vielmehr durch Schaffung des Delkrederekontos schon abgeschrieben. Die Eigenart des Delkrederekontos beruht nun darin, daß nicht der Wert jeder einzelnen Forderung geschätzt wird, sondern die des gesamten Betrages des ganzen Debitorenkontos. Häufig findet sich ein Delkrederefonds auch neben der Abschreibung auf zweifelhafte Ausstände. Dann ist er eine echte Reserve. Er dient der Deckung künftiger ungewisser Verluste aus Ausständen.

Anm. 51. Diese uneigentlichen Reservekonten beruhen auf gesetzlicher Vorschrift. Soweit diese die Abschreibungen oder Richtigstellung anordnet, verfügt sie auch die Berichtigungskonten. Nur ihre besondere Form entspringt der Handelsübung.

Anm. 52. Das Statut kann hier keine Abweichungen anordnen. Es kann nicht bestimmen, daß die Bildung solcher Konten unterbleiben kann oder unzulässig ist. Doch kann dies in dem Sinne verstanden werden, daß nur der Weg der unmittelbaren Bewertung des Aktivums gewollt ist.

Anm. 53. Bei Grundstücken werden oft die Abnutzung überschreitende Beträge dem Erneuerungsfonds zugeführt. Im Falle derartiger Dotierung wird der Erneuerungsfonds zum echten Reservekonto. Über die Wiederaufhebung solcher geheimen Reserven vgl. oben Anm. 11.

b) Die echten Reservekonten. Ein Reservekonto (Reservefond, Rücklage) bezeichnet den § 42.
Betrag, den die Gesellschaft, obwohl das Stammkapital gedeckt ist und über dessen Be- Anm. 54.
trag hinaus, von der Verteilung ausschließt. Die Reserve wird in den meisten Fällen aus dem Gewinn gebildet. Doch kann sie auch zugleich mit dem Entstehen der Gesellschaft aus dem Agio über die Einlage erwachsen. Nicht zum Wesen des Reservefonds gehört es, daß seine Zurückbehaltung auf längere Zeit gewollt ist. Wohl aber, daß er als Vermögen der Gesellschaft für spätere Zwecke erhalten bleibt und nicht Sonderzwecken zu dienen bestimmt ist, OLG. Naumburg 22. 1. 17 BauersZ. 24, 127. Eine echte Reserve liegt auch dann vor, wenn sie für Geräte, die zu beschaffen sind, erfolgt, oder wenn ein Teil des Gewinnes zu künftiger Verteilung zurückgestellt wird (RG. 20. 3. 05 JW. 05, 345 Nr. 11). Die Bildung von Rücklagen aus dem Gewinn ist nie eine Kapitalerhöhung. Eine solche ist nur durch Schaffung neuer Geschäftsanteile möglich (OLG. Colmar 26. 10. 04 OLGR. 10, 241). Doch kann eine Gewinnrücklage erfolgen, um bei Erhöhung des Stammkapitals aus dieser die Einlagen auf die neuen Geschäftsanteile durch Aufrechnung zu begleichen. Nur muß dies der Erhöhungsbeschluß zulassen und bekunden.

c) Die Quelle der Bildung dieser echten Reservekonten ist entweder das Gesetz oder das Anm. 55.
Statut. Aber auch ein einfacher Gesellschafterbeschluß kann sie schaffen (vgl. unten Anm. 59 und 60). Ist die Quelle das Gesetz, so spricht man von gesetzlichen Reservekonten, sonst von freiwilligen Reservekonten.

Gesetzliche Reservekonten kennt das GmbHGes. nicht. Nur die bei der Umstellung Anm. 56.
der Gesellschaft auf Grundlage der Goldmarkbilanz sich ergebende Reserve (§ 5 Abs. 1 GoldbilVO.) ist von der Verteilung ausgeschlossen. Sie ist durch dieses Gesetz vorgeschrieben. Sie darf nur zur Deckung von Verlusten verwendet werden (§ 12 GoldbilVO.). Dagegen kennt das GmbHGesetz keine gesetzliche Reserve, wie sie für das Aktienrecht (§ 262 HGB.) vorgesehen ist. Auch ein bei der Gründung erzieltes Agio muß nicht der Reserve zugeführt werden.

Unzulässig ist es, das Stammkapital und die Nachschüsse als Reservekonten zu bezeichnen. Anm. 57.
Sie sind es insofern, als sie eine Sperre gegen die Ausschüttung des Vermögens bilden. Allein unter Reserve versteht man ja gerade die Teile des Vermögens der GmbH., welche das Stammkapital und evtl. das Nachschußkapital übersteigen.

α) Für die GmbH. kommen im wesentlichen nur freiwillige Reservekonten Anm. 58.
in Betracht.

αα) Der Gesellschaftsvertrag kann sie vorschreiben. Durch statutarische Vereinbarung schließen sie einen Teil des Gesellschaftsvermögens von der Verteilung aus. Auf seiten der Gesellschafter liegt darin ein Verzicht auf Verteilung von Gesellschaftsgewinn. Der Vermögensstand der Gesellschaft wird dadurch verstärkt. Neben dem allgemeinen Reservefonds, wie ihn der § 262 für das Aktienrecht vorschreibt, gibt es Spezialreserven für bestimmte Zwecke, Extrareserven für außerordentliche Verluste, Arbeiterunterstützungsreserven, Dividendenergänzungsfonds, Delkrederefonds und Erneuerungsfonds über das wahre Bedürfnis hinaus.

ββ) Auch ohne Anordnung des Gesellschaftsvertrages können die Gesellschafter Reserven Anm. 59.
bilden. Steht der Reingewinn zur Verfügung der Gesellschafter, so genügt ein Mehrheitsbeschluß. Andernfalls kann jeder Gesellschafter widersprechen und einen Gesellschafterbeschluß anfechten. Wirksam ist auch eine Bestimmung, wonach beim Widerspruch eines Gesellschafters nur diesem der Anteil am Gewinn auszubezahlen ist. An der aus den Anteilen der anderen Gesellschafter gebildeten Reserve sind nur diese berechtigt. Das bedeutet, daß bei einer Auflösung dieser Reserve nur die hierzu beitragenden Gesellschafter zu berücksichtigen sind. Ebenso fließt ihnen bei der Liquidation der Betrag der Sonderreserve vorweg zu. Einen Anspruch gegen den ausbezahlten Gesellschafter für den Fall des Verlustes dieser Reserve haben sie nicht. Ebensowenig stehen ihnen Zinsen aus deren Betrag zu. Der Gesellschaftsvertrag kann ihnen einen Voraus aus dem Gewinn, entsprechend der Sonderreserve, zusprechen. Zulässig ist auch, einem Gesellschafter

§ 42. das Recht auf Bildung einer Reserve zu geben. Es erscheint als unentziehbares Sonderrecht. Das gleiche Recht kann auch anderen Organen der Gesellschaft, den Geschäftsführern oder dem Aufsichtsrate zustehen. Die Gesellschafter dürfen dann die von diesen bezeichneten Gewinnbeträge nicht verteilen. Ein hiermit im Widerspruch stehender Beschluß ist wegen Verletzung des Gesellschaftsvertrages anfechtbar. Den übereinstimmenden Beschluß aller Gesellschafter müssen Geschäftsführer oder Aufsichtsrat respektieren. Die Gesellschafter können ja auch den Gesellschaftsvertrag abändern.

Anm. 60. γγ) Mangels einer Ermächtigung im Gesellschaftsvertrage zur Bildung von Reserven hat jeder Gesellschafter Anspruch auf Ausschüttung des ausgewiesenen Gewinnes (Anm. 3 und 9 zu § 29). Dies gilt auch dann, wenn die Reserven im Interesse der Gesellschaft dringend geboten sind oder zur Fürsorge für Angestellte und Arbeiter erfolgen sollten. „Was statuten- und gesetzwidrig ist, wird dadurch nicht zulässig, daß es nützlich und sittlich oder sozial geboten ist." (RG. 40, 33 für das Aktienrecht.)

Auch die sog. Pensions- und Unterstützungsfonds sind nur Reservekonten mit Zweckbezeichnung (OLG. Naumburg 22. 1. 17 BauersZ. 24, 127).

Anm. 61. Auch der Gewinnvortrag ist eine Reserve (vgl. 63 RG. JW. 05, 345[22]; OLG. Colmar 26. 10. 09 OLGR. 10, 242). Nach § 29 hat jeder Gesellschafter einen Anspruch auf den jährlichen Reingewinn (Anm. 3 zu § 29). Bruchteile von Prozenten unter $^1/_2$ von der Verteilung auszuschließen und auf neue Rechnung vorzutragen, gebietet der praktische Verstand. Die Gesellschafter werden wegen solcher Kleinbeträge kaum je Ansprüche erheben. Wenn aber der Gesellschaftsvertrag keine Bestimmung trifft, kann der Gesellschafter auch diese Splitterverteilung fordern. Ein entgegenstehendes Gewohnheitsrecht läßt sich nicht behaupten. Mißlichkeitsgründe allein rechtfertigen den Ausschluß einer gesetzlichen Regel nicht (oben Anm. 60; a. M. Brodmann Anm. 6, der den Gewinnvortrag in den Grenzen vorsichtiger und verständiger Finanzgebarung auch ohne statutarische Bestimmung für unangreifbar hält).

Ein Gesellschafterbeschluß, der ein freiwilliges Reservekonto ohne Ermächtigung im Gesellschaftsvertrag anordnet, ist nur anfechtbar. Die Gesellschafter können sich ihm fügen. Ein vorhandener Gewinnvortrag untersteht den Beschlüssen der Gesellschafter. Ist er einmal gültig begründet, so kann nicht jeder Gesellschafter die Aufteilung fordern. Im folgenden Jahre bildet die Gewinnreserve wieder einen Teil des Reingewinnes. Sofern nicht nach dem Gesellschaftsvertrag der Gesellschaften die freie Verfügung eingeräumt ist, hat wieder jeder Gesellschafter Anspruch auf seinen Teil am Gewinn auch von dem Gewinnvortrag. Ist im folgenden Jahre ein Verlust vorhanden, so verschwindet auch die Gewinnreserve. Eine Auszahlung dieser darf nicht stattfinden. Andernfalls wäre § 30 Abs. 1 verletzt (Anm. 8 zu § 29 und Anm. 16 zu § 45).

Anm. 62. δδ) Steht aber der Gewinn zur Verfügung der Gesellschafter, so können diese Reserven in beliebiger Höhe und zu beliebigen Zwecken schaffen. Das Statut kann eine qualifizierte Mehrheit verlangen (vgl. OLG. Colmar 26. 10. 04 OLGR. 10, 241). Es kann eine gestaffelte Mehrheit je nach der Größe der Reserve einführen. So etwa, daß bis zu 10% des Reingewinnes die einfache Mehrheit genügt, bis zu 25% eine solche von drei Vierteln der Stimmen erforderlich ist usw.

Anm. 63. β) Die Umwandlung und Ausschüttung von freiwilligen Reservekonten. Ein auf statutarischer Anordnung beruhendes Reservekonto kann nur durch Statutenänderungsbeschluß umgewandelt oder ausgeschüttet werden, ein auf Gesellschafterbeschluß angeordnetes durch ebensolchen Beschluß (vgl. über die Auszahlung solcher Konten an die Gesellschafter Anm. 3 zu § 30, ferner RG. 23. 12. 21 RGZ. 103, 367. Über die Verwendung der zurückzuzahlenden Nachschüsse zur Begleichung von Einlagen bei der Erhöhung des Stammkapitals mittels Aufrechnung vgl. Anm. 2 zu § 56).

Anm. 64. 3. Der Betrag der eingezahlten Nachschüsse (Knappe, Die Rückzahlung von Nachschüssen und die Verwendung des Nachschußkapitals bei der GmbH. JW. 1911, 889ff.). Auch hier ist ein Passivposten, aber kein gesetzlicher Reservefonds gegeben (siehe oben

Anm. 57). Er ist abzuschreiben, wenn er anderweit „verwendet" ist (Ziff. 4). Darunter § 42.
ist nicht die Anlegung der einbezahlten Nachschüsse in Waren oder anderen Aktivwerten gemeint. Gewiß können die Mittel der Nachschüsse zu beliebigen Anschaffungen dienen. Auch zum Erwerbe eigener Geschäftsanteile und anderer Aktiven (Knappe 900). Allerdings dürfen die Geschäftsführer, ohne gegen § 33 GmbHG. zu verstoßen, aus den Mitteln der Nachschüsse einen Geschäftsanteil erwerben. Aber das Nachschußkonto bleibt, wie es war. Es ist nicht als solches verwendet. Es findet nur dann eine Herabsetzung oder Streichung des Nachschußkontos statt, wenn die Nachschüsse zurückbezahlt sind oder eine Unterbilanz gedeckt wird (vgl. Anm. 25 zu § 30; abweichend Brodmann Anm. 5). Liegt ein Betriebsverlust vor, so würde dieser ohne das Vorhandensein einer Reserve das Stammkapital angreifen. Es bleibt intakt, auch wenn eine solche durch die Nachschüsse gebildet wird. Es bedarf eines Gesellschafterbeschlusses. Durch diesen wird die Unterbilanz beseitigt. Das Stammkapital bleibt unversehrt. Der später erzielte Gewinn ist alsbald verteilbar. Unzulässig ist aber, das Nachschußkonto zur Deckung von Ausgaben auf Abschreibungen, Betriebsspesen zu verwenden, auch wenn kein Verlust vorliegt. Denn dann ergäbe sich ein um den betreffenden Betrag höherer Gewinn (Neukamp-Becker Anm. 3c). Es würden tatsächlich in diesem die Nachschüsse ohne Beobachtung des § 30 Abs. 2 wieder ausgeschüttet.

Nr. 5. Der Gewinn und der Verlust müssen besonders angegeben sein. Diese Angabe erfolgt am Schlusse der Bilanz. Sie ist von allen anderen Bilanzposten zu trennen. Der Gewinn oder der Verlust muß nicht als solcher bezeichnet werden. Die letzte Ziffer der Aktivseite stellt als Ausgleich den Verlust, die letzte Ziffer der Passivseite als Ausgleich den Gewinn dar. Das beruht auf den Regeln der doppelten Buchführung. Aktiva und Passiva lauten fast nie gleich. Entweder überwiegen die Aktiva oder die Passiva. Das führt zu einem Saldo. Er schafft die Ungleichheit fort. Die Überschußsumme der Saldos erscheint auf der kleineren Seite als fingierter Posten. Dann sind beide Seiten gleichgroß. Überwiegen die Passiven, ist also ein Verlust vorhanden, so zeigt die Aktivseite den Fehlbetrag. Dieser wird durch den Verlustvortrag ausgeglichen. **Anm. 65.**

Die Verteilung des Gewinnes gehört nicht in die Bilanz. Feststellung der Bilanz und die Gewinnverteilung sind verschiedene Begriffe. Wenn die Tagesordnung der Gesellschafterversammlung die Beschlußfassung über die Genehmigung der Bilanz und die Verteilung des Reingewinnes zusammenfaßt, so kann jeder Gesellschafter getrennte Abstimmung fordern. **Anm. 66.**

Die hier in der Bilanz erscheinende Gewinn- oder Verlustziffer ist dieselbe, welche sich als Ergebnis der Gewinn- und Verlustrechnung ergibt. Auch die letztere umfaßt nicht nur die Ergebnisse des betreffenden Jahres. Als ersten Posten enthält sie noch den Gewinn- und Verlustvortrag aus der letzten Bilanz (vgl. Anm. 27 zu § 41 und Leist, LZ. 1915, 1570). **Anm. 67.**

Zusatz 1. Die Bilanzfeststellung bedeutet Genehmigung der Bilanz durch die Gesellschafter. Sie ist von der Aufstellung der Bilanz durch die Geschäftsführer zu unterscheiden. Diese liegt den Geschäftsführern, jene den Gesellschaftern ob (§ 46 Ziff. 1, vgl. auch Anm. 2 zu § 29). Sie kann anderen Organen aufgetragen sein (vgl. Anm. 3 u. 12 zu § 46). Über die Berechtigung des Gerichtes, im Falle der Anfechtung der Bilanz die für dieselbe maßgebenden Grundsätze im Urteil auszusprechen vgl. Anm. 35 zu § 45 RG. 7. 11. 06 RGZ. 64, 258. **Anm. 68.**

Zusatz 2. Beim Verkaufe eines Geschäftsanteils auf Grund einer Bilanz der Gesellschaft haftet der Verkäufer nicht für deren Richtigkeit. Anders, wenn er sich einer Täuschung schuldig machte (oben Anm. 2) oder wenn er die Garantie übernahm. Diese erstreckt sich darauf, daß die Bilanz nach der Vorschrift des Gesetzes errichtet ist. Sie ergreift im Zweifel nicht auch die Richtigkeit der Schätzungen. Sie erfaßt nicht den Fall, daß die Aufnahme, die im guten Glauben erfolgt, sich hinterher als objektiv unrichtig herausstellte. Ein Anspruch besteht nicht, wenn der Schuldner eines als gut aufgenommenen Ausstandes bei der Aufnahme schon insolvent war. **Anm. 69.**

§ 42. **Zusatz 3. Ausländische Gesetze.**

Anm. 70. Die Vorschriften über die Bilanzen fehlen in der Gesetzgebung nur bei Frankreich. Hier nicht nur für die GmbH. Die franz. Gesetzgebung enthält überhaupt keine Vorschrift, in welcher Weise die Bilanz und die Gewinn- und Verlustrechnung aufzustellen ist (Gain, Les sociétés à responsabilité limitée, Paris 1925, S. 85ff.). Als Bilanzgrundsätze gelten Wahrheit und Klarheit. Das ist selbstverständlich. In der Ausführung dieser Begriffe ergibt sich mancherlei Abweichung vom deutschen Recht. Grundsätzlich weicht von ihm Art. 34 des franz. GmbHG. ab. Er gestattet die Zinszahlung auf die Stammeinlage auch ohne Gewinn. Sie muß freilich im Gesellschaftsvertrage vorgesehen sein. Sie ist auch nur für die Zeit vor Beginn der eigentlichen Geschäftstätigkeit zulässig. Sie wirkt sich aber bilanzmäßig aus. Sie muß einen Verlust selbst da erscheinen lassen, wo nach den deutschen Bilanzgrundsätzen ein solcher nicht bestünde. Diese Zinszahlung aus dem Stammkapital ist aber keine Eigentümlichkeit der Société à responsabilité limitée. Sie ist ebenso bei der AG. franz. Rechts möglich. Auf der anderen Seite besteht die Verpflichtung (Art. 34), 5% des Gewinnes jeden Jahres in Reserve zu stellen, bis ein Reservefond in Höhe von 10% des Stammkapitals angesammelt ist. — Im Gegensatz zu Frankreich sind die Bilanzvorschriften des österr. GmbHG. sehr streng und ins einzelne gehend (§ 23). Sie entsprechen ziemlich wörtlich dem § 261 des deutschen HGB., unterscheiden sich also vor allem in der Bewertung der Warenvorräte von § 42 GmbHG. Es fehlt nur die Bestimmung von § 261 Ziff. 4 HGB. — das Verbot, die Kosten der Errichtung und Verwaltung als Aktiva in die Bilanz einzusetzen. Das bulgarische Gesetz (Art. 25), das im übrigen mit dem österr. übereinstimmt, verweist die Unkosten für die Gründung unter die Passiva. Die weitere Vorschrift (Art. 25 Ziff. 6), daß zweifelhafte und uneinbringliche Forderungen nur ihrem wahren Werte entsprechend einzusetzen sind, gilt für alle Bilanzen. Ganz nach dem Aktienrecht will auch der Schweizer Entwurf die Bilanz der GmbH. behandeln (§§ 817, 818). — Der italienische Entwurf dagegen unterläßt speziell für die GmbH. die Aufstellung von Bilanzvorschriften. Er enthält sehr strenge Vorschriften für die Aktiengesellschaft (Art. 243). Bei mittleren und kleineren Gesellschaften wie der GmbH. dagegen, schien in der sehr weitgehenden Publizität (vgl. oben Anm. 47 zu § 41) eine genügende Sicherheit gegeben (Bericht Asquini zum ital. Entwurf S. 324). — Polen begnügt sich mit der Bestimmung, daß in der Bilanz das Vermögen nicht höher als zum Anschaffungs- oder Herstellungspreis abzüglich der Abnutzungskosten eingesetzt werden dürfe.

§ 43.

§ 43.

Die Geschäftsführer haben in den Angelegenheiten der Gesellschaft die Sorgfalt eines ordentlichen Geschäftsmannes anzuwenden.

Geschäftsführer, welche ihre Obliegenheiten verletzen, haften der Gesellschaft solidarisch für den entstandenen Schaden.

Insbesondere sind sie zum Ersatze verpflichtet, wenn den Bestimmungen des § 30 zuwider Zahlungen aus dem zur Erhaltung des Stammkapitals erforderlichen Vermögen der Gesellschaft gemacht oder den Bestimmungen des § 33 zuwider eigene Geschäftsanteile der Gesellschaft erworben worden sind. Auf den Ersatzanspruch finden die Bestimmungen im § 9 Absatz 2 entsprechende Anwendung. Soweit der Ersatz zur Befriedigung der Gläubiger der Gesellschaft erforderlich ist, wird die Verpflichtung der Geschäftsführer dadurch nicht aufgehoben, daß dieselben in Befolgung eines Beschlusses der Gesellschafter gehandelt haben.

Die Ansprüche auf Grund der vorstehenden Bestimmungen verjähren in fünf Jahren.

I. (Abs. 1.) Das bürgerliche Recht schreibt bei der Erfüllung einer Schuldverbindlichkeit § 43.
die im Verkehr erforderliche Sorgfalt vor (§ 276 Abs. 1 BGB.). Der Maßstab ist ein Anm. 1.
objektiver, kein individueller. Er beruht auf dem Durchschnitt, den der Beobachter aus dem Handeln anderer zieht. Dieser allgemeine Maßstab wird durch die besondere Art des Rechtsverhältnisses konkreter. Eine solche nähere Bestimmung gibt das HGB. durch das Verlangen der Sorgfalt des ordentlichen Kaufmanns (§ 347 Abs. 1). Das Aktienrecht und die GmbH. führen für die Organe dieser Gesellschaften die Sorgfalt des ordentlichen Geschäftsmannes ein. Beides ist nicht dasselbe. Aus dem Betriebe eines Handelsgewerbs kann die Pflicht zu eines größeren Achtsamkeit folgen als aus der Übernahme des Anteils eines Geschäftsführers. Es kann aber im konkreten Falle sich das Gegenteil zeigen. Auch der Begriff des ordentlichen Geschäftsmannes wie der des ordentlichen Kaufmannes ist noch allgemein. Er empfängt seine Ausgestaltung durch die besondere Lage des Falles. An den Geschäftsführer einer GmbH. mit idealen Zwecken wird man andere Ansprüche stellen als an den Geschäftsführer eines Warenhandel- oder Fabrikationsgeschäfts. Es fragt sich überall, welches Maß von Sorgfalt gerade im Einzelfalle die Verkehrsauffassung verlangt (OLG. Karlsruhe 31. 3. 14 RundschGmbH. 1914, 255). Die allgemeine Unfähigkeit zur Bekleidung des Geschäftsführerpostens ist keine Entlastung für den im einzelnen begangenen Fehler (OLG. Stuttgart 3. 12. 12 Recht 1913 Nr. 18). Wer ein Geschäft anfängt oder eine geschäftliche Aufgabe übernimmt, zu der ihm die nötigen Kenntnisse fehlen, handelt darin schon schuldhaft (RG. 30. 1. 14 JW. 1914, 476[18]).

Auch wenn der Geschäftsführer Gesellschafter ist, kann er seine Haftung nicht auf die in eigenen Angelegenheiten beobachtete Sorgfalt beschränken (RG. 31. 3. 08 LZ. 2, 450[33]). Die Vorschrift des § 708 BGB. ist nicht anwendbar. Der Geschäftsführer handelt auch dann nicht als Gesellschafter, wenn ihm kraft Gesellschaftsvertrages ein Sonderrecht auf sein Amt zusteht.

Die Vorschrift über die Beobachtung der Sorgfalt des ordentlichen Geschäftsmannes Anm. 2.
hat nicht zwingenden Charakter (a. M. OLG. Hamburg 7. 4. 04 OLGR. 9, 266; Neukamp-Becker Anm. 3; Birkenbihl Anm. 1; Staub-Pinner HGB. Anm. 1 zu § 241 und Staub frühere Auflage Anm. 2. Wie hier Brodmann Anm. 1). Daß sie das Gedeihen der Gesellschaft im Auge hat (Staub), mag richtig sein. Allein dies schließt nicht aus, daß die Gesellschaft die Haftung mildert und sie auf die Sorgfalt in eigenen Angelegenheiten oder auf Vorsatz beschränkt. Zutreffend ist auch, daß die Verpflichtung zur Buchführung nicht erlassen werden kann (Hamburg). Allein daraus folgt nur, daß der säumige Geschäftsführer strafbar bleibt, auch wenn die Gesellschafter auf Buchführung verzichten. Nicht aber, daß sie den Geschäftsführer für den hieraus ihnen erwachsenen Schaden haftbar machen können.

Aus § 43 Abs. 3 Satz 3 ergibt sich, daß sich, insoweit die Befriedigung der Gläubiger in Frage steht, die Geschäftsführer in den dort angeführten Fällen (unten Anm. 5) nicht auf den Beschluß der Gesellschafter berufen können, in allen anderen Fällen aber hierdurch befreit sind. Das gleiche muß aber auch von einer Lossprechung des Geschäftsführers von seiner Haftung für Verschulden gelten. Die allgemeine Regel des § 276 Abs. 2 HGB. gilt auch hier. Eine Bestimmung in dem Gesellschaftsvertrage, daß der Geschäftsführer nur für eigenen Vorsatz einsteht, ist wirksam. Nur in den in Abs. 3 bezeichneten Fällen kann sie den Gläubigern nicht entgegengehalten werden. Das gleiche gilt, wenn der Geschäftsführer im Anstellungsvertrage seine Pflicht beschränkt. Es ist in der Tat nicht einzusehen, weshalb die Gesellschafter untereinander, den einen, der die Gesellschaft besorgt, nicht so stellen dürfen wie die Gesellschafter einer offenen Handelsgesellschaft.

Zu trennen von der Befreiung von der Haftung durch den Willen der Gesellschaft ist die konkrete Begrenzung nach den Umständen des Falles (oben Anm. 1). Es gibt keinen absoluten Maßstab. Wenn sich aber der Geschäftsführer darauf berufen darf, daß er die Geschäfte „dem Willen der gesamten Gesellschafter entsprechend" geführt habe (Ham-

§ 43. burg a. a. O.), so nähert sich dies wieder sehr der Beschränkung der Haftung durch den Willen der Gesellschafter. Räumt man der Bestimmung des Gesellschaftsvertrages einen Einfluß darauf ein, ob eine Verletzung der ordentlichen Sorgfalt vorliegt (Staub), so führt man auf dem Umwege wieder die Befreiung ein.

Anm. 3. Die Pflichtverletzung der Geschäftsführer kann in einem Handeln oder Unterlassen bestehen. Ein unglücklicher Kauf macht ebenso haftbar wie der Verlust eines Rechtes durch Versäumung rechtzeitiger Geltendmachung. Doch muß in beiden Fällen der Mangel der gebotenen Sorgfalt erwiesen sein. Im ersteren Falle kann der Vorwurf berechtigt sein, daß der Geschäftsführer nicht einen Sachverständigen um Rat fragte. So beim Hauskauf einen Architekten. Im letzteren Falle wird man von ihm nicht die Kenntnis des Rechtes und seiner Fristen verlangen, wohl aber, daß er sich jedenfalls in wichtigen Fällen unterrichtet. Eine besondere Gruppe der Pflichtverletzung bildet das Unterlassen der Einholung der im Gesellschafts- oder Anstellungsvertrage vorgeschriebenen Genehmigung der Gesellschafter oder des Aufsichtsrates. Damit übernimmt nicht der Geschäftsführer schlechthin das Risiko seiner Handlung. Er hat nur seine Pflicht gegenüber der Gesellschaft nicht erfült. Er haftet für den hieraus dieser entstehenden Schaden. Diese Haftung kann er freilich nicht dadurch beseitigen, daß er behauptet, das Beste der Gesellschaft gewollt und an einen günstigen Erfolg nach einer sorgsamen Berechnung geglaubt zu haben. Allein der Einwand des mangelnden Kausalzusammenhanges ist ihm gestattet. Er darf beweisen, daß er die Zustimmung der Gesellschafter erhalten hätte. Man denke an den Fall, daß er selbst die Mehrheit der Geschäftsanteile besitzt, oder daß er, wenn auch ohne Gesellschafterbeschluß, sich mit der Mehrheit verständigte. Wäre der Schaden auch bei Beobachtung der Statuten eingetreten, so kann die Gesellschaft den Geschäftsführer nicht haftbar machen.

Vorausgesetzt ist für die Verantwortlichkeit stets eine Handlung als Geschäftsführer. Abstimmungen des Geschäftsführers als Gesellschafter oder die Ausübung sonstiger Gesellschaftsrechte, auch wenn sie gegen die Interessen der Gesellschaft sind, können nicht als unzulässige Handlungen des Geschäftsführers angesehen werden.

Anm. 4. Die Beweislast. Die Gesellschaft hat zu beweisen, daß durch ein Verhalten des Geschäftsführers ein Schaden entstanden ist (ebenso Brodmann Anm. 2). Dieser hat darzutun, daß er mit der Sorgfalt eines ordentlichen Geschäftsmannes handelte. Zu diesem Zwecke muß der Geschäftsführer die einzelnen Momente des in Frage stehenden Vorganges schildern. Werden Tatbestandsmomente bestritten, so hat er sie zu beweisen. Die Schlußfolgerung auf Verschulden oder Entschuldbarkeit liegt dem Richter ob. Das RG. (3. 2. 20 RGZ. 98, 98) will die ganze Beweislast dem Geschäftsführer auferlegen. Sie soll in seiner Auskunftspflicht gegenüber der Gesellschaft auf Grund seines Dienstvertrages beruhen. Indessen dürfte diese Schlußfolgerung zu weit gehen. Über Ausschluß eines Verschuldens beim Rechtsirrtum ist im Einzelfalle zu entscheiden. Bei bestrittenen Rechtssätzen, Zweifelhaftigkeit der Gesetzesworte kann dies wohl bejaht werden. Die Einholung eines Rechtsgutachtens wird in den meisten Fällen schützen. Gibt dieses freilich die eigene Ansicht des Verfassers unter Mitteilung einer gegenseitigen Ansicht des RG., so darf sich der Geschäftsführer nicht auf jene verlassen. Bei der Einführung neuen Rechtes und der Ungewißheit seiner Auslegung in der Übergangszeit sind Mißverständnisse am meisten möglich und entschuldbar. Von Bedeutung ist auch, ob der Geschäftsführer sich rasch entscheiden muß und ein positives Verhalten notwendig erscheint (RG. 39, 98).

Anm. 5. Berufung auf einen Beschluß der Gesellschafter befreit in der Regel den Geschäftsführer (OLG. Hamburg 7. 4. 04 OLGR. 9, 266). Es wäre gegen Treu und Glauben, wenn die Gesellschaft ihre Organe für die Ausführung ihres Beschlusses verantwortlich machen würde. Sie kann sich nicht auf die Schädlichkeit ihrer Beschlüsse gegenüber ihren eigenen Organen berufen. Spätere Anfechtung des Beschlusses ändert hieran nichts (vgl. Anm. 41 zu § 45). Der Geschäftsführer kann sich auf den Beschluß dann nicht berufen, wenn die Ungültigkeit durch ihn selbst wissentlich verursacht ist. Seinem auf

den Beschluß der Gesellschafter gestützten Einwande setzt die Gesellschaft den Einwand § 43.
der Arglist, des Verstoßes gegen Treu und Glauben entgegen (so für das Aktienrecht zutreffend Behrend, Handelsrecht § 126 Anm. 21). Leidet der Beschluß an einer unverzichtbaren Ungültigkeit, so darf der Geschäftsführer ihn nicht ausführen. Über die Verpflichtung zur Berufung der Gesellschafterversammlung vgl. Anm. 6 zu § 49.

Das Handeln auf eine Weisung von Organen, denen der Geschäftsführer zum Gehorsam verpflichtet ist (für das Aktienrecht RG. 30. 1. 1900 JW. 186), wirkt befreiend. Der Gesellschaftsvertrag kann den Geschäftsführer verpflichten, den Anordnungen des Aufsichtsrates zu gehorchen. Dann kann sie ihn nicht dafür haftbar machen. Hierzu genügt aber nicht, daß der Geschäftsführer die Genehmigung des Aufsichtsrates einholte. Handeln beide schuldhaft, so sind beide verantwortlich. Verstößt die Anweisung des Aufsichtsrates gegen ein zwingendes Gebot oder Verbot, so ist sie ungültig. Der Geschäftsführer braucht sie und darf sie nicht befolgen. Er kann die Entschließung der Gesellschafter anrufen. Übernehmen diese die Verantwortung, so können sie den Geschäftsführer nicht haftbar machen. Anm. 6.

Der Anspruch der Gesellschaft gegen den Geschäftsführer unterliegt den Vorschriften des bürgerlichen Rechtes. Er ist dem Vergleich und Verzicht zugänglich. In der Entlastung (§ 46 Ziff. 5) liegt der Verzicht, wenn die Gesellschafter das schadenstiftende Verhalten kennen. In den besonderen Fällen des Abs. 3 ist Vergleich und Verzicht nur beschränkt möglich (siehe unten Anm. 15 und. 16). Ein Vergleich, abgeschlossen durch den Konkursverwalter der in Konkurs befindlichen GmbH. mit den regreßpflichtigen Geschäftsführern bindet auch die Gesellschafter. Auch der Regreßanspruch gehört zum Vermögen der Gesellschaft und bildet einen Teil der Konkursmasse. Ein nebenhergehender besonderer Anspruch der Gesellschaft besteht nicht (OLG. Dresden 10. 11. 05 OLGR. 11, 385; RG. 25. 5. 06 JW. 06, 433[24] für das Aktienrecht). Anm. 7.

II. (Abs. 2—5.) **Die Folge der Pflichtverletzung ist ein Schadensersatzanspruch der Gesellschaft.** Anm. 8.

1. **Nur der Gesellschaft** haftet der Geschäftsführer. Auch in den besonderen Fällen des Abs. 3 besteht kein Anspruch der Gläubiger. Die Gläubiger können die Ansprüche der Gesellschaft nur im Wege der Pfändung oder im Wege der Konkurseröffnung ihren Zwecken dienstbar machen. Im Konkurse der Gesellschaft macht nur der Konkursverwalter den Schadensersatzanspruch geltend. Die Gesellschafter können gegen den Abschluß des Vergleichs und Beendigung des Konkurses den Anspruch nicht von neuem erheben (vgl. Sievers DJZ. 8, 87). Über die Möglichkeit eines unmittelbaren Anspruches der Gesellschafter oder Gläubiger unten Anm. 22ff.

2. **Die Geschäftsführer haften als Gesamtschuldner.** Diejenigen, aus deren gemeinsamen schuldhaftem Verhalten ein Schaden entstanden ist, haften solidarisch. Geschäftsführer, die der Vorwurf des Verschuldens nicht trifft, haften überhaupt nicht. Dagegen tritt die gesamtschuldnerische Haftung stets dann ein, wenn Handlungen, die nur einem der Geschäftsführer zuzurechnen sind, nicht festgestellt werden (RG. 6. 3. 23 RGZ. 106, 346). Anm. 9.

Bei Geschäftsverteilungen kann ein Geschäftsführer nur dann für die Fehler des anderen Geschäftsführers in dessen Gebiet verantwortlich sein, wenn die Teilung eine unbefugte war, oder wenn er trotz der Teilung den Vorgang hätte bemerken und verhüten müssen. Wer mit Genehmigung der Gesellschafter die Reisetätigkeit oder die Leitung eines Zweiggeschäftes übernommen hat, kann nicht für jeden Fehler haften, der am Sitze der Gesellschaft in seiner Abwesenheit sich ereignet. Auch seine Überwachungspflicht ist in einem solchen Falle eine begrenzte. Selbst die Teilung ihrer Tätigkeiten vorzunehmen sind die Geschäftsführer nicht befugt. Einen formellen Gesellschafterbeschluß herbeizuführen, wie es RG. 3. 2. 20 (RGZ. 98, 98) zu verlangen scheint, ist jedoch nicht notwendig. Es genügt die tatsächliche Zustimmung der Gesellschafter. Anm. 10.

Im einzelnen richtet sich die Solidarhaft nach §§ 421—426 BGB. Vgl. Anm. 12 zu § 9.

§ 43. 3. Zwei Fälle der Haftung werden in Abs. 3 besonders behandelt.

Anm. 11. a) Sie dienen dem Schutze des Stammkapitals.

α) Wenn den Bestimmungen des § 30 zuwider Zahlungen aus dem zur Erhaltung des Stammkapitals erforderlichen Vermögen der Gesellschaft gemacht sind (Anm. 3ff. zu § 31). Neben den Geschäftsführern haften auch die Gesellschafter, welche die rechtswidrigen Zahlungen empfangen. Die Haftung der Geschäftsführer und dieser Gesellschafter ist gegenüber der Gesellschaft eine solidarische (KG. 6. 6. 14 KGBl. 25, 102). Außerdem haften der Gesellschaft auch noch die übrigen Gesellschafter subsidiär nach § 31 Abs. 3. Die in dieser Weise in Anspruch genommenen Gesellschafter haben aber ein Rückgriffsrecht gegen die Geschäftsführer, welchen ein Verschulden zur Last fällt (vgl. Anm. 14 zu § 31). Weisen die Geschäftsführer nach, daß sie bei der Auszahlung des Stammkapitals die ihnen obliegende Sorgfalt nicht verletzten, so beschränkt sich der Anspruch der Gesellschaft auf den Empfänger des Kapitals. Der § 43 Abs. 3 führt **keine von der Voraussetzung des Verschuldens** befreite Haftung der Geschäftsführer neben der der Gesellschafter ein.

Anm. 12. β) Wenn den Bestimmungen des § 33 zuwider eigene Geschäftsanteile der Gesellschaft erworben worden sind (vgl. Anm. 11 zu § 33). Damit ist sowohl der Erwerb voll einbezahlter als der nicht voll bezahlter Geschäftsanteile getroffen. Im letzteren Falle ist das Geschäft nichtig. Der Geschäftsführer haftet der Gesellschaft für den Schaden, der durch den Abschluß eines solchen Geschäfts verursacht ist. So wenn der Kaufpreis von dem Veräußerer nicht zurückzuerhalten ist. Auch für die Kaufspesen, die sie trug. Wußte der Geschäftsführer, daß der Geschäftsanteil noch nicht voll bezahlt war, so ist stets ein Verschulden vorhanden. Nahm er an, daß eine Vollzahlung vorläge, so ist die Verschuldungsfrage im Einzelfalle zu prüfen. Es wird dieses z. B. zu ersehen sein, wenn er selbst von dem Gesellschafter zur Begleichung der Bareinlagen Gegenstände in Zahlung nahm. Dasselbe gilt beim Erwerbe vollbezahlter Geschäftsanteile. Ob eine Nachlässigkeit der Geschäftsführer vorliegt oder ob sie annehmen durften, es bleibe für diese Anschaffung hinreichend freies Kapital nach Deckung des Stammkapitals, kann nur in jedem einzelnen Falle an der Hand der gesamten Umstände festgestellt werden. Der Schadensersatz wird hier in der Wiederabnahme dieser Geschäftsanteile gegen Rückerstattung des dafür aufgewandten Betrages bestehen.

Anm. 13. γ) Weitere Fälle, selbst wenn sie sich als noch schwerere Verfehlungen und als erheblichere Schädigungen des Gesellschaftsvermögens und damit als größere Gefährdungen der Gläubiger darstellen, unterliegen nicht der Sondervorschrift des Abs. 3. Auch nicht im Falle der Unterschlagung von Gesellschaftsvermögen (vgl. auch unten Anm. 23). Das österr. Gesetz fügt als weiteren besonderen Fall die Leistungen von Zahlungen nach dem Zeitpunkte, in dem die Geschäftsführer zur Konkurseröffnung verpflichtet waren, bei (§ 23 Abs. 2). Die Beispiele der Haftung entbehren aber hier der besonderen Bedeutung. Die Versagung von Verzicht und Vergleich und der Ausschluß der Befreiung von der Haftung durch einen Beschluß der Gesellschafter, soweit dies zur Befriedigung der Gläubiger nötig ist, gilt für alle Ersatzansprüche (§ 25 Abs. 5 u. 7 österr. Gesetz).

Anm. 14. b) Soweit der Ersatz zur Befriedigung der Gläubiger erforderlich ist, sind Vergleiche und Verzichte regelmäßig unwirksam. Die Berufung auf den Beschluß der Gesellschafter ist unzulässig.

Anm. 15. α) Vergleiche und Verzichte sind unwirksam. Ohne diese Voraussetzung kann die Gesellschaft auf die ihr zustehenden Regreßansprüche verzichten (oben Anm. 7). Verwehrt ist es ihr insoweit, als der Ersatz zur Befriedigung der Gläubiger erforderlich ist (§ 9 Abs. 2; Anm. 13ff. zu § 9). Der zur Abwendung des Konkurses des Schuldners geschlossene Vergleich ist gültig.

Anm. 16. β) Die Schadensersatzpflicht wird nicht durch Berufung auf einen Beschluß der Gesellschafter aufgehoben. In der Regel wirkt die Zustimmung der Gesell-

schafter entlastend und befreiend (oben Anm. 5). In den Ausnahmefällen des Abs. 3 **§ 43.**
befreit sich der Geschäftsführer nur durch den Nachweis der eigenen Anwendung der ihm obliegenden Sorgfalt. Ob er an die Zulässigkeit des Beschlusses glaubte oder seine Unstatthaftigkeit kannte, ist unerheblich. (Etwas abweichend Brodmann Anm. 4. Eine Befreiung des Geschäftsführers ist nach ihm für den über den unmittelbaren Ersatz zu Unrecht weggebener Geldsummen, also für den Schadensersatz im weiteren Sinne, möglich, wenn sich der Geschäftsführer auf die Anweisung der Gesellschaft berufen kann.)

c) Sonstige Besonderheiten bestehen nicht, weder in den Voraussetzungen noch in den **Anm. 17.**
Wirkungen. Durch das Wort „insbesondere", mit welchem der Abs. 3 beginnt, ist gesagt, daß in Abs. 3 einige besondere Fälle der in Abs. 1 u. 2 behaupteten allgemeinen Schadensersatzpflicht aufgezählt werden. Soweit für diese nicht besondere Voraussetzungen und Wirkungen angeordnet sind, sind es eben nur besondere Fälle der allgemeinen Schadensersatzpflicht, welche in Abs. 1 u. 2 geregelt sind. Sie tragen die Merkmale dieser und haben ihre Wirkungen. Daraus geht zweierlei hervor:

α) Auch in den in Abs. 3 besonders hervorgehobenen Fällen ist ein schuld- **Anm. 18.**
haftes Verhalten vorausgesetzt. Von Liebmann Anm. 6 und Parisius-Crüger Anm. 4 wird dies ohne Grund geleugnet (vgl. auch Neukamp-Becker Anm. 6; Staub-Pinner HGB. Anm. 8 zu § 241). Nur besteht hier die Schuld auch schon darin, daß der Geschäftsführer, der sich des Widerspruchs seiner Handlungsweise mit der gesetzlichen Vorschrift bewußt ist oder bewußt sein muß, nicht durch die Darlegung, daß er die schädigenden Folgen seiner Handlungsweise nicht voraussehen konnte, entschuldigt wird. Er befreit sich auch nicht durch den Nachweis, daß er das Beste der Gesellschaft gewollt und als Erfolg seines Handelns anzunehmen berechtigt war.

β) Die Wirkung ist auch hier Ersatz des verursachten Schadens. Einerseits **Anm. 19.**
muß der volle Schaden ersetzt werden. Er kann die Beträge, um welche das Grundkapital verkürzt ist, übersteigen. Andererseits tritt die Ersatzpflicht nur ein, wenn und soweit durch die verbotenen Vorfälle ein Schaden entstanden ist. Eine formale Ersatzpflicht besteht nicht. So für das Aktienrecht Ring Anm. 5 zu § 241. Es müsse der Gesellschaft zurückgegeben werden, was durch die betreffende Manipulation aus ihrem Vermögen gekommen sei. Doch läßt er wenigstens den Nachweis zu, daß nichts zu ersetzen sei, wenn kein Schaden der Gesellschaft erwachsen sei. (Makower HGB. Anm. IIIb zu § 241 und Hagen bei Gruchot 42, 346 versagen auch diesen Gegenbeweis; gegen diese Auffassung vgl. für das Aktienrecht Staub-Pinner HGB. Anm. 9 zu § 241 und oben Anm. 17; wie hier Neukamp-Becker Anm. 6.) — Über die Frage, ob der Schaden voraussehbar sein muß, siehe unten Anm. 27. Über den Schadensersatz beim unzulässigen Erwerbe eigener Anteile vgl. oben Anm. 12.

4. (Abs. 4.) **Die Verjährung der Ansprüche** erfolgt in fünf Jahren. Gleichlautend österr. **Anm. 20.**
Gesetz § 25 Abs. 6.

a) Die Vorschrift bezieht sich auf alle Ansprüche aus § 43, sowohl auf die Ansprüche aus der allgemeinen Vorschrift der Abs. 1 u. 2, als auf die besonderen Fälle des Abs. 3. Sie ergreift nicht bloß die gesetzlichen Verpflichtungen aus § 43, sondern auch (was Neukamp Anm. 7 mit Unrecht leugnet; wie hier Liebmann Anm. 9) Verletzungen von Verpflichtungen, die dem Geschäftsführer in einem Anstellungsvertrage besonders auferlegt sind. Die Verjährung läuft auch bei böslichen Schädigungen (anders als in § 31 Abs. 5). Also auch, wenn der Geschäftsführer Geld unterschlagen, seine Mitgeschäftsführer betrogen und dadurch die Gesellschaft geschädigt hat (RG. 7. 12. 15 HoldheimMSchr. 25, 43. Ebenso Brodmann Anm. 5). Enthält aber die Verletzung einer Vertragspflicht zugleich den Tatbestand einer unerlaubten Handlung, so besteht aus dieser ein selbständiger Anspruch. Sind nur die Verpflichtungen aus dem Vertrage verletzt, so liegt lediglich ein Vertragsanspruch vor. Hat der Geschäftsführer Geld der Gesellschaft unterschlagen, so liegt ein Vertragsanspruch und ein Deliktsanspruch vor. Ebenso wenn er als Geschäftsführer seine Mit-

§ 43. geschäftsführer betrogen und dadurch die Gesellschaft geschädigt hat. Wenn aber ein Geschäftsführer durch fortgesetzte Untätigkeit und Nichtausübung seiner Kontrolle Schaden verursacht, so liegt lediglich ein Vertragsanspruch vor. Nur seine Eigenschaft als Geschäftsführer legt ihm diese Pflicht auf. Ein Fremder kann eine solche Pflicht nicht verletzen. Sie liegt ihm nicht ob. Es liegt auch bei vorsätzlichem Handeln nur eine Vertragsverletzung vor, so wenn er absichtlich jede Kontrolle unterließ und dadurch die Mißwirtschaft verursachte (vgl. über die hier behandelte Frage auch Crome DJZ. 9, 14 und Fischer, Die Verletzung des Gläubigerrechts als unerlaubte Handlung). Unzulässig ist es, an Stelle der fünfjährigen Verjährung eine kürzere auf Grund eines anderen rechtlichen Gesichtspunktes einzuführen. Ein Geschäftsführer, der mit der Errichtung einer Fabrikanlage betraut ist, darf diese nicht als Werkvertrag betrachtet sehen wollen (BauersZ. 18, 203).

Anm. 21. b) Beginn der Verjährung. Die Verjährung beginnt mit der Entstehung des Anspruchs (§ 198 BGB.). Das ist hier die pflichtwidrige Handlung des Geschäftsführers. Auf die Kenntnis der Gesellschaft kommt es nicht an. Diese ist nur für die dreijährige Verjährung der Ansprüche aus unerlaubter Handlung verlangt (§ 852 BGB.). Auf andere Verjährungen ist dies Erfordernis nicht ausdehnbar (RG. 39, 49 vom 24. 7. 97). Ebensowenig darf aber der Eintritt oder das Hervortreten eines Schadens als Voraussetzung aufgestellt werden. Staub (1. Aufl., Anm. 21 S. 268) hatte neben die pflichtwidrige Handlung „die Entstehung des Schadens" gestellt. Ebenso Staub-Pinner HGB. Anm. 19 zu § 241, Parisius-Crüger-Crecelius Anm. 7 zu § 43. Eine solche Voraussetzung widerspricht dem Zwecke der kurzen Verjährung. Sie wurde für das Aktienrecht zuerst geschaffen. Von diesem übernahm sie die GmbH. Man wollte die verantwortlichen Personen nicht in zu langer Schwebe einer Besorgnis der Verfolgung lassen (Bericht der Reichstagskommission zum Aktiengesetz 18. 7. 84 S. 23). Diese Schwebe müßte aber in demselben Momente wieder eintreten, in dem man neben den Zeitpunkt der Zuwiderhandlung das ungewisse Moment des Schadenseintritts stellte. Es wäre, wenn man das Interesse der Gesellschaft in den Vordergrund stellen wollte, dieser doch nichts damit allein geholfen, daß man das Entstehen des Schadens fordert. Man müßte dann ein Bekanntwerden verlangen. Endlich ergibt sich aus § 194 Abs. 1 BGB., daß das Gesetz nicht mehr verlangt, als daß der Anspruch rechtlich erwachsen ist. Der Berechtigte muß nicht auch tatsächlich in der Lage sein, ihn auszuüben. Es ist unerheblich, ob die Gesellschaft bereits Anlaß zur Klage zu haben glaubt. Man käme anderenfalls zu dem Ergebnisse, daß ein Geschäftsführer, der ohne die ihm durch Gesellschafts- oder Anstellungsvertrag vorgeschriebene vorherige Genehmigung der Gesellschafter oder des Aufsichtsrats Aktien kauft oder sich für die GmbH. an einem anderen Unternehmen beteiligte, haftbar wäre, wenn nach fünfzehn Jahren sich herausstellt, daß die Aktiengesellschaft schlecht geleitet ist, oder das Unternehmen mit Verlust schließt. In § 198 Abs. 2 BGB. ist der Fall der Zuwiderhandlung gegen eine Unterlassungspflicht behandelt. Die Verjährung beginnt mit dieser. Auf den Erfolg kommt es nicht an. Es gilt dies auch für die Verletzung der Dienstpflicht auf Unterlassung. Also auch für die des Geschäftsführers. Für die in Säumnis oder fehlerhafter Ausführung bestehende muß dasselbe gelten. Abweichend das RG. 11. 12. 13 (RGZ. 83, 354). Klagemöglichkeit müsse gegeben sein. Die Rechtsprechung zur unerlaubten Handlung des BGB. sei analog anzuwenden. Die Frist in Lauf zu setzen, genüge allerdings die Möglichkeit einer Feststellungsklage. Es sei nicht notwendig, daß eine Leistungsklage erhoben werden kann. Unentschieden RG. 7. 12. 15 (Holdheim 25, 43; Recht 1916 Nr. 312, 314—318). Es ist dabei möglich, daß neben dem Anspruche auf Grund des GmbHG. ein anderer auf Grund unerlaubter Handlung nach § 823 ff. BGB. einhergeht. Für diesen ist allerdings Voraussetzung, daß nicht nur ein Schaden auf Grund des Vertragsverhältnisses vorliegt. Ist ein außerkontraktlicher Schadensgrund gegeben, so kann neben der Verjährungsfrist des GmbHG. die des § 852 BGB. zur Anwendung kommen (RG. 9. 11. 15 JW. 1916, 129 mit Anm. von Hachenburg; ebenso Brodmann

Anm. 5). Die Unterbrechung und Hemmung der Verjährung richtet sich nach dem BGB. § 43.
Desgleichen weiter die Frage nach der Möglichkeit der Abänderung der Verjährung. Hierüber bestimmt § 225 BGB. Ein Ausschluß oder eine Erschwerung der Verjährung durch Rechtsgeschäft ist nicht statthaft, wohl aber eine Erleichterung derselben, besonders eine Abkürzung der Verjährungsfrist. Erleichterungen oder Abkürzungen der Verjährung können hier aber insoweit nicht zugelassen werden, als der Ersatz zur Befriedigung der Gläubiger erforderlich ist. Insoweit handelt es sich um eine Vorschrift zwingenden Rechts. (Wie im Kommentar Brodmann Anm. 5, Neukamp-Becker Anm. 7, Liebmann Anm. 9.)

Zusatz 1. Haftung der Geschäftsführer Dritten gegenüber. Die Geschäftsführer Anm. 22.
haften für den der Gesellschaft entstandenen Schaden nur der Gesellschaft, nur in einem Falle (§ 81 Abs. 3) auch den Gläubigern direkt (vgl. Anm. 18 zu § 81).

1. **Den Gläubigern haften die Geschäftsführer wegen Verletzung der ihnen als Geschäfts- Anm. 23.
führer obliegenden Verpflichtungen in der Regel nicht.** Auch dann nicht, wenn durch ihre Schuld das Gesellschaftsvermögen verringert und die Forderung dadurch beeinträchtigt wird (Bolze 16 Nr. 490; Behrend § 126 Anm. 29). Auch eine unerlaubte Handlung (Unterschlagung usw.) des Geschäftsführers trifft nur die Gesellschaft. Sie greift nicht in die Rechtssphäre der Gläubiger ein (vgl. unten Anm. 24 u. 25).

2. **Ebensowenig haften die Geschäftsführer den Gesellschaftern wegen Verletzung ihrer Anm. 24.
Pflichten als Geschäftsführer.** Mit ihnen stehen sie in keiner direkten Rechtsbeziehung (für das Aktienrecht ROHG. 19, 179; RG. 22, 133; 39, 249). Auch die Gesellschaft haftet ihren Gesellschaftern nicht für den Schaden, den diese infolge einer Minderwertigkeit ihres Anteils durch die nachlässige Geschäftsführung erleiden (RG. 27. 6. 11 BauersZ. 19, 27). Ein solcher Anspruch wäre auch wegen Verstoßes gegen § 30 Abs. 1 unstatthaft (Anm. 11 zu § 30).

Anders liegt die Sache nur dann, wenn die ungehörige Geschäftsführung zugleich Anm. 25.
eine Pflichtverletzung dem Gesellschafter oder einem Dritten gegenüber enthält (Anm. 11 zu § 36). Dann muß der Tatbestand einer den Gesellschaftern oder dem Dritten gegenüber verübten unerlaubten Handlung gegeben sein. Auch gegen diese muß eine (vgl. für das Aktienrecht RG. 22, 133; 28, 71; 39, 249; OLG. Dresden ZHR. 43, 327) Rechtsverletzung, die den Schaden verursachte, vorliegen. Eine Pflichtverletzung gegenüber der Gesellschaft genügt nicht. So, wenn durch leichtsinniges Kreditieren die Gesellschaft verkracht und dadurch die Geschäftsanteile wertlos werden. Hier fehlen die Rechtsbeziehungen des Geschädigten zum Geschäftsführer. Damit das Gesellschaftsorgan dem Gesellschafter oder Dritten haftet, muß entweder ein direkter schuldhafter rechtswidriger Eingriff in dessen Rechte oder eine schuldhafte Verletzung einer Vorschrift vorliegen, welche zum Schutze des Beschädigten erlassen ist. Ersteres ist z. B. der Fall bei einer bewußt falschen Auskunft auf eine an die Gesellschaft gerichtete Frage, letzteres z. B. bei Veröffentlichung falscher Bilanzen. Denn die hiergegen gerichtete Strafvorschrift (§ 82 Nr. 3) bezweckt nicht bloß den Schutz der Gesellschaft, sondern auch der Gesellschafter und Dritter. Die publizierte Bilanz soll jeden informieren, der mit der Gesellschaft in Rechtsbeziehungen treten will. Zum Schutze aller darf sie nicht bewußt falsch sein. Ebenso ist die Vorlage einer falschen, wissentlich verschlechterten Bilanz, wodurch die Gesellschafter zum Verkaufe ihrer Geschäftsanteile veranlaßt werden, eine unerlaubte Handlung (§ 823 BGB.). — Soweit ein Gesellschafter als solcher als Beschädigter auftritt, muß es eine Vorschrift sein, welche zum direkten Schutze der Gesellschafter erlassen ist. Es genügt nicht, daß die Vorschrift zum Schutze der Gesellschaft und insofern indirekt auch zum Schutze der Gesellschafterinteressen dienen will. Dasselbe gilt von der Verletzung der Interessen Dritter. Die Erkenntnisse des RG., die sich mit dieser Frage befassen (27. 9. 93 ElsLothZ. 19, 390; 5. 4. 95 RG. 35, 332; 20. 12. 95 DJZ. 1, 57), sind auf Grund der früheren Partikularrechte, namentlich des weiter als das BGB. gehenden Art. 1383 code civil, ergangen und für die Rechtsprechung unter der Herrschaft des BGB. nicht verwertbar. Nach dessen Grundsätzen liegt in der nur fahrlässigen Herausgabe einer unrichtigen Bilanz

§ 43. weder ein direkter rechtswidriger Eingriff in ein fremdes Recht, noch eine schuldhafte Verletzung einer Vorschrift zum direkten Schutze des Geschädigten. Eine Verpflichtung zu gewissenhafter Berichterstattung in den Gesellschafterversammlungen ist nicht zum Schutze außenstehender Personen vorgesehen.

Anm. 26. Auch dann, wenn der Geschäftsführer mit dritten Personen in direkte Rechtsbeziehungen tritt, aber für die Gesellschaft, z. B. wenn er mit dem Dritten für die Gesellschaft kontrahiert, ihm vielleicht im Namen der Gesellschaft eine Ware empfiehlt, macht er durch sein fahrlässiges Verhalten zwar die Gesellschaft, nicht aber auch sich selbst dem Dritten regreßpflichtig. Denn nicht jede Fahrlässigkeit ist eine unerlaubte Handlung im Sinne des § 823 BGB. (RG. 51, 93). Sie wird es nur, wenn entweder eine direkte rechtswidrige Verletzung eines fremden Rechts oder die Verletzung einer Vorschrift vorliegt, welche zum Schutze des Dritten erlassen ist. Der Geschäftsführer, der in seiner Eigenschaft als Geschäftsführer das der Gesellschaft anvertraute Gut des Dritten fahrlässig beschädigte, haftet diesem Eigentümer. Er macht sich einer direkten rechtswidrigen Verletzung des fremden Eigentumsrechts schuldig. In RG. 30, 47 wurde z. B. ein Prokurist wegen unerlaubter Handlung verantwortlich gemacht, weil er mit Wertpapieren, die dem Geschäft anvertraut waren, derartig fahrlässig umging, daß sie in Verlust gerieten. Das würde zum Tatbestande eines Deliktes nach § 823 BGB. nicht genügen. Liegt ein solcher dem § 823 BGB. zu unterstellender Tatbestand nicht vor, dann haftet er dem Dritten nur bei vorsätzlichem, wider die guten Sitten verstoßendem Handeln. So, wenn er in Ausübung seiner Tätigkeit als Geschäftsführer den Dritten betrügt. Dann liegt ein selbständiger Verstoß gegen § 826 BGB. vor.

Anm. 27. Voraussehbar braucht der Schaden nach dem bürgerlichen Rechte nicht zu sein (vgl. Denkschrift zum BGB. 44; Dernburg II 66). Doch gilt auch das Prinzip der adäquaten Schadensverursachung.

Anm. 28. 3. Einem ganz anderen Gebiete gehören die Fälle an, in denen der Geschäftsführer nicht in dieser Eigenschaft handelt. Wenn er betrügerisch einen Geschäftsanteil einem anderen verkauft, so hat das mit dem Geschäftsführer nichts zu tun. Auch nicht, wenn er sich auf seine Kenntnisse als solcher stützt.

Anm. 29. **Zusatz 2. Die Ausgleichung der mehreren solidarisch haftenden Geschäftsführer** richtet sich nach § 426 BGB. Sie haften untereinander zu gleichen Teilen. Untereinander können sie etwas anderes vereinbart haben. So, wenn ein Geschäftsführer dem anderen versprach, die Verantwortung allein zu tragen.

Anm. 30. **Ausländische Gesetze.**

Eine Haftung der Geschäftsführung den Gesellschaftern gegenüber kennen alle fremden Gesetze. Das bulgarische (Art. 27) deckt sich inhaltlich mit dem deutschen. Es fügt als weiteren Haftungsgrund den ohne Ermächtigung vorgenommenen Abschluß von Geschäften mit der Gesellschaft in eigenem oder fremdem Namen hinzu. Ebenso das österr. Gesetz (§ 25). Bei ihm wird weiter der Geschäftsführer auch bei den mit Zustimmung der Gesellschafter vorgenommenen Geschäften nicht von einer Haftung befreit, wenn der Schadensersatz zur Befriedigung der Gläubiger notwendig ist. Ein unmittelbarer Anspruch wird diesen aber nicht eingeräumt. Grundsätzlich ebenso der Schweizer Entwurf (§ 829). Anders das französische (Art. 25) und das polnische (Art. 10) Gesetz. Nach ihnen haften die Geschäftsführer der Gesellschaft und Dritten gegenüber bei Verstößen gegen Gesetz oder Statut oder Fehlern in der Geschäftsführung — nach dem polnischen Gesetz auch bei mangelhafter Buchführung. Hier wird also ein unmittelbarer Anspruch Dritter gegen die Geschäftsführung geschaffen. Einen Mittelweg geht der italienische Entwurf (Art. 153). Er schafft zwar Haftung der Geschäftsführer gegenüber der Gesellschaft, den einzelnen Gesellschaftern und den Gesellschaftsgläubigern. Aber die Gesellschafter können ihre Ansprüche nicht geltend machen, wenn die Gesellschafterversammlung den Geschäftsführer mit Dreiviertelmehrheit entlastet hat. Und die Rechte der Gläubiger können nur im Falle des Gesellschaftskonkurses durch den Konkursverwalter geltend gemacht werden.

§ 44.

§ 44.

Die für die Geschäftsführer gegebenen Vorschriften gelten auch für Stellvertreter von Geschäftsführern.

1. Die Vorschrift ist selbstverständlich. Denn **der stellvertretende Geschäftsführer ist eben Geschäftsführer.** Die Bezeichnung „stellvertretende" bedeutet nur, daß der betreffende Geschäftsführer in seinem Verhältnisse nach innen erst dann in Aktion treten soll, wenn eine Stellvertretung notwendig wird. Im inneren Verhältnis ist der stellvertretende dem ordentlichen Geschäftsführer untergeordnet (BauersZ. 18, 154). Er hat dessen Weisungen zu folgen. Dieser bestimmt insbesondere auch darüber, wann jener in Tätigkeit zu treten hat. Nur wenn dieser tatsächlich oder rechtlich verhindert ist, tritt der Stellvertreter kraft seines Amtes in Tätigkeit. Ein solcher Fall liegt sowohl dann vor, wenn der Geschäftsführer mit der Gesellschaft einen Vertrag als Dritter schließt (KG. 12. 2. 04 OLGR. 11, 395), als auch, wenn er auf längere Zeit abwesend oder erkrankt ist. Das interne Verhältnis kann aber auch anders gewollt sein. Mit der Bezeichnung als stellvertretender Geschäftsführer kann nur eine äußere Rangbezeichnung gemeint sein. Es soll dem Publikum gegenüber dem ordentlichen Geschäftsführer eine hervorragendere Stellung eingeräumt sein. Im internen Verhältnisse aber werden alle Geschäftsführer gleichgeordnet. Das muß sich aber aus dem Anstellungsvertrage oder den Gesellschafterbeschlüssen ergeben. Gleichlautend § 27 österr. Gesetz. Anm. 1.

2. Stellvertretende Geschäftsführer können nicht bloß im Falle des § 248 HGB., § 52 GmbHG. bestellt werden. Ihre Eintragung erfolgt unter der Bezeichnung „stellvertretende Geschäftsführer" (KG. 11. 7. 02 Holdheim 11, 249 und KGJ. 24 A, 194). Für den Rechtsverkehr mit Dritten ist dies ohne Einfluß (oben Anm. 1, unten Anm. 4). Anm. 2.

3. Die für Geschäftsführer gegebenen Vorschriften gelten auch für die stellvertretenden Geschäftsführer. Daher sind auch die letzteren zum Handelsregister anzumelden. Sie haben ihre Unterschrift zu zeichnen. Auch sie haben kraft Gesetzes nur Kollektivbefugnis. Bei Anmeldungen zum Handelsregister, welche durch alle Geschäftsführer zu bewirken sind, haben sie mitzuwirken (ebenso Parisius-Crüger-Crecelius, a. M. Liebmann Anm. 1). Auch die Verantwortung für die Buchführung tragen sie mit. Treten sie an die Stelle eines kollektivberechtigten Geschäftsführers, so müssen mit ihnen so viel Geschäftsführer zusammenwirken, als nach dem Statut erforderlich ist. Ihre Haftung ist die gleiche, wie die der ordentlichen Geschäftsführer. Doch kann der Umstand, daß sie nur stellvertretungsweise in Aktion treten sollen, auf die Frage, ob sie ihre Sorgfaltspflicht verletzt haben, von Einfluß sein (Anm. 10 zu § 43). Anm. 3.

4. Beschränkungen in der Vertretung sind auch bei den stellvertretenden Geschäftsführern Dritten gegenüber ohne Wirkung (§ 37 Abs. 2). Daraus folgt, obwohl sie als „stellvertretende" Geschäftsführer eingetragen werden, daß **ihre Legitimation Dritten gegenüber nicht davon abhängig ist, daß der Vertretungsfall wirklich vorlag.** Nur der Gesellschaft gegenüber sind sie verpflichtet, nicht vor Eintritt desselben in Aktion zu treten. Eine Einschränkung, daß sie nur „unter gewissen Umständen" vertretungsberechtigt sind, ist nach außen wirkungslos, auch wenn sie eingetragen ist. Das Gericht hat bei Anmeldungen zum Handelsregister nicht zu prüfen, ob ein Fall der Behinderung eines ordentlichen Geschäftsführers vorliegt. Anm. 4.

5. **Auch die stellvertretenden Geschäftsführer sind gesetzliche Vertreter der Gesellschaft.** Auch sie können in Prozessen der Gesellschaft oder gegen die Gesellschaft nicht als Zeugen vernommen werden (vgl. Anm. 4 zu § 35; a. M. Brodmann Anm. 1, nach dem sie nicht gesetzliche Vertreter der GmbH. sind. Auf deren Seite läßt auch Brodmann, entsprechend der hier und in den übrigen Kommentaren vertretenen Ansicht, eine Beschränkung der Vertretungsmacht der stellvertretenden Geschäftsführer nicht zu, setzt sie also hierin den ordentlichen Geschäftsführern gleich). Für Anordnungen des Gerichts kommen nur Anm. 5.

§ 44. die ordentlichen Geschäftsführer in Betracht. Nur ihnen ist bei den Auflagen des Registerrichters die Ordnungsstrafe anzudrohen. Erst wenn diese verhindert sind, kann gegen die in Wirksamkeit tretenden stellvertretenden Geschäftsführer vorgegangen werden (KG. 23. 6. 11 BauersZ. 20, 29; KGJ. 21, 131). Ebenso wird nur der ordentliche Geschäftsführer zur Leistung des Offenbarungseides anzuhalten sein.

Anm. 6. 6. Auch ein Aufsichtsratsmitglied kann zum stellvertretenden Geschäftsführer bestellt werden, vgl. Anm. 46 u. 47 zu § 52 und KG. 12. 2. 00 KGJ. 20A, 49, RJA. 1, 5.

Anm. 7. 7. Analoge Bestimmungen finden sich in § 25 des österreichischen und Art. 31 des bulgarischen Gesetzes.

§ 45.

§ 45.

Die Rechte, welche den Gesellschaftern in den Angelegenheiten der Gesellschaft, insbesondere in bezug auf die Führung der Geschäfte zustehen, sowie die Ausübung derselben bestimmen sich, soweit nicht gesetzliche Vorschriften entgegenstehen, nach dem Gesellschaftsvertrage.

In Ermangelung besonderer Bestimmungen des Gesellschaftsvertrages finden die Vorschriften der §§ 46 bis 51 Anwendung.

Anm. 1. I. Auch die Gesellschafter als Gesamtheit sind Organ der Gesellschaft (vgl. hierzu die Ausführungen bei Neukamp-Becker Anm. 1). Ihre Rechte bestimmt der Gesellschaftsvertrag. Soweit er schweigt, tritt das Gesetz ein. Enthält dies zwingende Vorschriften, so ist der Gesellschaftsvertrag nicht zuständig. Daneben stehen dem einzelnen Gesellschafter Rechte zu. So der Anspruch auf Berufung der Gesellschafterversammlung (§ 50). Andere Rechte kann ihm der Gesellschaftsvertrag geben. Aber nur der Gesellschaftsvertrag. Nicht ein privatschriftlicher Vertrag zwischen den Gesellschaftern. Auch dann nicht, wenn alle Gesellschafter daran beteiligt sind (OLG. Hamburg 5. 7. 23, HansGZ. 1923, Hbl. Nr. 117). So das Recht auf Revision der Geschäftsführung, auf Büchereinsicht usw. Nur im ersteren Falle, bei der Tätigkeit der Gesellschaftergesamtheit, spricht man von der Führung der Geschäfte. Im zweiten handelt es sich um Rechte der Gesellschafter „in den Angelegenheiten der Gesellschaft".

Anm. 2. Die Rechte der Gesellschafter fließen aus der Mitgliedschaft. Andere Rechte als „in den Angelegenheiten der Gesellschaft" kann es nicht geben. Sonst wären es ja keine Rechte, „welche den Gesellschaftern zustehen". Rechte, die ein Gesellschafter wie ein Fremder besitzt, Drittrechte, übt er weder als Gesellschafter noch in Angelegenheiten der Gesellschaft aus. Für sie ist weder das Gesetz noch der Gesellschaftsvertrag maßgebend. Sie unterliegen nicht den Beschlüssen der Gesellschaft. Zu ihrer Verteidigung bedarf es keiner Anfechtung eines Gesellschafterbeschlusses. Ihre Wahrung geschieht im Wege des Zivilprozesses. Unerheblich ist die Beurkundung dieser Rechte. Auch die Einstellung in den Gesellschaftsvertrag macht sie nicht zu Rechten der Gesellschafter. So, wenn ein solcher zugleich ein Kapital als stiller Gesellschafter der Gesellschaft überläßt. Die hieraus fließenden Ansprüche auf einen Teil des Jahresgewinnes sind keine Ansprüche aus der Mitgliedschaft, sondern aus einem Separatvertrage.

Anm. 3. Ebenso sind Rechte gesellschaftsrechtlicher Art, die für einen Nichtgesellschafter begründet werden, nicht gleich den Mitgliedrechten zu behandeln. Sie werden durch den Gesellschaftsvertrag geschaffen. Das Gesetz aber kennt sie nicht. So, wenn bei Stimmengleichheit ein Vertrauensmann beider Gesellschafter den Gesellschafterbeschluß regelt. Dieser ist eine Einrichtung des Gesellschaftsvertrages. Er hat aber kein Stimmrecht. Der gemeinsame Wille der Gesellschafter schaltet ihn für einzelne Fälle wieder aus und beseitigt ihn völlig. Er kann diesen Beschlüssen nicht widersprechen. Sie sind seiner Anfechtung nicht unterworfen.

II. Das Hauptrecht der Gesellschafter ist, bei der Bildung des Willens als Einheit mitzuwirken. Die Gesellschafter haben ein Gesamtrecht, das nicht dem einzelnen, sondern nur der Verbindung aller zusteht. Die Mitwirkung bei der Führung der Geschäfte ist nicht dem einzelnen Gesellschafter, sondern nur den Gesellschaftern zusammen anvertraut. Es gibt Einzelrechte im Interesse des Einzelgesellschafters. Für die Gesamtinteressen kommen nur die Gesellschafter als Gesamtheit in Betracht. Sie haben einen Gesamtwillen zu bilden. § 45. Anm. 4.

1. Die Gesellschafter als Beschlußorgan. Sie sind nicht identisch mit der Gesellschaft. Wo das Gesetz „die Gesellschafter" nennt, meint es sie als Organ der Gesellschaft (§ 46ff., 53ff.). Das gleiche gilt von der Satzung. Doch kann hier die Auslegung ein anderes ergeben. So bei der Vorschrift, daß die Abtretung eines Geschäftsanteiles der Genehmigung der Gesellschafter bedarf. Es kann sich hier um ein Recht der einzelnen Gesellschafter handeln. Dann müssen alle zustimmen. Während das Aktienrecht nur die Generalversammlung kennt, in der die Rechte der Aktionäre sich verwirklichen, verlangt das GmbHGesetz nicht die Gesellschafterversammlung. Beschlüsse können auch ohne eine solche gefaßt werden (§ 48 Abs. 2). Anm. 5.

2. Die Führung der Geschäfte durch die Gesellschafter wirkt nur nach innen. Sie geben den Geschäftsführern Weisungen. Sie beschließen auch Rechtsgeschäfte. Aber sie vertreten die Gesellschaft niemals Dritten gegenüber. Vertretungsorgan sind die Geschäftsführer. Wenn der Gesellschaftsvertrag die Gesellschafter zum Abschlusse von Rechtsgeschäften mit Dritten berechtigt, so macht er sie hierdurch zu Geschäftsführern. Sie sind als solche zum Handelsregister anzumelden. Der Registerrichter kann einen solchen Gesellschaftsvertrag beanstanden. Er kann eine unzweideutige Erklärung fordern, daß die Gesellschafter Geschäftsführer sein sollen. Hat er die Gesellschaft eingetragen, so kann er die Anmeldung der Gesellschafter, welche die Gesellschaft vertreten, als Geschäftsführer erzwingen. Anm. 6.

Als Organ der Gesellschaft ordnen die Gesellschafter die inneren Verhältnisse. Ihre Beschlüsse sind für die Geschäftsführer bindend. Diese Rechtsakte sind dem Gesellschaftsrecht eigen und ohne Parallele im Rechte der Einzelpersonen. So der Beschluß der Dividendenverteilung, der Nachschußzurückzahlung, der Einforderung von Einlagerückständen usw. Hierher gehören aber auch die Fälle, in denen scheinbar die Gesellschafter ausnahmsweise Dritten gegenüber die Gesellschaft vertreten. So namentlich bei der Anstellung der Geschäftsführer. Auch diese ist, wie die Wahl eines Aufsichtsrates, nur ein Akt gesellschaftlicher Betätigung. Die Bestellung des Geschäftsführers ist mehr, ist ein anderes als ein Abschluß eines Dienstvertrages. Sie ist die Schaffung eines körperschaftlichen Organes, dessen die Gesellschaft bedarf und das hierdurch erst in ein Dienstverhältnis zur Gesellschaft tritt.

An der Geschäftsführung Dritten gegenüber können sich die Gesellschafter nur mittelbar beteiligen. Sie fassen Beschlüsse, welche auf die nach außen hervortretende Tätigkeit der Geschäftsführer einwirken, veranlassend oder hemmend, vorbehaltend oder genehmigend. Auch diese Tätigkeit ist eine Geschäftsführung. Nur darf man hier die Geschäftsführung nicht im Sinne einer Vertretung nehmen. Diese Beschlüsse sind für die Geschäftsführer und den Aufsichtsrat der Gesellschaft von Bedeutung. Sie werden hierdurch der Verantwortung gegenüber der Gesellschaft enthoben (vgl. hierüber Anm. 16 zu § 43). Für den Dritten sind sie gleichgültig. Auch wenn die Gesellschafter den Abschluß eines Kaufvertrages mit ihm gutheißen, so kann er, solange der Geschäftsführer ihn nicht vollzog, daraus keine Ansprüche ableiten (vgl. hierzu RG. 12. 5. 14 RGZ. 85, 46, ferner unten Anm. 8).

3. Jeder Beschluß der Gesellschafter ist ein Akt der Willensbildung. Während dieser Vorgang bei der physischen Person sich rein intern vollzieht, geschieht dies bei den juristischen Personen durch die Erklärung einer Reihe von Einzelwillen. Er steht daher schon in diesem Anm. 7.

§ 45. Stadium unter den Vorschriften des Gesetzes. Für jede den Gesamtwillen bildende Einzelerklärung gelten die Regeln über diese. Sie werden durch den besonderen Zweck derselben, die Schaffung eines körperschaftlichen Willens beeinflußt. Es gelten ferner die besonderen Bestimmungen des Körperschaftsrechtes über die Formen, in denen sich diese Willensbildung abspielt. Es gilt endlich für dieselbe der Rechtsgrundsatz, daß auch der Wille der Gesellschaft nicht gegen das Gesetz oder gegen die guten Sitten sein darf.

Anm. 8. Zu beachten ist stets, daß der Beschluß der Gesellschaft, wenn er auch durch einzelne Willenserklärungen zustande kam, noch keine Willenserklärung, sondern nur eine Willensbildung der Gesellschaft ist. Er ist, solange er nicht einem anderen erklärt ist, noch ebenso ein Internum der Gesellschaft wie der nicht erklärte Wille einer Einzelperson. Es kann also der Beschluß, solange er nicht durch die Erklärung anderen gegenüber rechtsunwirksam wurde, jederzeit wieder aufgehoben werden (RG. 14. 5. 03 LZ. 2, 701[35]). In welcher Weise sich diese Erklärung vollzieht, richtet sich nach dem Einzelfalle. Handelt es sich um ein Rechtsgeschäft mit einem Dritten, also außerhalb der gesellschaftlichen Rechtssphäre (oben Anm. 6), so hat der Geschäftsführer namens der Gesellschaft die Erklärung abzugeben. Bei Willenserklärungen der Gesellschaft gegenüber ihren Organen (Geschäftsführer, Liquidator, Aufsichtsrat) oder Gesellschaftern als solchen liegt auch die Erklärung den Gesellschaftern als Organ der Gesellschaft ob. Dies kann bei Anwesenheit des anderen Beteiligten in der Gesellschafterversammlung durch diese selbst erfolgen. Der Vorsitzende ist zur Abgabe solcher Erklärungen berechtigt. Es gehört dies noch mit zu der Leitung der Versammlung. Die Erklärung kann auch stillschweigend geschehen. Wenn ein Geschäftsführer der Abstimmung über die Verlängerung seines Vertrages oder die Erhöhung seines Gehaltes oder seine Entlassung anwohnt, so hätte es keinen Sinn zu fordern, daß ihm dieser Beschluß nochmals eröffnet werde. War er während der Beschlußfassung abgetreten, so bedarf es bei seinem Wiedereintritt der Mitteilung durch den Vorsitzenden. Es gelten die Rechtsgrundsätze über die Erklärungen unter Anwesenden. Eine Mitteilung, die ein Gesellschafter dem Geschäftsführer ohne Auftrag der Gesellschafter über deren Beschlüsse macht, ist keine Willenserklärung. Ist die Möglichkeit einer solchen sofortigen Eröffnung nicht gegeben, so kann die Gesellschafterversammlung den Willen der Gesellschaft nicht erklären. Sie ist nur, solange sie versammelt ist, Organ. Sie muß daher eine bestimmte Person mit der Ausführung des Beschlusses beauftragen. Soweit es sich nicht um Beschlüsse gegenüber dem Geschäftsführer oder Liquidator dreht, sind diese berechtigt, die Erklärungen der Gesellschaft auch in Angelegenheiten derselben gegenüber anderen Organen oder einzelnen Gesellschaftern zu erklären. So hat der Geschäftsführer dem neuernannten Aufsichtsrate seine Wahl mitzuteilen. Er hat dem Gesellschafter zu eröffnen, daß die Gesellschaft kraft des Gesellschaftsvertrages wegen seiner Verletzung desselben die Einziehung seines Geschäftsanteils beschlossen hat.

Beschlüsse der Gesellschaft, welche nicht bestimmten einzelnen gegenüber, sondern für alle Gesellschafter wirksam werden sollen, bedürfen keiner solchen Erkärung. Soweit es sich um Abänderungen des Gesellschaftsvertrages handelt, sind sie, um wirksam zu sein, dem Handelsregister zu übergeben und einzutragen. Auch diese sind daher bis zu diesem Zeitpunkt interne Vorgänge, die wieder beseitigt werden können, allerdings nur auf demselben Wege, wie sie gefaßt wurden.

Anm. 9. 4. Jede Abstimmung ist eine **Willenserklärung des einzelnen Gesellschafters.** Sie muß daher als solche gültig sein. Sie ist eine einseitige empfangsbedürftige Erklärung. Empfängerin ist die Gesellschaft. Findet die Abstimmung in einer Versammlung der Gesellschafter statt, so ist der andere Teil die Gesamtheit der übrigen Gesellschafter. Bei schriftlicher Abstimmung vertritt der Geschäftsführer die Gesellschaft. Wenn die Abstimmung des einzelnen Gesellschafters an einem Mangel leidet, der der individualrechtlichen Erklärung ihre Wirkung entzieht, so verliert sie auch im Gebiete des Gesellschaftsrechtes ihre Gültigkeit. Ein Geisteskranker ist hier wie dort geschäftsunfähig. Der Minderjährige stimmt nur durch seinen gesetzlichen Vertreter oder mit dessen Genehmigung. Wirkungslos ist die Abstimmung des vollmachtlosen Vertreters (vgl. hierüber Näheres Anm. 13 zu § 47). **§ 45.**

Eine **Form** ist für die Abstimmung nur dann vorgeschrieben, wenn sie ohne Gesellschafterversammlung erfolgt. Sie hat dann schriftlich zu geschehen (§ 48 Abs. 2; vgl. Einleitung zu § 47). In der Gesellschafterversammlung ist jede Art der Willenserklärung zulässig. Sie kann ausdrücklich und stillschweigend erfolgen. Auch hier ist die Verkehrssitte maßgebend. Ein Vertragsabschluß zwischen zwei Gesellschaftern, deren einer zugleich die übrigen Gesellschafter vertritt, kann gleichzeitig einen Gesellschafterbeschluß darstellen (RG. 28. 1. 19, Recht 1919 Nr. 1195, RundschGmbH. 1919, 133). Das Schweigen allein wird auch hier nur dann zu einer Erklärung, wenn der Gesellschafter zum Reden verpflichtet erscheint, um den gegenteiligen Willen auszudrücken. Es wird das der Fall sein, wenn der Versammlungsleiter diejenigen, welche gegen den Antrag sind, auffordert, sich zu erheben. Aber ebenso können andere Umstände dem passiven Verhalten eine positive Bedeutung beilegen. Je kleiner die Zahl der Gesellschafter, desto formloser pflegt es herzugehen. Aus der Erörterung hat sich oft schon der Wille der Gesellschafter gezeigt. Die Bemerkung des Versammlungsleiters, daß man nach Erledigung des behandelten Punktes zum nächsten übergehe, ja diese Tatsache allein kann schon genügen, um die Zustimmung der Gesellschafter zu dem besprochenen Gegenstande festzustellen. Teilt der Geschäftsführer ein von ihm abgeschlossenes Geschäft den Gesellschaftern mit, so liegt in dem Anhören allein noch kein Beschluß der Genehmigung (Wenck, Grundlagen des Rechts der Einberufung einer Generalversammlung, 46). Es kann aber der Fall sein, wenn die Mitteilung nicht nur zur Kenntnis, sondern zur Billigung geschieht. Dann kann ein Schweigen und Weitergehen die Zustimmung enthalten. Der Gesellschaftsvertrag kann auch für die Versammlung eine Form für die Abstimmung vorschreiben. So namentlich Schriftlichkeit in Verbindung mit geheimer Stimmabgabe. Oder mündliche aber ausdrückliche Erklärung zu Protokoll. Es kann dies für alle Beschlüsse oder für bestimmte Einzelfälle (Wahlen, Anstellung von Geschäftsführern usw.) vorgesehen sein. Die Gesellschafterversammlung ist daran gebunden. Sie kann nur einstimmig davon absehen (vgl. unten Anm. 16). Jeder Gesellschafter hat ein Recht darauf, daß die vorgeschriebenen Formen gewahrt werden. Fehlt es an einer solchen Bestimmung, so entscheidet die Gesellschafterversammlung. Der Leiter hat nur ein Vorschlagsrecht. In der Erklärung, wie er abstimmen lassen wolle, liegt keine die Gesellschafter bindende Verfügung. Widerspricht ein Gesellschafter, so muß ein Beschluß der Versammlung eingeholt werden. Wird dies versagt, so wird der nach Maßgabe der Anordnung des Versammlungsleiters erfolgende Beschluß anfechtbar.

Der Gesellschaftsvertrag kann für Beschlüsse ohne Versammlung die gesetzliche Form aufheben. Ist dies allgemein erfolgt, so kann der Geschäftsführer im persönlichen Besuche die Stimmen entgegennehmen. Er kann die Gesellschafter telefonisch anrufen. Es kann auch eine stillschweigende Willenserklärung erfolgen. Bei einer kleinen Zahl von Gesellschaftern kann dies häufig der Fall sein. Namentlich auch dann, wenn beide Gesellschafter auch Geschäftsführer sind. **Anm. 9a.**

Beruht die Abstimmung auf einem wesentlichen Irrtum (§ 119 BGB.), glaubte der Gesellschafter über einen anderen Gegenstand zu stimmen, als ihm vorgelegt war, oder war er durch Betrug oder Drohung zu dieser Stimmabgabe veranlaßt worden, so ist er berechtigt, auch diese Willenserklärung anzufechten. Anfechtungsgegner ist hier die Gesellschaft, nicht die anderen Gesellschafter. Denn nicht diesen gegenüber war die Erklärung erfolgt. Die Täuschung muß durch den Empfänger der Erklärung verübt worden sein. In der Gesellschafterversammlung also durch die anderen Gesellschafter. Man denke besonders an die Fälle, in denen nur wenig Gesellschafter vorhanden sind. Dagegen genügt hier nicht eine Täuschung durch den Geschäftsführer. Er ist in diesem Falle ein Dritter im Sinne des § 123 Abs. 2. Wer für die Einforderung von Nachschüssen stimmte, kann seine Stimme nicht ungeschehen machen, weil er eine falsche Auskunft über die Lage der

§ 45. Gesellschaft vom Geschäftsführer erhalten hatte. Anders, wenn die anderen Gesellschafter die Täuschung kannten oder kennen mußten (§ 123 Abs. 2 Satz 1 BGB.). Dazu gehört, daß sie von der falschen Auskunft und deren Einwirkung auf die Gesellschafter Kenntnis haben und sie fahrlässig passieren lassen. Anders auch bei schriftlicher Abstimmung (vgl. Anm. 13ff. zu § 48). Bei Beschlüssen, welche eine Erhöhung des Stammkapitals betreffen (§ 55), muß die Anfechtung der Abstimmung wegen Irrtum, Täuschung und Zwang wie bei der Gründung (Anm. 34 zu § 2) ausgeschlossen sein. Das Rechtsprinzip ist hier das gleiche. Dagegen läßt sich dies nicht generell für alle Änderungen des Gesellschaftsvertrages sagen. An deren Aufrechterhaltung hat die Außenwelt kein Interesse.

Anm. 10. Die Abstimmung muß **ohne Bedingung und ohne Vorbehalt** (vgl. Anm. 39 zu § 2) erfolgen (a. M. Brodmann Anm. 1 zu § 47). Eine Willensbildung ist nicht möglich, wenn eine der hierzu dienenden Erklärungen erst bei Eintritt eines künftigen Ereignisses wirksam wird. Es ist daher nicht zulässig, daß ein Gesellschafter, der gegen die Abhaltung der Versammlung war, weil die Fristen und Formen der Einladung nicht gewahrt sind, unter Vorbehalt seiner Anfechtung für den Antrag der Geschäftsführer stimmt. Er will diesen Beschluß unter der Bedingung, daß er nicht gelten solle, wenn er mit der Anfechtung durchdringe. Eine solche Stimmabgabe ist unwirksam. Der Vorsitzende in der Gesellschafterversammlung kann sie sofort zurückweisen. Wird sie nicht beanstandet, so kann die Stimme nachträglich durch Verzicht auf Vorbehalt und Bedingung wirksam werden. Es gilt dasselbe wie bei der Gründung der Gesellschaft (Anm. 39ff. zu § 2).

War die Erklärung des Gesellschafters nichtig oder unwirksam, oder wurde sie mit Erfolg angefochten, so fällt die Stimme dieses Gesellschafters fort. Ob dies auf den Beschluß von Einfluß ist, hängt davon ab, ob auch ohne diese Stimme die erforderliche Anzahl von Stimmen vorliegt. Je kleiner die Zahl der Gesellschafter, desto größer ist der Einfluß, den die Unwirksamkeit einer Abstimmungserklärung hat. Man vergegenwärtige sich, daß auch eine GmbH. aus zwei Gesellschaftern bestehen kann. Dann wird die Bedeutung der Abstimmung als Einzelerklärung erst recht verständlich. Fehlt es durch den Wegfall einer Stimme an der zur Mehrheit erforderlichen Anzahl, so wird der Beschluß als Willensbildung hinfällig. In all den Fällen, in denen eine Willenserklärung einem anderen gegenüber nicht statt hat, also auch bei allen Beschlüssen, welche den Gesellschaftsvertrag und seine Ausführung betreffen, wird ohne weiteres jede Wirkung des Beschlusses zu verneinen sein. Der Registerrichter hat, sobald es ihm bekannt wird, für die Löschung von Amts wegen zu sorgen. Es kann jeder Gesellschafter im Wege der Klage die Unwirksamkeit des Beschlusses feststellen lassen. Man denke an die Genehmigung der Bilanz, an die Beschlüsse über Dotierung von Reserven usw.

Anm. 11. Anders aber, wenn eine **Willenserklärung der Gesellschaft** gegenüber einem anderen in Ausführung des Beschlusses erfolgte. Handelt es sich um ein Rechtsgeschäft mit einem Dritten, der also weder als Organ noch als Mitglied der Gesellschaft in Betracht kommt, so ist zweifellos das mit diesem getätigte Rechtsgeschäft nur nach der Willensbeschaffenheit des für die Gesellschaft handelnden Geschäftsführers zu beurteilen. Wenn auch der Gesellschafterbeschluß, welcher den Geschäftsführer zum Abschluß eines Vertrages über eine Immobilie ermächtigt, ungültig ist, so berührt dies die Gültigkeit des Kaufvertrages selbst nicht. Ene Anfechtung wegen Irrtums ist nur gegeben, wenn der Geschäftsführer im Irrtum war. Sie ist versagt bei seiner Kenntnis des Sachverhaltes, auch wenn ein Gesellschafter seine Zustimmung wegen wesentlichen Irrtums anficht. Auch wenn der Geschäftsführer sich ausdrücklich die Genehmigung der Gesellschafter vorbehält, sie also zur Bedingung machte, beeinflußt die Unwirksamkeit des Gesellschafterbeschlusses die Wirksamkeit des Rechtsgeschäftes nicht mehr, wenn die Zustimmung dem Dritten bereits mitgeteilt ist.

Anm. 12. Dreht es sich **um eine Willenserklärung der Gesellschafter selbst,** gegenüber einem Organe der Gesellschaft oder einem Gesellschafter, der als solches handelt, so steht auch diese Erklärung des Gesamtwillens unter den Regeln des BGB. Die Willensbeschaffenheit der Einzelerklärung tritt hier zurück. Wenn die Gesellschafter den Geschäftsführer, den sie gewählt haben, in einem Vertrage anstellen, so kann nicht mehr eine Untersuchung, ob jede Einzelerklärung bei der Wahl wirksam war, angestellt werden. Die Willenserklärung erfolgt als Ausführung des gefaßten Beschlusses durch die Gesamtheit und in deren Namen (oben Anm. 5), also auch der überstimmten Gesellschafter. Der von der Mehrheit gebildete Wille ist für alle Mitglieder maßgebend. Es ist daher die Erklärung der Gesamtheit stets scharf zu trennen von der Beschlußfassung. Die Mitwirkung willensunfähiger oder in der Geschäftsfähigkeit beschränkter oder nicht ordnungsgemäß vertretener Personen ist für den Gegenkontrahenten unerheblich, sofern nur überhaupt willens- und erklärungsfähige Gesellschafter bleiben. Es kann also die Bestellung oder Entlassung des Geschäftsführers nicht deshalb für unwirksam erklärt werden, weil bei der Beschlußfassung der drei Gesellschafter mit gleicher Stimmenzahl einer dagegen stimmte, von den beiden anderen einer geisteskrank war. Die auf den Mehrheitsbeschluß gestützte Erklärung ist durch zwei gesunde Gesellschafter erfolgt. Eine Anfechtung der Erklärung der Gesellschafter wegen Irrtums usw. ist nur möglich, wenn die Gesellschafter als Organ der Gesellschaft sich in einem wesentlichen Irrtum befanden oder durch Betrug hierzu veranlaßt waren. Es können solche Fälle mit der Anfechtung einer Einzelerklärung bei der Abstimmung zusammenfallen. Sie müssen es nicht. Denn bei dieser ist es immer nur der einzelne Gesellschafter, der den Irrtum oder Betrug dartut. Hier handelt es sich um die Gesellschafter als Gesamtheit. Das Kollegium muß sich in einem Irrtum befunden haben, durch Täuschung zur Abgabe der Erklärung bestimmt worden sein. Hierbei kommen stets wieder alle Gesellschafter in Betracht, auch die in der Minderheit gebliebenen. Die Erklärung geht ja auch von ihnen, wenn auch durch den Willen der Mehrheit gezwungen, aus. Wenn ein Geschäftsführer angestellt wird, in Unkenntnis seiner Vorstrafe wegen betrügerischen Bankrotts, so kommt dieser Irrtum über eine wesentliche Eigenschaft seiner Person für alle Beteiligten, auch die aus anderen Gründen gegen ihn waren, in Betracht. Das Kollegium als solches befindet sich nicht nur dann in einem Irrtum, steht unter der Wirkung einer Täuschung oder eines Zwanges, wenn dies bei allen Mitgliedern zutrifft. Nach dem die Beschlußfassung beherrschenden Mehrheitsprinzip muß es genügen, wenn dieses Moment bei der Mehrheit vorhanden ist. Man nehme bei dem obigen Beispiel an, daß von den für die Anstellung des vorbestraften Geschäftsführers stimmenden Gesellschaftern einer mit 10 Stimmen dessen Vergangenheit kannte, der andere mit 5 Stimmen nicht, und daß diese auch der Minderheit mit zusammen 10 Stimmen unbekannt war. Dann bleibt für die Anfechtung wegen Irrtums wieder eine Mehrheit von 15 gegen 10 Stimmen. Zu betonen ist, daß dieses Stimmenverhältnis nur für die Feststellung, ob sich das Kollegium im Irrtum befand, erheblich ist. Die Beschlußfassung, ob von dem Anfechtungsrechte Gebrauch zu machen ist, untersteht den allgemeinen Vorschriften. Wenn die Mehrheit der über die Anfechtung Abstimmenden sie ablehnt, so unterbleibt sie, auch wenn sich hierbei andere Gesellschafter als bei der ersten Beschlußfassung beteiligen. Andererseits ist es zur Anfechtung wegen Irrtums hinreichend, sobald die einfache Mehrheit sich in solchem befand, auch wenn für den Beschluß eine qualifizierte Mehrheit vorgeschrieben ist. Dies kann in den hier interessierenden Fällen durch den Gesellschaftsvertrag geschehen sein. Die Anfechtung wegen Irrtums und Täuschung ist die des Zivilrechtes durch einfache Erklärung des Anfechtungswillens gegenüber den anderen Beteiligten. Eine Anfechtung des Beschlusses selbst im Wege der Anfechtungsklage kraft Gesellschaftsrechtes (unten Anm. 16) liegt nicht vor. Der Irrtum bei der Erklärung der Gesamtheit der Gesellschafter als Kollegium erzeugt noch kein Recht eines Gesellschafters, den Beschluß anzufechten. Er kann für sich seine eigene Erklärung bei der Abstimmung wieder vernichten. Er kann aber nicht die anderen Gesellschafter, selbst wenn und soweit sie im Irrtum waren, zwingen, dies für die namens der Gesellschaft abgegebene Erklärung zu tun. **§ 45.**

Zur Anfechtung berechtigt ist die Gesellschaft. Ausgesprochen wird sie durch das hierzu zuständige Organ. Das sind gegenüber dem Geschäftsführer, sofern kein Auf- **Anm. 13.**

§ 45. sichtsrat besteht, und ebenso gegenüber dem Aufsichtsrate nur die Gesellschafter als Kollegium, ausnahmsweise die Geschäftsführer. So gegenüber dem ehemaligen Geschäftsführer, wenn dieser z. B. durch Täuschung die Einwilligung der Gesellschafter zu einer vorzeitigen Aufhebung seines Vertrages mit Zahlung einer Entschädigung erlangt hatte. Die Anfechtungsfrist für die Gesellschaft im Falle des Irrtums kann erst beginnen, wenn die Gesellschafter wieder als Kollegium versammelt sind. Vorher haben sie keine Möglichkeit einer Willensäußerung. Es liegt daher auch kein schuldhaftes Zögern vor. Liegt die Anfechtung dem Geschäftsführer ob, so beginnt die Frist mit dessen Kenntnis. Es ist Frage des konkreten Falles, ob ein schuldhaftes Zögern vorliegt, wenn der Geschäftsführer vor Abgabe seiner Anfechtung die Gesellschaft befragt. Es wird dies bei Fällen von Wichtigkeit für die Gesellschaft in der Regel zu verneinen sein. Ist es seine Pflicht, vor dem Abschluß erheblicher Geschäfte die Gesellschafter zu hören, so muß dies auch für die Anfechtung der Erklärungen der Gesellschafter selbst gelten.

Anm. 14. Das über die Anfechtung der Willenserklärung der Gesellschafter wegen Irrtums Ausgeführte gilt entsprechend in den Fällen, in denen der **Irrtum ohne Anfechtung** von Bedeutung wird. Das ist beim Vergleich infolge irriger Annahme des als feststehend zugrunde gelegten Rechtsverhältnisses der Fall. Der Vergleich ist unwirksam (§ 779 BGB.). Das trifft bei der Leistung einer Verbindlichkeit und dem positiven oder negativen Anerkenntnis zu (§ 814, § 812 Abs. 2 BGB.). Der Irrtum über das Bestehen oder Nichtbestehen der Schuld macht Erfüllung wie Anerkennung widerruflich. Einer der praktisch bedeutsamsten Fälle ist die Entlastung der Geschäftsführer. Die Unkenntnis von Rechtsansprüchen macht sie hinfällig. (Näheres zu § 46.) Die Unkenntnis muß bei der Mehrheit der Gesellschafter vorliegen. Ist sie nur bei einem Gesellschafter mit einer Mehrheitstimme vorhanden, so schadet sie nicht. Anderenteils kommen stets wieder alle Gesellschafter, die der Mehrheit und der Minderheit, in Betracht.

Anm. 15. 5. Jeder Beschluß hat das vom Gesetze vorgeschriebene **Verfahren** zu beachten. Die Willensbildung der Gesellschaft steht in vollem Gegensatze zu der des Individuums unter der Aufsicht des Gesetzes. Hierher gehört die ganze Kette der Vorschriften von der Einladung zur Gesellschafterversammlung bis zur Protokollierung der Beschlüsse, die Bestimmungen über die nötige Stimmenzahl und über Unzulässigkeit der Stimmabgabe im Einzelfalle.

Verstößt der Beschluß gegen eine Vorschrift von Gesetz oder Gesellschaftsvertrag, so ist er unwirksam. Aber diese Unwirksamkeit ist eine verschiedene. Handelt es sich um eine zwingende, keiner Abänderung durch die Festsetzungen der Beteiligten fähige Vorschrift des Gesetzes, so ist jeder hiergegen verstoßende Beschluß der Gesellschaft **nichtig**. Der § 134 BGB. findet auch hier Anwendung (vgl. auch Anm. 2 zu § 41). Solche Beschlüsse dürfen von den Geschäftsführern nicht als gültig behandelt werden. Sie führen sie bei eigener Verantwortung aus. Der Registerrichter muß die Eintragung des Beschlusses, der eine Änderung des Gesellschaftsvertrages darstellt, ablehnen. Jeder Gesellschafter kann den Beschluß als nichtig behandeln (vgl. oben Anm. 10). Er weigert seine Beachtung. Jeder Dritte darf die Wirksamkeit bestreiten. Es gibt in diesen und ähnlichen Fällen weder einen Verzicht noch eine Bestätigung. Es gibt auch keinen Beschluß der Heilung. Das ganze Beschlußverfahren muß wiederholt werden. Es bedarf eines erneuten Beschlusses (§ 141 Abs. 1 BGB.). Solche nichtige Beschlüsse werden auch nicht durch die Eintragung zum Handelsregister geheilt. Auch wenn der Richter den Mangel übersieht, ist und bleibt dieser Beschluß nichtig. Ein eingetragener Beschluß kann gemäß § 144 Abs. 2 FGG. von Amts wegen gelöscht werden. Wird ein bereits eingetragener Beschluß gültig wiederholt, so bedarf es einer nochmaligen Anmeldung, aber keiner nochmaligen Eintragung zum Handelsregister. Noch weniger kann dann der eingetragene Beschluß, wenn eine solche Bestätigung vorliegt, von Amts wegen auf Grund der §§ 142, 144 FGG. gelöscht werden. (Beschluß des KG. 28. 11. 04 ZBlFG. 6, 86 und KGJ. 28A, 229; vgl. auch Anm. 56 zu § 2 und Anm. 10 zu § 7.)

Eine Nichtigkeit wegen Mangels im vorgeschriebenen Verfahren ist nur § 45.
anzunehmen, wenn infolge des Verstoßes überhaupt kein Beschluß vorliegt. Das ist Anm. 15a.
einmal der Fall, wenn es an der Gesellschafterversammlung fehlt. Wenn sich zwei Gesellschafter ohne Einladung zusammenfinden, so können sie ohne den fehlenden Dritten überhaupt keinen Beschluß fassen (Anm. 10 zu § 51). Keine Einladung ist eine solche, die von einer hierzu nicht befugten Person, etwa einem Gesellschaftsgläubiger, ausgeht. (RG. 25. 2. 11 RGZ. 75, 239.) Ebenso eine, bei der es an der Angabe von Ort oder Zeit fehlt. Dagegen nicht, wenn ein nach dem Gesellschaftsvertrag unstatthafter Ort oder eine nach der Verkehrssitte unzulässige Zeit (z. B. Sonntag) gewählt ist. (Wenck, Grundlagen des Rechts der Einberufung einer Generalversammlung, 48, 49, vgl. Anm. 2 zu § 51.) Solche Mängel in der Einladung führen nur zur Anfechtbarkeit. Ebenso auch, wenn ein einzelner Gesellschafter nicht eingeladen oder zur Teilnahme an der Versammlung nicht zugelassen wurde (vgl. § 271 Abs. 3 Satz 1 HGB.). In all diesen und ähnlichen Fällen ist stets eine Gesellschafterversammlung vorhanden. Dem Fehlen der Gesellschafterversammlung steht die Vornahme einer schriftlichen Abstimmung gleich, soweit sie nicht durch Gesetz oder Gesellschaftsvertrag zugelassen ist. Ein Mehrheitsbeschluß, gefaßt auf Umfrage des Geschäftsführers, ohne daß der Gesellschaftsvertrag die schriftliche Abstimmung unbedingt einführt (Anm. 13 zu § 48), ist nichtig. Ebenso eine telefonische Stimmabgabe, wenn zwar die Abstimmung ohne Versammlung, aber nicht in dieser Weise gestattet ist. Die Verletzung der Vorschrift des Gesellschaftsvertrages, der zwar allgemein schriftliche Abstimmung kennt, aber jedem Gesellschafter das Recht gibt, statt derselben die Beschlußfassung in einer Versammlung zu fordern, macht den trotzdem gefaßten Beschluß nur anfechtbar. Kein Beschluß liegt zum anderen vor, wenn eine Abstimmung nicht stattfand. So, wenn ein Gesellschafter allein erklärte, daß in der von ihm befohlenen Weise verfahren werden müsse. Es wird freilich in solchen Fällen zu prüfen sein, ob nicht in dem Schweigen der anderen Gesellschafter ein Abstimmen liegt. Es kann auch in dieser Weise erfolgen (vgl. oben Anm. 9 und Anm. 1 zu § 47). Ebenso ist im konkreten Falle festzustellen, ob diese Abstimmung wegen Zwanges anfechtbar ist. In dem gebieterischen Auftreten eines Gesellschafters allein liegt eine Drohung noch nicht. Ein Beschluß ist endlich auch dann nicht vorhanden, wenn es an der gesetzlichen Mehrheit fehlt. Es genügt nicht, daß die Form des Beschlusses gewahrt ist, und daß der Vorsitzende das Ergebnis der Abstimmung für gültig erklärt (a. M. RG a. a. O. für die Aktiengesellschaft). Es liegt auch hier nur ein Scheinbeschluß vor. Zur Willensbildung der Gesellschaft gehört die vorgeschriebene Mehrheit. Eine Minderheit kann nie den Willen der Gesamtheit aussprechen. Die vorgeschriebene Mehrheit ist dann nicht vorhanden, wenn zu ihrer Bildung Gesellschafter gerechnet wurden, die die Geschäftsanteile ohne die gesetzliche oder notarielle Beurkundung übertragen erhielten (OLG. Karlsruhe 21. 12. 12 BadRspr. 15, 159). Unwesentlich ist auch die Verkündung des Ergebnisses durch den Vorsitzenden. Es ist nicht richtig, daß es der sicheren und unzweifelhaften Feststellung von autoritativer Seite darüber bedarf, was als Beschluß der Versammlung anzusehen sei (R. Fürst LZ. 1912 [6] 512). Es mag zur Erkenntnis der Sachlage wertvoll sein. Rechtlich erheblich ist diese Erklärung des Vorsitzenden nicht. Er kann weder rechtlich entscheiden, daß die einfache Mehrheit genüge, noch tatsächlich bewirken, daß die vorgeschriebene Mehrheit von dreiviertel vorliege, während es an ihr fehlt. Es bedarf keiner Anfechtung dieser Erklärung, noch gibt es eine solche. Die Frage ist bei der GmbH. nicht von so weittragender Bedeutung wie bei der AG. Die Anfechtung ist hier nicht befristet (unten Anm. 31). Aber die Gesellschaftsverträge nehmen immer häufiger die aktienrechtliche Monatsfrist auf. Erheblich ist auch die Frage für den Registerrichter. Es darf ihm weder zugemutet noch gestattet werden, eine Änderung des Gesellschaftsvertrages, die nur mit einfacher Mehrheit beschlossen ist oder die Bestellung eines Geschäftsführers durch die Minderheit einzutragen. Es folgt aus der hier vertretenen Ansicht weiter, daß, wenn eine einzelne Abstimmung ungültig ist und wenn es hierdurch an der gesetzlich verlangten Mehrheit fehlt, der Beschluß selbst nichtig ist. Ist er bereits einge-

§ 45. tragen, so ist er wieder zu löschen. Es bedarf stets einer erneuten gültigen Abstimmung. Alle andern Verstöße gegen die Vorschriften über die Abstimmung machen den Beschluß nur anfechtbar (oben Anm. 1 und Einleitung zu § 47). Dazu gehört nicht nur die unstatthafte Versagung der Stimmabgabe selbst, etwa bei unrichtiger Auslegung des § 47 Abs. 4 GmbHG. Es fallen auch alle Vorbereitungshandlungen in der Versammlung darunter, alle verhandlungsleitenden Verfügungen des Vorsitzenden und alle Beschlüsse der Gesellschafter, die sich auf diese Beratungen beziehen. Auch die Versagung des Wortes (vgl. unten Anm. 29) macht den unter solchen Umständen gefaßten Beschluß nicht nichtig. (Fürst LZ. 1912 [6], 508; a. M. Ritter DJZ. 1911, 641. Der Hinweis Fürsts auf die zu Unrecht verweigerte Zulassung zur Generalversammlung der AG. und deren Folgen erscheint durchgreifend.)

Anm. 16. Überall wo nur ein Verstoß gegen eine dispositive Vorschrift des Gesetzes oder gegen eine lediglich auf dem Gesellschaftsvertrage beruhende vorliegt, ist dieser Beschluß nicht nichtig. Er ist nur **anfechtbar** (OLG. Frankfurt 3. 3. 09 Recht 1909, 1058). Er untersteht der Anfechtungsklage. Staub (erste Auflage Anm. 12 S. 265) sah in dieser nur eine Feststellungsklage, „die nicht erst die Rechtsungültigkeit des Beschlusses bewirkt". Es wurde unter Wahrung dieses „theoretischen Bedenkens" der Übung der Praxis entsprechend für diese Feststellungsklage der Ausdruck Anfechtungsklage gebraucht. Dann aber wurden aus der Natur als Feststellungsklage die Folgerungen gezogen (Anm. 17, 23 u. 24). Diese Ansicht ist nicht haltbar. Schon daß die Praxis einen besonderen Namen für diese Klage schafft, sollte bedenklich machen. Vor allem aber würde dadurch der ganze auch von Staub betonte Unterschied zwischen verzichtbaren und unverzichtbaren Vorschriften wieder aufgehoben. Die „an sich bestehende Ungültigkeit" ist eben die Nichtigkeit. Nur für diese kennt unser Rechtssystem die negative Feststellungsklage. Wo diese Nichtigkeit nicht durch das Gesetz eingeführt ist, verlangt es eine Reaktion der Personen, deren Rechte oder Interessen verletzt sind. Schweigen diese, so liegt auch für das Recht kein Anlaß vor, diesen Verstoß zu beachten. Es wird auch keinem Dritten gestattet sein, sich dessen zu bedienen, um seine Rechtslage zu verbessern. Es kann in solchen Fällen der Registerrichter keine Eintragung ablehnen. Der Geschäftsführer kann nicht die Ausführung weigern. Diese Beschlüsse müssen also gültig sein, solange nicht durch die Berechtigten ihre Aufhebung erzwungen wurde. Diese Anfechtung der Beschlüsse der Gesellschaft ist allerdings nicht identisch mit der Anfechtung der Willenserklärung der Einzelperson (§§ 119ff., § 142 BGB., oben Anm. 12). Es handelt sich dort zwar auch um eine Reaktion gegen eine Willenserklärung, deren Entstehung mit Mängeln behaftet ist. Sie unterscheidet sich aber von der Anfechtung des Beschlusses, daß diese ein Akt des Gesellschaftsrechtes ist, der gültige Einzelerklärungen voraussetzt. Es hätte hier das Gesetz ebenfalls eine Anfechtung durch die einfache Anfechtungserklärung einführen können. Das ist nicht geschehen. Es bedarf daher einer Verfolgung der Rechte der durch den Beschluß verletzten Gesellschafter im Wege der Klage. So auch das österr. Ges. § 41 Abs. 1. (Zustimmend Flechtheim, Das Urteil auf Ungültigkeitserklärung eines Generalversammlungsbeschlusses. Festschrift für Zitelmann, 4ff.)

Der Ausgangspunkt für diese ist der auch für das frühere Aktienrecht, solange nicht durch die Novelle vom 18. Juli 1884 die Anfechtungsklage in den Art. 190a und 122 des alten HGB. gesetzlich geregelt war, bestimmende Grundsatz, daß die Gesellschaft ihren Gesellschaftern gegenüber verpflichtet ist, die auch nicht zwingenden gesetzlichen und statutarischen Vorschriften zur Geltung zu bringen und zu befolgen. Der Gesellschaftswille muß sich entsprechend dem Gesetz und Statut betätigen (ROHG. 23, 273; 25, 310; RG. 3, 126). Dieses Recht verfolgt jeder Gesellschafter im Wege der Klage. Er greift den Beschluß an, weil er in Verletzung dieses seines Rechtes gefaßt wurde. Er verlangt, daß er für unwirksam erklärt werde. Eine solche Anfechtungsklage ist in unserem Gesetze nicht ausdrücklich ausgesprochen. Sie wurde aber schon in den Motiven (S. 27) als den allgemeinen Rechtsgrundsätzen entsprechend bezeichnet. Sie wird auch in der Praxis unbeanstandet zugelassen (vgl. die Kommentare von Neukamp-Becker, Förtsch, Liebmann § 45. Anm. 5 und die Urteile des RG. 49, 145 und des OLG. Hamburg 11. 6. 01 OLGR. 3, 66; ferner RG. 9. 10. 14 RGZ. 85, 311, JW. 1915, 95; Recht 1915, Nr. 104/6 BauersZ. 22, 134, 203 RundschGmbH. 1915, 68 und OLG. Cassel 23. 6. 13 BauersZ. 21, 184). Sie hat ihre Stütze sowohl in dem erwähnten Zustande des Aktienrechtes vor 1884 als in der Auffassung des BGB. von der Anfechtung der Beschlüsse der Vereine (vgl. Prot. z. BGB. I 536ff. An dieser Stelle ist allerdings die Feststellungsklage als Hilfsmittel bezeichnet. Das ist wieder in die Kommentare übergegangen).

Alle Verstöße gegen das Verfahren der Beschlußfassung, soweit sie keine Nichtigkeit **Anm. 16a.** hervorrufen (oben Anm. 15 und 15a), können nur die Anfechtung zur Folge haben. So alle Mängel in der Einladung, falls nur eine solche überhaupt vorliegt. Zum Beispiel eine mißverständliche oder nicht hinreichend substantiierte Angabe der einzelnen Punkte der Tagesordnung (RG. 3. 2. 17 RGZ. 39, 367). So alle Verstöße gegen die Vorschriften über die Art der Abstimmung (oben Anm. 9), über die Zulassung von Gesellschaftern, die von der Abstimmung durch Gesetz oder Statut ausgeschlossen waren usw. Wird vor der Abstimmung dem unzulässigen Verfahren zugestimmt, so liegt darin ein Verzicht auf die Rüge des Verstoßes (OLG. Karlsruhe 17. 6. 08 BadRpr. 08, 293). In der vorbehaltlosen Unterzeichnung eines über Versammlung und Beschlüsse aufgenommenen Protokolls ist regelmäßig ein solcher Verzicht zu erblicken (RG. 27. 6. 13, Recht 1913, 2641, LZ. 1913, 857[34], BauersZ. 21, 129). Vorausgesetzt ist stets, daß der Gesellschafter die Abweichung von der Vorschrift kennt, nicht daß er sie als solche erkennt. Wer mit der Wahl durch Zuruf einverstanden ist, kann sie nicht anfechten, weil er die Statutenbestimmung über die geheime Wahl nicht kannte. Ist der Gesellschafter durch einen Bevollmächtigten vertreten, so ist dieser zum Verzicht auf die Formvorschrift berechtigt. Auf *seine* Kenntnis kommt es an. Es genügt nicht, daß der Vollmachtgeber den Mangel in der Einladung kannte, um aus dem Abstimmen des Vertreters den Verzicht zu folgern. Doch kann in dem vorbehaltlosen Auftrag der Vertretung schon der Verzichtwille liegen. Das Schweigen des Vertreters mag dann in Unkenntnis des Mangels erfolgt sein (vgl. unten Anm. 20). Zulässig ist, daß der Gesellschaftsvertrag dem in der Gesellschafterversammlung erschienenen Gesellschafter das Recht der Anfechtung wegen eines Fehlers in der Einladung versagt. Hier handelt es sich überall um verzichtbare Mängel. In dem Erscheinen liegt ein solcher Verzicht. Ein Vorbehalt des anwesenden Gesellschafters ist unwirksam. Es widerspricht der Satzung der Gesellschafter nicht, entweder der Versammlung fernzubleiben oder sie als nichtberufen gelten zu lassen.

6. *Der Beschluß darf* **seinem Inhalte** *nach weder gegen das Gesetz noch gegen den* **Anm. 17.** Gesellschaftsvertrag verstoßen (§ 134 BGB.). Er ist unwirksam, wenn er auch keine Willenserklärung gegenüber Dritten ist. Die Gesellschaft kann keinen Willen bilden, den das Gesetz oder ihr eigenes Statut verbietet. Auch hier ist wieder der Gegensatz von absolutem und dispositivem Rechte von ausschlaggebender Bedeutung. Verletzt der Beschluß das erstere, so ist er nichtig (RGZ. 75, 239). Andernfalls nur anfechtbar im Wege der Klage (oben Anm. 16). Zu der ersteren Gruppe zählen sowohl die Vorschriften des speziellen Gesetzes über die GmbH. als die des BGB. So wenn ein Beschluß die Bestimmungen über die Erhaltung des Stammkapitals verletzt. Ein jeder Erlaß der rückständigen Einlage eines Gesellschafters ist nichtig (§ 25). Jeder Gläubiger kann sich diese Forderung der Gesellschaft zum Einzuge überweisen lassen. Einer Anfechtung bedarf es nicht. Ein Beschluß der Gesellschafter darf aber auch nicht gegen die guten Sitten verstoßen. Auch dann ist er kraft Gesetzes nichtig (§ 138 Abs. 1 BGB.). Ein solcher Verstoß kann vorliegen, wenn die Mehrheit, **um** *die Gesellschaft und die Minorität zu schädigen*, Beschlüsse faßt. Darin allein, daß die überstimmten Gesellschafter oder die Gesellschaft geschädigt sind, ist die Nichtigkeit nicht begründet. Eine Verpflichtung der Mehrheit, die Interessen der Gesellschaft zu wahren, besteht nicht (RG. 8. 4. 08 JW. 08, 463[34]; BankArch. 7, 300). Es verstößt daher eine Entlastung von Geschäftsführer und Aufsichts-

§ 45. rat in Kenntnis von Schadensersatzansprüchen, auch wenn sie sachlich nicht gerechtfertigt ist, nicht gegen die guten Sitten (RG. 1. 5. 08, 68, 314). Zur Annahme eines auf die Schädigung der Gesellschaft gerichteten Vorsatzes genügt das Vorhandensein bei einem solchen Teile der Mehrheit, der hinreicht, den Beschluß herbeizuführen (RG. a. a. O.). Es ist nicht erforderlich, daß er bei allen Gesellschaftern nachgewiesen ist. Als sittenwidrig muß unter allen Umständen angesehen werden, wenn die Mehrheit der Gesellschafter ihre Übermacht ausschließlich für ihre Zwecke ausnützt (RG. 22. 3. 16 ZgesA. 26, 69). Ob ein Beschluß, durch den einem Gesellschafter die persönliche Ausübung seiner Rechte unmöglich gemacht wird, wegen Verstoßes gegen die guten Sitten nichtig ist, hängt vom Ausmaße der Einschränkung und den Umständen des Einzelfalles ab. Das Reichsgericht 12. 11. 12, RGZ. 80, 385) hat es für zulässig erklärt, daß ein Gesellschafter, der an einem Konkurrenzunternehmen beteiligt ist, nur durch einen Vertreter an den Gesellschafterversammlungen teilnehmen darf. Es hat für unzulässig erklärt (5. 5. 16, RGZ. 88, 220, JW. 1916, 1013, LZ. 1916, 1100[11]) — **zum Teil mit Rücksicht auf die persönlichen Verhältnisse** —, daß er alle Gesellschaftsrechte nur durch einen Vertreter ausüben kann. Anfechtbarkeit ist nur gegeben, wenn ein Beschluß der Gesellschafterversammlung vorliegt, der angefochten werden soll. Die Verweigerung der von einem Gesellschafter verlangten Auskünfte durch den Geschäftsführer, ohne daß es zu einer Abstimmung über die Frage gekommen wäre, ist kein Anfechtungsgrund. Es sei denn, daß die Verweigerung der Auskunft gegen Treu und Glauben (§ 38 BGB.) oder gegen eine spezielle Gesetzbestimmung verstieß (RG. 22. 4. 13 RGZ. 82, 182).

Anm. 18. Wo es sich dagegen um dispositive Vorschriften handelt, liegt wieder nur eine Anfechtbarkeit des Beschlusses (oben Anm. 16) vor. Wenn ein Reservefonds durch das Statut vorgeschrieben ist, so können die Gesellschafter durch Änderung des Gesellschaftsvertrages diese Bestimmung wieder aufheben. Ein ohne solche Statutenänderung ergehender Beschluß, den ganzen Reingewinn zu verteilen, gibt dem überstimmten Gesellschafter nur das Recht der Anfechtung. Dasselbe gilt, wenn im Stadium der Liquidation die Mehrheit beschließt, ein neues werbendes Geschäft zuzulassen (vgl. hierüber Anm. 4 zu § 60).

Zu trennen von der Ungültigkeit des Beschlusses wegen seines verbotenen Inhaltes ist der Fall der Verletzung eines **Sonderrechtes** eines Gesellschafters. Der Beschluß wird hierdurch nicht ungültig. Er ist gegenüber dem verletzten Einzelrechte nicht wirksam. Er wird es mit der Zustimmung des Berechtigten. Er ist es für die anderen Gesellschafter, falls nicht aus den Umständen des Falles erhellt, daß das auch für die Zustimmenden allein gelten soll. Einer Anfechtung bedarf der wegen Verletzung des Sonderrechtes unwirksame Beschluß, soweit der Verlust in Frage steht, nicht (vgl. hierüber Anm. 16ff., Anm. 21 zu § 14).

Anm. 19. 7. Die Nichtigkeit eines Beschlusses ist Gegenstand einer **Feststellungsklage.** Sie steht jedem zu, der ein rechtliches Interesse daran hat. Das kann unter Umständen auch ein Nichtgesellschafter sein. Hier gelten die allgemeinen Regeln über die Feststellung der Nichtigkeit. Anders bei der **Anfechtungsklage.** Sie ist für den Fall der Verletzung einer dispositiven Vorschrift über Form und Inhalt des Beschlusses gegeben. Sie ist ein Rechtsmittel nur des Gesellschaftsrechts. Bei dieser Klage dreht es sich nur um die Geltendmachung des Rechts des Gesellschafters auf Beobachtung der gesetzlichen und statutarischen Vorschriften. Die Gesellschaft hat eine ihr gegenüber den Gesellschaftern obliegende Pflicht verletzt (oben Anm. 16). Auf dieser Verletzung baut die Klage auf.

Anm. 20. a) Die **Anfechtungsklage** steht jedem Gesellschafter, dessen Recht auf Beobachtung der gesetzlichen und statutarischen Bestimmungen verletzt ist, zu. Über die Anfechtungsklage bei gemeinschaftlichem Geschäftsanteil vgl. Anm. 10 u. 16 zu § 18. Nicht erforderlich ist, daß direkt dem anfechtenden Gesellschafter gegenüber die Verletzung des Gesetzes oder Statutes erfolgt. Er kann die Anfechtung auch darauf stützen, daß einem anderen Gesellschafter ohne Grund die Stimmabgabe verweigert wurde. Sein Anspruch geht auf Beobachtung der Vorschriften des Gesetzes und Statutes gegenüber allen Gesellschaftern.

Nicht erforderlich ist, daß der Gesellschafter in der Versammlung anwesend war. Nicht erforderlich ist, daß er in dieser besonderen Protest einlegte und zu Protokoll gab. (Anders das österr. Gesetz § 41 Abs. 2.) Die Bestimmungen des Aktienrechts in dieser Richtung sind nur für dieses aus praktischen Erwägungen gegeben. Dagegen schließt jede Zustimmung zu dem Beschlusse das Anfechtungsrecht aus. Aus der bloßen Unterzeichnung des Protokolls über die Gesellschafterversammlung braucht sich eine solche Zustimmung noch nicht zu ergeben. Die Unterzeichnung kann auch bloß die richtige Wiedergabe der Vorgänge bestätigen. Es kommt auf den Inhalt an (RG. 27. 6. 13 LZ. 1913, 857). Eine Zustimmung unter Vorbehalt der Anfechtung ist aber keine Zustimmung (oben Anm. 10). Ein Gesellschafter, der mit einem Geschäftsanteil zustimmte, mit einem anderen nicht, kann nicht anfechten (vgl. RGZ. 33, 91 für das Aktienrecht; vgl. Anm. 6 zu § 47). Ebenso nicht der Gesellschafter, der zwar in der Versammlung mit nein stimmte, in einer späteren Erklärung aber diesen Widerspruch zurückzog. Endlich auch der nicht, der sich an einer Ausführung des von ihm nicht gebilligten Beschlusses beteiligt. Wenn z. B. die Gesellschaft, obwohl keine Überschüsse vorhanden sind, beschließt, eigene Geschäftsanteile zu erwerben und der in der Versammlung opponierende Gesellschafter einen ihm selbst gehörenden Geschäftsanteil ihr verkauft, so kann er dem Erwerb anderer Geschäftsanteile nicht mehr widersprechen und den Beschluß anfechten. § 45.

Der Anfechtungskläger muß zur Zeit der Anfechtung Gesellschafter sein. Die Gesellschaftereigenschaft wird durch die Abtretung des Anspruchs auf Gewinnausschüttung und Auseinandersetzungsguthaben nicht berührt (RG. 18. 4. 13 RGZ. 82, 167). Wurde sein Geschäftsanteil kaduziert, so ist ihm das Anfechtungsrecht entzogen. Ebenso wenn er ihn der Gesellschaft im Nachschußverfahren zur Verfügung stellte (§ 27) oder die Amortisation (§ 34) vollendet ist. Aus der Einleitung des Kaduzierungsverfahrens, der Nachschußeinforderung, der Amortisation kann eine Einwendung der Gesellschaft nicht abgeleitet werden. Solange dem Gesellschafter die Erhaltung seines Geschäftsanteils möglich ist, solange ist er legitimiert. Dagegen kann der Gesellschafter, wenn die Gesellschaft von einem ihr statutarisch zustehenden Amortisationsrechte Gebrauch macht, nicht dagegen einwenden, daß ihm hierdurch das Anfechtungsrecht entzogen werde. Veräußerung des Geschäftsanteils entzieht das Klagerecht nur, wenn sie der Gesellschaft angemeldet ist (§ 16). Dem Erwerber eines Geschäftsanteils, der erst nach dem beanstandeten Beschlusse Gesellschafter wurde, steht das Recht der Anfechtung nicht zu. Ihm gegenüber liegt keine Verletzung eines gesellschaftlichen Rechtes vor. Die Anfechtungsbefugnis bildet keinen Teil der Rechte, die ihm in dem Geschäftsanteile übertragen werden. Doch kann der Veräußerer das Anfechtungsrecht mit dem Geschäftsanteil abtreten. Dieser Geltendmachung kann dann nicht entgegengehalten werden, daß Kläger zur Zeit des Beschlusses nicht Gesellschafter war. Ist die Anfechtungsklage rechtshängig, so besteht der Prozeß zwischen dem Kläger und der Gesellschaft weiter, auch wenn der Geschäftsanteil veräußert wurde. Hat der Veräußerer dabei die Rechte aus der Anfechtung nicht abgetreten, so kann die Gesellschaft ihm jetzt materiell den Einwand des mangelnden Interesses entgegenhalten. Anm. 21.

Unzulässig ist eine Anfechtungsklage durch die Geschäftsführer oder ein sonstiges Organ der Gesellschaft. Die Bestimmung des § 271 HGB. ist singulärer Natur. Die Einsetzung des Vorstandes als Wächter über die Beschlüsse der Gesellschaft fließt weder aus dem Begriffe und Wesen seiner Aufgabe noch dem der Anfechtung (vgl. RGZ. 49, 149). Ebensowenig hat der Konkursverwalter im Konkurse über das Vermögen der GmbH. ein solches Recht. (A. M. für die AG. Fürst LZ. 1912, 517. Dort liegt aber eine Folgerung aus § 271 Abs. 4 HGB. vor. Ebenso auch für die GmbH. Wulff LZ. 1913, 177ff., soweit die Anfechtung die Größe der Konkursmasse beeinflusse, und allgemein Liebmann Anm. 5.) Der Geschäftsführer, der gleichzeitig Gesellschafter ist, hat in der letzteren Eigenschaft das Anfechtungsrecht (OLG. Braunschweig 8. 7. 13 OLGR. 27, 380). Soweit die Gesellschafter Ansprüche der Gesellschaft zum Nachteile der Gläubiger Anm. 22.

§ 45. aufgeben, z. B. auf Ersatzforderungen an Geschäftsführer verzichteten, steht ihm die Anfechtungsklage gegen den Begünstigten zu (vgl. auch § 43 Abs.3 Satz 1 u. 2). Statutarisch kann dem Vorstande oder einem anderen Organe ein solches Anfechtungsrecht zugesprochen werden.

Anm. 23. b) Die Klage ist stets nur gegen die Gesellschaft zu richten, nie gegen die anderen Gesellschafter. Die einzelnen Mitglieder stehen zueinander in keiner Rechtsbeziehung. Es gibt auch keinen Anspruch auf Schadensersatz gegen dieselben, wenn ein Beschluß mit Erfolg angefochten würde. Über das Klagebegehren, soweit es sich auf positive Abänderung des Beschlusses richtet, vgl. unten Anm. 21. Die Klage ist auch nicht gegen die Gesellschaft und so viel Gesellschafter zu richten, als zur Herbeiführung einer die Gesellschaft bindenden Entscheidung nötig ist (so KG. 2. 10. 01 OLGR. 3, 262 Anm. 1 zitiert). Die Klage wird der Gesellschaft zugestellt wie jede andere Klage. Die Gesellschaft wird auch in diesem Prozesse durch die Geschäftsführer vertreten. Die Bestimmung des § 272 HGB., die im Anfechtungsprozesse die Vertretung auch durch den Aufsichtsrat vorschreibt, ist singuläre Bestimmung des Aktienrechts. Auch wenn die GmbH. einen Aufsichtsrat hat, vertritt dieser die Gesellschaft nicht. Ist der Geschäftsführer als Gesellschafter selbst Kläger, so bedarf die Gesellschaft für diesen Fall eines besonderen Vertreters (vgl. Anm. 15 zu § 36). Der Aufsichtsrat ist auch dann nicht zur Vertretung berufen. Statutarische Anordnung einer solchen Vertretung ist zulässig. Der Geschäftsführer ist zu einem Nachgeben nicht berechtigt. Die Wiederbeseitigung eines Beschlusses der Gesellschaft gehört nicht zu seiner Macht (Anm. 2 zu § 29). Damit tritt seine prozessuale Vertretungsbefugnis in Widerspruch. Er kann im Prozesse ausbleiben. Es ergeht Versäumnisurteil. Diese Folgen muß die Gesellschaft tragen. Die Kontrolle, die das Aktienrecht durch die Vorschrift, daß die Klage auch gegen den Aufsichtsrat zu erheben ist, eingeführt hat. fehlt hier. Sie versagte auch, da der Aufsichtsrat meist fehlt. Auch das Anerkenntnis im Prozesse ist zulässig. Das Gericht kann nicht verlangen, daß der Geschäftsführer den Beschluß der Gesellschafter vorlege. Nicht das Ausbleiben und das Anerkennen des Geschäftsführers bewirkt die Aufhebung des Beschlusses, sondern das auf Grund desselben ergehende Urteil. Hätte aber der Geschäftsführer in Kenntnis der Unbegründetheit der Klage und auf Grund vorheriger Absprache mit dem Kläger der Anfechtung nachgegeben, so ist das hierauf ergehende Urteil für die Gesellschaft unwirksam. Dem Kläger, der sich auf das Urteil stützt, steht der Einwand des vorsätzlichen gegen die guten Sitten verstoßenden Handelns entgegen (Anm. 12 zu § 37).

Anm. 24. Tritt die Gesellschaft in Liquidation, so bleibt sie in gleicher Weise passiv legitimiert. Dasselbe gilt, wenn sie rechtskräftig zufolge §§ 75ff. für nichtig erklärt ist. Denn diese Nichtigkeitserklärung vernichtet sie nicht, sondern versetzt sie nur in den Zustand der Liquidation (vgl. Anm. 2 zu § 77; RG. 59, 325). Ist aber durch den Auflösungsbeschluß wie das Nichtigkeitsurteil eine Wiederaufhebung des angefochtenen Beschlusses zwecklos, so entsteht hieraus ein materiellrechtlicher Einwand. Wenn z. B. ein Auflösungsbeschluß selbst mit Erfolg angefochten wird, so wäre bei inzwischen eingetretener Nichtigkeitserklärung die Beseitigung des Beschlusses über die Liquidation sinnlos. Denn die Gesellschaft ist mehr als aufgelöst.

Anm. 25. Ist die Gesellschaft in eine andere Gesellschaft übergegangen, so gibt es keine Möglichkeit, gegen diese letztere die Beschlüsse der ersteren anzufechten. Auch wenn sich die Liquidation dadurch vollzieht, daß die Gesellschaft ihr Gesamtvermögen mit Aktiven und Passiven in eine Aktiengesellschaft gegen Aktien derselben einbringt, so ist die Aktiengesellschaft nicht Universalnachfolgerin in dem Sinne, daß Beschlüsse der GmbH. über frühere Bilanzen derselben, Dividendenausschüttung, Verzicht auf Nachschüsse, Genehmigung und Übertragung von Geschäftsanteilen ihr gegenüber anfechtbar sind. Ist die Gesellschaft nach beendeter Liquidation, also im obigen Falle nach Ablauf des Sperrjahres und Ausfolgung des Vermögens in Gestalt der Aktien an die Gesellschafter im Handelsregister gelöscht, so ist trotz der Löschung der Firma eine Forterixtenz noch möglich (vgl. Anm. 18 zu § 74). Es kann insbesondere auf Antrag jeden Gesellschafters ein Liquidator durch das Gericht gemäß § 29 BGB. ernannt werden (vgl. Anm. 12 zu § 66). **§ 45.**

Ist die Gesellschaft in Konkurs, so schließt dies die Anfechtungsklage nicht aus (OLG. Braunschweig 8. 7. 13 OLGR. 27, 380). Sie ist aber nicht gegen den Konkursverwalter zu richten. Denn dieser ist nicht berechtigt, die Gesellschaft in einem Rechtsstreite über ihre inneren Angelegenheiten zu vertreten. Es ist nicht seine Aufgabe, ungültige Beschlüsse wie die Entlastung von Geschäftsführern zu verteidigen (RGZ. 76, 244, nicht unbedingt zustimmend dagegen Fürst LZ. 1912, 513 und Wulff LZ. 1913, 177ff.). Die Gesellschaft bedarf hier nötigenfalls eines besonders zu bestellenden Vertreters. Der Konkursverwalter kann nur, soweit er am Ausgange des Rechtsstreits interessiert ist, als Intervenient eintreten. Wenn die Gesellschafter die Einforderung von Nachschüssen beschlossen haben, so bilden die ausstehenden Nachschußposten ein Aktivum der Konkursmasse. Will ein Gesellschafter diesen Beschluß anfechten, weil das Statut die Einforderung nur unter bestimmten Voraussetzungen gestattet oder weil der Beschluß in einer Versammlung gefaßt war, bei der die Einladefrist nicht gewahrt wurde, so ist der Konkursverwalter allerdings dabei interessiert, weil von dem Ausgange dieses Prozesses der Bestand eines Aktivums abhängt. Legitimiert zur Führung desselben für die Gesellschaft ist er aber nicht. Hierzu ist der Geschäftsführer, der Liquidator und notfalls der Spezialvertreter berufen. Der Konkursverwalter kann als Intervenient auf seiten der Gesellschaft treten. Hätten aber die Gesellschafter beschlossen, daß bei der Liquidation jeder Gesellschafter nach Festsetzung der Liquidatoren Sachen statt Geld zu nehmen habe, so ist dieser Beschluß und sein Fortbestand für den Konkursverwalter gleichgültig. Er wird nur wirksam, wenn die Gläubiger befriedigt sind und ein Massebestand für die Gesellschafter bleibt. **Anm. 26.**

Wenn auch die Klage nur gegen die Gesellschaft gerichtet werden kann, so steht doch die Gesellschaft ihren Mitgliedern nicht als fremdes Rechtsindividuum gegenüber. Sie fällt im inneren Verhältnis mit der Gesamtheit der Mitglieder in ihrer verfassungsmäßigen Betätigung zusammen. Das ist für die Wirkung des Urteils erheblich. Die Gesellschaft vertritt im Anfechtungsprozeß materiell ihre Mitglieder. Daher ergreift das Urteil diese unmittelbar (vgl. unten Anm. 39ff.; Flechtheim 19ff.). **Anm. 26a.**

c) Die Erhebung der Anfechtungsklage durch einen Gesellschafter schließt die Klage durch einen anderen Gesellschafter **nicht** aus. Das ist auch für das Aktienrecht bestimmt (§ 272 Abs. 2 Satz 3 HGB.). Eine ausdrückliche Vorschrift über die Verbindung mehrerer Anfechtungsprozesse kennt das GmbHG. nicht. Das Gericht wird aber, sobald sie gleichzeitig anhängig sind, von dem Rechte der Verbindung Gebrauch machen. In dem schwebenden Prozesse kann jeder Gesellschafter als Intervenient sowohl auf seiten des Klägers als der beklagten Gesellschaft treten (OLG. Hamburg 21. 9. 01 OLGR. 3, 262). Die Intervention ist eine solche im Sinne des § 69 ZPO. Bei der Häufung mehrerer Klagen ist die Streitgenossenschaft eine solche im Sinne des § 62 ZPO., die sog. notwendige Streitgenossenschaft. Es fließt dies aus der Rechtskraftwirkung des Urteils (vgl. unten Anm. 34ff.). **Anm. 27.**

d) Die Klage kann auf jede Gesetzes- und Statutenverletzung durch den Beschluß gestützt werden. Die erste Voraussetzung ist, daß ein Beschluß vorliegt. Es muß eine endgültige Willensbildung vorliegen. Vorbereitungen einer solchen sind keiner Anfechtung fähig (Wenk 45 Anm. 2). Daher kann, wenn der Gesellschaftsvertrag für einen bestimmten Fall eine zweimalige gesonderte Beschlußfassung verlangt, nicht schon die erste angefochten werden. Sie ist überhaupt noch kein Beschluß. Ebenso sind Resolutionen nicht anfechtbar. So die Ehrung eines verstorbenen Gesellschafters, ein Vertrauensvotum für einen Lebenden, eine Mißbilligung des derzeitigen oder die Aussprache der Erwartung künftigen Verhaltens. Ebensowenig gibt es eine Anfechtung der verhandlungsleitenden Verfügungen des Vorsitzenden oder von Beschlüssen der Gesellschafter, die sich nur auf den Gang der Verhandlung beziehen (oben Anm. 15). Die **Anm. 28.**

§ 45. darin liegende Verletzung des Gesetzes oder Gesellschaftsvertrags bildet die Grundlage des materiellen Beschlusses, in dem der Wille der Gesellschafter zu dem Gegenstande der Tagesordnung sich ausspricht. Mit der Beendigung der Versammlung haben sie ihre Bedeutung verloren (Fürst LZ. 1912, 509). Sie haben nie eine Selbständigkeit gehabt. Es ist daher weder eine Anfechtung eines Beschlusses der Gesellschaft, daß einem Gesellschafter das Wort entzogen oder nicht erteilt wurde, zulässig, noch ist zur Anfechtung des Beschlusses, den die Gesellschafter nach dieser Maßnahme zu dem Gegenstande der Tagesordnung faßten, eine besondere Anfechtung der vorhergehenden Wortversagung erforderlich. Der angefochtene Beschluß beruht auf der gerügten Gesetzesverletzung (vgl. Anm. 30). Nur darf in dieser Form der verhandlungsleitenden Verfügung sich nicht ein Beschluß von materiellrechtlicher Bedeutung verstecken. Die Ablehnung eines Antrags, über einen Gegenstand Beschluß zu fassen, und noch mehr die Ablehnung eines Antrags selbst, ist ein rechtlich erheblicher Beschluß (Fürst LZ. 1912, 517; a. M. Wenk 47; Fleischer DJZ. 02, 1211, vielleicht auch RGZ. 76, 244). Doch kann die Anfechtung nicht darauf gestützt werden, daß die Gesellschafter es ablehnen, auf den Antrag eines Gesellschafters einen Beschluß zu fassen. Darüber haben sie selbst zu entscheiden. Es gibt keinen Anspruch des einzelnen Gesellschafters, daß die Gesellschafter sich materiell mit seinem Antrage befassen. Zulässig ist der Einwand, daß der Kläger kein Interesse an der Anfechtung des Beschlusses habe, sei es, daß die Verhältnisse der Gesellschaft dadurch überhaupt nicht berührt werden, oder daß doch wenigstens seine eigenen Verhältnisse dadurch sich nicht verändert haben. Ein Beschluß, der nur die Vorzugsgeschäftsanteile betrifft, ist in der Regel nur durch diese Gesellschafter anfechtbar. Dagegen ist nicht der Nachweis eines besonderen rechtlichen Interesses erfordert. Die Anfechtungsklage ist auch dann zulässig, wenn der Kläger sachlich gegen die Beschlüsse nichts einwendet. Niemals können bloße Zweckmäßigkeitsfragen den Grund zur Klage abgeben. Eine Schädigung der Gesellschaft kommt nur von dem Gesichtspunkte des Verstoßes gegen die guten Sitten aus (oben Anm. 17) in Betracht. Andererseits kann dem anfechtenden Gesellschafter nicht eingewendet werden, die Ausführung eines das Gesetz oder den Gesellschaftsvertrag verletzenden Beschlusses sei aus sittlichen oder sozialen Gründen geboten.

Anm. 29. Unter Verletzung des Gesetzes ist die Verletzung jeder Rechtsnorm zu verstehen, mag es sich um materielle oder um formelle Vorschriften handeln. Zunächst Verletzung der Vorschriften des GmbHG. selbst. So wenn z. B. derjenige mitgestimmt hat, der durch den Beschluß entlastet werden soll. Stimmen Personen unzulässigerweise mit, so ist im allgemeinen eine Anfechtung dann nicht gegeben, wenn ohne sie dasselbe Ergebnis eingetreten wäre (RG. 3. 4. 18 RGZ. 92, 409). Hierher gehören ebenso auch dessen Strafbestimmungen (falsche Darstellung, § 81 Nr. 3). Auch auf die Verletzung der Vorschriften des HGB., z. B. über die Bilanzen, oder des BGB., z. B. über die Vertretung eines Geschäftsanteils einer Ehefrau bei gesetzlichem Güterrechte durch den Ehemann usw., kann die Anfechtung gestützt werden. Endlich auch auf die Verletzung von Handelsgewohnheitsrecht. Denn unter Gesetz ist jede Rechtsnorm zu verstehen (Art. 2 EG. z. BGB.; vgl. § 550 ZPO.). Dahin gehört der Anspruch der Gesellschafter auf freie Diskussion und Redefreiheit (OLG. Bamberg 16. 11. 07 LZ. 2, 469[2]). Er fließt aus der Verkehrssitte, die den Gesellschaftsvertrag ergänzt und die Gesellschafter den allgemeinen Konventionsregeln unterwirft (Wenk 36). Dahin ferner der Anspruch, daß über einen zur Geschäftsordnung gestellten Antrag abgestimmt werde. So über einen Vertagungsantrag (Marcus bei Holdheim 21, 96). Doch genügt der Beschluß der Gesellschafter, nicht darüber abzustimmen; darin liegt die Verwerfung. Nicht aber gibt es ein Recht auf Einhaltung der Tagesordnung. Der Vorsitzende kann ihre Reihenfolge ändern. Stets werden nur die Beschlüsse, die unter Nichtachtung der Rechte der Gesellschafter gefaßt wurden, anfechtbar (oben Anm. 15 u. 16). Auch bei der Statutenverletzung greift die Berücksichtigung der Verkehrssitte für die Auslegung Platz. Ein Verstoß hiergegen ist eine Verletzung der Statuten (§ 157 BGB.; § 346 HGB.). Die

Gesetzes- oder Statutenverletzung braucht nicht gegen denjenigen Gesellschafter gerichtet zu sein, der sie anficht. Jeder Gesellschafter kann jede Gesetzes- oder Statutenverletzung zum Gegenstande der Anfechtung machen. Vorausgesetzt, daß er ein Interesse daran hat (oben Anm. 28; a. M. Liebmann Anm. 5). Es kann z. B. der erschienene Gesellschafter klagen, weil einem anderen unzulässigerweise der Eintritt verweigert sei. Wer an der Versammlung teilgenommen hat, kann gleichwohl ordnungswidrige Berufung rügen, falls er nicht darauf verzichtet hat (vgl. oben Anm. 16 über den statutarischen Verzicht auf solche Mängel). Das Verlangen der Gesetzesverletzung bedeutet übrigens nicht, daß nur eine Nachprüfung der Rechtsfrage, wie bei der Revision im Zivilprozesse statthaft sei, so daß wegen tatsächlicher Erwägungen die Anfechtung ausgeschlossen wäre. Das Gesetz kann vielmehr verletzt werden durch jedes Geschehnis, welches mit ihm im Widerspruche steht. Ob ein solches vorliegt, hat der Anfechtungsrichter zu prüfen, in tatsächlicher und in rechtlicher Hinsicht. § 45.

Die im Aktienrecht behandelte Frage, ob der Beschluß auf der gerügten Verletzung **beruhen** müsse, taucht auch hier auf. Sie muß genau so wie dort beantwortet werden (vgl. Staub-Pinner HGB. Anm. 4 zu § 271). Es genügt, daß bei der Vorbereitung der Gesellschafterversammlung, bei der Verhandlung oder bei der Beschlußfassung eine Verletzung von Gesetz oder Statut erfolgt sei. Der Beweis, daß der Beschluß auf ihr beruht, braucht nicht geführt zu werden (RG. 11. 5. 17 RGZ. 90, 208; vgl. auch unten Anm. 10 zu § 51). Doch ist der Gegenbeweis zulässig, daß die Verletzung auf das Ergebnis einflußlos gewesen ist. So wenn die erforderliche Majorität auch dann vorhanden gewesen wäre, wenn derjenige, dessen Mitstimmen gerügt wird, nicht mitgestimmt hätte. Dieser Beweis ist jedoch dahin zu führen, daß die Verletzung sicher ohne Einfluß war. Eine Verletzung, deren möglicher Einfluß auf das Endergebnis sich nicht übersehen läßt, begründet die Anfechtung. So ungerechtfertigter Ausschluß eines Gesellschafters von der Gesellschafterversammlung oder von der Diskussion. (Etwas abweichend Wenk 55.) **Anm. 30.**

Der Beweis der Verletzung kann durch jedes Beweismittel geführt werden, auch wenn dadurch die Interna einer geheimen Abstimmung an das Tageslicht gezogen werden.

e) Die Anfechtung ist an keine Frist gebunden. Das ist ein Übelstand. Es kann dadurch kommen, daß noch nach Jahren die Rechtsgültigkeit eines Beschlusses im Wege der Klage angefochten wird. Ein Mittel hiergegen ist das Recht der Gesellschaft auf Anstellung der Feststellungsklage gegen diejenigen Gesellschafter, welche die Rechtsgültigkeit bestritten haben. Auch ist der Geschäftsführer berechtigt, Beschlüsse der Gesellschaft, wenn sie nicht gegen zwingende Vorschriften verstoßen, auszuführen. Handelt es sich um Beschlüsse, welche Dritten gegenüber in Wirksamkeit treten, so ist damit praktisch der Anfechtungsklage der Boden entzogen. Erhebt der mit Erfolg anfechtende Gesellschafter den Schadensersatzanspruch, so kann ihm entgegengehalten werden, daß ihn ein konkurrierendes Verschulden trifft, wenn er den Beschluß unangefochten ließ. Auch wird man einen Gesellschafter, der, von der Gesellschaft aufgefordert, seinen Widerspruch im Wege der Klage zu verfolgen, dies unterläßt, so behandeln, als habe er dem Beschlusse schließlich zugestimmt oder wenigstens ihn nicht anfechten wollen. Deshalb wird bei der Ausführung des Beschlusses ein Anspruch auf Schadensersatz für ihn nicht begründet sein. Ja man wird auch unter Umständen in dem einfachen fortgesetzten Schweigen des Gesellschafters, der Kenntnis von dem Anfechtungsgrunde hat, ein Aufgeben des Anfechtungsrechtes sehen. Es wurde dies für das Aktienrecht auch vor der Novelle vom Juli 1884 vielfach angenommen (Motive zur Aktiennovelle 157). Die Präklusionsfrist des § 271 Abs. 2 ist die gesetzliche Regelung dieses Sichverschweigens. Nur kann bei der GmbH. für den Gesellschafter, der keine Kenntnis von dem Anfechtungsgrunde hatte, eine Ausschließung nicht konstruiert werden. Diese kann immer nur auf dem Verzichtwillen aufbauen. Wenn auch die Verkehrsauffassung einen solchen in dem konkreten **Anm. 31.**

§ 45. Verhalten eines Gesellschafters und insbesondere seinem Stillschweigen nach anfänglichem Widerspruche sehen kann, so wird sie dies nie annehmen, wenn das Schweigen auf einer Unkenntnis der Sachlage beruhte. Das österr. Gesetz § 41 Abs. 4 hat daher die aktienrechtliche Frist von einem Monat vorgeschrieben.

Zulässig ist es jedenfalls, in dem Gesellschaftsvertrag die Anfechtungsklage zu befristen. Da es sich um Verstöße gegen verzichtbare Bestimmungen von Gesetz und Statut handelt, so ist auch ein Verzicht von Anfang an und daher auch eine Begrenzung des Widerspruchs statutarisch zulässig. Solche Fristen binden auch diejenigen, welche Geschäftsanteile erworben haben ohne Kenntnis dieser Statutenvorschriften. Sie erhalten nur die Rechte, welche der Gesellschaftsvertrag dem Gesellschafter gibt. Ob eine solche Bestimmung des Gesellschaftsvertrags auch die Gesellschafter trifft, welche von dem Beschlusse keine Kenntnis haben, ist Frage der Auslegung. Im Zweifel ist sie zu bejahen. Der Zweck der Anordnung ist, dafür zu sorgen, daß die Gesellschaft Gewißheit über die Rechtsgültigkeit ihrer Beschlüsse hat. Diese Frist gilt dann für alle Arten von Beschlüssen, sowohl für die in einer Versammlung als für die durch schriftliche Stimmabgabe gefaßten. Im letzteren Falle kann sie nicht eher beginnen, bis der Gesellschafter von dem gefaßten Beschlusse Kenntnis hatte. Es muß das Prinzip des BGB. für die Anfechtungsfristen (§ 124 Abs. 2) gelten.

Anm. 32. f) Zuständig ist dasjenige Gericht, welches nach dem Werte des Streitgegenstandes in Gemäßheit der Prozeßvorschriften als zuständig zu betrachten ist. Unter Umständen also auch das Amtsgericht. Ist das Landgericht zuständig, so gehört der Prozeß vor die Kammer für Handelssachen (§ 95 Nr. 4a GVG.) Das Rechtsmittel der Revision ist nur zulässig, wenn die Revisionssumme mehr als 4000 M. beträgt. Die Erhebung der Klage bei einem örtlich unzuständigen Gericht wahrt die etwa statutenmäßig vorgeschriebene Anfechtungsfrist nicht (BauersZ. 24, 24).

Anm. 33. g) Als Wert des Streitgegenstandes ist lediglich das Interesse des Klägers anzusehen. Das wird schon im Aktienrecht angenommen (Staub-Pinner HGB. Anm. 16 zu § 272). Es ist auch für die GmbH. zutreffend (vgl. RG. 19. 4. 03 Gruchot 47, 1148). Rechtsfolgen der beantragten Entscheidung für andere, am Rechtsstreit selbst nicht beteiligte Personen sind nicht zu berücksichtigen. Auch wenn die Gesellschaft gegen das Mitglied klagt, gilt nichts anderes. In der Rechtsmittelinstanz ist das Interesse des Rechtsmittelklägers maßgebend, nur daß der Streitwert den Wert des Gegenstandes nicht überschreiten darf (RG. 47, 421 und RG. bei Gruchot 47, 1150).

Anm. 34. h) Der Klageantrag geht nicht auf Feststellung, sondern auf die Ungültigkeitserklärung des Beschlusses (OLG. Braunschweig 8. 7. 13 OLGR. 27, 380). Dieser ist nicht kraft Gesetzes nichtig (vgl. oben Anm. 16 u. 17). Er verstößt gegen eine der Gesellschaft und ihrem obersten Organe, den Gesellschaftern als Kollegium, obliegende Pflicht, sich nur unter Beobachtung der Vorschriften des Gesetzes und des Statutes zu betätigen. Hieraus fließt der Anspruch des nicht zustimmenden Gesellschafters auf Wiederbeseitigung des in unzulässiger Weise gefaßten Beschlusses. Eine Wiederaufhebung kann nur wieder von den Gesellschaftern als Gesamtheit durchgeführt werden. Geschieht dies nicht, so hat das Gericht als Folge des nachgewiesenen Verstoßes dem Beschlusse die Wirksamkeit zu entziehen, ihn für ungültig zu erklären.

Anm. 35. Ist der Beschluß noch nicht in Vollzug gesetzt, so genügt dieses Begehren der Ungültigkeitserklärung und das Urteil, das ihm entspricht. Der Beschluß ist damit beseitigt. Die Geschäftsführer dürfen ihn nicht mehr beachten. (Zustimmend Flechtheim 22.) Anderenfalls machen sie sich persönlich haftbar. Ist der Beschluß schon vollzogen, so ist er, soweit seine Wirkungen lediglich die inneren Beziehungen der Gesellschaft betreffen, wieder rückgängig zu machen (oben Anm. 26a). Denn diesen Folgen ist durch die Aufhebung des Beschlusses der Boden entzogen. Wenn z. B. die Gesellschafter mit einfacher Mehrheit beschlossen haben, den Jahresgewinn statt wie vorgesehen zur Bildung eines Reserve-, zu der eines Unterstützungsfonds zu verwenden, so muß nach durchgeführter Anfechtung das letztere Konto aufgelöst und das erstere geschaffen werden. Wurde, obwohl der Gesellschaftsvertrag dies nicht zuläßt, die Amortisation eines Geschäftsanteils, der zu diesem Zwecke zur Verfügung gestellt war, aus dem Reingewinn beschlossen, so ist durch die Aufhebung des Einziehungsbeschlusses die Amortisation unwirksam. Der Inhaber des Geschäftsanteils ist nach wie vor Gesellschafter. Den ausbezahlten Betrag hat er zurückzugeben. Das letztere Moment gehört dann allerdings nicht mehr in das Klagebegehren des Anfechtungsprozesses. Es ist aber die Folge davon, daß der Geschäftsanteil noch zu Recht besteht. Dagegen sind die Beschlüsse der Gesellschafter, die nach der Einziehung ohne Mitwirkung des amortisierten Geschäftsanteils gefaßt wurden, nicht deshalb anfechtbar (Flechtheim 29). Bis zu der Anfechtung war der aufgehobene Beschluß für die Gesellschaft maßgebend. In dem besonderen Falle, in welchem Dividende ausbezahlt wurde, obwohl ein Anspruch der Gesellschafter nicht bestand, kommt den gutgläubigen Empfängern auch in dem Falle der Anfechtung des Beschlusses, auf dem die Verteilung beruht, die Bestimmung des § 32 zugute (vgl. Anm. 6 zu § 32). Es ist dabei einerlei, ob die Anfechtung sich auf die Feststellung der Bilanz oder den Beschluß der Verteilung bezieht. Von den Gesellschaftern aber, welche sich der Unzulässigkeit der Dividendenverteilung bewußt waren, z. B. in der Versammlung trotz des Widerspruchs anderer Gesellschafter statt der statutarischen Abschreibungen und Reserven die Ausschüttung beschlossen, ist der empfangene Gewinn zurückzugeben. § 45.

Anm. 35a. Das Begehren des Klägers braucht sich auf die Ungültigkeitserklärung und die Beseitigung der Folgen derselben nicht zu beschränken. Handelt es sich um eine Maßregel, die kraft Gesetzes oder Statuts zu treffen ist, bei der nur die Art derselben gegen Gesetz oder Statut verstieß, so kann die Verpflichtung der Gesellschaft, den Beschluß korrekt zu fassen, ebenfalls ausgesprochen werden (ROHG. 23, 275). Dies gilt namentlich für die Bilanz (RG. 7. 11. 06 RGZ. 64, 261 und RGZ. 76, 248; Düringer LZ. 1907, 311, dagegen Pinner LZ. 1907 [2], 305). Wenn gegen die Bestimmung des Statuts, das die Aufnahme der Waren nur zu den Gestehungskosten gestattet (vgl. Anm. 21 zu § 42), die Gesellschafter eine Bilanz feststellen, in der die Waren zum Verkaufspreise figurieren, so kann unter Aufhebung des Beschlusses das Gericht aussprechen, daß eine andere Bilanz unter Einstellung der Waren in die richtige Bewertung zu errichten sei (ROHG. a. a. O.). Ist der Reingewinn zu Unrecht zurückbehalten, so wird die Verteilung neben der Aufhebung des Beschlusses begehrt werden. Doch kommt es hierbei auf die Lage des einzelnen Falles an. Die tatsächlichen und rechtlichen Verhältnisse nach Beseitigung des gesetz- und statutenwidrigen Beschlusses müssen klar und unstreitig sein (RG. 5. 11. 12 JW. 1913, 142, 143[23]). Es kann sein, daß sich aus dem Rechtsstreite zweifelsfrei ergibt, wie sich eine nach richtigen Grundsätzen aufgestellte Bilanz im einzelnen gestaltet. Dann soll die berichtigte Bilanz Gegenstand des Urteils sein können (RG. 5. 11. 12 RGZ. 80, 337). Soweit geht das Recht des Richters. Darüber hinaus aus zweifelhaften Ziffern die Bilanz zu errechnen, sei nicht Sache des Gerichts, sondern der Gesellschafter; dagegen Pinner in LZ. 1913, 44ff. Er geht zutreffend davon aus, daß auch die in den einzelnen Posten zweifelsfrei richtig aufgestellte Bilanz doch nach dem Ermessen der Generalversammlung so viel freien Spielraum läßt, daß ein Dritter — Gericht wie Sachverständiger — nicht autoritativ eingreifen kann.

Anm. 36. Soweit aber die Folgen des Beschlusses Dritten gegenüber durch selbständigen Rechtsakt eintreten, vermag die Aufhebung dieses jene Wirkungen nicht zu beseitigen. Sie gilt nicht nur, wenn der Dritte ein Rechtsgeschäft mit dem Geschäftsführer vornahm, sondern überall, wo es sich um wohlerworbene Rechte Dritter handelt, deren Grundlage der später mit Erfolg angefochtene Beschluß war (Flechtheim 22). Dies auch dann, wenn der Dritte den Widerspruch oder den Mangel der Zustimmung einzelner Gesellschafter zu dem statutenwidrigen Beschlusse kannte. Wenn die Gesellschafter den Erwerb eines Anwesens beschließen, so kann dieser Beschluß wieder umgestoßen werden, weil ein

§ 45. Gesellschafter nicht ordnungsgemäß geladen war. Der inzwischen vollzogene Kauf wird dadurch nicht berührt. Ein doloses Zusammenwirken eines Geschäftsführers und eines Dritten, welche die Unzulässigkeit des Beschlusses kennen und zur Vereitelung des Anfechtungsrechts der Gesellschafter zum Schaden der Gesellschaft diesen Beschluß ins Werk setzen, macht beide Teile nach den Bestimmungen des § 826 BGB. schadensersatzpflichtig (Anm. 12 zu § 37). Ebenso bleiben alle Geschäfte gültig, die ein Geschäftsführer abschloß, dessen Bestellung als ungültig angefochten wurde. Als Dritter gilt aber nicht der Erwerber eines Geschäftsanteils. Wird der statutarisch vorgeschriebene Beschluß der Genehmigung (vgl. Anm. 52 zu § 15) aufgehoben, so wird dadurch die durch den Geschäftsführer erfolgte Erklärung der Zustimmung wieder hinfällig. Es ist die Zulassung in der Mitgliedschaft, welche die Gesellschaft sich vorbehielt. Hier ist ein gültiger Beschluß notwendige Voraussetzung. Das RG. teilt grundsätzlich die hier vertretene Auffassung (RG. 9. 10. 14 RGZ. 85, 311; JW. 1915, 95[12]; Recht 1915 Nr. 104/106; BauersZ. 22, 134, 203; RundschGmbH. 1915, 68). Ist auf Grund eines angefochtenen und aufgehobenen Beschlusses auf Kapitalserhöhung eine Eintragung im Handelsregister erfolgt, so bleibt sie nicht wirkungslos. Die Eintragung hat allerdings nicht schlechthin heilende Kraft. Das Gesetz spricht aber ebensowenig einer Handlung, die auf Grund eines gesetz- oder statutenwidrig gefaßten Beschlusses erfolgt ist, jede Wirkung ab. Die Entscheidung ist nur nach dem Tatbestande des Einzelfalles zu treffen. Bei der Kapitalerhöhung sind die Einzahlungen so weit zu leisten, als sie zur Erfüllung der eingegangenen Verpflichtungen erforderlich sind.

Aus der Erhebung der Anfechtungsklage allein folgt kein Recht des Gesellschafters, daß der Vollzug des Beschlusses unterbleibe. Die Geschäftsführer entscheiden nach pflichtmäßiger Prüfung über ihr Verhalten. Der Geschäftsführer ist berechtigt, auch wenn er mit der Möglichkeit der Aufhebung des Beschlusses rechnet, ihn zunächst als zu Recht bestehend zu behandeln, bis er aufgehoben ist (RG. 29. 9. 09 RGZ. 72, 9, Genossenschaftsrecht).

Anm. 37. i) Zur Sicherung des Anspruchs des Gesellschafters auf Beseitigung eines Beschlusses kann eine einstweilige Verfügung beantragt werden. Es ist hierzu glaubhaft zu machen, daß die Verletzung des Gesetzes oder der Statuten vorliege und daß ohne die Verfügung das Recht des anfechtenden Gesellschafters vereitelt oder wesentlich erschwert würde (§ 935 ZPO.). Dies gilt also insbesondere in den Fällen, in denen der Beschluß auf ein Kontrahieren mit Dritten geht. Doch werden auch Fälle wie der einer angefochtenen Dividendenverteilung hierher zu rechnen sein. Für einen durch eine unbegründete Verfügung der Gesellschaft erwachsenen Schaden haftet der anfechtende Gesellschafter (§ 945 ZPO.). Für den aus der Anfechtungsklage entstehenden Schaden hat er aufzukommen, sobald der Tatbestand einer unerlaubten Handlung im Sinne des § 826 BGB. vorliegt. Einfacher Nachweis, daß der Gesellschafter in Kenntnis der Unbegründetheit der Klage handelte, genügt nicht. Die Bestimmung des § 273 Abs. 2 HGB. ist singulärer Natur.

Anm. 38. k) **Die Wirkung des Urteils**, durch welches dem Anfechtungsantrag stattgegeben wird, tritt für alle Gesellschafter ein. Staub, 1. Aufl., Anm. 23 S. 263 gelangte von dem (oben Anm. 16 aufgegebenen) Standpunkte der Feststellungsklage zu den entgegengesetzten Ergebnissen. Allein ein Beschluß als Gesamtwillenserklärung der Gesellschaft kann nur entweder bestehen oder nicht bestehen. (Zustimmend Flechtheim 21. Ebenso RG. 9. 10. 14 RGZ. 85, 311; JW. 1915, 95[12]). Es kann nicht für den einen Gesellschafter die angefochtene Änderung des Gesellschaftsvertrags unwirksam werden, für den anderen bestehen bleiben. Es kann nicht die Amortisation eines Geschäftsanteils aus dem Reingewinn teils zulässig, teils verboten sein. Es kann nicht die Ausschüttung des Reingewinns untersagt und die Bildung des Reservekontos nur für die Kläger angeordnet werden. Die von dem Kläger mit Erfolg beanstandete Bilanz kann nur einheitlich anderweit aufgestellt werden. Diese Wirkung des Urteils ist im Aktienrechte (§ 273 Abs. 1 HGB.) im Gesetze ausgesprochen. Sie ist aber keine durch ausdrückliche positive Bestimmung des

Gesetzes eingeführte Bestimmung. Sie folgt aus dem Wesen der Anfechtung. Sie er- § 45.
streckt sich daher auch auf die Fälle, in denen es dem Anfechtenden nur um die Wirkung zu seinen Gunsten zu tun ist, wie bei dem Verlangen nach Auskehrung der Dividende. Auch hier kann der Beschluß nur entweder sein oder nicht sein. Die anderen Gesellschafter, auch die dem angefochtenen Beschlusse zustimmten, müssen jetzt von diesem wieder befreit sein. Man kann doch nicht den Beschluß nur für sie und auf ihre Kosten aufrechterhalten. Diese Wirkung muß also auch für diejenigen Gesellschafter eintreten, welche auf ihr anfänglich geltend gemachtes Widerspruchsrecht verzichteten, sich mit der Gesellschaft verglichen oder mit ihrer Klage abgewiesen wurden (vgl, D. z. HGB. 152; Staub HGB. Anm. 1 zu § 273). Ist auf Grund einer Klage die Anfechtung ausgesprochen, so werden mit der Rechtskraft des Urteils (RG. 24, 429) auch die anderen noch schwebenden Prozesse sachlich erledigt. Die Kosten bleiben der beklagten Gesellschaft zur Last, da der Anspruch zur Zeit der Klage begründet war. Mit der Anfechtung fallen auch alle auf dem Beschlusse aufbauenden späteren Beschlüsse. Ein Gesellschafter, der eine Bilanz anficht, muß nicht, um sich diese Anfechtung zu erhalten, alle während des Prozesses genehmigten Bilanzen anfechten (RG. 7. 11. 06 RGZ. 64, 258; Flechtheim 32; a. M. Staub HGB. Anm. 1 zu § 273).

l) **Außer der Klage auf Ungültigkeit ist aber auch die Einrede der Ungültigkeit zulässig.** Anm. 39.
Es kann die Einrede der örtlichen Unzuständigkeit des angegangenen Gerichts geltend gemacht werden, die sich aus der Ungültigkeit eines Sitzverlegungsbeschlusses ergibt (RG. 6. 6. 13 LZ. 13, 683[27]; Holdheim 23, 103; BauerZ. 21, 90). Wird ein Gesellschafter auf Grund eines Beschlusses verklagt, (z. B. auf Bezahlung von rückständigen Einlagen oder von rückständigen Nachschüssen), so ist er berechtigt, die Ungültigkeit des Beschlusses einwandsweise geltend zu machen (OLG. Karlsruhe 21. 12. 12 BadRpr. 15, 152). Ist das Recht der Anfechtung befristet (oben Anm. 31), so ist mit dem Ablaufe der Frist auch die Einrede erloschen. Aus der für die Anfechtung wegen Betrugs angenommenen Fortdauer der Einrede darf man hier keine Schlüsse ziehen. Sie stützt sich auf die unerlaubte Handlung (§ 853 BGB.).

m) **Ein Vergleich** der Gesellschaft mit dem Anfechtungskläger ist zulässig. Er kann entweder Anm. 40.
in dem teilweisen Nachgeben der Gesellschaft unter teilweiser Abänderung des Beschlusses oder in einer Aufgabe der Anfechtung gegen ein anderweites Äquivalent bestehen. Es kann dieser Vergleich auch in der Form erscheinen, daß der Gesellschafter sein Anfechtungsrecht verkauft. Gegen die guten Sitten verstößt dies nicht (a. M. BauerZ. 12, 54). Der Vergleich kann nur unter Mitwirkung der Gesellschafterversammlung abgeschlossen werden. Es handelt sich um einen Beschluß derselben. Andernfalls wäre dem Geschäftsführer die Macht gegeben, gegenüber der Anfechtungsklage den Beschluß aufzuheben. Noch weniger kann ihm das Recht der Anerkennung zustehen (a. M. Fürst LZ. 1912, 515). Das Gesetz verlangt eine Vernichtung durch Richterspruch. Ihm kann nur das Wiederaufheben durch das Organ, das den Beschluß faßte, gleichstehen. Der Geschäftsführer kann den Vergleich vorbereiten. Seine Wirksamkeit ist aber genau so vom Willen der Gesellschafter abhängig wie seine Zusage der Übernahme des Geschäfts des Gegenkontrahenten gegen Gewährung eines durch Erhöhung des Stammkapitals zu schaffenden Geschäftsanteils. In beiden Fällen handelt es sich um innergesellschaftliche Verfügungen: Zu diesen ist der Geschäftsführer nicht zuständig (vgl. Anm. 2 zu § 29, Anm. 6 zu § 37). Allerdings kann der Geschäftsführer Versäumnisurteil ergehen lassen. Er kann ein Anerkenntnisurteil herbeiführen (oben Anm. 23). Dann hebt aber stets das Gericht den angefochtenen Beschluß auf. Für seine Nachlässigkeit oder Vorsatz ist der Geschäftsführer haftbar. Die Gesellschaft ist nicht gehindert, den Beschluß nochmals zu fassen und die durch das Versäumnisverfahren abgeschnittene materielle Prüfung herbeizuführen. Beruht das rechtskräftige Versäumnisurteil auf einer Kollusion zwischen dem Anfechtungskläger und dem Geschäftsführer, so kann die GmbH. aus dieser unerlaubten Handlung eine Einrede gegen den klagenden Gesellschafter ableiten (oben Anm. 23).

§ 45. n) **Das Verhältnis des Geschäftsführers gegenüber einem gesetz- oder statutenwidrigen**
Anm. 41. **Beschlusse.** Bei unverzichtbaren Verletzungen des Gesetzes (oben Anm. 6) darf der Geschäftsführer den Beschluß nicht ausführen. Was das Gesetz in zwingender Weise verbietet, kann auch durch die Gesellschafter dem Geschäftsführer nicht auferlegt werden. Davon werden sowohl Beschlüsse getroffen, die gegen zwingendes Recht der GmbH. wie solche Vorschriften des Handels- oder des bisherigen Rechtes verstoßen. So wenn der Beschluß Aktiva über ihren Wert in die Bilanz einstellt oder die Auszahlung von Dividenden aus dem zur Erhaltung des Stammkapitals erforderten Vermögens anordnet. Der Geschäftsführer macht sich in solchen Fällen selbst verantwortlich (§ 43). Die im guten Glauben bezogene Dividende wird ja nicht zurückbezahlt (Flechtheim 34). Überall da, wo es keiner Anfechtung eines Beschlusses bedarf, sondern dieser kraft Gesetzes nicht gilt, entfällt die Vollzugspflicht des Geschäftsführers. Daraus folgt zugleich, daß die Weigerung des Geschäftsführers, den gesetzwidrigen und nichtigen Beschluß zu vollziehen, kein Grund zu seiner Entlassung sein kann (vgl. Anm. 5 zu § 37).

Anm. 42. **Anders bei der Verletzung verzichtbarer Vorschriften.** Dahin gehören die, welche im Gesetz als dispositive angeordnet oder die nur durch den Gesellschaftsvertrag eingeführt sind. Zu den ersteren gehören auch die Folgen zwingender Vorschriften. Auf sie kann im Einzelfalle verzichtet werden (RGZ. 51, 98). Bei dieser Art der Zuwiderhandlung gegen eine Verfügung von Gesetz oder Statut darf und muß der Geschäftsführer den Beschluß ausführen (a. M. Liebmann Anm. 1 zu § 37). Es ist Sache der Gesellschafter, die Rechtsungültigkeit der Beschlüsse geltend zu machen. Der Geschäftsführer ist nicht der Wächter der Rechte der einzelnen Gesellschafter. Der Geschäftsführer hat die Interessen der Gesellschaft, nicht der Gesellschafter zu hüten. Auch wenn er sieht, daß solche Beschlüsse angefochten werden oder angefochten werden sollen, kann er sie ausführen. Die Gesellschafter mögen die Ausführung durch einstweilige Verfügung inhibieren. Nur wenn der Geschäftsführer absichtlich, um den Gesellschafter zu schädigen, durch schnelle Ausführung dessen offenbar begründetes Anfechtungsrecht vereitelt, macht er sich diesem gegenüber aus § 826 BGB. verantwortlich.

Anm. 43. o) Die Feststellungsklage eines Gesellschafters gegen die Gesellschaft, daß der Beschluß gültig ist, erscheint zulässig. So wenn ein Antrag mit einfacher Mehrheit angenommen wurde, der Vorsitzende der Versammlung ihn aber für abgelehnt erklärt, weil er darin eine Statutenänderung sehe. Hier ist der zustimmende Gesellschafter berechtigt, die Gültigkeit des Beschlusses bestätigen zu lassen. Nicht aber gibt es eine Klage eines Gesellschafters gegen den anderen Gesellschafter (so Wenk 41).

Anm. 44. 8. **Eine Abrede unter den Gesellschaftern, in einer vereinbarten Weise zu stimmen, ist gültig.** Sie ist im Gesetz nicht verboten. Sie kann nur im einzelnen Falle als gegen die guten Sitten verstoßend nichtig sein. Die Regel ist dies nicht (Hachenburg LZ. 2, 646). Der Gesellschafter ist nicht verpflichtet, ausschließlich die Interessen der Gesellschaft vor Augen zu haben. Er verstößt nicht gegen die guten Sitten, wenn er im eigenen Interesse handelt und stimmt (oben Anm. 17 und die zitierten Urteile des RG.). Zulässig ist eine Vereinbarung der Gesellschaft oder der Gesellschafter mit einem Dritten, wonach sich die Gesellschaft verpflichtet, nicht mehr als einen bestimmten Prozentsatz von Dividende zu verteilen (RG. 16. 12. 13, JW. 1914, 305). Zulässig ist die Verpflichtung unter zwei Gesellschaftern einem Dritten gegenüber, für die Abtretung des Teiles eines Geschäftsanteiles zu stimmen (RG. 20. 6. 16, RGZ. 88, 323). Nichtig ist dagegen der Stimmenkauf (OLG. Köln 27. 3. 03 OLGR. 6, 503). Nichtig ist die Abrede, wenn sie ein Prinzip des Gesetzes umgeht oder sich als eine vorsätzliche Schädigung der Gesellschaft darstellt. Das RG. (16. 3. 04 RG. 57, 204) hat eine Verpflichtung, das Amt eines Aufsichtsrates nicht anzunehmen, für ungültig erklärt. Ebenso kann eine Verpflichtung, für die Wahl eines Geschäftsführers oder Aufsichtsrates zu stimmen, als unzulässig erscheinen. Es muß der Wille des Gesetzes, daß diese durch „das in freier Wahl bekundete Vertrauen der Mehrheit" berufen werden, verletzt sein. In allen anderen Fällen liegt kein Grund vor, die vorherige Absprache für ungültig zu erklären. Gültig ist z. B. die Absprache unter den Gesellschaftern, bei Eintritt oder Nichteintritt eines Ereignisses die Gesellschaft wieder aufzulösen. Sie hat den Vorteil, daß die Gesellschafter es in der Hand haben, ob diese Auflösung eintreten soll. Sie sind nur unter sich verpflichtet, für dieselbe zu stimmen. Es bedarf eines Beschlusses nach § 60 Ziff. 2. Gültig ist die Abrede, das Stammkapital zu erhöhen, wobei ein Gesellschafter den neuen Geschäftsanteil übernehmen, dafür aber sowohl für diesen als auch für den neu zu schaffenden ein Vorrecht erhalten soll. Es ist der letztere den anderen Gesellschaftern und diese sind jenen gegenüber verpflichtet, im Sinne der Abrede zu stimmen. Eine Anfechtung des gegen die Abrede verstoßenden Beschlusses steht dem überstimmten Gesellschafter nicht zu. Das Gesetz und der Gesellschaftervertrag sind nicht verletzt. Wohl aber besteht ein Anspruch auf Abgabe der Abstimmung als einer Willenserklärung. (Ablehnend RG. II 576/24 v. 25. Nov. 1924, das dem Berechtigten nur die Klage auf Schadensersatz gibt. Damit ist ihm aber meist nicht geholfen.) Daß ihr Zweck erst die Bildung des Gesamtwillens ist, schließt die Anwendung des § 894 ZPO. nicht aus. (Abweichend RG. a. a. O. Es gehe nicht an, „durch äußeren Zwang in die Willensbildung des Körperschaftsorganes einzugreifen." Weshalb?) Das rechtskräftige Urteil steht der Erklärung gleich. Es wird bei der nunmehr erfolgenden Abstimmung gleich der Stimmabgabe behandelt (Hachenburg LZ. 2, 646). (Das RG. a. a. O. wendet ein, daß die Gesellschafter diesen erzwungenen Beschluß durch einen freiwillig gefaßten wieder aufheben könnten. Dann müßte der Berechtigte wieder auf ein Aufheben des Beschlusses klagen. Das mag richtig sein. Aber gerade deshalb wird die Gesellschafterversammlung sich vor diesem neuen Beschlusse hüten. Das RG. hat auch weiterhin [20. 11. 25 RGZ. 112, 273] seine Stellungnahme aufrecht erhalten. Es gehe nicht an, durch äußeren Zwang in die Willensbildung eines Gesellschaftsorganes einzugreifen. Der einzelne Gesellschafter könne allerdings nach ZPO. § 894 zur Stimmabgabe in einem bestimmten Sinne gezwungen werden. Die Willensbildung der Gesellschaft bleibe gleichwohl frei. Sie könne einmal Beschlossenes durch gegenteiligen Beschluß wieder aufheben.) **§ 45.**

Eine Verpflichtung in einem bestimmten Sinne zu stimmen, kann sich auch aus dem Gesetz ergeben. Hierher gehören die Fälle, in denen die Gesellschaft anders als im Vorvertrage vorgesehen, gegründet wurde. Es wird z. B. die Aufnahme eines Vorrechtes oder einer Sacheinlage übersehen. Es besteht ein Anspruch auf Auflösung der Gesellschaft gegen die einzelnen Gesellschafter, wenn er auch aus wichtiger Ursache im Sinne des § 61 nicht gegen die Gesellschaft erhoben werden kann. Ebenso wenn ein Gesellschafter den anderen durch Betrug zum Beitritt bestimmte (Hachenburg LZ. 2, 646 u. 647), wenn er in wesentlichem Irrtum den Gesellschaftsvertrag zeichnet usw. Wie aus einem Vorvertrag auf Gründung einer GmbH. eine Verpflichtung hierzu entsteht, so hat auch bei der Vernichtung des Vorvertrages durch Anfechtung jeder Teil gegen den anderen einen Anspruch auf Wiederaufhebung (vgl. auch Anm. 6 u. 7 zu § 61). Ist der Geschäftsanteil in dritte Hand gekommen, so versagt diese Verabredung und die gesetzliche Pflicht zur Stimmabgabe. Nur wenn sie beim Erwerb ausdrücklich mitübernommen wurde, kann der Berechtigte die Abstimmung auch vom Rechtsnachfolger seines Kontrahenten fordern. **Anm. 44a.**

9. **Die der Zuständigkeit der Gesellschafter als Beschlußorgans** unterliegenden Gegenstände werden durch das Gesetz bestimmt (§§ 46 u. 53). Der Gesellschaftsvertrag kann den Kreis der Zuständigkeit erweitern. **Anm. 45.**

Die Gesellschafter sind durch einen Mangel der ausdrücklichen Zuweisung nicht an der Beschlußfassung in Angelegenheiten der Gesellschaft gehindert. Sie sind die Herren der Gesellschaft. Sie können selbst ihre Zuständigkeit beschränken. Sie müssen sich auch gefallen lassen, wenn das Gesetz ihre Zuständigkeit begrenzt. Aber soweit dies nicht geschah, können sie die Schicksale ihrer Gesellschaft selbst bestimmen. Eine Beschränkung durch das Statut liegt aber nicht stets schon dann vor, wenn einem anderen Gesellschaftsorgan eine Funktion übertragen wurde (vgl. hierüber unten Anm. 48). Den Gesellschaftern verbleibt das Recht, auf die Funktionen des anderen Organes bestimmend einzuwirken (vgl. **Anm. 46.**

§ 45. Motive S. 18: „Es ist davon auszugehen, daß die Mitglieder als solche die oberste Instanz in den Gesellschaftsangelegenheiten bilden"). Im Einzelfalle kann aber der Wille der Gesellschafter dahin gehen, daß das andere Organ ausschließlich kompetent sein soll. Inwieweit diese Kompetenzübertragung gesetzlich wirksam ist, ist Frage des Einzelfalles (RG. 12. 5. 14, RGZ. 85, 48; Anm. 42 zu § 35). Es ist möglich, daß das Statut die Teilnahme von Gesellschaftern an der Gesellschafterversammlung unter bestimmten Voraussetzungen ausschließt und ihre Vertretung durch Organe der Gesellschaft verlangt. Es ist möglich, diese Bestimmung durch eine spätere Statutenänderung einzuführen (RG. 12. 11. 12, RGZ. 80, 385). Doch darf die Beschränkung des Gesellschafters nicht zu tief in seine Rechte eingreifen. Insbesondere darf die Beschränkung nicht derart sein, daß sie nach den gegebenen Verhältnissen sich nur gegen einen Gesellschafter richtet. Sie muß, wenigstens grundsätzlich, gleiches Recht für alle schaffen (RG. 5. 5. 16, RGZ. 88, 220).

Anm. 47. Die Gesellschafter können keine Schenkungen beschließen. Nichtig ist ein solcher Beschluß zwar nicht. Wohl aber anfechtbar. Es widerspricht dem Gesellschaftszwecke (RGZ. 3, 134). Es ist daher unter einer Verletzung des Gesellschaftsvertrages erfolgt. Bei Einstimmigkeit aller Gesellschafter ist daher die Schenkung gültig. Nur darf nicht eine Verletzung des § 30 Abs. 1 vorliegen. Remuneratorische Schenkungen, überhaupt solche, welche „einer sittlichen Pflicht oder einer auf den Anstand zu nehmenden Rücksicht entsprechen (§§ 814, 1641, 2105 Satz 3 BGB.) widersprechen dem Gesellschaftsvertrage nicht. Noch weniger solche, welche in Wahrheit keine Schenkungen sind. So in dem bei Staub-Pinner HGB. Anm. 7 zu § 250 als Gegengrund gegen die zitierte Entscheidung des RG. angeführten Falle der Schenkung eines Grundstückes an einen berühmten Arzt zur Errichtung eines Sanatoriums, um das übrige Terrain wertvoller zu machen. Hier liegt in der Erbauung des Sanatoriums die Gegenleistung des Erwerbers.

Zur Gültigkeit des Beschlusses gehört, daß er nicht gegen Sonderrechte verstößt. Hierüber Anm. 16ff. zu § 14. Soweit er über sogenannte Drittrechte verfügt (Anm. 17 zu § 14), ist der Beschluß schon kraft Zivilrechtes unwirksam. (RG. 20. 1. 06 bei Holdheim 139.) Er greift in fremde Rechtssphären ein. Sonderrechte sind solche Rechte des Gesellschafters als Mitglied, die aber nicht durch Mehrheitsbeschluß abänderlich sind. (Anm. 19ff. zu § 14.) Ihre Verletzung durch Beschluß ist für den, dessen Zustimmung fehlt, unwirksam. Dasselbe gilt von Beschlüssen, die zwar keine Sonderrechte verleihen, aber einen Verstoß gegen das Prinzip der gleichen Behandlung enthalten (Anm. 20 zu § 14, Anm. 5 zu § 53). Es ist in beiden Fällen, Verletzung eines Sonderrechtes und Verstoß gegen das Prinzip der Rechtsgleichheit, zu beachten, daß nicht etwa eine Einstimmigkeit aller Gesellschafter gefordert wird. Es handelt sich um einen Eingriff in ein Recht eines Gesellschafters. Soweit dies vorliegt, muß der Gesellschafter zustimmen. Diese Zustimmung aber, die auch nachträglich oder stillschweigend erteilt werden kann (RG. bei Holdheim 13, 136), macht den Beschluß vollwirksam. Ein anderer Gesellschafter, dessen Recht durch den Beschluß nicht berührt wird, kann aus der mangelnden Zustimmung nicht eine Anfechtung des Beschlusses ableiten. Ausdrücklich im Gesetze behandelt ist die Vermehrung einer Verpflichtung eines Gesellschafters (§ 53 Abs. 3; vgl. Anm. 23—25 zu § 53).

Anm. 48 10. **Die Beschlüsse der Gesellschafter bedürfen regelmäßig nicht der gerichtlichen oder notariellen Beurkundung.** Ausnahmsweise ist dies bei allen jenen Beschlüssen vorgeschrieben, welche unter dem Namen Statutenänderungsbeschlüsse zusammengefaßt werden (Änderungen des Gesellschaftsvertrages einschließlich der Kapitalserhöhung und der Kapitalsherabsetzung). — Vgl. über Beurkundung von Gesellschafterversammlungen den Zusatz zu § 48. —

Anm. 49 11. **Die Beschlüsse der Gesellschafter werden als solche nicht zum Handelsregister eingereicht.** Eine dem § 259 Abs. 5 HGB. analoge Vorschrift ist hier nicht gegeben. Nur soweit eine Änderung des Gesellschaftsvertrages vorliegt, ist dies zur Wirksamkeit des Beschlusses erfordert.

III. **Die gesetzlichen Vorschriften über die Gesellschafter als Beschlußorgan sind jedoch nur** § 45.
dispositiver Natur. Die können durch Gesellschaftsvertrag beseitigt werden. Das ist Anm. 50.
der in § 45 niedergelegte Gedanke.

1. Alle Funktionen der Gesellschafter als Beschlußorgan können einem anderen Organ übertragen werden. So dem Aufsichtsrat oder auch einem einzelnen Gesellschafter. Auch einem Geschäftsführer. Unzulässig ist dies nur, soweit begrifflich eine solche Ausübung unmöglich ist, z. B. die Übertragung der Decharge des Geschäftsführers an den Geschäftsführer (vgl. Anm. 30 zu § 46). Es können auch einzelne Funktionen der Gesellschafter als des Beschlußorganes einem anderen Organ übertragen werden. So die Beschlußfassung über die Bestellung der Prokuristen und Handlungsbevollmächtigten, über die Jahresbilanz usw.

Eine Bestimmung, wonach ein anderes Gesellschaftsorgan für eine Anm. 51.
bestimmte Funktion für zuständig erklärt wird, bedeutet nicht stets die Ausschaltung der Gesellschafter als Beschlußorgan (vgl. oben Anm. 45). Dieses Organ darf die Funktionen des anderen für zuständig erklärten Organes kontrollieren, korrigieren und auch ersetzen. Es kann den Gesellschaftern diese Funktion als oberste Behörde auch genommen werden. Ob dadurch, daß ein anderes Organ für eine bestimmte Funktion für zuständig erklärt wird, die Zuständigkeit des in den Gesellschaftern bestehenden Beschlußorganes als einer obersten kontrollierenden, korrigierenden und die Funktion des anderen Organes auch zu ersetzen berechtigten Behörde aufgehoben wird, ist im Zusammenhang aller Umstände zu prüfen (vgl. auch Anm. 42 zu § 35 und Anm. 3 zu § 38). Gerät die GmbH. in Konkurs, so bleiben die Bestimmungen des Gesetzes über die Gesellschafter als Organ der Gesellschaft in Kraft, soweit nicht der Zweck des Konkurses dem widerspricht. Daher wird allerdings die Einforderung der noch ausstehenden Einlagen dem Konkursverwalter überlassen. Über die Einziehung von Nachschüssen hat nur die Gesellschafterversammlung zu entscheiden. Es steht nichts im Wege, daß die Gesellschafter einen Geschäftsführer bestellen. Nur steht diesem nicht die Verwaltung des Vermögens zu. Wohl aber kann nur dieser die Gesellschafterversammlung berufen (vgl. BauersZ. 18, 273).

Ob, wenn etwa das Beschlußorgan der Gesellschafter beseitigt ist, eine Anm. 52.
Anfechtung der Anordnungen des substituierten Organes möglich ist, kann nur im Einzelfalle durch Auslegung der betreffenden Statutenbestimmungen ermittelt werden. In Zweifelsfällen ist dies anzunehmen. Die Anfechtung richtet sich auch hier gegen die Gesellschaft. Über die Anfechtung der Beschlüsse des Aufsichtsrates vgl. Anm. 42 zu § 52.

2. Es können übrigens auch die Gesellschafter als Beschlußorgan beibehalten, Anm. 53.
ihnen auch alle Funktionen belassen und nur die gesetzliche Vorschrift über die Art, wie dieses Beschlußorgan zu funktionieren hat, abgeändert werden.

3. **Im einzelnen wird über alle diese Möglichkeiten der Abänderung der gesetzlichen Vor-** Anm. 54.
schriften über die Gesellschafter als Beschlußorgan zu den folgenden §§ 46—51 näher gehandelt werden. Es wird bei den einzelnen Paragraphen zu erörtern sein, ob sie wirklich durchweg dispositiver Natur und ob und inwieweit sie durch den Gesellschaftsvertrag abänderlich sind.

Zusatz 1. Die gesetzlichen Rechte, welche den einzelnen Gesellschaftern in bezug auf die Anm. 55.
Führung der Geschäfte zustehen, sind in den §§ 46—51 erschöpfend aufgezählt. Weitere Rechte stehen ihnen von Gesetzes wegen nicht zu. Es steht ihnen nicht das in § 257 HGB. dem Aktionär gegebene Recht zu, gegen Hinterlegung seines Anteilscheines die besondere Mitteilung der Berufung der Generalversammlung zu fordern und die abschriftliche Mitteilung der Gegenstände der Beratung und der gefaßten Beschlüsse zu verlangen. Gewähren die Landesrechte jedem Beteiligten ein solches Recht bei gerichtlichen oder notariellen Verhandlungen, so gilt dies auch für die Gesellschafter der GmbH. In Preußen ist daher dem Gesellschafter die Einsicht und auch eine

§ 45. Abschrift des notariellen Generalversammlungsprotokolles vom Notar zu erteilen. Die Urkunde ist zwar nicht auf seinen Antrag aufgenommen worden. Er hat aber doch als Gesellschafter ein rechtliches Interesse (Art. 61 des preuß. Gesetzes über die freiwillige Gerichtsbarkeit). — Es steht der Minorität der Gesellschafter nicht das Recht zu (§ 266 HGB.), Revisoren zur Untersuchung von Vorgängen bei der Gründung oder der Geschäftsführung zu ernennen. Nur durch die Mehrheit kann das beschlossen werden. — Die GmbH. kennt nicht das Recht der Minorität (§ 268 HGB.), die Erhebung von Ersatzansprüchen und die Ernennung von Prozeßbevollmächtigten durch das Gericht zur Geltendmachung ihrer Ansprüche zu verlangen. Im Gegensatze hierzu hat das österr. Gesetz §§ 45—47 eine eingehende, dem Aktienrecht folgende Regelung der Minderheitsrechte eingefügt.

Doch können solche Rechte durch den Gesellschaftsvertrag einer Minorität von Gesellschaftern gegeben sein. Ob sie als Sonderrechte bestellt sind oder ob die Mehrheit sie durch Änderung des Gesellschaftsvertrages wieder beseitigen kann, ist Auslegungsfrage. In der Schaffung solcher allen Gesellschaftern gleichmäßig gewährten Abweichungen von dem gesetzlichen Recht ist nicht ohne besonderen Anhalt ein unentziehbares Sonderrecht zu sehen (vgl. Anm. 20 zu § 14).

Anm. 56. Die §§ 46—51 sind aber nicht so auszulegen, daß buchstäblich nur diejenigen Rechte gegeben sind, die dort erwähnt sind. **Die besondere Lage des Falles kann dazu führen, den einzelnen Gesellschaftern weitere Rechte zu geben, wenn dieselben erforderlich sind, um die im Gesetz oder Statut gegebenen Rechte, insbesondere das Recht der Stimmabgabe, zu ermöglichen.** Dies entspricht der ständigen Rechtsprechung des RG. Es hat hier das Gesetz ergänzt. Ohne zwingende Gründe dürfen nicht solche Auskünfte, Aufklärungen, Vorlegungen von Nachweisen abgelehnt werden, die nach der konkreten Sachlage für einen verständigen, unbefangenen, redlichen Geschäftsmann erforderlich sind, um sich das für die Ausübung seines Stimmrechtes erforderliche Urteil zu bilden (RG. 27. 10. 97 in JW. 1898, 15 und 30. 10. 01 SächsArch. 11, 720). Die Ablehnung der Mehrheit ohne zwingenden Grund erscheint als Mißbrauch. Ein Gesellschafterbeschluß, der nach solcher Ablehnung ergangen ist, verstößt gegen das Gesetz. Er ist anfechtbar. Der Nachweis der Schikaneabsicht ist zur Annahme eines Mißbrauches nicht erforderlich. Unter besonderen Umständen und auf Grund einer besonderen Sachlage im Einzelfalle kann dem einzelnen Gesellschafter sogar das Recht auf Einsicht und Prüfung der Bücher und Belege, auch außerhalb der Versammlung und selbst gegen die Bestimmung des Gesellschaftsvertrages, nicht versagt werden (RG. v. 28. 10. 01, RGZ. 49, 149; a. M. Liebmann Anm. 3 zu § 46). Die hier niedergelegten Grundsätze sind ein Ausfluß des das Gesellschaftsverhältnis auch bei der GmbH. beherrschenden Grundsatzes von Treu und Glauben. Im Aktienrechte lassen sich diese Gedanken nicht in gleicher Weise verwirklichen. Hier ist die Stellung des Einzelaktionärs eine andere als die des Gesellschafters der GmbH. Die neuerliche Rechtsprechung des RG. auf dem Gebiete des Aktienrechtes (RG. 22. 4. 13, RGZ. 82, 182 ebenso OLG. Colmar 25. 11. 13 LZ. 1914, 405²; vgl. Staub-Pinner Anm. 20 zu § 260, Horwitz JW. 1916, 887) ist hier nicht verwertbar.

Anm. 57. **Zusatz 2.** Mitunter überträgt die Satzung bestimmte Angelegenheiten der Geschäftsführung der Gesellschafterversammlung. So soll diese über die Verfehlung eines Gesellschafters oder den Verfall einer Vertragsstrafe oder über die Verwirkung der Mitgliedschaft entscheiden. Das von diesem Beschlusse betroffene Mitglied ist in seiner Verteidigung ebenso unbeschränkt, wie es bei einem Beschlusse der Geschäftsführer wäre (vgl. unabgedrucktes Urteil des RG. v. 14. 10. 03 i. S. Stops & Schnock gegen Vereinigte Ziegelwerke I 192, 03). Hat die Bestimmung des Gesellschaftsvertrages die Festsetzung einer Leistung der Gesellschaft an den Gesellschafter der Gesellschafterversammlung überlassen, so gilt die Vorschrift des § 315 BGB. Die Anrufung des Gerichtes bei offenbarer Unbilligkeit bleibt gestattet.

Anm. 58. **Zusatz 3.** Das österr. Gesetz §§ 41 u. 42 regelt die Anfechtungsklage eingehend nach dem Vorbilde des Aktienrechtes.

§ 46. § 46.

Der Bestimmung der Gesellschafter unterliegen:

1. die Feststellung der Jahresbilanz und die Verteilung des aus derselben sich ergebenden Reingewinns;
2. die Einforderung von Einzahlungen auf die Stammeinlagen;
3. die Rückzahlung von Nachschüssen;
4. die Teilung sowie die Einziehung von Geschäftsanteilen;
5. die Bestellung und die Abberufung von Geschäftsführern, sowie die Entlastung derselben;
6. die Maßregeln zur Prüfung und Überwachung der Geschäftsführung;
7. die Bestellung von Prokuristen und von Handlungsbevollmächtigten zum gesamten Geschäftsbetriebe;
8. die Geltendmachung von Ersatzansprüchen, welche der Gesellschaft aus der Gründung oder Geschäftsführung gegen Geschäftsführer oder Gesellschafter zustehen, sowie die Vertretung der Gesellschaft in Prozessen, welche sie gegen die Geschäftsführer zu führen hat.

I. **Allgemeines.** Anm. 1.

1. **Die der Bestimmung der Gesellschafter unterliegenden Angelegenheiten sind nicht erschöpfend aufgezählt.** Denn einmal unterstehen nach ausdrücklichen Gesetzesvorschriften noch andere innere Angelegenheiten der Bestimmung der Gesellschafter. So (§ 52 des Gesetzes, § 243 Abs. 1 u. 4 HGB.) die Wahl und Abberufung von Aufsichtsratsmitgliedern (§ 52 des Gesetzes, § 345 Abs. 3 HGB.), die Festsetzung der Vergütung für den ersten Aufsichtsrat. Zum Teil kann sogar gerade diese Zuständigkeit der Gesellschafter als Beschlußorgan durch den Gesellschaftsvertrag nicht beseitigt werden. So die Einforderung von Nachschüssen (§ 26), die Abänderung des Gesellschaftsvertrages einschließlich der Erhöhung und Herabsetzung des Stammkapitals (§§ 53ff.), die Auflösung der Gesellschaft (§ 60 Abs. 1 Nr. 2), der Beschluß, durch welchen in Fällen der Auflösung der Gesellschaft die Liquidation anderen Personen als den Geschäftsführern übertragen wird und (§ 66 Abs. 1) der Beschluß, durch welchen die nicht vom Gerichte ernannten Liquidatoren vor Ablauf des Zeitraumes, für welchen sie bestellt sind, abberufen werden (§ 66 Abs. 3). Sodann sind die Gesellschafter das oberste Willensorgan der Gesellschaft. Es kann überall da kontrollierend, anordnend, verbietend, ersetzend eingreifen, wo dieses Recht ihm nicht genommen ist. Sie können den Geschäftsführern Weisungen erteilen. Sie können auf deren Antrag Geschäfte derselben genehmigen. Ob die Überweisung einer Angelegenheit an ein anderes Organ die Beseitigung der Gesellschaftergesamtheit als Oberbehörde in dem gedachten Sinne enthält, ist im Einzelfalle durch Auslegung zu bestimmen (vgl. Anm. 42 zu § 35 und Anm. 48 u. 49 zu § 45). Stets sind auch bei den im § 46 aufgezählten Fällen die Gesellschafter auch einem Dritten gegenüber als Organ der Gesellschaft zu betrachten. Ihre Entscheidungen haben allerdings nur innerhalb der gesellschaftlichen Sphäre Rechtswirkung. Dazu gehört aber auch die Bestellung der Organe und die hieraus fließenden oder hiermit verbundenen Folgen.

Die Bestimmungen des § 46 gelten auch, wenn alle Geschäftsanteile in einer Hand vereinigt sind. Nur finden dann keine Versammlungen statt. Sie gelten ebenso, wenn sämtliche Gesellschafter zugleich Geschäftsführer sind. In der Aufstellung der Bilanz durch diese liegt noch nicht die Genehmigung durch jene. Allerdings ist es sinnlos, wenn die beiden einzigen Gesellschafter als Geschäftsführer die Bilanz unterschrieben haben, nochmals eine Genehmigung der Gesellschafter besonders auszusprechen oder bei der Bestellung eines

§ 46. Prokuristen durch beide Geschäftsführer einen Gesellschafterbeschluß zu fordern. Aber es bleibt stets jedem Gesellschafter, wenn der eine Geschäftsführer allein handelt, sein Recht, als Gesellschafter diesem gegenüber sich auf die mangelnde Genehmigung zu berufen.

Anm. 2. 2. **Die in § 46 aufgezählten Zuständigkeiten können durch den Gesellschaftsvertrag abgeändert werden.** Sie können erweitert werden. Das bedeutet, daß in den im Gesellschaftsvertrag angeführten Fällen die Geschäftsführer einen Beschluß der Gesellschafter herbeizuführen haben, ehe sie handeln. Daraus fließt aber keine Beschränkung ihrer Vertretungsmacht Dritten gegenüber. Dem Gesetze widerspricht es aber, die Gesellschafterversammlung mit dem Recht auszustatten, mit Dritten namens der Gesellschaft in rechtsgeschäftlichen Verkehr zu treten. Es kann nicht bestimmt werden, daß in den im Statut hervorgehobenen Fällen der Geschäftsführer nur dann rechtswirksam handelt, wenn die Gesellschafter mitwirken. Eine solche Bestimmung kann bedeuten, daß sämtliche Gesellschafter zusammen als Geschäftsführer tätig sein sollen. Ist dies nicht der Wille der Gesellschafter, so ist sie ungültig. Unwirksam ist auch eine Festsetzung im Gesellschaftsvertrage, daß alle Streitigkeiten zwischen der Gesellschaft und einzelnen Gesellschaftern durch die Gesellschafterversammlung als Schiedsgericht erledigt werden. Sie ist selbst Partei (RG. 30. 9. 03 RGZ. 55, 326). Dagegen wäre eine Bestimmung statthaft, daß ein Schiedsgericht aus einzelnen Mitgliedern der Gesellschaft gebildet werden soll. Die Ablehnung wegen Befangenheit kann dann nicht auf die Zugehörigkeit zur Gesellschaft gestützt werden. Eine ungültige Anordnung, welche die Gesellschafterversammlung zum Schiedsgericht ernennt, in dieser Weise auszulegen, ist aber nur erlaubt, wenn bestimmte Anhaltspunkte für diesen Willen vorhanden sind. Ebenso ist eine Einschränkung der Zuständigkeit der Gesellschafter möglich. Die Gegenstände der Beschlußfassung können anderen Stellen übertragen werden. Die Vorschrift des § 46 ist dispositiv. Näheres hierüber unten Anm. 12, 16, 17, 19, 30, 32, 34 und Anm. 48 zu § 45.

II. Die einzelnen der Bestimmung der Gesellschafter unterliegenden Angelegenheiten.

Nr. 1. Die Feststellung der Jahresbilanz und die Verteilung des aus derselben sich ergebenden Reingewinnes.

Anm. 3. 1. Die hier vorgesehene Feststellung der Jahresbilanz hat lediglich innere Bedeutung. Sie wirkt nur für das Verhältnis der Gesellschafter zur Gesellschaft. Die Pflicht der Bilanzaufstellung liegt gemäß § 41 des Gesetzes den Geschäftsführern ob. Die Bilanz ist innerhalb der dort vorgesehenen Frist aufzustellen. Bei Bankgeschäften ist sie zu veröffentlichen. Es ist für die Erfüllung dieser Pflicht gleichgültig, ob die von den Geschäftsführern aufgestellte Bilanz von den Gesellschaftern genehmigt wird oder nicht (vgl. hierüber Anm. 26 zu § 41). Die Anfechtung eines Gesellschafters erfaßt nur den Genehmigungsbeschluß, nicht die Bilanz selbst (Anm. zu § 41).

Anm. 4. 2. Die Feststellung der Bilanz durch die Gesellschafter enthält die Anerkennung ihrer Richtigkeit. Sie kann dann als Grundlage weiterer Maßregeln dienen. Mit ihr erwächst der Anspruch der Gesellschafter auf den Anteil am Reingewinn (Anm. 2ff. zu § 29). Der Geschäftsführer, dem ein Mindestanteil am Reingewinn ziffernmäßig garantiert ist, ist auf die Bilanzfeststellung insoweit nicht angewiesen. Dieser Mindestbetrag gehört zu den allgemeinen Unkosten. Der Gesellschafter dagegen kann seinen Anspruch nicht auf die lediglich von den Geschäftsführern aufgestellte Bilanz stützen. Noch weniger auf eine von ihm selbst aufgestellte Bilanz mit der Behauptung, daß dieselbe dem Gesetze gemäß gezogen sei. Dem Gesellschaftsvertrage steht die Änderung auch dieser Vorschrift offen. Geschieht dies nicht, so ist und bleibt der Gesellschafterbeschluß die Grundlage und Vorbedingung für den Dividendenanspruch (Anm. 2 zu § 29). Verstößt der Feststellungsbeschluß gegen Gesetz oder Statut, so kann der Gesellschafter den Beschluß anfechten (Anm. 2 zu § 29 und Anm. 12ff. zu § 45). Den Geschäftsführern als solchen steht ein solches Anfechtungsrecht nicht zu (RG. 49, 145). Über die Folgen der Verschleppung der Bilanzgenehmigung und die Mittel hiergegen vgl. Anm. 3 zu § 29. Inwieweit Gesetz- oder Statutenwidrigkeit die Auszahlung der Dividende gemäß dem Feststellungsbeschlusse hindert oder die geschehene Auszahlung zur Rückzahlung verpflichtet, siehe Anm. 29 u. 35 zu § 45 und Anm. 1ff. zu § 32. **§ 46.**

Der Bilanzfeststellungsbeschluß ist die notwendige, aber auch die einzige Grundlage des Dividendenanspruchs. Allerdings sollen die Gesellschafter auch über die Verteilung des aus der Jahresbilanz sich ergebenden Gewinnes bestimmen. Aber damit ist der Dividendenanspruch nicht von dem Beschlusse der Gesellschafter über die Gewinnverteilung abhängig. Mit dem die Bilanz feststellenden Beschluß ist die Forderung des Gesellschafters auf die ihm hiernach zufallende Dividende als ein klagbarer Anspruch begründet (vgl. Anm. 2 u. 3 zu § 29; a. M. jetzt Staub-Pinner 12./13. Aufl. Anm. 5 zu § 260 gegen die 6./7. Aufl.). Der Gesellschafter braucht nicht den etwaigen Dividendenverteilungsbeschluß anzufechten, wenn dieser die Dividende anders verteilt, als sich dies aus der Bilanz ergibt. Er bringt vielmehr seinen Dividendenanspruch durch einfache Klage auf Zahlung auf Grund des Bilanzfeststellungsbeschlusses zur Geltung. Der Einwand des abweichenden Dividendenverteilungsbeschlusses ist ihm gegenüber belanglos. Er stellt ihm die Einrede der Ungültigkeit entgegen (Anm. 39 zu § 45). Das Reichsgericht hat (17. 11. 15 — in JW. 17. 12. 15, RGZ. 87, 383 JW. 1916, 409 —) eine Klage abgewiesen, die sich auf Feststellung der Bilanz und Auszahlung ohne Anfechtung des Beschlusses der Gesellschafterversammlung richtete. Es hat die Abweisung nicht nur richtig auf den konkreten Tatbestand gestützt. Es hat auch den Satz aufgestellt, daß ein Anspruch auf Gewinnverteilung erst mit dem Verteilungsbeschluß entstehe. Das kann in dieser Allgemeinheit nicht zutreffen. Die Mehrheit hätte es sonst in der Hand, durch Unterlassen des Verteilungsbeschlusses jede Anfechtungsmöglichkeit zu verhindern (Hachenburg JW. 1916, 409). Das Reichsgericht hat auch späterhin an seiner Rechtsprechung festgehalten (RG. 16. 4. 20, RGZ. 98, 318). — Der Beschluß greift in ein entstandenes Recht der Gesellschafter ein (Anm. 16 zu § 45). Noch weniger kann eine neue Gesellschafterversammlung gültig beschließen, daß die aus einem früheren Beschlusse sich ergebende Dividende nicht verteilt werde. Auch gegen solche Beschlüsse bedarf es keiner Anfechtung. Er kann ignoriert werden (RG. 37, 63 für das Aktienrecht). Über die Aufhebung des Beschlusses über die Bilanz wegen Irrtums vgl. Anm. 2 zu § 29 und Anm. 12ff. zu § 45. Doch ist der Beschluß der Gesellschaft, die aus der Bilanz sich ergebende Dividende zu verteilen, mehr als „bloße Formsache", wie Staub (erste Auflage S. 272 Anm. 5) es nannte. Er erhält ein Anerkenntnis der Dividendenforderung der Gesellschafter mit allen Wirkungen eines solchen und bildet daher ein eigenes Klagefundament. Der Widerruf richtet sich nach den Grundsätzen des Zivilrechtes (vgl. Anm. 2 zu § 29 und Anm. 1 u. 2 zu § 32). **Anm. 5.**

Nur wenn nach dem Gesellschaftsvertrage dem Gesellschafterbeschlusse die Disposition über den ganzen oder einen Teil des Reingewinnes vorbehalten ist, erzeugt erst dieser Beschluß den Anspruch auf die Dividende. Eine solche Bestimmung ist gültig (Anm. 3 zu § 29). Es kann das Statut bestimmen, daß die Gesellschafter nach Gutdünken über die Bildung von Reservekonten oder über die Verteilung des Reingewinnes überhaupt entscheiden. Eine Bestimmung der letzteren Art ist aber darin noch nicht zu finden, daß die Gesellschafterversammlung die Dividenden festsetzt. Damit ist im Zweifel nur gesagt, daß die Gesellschafterversammlung unter Beobachtung von Gesetz und Statut die Dividende zu bestimmen hat (das Nähere Anm. 3 zu § 29). **Anm. 6.**

Ist der Gewinn oder ein Teil desselben zur Verfügung der Gesellschafter gestellt, so entsteht der Dividendenanspruch erst mit dem Verteilungsbeschluß. Er ist ein gesellschaftsrechtlicher Akt, der Einzelansprüche der Gesellschafter erzeugt. Es ist kein individualrechtliches Rechtsgeschäft, das erst eines Zugehens an die Berechtigten (§ 130 Abs. 1 BGB.) bedürfte. Er ist wirksam mit dem Momente der Beschlußfassung. Voraussetzung des Beschlusses ist das Vorliegen einer richtigen Bilanz. Über den Widerruf vgl. Anm. 1 zu § 32.

§ 46. 3. Der Bilanzfeststellungsbeschluß untersteht den Vorschriften der §§ 47—51.
Anm. 7. Jedem Gesellschafter steht das Stimmrecht zu. Auch den Gesellschaftern, die zugleich Geschäftsführer sind. Die Genehmigung der Bilanz enthält noch nicht ihre Entlastung (RG. 49, 146; vgl. unten Anm. 23 und Anm. 21 zu § 47). Ebenso stimmt der Gesellschafter mit, der einen Vorzugsanteil hat. Daß er hierbei ein von dem der anderen Gesellschafter abweichendes Interesse hätte, steht nicht im Wege (vgl. das Nähere Anm. 3 zu § 29). Sind alle Geschäftsanteile in einer Hand vereinigt, so enthält jede Gutheißung der Bilanz den Beschluß der Genehmigung. Ist dieser alleinige Gesellschafter auch Geschäftsführer, so genügt seine Unterzeichnung der Bilanz. Es können nicht spätere Gesellschafter diese Bilanzen als nicht genehmigt behandeln. Die Gesellschafter können die Versammlung vertagen, um Ermittelungen anzustellen. Ein Vertagungsrecht der Minderheit aber nach Art des § 264 HGB. kennt das Gesetz hier nicht. Es kann durch den Gesellschaftsvertrag eingeführt werden. Genehmigten die Gesellschafter die Bilanz nicht, so gibt es weder für den Geschäftsführer noch für den einzelnen Gesellschafter ein klagbares Recht hierauf oder auf Feststellung einer anderen Bilanz. Es muß der Mehrheit der Gesellschafter überlassen bleiben, ihre Auffassung gegenüber dem Geschäftsführer zur Geltung zu bringen und diesen zu bestimmen, eine ihren Beschlüssen entsprechende Bilanz vorzulegen (vgl. Anm. 9 zu § 29). Eine Einreichung der festgestellten Jahresbilanz zum Handelsregister ist nicht vorgeschrieben. Nur bei Bankgeschäften findet die Einreichung der Publikation statt (vgl. Anm. 24ff. zu § 41).

Anm. 8. 4. Die Gesellschafter beschließen auch über die Verteilung des Reingewinnes. Über die Bedeutung dieses Beschlusses vgl. oben Anm. 5 u. 6. Blieb es bei den gesetzlichen Vorschriften (§ 29), so hat er nur die Bedeutung eines Anerkenntnisses. (Ebenso Liebmann Anm. 5, a. M. Brodmann Anm. 2.) Steht aber der Reingewinn zur freien Verfügung der Gesellschafter, so begründet der Verteilungsbeschluß den Anspruch.

Anm. 9. 5. Die Vorbereitung der Bilanzfeststellung ist im Gesetz nicht behandelt. Die Bestimmungen des Aktienrechtes sind hier nicht herübergenommen. Es ist weder, wie in § 260 Abs. 2 HGB. für das Aktienrecht, angeordnet, daß die Geschäftsführer die Jahresrechnung und einen Geschäftsbericht dem Aufsichtsrat und der Generalversammlung vorzulegen haben. Noch sind, wie in § 263 Abs. 1 HGB. bestimmt, diese Vorlagen zwei Wochen vor der Gesellschafterversammlung in den Geschäftsräumen der Gesellschaft auszulegen. Noch können die Gesellschafter in den letzten zwei Wochen vor der Gesellschafterversammlung Abschriften der Jahresrechnungen (§ 263 Abs. 2 HGB.) verlangen.

Aus den Gesellschaftsverhältnissen ergibt sich aber:

Anm. 10. a) Der Gesellschafterversammlung sind die Jahresrechnungen vorzulegen. Ihr sind auf Verlangen der Mehrheit auch die Bücher und Skripturen vorzulegen. Ihr ist jede Auskunft zu erteilen, welche die Mehrheit für erforderlich hält (§ 46 Nr. 6; a. M. BauersZ. 27, 9). Aber auch das Verlangen eines einzelnen Gesellschafters um Auskunft und Nachweisung kann ohne zwingende Gründe von der Mehrheit dann nicht abgelehnt werden, wenn Auskünfte verlangt werden, welche nach der Sachlage für einen verständigen Mann erforderlich sind, um sich über seine Stimmabgabe schlüssig zu machen. Unter Umständen kann sich ein solches Verlangen sogar auf Vorlegung der Bücher erstrecken. (Noch etwas weitergehend Brodmann Anm. 2; vgl. Anm. 54 u. 55 zu § 45.)

Anm. 11. b) Ist ein Aufsichtsrat bestellt, so müssen ihm die Jahresrechnungen und Nachweise rechtzeitig vor der Gesellschafterversammlung übergeben werden, damit er sich auf seine Berichterstattung vorbereiten kann (§§ 52 des Gesetzes und § 246 HGB.).

Anm. 12. 6. **Durch den Gesellschaftsvertrag kann die Vorschrift der Nr. 1 abgeändert werden.** Es kann bestimmt werden, daß die Gesellschafter nicht durch Beschluß über die Feststellung der Jahresbilanz bestimmen, sondern daß die Geschäftsführer den einzelnen Gesellschaftern die Jahresrechnung zuzusenden haben, und daß derjenige, der sich innerhalb bestimmter Zeit nicht erklärt, als zustimmend gilt. Es kann auch bestimmt werden, daß die Bilanz nur dann als genehmigt gilt, wenn alle Gesellschafter sie genehmigen. In solchem Falle kann keine Dividende verteilt werden, bis alle Gesellschafter zustimmen. Tritt dadurch ein unhaltbarer Zustand ein, so bleibt nur die Auflösungsklage (§ 61). **§ 46.**

Die Bilanzfeststellung oder die Gewinnverteilung kann einem anderen Organ übertragen werden. So dem Aufsichtsrat oder einem Delegierten der Gesellschaft oder auch den Geschäftsführern. (LG. Halle 1. 11. 11, Naumburger RAZ. 1912, 34, a. M. Brodmann Anm. 2. Er geht davon aus, daß sonst die „Gesellschaft" einen Bilanzbeschluß verteidigen müßte, den sie selbst nicht gefaßt habe und vielleicht sogar verwerfe. Indessen hat eben dann das betreffende Organ auf Grund delegierter Gewalt den Beschluß gefaßt. Es liegt ein Beschluß, wenn auch nicht der Gesellschafterversammlung, so doch der Gesellschaft vor. Die für die Zuständigkeit des Aufsichtsrates der AG. bestehende Streitfrage — vgl. Flechtheim BankArch. 1917 Nr. 20, Pinner LZ. 1917, 1207ff., Rosendorff LZ. 1917, 1311ff., Flechtheim LZ. 1918, 8ff. — kommt für die GmbH. nicht in Frage.) Ob gegen eine Bilanzfeststellung dieser Personen die Anfechtung wegen Verletzung von Gesetz wie Statut zulässig ist, kann nur von Fall zu Fall entschieden werden. Im Zweifel wird dies anzunehmen sein. Die Anfechtung erfolgt dann in derjenigen Weise und mit derjenigen Wirkung, wie die Anfechtung eines Gesellschafterbeschlusses (vgl. Anm. 46ff. zu § 45). Nach dem oesterr. Gesetz ist diese Bestimmung über die Beschlußfassung nicht abänderlich (§ 35 Abs. 1 Ziff. 1, Abs. 2). **Anm. 13.**

7. Über die Entlastung der Geschäftsführer s. unten Anm. 23. **Anm. 14.**

Nr. 2. Die Einforderung von Einzahlungen auf die Stammeinlage.

1. Wenn der Gesellschaftsvertrag nichts anderes bestimmt, so setzt die Einforderung von Einzahlungen auf die Stammeinlage einen Beschluß der Gesellschafter voraus. Die Einzahlungen auf die Einlagen werden ohne weiteres fällig, wenn der Gesellschaftsvertrag feste Daten hierfür anordnete. Es bildet dann die Festsetzung einen Teil des Gesellschaftsvertrages (Anm. 2 zu § 19 und Anm. 1ff. zu § 20). Andernfalls haben die Gesellschafter als Beschlußorgan darüber zu bestimmen, wann die Einforderung der rückständigen Einlagen erfolgen soll. Dies gilt auch dann, wenn der Gesellschaftsvertrag lediglich sagt, daß vor der Eintragung 25 Proz. der Bareinlagen zu entrichten sind. Beschließt die Gesellschafterversammlung die Einforderung nicht, obgleich die Verhältnisse der Gesellschafter dies erfordern, so kann dadurch das Bestehen der Gesellschaft in Frage gestellt werden. Es bleibt evtl. die Auflösungsklage gemäß § 61. Weitergehend das RG. (18. 1. 15, JW. 1915, 195). Nach ihm ist der Einforderungsbeschluß nur dann notwendig, wenn nicht von vornherein Vollzahlung beschlossen war. Sonst liege eine „Bestimmung der Gesellschafter" (GmbHG. § 46) bereits in dem Statut oder dem Erhöhungsbeschluß vor. So daß auch ein späterer Gesellschafterbeschluß keine Stundung für die Einzahlung gewähren könne (ebenso RG. 14. 5. 18, Holdh. 27, 154 Recht 1918 Nr. 1594—99 RundschGmbH. 1918, 256). In der Regel haben auch diejenigen Gesellschafter, um deren Einlagerückstände es sich handelt, das Recht der Stimmabgabe (RG. 18. 1. 15 JW, 1915, 195). Überall aber, wo die Ausübung des Stimmrechtes gegen Treu und Glauben verstößt, wo es im Eigeninteresse des Gesellschafters zum Schaden der Gesellschaft ausgeübt wird, ist es zu versagen. Daher kann es auch hier in solchen Fällen ausgeschlossen sein (vgl. Anm. 21 u. 25 zu § 47, Hachenburg LZ. 1, 465 ff.). Sind alle Geschäftsanteile in einer Hand, so bedarf es eines Einzahlungsbeschlusses nicht. Der Alleininhaber muß sich entschließen, einzuzahlen. Der Geschäftsführer kann ihn gegen seinen Willen hierzu nicht veranlassen. Eine an diesen gerichtete Erklärung, einzahlen zu wollen, ersetzt den bei einer Mehrheit von Gesellschaftern vorausgesetzten Beschluß und führt die Fälligkeit herbei. Der Geschäftsführer kann den Anspruch dann durchsetzen. Allerdings kann der Alleingesellschafter ihn vorher durch Widerruf der Bestellung beseitigen. **Anm. 15.**

§ 46. Anm. 15a. Die beschlossene Einforderung ist durch den Geschäftsführer durchzuführen. Eines weiteren Beschlusses der Gesellschafter über die Einzelstadien dieses Vollzuges bedarf es nicht. Das Vorliegen einer Festsetzung der Fälligkeit im Gesellschaftsvertrag oder eines Einforderungsbeschlusses gehört zur Begründung der Klage auf Einzahlung. Einredeweise kann der Gesellschafter die Ungültigkeit des Beschlusses darlegen (Anm. 39 zu § 45). Der Einwand, daß das Geld für die Zwecke der Gesellschaft nicht erforderlich sei, ist unstatthaft. Im Konkurse fällt die Voraussetzung des Gesellschafterbeschlusses weg. (Über die Einziehung von Einlagen im Konkurse siehe Näheres Anm. 11 zu § 63 und OLG. Frankfurt 15. 11. 09 Recht 1909, 3657). Auch im Falle der Liquidation hat der Liquidator das Recht des Einzuges ohne Gesellschafterbeschluß (vgl. Anm. 30 zu § 69 und OLG. Köln 17. 1. 06 OLGR. 13, 25). Jedoch nur soweit, als für die Zwecke der Liquidation erforderlich ist (RG. 20. 11. 13, WarneyerRspr. 7, 168). Ein Gläubiger kann außerhalb des Konkurses sich den Anspruch auf Einzahlung im Wege der Pfändung überweisen lassen. Zur Begründung der Klage muß er aber ebenfalls das Vorliegen eines Gesellschafterbeschlusses nachweisen. Er macht nur das Recht der Gesellschaft gegen den Gesellschafter geltend. Dieses ist abhängig von einem Gesellschafterbeschlusse (a. M. RG. 23. 6. 11 RGZ. 76, 434 und weiter in wiederholter Rechtsprechung 14. 12. 11 LZ. 1912, 315; 7. 11. 13 LZ. 14, 208; 24. 2. 15 RGZ. 86, 265; 2. 6. 18 LZ. 1918, 856 Recht 1918 Nr. 241—44 RundschGmbH. 1918, 139; 21. 4. 22 JW. 1923, 121 Recht 1922 Nr. 1096; ferner OLG. Hamburg 22. 4. 13 Rspr. OLG. 27, 137; KG. 16. 4. 14 LZ. 1914, 1401. Ebenso Brodmann Anm. 3). Die Urteile lassen die Übertragung und Pfändung des Einlageanspruches und dessen Geltendmachung *ohne Beschluß der Gesellschafter* zu. Der neue Gläubiger übe die Funktionen der Gesellschaft aus. Damit würde aber die Vorschrift des § 19 Abs. 1 beseitigt. Die Pfändbarkeit und die Abtretbarkeit sind nicht zu bestreiten (RGZ. 76, 434, RG. 20. 10. 14 RGZ. 85, 352, RG. 23. 9. 21 RGZ. 102, 385). Aber sowohl der Gläubiger als der Erwerber erhalten das Recht, so wie es besteht. Dagegen läßt auch das RG. (11. 6. 15 JW. 1915, 1124) die Kaduzierung durch einen Gläubiger nicht zu, sondern verlangt sie durch die Gesellschaft.

Anm. 16. 2. *Der Gesellschaftsvertrag kann diese Voraussetzung abschaffen oder ändern.* Er kann die Bestimmung über die Zeit der Einzahlungen dem Aufsichtsrat, einem Delegierten der Gesellschafter, den Geschäftsführern übertragen. In der Übertragung des Einforderungsrechtes liegt aber jedenfalls noch nicht die Befugnis von der Bestimmung über die gleichmäßige Verteilung, selbst wenn dies statthaft wäre, abzuweichen (RG. 10. 4. 07 JW. 07, 371[22]). Bei der Überlassung der Einforderung an ein anderes Organ kann dieses Organ zunächst das Bestimmungsrecht und die Gesellschafter das Recht der Aufsicht haben. Es kann auch den Gesellschaftern jedes Bestimmungs- und Kontrollrecht hierüber genommen sein (vgl. Anm. 49 zu § 45). Der Gesellschaftsvertrag kann das Erfordernis des Beschlusses der Gesellschafter auch in der Weise ausschließen, daß er selbst, der Gesellschaftsvertrag, die Bedingungen der Einzahlungspflicht erschöpfend festsetzt. Er kann bestimmen, in welchen Zeitpunkten die weiteren Einzahlungen fällig sind. Er kann auch bestimmte Tatsachen festsetzen, bei deren Eintritt die Einzahlungspflicht ohne weiteres fällig wird. Häufig besagt der Gesellschaftsvertrag, daß die weiteren Einzahlungen nach Bedarf, oder wenn die Geschäftslage dies erfordert, zu erfolgen haben. Eine solche Statutenbestimmung beseitigt das Bestimmungsrecht der Gesellschafter nicht. Sie ist ein Leitsatz für die Gesellschafter. Sie sollen die Einzahlungen nur dann beschließen, wenn die Geschäftslage es erfordert. Als Voraussetzungen, die im Einzelfalle nachgewiesen werden müssen oder deren Nichtvorliegen der eingeklagte Gesellschafter beweisen kann, sind solche Bestimmungen in der Regel nicht aufzufassen. Man würde sonst der Gesellschaft das Recht entziehen, selbst zu entscheiden, ob ihre Geschäftslage das Kapital braucht. Nur wenn das Statut deutlich erkennen läßt, daß mit einer solchen Vorschrift eine der Nachprüfung unterliegende Voraussetzung geschaffen werden sollte, ist eine Anfechtung des Beschlusses im Wege der Klage und der Einrede zuzulassen. Doch hat der Gesell-

schafter dann die Beweislast. Ihre entgegengesetzte Verteilung würde dazu führen, daß § 46.
jedem einzelnen Gesellschafter trotz des Beschlusses auf Einforderung besonders dargetan und im Prozesse bewiesen werden müßte, daß und aus welchen Gründen die Geschäftslage die Einforderung der Einzahlung erfordert. Das widerspricht allen Begriffen des Gesellschaftsrechtes.

Nr. 3. Die Rückzahlung von Nachschüssen.

Auch die Bestimmung hierüber unterliegt dem Beschlusse der Gesellschafter. Über Anm. 17.
die weiteren Voraussetzungen s. Anm. 13 zu § 30. Auch für diesen Punkt ist eine Abänderung dieser Voraussetzung durch den Gesellschaftsvertrag zulässig (vgl. Anm. 13 zu § 30, ebenso Brodmann Anm. 4). Das österr. Gesetz § 35 Abs. 1 Ziff. 3 und Abs. 2 führt eine Unabänderlichkeit ein.

Das Stimmrecht aller Gesellschafter ist bei diesem Beschlusse zweifellos. Auch wenn es sich darum handelt, daß ein Gesellschafter vor dem anderen an der Rückzahlung teilnehme oder allein eine solche erhalte (Anm. 13 zu § 30). Das Mitstimmen der Bevorzugten wird nur dann von Bedeutung, wenn dieses Recht des einen Gesellschafters nicht im Gesellschaftsvertrage bedungen ist. Hat ein Gesellschafter alle Geschäftsanteile erworben, so wird der Beschluß der Rückzahlung durch sein Verlangen ersetzt. Er kann unter Beobachtung der Vorschriften des § 30 Abs. 2 die von seinen Vorgängern einbezahlten Nachschüsse wieder erheben. Ist er zugleich Geschäftsführer, so kann sich dieser Vorgang völlig formlos abspielen.

Nr. 4. Die Teilung sowie die Einziehung von Geschäftsanteilen.

1. **Die Teilung von Geschäftsanteilen.** Zur Teilung von Geschäftsanteilen ist regelmäßig Anm. 18.
die Genehmigung der Gesellschaft erforderlich (§ 17). Das RG. (3. 10. 06 in JW. 1906, 777[46]) geht davon aus, daß der Geschäftsführer sie mit Wirkung nach außen erteile. Doch dürfe er sie zufolge des § 46 Nr. 4 nur erteilen, wenn die Gesellschafter dies beschlossen haben. Habe er ohne solchen Beschluß die Genehmigung erteilt, so sei sie nach § 37 Abs. 2 gleichwohl nach außen wirksam. Aber der Geschäftsführer habe seine Pflicht verletzt und sich gemäß § 43 verantwortlich gemacht (vgl. Anm. 20 zu § 17). (So auch Staub in der ersten Auflage; auch R.G 12. 5. 14 RGZ. 85, 46; vgl. weiter RG. 27. 4. 15 Holdh. 24, 157, Recht 1915 Nr. 2132, BauerZ. 23, 61; OLG. Dresden 23. 3. 21 RundschGmbH. 1921, 1239.) Gegen diese Auffassung spricht zunächst der Wortlaut des Gesetzes. „Der Bestimmung unterliegen" bedeutet nicht, daß eine Genehmigung einzuholen sei. Man will damit die Beschlüsse und Tätigkeit der Gesellschafter unmittelbar mit Wirkung des Rechtsaktes ausstatten. Sie handeln als Organ der Gesellschaft, wie auch in den anderen Fällen des § 47 (vgl. auch Ziff. 7 und Anm. 33). Es steht auch kein Rechtsgeschäft mit Dritten, bei dem die Gesellschaft durch den Geschäftsführer vertreten wird, in Frage, sondern ein gesellschaftsrechtlicher Akt. Der einzelne Gesellschafter erwirkt von den anderen Gesellschaftern die Aufteilung des durch das Statut festgestellten Geschäftsanteils. Er kann sich nicht darauf berufen, daß der Geschäftsführer zustimmte. Nur die Gesellschafter haben die Macht, den Geschäftsanteil zu zerlegen (vgl. Förtsch Anm. 6 zu § 46. Zustimmend Neukamp-Becker Anm. 4). Die Streitfrage, ob die Erklärung des Geschäftsführers — unbeschadet seiner Haftung, falls er ohne Ermächtigung durch die Gesellschafterversammlung gehandelt hat — genügt, spielt nur für die Übertragung von Geschäftsanteilen eine Rolle. Sie wird vom Kommentar ebenso von Niemeyer LZ. 1914, 1338 Brodmann Anm. 2 zu § 36 verneint, vom Reichsgericht bejaht (vgl. oben Anm. 52 zu § 15 und Anm. 20 zu § 17). Das Reichsgericht geht dabei von dem Gedanken aus, daß der neueintretende Gesellschafter bis zur Erteilung der Genehmigung ein Dritter ist, demgegenüber die Vertretungsmacht des Geschäftsführers nicht beschränkt werden kann. — Hier handelt es sich dagegen ausschließlich um Angehörige der Gesellschaft. Jener Gedanke des Reichsgerichts hat keine Anwendungsmöglichkeit (vgl. RG. 13. 6. 22, RGZ. 104, 414 und die dort zitierte Judikatur). Bei dem Beschluß über die Teilung stimmt der Gesellschafter,

§ 46. dessen Geschäftsanteil geteilt werden soll, mit. Ebenso der Gesellschafter, der den neuzuschaffenden Teil erwirbt. Es liegt kein Rechtsgeschäft zwischen ihm und der Gesellschaft vor.

Anm. 19. Durch Gesellschaftsvertrag kann dem Geschäftsführer oder einem anderen Organe diese Befugnis übertragen werden (§ 45 Abs. 1; RG. 1. 2. 07 Recht 07, 318[662]). Es genügt hierzu die Verordnung, daß die Geschäftsführer der Zustimmung der Gesellschaft nicht bedürfen. Dagegen kann von der Genehmigung der Gesellschaft, außer in den in § 17 Abs. 3 vorgesehenen Fällen, auch durch Gesellschaftsvertrag nicht abgesehen werden. Eine derartige Bestimmung des Gesellschaftsvertrages wäre ungültig und nicht eintragungsfähig, und wenn eingetragen, nicht wirksam (RG. 12. 5. 14, RGZ. 85, 46; a. M. OLG. Rostock 3. 4. 13 MecklZ. 32, 56). Eine auf sie gestützte ungenehmigte Teilung wäre unwirksam (vgl. Anm. 13 u. 15 zu § 17).

Über die Erteilung der Genehmigung zur Veräußerung eines ganzen Geschäftsanteils zufolge statutarischer Vorschrift vgl. Anm. 52 zu § 15. Der in § 46 Nr. 4 enthaltene Gedanke ist durch den Gesellschaftsvertrag auch auf die Veräußerung eines ganzen Geschäftsanteils ausgedehnt. Der veräußernde Gesellschafter ist stimmberechtigt. Der Gesellschaftsvertrag kann es ausschließen. Sind alle Geschäftsanteile in einer Hand, so enthält die Veräußerung eines derselben die im Gesellschaftsvertrage verlangte Genehmigung. Bei der Veräußerung eines Teiles eines Geschäftsanteils sind auch in diesem Falle die Vorschriften des § 17 zu beachten.

Anm. 20. 2. **Die Einziehung von Geschäftsanteilen.** Die Voraussetzungen derselben sind in § 34 enthalten (vgl. Anm. 1ff., Anm. 20 zu § 34). Wenn aus dem Gesellschaftsvertrage nichts anderes hervorgeht, so ist zur Einziehung ein Gesellschafterbeschluß erforderlich. Auch hier kann dieser statutarisch einem anderen Organ übertragen sein.

Bei dem Beschluß über die Einziehung stimmt der Gesellschafter, um dessen Geschäftsanteil es sich handelt, mit. Auszunehmen ist der Fall der Amortisation als Mittel des Ausschlusses eines Gesellschafters (Anm. 18 zu § 34).

Nr. 5. Die Bestellung und die Abberufung von Geschäftsführern, sowie die Entlastung derselben.

Anm. 21. 1. **Die Bestellung der Geschäftsführer einschließlich der Regelung der Besoldung, Zeitdauer usw.**

Ein Geschäftsführer ist nicht berechtigt, einen anderen Geschäftsführer anzustellen. Es handelt sich hier um einen Beschluß der Ausgestaltung der Organisation der Gesellschaft (vgl. Anm. 6 zu § 37; ebenso Brodmann Anm. 6). Bestellen die Gesellschafter durch Beschluß einen Geschäftsführer, so handeln sie als Organ der Gesellschaft. Der zum Geschäftsführer bestellte Gesellschafter hat Stimmrecht. Auch insoweit, als es sich um die Festsetzung seiner Bezüge handelt (Anm. 22 zu § 47, Anm. 42 zu § 35). Besitzt ein Gesellschafter alle Geschäftsanteile, so bestellt er wirksam sich selbst zum Geschäftsführer. Die Vorschrift des § 181 BGB. ist nicht anwendbar (RG. 29. 2. 08, RGZ. 68, 172). In gleicher Weise wird in einem solchen Falle die Bestellung eines Dritten ohne förmliche Gesellschafterversammlung erfolgen. Einer Annahme einer Geschäftsführung ohne Auftrag der Gesellschaft, deren sämtliche Anteile der die Geschäftsführer ernennende Gesellschafter besitzt (RG. 7. 1. 11 Holdheim 11, 118) bedarf es nicht. Ein Anstellungsvertrag, gezeichnet von dem Inhaber aller Geschäftsanteile, enthält den Beschluß der Gesellschafter. Er wird in diesem Falle durch den Entschluß der Einzelperson ersetzt. Eine Bestellung und Abberufung von Geschäftsführern durch die Gesellschafter ist auch während des Konkursverfahrens möglich (OLG. Hamburg 4. 8. 17 BauersZ. 25, 104 Rspr.OLG. 37, 9).

Anm. 21a. Die Bestellung der Geschäftsführer kann durch den Gesellschaftsvertrag anderen Organen, insbesondere einem Aufsichtsrat obliegen (KG. 30. 6. 11 Rspr.OLG. 27, 832, Recht 1912, Nr. 1706, BauersZ. 14, 273; vgl,. Anm. 14 zu § 35). Sie kann auch einem

Dritten übertragen werden (Anm. 42 zu § 35, Anm. 15 Exkurs zu § 3). Dies bedarf stets der Aufnahme in den Gesellschaftsvertrag. Durch Vertrag mit dem Dritten allein ist ein solches Recht nicht begründbar. Umgekehrt kann der Gesellschaftsvertrag die den Gesellschaftern bei der Wahl der Geschäftsführer bestimmten Schranken setzen. Er kann den Kreis der wählbaren Personen umgrenzen. Die Zeit der Bestellung kann vorgesehen werden usw. (Anm. 38 zu § 35). Diese Bestimmungen sind verzichtbar. In der Mitwirkung bei der Wahl einer nicht qualifizierten Person liegt dieser Verzicht. Er kann sich auch in anderen Momenten äußern. So in dem längere Zeit anhaltenden Verkehr mit dem Gewählten als Geschäftsführer. Dagegen enthält die Anmeldung desselben durch einen anderen Geschäftsführer noch keine Zustimmung desselben in seiner Eigenschaft als Gesellschafter. Er vollzieht nur seine Pflicht als Geschäftsführer. Ein Gesellschafter, der für einen solchen nicht geeigenschafteten Geschäftsführer stimmt oder sonst auf die Einhaltung der statutarischen Vorschrift verzichtete, kann keine Anfechtung dieses Beschlusses auf die Verletzung des Statutes gründen. Auch nicht mit der Behauptung, daß er die Vorschrift des Gesellschaftsvertrages nicht gekannt habe. Anders wenn er sich über die Eigenschaften des Gewählten im Irrtum befand. Allerdings schließt nicht der Gesellschafter ein Rechtsgeschäft mit dem Geschäftsführer durch seine Abstimmung ab (Anm. 4 zu § 45). Aber auch diese als einheitliche Willenserklärung untersteht den Regeln des BGB. über die Folgen des Irrtums. Auch die Voraussetzungen seiner Erheblichkeit gelten hier. Der Gesellschafter hat unverzüglich die Anfechtung seiner Abstimmung der Gesellschaft gegenüber zu erklären. Dann entsteht sein Recht, den Beschluß, falls ihm nicht durch den Fortfall der vernichteten Stimme schon die Gültigkeit entzogen ist (Anm. 15 zu § 45), wegen Verstoßes gegen das Statut anzufechten. (Etwas abweichend Brodmann Anm. 6.) Davon zu trennen ist das Recht der Gesellschaft, selbst die Bestellung des Geschäftsführers wegen eines Irrtums in seiner Person zu vernichten. Ob sie sich darauf berufen kann, daß dem Geschäftsführer die bei seiner Wahl vorausgesetzten statutarischen Eigenschaften fehlen, hängt davon ab, ob sie auch nach der Verkehrsauffassung erheblich sind, oder ob dem Geschäftsführer die Statuten bekannt waren. Dies trifft z. B. bei der Vorschrift, daß nur Gesellschafter Geschäftsführer sein können, zu, wenn der Gewählte, ohne daß es den anderen Gesellschaftern bekannt war, seinen Geschäftsanteil verkauft hatte (vgl. Anm. 74 zu § 35). Etwas anderes als die Ernennung des Geschäftsführers durch den Aufsichtsrat oder einen anderen Dritten ist die Aufstellung eines Bevollmächtigten durch die Gesellschafterversammlung, damit er namens der Gesellschaft einen in den Umrissen bereits festgelegten Anstellungsvertrag mit einem bestimmten künftigen Geschäftsführer abschließe. Dazu ist die Gesellschafterversammlung ohne weiteres berechtigt (BayerZ. 24, 253). § 46.

2. **Die Abberufung der Geschäftsführer.** Auch diese liegt von Gesetzes wegen den Gesellschaftern ob. Doch kann sie durch Gesellschaftsvertrag auch anderen Organen übertragen werden, z. B. dem Aufsichtsrate (vgl. Anm. 12 zu § 52) oder einem Obmanne der Gesellschafter (vgl. Anm. 30 zu § 45). Näheres über die Abberufung Anm. 1 ff. zu § 38; über die Frage, ob in der Überweisung der Bestellung auch die der Abberufung liegt, vgl. Anm. 42 zu § 35 und Anm. 3 zu § 38. Daß im Konkursfalle der Konkursverwalter nicht ohne weiteres das Recht der Abberufung hat, vgl. OLG. Braunschweig 8. 7. 13 Rspr. OLG. 27, 380. Ein Antrags- und Beschwerderecht bezüglich der Abberufung und des Geschäftsführers steht den einzelnen Gesellschaftern nicht zu (OLG. Kiel 6. 2. 18 BayerZ. 25, 133). Anm. 22.

Bei der Abberufung stimmt der Geschäftsführer als Gesellschafter mit (KG. 13. 6. 13 KGJ. 45A 178; KG. 10. 11. 13 Rspr. OLG. 28, 362). Daher ist auch bei der Zweimanngesellschaft ein formeller Gesellschafterbeschluß notwendig (RG. 14. 5. 18, Recht 1918 Nr. 1598). Sonst wäre sein Stimmrecht bei der Bestellung illusorisch. Anders bei dem Widerruf aus wichtiger Ursache (vgl. Anm. 23 zu § 47). Über die einstweilige Verfügung vor der Abberufung vgl. Anm. 3 zu § 38.

§ 46. 3. **Die Entlastung der Geschäftsführer.**

Anm. 23. a) Diese schließt sich normalerweise an die Bilanzfeststellung an. Sie ist aber begrifflich von dieser verschieden. Bilanzfeststellung und Entlastung sind getrennte Dinge (RGZ. 49, 146). Die Bilanz, als das rechnungsmäßige Ergebnis der Geschäftsführung, kann genehmigt werden, ohne daß damit auch die Geschäftsführung gutgeheißen wird. Deshalb dürfen bei der Bilanzgenehmigung auch die Mitglieder der Verwaltung mitstimmen (RGZ. 49, 146). Umgekehrt kann den Geschäftsführern Entlastung erteilt und die Bilanz nicht genehmigt werden. Es enthält also weder die Bilanzgenehmigung die Entlastung, noch die Entlastung die Bilanzgenehmigung (RGZ. 44, 67).

Anm. 24. b) Ob der Entlastungsbeschluß sachgemäß war, ist gleichgültig. Der die Entlastung aussprechende Beschluß kann nicht deshalb angefochten werden, weil die Verwaltung Fehler begangen habe. Begangene Fehler können verziehen werden. Es kann umgekehrt der die Entlastung verweigernde Beschluß nicht deshalb angefochten werden, weil die Gesellschaftsorgane keine Fehler begangen haben. Die Gesellschaftsorgane selbst, denen die Entlastung verweigert ist, müssen auf Entlastung klagen (vgl. unten Anm. 25). Die Entlastung verletzt das Gesetz und der Beschluß ist anfechtbar, wenn in der Gesellschafterversammlung nicht ordnungsmäßig Rechnung gelegt wurde, wenn dies auch nur von einem Gesellschafter verlangt wurde (RGZ. 34, 57 für das Aktienrecht; vgl. oben Anm. 10).

Anm. 25. c) Der Anspruch der Gesellschaftsorgane auf Entlastung. Die Gesellschaftsorgane haben einen zivilrechtlichen Anspruch auf Entlastung. Vorausgesetzt ist, daß sie durch Vorlegung der Bilanz und Gewinn- und Verlustrechnung die Ergebnisse ihrer Geschäftsführung der Prüfung der Gesellschafter unterbreitet haben. Verweigern die Gesellschafter die Entlastung, so steht den Gesellschaftsorganen ein Klagerecht gegen die Gesellschaft zu. Sie können aber weder den Verweigerungsbeschluß anfechten, noch haben sie eine Klage auf Genehmigung der Bilanz (RG. 28. 10. 01 RGZ. 49, 141). Die Entlastung haben auch die Geschäftsführer zu beanspruchen, welche zur Zeit der Bilanzerrichtung nicht mehr im Amte sind. Einen Anspruch, bei der Errichtung der Bilanz mitzuwirken, haben sie aber deshalb nicht. Wird ihnen die Entlastung verweigert, so ist ihnen, soweit dies zur Begründung ihres Anspruches auf Entlastung erforderlich erscheint, die Einsicht der Bücher und Schriften der Gesellschaft zu gestatten (RG. 8. 4. 08 Holdheim 17, 251). Auch dieses Nebenrecht fließt noch aus dem bereits beendeten Dienstverhältnisse.

Anm. 25a. Entlastung hat die Bedeutung des negativen Anerkenntnisses, daß gegen die Geschäftsführer Ansprüche aus der Verwaltung nicht bestehen. Die Klage auf Entlastung ist daher nur negative Feststellungsklage. Sie kann sich nur darauf stützen, daß Ansprüche gegen den Geschäftsführer nicht bestehen. Sofern solche Versehen vorgefallen sind, für welche der Geschäftsführer haftet, besteht ein Anspruch auf Entlastung nicht. Geschäftsführer, welche im Prozesse die Gesellschaft vertreten oder die besonders für den Prozeß bestellten Vertreter derselben haben gar kein Recht, eine solche Erklärung abzugeben. Wohl aber vertreten sie die Gesellschaft in einem Rechtsstreit, in welchem das Nichtbestehen eines Anspruches gegen den nicht entlasteten Geschäftsführer ausgetragen wird. Eine Streitverkündung an die Gesellschafter ist nicht zulässig. Ebensowenig ein Auftreten derselben als Nebenintervenienten. Die Beweislast trifft die Gesellschaft. Sie muß dartun, welche Ansprüche sie gegen den Kläger zu haben behauptet und diese beweisen. Dem Geschäftsführer kann der Beweis, daß die von der Gesellschaft angegebenen Verfehlungen nicht vorliegen, nicht aufgebürdet werden. Eine größere Bedeutung hat nach der Rechtsprechung des Reichsgerichts (6. 2. 17 RGZ. 89, 398 JW. 1917, 657) das Urteil, das dem Antrage des auf Entlastung klagenden Geschäftsführers stattgibt. Ausgangspunkt ist dabei für das Reichsgericht der in der Rechtsprechung feststehende Satz — u. a. RG. 2. 2. 17 II 327/16 —, daß sich die Tragweite einer beschlußmäßigen Entlastungserklärung auf das beschränke, was der Gesellschafterversammlung erkennbar unterbreitet sei. Dieser nur relativen Entlastung stellt das RG. die absolute gegenüber, die die Folge eines Prozesses sei. Im Prozesse könne und müsse sich die Gesellschaft schlüssig machen, ob sie überhaupt einen Ersatzanspruch gegen den Geschäftsführer habe. Das Urteil stelle dann gegebenenfalls schlechthin das Fehlen aller Ansprüche der Gesellschaft fest. Ein solches Urteil habe die **Bedeutung** einer negativen Feststellungsklage. Es **sei** aber eine Leistungsklage — wie die Klage auf Quittung —. Vollstreckung erfolge nach ZPO. § 894 (ebenso Brodmann Anm. 6). Dieser Stellungnahme des RG. hat Breit (JW. 1917, 658) widersprochen. Einmal könne die Frage der Entlastung nicht nur aus den Geschäftsbüchern beantwortet werden. So daß auch Momente hereinspielen, die im Prozeß unter Umständen nicht berührt werden. Dann aber gehe der Anspruch des Geschäftsführers nur auf Entlastung auf Grund dessen, was der Gesellschafterversammlung **bei ihrer Beschlußfassung** vorgelegen habe. Würde das Urteil über dieses Material hinausgehen, so greife es damit in die Rechte der Gesellschafterversammlung ein. Der richterlichen Nachprüfung unterliege nur die Frage, ob die Gesellschaft zu Unrecht Entlastung verweigert **hat**, nicht ob sie zu Unrecht verweigert **haben würde**. Der Breitschen Auffassung tritt gegen Boeters (JW. 1920, 699) Flechtheim (JW. 1920, 700) bei. — Es ist Breit und Flechtheim in der Begrenzung der Urteilswirkung zuzustimmen. Nicht aber darin, daß sie mit dem RG. die Klage als eine Leistungsklage ansehen. Die Klage ist vielmehr negative Feststellungsklage. (Ebenso Boeters a. a. O. vgl. oben Anm. 25.) — Unter allen Umständen aber bezieht sich der Anspruch auf Entlastung nur auf die Tätigkeit als Geschäftsführer. Ist der Geschäftsführer für die GmbH. in den Aufsichtsrat einer Kartellgesellschaft delegiert, so kann ihm wegen seiner Tätigkeit **dort** die Entlastung seitens der GmbH. nicht verweigert werden (BauersZ. 24, 172). § 46.

Der Gesellschafter, dem als Geschäftsführer Entlastung erteilt wird, ist von der Abstimmung ausgeschlossen (§ 47 Abs. 4; vgl. Anm. 17 u. 18 hierzu). Dabei ist wesentlich, daß sowohl sämtliche Geschäftsführer in Bausch und Bogen entlastet werden können, als auch jeder Geschäftsführer einzeln für sich (BauersZ. 31, 76; etwas abweichend Brodmann Anm. 6). Besitzt eine Person alle Geschäftsanteile, so sind auch in ihrer Erklärung Bilanzgenehmigung und Entlastung zu trennen. Doch wird hier bei der formlosen Art ein Zusammenfließen beider leicht vorkommen. Jene kann diese enthalten sollen. Ist der alleinige Geschäftsanteilbesitzer zugleich Geschäftsführer, so ist eine Entlastung undenkbar. Er kann sich nicht mit sich selbst zufrieden erklären. Aber auch ohne diese formlose Entlastung enthält die Feststellung der Bilanz den endgültigen Abschluß dieser Geschäftsperiode. Es ist ausgeschlossen, daß spätere Erwerber seiner Geschäftsanteile ihn als Geschäftsführer für Fehler, die er als solcher beging, haftbar machen können. Nur die unverzichtbaren Ansprüche wegen Verletzung der Vorschrift des § 30 bleiben. Hat er sich selbst das Stammkapital zurückgegeben, so ist er in erster Linie als Gesellschafter zur Rückzahlung verpflichtet. Es bedarf der Haftung als Geschäftsführer nicht. Anm. 25b.

Die Entlastung umfaßt die gesamte Geschäftsführung. Das schließt nicht aus, daß sie während des Geschäftsjahres für einen besonderen Vorgang erteilt wird. Dann kann sie für die Gesamttätigkeit am Ende des Geschäftsjahres nicht mehr verweigert werden. So wenn die Gesellschafter die Verspätung der Anzeige des Verlustes des Stammkapitals über die Hälfte gutheißen. So wenn sie einem ohne die statutarisch vorgeschriebene Genehmigung der Gesellschaft vom Geschäftsführer getätigten Geschäft nachträglich zustimmen. In diesen und ähnlichen Fällen besteht eine Schadensersatzpflicht des Geschäftsführers. Auf sie wird verzichtet. Daher hat er hierbei kein Stimmrecht.

d) **Über die Bedeutung der erteilten Entlastung** entscheiden die allgemeinen Rechtsgrundsätze über die Natur der Rechnungslegung. Anm. 26.

α) **Entlastung ist das Anerkenntnis**, daß Ansprüche aus der Geschäftsführung für das abgelaufene Geschäftsjahr nicht bestehen (§ 397 BGB.). Es enthält sowohl eine Feststellung als einen Erlaß. Das letztere aber nicht unbedingt. Das RG. (12, 77; 13, 51; Holdheim 13, 131 u. 286; JW. 04, 43; vgl. auch RG. 70, 132), geht von der Ansicht aus, daß sich die Entlastung nur auf diejenigen Punkte bezieht, welche in der Bilanz und in der Gewinn- und Verlustrechnung Erwähnung gefunden haben oder aus ihr er- Anm. 27.

§ 46. kennbar sind. Staub (1. Aufl. Anm. 27, S. 276) bezeichnete mit Simon (S. 20), Makower Anm. IVb zu § 260 HGB., Ring Nr. 5 zu § 260 HGB., Pinner Aktienrecht 201, die Meinung des RG. als unzutreffend. Denn die hier zu legende Rechnung sei ihrer Natur nach anders geartet, als im Normalfalle. Die Bilanz und die Gewinn- und Verlustrechnung stellten nur eine summarische Darstellung der Geschäftsergebnisse dar. Als Korrelat dieser Kürze bestehe die Pflicht der Geschäftsführer, dem Aufsichtsrat jede weitere Aufklärung und jeden Nachweis zu geben, den dieser verlangt (§ 52 des Gesetzes, § 246 HGB.), ferner die Pflicht, die von den Gesellschaftern als Beschlußorgan verlangten Auskünfte und Nachweise zu erbringen (vgl. oben Anm. 10). Daraus müsse gefolgert werden, daß sich die Entlastung auf alle Punkte erstreckt, welche bei ordnungsmäßiger Prüfung der Bilanz und ihrer Unterlagen hätten wahrgenommen werden können, und daß nur diejenigen Punkte durch die Entlastung nicht gedeckt sind, die sich weder aus den Jahresrechnungen, noch aus den Büchern und Schriften der Gesellschaft erkennen lassen. Allein diese Momente reichen nicht aus, die Ansicht des RG. zu entkräften. Sie unterstellen eine Kontrollpflicht der Gesellschafter, von der das Gesetz nichts weiß. Sie tun dem Wesen der Entlastung, die nur einen Verzicht auf die bekannten Ansprüche enthält, Gewalt an. Ein Anerkenntnis, daß die Geschäftsführer der Gesellschaft nichts schulden, kann wie das positive Anerkenntnis widerrufen werden, sobald die Unrichtigkeit dieser Feststellung erwiesen wird. Der Beweis, daß das Anerkenntnis wissentlich abgegeben würde, liegt dem Geschäftsführer ob (RGZ. 60, 351). Die §§ 812 Abs. 2, 814 BGB. sind auch auf das Anerkenntnis des Nichtbestehens einer Schuld anwendbar. Einer Anfechtung des Entlastungsbeschlusses wegen Irrtums (Anm. 14 zu § 45) bedarf es hier nicht. Eine Entlastung durch die Mehrheit der Gesellschafter in Kenntnis der Verfehlungen ist gültig. Sie gibt der Minderheit kein Recht der Anfechtung. Anders nur beim Vorliegen der Voraussetzung des § 826 BGB. Dann ist er nichtig (Anm. 17 zu § 45).

Anm. 28. β) Die erteilte Entlastung bezieht sich an sich auch auf die Folgen von wissentlichen Pflichtverletzungen. Kennen die Gesellschafter diese, so können sie auf die hieraus fließenden Rechte verzichten. Die Ungültigkeit des Ausschlusses der Haftung für Vorsatz bezieht sich nur auf die im voraus getroffene Abrede.

Anm. 29. γ) Voraussetzung der Entlastung sind ordnungsmäßige Vorlagen. Auf irreführende Vorlagen kann sich der Geschäftsführer nicht berufen (RG. 18, 63 und 70, 132; vgl. auch Bolze 17 Nr. 538). Dann fehlt die Kenntnis der Gesellschaft und die Möglichkeit, sich zu unterrichten. Berufen sich die Geschäftsführer auf unklare Mitteilungen, so handeln sie gegen Treu und Glauben. Unvollständigkeit der Vorlagen beschränkt die Wirkung der Entlastung. Was sie nicht erkennen lassen, unterliegt nicht der Entlastung (vgl. oben Anm. 27).

Anm. 30. Die Übertragung der Entlastung an andere Organe ist zulässig (a. M. Brodmann Anm. 6). Anders das österr. Ges. (§ 35 Abs. 1 Ziff. 1 und Abs. 2). Nur kann nicht dem einzigen Geschäftsführer seine Entlastung übertragen werden (vgl. Anm. 51 zu § 45). Statthaft wäre aber bei mehreren Geschäftsführern, jedem die Entlastung der anderen zu überlassen.

Nr. 6. Die Maßregeln zur Prüfung und Überwachung der Geschäftsführung.

Anm. 31. Soweit der Gesellschaftsvertrag den Gesellschaftern das Recht nicht genommen hat, steht ihnen das Recht zu, die Geschäftsführung im umfassendsten Maße zu prüfen und zu überwachen. Sie können die Berichterstattung an die Gesellschafterversammlung anordnen. Sie können Delegierte, Sachverständige, Revisoren usw. beauftragen, im Namen der Gesellschafter Revisionen vorzunehmen. Sie können Vorschriften über bestimmte Einzelhandlungen positiver wie negativer Art geben. So auch über den Einzug von Ausständen (OLG. Kolmar 14. 7. 11 Recht 1911, 2992). Sie können anordnen, daß allmonatlich Berichte erstattet werden. Die Nachprüfung kann Gesellschaftern auch als statutenmäßige Verpflichtung obliegen.

Im Unterlassungsfalle hat die Gesellschaft Anspruch auf Erfüllung. Weigert sich die Gesellschaft, die Gesellschafter zur Erfüllung ihrer Verpflichtung anzuhalten, so kann die überstimmte Minderheit auf Auflösung klagen. — Der Beschluß der Gesellschafterversammlung auf Durchführung einer Revision der Geschäftsführung kann bei Weigerung des Geschäftsführers, der gleichzeitig Gesellschafter ist, durch eine gegen ihn gerichtete Klage durchgeführt werden. § 46.

Das Überwachungsrecht kennzeichnet die Gesellschafter als das oberste Organ der Gesellschaft. Sie sind auch ohne besondere Anordnung, was der Aufsichtsrat bei der AG. Für die Durchführung kann der Gesellschaftsvertrag besondere Vorschriften geben. Das ist aber auch durch einfachen Gesellschafterbeschluß möglich. Dann ist dieser in gleicher Weise aufhebbar. Es bedarf weder einer Anmeldung zum Handelsregister, noch ist er einer solchen fähig. So wenn die Gesellschafter beschließen, daß einer aus ihrer Mitte die Prüfung der geschäftlichen Vorgänge fortlaufend besorgen soll. Oder wenn sie einen Dritten hierzu bestellen. Oder wenn sie die Fälle umschreiben, in denen der Geschäftsführer den Vertrauensmann zu befragen hat. Ob die von den Gesellschaftern getroffenen Maßnahmen sich als Bestellung eines Aufsichtsrates darstellen, ist im Einzelfalle zu prüfen. Das ist wegen der Beteiligung des Betriebsrates erheblich. Vorausgesetzt ist stets, daß die Schaffung eines selbständigen Organes gewollt ist. Die bloße Umgestaltung des Kontrollrechtes der Gesellschafter genügt dazu nicht. Die Bezeichnung als Aufsichtsrat wird nicht verlangt. Es ist umgekehrt auch möglich, daß trotz dieses Namens nur eine Regelung der Kontrollrechte der Gesellschafter bezweckt sei. So wenn alle Gesellschafter als dessen Mitglieder bezeichnet sind.

Der einzelne Gesellschafter hat nicht das Recht, die Geschäftsführung zu Anm. 32. prüfen oder zu überwachen (KG. 22. 3. 11 Recht 1911, 1643). Ein Recht auf Auskunft hat in der Regel nur die Gesellschaft als solche (vgl. Anm. 49 zu § 45; a. M. Liebmann Anm. 3). Auch wenn der Geschäftsführer Gesellschafter ist, kann der andere Gesellschafter von ihm keine Mitteilungen über die Geschäftslage fordern (KG. 22. 3. 11 Recht 1911, 1643). (Über die Auskunft als Unterlage der Abstimmung vgl. Anm. 56 zu § 45, oben Anm. 10.) Im Gesellschaftsvertrage kann jedem Gesellschafter das Recht gegeben sein, die Bücher und Schriften der Gesellschaft einzusehen, Maßnahmen der Geschäftsführer zu verbieten usw. Dies ist um so häufiger der Fall, je mehr die Gesellschaft sich ihrer inneren Beschaffenheit nach der offenen Handelsgesellschaft nähert. Der Geschäftsführer der GmbH. gleicht dann dem geschäftsführenden persönlich haftenden Gesellschafter. Ohne ausdrückliche oder doch unzweideutig sich aus der Satzung ergebende Anordnungen besteht aber auch in solchen Fällen das Recht des einzelnen Gesellschafters nicht. Im Zweifel werden durch solche Anordnungen keine Sonderrechte der Gesellschafter begründet. Sie können daher durch Anordnung des Gesellschaftsvertrages wieder beseitigt werden (Anm. 20 zu § 13). Über die Schicksale dieses Rechtes bei Abtretung von Teilen des Geschäftsanteiles Anm. 28 zu § 17.

Andererseits kann aber auch der Gesellschaftsvertrag dieses Überwachungsrecht der Gesellschafter beseitigen. Er kann dem Geschäftsführer in seiner Verwaltung eine völlig unabhängige Stellung geben. Dies geschieht besonders dann, wenn der Geschäftsführer der Hauptgesellschafter ist. Eine Selbstbeschränkung der Gesellschafter kann auch durch den Anstellungsvertrag erfolgen. Daraus allein, daß dieser keinen Vorbehalt für die Prüfungs- und Überwachungsmaßregeln trifft, folgt kein Verzicht auf dieselben. Die Gesellschafter können jederzeit durch Anweisungen und Instruktionen ihr Recht ausüben. Ob diese durch das darin enthaltene Mißtrauen dem Geschäftsführer ein Recht zur sofortigen Kündigung geben, ist nach den Gesamtumständen zu entscheiden (Anm. 62 zu § 35). Bei dem Beschluß über die Maßregeln zur Überwachung und Überprüfung der Geschäftsführer stimmen diese als Gesellschafter mit. Allerdings handelt es sich hier unter Umständen um die Vorbereitung ihrer Entlassung oder von Regreßansprüchen gegen sie. Allein dies schließt nicht aus, daß sie in der Regel bei den Anordnungen über die Geschäftsführung mitwirken. Nur der Mißbrauch des Stimmrechtes bleibt stets ausgeschlossen (Anm. 21 zu § 47). Die Überwachung der Geschäftsführer kann auch anderen Organen übertragen werden, namentlich wenn ein Auf-

§ 46. sichtsrat bestellt ist. Dessen Einführung überhebt die Gesellschafter von den besonderen Überwachungen. Die Beauftragung eines Dritten mit Kontrollmaßnahmen macht diesen noch nicht zum Organe der Gesellschaft. Er übt nur die Rechte der Gesellschafter aus.

Nr. 7. Die Bestellung von Prokuristen und von Handelsbevollmächtigten zum gesamten Geschäftsbetriebe.

Anm. 33. 1. **Die Bestellung von Prokuristen.**

a) Auch hier, wie bei der Zustimmung zur Teilung von Geschäftsanteilen (oben Anm. 18) spricht das RG. (26. 1. 11 RGZ. 75, 164 und JW. 1911, 334[38]) der Vorschrift über die Bestellung der Prokuristen und Generalhandelsbevollmächtigten nur Wirkung nach innen zu. (Ebenso Staub 1. Aufl. Anm. 32 S. 277.) Nach außen sei der Geschäftsführer auch gesetzlicher Vertreter der Gesellschaft mit schrankenloser Befugnis. Habe der Geschäftsführer auf die im § 48 HGB. bezeichnete Art jemandem Prokura erteilt, so sei derselbe Prokurist mit allen Rechtswirkungen nach außen (§ 37 Abs. 2). Ob die Prokuraerteilung dem Gesellschaftsvertrage oder einer Anordnung der inneren Organe zuwider erfolgt sei, habe der Geschäftsführer nach innen zu verantworten (ebenso Parisius-Crüger-Crecelius Anm. 8, Liebmann Anm. 13, Neukamp-Becker Anm. 8; vgl. unten Anm. 43). Hätte der Gesetzgeber die Wirksamkeit des Handelns des Geschäftsführers auch Dritten gegenüber davon abhängig machen wollen, daß er die den Gesellschaftern vorbehaltenen Rechte nicht verletzte, so würde er es ausgesprochen haben. Allein dieser Ansicht ist nicht zuzustimmen. Allerdings läßt sich gegen die Begründung von Förtsch Anm. 12, daß es sich hier um eine durch das Gesetz dem Geschäftsführer auferlegte Beschränkung handelt, der Einwand erheben, daß § 37 von allen Beschränkungen spreche und nicht die statutarischen und gesetzlichen trenne. Allein es handelt sich nicht um eine solche Beschränkung. Darin liegt auch der Irrtum im Argument des RG. Die Übertragung seiner Rechte auf einen Generalbevollmächtigten durch den Geschäftsführer hält übrigens auch das RG. für unzulässig (RG. 24. 2. 15 RGZ. 86, 262 Recht 1915 Nr. 1198). Nach den Motiven (S. 76) wollte man nicht, wie dies vorgeschlagen war, die Bestellung der Prokuristen der Geschäftsführung überlassen, noch aber auch eine solche ganz ausschließen. Bei der erheblichen Tragweite der Maßregel entzog man sie als Regel dem Geschäftsführer und überließ sie den Gesellschaftern selbst. Ihre Sache ist es, im Statute von dieser Maßregel wieder abzusehen. Diese Gedanken sind auch im Gesetze zum Ausdruck gekommen. Man kann auch hier die Worte „der Bestimmung der Gesellschafter unterliegen" nicht dahin verstehen, daß die Geschäftsführer nur nach innen verpflichtet sind, die Zustimmung der Gesellschafter einzuholen. Das hätte man anders ausgedrückt. Auch die Einreihung zwischen „Maßregel zur Überwachung" und „Geltendmachung von Ersatzansprüchen" zeigt, daß es sich hier nicht plötzlich um eine Ausnahme von dem System des § 46 handeln kann, wonach die aufgezählten Fälle einen Beschluß der Gesellschafter zum Eintritte der Rechtsfolgen, die hier benannt sind, voraussetzen. Der Registerrichter darf mithin eine Bestellung zum Prokuristen nur eintragen, wenn sie durch die Gesellschaft erfolgte (ebenso Brodmann Anm. 8). Nur die Anmeldung liegt dem Geschäftsführer ob (vgl. Birkenbihl 10 zu § 46; a. M. KG. 8. 4. 25 Rspr.OLG. 44, 232). Das KG. unterscheidet zwischen der Ausstellung einer Prokura und einer gewöhnlichen Generalhandlungsvollmacht und der Übertragung seiner ganzen Macht auf der anderen Seite. Bei jenen hat der Geschäftsführer die Absicht, im allgemeinen selbst zu handeln. Nur in speziellen Fällen soll der Bevollmächtigte tätig sein. Eine solche Vollmachtserteilung ist nach dem KG. zulässig (ebenso Brodmann Anm. 5 zu § 36). Die Übertragung der ganzen Machtfülle seitens des Geschäftsführers auf einen Bevollmächtigten dagegen ist auch nach dem KG. unzulässig. Ist freilich die Eintragung der Prokuristen ohne diese gesetzliche Voraussetzung erfolgt, so ist der Dritte durch den Schutz des öffentlichen Glaubens gedeckt (§ 15 HGB.). Hierauf ist die Bemerkung der Motive, auf die Neukamp sich bezieht, zu beschränken. Das Aktienrecht hat eine andere Gestaltung. Hier ist in der Tat nur eine interne Mitwirkung des Aufsichtsrates verlangt. Die Beschränkung des Vorstandes bei der Bestellung von Prokuristen hat Dritten gegenüber keine Wirkung (§ 238 HGB.). Bei der GmbH. hat aber die Gesellschafterversammlung eine andere Stellung. Auch das österr. Ges. § 35 Ziff. 4 führt zu einem anderen Ergebnis als das deutsche. Es spricht den Gesellschaftern nur die Entscheidung darüber zu, ob die Prokura erteilt werden darf. Die Minderjährigkeit eines Gesellschafters macht die vormundschaftsgerichtliche Genehmigung (§ 1822 Nr. 11 BGB.) nicht notwendig (KG. 21. 2. 13 Rspr. OLG. 27, 369 Recht 1913 Nr. 2743 BayerZ. 21, 13). **§ 46.**

b) Die Vorschrift ist rein dispositiv. Sie gilt nur, wenn der Gesellschaftsvertrag nichts anderes bestimmt. Der Gesellschaftsvertrag kann die Prokuraerteilung dem Aufsichtsrat oder einem anderen Organ (Anm. 30ff. zu § 45), auch dem Geschäftsführer übertragen. Er kann die Prokuraerteilung ganz untersagen. Das Statut kann auch anordnen, daß nur zwei Kollektivprokuristen bestellt werden dürfen. Das liegt auch in der häufigen, sich an die Regelung der Vertretung der Geschäftsführer anschließenden Bemerkung „oder durch zwei Prokuristen". Eine derartige Statutenbestimmung ist gültig und eintragungsfähig. Eine Verletzung dieser Bestimmung erzeugt das Recht der Anfechtung. Der Verzicht ist in dem einstimmigen Beschlusse der Einzelprokura enthalten. Der Registerrichter darf dann die Eintragung derselben nicht ablehnen. Aber auch den Mehrheitsbeschluß hat er zu beachten, solange er nicht angefochten ist. Nicht erforderlich ist, daß der Gesellschaftsvertrag die Bestellung von Prokuristen überhaupt erwähnt. Sie ist durch das Gesetz gestattet (Anm. 27 zu § 35). Anm. 34.

c) Die Prokura bei der GmbH. Anm. 35.

α) Der Umfang der in der Prokura enthaltenen Vollmacht. Nach § 49 HGB. ermächtigt die Prokura im allgemeinen nur zu solchen Rechtsgeschäften, die der Betrieb eines Handelsgewerbes mit sich bringt. Die GmbH. ist aber eine Handelsgesellschaft auch dann, wenn sie kein Handelsgewerbe betreibt (§ 13 Abs. 3). Die Prokura der GmbH. ermächtigt zu allen Geschäften und Rechtshandlungen, welche das von ihr betriebene Gewerbe, es mag ein Handelsgewerbe sein oder nicht, mit sich bringt. Ausgenommen ist stets die Veräußerung und Belastung von Grundstücken (a. M. Brodmann Anm. 8). Ebenso ermächtigt die Prokura zu allen die Erledigung ihrer Vermögensangelegenheiten mit sich bringenden Geschäften, wenn die Gesellschaft überhaupt kein Gewerbe betreibt. So bei einer Loge, einer Studentenverbindung, einem Sportverein, einer Wohltätigkeitsgesellschaft. Sie können durch die Prokuristen für ihre Zwecke ein Grundstück erwerben.

Soweit dies zum Betriebe des Gewerbes oder ihrer sonstigen Vermögensangelegenheiten gehört, **vertritt der Prokurist auch die Gesellschaft gegenüber den Gesellschaftern.** Anders bei internen Akten, welche dem Geschäftsführer als solchem obliegen. Der Prokurist kann daher nicht die Gesellschafterversammlung einberufen (§ 49), Veröffentlichungen für die Gesellschaft vornehmen, Bilanzen unterzeichnen usw. Anm. 36.

β) Die Unbeschränkbarkeit der Prokura gilt auch hier als Prinzip (vgl. § 50 HGB.). Dabei auch die Begrenzung der Prokura für eine Zweigniederlassung (vgl. OLG. Hamburg in DJZ. 01, 488). Die Beschränkung der Prokura im Gesellschaftsvertrag ist Dritten gegenüber ohne Wirkung. Auch dann, wenn sie der Dritte kannte. Anders nur bei einem vorsätzlichen, gegen die guten Sitten verstoßenden Zusammenwirken des Dritten mit dem Prokuristen zum Schaden der Gesellschaft (Kollusion). (RG. 22, 75; vgl. Anm. 12 zu § 37.) Anm. 37.

γ) Die Eintragung der Prokura in das Handelsregister. Sie ist nicht wesentlich für ihre Erteilung und ihre Existenz. Ist die Prokura erteilt, so ist dieselbe zur Eintragung in das Handelsregister anzumelden. In Konsequenz der Ansicht, daß stets der Geschäftsführer die Prokura erteile (oben Anm. 33), hatte Staub (erste Auflage) dem Registerrichter jedes Prüfungsrecht versagt. Nicht bloß, daß er bei der Anmeldung nicht zu prüfen habe, ob der Geschäftsführer bei der Erteilung innerhalb der statutarischen Beschränkungen gehandelt hat. Er müsse die Prokura sogar dann eintragen, wenn er Anm. 38.

§ 46. in dieser Beziehung das Gegenteil wisse. Allein die Bestimmungen des Aktienrechtes und deren Literatur und Rechtsprechung (Behrend § 126 Anm. 2; Pinner Aktienrecht 152; LG. Breslau bei Holdheim 3, 325; Ring Nr. 3 zu § 238; anders für das Aktienrecht KG. 10. 4. 01 RJA. 2, 74 und KGJ. 22A, 113 und 30. 9. 10 BauersZ. 18, 103) sind hier nicht anwendbar. Der § 238 HGB. schreibt vor, daß der Vorstand mangels anderer Bestimmung durch Statut oder Beschluß der Generalversammlung Prokuristen nur mit Zustimmung des Aufsichtsrates bestellen dürfe. Das ist eine nur nach innen wirkende Vorschrift, deren Beobachtung Sache des Vorstandes ist. In § 46 GmbHG. aber unterliegt die Bestellung der Prokuristen der Bestimmung der Gesellschafter (vgl. oben Anm. 33). Der Registerrichter hat daher zu prüfen, ob die Prokura von dem nach dem Statut oder Gesetz zuständigen Organ erteilt ist.

Anm. 39. δ) Die Anmeldung der Prokura liegt den Geschäftsführern in derjenigen Zusammensetzung, in welcher sie auch sonst die Gesellschaft vertreten, ob. Sie können durch Ordnungsstrafen zur Anmeldung angehalten werden (§ 14 HGB.).

Anm. 40. ε) Das Erlöschen der Prokura ist in gleicher Weise durch die Geschäftsführer anzumelden. Die Gesellschafter und der Aufsichtsrat können nur durch die ihnen zustehenden Machtmittel auf sie einwirken, daß sie die Löschung veranlassen. Sie selbst können die Anmeldung nicht bewirken.

Anm. 41. ζ) Die Grundsätze über die Wirkung der erfolgten und nichterfolgten Registrierung des Erlöschens der Prokura gelten hier unverändert so, wie sich dies aus allgemeinen Rechtsgrundsätzen ergibt (vgl. Anm. 9—14 zu § 39; Staub-Bondi HGB. Anm. 5ff. zu § 53 und Düringer-Hachenburg 1 zu § 53).

Anm. 42. η) Die Rechtswirkungen der auf Grund der Prokura abgeschlossenen Rechtsgeschäfte treffen die Gesellschaft, nicht etwa die Geschäftsführer. Denn ein Prokurist ist Vertreter der Gesellschaft, nicht des Geschäftsführers.

Anm. 43. ϑ) Der Widerruf der Prokura ist stets gestattet. Nach innen können diejenigen Organe, welche zur Erteilung der Prokura berufen sind, vom Geschäftsführer verlangen, daß er die Prokura widerruft. Der Geschäftsführer ist hierzu stets berechtigt. Der Widerruf erfolgt gültig auch ohne Genehmigung der Gesellschafter. Denn das für die Prokurabestellung aufgestellte Erfordernis hat seinen besonderen legislativen Grund. Es leidet keine analoge Ausdehnung auf den Prokurawiderruf (Behrend § 126 Anm. 2). Der Gesellschaftsvertrag kann das Gegenteil anordnen.

Anm. 44. 2. **Bestellung von Generalhandlungsbevollmächtigten.** Auch für diese Vorschrift gilt dasselbe wie für die Prokura. Der Generalhandlungsbevollmächtigte wird nicht vom Geschäftsführer, sondern von den Gesellschaftern bestellt (ebenso RG. 24. 2. 15 RGZ. 86, 262 Recht 1915 Nr. 1198; vgl. über die gegenteilige Ansicht oben Anm. 33 und OLG. Colmar 31. 3. 05 Recht 1905, 1070).

Anm. 45. Zur Bestellung sonstiger Bevollmächtigter ist der Geschäftsführer befugt. Er bedarf hierzu keiner Genehmigung. Das gilt auch bei Anstellung von Agenten. Sie sind „Vertreter" der Gesellschaft. Je nach dem Umfang ihrer Vollmacht können sie Handlungsbevollmächtigte sein (RG. in DJZ. 02, 452). Verlangt der Gesellschaftsvertrag die Genehmigung der Gesellschafter, so wird dies nur als eine nach innen wirkende Beschränkung anzusehen sein (RG. in DJZ. 02, 452).

Anm. 46. Ob ein solcher Bevollmächtigter die Vollmacht auf andere übertragen oder auf Grund derselben Dritte für die Gesellschaft bevollmächtigen kann, muß im Einzelfalle nach dem Inhalte der Vollmacht festgestellt werden.

Der Widerruf der Vollmacht steht dem Geschäftsführer zu. Auch dann, wenn das Widerrufsrecht des Geschäftsführers nach innen beschränkt sein sollte. Eine unwiderrufliche Handlungsvollmacht würde im Widerspruch mit den Grundsätzen, die das Gesetz bei der Bestellung des Geschäftsführers aussprach, stehen (KG. 28. 6. 10 KGJ. 40A, 67). Doch wird der Widerruf auf das Vorliegen wichtiger Gründe beschränkt werden können.

Auch Beamte (Handlungsgehilfen oder sonstige Gehilfen) kann natürlich die GmbH. haben. Sie stehen nur zur Gesellschaft in einem Dienstverhältnis. Ihre Bestellung und Entlassung ist Sache der Geschäftsführer. **§ 46.** **Anm. 47.**

3. **Bei der Bestellung zu Prokuristen und Generalhandlungsbevollmächtigten** stimmen die Gesellschafter, um die es sich handelt, mit. Es dreht sich um ihre Vollmacht, nicht um ihren Anstellungsvertrag. Werden sie als Handlungsgehilfen angestellt und holt der Geschäftsführer hierzu die Genehmigung der Gesellschafter ein, so sind sie nicht stimmberechtigt. **Anm. 48.**

Nr. 8. Die Geltendmachung von Ersatzansprüchen, welche der Gesellschaft aus der Gründung oder Geschäftsführung gegen die Geschäftsführer oder Gesellschafter zustehen, sowie die Vertretung der Gesellschaft in Prozessen, welche sie gegen die Geschäftsführer zu führen hat.

1. **Die Mehrheit der Gesellschafter beschließt darüber, ob aus der Gründung oder der Geschäftsführung gegen die Geschäftsführer oder Gesellschafter Ansprüche geltend gemacht werden sollen.** Daraus folgt auch hier (vgl. oben Anm. 33), daß ein solcher Beschluß zur Begründung der Klage gehört. Liegt ein solcher Beschluß der Gesellschafter vor, so gehört seine Ausführung zur Aufgabe der Geschäftsführer. Die früher im Aktienrechte herrschende Streitfrage über die Voraussetzung der Regreßklage (vgl. RG. 18, 61) ist nun dort durch die neue Fassung des § 268 HGB. im entgegengesetzten Sinne entschieden. Allein das GmbHGesetz überträgt den Gesellschaftern die Bestimmung über die Verfolgung. Deren Stellung ist eine andere als die der Aktionäre. Vorausgesetzt ist jedoch stets, daß es sich um den derzeitigen Geschäftsführer handelt. Bei Klagen gegen frühere Geschäftsführer bedarf es des Beschlusses nicht (ebenso Brodmann Anm. 9, Neukamp-Becker Anm. 9; a. M. Liebmann Anm. 17). Diese Ersatzansprüche sind Forderungen wie alle anderen (BauersZ. 17, 109). Über die Begründung von Ansprüchen gegen die Gründer vgl. Anm. 28 zu § 9. Im Gegensatz zu der hier vertretenen Anschauung, daß das GmbH-Gesetz Regreßklagen der Gesellschaft nicht kenne (so auch KG. 6. 2. 20 Rspr.OLG. 41, 210), bejaht das RG. eine solche Möglichkeit (RG. 2. 11. 20 RGZ. 100, 176). Die spezielle Regelung bei der Aktiengesellschaft (HGB. § 202) sei nur die Ausführung eines allgemeinen Rechtsgedankens; daß im Augenblick der Schädigung die GmbH. noch gar nicht existiere, vereitele nicht den Anspruch. Es genüge ein ursächlicher Zusammenhang zwischen schädigender Handlung und später eingetretener Schädigung. Über Ersatzansprüche gegen Geschäftsführer vgl. die Ausführungen zu § 43, auch RG. LZ. 2, 450[33]. Für die Geltendmachung anderer Ansprüche als der speziell aufgezählten gegen die Geschäftsführer muß das gleiche gelten (KG. 4. 10. 12 Holdheim 21, 269 Recht 1912 Nr. 3023). **Anm. 49.**

2. **Die Gesellschafter können zugleich Vertreter bestellen, welche gegen die Geschäftsführer die Prozesse zu führen haben.** Dies auch dann, wenn ein Geschäftsführer noch vorhanden ist, gegen welchen sich die Klage nicht richtet. Erst recht, wenn von mehreren Geschäftsführern mit Gesamtvertretung nur einer regreßpflichtig ist. Durch das Ausscheiden des einen regreßpflichtigen Gesellschafters bleibt eine genügende Zahl Vertreter nicht zurück (KG. 8. 5. 03 OLGR. 7, 152). Der von den Gesellschaftern gewählte Vertreter ist gesetzlicher Vertreter der Gesellschaft. Die Gesellschafter vertreten bei dieser Bestellung die Gesellschaft als Organ (vgl. Anm. 5 zu § 45). Sie dürfen infolgedessen mit den zu wählenden Prozeßvertretern die Bedingungen vereinbaren, unter welchen sie die Prozesse zu führen haben. Sie dürfen auch Beschlüsse darüber fassen, in welcher Weise sie sich die Information zur Führung der Prozesse zu beschaffen haben. Ist die Bestellung des besonderen Prozeßvertreters unterblieben, so kann in dringenden Fällen das Amtsgericht ihn ernennen (§ 29 BGB.; a. M. KG. 24. 10. 12 Holdheim 21, 269 Recht 1912 Nr. 3023; KG. 11. 2. 21 Rspr.OLG. 42, 222). Als antragsberechtigter Beteiligter erscheint auch ein einzelner Gesellschafter. Die Gesellschafter als Gesamtheit bedürfen dieser Hilfe nicht. Erhebt der Geschäftsführer gegen die Gesellschaft die negative Feststellungsklage, daß ihr Ansprüche gegen ihn aus Gründung oder Geschäftsführung nicht zustehen, so kann auch hier- **Anm. 50.**

§ 46. für die Gesellschafterversammlung einen besonderen Prozeßvertreter ernennen. Dies schon deshalb, weil diese in der Lage sein muß, die Widerklage auf Leistung zu erheben. Für die Zustellung der Klage des Geschäftsführers an die Gesellschaft wird § 57 ZPO. anwendbar sein. Statt der Ernennung des besonderen Prozeßvertreters können die Gesellschafter einen weiteren Geschäftsführer oder so viele, als zu ihrer Vertretung erforderlich sind, berufen. Das wird dann praktisch, wenn der ersatzpflichtige Geschäftsführer abberufen werden soll.

Anm. 51. 3. Die Minderheit hat kein Recht, gegen den Willen der Mehrheit Prozesse im Namen der Gesellschaft anzustellen (vgl. Anm. 53 zu § 45). Der Gesellschaftsvertrag kann ihr dies einräumen. Die Vorschriften des Aktienrechtes werden mitunter übernommen (§ 268 HGB.). Ist nur ein Anspruch auf Geltendmachung der Ersatzansprüche gegeben, so müssen auch hier besondere Prozeßvertreter bestellt werden. Möglich ist aber auch, daß der Minderheit das unmittelbare Recht der Klage gegeben ist. Dann sind diese Gesellschafter Vertreter der Gesellschaft. Der Prozeß wird stets auf Kosten der Gesellschaft geführt. Auch hierüber kann der Gesellschaftsvertrag Abweichendes bestimmen.

Anm. 52. 4. Ansprüche gegen die Gesellschafter aus § 31, Ansprüche gegen die Mitglieder des Aufsichtsrates oder gegen ähnliche Gesellschaftsorgane fallen nicht unter Ziff. 8. Die Gesellschafter können auch über die Anstellung solcher Prozesse Beschlüsse fassen. Ihre Ausführung ist Pflicht der Geschäftsführer.

Anm. 53. 5. **Ist ein Aufsichtsrat bestellt, so ist auch dieser zur Prozeßführung gegen die Geschäftsführer befugt** (§ 52 GmbHGes., § 247 HGB.).

Anm. 54. 6. Der Gesellschaftsvertrag kann den Gesellschaftern das hier erwähnte Bestimmungsrecht nehmen (§ 45) und auf ein anderes Organ übertragen (anders österr. Ges. § 35 Abs. 1 Ziff. 6 und Abs. 2). Dabei ist wieder möglich, daß die Gesellschafter als Beschlußorgan über die Ausübung zu wachen haben, oder auch, daß denselben keinerlei Recht in dieser Hinsicht zusteht (Anm. 48 zu § 45).

Anm. 55. **Ausländische Gesetze.**

Eine Bestimmung darüber, welche Beschlüsse im normalen Geschäftsverlaufe von Gesetzeswegen den Gesellschaftern vorbehalten sind, fehlt im französischen Gesetz, wie im italienischen Entwurfe. Beide überlassen es ausschließlich den Gesellschaftsverträgen, die Zuständigkeit festzusetzen. Die übrigen Gesetze dagegen folgen dem deutschen Beispiel. Sie geben eine Aufzählung, die im wesentlichen mit der in § 46 des deutschen GmbHGesetzes übereinstimmt (österr. Ges. § 35, bulgar. Ges. Art. 42, poln. Ges. Art. 12, Schweizer Entwurf § 797). Österreich und Bulgarien weisen der Beschlußfassung der Gesellschaft überdies den Abschluß von Verträgen zu, durch welchen die Gesellschaft vorhandene oder herzustellende, dauernd zu ihrem Geschäftsbetriebe bestimmte Anlagen oder unbewegliche Gegenstände für eine den Betrag des fünften Teiles des Stammkapitals übersteigende Vergütung erwerben will, sowie die Abänderung solcher Verträge zu Lasten der Gesellschaft, soweit es sich nicht um den Erwerb im Wege der Zwangsvollstreckung handelt. Die Bestimmung bezweckt, eine Umgehung der Vorschriften über die Sacheinlage zu verhindern. Deswegen ist für diese Beschlüsse Dreiviertelmehrheit vorgeschrieben. Deswegen kann die Bestimmung hierüber (ebenso wie die Prüfung der Bilanz, die Einforderung von Nachschüssen, die Geltendmachung von Ersatzansprüchen gegen die Organe) der Beschlußfassung der Gesellschafter nicht entzogen werden. Das polnische Gesetz weist auch die Rechtsgeschäfte über Liegenschaften der Bestimmung durch die Gesellschafter zu.

§ 47.

§ 47.

Die von den Gesellschaftern in den Angelegenheiten der Gesellschaft zu treffenden Bestimmungen erfolgen durch Beschlußfassung nach der Mehrheit der abgegebenen Stimmen.

Jede hundert Reichsmark eines Geschäftsanteils gewähren eine Stimme. Vollmachten bedürfen zu ihrer Gültigkeit der schriftlichen Form. **§ 47.**

Ein Gesellschafter, welcher durch die Beschlußfassung entlastet oder von einer Verbindlichkeit befreit werden soll, hat hierbei kein Stimmrecht und darf ein solches auch nicht für andere ausüben. Dasselbe gilt von einer Beschlußfassung, welche die Vornahme eines Rechtsgeschäfts oder die Einleitung oder Erledigung eines Rechtsstreites gegenüber einem Gesellschafter betrifft.

Der ursprüngliche Wortlaut des § 47 war durch das Gesetz vom 24. Dezember 1922 RGBl. 1923, 22 nicht berührt worden. Während das Mindestkapital auf 500000 M., die Mindeststammeinlage auf 10000 M. erhöht wurde, blieb die Bestimmung, daß je 100 M. eines Geschäftsanteiles eine Stimme geben, unverändert. Materiell abgeändert wurde § 47 durch § 43 Abs. 1 der 2. Durchführungsverordnung zur Goldbilanzverordnung vom 28. 3. 24. Nach ihr gaben je 50 M. eines Geschäftsanteiles bei neugegründeten Gesellschaften eine Stimme. Bei Gesellschaften, die auf Grund der GoldbilVO. ihr Kapital von Papiermark auf Goldmark — später Reichsmark — umgestellt hatten, gaben 10 Goldmark Geschäftsanteile eine Stimme (2. DurchführVO. § 37). Jetzt ist durch die Novelle vom 28. 6. 1926 (RGBl. 1, S. 315) für die nach dem 1. Juli 1926 gegründeten Gesellschaften und für die Gesellschaften, die nach dem 1. Juli 1926 freiwillig oder wegen wesentlicher Änderung ihres Gesellschaftszweckes ihr Stammkapital auf mindestens 20000 M. erhöht haben (vgl. Art. II Abs. 2 des Gesetzes vom 28. 6. 26, abgedruckt Band 1 S. 523), auch materiell die alte Fassung des Gesetzes — in Reichsmark — erneut in Kraft gesetzt.

Für die Abstimmung gilt das Prinzip des Mehrheitsbeschlusses (Abs. 1). Das Stimmrecht der Gesellschafter richtet sich nach dem Geschäftsanteil (Abs. 2). Bevollmächtigung ist zugelassen (Abs. 3). In besonderen Fällen ist das Stimmrecht ausgeschlossen (Abs. 4). **Das Gesetz enthält keine Regel über den Vorgang der Abstimmung** selbst, weder über Form noch Inhalt. Sie ist ein einseitiges gesellschaftliches Rechtsgeschäft. Sie untersteht den Regeln des BGB. über diese (vgl. Anm. 7—14 zu § 45). Die Abrede, in einem bestimmten Sinne zu stimmen, ist nicht unzulässig. Aus der Abtretung eines Geschäftsanteiles, die der Genehmigung der Gesellschaft bedarf, folgt für den Veräußerer unmittelbar die Pflicht zur Abstimmung zugunsten des Erwerbers (RG. 7. 4. 06 DJZ. 1906, 710). Nur darf kein Verstoß gegen die guten Sitten vorliegen (Anm. 44 zu § 45). Nichtig ist daher die Abrede über einen Stimmenkauf (OLG. Colmar 27. 3. 03 OLGR. 6, 503). Nichtig ist auch eine Abrede, durch die, ohne daß ein Stimmenkauf vorliegt, einem Gesellschafter besondere Vorteile zugewendet werden, die sich nicht aus der Abstimmung selbst ergeben (RG. 22. 2. 16 JW. 1916, 575). Der Begriff des Stimmenkaufes liegt nur vor, wenn auf Grund der getroffenen Vereinbarung der Gesellschafter gegen seine bessere Ansicht stimmt (RG. 13. 2. 14 DJZ. 1914, 630 Recht 1914 Nr. 1169 RundschGmbH. 1914, 250). Die Ausübung des Stimmrechtes ist Ausfluß des Gesellschaftsverhältnisses. Dieses besteht aber nur zwischen dem Gesellschafter und der Gesellschaft. Ein vorsätzliches Verhalten bei der Abstimmung, um einen anderen Gesellschafter zu schädigen, ist keine Vertragsverletzung. Es kann nur die Haftung für unerlaubte Handlung in Frage kommen (RG. 2. 1. 11 LZ. 1911, 219, Recht 1911, 1218). Sind alle Geschäftsanteile in einer Hand, so kann von einer Abstimmung nicht gesprochen werden. Diese setzt notwendigerweise eine Mehrheit von Gesellschaftern voraus. Der alleinige Inhaber aller Anteile faßt keinen Beschluß, sondern wie jede Einzelperson einen Entschluß. Dagegen ist beim Vorhandensein mehrerer Gesellschafter auch dann ein Beschluß und eine Abstimmung vorhanden, wenn nur ein Gesellschafter erscheint und seine Stimme abgibt (RGZ. 34, 116; für die GmbH. RG. 13. 6. 13 RGZ. 82, 386 JW. 1913, 994 LZ. 1913, 754 u. 847 Recht 1913 Nr. 2331 ff. RundschGmbH. 1914, 57; ebenso KG. 27. 2. 14 RundschGmbH. 1914, 185). Wenn für die Beschlüsse bestimmte Formalien — Eintragung in ein Protokollbuch — durch den Gesellschaftsvertrag vorgeschrieben sind, ist Dritten gegenüber ihre Außerachtlassung bedeutungs-

Einleitung.

§ 47. los (OLG. Hamburg 14. 7. 13 RundschGmbH. 1914, 85). Im übrigen bedeutet die Statutenvorschrift „Eintrag im Protokollbuch" nicht auch die Notwendigkeit der Unterzeichnung durch die Gesellschafter (OLG. Kassel 30. 3. 14 RundschGmbH. 1914, 337). Ein formell ordnungsmäßig gefaßter Beschluß kann wegen Verstoßes gegen die guten Sitten nichtig sein. Ein solcher Nichtigkeitsgrund kann vorliegen, wenn die Mehrheit ihre Stärke zur völligen Knebelung der Minderheit benutzt (noch weitergehend RG. 23. 10. 25 JW. 1926, 543 mit Anm. von Hachenburg). (Literatur Walter Schiller, Das Stimmrecht in der GmbH., Tübinger Dissertation 1913).

Anm. 1. I. (Abs. 1.) **Die Mehrheit der abgegebenen Stimmen entscheidet.** Dieselbe Bestimmung enthält das österr. Ges. § 39 Abs. 9.

1. **Die gesetzliche Vorschrift verlangt einfache Stimmenmehrheit** (§ 251 HGB.). Es ist eine Stimme mehr als die Hälfte der Gesamtzahl der abgegebenen Stimmen erforderlich. Gesellschafter, die sich der Abstimmung enthalten, sei es freiwillig, oder auf Grund gesetzlicher Vorschrift, werden nicht mitgezählt. (Ebenso Brodmann Anm. 1 — anders, wenn sie rein äußerlich trotz ihrer Anwesenheit an der Stimmabgabe verhindert sind: RG. 13. 6. 13 RGZ. 82, 386, JW. 1913, 994, LZ. 1913 S. 754 und 847, Recht 1913 Nr. 2331 ff., RundschGmbH. 1914, 57). Ebenso unbeschriebene Stimmzettel (a. M. für den Fall die Mehrzahl der E r s c h i e n e n e n verlangt ist, RG. 10. 10. 12 RGZ. 80, 189, JW. 1913, 15 Vereinsrecht.) Wer seinen Zettel nicht beschreibt, stimmt nicht. Bei Stimmengleichheit ist der Antrag abgelehnt. Daraus entstehen bei Gesellschaften mit zwei Gesellschaftern, von denen jeder die Hälfte des Stammkapitals besitzt, leicht Schwierigkeiten. Sie sind in den meisten Fällen aber nicht anders aufzufassen als bei einer offenen Handelsgesellschaft. Besondere Fürsorge ist nur für die Ernennung der Geschäftsführer und die Genehmigung der Bilanz zu treffen. Ohne diese kann die Gesellschaft nicht bestehen. Im ersteren Falle hilft das Recht eines jeden Gesellschafters, einen Geschäftsführer zu ernennen. Im zweiten die Entscheidung durch ein Schiedsgericht. Aber nur, wenn die Satzung es bestimmt. Über den Beschluß als Willensbildung und die Abstimmung als Willenserklärung vgl. Anm. 7 ff. zu § 45.

Wird ein Beschluß wieder aufgehoben, so genügt hierzu einfache Stimmenmehrheit, auch wenn er mit größerer Majorität oder einstimmig gefaßt wurde. Nur soweit er Sonderrechte begründete (hierüber vgl. Anm. 16 zu § 14), bedarf die Aufhebung dieses Beschlusses der Zustimmung der Berechtigten. Über die Wiederaufhebung der Bilanzgenehmigung vgl. Anm. 2 zu § 29. Soweit das Gesetz oder das Statut qualifizierte Mehrheiten verlangen, bedarf die Abänderung dieser Beschlüsse derselben Mehrheit. Auch eine noch nicht eingetragene Änderung der Statuten kann nur mit einer Mehrheit von drei Vierteln der abgegebenen Stimmen wieder aufgehoben werden.

Das Gesetz verlangt nicht, daß eine bestimmte Anzahl von Gesellschaftern erscheinen oder ein bestimmter Betrag des Stammkapitals in der Versammlung vertreten sein, oder daß ein bestimmter Betrag des vertretenen Stammkapitals zustimmen müsse. Es kann daher auch ein einziger Gesellschafter die Beschlüsse fassen (für das Aktienrecht RG. 34, 116), selbst wenn dieser Gesellschafter einen noch so kleinen Geschäftsanteil hat. Über den Gesellschafter, der die sämtlichen Geschäftsanteile besitzt vgl. oben Einleitung.

Anm. 2. Die Vorschrift, daß ein Beschluß durch die Mehrheit der Stimmen gefaßt wird, ist absoluten Rechtens. Die Minderheit ist nicht zur Bildung des Willens der Gesellschaft befähigt. Ein Beschluß, der nur mit Minderheit gefaßt ist, bedarf daher nicht der Anfechtung. Er ist ohne Wirkung (vgl. über die Ansicht des RG. für den Fall der qualifizierten Mehrheit RGZ. 75, 239 und Anm. 15 zu § 45).

Anm. 3. 2. Für eine Änderung des Gesellschaftsvertrages und für die Auflösung der Gesellschaft verlangt das Gesetz eine Mehrheit von drei Vierteln der abgegebenen Stimmen (§§ 53 und 60 Nr. 2). Über die Ungültigkeit des Beschlusses bei geringerer Mehrheit vgl. Anm. 15 zu § 45

3. **Weitere Ausnahmen kann der Gesellschaftsvertrag machen.** Denn § 47 Abs. 1 ist vermöge des § 45 dispositiver Natur. Der Gesellschaftsvertrag kann für bestimmte Fälle eine grö-

ßere als die einfache Mehrheit einführen. Das geschieht zum Schutze der Minderheit. Oft wird der Kampf um die Mehrheit dadurch gelöst, daß in den lebenswichtigen Fragen der Gesellschaft eine Mehrheit von zwei Dritteln oder ähnlich vorgesehen wird. So für die Ernennung der Geschäftsführer für Erwerb von Immobilien oder ganzer Geschäfte usw. Es kann auch allgemein die qualifizierte Mehrheit verlangt werden. Der Gesellschaftsvertrag kann Einstimmigkeit allgemein oder für einzelne Fälle fordern. Der Gesellschaftsvertrag kann für den Fall der Stimmengleichheit Fürsorge treffen. Er kann die Entscheidung einem Dritten, dem Vorsitzenden des Aufsichtsrates oder dem Delegierten der Gesellschafter oder (RG. 28. 10. 01 RGZ. 49, 146) dem Syndikus der Gesellschaft übertragen. Es kann das Los entscheiden (vgl. auch Anm. 1 Abs. 1). Es finden sich Bestimmungen, daß die Beschlüsse überhaupt oder Beschlüsse gewisser Art nur gültig sind, wenn in der Versammlung eine gewisse Höhe des Stammkapitals vertreten ist. Geschäftsanteile, deren Besitzer infolge gesetzlicher oder statutarischer Vorschrift nicht stimmen, zählen nicht. Über freiwillige Stimmenthaltung RG. 10. 10. 12 RGZ. 80, 189. Beschränkt das Statut die Stimmrechte durch Festsetzung eines Höchstbetrages, so sind nur die abstimmungsberechtigten Teile des Geschäftsanteils mitzurechnen. (Vgl. unten Anm. 7; Staub-Pinner HGB. Anm. 4 zu § 251). Der Gesellschaftsvertrag kann all diese Punkte anders regeln. Er kann überall den vollen Nennbetrag des Stammkapitals als Grundlage vorschreiben. In manchen Gesellschaftsverträgen wird auch Nichtgesellschaftern ein Stimmrecht zugesprochen. So den Genußscheininhabern oder Unterbeteiligten oder Staatsbehörden. Damit wird dem Dritten kein Gesellschaftsrecht gewährt. Dies ist unmöglich. Es wird aber die Wirksamkeit des Gesellschafterbeschlusses von einer weiteren Tatsache, der Zustimmung eines Dritten, abhängig gemacht. Eine Abänderung dieser Bestimmung des Gesellschaftsvertrages verletzt kein gesellschaftliches Sonderrecht. Dieser Beschluß ist nicht durch einen überstimmten Gesellschafter anfechtbar. Die Rechtsfolgen richten sich nach dem Verhältnis der Gesellschaft zu dem Dritten, dessen Recht verletzt ist. Schreibt das Gesetz einen Beschluß der Gesellschafter zwingend vor, so kann das Stimmrecht des Dritten nicht eingeführt werden. So bei der Einforderung von Nachschüssen (§ 26), bei der Auflösung der Gesellschaft (§ 60 Nr. 2), bei der Satzungsänderung (§ 53). **§ 47.**

Der Gesellschaftsvertrag kann eine Abstimmung für besondere Gegenstände völlig ausschließen und hierfür andere Vorschriften geben. Sie sollen bei voraussichtlicher Stimmengleichheit ein gegenseitiges Lahmlegen verhüten. So kann bei zwei Gesellschaftern mit gleichen Stimmen, wenn sie sich nicht auf die Ernennung eines Geschäftsführers einigen, jedem das Recht der Ernennung eines Geschäftsführers zugesprochen sein. Die Ausübung dieses Rechts ist keine Abstimmung. Es bedarf keiner Gesellschafterversammlung (vgl. oben Anm. 1). Der Gesellschaftsvertrag kann neben den Vorschriften des § 47 Abs. 4 für bestimmte andere Fälle das Stimmrecht ausschließen (OLG. Hamburg 11. 6. 01 OLGR. 3, 68). Er kann einzelnen Geschäftsanteilen das Stimmrecht ganz entziehen.

4. Ein Gesellschafterbeschluß, der im übrigen den Vorschriften von Gesetz und Statut entspricht, ist nichtig, wenn er gegen die guten Sitten verstößt. Ein solcher Verstoß liegt vor, wenn die Mehrheit lediglich zur Förderung ihres eigenen Vorteiles ohne Rücksicht auf die Interessen der Gesellschaft, die Rechte der Minderheit empfindlich schmälert (RG. 22. 2. 16 JW. 1916, 575 mit Anm. von Pinner). **Anm. 4.**

II. (Abs. 2.) **Jede 100 Reichsmark eines Geschäftsanteils gewähren eine Stimme.** Der „Geschäftsanteil" (vgl. Anm. 6 und 7 zu § 14; RG. 26. 5. 99, JW. 99, 444) umfaßt alle Rechte, welche dem Gesellschafter zustehen. Jeder Geschäftsanteil enthält einen Nennbetrag. Er entspricht dem Geldwerte dessen, was der Gesellschafter auf seine Stammeinlage zu leisten hat. Von diesem Nennbetrage gewähren immer 100 M. eine Stimme. Ob sie voll einbezahlt sind oder nicht, ist gleichgültig (BauersZ. 29, 76). Neukamps Meinung (Anm. 4), daß es statt Geschäftsanteil „Stammeinlage" heißen müßte, ist nicht zutreffend. Es hätte freilich auch Stammeinlage heißen können. So § 39 Abs. 2 österr. Ges. Denn der Nennbetrag der Stammeinlage und der Nennbetrag des Geschäftsanteils decken sich ja (§ 14). **Anm. 5.**

§ 47. Anm. 6. Vorausgesetzt ist, daß ein Gesellschaftsverhältnis besteht. Nur dann ist ein Geschäftsanteil vorhanden. Wer bei der Gründung überhaupt keine Stammeinlage übernahm, ist nicht Gesellschafter geworden. So bei der Sacheinlage unzulässigen Inhalts (Anm. 28a zu § 5) oder in unzureichender Form (Anm. 47 zu § 5). Ebenso hat der Übernehmer des erhöhten Stammkapitals kein Stimmrecht, so lange nicht die Erhöhung eingetragen ist. (Über die Einladung solcher Gesellschafter vgl. Anm. 6 zu § 51). Ob die Stammeinlage voll eingezahlt ist oder nicht, ist gleichgültig. Es kommt nur darauf an, daß der Geschäftsanteil noch gilt. Auch daß die Kaduzierung schon angedroht ist, hindert nicht die Stimmberechtigung. Über die Rechtslage, insbesondere Stimmrecht der Gesellschaft nach Kaduzierung eines Geschäftsanteils und vor dem Eintritt eines anderen Gesellschafters an Stelle des Kaduzierten vgl. Anm. 25 zu § 21, über die Rechtslage bei der Abandonnierung eines Geschäftsanteils im Nachschußverfahren vgl. Anm. 30 zu § 27, bei dem Erwerbe eigener Geschäftsanteile Anm. 15 zu § 33, bei der Amortisation Anm. 1 zu § 34. Über das Stimmrecht verpfändeter Geschäftsanteile vgl. Anm. 4 Exkurs I zu § 15.

Mit seinen Stimmen kann der Gesellschafter nur einheitlich stimmen. Denn die Person, nicht der Geschäftsanteil, stimmt (a. M. BauersZ. 24, 173. Er hält die Teilung der Stimmen des Geschäftsanteiles und teilweise Abgabe durch Bevollmächtigte für zulässig. Indessen ist seine Begründung, daß je 100 M. eine Stimme verleihe, lediglich formalwörtlich.) Es kann daher ein Gesellschafter, dem 5 Stimmen, und sei es auch auf Grund mehrerer Geschäftsanteile, zustehen, nicht 3 Stimmen für, 2 Stimmen gegen einen Antrag abgeben (vgl. für das Aktienrecht RG. 33, 94). Eine gegenteilige Bestimmung im Gesellschaftsvertrage ist ungültig. Dagegen kann ein Gesellschafter, dem 5 Stimmen zustehen, das Stimmrecht nur für 3 ausüben. Ein und dieselbe Person kann für sich für, als Vertreter eines anderen gegen einen Vorschlag stimmen. Eine unzulässige, geteilte Stimmabgabe ist ungültig. Hat sich ein Gesellschafter für einen Teil seiner Stimmen der Abstimmung enthalten, so ist sie für die abgegebenen Stimmen gültig. In diesem Falle hat er kein Anfechtungsrecht. Sie läßt den wahren Willen des Gesellschafters nicht erkennen. Denn er hat ja für den Beschluß gestimmt (vgl. RG. 33, 92 und Anm. 20 zu § 45).

Anm. 7. Die Bestimmung des Absatzes 2 ist dispositiv (§ 45). Der Gesellschaftsvertrag kann hier ändernd eingreifen. Häufig gewähren je 1000 M. oder noch höhere Summen eines Geschäftsanteils eine Stimme. Der Gesellschaftsvertrag kann aber auch die Stimmbeteiligung anders als nach Verhältnis der Geschäftsanteile festsetzen. Er kann einem bestimmten Geschäftsanteil von 10 000 M. 10 Stimmen, einem anderen Geschäftsanteil von 20 000 M. 5 Stimmen gewähren. Es kann auch die Kapitalbeteiligung als Grundlage des Stimmrechts ganz verlassen und Stimmabgabe nach Köpfen trotz Verschiedenheit der Geschäftsanteile festgesetzt werden. Es kann bestimmt werden, daß der Gesellschafter A 50 Stimmen, der Gesellschafter B 100 Stimmen haben soll usw. Es kann auch ein Gesellschafter ganz von der Stimmabgabe (OLG. Hamburg 11. 6. 01 in OLGR. 3, 66), ja sogar auch von der Teilnahme an der Gesellschafterversammlung ausgeschlossen werden. Ebenso Neukamp-Becker Anm. 2a. Die Entziehung des Stimmrechts und den Ausschluß will Brodmann (Anm. 1), den Ausschluß allein wollen Liebmann Anm. 4 zu § 48, Parisius-Crüger-Crecelius Anm. 1 zu § 47 nicht zulassen. (Wenn Liebmann sagt, daß die hier — Anm. 7 — vertretene Anschauung mit der Anm. 27 unten im Widerspruch stehe, so liegt ein Mißverständnis vor.) Doch ist ein Grund dafür nicht ersichtlich. Es widerspricht nicht dem Gesellschaftsprinzip. War es doch auch im früheren Aktienrecht vor 1884 und im Genossenschaftsgesetz, wie es bis zum 1. Oktober 1889 gegolten hat, möglich (KG. 28. 11. 13 Recht 1915 Nr. 1199, RundschGmbH. 1915, 302 RJA. 13, 232; vgl. Neukamp 208, Anm. 2a; Förtsch Anm. 3; OLG. Hamburg 11. 6. 01 in OLGR. 3, 66). Brodmann (Anm. 1) malt das Gespenst des Gesellschafters, der kein Stimmrecht, keinen Gewinnanteil und keinen Anteil am Liquidationserlös hat. Er will damit als der äußersten Konsequenz des hier vertretenen Standpunktes diesen ad absurdum führen. Daß so etwas praktisch vorkommt, schließt er freilich selbst aus. Wenn aber jemand so etwas tue, so schließe er keinen Gesellschaftsvertrag. Die Begründung für diese letzte Behauptung bleibt Brodmann schuldig. Er bleibt auch nicht konsequent. Daß vertraglich das Stimmrecht von einer Mindestbeteiligung abhängig gemacht würde, sei begrifflich ebenso ausgeschlossen, wie die völlige Versagung des Stimmrechts. Daß es aber unter Umständen sogar gesetzlich vorgeschrieben sein kann, kann Brodmann nicht abstreiten. Damit aber widerlegt er seine eigene Auffassung. — Der Gesellschafter, der einem Konkurrenzunternehmen angehört, kann auf die Ausübung seines Stimmrechtes durch einen Bevollmächtigten beschränkt sein (RG. 12. 11. 12 RGZ. 80, 385). Das Stimmrecht kann, wie allgemein, so auch für bestimmte Fälle ausgeschlossen werden. So für Gesellschafter, die mit ihren Einlagen oder sonstigen Verpflichtungen im Rückstande sind oder solange sie einem Konkurrenzunternehmen angehören. Eine Entziehung des Stimmrechts liegt auch darin, wenn nur Geschäftsanteilen von bestimmter Höhe eine Stimme gegeben oder die gesetzliche Vorschrift bedeutend erhöht ist, während Geschäftsanteile unter diesem Betrage bestehen. Man kann aus solchen Minimalsätzen für die Stimme weder schließen, daß eine Teilung von Geschäftsanteilen unter diese Sätze unstatthaft ist, noch kann man die kleineren Teile zusammenzählen. Nur das Statut kann für solche Fälle eine gemeinschaftliche Stimme schaffen. Es kann auch das Stimmrecht von einer gewissen Dauer der Mitgliedschaft, vom Glaubensbekenntnis, von der Zugehörigkeit zu irgendeiner anderen Vereinigung, von dem Besitze eines Grundstücks usw. abhängig gemacht werden. Der Gesellschaftsvertrag kann auch die Stimmberechtigung nach oben beschränken. Wer mehr als 10 000 M. Geschäftsanteile besitzt, hat für den überschießenden Betrag kein Stimmrecht. Der Gesellschaftsvertrag kann endlich die Stimmabgabe und die Teilnahme an der Gesellschafterversammlung von gewissen formellen Voraussetzungen abhängig machen. Er kann z. B. Vorzeigung der Anteilscheine oder vorherige Deponierung derselben oder vorherige schriftliche Anmeldung der Teilnahme verlangen. § 47.

Ist das Stimmrecht nach Köpfen verteilt oder steht einem Geschäftsanteil sonst ein Stimmrecht zu, das sich nicht nach der Kapitalbeteiligung richtet, so entstehen Schwierigkeiten bei der Teilung eines solchen Geschäftsanteils. Im ersten Falle steht die eine Stimme nur den mehreren neugebildeten Geschäftsanteilen gemeinsam zu. Der Gesellschaftsvertrag kann bestimmen, durch wen sie für den Fall der Teilung auszuüben ist. Er kann sie an den Teil knüpfen, der bei dem ursprünglichen Gesellschafter zurückbleibt. Er kann das Stimmrecht ruhen lassen, solange nicht ein gemeinsam Bevollmächtigter bestellt wird. Hat ein Geschäftsanteil mehr Stimmen als ein anderer, so bleibt im Falle seiner Teilung die Gesamtstimmenzahl den sämtlichen neuen Teilen. Sie ist nach Verhältnis zu repartieren. Ergäbe dies Bruchteile, so verbleibt die unteilbare Stimme zur gemeinsamen Ausübung. Anm. 7a.

Veränderungen des Stimmrechts können auch durch spätere Abänderung des Gesellschaftsvertrages vorgenommen werden. Neukamp-Becker Anm. 2b verneint dies, weil das einmal gewährte Stimmrecht ein Sonderrecht sei (vgl. KG. 12. 1. 03 KGJ. 25 A, 258). Der Unterschied zwischen der hier vertretenen und der Neukamp-Beckerschen Ansicht besteht darin, daß hier die Rechtsnatur des Stimmrechts als eines Sonderrechts (vgl. Anm. 16ff. zu § 14) bestritten wird. Praktisch ist zwischen der beiderseitigen Auffassung wenig Unterschied. In dieser Allgemeinheit trifft das nicht zu. Das Stimmrecht ist kein notwendiger Bestandteil des Mitgliedschaftsrechts, so wenig wie der Gewinnbezug. Ist es erteilt, so kann es einem Gesellschafter allein nicht ohne seine Zustimmung genommen werden. Es widerspricht dies dem Prinzip der gleichheitlichen Behandlung der Gesellschafter (Anm. 20 zu § 18). Eine Änderung, die alle Gesellschafter gleichmäßig trifft, ist aber zulässig. (Ebenso Brodmann Anm. 4). Man wird also die gleichmäßige Erhöhung des Anteils, die eine Stimme gibt, nicht als unwirksam mangels Zustimmung aller ansehen dürfen. Auch dann nicht, wenn hierdurch einzelne Gesellschafter keine Stimme mehr haben. Das Prinzip der Gleichheit muß nur insofern gewahrt sein, als nicht für einzelne Gesellschafter besondere Bestimmungen erfolgen. Von den rein zufälligen Anm. 8.

§ 47. Verhältnissen ist dabei abzusehen (vgl. RG. 4. 4. 08 RGZ. 68, 210). Daher ist auch ein Beschluß nicht anfechtbar, der den Gesellschaftern, die an einem Konkurrenzunternehmen beteiligt sind, für die Dauer dieses Zustandes das Stimmrecht abspricht (RG. 12. 11. 12 JW. 1913, 104[19]; vgl. Anm. 20 zu § 14, Anm. 6 zu § 53). Ebenso kann durch Statutenänderung einem neuen Gesellschafter ein besonderes Stimmrecht zugesprochen werden. Es liegt der Fall der Schaffung eines Vorrechts vor den anderen Geschäftsanteilen vor (vgl. Anm. 6 zu § 53). In dieser Gewährung liegt keine Entziehung der Stimmrechte der anderen Gesellschafter. Ein höher als die anderen Stimmen bemessenes Stimmrecht kann dem Berechtigten nicht wieder gegen seinen Willen genommen werden. Keiner Einstimmigkeit bedarf es, wenn einem Gesellschafter, der ein geringeres Stimmrecht als die anderen hat, das normale oder gleiche Stimmrecht mit den anderen gegeben wird. Auch hier wird diesen nichts entzogen. Staub (erste Auflage Anm. 8) nahm hier ein „Herrschaftsrecht“ dieser anderen an. Eine solche Auslegung scheint jedoch der Sachlage zu widersprechen.

Die Gesellschaft selbst ist rechtlich daran interessiert, wie sich das Stimmrecht der einzelnen Gesellschafter verteilt. Es ist nicht nur von Bedeutung für etwa zurückliegende Abstimmungen. Sondern es ist auch die Rechtsgrundlage für alle künftigen Stimmabgaben. Das Stimmenverhältnis bindet also nicht nur die einzelnen Gesellschafter untereinander. Es ist auch maßgebend für ihr Verhältnis zur Gesellschaft im ganzen. Daraus ergibt sich das Recht der Gesellschaft, Feststellungsklage gegen den einzelnen Gesellschafter wegen Bestehens oder Größe seines Stimmrechts zu erheben (RG. 13. 2. 14 Recht 1914 Nr. 1172, DJZ. 1914, 630, Holdh. 23, 185).

Anm. 9. III. (Abs. 3.) **Vollmachten bedürfen der schriftlichen Form.** Bevollmächtigte sind also zugelassen. Das österr. Ges. § 39 Abs. 3 Satz 1 hebt dies ausdrücklich hervor. Es kann der Gesellschafter selbst oder durch einen Bevollmächtigten sein Stimmrecht ausüben. Nur einen Beistand (auch einen Rechtsanwalt) kann er sich ohne Zustimmung der Versammlung nicht mitbringen (KG. 23. 4. 25 LZ. 1925, 1166). Er kann auch für einen Geschäftsanteil persönlich erscheinen und für einen anderen ihm gehörigen Geschäftsanteil sich einen Bevollmächtigten bestellen. Denn er ist so viele Male Mitglied, als er Geschäftsanteile hat. Nur müssen die sämtlichen für einen Gesellschafter, und sei es auch auf Grund mehrerer Geschäftsanteile, abzugebenden Stimmen einheitlich abgegeben werden (siehe oben Anm. 6). Die schriftliche Vollmacht ist ausreichend. Nur bei der Übernahme des erhöhten Stammkapitals bedarf es der Beglaubigung durch Gericht oder Notar (vgl. Anm. 15 zu § 55). Für die Form der Schriftlichkeit ist § 126 BGB. maßgebend. Telegraphische Vollmacht genügt nicht. Denn der § 127 BGB. greift nicht Platz. Es handelt sich um eine gesetzlich vorgeschriebene Form. Auch wenn der Gesellschaftsvertrag die gesetzliche Vorschrift der schriftlichen Vollmacht wiederholt, so wird hieran nichts geändert. Mündliche Vollmacht genügt nicht. Die schriftliche Vollmacht bleibt für die Abstimmung des Vertreters gültig, solange als die Urkunde nicht für kraftlos erklärt ist (§ 172 BGB.). Dem Vertreter gegenüber erklärter Widerruf hebt allein die Vertretung nicht auf. Zur Ausschließung dieser Wirkung genügt es nicht, daß dem Geschäftsführer der Widerruf mitgeteilt war (§ 173 BGB.). Er muß den anderen Gesellschaftern bekannt sein. Diese haben bei der Beschlußfassung die dem anderen Kontrahenten im Vertragsrecht entsprechende Stellung. Ein schriftlich bei der Gesellschaft vor der Versammlung eingetroffener Widerruf hebt die Vollmacht auf. Hier genügt die Tatsache der Zurücknahme der schriftlichen Vollmacht auf schriftlichem Wege (§ 172 Abs. 2 BGB.). Ebenso wirkt der mündliche Widerruf in der Gesellschafterversammlung durch den Gesellschafter selbst. Dagegen kann ein nicht durch eine schriftliche Vollmacht legitimierter anderer Vertreter desselben die schriftliche Vollmacht des erschienenen Vertreters nicht aufheben. Jener ist überhaupt als Vertreter nicht zuzulassen (OLG. Hamburg 11. 6. 01 OLGR. 3, 66). — Daß die Vollmacht in der Verwahrung der Gesellschaft bleiben müsse, ist hier (anders nach § 252 Abs. 2 HGB. für das Aktienrecht) nicht vorgeschrieben. Sie muß auch nicht in der Versammlung oder sonst den abstimmenden Gesellschaftern vorgelegt werden oder dem Protokoll beigefügt oder im Protokolle wiedergegeben werden. Es genügt, daß sie erteilt wird (a. M. OLG. München 6. 10. 16 RundschGmbH. 1916, 417, das eine Vollversammlung beim Nichtvorliegen schriftlicher Vollmacht für einen Gesellschafter für unmöglich erklärt). Handelt es sich um einzutragende Beschlüsse, so kann der Registerrichter auf Grund des § 12 FGG. den Nachweis der Vollmacht verlangen. § 47.

Eine Spezialvollmacht ist nicht erforderlich (OLG. Hamburg 11. 6. 01 OLGR. 3, 66). Anm. 10.
Anders das österr. Ges. § 39 Abs. 3 Satz 2. Die Vollmacht muß auf die Ausübung „dieses Rechts" lauten. Eine allgemeine Handlungsvollmacht oder die Prokura berechtigt zur Vertretung, falls der Geschäftsanteil einem Kaufmann gehört und er sich im Betriebe seines Handelsgewerbes beteiligt (a. M. Parisius-Crüger-Crecelius Anm. 3). Das ist bei offenen Handelsgesellschaften klar, wenn der Geschäftsanteil auf die Firma lautet. Beim Einzelkaufmann muß dies im konkreten Falle dargetan sein.

Wird ein Bevollmächtigter trotz schriftlicher Form nicht zugelassen, so ist der Be- Anm. 11.
schluß anfechtbar (RGZ. 40, 85). Die Anfechtung steht jedem Gesellschafter zu, nicht nur dem zu Unrecht ausgeschlossenen. Voraussetzung ist, daß nicht der anfechtende Gesellschafter für die Versagung der Zulassung gestimmt hatte (Anm. 20 zu § 45). Auch muß die Stimme des Vertretenen von Einfluß auf die Beschlußfassung gewesen sein. Wird ein Vertreter ohne schriftliche Vollmacht zugelassen, so ist auch dies ein Anfechtungsgrund. Es ist auch hier eines der Prinzipien der Willensbildung der Gesellschaft verletzt. Die der Zulassung zustimmenden Gesellschafter können nicht anfechten.

Über die Zulassung des Vertreters oder Versagung derselben entscheidet die Versammlung. Ein Bescheid des Vorsitzenden hat keine abschließende Bedeutung. Er ist nur eine Äußerung der Meinung desselben. Lehnt dieser die Befragung der Gesellschafter ab, so begründet dies die Anfechtung. Vorausgesetzt ist, daß die Form der Vollmacht gewahrt war. Denn wenn auch die Gesellschafter den formlos Vertretenen zulassen können, so steht doch dem Gesellschafter, der als Versammlungsleiter die Zulassung versagte, gegen den Mehrheitsbeschluß die Anfechtung wieder zu. Anders nur, wenn dieser kein Gesellschafter wäre. Das kann beim Vorsitzenden des Aufsichtsrates zutreffen. In der Versagung des Befragens der Gesellschafter liegt eine Verletzung der Rechte der Gesellschafter. Die Anfechtung ist begründet. Voraussetzung ist stets, daß die zurückgewiesene Stimme von Einfluß auf das Ergebnis gewesen wäre.

Das Erfordernis der Vollmacht bezieht sich nur auf den Fall der freiwilligen Ver- Anm. 12.
tretung. Gesetzliche Vertreter von juristischen Personen, Geschäftsunfähigen usw. bedürfen keiner Vollmacht. Sie müssen und können ihre Legitimation auf andere Weise dartun (vgl. Anm. 9 zu § 2).

Die Vollmacht berechtigt den Bevollmächtigten zur Abgabe der Stimme als Willenserklärung des Vertretenen. Die Regeln des BGB. über die Vertretung sind anwendbar. Wirksam ist die Vertretung durch einen Minderjährigen und in der Geschäftsfähigkeit Beschränkten (§ 165 BGB.), während dieser für sich selbst als Gesellschafter nicht stimmen kann (vgl. Anm. 9 zu § 45). Für die Beeinflussung der rechtlichen Folgen der Abstimmung durch Willensmängel (Irrtum, Betrug, Zwang) kommt die Person des Vertreters in Betracht. Insoweit eine Spezialvollmacht für die konkrete Versammlung mit bestimmten Weisungen für die einzelnen Fälle der Tagesordnung vorliegt, kann sich der Vertretene auch auf den Irrtum des Vertreters berufen, wenn er selbst die Tatsache kannte (§ 166 BGB.). Über die Geltendmachung solcher Willensmängel Anm. 9 zu § 45.

Eine Stimmabgabe durch einen Vertreter ohne Vollmacht ist wirkungslos. Die Anm. 13.
Folge ist, daß diese Stimme bei der Frage der Gültigkeit des Beschlusses nicht zählt. Wird durch den Fortfall die scheinbare Mehrheit zur Minderheit, so bedarf es keiner Anfechtung des Beschlusses. Eine vollmachtlose Vertretung wird durch Genehmigung wirksam. Die Abstimmung ist eine einseitige Willenserklärung. Sie wird gegenüber der Gesellschaft

§ 47. in der Gesellschafterversammlung abgegeben. Es ist daher § 180 Satz 2 BGB. anwendbar. Falls die Gesellschafter die Vertretung nicht beanstandeten oder einverstanden waren, den Vertreter ohne Vollmacht zuzulassen, so kann die nachträgliche Genehmigung des Vertreters nicht zurückgewiesen werden. Hängt die Gültigkeit des Beschlusses von der Gültigkeit dieser Stimme ab, so kann die Gesellschaft den ohne Vollmacht vertretenen Gesellschafter zur Erklärung binnen vierzehn Tagen auffordern. Nach deren Ablauf ist die Genehmigung ausgeschlossen (§ 180 Satz 2, § 177 Abs. 2 BGB.). Die Genehmigung bedarf ebenfalls der schriftlichen Form. Die Aufforderung zur Erklärung erfolgt durch den Geschäftsführer. Eines besonderen Gesellschafterbeschlusses bedarf es nicht. Ebenso wird die Genehmigung dem Geschäftsführer gegenüber erklärt. Eine Genehmigung ist dann ausgeschlossen, wenn die Gesellschafter der Zulassung des vollmachtlosen Vertreters nicht zugestimmt hatten. Der Widerspruch eines einzelnen dagegen schadet nicht.

Anm. 14. Kollektivvertreter üben ihr Stimmrecht durch Zusammenwirken aus. Sie müssen beide erscheinen. Sie können beide einem von ihnen oder einem Dritten Vollmacht erteilen.

Anm. 15. Das Erfordernis der schriftlichen Vollmacht bezieht sich nur auf den, der ein fremdes Recht im fremden Namen ausübt, nicht auf den, der in eigenem Namen ein fremdes Recht ausübt. Hier liegt kein Vertretungsverhältnis vor. Hier genügt die zum Zwecke der Rechtsausübung erfolgte Übertragung des Geschäftsanteils, die sogenannte Legitimationsübertragung (vgl. Anm. 76 zu § 15).

Anm. 16. **Durch den Gesellschaftsvertrag kann die Vorschrift abgeändert werden.** (§ 45 Abs. 2). Es kann also von dem Erfordernis der schriftlichen Vollmacht abgesehen und die mündliche Vollmacht als genügend angesehen werden. Es kann die telegraphische Vollmacht als genügend erklärt werden. Es kann ein für allemal angeordnet werden, daß jeder Gesellschafter bevollmächtigt ist, einen anderen Gesellschafter zu vertreten. Es kann bestimmt werden, daß Rechtsanwälte einer Vollmacht nicht bedürfen. Es kann auch bestimmt werden, daß jeder Gesellschafter mehrere Bevollmächtigte stellen darf. Jeder Bevollmächtigte kann eine Stimme haben. So bestimmt z. B. ein Statut einer Gesellschaft, welche von drei Kreisen gebildet wird, daß der eine Kreis 16, der andere 11, der dritte 5 „Abgeordnete" wählt und daß jeder Abgeordnete eine Stimme hat. Darin liegt lediglich die Zulassung mehrerer Bevollmächtigter zur Stimmenabgabe und die Gewährung von mehreren Stimmen an einen Gesellschafter. Ersteres ist zulässig nach § 47 Abs. 2, § 45 Abs. 2; letzteres nach § 47 Abs. 1, § 45 Abs. 2. Nur können den mehreren Bevollmächtigten keine widersprechenden Stimmrechte gewährt werden. Es kann aber auch die Vorschrift verschärft werden. Es kann bestimmt werden, daß die Vollmacht beglaubigt sein muß; daß Vertretung nur durch Gesellschafter zulässig sei; daß Vertretung durch Frauen nicht zulässig sei; daß Vertretung überhaupt nicht zulässig sei und jeder Gesellschafter seine Rechte persönlich wahrnehmen müsse. Es kann auch umgekehrt bestimmt werden, daß die Gesellschafter ihre Rechte nur durch Bevollmächtigte oder durch bestimmte Bevollmächtigte wahrnehmen können (ebenso Liebmann Anm. 6; a. M. Brodmann Anm. 5). Solche Verschärfungen der Vollmacht können auch durch spätere Änderung des Gesellschaftsvertrags eingeführt werden (vgl. oben Anm. 8). Eine Unzulässigkeit für den Fall, daß „hierdurch ein Teil der Gesellschafter gegenüber den anderen benachteiligt" wird (KG. 12. 1. 03 KGJ. 25 A, 258, Recht 03, 395), läßt sich aus dem Gesetze nicht begründen. Denn schließlich wird sich bei den meisten Änderungen der Statuten ein Gesellschafter finden, den sie im Verhältnis zu den anderen Gesellschaftern benachteiligen. Nur wenn der Beschluß die Absicht verfolgt, einen von wenigen Gesellschaftern, der erkrankt oder mit den anderen zerfallen ist, von den Versammlungen auszuschließen, kann eine Nichtigkeit wegen Verstoßes gegen die guten Sitten in Frage kommen.

Alles dies bezieht sich nicht auf gesetzliche Vertreter. Diese sind durch Vorlegung ihrer Legitimation genügend ausgewiesen. Aber es kann bestimmt werden, daß sie sich in der Gesellschafterversammlung noch besonders vertreten lassen müssen usw.

IV. (Abs. 4.) **Die Hindernisse der Stimmenabgabe.** (Hachenburg LZ. I 460ff.; Marquardt JW. 1914, 1031; Sonntag, Die Aktiengesellschaft im Kampf zwischen Macht und Recht, Berlin 1918 Seite 53ff.). **§ 47. Anm. 17.**

1. **Die Gesetzesvorschrift enthält folgende Stimmenthaltungsanordnungen.**

Es darf nach der Regel des Gesetzes nicht mitstimmen:

a) ein Gesellschafter, der durch die Beschlußfassung entlastet werden oder der von einer Verpflichtung befreit werden soll. Das bezieht sich auf die Mitglieder der Verwaltung, Geschäftsführer, Liquidatoren und Aufsichtsrat. Es handelt sich um eine Willensäußerung der Gesellschaft gegenüber ihren Organen und Mitgliedern, eine Regelung innerer gesellschaftlicher Angelegenheit. Die Entlastung eines Prokuristen, Reisenden, Agenten usw., überhaupt jeder Person, die nicht zu den geschäftsführenden Organen gehört, ist nicht Aufgabe der Gesellschafter, sondern der Geschäftsführer. Diese können einen Beschluß der Gesellschafter auch hierüber herbeiführen, aber auch dann handelt es sich nicht um die hier fragliche Decharge, sondern um ein Rechtsgeschäft mit einem Dritten. Auch bei den Organen der Gesellschaft besteht die Stimmenthaltungspflicht nur hinsichtlich des Entlastungsbeschlusses, dagegen nicht auch hinsichtlich des Bilanzgenehmigungsbeschlusses. Dieser Beschluß genehmigt nur die zahlenmäßigen Ergebnisse der Geschäftsführung, nicht die Geschäftsführung (RG. 28. 10. 01 RGZ. 49, 146; vgl. Anm. 24 zu § 46). Neben den Organen der Gesellschaft steht bei Verzichten auch der Gesellschafter bezüglich seiner Verbindlichkeiten aus dem Gesellschaftsverhältnisse, z. B. bei Leistung von Nachschüssen.

Ein Mitinteresse hindert das Stimmrecht hierbei nicht (RG. 13. 6. 06 Holdheim 15, 243; RG. 8. 4. 08 Recht 08, 2408, JW. 08, 463[34], hierzu Bondi DJZ. 13, 1006). Für den einer offenen Handelsgesellschaft gehörenden Geschäftsanteil stimmt ein Teilhaber, wenn es sich auch um die Entlastung eines anderen, der Geschäftsführer der GmbH. ist, handelt (RG. 27. 5. 06 RGZ. 64, 14)(a. M. Brodmann Anm. 6, Parisius-Crüger-Crecelius Anm. 4). Nach neuer reichsgerichtlicher Rechtsprechung (RG. 2. 2. 26 JW. 1926, 1327) ist sogar die offene Handelsgesellschaft berechtigt, bei der Entlastung für ihre beiden Gesellschafter mitzustimmen. Sie kann nur ihr Stimmrecht nicht durch einen dieser Gesellschafter ausüben lassen. Indessen geht diese Spaltung der Vermögensinteressen der Gesellschaft und der ihrer Gesellschafter doch wohl zu weit (vgl. Flechtheim Anm. JW. 1926, 1327). Der Gesellschafter, der für den zu entlastenden Geschäftsführer die Garantie übernommen hat, ist stimmberechtigt. In gleicher Weise ist nahe Verwandtschaft kein Stimmentziehungsgrund. Es besteht auch kein Hinderungsgrund, daß ein Gesellschafter, der Geschäftsführer ist, für die Entlastung seines Mitgeschäftsführers stimmt. Die Decharge des einen ist nicht Decharge des anderen. Anders wenn es sich um einen einheitlichen Vorgang handelt. Wenn durch ein gemeinsames Handeln oder Unterlassen der Gesellschaft ein Anspruch gegen ihre Geschäftsführer entstand, so kann keiner derselben ein Stimmrecht ausüben (vgl. unten Anm. 19, 20 und 25). Das österr. Ges. § 39 Abs. 4 Satz 1 stellt neben die Befreiung von einer Verpflichtung die Zuwendung eines Vorteils. Man wollte den Inhalt des im deutschen Rechte enthaltenen Prinzips nur schärfer herausheben. In Satz 2 wird in gleicher Weise wie im deutschen Gesetze die Vornahme eines Rechtsgeschäfts mit dem Gesellschafter erwähnt. Es bezieht sich also die Zuwendung des Vorteils auch nur auf die gesellschaftliche Rechtssphäre. **Anm. 18.**

b) ein Gesellschafter bei Beschlußfassungen, welche die Vornahme eines Rechtsgeschäfts ihm gegenüber betreffen. Damit ist die Vornahme eines Rechtsgeschäfts mit dem Gesellschafter als **Dritten** gemeint (Hachenburg LZ. 1, 463; RG. 15. 4. 19 DJZ. 1919, 757). Die Gesellschafter als Beschlußorgan schließen solche Rechtsgeschäfte nicht selbst ab. Das liegt den anderen Gesellschaftsorganen, dem Geschäftsführer, ausnahmsweise auch dem Aufsichtsrate ob. Die Gesellschafterversammlung faßt darüber Beschluß, ob das in Rede stehende Geschäft mit dem Gesellschafter als Dritten vorgenommen werden soll, und dann darf der Gesellschafter nicht mitstimmen. Die Ausführung des Beschlusses **Anm. 19.**

§ 47. muß nur noch in dem Abschluß des Geschäftsführers liegen. Der Gesellschafter hätte durch seine Stimme die Gesellschaft gezwungen, mit ihm zu kontrahieren. Bleibt es dagegen trotz des Gesellschafterbeschlusses noch dem Ermessen der Gesellschaftsorgane überlassen, das Rechtsgeschäft zu schließen oder nicht, so liegt der Fall des Abs. 4 nicht vor (Rehm DJZ. 04, 1029 und auch RG. 13. 6. 06 Holdheim 15, 243).

Einerlei ist es, welcher Art das Rechtsgeschäft ist. Der Aufrechnungsvertrag gehört hierher (OLG. Hamburg 22. 4. 13 OLGR. 27, 137). Auch einseitige Willenserklärungen fallen darunter, Kündigung, Ausübung des Widerrufs- und Rücktrittsrechts usw. Die Regel gilt auch, wenn die Gesellschaft zum Abschlusse des Rechtsgeschäfts bereits verpflichtet ist. Es ist dann gerade die Frage, ob sie die Erfüllung vornehmen soll, z. B. dem Gesellschafter einen Geschäftsanteil abkaufen. Ein Rechtsgeschäft in diesem Sinne liegt auch dann vor, wenn einem der Gesellschafter ein höherer Betrag gutgeschrieben wurde, als dem Reingewinn entsprach, ohne daß er durch den Gesellschaftsvertrag einen Anspruch darauf hatte (RG. 11. 1. 21 RGZ. 101, 161).

Anm. 19a. Ob Identität des Gesellschafters mit derjenigen Person, welche als Gegenkontrahent auftreten soll, vorliegt, ergibt der Einzelfall. Danach ist von der Abstimmung ausgeschlossen der Mitinhaber einer offenen Handelsgesellschaft, wenn mit dieser kontrahiert werden soll. Der Kommanditist und der persönlich haftende Gesellschafter bei einem Abschlusse mit der Kommanditgesellschaft. Dagegen nicht der Aktionär, nicht der Gesellschafter einer GmbH., nicht ein Vereinsmitglied, wenn mit einer AG. oder einer Komm.-G. auf Aktien, einer GmbH., einem rechtsfähigen Verein kontrahiert werden soll (grundsätzlich ebenso Brodmann Anm. 6. Er möchte nur die Einmanngesellschaft anders behandeln, als die GmbH. im übrigen. — Dagegen mit zutreffender Begründung Flechtheim JW. 1925, 572). Ausgeschlossen sind auch nicht die Vorstände und Geschäftsführer derselben, auch wenn sie für ihre eigenen Personen Gesellschafter sind. Das Mitglied eines nicht rechtsfähigen Vereins dagegen und dessen Vorstand stimmen bei Verträgen mit dem Verein nicht mit. Das Rechtssubjekt sind die einzelnen Mitglieder. Der Vorstand haftet aus dem Abschlusse persönlich. Endlich ist von der Abstimmung auch ausgeschlossen der Komplementar, wenn mit einer Kommanditgesellschaft auf Aktien kontrahiert werden soll, obwohl die KAG. juristische Person ist. Denn er haftet für alle Schulden sofort und unmittelbar. Deshalb greift der Gedanke des Gesetzes auch hier Platz. Ist die Person, mit welcher kontrahiert werden soll, nur Kommissionär eines Gesellschafters, soll das Geschäft für Rechnung und im Auftrage dieses Gesellschafters geschlossen werden, so ist auch dieser vom Mitstimmen ausgeschlossen. (RG. 18. 2. 22 RGZ. 104, 128; RG. 24. 6. 24 RGZ. 108, 302 und hierzu Flechtheim in JW. 1925, 567ff.). Im Sinne der vorliegenden Vorschriften soll das Rechtsgeschäft mit ihm vorgenommen werden. Dasselbe gilt im umgekehrten Falle, wenn der Gesellschafter den Geschäftsanteil nur für Rechnung des Dritten, mit dem kontrahiert werden soll, erwarb und besitzt (vgl. auch Anm. 78 zu § 15 und Staub-Pinner Anm. 19 zu § 223 HGB., sowie Flechtheim JW. 1925, 571 und Brodmann Anm. 6 zu § 47 Seite 187). Bei einem einheitlichen mit zwei Gesellschaftern geschlossenen oder zu schließenden Rechtsgeschäft stimmt keiner von beiden (ebenso Brodmann Anm. 6). Es ist unstatthaft, daß jeder für die Beteiligung des andern stimmt (vgl. oben Anm. 18 und unten Anm. 20 und 25). Dagegen ist auch hier weder ein pekuniäres Interesse an dem Rechtsgeschäfte ein Hindernis der Abstimmung, noch nahe verwandtschaftliche Beziehungen. Es stimmt also auch der Gesellschafter mit, der für den Vertragsgegner eine Haftung übernimmt. Ebenso kann eine Versagung des Stimmrechts nicht damit begründet werden, daß ein oder der andere Gesellschafter einen zwar selbständigen, aber wirtschaftlich gleichen Vertrag mit der Gesellschaft schließt (RG. 15. 4. 19 DJZ. 1919, 757). Nicht unzulässig ist auch, daß der dritte Kontrahent die ihm anvertraute Stimme für einen anderen Gesellschafter abgibt. Nur der Gesellschafter, der mit der Gesellschaft ein Rechtsgeschäft schließt, soll nicht stimmen (a. M. Parisius-Crüger-Crecelius Anm. 4 zu § 47). Umgekehrt wird der Gesellschafter nicht auszuschließen sein, wenn er nur für einen Dritten abschließt.

Liegt der Gesellschafterversammlung die Genehmigung eines Vertrages mit einem § 47. Gesellschafter vor, den der Geschäftsführer im Rahmen seiner gesetzlichen Vertretungsmacht mit ihm abgeschlossen hat, so kann der Gesellschafter nicht abstimmen. Es ist gleichgültig, ob die Beschlußfassung eine vorherige Einwilligung oder eine nachträgliche Genehmigung zum Zweck hat (Hachenburg LZ. 1907, 463; Krämer ZAktW. 1922, 170). A. M. Flechtheim (JW. 1925, 568ff). Für ihn fehlt es in diesem Falle an einem Kausalzusammenhang zwischen Beschluß und Vertragsabschluß. Er sieht in dem Beschluß nur eine Entlastung des Geschäftsführers für den vorhergegangenen Vertragsabschluß. So daß nicht der andere Vertragskontrahent, sondern der Geschäftsführer von der Abstimmung ausgeschlossen wäre.

c) Ein Gesellschafter, wenn es sich um Einleitung oder Erledigung eines Rechtsstreites ihm gegenüber handelt. Anm. 20. Einerlei ist es, ob dieser Rechtsstreit ein mit dem Gesellschafter als Dritten geschlossenes Geschäft oder ein gesellschaftliches Rechtsverhältnis betrifft (RG. 15. 4. 19 DJZ. 1919, 157). Auch wenn es sich um die Feststellungsklage handelt, daß ein Gesellschafterbeschluß gültig ist, oder daß dem Gesellschafter ein von ihm beanspruchtes Vorrecht nicht zustehe, ist sein Mitstimmen ebenso ausgeschlossen wie bei einer Kaufklage. Der Prozeß wird durch die anderen Organe der Gesellschaft geführt. Der Beschluß der Gesellschafter enthält nur eine Weisung an dieselben. Unter Einleitung ist jeder auf den Beginn eines Rechtsstreits hinzielende Schritt zu verstehen. Auch bei der Beschlußfassung, ob über den Anspruch ein Schiedsgericht entscheiden soll, ist der Prozeßgegner ausgeschlossen. Ebenso bei der Frage, ob die Gesellschaft in einem von einem Gesellschafter geführten Prozesse als Nebenintervenientin beitreten oder als Hauptintervenient in ihn eintreten soll. Das Stimmrecht ist ausgeschlossen, wenn zwei Gesellschafter aus demselben Rechtsgrunde zusammen klagen oder verklagt werden. Wenn zwei ehemalige Geschäftsführer haftbar gemacht werden, weil sie bei der Anmeldung der Gesellschaft zu Unrecht versicherten, daß die Einzahlung erfolgt sei, so bildet dies für den Beschluß über die Regreßklage eine Einheit. Es kann nicht jeweils der eine den anderen durch seine Stimme vor dem Regresse bewahren (vgl. oben Anm. 18, 19 und unten Anm. 25). Dagegen ist das Stimmrecht nicht ausgeschlossen, wenn die Gesellschaft und ein Gesellschafter als Streitgenossen verklagt sind. Hier ist kein Rechtsstreit gegenüber dem Gesellschafter in Frage (RG. 15. 4. 19 DJZ. 1919, 757). Die Erledigung des Rechtsstreits trifft jede Art derselben, Verzicht auf ein Rechtsmittel, Anerkenntnis, Verzicht, Vergleich. Ist der Gesellschafter bei dem Prozesse nur mitinteressiert, z. B. wegen eines im Falle ungünstigen Ausgangs von einer oder anderen Seite drohenden Prozesses, so schließt das das Stimmrecht nicht aus.

d) Mit den drei im Gesetze behandelten Fällen sind die Möglichkeiten der Kollision und der Anm. 21. Ausschließung des Stimmrechts nicht erschöpft. Es bleiben alle die, in denen es sich nicht um Rechtsgeschäfte und Prozesse mit einem Gesellschafter, sondern um Beschlüsse über innere Angelegenheiten der Gesellschaft neben der Entlastung der Organe dreht. So bei Beschlüssen über die Zustimmung zur Veräußerung von Geschäftsanteilen, über Kaduzierung und Amortisation, Einziehen von Nachschüssen usw. usw. In diesen im § 47 nicht selbst behandelten Fällen ist aus der allgemeinen Regel des BGB. (Anm. 3 Allg. Einl.) die Bestimmung zu entnehmen (Hachenburg a. a. O. 465ff.). Auch die aus dem Gesellschaftsvertrage erwachsenen Rechte und Pflichten sind so auszulegen, wie es Treu und Glauben mit Rücksicht auf die Verkehrssitte fordern. Es ist daher unzulässig, daß ein Gesellschafter sein Stimmrecht mißbraucht, um hierdurch ein Recht der Gesellschaft undurchführbar zu machen oder sich auf Kosten der Gesellschaft unzulässige Vorteile zu verschaffen. Daß bei der Abstimmung die Rücksicht auf die eigenen Interessen das Motiv bildet, genügt dagegen nicht zur Ausschließung des Stimmrechts. Es gibt keine Vorschrift, daß sich der Gesellschafter nur von den Interessen der Gesellschaft leiten lassen müsse. Die Grenzen, bis zu denen ein Gesellschafter im Hinblick auf den Grundsatz von Treu und Glauben bei der Berücksichtigung seiner eigenen Interessen gehen darf, hat das Reichsgericht neuerdings (RG. 20. 10. 23 RGZ. 107,

§ 47. 202; JW. 1924, 1150 mit Anm. von Hachenburg) genau umschrieben. Zwar ist grundsätzlich daran festzuhalten, daß die Mehrheit bestimmt, was im Interesse der Gesellschaft liegt. Auch daß sich die Minderheit der Mehrheit unterwerfen muß. Die Mehrheit darf jedoch ihre Macht nicht schrankenlos „ausbeuten und vorsätzlich zum Nachteil der Gesellschaft" handeln. Die Ausbeutung der Mehrheitsrechte gegenüber der Minderheit und die Verfolgung eigensüchtiger Interessen unter bewußter Hintansetzung des Wohles der Gesellschaft verstößt gegen die guten Sitten (vgl. auch Staub-Pinner Anm. 2b zu § 271 HGB.). Der Gesellschafter leitet seine Rechte aus dem Gesellschaftsvertrag her. Seine Befugnisse sind ihm in seiner Eigenschaft als Gesellschafter verliehen. Bei Ausübung seiner Rechte sind daher die Rechte der Gesellschaft, nicht seine eigenen, maßgebend. Das im Gesetz geregelte absolute Verbot des Mitstimmens bei der Entlastung und Befreiung von einer Verbindlichkeit, ist der Spezialfall aus diesen allgemeinen Gedanken. Er trifft einen Mißbrauch des Stimmrechts, um ein Recht der Gesellschaft gegen den Gesellschafter als solchen oder als Organ der Gesellschaft (oben Anm. 17) zu vereiteln. In allen anderen Fällen der Beschlüsse innerhalb der gesellschaftlichen Rechtssphäre ist daher in jedem Einzelfalle zu prüfen, ob einem Gesellschafter das Stimmrecht entzogen ist.

Anm. 21a. Gegen diese hier und LZ. 1, 460 ebenso von Marquardt JW. 1914, 1031, vertretene Auffassung hat das RG. 29. 11. 12 RGZ. 81, 37, JW. 1913, 210[24] gelegentlich einer Entscheidung über das Stimmrecht des Aufsichtsrats einer Aktiengesellschaft bei dem Widerrufe seines Amts mit Dreiviertelmehrheit (§ 243 Abs. 4 HGB.) Bedenken geäußert, ohne zu einer Entscheidung selbst bei der Sachlage genötigt zu sein. Die Gründe des RG. sind nicht überzeugend. Zunächst wird gesagt: „Nicht die Auslegung des Stimmrechts, sondern seine Ausübung steht in Frage". Es liegt allerdings keine Auslegung eines Stimmrechts, sondern eine Auslegung des Gesellschaftsvertrags vor. Nur eine solche gibt es überhaupt. Die Gesellschafter können ausdrücklich in einer Reihe von Fällen das Stimmrecht ausschließen. Sie können bestimmen, daß ein Gesellschafter, dessen Anstellung als Geschäftsführer aus wichtigen Gründen widerrufen wird, nicht mitstimmt und ähnliches mehr. Sie können allgemein vorschreiben, daß ein Stimmrecht ausgeschlossen sein soll, wenn seine Ausübung als Mißbrauch erscheint. Ebenso kann aber der Gesellschaftsvertrag auch ohne solche Vorschrift durch die Auslegung ergänzt werden. Als wichtigstes Moment bezeichnet das RG. den anderen Grund. Ein so dehnbarer, auf das Ermessen und die Billigkeit abgestellter Satz müßte „in die Betätigung des gesellschaftlichen Lebens die größte Unsicherheit hineintragen. Dies um so mehr, als über die Tatsachen, die den Gebrauch als Mißbrauch erscheinen lassen, überaus häufig Streit herrscht". Gerade in der Materie der Stimmenthaltung seien scharfe und klare Grenzlinien für den Kläger unentbehrlich. Wäre dieses Prinzip richtig, dann wäre damit das ganze System des modernen Rechtes verdammt. Denn auf Schritt und Tritt findet sich das Bestreben, die Entscheidung nicht klar und scharf im Gesetz zu geben. Der Richter soll im Einzelfalle das Richtige nach seiner Kenntnis der allgemeinen und besonderen Verhältnisse finden. Wenn es seinem Ermessen überlassen ist, ob ein Grund zur sofortigen Entlassung vorliegt, so muß er ebensogut auch darüber urteilen können, ob die Ausübung des Stimmrechts in solchem Falle unzulässig ist. Beide Bescheide werden mit denselben Mitteln und mit denselben Gründen gegeben. Das RG. meint, daß hier eine unabweisbare Folge daraus vorliegt, „daß die gesetzlichen Vorschriften über die Stimmenthaltung nicht alle denkbaren Fälle erschöpfen". Dabei wird man sich aber nicht beruhigen können. Wenn von zwei Gesellschaftern der eine 100 M. mehr Geschäftsanteil besitzt als der andere, so müßte dieser jenen trotz der tollsten Pflichtverletzungen, trotz Diebstahl und Unterschlagung als Geschäftsführer dulden. Das kann kein Gesetz wollen. Also muß der Vordersatz falsch sein.

Das Reichsgericht hat aber an seiner Anschauung festgehalten (RG. 12./18. 1. 15 JW. 1915, 195, Holdheim 25, 22, LZ. 1915, 836, Recht 1915 Nr. 1399; RG. 29. 11. 18 JW. 1919, 313 mit Anm. von Hachenburg ferner OLG. Breslau RundschGmbH. 1914, 342 und BauersZ. 22, 158). Das Reichsgericht lehnt eine Ausdehnung der gesetzlichen Bestimmung auf andere vom Gesetz nicht unmittelbar betroffene Fälle ab. Namentlich dürfe bei Beschlüssen, die sich auf die inneren Angelegenheiten der Gesellschaft beziehen, dem Gesellschafter die Mitwirkung nicht deswegen versagt werden, weil nach dem Inhalt des Beschlusses auch auf seinen persönlichen Rechtskreis eingewirkt werde. So bei dem Beschluß auf Einzahlung der Stammeinlage. Daß dabei die Interessen der Gesamtheit und des Einzelnen in Widerstreit gerieten, liege im Begriffe des gesellschaftlichen Unternehmens. Daraus ergebe sich unter Umständen ein Auflösungsgrund. Aber nicht die Ausschaltung des Mitbestimmungsrechtes. Daß Interessenkonflikte begrifflich stets gegeben sein mögen, wird nicht zu bestreiten sein. Die vom Reichsgericht gezogene Folgerung ergibt sich daraus nicht. Auch ohne daß der vom Reichsgericht allein zugelassene Fall des § 226 HGB. vorliegt, hängt es durchaus von den Umständen ab, ob das Recht zur Abstimmung mit den Gesellschaftspflichten in Übereinstimmung gebracht werden kann. Nicht der formal-rechtliche Gedanke, sondern die wirtschaftliche Notwendigkeit muß den Ausschlag geben. Daran muß auch gegenüber Flechtheim festgehalten werden (JW. 1925, 565), der den hier vertretenen Gedanken zwar für die Personal-, nicht aber für die Kapitalgesellschaft gelten lassen will. Auch das Bedürfnis nach klaren und scharfen Grenzlinien, das Flechtheim betont und das als solches nicht bestritten wird, wiegt nicht so schwer, um die hier vertretene Ansicht zu entkräften. Es besteht in *vielen* Fällen, nicht nur im vorliegenden, keine andere Möglichkeit, als die Zulässigkeit oder Unzulässigkeit einer Maßnahme von den Umständen des Einzelfalles abhängen zu lassen (wie das RG. auch Brodmann Anm. 6, Neukamp-Becker Anm. 6, Liebmann Anm. 9). § 47.

Es ist nicht möglich, für alle hier möglichen Fälle eine Entscheidung zu geben. Es sollen die wichtigsten besprochen werden. Anm. 22.

Bei der *Wahl der Organe* der Gesellschaft, Geschäftsführer und Aufsichtsrat, stimmt der Gesellschafter mit, der zu wählen ist. Es liegt auch hier ein Akt des gesellschaftlichen Lebens, kein Rechtsgeschäft mit einem Dritten vor (RG. 22. 2. 05 RGZ. 60, 172, JW. 05, 297 für die Wahl des Aufsichtsrats der AG., und Liebmann Anm. 9, Anm. 7 zu § 47; Neukamp-Becker 286, Anm. 6 zu § 47; Parisius-Crüger-Crecelius Anm. 4, Anm. 6 zu § 47; ferner KG. 27. 2. 14 RundschGmbH. 1914, 185. Die früher von KG. — 8. 12. 02 KGJ. 25 A, 254 und RJA. 3, 191 — vertretene gegenteilige Ansicht war schon mit KG. 20. 5. 10 RJA. 10, 262 aufgegeben). Das RG. hebt zutreffend hervor, es werde der Ausschluß des Aktionärs, dessen Wahl in Frage stehe, von der Abstimmung, „da regelmäßig ein Widerstreit der wechselseitigen Interessen nicht bestehe, eher zur Schädigung als zur Förderung des Gedeihens der Gesellschaft führen". Man kann insbesondere dem Inhaber des größten Teiles des Stammkapitals, neben dem vielleicht nur ein oder zwei kleine Geschäftsanteile existieren, nicht die Möglichkeit abschneiden, sich selbst die Leitung oder die Kontrolle der Geschäfte zu übertragen. Das österr. Gesetz (§ 39 Abs. 5) spricht ausdrücklich dasselbe wie die deutsche Gerichtspraxis aus. Ein Gesellschafter kann bei seiner Bestellung zum Geschäftsführer oder Aufsichtsrat mitstimmen. Zu der *Bestellung* der Geschäftsführer gehört auch der nähere Inhalt des Vertrags mit denselben, Gehalt, Gewinnanteil, Zeitdauer usw. Man kann diese Festsetzungen nicht von der Bestellung trennen. (Zustimmend RG. 18. 10. 10 RGZ. 74, 276; JW. 1911, 65 und 22. 12. 10 LZ. 1911 (5) 219). Andernfalls könnte durch Streichung der Gegenleistung die kleine Minderheit den Beschluß der Anstellung wieder umstoßen. Auch bei der Neuregelung seines Gehaltes stimmt der Geschäftsführer mit (RG. 7. 11. 16 LZ. 1917, 394, BauerZ. 24, 182, JW. 1917, 165 mit Anm. von Hachenburg). Ebenso bei Festsetzung einer Tantieme auf Grund des Statuts (OLG. Kassel 30. 3. 14 RundschGmbH. 1914, 337). Nur darf kein Mißbrauch des Stimmrechts vorliegen. Ein solcher wäre dann gegeben, wenn ein Gesellschafter, gegen den wichtige Gründe vorliegen, welche seine sofortige Entlassung begründen würden, sich mittels seiner Stimmen zum Geschäftsführer machte. Wer als Vorstand einer AG. wegen Untreue entlassen wurde, kann sich nicht einer GmbH. durch seine Stimme als Geschäftsführer aufzwingen. Ebenso bei der Festsetzung der einzelnen Vertragspunkte. Sie

§ 47. darf nicht die Ansprüche der anderen Gesellschafter auf Reingewinn illusorisch machen. So wenn sich der Geschäftsführer 90 Proz. desselben zubilligte.

Anm. 23. Dasselbe gilt von der Abänderung und Aufhebung der Anstellung des Vertreters der Geschäftsführer und der Bestellung der Aufsichtsräte (RG. 22. 12. 10 Holdheim 120; RG. 14. 3. 22 RGZ. 104, 183) und der von der Gesellschaft ernannten Liquidatoren (KG. 9. 4. 20 RJA. 17, 80; KG. 23. 4. 25 LZ. 1925, 1166). Es ist selbstverständlich, daß die Gesellschafter nicht, nachdem sie unter Mitwirkung eines Gesellschafters ihn als Geschäftsführer gewählt und seine Bezüge festgesetzt haben, gegen seine Stimme diese Beschlüsse ändern oder aufheben können. Andererseits hat infolge seiner Bestellung gegen eine gewisse Vergütung für eine bestimmte Zeit der Gesellschafter der Gesellschaft gegenüber die Verpflichtung, während dieser Periode sich mit seinem Gehalte zu begnügen. Würde er vor deren Ablauf eine Erhöhung seines Gehaltes durch seine Stimme durchsetzen, so mißbrauchte er sie, um ein Recht der Gesellschafter gegen ihn lahmzulegen. Hätten dagegen die anderen Gesellschafter bei der Gründung ihm eine Erhöhung seines Gehaltes bei Prosperieren des Geschäfts auch während der Vertragsdauer in Aussicht gestellt, wenn auch nicht vertragsmäßig fixiert, so ist sein Mitstimmen hierbei nicht wider Treu und Glauben (OLG. Köln 10. 11. 08 LZ. 3, 409[5], jetzt auch RG. 7. 11. 16 JW. 1917, 165 mit Anm. von Hachenburg). Bei der Frage der vertragsmäßigen Kündigung der Bestellung stimmt der Gesellschafter mit. Er könnte ja doch sofort seine Wiederbestellung durchsetzen. Dasselbe gilt von der Entlassung ohne Grund. Wenn daher die beiden einzigen Gesellschafter, die beide Geschäftsführer sind, sich gegenseitig absetzen, so gilt die Stimme dessen, der den größten Geschäftsanteil hat (OLG. Dresden 18. 4. 08 LZ. 2, 633, BankArch. 7, 335). Bei Stimmengleichheit ist eine Entlassung nicht erfolgt (KG. 26. 5. 10 RJA. 10, 262). Für solche Fälle sollte der Gesellschaftsvertrag besondere Bestimmungen treffen. Liegt gegen einen Geschäftsführer ein wichtiger Grund vor, der seine sofortige Entlassung rechtfertigte, so stimmt er hierbei nicht mit (a. M. KG. 9. 1. 14 RundschGmbH. 1914, 45, ansch. auch OLG. Dresden 25. 3. 24 JW. 1924, 1185). Er darf dieses Recht der Gesellschaft nicht vereiteln. Ob seine Entlassung begründet ist, muß er im Prozeßwege austragen. Es könnte andernfalls die Minorität gezwungen werden, ihre Interessen einem Betrüger und Fälscher anzuvertrauen (A. M. OLG. Frankfurt 3. 3. 09 OLGR. 22, 17. Es lehnt das Versagen des Stimmrechts ab. Die praktische Durchführung würde zu argen Unzuträglichkeiten sowohl für die Gesellschaft selbst wie die meistbeteiligten Gesellschafter führen. Wie soll aber die Schwierigkeit bei der Zulassung der Abstimmung beseitigt werden? Nur durch die Auflösung? Vgl. oben Anm. 21. Aber auch das Urteil des RG. v. 29. 11. 12 JW. 1913, 210[24]).

Anm. 24. Das vorstehend Ausgeführte gilt auch von der Erteilung einer besonderen Vollmacht oder Ermächtigung an die Geschäftsführer oder den Aufsichtsrat. Auch hier kommen sie als Organe der Gesellschaft in Betracht (RG. 2. 6. 06 Recht 06, 1150 Nr. 2756). Ebenso stimmt auch der Gesellschafter, der Liquidator ist, mit, wenn er eine Vollmacht zum Abschlusse eines werbenden Geschäfts erhält. Die Genehmigung eines solchen ohne vorherige Erlaubnis vollzogenen fällt dagegen unter das ausdrückliche Verbot der Decharge.

Anm. 25. Bei der Erfüllung der Verpflichtungen aus dem Gesellschaftsvertrage stimmt jeder Gesellschafter mit, sobald es sich um einen alle Geschäftsanteile gleichmäßig treffenden Beschluß handelt. Liegt aber eine nur auf einem Gesellschafter ruhende Verpflichtung vor, so ist diesem das Stimmrecht in der Regel zu versagen. Er darf es nicht benutzen, um die Ausübung dieses Rechtes der Gesellschaft auszuschließen.

Daher stimmt bei der Einrufung der Einlagen jeder Gesellschafter. Die Minorität, die dafür war, kann sich nicht zur Anfechtung des Ablehnungsbeschlusses darauf berufen, daß der die Mehrheit des Kapitales besitzende Gesellschafter seine Macht mißbrauche, um nichts zu bezahlen. Anders in dem Falle, daß es sich nur um einen einzigen Gesellschafter handelt, der eine Geldeinlage zusagte, während die anderen Sacheinlagen machten. Ebenso findet kein Stimmrecht statt, wenn für einen Geschäftsanteil durch Änderung des Gesellschaftsvertrages nachträglich statt der Geldeinlage eine Sacheinlage (Anm. 33 zu § 5) oder Aufrechnung oder eine Zahlungsfrist gestattet werden soll. § 47.

Bei Beschlüssen der Gesellschafter über die sonstigen Leistungen der Gesellschafter (§ 3 Abs. 2) gilt dasselbe. Haben alle Gesellschafter eine gleichlautende Pflicht, so stimmen bei einer gemeinsamen Angelegenheit alle Gesellschafter. Anders, wenn nur ein Gesellschafter in Frage steht. Einerlei, ob nur einer eine solche Verbindlichkeit übernahm oder ob es sich im Einzelfalle um die Schicksale einer solchen, die alle Gesellschafter gleich betrifft, handelt. Bei einer Abstimmung, ob ein Gesellschafter eine solche Zusage verletzte, oder ob die an eine Zuwiderhandlung geknüpften Folgen, Vertragsstrafe, Einziehung des Geschäftsanteiles, auszusprechen sind, ist das Stimmrecht des Beschuldigten ausgeschlossen, auch wenn es sich um eine allen Gesellschaftern auferlegte Leistung dreht.

Bei der Erteilung der Zustimmung zur Veräußerung eines Geschäftsanteils stimmt der Veräußerer mit. Er ist dem Erwerber gegenüber hierzu verpflichtet (RG. BauersZ. 15, 179). Ebenso stimmt bei einem Beschlusse, einen Geschäftsanteil zum Zwecke der Einziehung zu erwerben (Anm. 1 zu § 34), der Gesellschafter, dessen Geschäftsanteil mit seiner Einwilligung eingezogen werden soll. Nicht aber bei einer nach den Statuten zugelassenen Zwangsamortisation. Wenn ein Gesellschafter sein Stimmrecht mißbraucht, nicht um die Gesellschaft, sondern um einen Mitgesellschafter zu schädigen, so verletzt er diesem gegenüber keine Vertragspflicht. Es kann nur eine Haftung aus unerlaubter Handlung (§ 826 BGB.) in Frage kommen (vgl. RG. Recht 08 Nr. 163). Für den Fall der Übernahme eines durch die Kapitalerhöhung zu schaffenden neuen Stammanteils will das Reichsgericht (RG. 21. 10. 24 RGZ. 109, 77, JW. 1925, 247) dem Gesellschafter das Stimmrecht versagen. Richtigerweise wird man das Stimmrecht zubilligen müssen (vgl. oben Anm. 13 Abs. 1 am Ende zu § 36).

Soweit nach dem Vorstehenden das Stimmrecht eines Gesellschafters ausgeschlossen ist, gilt dies auch in den Fällen, in denen der Beschluß sich einheitlich auf zwei Gesellschafter bezieht (vgl. oben Anm. 18, 19, 20). Wenn der Widerruf der Bestellung zweier Geschäftsführer in Frage steht, so stimmt jeder bei der Entlassung des anderen mit, solange für jeden besondere Tatsachen als Ursache des Widerrufs in Frage stehen. So wenn der eine wegen Geistesschwäche, der andere wegen Untreue entlassen werden soll. Liegt aber ein einheitlicher Vorgang für beide vor, so wird der Beschluß dadurch für die Abstimmung ein einheitlicher. Andernfalls könnten zwei Geschäftsführer, welche rechtskräftig wegen gemeinsamer Untreue verurteilt sind, sich gegenseitig durch ihre Stimmen in ihren Positionen halten. Die Vorschrift des § 181 BGB. — Verbot des Kontrahierens mit sich selbst — gilt nur insoweit, als nicht ein anderes gestattet ist. § 46 Nr. 5, § 47 GmbHGes. gestatten die Ausübung des Stimmrechts auch in eigenen Angelegenheiten unter gegebenen Umständen. § 181 BGB. kommt daher für die Beurteilung dieser Frage nicht in Betracht (OLG. Kassel 30. 3. 14 RundschGmbH. 1914, 337).

2. **Auch die Vorschrift des Abs. 4 ist dispositiv** (a. M. Neukamp-Becker Anm. 1c). Kein Argument dagegen bildet der Hinweis auf die §§ 34 u. 40 BGB. und § 252 HGB. Man mag diesen den zwingenden Charakter zugestehen. Das schließt nicht aus, daß hier durch die Vorschrift des § 45 derselbe verneint wird. Man mag es als einen Mißklang empfinden, wenn für die Vereine und die Aktiengesellschaft ein anderes gilt wie für die GmbH. Dies berechtigt nicht, zur Beseitigung desselben sich über die ausdrückliche Regel des Gesetzes hinwegzusetzen. Anm. 26.

Das Stimmverbot des Abs. 4 ist auch kein logisch zwingendes. Es folgt nicht aus dem Wesen der Abstimmung mit absoluter Notwendigkeit. Es kann einem Vertreter das Kontrahieren mit sich selbst gestattet werden (BGB. § 181). Das RG. spricht dem Grubenvorstande einer Gewerkschaft das Recht auf Mitstimmen bei seiner Entlassung ausdrücklich zu (RG. 4, 304, RG. 27. 2. 15 Aktenz. V. 404/1914). Das Stimmverbot ist in dem Interesse der Gesellschaft begründet. Ohne Rücksicht darauf, ob im Einzelfalle ein Mißbrauch

§ 47. des Stimmrechts zu eigenem Vorteil oder zum Schaden der Gesellschaft vorliegt, ist es für die in Abs. 4 erwähnten Fälle ausgesprochen. Auf diese Schutzmaßregel kann die Gesellschaft wieder verzichten. (Wie hier RG. 3. 2. 17 RGZ. 89, 383 Recht 1917 Nr. 704, ferner LZ. 1917, 658 RundschGmbH. 1917, 187, BauersZ. 18, 62, Parisius-Crüger-Crecelius Anm. 4, und für den besonderen Fall der Wahl als Geschäftsführer Weinhagen bei Holdheim 13, 12. Dagegen Liebmann Anm. 2 zu § 45; Förtsch Anm. 3; Neukamp-Becker Anm. 2c.) Durch eine Aufhebung des Stimmverbotes im Gesellschaftsvertrage wird aber kein unbedingtes Stimmrecht gewährt. Es ist nur das Verbot aufgehoben, das ohne Prüfung eines Einzelfalles jede Abstimmung untersagt. Die Fälle des Abs. 4 reihen sich jetzt den allgemeinen Gruppen ein. Die Mitwirkung bei der Beschlußfassung über Entlastung und Verzicht, Rechtsgeschäft und Prozeß ist auch trotz der Aufhebung des Abs. 4 im Gesellschaftsvertrage dann ausgeschlossen, wenn die Ausübung gegen Treu und Glauben wäre. Zu beachten ist, daß die Beteiligung bei einer solchen Abstimmung ohne besondere Momente nicht als ein unzulässiger Mißbrauch des Stimmrechts erscheint. Man denke insbesondere an Fälle der nur aus zwei oder drei Gesellschaftern bestehenden Gesellschaften. Wenn ein Gesellschafter 99 500 M., der andere 500 M. besitzt, so hat er guten Grund, wenn jener als Geschäftsführer sich das Stimmrecht auch bei der eigenen Decharge zuspricht und sich dagegen schützt, durch diese Minderheit in Prozesse verwickelt zu werden. Anders wenn im besonderen Falle dargetan ist, daß jener Großgesellschafter durch seine Übermacht die Reaktion der kleinen gegen ein offenbares Unrecht unterdrückt. So wenn jener einen erheblichen Teil des Stammkapitals an sich zurückzahlte und gegen die Klage auf Rückzahlung stimmte (Hachenburg a. a. O. 471. Dies Moment ist bei den Ausführungen BauersZ. 18, 62 übersehen).

Sind alle Geschäftsanteile in einer Hand, so bietet die Aufhebung des Abs. 4 den einzigen Weg, die Decharge usw. herbeizuführen. Man wird auch hier einen Schritt weitergehen. Auch ohne Abschaffung des Abs. 4 wird der Beschluß, wenn sich der alleinige Gesellschafter selbst die Entlastung gibt, nicht nichtig. Er wäre nur anfechtbar. Aber diese Anfechtung steht nur dem zu, der zu der Zeit der Beschlußfassung selbst Gesellschafter war. Die Erwerber dieser Geschäftsanteile aus der Hand des Alleinbesitzers müssen sie nehmen, wie sie sind. Ein Kontrahieren mit sich selbst (hierüber Anm. 14 zu § 36) liegt in dem Beschlusse nicht. Sie sind selbständige gesellschaftsrechtliche Akte.

Anm. 27. 3. **Die Vorschrift des § 47 Abs. 4 enthält nur eine Abstimmungsvorschrift.** Das Recht der sonstigen Teilnahme an der Versammlung und ihren Beschlüssen ist dem an der Abstimmung behinderten Gesellschafter nicht versagt. Der von der Abstimmung ausgeschlossene Gesellschafter kann an der Versammlung teilnehmen. Er kann durch Teilnahme an der Diskussion seinen Einfluß auf die Gestaltung der Abstimmung ausüben (a. M. BauersZ. 18, 207. Aber der dort geltend gemachte Grund, daß der von der Abstimmung ausgeschlossene Gesellschafter durch seine Anwesenheit auf den Beschluß einwirken kann, spricht gerade gegen die Ausschließung von der Versammlung. Der Gesellschafter darf seine eigene Sache führen, wenn auch nicht entscheiden). Der nicht stimmberechtigte Gesellschafter kann dem Beschluß widersprechen. Er kann ihn anfechten. Auch wenn er seinen Ausschluß von der Abstimmung als berechtigt anerkennt, kann er ihn aus sonstigen Gründen nicht für gesetz- oder statutenmäßig erachten.

Anm. 28. 4. Ein Beschluß, bei dem ein Gesellschafter unzulässigerweise mitstimmte, ist deshalb nicht nichtig. Die Gesellschafter können beschließen, den nach dem Gesetze von der Abstimmung ausgeschlossenen Gesellschafter dennoch zuzulassen. Das bindet allerdings nur die hiermit einverstandenen Gesellschafter. Auf die Folgen der Verletzung der Vorschrift des § 47 Abs. 4 kann nachträglich verzichtet werden. Das wird auch im Aktienrecht angenommen (vgl. Staub-Pinner HGB. I Anm. 6 und 13 zu § 252; Lehmann-Ring HGB. Nr. 11 zu § 252). Der Beschluß kann aber aus diesem Grunde angefochten werden (RG. 11. 1. 21 RGZ. 101, 160 JW. 1921, 629 mit Anm. von Hachenburg, RundschGmbH. 1921, 123). Einen Erfolg kann diese Anfechtung nur haben, wenn die Stimmabgabe auf den Beschluß von Einfluß war (vgl. Anm. 30 zu § 45).

Ausländische Gesetze. § 47.

Das österr. Gesetz (§ 39) und das bulgarische Gesetz (Art. 48) stimmen sachlich mit dem deutschen Anm. 29. überein. Beschlußfassung nach der Mehrheit der abgegebenen Stimmen. 100 Schilling oder 1000 Leva geben eine Stimme. Jeder Gesellschafter muß mindestens eine Stimme haben. Zur Abstimmung durch einen Beauftragten bedarf es einer Spezialvollmacht. Die übrigen Einzelheiten wie nach deutschem Gesetz. Der von der deutschen Rechtsprechung anerkannte Gedanke, daß der Gesellschafter bei seiner Wahl zum Geschäftsführer, Aufsichtsrat, Liquidator, mitzustimmen berechtigt ist, ist gesetzlich festgelegt. — Das französische Gesetz verlangt zur Beschlußfassung bei der Abstimmung die Mehrheit des Stammkapitals (Art. 27). Erst in einer zweiten Beschlußfassung entscheidet die Mehrheit der abgegebenen Stimmen schlechthin. Änderung durch Statut ist möglich. Entziehung des Stimmrechts durch den Gesellschaftsvertrag ist in jedem Falle unzulässig. „Jeder Stammanteil gewährt eine Stimme". (Art. 28). Indessen steht diese Bestimmung offensichtlich mit der tatsächlichen Organisation der Gesellschaft nach dem Gesetz in Widerspruch. Die Stammanteile der franz. GmbH. sind verschieden groß. Es kann nicht dem Willen des Gesetzgebers entsprechen, daß ein Stammanteil von 2000 Fr. wie ein solcher von 100 Fr. eine Stimme hat. Der Sinn kann nur sein, daß die Stammanteile nach der Mindesteinheit berechnet werden. Dann wäre das Stimmenverhältnis im obigen Fall z w a n z i g Stimmen für den einen, e i n e Stimme für den anderen Gesellschafter. Die gesetzliche Bestimmung bedeutet dann, daß eine andere Stimmenverteilung, als die hier angegebene, gesetzlich unzulässig ist (vgl. Gain, Les sociétés à responsabilité limitée Paris 1925 Seite 72 ff.). — Dagegen entspricht es dem Aufbau der polnischen GmbH., daß dort wirklich jede Stammeinlage eine Stimme gibt (Art. 17). Stimmrecht für den persönlich interessierten Gesellschafter ist hier ausgeschlossen. Ebenso nach dem Schweizer Entwurf (§ 795). Dieser will für je 100 Fr. Stammanteile eine Stimme geben. Beschlüsse werden mit Stimmenmehrheit gefaßt. — Nach dem italienischen Entwurf (Art. 154) beschließen die Gesellschafter mit Stimmenmehrheit nach den Kapitalbeträgen, wobei mindestens die Hälfte des Stammkapitals abstimmen muß. Erhöhung der notwendigen Mehrheit kann durch das Statut eingeführt werden.

§ 48.

§ 48.

Die Beschlüsse der Gesellschafter werden in Versammlungen gefaßt.

Der Abhaltung einer Versammlung bedarf es nicht, wenn sämtliche Gesellschafter schriftlich mit der zu treffenden Bestimmung oder mit der schriftlichen Abgabe der Stimmen sich einverstanden erklären.

Das Gesetz regelt nur die Form der Beschlüsse der Gesellschafter. Derselbe Inhalt ist Einleitung in § 34 Abs. 1 österr. Ges. gegeben.

Über die **Ausführung der Beschlüsse** besagt § 48 nichts. Sie liegt dem Geschäftsführer ob. Solange dies nicht geschehen ist, ist der Beschluß interne Angelegenheit der Gesellschafter. Daher erlischt die Vertretung des Geschäftsführers nicht mit dem Beschlusse seiner Abberufung. Er muß ihm von berufener Seite mitgeteilt sein (RG. 14. 5. 08 RGZ. 68, 381). Der von der Gesellschafterversammlung gefaßte Beschluß kann, solange er nicht vollzogen ist und Rechte Dritter entstanden sind, in gleicher Weise wieder aufgehoben werden. Auch das fließt aus der Wirkung des erstgefaßten Beschlusses als innere Angelegenheit. Der Wille der Gesellschaft ändert sich wieder (vgl. BauersZ. 18, 256 gegen RG. 26. 5. 11). Dagegen wird die einfache Nichtausführung des Beschlusses durch den Geschäftsführer nie eine aufhebende Wirkung haben (a. M. BauersZ. a. a. O.). Über Form und Inhalt der Abstimmungserklärung vgl. Anm. 3 ff. zu § 45. Über die Anfechtung Anm. 16 ff. zu § 45. Über die Abrede, im vereinbarten Sinne zu stimmen vgl. Anm. 44 zu § 45. Über vorsätzliches die anderen Gesellschafter schädigendes Verhalten bei der Abstimmung vgl. Einleitung zu § 47 und RG. LZ. 1911, 219.

I. (Abs. 1.) **Regelmäßig werden die Beschlüsse der Gesellschafter in Versammlungen** Anm. 1. **gefaßt** (Gesellschafterversammlungen, auch Generalversammlungen).

§ 48. 1. Durch die Versammlung werden die Gesellschafter zum Organ der Gesellschaft. Vorausgesetzt ist eine Berufung derselben. Ein zufälliges Zusammentreffen aller Gesellschafter ist keine Versammlung im Rechtssinne.

Anm. 2. 2. Zur Versammlung ist nicht erforderlich, daß mehrere Gesellschafter anwesend sind. Es genügt das Erscheinen eines Einzigen. Seine Stimme beschließt (Anm. 2 zu § 47). Eine Versammlung muß aber mangels entgegenstehender statutarischer Bestimmungen auch dann abgehalten werden, wenn, beispielsweise bei einer Zweimanngesellschaft, das Ergebnis schon vorher feststeht (RG. 14. 5. 18 Recht 1918, 1599). Ist kein Gesellschafter erschienen, so findet keine Versammlung statt. Der Geschäftsführer kann auch das Fernbleiben der Gesellschafter nicht als Zustimmen zu seinen Anträgen auffassen. Sind nur Gesellschafter anwesend, denen das Stimmrecht für den Gegenstand der Tagesordnung (etwa ein Rechtsgeschäft mit ihnen) versagt ist, so liegt zwar eine Versammlung vor. Ein Stimmrecht der Erschienenen entsteht aber durch das Fernbleiben der anderen Gesellschafter nicht. Fassen jene einen Beschluß, so können ihn diese anfechten.

Anm. 3. 3. **Über den Ort der Versammlungen** sagt das Gesetz nichts. Die Statuten der Aktiengesellschaften enthalten darüber gewöhnlich besondere Bestimmungen, die der GmbH. oft nicht. Dann finden die Versammlungen am Sitze der Gesellschaft statt (vgl. RG. 44, 8; OLG. Karlsruhe in DJZ. 4, 468). Der Gesellschaftsvertrag kann Abweichendes bestimmen. Er kann den Geschäftsführern oder dem Aufsichtsrat die jedesmalige Bestimmung des Versammlungsortes anheimgeben. Ist dies Recht nur dem Aufsichtsrat eingeräumt, so hat der Geschäftsführer vor einer durch ihn erfolgenden Einladung der Gesellschafter den Aufsichtsrat um Festsetzung des Ortes zu ersuchen. Diese Befugnis des Aufsichtsrates darf nicht dazu führen, das Recht der Geschäftsführer die Gesellschafterversammlung einzurufen, zu vereiteln. Bei einem Versagen des Aufsichtsrats hat der Geschäftsführer die Gesellschafter am Sitze der Gesellschaft zu versammeln. Ist im Gesellschaftsvertrage die Bestimmung des Versammlungsorts den Gesellschaftern überlassen, so ist darunter zumeist eine einmalige für die künftigen Versammlungen geltende Festsetzung gemeint. Sie bedarf zu ihrer Wiederaufhebung auch nur eines Beschlusses mit einfacher Mehrheit. Auf Grund einer solchen Anordnung im Gesellschaftsvertrage können aber die Gesellschafter auch für eine bestimmte Versammlung einen Ort bezeichnen. Es setzt dies allerdings eine vorhergehende Versammlung oder eine schriftliche Beschlußfassung voraus. Als Versammlungslokal muß ein solches gewählt werden, das sich zu Beratungszwecken eignet. Unzulässig wäre es, wenn der Geschäftsführer eine öffentliche Gaststube eines Wirtshauses wählt. Er kann den Gesellschaftern nicht zumuten, dort vor allen Leuten zu verhandeln. Eine große Versammlung kann nicht in dem nur wenige Menschen fassenden Kontor der Gesellschaft stattfinden. Der Geschäftsführer darf die mit ihm verfeindeten anderen Gesellschafter nicht in seine Privatwohnung laden usw.

Anm. 4. 4. Über den Vorsitz in der Versammlung kann der Gesellschaftsvertrag Anordnungen treffen. Der Vorsitzende des Aufsichtsrates, der älteste Gesellschafter, der Inhaber des größten Geschäftsanteils usw. können hierzu berechtigt sein. Ob damit ein Sonderrecht begründet werden soll (vgl. Anm. 16ff. zu § 14), ist im Einzelfall zu prüfen. Ohne besonderen Anhalt ist es nicht anzunehmen. Wenn nur zwei Gesellschafter vorhanden sind oder wenn nur ein Gesellschafter erscheint, so bedarf es keines Vorsitzenden. Es genügt, daß die Erklärungen zu Protokoll gegeben werden. Bei einer größeren Mehrheit von Erschienenen ist aber eine Leitung notwendig. In solchem Falle muß, wenn die Statuten über den Vorsitz nichts bestimmen, die Versammlung durch Mehrheitsbeschluß einen Vorsitzenden wählen. Dies wird auch im Aktienrecht angenommen (Staub-Pinner HGB. Anm. 16 zu § 256). Ebenso, wenn der statutarisch bestimmte Vorsitzende sich weigert oder nicht erscheint. Dagegen kann der durch die Satzung berufene Vorsitzende sein Recht nicht einem anderen übertragen. Dadurch, daß sich ein Antrag gegen den Vorsitzenden richtet, wird dieser nicht verhindert, den Vorsitz zu führen. Die Gesellschafterversammlung kann dem Vorsitzenden, der durch das Statut berufen ist, dies Amt nicht entziehen. Sie kann ihn auch nicht wäh-

rend der Verhandlung absetzen und einen anderen Vorsitzenden ernennen. Auch nicht, § 48.
wenn die Mehrheit sein Verhalten nicht billigt. Sie kann stimmen, wie sie will, aber die durch den Gesellschaftsvertrag vorgesehene Leitung muß sie dulden. Eine Ernennung eines anderen Vorsitzenden verletzte den Gesellschaftsvertrag. Die darauf beruhenden Beschlüsse sind anfechtbar (Anm. 29 und 30 zu § 45). Die Möglichkeit, daß unter der Leitung des statutarisch berufenen Vorsitzenden ein anderer Beschluß gefaßt worden wäre, kann nicht bestritten werden. Ein freiwilliger Verzicht des satzungsgemäßen Vorsitzenden ist zulässig. Ebenso aber auch eine gerichtliche Verfügung, wonach diesem die Ausübung seines Amtes untersagt wird. Ein von der Gesellschafterversammlung erwählter Vorsitzender kann wieder abberufen werden. Er hat kein Recht auf das Amt.

Die Leitung der Versammlung kann durch die Satzung einem Nichtgesellschafter über- Anm. 5.
tragen werden, so dem Syndikus der Gesellschaft oder dem Repräsentanten einer Behörde oder dem beurkundenden Notar oder Richter (vgl. auch § 196 Abs. 2 HGB.). Ohne solche Statutenbestimmung ist dies gegen den Willen des durch die Satzung berufenen Vorsitzenden nicht zulässig.

Abänderungen und Ergänzungen zu einem Antrage kann der Vorsitzende in der Versammlung ohne vorherige Ankündigung zulassen (Amendements). Es genügt, daß der Inhalt des gestellten Antrags der gleiche bleibt. So kann bei einer Erhöhung des Grundkapitals statt der vorgeschlagenen Summe eine andere beantragt werden.

5. **Die Grundsätze für die Leitung der Versammlung.** Anm. 6.

a) Der Vorsitzende hat nur die Verhandlung zu leiten. Er hat dahin zu wirken, daß ordnungsmäßig beraten und beschlossen werde. Dagegen steht ihm nicht die Befugnis zu, die Verhandlung eigenmächtig zu vertagen oder zu schließen. Er kann nur den Vorsitz niederlegen. Die Versammlung wählt dann einen anderen Vorsitzenden. Er darf auch nicht die Verhandlung oder die Abstimmung über einen Antrag ablehnen, weil er ihn für unbegründet hält. Er muß die Beschlußfassung zulassen. Den gefaßten Beschluß hat er zu verkünden. Er muß den Beteiligten die Anfechtung des Beschlusses überlassen. Über die Einwirkung solcher Verfügungen des Vorsitzenden auf die Gültigkeit der auf ihnen beruhenden Beschlüsse vgl. Anm. 28 zu § 45.

b) Die Beschlußfassung setzt Anträge in der Versammlung voraus. Die Ankündigung der Anm. 7.
Tagesordnung genügt hier nicht. Doch wird man hier nicht formalistisch vorgehen dürfen. Ein angekündigter Antrag kann vom Vorsitzenden als gestellt behandelt werden. Ist er auf Antrag eines Gesellschafters in die Tagesordnung aufgenommen, so muß der Antragsteller in der Versammlung anwesend sein. Bei seiner Abwesenheit darf sein Antrag nicht als von ihm gestellt angesehen werden.

Über die Zulassung eines Bevollmächtigten zur Abstimmung vgl. Anm. 11 zu § 47. Anm. 8.

c) Anordnungen des Vorsitzenden über die Art der Verhandlung, die Reihenfolge der Redner, Anm. 9.
die Erteilung und Entziehung des Wortes, die Unterbrechung bei unsachlichen Ausführungen, die Rüge von unzulässigen Wendungen, Ermahnungen an die Versammlung usw. (Anm. 15 und 29 zu § 45) sind endgültig. Es gibt dagegen keine Berufung an die Versammlung.

d) Der Vorsitzende darf die Verhandlung nicht nach Willkür leiten. Er muß unparteiisch und Anm. 10.
sachgemäß vorgehen. Er hat dabei die Grundsätze parlamentarischer Verhandlungen zu beobachten. Bei groben Verstößen gegen dieselben ist gegen Beschlüsse, die unter solcher Leitung gefaßt sind, die Anfechtungsklage gegeben. So, wenn einem Gesellschafter ohne Grund das Wort entzogen wird (Anm. 15 und 29 zu § 45; a. M. Liebmann Anm. 5).

6. **Über die Form der Ausübung des Stimmrechts** vgl. Anm. 9 zu § 45 und Einl. zu § 47. Anm. 11.

7. **Die Verhandlung kann durch Mehrheitsbeschluß vertagt werden.** Eine neue Versamm- Anm. 12.
lung anzusetzen, so daß von einer neuen Einladung abgesehen werden könnte, ist nicht möglich. Eine Gesellschafterversammlung ist kein Prozeßtermin. Zwar sagen die Motive 39 das Gegenteil. Sie meinen, daß die betreffende Vorschrift des § 51 Abs. 4 sich „selbstverständlich" nicht auf Beschlüsse über die Einberufung einer neuen Generalversammlung

§ 48. beziehe. Doch hat dies im Gesetze keinen Ausdruck gefunden. Nur in einer Universalversammlung, an welcher also alle Gesellschafter teilnehmen, kann mit Einverständnis aller Tag und Stunde der Versammlung sofort angesetzt werden. Dann bedarf es keiner besonderen Einladung mehr.

II. (Abs. 2) **Der Abhaltung einer Versammlung zur Fassung von Beschlüssen bedarf es in zwei Fällen nicht** (Abs. 2).

Anm. 13. 1. Wenn sämtliche Gesellschafter sich mit der zutreffenden Bestimmung schriftlich einverstanden erklären. Die Vorschrift des § 126 BGB. muß nicht genau beachtet werden. Es kann ein Zirkular von allen Gesellschaftern unterschrieben werden. Es kann der Geschäftsführer schriftlich anfragen. Die Gesellschafter antworten, daß sie mit der ihnen vorgeschlagenen Bestimmung einverstanden seien. Telegraphische Einverständniserklärung genügt. So ist ein gültiger Gesellschafterbeschluß auf Auflösung der GmbH. zustandegekommen, wenn die von einem Gesellschafter unterschriebene, an die Registerbehörde gerichtete Eingabe auf Eintragung der Auflösung den anderen Gesellschaftern übersandt und von diesen, wenn auch nach einiger Zeit, gleichfalls unterschrieben weitergeleitet wurde (RG. 10. 12. 20 BauersZ. 28, 185, DJZ. 21, 367, Recht 1921 Nr. 673). Auch das Einverständnis des auf Grund des § 47 Abs. 4 von der Abstimmung ausgeschlossenen Gesellschafters ist erfordert. Es kann nicht über seinen Kopf hinweg von der normalen Art der Beschlußfassung abgesehen werden.

Anm. 14. 2. Wenn sämtliche Gesellschafter damit einverstanden sind, daß schriftlich abgestimmt wird. Dann kann der Beschluß in der Sache selbst schriftlich durch Mehrheitsabstimmung gefaßt werden. Über das Erfordernis der Schriftlichkeit und die Zustimmung auch des nicht stimmberechtigten Gesellschafters siehe Anm. 13. Zu den Gesellschaftern gehören auch die, die ihre Anteile an einen Dritten verpfändet haben (KG. 19. 11. 15 OLGR. 37, 8). Der Geschäftsführer darf eine schriftliche Abstimmung nicht mit dem Anfügen einleiten, daß er die Zustimmung der Gesellschafter zu diesem Verfahren unterstellt, falls sie nicht alsbald Widerspruch erheben. Setzt der Geschäftsführer den Zirkularbeschluß in Lauf, so kann die Genehmigung dieses Abstimmungsmodus nicht schon in der einfachen Beteiligung an der Abstimmung gesehen werden. Das Gesetz fordert mangels Einverständnisses mit der schriftlichen Stimmabgabe Einstimmigkeit des Beschlusses. Diese Anordnung kann nicht dadurch außer Geltung gesetzt werden, daß die dem Antrage widersprechenden Gesellschafter als stillschweigend die schriftliche Stimmabgabe genehmigend angesehen werden. Wenn auch kein schriftliches, so wird man doch ein ausdrückliches Einverständnis mit der schriftlichen Abstimmung fordern. (A. M. BauersZ. 17, 252, wo in der schriftlichen Antwort auf die Anfrage des Geschäftsführers die Zustimmung zur schriftlichen Abstimmung gesehen wird und BauersZ. 27, 139; ebenso Brodmann Anm. 2). Dem Erfordernisse des Gesetzes ist endlich auch dann nicht genügt, wenn eine Gesellschafterversammlung mit Stimmenmehrheit beschließt, die Abstimmung über den ausgesetzten Punkt schriftlich vorzunehmen.

Anm. 15. 3. Der Abs. 2 gilt nicht bei Änderungen des Gesellschaftsvertrages. Hier muß gerichtliche oder notarielle Beurkundung der Versammlungsbeschlüsse erfolgen (Anm. 10ff. zu § 53).

Anm. 16. III. **Der Gesellschaftsvertrag** kann die Vorschriften des § 48 abändern. Er kann bestimmen, daß die Ausnahmen des Abs. 2 nicht Platz greifen sollen. Er kann noch weitere Ausnahmen vorsehen. Er kann anordnen, daß Gesellschafterversammlungen überhaupt nicht stattzufinden brauchen. Er kann die telefonische Verständigung oder sonstige mündliche Einverständniserklärung für genügend erklären. Das wird bei Gesellschaften, die nur aus zwei Gesellschaftern bestehen, die beide Geschäftsführer sind, vorkommen. Man wird hier auch stillschweigende Gesellschafterbeschlüsse anerkennen müssen. Die Feststellung der Bilanz durch die Gesellschafter als Geschäftsführer enthält zugleich die Genehmigung als Gesellschafter. Es kann der Geschäftsführer oder der Vorsitzende des Aufsichtsrats nach seinem Ermessen berechtigt sein, das schriftliche Votum einzuholen. Der Gesellschaftsvertrag kann schlechthin für alle Abstimmungen das schriftliche Verfahren zulassen. In der von sämtlichen Gesellschaftern unterzeichneten Anmeldung der Auflösung der Gesellschaft kann der einstimmige Liquidationsbeschluß enthalten sein (RG. 10. 12. 20 RGZ. 101, 78, DJZ. 1921, 367). Der Gesellschaftsvertrag kann Vorschriften über das Verfahren hierbei geben. Er kann bestimmen, daß wer in bestimmter Frist nicht antwortet, als nichtstimmend oder als zustimmend oder als ablehnend angesehen werde. Es kann auch eine Vereinbarung unter sämtlichen Gesellschaftern die Abstimmung ersetzen, wenn sie zu diesem Zwecke abgeschlossen wird (BauersZ. 27, 10). § 48.

IV. Auf die schriftliche Abstimmung finden die Regeln des BGB. über die Willenserklärungen unter Abwesenden Anwendung. Daher kann die Abstimmung, solange sie nicht bei der Gesellschaft eintraf, widerrufen werden (§ 130 Abs. 1 BGB.). Tod des Abstimmenden vor dem Eingange der Stimme bei der Gesellschaft, der Eintritt der Geschäftsunfähigkeit (§ 130 Abs. 2 BGB.) ist ohne Einfluß auf die Wirksamkeit seiner Stimme. Auch die schriftliche Stimmabgabe kann durch einen Bevollmächtigten geschehen. Auch hier muß, falls der Gesellschaftsvertrag nichts anderes vorschreibt, eine schriftliche Vollmacht vorgelegt werden. Die Vorschrift des § 47 Abs. 3 soll die Beschlüsse vor einer Anfechtung wegen Mängel in der Vertretungsmacht schützen. Ein Recht, auf den Mangel der schriftlichen Vollmacht zu verzichten, hat der Geschäftsführer nicht. Dies steht nur den Gesellschaftern zu. Für den vollmachtlosen Vertreter gilt das bezüglich der Abstimmung in der Gesellschaftsversammlung Gesagte (Anm. 13 zu § 47). Ebenso für den Inhalt desselben (Anm. 10 zu § 47). Ein Recht des Geschäftsführers, den Stimmberechtigten anzudrohen, daß er sie bei Ausbleiben der Erklärung als zustimmend oder ablehnend ansieht, besteht nicht. Durch solch einseitiges Vorgehen kann dem Stillschweigen nicht die Bedeutung einer Willenserklärung zugesprochen werden. Anders wenn es im Gesellschaftsvertrag bestimmt ist. Dieser ist Gesetz für die Gesellschafter. Zulässig ist aber, daß der Geschäftsführer für die Stimmabgabe einen Endtermin festsetzt. Das gehört zur Leitung der Abstimmung wie bei der Gesellschafterversammlung. Auch der Aufsichtsrat kann die im Gesetze oder Statut zugelassene schriftliche Abstimmung herbeiführen. Liegen widersprechende Maßnahmen vor, lud der Aufsichtsrat z. B. zu einer Gesellschafterversammlung ein, während der Geschäftsführer schriftlich abstimmen läßt, so ist durch die zuerst vollzogene die noch ausstehende Beschlußfassung erledigt. Es steht den Gesellschaftern selbstverständlich frei, von der Versammlung fortzubleiben und schriftlich zu stimmen, auch wenn die Versammlung vor dem Endtermin der schriftlichen Abstimmung stattfinden soll. Dann liegt freilich die Gefahr vor, daß, wenn auch nur ein Gesellschafter erscheint, er einen gültigen Beschluß faßt. Ein Recht der Gesellschafter, *statt* der zulässigen schriftlichen Abstimmung eine Versammlung zu fordern, besteht nach dem Gesetze nicht. Es kann aber durch den Gesellschaftsvertrag eingeführt werden. Auch aus § 50 Abs. 1 folgt nur ein Recht auf Einberufung der Versammlung. Von dem Ergebnisse der schriftlichen Abstimmung hat der Geschäftsführer den Gesellschaftern Mitteilung zu machen. Er hat ihnen die Einsicht in die Abstimmungserklärungen zu gestatten. Jeder Gesellschafter muß wissen, ob ein Beschluß gültig zustande gekommen ist. Schreibt der Gesellschaftsvertrag für seine Anfechtung von Beschlüssen der Gesellschafter eine Frist vor, so kann diese für jeden Gesellschafter bei schriftlicher Abstimmung erst beginnen, wenn er das Ergebnis der Abstimmung in maßgebender Weise erfahren hat. Anm. 17.

Zusatz. Eine Beurkundung der Gesellschafterversammlung und ihrer Beschlüsse schreibt das Gesetz als Regel nicht vor. Sie wird ausnahmsweise für Statutenänderungen verlangt (§ 53). Der Gesellschaftsvertrag kann Protokollierung vorschreiben. Oft werden Notare auch zugezogen, wo das weder nach Gesetz noch nach Statut notwendig ist, um eine zuverlässige Protokollierung herbeizuführen. Die Beurkundung ist nach Landesrecht zu beurteilen. In Preußen nach Art. 56ff. des preußischen Gesetzes über die freiwillige Gerichtsbarkeit. Es ist dem Ermessen des Notars überlassen, inwieweit er das Protokoll vorlesen und unterschrei- Anm. 18.

§ 48. ben lassen will. Die Vorschriften der §§ 258 und 259 HGB. finden dabei keine Anwendung. Ihre Anwendung ist aber empfehlenswert. Es kann ein Gesellschafterverzeichnis angefertigt, die Belege über die Berufung können dem Protokoll einverleibt oder als Anlagen zum Protokoll genommen werden. Die Kosten der notariellen Beurkundung, auch wenn sie nicht durch den Gesellschaftsvertrag vorgeschrieben ist, trägt stets die Gesellschaft (OLG. Köln 24. 12. 03 im Recht 04, 579 Nr. 2558). Die vorbehaltslose Unterzeichnung eines solchen Protokolls durch einen Gesellschafter wird regelmäßig bedeuten, daß er den Beschlüssen zugestimmt hat (RG. 27. 6. 13 LZ. 1913, 857, Recht 1913 Nr. 2641, BauersZ. 21, 139).

Anm. 19. **Ausländische Gesetze.**

Das österr. Ges. (§ 34) sieht als Regel an, daß die Beschlüsse der Gesellschafter in der Gesellschafterversammlung gefaßt werden. Es schafft daneben die Möglichkeit zu schriftlicher Abstimmung, wie das deutsche. Nur wird die Mehrheitsbildung bei schriftlicher Abstimmung nicht nach der Zahl der abgegebenen, sondern aller vorhandener Stimmen berechnet (ebenso bulgar. Gesetz Art. 41). Also Erschwerung der schriftlichen Abstimmung. Die Gesellschafterversammlung ist nur beschlußfähig, wenn ein Zehntel des Stammkapitals vertreten ist. Sonst muß eine zweite Gesellschafterversammlung stattfinden. Sie entscheidet ohne Rücksicht auf die Größe der anwesenden Stimmenzahl (österr. Ges. § 38 Abs. 6 u. 7, bulgar. Ges. Art. 47). Alle Abstimmungen, sowohl die in Versammlungen wie die schriftlichen, sind in ein Protokollbuch einzutragen. Die Eintragungen sind allen Gesellschaftern in eingeschriebenem Briefe mitzuteilen (österr. Ges. § 40, bulgar. Ges. Art. 49). — Ganz anders das französ. Gesetz. Grundsätzlich finden auch hier die Abstimmungen in einer Gesellschafterversammlung statt. Bei Gesellschaften jedoch, die nicht mehr als zwanzig Gesellschafter haben, sind Versammlungen überhaupt unnötig. Den Gesellschaftern kann einfach die Frage schriftlich vorgelegt werden, über die abgestimmt werden soll. Die Gesellschafter antworten dann schriftlich (Art. 26). Das Ergebnis braucht den Gesellschaftern überhaupt nicht mitgeteilt zu werden (Gain, Les sociétés à responsabilité limitée, Paris 1925, Seite 73). — Der Schweizer Entwurf läßt Gesellschafterversammlung und schriftliche Abstimmung gleichberechtigt nebeneinander zu (§ 795). — Das polnische Gesetz bestimmt, daß der Gesellschafter berechtigt ist, statt zur Gesellschafterversammlung zu kommen, seine Stellungnahme zur Tagesordnung schriftlich abzugeben (Art. 15). Der italienische Entwurf enthält keine Bestimmung über schriftliche Abstimmung.

§ 49.

§ 49.

Die Versammlung der Gesellschafter wird durch die Geschäftsführer berufen.

Sie ist außer den ausdrücklich bestimmten Fällen zu berufen, wenn es im Interesse der Gesellschaft erforderlich erscheint.

Insbesondere muß die Versammlung unverzüglich berufen werden, wenn aus der Jahresbilanz oder aus einer im Laufe des Geschäftsjahres aufgestellten Bilanz sich ergibt, daß die Hälfte des Stammkapitals verloren ist.

Anm. 1. I. (Abs. 1.) **Die Versammlung der Gesellschafter wird durch die Geschäftsführer berufen.**

1. Darin liegt der Grundsatz, daß die Beschlußfassung der Gesellschafter durch die Geschäftsführer herbeizuführen ist. Auch dann, wo eine Versammlung nicht erforderlich ist (§ 48 Abs. 2). Die Herbeiführung der Entschließung der Gesellschafter gehört zu dem Aufgabenkreis des Geschäftsführers.

Anm. 2. 2. Durch die Geschäftsführer. Dazu genügt die Bestellung in dem nach Gesetz oder Statut verordneten Wege. Die Bestellung kann mit einem Mangel behaftet sein. So wenn der Beschluß angefochten wird. Oder wenn eine Person, die nach dem Gesellschaftsvertrage nicht Geschäftsführer sein darf, bestellt wurde. Solche Mängel sind auf die Berufung der Versammlung durch die Geschäftsführer ohne Einfluß. Die Beschlüsse dieser Versammlung sind nicht anfechtbar (RG. 16. 1. 11 JW. 1911, 330³⁰ für den Vorstand der AG.). Die Berufung geschieht durch so viele Geschäftsführer, als zur Geschäftsführung ausreichen (a. M. Brodmann Anm. 1, der auch dem einzelnen kollektiv zeichnenden Geschäftsführer das Recht der Berufung geben will, ohne daß Ermächtigung im Statut vorliegt). Ist der Geschäftsführer abberufen, so kann er eine Gesellschafterversammlung nicht mehr berufen. Ob die Abberufung des Geschäftsführers ihm selbst gegenüber zu Recht oder Unrecht erfolgt ist, ist dabei gleichgültig. Neben den Geschäftsführern hat auch der im Gesellschaftsvertrage bestellte Aufsichtsrat das Recht und die Pflicht zur Berufung zur Gesellschafterversammlung und zur Herbeiführung des Beschlusses der Gesellschafter (§ 52 des Gesetzes, § 246 Abs. 2 HGB.). Dieses Recht beider besteht selbständig nebeneinander. Jeder kann es ohne Mitwirkung des anderen ausüben. Daraus ergibt sich, daß die Berufung der Gesellschafterversammlung durch das eine Organ nicht durch das andere wieder aufgehoben werden kann. Es wäre dies die Versagung des Berufungsrechts. Wohl aber kann der Gesellschaftsvertrag das Recht der Berufung dem einen oder dem anderen entziehen (vgl. Anm. 3). Kein Recht der Berufung haben die Prokuristen der Gesellschaft (KG. 6. 10. 11 OLGR. 24, 158). Sie sind nur Vertreter der GmbH. in ihrem Geschäftsbetriebe, nicht ihr Organ auf dem Gebiete des inneren Lebens. Über die Beschlüsse einer Versammlung, die nicht durch eine zuständige Person berufen wurde, vgl. Anm. 15 zu § 45. Die Berufung durch die Prokuristen oder andere nicht befugte Personen kann auch nicht durch die nachträgliche Genehmigung der Geschäftsführer geheilt werden. Auch der Konkursverwalter hat kein Recht zur Berufung. Neben dem Konkursverwalter bleiben die bisherigen Organe der Gesellschaft für diejenigen Aufgaben bestehen, die dem gesetzlichen Vertreter der Gesellschaft obliegen. Dazu gehört die Berufung der Gesellschafterversammlung (KG. 1. 10. 15 KGJ. 48 A 134). Kein Recht der Berufung hat der einzelne Gesellschafter als solcher (RG. 23. 4. 18 RGZ. 92, 409, JW. 1918, 733). Das Gesetz gibt es diesem nur im besonderen Falle des § 50. Auch hier kann der Gesellschaftsvertrag ein anderes bestimmen. Die Gesellschafter können, auch ohne durch die Geschäftsführer oder den Aufsichtsrat zusammenberufen zu sein, Beschlüsse fassen. Sie müssen aber dann alle anwesend sein. Die Gültigkeit der Beschlüsse ist nicht davon abhängig, daß der Geschäftsführer sie berufen hat (vgl. § 51 Abs. 3; Anm. 10 zu § 51. Unzulässig ist, daß eine Gesellschafterversammlung ihre Vertagung und die Fortsetzung ihrer Verhandlung ohne besondere Ankündigung beschließt. Der § 256 Abs. 3 HGB., der es für die Aktiengesellschaft ermöglicht, gilt nicht für die GmbH. (BauersZ. 27, 152). § 49.

3. Durch den Gesellschaftsvertrag können diese Bestimmungen geändert werden. Es kann jedem einzelnen Gesellschafter das Recht der Herbeiführung der Beschlußfassung übertragen werden. Es kann bestimmt sein, daß bei kollektiver Vertretungsbefugnis der Geschäftsführer doch jeder einzelne derselben die Versammlung berufen darf. Es kann umgekehrt bei statutarischer Einzelvertretung nur mehreren gemeinsam die Einberufung oder doch die Herbeiführung der Abstimmung zustehen. Es kann den Geschäftsführern oder einzelnen von ihnen dieses Recht genommen werden. Das Recht der Einberufung der Versammlung kann dem Geschäftsführer auch gänzlich entzogen werden (a. M. Brodmann Anm. 1, Liebmann Anm. 1, Neukamp-Becker Anm. 1, Parisius-Crüger-Crecelius Anm. 1, Merzbacher Anm. 2). Auch hier kann die Gesellschaft ihr inneres Leben nach ihrem Belieben ordnen. Meist wird die Berufung der Gesellschafterversammlung anderen Organen übertragen werden. So dem Aufsichtsrate oder bestimmten Gesellschaftern. Notwendig ist dies nicht. Es ist Sache der Gesellschafter, von selbst zur Beschlußfassung zusammenzutreten. Das kann bei Gesellschaften mit nur zwei Gesellschaftern vorkommen. Sie sind die Herren des Unternehmens. Ihr Geschäftsführer soll sie nicht zusammenrufen. Daß die Geschäftsführer (so Neukamp-Becker Anm. 1) den Gesellschaftern nach § 43 verantwortlich sind, spricht nicht gegen den hier vertretenen Standpunkt. Sie sind dann insoweit von ihrer Verantwortlichkeit befreit. Man kann auch nichts damit beweisen, daß für die Rechte der Gesellschafter, nicht auch für die Rechte der Geschäftsführer die Gesellschafterversamm- Anm. 3.

§ 49. lung das oberste Organ sei (Birkenbihl Anm. 1). Es handelt sich hier nicht um ein Recht der Geschäftsführer um ihrer selbst willen. Nur die Interessen der Gesellschafter sind im Spiele, nicht die der Geschäftsführer. Auch nicht bei Übergriffen des Vorsitzenden. Ein Beschluß, der auf einem unzulässigen Verhalten des Vorsitzenden beruht (Anm. 30 zu § 45), ist anfechtbar. Nicht aber die Verfügung des Vorsitzenden selbst. Die Zulassung zur Ausübung des Stimmrechts gehört nicht zu der Leitung der Versammlung (Anm. 11 zu § 47). Hier entscheidet diese selbst.

Anm. 4. II. (Abs. 2.) **Die Gesellschafterversammlung** ist außer in den ausdrücklich bestimmten Fällen immer dann zu berufen, wenn es im Interesse der Gesellschaft erforderlich erscheint (Abs. 2), insbesondere dann, wenn die Hälfte des Stammkapitals verloren gegangen ist (Abs. 3).

Anm. 5. 1. I n d e n i m G e s e t z e a u s d r ü c k l i c h b e s t i m m t e n F ä l l e n. Das sind alle die, in denen Beschlüsse der Gesellschafter vorgeschrieben sind, in denen die Gesellschafter zu beschließen haben (§§ 46, 53, 60 Abs. 1 Nr. 2, 26, 66 Abs. 3; vgl. Anm. 1 zu § 46).

Anm. 6. 2. A u ß e r d e m i m m e r d a n n, w e n n e s i m I n t e r e s s e d e r G e s e l l s c h a f t e r f o r d e r l i c h e r s c h e i n t. Damit ist nicht etwa gesagt, daß in allen wichtigen Fragen die Gesellschafterversammlung zu befragen sei. Oft wird im Gegenteil das Gesellschaftsinteresse es gebieten, gerade in wichtigen Fragen die Gesellschafterversammlung nicht zu fragen. Die Diskussion der geplanten Verwaltungsmaßregel kann sehr leicht nachteilig wirken. Die Gesellschafterversammlung ist auch nicht immer dann zu befragen, wenn es zweifelhaft ist, ob sie das Rechtsgeschäft genehmigen werde. Denn solche Zweifel bestehen im geschäftlichen Leben sehr oft. Auf Schritt und Tritt stehen sich Verlustgefahr und Gewinnaussicht gegenüber. Man würde die Bedeutung des Geschäftsführers verkennen, wollte man ihn für verpflichtet halten, in jedem bedenklichen Falle die Versammlung der Gesellschafter zu befragen. Auch hier gilt nur die Pflicht der Geschäftsführer, mit der Sorgfalt eines ordentliche Geschäftsmanns zu handeln. Eine Pflichtwidrigkeit ist es aber, das Rechtsgeschäft auf eigene Faust vorzunehmen, wenn sie wissen, die Gesellschafterversammlung werde das geplante Geschäft n i c h t genehmigen (RGZ. 35, 87). Weiter geht freilich das RG. In der Entscheidung 3. 5. 02 (SächsArch. 12, 726 und bei Holdheim 11, 236 und 12, 197) spricht es für die gleichlautende aktienrechtliche Vorschrift des § 253 Abs. 2 HGB. aus, daß infolge dieser Vorschrift die Gesellschaftsorgane verpflichtet seien, sich vor Einlassung auf wichtige, kostspielige und riskante, und deshalb das Interesse der Gesellschaft in besonderem Maße berührende Unternehmungen der Einwilligung der Generalversammlung zu versichern. Ohne solche handeln sie auf ihre Gefahr. Sie sind auch nicht dadurch entschuldigt, daß sie das Beste der Gesellschaft gewollt haben. Diese Ansicht wird in ihrer Allgemeinheit mit Recht beanstandet. Der hier aufgestellte Grundsatz kann das ganze Gesellschaftsleben lahmlegen. Falls der Geschäftsführer wichtige, kostspielige und riskante Geschäfte ohne Anfrage vornimmt, weil er nach vernünftiger Erwägung der Sachlage einen guten Erfolg erhoffen konnte, so soll er für den etwaigen Mißerfolg mit seinem Vermögen einstehen. Dann ist aber nicht ersichtlich, wie sich ein gedeihliches Gesellschaftsleben entwickeln soll. Der Geschäftsführer wagte vor lauter Furcht vor dem Regreß keinen Schritt ins Ungewisse, ohne seine Gesellschafter zu hören. Nicht einmal dadurch erachtet das RG. den Geschäftsführer als frei von der Verantwortlichkeit, daß er den Nachweis erbringen kann, daß sämtliche Gesellschafter zugestimmt haben würden. Das RG. wird nicht umhin können, von dieser Entscheidung wieder abzugehen. Es wägt doch sonst sorgfältig und mit feinem Verständnisse für die Bedürfnisse des Verkehrs alles Für und Wider ab. Im vorliegenden Falle mag es sehr schwer sein, die Formulierung zu finden. Wann soll es das Interesse der Gesellschaft gebieten, die Gesellschafter zu befragen? Daß die Angelegenheit wichtig, kostspielig und riskant ist, reicht dazu nicht aus. Gerade solche Unternehmungen erheischen tausendfach schnelles und diskretes Handeln. Es würden den Interessen der Gesellschaft in solchen Fällen oft widersprechen, wollte man erst handeln, nachdem man die Gesellschafter befragt hat. Und daß es z w e i f e l h a f t ist, ob die Gesellschafter es genehmigen werden, begründet die Anfragepflicht ebenfalls nicht. Ob im Einzelfalle das Interesse der Gesellschaft besser gewahrt wird, wenn die Versammlung befragt wird oder wenn sie nicht befragt wird, läßt sich auch im voraus nicht sagen. Oft erweist sich das, was ein Mann beschließt, besser, als was viele beraten. Die Geschäftsführer sollen den regelmäßigen Gang der Geschäfte leiten. Sie mögen auch wichtige, kostspielige und riskante Geschäfte machen, wenn sie überzeugt sind, daß sie von denen, deren Interesse sie zu schützen haben, gebilligt werden würden. Anders, wenn sie ein Geschäft machen, welches aus dem Rahmen des Geschäfts heraustritt (vgl. § 116 HGB.), und wenn sie begründete Zweifel haben oder nach Lage der Sache daran haben müssen, ob ein solches Geschäft, seiner besonderen Eigenart wegen, von der Gesellschafterversammlung gebilligt werden würde. Dann verlangt das Interesse der Gesellschaft die Befragung der Gesellschafter. Dann sind die Grenzen überschritten, innerhalb deren die Gesellschafter dem von ihnen erwählten Geschäftsführer die Führung ihrer Interessen anvertraut haben. Das gleiche gilt, wenn es sich um Transaktionen handelt, welche für den ganzen Bestand der Gesellschaft, ihre Fundamente von Bedeutung sind. So, wenn es sich um Aufnahme einer einen erheblichen Teil des Stammkapitals in ihrem Nennbetrage erreichenden Obligationsanleihe, um den Verkauf von Betriebsgegenständen in erheblichem Umfange, um die Veräußerung des Geschäfts oder gar des ganzen Vermögens, um die Gründung einer sogenannten Betriebsgemeinschaft handelt. In solchen fundamentalen Fragen müssen die Geschäftsführer die Generalversammlung befragen, auch wenn sie selbst gegen das Geschäft keine Bedenken haben (vgl. hierüber Adolf Endemann bei Holdheim 12, 197; Rehm daselbst 13, 239ff.; Gutachten zum 27. Juristentage, Verhandlungen I 27 [Lehmann] und 180 [Staub]; Sitzungsprotokolle 10. 4. 04 daselbst IV 167; Simon DJZ. 04, 784; Lehmann daselbst 962). **§ 49.**

Die Gesellschafterversammlung ist immer zu berufen, wenn das Interesse der Gesellschaft eine Maßregel erfordert, welche nur von der Gesellschafterversammlung beschlossen werden kann (z. B. eine Kapitalserhöhung oder eine Kapitalsherabsetzung oder eine sonstige Statutenänderung). Vgl. oben Anm. 5. Ebenso wenn ein anderes Organ eine schadendrohende Handlung vornehmen will oder deren Vornahme verlangt, so daß die Weigerung des einen Geschäftsführers die Gesellschaft nicht vor den Nachteilen schützt. Anm. 7.

Unterlassung der Berufung, wenn die Pflicht sie gebietet, macht den Geschäftsführer verantwortlich (§ 43). Auf das Selbsthilferecht der Gesellschafter nach § 50 kann der Geschäftsführer sich zur Befreiung von seiner Verantwortlichkeit nicht berufen. Andererseits sind die Gesellschafter auf diese Selbsthilfe angewiesen. Wenn sie eine Beschlußfassung herbeiführen wollen, haben sie keine Macht, den Geschäftsführer zur Einberufung zu zwingen. Anm. 8.

3. Die Versammlung muß unverzüglich berufen werden, wenn aus einer Bilanz sich ergibt, daß die Hälfte des Stammkapitals verloren ist. Anm. 9.

a) Bei Aufstellung einer Jahresbilanz oder einer im Laufe des Geschäftsjahres aufgestellten Bilanz muß sich der Verlust ergeben haben. Aus welchem Anlaß die Zwischenbilanz aufgestellt ist, ist gleichgültig. Eine gesetzliche Verpflichtung zu Zwischenbilanzen besteht nicht. Sie können statutarisch angeordnet sein. Die Gesellschafterversammlung oder der Aufsichtsrat können sie verlangen. Die Geschäftsführer können sie aus eigener Initiative aufstellen. Anm. 10.

b) Ein bilanzmäßiger Verlust wird vorausgesetzt. Ein Geschäftsverlust im Laufe des Jahres ist gleichgültig, wenn der Schlußsaldo der Bilanz keinen Verlust in der hier gemeinten Höhe ergeben hat. Die Bilanz ist nach den für sie maßgebenden Vorschriften zu errichten (vgl. Anm. 1ff. zu § 42). Ist die Bilanz unrichtig, so daß der Verlust verborgen bleibt, so kann eine Pflicht zur Anzeige nicht entstehen. Die Bilanz muß ja den Verlust aufzeigen. Beruht die Unrichtigkeit der Bilanz auf einem Verschulden der Geschäftsführer, so kommen sie für die hieraus erwachsenden Nachteile auf. Diese folgen aus dem Unterlassen der Anzeige infolge der Unkenntnis. Die Geschäftsführer haften also auch für die Folgen eines fahrlässigen Nichterscheinens des Verlustes in der Bilanz. Anm. 11.

§ 49. c) Der Bilanzverlust muß ziffernmäßig so viel betragen, als die Hälfte der Ziffer des
Anm. 12. Stammkapitals beträgt. Auf die einbezahlten Beträge kommt es nicht an.

Anm. 13. d) Die Geschäftsführer haben diese Verpflichtung. Jedes Mitglied hat auf die Erfüllung dieser Verpflichtung hinzuwirken. Bei Gesamthandlung zweier Geschäftsführer müssen beide die Gesellschafterversammlung berufen. Weigert sich der eine, so bleibt dem anderen nur die Anzeige an die Gesellschafter, damit diese von ihrem Berufungsrecht Gebrauch machen kann. Ist ein Aufsichtsrat bestellt, so ist dieser zu benachrichtigen.

Anm. 14. e) Die Geschäftsführer haften für die Erfüllung dieser Pflicht (§ 43). Sie haben dabei nicht mehr zu prüfen, ob die Mitteilung des Verlustes ratsam ist. Das Gesetz legt ihnen die Pflicht dazu auf. Ein Versäumen ist Verschulden. Inwieweit das Verlangen der „unverzüglichen" Anzeige den Geschäftsführern die Möglichkeit der Überlegung und eines Versuches der Sanierung der Gesellschaft vor der Anzeige läßt, vgl. Anm. 15.

Die Folge der Unterlassung der Anzeige ist die Haftung für den hierdurch entstandenen Schaden. Die Gesellschaft hat den ursächlichen Zusammenhang zu erweisen. Bei längerer Säumnis können Verluste der Zwischenzeit geltend gemacht werden. Doch muß hierzu die Wahrscheinlichkeit treten, daß sie bei rechtzeitiger Mitteilung vermieden worden wären. Eine allgemeine Vermutung spricht nicht dafür. Daß bei der späteren Aufklärung die Gesellschafter die Liquidation beschließen, beweist nicht, daß sie dies auch bei der früheren Sachlage getan hätten. Es müssen besondere Umstände dafür dargetan werden.

Anm. 15. f) „Unverzüglich" bedeutet auch hier „ohne schuldhaftes Zögern" (§ 121 BGB.). Es muß nicht in dem Augenblicke, in dem die Unterbilanz über die Hälfte vorliegt, die Gesellschafterversammlung berufen werden. Auch hier hat der Geschäftsführer mit der ihm obliegenden Sorgfalt zu verfahren. Bei der unverzüglichen Anfechtung einer Willenserklärung wegen Irrtums gestattet die Rechtsprechung eine angemessene Frist zur Überlegung und Befragung Sach- und Rechtskundiger (Komm. der Reichsgerichtsräte Bem. zu § 121). Dessen bedarf es hier nicht. Die Rechtspflicht ist klar. Es muß aber den Geschäftsführern auch ein wenn auch nicht übermäßiger Zeitraum zur Vorbereitung der Versammlung zur Verfügung stehen. Das Gesetz schreibt freilich nicht vor, daß sie der Versammlung Anträge unterbreiten. Allein dies folgt aus ihrer Aufgabe, die Interessen der Gesellschaft zu wahren. Sie müssen versuchen, das Unternehmen zu erhalten. Sanierungsmaßnahmen durch Heranziehung fremden Kapitales können unter Umständen nur vor der Offenbarung des Standes der Gesellschaft möglich sein. Verschaffen sich die Geschäftsführer hierüber Gewißheit, so handeln sie ohne schuldhaftes Zögern. Die Versammlung wird ebenfalls in der Regel den Wunsch haben, in dieser Richtung nichts unversucht zu lassen. Sie wird ihre Entschlüsse gerade von dem Gelingen oder Mißlingen dieser Schritte abhängig machen. Sie kann den Geschäftsführern diese Verhandlung mit Dritten vor der Anzeige nicht zum Vorwurf machen. Nur wenn diese von Anfang an aussichtslos sind, handeln jene schuldhaft.

Die Einladung zur Gesellschafterversammlung muß als Gegenstand die Anzeige des Verlustes über die Hälfte enthalten. „Mitteilung der Bilanz" allein genügt nicht. Der Geschäftsführer kann sich nicht darauf berufen, daß die Gesellschaft aus dieser die Unterbilanz ersehen werden. Da es sich aber nicht um einen Beschluß der Gesellschafter, sondern nur um eine Entgegennahme einer Mitteilung handelt, ergibt sich aus der fehlerhaften Einladung keine nachteilige Folge. Man kann auch nicht der in der Versammlung erfolgten Mitteilung jede Wirkung versagen und sie als nicht erfolgt ansehen. Nur wenn die Mehrheit der Gesellschafter infolge Unkenntnis der zu erwartenden Mitteilung der Versammlung fernblieb, kann sie später den Geschäftsführer haftbar machen.

Anm. 16. g) Die Gesellschafterversammlung nimmt die Anzeige entgegen. Sie erörtert die einschlägigen Gesichtspunkte. Sachliche Beschlüsse kann sie aber nur über vorschriftsmäßig mitgeteilte Gegenstände fassen. Sonst muß für eine neue Gesellschafterversammlung Sorge getragen werden. Ihre Maßnahmen können sehr verschiedenartig sein: Liquidation der Gesellschaft; Absetzung des Geschäftsführers; Aufnahme von Anleihen; Erhöhung des Stammkapitals;

Herabsetzung desselben. Sie kann auch von Maßnahmen absehen und die Sache weiter so fortgehen lassen. § 49.

4. Die Vorschriften der Abs. 2 und 3 können durch den Gesellschaftsvertrag abgeändert werden. Den Geschäftsführern kann das Recht und die Pflicht der Berufung der Versammlung (vgl. oben Anm. 3) überhaupt genommen werden. Sie können auch von der Pflicht der Berufung befreit werden. Auch dann, wenn das Interesse der Gesellschaft es erfordert. Das enthält eine Befreiung der Geschäftsführer von einer Pflicht. Enthält der Gesellschaftsvertrag eine solche Bestimmung, so mag dies nicht zweckmäßig erscheinen. Aber es ist Sache der Gesellschafter, was sie für zweckmäßig erachten (a. M. Brodmann Anm. 2. Er nennt eine solche Bestimmung „unsinnig und nichtig". Unsinnig — vielleicht. Doch kann sie ja einen bestimmten Grund haben. Aber warum nichtig? Ebenso Parisius-Crüger-Crecelius Anm. 3). Anm. 17.

Auch die Bestimmung des Abs. 3 ist nicht zwingenden Rechtes. Alle Bestimmungen der §§ 46—51 haben dispositiven Charakter (§ 45). Für die Interessen der Gesellschaftsgläubiger sorgt § 64. Der § 49 Abs. 3 hat lediglich interne Bedeutung. Es erfolgt keine öffentliche Bekanntmachung und keine Anzeige an die Gläubiger. Nur die Gesellschafter sollen die Nachricht erhalten. Diesen bleibt es überlassen, ob sie daraufhin etwas veranlassen wollen oder nicht (vgl. oben Anm. 17). Die Gläubiger sind durch den bilanzmäßigen Verlust der Hälfte des Stammkapitals nicht berührt. Das vorhandene Vermögen deckt die Schulden. Eine Gefahr für sie liegt nicht vor. Der mißliche Vermögensstand berührt nur die Gesellschafter. Sie entlasten auch hier die Geschäftsführer von einer durch das Gesetz ihnen auferlegten Fürsorge (ebenso Liebmann Anm. 2; a. M. Brodmann Anm. 3, Neukamp-Becker Anm. 3, Parisius-Crüger-Crecelius Anm. 3). Anm. 18.

5. Der Geschäftsführer kann statt eine Versammlung zu berufen, den Gesellschaftern die Anzeige von dem Verluste des Kapitals über die Hälfte auch schriftlich machen. Dadurch wird freilich der Zweck der Bestimmung, eine Beratung und Beschlußfassung der Gesellschafter über die angebracht erscheinenden Maßregeln, nicht erreicht. Allein dies gilt doch noch weit mehr bei allen anderen Gegenständen einer Versammlung. Wenn dort, wo es sich um Abstimmung über Anträge handelt, die Diskussion entbehrlich ist, so kann dies um so mehr geschehen, wo es sich nur um Kenntnisnahme der Gesellschafter dreht. Sie können eine Besprechung oder Beschlußfassung beantragen. Entspricht der Geschäftsführer dem nicht, so bleibt ihnen das Recht der eigenen Berufung der Versammlung (§ 50 Abs. 1; a. M. Brodmann Anm. 3). Anm. 19.

6. Auch auf Gesellschaften in Liquidation ist § 49 Abs. 3 anwendbar. In § 71 ist allerdings § 49 Abs. 1 und 2 zitiert, nicht auch Abs. 3. Allein daraus darf auf die Versagung dieses Rechtes der Gesellschafter nicht gefolgert werden (vgl. Anm. 35 zu § 69; a. M. BauersZ. 19 [1912] 113). Anm. 20.

Ausländische Gesetze. Anm. 21.

Das österr. Gesetz (§ 36) bestimmt, daß, mangels anderer Vorschriften, die Gesellschafterversammlung am Sitze der Gesellschaft stattfindet. Sie wird durch die Geschäftsführer berufen, soweit nicht Gesetz oder Statut anderes vorsehen. Sie muß mindestens einmal im Jahre und außerdem immer dann berufen werden, wenn es das Interesse der Gesellschaft erfordert. Insbesondere, wenn die Hälfte des Stammkapitals verloren ist. Beschlüsse, die die Gesellschaft in letzterem Falle faßt, sind dem Registergericht mitzuteilen. Ebenso das bulgarische Gesetz (Art. 43). — Das französische Gesetz verlangt die einmalige jährliche Gesellschafterversammlung nur für Gesellschaften, die mehr als zwanzig Gesellschafter haben. Außerdem können aber Gesellschafterversammlungen jederzeit berufen werden. Zur Berufung zuständig ist der Geschäftsführer. Im Falle seiner Weigerung der Aufsichtsrat, wo ein solcher besteht. Im Falle von dessen Weigerung, die Mehrheit der Gesellschafter (Art. 29). — Nach dem Schweizer Entwurf beruft der Geschäftsführer zu der Gesellschafterversammlung nach Maßgabe der Statuten und beim Vorliegen eines dahingehenden Gesellschaftsinteresses ein (§ 796 Abs. 1). — Das pol-

§ 49. nische Gesetz sieht die Einberufung der ordentlichen Gesellschafterversammlung in den ersten vier Monaten des Geschäftsjahres (Art. 12) durch den Geschäftsführer vor (Art. 14). Weiter ist der Vorstand verpflichtet, zu einer Gesellschafterversammlung einzuberufen, wenn wegen Verlusten die Herabsetzung des Stammkapitals bis zur Hälfte oder die Auflösung notwendig ist, oder wenn sonst das Stammkapital ergänzt oder herabgesetzt werden muß (Art. 13). Nach dem italienischen Entwurf (Art. 155) müssen die Geschäftsführer die Gesellschafterversammlung wenigstens einmal jährlich am Gesellschaftssitze einberufen.

§ 50.

§ 50.

Gesellschafter, deren Geschäftsanteile zusammen mindestens dem zehnten Teile des Stammkapitals entsprechen, sind berechtigt, unter Angabe des Zwecks und der Gründe die Berufung der Versammlung zu verlangen.

In gleicher Weise haben die Gesellschafter das Recht zu verlangen, daß Gegenstände zur Beschlußfassung der Versammlung angekündigt werden.

Wird dem Verlangen nicht entsprochen oder sind Personen, an welche dasselbe zu richten wäre, nicht vorhanden, so können die im Absatz 1 bezeichneten Gesellschafter unter Mitteilung des Sachverhältnisses die Berufung oder Ankündigung selbst bewirken. Die Versammlung beschließt, ob die entstandenen Kosten von der Gesellschaft zu tragen sind.

Einleitung. **Das GmbHG. kennt nur ein Recht der Minderheit.** Sie kann auch gegen den Willen der leitenden Personen eine Beschlußfassung herbeiführen. Ein ähnliches Recht kennt auch das Aktienrecht (§ 254). Doch ist dieses zwingend. Der Gesellschaftsvertrag der GmbH. kann es aufheben oder erschweren (vgl. unten Anm. 17). Das österr. Gesetz (§ 37) stimmt mit dem deutschen überein.

Anm. 1. Das Gesetz regelt:

1. Das Verlangen der Gesellschafter auf Einberufung einer Gesellschafterversammlung (Abs. 1).
2. Das Verlangen der Gesellschafter auf Ankündigung von Gegenständen zur Beschlußfassung (Abs. 2).
3. Das Selbsthilferecht der Gesellschafter (Abs. 3).
4. Die Kosten der Einberufung (Abs. 3 Satz 2).

Anm. 2. 1. (Abs. 1.) **Das Verlangen der Gesellschafter auf Einberufung einer Gesellschafterversammlung.**

a) Dieses Recht steht Gesellschaftern, deren Geschäftsanteile zusammen mindestens den zehnten Teil des Stammkapitals betragen, zu. Auch ein Gesellschafter, der Geschäftsanteile in dieser Höhe besitzt, hat das Recht. Nur derjenige Gesellschafter kann das Recht geltend machen, der der Gesellschaft gegenüber als Gesellschafter gilt (vgl. § 16). Ob die Geschäftsanteile eingezahlt sind oder nicht, ist gleichgültig (RG. 27. 2. 14 RundschGmbH. 1914, 185). Ebenso steht auch dem Gesellschafter das Recht auf Einberufung der Gesellschafterversammlung zu, der seinen Geschäftsanteil verpfändete (OLG. Colmar 14. 2. 08 LZ. 2, 871[11] für das Aktienrecht). Anders, wenn dem Pfandgläubiger die Ausübung aller Rechte aus dem Geschäftsanteile im Pfandvertrage zugesprochen wurde. Eine Sicherungsübereignung schließt für den Gesellschafter stets das Einberufungsrecht aus. Es geht auf den Erwerber über. Ein kaduzierter Geschäftsanteil zählt zwar bei der Berechnung der Totalziffer mit (a. M. Brodmann Anm. 1, der nicht 10% des nominellen Stammkapitals, sondern 10% des im Augenblicke des Antrages tatsächlich vorhandenen Kapitals für maßgebend hält). Auf Grund desselben kann aber kein Antrag gestellt werden, solange er nicht durch Zahlung seitens eines Rechtsvorgängers des Kaduzierten oder durch Versteigerung seitens

der Gesellschaft wieder auf einen Gesellschafter überging (vgl. Anm. 26 zu § 21). Ebenso § 50.
ist der Gesellschafter, der bei der Einziehung der Nachschüsse seinen Geschäftsanteil der Gesellschaft zur Verfügung stellte, nicht berechtigt, bei der Antragstellung noch mitzuwirken, auch wenn die Gesellschaft den Geschäftsanteil noch nicht verwertet hat (vgl. Anm. 13 zu § 27). Ist ein Geschäftsanteil aus den Überschüssen amortisiert, so kann auch dieser nicht zu einem Antrage berechtigen oder bei einem solchen mitzählen. Vorausgesetzt ist aber, daß die Amortisation vollendet ist (vgl. hierüber Anm. 22 zu § 34). Liegt nur ein Vorvertrag zwischen dem Gesellschafter und der Gesellschaft vor, ohne daß die Amortisationserklärung der letzteren ausgesprochen ist, so besteht der Geschäftsanteil noch. Er kann zum Antrage benutzt werden. Ist die Amortisation vollendet, so mindert sich das Stammkapital bei der Amortisation aus den Überschüssen nicht. Ein Geschäftsanteil verschwindet (Anm. 20 zu § 34). Es genügt hiernach, wenn der Antragsteller über ein Zehntel der verbleibenden Geschäftsanteile verfügt. Denn nicht auf das Stammkapital im Sinne des „für die Gläubiger stets zu reservierenden Vermögensbetrages“ (§ 30 Abs. 1) kommt es an, sondern auf die Quote der Beteiligung. Wenn also von den 20 Geschäftsanteilen zu je 5000 M. die Hälfte allmählich aus dem Gewinn amortisiert ist, so ist zum wirksamen Antrage ein Geschäftsanteil von 5000 M. berechtigt. Denn die Summe aller Geschäftsanteile beträgt nur noch 50000 M. Veräußert der Antragsteller nach dem Antrage seinen Geschäftsanteil, so wird dadurch der Antrag nicht unwirksam (a. M. Parisius-Crüger-Crecelius Anm. 1). Nur kann jetzt der neue Gesellschafter den Antrag zurückziehen. Der frühere hat keinen Einfluß mehr. Anders, wenn der Antragsteller nach seinem Antrage kaduziert wird, wenn er seinen Geschäftsanteil der Gesellschaft im Nachschußverfahren zur Verfügung stellt oder der Geschäftsanteil amortisiert ist. Dann hört der Antragsteller auf, Gesellschafter zu sein, ohne daß ein Rechtsnachfolger an seine Stelle tritt.

b) Das Verlangen muß Zweck und Gründe enthalten. „Zweck und Gründe“ sind Anm. 3.
zusammenzunehmen. Sie bedeuten nicht, daß der Antragsteller den Gegenstand, den er der Gesellschafterversammlung vorgelegt sehen will, angibt und außerdem die Motive, die ihn hierzu bestimmen. Wenn er eine Abstimmung der Gesellschafter über einen Prozeß gegen die Geschäftsführer, über die Statutenänderung, auf Einsetzung eines Aufsichtsrats usw. beantragt, so muß er nicht die Ursachen, die ihn hierzu bewegen, oder welche die Gesellschafter für seinen Antrag bestimmen sollen, darlegen. „Zweck und Grund“ bedeutet die Materie, mit der sich die Gesellschafter befassen sollen.

Im Gegensatze zum Aktienrechte (§ 254 HGB.) wird keine Schriftlichkeit des An- Anm. 4.
trags erfordert. Ein Gesellschafter kann auch telefonisch oder in persönlicher Anwesenheit in den Räumen der Gesellschaft die Einberufung der Versammlung fordern. Er muß nur notfalls den Beweis erbringen (ebenso Brodmann Anm. 1, Liebmann Anm. 3; a. M. Parisius-Crüger-Crecelius Anm. 1).

Das Verlangen kann auch durch einen Bevollmächtigten gestellt wer- Anm. 5.
den. Der Bevollmächtigte muß die schriftliche Vollmacht vorlegen. Sonst kann das Verlangen zurückgewiesen werden (§ 174 BGB.).

c) Der Antrag ist nur an die Gesellschaft zu richten (ebenso Parisius-Crüger-Crecelius Anm. 6.
Anm. 1; a. M. Brodmann Anm. 1, Liebmann Anm. 2). Die Geschäftsführer haben ihn sachgemäß zu behandeln. Ist ein anderes Organ an ihrer Stelle zuständig (Aufsichtsrat), so haben sie den Antrag an dieses weiterzuleiten. Ist kein Geschäftsführer vorhanden, so muß der Gesellschafter, dem dies bekannt ist, unmittelbar den Antrag an das andere zuständige Organ senden. Fehlt es auch hieran, so kann der Gesellschafter sofort zur Einberufung schreiten. Die Abgabe eines Antrags bei der Gesellschaft, der ergebnislos bleiben muß, wäre eine zwecklose Formalität (§ 50 Abs. 3).

d) Einem ordnungsmäßigen Verlangen muß die Einberufung entsprechen. Verstößt der Anm. 7.
angegebene Gegenstand gegen das Gesetz oder gegen die guten Sitten, so braucht ihm keine Folge gegeben zu werden (vgl. hierüber für das Aktienrecht und die Prüfung des Richters RG. in DJZ. 04, 1024). Dann ist auch die im Wege der Selbsthilfe berufene Versamm-

§ 50. lung unrechtmäßig. Dagegen ist es durchaus möglich, daß es sich bei der Berufung um Dinge handelt, die mit der Verfolgung geschäftlicher Angelegenheiten nichts zu tun haben. Dann kann die Berufung nicht abgelehnt werden. Es bleibt nur übrig, in der Versammlung die Anträge abzulehnen (BauersZ. 25, 154). Eine bestimmte Frist zur Einberufung sieht das Gesetz nicht vor. Sie muß in einer den Umständen nach angemessenen Frist erfolgen. Das österr. Gesetz (§ 27 Abs. 2) setzt sie auf 14 Tage fest. Erforderlich ist nur, daß die Einladungen zur Versammlung verschickt sind. Die Festsetzung des Tages derselben richtet sich wieder nach der Sachlage. Würde diese auf so lange Zeit hinausgeschoben, daß sie den Zweck des Antragstellers vereitelt, so steht eine solche Anberaumung der Versammlung der Versagung gleich. Eine schriftliche Abstimmung über den Antrag des Gesellschafters zu veranstalten, statt die Gesellschafterversammlung zu berufen, sind die Geschäftsführer ohne Zustimmung des Antragstellers nicht befugt. Auch dann nicht, wenn der Gesellschaftsvertrag sonst diesen Weg gestattet. Das Verlangen geht auf die Einberufung der Versammlung. Dem ist zu entsprechen. Die Kosten der auf Antrag eines Gesellschafters berufenen Gesellschafterversammlung trägt die Gesellschaft. Ein ablehnender Beschluß darüber ist nicht zulässig. Die Vorschrift des Abs. 3 ist nicht anwendbar (KG. 12. 11. 10 Recht 1911, 230; RundschGmbH. 1911, 93; BauersZ. 18, 161; Bauer, Geschäftsführung und Aufsichtsrat bei der GmbH., 4. Aufl. 207). Das Verlangen ist als eine den Organen der Gesellschaft gegebene Anregung zu betrachten. Leisten sie ihr Folge, so ist die Weiterentwicklung genau ebenso, als wenn die Organe der Gesellschaft ohne das gestellte Verlangen von sich aus eingeladen hätten. Eine Zurückziehung der Anträge durch den Antragsteller ist daher ohne Wirkung auf die Abhaltung der Gesellschafterversammlung und die in ihr zu fassenden Beschlüsse (RG. 18. 11. 21 RGZ. 103, 195, Recht 1922 Nr. 264f.).

Anm. 8. Die Verpflichtung der Geschäftsführer kann nicht erzwungen werden. Es gibt weder eine Klage beim Prozeßgericht noch Ordnungsstrafen seitens des Registergerichts. Die Folge der Nichterfüllung der Verpflichtung ist das Selbsthilferecht des Gesellschafters (Abs. 3).

Anm. 9. 2. (Abs. 2.) **Das Verlangen der Gesellschafter auf Ankündigung von Gegenständen zur Beschlußfassung.** Die Voraussetzungen sind die gleichen wie bei dem Antrage auf Einberufung einer Generalversammlung. Nur muß hier das Verlangen schleuniger erledigt werden, da hier die Fristen des § 51 von den Gesellschaftern innezuhalten sind. Unter der „Ankündigung" ist hier die Mitteilung der Tagesordnung an die Gesellschafter zu verstehen.

Anm. 10. 3. (Abs. 3.) **Das Selbsthilferecht der Gesellschafter besteht in der Selbstberufung und Selbstankündigung.** Im Gegensatz zum Aktienrecht (§ 254 HGB.) muß der Gesellschafter nicht sich an den Registerrichter wenden und sich von diesem zur Einberufung oder Ankündigung ermächtigen lassen. Das GmbHG. geht radikaler vor. Es gewährt dem Gesellschafter, dessen Verlangen von den Gesellschaftsorganen nicht erfüllt wird, das Selbsthilferecht der unmittelbaren Einberufung der Versammlung. Die Mehrheit der Gesellschafter kann dieses Recht nicht dadurch vereiteln, daß sie erklärte, die Versammlung solle nicht stattfinden. Ebensowenig kann sie die Absetzung des Gegenstandes, den der Einberufer angab, von der Tagesordnung beschließen. Das Recht auf Versammlung ist aber nicht das Recht auf materiellen Beschluß über die angekündigten Gegenstände. Die Mehrheit kann nicht gezwungen werden, einen bejahenden oder verneinenden Beschluß zu fassen. Der Antragsteller kann nicht mehr erreichen, als daß statt des Geschäftsführers die Gesellschafterversammlung darüber befindet, ob sie sich mit dem Antrag befassen will. Hält sie es für unrichtig und gegen die Interessen der Gesellschaft, so kann sie die materielle Entschließung ablehnen. Man denke an den Fall, daß die Geschäftsleitung einen der Gesellschaft günstigen Vertrag ohne Befragung der Gesellschafter aus Rücksicht auf die Geheimhaltung gerade vor einzelnen Gesellschaftern abschloß. Nun beantragt diese Minderheit um Kenntnis zu erhalten „Genehmigung des Vertrags mit der Gesellschaft X". Wird darüber abgestimmt, so muß der Vertragsinhalt mitgeteilt werden. Die Mehrheit muß daher berechtigt sein, die Beschlußfassung abzulehnen. Die gegenteilige Ansicht der **§ 50.** früheren Auflagen konnte gegenüber diesen aus den Bedürfnissen der Praxis folgenden Momenten nicht aufrechterhalten werden. Aus den gleichen Gründen kann die Mehrheit auch die Entschließung über den Antrag, statt sie abzulehnen, vertagen.

a) Die Voraussetzungen dieses Selbsthilferechts: die Gesellschafter müssen den zehnten Teil des Stammkapitals in Geschäftsanteilen besitzen (vgl. oben Anm. 2), die Einberufung der Gesellschafterversammlung oder die Ankündigung von Gegenständen der Tagesordnung verlangt haben. Ihrem gehörig ausgesprochenen Verlangen darf nicht in einer nach der Verkehrssitte zu bemessenden (oben Anm. 7) Frist entsprochen worden sein. Ist ein Aufsichtsrat vorhanden, so muß er dem Geschäftsführer Zeit zu einer Anfrage beim Aufsichtsrat lassen. Umgehenden Bescheid kann er in der Regel nicht fordern, es sei denn, daß die Sache eine sehr dringende ist. Eine sofortige Einberufung ohne vorherigen Antrag ist unzulässig, auch wenn der Gesellschafter weiß, daß seinem Ersuchen nicht entsprochen werden wird. Lehnt nach der Selbsteinladung durch den Gesellschafter der Geschäftsführer den Antrag erst ab, so bedarf es keiner nochmaligen Einladung. Ebenso wenn die Geschäftsführer zwar den Gegenstand auf die Tagesordnung der Versammlung setzen, aber die Abstimmung hierüber vereiteln. Die Einladung durch die Gesellschafter ist nicht ohne weiteres möglich, wenn im Zeitpunkt ihres Verlangens der Geschäftsführer lediglich schwer erreichbar ist (RG. 23. 4. 18 RGZ. 92, 409, JW. 1918, 733).

Gleichgültig ist es, aus welchem Grunde die Gesellschaftsorgane dem Verlangen der **Anm. 11.** Gesellschafter nicht entsprechen. Auch wenn sie den Zweck und die mitgeteilten Gründe des Antragstellers nicht billigen, dürfen sie den Antrag nicht ablehnen. Die auf Grund des Selbsthilferechts berufene Versammlung ist ordnungsgemäß zusammenberufen, sobald nur die formellen Voraussetzungen vorhanden sind. Die Versammlung kann die vom Einberufer zur Sache gestellten Anträge, ja auch die Abstimmung hierüber ablehnen. Die von einem Gesellschafter gültig berufene Versammlung wird nicht durch die nachträgliche Einberufung durch die Geschäftsführer unwirksam. Die in jener gefaßten Beschlüsse sind gültig. Ebenso wenn die Einberufer nach der Einberufung ihre Geschäftsanteile oder Teile derselben verlieren. Die Einberufer können die Versammlung wieder abbestellen. Sie üben durch deren Einladung nur ihr Recht aus. Ein Verzicht darauf ist wieder zulässig. Unstatthaft aber ist, daß ein Teil der Einberufer den Widerruf vornehme, auch wenn durch ihren Wegfall die verbleibenden nicht mehr den zehnten Teil der Geschäftsanteile darstellen. Nach der Veräußerung der Geschäftsanteile geht die Möglichkeit, die Einladung zurückzuziehen, auf die neuen Erwerber über.

b) Der Inhalt des Selbsthilferechts: Die Gesellschafter können die Versammlung selbst **Anm. 12.** berufen. Sie können die Ankündigung selbst bewirken. Dabei können aber nur diejenigen Gegenstände auf die Tagesordnung gesetzt werden, deren Ankündigung der Gesellschafter von der Gesellschaft verlangt hatte. Eine abweichende Fassung der Anträge ist zulässig. Nur der Inhalt muß identisch sein. Daß der Geschäftsführer ja doch die Gesellschafterversammlung auch ablehnen würde, berechtigt nicht zur Aufnahme inhaltlich abweichender Anträge in die Tagesordnung. Die Gesellschafter haben ein Recht auf Einsicht der Mitgliederliste. Sie können sich durch Klage und einstweilige Verfügung diese erzwingen (vgl. Anm. 54 u. 55 zu § 45). Die Einsicht ist Voraussetzung zur Durchführung des Sonderrechtes.

Die Einberufung und Ankündigung hat zu erfolgen „unter Mitteilung des Sach- **Anm. 13.** verhältnisses" (Abs. 3). Es muß gesagt sein, daß und inwiefern Voraussetzungen derselben vorliegen. Dagegen ist ein Beweis dieses Sachverhältnisses nicht verlangt. Der Gesellschafter braucht die Gründe der Einberufung nicht nochmals darzulegen. Er braucht nur zu erklären, daß das Verlangen unter Angabe des Zweckes und der Gründe vergeblich gestellt worden ist, auch daß die sonstigen Voraussetzungen des Selbsthilferechts vorhanden sind. Es soll den andern Gesellschaftern die erforderliche Aufklärung über das Einberufungsrecht gegeben werden. Bereits bekannte Tatsachen bedürfen der Mitteilung nicht. Die

§ 50. Vorschrift des § 50 Abs. 3 ist nicht formalistisch zu nehmen (KG. 6. 10. 11. OLGR. 24, 159). Der Zweck der Versammlung soll in der Einladung angegeben werden (§ 51 Abs. 2). Der Zweck kann aber auch in einer besonderen Ankündigung 3 Tage vor der Versammlung mitgeteilt werden (§ 51 Abs. 4). Die Einberufung selbst muß auch allen Voraussetzungen des § 51 entsprechen. Ebenso muß sie allen sonstigen Vorschriften über die Versammlung entsprechen (statutarischer Ort der Versammlung, geeigneter Raum usw., Anm. 3 zu § 48).

Anm. 14. Der Antragsteller hat keine Pflicht, auch der Gesellschaft, den Geschäftsführern oder sonstigen Organen von der Gesellschafterversammlung Nachricht zu geben.

Anm. 15. c) Die in dieser Versammlung gefaßten Beschlüsse sind Beschlüsse der Gesellschafter. Wenn bei der Ablehnung des Antrags auf Einberufung die Voraussetzungen des Selbsthilferechts nicht vorlagen, wenn z. B. der Einberufer den zehnten Teil des Stammkapitals nicht besaß oder nicht angemessene Zeit gewartet hatte, ehe dem Verlangen entsprochen wurde usw., so kann nur die Anfechtung aller Beschlüsse erfolgen. Absolut nichtig sind sie nicht. Anders wenn ein Gesellschafter, ohne daß sein Antrag von den Geschäftsführern abgelehnt war, aus eigener Macht die Gesellschafter beruft. Dann liegt überhaupt keine Versammlung vor. Dann sind die Beschlüsse nichtig (vgl. Anm. 10 u. 11 zu § 45 und Anm. 6 zu § 51 und Einleitung zu § 51). Ausgenommen der Fall der Universalversammlung (vgl. Anm. 9 zu § 51).

Anm. 16. 4. (Abs. 3 Satz 2.) **Die Kosten der Einberufung.** Die Versammlung hat zu beschließen, ob die entstandenen Kosten von der Gesellschaft getragen werden sollen. Daraus folgt, daß, wenn die Versammlung dies nicht beschließt, die Gesellschaft die Kosten nicht trägt. Sie bleiben dem Antragsteller zur Last. Der Antragsteller kann verlangen, daß über den Kostenpunkt Beschluß gefaßt wird. Besonderer Ankündigung dieses Antrages bedarf es nicht. Er selbst stimmt dabei mit. Es liegt keiner der Gründe des § 47 Abs. 4 vor. Beschließt die Gesellschaft, daß die Gesellschaft die Kosten tragen soll, so kann der Gesellschafter sie ohne weiteres von der Gesellschaft verlangen. Der einmal gefaßte Beschluß kann nicht zurückgenommen werden. Er enthält die Übernahme einer Verpflichtung gegenüber dem Antragsteller. Lehnt die Versammlung die Kostenübernahme ab, so muß er sich damit bescheiden, auch dann, wenn seine Anträge durchgegangen sind. Er hat kein Anfechtungs- oder Klagerecht, wenn seine Einberufung zweckmäßig oder gar notwendig war. Es ist nur ein ihm zustehendes Recht ausgeübt. Die Kosten, welche durch die in Abs. 1 u. 2 vorgesehenen Anträge und deren Befolgung durch die Gesellschaft entstehen, hat diese stets selbst zu tragen.

Anm. 17. 5. **Alle Bestimmungen des § 50 können durch den Gesellschaftsvertrag abgeändert werden** (vgl. KG. 28. 11. 13 RJA. 13, 232). Der Gesellschaftsvertrag kann das Recht der Gesellschafter aus § 50 gänzlich aufheben. Er kann jedem Gesellschafter das derzeitige Recht der selbständigen Einberufung ohne die Voraussetzungen der Abs. 1 u. 2 geben. Das Recht kann ferner an einen höheren oder geringeren Besitz von Geschäftsanteilen geknüpft werden. Es kann das Erfordernis der Schriftlichkeit oder auch der Beglaubigung des Antrags eingeführt werden. Es kann das Erfordernis des Zweckes und der Gründe beseitigt werden. Es kann eine bestimmte Frist, innerhalb deren die Geschäftsführer dem Verlangen zu entsprechen haben, eingeführt werden usw. Die Ausschließung oder Beschränkung kann auch durch Statutenänderung erfolgen (RG. 4. 4. 08 RGZ. 68, 213). Es liege nur ein sogenanntes Individual- oder Vertretungsrecht vor (vgl. Anm. 21 zu § 14). Aus der Wichtigkeit dieses Rechts für den einzelnen Gesellschafter läßt sich eine Versagung der Statutenänderung nicht herleiten (zustimmend Neukamp-Becker Anm. 2, Parisius-Crüger-Crecelius Anm. 1). Brodmann (Anm. 5) hält den § 50 nicht für dispositives Recht. Er sieht in der Bestimmung nicht eine Vermehrung der Minderheitsrechte, sondern eine Beschränkung der Rechte des einzelnen. Er soll nicht schlechthin das Recht zur Berufung haben, sondern nur, wenn er mindestens 10% des Stammkapitals besitze. Wenn man § 50 streiche, so hätten die Gesellschafter überhaupt kein Recht zur Berufung der Gesellschafterversammlung. (Der Gedankengang der beiden letzten Sätze widerspricht einander!)

Das bedeute aber eine wesentliche Beeinträchtigung der grundsätzlichen und unveräußerlichen Stellung der Gesellschafter. — Eine Änderung der Minderheitsziffer hält Brodmann für zulässig, jedoch nicht gegen den Willen des einzelnen. — In den Ausführungen Brodmanns ist mancher interessierende Gedanke enthalten. Sie gehen aber von zwei ganz verschiedenen Ausgangspunkten aus, auf der einen Seite von der Sicherung der Rechte des einzelnen, auf der andern Seite von der Sicherung der Rechte der Gesamtheit. Sie sind daher in sich nicht schlüssig. Und vor allem: Sie schlagen gegenüber der positiven Bestimmung des § 45 nicht durch. § 50.

Zusatz 1. Über andere Minderheitsrechte im GmbHG. s. Anm. 55 zum § 45. **Anm. 18.**

Zusatz 2. Ausländische Gesetze. **Anm. 19.**

Der Gedanke, daß auch eine Minderheit der Gesellschafter eine Gesellschafterversammlung herbeiführen kann, findet sich fast durchweg in den fremden Gesetzen. Österreich verlangt (§ 37) wie das deutsche Gesetz ein Zehntel des Stammkapitals. Es setzt aber dem Geschäftsführer zur Beantwortung des Antrags eine feste Frist von zwei Wochen. Ebenso Bulgarien (Art. 44). Ein Zehntel des Stammkapitals sieht auch das polnische Gesetz vor (Art. 14), einen geringeren Prozentsatz nur mit Ermächtigung des Registergerichts. Ein Zehntel hat weiter der Schweizer Entwurf (§ 796 Abs. 2), ein Fünftel der italienische (Art. 155). Das französische Gesetz kennt eine Einberufung durch die Minderheit nicht.

Außer den Rechten bei der Einberufung der Gesellschafterversammlung geben das österreichische (§ 45—48) und das bulgarische (Art. 53—57) Gesetz einer qualifizierten Minderheit von mindestens 10% des Stammkapitals noch weitergehende Rechte. Die Minderheit hat das Recht, gegen den Beschluß der Mehrheit eine Nachprüfung der Bücher und der Bilanzen herbeizuführen und evtl. Klage auf Ersatzansprüche durchzuführen. Ähnliche Bestimmungen hat auch das polnische Gesetz in Art. 19.

§ 51. § 50.

Die Berufung der Versammlung erfolgt durch Einladung der Gesellschafter mittels eingeschriebener Briefe. Sie ist mit einer Frist von mindestens einer Woche zu bewirken.

Der Zweck der Versammlung soll jederzeit bei der Berufung angekündigt werden.

Ist die Versammlung nicht ordnungsmäßig berufen, so können Beschlüsse nur gefaßt werden, wenn sämtliche Gesellschafter anwesend sind.

Das gleiche gilt in bezug auf Beschlüsse über Gegenstände, welche nicht wenigstens drei Tage vor der Versammlung in der für die Berufung vorgeschriebenen Weise angekündigt worden sind.

Die Berufung der Versammlung ist ein Rechtsakt gesellschaftlicher Art. Sie enthält die Aufforderung, an einer Gesellschaftstätigkeit teilzunehmen. Sie hat doppelte Rechtsfolgen. Sie läßt das Recht der Gesellschafter, zu dem angegebenen Zeitpunkte an dem angegebenen Ort zu einer Willensbildung der Gesellschaft mitzuwirken, entstehen. Sie erzeugt andererseits den Ausschluß der Gesellschafter, die nicht erscheinen. (Über die juristische Natur der Berufung vgl. Wenk, Die Grundlagen des Rechts der Einberufung einer Generalversammlung, Marburg 1912, S. 16ff.) Die Berufung ist selbst ein Willensakt. Um Wirkungen zu haben, muß sie gültig sein. Sie muß von einer dazu berechtigten Person ausgehen (vgl. Anm. 2 zu § 49, Anm. 10 und Anm. 2 zu § 50). Eine Einberufung durch einen Unbefugten z. B. durch einen Gläubiger der Gesellschaft oder einen Kaufliebhaber für ihr Geschäft ist belanglos. Beschlüsse einer solchen Versammlung sind absolut nichtig (vgl. Anm. 15 zu § 45). Die Berufung muß in der vorgeschriebenen Form und mit dem vorgeschriebenen Inhalte erfolgen (vgl. Anm. 1—8). Eine Nichtigkeit kann dann nicht eintreten. Die Beschlüsse sind nur an- **Einleitung.**

§ 51. fechtbar. Die allgemeinen gesetzlichen Vorschriften über Willenserklärungen gelten auch hier. Nur aus der besonderen Natur als gesellschaftlicher Verwaltungsakt kann sich eine Abweichung ergeben. Daher ist die Berufung durch einen geisteskranken Geschäftsführer nichtig. Die Beschlüsse der Gesellschafterversammlung infolge dieses Mangels sind anfechtbar. Eine Nichtigkeit derselben tritt nicht ein. Eine Anfechtung der Berufung wegen Irrtums oder Täuschung ist ausgeschlossen. Hat einmal die Gesellschafterversammlung stattgefunden, so kann der Geschäftsführer ihr nicht dadurch den Boden entziehen, daß er behauptet, von einem Gesellschafter durch Vorspiegelung falscher Tatsachen, z. B. die Absicht der Gesellschafter, ihm Entlastung zu erteilen, zur Berufung veranlaßt zu sein. Ein Irrtum im Sinne des § 119 BGB. wird praktisch kaum denkbar sein. Ein Geschäftsführer kann sich bei der Berufung der Gesellschafter nicht über den Inhalt seiner Erklärung irren. Er bedarf auch der Anfechtung nicht. Er kann ja jederzeit die Berufung zurückziehen. Ein unwiderrufliches Recht der Gesellschafter, sich zu versammeln, entsteht aus der Einladung nicht. Anders wenn die Versammlung begonnen hat. Dann haben sich die Gesellschafter als Organ konstituiert. Eine Berufung unter einer Bedingung ist **nicht** zulässig. Dem Gesellschafter kann nicht zugemutet werden, zu erscheinen, wenn das Abhalten der Versammlung von einem künftigen ungewissen Ereignisse abhängig ist. Noch weniger, das Ereignis selbst zu verfolgen. Eine Einladung, sich zu der angegebenen Stunde zu versammeln, wenn eine andere GmbH., mit der ein Vertrag geschlossen werden soll, in ihrer Gesellschafterversammlung ihn genehmigt hat, ist daher unwirksam. Beschlüsse einer auf diese Berufung stattfindenden Versammlung sind anfechtbar. Die Berufung kann nicht durch einen Bevollmächtigten erfolgen. Das Recht der Berufung ist nicht allgemein übertragbar. Dieses kann nur der Gesellschaftsvertrag verleihen. Das durch das Gesetz und den Gesellschaftsvertrag geschaffene Recht kann aber im Einzelfalle auch durch einen anderen ausgeübt werden. Es ist nicht derart an die Person des Geschäftsführers, Aufsichtsrats oder sonst Berechtigten geknüpft, daß nicht dieser durch eine andere Hand oder einen anderen Mund es ausüben könnte. Allerdings muß eine besondere ausdrückliche Vollmacht vorliegen. Eine Generalvollmacht widerspricht dem Verbote der Übertragung des Rechts im Ganzen. Ob diese Vollmacht aber mündlich oder schriftlich erteilt ist, ist unerheblich. Der Gesellschafter, der die Einladung erhält, ist berechtigt sie zurückzuweisen, wenn die Vollmachtsurkunde nicht vorgelegt ist (§ 174 BGB.). Beanstandet er die Vollmacht nicht, so ist die Berufung gültig. So wenn in dringenden Fällen der abwesende Geschäftsführer einen Angestellten telegraphisch oder telephonisch beauftragt, sofort die Gesellschafterversammlung einzuberufen. Dasselbe gilt, wenn ein solcher Vertreter ohne Vollmacht handelte (§ 180 BGB.). Seine Einladung kann sofort zurückgewiesen werden. Ist dies nicht geschehen, so wird sie durch die Genehmigung des Geschäftsführers wirksam (§ 177 Abs. 1, § 180 BGB.). Vorausgesetzt ist, daß der Einladende als Vertreter des Geschäftsführers auftrat. Erläßt er die Berufung im eigenen Namen und kraft eines nicht bestehenden eigenen Rechts, so ist diese Handlung einer Genehmigung nicht fähig. Sie ist **nichtig**. Es bedarf eines neuen selbständigen Aktes (§ 141 BGB.). Hiernach ist eine Berufung durch einen Gesellschafter ohne die Voraussetzungen des § 50 zu beurteilen. Hiernach die Ungültigkeit der Beschlüsse einer solchen Versammlung (vgl. Anm. 15 zu § 50). Auf wessen Veranlassung oder Antrag der Geschäftsführer die Einladung ergehen ließ, ist gleichgültig. Es läßt sich gegen die Einberufung der Gesellschafterversammlung nicht daraus ein Bedenken herleiten, daß eine nicht berechtigte Person sich deswegen an den Geschäftsführer gewendet hatte (RG. 14. 3. 22 RGZ. 104, 182, Recht 1922, 1435).

Empfänger der Berufung ist der Gesellschafter. Über das Zugehen als Erfordernis der Wirksamkeit vgl. unten Anm. 4a. Daselbst auch über die Folge der mangelnden Geschäftsfähigkeit des Empfängers.

Für die Einzelheiten der Einladung, soweit sie nicht durch das Gesetz vorgeschrieben sind, ist die **Verkehrssitte** maßgebend.

Neben der Einladung steht die **Ankündigung des Zweckes** der Versammlung. Sie ist eine Mitteilung, kein Rechtsgeschäft. Aber sie ist notwendige Voraussetzung der Wirksamkeit der Einladung. Wenk 17, 26 bezeichnet daher die Berufung als ein „Gemisch von

Aufforderung und Anzeige". Das setzt voraus, daß beide in einem Akte erfolgen. Sie können aber getrennt gehalten werden (vgl. Anm. 2). Jeder Teil hat seine eigene rechtliche Bedeutung. **§ 51.**

1. Die Berufung der Versammlung und die Ankündigung der Gegenstände der Beschlußfassung: **Anm. 1.**

a) Für beide Rechtsakte ist die Form des eingeschriebenen Briefes verlangt. Über die Unterschrift siehe Anm. 30 zu § 35. Es ist nicht erforderlich, daß die Einladung vom Geschäftsführer mit seinem Namen unterschrieben ist. Es genügt auch die Zeichnung mit der Firma der Gesellschaft (RG. Recht 1909, 1713; Wenk 54). Eine Anfechtung eines Gesellschaftsbeschlusses, weil die Einladung nicht unterzeichnet war, ist nicht statthaft. Ob schon durch die Absendung des eingeschriebenen Briefes die Berufung oder die Ankündigung als erfolgt gilt, darüber s. unten Anm. 4. Die Absendung muß an die der Gesellschaft von dem Gesellschafter angegebene Adresse erfolgen. Auch wenn der Gesellschaft eine andere Adresse bekannt sein sollte. Angabe der Adresse ist Ausdruck des Willens, daß dorthin die Erklärungen der Gesellschaft gesandt werden sollen. Anders, wenn der Geschäftsführer weiß, daß nur durch ein Versehen die Änderung der Adresse unterblieben ist und die Zusendung an die angegebene erfolgt, um dem Gesellschafter die Kenntnis von der Gesellschafterversammlung zu entziehen. Ist eine öffentlich-rechtliche Körperschaft Gesellschafter, so muß die Einladung dem zuständigen Organe, der die Körperschaft leitenden Behörde, zugehen. Es gibt keine allgemeine Rechtsvorschrift, daß Willenserklärungen, die unberufenen Organen einer Behörde zugehen, als dieser selbst zugegangen angesehen werden müssen (RG. 9. 12. 24 JW. 1925, 2444 mit Anm. von Helfritz).

b) Die Berufung der Versammlung muß die Zeit und den Ort der Versammlung enthalten. Das folgt aus dem Zwecke der Berufung. Zeit und Ort bestimmt in Ermangelung einer Vorschrift des Gesellschaftsvertrags der Geschäftsführer (Anm. 15 zu § 45). Doch darf er dabei nicht willkürlich verfahren. Gemeint ist in erster Linie als Ort der Sitz der Gesellschaft. Ist das Schweigen des Gesellschaftsvertrages dahin zu verstehen, daß der Geschäftsführer ihn bestimme, so muß das wieder als Vollzug eines Amtes erfolgen. Er darf nicht einen für die Gesellschafter schwer zugänglichen Ort wählen, also nicht an einem einsamen Platz im Hochgebirge, an dem sich der Geschäftsführer befindet. Für die Zeit der Versammlung ist die Verkehrssitte maßgebend. Daher darf sie nicht auf einen Sonntag oder gesetzlichen Feiertag gelegt werden. Sie darf nicht in früher Morgenstunde oder zur Nachtzeit stattfinden (Wenk 52). Dagegen kann ein Gesellschafter keine Rücksicht auf seine besonderen Verhältnisse fordern (BauersZ. 11, 85), z. B. auf das Eintreffen seines Zuges, auf seine Gesundheit, seine Ferien usw. Sieht der Gesellschaftsvertrag die Versammlung am Sitze der Gesellschaft vor, so bedarf die Abweichung davon der Zustimmung der Gesellschafter. Sie muß, wenn eine solche nicht in das Ermessen der Gesellschafter gestellt ist, von allen erteilt sein. **Anm. 2.**

Die Einladung hat in deutscher Sprache zu erfolgen. Absolut unzulässig ist der Gebrauch einer fremden Sprache (so Wenk 54) nicht. Wenn alle Gesellschafter Engländer sind, so ist nicht einzusehen, welches Recht derselben durch Einladungen in englischer Sprache verletzt sein soll. Unstatthaft wäre es, wenn ein Spanier, der Geschäftsführer einer deutschen Gesellschaft ist, die deutschen Gesellschafter in spanischer Sprache berufen wollte.

Der Gesellschafter muß wissen, was in dem Schriftstück steht. Die Berufung soll auch den Gegenstand der Beschlußfassung enthalten. Doch ist dies nicht zwingend verlangt. Es handelt sich nur um eine instruktionelle Vorschrift. Der Zweck der Versammlung ist noch rechtzeitig spätestens 3 Tage vor der Versammlung angekündigt (Abs. 4). In der Regel erwartet der Gesellschafter die Verbindung von Einladung und Mitteilung des Gegenstandes. Spätere Ansetzungen dienen als Ergänzung der Tagesordnung.

c) Die Ankündigung des Gegenstandes der Beschlußfassung muß deutlich sein (ebenso Brodmann Anm. 4; a. M. Parisius-Crüger-Crecelius Anm. 1: „soll" — also instruktionell). Jeder Gesellschafter soll sich vorbereiten können (RG. 8. 10. 08 JW. 1908, **Anm. 3.**

§ 51. 674; RG. 13. 11. 14 RGZ. 86, 21). Die Anträge selbst sind der Gesellschafterversammlung selber vorbehalten. Daher sind Amendements, Zusätze und Abänderunsanträge hier stets zulässig. Doch darf die Änderung nicht über den Umfang der Ankündigung hinausgehen. Wenn in der Tagesordnung eine Kapitalserhöhung von 100 000 M. vorgeschlagen und nachher eine von 500 000 M. beschlossen wurde, so ist der Beschluß ungültig (RG. 10. 10. 15 RGZ. 87, 155, JW. 1915, 1430). (Vgl. Anm. 8 zu § 48.) Beispiel von gültigen Tagesordnungen: Wahl von Aufsichtsratsmitgliedern; Erhöhung des Stammkapitals um 100 000 RM.; Veräußerung eines Gesellschaftsgrundstücks; Erhebung von Ansprüchen aus der Gründung. Ungenügend erschien „Beschlußfassung über Wahl eines Direktors" ohne Angabe der Umstände, welche diese Neuwahl nötig machen (RG. in JW. 01, 659[28]). Ebenso „Genehmigung der Geschäftsführung", wenn auch über andere nicht unmittelbar damit zusammenhängende Dinge Beschluß gefaßt werden soll (OLG. München 6. 10. 16 RundschGmbH. 1916, 417). Bei Änderungen des Gesellschaftsvertrages ist eine besondere Bestimmung nicht getroffen. Eine „Mitteilung des wesentlichen Inhaltes" (HGB. § 274 Abs. 2) der beabsichtigten Abänderung ist nicht vorgeschrieben (anders österr. Ges. § 38 Abs. 2). Aber es genügt nicht die einfache Mitteilung, daß eine Änderung des Gesellschaftsvertrags beantragt sei. Es muß ersichtlich sein, welche Bestimmung geändert werden soll. Noch viel weniger genügt die Angabe „Verschiedenes", um die Herabsetzung des Stammkapitals zu rechtfertigen (KG. 21. 5. 15 Recht 1916 Nr. 1013, RJA. 14, 289, BauersZ. 23, 183).

Anm. 4. 2. Die Berufung der Versammlung und die Ankündigung der Tagesordnung hat zu erfolgen mit einer Frist von mindestens einer Woche (Abs. 1), die Ankündigung der Tagesordnung mit einer Frist von mindestens 3 Tagen (Abs. 4).

a) Beginn der Frist (Danzer, Ist die Generalversammlung der GmbH. mit Aufgabe der eingeschriebenen Einladung zur Post oder ist sie mit dem Zugang derselben an die Adressaten berufen? LZ. 1910, 445). Eine Ansicht nimmt an, daß die Frist mit dem Empfange der Einladung beginne. Die Einladung sei eine empfangsbedürftige Willenserklärung. Daher müßte zwischen Empfang und Versammlung die Frist einer vollen Woche bzw. von drei Tagen frei bleiben. Dem gegenüber steht die Meinung, daß die Absendung des eingeschriebenen Briefes den Beginn der Frist bedeutet. Ihr ist der Vorzug zu geben. Ihr hat sich das RG. (RG. 11. 2. 05 RGZ. 60, 144) angeschlossen (jetzt auch Neukamp-Becker Anm. 2, Liebmann Anm. 2, Brodmann Anm. 1, Parisius-Crüger-Crecelius Anm. 2 und österr. Ges. § 38 Abs. 1 Satz 2; gegen sie Danzer a. a. O.). Das Gesetz schreibt die Einladung mittels eingeschriebenen Briefes vor. Die Berufung ist „zu bewirken" mit einer Frist von mindestens einer Woche. Sie muß daher als „bewirkt" angesehen werden, wenn der eingeschriebene Brief rechtzeitig abgesendet worden ist. Als Bescheinigung für die erfolgte Bewirkung der Berufung soll der Postschein dienen. Hätte der Empfang der entscheidende Akt sein sollen, so hätte das Gesetz angeordnet, daß ein Postschein mit Rückschein ausgestellt werden müsse. Der Fall, daß mit der Aufgabe zur Post die Zustellung als erfolgt gilt, findet sein Analogon in § 175 ZPO. Wäre der Empfang des Briefes entscheidend, so würde es sich überhaupt nicht mehr um eine einheitliche Frist handeln. Die Einladungsbriefe können zu den verschiedensten Zeiten ankommen, bei Gesellschaftern, die entfernt voneinander wohnen, kann es sich um Differenzen von Tagen handeln. Wenn Gesellschafter im Auslande wohnen, so kann die Frist sich unter Umständen noch mehr verschieben. Eine einheitliche Frist ist aber nötig. Sie beginnt mit der Absendung. Alle Briefe können gleichzeitig abgesendet werden. Dieser einheitliche Fristbeginn kann durch den Postschein festgestellt werden. Die Frist von einer Woche kann für Gesellschafter im Auslande eine Erschwerung bedeuten. Aber diese fließt aus Umständen in ihrer Person. Sie müssen sich durch Bevollmächtigten am Sitze der Gesellschaft helfen.

Getrennt von der Frage nach dem Beginn der Frist ist die nach Zugehen der Einladung. Dies ist Voraussetzung einer gültigen Einladung. Daran muß festgehalten werden. Eine Einladung, welche der Gesellschafter überhaupt nicht erhält, ist keine Ein-

ladung (ebenso Brodmann Anm. 1, a. M. Neukamp-Becker Anm. 2, Liebmann Anm. 2). **§ 51.**
Die Gefahr des Verlustes der Briefe trägt die Gesellschaft. Ebenso ist die Einladung, die einem Geschäftsunfähigen zugeht, unwirksam (§ 131 BGB.). Ist der Gesellschafter gestorben, so kann die Einladung jedem seiner mehreren Erben zugestellt werden (§ 18). Ist der Erbe ungewiß oder ist weder die Ausschlagungsfrist umlaufen, noch die Erbschaft während dieser angenommen, so hat die Gesellschaft das Recht, die Bestellung eines Nachlaßpflegers zu beantragen (§§ 1960, 1961 BGB.). Wird die Berufung einem Erben behändigt, der nach derselben ausschlägt, so ist sie unwirksam. Nimmt er an, so wird sie gültig.

Der Gesellschaftsvertrag kann hier überall Änderungen einführen. Er kann das Zugehen der Einladung innerhalb der Frist vorschreiben (vgl. RG. 18. 9. 12 Recht 1912, 3257 GenG.). Er kann es für völlig gleichgültig erklären.

b) Die Frist läuft an demjenigen Tage der nächsten Woche ab, welcher in derselben Weise **Anm. 5.**
benannt wird, wie der Tag der Absendung des eingeschriebenen Briefes. Diese ganze Woche muß zwischen Absendung und Versammlungstag frei bleiben. Bei der dreitägigen Frist für die Ankündigung der Tagesordnung gilt dasselbe. Es müssen 3 Tage frei bleiben, den Tag der Absendung und der Versammlung nicht mit eingerechnet (§§ 187 u. 188 BGB.).

3. **Rechtsfolge, der vorschriftswidrigen Berufung der Versammlung oder Ankündigung der Tagesordnung.** **Anm. 6.**

a) Die Versammlung ist ungültig zusammenberufen. Ihre Beschlüsse sind anfechtbar (Abs. 3, vgl. auch Anm. 10 und RG. 23. 4. 18 RGZ. 92, 409, JW. 1918, 373). Es sind nur verzichtbare Vorschriften verletzt (vgl. hierüber Anm. 15ff. zu § 45, RG. 3. 2. 17 RGZ. 89, 378; a. M. Brodmann Anm. 4). Daß die Beschlüsse überhaupt nicht gefaßt werden könnten, wenn in einer so berufenen Versammlung nicht sämtliche Gesellschafter anwesend sind (RG. 23. 4. 18 RGZ. 92, 409, JW. 1918, 373), geht zu weit. Ein Dritter kann einen Beschluß, der unter Außerachtlassung der gesetzlichen Bestimmungen gefaßt, von den Gesellschaftern aber nicht angefochten wurde, nicht als rechtsunwirksam angreifen (RG. 3. 2. 17 RGZ. 89, 381). Ist ein überhaupt nicht oder nicht formgerecht geladener Gesellschafter in der Versammlung erschienen, ohne gegen die Verfehlung zu protestieren, so ist der Mangel in der Berufung der Gesellschafterversammlung geheilt. Dies auch dann, wenn er sich der Abstimmung enthält. Jedenfalls enthält die vorbehaltlose Abstimmung den Verzicht (KG. 26. 9. 06 OLGR. 16, 120). Ein anderer Gesellschafter kann wegen dieser nicht ordnungsgemäßen Ladung jenes der Abhaltung der Versammlung nicht widersprechen (vgl. KG. 28. 1. 10 OLGR. 21, 50, KGJ. 39 A, 122). Der Verzicht kann auch im voraus erklärt werden. Die Gesellschafter können dies einzeln oder bei der Vertagung einer Versammlung zusammen erklären. Sie können bei Anberaumung eines neuen Sitzungstages auf jede Einladung verzichten. In allgemeinen Redensarten eines Gesellschafters, wie z. B. man brauche ihm keine Einladung zu schicken, zu diesen Gesellschaftern komme er nicht mehr, liegt kein Verzichtwille (über die Befugnis eines Bevollmächtigten, auf Mängel der Berufung zu verzichten, vgl. Anm. 16 zu § 45 und Wenk 54). Die Heilung der Mängel der Einladung setzt stets eine Berufung zu einer Versammlung voraus. Beschlüsse können in einem zufälligen Zusammentreffen einiger Gesellschafter nicht gefaßt werden. Ein Gesellschafter, dessen Geschäftsanteil erst nach der Einladung durch Eintragung der Erhöhung des Stammkapitals entsteht, hat keinen Anspruch auf die Einhaltung der Berufungsvorschrift. Er darf erscheinen und mitstimmen (Anm. 6 zu § 47). Aber aus der Nichtbeobachtung der Frist hat er keinen Einwand.

b) Wenn die Ankündigung der Tagesordnung nicht gehörig oder nicht recht- **Anm. 7.**
zeitig erfolgt, so kann über diesen betreffenden Punkt nicht verhandelt werden. Zusätzliche und abändernde Anträge innerhalb der Tagesordnung brauchen nicht besonders angekündigt zu werden (vgl. oben Anm. 3).

Über Punkte dagegen, die nicht angekündigt sind, kann ein Beschluß nicht gefaßt **Anm. 8.**
werden. Ein gleichwohl gefaßter Beschluß ist ein Nichts und völlig unbeachtlich (vgl. Staub HGB. 6./7. Aufl. Anm. 8 zu § 256; a. M. KG. 14. 3. 07 OLGR. 14, 352, das auch für

§ 51. die AG. nur eine Anfechtbarkeit annimmt und Staub-Pinner HGB. 12./13. Aufl. Anm. 9. Ebenso RG. 3. 2. 17 RGZ. 89, 318: kein so flagranter Verstoß, daß überhaupt kein Beschluß gefaßt werden kann, wenn nicht gehörig angekündigt).

Anm. 9. Universalversammlung ist eine solche, bei der alle Gesellschafter erschienen oder vertreten sind. Die Vorschriften über die Berufung der Versammlung sind verzichtbar (KG. 28. 5. 10 KGJ. 41 A, 137). Verzichten die sämtlichen erschienenen Gesellschafter, so wird die Versammlung zu einer ordnungsgemäß berufenen.

Anm. 10. Sämtliche Gesellschafter müssen zum Zwecke der Beschlußfassung anwesend sein. Besitzt ein Gesellschafter sämtliche Geschäftsanteile, so kann er stets ohne Einberufung und ohne Ankündigung Beschlüsse fassen. Es ist nicht erforderlich, daß die Gesellschafter sich verabredet haben, zu diesem Zwecke irgendwo zusammenzutreffen. Sie können sich zufällig treffen, aber es müssen alle damit einverstanden sein, daß in dieser nicht ordnungsmäßig oder überhaupt nicht zusammenberufenen Versammlung oder über diesen nicht ordnungsmäßig oder überhaupt nicht angekündigten Punkt der Tagesordnung Beschluß gefaßt wird. Das Einverständnis ist das Surrogat für den Mangel der gesetzlichen Erfordernisse der Berufung und Ankündigung. Ob nicht erfolgter Widerspruch gegen Verhandlung und Beschlußfassung als Einverständnis gelten, ist im Einzelfalle festzustellen. Wer ohne förmliche Ladung erscheint und ohne den Mangel zu rügen verhandelt und stimmt, verzichtet damit auf die Beanstandung. Eines förmlichen Protestes bedarf es andererseits allerdings nicht. Es genügt, daß aus dem Verhalten des Gesellschafters sein Widerspruch gegen eine Versammlungstätigkeit hervorgehe. So wenn er zwar erscheint, aber erklärt, er wolle nur zuhören, da doch keine Beschlüsse gefaßt werden können. Oder, wenn er in einer nicht ordnungsmäßig einberufenen Versammlung erscheint, aber gegen eine Beschlußfassung Widerspruch erhebt (RG. 23. 4. 18 RGZ. 92, 409 JW. 1918, 373). Daß er sich der Stimme enthält, genügt allein noch nicht. Die Stimmenthaltung kann andere Gründe haben. Wenn er an der Abstimmung teilnimmt und dagegen stimmt, so liegt darin ebenfalls kein Widerspruch gegen die Verhandlung und Beschlußfassung. Er stimmt dann sachlich gegen den Antrag. Aber er beteiligt sich widerspruchslos an der Beschlußfassung. Nimmt er an der Abstimmung teil unter Protest, so gilt der Beschluß nicht. Der Gesellschafter weigert die Zustimmung zur Beschlußfassung. Er will auf die Rüge der mangelhaften Ladung nicht verzichten. Er rechnet mit der Möglichkeit, daß seine Auffassung nicht durchdringt. Dann will er sachlich den Beschluß verhüten. Im Zivilprozesse ist ein derartiges Verhalten nicht selten. Es gibt einen Protest gegen die Klageänderung und alsdann Verhandeln auf die abgeänderte Klage, Protest gegen das schiedsgerichtliche Verfahren und alsdann Verhandeln in demselben. Es kann aber auch der Verzicht auf das Widerspruchsrecht darin enthalten sein. So, wenn der Gesellschafter der Abstimmung über den ersten Teil eines Beschlusses widerspricht, dann aber über die zweite Hälfte selbst mit abstimmt (KG. 3. 12. 15 KGJ. 48 A, 132). Der Gesellschafter muß sich dabei bewußt sein, daß über eine gesellschaftliche Frage verhandelt und Beschluß gefaßt werden soll (OLG. Oldenburg 23. 4. 21 OLGR. 42, 223). Wenn er dann nicht widerspricht, so gilt er als zustimmend. Wenn die beiden einzigen Gesellschafter sich in einem Wirtshause zusammen treffen und der eine dem anderen ganz unvermutet eine gesellschaftliche Frage vorlegt, so kann er ihm nicht im Anschluß hieran seine abweichende Meinung als Majoritätsbeschluß verkünden. Sämtliche Gesellschafter müssen anwesend sein. Also auch die, welche von der Abstimmung ausgeschlossen sind. Auch diese haben ein Recht, an der Versammlung teilzunehmen (vgl. Anm. 27 zu § 47). Persönliche Anwesenheit ist nicht erforderlich. Anwesenheit von Bevollmächtigten genügt. Daß der Mangel einer vorlegbaren schriftlichen Vollmacht bei einem Vertreter genügt, um eine Universalversammlung unmöglich zu machen (OLG. München 6. 10. 16 RundschGmbH. 1916, 417) geht zu weit.

In gleicher Weise ist es den Gesellschaftern gestattet, ohne Versammlung auf schriftlichem Wege einen Beschluß zu fassen. Vorausgesetzt ist auch hier, daß alle sich an diesem Wege beteiligen und mit demselben einverstanden sind.

4. **Die Vorschriften können durch Gesellschaftsvertrag abgeändert werden** (§ 45 Abs. 2). **§ 51.** Der Gesellschaftsvertrag kann die vorgeschriebene Frist verlängern oder verkürzen. Er **Anm. 11.** kann andere Arten der Berufung z. B. Anzeige in öffentlichen Blättern, Zustellung durch Gerichtsvollzieher, einfachen Brief statt Einschreibesendung anordnen usw. Er kann bestimmen, daß die Ankündigung der Tagesordnung stets bei der Berufung erfolgen müsse, oder daß sie überhaupt nicht zu erfolgen brauche usw. usw. Er kann aber nicht bestimmen, daß nicht sämtliche Gesellschafter eingeladen zu werden brauchen (Brodmann Anm. 5). Oder daß eine nicht ordnungsmäßig einberufene Gesellschafterversammlung selbst dann gültige Beschlüsse fassen kann, wenn nicht sämtliche Gesellschafter erschienen sind (Neukamp-Becker Anm. 3).

Ausländische Gesetze. **Anm. 12.**

Die Bestimmungen über die Form der Einladung und die Bekanntmachung der Tagesordnung nach dem österreichischen Gesetz (§ 38 Abs. 1—5) und nach dem bulgarischen Gesetz (Art. 45 u. 46) stimmen im wesentlichen mit dem deutschen Gesetz überein. Ebenso das polnische Gesetz (Art. 14 Abs. 2). Nach ihm beträgt die Einladungsfrist zwei Wochen. Dem deutschen Gesetz entspricht auch der Schweizer Entwurf (§ 796 Abs. 2) und der italienische Entwurf (Art. 155, Abs. 1 u. 2). Das französische Gesetz enthält keine analoge Bestimmung.

§ 52.

§ 52.

Ist nach dem Gesellschaftsvertrage ein Aufsichtsrat zu bestellen, so finden auf denselben, soweit nicht im Gesellschaftsvertrage ein anderes bestimmt ist, die für den Aufsichtsrat einer Aktiengesellschaft nach § 243 Absatz 1, 2, 4, §§ 244 bis 248 und 249 Absatz 1, 2 des Handelsgesetzbuchs geltenden Vorschriften entsprechende Anwendung.

Schadensersatzansprüche gegen die Mitglieder des Aufsichtsrats wegen Verletzung ihrer Obliegenheiten verjähren in fünf Jahren.

Das deutsche Gesetz verweist auf das Aktienrecht, für den Fall der Gesellschaftsvertrag **Einleitung.** den Aufsichtsrat anordnet. Anders das österr. Ges. § 29. Es schreibt bei einem Stammkapitale von über 50 000 Schilling und bei einer Zahl von mehr als fünfzig Gesellschaftern die Bestellung eines Aufsichtsrats vor. Es verweist nicht auf das Aktiengesetz, sondern trifft eine eigene Regelung. Sie nähert sich allerdings den aktienrechtlichen Bestimmungen. Wie für die Aktiengesellschaft gelten für die GmbH. die Bestimmungen des Gesetzes über die Entsendung von Betriebsratsmitgliedern in den Aufsichtsrat (unten Anm. 5a u. 53).

I. **Der Aufsichtsrat bei der GmbH.** Das deutsche Aktienrecht schreibt die Bestellung eines **Anm. 1.** Aufsichtsrates zwingend vor. Er ist eine dem deutschen Rechte eigene Erscheinung. Er steht dem Vorstande als selbständiges Organ der Verwaltung und der Kontrolle gegenüber. Den Gegensatz bilden die meisten anderen Gesetze. Sie kennen nur einen Verwaltungsrat (conseil d'administration; board of directors). In Deutschland ist das Urteil über den Aufsichtsrat nicht ungeteilt. Namentlich wird immer mehr darauf hingewiesen, daß der Aufsichtsrat heute bei großen Gesellschaften gar nicht im Stande ist, die vom Gesetze ihm gestellte Aufgabe der Überwachung zu erfüllen (vgl. Verhandlungen des 34. Deutschen Juristentags Köln 1926). Man verlangt die Ersetzung dieser Bestimmung durch eine Prüfung der Geschäftsführung seitens einer Revisionsgesellschaft. Diese Erfahrungen werden für die Ausgestaltung der GmbH. nicht ohne Bedeutung sein. Sie hat einen Aufsichtsrat nur, wenn sie will. Er soll dann dem der Aktiengesellschaft gleich sein. Er hat dieselben Rechte und Pflichten. Aber auch hier kann der Gesellschaftsvertrag abändernd eingreifen. Er kann den Aufsichtsrat nach den jeweiligen Umständen gestalten. Trifft der Gesellschaftsvertrag keine spezielle Regelung der Organisation des Aufsichtsrates, so finden die in § 52 GmbHG. nicht angeführten Bestimmungen

§ 53. des HGB. über den Aufsichtsrat keine Anwendung. Das Aufsichtsratsmitglied der GmbH. hat also z. B. in diesem Falle kein Anfechtungsrecht gegenüber Beschlüssen der Gesellschafterversammlung (HGB. § 271 OLG. Hamburg 28. 11. 13 OLGR. 28, 359).

Anm. 2. Die Einführung des Aufsichtsrates in den Organismus der GmbH. kann nur im Gesellschaftsvertrage geschehen. Eine Vereinbarung der Gesellschafter untereinander kann nur deren Verpflichtung zur Folge haben, den Gesellschaftsvertrag entsprechend zu ändern. Ist im Gesellschaftsvertrag ein Aufsichtsrat vorgesehen, so kann jeder Gesellschafter die Vornahme der Wahlen oder der sonstigen Besetzung des Aufsichtsrates beantragen. Unterbleibt dies, so kann er nicht darauf klagen. Es kann hierin nur möglicherweise ein wichtiger Grund zur Auflösung der Gesellschaft (§ 61) liegen. Die Bestimmung des Gesellschaftsvertrages über die Errichtung des Aufsichtsrates kann wieder durch Änderung desselben aufgehoben werden. Das Bestehen eines Aufsichtsrates mag für den einzelnen Gesellschafter von noch so großem Interesse sein. Ein Sonderrecht hierauf hat er in der Regel nicht (ebenso Brodmann Anm. 2, Neukamp-Becker Anm. 1, Liebmann Anm. 1). Doch kann sich aus dem Gesamtinhalte ergeben, daß der Aufsichtsrat nicht ohne Zustimmung aller Gesellschafter wieder beseitigt werden soll. Dies z. B. dann, wenn der Schwerpunkt der Verwaltung im Aufsichtsrate liegt und darin eine Sicherung der Minderheit gegen die Majorisierung in wichtigen Fällen geschaffen werden sollte (vgl. aber KG. 26. 9. 07; OLGR. 16, 120).

Anm. 3. Der Aufsichtsrat kann im Gesellschaftsvertrag auch bedingt vorgesehen sein. So wenn die Zahl der Gesellschafter ein gewisses Maß oder das Stammkapital eine gewisse Höhe überschreitet. Als Bedingung kann auch der Wille der Gesellschafter erscheinen. Es bedarf dann eines Beschlusses derselben mit einfacher Mehrheit. In gleicher Weise kann er wieder beseitigt werden.

Der Aufsichtsrat untersteht grundsätzlich der Gesellschafterversammlung, als dem obersten Willensorgan der GmbH. Er hat ihre Beschlüsse auszuführen. Nur das Statut kann eine Schranke errichten. Angelegenheiten, die dem Aufsichtsrat nach dem Statut überlassen sind, regelt er selbständig. Die Gesellschafterversammlung mag die Zuständigkeit des Aufsichtsrates einschränken. Sie mag ihn ganz beseitigen. Das kann sie, wie ausgeführt, mit der zur Statutenänderung nötigen Mehrheit. Sie kann aber, solange der Aufsichtsrat besteht, nicht über die Bestimmungen des Gesellschaftsvertrages hinüber (vgl. hierzu BauersZ. 24, 150).

Anm. 4. Daß der Name Aufsichtsrat gebraucht wird, ist nicht erforderlich. Maßgebend ist der Inhalt der Anordnung. Auch als Beirat, Verwaltungsrat, Ausschuß kann das gleiche Organ geschaffen werden. Das Gesetz gestattet, außer dem Aufsichtsrat andere Organe zu schaffen (§ 82). Daher erscheint die Abgrenzung geboten. Ein Aufsichtsrat ist ein aus mehreren Personen bestehendes zur Überwachung der Geschäftsführer berufenes Aufsichtsorgan der Gesellschaft.

Es muß ein Organ der Gesellschaft gewollt sein. Dazu gehört die durch den Gesellschaftsvertrag erfolgte Einfügung in deren Körper. Personen, die durch Gesellschafterbeschluß in Vertretung der Gesellschafter zur Ausübung der diesen zustehenden Aufsichtsrechte (§ 46 Ziff. 6) bestellt werden, sind kein Organ der Gesellschaft. Sie bedürfen weder der Zulassung durch die Satzung, noch sind sie zur Aufnahme in diese fähig.

Das Organ muß aus mindestens zwei Personen bestehen. Die Dreizahl, die das Aktienrecht vorschreibt (§ 243 Abs. 1 HGB.) ist für die GmbH. nicht zwingend (vgl. unten Anm. 9). Eine einzelne Person ist kein Rat. Sie kann als anderes aufsichtsratsähnliches Organ erscheinen. So wenn eine Treuhandgesellschaft durch den Gesellschaftsvertrag mit der Überwachung der Geschäftsführer und der Revision der Bücher und Bilanzen betraut ist. Geschah dies nur durch einfachen Gesellschafterbeschluß, so fehlt auch die Organeigenschaft.

Aufgabe des Organes muß die Überwachung der Geschäftsführer sein. Auch wenn der Aufsichtsrat der Überwachungspflicht enthoben ist (vgl. Anm. 37), muß ihm das Aufsichtsrecht bleiben. Ein Kollegium mit nur beratenden Aufgaben ist kein Aufsichtsrat.

Die Aufsicht muß über den Geschäftsführer ausgeübt werden. Der Aufsichtsrat ist den Geschäftsführern übergeordnet. Sie können ihn weder bestellen noch abberufen. Personen, welche nur die Einkäufe oder die Kasse zu kontrollieren haben und hierbei den Geschäftsführern untergeordnet sind, mögen mißbräuchlich Aufsichtsrat heißen. Sie können nie ein solcher sein. **§ 52.**

Ein Aufsichtsrat liegt auch dann nicht vor, wenn einzelne Geschäftsführer mit der Kontrolle der anderen betraut sind. Die Gesamtheit der Geschäftsführer ähnelt dann dem Verwaltungsrate der ausländischen Rechte. Doch entsteht hierdurch nicht ein einheitliches Kollektivorgan. Die Verteilung der Aufgaben unter die Geschäftsführer ist eine rein interne Angelegenheit der Gesellschaft. Auch die überwachenden sind zur Vertretung der Gesellschaft berechtigt. Auch sie haften für die Erfüllung der im öffentlichen Interesse den Geschäftsführern auferlegten Pflichten der Buchführung und Bilanzerrichtung. Allerdings können Geschäftsführer auch Mitglieder des Aufsichtsrates der GmbH. sein (unten Anm. 48). Daraus darf nicht ohne besonderen Anhalt gefolgert werden, daß die überwachenden Geschäftsführer auch Aufsichtsrat sein sollen. Wenn der Gesellschaftsvertrag sie nur als Geschäftsführer will, so hat es hierbei sein Bewenden. **Anm. 5.**

Nach dem Betriebsratsgesetz vom 4. Februar 1920 müssen, je nach der Größe des Aufsichtsrates, ihm ein oder zwei Mitglieder des Betriebsrates angehören. Vorausgesetzt ist ein echter Aufsichtsrat. Der Name spielt hierbei keine Rolle. Fehlt es an den inhaltlichen Voraussetzungen, so besteht auch kein Recht des Betriebsrates. Hat aber ein Beirat oder Ausschuß die Aufgaben des Aufsichtsrates, so muß er die Mitglieder des Betriebsrates aufnehmen. **Anm. 5a.**

II. **Die gesetzlichen Bestimmungen über den Aufsichtsrat und ihre Abänderung durch den Gesellschaftsvertrag.** Mangels einer besonderen Anordnung des Gesellschaftsvertrages gelten für den Aufsichtsrat der GmbH. die Vorschriften für den Aufsichtsrat der Aktiengesellschaft. Doch hat das Gesetz selbst zwei derselben ausgeschaltet, das Verbot, den ersten Aufsichtsrat auf länger als für die Zeit bis zur Beendigung der Generalversammlung, welche über die Bilanz für das vierte Geschäftsjahr beschließt, zu wählen (§ 243 Abs. 3), und die unmittelbaren Ansprüche der Aktionäre bei bestimmten Pflichtverletzungen (§ 249 Abs. 3). Beide passen nicht für die GmbH. Es bleibt den Gesellschaftern überlassen, auch die anderen Bestimmungen zu streichen und zu ändern. Es muß nur immer so viel bleiben, als zum Wesen des Aufsichtsrats erforderlich ist. Erklärt der Gesellschaftsvertrag alle Vorschriften der §§ 243—249 HGB. für ausgeschlossen, so ist durch Auslegung der Inhalt dieser Anordnung festzustellen. Im Zweifel wird die aus seinem Zwecke und seiner Bezeichnung sich ergebende Aufgabe des Aufsichtsrates, die Überwachung der Geschäftsführer, Vertragsinhalt sein. Nur sind dann die Vorschriften des BGB. über Dienstvertrag oder Auftrag je nach entgeltlicher oder unentgeltlicher Übernahme des Amtes maßgebend. Sie sind durch Auslegung nach Treu und Glauben mit Rücksicht auf die Verkehrssitte (§ 242 BGB.) auszufüllen. Es kann aber auch sein, daß durch die Beseitigung der handelsrechtlichen Bestimmungen dem Aufsichtsrat nur eine dekorative Bedeutung zukommen soll. Dann ist er kein Aufsichtsrat mehr. Es ist nur einigen Personen ein Titel verliehen worden. **Anm. 6.**

Im folgenden werden die einzelnen Vorschriften des HGB. besprochen. Dabei ist jeweils zu untersuchen, ob sie beseitigt werden können und was an ihre Stelle treten kann.

A. § 243 Abs. 1, 2 u. 4 HGB. **Anm. 7.**

Der Aufsichtsrat besteht, sofern nicht der Gesellschaftsvertrag eine höhere Zahl festsetzt, aus drei von der Generalversammlung zu wählenden Mitgliedern.

Die Wahl des ersten Aufsichtsrates gilt für die Zeit bis zur Beendigung der ersten Generalversammlung, welche nach dem Ablauf eines Jahres seit der Eintragung der Gesellschaft in das Handelsregister zur Beschlußfassung über die Jahresbilanz abgehalten wird.

§ 52. Die Bestellung zum Mitgliede des Aufsichtsrates kann auch vor dem Ablaufe des Zeitraums, für den das Mitglied gewählt ist, durch die Generalversammlung widerrufen werden. Sofern nicht der Gesellschaftsvertrag ein anderes bestimmt, bedarf der Beschluß einer Mehrheit, die mindestens drei Vierteile des bei der Beschlußfassung vertretenen Grundkapitals umfaßt.

1. (Abs. 1.) **Ernennungsart und Mitgliederzahl.**

a) **Ernennungsart.** Gleich wie bei der Aktiengesellschaft wird auch der Aufsichtsrat der GmbH. von der Gesellschafterversammlung gewählt. Die Wahlen erfolgen mit einfacher Stimmenmehrheit. Schon für die Aktiengesellschaft kann der Gesellschaftsvertrag für Wahlen andere Bestimmungen treffen (§ 251 Abs. 2). Es wird häufig die relative Stimmenmehrheit für genügend erklärt. Erst recht ist dies für die GmbH. zulässig. Streitig ist, ob bei der Aktiengesellschaft Proportionalwahl möglich ist. Dies wird dann verlangt, wenn der Minderheit ein Sitz im Aufsichtsrate statutarisch gesichert sein soll. Für die GmbH. ist dies zweifellos. Bei Stimmengleichheit ist die Entscheidung durch das Los üblich. Der Gesellschaftsvertrag der GmbH. kann dies auch anders regeln. Es kann das Lebensalter oder die Dauer der Zugehörigkeit zum Aufsichtsrate oder die Nationalität usw. entscheiden. — Bondi (LZ. 1917, 1154ff.) hält auch die Wahl stellvertretender Aufsichtsratsmitglieder für zulässig. Sie hätten für die ordentlichen Mitglieder nur im Falle von deren Verhinderung einzutreten. Nur da, wo Handeln des Gesamtaufsichtsrates notwendig ist, hätten sie neben den ordentlichen Mitgliedern tätig zu sein. Daß eine solche Bestimmung durch das Statut bei der GmbH. eingeführt werden kann, ist außer Zweifel. Bondi hält es aber auch bei der Aktiengesellschaft für zulässig. Daher bei der GmbH. auch ohne ausdrückliche statutarische Bestimmung. Ein Anhaltspunkt dafür findet sich im Gesetze nicht.

Anm. 8. Die Wahl des Aufsichtsrates ist ein Beschluß der Gesellschafter. Die Vorschriften des Gesetzes und Statutes über diesen finden auch hier Anwendung.

Ein Gesellschafter darf sich selbst seine Stimme geben (RG. 22. 2. 05 RGZ. 60, 172). Über die Zusage, einen bestimmten Vertreter zu wählen oder nicht zu wählen vgl. Anm. 44 zu § 45. Wird die Wahl angefochten, so hindert dies bis zur Entscheidung die gewählten Mitglieder nicht an der Ausübung ihres Amtes. Die vor der Rechtskraft des der Anfechtung stattgebenden Urteils erfolgten Amtshandlungen des Aufsichtsrates bleiben gültig. Ist die Wahl für den Fall der Eintragung einer Statutenänderung erfolgt, so tritt der Wahlbeschluß erst mit der Eintragung in Kraft. Vorher können die Aufsichtsratsmitglieder nicht fungieren (RG. 24, 54ff.; vgl. unten Anm. 8 zu § 54). Bis zur Annahme der Wahl kann die Gesellschaft ihr Anerbieten des Amtes zurückziehen (vgl. Anm. 8 zu § 45). Dies bedarf ebenfalls eines gültigen Beschlusses. Durch die Annahme der Wahl tritt der Gewählte in ein Vertragsverhältnis zur Gesellschaft (vgl. unten Anm. 51). Zulässig ist (Bondi LZ. 1917, 1154ff.) die Wahl eines noch unbestimmten aber durch ein künftiges Ereignis zu bestimmenden Aufsichtsratsmitgliedes (der künftige Oberbürgermeister von X und ähnliches). Es darf bei der Aktiengesellschaft nur nicht die Wahl zum Aufsichtsratsmitglied selbst in die Macht eines Dritten gegeben werden. Das Statut der GmbH. kann auch diese Ermächtigung einführen. Eine Pflicht zur Annahme der Wahl besteht nicht. Der Gesellschaftsvertrag kann dies für alle oder für gewisse Gesellschafter anordnen. Wird die Annahme der Wahl trotzdem abgelehnt, so haftet der ablehnende Gesellschafter der Gesellschaft für den ihr hieraus erwachsenden, meist schwer nachweisbaren Schaden. Unter Umständen kann in dieser Pflichtverletzung ein wichtiger Grund zur Auflösung der Gesellschaft liegen.

Anm. 9. Der Gesellschaftsvertrag kann die Wahl durch die Gesellschafterversammlung beseitigen. Er kann an deren Stelle ein Ernennungsrecht durch einzelne Gesellschafter setzen. Das geschieht in den Fällen, in denen bestimmte Gruppen das Recht haben, je einen Vertreter in den Aufsichtsrat zu entsenden. So bei Familiengesellschaften. Jeder Stamm bezeichnet ein Mitglied des Aufsichtsrates. Dabei spielt es keine Rolle, wieviel Gesellschafter ein solcher Stamm umfaßt. Innerhalb eines Stammes wird die Mehrheit entscheiden. Eine Wahl im Sinne des § 243 Abs. 1 HGB. ist dies nicht. Der Gesellschaftsvertrag kann auch hier anders verfahren. Er kann die Ernennung dem ältesten männlichen Angehörigen des Stammes übertragen. Für die GmbH. ist im Gegensatz zum Aktienrecht die Selbstergänzung (Kooptation) des Aufsichtsrates zulässig. Die Gesamtheit der verbliebenen Mitglieder wählt an Stelle des ausgeschiedenen für den Rest der Amtszeit desselben ein neues Mitglied. Der Gesellschaftsvertrag kann auch einem Aufsichtsratsmitglied das Recht geben, seinen Nachfolger zu ernennen. Davon wird in den Fällen der Familiengesellschaft Gebrauch gemacht werden. Die Bestellung des Aufsichtsrates kann aber auch durch einen Dritten erfolgen. Es ist zulässig, daß eine Behörde ihn bestellt. Aber ebenso irgendein durch das Vertrauen der Gesellschafter hierzu Berufener. Schließlich sind mehrere solche denkbar, die formell außerhalb der GmbH. stehend, den Aufsichtsrat wählen oder durch Einzelernennung bilden. Diese Erklärungen Dritter sind den Beschlüssen der Gesellschafterversammlung nicht gleichzustellen. Es gibt keine Anfechtung wegen Verletzung von Gesetz oder Satzung. Ist das Ernennungsrecht zu Unrecht ausgeübt, so ist der Ernennungsakt unwirksam. Der so gebildete Aufsichtsrat besteht nicht zu Recht. Seine Beschlüsse haben keine Geltung. Eine Feststellung der Unwirksamkeit kann durch je den einzelnen Gesellschafter im Klageweg erfolgen. § 52.

Sind nur zwei gleichberechtigte Gesellschafter vorhanden, so kann die Bestellung eines dreiköpfigen Aufsichtsrates das Mittel zur Vermeidung der gegenseitigen Lahmlegung bilden. Jeder Teil ernennt ein Mitglied. Einigen sie sich nicht auf den Dritten, so liegt dessen Ernennung einem Unparteiischen ob. Dadurch ist stets die Bestellung eines Geschäftsführers gesichert. Macht ein zur Aufsichtsratsernennung berechtigter Gesellschafter oder Dritter von seinem Rechte keinen Gebrauch, so kann ihm die Gesellschaft eine angemessene Frist setzen. Nach deren Ablauf geht das Ernennungsrecht wieder auf die Gesellschaft über. Sie kann nicht durch den Eigensinn oder die Unfähigkeit des Gesellschafters ohne Aufsichtsrat bleiben. Das von einem hierzu befugten Gesellschafter oder einem Dritten ernannte Mitglied des Aufsichtsrates tritt in rechtliche Beziehung zur GmbH. Es ist ihr gegenüber verpflichtet. Seine Amtsdauer richtet sich nach Gesetz oder Statut. Der Ernennende hat kein freies Widerrufsrecht. Er kann nicht ein seinen Weisungen nicht folgendes Mitglied des Aufsichtsrates entlassen. Der Widerruf erfolgt nur durch die Gesellschafterversammlung (§ 243 Abs. 4 HGB.). Auch aus dem Sonderrecht eines Gesellschafters auf Ernennung eines Aufsichtsratsmitgliedes fließt nicht das Recht des Widerrufs (anders die früheren Auflagen). Der Gesellschaftsvertrag kann dies anders regeln.

b) **Zahl der Mitglieder.** Das Aktienrecht verlangt drei Mitglieder. Der Gesellschaftsvertrag kann eine höhere Zahl festsetzen. Unter drei darf er nicht heruntergehen. Mangels einer Bestimmung im Gesellschaftsvertrag bleibt es bei der gesetzlichen Dreizahl. Sie ist aber hier dispositiven Rechtes. Der Gesellschaftsvertrag kann sich mit zwei Mitgliedern des Aufsichtsrates begnügen. (Über die Frage, inwieweit eine Einzelperson der Aufsichtsrat sein kann vgl. RG. 13. 6. 13 RGZ. 82, 386, LZ. 1913, 754; OLG. Darmstadt 1. 10. 16 RundschGmbH. 1917, 114.) Er kann auch eine Höchstzahl vorschreiben. Er kann die Mindestzahl über drei erhöhen. Wird diese unterschritten oder die Höchstzahl überschritten, so liegt eine Verletzung des Gesellschaftsvertrages vor. Die Wahl ist anfechtbar. Sind statt fünf nur vier Aufsichtsratsmitglieder gewählt, so liegt ein unvollständiger Aufsichtsrat vor. Eine Nachwahl des fehlenden fünften Mitgliedes genügt nur dann, wenn keine Anfechtung erfolgt. Wird hiergegen von keinem Gesellschafter Widerspruch eingelegt, so ist dies ein Verzicht auf die Anfechtbarkeit der ersten Wahl. Sind mehr Mitglieder als zulässig ernannt, so kann nicht durch das Los oder Vereinbarung das überschüssige Mitglied ausgeschieden und dadurch der Anfechtung der Boden entzogen werden. Der Wahlakt bliebe anfechtbar. Eine Neuwahl ist erforderlich. Nur der Verzicht aller Gesellschafter auf die Anfechtung macht die Wahl gültig. Eine größere als im Gesellschaftsvertrag vorgesehene Zahl kann nur unter gleichzeitiger Statutenänderung gültig gewählt werden. Auch die Einstimmigkeit macht diese Wahl nicht gültig. Es fehlt die vorgeschriebene Form (§ 53 Abs. 1). Anm. 10.

Zu trennen von der Mindestzahl der Mitglieder des Aufsichtsrates ist die zur Beschlußfähigkeit erforderliche Zahl der Erschienenen. Sie kann im Gesellschaftsvertrag

§ 52. beliebig festgesetzt werden. Hier kann die Anwesenheit eines einzigen Mitgliedes genügen. Die Bestimmung über die Beschlußfähigkeit kann auch der Geschäftsordnung des Aufsichtsrates überlassen bleiben. (Für die AG. vgl. RG. 16. 2. 12 Holdheim 21, 72 und Marcus das. 21, 244; für die GmbH. RG. 13. 6. 13 RGZ. 82, 386, LZ. 1913, 754). Das Reichsgericht läßt auch beim Fehlen besonderer statutarischer Vorschriften die Beschlußfassung eines allein erschienenen Aufsichtsratsmitgliedes zu. Es ist die Folgerung aus der Beschlußfähigkeit der General- und Gesellschafterversammlung, bei der nur ein Aktionär oder ein Gesellschafter erschienen ist. Allein ist ein Aufsichtsratsmitglied auch dann, wenn sich ein anderes Mitglied vor der Abstimmung entfernt hat.

Anm. 11. c) **Eigenschaften** des Aufsichtsrates verlangt das Gesetz für die AG. so wenig wie für die GmbH. Auch Nichtgesellschafter sind wählbar. Auch Minderjährige, Frauen, Ausländer. Der Gesellschaftsvertrag kann bei den Geschäftsführern ebenso wie bestimmte Voraussetzungen positiver Art auch negativ bestimmte Ausschließungsmomente einführen. Eine hiergegen verstoßende Wahl ist anfechtbar. Die Verletzung der Statuten wird durch Verzicht geheilt. Fortfall der Eigenschaft verpflichtet zur Amtsniederlegung. Für die Gesellschafter erwächst das Recht zum Widerruf aus wichtigen Gründen. Von selbst erlischt das Amt nur, wenn dies im Gesellschaftsvertrag angeordnet wurde. Eine Beschränkung der Wahlfähigkeit derart, daß dadurch die Wahlfreiheit der Generalversammlung ausgeschlossen oder wesentlich vereitelt wird, ist im Aktienrechte als unzulässig bezeichnet (KG. 10. 5. 06 ZBlFG. 7, 434). Für die GmbH. gilt dies nicht. Hier herrscht völlige Freiheit der Gestaltung des Aufsichtsrates. Der Gesellschaftsvertrag kann die Zugehörigkeit zu diesem für bestimmte Personen vorsehen. Er kann also auch den Kreis der Wählbaren so eng er will ziehen.

Anm. 12. 2. **Amtsdauer.** Das Aktienrecht führt im Interesse der Aktionäre eine doppelte Beschränkung ein. Das eine Mißtrauen gilt nur dem ersten Aufsichtsrate. Er ist von den Gründern ernannt und oft mit ihnen identisch. Daher muß er sich einer Neuwahl unterziehen, sobald ein volles Geschäftsjahr umlaufen ist. Das meist nur kurze Gründungsjahr zählt nicht. Diese Vorschrift hat das GmbHG. beibehalten. Das zweite Mißtrauen wird jedem Aufsichtsrate gezeigt. Er soll nicht unabhängig von der Generalversammlung werden. Er muß sich nach Ablauf von vier Geschäftsjahren, das, in dem seine Ernennung erfolgte, nicht eingerechnet, also tatsächlich nach fünf Geschäftsjahren, einer Neuwahl unterziehen. Für längere Zeit kann der Aufsichtsrat nicht gewählt werden. Die Satzung kann nicht davon abweichen. Diese Vorschrift hat das GmbHG. nicht übernommen. Es hätte ebensowohl auch auf die erste verzichten können. Die Unterscheidung zwischen dem ersten Aufsichtsrate und den folgenden ist jedoch im Gesetze geblieben.

Anm. 12a. a) Der erste Aufsichtsrat gilt für die Zeit bis zur ersten Generalversammlung, die nach dem Ablaufe eines Jahres seit Eintragung der Gesellschaft in das Handelsregister zur Beschlußfassung über die Jahresbilanz abgehalten wird. Beträgt das erste Geschäftsjahr nur einen Monat, so findet die Neuwahl nach Ablauf des zweiten Geschäftsjahres statt. Der Gesellschaftsvertrag kann dies abändern. Dazu genügt, daß er die Wahlperiode einheitlich regelt, ohne die Sonderbestimmung des Gesetzes vorzubehalten. Bleibt die Vorschrift für den ersten Aufsichtsrat in Kraft, so ist eine auf längere Zeit erfolgte Wahl anfechtbar. Eine absolute Nichtigkeit wie im Aktienrechte tritt bei der GmbH. nicht ein. Unter dem ersten Aufsichtsrate ist im Aktienrechte der bei der Gründung gewählte gemeint. Auf diesen Fall muß das Gesetz auch bei der GmbH. beschränkt werden. Wird erst durch Statutenänderung ein Aufsichtsrat eingeführt, so findet auf den zuerst gewählten Aufsichtsrat die Beschränkung des Aktienrechts in keinem Falle Anwendung. Ist von Anfang an ein Aufsichtsrat bestellt, so wird dieser bei der Gründung der GmbH. von allen Gesellschaftern erwählt. Daher wohl meist einstimmig. Damit ist die auf längere Zeit als im Gesetze vorgesehen erfolgte Wahl der Anfechtbarkeit entzogen. Daraus erhellt die geringe Bedeutung der ganzen Vorschrift für die GmbH. Es empfiehlt sich, sie im Gesellschaftsvertrage ausdrücklich aufzuheben. Die Urkunde über die Bestellung des ersten Aufsichtsrates ist mangels einer entgegenstehenden statutarischen Bestimmung dem Registergericht vorzulegen (KG. 13. 10. 11 OLGR. 27, 384, Recht 1912 Nr. 2399 u. 2728, BauersZ. 19, 206). **§ 52.**

b) Für jeden folgenden Aufsichtsrat hatte im Aktienrecht § 243 Abs. 3 HGB. eine Höchstdauer bestimmt. Es regelte damit zugleich die Amtszeit mangels einer statutarischen Festsetzung. Für die GmbH. fehlt diese Vorschrift. Der Gesellschaftsvertrag hat die Lücke auszufüllen. Er kann die Amtsdauer beliebig lang festsetzen. Auch auf Lebenszeit oder die Dauer der Gesellschaft oder des Besitzes eines Geschäftsanteils. Da der Aufsichtsrat zu Dienstleistungen gegenüber der Gesellschaft verpflichtet ist, kann er nach Ablauf von fünf Jahren trotz längerer Bestellung kündigen (§ 624 BGB.). Darauf kann er nicht verzichten. Hat der Gesellschaftsvertrag nichts bestimmt, so ist die Zeit nach Art und Beschaffenheit der Dienste zu bestimmen (§ 620 Abs. 2 BGB.). Da es sich um Vertrauensdienste handelt, ohne daß ein Verhältnis mit festen Bezügen vorliegt, so wird im Zweifel die jederzeitige Aufkündigung möglich sein (§ 627 Abs. 1 BGB.). Bei einer Kündigung zur Unzeit, so daß die Gesellschaft sich den Aufsichtsrat nicht anderweit beschaffen kann (§ 627 Abs. 2 BGB.), haftet der kündigende Aufsichtsrat. Das gilt in gleicher Weise bei unentgeltlichen Dienstleistungen (§ 679 BGB.). Der Gesellschaftsvertrag kann die jederzeitige Amtsniederlegung des Aufsichtsrates einführen. Dann braucht dieser auf die Interessen der Gesellschaft keine Rücksicht zu nehmen. **Anm. 13.**

c) Die Gesellschaft kann den Aufsichtsrat jederzeit abberufen, auch wenn er auf bestimmte Zeit bestellt ist (§ 243 Abs. 4 HGB.). Dazu bedarf es einer Mehrheit von drei Vierteln der Stimmen. Auch dann, wenn ein wichtiger Grund zu sofortiger Kündigung vorliegt (RG. 14. 3. 22 RGZ. 104, 182). Der Gesellschaftsvertrag kann dies erleichtern oder erschweren oder beseitigen. Er kann einfache Mehrheit für genügend erklären oder bestimmen, daß ein Aufsichtsratsmitglied überhaupt nicht abberufen werden kann. Steht das Ernennungsrecht einzelnen Gesellschaftern oder gar Dritten zu, so liegt darin der Verzicht der Gesellschaft auf den freien Widerruf. Auf die Ernennungsberechtigten geht dieser nicht ohne weiteres über. Man kann aus der Vorschrift des § 243 Abs. 4 HGB. nicht folgern, daß der Gesellschafter oder Dritte, der ein Aufsichtsratsmitglied bestimmt, dieses beliebig zurückziehen kann. Der Widerruf aus wichtigen Gründen bleibt der Gesellschaft stets vorbehalten. Hierzu ist die einfache Mehrheit genügend. Dieses Recht steht ihr auch zu, wenn ein Gesellschafter oder ein Dritter ein Mitglied des Aufsichtsrates ernannte. Eine Bestimmung des Gesellschaftsvertrages, die den Gesellschaftern dies Recht entzöge, wäre unwirksam. Ob der ernennende Gesellschafter oder Dritte zum Widerrufe der von ihm bezeichneten Mitglieder des Aufsichtsrates aus wichtigen Gründen berechtigt ist, kann nur durch Auslegung im Einzelfalle unter Berücksichtigung aller Umstände des Falles entschieden werden. Man wird es bejahen, wenn Sonderinteressen des ernennenden Gesellschafters oder des Dritten durch das von ihm in den Aufsichtsrat entsandte Mitglied gewahrt werden sollen. **Anm. 14.**

Ein auf eine bestimmte Dauer gewähltes Aufsichtsratsmitglied kann sein Amt vor der Zeit nur aus wichtigen Gründen niederlegen (§ 626 BGB.). Ohne wichtigen Grund nur, wenn nicht ein dauerndes Verhältnis mit festen Bezügen vorliegt (hierüber § 627 BGB.; Anm. 11 zu § 38). Erhält der Aufsichtsrat nur einen Gewinnanteil, so ist diese Voraussetzung gegeben. Steht ihm aber ein Anspruch auf eine bestimmte Summe allein oder neben der Tantieme zu, so ist die Aufkündigung des Dienstverhältnisses unzulässig. Bei unentgeltlicher Geschäftsbesorgung liegt nur ein jederzeit kündbarer Auftrag vor. Eine nicht statthafte Niederlegung des Amtes ist wirkungslos. Sie kann als ein Angebot des Rücktritts des Aufsichtsrates betrachtet werden. Sie bedarf der Annahme durch die Gesellschafter. Der Gesellschaftsvertrag kann dem Aufsichtsrat das Recht des jederzeitigen Rücktrittes von seinem Amte geben. Ein Aufsichtsratsmitglied, das sein Amt wirksam niedergelegt hat, kann nur durch die Gesellschafterversammlung wieder als Mitglied des Aufsichtsrates bestellt werden. Eine Erklärung der anderen Mitglieder desselben oder der Geschäftsführer genügt nicht (KG. 21. 11. 04 KGJ. 29 A 98 und 15. 3. 12 RJA. 12, 40). **Anm. 15.**

§ 52. 3. Abkommen zwischen einzelnen Mitgliedern der Gesellschaft, wonach diese unter sich die
Anm. 16. Besetzung des Aufsichtsrates regeln und sich verpflichten, in diesem Sinne zu stimmen, sind als gegen die guten Sitten verstoßend nichtig. Die Klage des einen Gesellschafters gegen den anderen auf Niederlegung seines Amtes auf Grund eines solchen Vertrages ist unzulässig (RGZ. 57, 205; Anm. 44 zu § 45; Liebmann Anm. 1). Ebensowenig gibt es eine Klage auf Schadensersatz wegen Unterlassung der zugesagten Wahl zum Aufsichtsrate. Staub-Pinner HGB. Anm. 2 zu § 263 neigt zu einer Gültigkeit der Verpflichtung, eine bestimmte Person in den Aufsichtsrat zu wählen („dürfte — — gültig sein"). Man wird aber richtiger auch hier das Interesse der Gesellschaft in den Vordergrund stellen. Über die Zusage, das Widerrufsrecht nicht auszuüben, vgl. oben Anm. 14.

Anm. 17. **B. § 244 HGB.**

Jede Änderung in den Personen der Mitglieder des Aufsichtsrates ist von dem Vorstand unverzüglich in den Gesellschaftsblättern bekannt zu machen. Der Vorstand hat die Bekanntmachung zum Handelsregister einzureichen.

Anm. 18. 1. Die Vorschrift des § 244 HGB. paßt nicht ganz in den Rahmen des GmbHG. Sie setzt voraus, daß jede Gesellschaft Gesellschaftsblätter hat. Der Gesellschaftsvertrag muß aber diese nicht vorsehen. Daher bestimmt auch § 30 Abs. 2 bei dem Fehlen einer solchen Anordnung die Bekanntmachung in den für die Bekanntmachungen aus dem Handelsregister bestimmten öffentlichen Blättern. Dies muß auch hier gelten.

Jede Änderung in den Personen der Mitglieder des Aufsichtsrates ist unverzüglich bekanntzumachen. Die Pflicht liegt den Geschäftsführern ob, nicht dem Aufsichtsrate selbst. Bei einer Wiederwahl entfällt die Publikationspflicht. Dann liegt keine Veränderung in der Person der Mitglieder des Aufsichtsrates vor. Das Belegblatt ist von dem Geschäftsführer zum Handelsregister einzureichen. Er kann hierzu durch Ordnungsstrafen angehalten werden (§ 14 HGB.).

Anm. 19. 2. Die Vorschrift des § 244 kann beseitigt werden. Davon machen die meisten Gesellschafter Gebrauch. Im Gegensatz zum Aktienrecht haben bei der GmbH. Außenstehende nur ein geringes Interesse an der Zusammensetzung des Aufsichtsrates. Daher wird die Vorschrift des § 244 regelmäßig ganz außer Kraft gesetzt. Doch kann sich der Gesellschaftsvertrag auch mit Modifikationen begnügen. Er kann die Einreichung zum Handelsregister beibehalten und die Veröffentlichung beseitigen oder umgekehrt. Er kann die Publikation nur jedes fünfte Jahr vorsehen. Er kann statt der Gesellschaftsblätter andere Zeitungen bestimmen.

Anm. 20. 3. Das Gesetz enthält nichts über die Anmeldung der Bestellung des ersten Aufsichtsrates. Für die AG. ist in § 199 Abs. 1 Nr. 4 HGB. die Veröffentlichung der Mitglieder desselben vorgesehen. In § 195 Abs. 2 Nr. 4 HGB. wird die Vorlage der Urkunde über die Bestellung des Aufsichtsrates verlangt. Diese Bestimmung ist auch auf die GmbH. anwendbar. Das folgt aus der Anwendung des § 244 HGB. (KG. 13. 10. 11 KGJ. 41 A 142, RJA. 11, 270; a. M. Liebmann Anm. 4b. Aber was soll die Anzeige der Veränderung, wenn das zu Ändernde nicht festgestellt war?).

Anm. 20a. 4. Die Bestimmung des § 244 war durch VO. vom 14. Febr. 1924 (§ 5) außer Kraft gesetzt. Sie ist erneut für gültig erklärt durch VO. vom 20. Juni 1925 (§ 5).

Anm. 21. **C. § 245 HGB.**

Erhalten die Mitglieder des Aufsichtsrates für ihre Tätigkeit eine Vergütung, die in einem Anteil am Jahresgewinne besteht, so ist der Anteil von dem Reingewinne zu berechnen, welcher nach Vornahme sämtlicher Abschreibungen und Rücklagen sowie nach Abzug eines für die Aktionäre bestimmten Betrages von mindestens vier vom Hundert des eingezahlten Grundkapitals verbleibt.

Ist die den Mitgliedern des Aufsichtsrates zukommende Vergütung im Gesellschaftsvertrage festgesetzt, so kann eine Abänderung des Gesellschaftsvertrages, durch welche die Vergütung herabgesetzt wird, von der Generalversammlung mit einfacher Stimmenmehrheit beschlossen werden.

Den Mitgliedern des ersten Aufsichtsrates kann eine Vergütung für ihre Tätigkeit nur durch einen Beschluß der Generalversammlung bewilligt werden. Der Beschluß kann nicht früher als in derjenigen Generalversammlung gefaßt werden, mit deren Beendigung die Zeit, für welche der erste Aufsichtsrat gewählt ist, abläuft. **§ 52.**

Die Vergütung des Aufsichtsrates ist ein im Aktienrechte viel umstrittenes Gebiet. Bei der GmbH. treten die Bedenken des Aktienrechtes zurück. Hier hilft die Möglichkeit der Abänderung im Gesellschaftsvertrage.

1. Der erste Aufsichtsrat. Bei der Aktiengesellschaft kann sie nur durch einen Beschluß der Gesellschafter bewilligt werden. Dies auch nicht früher als in derjenigen Generalversammlung, mit welcher die Amtsperiode des ersten Aufsichtsrates abläuft. Die Vorschrift ist ein Ausdruck des Mißtrauens gegen die Gründer. Daher ist eine anderweite Bestimmung der Gesellschafterverträge der AG. nichtig. Eine durch einen vorzeitigen Beschluß der Generalversammlung festgesetzte und ausbezahlte Vergütung ist ohne Rechtsgrund geleistet. Sie kann zurückgefordert werden. Einerlei ist es, worin die Vergütung besteht. Das Verbot bezieht sich auf feste Bezüge wie auf Gewinnanteile. Bei der GmbH. ist die Vorschrift dispositiv. Sie kann durch Gesellschaftsvertrag abgeändert werden. Dies ist meist der Fall. In der Festsetzung der Bezüge ohne Erwähnung des ersten Aufsichtsrates kann eine Aufhebung der Vorschrift des § 245 Abs. 3 liegen. Dieser dispositive Charakter beeinflußt auch die Folge von Verletzungen dieser Vorschrift. Ein Beschluß der Gesellschafter, der vor Ablauf der ersten Amtsperiode eine Vergütung für den ersten Aufsichtsrat bestimmt, ist anfechtbar. Er muß zunächst von den Geschäftsführern befolgt werden. Erst die erfolgreiche Anfechtung bewirkt, daß die zu Unrecht bezahlte Vergütung zurückgewährt werden muß (vgl. Anm. 29 zu § 45). Der Aufsichtsrat ist kein dritter Kontrahent, mit dem der Geschäftsführer erst eine Vereinbarung auf Grund des angefochtenen Beschlusses getroffen hätte (Liebmann Anm. 3, der die vorstehende Ausführung als unrichtig bezeichnet, geht dabei von der falschen Voraussetzung aus, daß die Folge der Anfechtbarkeit nur Schadensersatz sei. Er verkennt hierbei die Bedeutung der Anfechtbarkeit der Beschlüsse der Gesellschafter, Anm. 16ff. zu § 45). **Anm. 22.**

2. **Der spätere Aufsichtsrat.**

a) Aufwendungen sind den Aufsichtsratsmitgliedern zu erstatten (§§ 670, 675 BGB.). Es genügt, daß sie sie nach den Umständen für erforderlich halten durften. Dazu ist eine vernünftige sorgfältige Überlegung erforderlich (RGZ. 59, 207; 105, 52). Ob die Aufwendung den erhofften Erfolg hat, spielt keine Rolle (WarnRspr. 1919 Nr. 60). So wenn der Aufsichtsrat bei einer von Geschäftsführern beantragten Genehmigung ein Gutachten erhebt. Der Geschäftsführer darf dies nicht als zwecklos beanstanden, wenn es zur Unterrichtung des Aufsichtsrates dienen sollte. Zu den Aufwendungen gehören in erster Linie Barauslagen. So die Spesen des Mitgliedes bei der Reise zur Sitzung. Aber auch Vergütungen, die ein Aufsichtsrat für die GmbH. an Dritte bezahlt, sobald dies in Erfüllung der Aufsichtsratsarbeit geschah. Andernfalls ergäbe sich nur ein Anspruch aus Geschäftsführung oder aus Bereicherung. Dienste, die ein Aufsichtsratsmitglied der Gesellschaft außerhalb der Aufsichtsratsaufgabe leistet, müssen vergütet werden. Das folgt aus dem Anspruche auf Ersatz der Aufwendungen. So wenn ein Rechtsanwalt einen Prozeß führt, ein Architekt einen Plan entwirft usw. Die Grenze wird da zu ziehen sein, wo es sich um eine selbständige Leistung handelt. Unzulässig wäre es, wenn der Rechtsanwalt, der Mitglied des Aufsichtsrates ist, für die in der Debatte gemachten Rechtsausführungen Gebühren für erteilten Rat berechnete. Ein Bankier, der ein Finanzgeschäft vermittelt, braucht dies nicht ohne Entgelt zu tun. Er muß sich dies nicht vorher bedungen haben. Äußert er sich aber in der Sitzung über eine von der GmbH. aufzunehmende Anleihe auf Grund seiner Sachkunde, so handelt er als Aufsichtsrat. Zufällige Schäden, die das Aufsichtsratsmitglied bei Ausübung seines Amtes erleidet (Unfall bei der Reise zur Gesellschaft) fallen nicht unter den Begriff der Aufwendung (RG. 5. 4. 09 JW. 1909, 311). **Anm. 23.**

§ 52. b) Ob ein Aufsichtsratsmitglied Anspruch auf Vergütung seiner Tätigkeit über
Anm. 24. die Erstattung der baren Auslagen hinaus hat, muß im Einzelfalle festgestellt werden. Staub, 1. Aufl. Anm. 23 S. 307 nahm (im Einklang mit Staub HGB. Anm. 3 zu § 245 HGB.) an, daß, wenn weder die Statuten, noch ein Gesellschafterbeschluß die Vergütung festsetzen, die Aufsichtsratsmitglieder keine Vergütung erhalten sollen. Diese Ansicht ist bereits für das Aktienrecht von den anderen Kommentaren bekämpft worden (Lehmann-Ring Anm. 1, Goldmann Anm. 2 zu § 245 HGB.). Sie läßt sich auch für die GmbH. nicht aufrecht erhalten. Nicht zutreffend erscheint auch die Unterscheidung (Staub, 1. Aufl. a. a. O.), daß die Vergütung entweder durch besonderen Vertrag vereinbart oder durch Gesellschafterbeschluß bewilligt oder durch das Statut festgesetzt werden könne. Zwischen Aufsichtsrat und Gesellschaft besteht ein Vertragsverhältnis. Es kommt durch die Vereinbarung zwischen beiden Teilen zustande. Falls nicht der Gesellschaftsvertrag ein anderes bestimmt (vgl. oben Anm. 9), sind die Gesellschafter als Kollegium die Kontrahenten auf der einen Seite. Neben dem von ihnen mit dem Aufsichtsrate geschlossenen Vertrage gibt es keinen besonderen Vertrag über Vergütung, am allerwenigsten durch die Geschäftsführer. Die Vergütung kann ausdrücklich vereinbart werden. Die Gesellschafter beschließen, daß der von ihnen gewählte Aufsichtsrat eine Vergütung, sei es in Form eines festen Gehaltes oder eines Gewinnanteils, beziehen soll. Unterbleibt dies, so ist erheblich, ob im Gesellschaftsvertrage eine solche Vergütung vorgesehen ist. Aus dieser Tatsache allein folgt kein Anspruch des Aufsichtsrates. Denn aus dem Gesellschaftsvertrage können nur Rechte und Pflichten der Gesellschafter erwachsen. Aber es entspricht der Anschauung des Verkehrs, daß, wenn eine Gesellschaft einen Aufsichtsrat wählt, dieser die im Statute vorgesehene Vergütung erhält. Es ist Sache der Gesellschafter, bei der Wahl zu erklären, daß der Aufsichtsrat keine oder nur eine geringere Vergütung erhalten soll, als das Statut normiert. Es kann im Einzelfalle auch aus den begleitenden Umständen erhellen, daß der Aufsichtsrat, trotz der statutarischen Regelung der Tantieme, ohne Anspruch auf eine solche bestellt werden sollte. Stets ist zu betonen, daß die Vergütungen des Aufsichtsrates, auch wenn die Statuten Bestimmungen darüber treffen, nur auf dem Vertrage zwischen der Gesellschaft und dem Aufsichtsrate beruhen. Aus demselben Grunde ergibt sich, daß, auch wenn der Gesellschaftsvertrag nichts über die Gegenleistung sagt, doch stets dann die Vergütung geschuldet wird, „wenn die Dienstleistung den Umständen nach nur gegen eine Vergütung zu erwarten ist" (§ 612 Abs. 1 BGB.). Wenn drei Gesellschafter, die bisher Geschäftsführer waren, jüngeren Kräften Platz machen und sich in den durch Statutenänderung ihretwegen eingeführten Aufsichtsrat zurückziehen, so wird niemand von ihnen verlangen, daß sie ihre Dienste in dieser Form unentgeltlich der Gesellschaft widmen. Auch ihr Anspruch beruht auf dem Vertrage und seiner Auslegung nach der Verkehrssitte. Mit dem Augenblick der Beendigung der Gesellschaft entfällt die Vergütung des Aufsichtsrates. Das entspricht der Billigkeit. Beendigt der Widerruf der Bestellung zum Aufsichtsrat durch eine Dreiviertelmehrheit den Anspruch auf Vergütung, so muß dies erst recht beim Aufhören der Rechtspersönlichkeit der Gesellschaft gelten (RG. 3. 1. 13 LZ. 1913, 289).

Anm. 25. Ist die Vergütung des Aufsichtsrates im Gesellschaftsvertrage geregelt, so hat dies doppelte Bedeutung. Es bildet einmal den stillschweigenden Inhalt der Anstellung (oben Anm. 24). Es ist aber auch eine Vorschrift für die Gesellschafter, wonach sie sich verpflichten, nicht über die hier festgesetzte Grenze hinauszugehen. Die Gewährung einer höheren Tantieme als im Gesellschaftsvertrage vorgesehen, verletzt diesen. Der Beschluß der Gesellschafter ist anfechtbar. Bei der Ungültigkeitserklärung ist die zuviel gewährte Tantieme zurückzugeben (vgl. oben Anm. 22). Eine Abänderung des Gesellschaftsvertrages über die Vergütung des Aufsichtsrates bedarf, sofern sie dieselbe herabsetzt, nur der einfachen Stimmenmehrheit (§ 245 Abs. 2 HGB.; ebenso § 50 Abs. 2 österr. Ges.; vgl. Anm. 1 zu § 53). Eine Erhöhung ist nur mit der besonderen Mehrheit von drei Vierteln zulässig. Diese für das Aktienrecht vom Reichstage eingeführte Bestimmung, die sich gegen die übermäßige Tantieme der Aufsichtsräte richtet, hat für das GmbHG. nur geringe Bedeutung. Sie kann durch den Gesellschaftsvertrag aufgehoben werden. § 52.

Aus dem über die Quelle der Vergütung Ausgeführten (oben Anm. 24) erhellt, daß eine Abänderung des Gesellschaftsvertrags, welche die Vergütung des Aufsichtsrates mindert, in bestehende Verhältnisse nicht eingreifen kann. Solange die Amtsperiode läuft, solange bezieht der Aufsichtsrat die bei seiner Wahl auch stillschweigend durch Bezugnahme auf den Gesellschaftsvertrag zugesagte Gegenleistung. Der § 245 Abs. 2 besagt nicht mehr, als daß die Abänderung der zugelassenen Tantieme des Aufsichtsrates mit *einfacher Mehrheit zulässig ist*. Da aber der Anspruch des Aufsichtsrates nicht auf der Erwähnung im Gesellschaftsvertrage beruht, sondern auf der Bestellung durch den besonderen Rechtsakt der Gesellschaft, so kann auch eine Statutenänderung nicht gleichzeitig eine Änderung der Anstellungsbedingungen sein. Jene besagt nur, daß bei der nächsten Wahl des Aufsichtsrates der Aufsichtsrat nicht mehr als den jetzt zulässigen Satz erhalten darf. Ein neuernannter Aufsichtsrat ist stillschweigend der neuen Tantiemeregel unterstellt. Das Gesetz hat den Aktionären nicht das Recht einräumen wollen, auch während der Dauer der Bestellung des Aufsichtsrates die Bezüge herabzusetzen. Ein geschlossener Vertrag ist als Regel nicht widerruflich. Wollte das Gesetz eine Ausnahme, so hätte es dies ausdrücklich sagen müssen (über die Entstehungsgeschichte des § 245 Abs. 2 HGB. und seine Auslegung vgl. Hachenburg bei Holdheim 15, 145 ff.). Die Ausführungen bei Staub-Pinner Anm. 4 zu § 245 HGB. unterscheiden, ob der Anspruch der Aufsichtsratsmitglieder auf besonderer Vereinbarung oder „lediglich auf dem Gesellschaftsvertrage" beruht. In letzterem Falle sei die Annahme des Amtes dahin zu verstehen, daß als Vergütung immer das zu zahlen ist, was die Satzung bestimme. Diese Auslegung der stillschweigenden Festsetzung der Vergütung deckt sich nicht mit der Verkehrsauffassung. Daß die Mitglieder des Aufsichtsrates meist keinen Widerspruch gegen die Abänderung erheben, beweist nichts für die Unterstellung einer allgemeinen Unterwerfung unter die *jeweils* geltende Satzung.

c) *Der Aufsichtsrat hat kein Vorrecht im Konkurse*. Er gehört nicht zu den Personen, welche dem Organismus des Geschäftsbetriebes als Untergebene angehören („verdungen"), (§ 61 Nr. 1 KO.; vgl. jedoch Jäger in DJZ. 7, 362). Über den Wegfall der Aufsichtsratsvergütung nach Eröffnung des Konkurses vgl. RG. 81, 333. Anm. 26.

d) *Die Art der Vergütung*. Sie ist entweder eine feste Vergütung oder ein Anteil am Reingewinn (Tantieme). *Über die Höhe der festen Vergütung* sind Vorschriften nicht gegeben. Dieselbe ist gesetzlichen Schranken nicht unterworfen (RG. in LZ. 1911, 66). Es kann auch eine feste Vergütung vereinbart werden mit der Maßgabe, daß sie auf die Tantieme in Anrechnung kommt. Sie kann auch neben der Tantieme versprochen sein. Die Tantieme kann auch in bestimmter Höhe garantiert werden. Auch Umsatzprovisionen, Präsenzgelder usw. können vereinbart werden. Die feste Vergütung hat die Bedeutung eines Gehaltes. Sie erscheint als Teil der Geschäftsunkosten. Sie kann nicht bestritten werden, weil die Gesellschaft nichts verdient habe (vgl. RG. 1. 10. 10 BauersZ. 18, 147). Sie besteht auch nach der Auflösung der Gesellschaft weiter, während nach dieser Zeit von einem Anteil am Reingewinn keine Rede mehr sein kann. Anm. 27.

Die aktienrechtliche Vorschrift über die Aufsichtsratstantieme entspringt ebenfalls einem Schutzbedürfnisse der Aktionäre. Der Gesetzgeber wollte zu reichliche Gewinnanteile verhüten. Er gibt daher dem Aufsichtsrate wie dem Vorstande die Tantieme nur aus dem zur *Verteilung bestimmten Reingewinne*. Von dem aus der Bilanz ersichtlichen Gewinnergebnisse des Geschäftsführers gehen alle Abschreibungen und Rücklagen ab, einerlei ob sie notwendig oder gewillkürte sind. Der Aufsichtsrat muß außerdem noch hinter der Grunddividende der Aktionäre mit 4% zurückstehen. Diese Vorschrift hat bei den Aktiengesellschaften vielfach zu Bestimmungen geführt, die mittelbar dem Aufsichtsrate doch eine Tantieme an den Rückstellungen zuführen sollte. Etwa in dem bei bestimmten Beträgen der Reserve die Tantiemen prozentual steigen sollen und ähnlich. Solche Festsetzungen Anm. 28.

§ 52. sind unwirksam. Eine große Streitfrage im Aktienrecht ist, ob die Vorstandstantieme bei Berechnung der Aufsichtsratstantieme abgezogen werden muß. Das ist zu verneinen (vgl. jetzt RG. 91, 316).

Anm. 29. Für die GmbH. besitzt die ganze Bestimmung wenig Wert. Die Gesellschafter bedürfen eines Schutzes gegen die Tantiemeansprüche ihres Aufsichtsrates nicht. Wenn sie einen Aufsichtsrat bestellen, so setzen sie selbst die Bezüge in der ihnen gutscheinenden Weise fest. Die Gesellschaftsverträge beseitigen daher meist die ganze Bestimmung des § 245 Abs. 1. Auch wo dies nicht völlig geschieht, wird die Tantiemefreiheit auf bestimmte Rücklagen beschränkt. Die Tantieme der Geschäftsführer wird ebenfalls nicht von dem tantiemepflichtigen Gewinn abgezogen werden. Zulässig ist es, die Tantieme, je nach der Größe der Rücklagen zu staffeln. Es herrscht überhaupt auch auf diesem Gebiete völlige Freiheit der Regel. Daher kann auch dem Aufsichtsrate der Gewinnanteil vom Bruttogewinn zugesagt werden. Nur darf hier eine Auszahlung des zur Erhaltung des Stammkapitals erforderlichen Vermögens nicht stattfinden. Vor diesem Gebote müssen die Bestimmungen der Gesellschafter zurückweichen. Auch dies gilt nicht, wenn die Mitglieder des Aufsichtsrates nicht Gesellschafter sind. Fremde sind daher besser als die Gesellschafter gestellt.

Anm. 30. Ist die gesetzliche Vorschrift über die Berechnung der Aufsichtsratstantieme im Gesellschaftsvertrage nicht aufgehoben, so ist ein Beschluß der Gesellschafter auf höhere oder anders berechnete Tantieme anfechtbar. Kein Gesellschafter braucht dem Aufsichtsrate mehr Gewinn zu gestatten, als das Gesetz vorsieht. Die Mitglieder des Aufsichtsrates haben auf dieser Grundlage ihr Amt übernommen. Ein einstimmiger Beschluß der Gesellschafter ist gültig. Er enthält den Verzicht auf die dispositive Bestimmung des Gesetzes. Weicht die besondere Festsetzung der Vergütung für den Aufsichtsrat bei dessen Wahl von der gesetzlichen Vorschrift ab, wird insbesondere hierbei die Tantieme von dem gesamten Reingewinn einschließlich aller Rücklagen zugesichert, so ist auch dieser Beschluß nur anfechtbar. Durch die Zustimmung aller Gesellschafter ist er wirksam. Eine Abänderung des Gesellschaftsvertrages ist hierfür nicht erforderlich. Es liegt eine zulässige Ausnahme von der gesetzlichen Vorschrift vor.

Anm. 31. e) Die Tantieme entfällt auf die Aufsichtsratsmitglieder gleichmäßig (§ 420 BGB.). Doch kann der Gesellschaftsvertrag auch dies anders regeln. Insbesondere kann der Vorsitzende einen weiteren Kopfteil erhalten. Der Anspruch auf Vergütung steht jedem Mitgliede des Aufsichtsrates als solchem unmittelbar gegen die Gesellschaft zu, nicht dem Aufsichtsrate als Gesamtheit. Er ist nicht wieder eine Gesellschaft oder eine selbständige Persönlichkeit (RG. 22. 2. 11 LZ. 1911, 378; OLG. Dresden 22. 2. 11 und die Ausführungen von Breit hierzu das. 1911, 439; ebenso Brodmann Anm. 1). Zahlung an den Vorsitzenden befreit die Gesellschaft nicht. Bestimmt der Gesellschaftsvertrag, daß der Aufsichtsrat als Gesamtheit die Tantieme erhält und über deren Verteilung beschließt, so ist damit eine rein rechnerische Tätigkeit gemeint. Der Aufsichtsrat soll durch Beschluß nach billigem Ermessen (§ 315 BGB.) die Verteilung vornehmen. Grundsätzlich ist auch hierbei von gleichen Anteilen auszugehen. Ein abweichender Beschluß bedarf besonderer Umstände zur Rechtfertigung. Es genügt jedoch, um ein Mitglied leer ausgehen zu lassen, nicht, daß es einer erheblichen Zahl der Sitzungen nicht anwohnte (KG. 17. 4. 09 OLGR. 22, 2 und RG. 22. 2. 11 Recht 1911 Nr. 1813) oder nur einen Teil des Jahres dem Aufsichtsrate angehörte. Im letzteren Falle erhält es seinen Anteil nur im Verhältnisse der abgelaufenen Amtszeit (OLG. Dresden 22. 2. 11 LZ. 1911, 439, BauerZ. 19, 158). Der Gewinnanteil ist eine Vergütung für die Leistungen des Aufsichtsrates. Hat ein Aufsichtsratsmitglied die Erfüllung geweigert, ist es trotz Mahnens nicht in die Sitzungen gekommen, oder hat es überhaupt an dem fehlen lassen, was ihm zu tun oblag, so ist der Einwand, der aus einer jeden nicht erfüllten Vertragspflicht fließt, auch hier begründet (vgl. RG. a. a. O.). Nur das Versäumen von Sitzungen allein für sich genommen, entzieht dem Aufsichtsrate nicht seinen Anspruch. Ein säumiges Aufsichtsratsmitglied, das trotz Aufforderung nicht in die Sitzungen kommt, oder ihm aufgetragene Einzelfunktionen nicht ausübt, kann sich nicht darauf berufen, daß es die Tantieme für seine Verantwortung erhalte. Sie ist keine Risikoprämie, sondern eine Gegenleistung für Arbeit. Der Gesellschaftsvertrag kann darin anders bestimmen. Er kann die reguläre Teilnahme an den Sitzungen zur Bedingung machen. Er kann davon befreien. Die Bestimmung, daß der Aufsichtsrat für seine Mühewaltung die Tantieme erhalte, genügt nicht, um ihm beim Ausbleiben schon den Anspruch zu entziehen (abweichend BauersZ. 18, 218). § 52.

Stirbt ein Aufsichtsratsmitglied während der Dauer der Amtsperiode, so erhält es einen verhältnismäßigen Anteil an der Tantieme des betreffenden Jahres. Mit dem Widerrufe der Bestellung durch die Gesellschafter (§ 243 Abs. 4 HGB.) hört auch das Bezugsrecht auf. Der Aufsichtsrat übernimmt sein Amt mit dieser Beendigungsmöglichkeit behaftet. Bei der Aufhebung des Rechtsverhältnisses aus wichtiger Ursache (oben Anm. 14 u. 15) hängt ein weiterer Anspruch davon ab, ob die Gesellschaft dem Aufsichtsrat Ursache hierzu gab, die als ein vertragswidriges Verhalten erscheine (§ 628 Abs. 2 BGB.). In diesem Falle besteht ein Entschädigungsanspruch (a. M. Staub-Pinner a. a. O., der den § 628 Abs. 2 BGB. „insoweit" nicht zur Anwendung kommen lassen will. Die Vergütungsvereinbarung gehe dahin, daß der jeweilige Aufsichtsrat die Vergütung erhalte. Daraus folgt aber noch nicht, daß die Gesellschaft, wenn sie die Amtsniederlegung durch gesetzwidriges Verlangen verschuldet, nicht ersatzpflichtig wird). Anm. 32.

f) Die Tantieme wird mit rechtsgültiger Fassung des Bilanzgenehmigungsbeschlusses fällig (RG. 11, 163). Der Gesellschaftsvertrag kann dies ändern. Ohne eine solche Vorschrift kann der Aufsichtsrat auf der Auszahlung bestehen. Anm. 33.

D. § 246 HGB. Anm. 34.

Der Aufsichtsrat hat die Geschäftsführung der Gesellschaft in allen Zweigen der Verwaltung zu überwachen und sich zu dem Zwecke von dem Gange der Angelegenheiten der Gesellschaft zu unterrichten. Er kann jederzeit über diese Angelegenheiten Berichterstattung von dem Vorstande verlangen und selbst oder durch einzelne von ihm zu bestimmende Mitglieder die Bücher und Schriften der Gesellschaft einsehen sowie den Bestand der Gesellschaftskasse und die Bestände an Wertpapieren und Waren untersuchen. Er hat die Jahresrechnungen, die Bilanzen und die Vorschläge zur Gewinnverteilung zu prüfen und darüber der Generalversammlung Bericht zu erstatten.

Er hat eine Generalversammlung zu berufen, wenn dies im Interesse der Gesellschaft erforderlich ist.

Weitere Obliegenheiten des Aufsichtsrates werden durch den Gesellschaftsvertrag bestimmt.

Die Mitglieder des Aufsichtsrates können die Ausübung ihrer Obliegenheiten nicht anderen übertragen.

1. Die Rechte und Pflichten des Aufsichtsrates (Calmes, Die Kontrollpflichten des Aufsichtsrates, Recht 1911, 431). Der Aufsichtsrat des Aktienrechts hat eine dreifache Aufgabe. In erster Linie ist er Kontrollorgan. Das spricht der § 246 Abs. 1 Satz 1 HGB aus. Er ist zum anderen Verwaltungsorgan. Davon gibt § 246 Abs. 2 HGB. ein Beispiel. Der Gesellschaftsvertrag kann ihm weitere Obliegenheiten zuweisen (§ 246 Abs. 3 HGB.). Die Bestimmung der Fälle, in denen der Vorstand der Genehmigung des Aufsichtsrates bedarf, gehören zum eisernen Bestande der Aktienstatuten. Der Vorstand hat das Recht, die Mitberatung des Aufsichtsrates auch sonst in allen ihm gutscheinenden Fällen herbeizuführen. Der Aufsichtsrat greift unmittelbar in die Verwaltung ein, wenn er dem Vorstande Weisungen zur Geschäftsführung gibt (a. M. BauersZ. 24, 55). Zum dritten ist der Aufsichtsrat Vertretungsorgan (§ 247 HGB.). Aber nur gegenüber dem Vorstande. Er schließt Rechtsgeschäfte mit ihm und führt Rechtsstreitigkeiten gegen ihn. Er verpflichtet die AG. auch sonst überall da, wo er kraft seiner rechtlichen Befugnisse handelt (Staub-Pinner Einl. zu § 246 Abs. 5). Für andere Fälle kann ihm die Vertretung auch durch Gesellschaftsvertrag nicht übertragen werden. Handelt er für die AG., so bedarf er hierzu besonderer Vollmacht durch den Vorstand. Andernfalls ist er dem Dritten für den Mangel der Vertretungsmacht haftbar. Übernimmt der Aufsichtsrat im Anstellungsvertrage eine Verpflichtung gegenüber dem Geschäftsführer, so verpflichtet er damit im Zweifelsfalle Anm. 35.

§ 52. nicht die Aufsichtsratsmitglieder, sondern die Gesellschaft (OLG. Breslau, RundschGmbH. 1917, 263).

Anm. 35a. Die GmbH. kann den Aufsichtsrat anders gestalten. Nur muß er immer noch Aufsichtsrat bleiben. Sie kann ihn auf die reine Überwachung beschränken. Die Mitwirkung bei der Geschäftsführung und die Rechtsgeschäfte und Prozesse mit den Geschäftsführern bleiben den Gesellschaftern vorbehalten. Die Satzung kann aber auch umgekehrt den Aufsichtsrat zum Verwaltungsrat machen. Die Überwachung der Geschäfte ist dann Sache der Gesellschafter selbst. Dann liegt kein Aufsichtsrat mehr vor, auch wenn er berufen ist, in bestimmten Fällen seine Zustimmung zu Handlungen des Geschäftsführers zu geben (vgl. oben Anm. 2). Er kann endlich auf die Rechtsgeschäfte und Prozesse mit dem Geschäftsführer beschränkt sein. Dann ist er auch kein Aufsichtsrat im Sinne des Gesetzes mehr. Er ist ein besonderes Organ der Gesellschaft (vgl. oben Anm. 2). Der Gesellschaftsvertrag kann dem Aufsichtsrate ein Überwachungsrecht geben und ihn von der Überwachungspflicht befreien (vgl. auch unten Anm. 37 und Anm. 50). Er kann die Befugnisse des Aufsichtsrates erweitern. Die den Gesellschaftern in § 46 zugewiesenen Aufgaben können auf den Aufsichtsrat übertragen werden. Diese Bestimmung ist nachgiebiges Recht. Dem Aufsichtsrat wird in vielen Fällen der Beschluß über die Einziehung der Stammeinlagen, über die Genehmigung von Teilungen der Geschäftsanteile, über deren Einziehung zugeteilt. Es ist aber auch zulässig, ihn mit der Genehmigung der Bilanz und der Verteilung des Reingewinns endgültig zu betrauen. Es können ihm auch einzelne Funktionen aus diesen Gebieten zustehen. So die Festsetzung der Abschreibungen. Der Gesellschaftsvertrag kann dem Aufsichtsrate das Recht der Vertretung gegenüber Dritten geben (vgl. hierüber auch oben Anm. 1). Ist dies allgemein gehalten, so liegt kein Aufsichtsrat mehr vor, sondern eine kollegial ausgebaute Geschäftsführung. Die Mitglieder des Aufsichtsrates sind als Geschäftsführer anzumelden (a. M. ansch. RG. 12. 5. 14 RGZ. 85, 45). Ist die Vertretung nur für bestimmte Fälle angeordnet, so kann dies eine Ordnungsvorschrift für die Geschäftsführer sein, eintretendenfalles den Mitgliedern des Aufsichtsrates Vollmacht zu erteilen. Beabsichtigt der Gesellschaftsvertrag, unmittelbar die Aufsichtsratsmitglieder als Vertreter der GmbH. zu bestellen, so müssen sie Geschäftsführer sein. Sie sind zur Vertretung nur für besondere Fälle berufen. Doch wirkt die Beschränkung nicht gegenüber Dritten (§ 37 Abs. 2). Eine allgemeine statutarische Bestimmung, die dem Aufsichtsrate Vertretungsmacht in Prozessen gegen Geschäftsführer einräumt, ist ungültig (OLG. Hamburg 11. 3. 20 HansGZ. 1920, Hauptbl. 102).

Anm. 36. Die mehreren Mitglieder des Aufsichtsrates bilden unter sich eine Vereinigung. Daraus ergeben sich gegenseitige Rechte und Pflichten derselben. Jedem Mitgliede muß durch die anderen die Möglichkeit gegeben sein, gegenüber der Gesellschaft seine Pflicht zu erfüllen. Dafür hat jedes Mitglied gegen die anderen ein klagbares Recht auf Zuziehung zu den Versammlungen und auf Miteinsicht der Unterlagen (R. Fürst LZ. 1912, [6] 11).

Anm. 37. 2. Aufsichtsratspflicht und Aufsichtsratsrecht. Das Arbeitsgebiet des Aufsichtsrates, von dem er seinen Namen hat, die Aufsicht, äußert sich in zwei Richtungen. Die erste verlangt die Überwachung der Geschäftsführer in allen Zweigen der Verwaltung (Abs. 1 Satz 1). Die zweite fordert die Prüfung der Jahresrechnung und Bilanzen (Abs. 1 Satz 3). Die erste Aufgabe steht in einem gewissen Zusammenhange mit der meistens auch dem Aufsichtsrate obliegenden Mitarbeit bei der Geschäftsleitung. Wenn er Weisungen erteilen soll, wenn er Vorschläge der Geschäftsführer gutzuheißen oder abzulehnen hat, so muß er den Gang und den Stand des Geschäftes kennen. Er soll sich ja gerade von dem „Gange der Angelegenheiten der Gesellschaft unterrichten". Wie weit darin der Aufsichtsrat zu gehen hat, sagt das Gesetz nicht und kann es nicht sagen. Hier hat die allgemeine Regel einzusetzen, daß der Aufsichtsrat mit der Sorgfalt des ordentlichen Geschäftsmannes verfahren muß. Was dazu gehört, wird im Einzelfalle zu beantworten sein. Die Extreme sind nach beiden Richtungen hin abzulehnen. Man soll sich nicht damit begnügen, einmal im Jahre von dem Vorstande Bericht zu erhalten. Auf der anderen Seite ist es undenkbar, daß der Aufsichtsrat wie sein Schatten dem Vorstande folgt und in alle Angelegenheiten persönlich eingreift. Auch das, was bei der richtigen Beschränkung der Aufgabe des Aufsichtsrates bleibt, ist noch schwer genug zu erfüllen. Dem Gesetzgeber hat ein Idealbild vorgeschwebt. Die Wirklichkeit kann dem nicht entsprechen. Tatsächlich wird sich auch wohl kaum bei einer größeren Aktiengesellschaft ein Aufsichtsrat finden, der stets die Geschäftsführer der Gesellschaft in allen Zweigen der Verwaltung überwacht. Er begnügt sich mit periodischen Berichten. Man wird auch nicht verlangen können, daß er ständig Anfragen an den Vorstand richtet, noch weniger, daß er fortgesetzt Bücher und Schriften einsieht und die Warenbestände nachprüft. Derartige Vorgänge werden im Leben der Aktiengesellschaft als Mißtrauenszeichen angesehen. Der Aufsichtsrat schreitet nur dann dazu, wenn besondere Anzeichen ihn hierzu bestimmen. Das entspricht nicht den Worten und wohl auch nicht der Absicht des Gesetzes. Es verlangt aber tatsächlich mehr, als der Aufsichtsrat leisten kann. Für die GmbH. und ihren Aufsichtsrat ist es daher ein Gebot der Vorsicht, daß die Überwachungspflicht des Aufsichtsrates auf das der praktischen Erfahrung entsprechende Maß zurückgeführt wird. Die Gesellschaftsverträge können bestimmen, daß der Aufsichtsrat in gewissen Abschnitten Bericht einfordern soll. Die Pflicht, sich vom Gange der Angelegenheiten der Geschäfte in anderer Weise zu unterrichten, wird ihm nicht auferlegt. Auch an dieser Stelle wird dem Aufsichtsrat gestattet werden müssen, sich fremder Hilfskräfte zu bedienen oder einzelne Mitglieder mit der Erfüllung dieser Überwachungspflichten zu betrauen. Auch das entspricht der aktienrechtlichen Praxis. Nur werden dort dadurch die übrigen Mitglieder des Aufsichtsrates nicht entlastet. Für die GmbH. aber wird man dies einführen. § 52.

Der Aufsichtsrat hat alljährlich die Bilanz zu prüfen. Dieser Pflicht genügt er nicht, wenn er nur ihre rechnungsmäßige Richtigkeit ins Auge faßt. Er muß bei dieser Gelegenheit die Inventur und deren Unterlagen mit kontrollieren. Hier ist die vom Gesetze vorgeschriebene Gelegenheit, den Stand des Geschäftes festzustellen. Hier darf sich der Aufsichtsrat nicht auf den Bericht des Vorstandes verlassen. Selbstverständlich kann auch hier nicht die Kontrolle jeden einzelnen Posten erfassen. Die Prüfung mittels Stichprobe ist erlaubt. Auch hier hat sich in der Praxis eine gewisse Übung herausgebildet. Das Warenkonto ist nicht nachprüfbar. Bis der Aufsichtsrat zu einer Prüfung gelangt, hat sich der Warenbestand längst verändert. Für die vorhandene Menge genügt die Bestätigung der Richtigkeit der Aufnahme durch zuverlässige Beamte. Doch lassen sich auch hier durch Stichproben über das im Momente der Prüfung vorhandene Material Anhaltspunkte für die Richtigkeit der Aufnahme gewinnen. Die Bewertung der Ware kann der Aufsichtsrat wieder beurteilen. Er muß sich den Schlüssel zu der Berechnung geben lassen. Die Kontrolle der Richtigkeit kann sich auch hier auf Stichproben beschränken. Neben dem Warenkonto sind die Debitoren und Kreditoren zu berücksichtigen. Das Verzeichnis muß durchgesehen werden. Nicht jeder Posten ist der Kontrolle zu unterwerfen. Doch nimmt man an, daß die größeren Ausstände und Schuldposten die Aufmerksamkeit erfordern. Je nach der Bedeutung des Unternehmens wird schon ein Guthaben von 5000 M. oder erst ein solches von 100000 M. auffallen. Auch die Person des Schuldners oder Gläubigers kann eine Rolle spielen. In solchen Fällen muß der Aufsichtsrat das Konto des Debitors oder Kreditors verfolgen. Wie mit den anderen Konten zu verfahren ist, richtet sich nach den Gesamtumständen des Unternehmens. Bei den festen Anlagen genügt die Übereinstimmung mit den Büchern. Hier bildet auch die Bilanz des vorhergehenden Jahres den Ausgangspunkt. Wenn also auch der Aufsichtsrat nicht in alle Einzelheiten der Vermögensaufstellung und der Bilanz einzugehen hat, so bleibt noch ein recht beträchtlicher Raum. Tatsache ist, daß auch diese Kontrolle von den Aufsichtsräten der größeren Aktiengesellschaften nicht mehr persönlich erfüllt wird. Sie liegt außerhalb ihrer Sphäre. Die Verwendung der Revision durch Treuhandgesellschaften ist immer mehr üblich geworden. Befreit durch diese Revision wird der Aufsichtsrat nicht. Übersieht der Revisor erhebliche Mängel, so bleibt der Aufsichtsrat haftbar. Für den Aufsichtsrat der GmbH. bringen die Gesellschaftsverträge daher auch in Anm. 37a.

§ 52. diesem Punkte eine Erleichterung. Es wird ihm gestattet, sich dritter Personen bei der Prüfung der Bilanz zu bedienen. Deren Ergebnis entlastet ihn. Er muß nur bei der Auswahl des Revisors mit der erforderlichen Sorgfalt verfahren sein.

Eine völlige Beseitigung der Pflichten des Aufsichtsrates zur Überwachung der Geschäftsführung ist zulässig. Es bleibt dann bei der Vorschrift des § 46 Ziff. 6. Die Gesellschafter haben dann über die Maßregeln zur Prüfung und Überwachung der Geschäftsführung zu beschließen. Ein Aufsichtsrat im Sinne des Gesetzes wird aber dann nicht mehr vorliegen (vgl. oben Anm. 2 u. 35). Soll das Organ nur bei der Verwaltung durch Genehmigung von Handlungen der Geschäftsführer tätig werden, so nennt man es besser Verwaltungsrat.

Anm. 37b. Mit der Aufsichtspflicht ist notwendigerweise das Aufsichtsrecht verbunden. Der Aufsichtsrat kann Berichterstattung vom Vorstande fordern. Er kann die Bücher und Schriften der Gesellschaft einsehen. Er kann den Bestand der Kasse und die Bestände an Wertpapieren und Waren untersuchen. Ob er von diesem Rechte und wann er davon Gebrauch macht, hat das pflichtgemäße Ermessen zu bestimmen. Auch hier muß sich der Aufsichtsrat vor einer allzuweitgehenden Ausdehnung seiner Befugnisse wie vor einer allzu großen Beschränkung hüten. Er hat zwar Anspruch auf jederzeitige Berichterstattung. Das darf aber nicht dazu führen, daß er ins einzelne gehende Darstellungen fordert. Dazu mangelt dem Vorstande die Zeit und auch dem Aufsichtsrate das Recht. Nur, soweit es zu der Überwachung des Vorstandes erforderlich ist, darf er sich auch dieser Befugnisse bedienen. Das gleiche gilt von der Einsicht der Bücher und der Kontrolle der Bestände. Maßgebend kann nur der Zweck der ganzen Vorschrift sein. Er soll sich nur von dem Stande der Angelegenheit unterrichten. Zu diesem Zwecke ist ihm die Möglichkeit der Einsichtnahme in die Geschäftsunterlagen gegeben. Was diesem Zwecke nicht mehr entspricht, kann er nicht verlangen. Das wird von praktischer Bedeutung werden, wenn der Vorstand Wünsche des Aufsichtsrates beanstandet oder ablehnt. Eine Entlassung des ersteren ist dann unzulässig, wenn der Aufsichtsrat seine Befugnisse überschreitet. Für das Aktienrecht ist auch dieser Teil der Vorschrift des Gesetzes zwingend. Die Gesellschaftsverträge der GmbH. können auch hier umgestaltend wirken. Doch muß, wenn die Überwachungspflicht bestehen bleibt, als notwendige Grundlage derselben das Überwachungsrecht gewährt sein. Der Aufsichtsrat kann nicht sich vom Gange der Geschäfte unterrichten, ohne Einsicht in die Geschäftspapiere zu nehmen und Auskünfte von der Geschäftsführung einzufordern. Mit einer Beschränkung der Überwachungspflicht kann aber dann eine Beschränkung des Überwachungsrechtes Hand in Hand gehen. Ist der Aufsichtsrat nur verpflichtet, monatliche oder vierteljährliche Berichte einzufordern, so kann ihm das Recht entzogen werden, in der Zwischenzeit Auskünfte zu fordern. Es kann auch die Büchereinsicht dementsprechend auf bestimmte Zeiten beschränkt sein. Schließt der Gesellschaftsvertrag die Überwachungspflicht aus, so kann er dem Aufsichtsrat trotzdem das Recht der Anforderung und der Einsichtnahme der Geschäftsunterlagen gewähren. Auch dies kann der Überwachung der Geschäftsführer dienen. Nur ist diese dann in das Belieben des Aufsichtsrates gestellt.

Anm. 37c. Die Überwachungsrechte stehen dem Aufsichtsrate als Gesamtheit zu. Das Verlangen der Auskunft oder der Büchereinsicht durch den einzelnen muß der Vorstand zurückweisen. Der Aufsichtsrat hätte denn dem einzelnen Mitgliede die Ausübung dieser Rechte übertragen. Auch der Vorsitzende des Aufsichtsrates für sich allein kann ohne Ermächtigung des Gesamtaufsichtsrates nicht handeln. Im Gesellschaftsvertrage der GmbH. kann dies allgemein geändert werden. Für das Aktienrecht ist die Anordnung im Interesse der Aktiengesellschaft um die Ausbeutung der Aufsichtsratsstellen durch Benutzung von Geschäftsgeheimnissen zu verhüten, getroffen. Halten die Gesellschafter der GmbH. dies nicht für erforderlich, so mögen sie darauf verzichten. Der Gesellschaftsvertrag kann daher jedem einzelnen Mitgliede des Aufsichtsrates beliebig die Ausübung der Aufsichtsratsrechte gewähren. Wenn der Gesellschaftsvertrag dem Aufsichtsrate gestattet, seine Überwachungspflicht durch dritte Personen erfüllen zu lassen, muß er auch berechtigt sein, ihm seine Befugnisse zu übertragen. Dies ergibt sich ohne ausdrückliche Bestimmung aus der Zulassung Dritter zur Erfüllung der Kontrollpflicht. Ist im Gesellschaftsvertrage angeordnet, daß eine bestimmte Treuhandgesellschaft alljährlich zur Entlastung des Aufsichtsrates oder jederzeit nach dessen Anordnungen die Revision des Geschäftsganges und der Geschäftslage vorzunehmen hat, so liegt darin schon die Ermächtigung der Treuhandgesellschaft, die hierzu erforderlichen Maßnahmen zu ergreifen. Sie kann ohne Dazwischentreten des Aufsichtsrates unmittelbar von dem Geschäftsführer Auskunft und Büchervorlage fordern. § 52.

3. **Der Aufsichtsrat als Verwaltungsrat.** Weder das Aktienrecht noch das GmbHG. schreiben eine Mitwirkung des Aufsichtsrates bei der Geschäftsführung selbst vor. Das einzige, was sie erwähnen, ist die Pflicht der Berufung der Generalversammlung, „wenn dies im Interesse der Gesellschaft erforderlich ist" (vgl. hierüber Anm. 6 zu § 49). Aus der Pflicht zur Berufung der Gesellschafterversammlung ergibt sich notwendigerweise auch das Recht hierzu, wie ja auch bei der GmbH. sowohl der Geschäftsführer wie der Aufsichtsrat zur Einberufung der Gesellschafterversammlung und zur Herbeiführung der schriftlichen Abstimmung befugt sind. Die Vorschrift des § 246 Abs. 2 HGB. spricht nur von der Einberufung der Generalversammlung. Für die Aktiengesellschaft gibt es auch kein anderes Mittel, den Willen der Aktionäre festzustellen. Für die GmbH. kommt daneben die schriftliche Meinungsäußerung in Betracht. Sie muß dem Aufsichtsrate in gleicher Weise wie dem Geschäftsführer zur Verfügung stehen. Anm. 38.

4. Der Gesellschaftsvertrag kann bei der Aktiengesellschaft und bei der GmbH. dem Aufsichtsrate weitere Obliegenheiten übertragen. Davon machen auch die Satzungen der Aktiengesellschaft reichlich Gebrauch. Ihnen schließt sich die GmbH. an. Hier kann es sich nur um die Mitwirkung bei der Verwaltung handeln. Die einzige im Gesetze erwähnte Betätigung, die Einberufung der Generalversammlung der Aktionäre und der Gesellschafterversammlung der GmbH., genügt nicht für den Aufgabenkreis des Aufsichtsrates. Die Mitbetätigung bei der Verwaltung tritt desto stärker hervor, je mehr die Überwachung der Geschäftsführung durch die tatsächlichen Verhältnisse zurückgedrängt wird. Ob bei der Aktiengesellschaft der Vorstand durch den Gesellschaftsvertrag zum reinen Vollziehungsbeamten des Aufsichtsrates herabgedrückt werden kann, ist nicht unzweifelhaft (vgl. BauersZ. 19, 122). Das Gesetz hat sich jedenfalls das Verhältnis zwischen Aufsichtsrat und Vorstand anders gedacht. Für die GmbH. erscheint ein derartiger Ausbau der Organe, Geschäftsführer und Aufsichtsrat, zweifellos zulässig (vgl. auch Anm. 6 zu § 35). Es kann im Gesellschaftsvertrage bestimmt sein, daß der Aufsichtsrat nicht nur in allen wichtigen Angelegenheiten zu befragen ist. Es kann ihm nicht nur ein Widerspruch gegen jedes Handeln des Geschäftsführers eingeräumt werden. Der Gesellschaftsvertrag kann anordnen, daß der Geschäftsführer nur nach Weisungen des Aufsichtsrates handeln darf. Er kann dem Aufsichtsrate das Recht einräumen, die Abschlüsse bestimmter Geschäfte jeweils anzuordnen. Er kann dem Geschäftsführer aufgeben, sich an jede Weisung des Aufsichtsrates zu halten. Der Gesellschaftsvertrag kann sich aber auch darauf beschränken, dem Aufsichtsrate die Mitwirkung in bestimmten Fällen vorzubehalten. Auch wo sie einzeln aufgeführt sind, muß daraus nicht gefolgert werden, daß der Aufsichtsrat nicht auch bei anderen Gegenständen eingreifen darf. Nur, wenn sich der Wille der Gesellschafter unzweideutig ergibt, ist die Tätigkeit des Aufsichtsrates auf die konkret benannten Vorgänge beschränkt. Anm. 39.

Soweit auch die Befugnis des Aufsichtsrates gestaltet sein mag, Vertreter der Gesellschaft bleibt stets nur der Geschäftsführer. Nur ihm kann der Aufsichtsrat Weisungen erteilen. Er kann von dem Geschäftsführer fordern, daß er einem Mitgliede des Aufsichtsrates Vollmacht zum Abschlusse von Verhandlungen und zum Abschlusse eines Geschäftes erteilt. Er kann aber niemals selbst für die Gesellschaft ohne Vollmacht kontrahieren. Gäbe der Gesellschaftsvertrag ihm auch dieses Recht, so wäre er nicht mehr Aufsichtsrat, sondern Geschäftsführer.

§ 52. Anm. 40. 5. Die Mitglieder des Aufsichtsrates können „die Ausübung ihrer Obliegenheiten nicht anderen übertragen" (Abs. 4). Die Mitwirkung bei der Willensbildung des Kollegiums ist ein höchstpersönliches Recht (RG. 18. 5. 17 LZ. 1917, 1126). Das ist für die Aktiengesellschaft zwingendes Recht. Der Aufsichtsrat kann die Erfüllung seiner Pflichten nicht auf andere abwälzen. Damit ist nicht gesagt, daß er sich hierbei nicht anderer Personen als Erfüllungsgehilfen bedienen kann. Nur gelten ihre Handlungen als die seinen. Alle Irrtümer und Versehen seines Vertreters sind ihm zuzurechnen. Senden die Mitglieder des Aufsichtsrats bei der Kassen- und Buchprüfung ihre Angestellten, so sind sie nicht dadurch entschuldigt, daß es sich hier um vertrauenswürdige Sachverständige handelt. Sie konnten ihre Pflichten zur Prüfung nicht schon durch die Bestellung dritter Personen erfüllen. Wo es sich um die Beschlußfassung des Aufsichtsrates handelt, ist auch der Gebrauch von Vertretern im obigen Sinne unzulässig. Es gibt keine Stellvertretung in der Sitzung des Aufsichtsrats. Ein Beschluß, bei dem andere Personen, wenn auch mit Vollmacht eines Mitgliedes, mitwirken, ist nichtig (RG. in LZ. 1917, 1126). Bildet der Aufsichtsrat Ausschüsse aus seinen Mitgliedern, so sind diese dem Gesamtaufsichtsrat, der letztere aber der Aktiengesellschaft verantwortlich. Doch gibt es zweifellos Fälle, bei denen eine Tätigkeit des Gesamtaufsichtsrates überhaupt nicht in Frage kommen kann. So bei der Kassen- und Buchprüfung. Bei einem Aufsichtsrat von 20 oder 30 Personen wäre eine gemeinsame Tätigkeit dieser Art ein Unding. Hier wird auch bei der Aktiengesellschaft zur Auswahl der geeigneten Personen aus den Mitgliedern des Gesamtaufsichtsrates geschritten. Neben den Ausschüssen kennt die Praxis die Delegierten des Aufsichtsrates. Hier handelt es sich um einzelne Personen. Ihnen werden meistens Aufgaben des Aufsichtsrats zugewiesen, die erst durch die Statuten eingeführt sind. Dem Delegierten liegt vielfach die Vermittlung des Verkehrs zwischen dem Gesamtaufsichtsrate und dem Vorstande ob. Daneben auch wird er ermächtigt, in bestimmten Fällen die Genehmigung zu Rechtsakten des Vorstandes zu erteilen. Hier handelt es sich nicht um gesetzliche Pflichten des Aufsichtsrats. Daher kann der Gesellschaftsvertrag, der sie einführt, auch nähere Bestimmungen darüber treffen.

Anm. 41. 6. Für die GmbH. besteht auch hier wieder volle Freiheit der anderweiten Regelung. Es kann den Mitgliedern des Aufsichtsrates gestattet werden, ihre Funktionen durch Vertreter auszuüben. Es kann ihnen nur die Pflicht zur sorgfältigen Auswahl auferlegt sein. Es kann auch die stellvertretende Besetzung des Aufsichtsrats für zulässig erklärt oder unmittelbar eingeführt werden. Bei der Bildung von Ausschüssen können diese allein die Verantwortung tragen. Für andere Geschäftskreise wird jede Haftbarkeit der übrigen Mitglieder des Aufsichtsrats ausgeschlossen. Dem Delegierten des Aufsichtsrats können weitgehende Machtbefugnisse eingeräumt werden. Er hat alle Funktionen des Gesamtaufsichtsrates erhalten. Der Gesellschaftsvertrag kann bestimmen, daß dieser nur in bestimmten Fällen in Tätigkeit treten soll. Die Zuziehung von Dritten bei der Erfüllung einzelner Funktionen kann gestattet werden. Die Sorgfalt braucht sich nur auf die Auswahl zu erstrecken. Dies gilt namentlich für die Prüfung der Rechnungslegung und Bilanzen. Auch durch die Umgestaltung dieser Vorschrift kann sich der Aufsichtsrat der GmbH. in weitgehender Weise entlasten.

Anm. 42. 7. **Die nähere Regelung der Tätigkeit des Aufsichtsrats** ist dem Gesellschaftsvertrage überlassen. Ist dies nicht geschehen, so kann sich der Aufsichtsrat eine Geschäftsordnung geben. Bestimmungen, die nur im Gesellschaftsvertrage getroffen werden können, sind durch die Geschäftsordnung nicht möglich. Es kann also diese nicht etwa einzelne Mitglieder des Aufsichtsrates von den Überwachungspflichten befreien. Sie kann nicht anordnen, daß der Aufsichtsrat die Bilanzprüfung durch eine Revisionsgesellschaft vornimmt und hierbei nur für die sorgfältige Auswahl haftet. Sie kann nicht Stellvertreter in den Sitzungen zulassen. Ihre Aufgabe ist ausschließlich, den Vollzug der Vorschriften des Gesetzes oder des Gesellschaftsvertrages zu regeln. Bestimmungen des Gesellschaftsvertrages, die eben-

sowohl in die Geschäftsordnung aufgenommen werden konnten, bleiben trotzdem Teile § 52.
jenes. Sie können nur durch Änderung der Satzung geändert werden. Entgegenstehende Festsetzungen der Geschäftsordnung haben keine Rechtsgültigkeit. Zu den wichtigsten Bestandteilen dieser Regelung gehören:

a) Die Einladung zum Aufsichtsrat. Ist nichts hierüber bestimmt, so muß jedes Mitglied geladen werden (RGZ. 66, 369). Dies muß so zeitig geschehen, daß die Aufsichtsratsmitglieder der Einladung Folge leisten können. Einer bestimmten Form bedarf es nicht. Die Einladung kann auch persönlich oder durch Fernsprecher erfolgen. Mitteilung einer Tagesordnung kann nicht verlangt werden (OLG. Köln in LZ. 1912, 932). Gesellschaftsvertrag und Geschäftsordnung haben hier freie Hand in der anderweiten Regelung. Es kann die Einladung durch eingeschriebenen Brief gefordert werden. Ebenso die Einhaltung einer bestimmten Frist und die Mitteilung einer Tagesordnung. Es kann gesagt werden, wo sich der Aufsichtsrat versammelt usw. Ein Beschluß des Aufsichtsrats ohne Beobachtung dieser Vorschriften ist dann gleich einem Beschlusse der Gesellschafter anfechtbar. Der Aufsichtsrat steht hier an Stelle der Gesellschafterversammlung. Die Anfechtung steht nicht nur den Mitgliedern des Aufsichtsrats, sondern jedem Gesellschafter zu. Auch dieser hat ein Recht darauf, daß der Aufsichtsrat ordnungsgemäß Beschlüsse faßt. Handelt es sich um einen reinen Verwaltungsakt, etwa um die Bestellung einer Treuhandgesellschaft oder eines Sachverständigen zur Vorbereitung eines Genehmigungsbeschlusses, so findet eine Anfechtung nicht statt. Wo überhaupt keine ordnungsmäßige Versammlung des Aufsichtsrats vorliegt, wo sich zufällig einige Mitglieder desselben treffen und sich über Angelegenheiten der Gesellschaft verständigen, kann man nicht von einem Beschlusse des Aufsichtsrats reden. Die durch solche blinden Sitzungen zustande gekommenen Entschließungen entbehren jeder Rechtswirkung.

Die Beschlüsse des Aufsichtsrats können auch ohne Zusammenkunft zustande kommen. Auch das kann die Geschäftsordnung bestimmen. Sie kann, sei es allgemein, sei es für dringende Fälle, telephonische oder telegraphische Abstimmung zulassen.

Über die Beschlußfähigkeit des Aufsichtsrats kann sich Gesellschaftsvertrag und Ge- Anm. 42a.
schäftsordnung aussprechen. Ist dies nicht der Fall, so genügt die erfolgte Einladung. Auf die Zahl der Erschienenen kommt es dann nicht an (RGZ. 82, 386; KG. GmbHZeitschr. 1912 Nr. 82, 10; vgl. auch oben Anm. 2 u. 5). Auch wenn der Gesellschaftsvertrag eine Mindestzahl von Mitgliedern des Aufsichtsrats vorschreibt, oder wenn es bei der gesetzlichen Vorschrift der Dreizahl bliebe, so kann daraus nichts auf die für die Beschlußfähigkeit erforderliche Anzahl der erschienenen Mitglieder gefolgert werden. Aus der Festsetzung einer Mindestzahl von Aufsichtsratsmitgliedern darf übrigens nicht gefolgert werden, daß es genüge, wenn diese, ohne Rücksicht auf ordnungsgemäße Einladung, sich zusammengefunden hätte. Die Vorschriften des Gesellschaftsvertrages und der Geschäftsordnung über die Einladung sind stets zu berücksichtigen. Noch weniger kann eine solche überhaupt unterbleiben (RGZ. 66, 89). Meistens wird eine Mindestzahl verlangt. Das Stimmrecht des Aufsichtsrats in eigenen Angelegenheiten ist im GmbHG. nicht ausgeschlossen. Die Vorschrift des § 47 Abs. 3 ist nur für die Gesellschafter getroffen (Fürst in LZ. 1912, 12). Indeß wird man daraus noch nicht schließen dürfen, daß das Mitglied des Aufsichtsrats zu einer Mitwirkung bei derartigen Vorgängen unbedingt befugt ist. Aus den Vorschriften des BGB. über das Vereinsrecht (§ 34 BGB.) vgl. Staub-Pinner Anm. 14a zu § 246 HGB.; darf man auch nichts auf die Stimmenausschließung beim Aufsichtsrate folgern. Denn auch dort ist nur von Mitgliedern des Vereins die Rede. Wohl aber dürfte sich dies aus den allgemeinen Grundsätzen über die Geschäftsbesorgung ergeben. Es kann niemand zugleich für sich und für den anderen tätig sein. Einen Ausdruck hat dieser Gedanke in § 181 BGB. bei der Vertretung gefunden. Es gilt aber auch dasselbe für die interne Geschäftsführung. Wenn man nicht zugleich für sich selbst und für den Vollmachtgeber einen Vertrag schließen kann, so kann man auch nicht die Zustimmung zu einem solchen erteilen.

§ 52. b) Der Aufsichtsrat hat in der Regel einen Vorsitzenden. Vorgeschrieben ist dies nicht.
Anm. 43. Darüber kann die Geschäftsordnung das Nähere besagen. Ist nichts angeordnet, so wird der Vorsitzende mit Stimmenmehrheit gewählt. Auf wie lange die Wahl gilt, ist mangels einer ausdrücklichen Bestimmung nach den Umständen zu ermessen. Deuten diese nicht auf die gewollte längere Dauer, so ist der jederzeitige Widerruf dem Aufsichtsrate gestattet. Eine Vollmacht, für den Aufsichtsrat zu handeln, hat der Vorsitzende nicht. Er bedarf hierzu einer ausdrücklichen Ermächtigung. Sie kann generell im Gesellschaftsvertrage ausgesprochen werden. Sonst fließt aus der Stellung des Vorsitzenden nur die Aufgabe, den Aufsichtsrat ordnungsgemäß einzuberufen, die Versammlung vorzubereiten und zu leiten. Ebenso nimmt er die an den Aufsichtsrat gerichteten Erklärungen entgegen. Rechtshandlungen, die der Vorsitzende ohne Genehmigung des Aufsichtsrats vornimmt, sind ohne Wirkung (RGZ. 90, 208).

Anm. 44.

E. § 247 HGB.

Der Aufsichtsrat ist befugt, die Gesellschaft bei der Vornahme von Rechtsgeschäften mit den Vorstandsmitgliedern zu vertreten und gegen die letzteren die von der Generalversammlung beschlossenen Rechtsstreitigkeiten zu führen.

Handelt es sich um die Verantwortlichkeit der Mitglieder des Aufsichtsrates, so kann dieser ohne und selbst gegen den Beschluß der Generalversammlung gegen die Mitglieder des Vorstandes klagen.

Anm. 45. Die dritte Aufgabe (vgl. oben Anm. 35) des Aufsichtsrates neben der Überwachung und Mitverwaltung besteht in der Vertretung der Gesellschaft in Rechtsgeschäften und Rechtsstreitigkeiten gegenüber dem Vorstande. Es ist einerlei, welcher Art das Rechtsgeschäft ist. Die Vertretung des Aufsichtsrates ist nicht nur für die Anstellung des Vorstandes zugelassen. Es fallen also auch Miet- und Kaufverträge zwischen der Aktiengesellschaft und dem Vorstande unter die Vertretungsbefugnis des Aufsichtsrates. Ebenso ist der Gegenstand des Prozesses unerheblich. Doch bezieht sich § 247 Abs. 1 HGB. nur auf Klagen der AG. gegen den Vorstand, nicht umgekehrt auch um solche des letzteren gegen erstere. Vorausgesetzt ist dazu weiter ein Beschluß der Generalversammlung. Man denkt meist an Regreßklagen. Es bedarf aber zu jeder sonstigen Klage der Ermächtigung der Generalversammlung. Ausgenommen ist der Fall der Verantwortlichkeit des Aufsichtsrates (Abs. 2)! Sie steht überall da in Frage, wo die Handlung des Vorstandes eine Haftung des Aufsichtsrates zur Folge hat. Dies gehört wie in den anderen Fällen der Beschluß der Generalversammlung zur Klagebegründung. In den beiden Fällen, dem Abschlusse des Rechtsgeschäftes und dem Prozeßbeginne, vertritt der Aufsichtsrat als Gesamtheit die Gesellschaft. Der Gesellschaftsvertrag kann bestimmen, durch wen der Aufsichtsrat vertreten wird. Meist wird der Vorsitzende hierzu berufen. Aus der Vertretungsbefugnis des Aufsichtsrats folgt nicht, daß eine AG. in den Rechtsgeschäften mit dem Vorstande durch diesen vertreten sein muß. Der Gesellschaftsvertrag kann hierüber auch bei der AG. andere Anordnungen treffen. Die Bestellung des Vorstandes, einschließlich des Dienstvertrages ist der Regelung durch die Satzung vorbehalten (§ 182 Abs. 1 S. 4 HGB). Sie kann der Generalversammlung, aber auch dem Vorsitzenden des Aufsichtsrates übertragen werden.

Anm. 45a. Für die GmbH. gelten diese sämtlichen Grundsätze nur, soweit nicht der Gesellschaftsvertrag etwas anderes vorsieht. Er kann dem Aufsichtsrat die Vertretung gegenüber dem Geschäftsführer entziehen. Er kann sie nur für den Fall der Anstellung ihm belassen. Er kann umgekehrt diesen ausnehmen. Er kann die vorherige Genehmigung der Gesellschafter bei der Anstrengung einer Klage beseitigen. Er kann sie auch für den Fall der Verantwortlichkeit des Aufsichtsrates einführen. Überall kann er diese Stellung des Aufsichtsrates den konkreten Verhältnissen anpassen. Er kann auch das Verhältnis der Gesellschafterversammlung zum Aufsichtsrat regeln. Ist dies nicht geschehen, so ist er durch Auslegung festzustellen. Namentlich, inwieweit die Gesellschafter die dem Aufsichtsrate übertragenen Funktionen wieder an sich ziehen können (vgl. auch Anm. 42 zu § 35; Anm. 3 zu § 38; Anm. 6 zu § 45). Aus der Vorschrift des § 46 Nr. 8 ist nicht unbedingt das Recht der Gesellschafter bei Prozessen ausschließlich gegen die Geschäftsführer die Vertreter zu bestimmen abzuleiten. Dort ist das Bestehen eines Aufsichtsrates nicht vorausgesetzt. Wird ein solcher bestellt, so tritt die Prozeßführung durch die besonderen Vertreter zurück. Nur wenn die Gesellschafterversammlung sich ihre Rechte als oberstes Organ wahrte, kann sie wieder dem Aufsichtsrate die Prozeßvertretung entziehen und eigene Bevollmächtigte bestellen. Ist der Aufsichtsrat nicht Vertreter der GmbH. im Prozesse, so genügt die Behauptung des Einverständnisses der Gesellschafter zu seiner Legitimation nicht (BauersZ. 15, 136). Er muß zum Vertreter besonders bestellt sein. Über den Eingriff der Gesellschafterversammlung in das Bestellungs- und Abberufungsrecht des Aufsichtsrates vgl. Anm. 42. Das Recht der Vertretung gegenüber dem Geschäftsführer enthält die Befugnis zur Anstellung mit allen Einzelheiten. Unzulässig ist nur, daß der Aufsichtsrat über Kollektiv- oder Einzelvertretung bestimmt. Dies muß durch den Gesellschaftsvertrag geschehen. Auch ein Vorbehalt im Gesellschaftsvertrag vermag dem Aufsichtsrat dieses Recht nicht zu geben (BauersZ. 18, 204, vgl. oben Anm. 35). Dem Aufsichtsrat kann ein Vertretungsrecht gegenüber anderen Personen nicht gegeben werden. § 52.

Ob aus § 247 das Recht des Aufsichtsrats zur Bestellung der Geschäftsführer folgt und ob in der Übertragung der Bestellung auch die des Widerrufs liegt, vgl. Anm. 42 zu § 35. Aus den Rechtsgeschäften des Aufsichtsrates mit dem Geschäftsführer haftet diesem nur die Gesellschaft. Ein Anspruch gegen die Aufsichtsratsmitglieder entsteht nur bei unerlaubter Handlung derselben (Betrug) oder bei persönlicher Garantie. Über einen Fall der Anstellung des Geschäftsführers mit der Bedingung des Erwerbs von damals schon wertlosen Geschäftsanteilen KG. 21. 12. 10 BauersZ. 19, 157. Anm. 45b

Ist ein Geschäftsführer aus dem Dienste der Gesellschaft ausgeschieden, so erfolgen Willenserklärungen der Gesellschaft ihm gegenüber nur noch durch den neuen Geschäftsführer. Die Vertretungsmacht des Aufsichtsrates setzt einen im Amt befindlichen Geschäftsführer voraus. Die Anfechtung einer Vereinbarung über den früheren Austritt eines Geschäftsführers geschieht durch dessen Nachfolger. Zeugnisse über die Tätigkeit des ausgeschiedenen Geschäftsführers sind von dem neuen Geschäftsführer namens der GmbH. auszustellen. Nur solange das Amt dauert, stellt sie der Aufsichtsrat aus (Anm. 69 zu § 35).

F. § 248 HGB. Anm. 46.

Die Mitglieder des Aufsichtsrates können nicht zugleich Mitglieder des Vorstandes oder dauernd Stellvertreter von Vorstandsmitgliedern sein, auch nicht als Beamte die Geschäfte der Gesellschaft führen.

Nur für einen im voraus begrenzten Zeitraum kann der Aufsichtsrat einzelne seiner Mitglieder zu Stellvertretern von behinderten Mitgliedern des Vorstandes bestellen; während dieses Zeitraums und bis zur Entlastung des Vertreters darf der letztere eine Tätigkeit als Mitglied des Aufsichtsrates nicht ausüben. Auf die in solcher Weise bestellten Vertreter finden die Vorschriften des § 236 keine Anwendung.

Scheiden aus dem Vorstande Mitglieder aus, so können sie nicht vor der Entlastung in den Aufsichtsrat gewählt werden.

Aus der Aufgabe des Aufsichtsrates als Überwachungsorgan der Geschäftsführung folgt, daß ein Aufsichtsratsmitglied weder Vorstand noch dauernd Stellvertreter eines solchen, noch Beamter der Gesellschaft sein kann. Angestellter, der nichts mit der Geschäftsführung zu tun hat, kann auch ein Mitglied des Aufsichtsrates sein. Also z. B. der Leiter eines Laboratoriums. Noch weniger ist es ihm verboten, in einzelnen Geschäften für die AG. tätig zu sein. Erst recht darf er als Agent für sie arbeiten oder als Geschäftsvermittler auftreten. Das verstößt weder gegen das Gesetz noch gegen die gute Sitte (a. M. OLG. Zweibrücken BauersZ. 19, 100, dortselbst mit guten Gründen bekämpft). Nur für einen „im voraus begrenzten Zeitraum" ist dies zulässig und nur zur Vertretung eines verhinderten Mitgliedes des Vorstandes. Als Verhinderung ist auch der Fall des Ausscheidens anzusehen (KG. 7. 5. 1900, KGJ. 20 A, 164). Diese Ausnahme ist im Interesse kleiner Gesellschaften bestimmt. Beamter der Gesellschaft darf ein Mitglied des Aufsichtsrates auch in diesem Falle nicht werden. Die Begrenzung des Zeitraums braucht nicht kalendermäßig bestimmt zu werden (so OLG. Anm. 47.

§ 52. Köln in LZ. 1911, 232). Es genügt, daß das Ende der Vertretung zeitlich sicher ist. Dazu genügt freilich nicht „bis zur Bestellung eines neuen Vorstandes", wohl aber „bis zur Rückkehr des im Ausland befindlichen Vorstandes".

Anm. 48. Auch diese Vorschrift ist dispositiv. Bei der GmbH. kann also ein Aufsichtsratsmitglied zugleich dauernder stellvertretender Geschäftsführer sein (KG. 12. 2. 1900 KGJ. 26 A 49; RJA. 1, 5; a. M. OLG. Darmstadt 21. 10. 16 RundschGmbH. 1917, 114). Er muß dann als solcher zum Handelsregister angemeldet werden (§§ 39, 44 des Gesetzes; KG. a. a. O.). Aber es steht auch nichts entgegen, daß Aufsichtsratsmitglieder zugleich ordentliche Geschäftsführer sind. Nur darf dadurch der Aufsichtsrat sein Wesen nicht einbüßen. Es können also nicht sämtliche Geschäftsführer zugleich Aufsichtsratsmitglieder sein. Denn das Kontrollorgan muß naturgemäß wenigstens teilweise aus anderen Personen zusammengesetzt sein, als das zu kontrollierende Organ. Wenn gleichwohl sämtliche Geschäftsführer zugleich Aufsichtsratsmitglieder sind, so liegt kein Aufsichtsrat im Sinne des Gesetzes mehr vor (vgl. oben Anm. 2). Der alleinige Geschäftsführer darf nicht Aufsichtsratsmitglied sein (KG. 12. 5. 22 OLGR. 42, 224; a. M. BauersZ. 30, 91). Der Gesellschaftsvertrag kann das Gesetz auch in Einzelheiten umgestalten. Er kann die Mitglieder des Aufsichtsrates zwar als Beamte, aber nicht als Geschäftsführer gestalten. Er kann sie auch in anderen Ausnahmefällen, als in § 248 HGB. vorgesehen, als Geschäftsführer zulassen. Neben der zeitlichen Begrenzung kann er Bedingungen vorsehen. Die Delegation eines Aufsichtsratsmitgliedes in die Geschäftsführung kann zur Verbindung beider Organe gewollt sein. Der Delegierte hat die formelle Stellung des Geschäftsführers und des Aufsichtsratsmitgliedes. Materiell soll er nur die Aufsicht führen

Anm. 49. **G. § 249 Abs. 1 u. 2 HGB.**

Die Mitglieder des Aufsichtsrates haben bei der Erfüllung ihrer Obliegenheiten die Sorgfalt eines ordentlichen Geschäftsmannes anzuwenden.

Mitglieder, die ihre Obliegenheiten verletzen, haften der Gesellschaft mit den Vorstandsmitgliedern als Gesamtschuldner für den daraus entstehenden Schaden.

Anm. 50. Im Aktienrecht stellt das Gesetz die gleiche Vorschrift für die Haftung des Aufsichtsrates auf wie für den Vorstand. Auch die Mitglieder jenes stehen für die Sorgfalt des ordentlichen Geschäftsmannes ein (vgl. § 241 HGB). Bei Verletzung ihrer Pflicht haften auch sie als Gesamtschuldner. In den gleichen Fällen wie gegen den Vorstand können die Gläubiger auch gegen die Mitglieder des Aufsichtsrates unmittelbar klagen (§ 241 Abs. 4, § 249 Abs. 3). Doch müssen diese Handlungen des Vorstandes (Rückzahlung der Einlagen, Auszahlung von Zinsen oder nicht vorhandener Gewinne usw.) mit Wissen und ohne Einschreiten des Aufsichtsrates erfolgt sein. Das GmbHG. hat diese letztere Vorschrift des HGB. nicht übernommen. Auch bei der verbotenen Rückzahlung des Stammkapitals kann nur die Gesellschaft selbst einen Anspruch geltend machen. Das schließt nicht aus, daß im Falle eines Konkurses der GmbH. der Konkursverwalter die Schadensersatzanklage gegen den Aufsichtsrat erhebt. Der Anspruch gehört zur Masse. Insofern haften die Aufsichtsratsmitglieder doch wieder den Gläubigern. Das macht sich in den Fällen unliebsam bemerkbar, in denen bei einer Gesellschaft mit wenig Gesellschaftern diese sich als Aufsichtsrat konstituieren. Sie denken oft, nur ihre eigenen Geschäfte zu besorgen. Eine Nachlässigkeit nehmen sie leicht. Sie glauben ja nur sich selbst zu schädigen. Im Falle des Konkurses werden sie damit nicht gehört. Die GmbH. steht ihnen als selbständige Rechtsperson gegenüber. Zulässig ist, daß der Gesellschaftsvertrag sie von der Haftung für Fahrlässigkeit befreit, oder nur die Sorgfalt wie in eigenen Angelegenheiten fordert. Dies gilt für die Geschäftsführer (vgl. Anm. 1 f. zu § 43). Um so mehr für die Mitglieder des Aufsichtsrates. Der Gesellschaftsvertrag kann ihnen die Überwachungspflicht völlig abnehmen (oben Anm. 35). Er kann also auch die Verantwortlichkeit mindern. Nur für Arglist wird immer gehaftet. Das gleiche kann auch durch Gesellschafterbeschluß bei der Bestellung des Aufsichtsrates vereinbart werden. Die Gesellschafter können nachträglich auf die Folgen pflichtwidriger Handlungen des Aufsichts-

rates verzichten. Auch dann, wenn die Vorschriften der §§ 30 und 33 verletzt wurden. Eine § 52.
Unwirksamkeit des Vergleiches oder Verzichtes, soweit der Ersatz zur Befriedigung der Gläubiger erforderlich ist, ist nur gegenüber den Geschäftsführern vorgesehen (Anm. 15 zu § 43 Abs. 3). Daher darf sich der Aufsichtsrat auch auf einen Beschluß der Gesellschafter berufen. Daher kann er auch allgemein von der Haftung für Vernachlässigung seiner Obliegenheiten befreit werden. Auch diese Änderung des Gesetzes muß nicht mit ausdrücklichen Worten ausgesprochen sein. Sie muß sich aber unzweideutig aus dem Inhalt des Gesellschaftsvertrages ergeben. Der oben erwähnte Umstand, daß alle Gesellschafter Mitglieder des Aufsichtsrates sind, genügt aber hierzu nicht.

Soweit eine Haftbarkeit des Aufsichtsrates besteht, muß in jedem Falle geprüft werden, Anm. 50a.
ob und welche die Mitglieder die Sorgfalt des ordentlichen Geschäftsmannes verletzen. Über diesen Begriff vgl. Anm. 1 zu § 43. Bei dem Geschäftsführer gebraucht das Gesetz die gleiche Formel. Doch ist die Aufgabe des Geschäftsführers eine andere als die des Aufsichtsrates. Man kann bei der Genehmigung zu einer von jenem vorgeschlagenen Maßnahme von diesem nicht fordern, daß er alle Einzelheiten einer Prüfung unterzieht. Man kann ihm keinen Vorwurf machen, wenn er sich auf den Vortrag des Geschäftsführers verläßt und nur erwägt, ob unter den dargelegten Gesichtspunkten und bei den mitgeteilten Zahlen das Geschäft Erfolg verspricht. Mehr braucht hier der ordentliche Geschäftsmann nicht zu tun. Bei der Erfüllung der Kontrollpflicht spielt die Person des Geschäftsführers eine nicht unwesentliche Rolle. Man kann nicht verlangen, daß einem langjährigen erprobten Leiter des Unternehmens mit fortgesetztem Mißtrauen begegnet wird. Daß dieser doch das Vertrauen täuscht, bildet keinen Vorwurf für den Aufsichtsrat. Verbietet der Gesellschaftsvertrag bestimmte Geschäfte oder behält er die Genehmigung der Gesellschafter vor, so übernimmt der Aufsichtsrat so gut wie die Geschäftsführung durch die Mißachtung dieser Vorschriften die Verantwortung für den Ausfall (vgl. näheres Anm. 3 zu § 43). Mehrere Aufsichtsratsmitglieder haften als Gesamtschuldner. Doch kann die Klage gegen ein Mitglied begründet, gegen ein anderes unbegründet sein. So wenn dieses bei dem Beschlusse nicht mitwirkte oder von Dingen, die den anderen bekannt waren, nichts wußte. Ein Mitglied des Aufsichtsrates, das den Schadensersatz aus einer dem Gesamtaufsichtsrate zur Last fallenden Handlung oder Unterlassung leistet, kann von den übrigen Mitgliedern den Rückersatz des von ihm an Hauptsumme und Zinsen entrichteten Betrages zu je einem Kopfteil fordern. Nicht aber die Kosten des gegen ihn geführten Prozesses (OLG. Dresden 29. 12. 09 BauersZ. 18, 142). Über den Gerichtsstand der Schadensersatzklage Bondi DJZ. 1909, 481. Die Ansprüche gegen die Mitglieder des Aufsichtsrates verjähren in fünf Jahren. Über den Beginn einer solchen Verjährung vgl. Anm. 21 zu § 43.

Das Prinzip der gleichen Anteile gilt auch für das Verhältnis zwischen Geschäftsführer Anm. 51.
und Aufsichtsrat. So wenn der Geschäftsführer eine Pflichtverletzung begangen und das Aufsichtsratsmitglied sie pflichtwidrig hat geschehen lassen. Eine Abwägung der verschiedenen Grade der Schuld findet nicht statt. Hatte aber der Geschäftsführer dolos gehandelt, die Mitglieder des Aufsichtsrates nur verabsäumt, dieses Verhalten durch genügende Aufmerksamkeit zu entdecken, so wäre es gegen die guten Sitten, wenn der Geschäftsführer gegen den Aufsichtsrat Regreß nehmen wollte. Die Entlastung des Aufsichtsrates wird durch die Gesellschafter erteilt (Anm. 23ff. zu § 46). Unzulässig ist, daß die Aufsichtsratsmitglieder bei ihrer Entlastung mitstimmen (§ 47 Abs. 4). Unstatthaft ist, nacheinander über die Entlastung jedes einzelnen Mitgliedes abzustimmen, damit die anderen Mitglieder des Aufsichtsrates jeweils mitstimmen können. Es ist über den Aufsichtsrat im ganzen abzustimmen (RG. 6. 6. 03 RGZ. 55, 57; dagegen Pinner DJZ. 1903, 476). Die Entlastung kann einem Mitgliede erteilt, einem anderen versagt werden. Ist sie gewährt, so besteht kein Anspruch der Gesellschaft und bei ihrem Konkurse keine Klage des Konkursverwalters mehr.

Eine Haftung des Aufsichtsrates findet Dritten gegenüber nur statt, wenn die Vor- Anm. 52.
aussetzungen der unerlaubten Handlung vorliegen (vgl. die Ausführungen in Anm. 23ff. zu § 43). Auch bei der GmbH. ist die Vorschrift des § 249 HGB. keine Schutzvorschrift zu-

§ 52. gunsten Dritter. Auch der Erwerber eines Geschäftsanteiles, der unzulässigerweise mit Duldung des Aufsichtsrates von dem Veräußerer durch eine Sacheinlage beglichen war, hat keinen Regreß gegen den Aufsichtsrat (RG. 19. 4. 10 RGZ. 73, 392).

Anm. 53. 8. **Die Mitglieder des Betriebsrats als Mitglieder des Aufsichtsrats.** Die gesetzlichen Grundlagen. Die Entsendung von Betriebsratsmitgliedern in den Aufsichtsrat war in § 70 des Betriebsrätegesetzes vom 4. Febr. 1920 vorgesehen (RGBl. 1920, 174ff). Die Ausführung erfolgte durch das Gesetz über die Entsendung von Betriebsratsmitgliedern in den Aufsichtsrat vom 15. Febr. 1922 (RGBl. 1922, 209). Voraussetzung für die Entsendung ist das Bestehen eines oder mehrerer Betriebsräte oder Gesamtbetriebsräte unter den Arbeitnehmern (§ 2 des Gesetzes vom 15. 2. 22). Zu entsenden sind zwei Mitglieder, wenn das Statut der Gesellschaft die Wahlmöglichkeit von mehr als drei Aufsichtsratsmitgliedern vorsieht oder wenn sowohl Arbeiter als Angestellte im Wahlkörper vertreten sind (§ 4). Der Wahlkörper ist der Einzelbetriebsrat oder Gesamtbetriebsrat oder die Gesamtheit der Einzelbetriebsräte (§ 5). In den nicht aufgeführten Fällen entsendet der Betriebsrat ein Mitglied in den Aufsichtsrat. Dem Mitglied oder den Mitgliedern sind ebensoviele Ersatzleute zu wählen. Die Mitgliedschaft beim Betriebsrat endet ausschließlich durch Rücktritt oder Verlust der Zugehörigkeit zum Betriebsrat (§ 7). Das Gesetz gilt auch für Gesellschaften, die beim Inkrafttreten des Gesetzes schon bestanden haben (§ 9). Die Wahl zum Aufsichtsrat ist durch eine Wahlordnung vom 23. März 1922 (RGBl. 1922, 30ff.) geregelt. Eine Vergütung dürfen die vom Betriebsrat entsandten Mitglieder über die Aufwandsentschädigung hinaus nicht erhalten.

Anm. 53a. Auswirkung: Auf die vom Betriebsrate in den Aufsichtsrat entsendeten Mitglieder finden die im Vorstehenden dargelegten Grundsätze in gleicher Weise wie für die gewählten Mitglieder Anwendung. Jene haben die gleichen Rechte und Pflichten wie diese. Allein die Sorgfalt des ordentlichen Geschäftsmannes wirkt sich bei den meist geschäftsunkundigen Personen anders aus. Die Beurteilung der Sachlage bei der Genehmigung eines Vorschlages der Geschäftsführer kann von ihnen nicht in der gleichen Weise erfolgen, wie man sie von den übrigen Mitgliedern erwartet. Ohnedies dürfte die Regreßklage gegen die Betriebsratsmitglieder kaum je praktische Bedeutung haben.

Anm. 54. **Ausländische Gesetze.**

Ganz verschieden ist die Stellung der fremden Gesetze zur Frage der Einführung eines Aufsichtsrates. Dem polnischen Gesetz und dem Schweizer Entwurf ist er ganz fremd. Der italienische Entwurf (Art. 156) sagt lakonisch, daß das Statut die Bildung eines aus Gesellschaftern oder Nichtgesellschaftern bestehenden Aufsichtsrates vorschreiben könne. Die Ausgestaltung seiner Funktion bleibt völlig dem Statut überlassen. Die übrigen Gesetze sehen die obligatorische Einführung eines Aufsichtsrates bei Gesellschaften von bestimmter Größe vor. Das französische Gesetz (Art. 32) verlangt den Aufsichtsrat bei allen Gesellschaften, die mehr als zwanzig Gesellschafter haben. Der erste Aufsichtsrat wird im Gesellschaftsvertrag ernannt. Er unterliegt der Neuwahl, zu den vom Statut festgesetzten Zeiten. Eine Haftung haben die Aufsichtsratsmitglieder nur für eigene Handlungen, nicht für die der Geschäftsführer. Ihre Befugnisse sind die gleichen, wie sie das Gesetz vom 24. Juli 1867 für die Mitglieder des Aufsichtsrates einer Kommanditgesellschaft auf Aktien festgesetzt hat. Die Mitglieder des Aufsichtsrates müssen Gesellschafter sein. Ihre Zahl ist mindestens drei. Alle Mitglieder des Aufsichtsrates, auch die des ersten, werden für eine bestimmte Zeitdauer ernannt. Sie können auch lebenslänglich und für die ganze Dauer der Gesellschaft ernannt werden. Sie sind aber wegen begangener Fehler abberufbar. Der Aufsichtsrat ist verpflichtet, wenigstens einmal im Jahre die Geschäftsführung nachzuprüfen. Er hat hierüber Bericht zu erstatten. Er schlägt die Gewinnverteilung vor. Im ganzen ist der Aufsichtsrat nach französischem wie nach deutschem Recht in erster Linie Kontrollorgan.

Das österreichische Gesetz gibt in den §§ 29—33, das bulgarische in den Art. 33—40 ausführlich Bestimmungen über den Aufsichtsrat. Zu bestellen ist der Aufsichtsrat nach dem österreichischen Gesetz bei einem Stammkapital von mehr als 50000 Schilling und einer Gesellschafterzahl von mehr als fünfzig. Seine Organisation und Funktion gleicht im wesentlichen dem Aufsichtsrat des deutschen Aktienrechts. Es fehlen in der Hauptsache nur die deutschen Bestimmungen über die Aufsichtsratsvergütung. Das Recht zur Abberufung der Geschäftsführer ist ausdrücklich festgelegt. Wie das französische verlangt das bulgarische Gesetz den Aufsichtsrat bei einer Gesellschaft von mehr als zwanzig Personen, ohne daß die Größe des Gesellschaftskapitals dabei in Betracht kommt (Art. 33 Abs. 1). Im übrigen decken sich die Bestimmungen mit denen des österreichischen Gesetzes. Abweichend ist, daß mindestens die Hälfte der Mitglieder des Aufsichtsrates bulgarische Staatsangehörige sein müssen (Art. 34). § 52.

Zusatz. Die Tantiemesteuer ist durch das Kapitalverkehrssteuergesetz vom 10. August 1925 § 32 Abs. 2 mit Wirkung vom 1. Januar 1925 aufgehoben. Maßgebend ist jetzt § 17 Nr. 4 des Körperschaftssteuergesetzes. Die Aufsichtsratsbezüge einschließlich der Werbungskosten unterliegen damit der Einkommensteuer. Als Einkommen ist mindestens, also ohne Rücksicht auf erzielten oder nicht erzielten Gewinn, die Summe zu versteuern, die als Vergütung irgendwelcher Art den Aufsichtsratsmitgliedern gewährt worden ist (Körperschaftssteuergesetz § 10 Abs. 2 Satz 1). Steuerschuldner ist jetzt immer die GmbH., nicht mehr das Aufsichtsratsmitglied. Anm. 55.

Vierter Abschnitt.

Abänderungen des Gesellschaftsvertrages.

§ 53.

§ 53.

Eine Abänderung des Gesellschaftsvertrages kann nur durch Beschluß der Gesellschafter erfolgen.

Der Beschluß muß gerichtlich oder notariell beurkundet werden, derselbe bedarf einer Mehrheit von drei Vierteilen der abgegebenen Stimmen. Der Gesellschaftsvertrag kann noch andere Erfordernisse aufstellen.

Eine Vermehrung der den Gesellschaftern nach dem Gesellschaftsvertrage obliegenden Leistungen kann nur mit Zustimmung sämtlicher beteiligter Gesellschafter beschlossen werden.

I. Gesellschaftsvertrag im materiellen Sinne ist die Summe der Bestimmungen, die das Rechtsverhältnis der Gesellschafter zur Gesellschaft regeln. Gesellschaftsvertrag im formellen Sinne ist die hierüber errichtete Urkunde. Es gibt keine Regelung zwischen Gesellschaft und Gesellschafter, die nicht in dem Gesellschaftsvertrag beurkundet ist. Aber nicht alles, was im Gesellschaftsvertrage im formellen Sinn steht, gehört zu der Gesellschaftssatzung. Die Vorschriften des Gesetzes über die Abänderung des Gesellschaftsvertrages gelten nur für die materielle Satzung, nicht für die ganze formelle Urkunde. Zu der materiellen Satzung in diesem Sinne gehört in erster Linie die Firma (KG. 8. 3. 12, Recht 1913 Nr. 268; BauersZ. 20, 115). Eine Firmenveräußerung schließt immer auch eine Firmenänderung und damit eine Statutenänderung in sich (KG. 15. 6. 25 LZ. 1925, 1169; JW. 1926, 605). Wird der Firma der Zweigniederlassung nur der Zusatz „Zweigniederlassung der Firma X" beigefügt, so ist das keine Statutenänderung (KG. 11. 10. 23 OLGR. 43, 326). Die Abberufung der im Gesellschaftsvertrage ernannten Geschäftsführer ist ebenfalls keine Abänderung der Satzung (vgl. RG. bei Holdheim 10, 193 und Anm. 41 zu § 35; ferner OLG. Oldenburg 23. 4. 21 OLGR. 42, 223). Auch der Auflösungsbeschluß ist nicht satzungsändernd (KG. 7. 2. 12 OLGR. 27, 389; KG. 13. 6. 13 KGJ. 45 A 178). Einem Gesellschafter kann auf seine Bestellung zum Geschäftsführer ein Vorrecht eingeräumt sein. Er kann eine gesellschaft- Anm. 1.

§ 53. liche Pflicht hierzu übernommen haben. Dann ist die Aufhebung dieses Amtes eine Änderung des Gesellschaftsvertrages. Das RG. verneint für den Zweifelsfall die Absicht, daß durch die Bestellung im Gesellschaftsvertrage diese Bestandteil des Statuts werde (RG. 29. 11. 18 JW. 1919, 313, Recht 1919, 661f., LZ. 1919, 702). Es wird im Einzelfalle die Absicht der Vertragsschließenden festzustellen sein (Hachenburg Anm. JW. 1919, 313). Bestimmungen des Gesellschaftsvertrages über die Vergütungen an die Geschäftsführer, insbesondere ihre Tantieme, bilden einen Teil des materiellen Gesellschaftsvertrages (RG. 24. 6. 13 ZgesA. 23, 150; a. M. ansch. Brodmann Anm. 1; vgl. hierzu auch PrOVG. in JW. 1917, 983 II u. III). Sie haben doppelte Bedeutung. Sie sind stillschweigend Inhalt eines jeden Anstellungsvertrages. Sie binden aber auch die Gesellschafter, bei der Anstellung nicht über diesen Satz hinauszugehen. Eine Abänderung des Inhalts des Anstellungsvertrages erfolgt, soweit nicht statutarische Bindung erfolgt, im Wege eines gewöhnlichen Abkommens der Gesellschaft mit dem Geschäftsführer (OLG. Kassel 30. 3. 14 Rundsch-GmbH. 1914, 337; RG. 7. 11. 16 JW. 1917, 165). Eine Änderung, welche die Gesellschafter selbst betrifft und sie zu einer anders gestalteten Anstellung ermächtigt, bedarf der Statutenänderung. Eine Bestimmung, wonach in diesem Falle einfache Mehrheit genügt, wie sie in § 50 Abs. 2 des österreichischen Gesetzes enthalten ist, kennt das deutsche Gesetz nicht. Eine Abänderung des Gesellschaftsvertrages kann nicht in ein bestehendes Anstellungsverhältnis eingreifen. Die Statutenänderung über die Tantieme des Geschäftsführers nimmt diesem den vertraglichen Anspruch nicht. Dasselbe gilt für die Zahl der Geschäftsführer. Die im Gesellschaftsvertrage festgesetzte Zahl kann nur durch Änderung der Statuten erhöht oder vermindert werden (abweichend Brodmann Anm. 1 am Schluß). Eine solche statutarische Beschränkung kann auch ohne ausdrückliche Normierung sich aus dem Inhalte des Gesellschaftsvertrages ergeben. Wenn über die Zahl der Geschäftsführer im Gesellschaftsvertrag nichts bestimmt ist, so unterliegt die Bestimmung hierüber der einfachen Beschlußfassung (KG. 27. 2. 14 RundschGmbH. 1914, 185). So kann durch eine derartige Verteilung der Geschäfte unter die bestellten Geschäftsführergruppen, daß für weitere kein Raum ist (RG. 1. 6. 08 LZ. 1908, 601). Ist einmal im Statut von der gesetzlichen Regelung der Kollektivvertretung abgewichen, so ist jede Neuordnung eine Abänderung des Gesellschaftsvertrages (KG. 2. 6. 22 OLGR. 42, 225). Ist im Gesellschaftsvertrage festgesetzt, daß die Geschäftsführer nur gemeinschaftlich vertretungsberechtigt sind, so wird dadurch, daß alle Geschäftsführer bis auf einen ausgeschieden sind, nicht dieser eine Geschäftsführer allein vertretungsberechtigt. Das würde eine Statutenänderung enthalten (RG. 28. 8. 22 DJZ. 1922, 697). Doch kann ihm dann für den konkreten Fall durch einfachen Mehrheitsbeschluß die Alleinvertretung übertragen werden. — Ist nur dem Geschäftsführer, wenn auch im Gesellschaftsvertrage, die Zusage der alleinigen Bestellung gemacht, so bedarf es keiner Statutenänderung. Ein weiterer Geschäftsführer kann gültig bestellt werden. Der Ersternannte hat nur Anspruch aus dem Vertrage. Dieser wird, auch wenn die Zahl in der Satzung beschränkt war, durch deren Änderung nicht berührt. Abmachungen der Gesellschafter aber, die nicht in die Gesellschaftsurkunde kamen, unterstehen nie den besonderen Bestimmungen des Gesetzes über die Änderung des Gesellschaftsvertrages.

Anm. 1a. Schließt sich zur Kaltstellung einer Minderheit die Mehrheit zu einer Kommanditgesellschaft zusammen, um an sie das Unternehmen der GmbH. zu verpachten und auf diese Weise der Minderheit den Einblick in die Geschäftsergebnisse des Unternehmens unmöglich zu machen, so ist auch das formell keine Statutenänderung (BauersZ. 25, 185). Etwas anderes ist es, daß unter Umständen in einem solchen Beschlusse ein Mißbrauch der Mehrheit liegen kann, der den Beschluß nach § 138 BGB. nichtig macht. Die Gesellschafter treffen mitunter Vereinbarungen, die nur unter ihnen, aber nicht im Verhältnis der Gesellschafter zur Gesellschaft, Geltung haben sollen. So, daß sie den Reingewinn in bestimmter Weise teilen, daß sie die ihnen als Gesellschafter gemäß § 3 Abs. 2 obliegenden Verpflichtungen gemeinsam erfüllen wollen, daß jedem von ihnen das Vorkaufsrecht an ihren Geschäftsanteilen zustehen soll, daß sie auf die Geltendmachung von Gewinn- und Dividendenansprüchen bis zur Deckung einer Unterbilanz verzichten, usw. Solche Bestimmungen können auch Bestandteile des Gesellschaftsvertrages werden. Vorausgesetzt ist immer nur, daß sie sich wie die Verteilung des Reingewinns auch als Beziehungen von Gesellschaft zu Gesellschafter denken lassen. Dann müssen sie aber dem Gesellschaftsvertrag einverleibt werden (vgl. über solche Vereinbarungen der Gesellschafter untereinander Anm. 47 zu § 3; ebenso RG. 24. 10. 13 RGZ. 83, 216; JW. 1914, 94; LZ. 1914, 176; Holdheim 23, 51). Es ist auf die Feststellung Wert zu legen, ob die Gesellschafter nach ihrem Willen lediglich persönlich berechtigt und verpflichtet oder ob das Recht oder die Pflicht mit dem Geschäftsanteil verbunden sein sollte. Hat ein Gesellschafter als Gegenleistung für eine Sacheinlage statutenmäßig einen bestimmten Voraus am Reingewinn, so kann er auf dieses Vorrecht oder einen Teil davon rechtswirksam verzichten, ohne daß eine Statutenänderung notwendig wäre. Denn es handelt sich nur um einen Schulderlaß, wie ihn jeder Gläubiger vornehmen kann (RG. 12. 11. 17 DJZ. 1917, 750). — Sind Bestimmungen, die dem Gesellschaftsvertrag hätten einverleibt werden können, ihm nicht einverleibt worden, so werden die Vereinbarungen, so wie sie entstanden, wieder aufgehoben. § 53.

Zur Änderung des Gesellschaftsvertrages ist erforderlich und genügend, daß eine Bestimmung desselben außer Kraft gesetzt wird. Das ist im weiteren Sinne zu nehmen. Auch Einfügungen, wo bisher das Gesetz galt, gehören hierher. Wo der Beschluß der Gesellschafter die Satzungsbestimmung in Kraft lassen will, wenn er sich auch im Einzelfall mit ihr in Widerspruch setzt, liegt keine Änderung des Gesellschaftsvertrages vor. So wenn nur Gesellschafter Geschäftsführer oder Mitglieder des Aufsichtsrates werden sollen, die Gesellschafter aber durch Mehrheit einen Nichtgesellschafter wählen. Die überstimmten Gesellschafter können den Beschluß wegen Verletzung des Gesellschaftsvertrages anfechten. Unterlassen sie es, versäumen sie die in der Satzung hierfür vorgesehene Frist, so ist die Wahl gültig. Wo aber ein Beschluß eine Bestimmung der Gesellschaftsverfassung allgemein ausschaltet, liegt eine Änderung des Gesellschaftsvertrages vor, mag dies auch den Gesellschaftern nicht zum Bewußtsein kommen oder wenigstens von ihnen nicht ausgesprochen sein. Wie im Verfassungsleben der Staaten gibt es auch bei den Körperschaften stillschweigende Verfassungsänderungen. Ob dies vorliegt, kann nur im Einzelfalle unter Auslegung der Gesellschaftsverträge und in Würdigung der Gesamtumstände entschieden werden. Das mangelnde Bewußtsein bei den Geschäftsführern, daß eine Statutenänderung vorliegt, ist unerheblich für die Frage, ob sie tatsächlich gegeben ist. Das Wesentliche ist die Beschlußform, durch die die gesellschaftsrechtliche Bindung geschaffen wird. So hat das RG. (18. 2. 13 RGZ. 81, 368) eine Änderung des Gesellschaftsvertrages in folgendem Vorgang gesehen: Eine GmbH. hatte erhebliche Unterbilanz. Zu ihrer Deckung beschlossen die Gesellschafter eine Zuzahlung von je 50% des Nominalbetrages auf die Stammeinlage. Bestimmte Vorzugsrechte wurden dagegen gewährt. Der Beschluß wurde notariell verlautbart. Anm. 1b.

Auch die in § 3 aufgezählten notwendigen Erfordernisse des Gesellschaftsvertrages können abgeändert werden. Auch hier ist eine stillschweigende Änderung durch einen sich nicht unmittelbar als Satzungsänderung bezeichnenden Beschluß möglich. Auch hier muß dies im Einzelfalle geprüft werden. Anm. 2.

Beschließt die Gesellschafterversammlung eine andere Firma zu führen, so muß dies in der Form und mit der Stimmenanzahl der Statutenänderung geschehen. Bestreitet ein Dritter der GmbH. das Recht auf die durch den Erwerb eines Geschäfts mit diesem übernommene und durch Änderung des ursprünglichen Gesellschaftsvertrages in diesen eingefügte Firma, genehmigt die Gesellschafterversammlung einen Vergleich, durch den sie auf diese Firma verzichtet und sich nur noch ihrer früheren Firma bedient, so ist dies wieder eine Satzungsänderung. Der Vergleich ist erst wirksam, wenn deren Voraus-

§ 53. setzungen gegeben sind (vgl. hierzu oben Anm. 1). Haben die Gesellschafter beschlossen, sich an Stelle der eingetragenen einer anderen Firma zu bedienen, so kann der Registerrichter dies solange verbieten, bis die Gesellschaft durch Satzungsänderung sich ein Recht auf diese Firma verschaffte. Hier kann er unmittelbar diese erzwingen. Der Sitz einer GmbH. kann von dem ihrer Niederlassung verschieden sein. Beschließen die Gesellschafter nur diese zu verlegen, so enthält dies nicht die Änderung des Gesellschaftsvertrages. Registerrechtlich wird eine Zweigniederlassung entstehen (vgl. Anm. 4 zu § 3). Der Registerrichter kann nur deren Eintragung erzwingen. Wollen die Gesellschafter eine Sitzverlegung, so muß dies in Form der Satzungsänderung geschehen. Hierauf hat aber der Registerrichter keinen Einfluß (vgl. KG. 23. 4. 20; RJA. 17, 84). Auch die Änderung der Gesellschaftsdauer gehört hierher. Wird jedoch im Statut eine bestimmte Dauer der GmbH. festgesetzt, zugleich aber die Möglichkeit aufrecht erhalten, sie durch Beschluß aufzulösen, so ist der Auflösungsbeschluß keine Änderung, sondern eine Auswirkung des Statuts (RG. 10. 12. 20 RGZ. 101, 78). Auch die Änderung des Geschäftsjahres ist eine Statutenänderung (KG. 20. 5. 21 OLGR. 42, 225; KGJ. 53 A 99; RG. 27. 1. 22 OLGR. 42, 225). Der Beschluß wirkt erst vom Zeitpunkt der Eintragung an, die Eintragung hat keine rückwirkende Kraft.

Anm. 2a. Der Gegenstand der Gesellschaft hat doppelte Bedeutung. Er bildet einmal ein Stück der Individualisierung der Gesellschaft. Er umgrenzt zum andern den Kreis der Tätigkeit. Ein Überschreiten dieser Schranken ist nicht immer eine Änderung der Satzung. Häufig liegt nur eine Ausnahme von der Regel derselben vor. Es kann aber auch der Beschluß der Gesellschafter deren Aufhebung bedeuten. Danach ist die Frage zu beantworten, ob die Verpachtung des Unternehmens den Gegenstand der Gesellschaft ändert. Das ist dann nicht der Fall, wenn der Gegenstand des Unternehmens auch hierdurch erreicht wird. Ist bei ihm aber der Selbstbetrieb vorausgesetzt, so ändert die Verpachtung die Satzung. Es gilt das gleiche, wie wenn die Gesellschaft zu einem anderen Gewerbe übergeht. So wenn sich mehrere Gemeinden zur Errichtung eines Elektrizitätswerkes in Form einer GmbH. zusammenschließen, um ihre Angehörigen mit billigem Strom zu versorgen. Die Verpachtung an einen anderen Unternehmer ändert hier die Satzung. Sie bedarf einer Dreiviertelmehrheit. Ist nur die einfache Mehrheit für den Genehmigungsbeschluß vorhanden, so ist er anfechtbar. Der von dem Geschäftsführer mit dem Dritten abgeschlossene Vertrag ist trotz erfolgreicher Anfechtung wirksam. Der Registerrichter hat keinen Einfluß auf diese Vorgänge. Er kann die Gesellschaft nicht zur Vornahme oder Anmeldung einer Satzungsänderung zwingen.

Anm. 2b. Das Stammkapital und seine Größe kann nur im Wege der Satzungsänderung erhöht oder herabgesetzt werden (§§ 55 ff. u. 58 ff.). Doch bedarf es neben dem Beschlusse der Erhöhung oder Herabsetzung nicht nochmals eines besonderen Beschlusses der Neufassung des Paragraphen der Statuten. Durch jenen Beschluß sind diese bereits geändert. Ein Vertrag mit einem Dritten, durch den sich die Gesellschaft zur Ausgabe neuer Geschäftsanteile oder zur Vernichtung von solchen durch Herabsetzung des Stammkapitales verpflichtet, ist solange unwirksam, als nicht die Gesellschafter mit einer Mehrheit von Dreivierteln der Stimmen diesen gesellschaftsrechtlichen Vorgang beschlossen haben. Die Genehmigung des Vertrages mit einfacher Mehrheit genügt nicht. Auch nicht die mit der qualifizierten ohne notarielle Urkunde. Ob im letzteren Falle die Voraussetzungen der Satzungsänderung vorliegen oder ob neben den Beschluß der Genehmigung noch ein besonderer Beschluß zu treten hat, hängt von der Auslegung des Protokolls der Gesellschafterversammlung ab. Zwecklose Wiederholungen darf man nicht verlangen. Kapitalserhöhung lag im folgenden Fall vor: Zwei Gesellschafter brachten in eine neu gegründete GmbH. die Konkursmasse einer Firma ein. Die Gesellschafter sollten das dazu gehörige Fabrikgrundstück im Wege der Zwangsversteigerung übernehmen und dann in die GmbH. einlegen. Hierfür war ein Kapitalserhöhungsbeschluß unter Beobachtung der gesetzlichen Formen notwendig (RG. 22. 5. 13 RGZ. 82, 299). Der Beschluß der Einziehung eines Geschäftsanteiles,

die nicht aus den Reservener folgt (§ 34 Abs. 2; vgl. Anm. 14f. zu § 34), ist nur unter Herab- § 53.
setzung des Stammkapitales möglich. Auch wenn dies nicht erwähnt, wenn nur gesagt wird, daß der Geschäftsanteil des Gesellschafters A. eingezogen und ihm die Einlage zurückgewährt werden soll, so liegt doch wieder hierin eine Satzungsänderung. Die Vorschriften der §§ 53 und 58 sind zu beobachten. Bis dahin ist der Beschluß unwirksam. Es bedarf keiner Anfechtung, um ihn zu beseitigen. Die Einziehung mittels des nicht zur Erhaltung des Stammkapitals erforderlichen Vermögens (Reserve usw.; vgl. Anm. 2 zu § 34) ändert den Gesellschaftsvertrag nicht. Die Stammkapitalziffer bleibt bestehen (Anm. 20 zu § 34). Also bleibt auch die Satzung unverändert.

Die Übernahme der Stammeinlagen ist einer Änderung nicht fähig. Hierin liegt ein Stück **Anm. 2c.**
Gründungsvorgang. Er kann nicht beseitigt werden. Auch die Festsetzung der Sacheinlage bleibt (vgl. Anm. 64 zu § 5). Wird das Stammkapital erhöht, so bildet die Zeichnung der Stammeinlagen hierauf keinen Teil des Gesellschaftsvertrages. Es ist nur die Ziffer des Stammkapitals zu ändern. Bleibt die Angabe der bei der Errichtung der Gesellschaft von jedem Gesellschafter zu leistenden Einlage, so entsteht ein Mißverhältnis zwischen Stammkapital und den im Gesellschaftsvertrag beurkundeten Stammeinlagen. Daher wird hier eine Abänderung insoweit geboten und zulässig sein, daß „bei der Gründung der Gesellschaft folgende Gesellschafter folgende Einlagen auf das damals vereinbarte Stammkapital" übernahmen. Gerade weil es sich hier um eine unzerstörbare Bekundung eines der Geschichte der GmbH. angehörenden Vorganges handelt, darf diese den veränderten Verhältnissen angepaßt werden. Die Gesellschaftsverträge führen bei der Erhöhung des Stammkapitales häufig die Gesellschafter und deren Anteile auf, unter die sich das Stammkapital kapital verteilt. Das ist zu wenig und zu viel. Es wird unzulässigerweise der ursprüngliche Gesellschaftsvertrag, soweit er die Stammeinlagen der ersten Gesellschafter enthält, geändert. Es bedarf der Erwähnung der späteren Gesellschafter nicht. Diese Aufstellung ist auch nur von vorübergehender Bedeutung. Sie kann keinen Teil des Gesellschaftsvertrages im materiellen Sinne bilden. Jede Veräußerung eines Geschäftsanteiles entzieht ihr den Boden. Damit ändert sich diese Stelle des Gesellschaftsvertrages. Eine Statutenänderung ist dies aber nicht.

Soweit Bestimmungen zu ihrer Gültigkeit der Aufnahme in den Gesellschaftsvertrag **Anm. 2d.**
bedürfen (§ 3 Abs. 2), kann ihre Abänderung nur im Wege der Änderung des Gesellschaftsvertrages geschehen. Doch muß es sich auch hier um eine generelle anderweite Regelung, nicht um eine Abweichung von dieser für einen einzelnen Fall (oben Anm. 1) handeln. Daher bei der Verpflichtung der Gesellschafter zu Leistungen neben den Stammeinlagen die Verständigung der Gesellschaft mit einem Mitglied über eine Lieferung nicht in Form der Satzungsänderung erscheint (vgl. Anm. 30ff. zu § 3). Ein Beschluß der Gesellschafter aber, künftig die Rohware nicht mehr von den zur Lieferung verpflichteten Gesellschaftern, sondern von einem Dritten zu beziehen, beseitigt eine Stelle des Gesellschaftsvertrages. Ist die Gesellschaft auf Zeit eingegangen, so kann eine Verlängerung der Lebensdauer nur im Wege der Satzungsänderung geschehen (vgl. hierüber Anm. 21 und 22 zu § 3). Ein Beschluß der Gesellschafter, der nur bei einer erweiterten Zeitdauer durchführbar ist, enthält eine stillschweigende Änderung des Gesellschaftsvertrages. Er bedarf deren Mehrheit und Form. So wenn die Gesellschafterversammlung eine Interessengemeinschaft über die satzungsgemäße Dauer der GmbH. genehmigt. Man kann so verfahren, daß zuerst die Zeitdauer verlängert und dann die Interessengemeinschaft geschlossen wird. Man kann auch diese mit Dreiviertelmehrheit gutheißen und sie als Bestandteil der Satzung zum Handelsregister anmelden. Dann ist damit die Zeitbeschränkung geändert (a. M. anscheinend OLG. Braunschweig 21. 9. 15 OLGR. 32, 140).

II. **Der materielle Inhalt der Änderung des Gesellschaftsvertrages.** **Anm. 3.**

Die Statutenänderung darf nur festsetzen, was Gegenstand des Gesellschaftsvertrages sein kann. Verletzt sie ein zwingendes Gebot des Gesetzes, so ist sie nichtig. Der bisherige Inhalt der Satzung bleibt in Kraft. So wenn durch eine neue Anordnung die

§ 53. Einziehung eines Geschäftsanteiles in bestimmten Fällen auch aus dem zur Erhaltung des Stammkapitals erforderlichen Vermögen ohne Herabsetzung des Stammkapitales gestattet würde. Unzulässig ist es auch, eines der gesetzlich notwendigen Erfordernisse der Gesellschaft (§ 3 Abs. 1) zu beseitigen. Es kann nicht die GmbH. nachträglich der Gewerkschaft ähnlich gestaltet werden. Man kann weder das Stammkapital beseitigen, noch die Anteile statt nach Nennbeträgen nach Quoten bestimmen.

Anm. 4. Greift eine Satzungsänderung in ein Sonderrecht eines Gesellschafters ein (vgl. Anm. 16 ff. zu § 14, Anm. 47 zu § 45), so bedarf es der Genehmigung des Sonderberechtigten. Auch kann sie weder Vorzugsrechte eines Gesellschafters, seien sie mit seiner Person oder seinem Geschäftsanteil verbunden, aufheben, noch kann sie ihm Mitgliedschaftsrechte nehmen, die als unentziehbar gewollt sind, noch weniger darf sie in Einzelrechte der Gesellschafter, die ihnen der Gesellschaft gegenüber als Dritten zustehen, eingreifen (ebenso Neukamp-Becker Anm. 2 d bb, Liebmann Anm. 9; vgl. z. B. RG. 7. 12. 03 im Recht 04, 506 Nr. 2189). Wenn in einer Gesellschaft mit 100 Gesellschaftern ein für zehn Gesellschafter bestelltes, bevorzugtes Dividendenrecht durch Statutenänderung abgeschafft werden soll, so genügt ein Mehrheitsbeschluß unter Zustimmung der 10 Vorzugsgesellschafter. Über die Erfordernisse der Zustimmungserklärung siehe unten Anm. 23. Ist ein Beschluß unter Verletzung von Sonderrechten eines Gesellschafters gefaßt, so kann nur das Mitglied, dessen Recht verletzt ist, dessen Gültigkeit bestreiten (vgl. RG. 14. 11. 03 JW. 04, 44 Nr. 14). Der Gesellschafter kann sich hierzu der Anfechtungsklage bedienen. Er muß es, soweit die Verletzung seines eigenen Rechtes in Frage steht, nicht. Andere Gesellschafter können hierauf kein Anfechtungsrecht stützen. Für die Vermehrung der Leistungspflicht ist die Zustimmung des Belasteten erforderlich (vgl. unten Anm. 16 ff). Dasselbe gilt für die Verminderung des besonderen Rechts eines Gesellschafters.

Anm. 5. Ein Statutenänderungsbeschluß kann die Punkte des Gesellschaftsvertrages durch Stimmenmehrheit nicht abändern, die als unabänderlich gewollt sind. Dann ist für jeden Gesellschafter das Sonderrecht begründet, daß die Änderung seiner Zustimmung bedarf. Im allgemeinen wird man von der Abänderlichkeit der Statuten ausgehen müssen. Man darf nur dann die Unabänderlichkeit annehmen, wenn diese ausnahmsweise als gewollt zu betrachten ist. Das kann im Gesellschaftsvertrage ausdrücklich gesagt sein. Dann müssen alle Gesellschafter der Veränderung zustimmen. Es kann sich der Wille der Unabänderlichkeit auch aus dem Gesamtinhalt des Gesellschaftsvertrages und den Gesamtumständen ergeben. Freilich begibt man sich hier auf das bei derartigen Gesellschaftsverträgen außerordentlich schwankende und mißliche Gebiet der Auslegung. Doch ist dies unvermeidlich. Meist greift die Regel Platz. Nur dann wird die Unabänderlichkeit angenommen werden, wenn die Statuten sie in ihrem Zusammenhange erkennbar ergeben. Das wird aber nicht schon dann gelten, wenn das Statut für gewisse Dinge, z. B. die Wahl des Vorstandes, Auflösung der Gesellschaft, eine bestimmte Majorität vorgeschrieben hat. Man wird auch dann als Regel annehmen müssen, daß das Erfordernis dieser Majorität durch einfachen Statutenänderungsbeschluß geändert werden kann (vgl. Lehmann ArchBürgR. 9, 361). Ein durch den Gesellschaftsvertrag angeordneter Aufsichtsrat kann im Wege der Statutenänderung wieder beseitigt werden. Die gegenteilige Meinung des RG. 10. 10. 06 (DJZ. 06, 601) nimmt an, daß der Aufsichtsrat als „dauernde organische Einrichtung der Gesellschaft" gewollt und eingesetzt sei (vgl. auch Anm. zu § 52). Das ist aber doch gerade das, was zu beweisen ist und nicht als Grundsatz aufgestellt werden darf. Mit demselben Rechte könnte man aus der Aufnahme in den Gesellschaftsvertrag für jede gewillkürte Einrichtung der Gesellschaft dasselbe schließen. Es wäre auch die Einführung der Nachschußpflicht als „dauernde organische Einrichtung" zu bezeichnen. Ebenso die Übertragung von Funktionen der Gesellschafter an ein anderes Organ. Die Unannehmbarkeit dieser Resultate zeigt die Unhaltbarkeit der Ansicht des RG. (vgl. auch BauersZ. 14, 280). Ebenso kann das

Minoritätsrecht der Einberufung der Gesellschafterversammlung (§ 50 Abs. 1) durch § 53.
Statutenänderung aufgehoben werden (RG. 4. 4. 08 RGZ. 68, 211; JW. 1908, 407). Über die Änderung des Gesellschaftsvertrages bezüglich der Übertragbarkeit von Geschäftsanteilen vgl. Anm. 50 zu § 15 und RG. 68, 211. In ein ebenfalls nicht durch Mehrheitsbeschluß entziehbares Grundrecht der Gesellschafter wird durch eine Statutenänderung eingegriffen, die die freie Veräußerlichkeit der Stammanteile aufheben will (RG. 12. 3. 15 Holtheim 24, 124; ebenso OLG. Hamm 3. 10. 15; OLGR. 32, 136). Dagegen kann die Bestimmung des Statuts, daß die Veräußerung eines Stammanteiles an die Genehmigung der Gesellschafter gebunden sei, durch Mehrheitsbeschluß in die Genehmigung der Gesellschafterversammlung umgeändert werden (OLG. Dresden 2. 4. 12 OLGR. 27, 388, — abweichend KG. 29. 4. 21 KGJ. 53 A 101, das in einem derartigen Genehmigungsvorbehalt ein Sonderrecht aller einzelnen Gesellschafter sehen will). Über die Aufhebung einer den Widerruf der Bestellung zum Geschäftsführer einschränkenden Bestimmung des Statuts vgl. Anm. 7ff. zu § 38. Über die Abänderung des Gesellschaftsvertrags bezüglich der Gewinnansprüche vgl. Anm. 6 zu § 29. Über die Abänderung des Stimmrechts Anm. 7 zu § 47. Die Verpflichtung, daß Gesellschafter, die an einem Konkurrenzunternehmen beteiligt sind, nur durch Bevollmächtigte ihr Stimmrecht ausüben dürfen, kann nachträglich durch Majoritätsbeschluß eingeführt werden (RG. 12. 11. 12 RGZ. 80, 385). Es sei denn, daß der Beschluß im konkreten Falle als Verstoß gegen die guten Sitten erscheint (RG. 5. 5. 16 RGZ. 88, 220, Recht 1916 Nr. 1195 LZ. 1916, 1100). Über die Verlängerung der Vertragsdauer der Gesellschaft vgl. oben Anm. 2, Anm. 22 u. 23 zu § 3 und Anm. 9 zu § 60 und RG. 6. 12. 12 RGZ. 81, 68; OLG. Hamburg 4. 7. 13 RundschGmbH. 1914, 41; RG. 14. 11. 13 LZ. 1914, 571. Die Unabänderlichkeit einer Statutenbestimmung durch Mehrheitsbeschluß wird dann angenommen werden können, wenn nach dem Gesellschaftsvertrage zur Ausführung eines bestimmten Punktes die Zustimmung aller Gesellschafter erfordert ist. Wenn im Gesellschaftsvertrage bestimmt ist, daß zur Kapitalserhöhung die Zustimmung aller Gesellschafter gehört, so wird man in der Regel annehmen müssen, daß auch zur Abänderung dieses Punktes des Gesellschaftsvertrages die Zustimmung aller Gesellschafter gehört.

Unzulässig ist eine Änderung der Statuten, die eine **nicht alle Mitglieder** Anm. 6.
gleichmäßig treffende Schmälerung der allgemeinen Mitgliedsrechte zum Gegenstand hat (Motive 80, RG. 4. 4. 08 RGZ. 68, 213; vgl. auch Anm. 19 u. 20 zu § 14, unten Anm. 16). Hierbei muß aber von den rein zufälligen Verhältnissen der Gesellschaft abgesehen werden. Der Beschluß ist nur dann unzulässig, wenn er seinem eigenen Inhalte nach und ohne Rücksicht auf besondere Umstände die einzelnen Gesellschafter ungleich trifft (vgl. RG. a. a. O.). Daher sind Abänderungen bezüglich des Stimmrechts zulässig, die gleichmäßig lauten, wenn sie auch nur für einzelne Gesellschafter die Voraussetzung der eingeführten Beschränkung des Stimmrechts treffen (vgl. Anm. 7 zu § 47). Ebenso eine für alle getroffene Anordnung, daß nur eine Vertretung durch Gesellschafter gestattet wird (vgl. Anm. 8 u. 16 zu § 47; a. M. KG. 21. 1. 02 KGJ. 25 A, 262).

Eine Abänderung des Rechtsverhältnisses verschiedener Gattungen Anm. 7.
zum Nachteil einer Gattung ist im Aktienrecht möglich (§ 275 HGB.). Aber nur durch einen Mehrheitsbeschluß der gesamten Aktionäre und einen in gesonderter Abstimmung gefaßten zustimmenden **Mehrheitsbeschluß** der benachteiligten Aktionäre. Für die GmbH. fehlt eine Regelung. Ein Mehrheitsbeschluß kann daher jenes Verhältnis **nicht** ändern (Motive 39). Die **Mehrheit** kann nur Beschlüsse fassen, welche die **Gesamtheit** berühren. In seinen wirtschaftlichen Konsequenzen kann der Beschluß vielleicht auf verschiedene Gattungen von Geschäftsanteilen verschieden wirken. Das ist nicht zu beanstanden. Aber ein Beschluß, welcher bezweckt und den Erfolg hat, daß eine Gattung von Geschäftsanteilen weniger **Rechte** haben soll als eine andere, ist ohne

§ 53. Zustimmung jedes benachteiligten Gesellschafters unzulässig. Es können hiernach auch nicht aus einer Gattung von gleichberechtigten Geschäftsanteilen zwei mit verschiedener Berechtigung ausgestattete gemacht werden. Es dürfen nicht einer Gattung von Geschäftsanteilen noch mehr Rechte genommen werden als schon geschehen. Es dürfen nicht einer Gattung von Geschäftsanteilen mehr Rechte gegeben werden, als sie schon besitzt. Alles das verletzt das Prinzip der Gleichberechtigung (Anm. 19 u. 20 zu § 14). Ein solcher Beschluß kann zwar durch die Mehrheit gefaßt werden. Aber außer der Zustimmung der Mehrheit müssen stets noch alle diejenigen Gesellschafter zustimmen, deren Rechte an ihrem Anteil verändert werden sollen (vgl. z. B. Anm. 5 zu § 72 und oben Anm. 5). Durch Mehrheit kann eine neue Gattung von Vorzugsanteilen geschaffen werden, welche den bisherigen Gattungen vorangehen (vgl. Anm. 19 u. 20 zu § 14 und Anm. 5 zu § 55). Darin liegt eine gleichzeitige Benachteiligung aller bisherigen Geschäftsanteile.

III. Der Beschluß als Voraussetzung der Abänderung des Gesellschaftsvertrages.

Anm. 8. 1. (Abs. 1.) **Ein Beschluß der Gesellschafter.** Diese allein sind zur Statutenänderung berechtigt. Weder dem Geschäftsführer, noch dem Aufsichtsrat, noch irgend einem anderen Organ kommt dies zu (RG. 21. 10. 21; OLGR. 42, 225). Der Gesellschaftsvertrag kann diese Befugnis keinem anderen Organe übertragen. Nichtgesellschafter dürfen bei diesem Beschlusse nicht mitstimmen (vgl. Anm. 4 zu § 47). Das gilt auch für sogenannte redaktionelle Änderungen. Das Aktienrecht hat hierfür eine besondere Bestimmung (§ 274 Abs. 1 Satz 2 HGB). Bei Aktiengesellschaften können Satzungsänderungen, die nur die Fassung betreffen, dem Aufsichtsrate übertragen werden. Das GmbHG. hat dies nicht übernommen. Es unterscheidet nicht. Was scheinbar eine Fassungsänderung ist, kann sich schließlich als materielle Änderung von größter Tragweite ergeben. Wer an die Stelle des einen Wortes ein anderes setzt, kann dadurch, ohne es zu wissen und zu wollen, erhebliche sachliche Änderungen bewirken (vgl. für das frühere Aktienrecht KG. in KGJ. 5, 31). Das ist die herrschende Ansicht (Brodmann Anm. 1; Liebmann Anm. 3; Parisius-Crüger-Crecelius Anm. 1; Neukamp-Becker Anm. 2b; BauersZ. 14, 59). Ist der Beschluß der Gesellschafter notwendig, so genügt er auch. Es ist unzulässig, daneben noch andere Erfordernisse aufzustellen. Es kann nicht die Zustimmung des Aufsichtsrates verlangt werden (unten Anm. 14). Noch weniger die von Nichtgesellschaftern. Auch wenn bei anderen Gelegenheiten diese mitbeschließen, ist hier ihr Stimmrecht ausgeschlossen (vgl. Anm. 4 zu § 47).

Anm. 9. Der Beschluß der Satzungsänderung unterliegt besonderen Vorschriften (Abs. 2 und 3 vgl. Anm. 10ff.). Soweit dies nicht der Fall ist, bleibt es bei den allgemeinen Vorschriften über die Beschlüsse der Gesellschafter. Je 100 RM. eines Geschäftsanteiles gewähren eine Stimme (§ 47 Abs. 2). Vollmachten bedürfen zu ihrer Gültigkeit der schriftlichen Form (§ 47 Abs. 3). Die Versammlung ist durch die Geschäftsführer zu berufen (§ 49). Sie kann auch durch den Aufsichtsrat berufen werden (§ 52 GmbHG., § 246 Abs. 2 HGB.). Die Berufung steht unter Umständen auch den Gesellschaftern (§ 50) zu. Sie erfolgt durch eingeschriebenen Brief. Es bedarf einer Berufung und Ankündigung der Tagesordnung nicht, wenn alle Gesellschafter anwesend sind (§ 51). Alle diese Vorschriften können im Gesellschaftsvertrage auch anders geordnet sein. Diese Abänderungen gelten auch für Beschlüsse von Statutenänderungen. Sie sind zulässig, soweit sie nicht mit der Vorschrift des Abs. 2 in Widerspruch stehen. Verletzt der Beschluß zwingendes Recht, so ist er nichtig. Handelt es sich um nachgiebiges Recht oder statutarische Anordnungen, so ist nur die Anfechtung gegeben (vgl. Anm. 7—44 zu § 45).

Auch ein einziger Gesellschafter kann einen Beschluß auf Abänderung des Gesellschaftsvertrages fassen. Nur muß die Einladung ordnungsmäßig erfolgt sein (ebenso Parisius-Crüger-Crecelius Anm. 2). Sind alle Geschäftsanteile in einer Hand vereinigt, so kann nur ein Gesellschafter erscheinen und beschließen (OLG. Dresden 29. 12. 06 LZ. 1 [1907] 606). Dann kann auch die Einladung fehlen (§ 51 Ab. 3,

Marcus bei Holdheim 15, 203. Die gegenteilige Ansicht Neukamp-Beckers ist die Folge § 53.
seiner Auffassung, daß die Vereinigung aller Geschäftsanteile in einer Hand die Gesellschaft auflöst, vgl. Anm. 24 zu § 60). Über die Übernahme der Stammeinlage durch den einen erschienenen Gesellschafter vgl. Anm. 14 zu § 36.

2. (Abs. 2). **Die Formvorschrift und die Abstimmungsvorschrift** für den Satzungs- **Anm. 10.**
änderungsbeschluß.

a) **Die Formvorschrift:** Der Beschluß muß gerichtlich oder notariell beurkundet werden. Es muß ein Versammlungsbeschluß sein. Schriftliche Abstimmung ist unzulässig (ebenso Brodmann Anm. 2, Neukamp-Becker Anm. 1; a. M. Liebmann Anm. 4). Auch § 33 BGB. setzt bei Satzungsänderungen eine Versammlung voraus. Eine sukzessive Erklärung der Gesellschafter zu notariellem Protokolle ist nicht möglich (a. M. Liebmann Anm. 7 zu § 53). Die Einladung zur Versammlung soll angeben, daß eine Änderung des Gesellschaftsvertrages bezweckt ist (§ 51 Abs. 2). Mitteilung des wesentlichen Inhaltes derselben ist nicht vorgeschrieben. Die Bestimmung des § 274 Abs. 2 HGB. ist hier nicht herübergenommen.

Beurkundung des Gesellschafterbeschlusses ist nicht Beurkundung eines Rechtsge- **Anm. 11.**
schäftes. Daher sind nicht die Regeln der §§ 167ff. des Gesetzes über die freiwillige Gerichtsbarkeit, sondern die landesgesetzlichen Vorschriften über die Aufnahme sonstiger Urkunden anwendbar. In Preußen der Art. 53 des preußischen Gesetzes über die freiwillige Gerichtsbarkeit. Ein Teilnehmerverzeichnis sowie die Belege über die ordnungsmäßige Berufung müssen dem Protokolle nicht einverleibt sein (vgl. Anm. 18 zu § 48). Die ordnungsmäßige Berufung hat der Registerrichter überhaupt nicht zu prüfen (vgl. Anm. 13ff. zu § 54). Die Teilnehmer aber müssen aus dem Protokoll hervorgehen. Sonst liegt keine ordnungsmäßige Beurkundung vor. Das Protokoll muß so beschaffen sein, daß der Registerrichter sich aus der Urkunde von dem Vorliegen einer wirklichen Versammlung der Gesellschafter überzeugt.

Der Gesellschaftsvertrag kann noch andere Erfordernisse aufstellen. **Anm. 12.**
Er kann die Form erschweren. Er kann verlangen, daß das Protokoll vom Vorsitzenden und zwei weiteren Gesellschaftern unterzeichnet sein muß. Er kann das persönliche Erscheinen der Gesellschafter vorsehen. Er kann anordnen, daß der Inhalt der Satzungsänderung eine Woche vor der Versammlung jedem Gesellschafter mitgeteilt werden muß usw. Hier handelt es sich aber um verzichtbare Vorschriften. Ihre Verletzung macht den Beschluß anfechtbar. Nichtig ist er nur, wenn zwingende Vorschriften des Gesetzes über die Errichtung der öffentlichen Urkunde verletzt sind oder eine solche überhaupt nicht vorliegt. Über die Beurkundung im Auslande vgl. Anm. 3 zu § 2.

Der Registerrichter hat den Beschluß über die Änderung des Gesellschaftsvertrages **Anm. 13.**
nur zurückzuweisen, wenn er wegen eines Verstoßes gegen die gesetzlichen Vorschriften nichtig ist. Ist er nur anfechtbar, so darf er eintragen. Er wird die Anfechtung in den meisten Fällen den Gesellschaftern überlassen. Über die Wirkung der Eintragung trotz mangelnder Form vgl. Anm. 11 zu § 54.

b) **Das Abstimmungserfordernis.** Zum gültigen Beschluß ist eine Mehrheit von drei Viertel **Anm. 14.**
der abgegebenen Stimmen erforderlich. Über „abgegebene Stimmen" s. Anm. 1 zu § 47. Der Gesellschaftsvertrag kann strengere Erfordernisse aufstellen. Er kann Stimmeneinheit fordern oder ein bestimmtes Mindestkapital der abgegebenen Stimmen oder ein bestimmtes Mindestkapital der Stimmen, welche erschienen sind, oder eine zweite Gesellschafterversammlung, wenn in der ersten ein bestimmtes Stammkapital nicht erreicht ist usw. Doch muß es sich stets um Modalitäten der Beschlußfassung der Gesellschafter handeln. Die Mitwirkung Dritter kann nicht verlangt werden (oben Anm. 8; ebenso Brodmann Anm. 3, Neukamp-Becker Anm. 2b; a. M. Liebmann Anm. 2). Deren Zustimmung kann aus anderen Gründen erforderlich sein. Es kann einer anderen Gesellschaft in einem Interessengemeinschaftsvertrag ein solches Recht eingeräumt sein. Das hat aber nur obligatorische Wirkung. Die Verletzung dieser Zusage kann einen Grund

§ 53. zur Auflösung der Interessengemeinschaft bilden. Sie erzeugt den Anspruch auf Schadensersatz. Der Beschluß über die Änderung des Gesellschaftsvertrages ist trotzdem gültig. Zu trennen von der Zustimmung Dritter ist die kraft Gesellschaftsrecht erforderliche Zustimmung von Gesellschaftern, in deren Sonderrechte eingegriffen oder deren Leistungspflicht erhöht wird (oben Anm. 4ff.). Daher wird man dem Dritten, der ein Interesse am Fortbestande bestimmter Vorschriften der Satzung hat, einen Geschäftsanteil überlassen müssen, um mit diesem das Sonderrecht auf die Unabänderlichkeit dieser Bestimmungen zu geben. Dann ist er auch gesellschaftsrechtlich gesichert. Es geht also nicht an, daß etwa testamentarisch die Abänderungsmöglichkeit von der Zustimmung eines Dritten abhängig gemacht wird (so BauersZ. 24, 66). Übereinstimmend KG. 5. 2. 25, OLGR. 44, 237; Brodmann Anm. 3 zu § 53; a. M. Liebmann Anm. 2.

Anm. 15. Das Protokoll muß die Stimmenzahl ergeben. Die Beurkundung, daß ein gesetzmäßiger Beschluß vorliegt, genügt nicht. Auch der Registerrichter muß sich überzeugen können, daß die vorgeschriebene Mehrheit vorliegt. Der Angabe des Namens der stimmenden Gesellschafter bedarf es nicht. Über den Fall, daß über die Zulassung von Gesellschaftern zur Abstimmung gestritten wird, s. Anm. 9 zu § 48. Über die Richtigkeit oder Anfechtbarkeit des Statutenänderungsbeschlusses bei Fehlen der erforderlichen Mehrheit vgl. Anm. 15 zu § 45.

Anm. 16. 3. (Abs. 3.) **Die Vermehrung der den Gesellschaftern nach dem Vertrage obliegenden Leistungen.**

a) Der Vermehrung bestehender Leistungspflichten steht die Begründung neuer gleich (vgl. auch § 276 HGB., wo gerade die Begründung von Leistungspflichten hervorgehoben wird). Als Neubegründung einer Leistungspflicht erscheint auch die Vermehrung der gesetzlich den Gesellschaftern obliegenden Leistungspflichten (RG. 31. 5. 18; 11. 7. 18 Recht 1918 Nr. 1600). In allen diesen Fällen muß jeder beteiligte Gesellschafter zustimmen (unten Anm. 23). Es muß sich aber immer um eine Leistungsvermehrung handeln, die gleichzeitig eine Änderung der statutarischen oder gesetzlichen Verpflichtungen in sich schließt (KG. 7. 2. 12 OLGR. 27, 389). Darauf kann nicht allgemein im Gesellschaftsvertrage verzichtet werden. Hier liegt eines der Grundprinzipien des Körperschaftsrechtes vor. Ohne Gesellschaftsvertrag und ohne Zustimmung des Betroffenen gibt es keine Belastung eines Gesellschafters (KG. 28. 11. 19 OLGR. 40, 197). Davon zu trennen ist der Fall, daß der Gesellschaftsvertrag für einen konkreten Fall nur einen Mehrheitsbeschluß verlangt. So kann die Erhöhung der Rübenlieferungspflicht bis zu einem bestimmten Betrage dem Gesellschafterbeschlusse unterworfen sein. Hier hat der Gesellschafter diese Leistung, wenn auch bedingt durch den Beschluß der Gesellschafter, bereits übernommen. Das gleiche gilt, wenn bereits im Statut zu schon bestehenden Nebenleistungsverpflichtungen die Einführung von neuen Nebenleistungsverpflichtungen durch Majoritätsbeschluß vorgesehen ist (RG. 29. 10. 15 RGZ. 87, 261; JW. 1916, 126 Recht 1916 Nr. 750ff.; LZ. 1916, 41; BauersZ. 23. 138 — dazu Hachenburg und Flechtheim in der Anm. JW. 1916, 126). Die angeführte Entscheidung ist von großer Bedeutung für das Kartell in Form der GmbH. (vgl. Exkurs zu § 3 Anm. 7). Sie schafft der Anwendung schuldrechtlicher Gedanken bei der Auslegung des Statuts freien Raum. Sie macht die GmbH.-Form für das Kartell in weiterem Umfange zur Anwendung geeignet (vgl. auch Rieß LZ. 1916, 588ff). Auf dieselbe Weise sind Änderungen möglich, wenn im Statut eines GmbH.-Kartells gewisse Vergütungen für Lieferung oder als Entschädigung für Lieferungsausstände festgelegt sind und die wirtschaftliche Entwicklung eine anderweitige Festsetzung dieser Vergütungen notwendig macht. Auch hier genügt einfacher Mehrheitsbeschluß. Es fehlt dann die Vermehrung der Leistungsverpflichtungen nach dem Sinne des Kartellvertrages (RG. 4. 4. 22 RGZ. 104, 253). Aus dem in § 53 Abs. 3 niedergelegten Grundsatze folgt zugleich auch, daß kein Gesellschafter ohne seine Zustimmung in seinen Rechten gekürzt werden darf (vgl. Anm. 19ff. zu § 14, oben Anm. 6 u. 7). Die Frage ist bei der Schaffung der Vorzugsanteile erheblich. In der Bildung solcher liegt ein Verstoß gegen dieses Prinzip allein noch nicht. Unzulässig ist es aber, eine Zeichnung der neuen Geschäftsanteile der Gesellschaft mit dem Hinweis zu fordern, daß andernfalls die Geschäftsanteile hinter die neuen Anteile zurücktreten (RG. 25. 4. 12 RGZ. 76, 155). Der Beschluß will zur Zeichnung der Anteile zwingen (vgl. Anm. 51 zu § 5 und Anm. 20 zu § 14). **§ 53.**

b) Zur Vermehrung der dem Gesellschafter obliegenden Leistung genügt und ist erfordert eine Vermehrung der Leistungspflicht. Es muß ein Recht der Gesellschaft auf diese Leistung entstehen. Unerheblich ist, ob dieser Anspruch ein bedingter oder unbedingter ist, ob die Geltendmachung sicher anzunehmen oder nur evtl. zu befürchten ist. Stets muß der Beschluß eine Vermehrung der Leistungen bewirken. Es genügt nicht, daß der Beschluß indirekt auf dieselben einwirken kann. Die Änderung des Zweckes der Gesellschaft oder die Errichtung von Filialen oder die Vermehrung der Geschäftsführer kann die Einziehung von Nachschüssen oder ausstehenden Stammeinlagen nach sich ziehen. Eine Zustimmung der hiervon berührten Gesellschafter ist nicht erforderlich (vgl. auch unten Anm. 22). **Anm. 17.**

Diese Vermehrung der Leistungspflicht soll bei einer Reihe von Einzelfällen betrachtet werden:

α) Bei den Verpflichtungen zur Leistung der Stammeinlage. Nach § 20 des Gesetzes hat der Gesellschafter von seiner verzögerten Einlage 4 Proz. Verzugzinsen zu zahlen. Der Abs. 3 greift Platz, wenn dieser Zinssatz erhöht werden soll. Dadurch wird die Leistungspflicht, wenn auch nur eventuell, für den Fall des Verzuges erhöht. Ebenso, wenn die Einzahlung der Stammeinlage rascher erfolgen soll, als ursprünglich im Statut vorgesehen (a. M. Brodmann Anm. 4). Vertragsstrafen sind nach § 20 an die Verzögerung der Einlagezahlung nicht geknüpft. Es ist aber zulässig, sie zu bestimmen. Bei Abänderung des Gesellschaftsvertrages bedarf es der Beobachtung des § 53 Abs. 3, weil hierin eine, wenn auch nur eventuelle Erhöhung der Leistungsverpflichtung des Gesellschafters liegt (vgl. Anm. 14 zu § 20). Jeder Gesellschafter hat nach § 24 die Verpflichtung, im Verhältnis seines Geschäftsanteiles für den Ausfall zu haften, den die Gesellschaft bei den Einlagerückständen der anderen Gesellschafter erleidet. Soll dieser Haftungsmaßstab erhöht werden, soll etwa Gesamthaftung eingeführt werden, so kann dies nur mit Zustimmung jedes belasteten Gesellschafters geschehen. Über die Erhöhung der Leistungspflicht durch Erhöhung des Stammkapitals vgl. Anm. 17 zu § 24. **Anm. 18.**

β) Bei der Nachschußpflicht. Einführung oder Erhöhung der Nachschußpflicht fällt stets unter Abs. 3. Ebenso die Änderung der beschränkten in eine unbeschränkte Verpflichtung. Aber auch umgekehrt die Umwandlung der unbeschränkten in eine beschränkte. Denn bei dieser letzteren wird das Abandonrecht aufgegeben. Die Haftung ist eine schärfere. Weiter erscheint auch bei der beschränkten Nachschußpflicht für die Änderung des Gesellschaftsvertrages dahin, daß die Einziehung vor der Vollzahlung des Stammkapitals zulässig sei, die Zustimmung der sämtlichen Gesellschafter erforderlich. Denn hier treten die erschwerenden Folgen des § 28 Abs. 1 ein (vgl. Anm. 1 zu § 28). Unter Abs. 3 fällt endlich auch die Erstreckung der nur bis zu einem gewissen Zeitpunkt bestehenden Nachschußpflicht auf einen längeren Zeitraum (OLG. Colmar 5. 5. 14 RundschGmbH. 1914, 341). **Anm. 19.**

γ) Bei den „anderen Verpflichtungen" gemäß § 3 Abs. 2. Jede Einführung oder Erhöhung der Leistungen wie jede Aufhebung oder Herabsetzung der Gegenleistung fällt unter Abs. 3 (vgl. die Ausführungen Anm. 25ff. zu § 3). So bedarf schon die Einführung der Verpflichtung zur Zahlung von Geld oder Lieferung von Waren, insbesondere der Rübenproduktion, der Zustimmung der Gesellschafter. Wenn bereits nach dem Gesellschaftsvertrage jeder Gesellschafter ein Höchstquantum von Rüben jährlich abzuliefern hat, nach dem Änderungsbeschlusse aber die Ablieferung eines Mindestquantums unter Vertragsstrafen verlangt wird, auch wenn **Anm. 20.**

§ 53. der Gesellschafter soviel nicht erntet, so liegt darin eine Vermehrung der Leistungspflicht (RG. 47, 182). Sie ist es tatsächlich nicht bei denjenigen Gesellschaftern, deren Acker das Mindestquantum tatsächlich liefert. Aber die möglichen Folgen wären doch eine Erhöhung der Leistungspflichten. Dazu kommt noch die Vertragsstrafe, die zwar den nicht trifft, der der veränderten Vertragsbestimmung nachkommt, aber möglicherweise jeden treffen kann. — Ebenso, wenn der Preis der Rüben ermäßigt werden soll. Denn es liegt eine Erschwerung der Leistungspflichten vor, wenn fortab gegen ein geringeres Äquivalent geleistet werden soll (KG. 7. 12. 03 Recht 04, 2189). Dies gilt auch, wenn der Preis vorher fest bestimmt, fortan aber der Marktpreis gewährt werden soll. Oder wenn vorher der Marktpreis maßgebend war, fortan aber der Gesellschafterversammlung die Preisbestimmung überlassen wird. Hierin liegt der Keim von Erschwerungen. Es ist eine Erhöhung der Leistungspflichten, wenn sich der Gesellschafter mit dem Marktpreise begnügen muß, obwohl derselbe möglicherweise sich niedriger als der bisher bestimmte Preis gestalten kann. Eine Erhöhung der Verpflichtung ist es, wenn für jede Lieferung Garantien festgesetzt werden. Soweit solche sich mit der gesetzlichen Gewährleistung decken, bedarf es der Zustimmung des Verpflichteten nicht. Ein solcher Beschluß ist dann aber auch überflüssig. Eine Erschwerung der Verpflichtung liegt auch dann vor, wenn zugleich in einem anderen Punkt eine Vergünstigung eintritt. Auch dann liegt lediglich ein Angebot für die Verpflichteten vor. Ihre Zustimmung ist erfordert. Ist eine bestimmte Menge Rüben bei festen Strafen zu liefern, so braucht eine Erhöhung dieser Strafen nicht ohne weiteres eine Vermehrung der Leistung zu sein. Es ist auch hier im konkreten Falle festzustellen, ob eine drückendere Verpflichtung, als sie der Gesellschaftsvertrag vorsieht, dadurch geschaffen wird (KG. 24. 8. 22 OLGR. 42, 225).

Anm. 21. Wenn der Gesellschaftsvertrag die gesellschaftliche Pflicht zu einer Tätigkeit für die Gesellschaft, insbesondere zur Übernahme des Geschäftsführeramts für die Gesellschafter einführt, ist Abs. 3 anwendbar. Ebenso auch dann, wenn das dafür statutarisch festgestellte Äquivalent gekürzt oder gar abgeschafft werden soll. Endlich ist auch die Einführung oder Erschwerung einer Unterlassungspflicht unter den Schutz des Abs. 3 zu stellen. Ein Gesellschafter, der der Festsetzung eines Konkurrenzverbotes nicht zustimmt, wird hierdurch nicht berührt. Ebensowenig durch die nachträgliche Bestimmung einer Vertragsstrafe für den Fall der Übertretung dieses Verbotes. Eine Statutenänderung, wonach im Falle des Konkurses eines Gesellschafters die ihm zufolge § 3 Abs. 2 obliegenden Leistungen sich auf die anderen Gesellschafter ohne weiteres verteilen oder durch Beschluß der Gesellschafter verteilt werden, bedarf der Zustimmung aller Gesellschafter.

Anm. 22. δ) Dagegen greift Abs. 3 nicht Platz, wenn der Reingewinn anders verteilt werden soll (Anm. 20 zu § 14 und Anm. 6 zu § 29). Das ist keine Vermehrung der Leistungspflichten, sondern eine Verkürzung von Rechten (Liebmann Anm. 6g stützt die gegenteilige Ansicht darauf, daß der Gesellschafter auf den Reingewinn einen vertragsmäßigen Anspruch habe, den er aufgebe. Das zeigt aber gerade, daß es sich nicht um eine ihm aufzulegende Verpflichtung zu einer Leistung handelt. Wenn Liebmann a. a. O. sich auf die hier vertretene Ansicht beruft, so liegt offensichtlich ein Mißverständnis vor). Wenn nur die allgemeinen Grundsätze der Gleichberechtigung und der Unzulässigkeit des Eingriffes in Sonderrechte nicht verletzt werden, so ist der Beschluß ohne die Zustimmung jedes einzelnen Gesellschafters zulässig. Es ist statthaft, zu beschließen, daß von dem Reingewinn künftig 10 Proz. zur Bildung einer Reserve dienen sollen (vgl. Anm. 7ff. zu § 29). Es ist aber unerlaubt, zu beschließen, daß ein Gesellschafter künftig mehr erhalte als der andere. Das gleiche gilt bei der Änderung des Verteilungsmaßstabes und bei der Liquidation (§ 72). Bei Änderung der Stimmverteilung greift Abs. 3 nicht Platz. Ein solcher Beschluß kann unter besonderen Umständen einen Eingriff in Sonderrechte darstellen oder gegen das Prinzip der Gleichheit ver-

stoßen und deshalb die Zustimmung einzelner Gesellschafter bedürfen (vgl. oben § 53.
Anm. 4). Aber gegen Abs. 3 verstößt er nicht. Eine Vermehrung der Leistungspflichten liegt nicht vor. Das gleiche gilt von der Änderung der Dauer des Unternehmens. Das gleiche von der Möglichkeit der Auflösung. Wenn z. B. das einem Gesellschafter zustehende Kündigungsrecht genommen werden soll, so fällt das nicht unter Abs. 3. Der Beschluß verstößt aber gegen ein Sonderrecht. Er ist deshalb ohne seine Zustimmung ungültig (vgl. Anm. 23 zu § 3). Dagegen ist der Beschluß dann gültig, wenn das Prinzip der Gleichberechtigung gewahrt bleibt und ein Sonderrecht nicht verletzt ist, wenn also, ohne daß besondere Leistungspflichten des Gesellschafters bestehen (Anm. 21 u. 22 zu § 38; OLG. Dresden in OLGR. 8, 260), die statutarische Dauer des Gesellschaftsvertrages abgekürzt oder verlängert werden soll (vgl. RG. 14. 11. 03 JW. 04 S. 44 Nr. 15). Ein solcher Beschluß hat wirtschaftlichen Einfluß auf alle Rechte der Gesellschafter. Auch mag er auf die einzelnen Geschäftsanteile verschieden wirken. Trotzdem ist es ein alle gemeinsam treffender, das Prinzip der Gleichberechtigung nicht berührender, in Sonderrechte nicht eingreifender Beschluß durch Mehrheit möglich. Das Interesse einzelner Gesellschafter an der Rückzahlung der in der Gesellschaft angelegten Kapitalien oder ihre Befürchtung ungünstigen Geschäftsganges kommen nicht in Betracht (a. M. Brodmann Anm. 4 S. 204, der in der Bestimmung der zeitlichen Dauer ein Sonderrecht jedes einzelnen Gesellschafters sieht; ebenso Neukamp-Becker Anm. 2a bb; dazu KG. 8. 12. 16 OLGR. 34, 363 Recht 1917 Nr. 1324; KGJ. 50 A 115; grundsätzlich wie hier Liebmann Anm. 8m). Abs. 3 greift nicht Platz, wenn die Veräußerlichkeit und Vererblichkeit der Geschäftsanteile nach § 15 nachträglich beschränkt werden soll (so Liebmann Anm. 6b), wohl aber liegt eine Veränderung der Rechte vor (vgl. Anm. 50 zu § 15). Die Vorschrift des Abs. 3 ist nicht anwendbar, wenn zur Beseitigung einer Unterbilanz das Stammkapital herabgesetzt wird. Die Bestimmungen des § 34 über die Einziehung von Geschäftsanteilen sind nicht anwendbar (vgl. Anm. 7 zu § 58, gegenteiliger Meinung BauersZ. 13, 110. Schon das Ergebnis, daß hiernach die Zustimmung aller Gesellschafter gefordert wird, müßte die Unhaltbarkeit dieser Ansicht zeigen).

c) **Wenn der Fall des Abs. 3 vorliegt, dann ist ein Beschluß nur mit Zustimmung der** Anm. 23.
sämtlichen beteiligten Gesellschafter gültig.

α) Sämtliche beteiligte Gesellschafter müssen zustimmen. Damit ist nicht Einstimmigkeit gefordert. Nicht immer sind alle Gesellschafter beteiligt und durch den Beschluß belastet. Wer vom Beschlusse Vorteil hat, braucht nicht zuzustimmen. Ihm gegenüber wirkt der Beschluß als Mehrheitsbeschluß. Ebenso, wenn der Beschluß weder Vorteil noch Nachteil bringt. Nur, wer durch den Beschluß belastet wird, wessen Leistungspflicht erhöht oder begründet werden soll, muß zustimmen. Er muß es auch dann, wenn er kein Stimmrecht in der Gesellschafterversammlung hat. Hat die Gesellschaft zwei Arten von Gesellschaftern, Zuckerrüben liefernde und nicht Zuckerrüben liefernde, so berührt die Erhöhung dieser Leistungspflicht nur die ersteren. Der Beschluß muß in diesem Falle von einer Versammlung gefaßt werden, welche als Versammlung aller Gesellschafter einberufen ist. Dem gefaßten Mehrheitsbeschlusse der erschienenen Gesellschafter müssen aber alle Gesellschafter zustimmen, deren Leistungspflichten erhöht werden. Wenn eine Gesellschaft Vorzugsanteile ausgab, die aber kein Stimmrecht haben, so kann die Mehrheit aller Stimmberechtigten eine Pflicht der Vorrechtsanteile zu bestimmten Leistungen beschließen. Der Beschluß bedarf der Genehmigung jedes Vorzugsberechtigten. Sonst ist er wirkungslos.

β) Die betroffenen Gesellschafter müssen zustimmen. Das zeigt sich am Anm. 24.
klarsten bei Geschäftsanteilen ohne Stimmrecht. Wann und wie die Zustimmung erfolgt, ist gleichgültig. Sie ist vor oder nach der Gesellschafterversammlung (§ 182 BGB.) möglich. So auch RG. 68, 265 in Auslegung des § 216 HGB. für die Be-

§ 53. gründung der Verpflichtung der Aktionäre zu besonderen Leistungen. Sie kann schriftlich oder mündlich geschehen. Aber der Registerrichter kann eine öffentlich beglaubigte Zustimmungserklärung verlangen. Die Zustimmung liegt darin, daß der Gesellschafter in der Gesellschafterversammlung für den Beschluß gestimmt hat (RG. 22. 9. 93 JW. 489 und 14. 11. 03 JW. 04, 4414). Sind alle Gesellschafter beteiligt, so brauchen diese nicht alle an der Abstimmung teilzunehmen. Es genügt Beschlußfassung durch die Erschienenen. Die Zustimmung der Nichtanwesenden kann nachgeholt werden.

Anm. 25. γ) Ein nicht zustimmender Gesellschafter wird durch den Mehrheitsbeschluß nicht berührt. Er ist ihm gegenüber unwirksam (vgl. RG. 48, 107). Die zustimmenden Gesellschafter sind an den Beschluß infolge der Ablehnung eines Beteiligten nicht mehr gebunden, wenn nach dem Inhalte des Beschlusses diese rechtlich nur für alle Beteiligten bestehen kann. Ebenso aber auch, wenn er von seiten der Beitretenden nur für den Fall der Beteiligung Aller gewollt ist. So bei Einführung einer Nachschußpflicht (Anm. 11 zu § 26). Dagegen wird man eine Erhöhung wiederkehrender besonderer Leistungen oder die Übernahme der Konkurrenzklausel auch für die einzelnen zustimmenden Gesellschafter für wirksam halten dürfen, falls nicht der gegenteilige Wille aus der Erklärung der Zustimmung erhellt (vgl. auch Anm. 22 zu § 14 und Roth, LZ. 1914, 1492ff.).

Anm. 26. Das österreichische Gesetz § 50 stellt ausdrücklich neben die Vermehrung der den Gesellschaftern nach dem Vertrage obliegenden Leistungen die Verkürzung der den einzelnen Gesellschaftern durch den Vertrag eingeräumten Rechte. Beide Fälle bedürfen der Zustimmung sämtlicher von der Vermehrung oder Verkürzung betroffenen Gesellschafter. Unter den dem einzelnen Gesellschafter im Vertrage eingeräumten Rechten sind besondere Vorzugsrechte zu verstehen. Es wird trotzdem auch hier der Gesellschaftsvertrag dahin ausgelegt werden dürfen, daß bestimmte Mitgliedschaftsrechte unentziehbar sind. Ebenso wird auch hier das Recht auf gleichmäßige Behandlung jedem Gesellschafter zustehen.

Anm. 27. **Zusatz 1. Jeder Satzungsänderungsbeschluß bedarf außer der gerichtlichen oder notariellen Beurkundung zu seiner Gültigkeit der Eintragung in das Handelsregister** (§ 54 Abs. 3). Näheres Anm. 2 zu § 54.

Über die Rechtsfolgen, wenn der Satzungsänderungsbeschluß der gesetzlichen Form entbehrt und gleichwohl eingetragen worden ist, vgl. Anm. 11 zu § 54.

Anm. 28. **Zusatz 2. Ein Satzungsänderungsbeschluß kann nur in derjenigen Weise aufgehoben werden,** wie er zu fassen war. Es bedarf eines gerichtlich oder notariell beurkundeten Beschlusses mit einer Mehrheit von $^3/_4$ der abgegebenen Stimmen. War der Beschluß bereits in das Handelsregister eingetragen, so liegt in dem aufhebenden Beschlusse eine neue Satzungsänderung. Aber das gleiche gilt, wenn der Beschluß noch nicht eingetragen ist (OLG. Stuttgart 25. 6. 20 OLGR. 114, 211). Sonst könnte die beschlossene Änderung durch eine dem Willen des Gesetzes nicht entsprechende Minderheit hintertrieben werden. Bei Wiederbeseitigung des Beschlusses unterbleibt die Anmeldung zum Handelsregister. Bedurfte der Abänderungsbeschluß der Einstimmigkeit, so ist dies nicht für seine Beseitigung zu verlangen.

Anm. 29. Soll der Statutenänderungsbeschluß, der die Leistungspflichten der Gesellschafter verringert, vor der Eintragung wieder aufgehoben werden, so bedarf es zu dieser Aufhebung nicht der Zustimmung der beteiligten Gesellschafter. Darin liegt keine Vermehrung der Leistungspflichten. Ihre Leistungspflicht war ja noch nicht verringert. Der Beschluß entbehrte mangels Eintragung der Gültigkeit. Sie wird also durch den aufhebenden Beschluß in Wahrheit auch nicht erhöht.

Anm. 30. **Zusatz 3. Der formlos erfolgte Beschluß der Gesellschafter** ist dann wirkungslos, wenn die Gesellschafter nur Wirkungen für die Gesellschaft wollen. Dies ist bei Beschlüssen über die Form der Berufung der Versammlung, über Protokollierung der Beschlüsse usw. stets der

Fall. Anders, wenn sie den Beschluß in der Weise fassen, daß er als eine persönlich wirkende Vereinbarung aufrecht erhalten werden kann. So z. B., nachdem die statutarischen 50 Proz. Nachschüsse einbezahlt sind, der Beschluß, daß jeder Gesellschafter weitere 25 Proz. Nachschüsse leistet. Auch wenn dieser formlos gefaßt ist, kann hierin die gegenseitige, unter Umständen auch zugunsten der Gesellschaft gegebene Zusage gesehen werden, diese Beträge an die Gesellschaft zu zahlen (vgl. Anm. 41 zu § 3 und über die Wirkung der Eintragung formloser und formwidriger Beschlüsse Anm. 11 zu § 54). § 53.

Ausländische Gesetze. Anm. 31.

Die Vorschriften über die Statutenänderung im österreichischen Gesetz entsprechen im wesentlichen den Bestimmungen des § 53 (österr. Ges. §§ 49, 50, vgl. oben Anm. 25). Hinzu kommen Bestimmungen über konzessionspflichtige Gesellschaften. Die Bestellung eines Aufsichtsrats und die Herabsetzung der Vergütung an Geschäftsführer und Aufsichtsrat, kann mit einfacher Mehrheit beschlossen werden. Abänderung des Gesellschaftszweckes setzt — wenn nicht das Statut anderes bestimmt — Einstimmigkeit voraus. Genau ebenso das bulgarische Gesetz (Art. 58, 59). Nur die Vorschriften über konzessionspflichtige Gesellschaften fehlen. — Das französische Gesetz läßt Statutenänderungen grundsätzlich mit einfacher Mehrheit der Gesellschafter (nach Köpfen) zu, wenn diese Mehrheit gleichzeitig drei Viertel des Stammkapitals darstellt (Art. 31). Einstimmigkeit ist verlangt für die Erhöhung der Verpflichtung der Gesellschafter und für den Wechsel der Staatsangehörigkeit der Gesellschaft. Der Begriff der Staatsangehörigkeit einer juristischen Person ist bekanntlich dem deutschen Recht fremd. Staatsangehörigkeit bedeutet hier das Bestehen der juristischen Person nach dem Recht eines bestimmten Staates. Die Wahl dieses Staates liegt nicht im Belieben der Gesellschaft. Sie wird durch den Gesellschaftssitz bestimmt. Wechsel der Staatsangehörigkeit bedeutet daher Wechsel des Gesellschaftssitzes, und zwar seine Verlegung ins Ausland (vgl. Gain, Les sociétés à responsabilité limitée, Paris 1925, S. 75). — Nach polnischem Gesetz (Art. 17 Abs. 2) bedarf jede Änderung des Gesellschaftsvertrages einer Mehrheit von drei Vierteln der Gesellschafterstimmen. Eine Heranziehung des einzelnen Gesellschafters zu Leistungen, die über die im Gesellschaftsvertrag bedungenen hinausgehen, ist nur mit seiner Zustimmung möglich. Der italienische Entwurf unterscheidet (Art. 154 Abs. 2 u. 3) bei Statutenänderungen zwischen Gesellschaften von mehr als fünf Personen und kleineren Gesellschaften. Bei diesen setzt *jede* Statutenänderung Einstimmigkeit voraus. Bei jenen nur die Abänderung des Gesellschaftszweckes und eine Erhöhung der Verpflichtungen der Gesellschafter. Das letztere setzt auch der Schweizer Entwurf (§ 821 Abs. 3) fest. Im übrigen sind nach ihm Statutenänderungen mit drei Viertel Mehrheit der *Gesellschafter* möglich, wenn sie gleichzeitig drei Viertel des *Stammkapitals* darstellen.

§ 54.

§ 54.

Die Abänderung des Gesellschaftsvertrages ist zur Eintragung in das Handelsregister anzumelden.

Bei der Eintragung genügt, sofern nicht die Abänderung die im § 10 Absatz 1 und 2 bezeichneten Angaben betrifft, die Bezugnahme auf die bei dem Gerichte eingereichten Urkunden über die Abänderung. Die öffentliche Bekanntmachung findet in betreff aller Bestimmungen statt, auf welche sich die im § 10 Absatz 3 und im § 12 vorgeschriebenen Veröffentlichungen beziehen.

Die Abänderung hat keine rechtliche Wirkung, bevor sie in das Handelsregister des Sitzes der Gesellschaft eingetragen ist.

1. (Abs. 1.) **Die Anmeldung der Statutenänderung.** Sie erfolgt durch die Geschäftsführer (§ 78). Nicht notwendig ist, daß sie durch sämtliche geschieht. Es müssen so viele sein, als Anm. 1.

§ 54. zur Vertretung der Gesellschaft legitimiert sind. (Über die Kapitalserhöhung und die Kapitalsherabsetzung vgl. Anm. 1 zu § 78.) Stellvertretung in der Anmeldung ist unbeschränkt zulässig (§ 12 Abs. 2 HGB.). Gemeint ist jede Statutenänderung, auch die von Fassungsänderungen. Die Anmeldung muß in beglaubigter Form erfolgen (vgl. Anm. 1 zu § 78). Die Anmeldung erfolgt zum Hauptregister und zu den Zweigregistern (§ 12). Ein Zwang zur Eintragung in das Hauptregister durch das Registergericht findet aber nicht statt (§ 79). Die Geschäftsführer sind der Gesellschaft gegenüber zur Anmeldung zum Hauptregister verpflichtet. Unterlassene Anmeldung ist Pflichtverletzung. Sie zeitigt deren Konsequenzen. Die Gesellschafter können Klage erheben (§ 46 Nr. 8). Die beharrliche Weigerung der Anmeldung erscheint als wichtiger Grund zur Abberufung und Entlassung. Die Geschäftsführer können jedoch begründete Umstände darlegen, aus denen sich diese Ablehnung rechtfertigt. So bei Anfechtbarkeit des Beschlusses die Besorgnis vor den Folgen desselben. Die Anmeldung zum Register der Hauptniederlassung berechtigt den Registerrichter zum Zwang der Eintragung in das Zweigregister (§ 14 HGB.). Eine Eintragung ohne Anmeldung ist unstatthaft. So, wenn die notarielle Urkunde vom Notar ohne Auftrag der Geschäftsführer dem Registerrichter übersendet und von diesem eingetragen wird (abweichend OLG. Dresden 2. 10. 15, RJA. 15 37). Nachträgliche Anmeldung heilt. Eine Löschung durch den Registerrichter kann nicht gegen den Willen der Gesellschaft und der Geschäftsführer erfolgen (vgl. Anm. 9 u. 10 zu § 7 unter Anm. 19). Gegen die Ablehnung der Eintragung findet Beschwerde statt. Über den besonderen Fall der Ablehnung eine Firmenänderung einzutragen mit gleichzeitiger Einleitung des Ordnungsstrafverfahrens, wegen unbefugten Gebrauchs der unzulässigen Firma vgl. Marcus bei Holdheim 21, 22.

Anm. 2. Über den Umfang des Prüfungsrechts des Registerrichters gegenüber der Anmeldung einer Satzungsänderung siehe unten Anm. 13ff.

2. (Abs. 2.) **Die Eintragung und die Publikation.** Die Eintragung erfolgt in das Hauptregister und in das Zweigregister. Doch sind die Wirkungen verschieden. Nur die erstere ist zur Gültigkeit erforderlich. Das hebt Abs. 3 hervor. Die Unterlassung der Veröffentlichung hat Bedeutung für den Schutz des gutgläubigen Dritten. Die Eintragung kann ihm nicht entgegengehalten werden. Nicht als Dritter ist aber ein Erwerber eines Geschäftsanteils anzusehen. Er wird Gesellschafter. Für ihn ist der Eintrag maßgebend. Das Gesetz unterscheidet zwei Arten von Eintragungen, eine inhaltliche und formelle. Die erstere kann in allen Fällen erfolgen. Sie muß es nur dann, wenn die Abänderung die in § 10 Abs. 1 u. 2 bezeichneten Angaben betrifft. In diesem Falle ist der abgeänderte Inhalt in dem Handelsregister selbst zu vermerken. In allen anderen Fällen genügt die Bemerkung, daß in dem vorher bezeichneten Beschlusse der Gesellschafterversammlung eine Abänderung des Gesellschaftsvertrages erfolgte (RG. 8. 5. 14; KGJ. 46 A 292; BauersZ. 22, 106; Rundsch.GmbH. 1914, 208). Die erste Gruppe umfaßt die Punkte, die von allgemeinem Interesse sind, Firma, Sitz, Gegenstand des Unternehmens, Höhe des Stammkapitals, Bestimmungen über die Zeitdauer der Gesellschaft und Vertretungsbefugnis der Geschäftsführer und Liquidatoren. Diese Festsetzungen berühren nicht nur die Gesellschafter, sondern auch Dritte, die mit der Gesellschaft in Beziehungen treten. Alle anderen Punkte sind ohne Bedeutung für diese. Sie regeln die internen Verhältnisse. So z. B. Bestimmungen über Zulassung der Amortisation und Einführung von Nachschüssen. Ist bei einem Falle der ersten Art nur auf die eingereichte Urkunde Bezug genommen, so ist die Eintragung unwirksam. Wird sie später verbessert, so tritt die Wirkung erst von diesem Moment ein. Dagegen ist nicht (wie Cohn, Das Handels- und Genossenschaftsregister. 2. Aufl. S. 235 meint), eine Eintragung des Beschlusses seinem ganzen Inhalte nach erforderlich. Verlangt ist nur, daß die Eintragung den Inhalt der betreffenden Änderung deutlich bezeichnet. So genügt bei der Sitzverlegung: „der Sitz der Gesellschaft ist nicht mehr Berlin, sondern Breslau“. So bei der Firmenänderung: „die Firma ist geändert in Berliner Bank“. Zu den im § 10 Abs. 1 u. 2 bezeichneten

Punkten gehört auch der Tag der Feststellung des Gesellschaftsvertrages. Daher muß auch der Tag der Änderung des Gesellschaftsvertrages eingetragen werden. Zu den in § 10 Abs. 1 bezeichneten Punkten gehören auch die Personen der Geschäftsführer. Auch hier ist die Änderung einzutragen (§ 39). — Die Eintragung kann auch erfolgen, wenn die Abänderung erst von einem künftigen Zeitpunkte wirken soll (KGJ. 19, 1). **§ 54.**

Die Publikation der eingetragenen Statutenänderung umfaßt alle Bestimmungen, auf welche sich die in § 10 Abs. 3 und in § 12 vorgeschriebene Veröffentlichung bezieht. Also: **Anm. 3.**

a) Der Inhalt der Eintragung des Gesellschaftsvertrages ist zu veröffentlichen (§ 10 Abs. 3). Also auch jede Änderung der Punkte, die bei der Eintragung des Gesellschaftsvertrages den Inhalt der Eintragung bilden. Das bezieht sich auf die Firma, den Sitz, den Gegenstand des Unternehmens, die Höhe des Stammkapitals (Kapitalserhöhung und Kapitalsherabsetzung). Auch der Tag des Beschlusses des Gesellschaftsvertrages war einzutragen. Also ist auch der Tag jeder Änderung des Gesellschaftsvertrages jedesmal zu veröffentlichen. Auf den Inhalt der Änderung der Satzung kommt es nicht an. Denn der Tag des Abschlusses des Gesellschaftsvertrages ändert sich jetzt. Die Bekanntmachung lautet: „Der Gesellschaftsvertrag ist durch den Beschluß der Gesellschafterversammlung vom ... abgeändert worden."

b) Alle Bestimmungen des Gesellschaftsvertrages über Sacheinlagen müssen veröffentlicht werden (§ 10 Abs. 3, § 5 Abs. 4). Die einmal beurkundete Sacheinlage kann nicht beseitigt werden (Anm. zu § 53). Spätere Änderungen der beurkundeten Abreden unterliegen der Publikation. **Anm. 4.**

c) Bestimmungen des Gesellschaftsvertrages über die Form, in welcher öffentliche Bekanntmachungen der Gesellschaft erlassen werden, sind bekannt zu machen. Sie kann geändert oder neu eingeführt werden; dann ist dies zu veröffentlichen. **Anm. 5.**

d) Die Veröffentlichungen haben regelmäßig auch vom Zweigregistergericht zu erfolgen, vgl. Anm. zu § 12. **Anm. 6.**

3. (Abs. 3.) **Von der Eintragung im Handelsregister am Sitze der Gesellschaft hängt die Gültigkeit des Statutenänderungsbeschlusses ab.** Vor derselben hat er keine rechtlichen Wirkungen, und zwar nach außen und nach innen (RG. 24, 58; OLG. Hamburg 14. 10. 13 OLGR. 27, 370). In der Wirkung abweichend RG. 10. 6. 13 (RGZ. 82, 375) für den Kapitalerhöhungsbeschluß. Er habe allerdings vor der Eintragung keine rechtliche Wirkung. Daraus folge aber nicht, daß auch die einzelnen Übernahmeerklärungen vor der Eintragung wirkungslos seien. Sie seien vielmehr rechtsverbindliche Erklärungen, die nach der einen Seite einen Bestandteil der Kapitalgrundlage der Gesellschaft bilden, nach der anderen Seite eine Haftungsverpflichtung gegenüber der Allgemeinheit bedeuten. Ihre endgültige Wirkung sei freilich durch die Eintragung des Erhöhungsbeschlusses bedingt. Dieser Gedankengang ist abzulehnen. Solange die Eintragung nicht erfolgt ist, ist ein Anspruch der Allgemeinheit nicht gegeben. Auch das RG. will ihn ja nur aufschiebend bedingt anerkennen. Darum darf ihn aber auch nicht die begriffliche Spaltung des Beschlusses künstlich einführen. Um so weniger, als das RG. dann (a. a. O.) dem neuen Gesellschafter die Möglichkeit gibt, den Beschluß anzufechten und den durch Eintragung erfolgenden Eintritt der endgültigen Wirksamkeit im Wege der einstweiligen Verfügung zu hindern. Wenn dann die Eintragung nicht erfolgt, soll die Anfechtung gültig sein. Ist die Eintragung aber trotz der einstweiligen Verfügung erfolgt, so bleibt sie rechtswirksam. Das rechtliche Schicksal der Anfechtung wird also von etwas abhängig gemacht, was sich der Einwirkung des Anfechtenden entzieht. Denn ob er eine einstweilige Verfügung erhält und vor allem, ob er sie rechtzeitig erhält, ist von dem zuständigen Gericht abhängig. Wirksamkeit oder Unwirksamkeit des Beschlusses wird also hier zu einem Spielball des Zufalls — ein Beweis, daß der Gedankengang fehlerhaft sein muß. — Die Regel, daß die Gültigkeit des Statutenänderungsbeschlusses von der Eintragung im Handelsregister am Sitze der Gesellschaft abhängig ist, erleidet eine Ausnahme. In allen Fällen, in **Anm. 7.**

§ 54. denen eine Eintragung am bisherigen Gesellschaftssitze tatsächlich unmöglich ist, weil das Registergericht durch staatsrechtliche Veränderung Ausland geworden ist (Friedensvertrag), genügt der Eintrag am neuen Gesellschaftssitze (KG. 23. 4. 20 RJA. 17, 84; ebenso in wiederholter beschlußmäßiger Rechtsprechung das RG.).

Anm. 7a. Die Gesellschaft lebt bis zur Eintragung nach der bisherigen Gesellschaftsregel, von der Eintragung ab nach der geänderten. Die Rechtsprechung hatte früher daraus gefolgert, daß die Gesellschafterversammlung die Verlängerung der auf eine bestimmte Zeitdauer abgeschlossenen Gesellschaft nicht beschließen könne, wenn nicht der Beschluß vor Ablauf der Frist im Handelsregister eingetragen gewesen sei (vgl. OLG. Colmar 5. 5. 14 RundschGmbH. 1914, 341). Das Kammergericht hat mit dieser Auffassung gebrochen. Es läßt die beschlußmäßige Fortsetzung der Gesellschaft auch nach deren Auflösung zu (KG. 5. 2. 25 JW. 1925, 640; ROLG. 40, 238). Allerdings spricht die Entscheidung zunächst nur von der Auflösung durch Fristablauf. Es muß jedoch das gleiche für alle Endigungsgründe gelten (Hachenburg zur Entscheidung des KG. JW. 1925, 802; a. M. Becker ZHR. 1926, 80 — anscheinend ohne Berücksichtigung der neuen KG.Rspr. —, ferner Brodmann Anm. 3). Gesellschafter, die nach dem Beschlusse, aber vor der Eintragung den Geschäftsanteil erwarben, müssen die Statutenänderung gelten lassen (Neukamp-Becker Anm. 5). Sie empfangen die Beteiligung so, wie sie ihr Vorgänger hatte. Sie können die bei dessen Mitgliedschaft für diesen bindenden Beschlüsse nicht beiseite schieben. Dies gilt auch dann, wenn der Erwerber keine Kenntnis von denselben hatte. So wenn einstimmig eine Nachschußpflicht beschlossen war. Der Erwerber kann sich derselben nicht entziehen, weil er aus dem bei den Gerichtsakten befindlichen Gesellschaftsvertrage nichts darüber ersehen konnte. Es gibt keinen Schutz des guten Glaubens gegenüber der Gesellschaft (oben Anm. 2). Nur seinem Veräußerer gegenüber hat er das Recht der Anfechtung wegen Irrtums über eine wesentliche Eigenschaft des Gegenstandes des Rechtsgeschäftes (§ 119 Abs. 2 BGB.; vgl. Einleitung zu Exkurs II zu § 15).

Anm. 7b. Beschlüsse, deren Inhalt gegen zwingende Vorschriften des Gesetzes verstößt, werden durch die Eintragung nicht gültig. Sie können vom Registerrichter wieder gelöscht werden. Anders bei Verstößen gegen dispositive Vorschriften (vgl. unten Anm. 17—19; Anm. 16ff. zu § 45; Anm. 12ff. zu § 57 und Anm. 45 zu § 58). Ungültig ist auch eine Eintragung, die etwas anderes enthält, als tatsächlich beschlossen wurde. Das gilt vor allem auch von Kapitalserhöhungsbeschlüssen. Meldet der Geschäftsführer einen geringeren Betrag an, als dem Beschluß entsprach, so wird der Beschluß nicht in dieser geringeren Höhe wirksam. Die Anmeldung ist falsch. Die Eintragung ist ungültig (RG. 26. 4. 14; RGZ. 85, 205; JW. 1914, 935; Recht 1914 Nr. 2752 f. Holdh. 23, 267; DJZ. 1914, 1714; BauersZ. 22, 10). Über die Heilung der Mängel der Form vgl. unten Anm. 11. Über die Möglichkeit der Eintragung einer Statutenänderung nach einer zwischen den Beschluß und die Eintragung fallenden Auflösung der Gesellschaft vgl. Anm. 38 u. 39 zu § 69 und Marcus bei Holdheim 11, 166. Verneint man die Zulässigkeit einer Änderung des Gesellschaftsvertrages nach der Auflösung, so muß man auch die Eintragung ablehnen. Für den Rechtsinhalt der Statutenänderung ist die Eintragung maßgebend. Ist eine Kapitalserhöhung mit Barzahlung eingetragen, so ist unbeachtlich, daß nach dem Willen der Gesellschaft eine Sacheinlage (vgl. unten § 56) gemacht werden sollte (RG. 8. 7. 19 RGZ. 96, 227; Recht 1919, 2167).

Anm. 8. Die Gesellschafter können zugleich mit der Statutenänderung ausführende Beschlüsse fassen, welche die Eintragung der Änderung des Gesellschaftsvertrages zur Voraussetzung haben. Sie erlangen mit dieser Eintragung Gültigkeit. So die Wahl zweier Geschäftsführer, während nach dem bisherigen Statut die Gesellschaft nur durch einen Geschäftsführer vertreten wird. Das RG. 24, 58 ließ die Gültigkeit dieses Verfahrens dahingestellt. In der Registerpraxis der Aktiengesellschaften ist die Zulässigkeit angenommen worden. Sie ist durch das KG. (9. 6. 22 OLGR. 42, 225) bestätigt. So bei Ausgabe von Prioritätsaktien, die durch dieselbe Generalversammlung für zulässig erklärt und für den Fall der Eintragung dieses Beschlusses geschaffen werden. So kann auch die Einziehung von Geschäftsanteilen mittels Ankaufs für zulässig erklärt (§ 34) und gleichzeitig für den Fall der Eintragung dieses Beschlusses bestimmt werden, welche Geschäftsanteile auf diese Weise erworben werden sollen. Es ist auch zulässig, daß die anderen Organe der Gesellschaft analog bedingte Beschlüsse fassen. Es können auch sonst Akte getätigt werden, welche die Änderung des Gesellschaftsvertrages zur Gültigkeit voraussetzen. Nach dem ursprünglichen Gesellschaftsvertrag ist z. B. die Teilung von Geschäftsanteilen nicht gestattet. Gleichwohl ist die Abtretung eines Teiles unter der Voraussetzung der Eintragung eines bezüglichen Statutenänderungsbeschlusses zulässig. Aber immer ist daran festzuhalten, daß die ausführenden Beschlüsse erst mit der Gültigkeit des Hauptbeschlusses gültig werden. Es existiert also insbesondere ein in dieser Weise evtl. geschaffenes Gesellschaftsorgan bis zur Eintragung des Statutenänderungsbeschlusses nicht. Faßt es dennoch Beschlüsse, so sind sie ungültig. Sie können auch nicht durch Eintragung des Statutenänderungsbeschlusses konvaleszieren (RG. 24, 58; OLG. Colmar 12. 2. 05 ElsLothZ. 1905, 455 für die Abberufung eines Geschäftsführers durch einen Aufsichtsrat vor der Eintragung des Beschlusses über dessen Errichtung). Dasselbe gilt, wenn die Gesellschafterversammlung in Abänderung der Statuten beschlösse, daß fortab nicht mehr zwei, sondern nur ein Geschäftsführer die Gesellschaft vertreten soll, und in Verbindung hiermit den fortab allein vertretungsberechtigten Geschäftsführer ernennen würde. Dessen alleinige Vertretungsbefugnis beginnt in solchem Falle erst mit der Eintragung des Hauptbeschlusses. Rechtsakte, die er in der Zwischenzeit allein vornimmt, sind für die Gesellschaft nicht verbindlich (vgl. dazu KG. 16. 6. 22 OLGR. 42 225). Sie müssen, um verbindlich zu sein, von neuem vorgenommen werden, nachdem die Statutenänderung eingetragen ist. **§ 54.**

Zusatz 1. Ist der Gegenstand des Unternehmens konzessionspflichtig, und die Eintragung der Gesellschaft von der Beibringung der Konzessionsurkunde abhängig, so ist auch die Eintragung der Abänderung des Gegenstandes des Unternehmens von der Beibringung der Genehmigung abhängig (KG. 15. 6. 91 KGJ. 11, 28; Hachenburg DJZ. 1911, 312; a. M. OLG. Darmstadt 7. 10. 10 DJZ. 1910, 415). Es ist allerdings die Existenz der GmbH. nicht durch die Konzession bedingt. Sie könnte bestehen, wenn ihr diese entzogen wäre. Aber aus § 8 Ziff. 4 ergibt sich, daß das Gesetz eine GmbH. gleich der AG. davor bewahren will, ohne die zur Einreichung ihres Zweckes erforderliche Staatsgenehmigung zu entstehen. Es muß daraus gefolgert werden, daß auch ein solches Bestehen vermieden werden soll. Wie bei Gründung, so hat auch bei der Satzungsänderung der Registerrichter die Eintragung abzulehnen, wenn ihm nicht die Zustimmung der zuständigen Stelle vorgelegt ist. Erfolgte die Eintragung ohne diesen Nachweis, so ist eine Löschung des Eintrages nicht mehr angängig. Es bleibt dem Staate überlassen, in welcher Weise er gegen diese GmbH. vorgehen will oder kann (Hachenburg a. a. O. 313). Wenn der Gesellschaftsvertrag der Behörde in Bausch und Bogen eingereicht und von ihr genehmigt wurde, ohne daß die Genehmigungsfrage sich auf bestimmte Punkte richtete, so ist jede Änderung genehmigungspflichtig. Der Registerrichter kann nicht in eine Untersuchung eintreten, ob der geänderte Paragraph für die Genehmigung wesentlich war und ist. War der Regierung bei der Erteilung der Konzession ausdrücklich nur ein Teil des Gesellschaftsvertrages als Grundlage der Konzession vorgelegt, beschränkt sie den Vorbehalt der Zustimmung zu Änderungen auf bestimmte Stellen, so bewendet es hierbei. Keine Genehmigung bedarf eine Abänderung des Gegenstandes der Gesellschaft, wenn an Stelle des konzessionspflichtigen ein konzessionsfreier gesetzt wird. Darin liegt der Verzicht auf die Konzession. Unwirksam ist es, wenn in der Konzessionsurkunde bedungen ist, daß eine Änderung der Statuten ohne Genehmigung der Regierung ungültig sein solle. Das bedeutet, daß ein Gesellschafterbeschluß über Änderung des Gesellschaftsvertrages nur unter Mitwirkung eines Nichtgesellschafters möglich sei. Das verstößt gegen die Bestimmung des § 53 GmbHG. (vgl. Anm. 4 zu § 47). Nur wenn der die Konzession erteilende Staat zugleich Gesellschafter ist, kann ihm das Gesellschaftersonderrecht erteilt werden, daß gegen seine Stimme eine Änderung des Gesellschaftsvertrages unwirksam ist (vgl. Anm. 19 zu § 14). Anm. 9.

§ 54. **Zusatz 2. Die Eintragung des Statutenänderungsbeschlusses hat noch eine andere**
Anm. 10. **Bedeutung.** Sie bewirkt zunächst allerdings die Rechtsgültigkeit des Beschlusses. Dazu bedarf es keiner Publikation. Nach der Veröffentlichung muß aber jeder Dritte den Inhalt des Beschlusses so gegen sich gelten lassen, als sei er ihm bekannt (§ 15 Abs. 2 HGB.). Den nicht eingetragenen Statutenänderungsbeschluß läßt er unbeachtet. Er ist ja nicht gültig. Der § 15 Abs. 1 HGB. setzt eine zwar einzutragende, aber auch ohne Eintragung materiell gültige Tatsache voraus.

Anm. 11. **Zusatz 3. Auf die Eintragung eines formell ungültigen Statutenänderungsbeschlusses sind die für die Gründung aufgestellten Grundsätze anwendbar** (Anm. 13 zu § 2). Wie bei der Gründung heilt auch hier die Eintragung den Mangel der Form. Das RG. (9. 10. 14 RGZ. 85, 311; JW. 1915, 590; Recht 1915 Nr. 104/6; BauersZ. 22, 134 u. 203) spricht der Eintragung grundsätzlich keine die Nichtigkeit heilende Wirkung zu. Es stellt deshalb (RG. 6. 6. 13 Holdheim 23, 103; LZ. 1913, 683 u. 760; BauersZ. 21, 90 u. 208) auch fest, daß die Nichtigkeit eines Sitzverlegungsbeschlusses durch die Eintragung nicht geheilt wird. Es schränkt diesen grundsätzlichen Standpunkt indessen ein. Eine Rechtshandlung, die vor der Vernichtung eines einmal gefaßten Beschlusses vorgenommen sei, sei nicht ohne weiteres wirkungslos. Es gebe keine allgemeine gültige Regel, wie die Ungültigkeitserklärung eines Beschlusses sich auf Rechtshandlungen auswirke, die auf seiner Grundlage vorgenommen sind. Trotz dieser Einschränkung kann dem Standpunkte des RG. grundsätzlich nicht beigetreten werden (gegen die heilende Wirkung der Eintragung auch Neukamp-Becker Anm. 3 zu § 53, Liebmann Anm. 4 zu § 53, wie hier Parisius-Crüger-Crecelius Anm. 3 zu § 53). Dieselben Gründe wie bei der Errichtung des Gesellschaftsvertrages sind auch hier gegen die Ansicht des RG. durchgreifend. Die Beschlüsse müssen mit dem Willen aller Beteiligten eingetragen sein. Doch genügt auch, daß dies nachträglich von allen Beteiligten genehmigt worden ist (vgl. RG. 26, 68). Nur dann kann die Eintragung den Mangel der in notarieller Urkunde gefaßten Mehrheitsbeschluß ersetzen. Die Eintragung muß dem tatsächlichen Willen aller Beteiligten entsprechen, mag dies vor der Eintragung oder nach der Eintragung zum Ausdruck gekommen sein (vgl. KG. 9. 7. 1900 RJA. 1, 116).

Anm. 12. Verletzt der Beschluß eine zwingende Vorschrift des materiellen Rechtes, so hat der Registerrichter die Eintragung abzulehnen (vgl. unten Anm. 17 und Anm. 35 zu § 45). Er ist ohne Rechtsgültigkeit. Für nichtige Beschlüsse ist kein Raum im Register. Anders bei einem Verstoße gegen eine verzichtbare Vorschrift des Gesetzes. Hier hat der Gesellschafter nur ein Recht der Anfechtung (vgl. Anm. 11ff. zu § 45). Jedem Gesellschafter bleibt es überlassen, die Eintragung durch einstweilige Verfügung zu hindern. Der Registerrichter darf unter besonderen Umständen (vgl. unten Anm. 15) die Eintragung auch ohne einstweilige Verfügung aussetzen. Die Eintragung ohne solches gerichtliches Gebot abzulehnen, ist der Registerrichter nicht verpflichtet. Er hat auch kein Recht hierzu. War die Eintragung erfolgt, so muß sie nach der Rechtskraft des den angefochtenen Beschluß aufhebenden Urteils rückgängig gemacht werden. Staub (1. Aufl. Anm. 12 S. 322) verneinte es. Sei die Eintragung einmal erfolgt, so sei der Gesellschaftsvertrag in der neuen Fassung die Grundlage der Gesellschaft geworden. Was solchergestalt als Gesellschaftsregel eingetragen wurde, habe vielleicht neueintretenden Gesellschaftern oder Dritten, die mit der Gesellschaft kontrahiert haben, als Beweggrund gegolten. Diese Ansicht stützt sich auf seine Auffassung von der Anfechtung der Beschlüsse und den Folgen der Anfechtungsklage. Über die Unrichtigkeit derselben vgl. Anm. 16 zu § 45. Allerdings hätte man einem Urteil, das nicht einmal für die Gesellschafter präjudiziell wirkte, nicht so weittragende Bedeutung beilegen können, daß man daraufhin die Gesellschaftsregeln, obwohl die anderen Gesellschafter sie gelten lassen wollen, wieder beseitigt. Wenn aber die Anfechtungsklage den Beschluß wieder vernichtet, so muß er auch aus dem Handelsregister verschwinden (vgl. auch Liebmann bei Holdheim 13, 8 und die zutreffende Bemerkung, daß das GmbH. keine relativen Unwirksamkeiten kenne). Ein *Beschwerderecht* des überstimmten Gesellschafters gegen die erfolgte Eintragung besteht nicht. Es liegt in der Anordnung der Eintragung keine „Verfügung" des Gerichtes. Der Gesellschafter ist nicht durch diese, sondern durch den Beschluß beeinträchtigt (OLG. Hamburg RJA. 7, 241). Ähnlich KG. 28. 1. 10 **§ 54.** (KGJ. 39A, 122, OLGR. 21, 50): „Eine Verletzung von Ordnungsvorschriften, die zum Schutze bestimmter Beteiligter bestimmt sind, wird den Richter nicht veranlassen können, eine Eintragung abzulehnen, sofern die Beteiligten die Verletzung ungerügt lassen. Ebenso wird er in den Fällen, wo ein Mangel den Beteiligten das Recht gibt, einen ihnen nachteiligen Versammlungsbeschluß anzufechten, die Entscheidung darüber, ob der Mangel geltend zu machen sei, im allgemeinen den anfechtungsberechtigten Beteiligten überlassen können" (vgl. auch unten Anm. 18 und Anm. 20 zu § 14).

Zusatz 4. Die Stellung des Registerrichters zu den Statutenänderungsbeschlüssen. Anm. 13.

1. **Der Umfang des Prüfungsrechtes bei der Anmeldung.** Der Registerrichter hat nicht alle gesetzlichen und statutarischen Voraussetzungen der Gültigkeit zu prüfen. „Es ist zuzugeben, daß die Nichtbeachtung der diesbezüglichen, das Gesetz in zulässiger Weise ergänzenden Bestimmungen des Statutes die Gültigkeit der trotzdem gefaßten Beschlüsse in Frage stellt. Allein dem Registergericht ist in dem Gesetze nicht die Befugnis zugebilligt, Beschlüsse der Generalversammlung, auch wenn sie zur Eintragung angemeldet werden, wegen Gesetz- oder Statutenwidrigkeit schlechthin von Amts wegen zu beanstanden. Vielmehr sind es grundsätzlich die Gesellschafter selbst, welche über die Innehaltung von Gesetz und Statut zu wachen haben. Zu diesem Behufe ist ihnen ein Anfechtungsrecht gegeben" (KG. in KGJ. 16, 37). Der Registerrichter, der alle Voraussetzungen der Gültigkeit zu prüfen hätte, würde oft vor eine unmögliche Aufgabe gestellt. Er kann die Vorbereitungen der Gesellschafterversammlung nicht untersuchen. Die Einberufung erfolgt nach dem Gesetz durch eingeschriebenen Brief. Der Richter kann nicht prüfen, ob die Briefe, deren Absendung durch Postscheine ausgewiesen wird, den betreffenden Inhalt gehabt haben. Die Statuten können die Einladung durch einfachen Brief oder durch Boten oder Fernsprecher zulassen. Wie sollte hier die Kontrolle stattfinden? Das Anfechtungsrecht ist ein verzichtbares. Es kann durch die Satzung zeitlich beschränkt werden. Daher wird der Registerrichter in allen solchen Fällen es den Parteien überlassen, ihr Recht geltend zu machen. Rühren sie sich nicht, so kümmert er sich nicht um verzichtbare Mängel.

Der Registerrichter prüft nur, ob der Beschluß gegen zwingende Vorschriften verstößt **Anm. 14.** (oben Anm. 12). Es genügt, daß die Beurkundung des Beschlusses gehörig erfolgt ist. Hieraus muß ersichtlich sein, daß es sich um einen Beschluß der Gesellschafter handelt (vgl. Anm. 11 zu § 53). Der Registerrichter kann sich aber auch überzeugen, daß die Anmeldung mit den tatsächlich gefaßten Beschlüssen übereinstimmt. Falls das nicht zutrifft, kann er die Eintragung ablehnen. Er kann auch die schon erfolgte Eintragung auf Grund von § 142 FGG. wieder löschen (RG. 26. 6. 14 RGZ. 85, 205; JW. 1914, 935; Recht 1914 Nr. 2752 f. Holdheim 23, 267 LZ. 1914, 1714; BauersZ. 22, 10). Er darf die Feststellungen des beurkundenden Notars als richtig annehmen. Die Prüfung des Gesellschafterrechtes der Gesellschaft steht ihnen selbst zu (§ 16 GmbHG.). Der Richter kann nicht den Nachweis des Erwerbes der Geschäftsanteile durch die abstimmenden Gesellschafter fordern. Die Legitimation der Vertreter der Gesellschafter wird durch diese selbst geprüft. Der Notar beurkundet das Ergebnis. So, daß eine AG., die als Gesellschafterin auftritt, durch ein Vorstandsmitglied und einen Prokuristen vertreten wird und daß die beiden Erschienenen diese Eigenschaften besitzen. Dann kann der Registerrichter nicht noch einen Auszug aus dem Handelsregister fordern (KG. 28. 1. 10 KGJ. 39 A, 122, OLGR. 21, 50). Ist in der Versammlung ein einziger Gesellschafter erschienen, so entfällt die Mitkontrolle der Mitgesellschafter. Hier muß sich der Richter Gewißheit verschaffen, daß der allein anwesende Gesellschafter entweder alle Geschäftsanteile besitzt, oder daß die anderen trotz Einladung nicht erschienen sind. Er kann die Gesellschafterliste vergleichen. Stimmt diese nicht mit den Angaben des Protokolls, so kann der Richter eine Erklärung der Geschäftsführer fordern. Die Vorlage der Erwerbsurkunden zu verlangen, liegt auch hier kein Anlaß vor. Verletzt der Beschluß ein Sonderrecht oder vermehrt er die Pflichten der Gesellschafter, so hat der Richter die Eintragung bis zum Nachweise der Zustimmung der hiervon betroffenen Ge-

§ 54. sellschafter abzulehnen (Anm. 4 u. 7 zu § 53; KG. 29. 4. 21 KGJ. 53A, 101). Dieser Beweis kann auf jede Art geführt werden. Es genügt eine nachträgliche glaubhafte Erklärung der Gesellschafter. Wird durch die fehlende Zustimmung eines Gesellschafters nicht die Gültigkeit des ganzen Beschlusses in Frage gestellt, so muß der Registerrichter eintragen. Die nur den einen Gesellschafter treffende Unwirksamkeit geltend zu machen, kann er diesem überlassen.

Anm. 15. Während des Schwebens eines Anfechtungsprozesses darf der Registerrichter die Eintragung bis zur Entscheidung aussetzen (§ 127 FG.). Die Aussetzung muß durch die Umstände des Falles gerechtfertigt sein. Die Tatsache allein, daß eine Anfechtung des Beschlusses erfolgt ist, rechtfertigt die Aussetzung nicht. Zwei Momente müssen hinzutreten. Einmal muß die Anfechtung als begründet erscheinen. Zum anderen muß die Eintragung schwer wieder zu beseitigende Folgen haben (KGJ. 21A, 243).

Anm. 16. Von der Aussetzungsbefugnis kann nur in Fällen Gebrauch gemacht werden, in denen nicht eine sofortige Entscheidung durch die Verhältnisse nötig wird. Einer solchen alsbaldigen Erledigung bedarf es z. B. dann, wenn es sich um den Ersatz des einzigen Geschäftsführers einer GmbH. durch eine andere Person handelt, um die Frage, ob der alte Geschäftsführer zu löschen und der neue einzutragen sei. Dazu muß der Registerrichter Stellung nehmen (KGJ. 21 A, 244). — Durch einstweilige Verfügung kann gemäß § 16 Abs. 2 HGB. die Eintragung eines angefochtenen Beschlusses verhindert werden (Denkschrift zum HGB. 152; a. M. OLG. Dresden 13. 11. 07 ZBlFG. 8, 796).

Anm. 17. 2. Ein eingetragener, nur anfechtbarer Beschluß ist bis zu seiner Aufhebung durch das Gericht wirksam. Der Registerrichter kann ihn vorher nicht wieder beseitigen. Auch dann nicht, wenn er bei genauer Kenntnis der Sachlage ihn nicht eingetragen hätte (KGJ. 14, 23). Es gibt zwingende Vorschriften, bei denen die Parteien auf die Folgen der Verletzung verzichten können (vgl. die ähnlichen Erwägungen in RG. 51, 98). Ein Beschluß, der einen solchen zulässigen Verzicht auf die Folgen einer Verletzung enthält, ist gültig. Seine Eintragung steht der des anfechtbaren Beschlusses gleich.

Anm. 18. **Über das Beschwerderecht gegen die erfolgte Eintragung der Gesellschafter** vgl. oben Anm. 12. Der Registerrichter hat weder das Recht noch die Pflicht, Streitigkeiten unter den Interessenten zum Austrag zu bringen (OLG. Hamburg 13. 6. 06 RJA. 7, 241). Anders, wenn Sonderrechte eines Gesellschafters verletzt sind. Jeder, dessen Rechte durch die Eintragung beeinträchtigt sind, hat das Beschwerderecht (§ 20 des FGG. vgl. Anm. 19 zu § 14).

Anm. 19. **Nichtige Beschlüsse werden von Amts wegen gelöscht,** wenn durch **ihren Inhalt** zwingende Vorschriften des Gesetzes verletzt sind und die Beseitigung im öffentlichen Interesse erforderlich erscheint. Durch den Inhalt des Beschlusses müssen zwingende Vorschriften verletzt sein. Verletzungen zwingender Formvorschriften genügen (s. oben Anm. 11). Die Beseitigung muß im öffentlichen Interesse erforderlich erscheinen. Die Registergerichte sollen zu einem mäßigen, nur in den dringendsten Fällen erfolgenden Gebrauch dieser Maßregel veranlaßt werden. Meist liegt es im öffentlichen Interesse, die Eintragung nicht zu beseitigen, um nicht heillose Verwirrungen und Schäden zu verursachen. Die Löschung kann vom Amtsgericht oder vom Landgericht verfügt werden (§§ 144, 143 FG.). Das Gericht hat den Beteiligten von der beabsichtigten Löschung Nachricht zu geben. Es muß ihnen eine Frist von mindestens 3 Monaten zur Geltendmachung eines Widerspruches bestimmen. Innerhalb dieser Frist kann die Gesellschaft den Beschluß selbst aufheben oder so abändern, daß nunmehr seine Beseitigung im öffentlichen Interesse nicht mehr erforderlich erscheint. Über den Widerspruch entscheidet das Gericht. Gegen die Entscheidung findet sofortige Beschwerde statt. Die Löschung darf erst erfolgen, wenn kein Widerspruch erhoben oder die Entscheidung rechtskräftig geworden ist. Das Vorgehen des Gerichtes ist an eine zeitliche Schranke nicht gebunden. Das Damoklesschwert dieser Löschung schwebt daher über allen eingetragenen Beschlüssen einer GmbH. Wird der Beschluß nachträglich ordnungsgemäß gefaßt und die Ungültigkeit behoben, so bedarf es einer Löschung und nochmaligen Eintragung nicht. Es wäre dies zweckloser Formalismus (KG. 28. 11. 04 ZBlFG. 6, 86; Anm. 56 zu § 2). Vorausgesetzt, daß ein Beschluß des eingetragenen Inhaltes überhaupt möglich ist. Andernfalls ist der nichtige Beschluß zu löschen und der richtig gefaßte einzutragen. Stets hat der Beschluß nicht von dem Tage der Eintragung, sondern erst dem der Einreichung der gesetzmäßigen Fassung Gültigkeit. Es ist Auslegungsfrage, ob die Gesellschaft und die Gesellschafter verpflichtet sind, einander zu gewähren, was sie haben würden, wenn der Beschluß von Anfang an gültig wäre. Eine Vermutung wie beim Vertrage (§ 141 Abs. 2 BGB.) wird sich hier nicht aufstellen lassen. Bei Beschlüssen, die ohne Anmeldung und ohne den Willen der Gesellschafter eingetragen waren (vgl. Anm. 9 zu § 7 und oben Anm. 1), fehlt als Grundlage der Eintragung der Wille der Gesellschaft. Doch können die Geschäftsführer erklären, daß der Beschluß als angemeldet gelten solle. Dann ist der Mangel behoben. Eine Löschung aber wegen Mängel in der Anmeldung, etwa weil nicht von allen Geschäftsführern, wo dies verlangt ist, erfolgt (vgl. Anm. 1 zu § 78) oder weil die Anmeldungserklärung nicht beglaubigt war, ist unstatthaft. Über die erfolgte Eintragung von Beschlüssen über Erhöhung und Herabsetzung des Stammkapitals trotz Mängel derselben oder der Anmeldung vgl. Anm. 10 zu § 7 und Anm. 45 zu § 48. § 54.

Von Statutenänderungen sind Abreden zum Gesellschaftsvertrage unter den Gesellschaftern zu unterscheiden. Sie sollen weder ihn noch das Gesetz ändern. Ihr Zweck ist lediglich das Statut im Verhältnis zu den Gesellschaftern zu ergänzen. Sie brauchen nicht in gerichtlich oder notariell verlautbarter Form niedergelegt zu werden. Sie sind nicht in das Handelsregister einzutragen. Solche Ergänzungen **können** in der Vereinbarung liegen, daß nach Ablauf der Gesellschaftsdauer das Unternehmen an einen Gesellschafter zu einem bestimmten Preis übertragen werden soll. Daß eine Vergrößerung des Betriebes gegen den Willen auch nur eines Gesellschafters unzulässig sein soll. Daß jeder Gesellschafter ein Kontrollrecht oder ein Vorkaufsrecht bei Veräußerung von Geschäftsanteilen haben soll (vgl. hierzu BauersZ. 29, 94). — Ob es sich dabei **wirklich** um eine Ergänzung oder aber um eine inhaltliche Erweiterung des Vertrages, ob es sich um obligatorische Rechte und Pflichten der Gesellschafter persönlich oder um gesellschaftsrechtliche Rechte und Pflichten handelt, ist nur im einzelnen Falle bestimmbar. Anm. 20.

Ausländische Gesetze. Anm. 21.

Die Bestimmungen im österreichischen (§ 51) und im bulgarischen (Art. 61) Gesetz gehen etwas über die des deutschen Gesetzes hinaus. Die Anmeldung ist durch sämtliche Gesellschafter vorzunehmen. Es ist der Nachweis des gültigen Zustandekommens des Abänderungsbeschlusses verlangt (abgesehen noch von den Spezialbestimmungen über konzessionspflichtige Gesellschaften, die nur das österreichische Gesetz kennt). Dem Registergericht obliegt die Prüfung. Nach dem Schweizer Entwurf ist die Eintragung der Abänderung in gleicher Weise wie die der Gründung (§§ 822, 823) Voraussetzung für die Gültigkeit. — Für das polnische Gesetz ergibt sich die Notwendigkeit der Eintragung für die Gültigkeit der Beschlüsse aus Art. 18. Beim italienischen Entwurf aus Art. 124. Beim französischen Gesetz fehlt eine analoge Bestimmung.

§ 55.

§ 55.

Wird eine Erhöhung des Stammkapitals beschlossen, so bedarf es zur Übernahme jeder auf das erhöhte Kapital zu leistenden Stammeinlage einer gerichtlich oder notariell aufgenommenen oder beglaubigten Erklärung des Übernehmers.

Zur Übernahme einer Stammeinlage können von der Gesellschaft die bisherigen Gesellschafter oder andere Personen, welche durch die Übernahme ihren Beitritt zu der Gesellschaft erklären, zugelassen werden. Im letzteren

§ 55. Falle sind außer dem Betrage der Stammeinlage auch sonstige Leistungen, zu welchen der Beitretende nach dem Gesellschaftsvertrage verpflichtet sein soll, in der im Absatz 1 bezeichneten Urkunde ersichtlich zu machen.

Wird von einem der Gesellschaft bereits angehörenden Gesellschafter eine Stammeinlage auf das erhöhte Kapital übernommen, so erwirbt derselbe einen weiteren Geschäftsanteil.

Die Bestimmungen im § 5 Absatz 1 und 3 über den Betrag der Stammeinlagen sowie die Bestimmung im § 5 Absatz 2 über die Unzulässigkeit der Übernahme mehrerer Stammeinlagen finden auch hinsichtlich der auf das erhöhte Kapital zu leistenden Stammeinlagen Anwendung.

Anm. 1. **I. Wesen und Erfordernisse der Stammkapitalserhöhung.**

1. **Die Kapitalserhöhung** schafft neue Mitgliedschaften. Es entstehen neue Geschäftsanteile. Es liegt kein Verkauf von neuen Geschäftsanteilen seitens der Gesellschaft vor (vgl. RG. 32, 248 für das Aktienrecht). Deren Erwerber treten entweder der Gesellschaft als neue Mitglieder bei oder sie erwerben zu ihrer bisherigen Mitgliedschaft eine neue. Die Bildung von Reserven kann nie eine Erhöhung des Stammkapitals darstellen. Sie vermehrt das Gesellschaftsvermögen, aber nicht das Stammkapital (OLG. Colmar 26. 10. 04 OLGR. 10, 241; RG. 20. 3. 05 Recht 1905, 2356). Ebensowenig ist die Schaffung von Genußscheinen eine Stammkapitalerhöhung. Der Genußschein schafft eine Forderung, kein Mitgliedschaftsrecht. Auch das statutenmäßig noch so eingeschränkte Mitgliedschaftsrecht unterscheidet sich grundsätzlich vom Forderungsrecht (OLG. Hamburg 17. 4. 19 LZ. 1919, 1288). Kapitalserhöhung liegt dagegen in dem Falle vor, daß eine Gesellschaft zur Deckung ihrer erheblichen Unterbilanz die Zuzahlung von 50% des Nominalbetrages auf die Stammeinlage jedes einzelnen Gesellschafters beschließt (RG. 18. 2. 13 RGZ. 81, 368).

Anm. 2. Eine Kapitalserhöhung durch bloße Erhöhung des Nennbetrages der Geschäftsanteile kennt das Gesetz nicht (KG. 20. 2. 08 OLGR. 19, 572; ZBlFG. 8, 796; KG. 10. 10. 13 RJA. 13, 218). Ein Beschluß, daß der Erhöhung des Stammkapitals entsprechend jeder Geschäftsanteil um 40 Proz. erhöht werde, ist ungültig. Es muß eine neue Mitgliedschaft geschaffen werden. Das ergibt die ganze Struktur der Kapitalserhöhung. Sie ist als Übernahme neuer selbständiger Geschäftsanteile vom Gesetze gewollt (vgl. insbesondere § 55 Abs. 3 und Motive 40). Eine Erhöhung des Stammkapitals durch Erhöhung der Geschäftsanteile ist auch dann unzulässig, wenn der zeitige Wert der Geschäftsanteile ihren Nennbetrag weit übersteigt und neues Kapital durch Ausgabe neuer Anteile beschafft werden soll. Nehmen wir an, eine Gesellschaft mit 100000 RM. Stammkapital besitze ein Geschäftsvermögen von 500000 RM. Dann sind die Geschäftsanteile zusammen 500000 RM. wert. Wenn nun ein neuer Geschäftsanteil von 10000 RM. gegen Zahlung einer baren Stammeinlage von 10000 RM. ausgegeben würde, so würde dieser neue Gesellschafter dadurch einen nicht gerechtfertigten Vorteil erlangen. Er würde einen Anteil erhalten, der um ein Bedeutendes mehr wert wäre, als seine Einlage beträgt. Die Ausgleichung kann in solchen Fällen nicht durch Erhöhung der Nennziffer der bisherigen Geschäftsanteile erfolgen. Es bieten sich verschiedene Wege. Zunächst kann sie durch Ausgabe des neuen Geschäftsanteiles über pari geschehen (vgl. Anm. 28 zu § 3). Der neue Gesellschafter zahlt, da jeder bisherige Geschäftsanteil das Fünffache des Nennbetrages wert ist, auch für seinen Geschäftsanteil im Nennbetrag von 10000 RM. als Gegenwert einen Betrag von 50000 RM. Davon erscheinen 10000 RM. als Einlage auf das Stammkapital (§ 14 des Gesetzes), des Mehrbetrags als Nebenleistung eines Agios von 40000 RM. (über die Gestalt des Kapitalserhöhungsbeschlusses und der Übernahmeerklärung in diesem Falle s. Anm. 6 zu § 56). Oder aber es werden die bisherigen Geschäftsanteile mit Vorzugsrechten ausgestattet. Sie erhalten mehr Dividende und Liquidationsanteil. Oder es wird bestimmt, daß der neu aufzunehmende Gesellschafter einen Zuschlag an die bisherigen Gesellschafter im Verhältnis ihrer Geschäftsanteile zu leisten hat. Das kann im Erhöhungsbeschlusse geschehen. In diesem Falle muß derselbe dem § 3 Abs. 2 entsprechen und die Übernahmeerklärung dem § 55 Abs. 2 Satz 2 (vgl. Anm. 6 zu § 56). Es kann aber auch unter den Gesellschaftern, den bisherigen und den neuen, vereinbart werden, daß der letztere nach Zuteilung der Geschäftsanteile an sie eine bestimmte Summe zu zahlen hat. Die Kapitalserhöhung durch bloße Erhöhung des Nennbetrages der Geschäftsanteile ist endlich auch im Falle weiterer Einlagen auf die Geschäftsanteile unmöglich. Dem steht gerade § 55 Abs. 3 entgegen. Ein Beschluß, daß gegen Zahlung von je 200 RM. der Nennbetrag jedes Geschäftsanteiles sich um 200 RM. erhöht, ist nichtig. Die Gesellschafter können ohne Erhöhung ihrer Geschäftsanteile freiwillig Zuschüsse machen. Sie erhöhen das Vermögen der Gesellschaft. Das Stammkapital und die Geschäftsanteile bleiben. Mit solchen freiwilligen Zuzahlungen kann ein Genußrecht verbunden werden. Auch hierdurch entstehen keine Mitgliedschaftsrechte (vgl. Anm. 18 zu § 14). § 55.

Von dem Prinzip des GmbHG. weicht die GoldBilV. ab (§ 13 d. 2. DurchfVO. zur GoldBilVO). Ist das Goldvermögen der GmbH. größer als ihr Stammkapital, so kann sie das Stammkapital um diesen Betrag erhöhen (vgl. unten Anm. 34a § 5 Abs. 1 GoldBil.). Sie kann dann hierfür entweder den Gesellschaftern neue Geschäftsanteile gewähren oder den Nennbetrag der vorhandenen Geschäftsanteile erhöhen. Dies geschieht durch einfachen Beschluß der Gesellschafter und ist zum Handelsregister anzumelden und einzutragen. Vorher ist es nicht ratsam. Bis dahin gilt noch die frühere Nennziffer zur Bezeichnung der Geschäftsanteile. Anmeldung des Beschlusses über die Heraufsetzung des Stammkapitals und der Erhöhung der Geschäftsanteile können verbunden werden (§ 14 II DurchfBest.). Die sonstigen Vorschriften über die Erhöhung des Stammka itals finden hier keine Anwendung (§ 16 II DurchfVO.). Die Vorschriften über den Mindestbetrag der Geschäftsanteile sind zu beachten. Bleibt hiernach ein Restbetrag des Überschusses des Vermögens über das Stammkapital, so ist hiernach die Reserve zu bilden (§ 5 Abs. 1 GoldBilV.). Ist der Beschluß über die Erhöhung des Nennbetrags eingetragen, so können die Gesellschafter nicht nachträglich statt dieser die Ausgabe neuer Geschäftsanteile beschließen. Anm. 2a.

Jede Kapitalserhöhung enthält eine Statutenänderung. Die Höhe des Stammkapitals ist ein wesentlicher Bestandteil des Gesellschaftsvertrages (§ 3 Ziff. 3; KG. 9. 7. 00 OLGR. 1, 289). Aber zu dieser Wirkung des Beschlusses muß noch die Übernahme der Geschäftsanteile hinzutreten. Auch sie wird ebenfalls zum Handelsregister angemeldet (§ 57). Dann ist das Stammkapital erst erhöht. Dann kann erst die Satzung als geändert angesehen werden. Über den Fall, daß die GmbH. nach der Übernahme des erhöhten Stammkapitals und vor dessen Eintragung in Konkurs gerät, vgl. Anm. 25 zu § 57 (RG. 20. 10. 11 RGZ. 77, 152). Anm. 3.

2. **Die Erfordernisse des Kapitalserhöhungsbeschlusses.** Anm. 4.

a) Das Aktienrecht verlangt (§ 278 HGB.), daß das bisherige Grundkapital eingezahlt ist. Die Bestimmung stammt noch aus der Zeit des früheren Rechtes, dem das Prinzip der Ungültigkeit des Verzichtes der AG. auf die übernommene Einlage noch nicht bekannt war. Sie ist heute für die AG. nicht mehr notwendig. Das GmbHG. kennt eine solche Vorschrift nicht. Das Stammkapital kann erhöht werden, auch wenn das bisherige noch nicht voll einbezahlt ist. Über die Haftung der neuen Gesellschafter für die Rückstände der ursprünglichen Stammeinlagen vgl. Anm. 16 zu § 24 und RG. 1. 4. 13 RGZ. 82, 116; JW. 1913, 693; DJZ. 1913, 685; LZ. 1913, 515; Recht 1913, 1659; BauersZ. 20, 257; RG. 11. 7. 18 RGZ. 93, 251; ferner Brodmann Anm. 3 zu § 55; Neukamp-Becker Anm. 2bee zu § 55; Hachenburg, Die Haftung der Gesellschafter der GmbH. bei verschiedenen Emissionen, LZ. 1914, 119ff. und Goldschmidt LZ. 1915, 619.

§ 55. Anm. 5. b) Der Beschluß der Erhöhung des Stammkapitals muß den Erfordernissen der Statutenänderung genügen (Neukamp GZ. 480ff.). Er muß in gerichtlicher oder notarieller Form beurkundet sein. Er hat auch den allgemeinen Erfordernissen eines Generalversammlungsbeschlusses zu entsprechen. Er muß mit Dreiviertel der abgegebenen Stimmen gefaßt sein. Der Gesellschaftsvertrag kann für Statutenänderungen strengere Erfordernisse aufstellen (§ 53 Abs. 2). Es kann eine qualifizierte Abstimmung oder Mehrheit vorgesehen sein oder auch Einstimmigkeit. Bei einem Verkaufssyndikat, dessen Beteiligungsziffern nur einstimmig abänderbar waren, wurde hieraus das Verlangen der Einstimmigkeit bei der Erhöhung des Stammkapitales zur Aufnahme neuer Mitglieder gefolgert (RG. 8. 12. 10 RundschGmbH. 1911, 95). Der Beschluß kann nur von der eingetragenen Gesellschaft gefaßt werden. Die Gründer können zwar auch schon im Gesellschaftsvertrage eine Erhöhung des Grundkapitals beschließen. Eine Kapitalserhöhung vor dem Eintrag der GmbH. zum Handelsregister ist aber ein Nachtrag zum Gesellschaftsvertrag. Er untersteht den Vorschriften über diesen. Ein Mehrheitsbeschluß ist nicht möglich. Erst die Gesellschafter der bestehenden Gesellschaft können beraten und beschließen, ob der bestehende Gesellschaftsvertrag geändert werden soll. Erhöht daher eine noch nicht eingetragene Gesellschaft ihr Stammkapital, so bilden die Gründungs- und die neuen Stammanteile der Gesellschafter eine einheitliche Stammeinlage (RG. 26. 2. 18 Recht 1918 Nr. 1241ff.; LZ. 1918, 856; RundschGmbH. 1918, 139).

Anm. 5a. Durch die Schaffung neuer Mitgliedschaften erwachsen den bisherigen Gesellschaftern keine neuen oder weiteren Leistungsverpflichtungen (vgl. Anm. 16 zu § 24 und oben Anm. 4). Daher eine Zustimmungserklärung gemäß § 53 Abs. 3 nicht erforderlich ist (RG. 11. 7. 18 RGZ. 93 251, ebenso schon OLG. Köln 24. 10. 17 OLGR. 37, 5. Wegen des Zusammenhanges der RG.-Entscheidung vom 11. 7. 18 mit der vom RG. vertretenen Auffassung über die Haftung der Gesellschafter für die Einzahlung auf frühere und spätere Emissionen Anm. 16 zu § 24 und oben Anm. 4; vgl. auch Brodmann Anm. 3). Sie tritt nur ein, wenn ein Eingriff in Sonderrechte vorliegt (vgl. Anm. 16ff. zu § 14 und Anm. 4—7 zu § 53). Beim Vorhandensein verschiedener Aktiengattungen (Vorzugsaktien und Stammaktien) verlangt das Aktienrecht (§ 278 Abs. 2 HGB.) die getrennten Abstimmungen der mehreren Gattungen. Stimmt auch die erforderliche Mehrheit der Aktien, in deren Vorzugsstellung eingegriffen wird, zu, so wird der Beschluß gültig. Anders bei der GmbH. Das Gesetz kennt die besondere Unterwerfung auch der Vorzugsanteile unter die Mehrheit dieser Beteiligten nicht. Ein Vorrecht kann nur durch Zustimmung jeden bevorzugten Gesellschafters geändert werden. Man wird aber nicht daraus (so Staub in der ersten Auflage) schließen dürfen, daß es zu jeder Schaffung neuer Vorzugsanteile der Zustimmung der sämtlichen alten Vorzugsanteile bedarf. Man kann nicht schlechthin aus dem Vorhandensein von Vorzugsanteilen schließen, daß diesen stets ein Sonderrecht, daß ihnen nie ein anderer Geschäftsanteil vorgehen darf, eingeräumt sei. Sie haben nur ein Sonderrecht und ein Vorzugsrecht vor den alten Geschäftsanteilen (den Stammanteilen). Ein Eingriff in dieses Recht wäre stets unstatthaft (vgl. Anm. 7 zu § 53, Anm. 19 zu § 14). Es ist Auslegungsfrage, ob ihre Stellung so gedacht ist, daß ohne ihre Zustimmung die Gesellschaft nicht noch andere Vorzugsanteile schaffen darf. Es kann dies gewollt sein. Das muß aber besonders erwiesen werden. Der Gesellschaftsvertrag kann die aktienrechtlichen Vorschriften auf die GmbH. übertragen. Er kann andere ähnliche einführen. Dann sind diese maßgebend. Werden sie verletzt, so erzeugt dies nur eine Anfechtbarkeit. Es liegt nur ein Verstoß gegen statutarische Bestimmungen vor. Der Übernehmer der neuen Geschäftsanteile kann aber aus diesem Fehler keinerlei Einwand gegen die Gültigkeit seiner Zeichnung ableiten (RG. 20. 3. 12 JW. 12, 692[19] AG.).

Anm. 6. c) Der Inhalt des Kapitalerhöhungsbeschlusses muß den Betrag, um welchen das Kapital erhöht werden soll, ersichtlich machen. Dabei bleibt es aber den Gesellschaftern überlassen, ob das Kapital nur erhöht werden darf, wenn der ganze betref-

fende Betrag übernommen ist, oder zu jedem Betrage innerhalb der Erhöhungsziffer, § 55.
welche durch die Übernahme innerhalb eines bestimmten Zeitraums erreicht wird. Es ist Auslegungssache, was gemeint ist, ob insbesondere die beschlossene Kapitalserhöhung als gescheitert gelten soll, wenn die ganze Erhöhungsziffer nicht zu einem bestimmten Zeitpunkte erreicht ist. Ein Beschluß, das Kapital wird erhöht um den Betrag „von bis 50000 RM." (oder ähnlich), bedeutet, das Kapital werde um jeden Betrag, der erzielt wird bis zum Betrage von 50000 RM., erhöht (vgl. auch Anm. 8 und RG. 26. 6. 14 RGZ. 85, 205; Recht 1914 Nr. 2752f.; JW. 1914, 935; Holdheim 23, 267; LZ. 1914, 1714; BauersZ. 22, 10). Stets muß der Wille der Versammlung, daß die Erhöhung auch bei geringerer Zeichnung, als die Höchstziffer angibt, gelten soll, sich deutlich ergeben. Ist dies nicht ausgedrückt und aus dem Beschlusse zu entnehmen, so kann nur eine Übernahme der ganzen Summe die Erhöhung wirksam und eintragbar machen (KG. 14. 9. 04 ZBlFG. 6, 83 und OLGR. 10, 243). Unzulässig ist ein Verfahren, wonach der Erhöhungsbeschluß nach Leistung eines bestimmten Teilbetrags für diesen und sodann wieder nach Deckung weiterer Posten eingetragen werden soll. Die Erhöhung des Stammkapitals ist mit der Eintragung abgeschlossen. (OLG. Hamburg 8. 2. 05 OLGR. 10, 243. Ein Widerspruch zwischen diesem Beschlusse und dem oben zitierten des KG., den Schulze-Görlitz DNotVZ. 6, 562 annimmt, besteht nicht.) Die Deckung der beschlossenen Erhöhung durch die Übernahme ist keine rechtsgeschäftliche Bedingung der Wirksamkeit des Beschlusses (vgl. unten Anm. 24). Nur der mit diesem erstrebte Erfolg bedarf der Übernahme. Bedingungen darf der Beschluß nicht enthalten. Jede Beifügung einer Bedingung macht den Beschluß ungültig (vgl. Anm. 34 zu § 2), einerlei ob die Bedingung auflösend oder aufschiebend ist. Eine aufschiebende Befristung in dem Sinne, daß der Beschluß erst nach dem Termine durchgeführt werden soll, ist zulässig. Wird trotz desselben die Erhöhung früher als erfolgt zum Handelsregister angemeldet und eingetragen, so bewendet es hierbei. Eine auflösende Befristung macht den Beschluß ungültig. Er führte dazu, den neuen Gesellschaftern das Recht zu geben, bei Fortbestand der Gesellschaft ihre Einlagen zurückzufordern. Ist der Sinn der, daß bei Eintritt des Termins die Gesellschaft das Recht haben soll, die neuen Mitglieder mittelst Einziehung der Geschäftsanteile (§ 34 und Anm. 3 hierzu) wieder auszuschließen, so ist diese Abmachung gültig. Ebenso wenn dem neuen Gesellschafter ein Recht auf Auflösung der Gesellschaft gegeben werden soll. Über Bedingung, Befristung und Vorbehalt bei der Übernahmeerklärung vgl. unten Anm. 28.

Vorzugsanteile können auch bei der Erhöhung des Kapitals gebildet werden (RG. Anm. 6a.
25. 4. 11 RGZ. 76, 155). Die Vorzugsrechte der neuen Geschäftsanteile müssen im Erhöhungsbeschluß enthalten sein. (Über Vorzugsanteile vgl. Anm. 51ff. zu § 5.) Der Vorzug kann sich auch bei der Erhöhung des Stammkapitals in den verschiedensten Weisen äußern. Meist wird ein Vorrecht bei der Verteilung der Dividende und der Liquidation zugesichert. Mit der Ausgabe neuer Geschäftsanteile wird oft eine Zuzahlung auf die Stammeinlagen zum Zwecke der Gleichstellung mit den neuen Vorzugsanteilen beschlossen. Dies darf nicht als durch den Gesellschaftsvertrag nicht begründeten Zwang zu einer Geldleistung, um den Geschäftsanteilen die Stellung zu erhalten (RG. 25. 4. 11 RGZ. 76, 155), eine Verletzung des Prinzips der Gleichstellung erscheinen (RG. 25. 9. 12 JW. 1912, 1109[13]; vgl. Anm. 21 zu § 14 und Anm. 16 zu § 53).

Die Ziffer, um welche das Kapital erhöht werden soll, muß ferner mindestens Anm. 7.
500 RM. betragen und durch 100 teilbar sein (Novelle vom 26. 6. 26 vgl. Bd. I S. 523). Denn auch die Stammeinlagen müssen nach Abs. 4 so beschaffen sein. Die Durchführung einer Kapitalserhöhung hat mindestens die Übernahme einer Stammeinlage zur Voraussetzung. Der zu erhöhende Betrag braucht nicht mindestens 20000 RM. zu betragen.

d) Nur die Gesellschafterversammlung kann die Kapitalserhöhung beschließen. Anm. 8.
Die Versammlung kann die Beschlußfassung nicht anderen Organen übertragen. Jede Statutenänderung kann nur von der Gesellschafterversammlung beschlossen werden (Anm. 7

§ 55. zu § 53). Ein Vertrag des Geschäftsführers mit einem Dritten, daß die Gesellschaft dessen Geschäft gegen die Gewährung eines Geschäftsanteils mittels Erhöhung des Stammkapitals erwerbe, ist nur bedingt wirksam. Es bedarf der Beschlußfassung der Gesellschafter hierüber. Lehnen sie die Erhöhung des Stammkapitals ab, so besteht kein Schadensersatzanspruch gegen die Gesellschaft (vgl. Anm. 6 zu § 35 und Anm. 8 zu § 45). Der Fall steht dem Vertrage eines Minderjährigen gleich. Es fehlt dem Geschäftsführer die Fähigkeit zu diesem Geschäft. Unzulässig ist, das Abkommen in dem Sinne aufrechtzuerhalten, daß die Gesellschaft dem Dritten einen bereits vorhandenen Geschäftsanteil zu liefern verpflichtet sei. Das ist ein von dem bei solcher Abrede Gewollten völlig Verschiedenes (RGZ. 54, 49). Aus der Unfähigkeit des Geschäftsführers zur Erhöhung des Stammkapitals folgt ferner, daß die Mitteilung des Geschäftsführers an einen Dritten, er sei als Mitglied der GmbH. aufgenommen, ungültig ist. Auch aus einer, von da ab folgenden Behandlung als Mitglied fließen keinerlei Rechte (RG. 10. 5. 10 Holdheim 10, 278). Dem Aufsichtsrat und den Geschäftsführern kann überlassen werden, zu bestimmen, wann die auf die übernommenen Stammeinlagen zu leistenden weiteren Einzahlungen zu leisten sind. Die Zeiten und Raten aber, in welchen die beschlossene Kapitalserhöhung durchgeführt werden soll, kann anderen Organen nicht überlassen werden (KG.J 14, 26; KG. 18. 6. 00 bei Holdheim 9, 210 und 14. 9. 04 ZBlFG. 6, 83 und OLGR. 10, 243).

Anm. 9. e) Über die Erfordernisse bei Sacheinlagen s. Anm. 2ff. zu § 56. Über die Übernahme neuer im bisherigen Gesellschaftsvertrage nicht enthaltenen Verpflichtungen bei der Kapitalserhöhung s. Anm. 6 zu § 56. Zu den Verpflichtungen, die sich nicht aus dem Gesellschaftsvertrage ergeben, gehört nach der reichsgerichtlichen Rechtsprechung (vgl. oben Anm. 4) die Haftungsverpflichtung für ältere, nicht voll einbezahlte Stammanteile (RG. 1. 4. 13 RGZ. 82, 121). Über die Ausgabe von Vorzugsanteilen und das Eingreifen in Sonderrechte der bisherigen Gesellschafter s. oben Anm. 8.

Der Beschluß muß nach den allgemeinen zivilrechtlichen Vorschriften gültig sein. Er darf nicht gegen die guten Sitten verstoßen (Anm. 17 zu § 45). Doch genügt hierzu nicht, daß der Beschluß nicht zur Deckung eines Geldbedürfnisses der Gesellschaft, sondern zur Stärkung der Macht der Mehrheit gefaßt wurde (RG. 8. 4. 08 LZ. 2, 445[7]). Ob ein solcher Beschluß der Minderheit ein Recht auf Auflösung gibt, ist nach den Gesamtverhältnissen der Gesellschaft zu entscheiden (§ 61).

Anm. 10. f) Der weitere Inhalt des Beschlusses. Er kann anordnen

α) wem die neuen Geschäftsanteile zugeteilt werden sollen. Die Geschäftsanteile können auch schon vor dem Beschlusse untergebracht sein. Es kann schon durch den Gesellschaftsvertrag von den Gesellschaftern oder einem Gesellschafter die Verpflichtung übernommen worden sein, die Geschäftsanteile der Kapitalserhöhung zu übernehmen. Es kann eine förmliche Übernahme gemäß Abs. 1 (vgl. unten Anm. 20) oder eine formlose Verpflichtungserklärung (über letztere s. unten Anm. 31) vorliegen. Der Beschluß enthält dann die Zuteilung der Geschäftsanteile an diese Personen. Der Beschluß kann auch die Geschäftsführer oder den Aufsichtsrat ermächtigen oder beauftragen, neue Gesellschafter zu suchen.

Anm. 11. β) Der Beschluß kann die Höhe der einzelnen Geschäftsanteile bestimmen. Notwendig ist dies nicht. Es genügt, wenn er den gesamten zu erhöhenden Betrag bestimmt. Dann bestimmen die Geschäftsführer die Höhe der einzelnen Geschäftsanteile. Der Beschluß kann den Ausgabekurs bestimmen. Geschieht dies nicht, so ist der Nennbetrag der Ausgabekurs. Wird ein Agio gefordert (vgl. oben Anm. 2), so muß der Kapitalerhöhungsbeschluß den Ausgabekurs nennen. Der Gesellschafter übernimmt eine weitere Verpflichtung außer der Kapitalseinlage (§ 3 Abs. 2; vgl. Anm. 6 zu § 56). Daß auch die Übernahmeerklärung einen weiteren Inhalt hat, s. unten Anm. 17 und Anm. 6 zu § 56.

γ) Die neuen Geschäftsanteile nehmen am Gewinne des laufenden Geschäftsjahres vollen Anteil. Der Erhöhungsbeschluß kann dies ändern. Er kann Vorrechte für die alten, aber auch für die neuen Gesellschafter (vgl. oben Anm. 8) einführen. **§ 55. Anm. 12.**

δ) Der Beschluß kann die Deckung der Einlagen festsetzen. Das Gesetz verlangt nur ein Viertel. Der Erhöhungsbeschluß kann bis zur Vollzahlung gehen. Staub (erste Auflage Anm. 13 S. 329) vertrat die Ansicht, daß, wenn nicht volle Deckung gefordert wird, die Zustimmung sämtlicher bisherigen Gesellschafter zur Gültigkeit des Kapitalserhöhungsbeschlusses erforderlich sei. Das war die Folge der Annahme einer Haftung der früheren Gesellschafter für die neuen Einlagen. Mit der Aufgabe dieser Meinung fällt auch die hier gezogene Folgerung (vgl. oben Anm. 5, insbesondere auch über die abweichende Rechtsprechung des RG.). Die Satzung kann vorschreiben, daß, wo nicht der volle Betrag der neuen Anteile sofort bezahlt wurde, der Erhöhungsbeschluß nur einstimmig zulässig ist. Über alle diese Punkte kann der Beschluß Bestimmung treffen. Er muß es nicht. Tut er es nicht, so ist es Sache der Gesellschaftsorgane, über diese Punkte die erforderlichen Bestimmungen und Vereinbarungen zu treffen. — Der Beschluß kann auch zugleich die Neubezifferung des Totalkapitals enthalten. Notwendig ist dies nicht (OLG. Dresden 6. 3. 07 LZ. 1, 843). **Anm. 13.**

II. **Die Übernahme der durch Kapitalserhöhung zu schaffenden Geschäftsanteile.** **Anm. 14.**

1. Sie kann durch die bisherigen Gesellschafter und durch Fremde (s. Abs. 2) geschehen. Der Begriff andere Personen ist im weitesten Sinne zu verstehen. Auch juristische Personen und Handelsgesellschaften gehören hierher. Es ist auch nicht ausgeschlossen, daß die GmbH. selbst einen neuen Stammanteil übernimmt, weder nach dem Wortlaut noch aus rechtlichen Erwägungen. Nur muß dann die Stammeinlage vor der Anmeldung voll einbezahlt sein und die Einlage muß aus dem über das Stammkapital hinaus vorhandene Vermögen gedeckt sein (KG. 2. 6. 22 OLGR. 42, 225). Ein gesetzliches Bezugsrecht wie im Aktienrecht (§ 282 HGB.) haben die Gesellschafter der GmbH. nicht. Es kann durch den Gesellschaftsvertrag bedungen sein. Dann gehört es zu den Sonderrechten. Es kann dann nicht durch den Beschluß über die Erhöhung des Stammkapitals „ein anderes" bestimmt werden. Die Gesellschaft ist vollkommen frei darin, ob sie die neuen Stammanteile bisherigen Gesellschaftern oder dritten Personen überlassen will. Liegt aber ein Beschluß vor, daß die neuen Stammanteile den Gesellschaftern zustehen sollen, so kann jeder Gesellschafter verlangen, daß die Zeichnung zu gleichen Bedingungen erfolge (RG. 13. 2. 14 DJZ. 1914, 630; BauersZ. 21, 276, andernfalls wird das Prinzip der Gleichbehandlung verletzt (Anm. 20 § 14). Das österreichische Gesetz (§ 52 Abs. 3) gibt den alten Gesellschaftern ein Vorrecht auf die Übernahme neuer Geschäftsanteile. Es muß binnen vier Wochen vom Tage des Erhöhungsbeschlusses ab ausgeübt sein. Der Gesellschaftsvertrag kann dies Bezugsrecht ausschließen. Ebenso der Erhöhungsbeschluß selbst. Wenn ein Gesellschafter einen der neuen Geschäftsanteile übernimmt, so entsteht dadurch nach dem deutschen Gesetze eine selbständige Mitgliedschaft, ein selbständiger Geschäftsanteil. Es erhöht sich nicht der Geschäftsanteil des Übernehmenden (vgl. Abs. 3). Anders das österreichische Recht (§ 75 Abs. 2). Jeder Gesellschafter hat stets nur einen Geschäftsanteil. Doch soll nach der allerdings nicht unbedenklichen Anschauung des RG. (1. 4. 13 RGZ. 82, 116; RG. 11. 7. 18 RGZ. 93, 251) damit nicht ein vom bisherigen Stammkapital gesondertes, dauernd unterscheidbares Vermögen geschaffen werden. Der Grund, daß die alte und die neue Stammeinlage des gleichen Gesellschafters nicht verschmelze, sei nur, um bei nicht voll bezahlter Stammeinlage den Rückgriff auf die Vormänner zu ermöglichen.

2. Die Erfordernisse der Übernahmeerklärung. **Anm. 15.**

α) In formeller Hinsicht. Die Übernahmeerklärung muß gerichtlich oder notariell aufgenommen oder beglaubigt sein. Auch für juristische Personen des öffentlichen Rechtes (KG. KGJ. 38 A 175). Es muß auch der Vertrag auf künftige Übernahme vor der Beschlußfassung über die Erhöhung des Stammkapitals notariell aufgenommen oder

§ 55. beglaubigt sein (KG. 11. 6. 15 OLGR. 34, 363). Die gerichtliche oder notarielle Aufnahme und Beglaubigung folgt den Vorschriften der §§ 167ff. FG. § 11 Abs. 2 FG. (Erklärung zum Protokoll des Gerichtsschreibers) greift hier nicht Platz (irrig Merzbacher Anm. 3 zu § 55). Es genügt die Übernahmeerklärung in dem Protokoll über den Beschluß der Kapitalserhöhung. Denn dieses ist eine notarielle Urkunde. Die beiden Erklärungen, die Erhöhung des Stammkapitals durch die Gesellschaft samt der Annahme der neuen Gesellschafter und die Übernahme der neuen Geschäftsanteile durch diese kann in einem Akte vorgenommen werden. Das Protokoll muß den Erfordernissen über Rechtsgeschäfte genügen (§ 168 FG.). Es muß vor der Übernahme unterzeichnet sein (§ 177 FG.). Die Beurkundung des Notars allein, daß die Erklärung abgegeben ist, genügt nicht (RG. 11. 2. 10 RGZ. 73, 44; JW. 1910, 299[38]). Übernahme durch Bevollmächtigte ist zulässig. Die Vollmacht muß beglaubigt sein. Die Bestimmung des § 2 Abs. 2 ist hier nicht wiederholt. Sie ist auch ohne dies anzuwenden. Der Grund ist derselbe (ebenso Neukamp GZ. 57, 485; KG. 15. 1. 09 RJA. 10, 197; a. M. Marcus bei Holdheim 14, 160 und LG. Berlin BJZ. 10, 871). Der Bevollmächtigte kann zugleich für sich und für einen andern die Übernahme erklären. § 181 BGB. ist nicht anwendbar. Der Bevollmächtigte, durch den ein Fremder einen neuen Geschäftsanteil übernimmt, kann auch ein bisheriger Gesellschafter sein (KG. 15. 10. 09 RJA. 10, 197; vgl. Anm. 8 zu § 2 für den Fall der Gründung). Bei der Erhöhung des Stammkapitals stehen die mehreren Übernehmer zueinander in keinem rechtsgeschäftlichen Verhältnisse. Über die Übernahme der Geschäftsanteile und die Erklärung der Annahme für die Gesellschaft durch dieselbe Person (vgl. unten Anm. 18). Die Form des § 55 Abs. 1 muß auch bei Handelsgeschäften beobachtet werden (Neukamp-Becker Anm. 2b). Das Prinzip der Formfreiheit gilt nicht bloß im Handelsrecht, sondern jetzt auch im bürgerlichen Recht.

Anm. 16. Die in § 55 vorgeschriebene Form ist auch für die Erklärung, durch welche sich jemand verpflichtet, einen Geschäftsanteil zu übernehmen, erforderlich, vgl. unten Anm. 31.

Anm. 17. Der Formmangel in der Übernahmeerklärung wird geheilt, wenn der Übernehmer erfüllt (a. M. Brodmann Anm. 2; Liebmann Anm. 3). Eine Übernahmeerklärung ohne Beobachtung der vorgeschriebenen Form ist nichtig (§ 125 Satz 1 BGB.). Allein nach dem Prinzip des BGB. wird die Form durch die freiwillige Leistung ersetzt. Die §§ 313 Satz 2, 518 Abs. 2, 766 Satz 2 BGB. sind keine Ausnahmen, sondern Ausflüsse einer Regel (vgl. über diese Frage Hachenburg, Vorträge 96ff.). Anderenfalls käme man zu dem Resultate, daß auch nach Eintragung des Erhöhungsbeschlusses der Übernehmer seine Einlage zurückfordern kann (so OLG. Braunschweig 16. 5. 02 OLGR. 5, 283; KG. 5. 6. 10 OLGR. 22, 19). Das wäre direkt gegen die Tendenz des Gesetzes, das die Grundlage der Gesellschaft bildende Stammkapital ihr zu erhalten. Keine heilende Wirkung bezüglich der formlosen Übernahme kommt der Eintragung des Beschlusses zu. Denn die Übernahmeerklärung wird ja nicht eingetragen. Soweit nicht erfüllt ist, steht auch nach der Eintragung dem Übernehmer der Einwand aus der mangelnden Form zu. Soweit er aber erfüllt, kann er auch vor der Eintragung das Geleistete nicht zurückfordern. Es sprechen also nicht nur Billigkeitsgründe (s. Neukamp GZ. 492) für diese Heilwirkung.

Anm. 18. β) Die Übernahmeerklärung ist kein einseitiges Rechtsgeschäft. Sie ist ein Teil eines Vertrages (vgl. Bett, Konkurs der Aktiengesellschaft usw. 47; ebenso Brodmann Anm. 3). Neukamp GZ. 482 sieht in der Übernahme eine einseitige Willenserklärung. Er verlangt aber doch deren Annahme durch die Gesellschaft. Das ist aber ein Vertrag (jetzt Neukamp-Becker Anm. 2aee wie hier. Über die Frage, ob bei einer Gesellschaft, die zwei Gesellschafter und Geschäftsführer hat, der allein erschienene Gesellschafter den Übernahmevertrag namens der Gesellschaft mit sich abschließen kann, vgl. oben Anm. 13 Abs. 1 am Ende zu § 36 und RG. 21. 10. 24 RGZ. 109, 77; JW. 1925, 247). Mit der Übernahmeerklärung hat der künftige Gesellschafter den neuen Stammanteil noch nicht erworben. Der Erwerb kann erst nach der Entstehung erfolgen, die Entstehung erst mit der Eintragung. Durch den Vertrag, den die Übernahmeerklärung darstellt, verpflichtet sich der Übernehmende, bis zum festgesetzten Termine einzuzahlen, verpflichtet sich die Gesellschaft auf die Übernahme und Einzahlung der übrigen Stammanteile und die Eintragung des Kapitalerhöhungsbeschlusses hinzuwirken. Beide Verpflichtungen stehen im Verhältnis von Leistung und Gegenleistung im Sinne der §§ 320ff. BGB. Zur Zahlung kann die Gesellschaft Nachfrist nach § 326 BGB. setzen. § 19 Abs. 2 GmbHG. steht dem nicht entgegen. § 19 setzt eine einbezahlte Stammeinlage voraus. Es ist also Vertragsrücktritt und Schadensersatz möglich. Obwohl es sich um einen Vertrag im Sinne des Sozialrechts handelt, sind die Bestimmungen des BGB. über den Vertrag anzuwenden. Daraus ergibt sich auch die Anwendbarkeit des § 181 BGB. Die Übernahmeerklärung eines Gesellschafters, der Geschäftsführer ist, muß durch einen anderen Geschäftsführer oder Prokuristen angenommen sein. Da die meisten Annahmen der Übernahme sich stillschweigend vollziehen, so genügt das Vorhandensein dieser Personen und deren Kenntnis von der Einreichung der Übernahmeurkunden. Anders, wo nur ein Geschäftsführer vorhanden ist. Es bedarf der Bestellung eines besonderen Vertreters (KG. 6. 1. 11 BauersZ. 1912 [18], 112. Über die Wiederlöschung eines Eintrags wegen Mangels des Übernahmevertrags vgl. Anm. 20 zu § 57). Inhaltlich muß die Erklärung erkennen lassen, auf welche Kapitalserhöhung sich die Erklärung bezieht und welcher Betrag übernommen wird (Abs. 2). Ist diese Erhöhung des Stammkapitals in mehreren aufeinanderfolgenden Beschlüssen festgesetzt, so findet die Übernahme doch nur bezüglich der Gesamterhöhung statt. Der Gesellschafter erhält auch in diesem Falle nur einen Geschäftsanteil (§ 55 Abs. 4). Es ist unzulässig durch Teilung des Erhöhungsbeschlusses bei einer einheitlichen Übernahme mehrere Geschäftsanteile zu bilden. Anders, wenn jede Erhöhung selbständig vollzogen ist. Daß mehrere Erhöhungsbeschlüsse und die für jeden vor dem weiterfolgenden Vollzug vollendeter Übernahmen zusammen angemeldet und eingetragen werden, hindert die Selbständigkeit der Geschäftsanteile aus den verschiedenen Beschlüssen nicht. Die Übernahme muß ferner gemäß Abs. 4 auf einen Betrag von mindestens 500 M. lauten und auf einen Betrag, der in Mark durch 100 teilbar ist. Ist es ein Nichtgesellschafter, der die Übernahmeerklärung abgibt, so muß sie auch die sonstigen Leistungen enthalten, zu welchen der Beitretende nach dem Gesellschaftsvertrage verpflichtet werden soll. So bei Rübenlieferung, Karenzklausel usw. Aus der Urkunde muß aber nur hervorgehen, daß sich der Übernehmer dieser weiteren Verpflichtungen bewußt ist. Sie einzeln und ausdrücklich aufzuführen, ist nicht verlangt (RG. 6. 7. 12 LZ. 6, 762). **§ 55.**

Über die Folgen des Fehlens oder der Unvollständigkeit des Verlangens einer solchen gewollten besonderen Verpflichtung in dem Erhöhungsbeschlusse vgl. Anm. 16 zu § 57. Ist sie in diesem enthalten und nur in der Übernahmeerklärung übergegangen oder nur unvollständig wiedergegeben, so entsteht die Verbindlichkeit, sobald der neue Gesellschafter sein Mitgliedsrecht ausübt (vgl. auch Anm. 4 zu § 56). **Anm. 19.**

Über den Inhalt der Übernahmeerklärung bei Sacheinlagen s. Anm. 1ff. Über die Übernahme anderer Gesellschafterverpflichtungen, die Zahlung eines Agios usw. vgl. Anm. 6 zu § 56 und oben Anm. 18.

γ) Auch bei der Kapitalserhöhung kann immer nur ein Stammanteil übernommen werden. Soll das Kapital um 100000 RM. erhöht werden, so können zwar zehn Personen je einen Anteil von 10000 RM. erwerben, aber nicht von zwei Personen, die eine sieben Anteile, die andere drei Anteile zu 10000 RM. Bei dieser Höhe der Beteiligungen von zwei Personen kann die eine Person nur einen Anteil von 70000 RM., die andere einen solchen von 30000 RM. übernehmen (vgl. auch Anm. 18). **Anm. 20.**

δ) Die Übernahmeerklärung kann vor oder nach der Kapitalserhöhung abgegeben werden. Die Geschäftsführer können sich mit Rücksicht auf eine in Aussicht genommene Stammkapitalserhöhung perfekte und formell richtige Übernahmeerklärungen geben lassen. Dann erst erfolgt die Kapitalserhöhung durch die Gesellschafterversammlung. **Anm. 21.**

§ 55. Über das Abkommen der Geschäftsführer mit Dritten und die Zusage der Erhöhung des Stammkapitals vgl. oben Anm. 8 und unten Anm. 33, auch Anm. 6 zu § 35 und Anm. 8 zu § 45. Ist in dem Gesellschaftsvertrage den Gesellschaftern ein Übernahmerecht eingeräumt, so kann der Geschäftsführer nicht vor dem Erhöhungsbeschlusse die Berechtigten auffordern, gültige Übernahmeerklärungen einzureichen. Sie können das Vorliegen des Beschlusses abwarten.

Anm. 22. Die Übernahmeerklärung braucht nicht wie der Zeichnungsschein bei der AG. (§ 281 Nr. 1 HGB.) den Tag der Gesellschafterversammlung zu enthalten. Das erleichtert die Abgabe der Übernahmeerklärung vor der Gesellschafterversammlung.

Anm. 23. Die Übernahmeerklärung muß auch nicht den Betrag, für welchen die Ausgabe des Geschäftsanteils stattfindet, enthalten. Nicht vorgeschrieben ist auch der Betrag der festgesetzten Einzahlungen. Auch nicht, wie in § 281 Nr. 4 HGB. der Zeitpunkt, in welchem die Übernahmeerklärung unverbindlich wird, sofern nicht bis dahin die erfolgte Erhöhung des Grundkapitals in das Handelsregister eingetragen ist. Trotzdem ist es zweifellos, daß der Übernehmer eines Anteils an dem zu erhöhenden Stammkapital nicht unbegrenzt an die Übernahme gebunden sein kann. Es liegt ein mit der Gesellschaft des BGB. verwandtes Rechtsverhältnis vor. Wer einen Anteil an dem neuen Stammkapitalteile übernimmt, hat ein wesentliches Interesse, daß das Unternehmen alsbald in der beabsichtigten Weise betrieben wird. Eine längere Verzögerung beeinflußt das ganze Unternehmen. In solchem Falle muß das Recht des Rücktritts — analog der Kündigung der Gesellschaft nach BGB. — dem Gesellschafter gewährt werden (RG. 28. 9. 15 RGZ. 87, 164; JW. 1916, 47 mit Anm. von Hachenburg; LZ. 1915, 1660; Recht 1916 Nr. 122; BauersZ. 23, 133 — schon vorher OLG. Frankfurt 27. 10. 13 RundschGmbH. 1013, 469).

Anm. 24. 3. Die Gültigkeit des Erhöhungsbeschlusses ist nicht durch die Übernahme bedingt. Nur die tatsächliche Zuführung des Kapitals hängt davon ab. Die Anmeldung darf freilich erst nach der Übernahme erfolgen. Über die Folgen der Eintragung ohne völlige Deckung oder bei Ungültigkeit der Übernahmeerklärung vgl. Anm. 12 zu § 57.

Im Falle einer Überzeichnung muß der Registerrichter die Eintragung ablehnen. Auch wenn mehr Zeichnungen auf das Stammkapital erfolgt sind, als zu dessen Deckung erforderlich sind, ist die Summe der Stammeinlagen nicht gleich der Summe des Stammkapitals. Ist die Eintragung dennoch erfolgt, so berührt dieser Umstand die Gültigkeit des Eintrags nicht (vgl. Anm. 12 zu § 57). Dann hat eine verhältnismäßige Reduktion der Geschäftsanteile unter Beobachtung der Vorschrift, daß keiner unter 500 RM. betragen darf und jeder durch 100 teilbar sein muß, einzutreten. Läßt sich feststellen, in welcher zeitlichen Reihenfolge die Übernahme erfolgte, so hat der letzte auszuscheiden. Der Vorgang ist rechtlich ähnlich der Amortisation eines Geschäftsanteils aus den Überschüssen. Wenn das Kapital um 100000 RM. erhöht werden sollte, aber sechs Übernahmen von je 20000 RM. erfolgten, so ist das Stammkapital um 20000 RM. überschritten. Dieser Betrag kann unter gleichmäßiger Repartition auf alle Geschäftsanteile oder unter Vernichtung nur des letzten wieder zurückgezogen werden.

Anm. 25. **Zusatz 1.** Auch die bei der Kapitalserhöhung übernommenen Stammeinlagen unterliegen den Vorschriften der §§ 19—25.

Anm. 26. **Zusatz 2.** Zivilrechtliche Fragen betreffend die Übernahme von Stammeinlagen bei der Kapitalserhöhung.

1. Zur Entstehung der neuen Geschäftsanteile ist ein Kapitalserhöhungsbeschluß, die Übernahme der Stammeinlage, die Anmeldung, die Kapitalserhöhung und deren Eintragung zum Handelsregister erforderlich. Der erste dieser vier Akte wird durch die Gesellschafterversammlung, der zweite durch den neuen Gesellschafter, der dritte durch den Geschäftsführer der Gesellschaft, der vierte durch den Registerrichter getätigt. Überall handelt es sich um Vorgänge des Gesellschaftsrechts. Getrennt davon sind zivilrechtliche Vorbereitungsvorgänge. Die Verpflichtung zum Beitritte kann formlos übernommen werden. Die Gesellschaft kann sich formlos verpflichten, einen Dritten als Mitglied in die Gesellschaft

aufzunehmen. Sie hat, wenn eine Kapitalserhöhung beschlossen wird, ihm einen Geschäftsanteil zu gewähren (s. hierüber unten Anm. 31 u. 34). Man kann deshalb nicht immer sagen, daß die Übernahme der Stammeinlage ihrem Wesen nach die Offerte des beitretenden Gesellschafters ist. Sie kann auch die Erfüllung einer Verpflichtung sein. Man kann ferner nicht sagen, daß die Anmeldung zum Handelsregister die Annahme der Offerte ist. Sie kann auch die Erfüllung einer Verpflichtung sein, die die Gesellschaft vorher gültig eingegangen ist. Bei dieser Auffassung entfällt auch jede Schwierigkeit, die darin liegt, daß der Beitretende erst durch die Eintragung der Kapitalserhöhung Gesellschafter wird. Die Ansicht, daß erst die Anmeldung zum Handelsregister die Annahme des in der Übernahme der Stammeinlage angeblich liegenden Angebots ist, kann nicht richtig sein. Denn es gibt dann kein Mittel, den Gesellschafter zur Zahlung der notwendigen Viertelsdeckung vor der Anmeldung zu zwingen. Aus einer den Gesellschafter bindenden Verpflichtung aber, der Gesellschaft beizutreten, folgt von selbst, daß er alles das tun muß, was zur Entstehung der Mitgliedschaft gehört. Er ist zur Leistung der erforderlichen Einzahlung vor der Anmeldung verpflichtet. Diese Verpflichtung kann formlos übernommen werden (vgl. unten Anm. 31 über die entgegengesetzte Ansicht des Reichsgerichts). Wer sich zur Übernahme eines Stammanteiles verpflichtet hat, kann auf Zahlungen nicht mehr in Anspruch genommen werden, wenn die Gesellschaft in Konkurs gerät, ehe die Kapitalserhöhung im Handelsregister eingetragen war (RG. 20. 10. 11 RGZ. 77, 152; JW. 1912, 85; LZ. 1912, 76; RG. 27. 10. 11 LZ. 1912, 153). Die Kapitalserhöhung kann dann auch nicht mehr eingetragen werden. Der Rückforderungsanspruch wegen schon geleisteter Zahlungen aber ist nicht Masse-, sondern gewöhnliche Konkursforderung (RG. 13. 1. 14 LZ. 1914, 775; Recht 1914, 832; BauersZ. 221, 229 u. 231). § 55.

2. **Über die Rechtsfolgen einer Eintragung der Erhöhung des Stammkapitals bei Mangel der Form des Erhöhungsbeschlusses oder der Übernahmeerklärung** vgl. Anm. 13ff. zu § 57. Anm. 27.

3. **Die Übernahme eines Geschäftsanteiles im eigenen Namen, aber für fremde Rechnung** ist, wie bei der Gründung selbst, auch bei der Erhöhung des Stammkapitals zulässig (vgl. hierüber näheres Anm. 38 zu § 2). Der Übernehmer ist in solchem Falle verpflichtet, den Geschäftsanteil an seinen Auftraggeber abzutreten. Dieser muß ihm den Geschäftsanteil abnehmen. Die Abrede zwischen dem Beauftragten und dem Auftraggeber kann formlos erfolgen (vgl. Anm. 16 zu § 15). Über die Rechte der Gläubiger dessen, für dessen Rechnung eine Übernahme erfolgt, vgl. Anm. 44 zu § 2. Anm. 28.

4. **Die Übernahmeerklärung muß eine nach den Vorschriften des bürgerlichen Rechts gültige Willenserklärung sein.** Es kann auf das über die Beitrittserklärung bei der Gründung der Gesellschaft Ausgeführte verwiesen werden (vgl. Anm. 22ff. zu § 2). Unstatthaft ist auch hier die Beifügung einer Bedingung, einer Befristung oder eines Vorbehaltes (vgl. Anm. 39 zu § 2; über die Folgen der Mängel der Übernahme nach der Eintragung vgl. Anm. 20 zu § 57). Anm. 29.

5. **Auch eine Übernahmeerklärung ist nach erfolgter Eintragung der Kapitalserhöhung wegen Irrtums, Betrugs oder Zwanges nicht anfechtbar** (vgl. hierüber Anm. 23 zu § 2). Insbesondere kann weder die Übernahme von Geschäftsanteilen bei der Kapitalserhöhung wegen eines von den gesetzlichen Vertretern der Gesellschaft verübten Betruges angefochten, noch Schadensersatz von der Gesellschaft verlangt werden (RG. 22. 5. 02 OLGR. 4, 469; KG. 3. 1. 10 KGBl. 10, 21; RG. 17. 9. 04 Holdheim 14, 20; OLG. Hamburg 6. 7. 11 BauersZ. 19, 87; OLG. Celle Zeitschr. f. ges. AW. 26, 68). Über die Anfechtung vor der Eintragung und die Rechtsprechung des RG. hierzu vgl. Anm. 7 zu § 54. Anm. 30.

Es bleibt dem Betrogenen nur die Schadensersatzklage gegen die physischen Personen, die den Betrug verübt haben (vgl. Anm. 23 zu § 2), und zwar aus Delikt, nicht aus Kontrakt (OLG. Dresden 26. 2. 17 SeuffA. 72, 163). Über die Anfechtung durch die Gesellschaft, welche durch Betrug oder Irrtum zur Annahme des neuen Mitgliedes

§ 55. bestimmt wurde, vgl. Anm. 37 zu § 2. Über die Zulässigkeit der Anfechtung seitens des beitretenden Gesellschafters vor der Eintragung vgl. Anm. 34 zu § 2. Auch für den durch Betrug zum Beitritte bestimmten neuen Gesellschafter kann dies einen Anspruch auf Auflösung der Gesellschaft erzeugen (§ 61).

Anm. 31. 6. **Für ein Rechtsgeschäft, durch welches sich jemand verpflichtet, einen Geschäftsanteil zu übernehmen, verlangt das Reichsgericht** (RG. 50, 47; ebenso Urt. 17. 10. 02 JW. 611 und DJZ. 8, 31) **die in § 55 Abs. 1 vorgeschriebene Form.** Es ist auch bei Berücksichtigung hingegen geltend gemachten Gegengründe bei seiner Auffassung geblieben (Urteil 15. 4. 03 JW. 248, 249 und Holdheim 12, 183; 7. 5. 04 Holdheim 13, 257; ebenso KG. 5. 6. 10 OLGR. 22. 19; OLG. Frankfurt 17. 10. 13 RundschGmbH. 1913, 469; KG. 11. 6. 15 OLGR. 34, 363 — nach dem auch die teilweise Erfüllung nicht Heilung des Formmangels bewirkt; KG. 4. 7. 19 OLGR. 40, 198; Recht 1920 Nr. 26 f.; OLG. Karlsruhe 22. 6. 21 RundschGmbH. 1922, 57; BRP. 23, 109 — wonach die teilweise Erfüllung in besonderen Fällen den Formmangel heilen kann). Der Gegensatz der Ansicht ist der gleiche wie bei dem Vorvertrage über die Gründung der GmbH. (Anm. 48 zu § 2). Auch bei der Kapitalserhöhung muß dasjenige Rechtsgeschäft, durch welches sich jemand verpflichtet, Mitglied einer GmbH. zu werden, unterschieden werden von demjenigen Rechtsakte, durch welchen man Mitglied wird. Die Entstehung der Mitgliedschaft erfordert hier formelle Akte. Von denen ist einer die formelle Übernahmeerklärung des Beitretenden (vgl. oben Anm. 26). Die Tätigung der formellen Beitrittserklärung kann aber sehr wohl die Erfüllung einer anderweit gültig übernommenen obligatorischen Verpflichtung sein. Auch im Aktienrecht ist wohl zu unterscheiden zwischen der Verpflichtung, eine Aktie zu zeichnen, und der Zeichnung der Aktie. Nur für die letztere ist der schriftliche Zeichnungsschein erforderlich, nicht für Rechtsgeschäfte, durch welche sich jemand verpflichtet, Aktien zu zeichnen. Diese letztere Verpflichtung kann formlos übernommen werden. Man erfüllt sie durch schriftliche Zeichnung. So kann man sich formlos verpflichten, einen Wechsel zu zeichnen. Diese Verpflichtung wird erfüllt durch die Wechselzeichnung. So sagt man formlos die Bestellung einer Hypothek zu. Man bestellt dann die Hypothek durch die dingliche Einigung und die Eintragsbewilligung. Daß vor der Aktienzeichnung ein Vertrag denkbar ist, durch welchen man sich verpflichtet, Aktien zu zeichnen, ergibt der § 284 Nr. 2 HGB. Denn im Falle der Sacheinlage sind die Verträge über diese der Anmeldung beizufügen. Das können nur Verträge sein, durch welche sich der Sacheinleger verpflichtet, für seine Sacheinlage Aktien zu übernehmen. Die Verpflichtung der Gesellschaft, dem Sacheinleger Aktien zu gewähren, kann vor der Generalversammlung gar nicht übernommen werden (§ 283 Abs. 2 und § 279 Abs. 2 HGB.). Die Zeichnungsscheine selbst sind außerdem beizufügen. Sie können erst nach dem Kapitalserhöhungsbeschluß ausgestellt werden (§ 282 Nr. 1 HGB.). Sie sollen ja den Tag der Generalversammlung schon enthalten. Ist aber im Aktienrecht nur die Zeichnung der Aktien an eine Form gebunden, nicht die Verpflichtung, die Aktie zu zeichnen, so ist auch hier nur die Übernahme des Geschäftsanteils an die Form gebunden, nicht die Verpflichtung, den Geschäftsanteil zu übernehmen.

In seiner Entscheidung vom 7. 5. 07 rechtfertigt das RG. seinen Standpunkt durch die Ausführung, daß der bestehende Rechtszustand verschlechtert werde, wenn aus der Eingehung eines formlosen Vorvertrages ein Klagerecht erwachse, durch dessen Verwirklichung die Abgabe einer formgerechten Willenserklärung erzwungen werden könne, während das Gesetz dem rechtsgeschäftlich erklärten Willen nur dann Beachtung schenken wolle, wenn er freiwillig in der vom Gesetz ausdrücklich vorgeschriebenen Form sich bekundet habe. Darin liegt wieder dieselbe Verwechselung des obligatorischen und des Erfüllungsgeschäfts, die Anm. 14 zu § 2 schon widerlegt ist. Dieselbe Argumentation ließe sich bei jeder formlosen Verpflichtung zur Abgabe einer formellen Willenserklärung anwenden. Nur wenn für den Verpflichtungsvertrag eine Form verlangt ist, dann kann kein Vorvertrag ohne Form sie auf dem vom RG. beschriebenen indirekten Wege erzwingen. Niemand kann sich form-

los zum Abschlusse eines Verkaufs einer Immobilie verpflichten. Wo aber nur das Erfüllungsgeschäft formalisiert ist, bleibt das Verpflichtungsgeschäft formfrei (§ 15 GmbHG.). § 55.
Es kann ebenfalls unter die Form gebracht werden. Fehlt dies, so bleibt die Formfreiheit. Die bekämpfte Ansicht der RG. wird endlich auch den Verkehrsbedürfnissen nicht gerecht. Das beweisen die zahlreichen im Rechtsverkehr vorkommenden schriftlichen Abkommen, durch welche sich jemand verpflichtet, der Gesellschaft Vermögensgegenstände zuzuführen gegen Gewährung von zu schaffenden Geschäftsanteilen. Solche Abkommen müssen alle Einzelheiten über die Eigenschaft dieser Geschäftsanteile enthalten. Nach der Rechtsprechung des RG. sind solche Abkommen nicht bindend. Es müßte also der besprochene Kapitalserhöhungsbeschluß gefaßt und dann abgewartet werden, ob es dem Gegenkontrahenten beliebt, sein unverbindliches Wort zu halten. Die Ansicht des RG. zwingt zur sofortigen notariellen Beurkundung jeder solchen Abrede. Anderenfalls ist die Gesellschaft der Gefahr ausgesetzt, daß der künftige Gesellschafter wieder abspringt. Wenn sich ein Garantiekonsortium bildet, das alle nicht anderweit gezeichneten Geschäftsanteile übernimmt, so müßte auch dieses seine Verpflichtung notariell aussprechen. Es entstünde eine Fessel des Verkehrs, die zum Nachteile der Gesellschaft ausschlägt und auch sehr dem Geiste des Gesetzes zuwider ist (vgl. RG. 26. 7. 20 DJZ. 8, 33). Das OLG. Hamm (17. 9. 14 RundschGmbH. 1914, 378) hat, den Gedanken des RG. übersteigernd, sogar einen Vertrag mangels Form für nichtig erklärt, in dem nur gelegentlich einer anderen Vereinbarung ausgesprochen war, daß jemand in eine Firma (die eine GmbH. war) aufgenommen werden sollte. Mit den Bedürfnissen des Geschäftsverkehrs läßt sich eine solche Stellungnahme schlechterdings nicht in Einklang bringen. — Wie wenig selbst in den Entscheidungen, die die Stellungnahme des RG. teilen, ein wirtschaftlicher oder rechtlicher Zweck des Formzwanges erkannt werden kann, zeigt OLG. Karlsruhe 22. 6. 21 RundschGmbH. 1922, 57. Nach dieser Entscheidung soll der ganze Zweck der Formvorschrift sein, eine unüberlegte Beteiligung bei einer GmbH. zu erschweren. Das ist bei manchen Formvorschriften richtig, so bei Schenkung, Bürgschaft. Hier aber ist der Gedanke abwegig. — Wie das RG. Brodmann Anm. 2; Neukamp-Becker Anm. 2b; Liebmann Anm. 3; Parisius-Crüger Crecelius Anm. 2.

Die Verpflichtung, einen Geschäftsanteil zu übernehmen, kann nur dann nicht form- Anm. 32.
los übernommen werden, wenn die Form aus anderen Gründen erforderlich ist, z. B. wenn als Äquivalent eine Grundstücksübereignungsverpflichtung übernommen worden ist (§ 313 BGB.). Aber auch in diesem Falle wird durch die Auflassung die Verpflichtung zur Übernahme des Geschäftsanteils bindend. Sie kann aber auch schon im voraus für die künftige Erhöhung im Gesellschaftsvertrage übernommen werden. Dann ist hierdurch die Form auch für diesen Fall gewahrt.

Ist ein Gesellschafter verurteilt, Geschäftsanteile einer Kapitalserhöhung zu über- Anm. 33.
nehmen, so erfolgt die Vollstreckung nicht in der Weise, daß dem Gesellschafter Geschäftsanteile, welche die Gesellschaft in ihrem Besitze hatte, angeboten wurden (vgl. den RG. 21. 2. 01 RGZ. 50, 49 berichteten Fall). Mit Recht sagt das RG., es sei ein großer Unterschied zwischen solchen Geschäftsanteilen und Anteilen einer neuen Kapitalserhöhung. Die Übernahme ist eine Willenserklärung. Der Gesellschafter wird zu deren Abgabe verurteilt. Sie gilt als abgegeben mit der Rechtskraft des Urteils (§ 894 ZPO.). Dem Registerrichter dient das rechtskräftige Urteil statt der Übernahmeerklärung.

7. **Eine Zusicherung von Geschäftsanteilen einer künftigen Kapitalserhöhung seitens der** Anm. 34.
Gesellschaft ist zulässig. Das gesetzliche Bezugsrecht der Aktionäre (§ 283 Abs. 2 HGB.) ist auf die GmbH. nicht übertragen. Die Bestellung der sog. Gründerbezugsrechte ist hier statthaft (vgl. Anm. 58ff. zu § 5). Es kann im Gesellschaftsvertrage und außerhalb desselben, formell oder ohne Form, einem Gesellschafter zugesichert werden, daß ihm die Anteile einer künftigen Kapitalserhöhung zugeteilt werden. Die Verpflichtung gilt nur für den Fall, daß der Kapitalserhöhungsbeschluß gefaßt wird. Liegt der Beschluß vor, so kann der Berechtigte klagen. Er erklärt die Übernahme. Die Gesellschaft wird ver-

§ 55. urteilt, die Anmeldung zum Handelsregister auf Grund derselben zu vollziehen. Wird unter Mißachtung dieses Bezugsrechtes die Kapitalserhöhung auf andere Weise ausgeführt, so erwächst dem Bezugsberechtigten ein Anspruch auf Schadensersatz gegen die Gesellschaft.

Anm. 34a. **Zusatz 3.** Die Erhöhung des Stammkapitals bei der Umstellung auf Goldmark (§ 5 Abs. 1; § 9; § 11 GoldBilV.; § 13; § 19 II Durchführungsbest.). Übersteigt das durch die Goldbilanz festgestellte Vermögen der GmbH. deren Stammkapital (Eigenkapital), so kann dessen Nennbetrag beibehalten werden. Dann wird der Überschuß zur Reserve. Sie darf wie die gesetzliche Reserve der Aktiengesellschaft nur zur Deckung einer Unterbilanz verwendet werden. Die Gesellschafter können jedoch statt dessen die Erhöhung des Stammkapitals bis zur Höhe des Mehrbetrages beschließen. Dann kann diesem entweder die Erhöhung des Nennbetrages der Geschäftsanteile entsprechen. (Hierüber oben Anm. 2a.) Oder es werden neue Geschäftsanteile ausgegeben. Auf diese haben die Gesellschafter Anspruch. Dieses Bezugsrecht kann nicht durch Gesellschafterbeschluß ausgeschlossen werden. Andernfalls nähme man ja den Gesellschaftern ein Stück ihrer bestehenden Mitgliedsrechte. Das Dazwischentreten des namentlich bei Aktiengesellschaften üblichen Konsortiums verstößt hiergegen nicht, vorausgesetzt, daß es verpflichtet ist, die Anteile den Gesellschaftern zum Bezuge anzubieten (§ 9 GoldBilV.). Der Text ist hier auf die Aktiengesellschaften zugeschnitten. Er gilt aber auch für die GmbH. Den Gesellschaftern steht ein klagbarer Anspruch gegen das Konsortium auch ohne notarielle Verpflichtungsurkunde zu. Eine Gegenleistung kann weder die GmbH. noch das Konsortium fordern. Nur soweit durch die Entstehung der neuen Geschäftsanteile unmittelbar Selbstkosten erwachsen, sind sie der Gesellschaft zu ersetzen (vgl. § 15 Abs. 4, § 20 Satz 1 II Durchführungsbest.). Die Gesellschaft kann für die Ausübung des Bezugsrechts eine Frist bestimmen. Nach deren Ablauf versteigert sie die nicht übernommenen Anteile. Der Erlös fließt nach Abzug der Kosten an den bezugsberechtigten Gesellschafter. Die gesetzlichen Vorschriften der §§ 55—57 GmbHGes. finden auf diese Erhöhung des Stammkapitals und die Ausgabe neuer Geschäftsanteile keine Anwendung (§ 19 II Durchführungsbest.). Namentlich fällt eine Übernahmeerklärung nicht nötig. Es werden keine neuen Werte eingelegt. Es werden in Wirklichkeit nur bisher vorhandene, offene oder verborgene Reserven in Geschäftsanteile umgewandelt.

Anm. 35. **Zusatz 4. Ausländische Gesetze.**

Die Vorschriften des österreichischen Gesetzes (§ 52, vgl. oben Anm. 14) lehnen sich eng an die deutschen Bestimmungen an. Das österreichische Gesetz schafft nur im Gegensatz zum deutschen ein Bezugsrecht der Gesellschafter auf die neuen Stammanteile. Das Recht ist binnen vier Wochen auszuüben. Es kann durch Statut oder Erhöhungsbeschluß ausgeschlossen werden. Ebenso das bulgarische Gesetz (Art. 61, 62). Nach beiden Gesetzen verschmilzt der neue Stammanteil eines Gesellschafters mit dem Anteil, den der Gesellschafter bereits hat. — Nach dem Schweizer Entwurf bedarf bei der Kapitalserhöhung jede Übernahme notarieller Beurkundung. Im einzelnen gelten dieselben Vorschriften wie bei der Gesellschaftsgründung. Auch Nichtgesellschafter können Anteile übernehmen. Übernimmt ein Gesellschafter einen Teil der Kapitalserhöhung, so wächst sie seinem bisherigen Anteile zu (§ 823). — In Polen gelten für die Erhöhung des Stammkapitals dieselben Bestimmungen wie für die Einzahlung der ursprünglichen Stammanteile (Art. 18 Abs. 1). — Der italienische Entwurf hat keine Spezialbestimmungen.

Das französische Gesetz ermöglicht Kapitalserhöhung durch Nachzahlung seitens einzelner Gesellschafter oder durch die Zulassung neuer Gesellschafter. Ebenso die Kapitalsherabsetzung durch die gänzliche oder teilweise Zurücknahme von Einlagen (Art. 40). Die Möglichkeit zur Kapitalserhöhung oder Herabsetzung muß schon im Gesellschaftsvertrage vorgesehen sein. Dann unterliegen aber die Gesellschafter neben den Bestimmungen des Gesetzes vom 7. März 1925 (Sociétés à responsabilité limitée) noch den Spezialbestimmungen des Gesetzes vom 24. Juli 1867 über die Gesellschaften mit wechselndem Kapital (Sociétés à capital variable). Diese gesetzliche Möglichkeit findet hauptsächlich bei Genossenschaften

Anwendung, deren Mitgliederzahl schwankt. Sie wird aber auch von Kollektivgesellschaften und Kommanditgesellschaften benutzt. Ihr ursprüngliches Kapital und ebenso die jährliche Vermehrung darf nicht über 200000 Franken betragen. Das Kapital kann nicht unter den zehnten Teil des ursprünglichen Kapitals sinken (vgl. Gain, Les sociétés à responsabilité limitée, Paris 1925, S. 18 und Gain, Guide formulaire des sociétés commerciales Nr. 598 bis 611). § 55.

§ 56.

§ 56.

Soll auf das erhöhte Stammkapital eine Einlage gemacht werden, welche nicht in Geld zu leisten ist, oder soll eine Vergütung für Vermögensgegenstände, welche die Gesellschaft übernimmt, auf eine Einlage angerechnet werden, so muß die Person desjenigen, welcher die Einlage zu leisten oder die Vermögensgegenstände zu überlassen hat, sowie der Gegenstand der Einlage oder Überlassung und der Geldwert, für welchen die Einlage angenommen wird, oder die für den überlassenen Gegenstand zu gewährende Vergütung in dem Beschlusse auf Erhöhung des Stammkapitals festgesetzt und in der im § 55 Absatz 1 bezeichneten Erklärung angegeben werden.

Die Bestimmung im § 19 Absatz 3 findet entsprechende Anwendung.

Sacheinlagen. Wie bei der Gründung ist die Sacheinlage auch bei der Erhöhung des Stammkapitales ersichtlich zu machen. Das Gesetz spricht zwar auch hier von „Überlassungen". Aber auch hier wie in § 5 (vgl. Anm. 28 zu § 5) nur von solchen Überlassungen, bei denen die Vergütungen ganz oder zum Teil auf Stammeinlagen angerechnet werden und bei denen der Gegenwert für die Überlassung wenigstens teilweise in neuen Geschäftsanteilen gewährt wird. Stimmberechtigt ist auch der Gesellschafter, von dem ein Gegenstand als Sacheinlage übernommen werden soll. **Einleitung.**

1. **Es ist nur der Fall der echten Sacheinlage getroffen.** Hier so wenig wie bei der Gründung (vgl. Anm. 31 zu § 5) und so wenig wie bei der Erhöhung des Grundkapitals einer Aktiengesellschaft (§ 229 HGB.) kommt der Erwerb von einem Dritten aus Mitteln der Kapitalserhöhung in Betracht. Derartige Geschäfte unterstehen nur den Verwaltungsorganen. Sie können vor der Kapitalserhöhung mit dem Dritten bereits bindende Verträge schließen. Der Erwähnung im Erhöhungsbeschlusse bedarf dies nicht. Das Verschweigen berührt weder die Gültigkeit des Erhöhungsbeschlusses noch der Übernahme der neuen Anteile, noch den Vertrag mit dem Dritten. Der § 56 stimmt in seiner Wortfassung und seinem Inhalte genau mit § 5 Abs. 4 überein. Dies ist wieder ein strikter Beweis dafür, daß auch bei der Gründung einer GmbH. reine Übernahmeverträge in dem oben beschriebenen Sinne lediglich Sache der Geschäftsführung sind (vgl. Anm. 31 zu § 5). Dagegen ist es für die Anwendung des § 56 wie bei der Gründung für die des § 5 Abs. 4 unerheblich, ob eine reine oder eine gemischte Sacheinlage vorliegt. Bei jener gewährt die GmbH. nur Geschäftsanteile, bei dieser daneben noch andere Werte. Im letzteren Falle sind, soweit es sich um Stammeinlagen dreht, die Vorschriften des § 56 zu beachten. Eine Angabe der sonstigen Gegenleistung ist nicht zur Gültigkeit erforderlich. Ihre Höhe kann späteren Festsetzungen vorbehalten sein. So wenn eine Sachgesamtheit, insbesondere ein Handelsgeschäft auf Grund einer auf den Tag der Illation aufzumachenden Bilanz inferiert wird mit dem Gedinge, daß der sich hiernach ergebende Mehrbetrag über die gezeichnete Einlage in bar zu vergüten ist (vgl. Anm. 33 zu § 5). **Anm. 1.**

2. **Über den Gegenstand der Sacheinlage** s. Anm. 14—25 zu § 5. Über die Benutzung einer Forderung des künftigen Gesellschafters gegen die Gesellschaft zur Begleichung der Einlage vgl. Anm. 22 u. 23 zu § 5. Sie ist zulässig (RG. 24. 2. 06 RGZ. 62, 425). Es bedarf auch hier stets der Erwähnung im Beschlusse und der Übernahme (RG. **Anm. 2.**

§ 56. a. a. O.). Diese Verrechnung kann hier von größerer Bedeutung werden als bei der Gründung. Die Fälle, in denen der Übernehmer der Geschäftsanteile Gläubiger der Gesellschaft sein kann, sind hier weit zahlreicher als bei der Gründung. Es kann insbesondere die Gesellschaft aus dem Gewinnüberschusse den Gesellschaftern, statt den Gewinn auszubezahlen, neue Geschäftsanteile schaffen (über die rechtliche Natur des sog. Gratisanteils und sein Verhältnis zum Nießbrauch vgl. Winckler LZ. 1913, S. 47ff. 456ff. und Max Breit LZ. 1914, 368ff. Dabei ist Gratisanteil ein Anteil, den der Gesellschafter mit Mitteln erwirbt, die ihm die Gesellschaft aus Gewinn oder Reserve zur Verfügung stellt). Es werden dann die Ansprüche der Gesellschafter an die Gesellschaft auf Auszahlung der Dividende mit der Einlage verrechnet. Ebenso kann das Nachschußkapital in Stammkapital umgewandelt werden. Die zur Rückzahlung fälligen Nachschüsse erzeugen eine Forderung der Gesellschafter an die Gesellschaft, die wieder als Einlage dienen kann (vgl. Anm. 22 zu § 30). Ebenso kann die Gesellschaft einen Reservefonds auflösen und hieraus zur Einlage fähige Forderungen der Gesellschafter bilden. In allen diesen Fällen muß die Benutzung der Forderung als Sacheinlage im Erhöhungsbeschlusse vorgesehen sein. Geschieht das nicht, so ist die Verwendung der Forderung ungültig. Eine Sacheinlage liegt nur dann nicht vor, wenn die Dividende oder der aufgelöste Reservefonds usw. den Gesellschaftern zu freier Verwendung zur Verfügung gestellt und von ihnen dann in freier Verwendung zur Deckung des übernommenen Stammanteiles verwendet wurde (RG. 8. 7. 19 RGZ. 96, 227; Recht 1919 Nr. 2167. Ebenso Brodmann Anm. 1, Neukamp-Becker Anm. 2; etwas unklar im Unterschied zwischen Sacheinlage und Geldeinlage Liebmann Anm. 2). Die Gläubiger einer GmbH. können statt Zahlung ihrer Forderung neue Geschäftsanteile erhalten. Das ist einwandfrei, sobald die Gesellschaft noch solvent ist. Bei vorhandener Überschuldung sind die Forderungen nicht mehr vollwertig. Es sollte nur dann zu dieser Möglichkeit gegriffen werden, wenn gleichzeitig eine Sanierung der Gesellschaft durch Zuführung frischen Kapitals erfolgt. Als Sacheinlage kommen auch Geschäftsanteile einer anderen Gesellschaft in Betracht. Häufig wählt man bei geplanten Fusionen diesen Weg, um formell beiden Gesellschaften die selbständige Existenz zu belassen. Die Gesellschafter der einen Gesellschaft übernehmen die neuen Geschäftsanteile der anderen. Sie bringen auf ihre übernommene Einlage die Geschäftsanteile der ersteren ein. Je nach dem inneren Werte dieser inferierten Geschäftsanteile werden diese über, unter oder zu pari übertragen. Es kann aber auch den Gesellschaftern freigestellt werden, ihre bisherigen Geschäftsanteile zu einem bestimmten Prozentsatz in Zahlung zu geben (vgl. Anm. 52 zu § 5). Endlich sind bei der Erhöhung des Stammkapitals auch Genußscheine der GmbH. selbst als Einlage denkbar. Sie haben einen Verkehrswert. Die GmbH. wird dann ein Genußscheinkonto unter ihren Aktiven führen. Sie wird gut tun, es zu amortisieren (vgl. für die AG. BauersZ. 18, 80). Die Sacheinlage bei der Erhöhung des Stammkapitals ist dieselbe rechtliche Erscheinung wie bei der Gründung der Gesellschaft (Anm. 11ff. zu § 5). Über die Vergütung für Gegenstände, welche die Gesellschaft übernimmt und die auf die Einlage aufgerechnet werden, vgl. Anm. 29 zu § 5.

Anm. 3. 3. **Die Abrede der Sacheinlage muß im Gesellschafterbeschlusse festgesetzt werden.** Anderenfalls ist sie für die GmbH. unwirksam (vgl. hierüber Anm. 42ff. zu § 5). Das Gesetz behandelt die Kapitalserhöhung grundsätzlich gleich der Gründung. Es läßt insbesondere auch die Aufrechnung nur dann zu, wenn sie im Erhöhungsbeschlusse gestattet ist. Der Gesellschafter kann auch bei der Erhöhung des Stammkapitals seine ohne Erwähnung der Sacheinlage übernommene Einlage nicht anders als in Geld leisten. Sachen kann er nur in Ausführung eines Sacheinlagen gestattenden Kapitalserhöhungsgeschlusses einbringen. Der Umstand, daß die Angelegenheit der Sacheinlagen in der Gesellschafterversammlung zum Vortrag gebracht wurde, ändert daran nichts. Die Motive der Abstimmenden sind nicht zu ermitteln. Anders freilich, wenn der Beschluß zwar ersehen läßt, daß eine Sacheinlage gewollt ist. Der Beschluß entspricht aber den Vorschriften des § 53 nicht. Er enthält die dort bezeichneten Punkte nicht. Dann geht aus dem Beschlusse hervor, daß es kein Gelderhöhungsbeschluß ist. Aber als Sacheinlagebeschluß kann er ebenfalls nicht gelten. Er entspricht den gesetzlichen Erfordernissen nicht. Er ist vollständig ungültig. Über den Mangel der Erwähnung der Einlage in der Übernahmeerklärung vgl. Anm. 16 zu § 57. Im übrigen vgl. Anm. 45—47 zu § 5. § 56.

4. **Der Inhalt der Abrede über die Sacheinlage muß auch in der Übernahmeerklärung enthalten sein.** Über die Erfordernisse der Angaben nach Inhalt und Bestimmtheit vgl. Anm. 32—44 zu § 5. Oft wird die Übernahme der neu zu schaffenden Geschäftsanteile in demselben Protokoll wie der Beschluß selbst erfolgen. Dann braucht der Inhalt der Sacheinlage nicht zweimal aufgeführt zu werden. Es genügt die Bezugnahme auf den Beschluß. Eine Übernahmeerklärung ohne die Erklärung über die Sacheinlage deckt den Erhöhungsbeschluß nicht. Der Registerrichter muß die Anmeldung der Erhöhung des Stammkapitals zurückweisen. Wird sie dennoch eingetragen, so gilt sie. Es gilt auch die Übernahmeerklärung in Gemäßheit des Beschlusses. Denn für die Übernahmeerklärung ist die Vorschrift nur gegeben, damit der Registerrichter sieht, der Sacheinleger sei sich seiner Verpflichtung bewußt. Aber zur zivilrechtlichen Gültigkeit der Verpflichtung genügt, wenn die Eintragung erst einmal erfolgt ist, jede Erklärung, welche nach allgemeinen zivilrechtlichen Grundsätzen für eine Erklärung dieser Art ausreicht (vgl. Anm. 16 u. 21ff. zu § 57). Anm. 4.

5. **Die Hingabe von Sachen statt baren Geldes zur Deckung der Einlageverpflichtung kann wirksam nur bei Beobachtung der Vorschriften des § 56 erfolgen.** Erwähnt der Kapitalserhöhungsbeschluß die Zulässigkeit von Sacheinlagen nicht, so ist nur die Deckung der Einlagen durch bares Geld gestattet (vgl. oben Anm. 3 u. 43 zu § 5). Erwähnt er sie, läßt er also erkennen, daß die Kapitalserhöhung durch Sacheinlagen gedeckt werden sollte, entspricht aber der Beschluß nicht den Erfordernissen des § 56 Abs. 1, so ist er ungültig (vgl. oben Anm. 3, Anm. 47 zu § 5 und Anm. 20 zu § 19). Eine nachträgliche Änderung des Gesellschaftsvertrages kann die vergessene Sacheinlage wirksam machen. Sie kann die auch erst später beschlossene einführen (vgl. Anm. 35 zu § 5). Anm. 5.

Zusatz 1. Jeder Gesellschafter kann durch die Kapitalserhöhung neue, im bisherigen Gesellschaftsvertrage nicht begründete Verpflichtungen gegenüber der Gesellschaft übernehmen. Dann muß der Kapitalserhöhungsbeschluß diese Verpflichtungen enthalten (§ 3 Abs. 2). So gut wie der ursprüngliche Gesellschaftsvertrag bei der Gründung, so muß der abgeänderte Gesellschaftsvertrag die bei der Kapitalserhöhung übernommenen Verpflichtungen enthalten. Dahin gehört auch der Fall des Agios (vgl. Anm. 28 zu § 3; ferner Anm. 2 zu § 55). Das folgt aus § 55 Abs. 2 Satz 2. Die Übernahmeerklärung muß außer dem Betrage der Stammeinlage auch sonstige Leistungen enthalten, zu welchem der Beitretende nach dem Gesellschaftsvertrage verpflichtet sein soll. Das umfaßt auch die Leistungen, welche der Gesellschafter nach dem bei dieser Gelegenheit abgeänderten Gesellschaftsvertrage übernehmen soll. Über die Folgen des Versäumnisses der Aufnahme in die Erklärung s. Anm. 16 u. 30 zu § 57. Anm. 6.

Ausländische Gesetze. Anm. 7.

Die Sacheinlagen bei Kapitalserhöhungen werden nur im österreichischen und im bulgarischen Gesetz erwähnt (österr. Gesetz § 52 Abs. 4; bulg. Gesetz Art. 62 Abs. 3). Sie verweisen beide auf die entsprechenden Bestimmungen bei der Gründung (s. oben Anm. 34a zu § 5, im übrigen vgl. Anm. 35 zu § 55).

§ 57.

§ 57.

Die beschlossene Erhöhung des Stammkapitals ist zur Eintragung in das Handelsregister anzumelden, nachdem das erhöhte Kapital durch Übernahme von Stammeinlagen gedeckt ist.

§ 57. Die Bestimmung im § 7 Absatz 2 über die vor der Anmeldung des Gesellschaftsvertrages zu leistende Einzahlung, sowie die Bestimmung im § 8 Absatz 2 über die in der Anmeldung abzugebende Versicherung finden entsprechende Anwendung.

Der Anmeldung sind beizufügen:

1. die im § 55 Absatz 1 bezeichneten Erklärungen oder eine beglaubigte Abschrift derselben;
2. eine von den Anmeldenden unterschriebene Liste der Personen, welche die neuen Stammeinlagen übernommen haben; aus der Liste muß der Betrag der von jedem übernommenen Einlage ersichtlich sein.

In bezug auf die Verantwortlichkeit der Anmeldenden für die Richtigkeit ihrer Angaben finden die Bestimmungen im § 9 entsprechende Anwendung.

Einleitung. Die Eintragung zum Handelsregister ist die notwendige Voraussetzung der Erhöhung des Stammkapitals und der neuen Geschäftsanteile (vgl. auch unten Anm. 25). Gesellschafterbeschlüsse, bei denen Gesellschafter mitwirken, deren Geschäftsanteile zwar übernommen, aber noch nicht durch Eintragung entstanden sind, sind anfechtbar (RG. BauersZ. 17, 154).

Anm. 1. 1. (Abs. 1—3.) **Die Anmeldung der Kapitalserhöhung zur Eintragung in das Handelsregister.**

a) Die Personen. Sämtliche Geschäftsführer müssen anmelden (§ 78 und Anm. 2 daselbst; RG. 4. 11. 13 LZ. 1914, 398; Recht 1913 Nr. 3318; BauersZ. 21, 160; RundschGmbH. 1914, 104; ebenso Brodmann Anm. 2). Ihnen allein steht auch die Beschwerde in Fällen der Zurückweisung des Antrages zu. Der Übernehmer des erhöhten Stammkapitals hat weder das Recht der Anmeldung noch der Beschwerde (BayObLG. 22. 10. 09 OLGR. 13, 389; RJA. 10, 202).

Anm. 2. b) Der Gegenstand und Inhalt der Anmeldung. Anzumelden ist die beschlossene Kapitalserhöhung nach ihrer Durchführung. Abweichend vom Aktienrecht (§ 285 HGB.) kann nicht zuerst der Kapitalserhöhungsbeschluß und dann seine Durchführung angemeldet werden. Wird die Kapitalserhöhung durch Übernahme von Stammeinlagen und Bewirkung der vor der Anmeldung erforderlichen Leistungen auf die Stammeinlagen nicht gedeckt, so unterbleibt auch die Eintragung des Beschlusses, daß das Kapital erhöht werden soll. Unzulässig ist es, eine Anmeldung jeweils dann vorzunehmen, wenn ein Teil der Erhöhung gedeckt ist (Etappenanmeldung). Ist das Kapital nicht vollständig gedeckt, so ist die Anmeldung zurückzuweisen. Anders wenn nur ein Maximalbetrag beschlossen war. Dann ist der erreichte Betrag ebenfalls als beschlossen anzusehen (vgl. Anm. 6 zu § 55; OLG. Hamburg 18. 1. 05 ZBlFG. 6, 138; KG. 14. 9. 04 OLGR. 10, 243). Über die Folgen der Eintragung ohne gültige Übernahmeerklärung vgl. unten Anm. 20ff. Unzulässig ist die Anmeldung eines geringeren Betrages, als dem Erhöhungsbeschlusse entspricht. Ist die Übernahme nicht für den ganzen Betrag, sondern nur für einen Teil erfolgt, so kann der Beschluß nicht durchgeführt werden (RG. 26. 6. 14 RGZ. 85, 205). Über die Möglichkeit, die Kapitalserhöhung nicht mit einem festen Betrage, sondern in einem Rahmen zu beschließen, vgl. Anm. 6 zu § 55.

Anm. 3. Die Versicherung bei der Anmeldung ist die gleiche wie bei der Anmeldung der Errichtung der Gesellschaft. Abs. 2 verweist auf § 7 Abs. 2 und § 8 Abs. 2 (vgl. Anm. 14ff. zu § 7 und Anm. 11ff. zu § 8). Über die Abgabe der Anmeldung durch Stellvertreter vgl. Anm. 7 zu § 7 und KG. 28. 11. 04 ZBlFG. 6, 84 und KGJ. 28 A 229.

c) Die Anlagen der Anmeldung sind:

Anm. 4. α) eine Ausfertigung oder eine beglaubigte Abschrift des Kapitalerhöhungsbeschlusses (§ 54);

β) die Übernahmeerklärungen gemäß § 55 Abs. 1 und § 56. Eine beglaubigte Abschrift genügt. Über das Erfordernis der Zustimmung der Gesellschafter zur Aufnahme neuer Mitglieder vgl. unten Anm. 19. **§ 57.** Anm. 5.

γ) Eine Liste der neuen Gesellschafter. Sie muß die Namen der neuen Gesellschafter und den Betrag der von jedem übernommenen Einlage ersichtlich machen. Nicht aber Sacheinlagen oder Geldeinlagen. Zur Identität der Personen gehört der Vorname, Stand und Wohnort. Die Liste ist dieselbe wie in § 8 Nr. 3 vorgeschrieben. Sie muß von den Anmeldenden unterschrieben sein. Einer Beglaubigung ihrer Unterschrift bedarf es nicht. Anm. 6.

δ) Die Anmeldung muß beglaubigt sein. Vgl. Anm. 1 zu § 54. Anm. 7.

ε) Die Anmeldung erfolgt zum Register des Sitzes der Gesellschaft. Die Eintragung in dieses Register ist wesentlich für die Gültigkeit der Kapitalserhöhung. Vor dieser Eintragung gilt sie nicht (vgl. § 54 Abs. 3). Zur Eintragung in dieses Register aber besteht kein Zwang durch den Registerrichter (§ 79). Verzögern oder verweigern die Geschäftsführer die Anmeldung, so ist es Sache der Gesellschafter sie zu erzwingen, notfalls durch Entlassung oder Bestellung eines weiteren Geschäftsführers (vgl. Anm. 1 zu § 54). Der Eintragung in das Hauptregister folgt die zum Zweigregister (§ 59 des Gesetzes; § 13 HGB.). Hier findet ein Zwang statt (vgl. § 79 des Gesetzes; § 14 HGB.). Andererseits ist die Anmeldung hier wieder vereinfacht (hierüber Anm. 1 zu § 59).

2. **Die Verantwortlichkeit der Anmeldenden für die Richtigkeit ihrer Angaben.** In Abs. 2 ist der § 9 des Gesetzes für entsprechend anwendbar erklärt. Vgl. Anm. 1 ff. zu § 9. Die Verjährung der fünf Jahre läuft seit der Eintragung des Kapitalerhöhungsbeschlusses. Über die strafrechtliche Verantwortlichkeit vgl. Anm. 6ff. zu § 82 Nr. 1. Anm. 8.

3. **Eingetragen wird der Beschluß über die Erhöhung des Stammkapitals.** Das ist der Sinn der Worte „die beschlossene Erhöhung" (OLG. Hamburg ZBlFG. 6, 138). Nicht einzutragen ist, daß das neue Stammkapital gedeckt ist. In dem Falle, daß nur ein Maximalbetrag beschlossen, dieser durch die Deckung nicht erreicht wurde, wird nur der als gedeckt nachgewiesene Betrag eingetragen. Denn nur dieser ist der endgültig beschlossene. Es soll ja nur der Teil als gewollt gelten, für den sich Übernehmer fanden. Ein Eintrag der Sacheinlagen genügt. Die Bezugnahme auf die Urkunde ist nicht verlangt (vgl. § 54 Abs. 2 und § 10 Abs. 2). Nur zu publizieren ist diese Art der Einlage. Anm. 9.

Zusatz 1. Über den Umfang der richterlichen Prüfungstätigkeit vgl. Anm. 13ff. zu § 54. Der Registerrichter braucht nicht die verzichtbaren Formalitäten des Beschlusses nachzuprüfen, so die gehörige Einberufung der Gesellschafterversammlung. Auch nicht die Zulassung Dritter. Sie wird durch die Anmeldung bestätigt (Marcus, Holdheim 10, 163). Die zwingenden Vorschriften des Beschlusses und der Anmeldung muß er prüfen. Er muß sich überzeugen, daß die Viertelsdeckung erfolgt ist, daß die betreffenden Versicherungen abgegeben sind, daß die Übernahmeerklärungen in gehöriger und beglaubigter Form vorliegen, daß sie zivilrechtlich gültig sind. Wo er Zweifel hat, kann er Ermittelungen anstellen (§ 12 FG.). Anm. 10.

Über die Konsequenzen, welche Staub (erste Auflage Anm. 10 u. 11 S. 338 u. 349) aus der Ansicht, daß bei der Erhöhung des Stammkapitals entweder die neue Stammeinlage vollbezahlt werden oder die früheren Gesellschafter alle zustimmen müßten, für die Prüfungspflicht des Richters gezogen hatte, vgl. Anm. 16 zu § 24. Mit der Annahme der Meinung, daß die alten Gesellschafter für das neue Kapital nicht gemäß § 24 haften, entfällt jede solche Prüfungspflicht. Anm. 11.

Zusatz 2. Nach erfolgter Eintragung verlangt der Geist des Gesetzes eine Erhaltung der Erhöhung, die einmal eingetragen und dem Publikum bekannt geworden ist. Denn hierdurch ist die Erhaltung des Stammkapitals bedingt. Dies ist auch die Tendenz des § 144 Abs. 2 FG. Es muß dabei unterschieden werden zwischen den materiellen Mängeln, Anm. 12.

§ 57. die den Beschluß und die Übernahme der neuen Anteile betreffen, und den formellen Mängeln der Anmeldung und Eintragung.

Anm. 13. 1. **Mängel im Beschluß über die Erhöhung des Stammkapitals.**

a) Der Beschluß entbehrt der vorgeschriebenen Form. Er ist nur in Privatschrift abgefaßt. Nach der im Gegensatze zu der Ansicht des RG. vertretenen Auffassung ist dieser Mangel durch den Eintrag geheilt (vgl. Anm. 50 zu § 2 und Anm. 11 zu § 54. Wie das RG. Neukamp-Becker Anm. 2a). Verlangt ist nur, daß die Eintragung dem Willen aller Beteiligten entsprach. Aus der Tatsache, daß der Beschluß nicht einstimmig gefaßt war, ist noch nicht zu folgern, daß die Eintragung gegen den Willen der überstimmten Mitglieder erfolgte. Es muß der Auffassung des Verkehrs- und Rechtslebens gemäß angenommen werden, daß das überstimmte Mitglied sich der Mehrheit unterordnet und mit der Eintragung einverstanden ist. Man beachte auch hier, daß die Form auch dann nicht gewahrt ist, wenn eine Beurkundung vor dem Notar zwar erfolgte, die Urkunde aber aus einem formellen Grunde nichtig ist (vgl. Anm. 13 zu § 2). Die Verlesung des Protokolls oder einer wesentlichen Anlage ist unterblieben. Bei der Erhöhung des Stammkapitals wäre die Folge der Annahme der Nichtigkeit mangels der Form der absolute Ausschluß jeder Rechtswirkung. Eine dem § 77 analoge Heilung gibt es hier nicht. Die Einlage könnte trotz der Eintragung zurückgefordert werden. Das wäre ein für den Verkehr mit der GmbH. völlig unbrauchbares Resultat (vgl. unten Zusatz 3 Anm. 24). Der Registerrichter darf also wegen eines Formmangels nicht zur Löschung des Beschlusses schreiten. Daraufhin weist auch der Wortlaut von § 144 Abs. 2 FG. Nur bei einer Verletzung zwingender Vorschriften durch den Inhalt des Beschlusses ist die Löschung zugelassen.

Anm. 14. b) Der Beschluß ist **inhaltlich** nicht in Ordnung. Es ist keine Mehrheit von drei Vierteln vorhanden (vgl. Anm. 15 zu § 45). Er enthält die Bestimmung, daß Geschäftsanteile unter 500 M. geschaffen werden sollen. Er gibt dem Gesellschafter einen Anspruch auf Verzinsung oder gar auf Rückzahlung. In solchen und allen anderen Fällen, in denen es sich um zwingende Vorschriften handelt, ist der Beschluß nichtig. Er wird durch die Eintragung nicht geheilt. Der Registerrichter kann ihn zufolge § 144 FG. wieder beseitigen. Er wird es nur dann tun, wenn die Löschung im öffentlichen Interesse liegt. Auch hier hat stets die Androhung der Löschung unter Setzung einer Frist von mindestens drei Monaten zu erfolgen. Der Gesellschaft soll Gelegenheit zur Beseitigung des Mangels gegeben werden. Insofern kann das Einschreiten des Registerrichters einen wohltuenden Zwang auf die Organe der Gesellschaft bedeuten. Sie müssen erneute Vornahme des Beschlusses herbeiführen. Eine Heilung des Beschlusses, die einstimmig erfolgen müßte (vgl. § 76), kennt das Gesetz hier nicht. Es genügt die mit der erforderlichen Mehrheit erfolgende Wiederholung. Ist diese vollzogen, so bedarf es keiner Löschung und Wiedereintragung. Der frühere Eintrag bleibt (vgl. Anm. 10 zu § 54). Damit ist noch nicht die Gültigkeit der auf Grund des ungültigen Beschlusses erfolgten Übernahme hergestellt (vgl. unten Anm. 22). Solange diese fehlt, darf sich der Registerrichter nicht mit dem Nachweise der Wiederholung des Beschlusses allein begnügen. Die Sachlage ist für ihn die gleiche, wie wenn jetzt erst die Anmeldung erfolgte. Nur das formelle Vorgehen, Löschung und Wiedereintragen kann er ersparen, vorausgesetzt, daß die materiellen Voraussetzungen vorliegen.

Anm. 15. Sind verzichtbare Vorschriften verletzt (vgl. hierüber Anm. 16 zu § 45 und Anm. 12 zu § 54), so kann aus deren Übertretung der Registerrichter kein Recht zur Streichung des Eintrags ableiten. Er muß die Geltendmachung des hieraus fließenden Anfechtungsrechts den Gesellschaftern überlassen. So in den Fällen der nicht ordnungsmäßigen Berufung der Versammlung, der Versagung eines Stimmrechtes usw. Wird aber als Ergebnis der Anfechtungsklage der Beschluß aufgehoben so liegt der Fall dem des Verstoßes gegen eine zwingende Bestimmung gleich.

Handelt es sich um die Aufnahme von Bestimmungen, die zwar nicht für die Gültigkeit des Beschlusses wesentlich sind, die aber, um gültig zu sein, einen Teil des Beschlusses bilden müssen, so ist zu unterscheiden, ob sie überhaupt nicht in den Beschluß aufgenommen wurden oder zwar in demselben erscheinen, aber inhaltlich ungültig sind. Dies ist der Fall bei der Erhöhung durch Sacheinlagen (vgl. Anm. 3 zu § 56). Ebenso auch bei der Übernahme weiterer Pflichten der Gesellschafter neben der Kapitaleinlage (vgl. § 3 Abs. 2 und § 55 Abs. 2 Satz 2). Sind diese Modalitäten überhaupt nicht erwähnt, so berühren sie den Beschluß, der nur die Erhöhung ausspricht, nicht. Sie sind ohne Wirkung für die Gesellschaft. Erscheinen sie aber in dem Beschlusse, ist der Wille der Gesellschafter ersichtlich, daß die Erhöhung nur zum Zwecke des Erwerbes der Sacheinlage gegen Gewährung der neuen Geschäftsanteile erfolgen soll, ist erkennbar, daß die Erhöhung des Stammkapitals nur in der Weise gewollt ist, daß die neuen Gesellschafter sich zu Rübenlieferungen verpflichten oder die Konkurrenzklausel übernehmen usw., so bewirkt die Unvollständigkeit oder aus sonstigen Gründen sich ergebende Ungültigkeit dieses Teiles des Beschlusses die Ungültigkeit des Ganzen. Dies gilt also insbesondere, wenn die Angaben über Person, Gegenstand und Wert bei der Sacheinlage nicht oder nicht ordnungsgemäß gemacht sind (Anm. 45ff. zu § 5, Anm. 3 zu § 56). Die Gesellschafter wollen keine Erhöhung des Stammkapitals unter Einzahlung baren Geldes. Daher ist der Registerrichter berechtigt, in solchen Fällen die Streichung gemäß § 144 FG. wegen Ungültigkeit des ganzen Beschlusses anzudrohen. **§ 57. Anm. 16.**

Über die Zustimmung der Staatsregierung zum Erhöhungsbeschluß infolge der **Konzessionspflicht** des Unternehmens vgl. Anm. 9 zu § 54. **Anm. 17.**

Das Erfordernis der Zustimmung aller oder einzelner der bisherigen Gesellschafter hat nicht die Folge, daß sein Mangel den Beschluß unwirksam machte und zur Löschung berechtigte. Das Fehlen dieser Zustimmung schließt an sich nur den Eintritt der den Gesellschaftern nachteiligen Folgen für die nicht zustimmenden aus (vgl. Anm. 25 zu § 53 und Anm. 18 zu § 55). So also insbesondere, wenn den neuen Geschäftsanteilen Vorrechte eingeräumt sind. Eine Ungültigkeit des Beschlusses wäre aber aus dem Grunde der mangelnden Zustimmung aller betroffenen Gesellschafter möglich, wenn erhellt, daß derselbe nur bei erfolgter Zustimmung *aller* gewollt ist (vgl. Anm. 25 zu § 53 und Anm. 14 zu § 54). **Anm. 18.**

2. Die *Zulassung* der neuen Mitglieder (§ 55 Abs. 2 Satz 4). Sie ist zwar ein notwendiger Teil des *Erhöhungsvorganges*, nicht des *Erhöhungsbeschlusses*. Sie kann diesem vorangehen oder ihm nachfolgen. Sie kann zeitlich mit der Übernahmeerklärung verbunden sein. Sie kann formlos erfolgen. Auch stillschweigend. Aber sie muß *als eine Erklärung der Gesellschafter* vorhanden sein (vgl. Anm. 8 zu § 55). Fehlt diese, so fehlt ein wesentliches Glied in der Kette des Erhöhungsgeschäftes. Es mangelt eine Voraussetzung des Eintrages. Der Registerrichter hat ihn zurückzuweisen. Es genügt also nicht, daß die Gesellschafter die Erhöhung des Stammkapitals um 100000 RM. beschließen, daß dann die Geschäftsführer die Übernahmeerklärung bewirken und diese beide Urkunden vorlegen. Es muß auch die Zustimmung der Gesellschafter zum Eintritt der neuen Mitglieder vorliegen. Diese ist aber gegeben, wenn aus dem Beschlusse selbst erhellt, daß der Wille der Gesellschafter dahin geht, jeden Dritten, der einen Geschäftsanteil übernimmt und das Kapital zeichnet, anzunehmen. In dem Auftrag an die Geschäftsführer, neue Mitglieder zu werben, wird diese Zustimmung liegen. Anders wenn es sich um die gleichzeitige Übernahme bestimmter weitergehender Pflichten handelt. Hier haben die Gesellschafter im Zweifel sich die Zulassung vorbehalten. Wenn der Gesellschaftsvertrag die Zustimmung einem anderen Organe, z. B. dem Aufsichtsrat, überträgt, so muß dessen Erklärung dargetan sein. **Anm. 19.**

Ist aber die Eintragung ohne die vorherige Zulassung der neu eintretenden Gesellschafter erfolgt, so kann hieraus der Registerrichter nicht das Recht zur Wiederbeseitigung des eingetragenen Beschlusses ableiten. Der Inhalt des Beschlusses ist nicht nichtig. Es

§ 57. handelt sich nur um einen Mangel der Deckung des erhöhten Kapitals (vgl. hierüber unter Anm. 20ff.).

Anm. 20. 3. Eine **Übernahmeerklärung** oder die Annahme des Übernehmers als Gesellschafter ist nicht gültig, oder es fehlt an einer solchen.

a) Einfluß auf den Erhöhungsbeschluß. Auch hier hat der Registerrichter die Eintragung abzulehnen. Der Erhöhungsbeschluß soll nur eingetragen werden, wenn der volle Betrag des erhöhten Kapitals gedeckt ist. Allein ein Mangel dieser Voraussetzung berührt die Rechtswirksamkeit des Erhöhungsbeschlusses, welche dieser durch die Eintragung erlangte, nicht. Sein Inhalt ist gültig. Eine Löschung von Amts wegen muß hiernach versagt werden (§ 144 Abs. 2 FG., vgl. oben Anm. 12 und Anm. 21 zu § 2). Es fehlt allerdings eine Voraussetzung seines Eintrages. Allein dieser Mangel gibt bei den Beschlüssen der Gesellschaft, die zum Handelsregister eingetragen sind, nur das Recht der Zurückweisung der Anmeldung, nicht das der Wiederbeseitigung (KG. 15. 10. 15 OLGR. 33, 388). Es ist mithin unstatthaft, daß der Registerrichter, weil versehentlich die Erhöhung des Stammkapitals um 100000 RM., obwohl nur 90000 RM. gedeckt waren oder weil nur die Übernahme durch einen Minderjährigen oder bedingt erfolgt war (vgl. Anm. 29 zu § 55, Anm. 21ff. zu § 2), die Löschung des Erhöhungsbeschlusses androhe oder die Herabsetzung desselben auf den gültig gezeichneten Betrag. Es gilt dasselbe, was bei der Gründung der Gesellschaft bezüglich der Gültigkeit einer Beitrittserklärung ausgeführt wurde (vgl. Anm. 31ff. u. 56 zu § 2; a. M. Brodmann Anm. 1 und KG. in OLGR. 23, 277). Die Folge ist, daß die Gesellschaft auf ihrer Passivseite das volle Kapital, wie es der Erhöhungsbeschluß festsetzt, zu führen hat. Nur im Wege des Herabsetzungsverfahrens kann sie den ungültig oder überhaupt nicht gezeichneten Betrag wieder beseitigen. Solange dies nicht geschah, muß diese Höhe des Stammkapitals berücksichtigt werden. Es dürfen keine Auszahlungen an die Gesellschafter erfolgen, also namentlich kein Gewinn ausgeschüttet werden (vgl. Anm. 25 zu § 2). Zulässig ist auch hier die Ergänzung der fehlenden Übernahme durch spätere gültige Zeichnungen (gl. Anm. 50 zu § 2). Eine Haftung der übrigen Gesellschafter für den ausfallenden Betrag besteht auch hier nicht (vgl. Anm. 49 zu § 2). Davon, daß in dieser Einsetzung der vollen Erhöhung in der Bilanz eine Täuschung der Gläubiger liege (Parisius-Crüger-Crecelius Anm. 1 zu § 57), kann nicht gesprochen werden. In der Regel sieht der Kreditgeber die Bilanz nicht. Geschieht dies, so muß ja aus derselben durch die Ungleichheit der Aktivseite und Passivseite das Fehlen der Deckung erhellen. Für den Dritten, der auf dieser Basis mit der Gesellschaft kontrahiert, kommt es aber nur darauf an, zu wissen, wie der Vermögensstand der Gesellschaft ist. Woher die Unterbilanz rührt, ist dabei von untergeordneter Bedeutung. Eher wäre es eine Täuschung der Gläubiger, wenn die Erhöhung eingetragen und publiziert wäre, dann aber die Gesellschaft einfach den nicht gültig gezeichneten Betrag der Erhöhung von dem Stammkapital abstriche. Davon merkte niemand etwas. Es erfolgten Auszahlungen an die Gesellschafter ohne Deckung dieses Verlustes. Das gerade verbietet aber das Gesetz in § 30 Abs. 1. (A. M. KG. 6. 1. 11 BauersZ. 1912, 113. Es kann zwar nicht der Beschluß über die Erhöhung des Stammkapitals als nichtig gelöscht, wohl aber die Eintragung der Erhöhung nach § 142 Abs. 1 FG. durch Löschung beseitigt werden, weil sie wegen Mangels einer wesentlichen Voraussetzung unzulässig war. Allein eine Wiederbeseitigung aus dieser Ursache kennt das Gesetz eben nicht.)

Anm. 21. b) Einfluß der Eintragung auf die ungültige Übernahme.

α) Handelt es sich um einen Mangel der Form, so kann dieser durch Erfüllung geheilt werden (vgl. Anm. 17 zu § 55 und die dortigen Zitate). Vorausgesetzt ist hierzu ein rechtswirksamer Erhöhungsbeschluß. Also ist der Eintrag hier insofern von Bedeutung, als die auf Grund formloser Übernahme erfolgte Leistung nach dem Eintrag, sofern dieser den Beschluß gültig macht (vgl. oben Anm. 13), nicht zurückgefordert werden kann. War nur teilweise erfüllt, so ist nur teilweise geheilt. So wenn nur die 25 Proz.

Einzahlung geleistet waren. Hatten die Übernehmer schon vor der Eintragung die Rückgabe wegen Formmangels gefordert, so kann die Eintragung nicht die Rückforderung ausschließen. § 57.

β) Ist die Willenserklärung wegen eines ihr anhaftenden Mangels ungültig, so ist die Eintragung ohne Einfluß. So insbesondere bei der Vertretung ohne Vollmacht, bei Minderjährigen oder Geschäftsunfähigen (vgl. Anm. 31 zu § 2). Eine Heilung tritt im ersten Falle durch Genehmigung des Vertretenen ein (§ 180 BGB.). Sie kann auch stillschweigend etwa durch Teilnahme, an Gesellschafterversammlungen, erfolgen. Ebenso bei dem Beitritt eines Minderjährigen. Anders bei der Nichtigkeit des Beitritts infolge von Geschäftsunfähigkeit des Erklärenden wegen Geisteskrankheit oder sinnloser Trunkenheit (§ 104 BGB.). Die Übernahme bedarf hier einer Wiederholung in vorschriftsmäßiger Form. Die Anfechtung wegen Irrtums, Betrugs und Zwanges ist bis zur Eintragung gestattet, nach der Eintragung ausgeschlossen (vgl. Anm. 34 zu § 2, Anm. 30 zu § 55; a. M. RG. 10. 6. 13 RGZ. 82, 375, JW. 1913, 1047, LZ. 1913, 755, Recht 1913 Nr. 2642 vgl. Anm. 7 zu § 54). War der Erhöhungsbeschluß inhaltlich ungültig, z. B. wegen Schaffung von Geschäftsanteilen unter 500 M., so ist auch eine gültige Übernahme nicht erfolgt. Es bedarf in diesem Falle nach der Neufassung des Beschlusses einer Wiederholung der Übernahme. Wird diese verweigert, so steht der Gesellschaft nur dann ein Anspruch auf Abgabe derselben zu, wenn ein wirksames Versprechen der Übernahme vorliegt (vgl. Anm. 31 zu § 55). Es ist Tatfrage, ob dieses in der mangels gültigen Beschlusses ungültigen Übernahme gesehen werden kann (vgl. auch oben Anm. 14). Anm. 22.

Über die Anfechtung einer Übernahme seitens der Gesellschaft wegen eines von dem Übernehmer verübten Betruges usw. vgl. Anm. 37 zu § 2.

γ) Ist die Übernahme unter Vorbehalt, Bedingung oder Befristung erfolgt, so wird sie nach der Eintragung wirksam, wenn der Übernehmer sich der Gesellschaft gegenüber wie ein Gesellschafter benimmt. Er verzichtet dann auf den Vorbehalt usw. Über die unvollständige Übernahmeerklärung bei einer Sacheinlage vgl. Anm. 4 zu § 56.

4. Die Anmeldung ist fehlerhaft. Darunter fallen sowohl formelle als materielle Mängel der Anmeldung. Also z. B. daß sie nicht in beglaubigter Urkunde eingereicht ist, daß die Versicherung der Einzahlung der 25 Proz. fehlt, daß nicht alle Geschäftsführer unterzeichneten, daß die vorgeschriebenen Beilagen nicht vorliegen usw. Aus einem solchen Mangel kann der Registerrichter kein Recht der Löschung ableiten. Er soll vor der Eintragung prüfen, ob die Anmeldung sich korrekt abspielt. Die Vorschriften über die Anmeldung bezwecken eine Prüfung über die Grundlagen des Beschlusses und eine Sicherheit des Publikums. Aber die Fehler der Anmeldung sind niemals von der Bedeutung, daß eine gültige Erhöhung des Stammkapitals wieder beseitig werden könnte. Das widerspricht dem Streben des Gesetzes auf Erhaltung des Stammkapitals. Die Voraussetzungen des Eintrages, bei deren Fehlen der Registerrichter den Eintrag wieder löschen kann, sind nur als materiellrechtliche zu verstehen. Das Handelsregister muß unrichtig sein. Es muß etwas bekunden, was in Wahrheit nicht vorliegt. Ist das Bekundete aber richtig, hätte es nur nicht eingetragen werden sollen, weil die Kontrollvorschriften nicht beachtet sind, so darf es nach vollzogenem Eintrage nicht wieder beseitigt werden. Diesen Gedanken entspricht es, wenn das RG. 27. 4. 03 (RGZ. 54, 393, JW. 03, 248 Nr. 33) es für unerheblich erklärt, ob die Versicherung über die erfolgte Einzahlung richtig ist oder nicht. Die Leistung der Einlage kann ja bei gültiger Übernahme im Wege der Klage erzwungen werden (KG. 26. 7. 02 DJZ. 8, 33). Nach demselben Prinzip müssen aber auch die anderen Fragen dieser Art entschieden werden. Der Registerrichter kann also eine Eintragung auch nicht deshalb beseitigen, weil bei der Anmeldung ein Geschäftsführer oder weil alle die vorgeschriebene Versicherung über die erfolgte Leistung auf die Stammeinlage unterließen. Das RG. hat in der zitierten Entscheidung diese Frage dahingestellt gelassen. Sie muß aber ebenfalls in der die Erhaltung des Gesellschaftskapitals schützenden Weise beantwortet werden. Wenn es unerheblich ist, ob die vorgeschriebene Viertelsdeckung Anm. 23.

§ 57. vorliegt, so muß es um so mehr gleichgültig sein, daß sie, wenn erfolgt, nicht von dem Anmeldenden erklärt ist. Daher ist der Beschluß des KG. 28. 11. 04 (ZBlFG. 6, 86 und JKG. 28A, 229), worin das KG. die Stellvertretung bei der Anmeldung des erhöhten Kapitals für unstatthaft erklärt (vgl. oben Anm. 4), jedenfalls insofern unhaltbar, als er dem Registerrichter oder dem vorgesetzten Landgericht (§§ 142, 143 FG.) das Recht der Löschung aus diesem Grunde geben will. Das beruht auf einer unzulässigen Anwendung des § 142 FG. Noch weniger kann von einer nach der Eintragung erfolgenden Löschung die Rede sein, wenn nur die Vorlage der in § 57 Abs. 3 vorgeschriebenen Urkunde unterblieben war. Der Registerrichter kann sie nachträglich durch Androhung von Ordnungsstrafen erzwingen. Eine Löschung kann er nicht androhen. Auch bezüglich der in Abs. 3 Ziff. 2 erwähnten Liste der Gesellschafter (oben Anm. 6) ist die Vorschrift zwingend. („Der Anmeldung sind beizufügen.") Aber niemand wird ernstlich den Gedanken hegen, daß mangels dieser Liste der Eintrag wieder gelöscht werden kann. Wieder wird hier der Inhalt der Eintragung in keiner Weise berührt.

Anm. 24. **Zusatz 3. Eine Nichtigkeitsklage,** den Bestimmungen der §§ 75—77 entsprechend und mit den Rechtsfolgen zugunsten der Gläubiger auf Einzahlung zu deren Befriedigung, kennt das Gesetz bei der Erhöhung des Stammkapitals nicht. Wenn bei einem Mangel des Beschlusses das Registergericht von Amts wegen löscht oder wenn auf Klage eines Gesellschafters die Nichtigkeit festgestellt oder dem Anfechtungsbegehren (vgl. Anm. 12 zu § 45) entsprochen wird, so tritt vollständige Aufhebung des geschaffenen Zustandes ein. Die einbezahlten Beträge sind zurückzubezahlen. Auch wenn infolge der publizierten Erhöhung die Gesellschaft einen größeren Kredit genoß, ist § 77 Abs. 3 nicht anwendbar. Während also bei einer Annahme die Nichtigkeit der Gründung infolge des Fehlens der notariellen Urkunde das RG. die Konsequenzen dieser Ansicht dadurch mildern konnte, daß für die Gläubiger durch § 77 Abs. 3 gesorgt war, so versagt dieses Moment hier vollständig. Der Gesellschafter nimmt seine Einlage wieder, die vorhandene Sacheinlage sogar im Stück. Noch ausstehende Leistungen weigert er. Hierin liegt ein besonders schwerwiegendes Argument gegen die Ansicht des RG. bezüglich des Mangels der Form. Nur wenn es sich um materielle Mängel handelt, lassen sich diese Folgen nicht abwenden. So z. B., wenn in dem Beschlusse nicht der Betrag des neuen Kapitals angegeben ist.

Anm. 25. **Zusatz 4. Mit der Eintragung** tritt der Beschluß in Wirksamkeit (§ 54 Abs. 3). Das Stammkapital der Gesellschaft ist erhöht. Die Übernehmer der neuen Stammeinlage sind Mitglieder der Gesellschaft geworden (vgl. Anm. 7 zu § 54). Vor der Eintragung bestehen die neuen Geschäftsanteile nicht. Es gibt daher auch keine Kaduzierung und keine Versteigerung derselben (RG. 27. 4. 03 RGZ. 54, 389). Ist die Gesellschaft vor der Eintragung in Konkurs geraten, so kann keine Eintragung mehr erfolgen. Mit dem Konkurszweck ist die Schaffung neuer Mitgliedsrechte unvereinbar (RG. 20. 10. 11 RGZ. 77, 152; JW. 12, 85[33]; RG. 13. 1. 14 LZ. 1914, 775; Recht 1914, 832; BauersZ. 21, 229 u. 231). Eine dennoch erfolgte Eintragung gibt dem Konkursverwalter kein Recht auf Einziehung dieser Kapitalbeträge. Vorausbezahlte Einlagen werden zurückgefordert. Aber nur als Konkurs-, nicht als Masseforderungen (RG. 13. 1. 14 LZ. 1914, 775). Wird der Konkurs aufgehoben und die Fortsetzung der Gesellschaft beschlossen, dann wird die Eintragung wirksam. Es bedarf nicht einer nochmaligen Eintragung.

Inwieweit diese Wirkung trotz Mängel der Eintragung und ihrer Grundlagen eintritt, darüber siehe Anm. 12 ff.

Auf die Eintragung erfolgt die Veröffentlichung (unten Anm. 26). Dann muß ein Dritter die Erhöhung des Stammkapitals gegen sich gelten lassen (siehe Anm. 10 zu § 54).

Anm. 26. **Zusatz 5. Die Publikation** durch das Gericht muß auch den Tag des Beschlusses der Kapitalserhöhung enthalten (§ 54 Abs. 2, § 10 Abs. 3 und Abs. 1). Das erhöhte Stammkapital beruht auf dem ursprünglichen und dem durch den Kapitalserhöhungsbeschluß abgeänderten Gesellschaftsvertrag. Des weiteren ist die veränderte Ziffer des Stammkapitals bekanntzugeben (§ 54 Abs. 2 und § 10 Abs. 3 und Abs. 1). Bei Sacheinlagen (§ 54 Abs. 2 und § 10 Abs. 3) ist der Gegenstand, die Person des Einlegers und der hierfür angenommene Wert ersichtlich bekanntzumachen (vgl. Anm. 17ff. zu § 10; vgl. Anm. 3ff. zu § 54). § 57.

Ausländische Gesetze. Anm. 27.

Besondere Bestimmungen über die Anmeldung der Stammkapitalerhöhung sind nur im österreichischen und bulgarischen Gesetz enthalten (österr. Ges. § 53, bulg. Ges. Art. 63). Im Unterschied zum deutschen Gesetz ist dort auch der Betrag, der auf jede Stammeinlage gemachten Einzahlung, sowie der Gesamtbetrag anzugeben, der sich durch die Verschmelzung der alten und neuen Stammeinlage in der Hand eines Gesellschafters ergibt.

§ 58.

§ 58.

Eine Herabsetzung des Stammkapitals kann nur unter Beobachtung der nachstehenden Bestimmungen erfolgen:

1. der Beschluß auf Herabsetzung des Stammkapitals muß von den Geschäftsführern zu drei verschiedenen Malen durch die im § 30 Absatz 2 bezeichneten Blätter bekanntgemacht werden; in diesen Bekanntmachungen sind zugleich die Gläubiger der Gesellschaft aufzufordern, sich bei derselben zu melden; die aus den Handelsbüchern der Gesellschaft ersichtlichen oder in anderer Weise bekannten Gläubiger sind durch besondere Mitteilung zur Anmeldung aufzufordern;
2. die Gläubiger, welche sich bei der Gesellschaft melden und der Herabsetzung nicht zustimmen, sind wegen der erhobenen Ansprüche zu befriedigen oder sicherzustellen;
3. die Anmeldung des Herabsetzungsbeschlusses zur Eintragung in das Handelsregister erfolgt nicht vor Ablauf eines Jahres seit dem Tage, an welchem die Aufforderung der Gläubiger in den öffentlichen Blättern zum dritten Male stattgefunden hat;
4. mit der Anmeldung sind die Bekanntmachungen des Beschlusses einzureichen; zugleich haben die Geschäftsführer die Versicherung abzugeben, daß die Gläubiger, welche sich bei der Gesellschaft gemeldet und der Herabsetzung nicht zugestimmt haben, befriedigt oder sichergestellt sind.

Die Bestimmung im § 5 Absatz 1 über den Mindestbetrag des Stammkapitals bleibt unberührt. Erfolgt die Herabsetzung zum Zweck der Zurückzahlung von Stammeinlagen oder zum Zweck des Erlasses der auf diese geschuldeten Einzahlungen, so darf der verbleibende Betrag der Stammeinlagen nicht unter den im § 5 Absatz 1 und 3 bezeichneten Betrag herabgehen.

I. **Kapitalsherabsetzung und Einziehung.** Beide sind keine völligen Gegensätze. Es gibt Einziehung von Geschäftsanteilen ohne Kapitalsherabsetzung. Sie erfolgt aus Gewinnüberschüssen (vgl. Anm. 2 u. 7 zu § 34). Nur der Geschäftsanteil wird vernichtet. Es gibt Kapitalsherabsetzungen ohne Einziehung einzelner Geschäftsanteile. Sie trifft alle gleichheitlich (vgl. unten Anm. 1). Es gibt Kapitalsherabsetzung zum Zwecke der Einziehung bestimmter Geschäftsanteile. Das letztere ist auch in Verbindung mit der ersteren möglich. Das ist da notwendig, wo keine Überschüsse zu Verfügung stehen. Anm. 1.

II. **Die wirtschaftliche Bedeutung der Kapitalsherabsetzung.** Die Stammkapitalsziffer ist ein ständiger Passivposten in der Bilanz. Nur der Überschuß der Aktiva über die Passiva Anm. 2

§ 58. darf den Gesellschaftern ausbezahlt werden (§ 30 Abs. 1). Dieser Passivposten ist das Mittel, um die Verteilung von Gesellschaftsvermögen unter die Gesellschafter zu verhindern. Aber absolute Ständigkeit ist weder erforderlich noch wünschenswert. Es kann Fälle geben, welche es wirtschaftlich gerechtfertigt erscheinen lassen, die Stammkapitalsziffer zu verringern. Das Gesetz trägt diesem Falle Rechnung. Aber nur soweit dies ohne Benachteiligung der Interessen der Gläubiger geschehen kann. Deshalb sind eine Reihe von Schutzvorschriften gegeben. Denn die Kreditbasis der Gesellschaft, die Stammkapitalsziffer, wird verringert. Ist mehr Vermögen vorhanden als nach der Herabsetzung des Stammkapitals zu dessen Erhaltung nötig ist (§ 30 Abs. 1), so wird durch die Herabsetzung ein Bilanzüberschuß hergestellt. Der so gewonnene Überschuß wird verwendet zu den Zwecken, denen die Kapitalsherabsetzung dienen soll: zur Rückzahlung an die Gesellschafter, sei es an alle, sei es an einzelne, deren Geschäftsanteile eingezogen werden, zum Erlaß von rückständigen Einlagen, zur Bildung von Reservekonten, durch deren Bestehen der Verteilung von Gesellschaftsvermögen unter die Gesellschafter der Weg nicht so leicht versperrt wird, wie durch das Bestehen einer gleich hohen Stammkapitalsziffer, da ja Reservekonten durch Gesellschafterbeschluß wieder aufgelöst werden können. Ergibt sich durch die Herabsetzung auch kein Überschuß, war vielmehr vorher eine Unterbilanz vorhanden, so ermöglicht die Herabsetzung des Stammkapitals bei künftigen Überschüssen eine Verteilung. Ohne dieselbe wäre der Gewinn zur Auffüllung und Wiederergänzung des verlorenen Kapitals zurückzubehalten. Die Herabsetzung ermöglicht daher hier die Austeilung künftigen Gewinnes der Gesellschaft. In beiden Fällen dient die Herabsetzung der Beseitigung der Anwendung des § 30 Abs. 1 und seiner Folgen. Deshalb sollen die Gläubiger gegen die Gefahren, welche durch diese Vermehrung der Verteilungsmöglichkeiten entstehen, geschützt werden. Sie sollen entweder einer solchen Kapitalsherabsetzung zustimmen oder befriedigt oder sichergestellt werden, ehe die Kapitalsherabsetzung wirksam wird.

Anm. 3. Die Kapitalsherabsetzung kann entweder eine nur nominelle oder auch eine materielle sein. Wirtschaftlich gerechtfertigt ist die erstere z. B. wenn die Gesellschaft ihre Aktiva bei der Gründung zu teuer erworben hat oder wenn ein Teil der Aktiva durch rückläufige Konjunktur einen erheblichen Teil seines Wertes verliert. Da die Aktivziffern der Bilanz höchstens den wahren Wert der Aktiva wiedergeben dürfen, so müssen in solchen Fällen erhebliche Abschreibungen erfolgen. Die Folge ist ein Verlust an Stammkapital. Da nur der Überschuß der Aktiva über die Passiva verteilungsfähig ist (§ 29), so vermindern sich dadurch in gleichem Maße die Chancen des Dividendenbezuges für die Gesellschafter. Bei einer Gesellschaft, die im übrigen gute Geschäfte macht und Gewinn erzielt, ist ein solcher Zustand für die Dauer eine Ungerechtigkeit. Er wird durch die Minderung der Passivziffer beseitigt. Das ist ein Fall solcher Kapitalsherabsetzung. Ihm gleich stehen die Fälle, in denen aus anderen Ursachen schwere Verluste, die das Kapital angriffen, erfolgten. Namentlich wenn neues Geld zur Beteiligung gewonnen werden soll, wird vorher eine Herabsetzung des Stammkapitals verlangt. In all diesen Fällen erfolgt eine nur nominelle Herabsetzung des Grundkapitals eine Herabsetzung zur Tilgung einer Unterbilanz.

Anm. 4. Ein wichtiger Anlaß zur materiellen Kapitalsherabsetzung ist die Überflüssigkeit eines Teiles des vorhandenen Betriebskapitals. Das von der Gesellschaft betriebene Geschäft kann mit einem Betriebskapital von 500000 RM. sehr gut gewinnbringend geführt werden. Das eingezahlte und noch vorhandene Stammkapital beträgt aber 750000 RM. Dann ist der Wunsch der Gesellschafter auf Rückzahlung des für den Betrieb überflüssigen Teiles des Gesellschaftsvermögens berechtigt. Seiner Erfüllung dient die Kapitalsherabsetzung. Der hierdurch entstehende Überschuß der Aktiva über die Passiva von 250000 RM. wird unter die Gesellschafter verteilt. Die Überflüssigkeit kann auch dadurch eintreten, daß die Gesellschaft aus ihren Überschüssen, die sie sammelt, hinreichendes Kapital hat. Sie kann sich in diesem Falle mit der Einziehung einzelner Geschäftsanteile oder einer ratierlichen Reduktion aller, Einverständnis der Beteiligten oder statutarische Verpflichtung derselben hierzu vorausgesetzt (vgl. Anm. 3, 9, 13, 26 zu § 34), begnügen. Sie kann **§ 58.** aber gleichzeitig das ganze Stammkapital herabsetzen.

Ein Gesellschafter kann verpflichtet sein, unter gewissen Umständen aus der Gesell- **Anm. 5.** schaft auszuscheiden (vgl. Anm. 3, 13 u. 19 zu § 34, Anm. 32 zu § 2, Anm. 35 zu § 3 und Anm. 38 zu § 5). Die Einziehung seines Geschäftsanteiles geschieht aus den Überschüssen. Fehlt es hieran, so muß das Stammkapital herabgesetzt werden. Nur hierdurch wird der zurückzuzahlende Einlagebetrag oder sonstige Anteil am Gesellschaftsvermögen frei.

III. **Die rechtliche Bedeutung der Kapitalsherabsetzung** (vgl. auch Leist, Die Sanierung von **Anm. 6.** Aktiengesellschaften 1905, 67). Jede Kapitalsherabsetzung verringert die Ziffer des Stammkapitals. Hierdurch wird das Zahlenverhältnis der Aktiven zu den Passiven verschoben. Da an die verschiedenen Gestaltungen der Bilanz sich weitere Konsequenzen anschließen, so ist sie das arithmetische Hilfsmittel, um diese weiteren Konsequenzen zu ermöglichen. Welche Konsequenzen dies sind, ist oben zu II auseinandergesetzt.

Die Herabsetzung des Stammkapitals allein berührt den Nennbetrag der Geschäfts- **Anm. 7.** anteile nicht. Auch die Einziehung der Geschäftsanteile allein ist auf die Höhe des Stammkapitals ohne Einfluß (vgl. Anm. 20 zu § 34 und oben Anm. 1). Der Nennbetrag der Geschäftsanteile bedeutet, daß der Gesellschafter oder sein Rechtsvorgänger bei der Gründung der Gesellschaft den im Geschäftsanteil ausgedrückten Betrag an die Gesellschaft auf deren damaliges Stammkapital einlegte und dafür im Verhältnis seiner Einlage zu dem ganzen Stammkapital beteiligt ist. Diese prozentuale Beteiligung bleibt dieselbe auch bei Herabsetzung des Stammkapitals. Betrug dieses ursprünglich 40000 RM., so hat ein Geschäftsanteil von 4000 RM. einen Anteil von einem Zehntel. Wird das Stammkapital auf 20000 RM. herabgesetzt, so bleibt der Geschäftsanteil von 4000 RM. immer zu einem Zehntel beteiligt. Einen Satz, daß die Summe der Geschäftsanteilen stets gleich der Summe des Stammkapitals sein muß, stellt das Gesetz nicht auf. Es verlangt nur, daß der Gesamtbetrag der Stammeinlagen mit dem Stammkapital übereinstimme. Die Regel gilt nur für die Gründung der Gesellschaft und die Erhöhung des Stammkapitals (vgl. Anm. 10 zu § 5, Anm. 20 zu § 34). Schwierigkeiten entstehen, sobald die Gesellschaft nach der Reduktion des Stammkapitals neues Kapital aufnimmt und neue Anteile ausgibt. Sie lösen sich sofort, wenn man die prozentuale Beteiligung ins Auge faßt. Die Beteiligung der neuen Gesellschafter ist die ihrer Leistung auf das neue Stammkapital entsprechende, während die der früheren Gesellschafter dem früheren Stammkapital entspricht. Wird nach der Reduktion von 40000 RM. auf 20000 RM. das Stammkapital wieder um 20000 RM. erhöht, etwa durch Schaffung von zehn Geschäftsanteilen von je 2000 RM., so sind diese bei einem Gesamtkapitale von 40000 RM. mithin zu je einem Zwanzigstel beteiligt. Der frühere Gesellschafter, der einen Geschäftsanteil von 4000 RM. besaß, bleibt an dem reduzierten Stammkapitale von jetzt 20000 RM. zu einem Zehntel, also bei dem jetzt wieder auf 40000 RM. erhöhten zu einem Zwanzigstel interessiert. Seine 4000 RM. nominal bedeuten jetzt nur noch ein Gewinn- und Liquidationsanrecht zu diesem Bruchteile. Wenn die Gesellschaft Urkunden über die Geschäftsanteile ausgab, so kann sie auf denselben das abgeänderte Stammkapital vermerken. Wo keine Scheine vorhanden sind, trägt sie der Sachlage in ihren inneren Rechtsvorgängen, den Versammlungen, der Dividendenverteilung usw. Rechnung. Auch das Stimmrecht reduziert sich im Verhältnis zu dem herabgesetzten Kapital gegenüber den neugeschaffenen Geschäftsanteilen. Bei dem obigen Beispiel stehen den neuen Geschäftsanteilen, die einem Stammkapital von 20000 RM. entsprechen, zusammen 200 Stimmen, den alten, denen nur noch ein Stammkapital von 20000 RM. gegenübersteht, auch nur 200 Stimmen zu. Wer früher als Gesellschafter mit 4000 RM. einen Anspruch auf 40 Stimmen hatte, hat nur noch deren 20. Ein Geschäftsanteil von nominal 500 RM. behält auch bei einer Reduktion des Stammkapitals auf ein Zehntel, also von 300000 RM. auf 30000 RM., sein Stimmrecht. Der Fall liegt ebenso, als ob der Gesellschaftsvertrag auf je 50 M. eine Stimme geben würde. Es müssen nur dann eben, weil die Stimmen im Verhältnis zur Beteiligung gegeben sind, auch bei allen anderen

§ 58. Geschäftsanteilen in derselben Weise die Stimmen berechnet werden. Ein neuer Gesellschafter von 2000 M. Geschäftsanteil muß dann 40 Stimmen haben.

Anm. 8. Die Sachlage ändert sich, wenn die Herabsetzung des Stammkapitals nicht zur Beseitigung einer Unterbilanz, sondern **zur Rückzahlung von Stammkapital oder zum Erlasse rückständiger Stammeinlagen** erfolgt. Dies drückt sich auch dadurch aus, daß das Gesetz für diesen, aber auch nur für diesen Fall, die Bestimmung des § 5 Abs. 1 u. 3 über die Höhe der Stammeinlagen für anwendbar erklärt. Es darf nicht mehr zurückbezahlt oder erlassen werden als den Betrag von 500 RM. übersteigt. Hat das Statut einen höheren Mindestbetrag, so muß mit der Herabsetzung diese Stelle geändert werden. Das Gesetz ist also offenbar hier davon ausgegangen, daß die Herabsetzung des Stammkapitals unter Rückzahlung oder Erlaß der Einlage auch die Geschäftsanteile reduziert. Denn Geschäftsanteile und Einlagen sind identisch in ihrer Größe (vgl. Anm. 1ff. zu § 14). Wird die Einlage herabgesetzt, so muß dies auch den Geschäftsanteil und seine Ziffer berühren. Denn der Gesellschafter, der 10000 RM. von 300000 RM. einlegte und hierfür einen Geschäftsanteil von 10000 RM. erhielt, wird, wenn das Stammkapital auf die Hälfte reduziert und diese Hälfte durch Erlaß der Einlagepflicht den Gesellschaftern zurückgegeben wird, nicht mehr behaupten können, daß er 10000 RM. einlegte. Auf die verbleibenden 150000 RM. hat er 5000 RM. geleistet. Er bleibt hierfür beteiligt. Der Rückzahlung an die Gesellschafter steht es gleich, wenn die frei werdenden Beträge der Gesellschaft als Reserve bleiben. Auch hier ist die Einlage reduziert. (Der Wortlaut der Gesetzesstelle hat zu mannigfachen Zweifeln Anlaß gegeben, vgl. hierzu Brodmann Anm. 5, Neukamp-Becker Anm. 3b.)

Anm. 9. Daß endlich, wenn die Herabsetzung des Stammkapitals auf dem Wege der Einziehung einzelner Geschäftsanteile erfolgt, diese Geschäftsanteile aufhören oder sich um den eingezogenen Betrag mindern, folgt hier aus dem Wesen der Amortisation. Sie vernichtet das Mitgliedsrecht.

Anm. 10. Die oben ausgeführte Unterscheidung in der Behandlung der Geschäftsanteile, je nachdem sie mit einer Rückzahlung von Stammeinlagen verbunden ist oder nicht, hat praktische Bedeutung. Das zeigt sich bei der Liquidation. Ist im Gesellschaftsvertrage bestimmt, daß das nach Deckung der Stammeinlagen verbleibende Liquidationsergebnis zu anderen Teilen als nach Verhältnis der Geschäftsanteile verteilt wird (§ 72), also z. B. an einen Gesellschafter allein oder an eine dritte Person fällt, so sind im Falle einer Reduktion des Stammkapitals zur Beseitigung einer Unterbilanz die Gesellschafter berechtigt, den Nominalbetrag ihrer Geschäftsanteile geltend zu machen. Sie verlangen, ehe für den bevorrechtigten Gesellschafter oder den Dritten ein Liquidationsgewinn vorliegt, volle Rückzahlung ihrer Einlagen, auch wenn das Stammkapital kleiner geworden war. Haben sie es aber bereits teilweise wieder erhalten, so sind auch ihre Geschäftsanteile reduziert. Sie haben nur noch Anspruch auf den verbleibenden Betrag.

Anm. 11. Da bei der Herabsetzung zur **Beseitigung der Unterbilanz** die Geschäftsanteile unberührt bleiben, so ist ein Beschluß derart, daß diese Herabsetzung nicht alle Geschäftsanteile gleichmäßig treffen solle, unmöglich. Die Einlage, welche gemacht war, ist für alle Geschäftsanteile gleichmäßig verloren. Nur diese Tatsache drückt sich in der Herabsetzung des Stammkapitals aus. Soll die Herabsetzung in diesem Falle auf Kosten nur einzelner Geschäftsanteile gehen, so bleibt nur der Weg der Einziehung derselben. Daß dies auch zur Beseitigung von Unterbilanzen möglich ist, vgl. Anm. 6 zu § 34.

Anm. 12. IV. **Die einzelnen Phasen der Kapitalsherabsetzung.**

1. **Der Kapitalsherabsetzungsbeschluß: seine formellen und seine inhaltlichen Erfordernisse.**

a) Seine formellen Erfordernisse sind die eines Satzungsänderungsbeschlusses. Die Kapitalsherabsetzung ist eine Abänderung des Gesellschaftsvertrages wie die Kapitalserhöhung. Der Zusammenhang der Gesetzesvorschriften läßt darüber keinen Zweifel. Es müssen daher die Formalitäten des Statutenänderungsbeschlusses gewahrt sein. Der Beschluß muß die allgemeinen gesetzlichen und statutarischen Erfordernisse eines Gesellschafterversammlungsbeschlusses aufweisen. Die Einladung zur Gesellschafterversammlung

mit der Tagesordnung „Verschiedenes“ ist unzureichend. Ein daraufhin gefaßter Beschluß § 58.
ist jedoch nicht nichtig, sondern nur anfechtbar (RG. 21. 5. 15 RJA. 14, 281; Recht 1916, 1013 BauersZ. 28, 183). Der Beschluß muß ebenso die besonderen gesetzlichen statutarischen Erfordernisse einer Statutenänderung und die etwaigen besonderen statutarischen Erfordernisse der Kapitalsherabsetzung aufweisen. Die Erfordernisse des § 53 müssen vorliegen. Der Beschluß der Gesellschafterversammlung muß gerichtlich oder notariell beurkundet und mit mindestens $^3/_4$ der abgegebenen Stimmen gefaßt sein (§ 53 Abs. 1 u. 2). Stimmberechtigt ist auch der Gesellschafter, dessen Geschäftsanteil mit seiner Zustimmung zum Zwecke der Zurückzahlung der Einlage amortisiert werden soll. Außer dem Gesellschafterbeschluß kann auch die Zustimmung einzelner Gesellschafter erforderlich werden. Mit den Geschäftsanteilen oder mit einer Klasse von Geschäftsanteilen können anteilmäßige Verpflichtungen verbunden sein. Einzelne dieser Geschäftsanteile sollen im Wege der Kapitalsherabsetzung eingezogen oder durch teilweise Zurückerstattung des Einlagekapitals in ihrem Betrage reduziert werden. Dann erhöht sich die Leistungspflicht der von der Kapitalsherabsetzung nicht betroffenen Gesellschafter. Deshalb bedarf es in diesem Falle außer dem Kapitalsherabsetzungsbeschlusse noch der Zustimmung dieser Gesellschafter. Das gleiche gilt, wenn der Beschluß nicht sämtliche Gesellschafter gleichmäßig trifft. Ein solcher Beschluß ist an sich nicht unzulässig. So wenn beschlossen wird, nur die Geschäfstanteile einer bestimmten Klasse zum Zwecke der Rückzahlung des zu großen Stammkapitals zu reduzieren. Eine Neuemission brachte zuviel Kapital. Die alten Gesellschafter sträuben sich dagegen, von ihren Geschäftsanteilen Kapital zurückzunehmen. Es müssen in diesem Falle alle Gesellschafter zustimmen. Die ersteren, die von der Kapitalsherabsetzung betroffen sind, deshalb, weil die Herabsetzung nicht alle trifft. Das Prinzip der Gleichberechtigung ist verletzt. Das kann nur mit Zustimmung der Betroffenen geschehen. Aber auch die von der Kapitalsherabsetzung nicht betroffenen Gesellschafter. Durch die Rückzahlung oder den Erlaß werden dem einen Teil der Gesellschafter Vorteile gewährt, welche dem anderen Teile versagt bleiben. Auch das kann nur mit Zustimmung der zurückgesetzten Gesellschafter geschehen (vgl. Anm. 4 zu § 53). Über die Form der Zustimmung siehe Anm. 24 zu § 53. Bei der nur nominellen Reduktion des Stammkapitals bei Unterbilanzen ist eine ungleiche Behandlung nicht möglich (vgl. oben Anm. 11) außer mittels der Einziehung eines Geschäftsanteils. Als solche bedarf sie stets der Zustimmung des hiervon Betroffenen, falls nicht das Statut sie bereits für ihn verpflichtend anordnet.

b) Die inhaltlichen Erfordernisse des Kapitalherabsetzungsbeschlusses müssen Anm. 13.
angeben, um welchen Betrag das Stammkapital herabgesetzt wird. Soll die Herabsetzung des Stammkapitals durch Einziehung von einzelnen Geschäftsanteilen, zu der die Zustimmung ihrer Eigentümer erst einzuholen ist, erfolgen, so läßt sich oft im Beschlusse selbst die Herabsetzungsziffer noch nicht feststellen. Die Praxis des Aktienrechtes läßt für solche Fälle die Bestimmung eines Höchstbetrages durch die Gesellschafterversammlung zu. Dabei werden Vorstand und Aufsichtsrat ermächtigt, den wirklichen Betrag, der sich nach Durchführung der Maßnahmen ergibt, festzustellen (KG. bei Holdheim 6, 129; Staub-Pinner HGB. Anm. 17 zu § 288; Leist, Sanierung von AG. 73). Man wird wie bei der Erhöhung des Stammkapitals auch bei der Herabsetzung dasselbe System für die GmbH. zulassen dürfen. (Ebenso Brodmann Anm. 2.) Dabei darf der Betrag des Stammkapitals nicht unter 20000 RM. sinken (58 Abs. 2). Erfolgt die Herabsetzung durch Reduktion des Nennbetrages der einzelnen Stammanteile, und ist der Zweck der Kapitalsherabsetzung die Rückzahlung oder der Erlaß von Einlagen, so darf ferner der Nennbetrag der Geschäftsanteile nicht unter 500 RM. heruntergehen (§ 58 Abs. 2). Er muß in Reichs-Mark durch 100 teilbar bleiben (§ 58 Abs. 2). Im Sinne dieser Vorschrift muß der Zweck der Bildung von Reservekonten dieselbe Wirkung haben, wie der Zweck der Rückzahlung von Stammeinlagen (siehe oben Anm. 8 a. E. und unten Anm. 19). Erfolgt die Kapitalsherabsetzung dagegen zu dem Zwecke, um eine Unterbilanz zu beseitigen, so bleiben die Geschäftsanteile in ihrem Nominalbetrage. Das gesamte Stammkapital aber muß auch

§ 58. in diesem Falle 20000 RM. bleiben. Wenn die geplante Kapitalsherabsetzung die Ziffer des Stammkapitals unter 20000 RM. reduzieren würde, so ist sie nicht zulässig. Es ist durch spätere Überschüsse oder sonstige Zuwendungen an die Gesellschaft auf diese Höhe zu bringen. Gesellschaften mit kleinerem Kapital als 20000 RM. sollen künftig nicht mehr bestehen. Eine Kapitalherabsetzung unter 20000 RM. ist seit der Novelle vom 28. Juni 1926 (Art. II, vgl. Bd. I S. 523) ausgeschlossen. Inwieweit Gesellschaften, die am 1. Juli 1926 schon bestanden, auch künftig noch ein Stammkapital unter 20000 RM. besitzen können vgl. Anm. 4ff. zur Novelle vom 28. Juni 1926 (Bd. I S. 525). Eine wesentliche Änderung ihrer Verhältnisse zwingt auch diese Gesellschaften, sich der Anwendung des Art. I Ziff. 1 der Novelle zu unterwerfen. Die Änderung des Stammkapitals ist eine solche „wesentliche Änderung". Sie führt zum Verlangen eines Mindeststammkapitals von 20000 RM.

Staub (1. Aufl. S. 344 Anm. 7) hatte sich gegen die Bemerkung der Motive zu § 58 gewendet, mit der die verschiedene Behandlung beider Herabsetzungsarten begründet wurde, daß nämlich die Geschäftsanteile nicht wie die Aktien einen Nennbetrag hätten und eine bloß nominelle Herabsetzung nicht erfolge. Die Meinung des Verfassers der Motive ist allerdings etwas undeutlich ausgedrückt. Es soll aber offenbar damit gesagt sein, daß, wenn nicht die Einlage zurückerstattet und diese Tatsache, deren historische Reminiszenz (vgl. Anm. 11 zu § 14) der Geschäftsanteil ist, aus der Welt geschafft wird, der Geschäftsanteil seine ursprüngliche Bezeichnung behält.

Anm. 14. Der Beschluß muß genau erkennen lassen, in welcher Weise die Herabsetzung erfolgen soll. Das gehört zu den Erfordernissen einer bestimmten Willenserklärung (vgl. RG. 26, 132 für das alte Aktienrecht).

Die Kapitalsherabsetzung kann in verschiedener Weise erfolgen.

Anm. 15. α) Durch Herabsetzung des Stammkapitals ohne Einziehung bestimmter Geschäftsanteile. Hierzu bedarf es der Zustimmung der betroffenen Gesellschafter nicht (über den Fall der Herabsetzung unter Rückerstattung der Einlage an bestimmte Gesellschafter vgl. oben Anm. 12). Eine solche Herabsetzung kommt der Amortisation gleich. Nur werden bei der Herabsetzung unter Aufhebung der Einlage die Geschäftsanteile reduziert. Aber auch in diesem Falle kann man nicht (so Staub in der ersten Auflage Anm. 9 S. 344) davon sprechen, daß die Kapitalsherabsetzung auf dem Wege der Herabsetzung der Geschäftsanteile erfolge. Auch hier ist die Reduktion dieser nur eine Folge jener, und zwar eine indirekte. Sie schließt sich erst an die Rückgängigmachung der Einlage an. Bei der Herabsetzung des Stammkapitals ohne Rückfluß der Einlage bleiben die Geschäftsanteile in ihren Nominalbeträgen (vgl. oben Anm. 7). Der Vorwurf, den Staub (1. Aufl. S. 345) dem Verfasser der Motive machte, ist nicht begründet. Bestimmend für ihn war auch hier der Grundsatz, daß die Summe des Stammkapitals identisch mit der Summe aller Geschäftsanteile bleiben müsse. Er ist in dieser Fassung nicht zu billigen (vgl. Anm. 10 zu § 5; Anm. 19 zu § 34 und oben Anm. 1 u. 7). Wenn die Motive sagen, daß eine Herabsetzung des Stammkapitals nicht eine Minderung des Geschäftsanteils bedinge, so ist dies als richtig anzuerkennen. Auch die Einziehung eines Geschäftsanteiles hat nicht die Herabsetzung des Stammkapitals im Gefolge (vgl. Anm. 19 zu § 34). Man kann höchstens (so Förtsch Anm. 8 zu § 58) von einem „Schönheitsfehler" reden, wenn die Summe der Geschäftsanteile und das Stammkapital nicht mehr stimmen. Man muß dann aus der ursprünglichen Sachlage selbst die Beteiligungsziffer, die jetzt nicht mehr aus dem Nominalbetrage der Geschäftsanteile erhellt, entnehmen.

Anm. 16. β) Die sogenannte Zusammenlegung, wie sie in § 290 HGB. für das Aktienrecht gesetzlich gestattet ist, kann für die GmbH. nicht als zulässig betrachtet werden (Motive 41; Brodmann Anm. 3). Staub (1. Aufl. Anm. 10 S. 345) vertrat die gegenteilige Ansicht (ebenso Liebmann Anm. 5). Maßgebend war hier wieder der Gedanke, daß die Herabsetzung des Stammkapitals auch Herabsetzung der Geschäftsanteile sei (vgl. oben Anm. 7 u. 15). Das ist für die GmbH. nicht zutreffend. Das Gesetz geht hier von der

Aufhebung des Stammkapitals und der Beseitigung der Vorschrift des § 30 Abs. 1 aus. § 58.
Der Grund, der im Aktienrecht schon vor dem neuen HGB. zu der Zusammenlegung führte, daß Aktien unter 1000 M. unzulässig sind, fällt hier fort. Es widerspricht auch dem Gedanken des Gesetzes von der Selbständigkeit des Geschäftsanteils. Aus zwei solchen kann niemals einer werden (§ 15 Abs. 2). Das übersieht auch Neukamp-Becker (Anm. 2a), der die Zustimmung der von der Zusammenlegung betroffenen Gesellschafter fordert, „da kein Gesellschafter, der mehrere Mitgliedschaftsrechte besitzt, sich wider seinen Willen deren Vereinigung in ein einheitliches Mitgliedschaftsrecht gefallen zu lassen braucht". Es kann aber auch mit seinem Willen eine solche nicht stattfinden. Über die Ausnahme bei der Umstellung auf Grund der Goldbilanz vgl. unten Anm. 50a.

γ) Die Kapitalsherabsetzung ist auch im Wege der Einziehung zulässig. Die Einziehung Anm. 17.
an sich ist nicht auch Kapitalsherabsetzung (Anm. 7 zu § 34 und oben Anm. 1). Aber (vgl. oben Anm. 1 und Anm. 7 zu § 34) die Kapitalsherabsetzung kann durch Einziehung erfolgen. Die Einziehung ist mit Kapitalsherabsetzung verbunden. Nicht jede Einziehung von Geschäftsanteilen ist eine Herabsetzung des Stammkapitals und nicht jede Herabsetzung des Stammkapitals ist Einziehung von Geschäftsanteilen (vgl. oben Anm. 1). Die Amortisation kann im Wege des § 34 nur durch Vernichtung des Geschäftsanteiles erfolgen. Dann müssen Überschüsse über das Stammkapital vorhanden sein. Dann bleibt auch dessen Ziffer intakt. Die Vorschriften des § 58 sind nicht zu beachten. Es kann aber auch trotz der vorhandenen Überschüsse mit der Einziehung des Geschäftsanteiles die Herabsetzung des Stammkapitals verbunden werden. Dann sind die Bestimmungen des § 58 zu beobachten. Endlich wenn eine Einziehung erfolgen soll, ohne daß Überschüsse gegeben sind, so muß die Herabsetzung des Stammkapitals erfolgen. Denn nur hierdurch wird das herauszubezahlende Kapital frei. Anders wieder, wenn es sich um eine Einziehung ohne Entgelt handelt (vgl. Anm. 6 zu § 34). Bei nicht voll bezahlten Stammanteilen ist eine Einziehung nur unter Herabsetzung des Stammkapitals, wenigstens um den nicht einbezahlten Betrag, möglich (RG. 7. 9. 18; RGZ. 93, 326; Recht 1919 Nr. 148ff.; RundschGmbH. 1918, 393).

c) Der Zweck der Kapitalsherabsetzung (vgl. Anm. 19) muß nicht im Beschlusse Anm. 18.
angegeben werden. Das Aktienrecht verlangt dies in § 288 Abs. 2 HGB. Das GmbHGes. hat die Vorschrift nicht übernommen. Sie darf daher auch nicht für bestimmte Fälle in dasselbe eingeführt werden (so Staub in der ersten Auflage Anm. 12 S. 346; Brodmann Anm. 1; Neukamp-Becker Anm. 3). Das Argument, daß nur bei der Herabsetzung des Stammkapitals behufs Beseitigung einer Unterbilanz die Geschäftsanteile unter 500 M. sinken dürfen, daß der Registerrichter das Vorhandensein dieses Zweckes prüfen und aus dem Beschluß erkennen müsse, versagt, sobald man annimmt, daß bei dieser Herabsetzung des Stammkapitals die Geschäftsanteile sich nicht ändern (vgl. oben Anm. 7 u. 15). Aber auch bei der Herabsetzung des Stammkapitals zur Rückzahlung an die Gesellschafter, zur Bildung von Reserven usw., muß diese Verwendung nicht im Herabsetzungsbeschluß erscheinen. Dieser hat nur zu erklären, daß das Stammkapital jetzt weniger als bisher betragen soll. Die weitere Folge hat die Gesellschaft im Wege der Verwaltung zu ziehen. War Unterbilanz vorhanden, so verschwindet diese. Ergibt sich ein Überschuß, so steht er zur Verfügung der Gesellschafter, falls sie nicht bei dem Herabsetzungsbeschluß über ihn disponierten. Die Schranke des § 30 Abs. 1 ist gefallen. Die Auszahlung oder Bildung von Reserven kann geschehen. Hieraus folgt, daß die Gesellschafter die in dem Herabsetzungsbeschlusse getroffene Bestimmung wieder ändern können. Sie können freilich, wenn eine Unterbilanz da war, keine Verteilung beschließen. Aber sie können, wenn die Bildung einer Reserve beschlossen war, diese auflösen und verteilen. Ist diese durch den Beschluß zu einem Teile des Statuts geworden, so bedarf es hierzu der Statutenänderung. Ist die Rückzahlung beschlossen, so bedarf die Abänderung der Zustimmung aller zum Empfange der Rückzahlung Berechtigten. Nicht aber ist hier ein Beschluß mit der Mehr-

§ 58. heit von drei Vierteln verlangt (vgl. Anm. 23 zu § 53). Daß der Beschluß seine causa in sich tragen müsse, wie Brodmann Anm. 1 sagt, weil sonst die Gesellschaft die Herabsetzung „gewissermaßen ins Leere" beschließe, findet im Gesetz keinerlei Stütze. Selbstverständlich ist mit der Herabsetzung ein Zweck verbunden. Damit ist aber hier sowenig wie in anderen analogen Fällen gesagt, daß er im Beschluß selbst seinen Ausdruck finden müsse (wie Brodmann auch Neukamp-Becker Anm. 3b, dagegen wie hier Liebmann Anm. 1 und Parisius-Crüger-Crecelius Anm. 1).

Anm. 19. **Der Zweck der Kapitalsherabsetzung kann ein verschiedener sein:**

a) Es soll das Gesellschaftsvermögen frei gemacht werden, so daß die Gesellschafter um den Betrag der Herabsetzung über dasselbe verfügen können. Ohne diese Herabsetzung sind sie durch § 30 Abs. 1 daran gehindert. Diese Freimachung des Vermögens kann aber wieder verschiedenen Zwecken dienen.

α) Die Gesellschaft besitzt zu viel Betriebskapital (oben Anm. 4). Sie will dies ihren Gesellschaftern zurückgeben. Das kann dies mit Zustimmung der Betroffenen oder bei statutarischer Anordnung auch ohne diese durch Einziehung bestimmter Geschäftsanteile geschehen (vgl. Anm. 3 zu § 34). Es kann eine gleichmäßige Rückzahlung an alle Gesellschafter erfolgen. Diese ist anzunehmen, wenn der Beschluß nichts Gegenteiliges besagt. Eine Zuwendung eines Teiles an einen Gesellschafter ohne Einziehung von dessen Geschäftsanteil verletzte die Rechte der anderen Gesellschafter am Gesellschaftsvermögen. Sie bedarf der Einstimmigkeit aller Gesellschafter. Daraus folgt aber nicht, daß der Mehrheitsbeschluß, das freiwerdende Kapital den Gesellschaftern zurückzuzahlen, nicht in gleicher Weise durch Einführung eines anderen Zweckes geändert werden kann (a. M. Neukamp-Becker Anm. 3c). Erst mit der Eintragung des Beschlusses nach Ablauf des Sperrjahres erwerben die Gesellschafter Gläubigerrechte (unten Anm. 39). Über die Wirkungen auf die Geschäftsanteile vgl. oben Anm. 8.

Auch Sacheinlagen oder sonstige Werte können in dieser Weise zur Verteilung gelangen. Es wird durch die Streichung eines Teiles der Passiva ein Überwiegen der Aktiva über die Passiva bewirkt. Dieser Überschuß wird zur Verteilung von Werten benutzt.

β) Die Gesellschaft zwingt einzelne Gesellschafter auszuscheiden. Sie müssen sich die Einziehung der Geschäftsanteile dann gefallen lassen, wenn sie die Mitgliedschaft verwirkten (vgl. Anm. 32 zu § 2, Anm. 33 zu § 3, Anm. 3 zu § 34). Die Freiwerdung des Kapitales erfolgt nicht, weil es entbehrlich ist, sondern weil ein Gesellschafter ausgeschlossen werden soll. Sind Überschüsse vorhanden, so bedarf es auch bei dieser Einziehung keiner Herabsetzung des Stammkapitals.

γ) Diese Kapitalsherabsetzung kann zur Bildung eines Reservekontos aus dem freiwerdenden Betrage des Stammkapitales erfolgen. Die Gesamtziffer der Passivkonten ändert sich dadurch nicht. Allein das Reservekonto hat eine andere Bedeutung als das Stammkapital. Dieses ist unantastbar. Jenes unterliegt der Verfügung der Gesellschafter. Ein heute gebildetes Reservekonto kann morgen gestrichen und verteilt werden. Die Herabsetzung des Stammkapitals zum Zwecke der Bildung eines Reservekontos ist Herabsetzung zum Zwecke der Rückzahlung. Diese liegt nunmehr in der Hand der Gesellschaftsorgane. Der Bildung einer Reserve steht die Verwendung zu außerordentlichen Abschreibungen gleich. Auch diese sind Reserven. Sie können aus der Bilanz wieder beseitigt werden (vgl. Anm. 63 zu § 42). Dann steht der hierdurch gewonnene Betrag zur Verteilung.

Anm. 20. b) Es sollen den Gesellschaftern rückständige Stammeinlagen erlassen werden. Ein solcher Verzicht ist Aufgabe von Gesellschaftsvermögen. Auch wenn das Gesellschaftsvermögen Überschuß aufwiese, ist der Erlaß unstatthaft. Er ist nur „im Falle einer Herabsetzung des Stammkapitals" möglich (§ 19 Abs. 2). Es muß diese erst die Schranke beseitigen. Dann kann das Rechtsgeschäft des Erlasses stattfinden. Ein Beschluß, das

Stammkapital zum Zwecke des Erlasses herabzusetzen, ist noch nicht der Erlaß selbst. Die Gesellschaft kann auch nach dem Beschlusse diesen abändern. Doch kann der Verzicht schon vor dem Herabsetzungsbeschlusse erfolgen. Er ist nur bedingt durch diesen. Bleibt er aus, so ist auch der Erlaß ohne Wirkung. § 58.

Über den Begriff des Erlasses vgl. Anm. 7 zu § 19.

c) Es soll eine vorhandene Unterbilanz ausgeglichen werden (oben Anm. 3). Unterbilanz liegt vor, sobald die Aktiva nicht mehr die Passiva, einschließlich des Stammkapitalkontos, decken. Dann ist ein Teil des einbezahlten Kapitals nicht mehr vorhanden. Der Zweck der Herabsetzung ist hier nicht das Freiwerden von vorhandenem Vermögen. Dieses Vermögen, um dessen Betrag das Kapital herabgesetzt werden soll, ist nicht mehr da. Es soll das noch vorhandene mit dem Stammkapital in Einklang gebracht werden. Daher weitere Rechtsakte nach der Herabsetzung hier nicht stattfinden. Der Ausgleich vollzieht sich durch die Minderung des Stammkapitals von selbst. Anm. 21.

Über die besonderen Folgen dieser Herabsetzungsart bezüglich der Höhe der Geschäftsanteile vgl. oben Anm. 7.

2. **Dem Kapitalherabsetzungsbeschluß folgt dessen Bekanntmachung und die Aufforderung an die Gläubiger.** Anm. 22.

a) Bekanntmachung des Beschlusses.

α) Sie geschieht durch so viel Geschäftsführer, als zur Vertretung der Gesellschaft befugt sind.

β) Sie erfolgt durch die in § 30 Abs. 2 bezeichneten Blätter (vgl. hierüber Anm. 16 zu § 30). Der Beschluß muß seinem Inhalte nach publiziert werden. Wörtliche Einrückung ist nicht verlangt. Eine Mitteilung seines wesentlichen Inhaltes genügt. Den Zweck der Herabsetzung braucht daher der Beschluß nicht zu enthalten (vgl. oben Anm. 18). Er ist für die Gläubiger ohne Interesse. Anm. 23.

γ) Die Bekanntmachung erfolgt zu drei verschiedenen Malen. Natürlich in Zwischenräumen. Jedoch sind bestimmte Zwischenräume nicht vorgeschrieben. Es genügt, wenn die Publikation nur in verschiedenen Nummern derselben Zeitung erfolgt. Als verschiedene Nummern gelten auch die Morgen- und die Abendnummern.

b) Die Aufforderung an die Gläubiger, sich zu melden. Inhaltlich wird nicht mehr verlangt als was das Gesetz fordert. „Die Gläubiger werden aufgefordert, sich zu melden." Eine Androhung der Folgen des Sichnichtmeldens oder Mitteilung der Rechte für den Fall der Meldung ist nicht geboten. Formell muß die Aufforderung in doppelter Weise erfolgen. Einmal zugleich mit und in der Bekanntmachung des Beschlusses. Zum anderen ist an die aus den Handelsbüchern ersichtlichen oder sonst bekannten Gläubiger eine besondere Aufforderung zu richten. Zu den bekannten Gläubigern gehören auch die Inhaber der von der GmbH. ausgegebenen Schuldverschreibungen auf den Inhaber oder an Order, wenn ein gemeinsamer Vertreter bestellt ist, der für die Gläubiger verbindliche Erklärungen abgeben kann (Leist, Sanierung der AG. 78). Über die Pflicht der Gesellschaft, die Versammlung der Gläubiger zu berufen, vgl. § 3 des Gesetzes vom 4. Dezember 1899. Für die besondere Bekanntmachung ist keine Form vorgeschrieben. Ein einfacher Brief, auch eine mündliche Aufforderung, genügt. Gemeint sind wie bei der öffentlichen Aufforderung die zur Zeit vorhandenen Gläubiger. Die Geschäftsführer müssen nicht auch jedem während des Sperrjahres neu hinzukommenden Gläubiger nochmals die Aufforderung, sich zu melden, zustellen. Das hieße jedes neuere Rechtsgeschäft mit dieser Begleiterscheinung ausstatten. Nachdem der Beschluß bekannt gemacht ist, muß jeder, der sich mit der Gesellschaft einläßt, wissen, daß sie ihr Kapital herabsetzt. — Eine bestimmte Reihenfolge beider Aufforderungen ist nicht vorgeschrieben. Es kann die spezielle der allgemeinen vorausgehen. Doch muß in diesem Falle der bis zur Bekanntmachung neu hinzutretende Gläubiger ebenfalls besonders aufgefordert werden. Denjenigen Gläubigern, die schon vor dem Beschlusse ihre Zustimmung zur Herabsetzung gaben, braucht eine Aufforderung nicht mehr zuzugehen. Anm. 24.

§ 58. 3. **Die Befriedigung oder Sicherstellung der Gläubiger, welche sich bei der Gesellschaft**
Anm. 25. **melden und der Herabsetzung nicht zustimmen.**

a) Die Gläubiger haben ein Widerspruchsrecht. Gegen ihren Widerspruch darf die beschlossene Herabsetzung des Stammkapitals nicht angemeldet und nicht eingetragen werden (über den Verstoß hiergegen vgl. unten Anm. 50). Eine ausdrückliche Zustimmung ist nicht erfordert. Aber auch kein ausdrücklicher Widerspruch. Er liegt in der Tatsache, daß sie sich melden. Darin liegt das Verlangen, vor der Eintragung gedeckt zu sein, anderenfalls sie sich widersetzen. Melden sie sich nicht, so liegt darin ihre Zustimmung. Auf Grund des Kapitalsherabsetzungsbeschlusses haben sie keinen Anspruch darauf, befriedigt oder sichergestellt zu werden. Bei fälligen Forderungen haben sie einen Anspruch auf Befriedigung auch ohne Kapitalsherabsetzung. Für die nicht fälligen entsteht er durch den Beschluß der Herabsetzung nicht. Ebensowenig ein Anspruch auf Sicherstellung. Sie haben nur ein Recht, der Kapitalsherabsetzung zu widersprechen. Den Widerspruch wendet die Gesellschaft durch Sicherstellung oder Zahlung ab. Der Widerspruch schafft also mittelbar den Gläubigern eine frühere Leistung oder Sicherheit. Sie können den Widerspruch dem Registerrichter mitteilen. Sie können durch einstweilige Verfügung die Eintragung verhindern. Das Widerspruchsrecht der Gläubiger enthält einen Anspruch, daß nicht ohne ihren Willen die Herabsetzung des Stammkapitals erfolge. Er muß daher auch im Wege der Klage verfolgt werden können.

Anm. 26. b) Das Widerspruchsrecht steht denen zu, die zur Zeit der Bekanntmachung des Beschlusses der Herabsetzung Gläubiger sind (KG. 26. 2. 09 OLGR. 19, 375; KGJ. 37 A 162; ebenso Brodmann Anm. 2 — wenn auch in der Begründung abweichend; Neukamp-Becker Anm. 3caa, ähnlich Parisius-Crüger-Crecelius Anm. 7 „bei der letzten öffentlichen Aufforderung"; a. M. Liebmann Anm. 8b). Nur deren Interessen sind gefährdet. Die neuen kontrahieren auf der Basis des geminderten Stammkapitals. Die Gläubiger, die sich nach der Publikation des Beschlusses mit der Gesellschaft einlassen, kennen diese Absicht und müssen mit ihr rechnen. Das Widerspruchsrecht allen zu geben, die bis zur Eintragung der Herabsetzung Gläubiger wurden (Staub, 1. Aufl., Anm. 19 S. 348) ist mit der Aufgabe der Bekanntmachung und Aufforderung nicht verträglich. Die zum Widerspruch befugten Gläubiger müssen sich aber auch melden. Die Meldung ist zulässig bis zur Eintragung. Sie ist nicht durch Ablauf des Sperrjahres ausgeschlossen. Nur darf der Geschäftsführer bei seiner Anmeldung die Gläubiger, die sich bis dahin nicht meldeten, außer Betracht lassen. Die Forderungen brauchen nicht fällig zu sein. Es genügt, daß sie vor der Eintragung begründet sind. Ist dies der Fall, so kann die Forderung aufschiebend oder auflösend bedingt oder befristet sein. Im übrigen verändert sich der Charakter der Forderung durch die drohende oder eingetragene Kapitalsherabsetzung nicht. Weder werden Holschulden zu Bringschulden, noch werden längere Verträge dadurch einem vorzeitigen Ende zugeführt, noch werden befristete Forderungen fällig (ROHG. 24, 245; RG. 5, 7; 9, 14; oben Anm. 25) noch liegt an sich ein Arrestgrund vor. Höchstens aus Verletzung der Schutzvorschriften könnte er gefolgert werden (ROHG. 23, 150). Nur auf Grund des § 321 BGB. wird ein Recht auf Zurückbehaltung angenommen werden können, wenn die Kapitalsherabsetzung eine wesentliche Verschlechterung der Verhältnisse der Gesellschaft bedeutet. Das wird wohl selten der Fall sein.

Für die Art der Sicherheit sind die Vorschriften der §§ 232ff. BGB. bestimmend. Mit Wertpapieren, auch wenn es sich um Schuldverschreibungen des Deutschen Reiches oder der Einzelstaaten handelt, kann nur mit Dreiviertel des Kurswertes Sicherheit bestellt werden (§ 234 Abs. 3, § 236 BGB.).

Anm. 26a. Bestrittene Forderungen haben die Gesellschaftsorgane mit der Sorgfalt ordentlicher Geschäftsleute zu prüfen. Sie müssen dem Registerrichter erklären, daß sie eine angemeldete Forderung weder befriedigt noch sichergestellt haben, weil sie dieselbe nicht für begründet halten. Dann kann die Eintragung geschehen. Dem Gläubiger bleibt

es dann überlassen, entweder die Eintragung im Prozeßwege zu verhindern oder nach § 58.
der Eintragung Sicherstellung durch Klage zu erzwingen (Brodmann Anm. 2; Parisius-Crüger-Crecelius Anm. 5). Das KG. bekämpft in wiederholter Entscheidung (KG. 27. 6. 07 KGJ. 34 A 172; KG. 25. 1. 18 RundschGmbH. 1918, 95) die hier niedergelegte Ansicht (mit ihm übereinstimmend Liebmann Anm. 8b). Für das diskretionäre Ermessen sei kein Raum. Dies Verfahren verstoße gegen den vom Gesetze beabsichtigten Schutz der Gläubiger. Die Gesellschaft würde zum Richter in eigener Sache. Daher müßte vor der Anmeldung ein Urteil des Prozeßgerichts, daß die Gesellschaft nicht zur Tilgung der Forderung oder Sicherstellung für dieselbe verpflichtet sei, herbeigeführt werden. Die Folge der Auffassung des KG. wäre, daß jede noch so grundlose Forderung den Vollzug des Herabsetzungsbeschlusses hemmen könnte. Es wäre den angeblichen Gläubigern ein starkes Pressionsmittel in die Hand gegeben. Der Gläubigerschutz würde zu einem Angriffsmittel. Die Gesellschaft wird auch nicht Richter in eigener Sache. Der Geschäftsführer hat eine Versicherung abzugeben. Deren Richtigkeit prüft nicht der Registerrichter, sondern nur der Geschäftsführer selbst. Er entscheidet, ob er die Erklärung unterzeichnen darf (ebenso Brodmann Anm. 2). Er hat dabei, und stets nur für sich, zu ermessen, ob ein Gläubiger sich gemeldet hat und ob er der Herabsetzung nicht zustimmte. Auch diese Äußerungen können mehrdeutig sein. Er befindet, ob der Gläubiger befriedigt ist. Ein Streit darüber, ob die Leistung dem Schuldverhältnis entspricht, ist denkbar. Es ist eine Meinungsverschiedenheit möglich, ob die Sicherheit dem Gesetze genügt. Es beanstandet der Gläubiger die Bank, deren Bürgschaft die Gesellschaft stellt. Soll in all diesen Fällen der Geschäftsführer zuerst den Prozeß führen müssen? Davon weiß das Gesetz nichts. Gerade weil es seine Versicherung verlangt, muß sein pflichtgemäßes Ermessen genügen. Das führt aber zwingend dazu, daß für die Anmeldung auch darüber, ob der Prätendent als Gläubiger anzusehen ist, der Geschäftsführer entscheidet. Denn Gläubiger ist nicht, wer eine Forderung erhebt, sondern wer eine Forderung hat.

Für eine vollgesicherte Forderung kann nicht nochmals Sicherheit gefordert werden. **Anm. 26b.**
Eine Bank, die eine erste Hypothek besaß, darf nicht durch Widerspruch die Hinterlegung von Wertpapieren erzielen wollen. Anders wenn die Sicherheit ungenügend ist. Sie muß so verstärkt werden, daß die Forderung vollständig sichergestellt ist. Daß die Herabsetzung des Stammkapitals die Sicherheit nicht vermindert, ist unerheblich. Ebenso daß die Ziffer, um welche das Stammkapital vermindert ist, einem Reservekonto zugeführt ist (oben Anm. 19 a. E.). Anders bei rein dinglichen Verpflichtungen wie Grundschulden. Hier kann eine verstärkte Sicherheit nicht gefordert werden.

c) Meldet sich ein Gläubiger nicht, so fehlt es am Widerspruche. Die Eintragung ist **Anm. 27.**
von seiner Befriedigung oder Sicherstellung nicht abhängig. Seines Anspruches geht er dadurch nicht verlustig. Er kann ihn nach Fälligkeit geltend machen. Aber ein Recht auf Sicherstellung hat er nicht.

Ebenso ist die Rechtslage der Gläubiger, welche sich zwar melden, aber der Herabsetzung zustimmen. Darin liegt ein Verzicht auf den Widerspruch und die Sicherstellung wegen der Kapitalsherabsetzung. Sie können ihre Ansprüche geltend machen, wenn sie fällig sind. Ein Recht auf Sicherstellung haben auch sie nicht.

d) Zu welchem Zwecke die Herabsetzung des Stammkapitals erfolgt, ist einerlei. Auch **Anm. 28.**
wenn es sich lediglich um Beseitigung einer Unterbilanz handelt, besteht das Widerspruchsrecht der Gläubiger. Sie haben ein Interesse an der Erhaltung der Kapitalsziffer. Diese hindert die Ausschüttung des künftigen Gewinnes so lange, bis der Verlust wieder ausgeglichen ist.

4. Seit der dritten öffentlichen Aufforderung an die Gläubiger, sich zu melden, **muß ein** **Anm. 29.**
Jahr vergehen (Sperrjahr). Es beginnt mit dem Tage der Ausgabe des Blattes. Dabei ist nicht das auf der Zeitung angegebene Datum, sondern der wirkliche Tag des Erscheinens maßgebend. Also bei den Morgenblättern, die bereits am Abend des vor-

§ 58. hergehenden Tages erscheinen, dieser Tag. Der Ablauf des Sperrjahres beseitigt das Widerspruchsrecht der Gläubiger noch nicht (vgl. oben Anm. 26). Er gibt nur der Gesellschaft das Recht der Anmeldung. Erst dann kann die Anmeldung des Herabsetzungsbeschlusses zur Eintragung in das Handelsregister erfolgen (RG. 4. 11. 13 LZ. 1914, 398). Durch diese Bestimmung entstehen daher für die Praxis große Schwierigkeiten (unten Anm. 42). Es liegt kein Grund vor, für eine Herabsetzung des Grundkapitals, die nicht eine Rückzahlung desselben bezweckt, eine lange Sperrfrist einzuhalten. Das österreichische Gesetz (§§ 54, 55) setzt die Frist auf drei Monate herab.

Anm. 30. 5. **Nach Ablauf des Jahres kann der Kapitalsherabsetzungsbeschluß zur Eintragung in das Handelsregister angemeldet werden.** Hierin liegt ein Gegensatz zum Aktienrecht. Dort ist die sofortige Eintragung des Beschlusses gestattet. Daneben wird die Gläubigeraufforderung vorgeschrieben. Nur die Ausfolgung freiwerdenden Kapitals an die Gesellschafter und die Wirksamkeit des Verzichts auf Kapitaleinlage ist dort vor Ablauf des Sperrjahres ausgeschlossen (§ 289 HGB.).

Anm. 31. a) Die Anmeldung ist von sämtlichen Geschäftsführern zu bewirken (§ 78 des Gesetzes). Über die Zulässigkeit der Vertretung vgl. Anm. 15 zu § 55 und Anm. 7 zu § 7.

Anm. 31a. b) Die Anmeldung erfolgt zum Register des Gesellschaftssitzes. Vor dieser Eintragung gilt die Kapitalsherabsetzung nicht (§ 54 Abs. 3). Zur Eintragung in dieses Register aber besteht kein Zwang durch den Registerrichter (§ 79). Die Gesellschafter müssen sich in anderer Weise helfen, wenn die Geschäftsführer die Anmeldung verzögern oder verweigern (vgl. Anm. 1 zu § 54). Nach der Eintragung in das Hauptregister hat die Anmeldung zum Zweigregister zu erfolgen (§ 59 des Gesetzes; § 13 HGB.). Hier aber findet ein Zwang statt (§ 79 des Gesetzes; § 14 HGB.). Andererseits ist die Anmeldung hier vereinfacht. (§ 59 des Gesetzes.)

Anm. 32. c) Die Anmeldung muß beglaubigt sein (vgl. Anm. 1 zu § 54).

Anm. 33. d) Der Gegenstand und der Inhalt der Anmeldung. Der Kapitalsherabsetzungsbeschluß wird angemeldet. Die Herabsetzung durch Reduzierung des Stammkapitals ohne Einziehung bestimmter Geschäftsanteile ist mit der Eintragung vollendet. Bei der Herabsetzung durch Einziehung von Geschäftsanteilen müssen die besondere Voraussetzung dieser vorliegen. Dazu gehört der Einziehungsbeschluß der Gesellschaft und die Zustimmung des Gesellschafters oder die diese ersetzende statutarische Bestimmung (vgl. Anm. 22 u. 23 zu § 34). In diesem Falle erfolgt die Eintragung des Beschlusses nicht eher, als bis die Einziehung vollendet ist. Denn erst dann ist die Herabsetzung des Stammkapitals, die angemeldet wird und einzutragen ist, vorhanden. Das ist im Gesetze nicht ausdrücklich gesagt. Doch geht die in den Motiven hervorgehobene, aus der ganzen Gesetzesvorschrift hervorgehende Tendenz derselben dahin, hier, wie bei der Kapitalserhöhung, nur eine solche Eintragung zu bewirken, welche erkennen läßt, wie sich die Höhe des Stammkapitals nunmehr stellt. Dieser Zweck wird nur erreicht, wenn die Kapitalsherabsetzung nicht eher zur Eintragung gelangt, als bis sie durchgeführt ist.

Anm. 34. In der Anmeldung haben die Geschäftsführer die Versicherung abzugeben, daß die Gläubiger, welche sich bei der Gesellschaft gemeldet und der Herabsetzung nicht zugestimmt haben, befriedigt und sichergestellt sind (über streitige Forderungen s. oben Anm. 26). Die Prüfung dieser Voraussetzung, ob Widerspruch vorliegt und dieser beseitigt ist, überläßt das Gesetz den Geschäftsführern (vgl. oben Anm. 26). Diese haben sich zu vergewissern, daß alle Gesellschaftsgläubiger, die sich meldeten, zugestimmt haben oder abgefunden sind. Der Kerngedanke der Versicherung ist, daß ein die Eintragung hindernder Widerspruch nicht vorliegt. Bei der Kapitalsherabsetzung durch Einziehung von Geschäftsanteilen müssen die Geschäftsführer bestätigen, daß die Geschäftsanteile wirksam eingezogen sind (vgl. oben Anm. 33).

Anm. 35. e) Die Beilagen der Anmeldung. Beizufügen ist die gerichtliche oder notarielle Ausfertigung des Kapitalsherabsetzungsbeschlusses und die Bekanntmachungen desselben mit der Aufforderung der Gläubiger (vgl. oben Anm. 21—23). Nicht beizubringen sind Belege über die spezielle Aufforderung an die bekannten Gläubiger. Ebenso über deren Zustimmung oder Sicherung und Befriedigung im Falle des Widerspruches. **§ 58.**

f) Verantwortlichkeit der Gesellschaftsorgane. Eine besondere zivilrechtliche Verantwortlichkeit der Gesellschaftsorgane ist hier nicht statuiert. Es greift hier § 43 Platz. Außerdem besteht die strafrechtliche Verantwortlichkeit des § 82 Nr. 2. **Anm. 36.**

6. Der Umfang der **Prüfungstätigkeit des Registerrichters** ist hier der gleiche wie bei den Statutenänderungen überhaupt (Anm. 13 zu § 54). Verzichtbare Formalitäten des Beschlusses braucht er nicht nachzuprüfen. Die gehörige Einberufung der Gesellschafterversammlung zum Kontrollieren ist Sache der Gesellschafter. Die Beobachtung zwingender Vorschriften muß der Richter nachprüfen. So namentlich die der Form, aber auch die Bekanntmachung und die öffentliche Aufforderung an die Gläubiger. Er darf Ermittelungen darüber anstellen (§ 12 FG.), ob die bekannten Gläubiger besonders aufgefordert wurden, und diejenigen Gläubiger, welche sich gemeldet haben, zugestimmt haben oder befriedigt oder sichergestellt sind, ob das Sperrjahr verflossen ist usw. Wenn durch den Beschluß die Verpflichtungen der Gesellschafter vermehrt worden sind, oder wenn in Sonderrechte eingegriffen, das Prinzip der gleichen Behandlung nicht gewahrt ist, so wird er auch die Zustimmung der Beteiligten nach § 53 Abs. 3 (vgl. Anm. 17 u. 22 zu § 53) verlangen, sobald hierdurch die Wirksamkeit des ganzen Beschlusses in Frage steht. **Anm. 37.**

7. **Die Eintragung.** **Anm. 38.**

a) Der Inhalt der Eintragung geht dahin, daß durch Beschluß der Gesellschafter vom . . . das Stammkapital herabgesetzt worden ist. Im übrigen kann auf die Urkunden Bezug genommen werden (vgl. § 54 Abs. 2, § 10 Abs. 1).

b) Mit der Eintragung wird der Beschluß wirksam. Das Stammkapital ist herabgesetzt. Bei den Zwecken der Kapitalsherabsetzung (oben Anm. 19) fragt es sich, ob auch diese im Augenblicke der Eintragung des Beschlusses und unmittelbar hierdurch erreicht werden. Die Ausgleichung einer Unterbilanz ist mit der Eintragung erfolgt (ebenso RG. 1. 11. 21 JW. 1921, 576 mit Anm. von Flechtheim vgl. auch Brodmann Anm. 1). Es genügt hierzu, daß sich die Passivseite entsprechend vermindert. In den anderen Fällen ist zu dem Freiwerden des Kapitals noch die Verfügung der Gesellschaft erfordert. War diese, was in den meisten Fällen geschehen wird, schon bei der Beschlußfassung selbst getroffen, so treten auch deren Wirkungen mit dem Eintrage ein (vgl. oben Anm. 19ff.). War der Zweck der Herabsetzung die Wirksamkeit eines Erlasses von rückständigen Einlagen, so ist auch dieser Erfolg hiermit in Wirksamkeit getreten. Die Einlagen können nicht mehr gefordert werden. Der Beschluß, zu diesem Zwecke das Kapital herabzusetzen, ist aber noch nicht der Erlaß selbst (vgl. oben Anm. 20). War der Zweck der Herabsetzung die Rückzahlung von Stammeinlagen, so ist damit die Forderung der Gesellschafter auf Rückzahlung existent und fällig geworden. Sie sind dadurch echte und wahre Gläubiger der Gesellschaft. Sie konkurrieren mit den übrigen Gläubigern für den Fall, daß nunmehr die Gesellschaft in Konkurs gerät. Doch treten sie zurück hinter diejenigen Gläubiger, welche vor der Eintragung der Kapitalsherabsetzung ein Forderungsrecht erworben, sich gemeldet, der Kapitalsherabsetzung nicht zugestimmt und gleichwohl keine Befriedigung oder Sicherstellung erhalten hatten. Denn diese hatten einen Anspruch darauf, daß die Eintragung nicht geschehe. Ihnen gegenüber ist sie rechtswidrig erfolgt. Die Geltendmachung des Rückzahlungsanspruchs ist daher bedingt durch deren Befriedigung (vgl. Staub-Pinner, HGB. Anm. 7 zu § 291 und die dort Zitierten; Jaeger, KO. Anm. 12 zu § 208; Justin Goldstein, Der Konkurs der Aktiengesellschaft, Würzburger Dissertation 1901, § 5, 2b). Soll eine Reserve gebildet werden, so entsteht diese mit dem Eintrage. Die Geschäftsführer haben die entsprechende Vormerkung in den Büchern der Gesellschaft vorzunehmen. **Anm. 39.**

8. **Die Publikation der Eintragung durch das Registergericht.** **Anm. 40.**

a) Der Tag des Beschlusses der Kapitalsherabsetzung muß veröffentlicht werden (vgl. Anm. 26 zu § 57; § 54 Abs. 2 und § 10 Abs. 3). Hauptsächlich die veränderte Ziffer des Stamm-

§ 58. kapitals. Etwa so: Vom 9. April 1902 ist das Stammkapital auf den Betrag von 440000 M. herabgesetzt worden.

Anm. 41. b) Nach der Veröffentlichung kann die Kapitalsherabsetzung nunmehr jedem Dritten entgegengesetzt werden (§ 15 HGB.). Sie kann vor der Eintragung und Veröffentlichung auch demjenigen Dritten nicht entgegengehalten werden, der den Beschluß kennt. Denn vor der Eintragung gilt die Kapitalsherabsetzung als nicht erfolgt.

Anm. 42. **Zusatz 1. Die Kombinierung der Kapitalsherabsetzung mit der Kapitalserhöhung kann hier im Gegensatz zum Aktienrecht nicht erfolgen.** Beide Vorgänge können nicht gleichzeitig vor sich gehen. Die Beschlüsse können wohl zusammen erfolgen. Nicht aber die Eintragungen (OLG. Dresden 11. 11. 03 OLGR. 9, 267; Holdheim 13, 58; RG. 26. 10. 11 BauersZ. 19, 234; OLG. Darmstadt 14. 2. 13 RundschGmbH. 1913, 331; ebenso Brodmann Anm. 3). In der Praxis erweist sich eine solche Kombination oft als notwendig. Die Zuführung neuer Betriebsmittel durch Kapitalserhöhung genügt häufig nicht, um die Gesellschaft rentabler zu machen. Es muß noch außerdem die Bilanz durch Streichung von Teilen des Stammkapitals verbessert werden. Es müssen die Anteile der bisherigen Gesellschafter am Reingewinn gegenüber den neu hinzutretenden gemindert sein. Wartet man mit der Eintragung beider Beschlüsse bis zum Ablauf des Sperrjahres, so muß die Gesellschaft die neuen Mittel entbehren. Die neuen Geschäftsanteile entstehen erst mit der Eintragung. Man hilft hier durch Vorauszahlungen der Übernehmer. Sie sind an ihre Übernahme gebunden, auch wenn die Eintragung erst nach Jahresfrist erfolgt. Sie verpflichten sich, ihre Einlage schon vorher zu machen. Sie erhalten auch, ohne Gesellschafter zu sein, während des Sperrjahres keine Zinsen, sondern einen Gewinnanteil. Auch ein Stimmrecht kann ihnen als Nichtgesellschafter in dem Rahmen der Zulässigkeit eines solchen (vgl. Anm. 4 zu § 47) durch Änderung des Gesellschaftsvertrages gegeben werden. Bei den Fällen, in denen gesetzlich ein Beschluß der Gesellschafter vorgesehen ist, kann das freilich nicht Platz greifen. Sie sind daher unfähig, Statutenänderungen zu widersprechen. Hier hilft nur das indirekte Mittel, ein Recht auf Rücktritt für solche Fälle. Wird die Erhöhung des Stammkapitals sofort eingetragen und erfolgt die Zahlung der Einlagen alsbald, ehe die Herabsetzung des Stammkapitals erfolgt ist, so wird die hierdurch entstehende Schwierigkeit dadurch vermieden, daß durch Statutenänderung die alten Geschäftsanteile auch vor der Herabsetzung des Stammkapitals in Stimmrecht und Gewinnbezug so gestellt werden, als sei diese bereits durchgeführt. Nicht aber kann vor der Beseitigung der Unterbilanz eine Gewinnverteilung stattfinden. Die neuen Gesellschafter können vor Ablauf des Sperrjahres nichts erhalten. Sie können nur durch die Abrede im Gesellschaftsvertrage, daß nach der Eintragung der Herabsetzung des Stammkapitals eine Zwischenbilanz mit Gewinnverteilung stattfindet, schadlos gehalten werden. Die Praxis sucht nach Möglichkeit von der Kapitalherabsetzung und -erhöhung überhaupt abzusehen. Die gegenwärtigen Gesellschafter treten von ihren Geschäftsanteilen den Betrag an die neuen Gesellschafter ab, um den das Stammkapital herabgesetzt und wieder erhöht werden soll. Sie erhalten hierfür keine Gegenleistung. Diese fließt vielmehr kraft Vereinbarung zugunsten der Gesellschaft direkt an diese. Ob aus einem solchen Abkommen die Gesellschaft ein unmittelbares Klagerecht hat, hängt davon ab, ob die Abrede zu ihren Gunsten erfolgte. Dies ist anzunehmen, wenn sie selbst bei dem Vertrage mitwirkt.

Anm. 43. **Zusatz 2. Das Einfordern von Zuzahlung in Verbindung mit dem Androhen der Herabsetzung des Stammkapitals.** Für das Aktienrecht ist es streitig, ob eine solche Einforderung zulässig ist, verbunden mit einem Beschlusse, daß die Aktien, auf welche die Aufzahlung nicht erfolgt, zusammengelegt oder im Nennwerte herabgesetzt werden. Staub, HGB. (6./7. Aufl.) Anm. 8 zu § 290 erklärte dies für unstatthaft. Er sieht darin eine Verletzung des Rechtes des Aktionärs, daß er nicht mehr zu bezahlen brauche, als den Betrag der Aktie (dagegen Staub-Pinner, HGB., 12./13. Aufl., Anm. 14 zu § 290). Dasselbe Argument gebrauchte er für die GmbH. (1. Aufl., Anm. 35 S. 351). Ein solches Verfahren verstoße gegen das Prinzip der Gleichberechtigung und gegen den Grundsatz, daß gesellschaftliche Verpflichtungen über die Kapitalseinlage hinaus nur dann geschuldet werden, wenn sie im Gesellschaftsvertrage übernommen sind (§ 3 Abs. 2). Für das Aktienrecht ist durch das Urteil des RG. 52, 287 vom 15. 10. 02 die Frage entschieden. Das Urteil ist viel besprochen und bekämpft (vgl. Brantl, Die Sanierung von Aktiengesellschaften 1908, 42ff.). Es hat es nicht schlechthin für unzulässig erklärt, Zuzahlung zur Vermeidung der Zusammenlegung oder Herabsetzung des Nennbetrages der Aktien zu fordern. Nur in der Androhung der Schmälerung der Anteilrechte auf dem Wege der stärkeren Zusammenlegung der Aktien der nicht zuzahlenden Aktionäre als der Anteilrechte, die sich hierzu verstehen, sieht das RG. die Ausübung eines unstatthaften Zwanges (vgl. hierüber die Ausführungen von Leist, Die Sanierung von Aktiengesellschaften 45). Wird diese Ungleichheit vermieden, so ist die Aufzahlung, verbunden mit einer Herabsetzung der nicht zuzahlenden Aktien um den der Aufzahlung entsprechenden Betrag, zulässig. Eine Übertragung dieses Grundsatzes des RG. auf das Recht der GmbH. ist nicht ohne weiteres möglich. Denn die GmbH. kennt keine Herabsetzung des Stammkapitals durch Zusammenlegung (vgl. oben Anm. 16). Ebensowenig, außer im Falle der Einziehung, die Herabsetzung von Stammkapital, die nur einzelne Geschäftsanteile treffen soll (vgl. oben Anm. 12 u. 15). Die Einziehung aber bedarf stets der Zustimmung des von ihr betroffenen Gesellschafters (vgl. Anm. 4 u. 13 zu § 34). Daraus folgt, daß aus diesem, aber nur aus diesem Grunde ein dem Aktienrechte analoges Verfahren hier nicht durchführbar ist (ebenso Neukamp-Becker Anm. 3cbbα). Wohl aber ist es statthaft, zu beschließen, daß, wenn nicht alle Gesellschafter freiwillig aufzahlen, eine Herabsetzung des ganzen Stammkapitals erfolge. Dadurch wird die Gleichberechtigung in keiner Weise verletzt. Es bleibt auch im Falle der Herabsetzung der Nominalbetrag der Geschäftsanteile unberührt (vgl. oben Anm. 7). Aber bei einer ihr folgenden Erhöhung des Stammkapitals bedeuten die alten Geschäftsanteile eine geringere Beteiligungsquote. **§ 58.**

In gleicher Weise ist die Frage zu behandeln, ob durch Zuzahlung einzelne Geschäftsanteile in *Vorzugsanteile* umgewandelt werden können. Auch hier hat das RG. a. a. O. dieselbe Entscheidung gegeben (vgl. Leist, Sanierung 61ff.; Brantl 45). Sie muß auch für die GmbH. als zulässig anerkannt werden (vgl. Anm. 52 u. 53 zu § 5, Anm. 20 zu § 14). Nur darf auch hier durch Schaffung der Vorrechtsanteile nicht das Prinzip der Gleichberechtigung verletzt sein. Die Vorrechte müssen der Zuzahlung entsprechen und dürfen nicht den ursprünglichen Gesellschafter um mehr, als diesen Beträgen konform ist, in seinen Anteilrechten zurückdrängen. **Anm. 44.**

Zusatz 3. Ist die Kapitalsherabsetzung eingetragen worden, ohne daß die gesetzlichen Voraussetzungen vorhanden waren, so sind auch, wie bei der Eintragung der Erhöhung, die verschiedenen Arten der Verstöße zu unterscheiden. **Anm. 45.**

1. *Der Beschluß der Herabsetzung* selbst hat Mängel.

a) Er ist *inhaltlich unrichtig*. Handelt es sich um *zwingende* Vorschriften, so ist und bleibt der Beschluß nichtig. Er kann auf Grund des § 144 FG. wieder gelöscht werden. Wird er ordnungsgemäß wiederholt, so bedarf es auch hier einer nochmaligen Eintragung nicht (vgl. Anm. 19 zu § 54, Anm. 23 zu § 57), falls der Inhalt zulässig ist. Aber die Herabsetzung wirkt auch hier erst nach nochmaligem Ablauf des Sperrjahres. Solche Beschlüsse aber, die inhaltlich unstatthaft, z. B. durch welche das Stammkapital unter 20000 RM. herunterginge und die deshalb nichtig sind, bedürfen, wenn sie richtig nochmals gefaßt sind, neuer Eintragung.

Liegen Verstöße gegen verzichtbare Vorschriften vor, z. B. über die Einladefrist, Gewährung des Stimmrechtes usw., so bildet dies, wie es keinen Grund zur Ablehnung des Eintrags gab, auch keinen Grund zur Löschung. Hat ein Gesellschafter den Beschluß wirksam angefochten, so kann die Löschung angedroht werden (vgl. Anm. 15 zu § 7).

b) Ist er *formell unkorrekt*, z. B. nur in privater Urkunde mit beglaubigter Unterschrift erklärt oder ist die Urkunde wegen einem sonstigen Verstoße ungültig, z. B. der amtierende Stellvertreter des Notars war nicht mehr zur Aufnahme des Aktes befugt, so heilt auch **Anm. 46.**

§ 58. hier der Eintrag den Mangel, falls nur dieser dem Willen der Gesellschafter entspricht (vgl. Anm. 13 zu § 57).

Anm. 47. c) Fehlt es an der Zustimmung der Gesellschafter, deren Leistung sich infolge der Herabsetzung des Stammkapitals erhöhen (vgl. oben Anm. 12), so macht der Mangel derselben den Eintrag und die Herabsetzung des Stammkapitals nicht ungültig. Er hat nur keine Wirkung gegen diejenigen, die nicht zustimmten. Die erhöhte Leistung kann von ihnen abgelehnt werden (vgl. Anm. 18 zu § 57). Anders nur, wenn diese Zustimmung nach dem Inhalt des Beschlusses als notwendiger Teil desselben erscheint (vgl. Anm. 25 zu § 53). Mangel der Zustimmung schließt hier die Wirksamkeit des Beschlusses aus. Er ist, sobald dieses feststeht, wieder zu löschen.

Anm. 48. 2. Mängel der Bekanntmachung und des Sperrjahres. Die Vorschriften des Gesetzes sind Sicherungsmaßregeln zugunsten der Gläubiger. Zu den Voraussetzungen des Eintrages in dem Sinne des Vorhandenseins des materiellen Willensaktes, der zu beurkunden ist, gehören sie nicht. Sie sind Teile der Anmeldung. Diese ist aufschiebend befristet. Der Registerrichter hat die Einhaltung der Frist zu prüfen. Ist hierbei ein Versehen unterlaufen, so berührt dasselbe die Wirksamkeit des Eintrags nicht. Der Registerrichter hat kein Recht, wieder zu löschen. Der § 142 FG. ist nicht anwendbar (a. M. Brodmann Anm. 3).

Anm. 49. 3. Mängel der Anmeldung vermögen ebensowenig diese Folgen nach sich zu ziehen. Der Eintrag bleibt also sowohl in dem Falle, daß die Versicherung über die Sicherung und Befriedigung der Gläubiger unterblieb, als auch, daß sie falsch war (vgl. Anm. 23 zu § 57).

Anm. 50. **Zusatz 4. Rechte der Gläubiger nach der Eintragung.** Die Gläubiger haben, sofern sie sich vor dem Eintrage melden und der Herabsetzung nicht zustimmen, das Recht, daß nicht ohne ihre vorherige Befriedigung und Sicherstellung der Eintrag erfolge. Ist hiergegen verstoßen, so steht ihnen das Recht des Widerspruches auch nach der Eintragung zu. Sie verfolgen es im Wege der Klage. Das Ziel ist die Beseitigung des Eintrages. Wird dieser stattgegeben, so ist der Beschluß durch Randbemerkung im Handelsregister wieder zu löschen. Es steht der Gesellschaft frei, auch nach der Rechtskraft, aber vor Vollzug der Löschung, diese durch Sicherheitsleistung oder Zahlung abzuwenden. Der Eintrag bleibt dann bestehen und der Beschluß wirkt von der Eintragung ab. Ein Recht auf Sicherheit oder Zahlung erwirbt der Gläubiger auch durch die gegen seinen Widerspruch erfolgte Eintragung nicht.

Anm. 50a. **Zusatz 5. Die Herabsetzung des Stammkapitals bei der Umstellung auf Goldmark** (§ 5 Abs. 2, § 11, GoldBilV., § 22 2. Durchführungsbest.). Zeigt die Goldmarkbilanz, daß das Vermögen der GmbH. geringer ist als das Stammkapital (Eigenkapital), so können die Gesellschafter den Fehlbetrag auffüllen. Sie können die Entschließung hierüber durch Einstellung eines Kapitalentwertungskontos vorübergehend hinausschieben. Andernfalls bleibt nur die Herabsetzung des Stammkapitals. Sie erfolgt durch einfachen Beschluß. Sie ist mit der Eintragung zum Handelsregister wirksam. Eine Gläubigeraufforderung findet nicht statt. Sie haben kein Widerspruchsrecht. Das Sperrjahr muß hier nicht abgewartet werden (§ 22 2. Durchführungsbest.). Die Herabsetzung des Stammkapitals berührt auch hier den Nennbetrag der Anteile nicht (oben Anm. 7). Die GoldBilV. scheint von einer Minderung auch der Geschäftsanteile auszugehen. Sie kennt die sonst dem Rechte der GmbH. fremde (oben Anm. 16) Zusammenlegung von Geschäftsanteilen. Man hat die GmbH. der Aktiengesellschaft gleich behandelt (vgl. § 22 2. Durchführungsbest.).

Anm. 51. **Ausländische Gesetze.**

Die Herabsetzung des Stammkapitals wird im österreichischen Gesetz in den §§ 54—57, im bulgarischen Gesetz in den Art. 64—68 ausführlich behandelt. Die Abweichungen von den Bestimmungen des deutschen Gesetzes sind im wesentlichen folgende: Die Herabsetzungsgrenze ist für das Stammkapital in Österreich 20000 Schilling, in Bulgarien 200000 Leva, für die Stammeinlage 500 Schilling und 10000 Leva. Der Herabsetzungsbeschluß muß nicht nur den Umfang, sondern auch den Zweck der Herabsetzung enthalten. Die Herabsetzung des Stammkapitals kann auch durch eine Herabsetzung des Nennbetrages der einzelnen Stammeinlagen stattfinden. Zu befriedigen oder sicherzustellen sind alle Gläubiger, die am Tage der letzten von den drei Veröffentlichungen Forderungen besaßen. Die Sperrfrist beträgt nur drei Monate. Nach bulgarischem Gesetz hat die den bekannten Gläubigern zugehende Mitteilung von der Herabsetzung durch Einschreibebrief zu erfolgen. Bei der Anmeldung haben die Geschäftsführer eine neue richtiggestellte Gesellschafterliste zu übergeben. Die Haftung der Geschäftsfürher ist im einzelnen geregelt. — Die in § 58 des österreichischen Gesetzes ebenfalls unter dem Titel „Herabsetzung des Stammkapitals" enthaltenen Vorschriften betreffen etwas ganz anderes, nämlich die Amortisation einzelner Geschäftsanteile oder von Teilen von ihnen aus dem jährlichen Gewinn ohne Herabsetzung des Stammkapitals (vgl. bulgarisches Gesetz Art. 100). — Nach Schweizer Entwurf sollen dieselben Sicherungsvorschriften, die für die Kapitalherabsetzung der AG. gelten, auch für die GmbH. Anwendung finden. Die Herabsetzung kann nur bis zum gesetzlichen Mindestbetrage von Stammkapital und Stammeinlage bei der Gründung erfolgen (§ 824). — Das polnische Gesetz (Art. 18 Abs. 2) verlangt für die Wirksamkeit von Kapitalherabsetzungsbeschlüssen Bekanntmachung im Amtsblatt und eine Sperrfrist von sechs Monaten. Widersprechende Gläubiger sind zu befriedigen oder sicherzustellen. — Der italienische Entwurf hat keine besonderen Modalitäten für die Kapitalsherabsetzung bei Gesellschaften m. b. H. Für sie gelten die allgemeinen Vorschriften für Handelsgesellschaften. Danach kann die Kapitalsherabsetzung erst nach einer Sperrfrist von einem Monat seit der Eintragung im Handelsregister durchgeführt werden. Jeder, der im Moment der Beschlußfassung Gesellschaftsgläubiger ist, kann bis dahin Widerspruch erheben. Der Widerspruch hemmt die Durchführung des Beschlusses, bis er zurückgezogen oder durch rechtskräftige Entscheidung verworfen ist (Art. 120). Das gleiche wie für die Kapitalsherabsetzung gilt für die Rückzahlung der Nachschüsse (Art. 148 Abs. 3). — Inwieweit und in welcher Form Art. 40 des französischen Gesetzes die Kapitalsherabsetzung zuläßt, vgl. Anm. 35 zu § 55. § 58.

§ 59. § 59.

Auf die Anmeldungen zu dem Handelsregister eines Gerichts, in dessen Bezirke die Gesellschaft eine Zweigniederlassung besitzt, finden die Bestimmungen im § 57 Absatz 2, Absatz 3 Nr. 1 und im § 58 Absatz 1 Nr. 4 keine Anwendung.

1. Die Anmeldung der Erhöhung oder Herabsetzung, wie die der Statutenänderungen überhaupt, ist zum Register der Hauptniederlassung zu bewirken. Diese Anmeldung ist vom Registerrichter nicht erzwingbar. Der Beschluß wird aber erst mit der Eintragung wirksam. Ist die Eintragung beim Hauptregister erfolgt, so muß auch die Anmeldung zum Zweigregister erfolgen (§ 79 des Gesetzes, § 13 HGB.). Diese Anmeldung kann erzwungen werden (§ 14 HGB.). Sie ist aber andererseits für die Gültigkeitsfrage unerheblich. Anm. 1.

2. **Bei der Anmeldung zum Register der Zweigniederlassung** fallen weg: Anm. 2.

a) Bei der Kapitalserhöhung:

α) Die in § 57 Abs. 2 vorgesehene Versicherung ist nicht abzugeben.

β) Die Übernahmeerklärungen in § 57 Abs. 3 Nr. 1 sind nicht zu überreichen.

b) Bei der Kapitalsherabsetzung (§ 58 Abs. 1 Nr. 4) sind die Bekanntmachungen nicht einzureichen. Die dort vorgesehene Versicherung ist nicht abzugeben. Anm. 3.

Im übrigen aber gelten für die Anmeldung zum Zweigregister die gleichen Vorschriften wie für die Anmeldung zum Hauptregister.

3. Für die Eintragung in das Zweigregister gelten besondere Vorschriften nicht. (Anm. 9 zu § 57 und Anm. 37 zu § 58.) Anm. 4.

§ 59. **4. Für die Veröffentlichung der Eintragung durch das Registergericht** ist § 12 Abs. 2 zu be-
Anm. 5. achten (§ 54 Abs. 2). Die nach den §§ 5 Abs. 4, 56 erfolgten Festsetzungen sind nur dann mit zu publizieren, wenn die Eintragung in das Zweigregister innerhalb der ersten zwei Jahre nach der Eintragung des betreffenden Kapitalserhöhungsbeschlusses in das Register des Sitzes der Gesellschaft erfolgt.

Anm. 6. In die Prüfung der Gesetzmäßigkeit des Erhöhungsbeschlusses hat das Registergericht der Zweigniederlassung nicht selbständig einzutreten. Es kann die Eintragung auch aus einem Grunde nicht ablehnen, der, wenn er richtig wäre, das Registergericht der Hauptniederlassung zur Ablehnung des Eintrages bestimmt hätte (KG. 26. 10. 05 OLGR. 11, 388).

Analoge Bestimmungen finden sich in § 60 des österreichischen und Art. 70 des bulgarischen Gesetzes.

Fünfter Abschnitt.

Auflösung und Nichtigkeit der Gesellschaft.

§ 60.

§ 60.

Die Gesellschaft mit beschränkter Haftung wird aufgelöst:

1. durch Ablauf der im Gesellschaftsvertrage bestimmten Zeit;
2. durch Beschluß der Gesellschafter; derselbe bedarf, sofern im Gesellschaftsvertrage nicht ein anderes bestimmt ist, einer Mehrheit von drei Vierteilen der abgegebenen Stimmen;
3. durch gerichtliches Urteil oder durch Entscheidung des Verwaltungsgerichts oder der Verwaltungsbehörde in den Fällen der §§ 61 und 62;
4. durch die Eröffnung des Konkursverfahrens; wird das Verfahren nach Abschluß eines Zwangsvergleichs aufgehoben oder auf Antrag des Gemeinschuldners eingestellt, so können die Gesellschafter die Fortsetzung der Gesellschaft beschließen.

Im Gesellschaftsvertrage können weitere Auflösungsgründe festgesetzt werden.

Anm. 1. **I. Begriff und Folgen der Auflösung.**

1. Begriff der Auflösung. „Auflösung" bedeutet nicht Aufhören der Rechtspersönlichkeit der Gesellschaft. Die Gesellschaft hört nur auf, ihre bisherigen Existenzzwecke zu verfolgen. Die wichtigsten, die Erwerbsgesellschaften, geben ihr Handels- oder sonstiges Gewerbe auf. Es gibt aber auch Gesellschaften, welche kein Gewerbe betreiben. Das Betreiben eines Gewerbes gehört ja nicht zum Wesen einer GmbH. (vgl. Anm. 4 zu § 1). Bei dieser fällt der sonstige Zweck fort. Die Tatsachen, an welche das Gesetz die Auflösung der Gesellschaft knüpft, vernichten die Gesellschaft nicht. Sie machen auch keine andere Rechtsperson aus ihr. Die Gesellschaft in Liquidation ist identisch mit der arbeitenden Gesellschaft. Die Auflösung der Gesellschaft bedeutet, daß sie von jetzt ab bestimmt ist, sich aufzulösen (zust. RG. 12. 7. 21 LZ. 1921 620 Nr. 8 und 28. 2. 22 Recht 1922 Nr. 1444). Die Auflösung kann nicht die vollendete Tatsache, daß eine GmbH. vernichtet ist, bedeuten. Der Inhalt des Gesetzes zeigt das Gegenteil. Sie ist lediglich der im Beschluß der Gesellschafter oder in einer der anderen in Gesetz und Gesellschaftsvertrag vorgesehenen Tatsachen liegende Befehl, der erst die Auflösung als vollendete Funktion herbeiführt. Solange die Gesellschaft sich, diesem Befehle folgend, auflöst, befindet sie sich in dem Stadium der Auflösung. Dies ist ein Stück ihrer Existenz. Zwischen dem den Auflösungsbefehl

enthaltenden Momente und der Vollendung desselben liegt der Prozeß der Auflösung, die Liquidation. Das wird auch durch § 49 Abs. 2 BGB. bestätigt. Der Verein gilt bis zur Beendigung der Liquidation als fortbestehend. Das ist keine Fiktion. Der Verein besteht tatsächlich weiter. Dies geht aus § 69 GmbHG. und der Fortdauer der Vorschriften auch im Zeitraum der Liquidation hervor (vgl. hierüber Wimpfheimer, Die Gesellschaften des Handelsrechts usw. im Stadium der Liquidation, 95ff., und daselbst 81ff. über die verschiedenen Liquidationsformen). Der Auflösungsprozeß bringt erst das Ende der Gesellschaft. Er ist beendet mit der vollständigen Veräußerung und Verteilung des Vermögens. Dann hört sie von selbst zu existieren auf. Findet sich nachträglich noch Vermögen vor, so war die Liquidation noch nicht beendet (RG. 21. 1. 18 RGZ. 92, 84; KG. 23. 8. 20 RJA. 17, 100; OLG. Bamberg 19. 6. 15 RundschGmbH. 1916, 421). Es tritt nicht eine Erneuerung derselben ein. Es wird nur konstatiert, daß der Auflösungsprozeß noch dauert. Von einer Eintragung der Gesellschaft als einer neuen ist daher keine Rede (vgl. Anm. 18 zu § 74). § 60.

2. Die Folgen der Auflösung entsprechen ihrem Wesen. Die Gesellschaft hört nicht sofort auf zu existieren. Daher dauert ihre Organisation fort. Nur daß ihre gesetzlichen Vertreter, jetzt Liquidatoren genannt, nicht mehr die unbeschränkte Vertretungsbefugnis, sondern nur die durch den veränderten und zusammengeschrumpften Zweck gebotenen Befugnisse haben (§ 70; über den Fall des Konkurses § 63). Es bleiben alle Vorschriften des Gesetzes und des Gesellschaftsvertrages in Kraft. Nur soweit sich aus der ausdrücklichen Anordnung des Gesetzes und dem Zwecke der Liquidation ein anderes ergibt, treten sie zurück (vgl. Anm. 1ff. zu § 69). Da die Gesellschaft zu existieren nicht aufhört, so bestehen auch die mit ihr geschlossenen Verträge trotz Liquidation weiter (für die Aktiengesellschaft RG. 5, 7; 24, 70; für die GmbH. RG. 2. 3. 17 BauersZ. 24, 179), auch ihre Dienstverträge (RG. 24, 70). Nur aus den besonderen Umständen des Falles kann durch den Beginn der Auflösung ein Recht zum Rücktritt für die eine oder andere Seite folgen. Die nicht fälligen Leistungen werden nicht fällig, abgesehen auch hier von besonderen Gründen (RG. 9, 15). Bei gegenseitigen Verträgen kann § 321 BGB. in Frage kommen. Der Eintritt in die Liquidation bewirkt keine Firmenänderung. Der Zusatz „in Liquidation" bedeutet keine solche (RG. 15, 105; RG. 29, 68). Vollmachten erlöschen nicht (OLG. Dresden in Buschs Archiv 45, 361). Anders bei Vollmachten zum Betriebe des Handelsgewerbes oder zu Handlungen, die nicht im Bereiche der Liquidation liegen (Behrend § 139). Aus diesem Grunde hören die bestehenden Prokuren auf (§ 298 Abs. 4 HGB. für die Aktiengesellschaften). Die Prokura soll nur zum Betriebe derjenigen Geschäfte ermächtigen, welche die Verfolgung des Lebenszweckes der Gesellschaft erfordert (vgl. Anm. 14 zu § 68). Die Gesellschaft bleibt ferner auch während des Liquidationsstadiums Kaufmann. Denn bei der GmbH. ist die Kaufmannsqualität nicht von dem Betrieb eines Handelsgewerbes abhängig (§ 6 HGB.). Die GmbH. hört aber auch mit der Auflösung nicht auf, Gewerbetreibende zu sein (a. M. RG. 28. 2. 22 Recht 1922, 1444). Die Abwicklung des Geschäftsbetriebes bleibt Gewerbe, wenn die GmbH. überhaupt ein Gewerbe betrieb (vgl. § 69 Anm. 1). Endlich erlöschen höchstpersönliche Rechte der GmbH., wie z. B. ein Nießbrauch oder eine beschränkt persönliche Dienstbarkeit, nicht mit der Auflösung, sondern erst mit Beendigung der Liquidation durch das Erlöschen der juristischen Person (BGB. § 1061; RG. 1. 4. 16 BauersZ. 24, 63 und 9. 1. 17 RGZ. 89, 313; ferner OLG. Braunschweig 26. 7. 12 Recht 1912 Nr. 3423; vgl. auch BauersZ. 23, 91). Anm. 2.

Die Folgen der einmal eingetretenen Auflösung können wieder aufgehoben werden. Die früheren Auflagen verneinten dies mit der herrschenden Rechtslehre und Rechtsprechung gegen Liebmann (Anm. 4) und Neukamp-Becker (Anm. 3b zu § 65). Auch diese haben sich inzwischen der herrschenden Meinung angeschlossen. Jetzt hat sich das KG. (5. 2. 1925 JW 1925, S. 640) auf den entgegengesetzten Standpunkt gestellt. Freilich nur für den Fall des § 60 Ziff. 1 und nur in einem enggezogenen Rahmen. Sein Standpunkt erweist sich bei tieferer Prüfung der Frage grundsätzlich als richtig (a. M. Bay. Anm. 3.

§ 60. ObLG. vom 15. 12. 21 JFG. 1, 243; OLG. Colmar 5. 5. 14 RundschGmbH. 1914, 341; OLG. Stuttgart 19. 6. 14 WürttZ. 56, 330; OLG. Darmstadt 9. 5. 21 HessRspr. 22, 166. Brodmann erhebt bereits in Anm. 2 zu § 60 Bedenken gegen die Richtigkeit der herrschenden Meinung).

§ 60 Ziff. 4 läßt für den Fall der Auflösung der GmbH. durch Konkurs die Fortsetzung der Gesellschaft auf Grund eines Gesellschafterbeschlusses ausdrücklich zu. Es folgt daraus, daß eine grundsätzliche, aus dem Wesen der GmbH. zu schließende Unmöglichkeit des Wiederauflebens der Gesellschaft nicht besteht. Die Gesellschafter können durch ihre Willensbetätigung die Folgen des Auflösungsmomentes wieder aufheben. Die herrschende Lehre sieht diese Bestimmung als Ausnahme an. Sie leitet gerade aus ihr für die Fälle des § 60 Ziff. 1—3 die Regel ab, daß eine Fortsetzung der Gesellschaft selbst mit Zustimmung aller Gesellschafter nicht mehr zu erreichen sei. Ist die GmbH. einmal aufgelöst, so unterliege sie einer neuen ausschließlichen Zweckbestimmung. Sie soll jetzt liquidiert werden. Diese Zweckbestimmung sei ihrem Wesen nach unabänderlich. Die Rückwandlung einer Liquidationsgesellschaft in eine produktive komme einer Neugründung gleich. Für diese gelten die Schutzvorschriften zugunsten der Gläubiger über Stammkapital und Stammeinlagen. Ihre Beobachtung wäre, wollte man zur Aufhebung der Liquidation einen Beschluß der Gesellschafter genügen lassen, nicht gesichert.

Demgegenüber weist das KG. (a. a. O.) mit Recht darauf hin, daß auch § 144 Abs. 1 HGB. ausdrücklich nur für den Fall der Konkurseröffnung die Wiederaufhebung der Auflösung einer o. HG. ausspricht und trotzdem eine solche in allen übrigen Fällen der Auflösung auf Grund eines Beschlusses der Gesellschafter zugelassen wird. Für die GmbH. braucht nichts anderes zu gelten. Ihre Rechtsnatur zwingt nicht zu einem Gegenschluß aus § 60 Ziff. 4. Sie erlischt nicht bereits durch den Eintritt in das Liquidationsstadium. Hat sie aber andererseits noch ihre Rechtspersönlichkeit gewahrt, so kann es einer Neugründung nicht bedürfen. Auch sonst sind Änderungen in den Zweckbestimmungen der GmbH. zugelassen. Eine zwingende Vorschrift, hiervon für die Rückwandlung der Liquidationsgesellschaft eine Ausnahme zu machen, fehlt. Sie kann überdies im Liquidationsstadium auch werbende Geschäfte tätigen (unten Anm. 4). Sie wäre in der Lage, durch eine Erweiterung der den Liquidatoren zustehenden gesetzlichen Vertretungsbefugnisse (§ 70) von Fall zu Fall die Fortsetzung der Gesellschaft praktisch zu erreichen. Diesen Umweg zu gehen, besteht kein Anlaß, wenn der gerade Weg nicht verboten ist. Für den Standpunkt, die Wiederaufhebung der Liquidation zuzulassen, spricht weiter, daß er eine zwecklos gewordene Liquidation, die Form der Neugründung und die damit verbundenen Übergangsschwierigkeiten und Kosten vermeidet. Dem kann eine Gefährdung der Gläubigerinteressen gegenüberstehen. Sie braucht es aber nicht. Ist die Liquidation noch nicht begonnen, so kommt eine Schädigung der Gläubiger gewiß nicht in Betracht. Ist die Liquidation bereits soweit durchgeführt, daß Gesellschaftsvermögen ausgeschüttet wird, so werden die alten Gläubiger regelmäßig hiervon nicht mehr berührt werden. Denn deren Befriedigung oder Sicherstellung ist Voraussetzung für die Verteilung des Gesellschaftsvermögens (§ 73). Der Gesellschaft aber erwachsen durch die Wiederaufhebung der Liquidation die Ansprüche auf Rückgewähr der zurückgezahlten Stammeinlagen (§§ 30, 31).

Hiermit sind zugleich die Grenzen aufgedeckt, in denen die Rückgängigmachung der Liquidation zuzulassen ist. Ist die GmbH. einmal erloschen, kann sie nicht wieder aufleben. Dafür ist nicht die Eintragung der Beendigung der Liquidation im Handelsregister erforderlich. Entscheidend ist die vollständige Veräußerung und Verteilung des Gesellschaftsvermögens (oben Anm. 1). Abgesehen von diesem Falle muß aber die Möglichkeit, die Liquidation rückgängig zu machen, grundsätzlich zugelassen werden. Die Grenzen, die das Urteil des KG. vom 5. 2. 25 zieht, sind zu eng. Nicht kann maßgebend sein, ob die GmbH. trotz Eintritts der Liquidation tatsächlich nicht liquidiert, weil sie nicht liquidieren will. Denn der Wille zu liquidieren liegt in dem vom KG. behandelten Fall bereits in

dem Gesellschaftsvertrag, welcher die Auflösung der Gesellschaft durch Zeitablauf vorsieht. § 60.
Gleichgültig muß auch sein, ob die Liquidation noch ein Internum der Gesellschaft geblieben ist oder nicht, ob also der Auflösungsbeschluß der Gesellschaft noch nicht ins Handelsregister eingetragen oder schon bekannt gegeben worden ist (so Neukamp-Becker Anm. 3b zu § 65). In beiden Fällen der Ziffern 1 und 2 des § 60 tritt die Liquidation bereits ohne ihre Anmeldung zum Handelsregister und ihre Eintragung ein. Bei der Auflösung durch Zeitablauf, auf die gerade das Urteil des KG. die Möglichkeit beschränkt, bleibt aber die Liquidation bis zur Anmeldung kein Internum der Gesellschaft. Der Zeitablauf geht aus dem Handelsregister hervor (§ 10 Abs. 2). Andererseits kann, soweit nicht eine ausdrückliche Bestimmung dies zuläßt, nicht ein Gesellschafterbeschluß genügen, die Liquidation rückgängig zu machen. Das verbietet sich insoweit, als eine Schädigung der Gläubiger in Frage steht. Deshalb setzt das Wiederaufleben der Gesellschaft die wirtschaftliche Rückgängigmachung der Liquidation voraus. Was im Rechtsleben der GmbH. verboten, aber zur Durchführung der Liquidation bereits geschehen war, ist rückgängig zu machen. Es muß also, was den Gesellschaftern aus dem zur Erhaltung des Stammkapitals erforderlichen Vermögen ausgeschüttet wurde, zurückgewährt werden. Dagegen ist die Befriedigung der Gläubiger oder die Verwertung des Gesellschaftsvermögens einer Fortsetzung der Gesellschaft nicht hinderlich. Hieraus ergibt sich, daß ein Beschluß der Gesellschafter, die Liquidation aufzuheben, in das Handelsregister nur einzutragen ist, wenn dem Registerrichter die tatsächliche Rückgängigmachung der Liquidation in dem gekennzeichneten Umfange nachgewiesen wird. Dieses Nachprüfungsrecht steht dem Registerrichter zu (vgl. § 31 HGB., §§ 12, 132ff., 141 FGG. und hierzu Staub-Bondi HGB. § 8 Anhang Anm. 7 bis 11, § 31 Anm. 5). Er kann, wenn die Liquidation eingetreten ist, voraussetzen, daß sie stattgefunden hat und die GmbH. erloschen ist. Das Erlöschen der GmbH. würde aber die Rückgängigmachung der Liquidation ausschließen (vgl. oben). Der Gegenbeweis muß ihm dadurch geführt werden, daß die Liquidation nicht erfolgt oder tatsächlich rückgängig gemacht ist. Die gesetzlichen und statutarischen Bedingungen müssen fortbestehen, unter welchen die GmbH. vor der Liquidation leben sollte. Von diesem Nachweis kann der Registerrichter in einem Falle wie dem vom KG. behandelten absehen. Die Gesellschaft war durch Zeitablauf aufgelöst, aber die Liquidation noch nicht ins Handelsregister eingetragen. Hier ist anzunehmen, daß eine Liquidation noch nicht stattgefunden hat. Blieb die Auflösung ein Internum der Gesellschaft, weil der Auflösungsbeschluß noch nicht zur Anmeldung der Liquidation beim Handelsregister führte, so kommt eine Inanspruchnahme des Registerrichters überhaupt nicht in Betracht. Die Aufhebung der Liquidation durch einen entgegengesetzten Gesellschafterbeschluß ist ohne Einschränkung zulässig.

Mit diesen Einschränkungen ist an den Grundsätzen, die Hachenburg (JW. 1925, 802) in der Besprechung des kammergerichtlichen Urteils aufstellt, festzuhalten. Mit ihnen ist eine Verletzung der Gläubigerschutzvorschriften und eine Gefährdung der Gläubiger vermieden.

Der Beschluß, durch den die Liquidation rückgängig gemacht wird, erfordert Zustimmung aller Gesellschafter. Der Eintritt der Liquidation gibt dem Gesellschafter das Recht auf Liquidierung und Auszahlung des Liquidationsguthabens (zustimmend Neukamp-Becker, Anm. 3b zu § 65). Dieses Recht kann ihm gegen seinen Willen nicht wieder genommen werden.

Die Bedeutung des § 60 Ziff. 4 Halbsatz 2 liegt darin, daß für die Auflösung der GmbH. durch Konkurs die Erfordernisse fortfallen, die für die übrigen Fälle der Liquidation aus allgemeinen Erwägungen heraus aufgestellt sind. Endet der Konkurs durch Zwangsvergleich oder Einstellung des Verfahrens, so können die Gesellschafter die Fortsetzung der Gesellschaft beschließen, gleichgültig, ob noch Gesellschaftsvermögen vorhanden ist oder nicht (vgl. Anm. 22 zu § 63). Ein Beschluß mit einfacher Stimmenmehrheit genügt.

Wenn der Auflösungsbeschluß ungültig oder mit Erfolg angefochten ist, entfällt die Wirkung der Auflösung. Die erfolgte Eintragung ist wieder zu löschen. Es kann dies sowohl geschehen,

§ 60. wenn ein Gesellschafter seine Abstimmung mit Erfolg wieder ungeschehen macht, als auch wenn der Beschluß selbst, weil Gesetz oder Statut verletzend, umgestoßen wird (Anm. 9ff. zu § 45). Würde die Gesellschaft durch Drohung mit Konkurs zur Auflösung gezwungen, so ist eine Anfechtung dieses Beschlusses dem Dritten gegenüber nicht erforderlich. Nicht ihm gegenüber ist eine Willenserklärung erfolgt. Die einzelnen Gesellschafter standen unter dem Zwange. Sie fechten ihre Abstimmung, und zwar jeder einzelne die seine an. Dann fällt der Beschluß. Hatten sie keine Kenntnis von der Drohung, war durch diese nur der Geschäftsführer zu dem Antrage auf Auflösung bestimmt worden, so findet eine Anfechtung des Auflösungsbeschlusses nicht statt. Er ist selbst ohne Einfluß der Drohung gefaßt. Über eine Anmeldung einer Auflösung ohne Auflösungsbeschluß und entgegen dem Willen der Gesellschafter vgl. unten Anm. 14.

Anm. 4. 3. Werbende Geschäfte im Liquidationsstadium (Wimpfheimer 135—213). Die Liquidatoren sind nur zu den der Auflösung dienenden Geschäften ermächtigt (§ 70). Daraus folgt nicht, daß nicht die Gesellschaft auch andere beschließen kann. Sie verliert weder ihre Rechts-, noch ihre Handlungsfähigkeit. Sie besteht in ihrer bisherigen Persönlichkeit weiter. Nur soll sie sich auflösen. Deshalb sollen keine neuen Geschäfte geschlossen werden. Es besteht ebensowenig ein gesetzliches Verbot, das die Folge des § 134 BGB., die Nichtigkeit, nach sich zöge. Die Gesellschaft ist durch die Angabe eines bestimmten Zweckes rechtlich nicht gehindert, Geschäfte aus einem anderen Gebiete abzuschließen. Auch eine als Wohltätigkeitsinstitut gegründete GmbH. kauft gültig Terrains zu Spekulationszwecken. Hierzu bedarf es nicht einmal eines Gesellschafterbeschlusses. Der Geschäftsführer handelt Dritten gegenüber wirksam. Nach Eintritt der Liquidation fehlt dem Liquidator hierzu die Vertretungsmacht (vgl. aber Anm. 18 zu § 70). Er bedarf ihrer besonderen Verleihung durch die Gesellschafter. Diese selbst aber als das höchste Organ müssen stets die Fähigkeit haben, die Vollmacht zu ergänzen. Dazu zwingt schon das praktische Bedürfnis. Die Feststellung, ob ein Geschäft in den Rahmen der Machtbefugnis des Liquidators fällt, ist im Einzelfalle schwierig (vgl. Anm. 6 zu § 70). Ein vorsichtiger Kontrahent wird durch diese Zweifel zurückgeschreckt. Es muß ein Mittel geben, diesem die nötige Sicherheit zu verschaffen. Ein Beschluß der Gesellschafter wäre dann aber wertlos, wenn auch ihr Geschäftskreis derselben Beschränkung unterläge, wie der der Geschäftsführer. Er bringt nur dann die nötige Sicherheit, wenn die Gesellschafter auch andere Geschäfte beschließen können (vgl. Anm. 16ff. zu § 70). Dann ist der Gegenkontrahent gedeckt, auch wenn das Geschäft außerhalb des Liquidationszweckes liegen sollte. Diesem praktischen Bedürfnis entspricht auch die rechtliche Lage der Gesellschaft in Liquidation. Sie soll sich auflösen. Sie soll daher als Regel nur solche Geschäfte schließen, welche die Beendigung ihrer Existenz bezwecken. Allein dieses aus dem Ziele der Auflösung folgende Gebot ist nicht im Interesse Dritter gegeben. Die Gläubiger haben nicht das mindeste Interesse daran, daß nur Liquidationsgeschäfte vorgenommen werden. Sie haben gleichmäßig Anspruch auf Zahlung bei Fälligkeit mit oder ohne Auflösungsverfahren. Es genügt, daß eine Verteilung an die Gesellschafter nur erfolgen darf, wenn sie befriedigt sind. Daraus folgt, daß es sich hier nur um eine Anordnung handelt, welche für die Gesellschafter von Bedeutung ist. Sie wollen, daß die Gesellschaft ihrem Ende zugeführt werde. Die Beschränkung der Vollmacht der Liquidatoren fließt aus diesem Willen. Allein gerade aus diesem Momente folgt, daß die Gesellschafter im konkreten Falle von den Konsequenzen dieses Auflösungsprozesses absehen dürfen. Es ist (vgl. oben Anm 3) sogar statthaft, den einmal gefaßten Beschluß der Auflösung wieder rückgängig zu machen. Um so mehr muß es zulässig sein, durch besonderen Gesellschafterbeschluß in einzelnen Fällen die Folgen der Liquidation der Gesellschaft zu beseitigen. Freilich darf diese Form nicht dazu dienen, in Wahrheit eine Wiederaufhebung der Auflösung zu erreichen. Es ist unstatthaft, allgemein den Liquidatoren die Ermächtigung zu erteilen, auch Geschäfte werbender Art zu schließen oder Terrains oder Waren nach ihrem Belieben zum Weiterverkauf anzuschaffen. Ohne Aufhebung der Liquidation (oben Anm. 3) ist eine allgemeine

Erweiterung der gesetzlichen Befugnisse der Liquidatoren ausgeschlossen. Zulässig ist es aber, **§ 60.**
daß die Gesellschaft die Liquidatoren ermächtigt, ein bestimmtes Grundstück zu kaufen, bestimmte Maschinen anzuschaffen usw.

Für diese Gesellschaftsbeschlüsse genügt die einfache Stimmenmehrheit (a. M. **Anm. 5.**
Wimpfheimer 179 und Liebmann Anm. 2 zu § 70, die Stimmeneinheit fordern). Es liegt keine Verletzung eines Sonderrechtes der Gesellschafter vor (Anm. 16 u. 21 zu § 14). Aus dem Recht auf die Liquidationsquote (§ 72) ergibt sich kein Anspruch, daß neue Geschäfte nur mit Zustimmung jedes einzelnen möglich sind. Auch nicht daraus, daß dieses Geschäft den Erfolg der Liquidation verschlechtern kann. Denn dann müßte jeder Gesellschafter auch zu jedem Liquidationsgeschäft zustimmen. Auch dieses kann ja das Abwicklungsresultat beeinflussen. Aus der rein wirtschaftlichen Einwirkung darf daher nicht auf eine rechtliche Verletzung des Rechts der Gesellschafter auf die Liquidationsquote geschlossen werden.

Wohl aber liegt ein Verstoß gegen eine die Gesellschafter bindende, einem Bestand- **Anm. 6.**
teile des Gesellschaftsvertrages gleichstehende Bestimmung vor. Wenn die Gesellschafter beschlossen haben, daß die Gesellschaft sich auflösen soll, wenn die im Gesellschaftsvertrage festgesetzte Zeit abgelaufen ist, wenn das Gericht die Gesellschaft für aufgelöst erklärt hat, so steht die Gesellschaft von jetzt ab unter der Regel, daß sie nur der Liquidation dienende Geschäfte machen soll. Das ist eine Anordnung dispositiver Art, aber es ist eine Anordnung. Auf ihre Beobachtung kann wie bei jeder solchen verzichtet werden (Anm. 16 zu § 45). Ihre Verletzung erzeugt für jeden nicht zustimmenden Gesellschafter das Recht der Anfechtung. Mehr nicht. Bis zur Anfechtung ist der Beschluß gültig. Er darf vom Liquidator vollzogen werden. Das von ihm mit dem Dritten geschlossene Geschäft ist wirksam (vgl. Anm. 35 zu § 45). Die spätere Umstoßung des Beschlusses durch das Gericht hebt es nicht wieder auf. Es bleibt dem anfechtenden Gesellschafter überlassen, durch die Erwirkung einer einstweiligen Verfügung den Vollzug des Beschlusses zu hindern.

Die vorherige Ermächtigung steht der nachherigen Genehmigung gleich. Hat der **Anm. 7.**
Liquidator seine Vertretungsmacht überschritten, so wird sein Geschäft durch den diesem folgenden Beschluß der Gesellschaft geheilt. Diese Heilung wird aber wieder hinfällig, wenn der Beschluß mit Erfolg angefochten wird.

Über die Stellung des Liquidators dem Dritten gegenüber bei Abschluß werbender Geschäfte vgl. Anm. 15ff. zu § 70.

Die Auflösung tritt bei Vorliegen des Auflösungsgrundes von selbst ein. Diese **Anm. 7a.**
Wirkung ist nicht von der Eintragung der Liquidation ins Handelsregister abhängig. Die Eintragung hat nur deklaratorische Bedeutung. Der Geschäftsführer ist mit Eintritt der Auflösung Liquidator (§ 66) und hat nur noch dessen beschränkte Befugnisse (§ 70). Ist der Geschäftsführer im Gesellschaftsvertrage nicht als Liquidator vorgesehen, so erlischt sein Amt. Dritten gegenüber wirken aber diese Tatsachen erst mit Eintragung der Auflösung im Handelsregister. Dritte können daher mit dem Geschäftsführer noch Geschäfte mit Wirkung für und gegen die GmbH. abschließen, auch wenn nach dem Gesellschaftsvertrag bei der Auflösung der GmbH. andere Personen als die Geschäftsführer zu Liquidatoren zu bestellen sind. Die GmbH. ist in der Zwischenzeit nach außen hin nicht ohne gesetzlichen Vertreter. Dieser Mangel tritt erst ein, wenn die Liquidation eingetragen ist, gleichzeitig aber die Bestellung der Liquidatoren unterbleibt oder die neu bestellten Liquidatoren ihr Amt nicht annehmen (vgl. Anm. 1 zu § 65 und Anm. 11 zu § 67).

II. **Die Gründe der Auflösung.** Im Gesetze sind bestimmte Auflösungsgründe aufgezählt **Anm. 8.**
(Abs. 1.) Den Gesellschaftern bleibt die Einführung weiterer Auflösungsgründe vorbehalten (Abs. 2). Auf ähnlicher Grundlage beruht § 84 österr. Ges. Nur tritt hier der Fall der Fusion hinzu.

1. (Abs. 1.) **Die vier benannten Auflösungsgründe.** Anm. 9.

Ziffer 1. Ablauf der im Gesellschaftsvertrage bestimmten Zeit. Über die Beschränkung auf Zeit vgl. Anm. 20ff. zu § 3. Nach Ablauf der statutarischen Gesellschaftsdauer tritt die Auflösung von selbst ein (vgl. oben Anm. 7a). Dritten gegenüber

§ 60. wirkt der Eintritt der Liquidation und das Erlöschen des Amtes der Geschäftsführer erst mit der Eintragung im Handelsregister. Das muß auch hier gelten. Der Ablauf der Gesellschaftsdauer ist allerdings aus dem Handelsregister ersichtlich (§ 10 Abs. 2). Es ist Dritten aber nicht zuzumuten, das Handelsregister daraufhin zu prüfen. Auflösung und Abberufung des Geschäftsführers erfordern eine besondere, jeden Zweifel ausschließende Kundmachung. Wollen die Gesellschafter die Gesellschaft über die statutenmäßig vorgesehene Zeit hinaus fortsetzen, so müssen sie dies durch Statutenänderungsbeschluß bestimmen. Fassen sie den Beschluß, solange die Gesellschaft noch nicht aufgelöst ist, so genügt Dreiviertelmehrheit für die Beschlußfassung, wenn nicht Sonderrechte der Gesellschafter auf Ablauf der Gesellschaftsdauer begründet sind (vgl. Anm. 23 zu § 3). War die Gesellschaftsdauer schon abgelaufen, so kann der Eintritt der Liquidation stets nur durch einstimmigen Beschluß aller Gesellschafter wieder rückgängig gemacht werden (vgl. oben Anm. 3). Eine stillschweigende Fortsetzung der Gesellschaft gibt es nicht. Der Registerrichter kann den Geschäftsführer, der Liquidator geworden ist, durch Ordnungsstrafen zur Anmeldung der Liquidation anhalten. Ist das Amt des Geschäftsführers erloschen (vgl. oben Anm. 7a), so kann der Registerrichter gemäß § 29 BGB. von Amts wegen Liquidatoren bestellen. Sie haben alsdann die Anmeldung vorzunehmen (vgl. Anm. 1 zu § 65). All dies vermeiden die Gesellschafter nur dadurch, daß sie durch einstimmigen Beschluß die Fortsetzung der Gesellschaft beschließen. Über die abweichende Meinung in Judikatur und Rechtslehre vgl. oben Anm. 3.

Anm. 10. Andererseits können die Gesellschafter auch bei statutenmäßiger Festlegung der Gesellschaftsdauer die vorzeitige Auflösung beschließen. Darin liegt nicht nur eine Statutenänderung, sondern ein auf Auflösung abzielender Beschluß. Daher müssen nach beiden Richtungen die gesetzlichen und statutarischen Erfordernisse des Beschlusses vorhanden sein. Hier wird der Auflösungsbeschluß erst mit der Eintragung zum Handelsregister wirksam (§ 54). Es ist Auslegungsfrage, ob die Festsetzung der Gesellschaftsdauer den Gesellschaftern eine Mindestzeit als Sonderrecht garantieren soll (vgl. Anm. 21f. zu § 3 und Anm. 21 zu § 14). Ist dies der Fall, dann ist auch hier die Zustimmung aller Gesellschafter erfordert (vgl. OLG. Rostock 5. 5. 13 OLGR. 28, 363; RG. 13. 11. 13 Holdheim 23, 53).

Anm. 11. **Ziffer 2. Beschluß der Gesellschafter.** Nur diesen steht das Recht des Auflösungsbeschlusses zu. Irgendein anderes Organ kann die Auflösung nicht beschließen. Auch statutarisch kann dies nicht bestimmt werden. Den anderen Gesellschaftsorganen kann nur die Verpflichtung auferlegt werden, beim Eintritt bestimmter Vorbedingungen die Auflösung der Gesellschaft zu beantragen. Eine allgemeine Verpflichtung hierzu gegenüber den Gläubigern haben die Gesellschaftsorgane nicht (vgl. RGZ. 36, 27). Von dem Auflösungsbeschlusse zu trennen ist das Recht der Kündigung (vgl. unten Anm. 28). Die Gesellschafter können endlich kraft Vereinbarung oder kraft Gesetzes verpflichtet sein, die Auflösung durch Beschluß herbeizuführen (Anm. 36 zu § 2 und Anm. 44 zu § 45). Mit dem Eintritt dieser Pflicht ist die Gesellschaft noch nicht aufgelöst. Es besteht aber ein klagbarer Anspruch auf Abgabe der Stimme in diesem Sinne.

Anm. 12. Die Erfordernisse des Gesellschaftsbeschlusses:

Eine Mehrheit von drei Vierteln der abgegebenen Stimmen. (Über die Berechnung siehe Anm. 1 zu § 47.) Dieses Erfordernis kann der Gesellschaftsvertrag verschärfen oder mildern. Es gilt nur, wenn der Gesellschaftsvertrag nicht „ein anderes" bestimmt. Es kann auch die einfache Stimmenmehrheit eingeführt werden. Auch weniger Stimmen, als die einfache Mehrheit derselben, können die Auflösung herbeiführen. Doch ist dies kein Beschluß der Auflösung, sondern eine an eine gewisse Anzahl von Stimmen geknüpfte Kündigung (vgl. unten Anm. 28). Die Vorschrift, daß die Gesellschaft unauflöslich ist, wird regelmäßig als ein Sonderrecht der Gesellschafter auf Fortsetzung der Gesellschaft anzusehen sein. Zu einem Auflösungsbeschluß ist daher neben der Dreiviertelmehrheit die Zustimmung aller Gesellschafter erforderlich (a. M. Liebmann Anm. 2, der nur einen statutenändernden Beschluß erfordert).

Der Auflösungsbeschluß als solcher ist keine Änderung des Gesellschaftsvertrages. **§ 60.**
Daher bedarf er nicht der gerichtlichen oder notariellen Form. Der Auflösungsbeschluß **Anm. 13.**
kann auch formlos gefaßt werden (RG. 10. 12. 20 RGZ. 101, 78; KG. 13. 6. 13 KGJ. 45, 178). Auch in der durch § 48 Abs. 2 vorgesehenen Weise. Es genügt daher auch ein von allen Gesellschaftern geschlossener, die Auflösung aussprechender Prozeßvergleich (KG. 17. 1. 19 OLGR. 40, 199; vgl. auch RG. 8. 3. 12 BauersZ. 20, 16). Der Registerrichter wird aber bei einem Beschlusse von solcher Tragweite die Überzeugung vom Bestehen des Beschlusses fordern (vgl. Anm. 6 zu § 65). Er hat das Recht der Ermittelung des Sachverhaltes (§ 12 FGG.). Die öffentliche Beurkundung ist ratsam. Wenn aber die drei einzigen Gesellschafter vor dem Registerrichter erscheinen und ihm einen in privater Urkunde gefaßten Auflösungsbeschluß übergeben, so muß ihm dies genügen.

Die Eintragung des Beschlusses in das Handelsregister ist zur Gültigkeit des Be- **Anm. 14.**
schlusses nicht erforderlich (OLG. Celle 27. 9. 11 BauersZ. 20, 16; a. M. Marcus bei Holdheim 11, 183). Sie ist es nur dann, wenn der Auflösungsbeschluß die im Gesellschaftsvertrage festgesetzte Lebensdauer verkürzt (vgl. unten Anm. 15). Die vom Gesetze verlangte Anmeldung und Eintragung (§ 65) ist kein Gültigkeitserfordernis (vgl. oben Anm. 7a). Über die Folgen der Eintragung vgl. Anm. 8 zu § 65. Weist der Registerrichter den Eintragungsantrag ab, weil kein gültiger Beschluß vorliege, so ist, falls der Beschluß gültig war, die Auflösung trotz seiner Ablehnung eingetreten. Eine Anmeldung und Eintragung einer Auflösung ohne gültigen Beschluß ist ohne Wirkung. Es ist unerheblich, ob der Geschäftsführer und der ihm folgende Registerrichter eine Auflösung kraft Statuts oder Kündigung oder Beschlusses annahmen. War die Auflösung beschlossen, sollte sie aber nach dem Willen der Gesellschafter nicht angemeldet werden, so bleibt die trotzdem erfolgte Anmeldung und Eintragung wirksam. Dagegen ist die Anmeldung durch einen Unbefugten wertlos. Sie gibt aber dem Gericht Kenntnis von der Auflösung und Anlaß zum Einschreiten.

Über die Aufhebung des Beschlusses vgl. oben Anm. 3. Über die Rechtswirkungen des Auflösungsbeschlusses bis zur Eintragung ins Handelsregister vgl. Anm. 7a.

Anders liegt die Sache, wenn der Beschluß auf Auflösung gleichzeitig einen Statuten- **Anm. 15.**
änderungsbeschluß enthält. Die im Gesellschaftsvertrage festgesetzte Dauer der Gesellschaft wird durch den Auflösungsbeschluß abgekürzt (oben Anm. 10). Dann überwiegt das Moment der Satzungsänderung. Alle gesetzlichen und statutarischen Erfordernisse einer solchen müssen erfüllt werden. Der Auflösungsbeschluß ist erst wirksam, wenn er eingetragen ist. Wenn Sonderrechte, z. B. das für einen bestimmten Gesellschafter bestellte Recht auf den Bestand der Gesellschaft bis zu einer bestimmten Zeit, verletzt werden, ist dessen Zustimmung erforderlich (vgl. Anm. 4 zu § 53 und oben Anm. 10).

Der Beschluß kann auch betagt und bedingt gefaßt werden. Es kann **Anm. 16.**
am 1. November beschlossen werden, daß die Gesellschaft am 31. Dezember aufgelöst werde. Es kann beschlossen werden, daß die Gesellschaft aufgelöst werde, wenn der Verkauf des Geschäfts zum Preise von 200000 M. erfolgt. Ein solcher Beschluß ist zugleich Änderung des Gesellschaftsvertrages. Er bedarf der Form des § 53 und der Eintragung zum Handelsregister (RG. 6. 3. 09 RGZ. 65, 264). Wird später ihre Auflösung angemeldet, so ist dem Registerrichter der Eintritt der Bedingung zu belegen.

Ziffer 3. Gerichtliches Urteil oder Entscheidung des Verwaltungsgerichts oder der **Anm. 17.**
Verwaltungsbehörde in den Fällen der §§ 61 und 62. Hierüber Näheres zu diesen beiden Paragraphen.

Ziffer 4. Eröffnung des Konkursverfahrens. Hierüber Näheres zu § 63. Über **Anm. 18.**
die Fortsetzung der Gesellschaft in diesem Falle vgl. Anm. 20 zu § 63. Der Konkurs eines Gesellschafters ist kein Auflösungsgrund (RG. 22. 5. 13 RGZ. 82, 288). Ebensowenig die Geschäftsaufsicht (VO. vom 14. 6. 24 RGBl. I 641). Unter besonderen Umständen kann aber der Konkurs eines Gesellschafters zur Auflösungsklage gemäß § 61 führen. Das setzt voraus, daß durch den Konkurs des Gesellschafters die gedeihliche Fort-

§ 60. entwicklung der Gesellschaft gehemmt oder ausgeschlossen wird (vgl. Anm. 6 zu § 61; OLG. Königsberg 19. 11. 12 PosMSchr. 16, 12) oder die Erreichung des Gesellschaftszweckes unmöglich wird (vgl. Anm. 4 zu § 61).

Anm. 19. 2. (Abs. 2.) **Weitere Auflösungsgründe.** Das Gesetz (Abs. 2) erwähnt nur die Möglichkeit anderer, durch Gesellschaftsvertrag festzusetzender Auflösungsgründe. Doch ist damit die Zulässigkeit anderer gesetzlicher Auflösungsgründe nicht ausgeschlossen. Es sind daher zunächst die anderweiten gesetzlichen und alsdann die anderweiten durch Gesellschaftsvertrag festzusetzenden Auflösungsgründe zu behandeln.

Anm. 20. a) Andere gesetzliche Auflösungsgründe:

α) Entziehung der obrigkeitlichen Genehmigung, wenn dieselbe zur Existenz der Gesellschaft erforderlich ist.

Anm. 21. Die Entziehung der Konzession zum Gewerbebetriebe ist kein Auflösungsgrund. Die Gesellschaft kann ja ihren Gegenstand ändern und ein anderes Unternehmen betreiben. Auch wenn sie ohne jede Lebenstätigkeit fortlebt, ist sie dadurch allein noch nicht aufgelöst (KG. 13. 6. 13 RJA. 13, 112). Doch mag es vielleicht den Grund zur Auflösungsklage nach § 61 abgeben. Vgl. auch unten Anm. 24 eine Ausnahmeregelung für stillgelegte vermögenslose Gesellschaften.

Anm. 22. β) Mehr als Auflösungsgrund ist die Amortisation sämtlicher Geschäftsanteile. Darin liegt nicht die Auflösung, sondern der Untergang der Gesellschaft. Sie hat ja dann keine Personen mehr, die ihre Mitglieder bilden. Es fehlt das Personensubstrat. Besteht alsdann noch Vermögen, so ist es herrenloses Gut. Es tritt dann keine Liquidation der Gesellschaft ein. Das Gesellschaftsvermögen fällt den hierzu berechtigten Personen an (§§ 45 u. 46 BGB.). Dagegen besteht die Gesellschaft fort, wenn alle Geschäftsanteile bis auf einen amortisiert sind (vgl. Anm. 20 zu § 34; a. M. Neukamp-Becker Anm. 9b), desgleichen wenn alle Geschäftsanteile kaduziert sind (vgl. RG. 15. 4. 13 Goltd.Arch. 61, 115). Über die Folgen der Abandonnierung aller Geschäftsanteile vgl. Anm. 34 zu § 27.

Anm. 23. γ) Das RG. (5. 6. 82 RGZ. 7, 70) läßt durch die Verlegung des Sitzes in das Ausland eine Aktiengesellschaft ihre im Inlande anerkannte Rechtspersönlichkeit verlieren. Dieser Beschluß habe daher die Wirkung der Auflösung. Das Erkenntnis würde an sich auch auf die GmbH. zutreffen (vgl. OLG. Hamburg 26. 5. 07 OLGR. 16, 121). Allein ein solcher Beschluß hat nicht, wie das RG. formuliert hat, die Auflösung als Wirkung, sondern als Voraussetzung. Denn zum Wesen der GmbH. gehört, daß sie einen Sitz im Inlande hat (vgl. Anm. 5 zu § 3). Will sie den Sitz im Inlande aufgeben, so will sie damit ihre Eigenschaft als inländische Gesellschaft aufgeben. Das ist ein Auflösungbeschluß, und dieser muß den gesetzlichen Erfordernissen entsprechen (vgl. Staub-Pinner § 292 Anm. 20). Nicht gegen diese Bedeutung der Sitzverlegung in das Ausland spricht die Möglichkeit, daß in demselben wie z. B. in Österreich ein der deutschen GmbH. gleiches Institut ausgebildet ist. (Hierauf legt Neukamp-Becker Anm. 9g bei Begründung seiner gegenteiligen Meinung den Nachdruck.) Es ist dem ausländischen Rechte zu entnehmen, ob und unter welchen Voraussetzungen es die in Deutschland aufgelöste, neu zu gründende GmbH. anerkennt. Es ist Frage des Einzelfalles, was mit der Sitzverlegung gemeint ist. Wenn wie in dem vom RG. behandelten Falle nur im deutschen Handelsregister eine Verlegung des Sitzes in das Ausland bekundet werden soll, so ist dies unzulässig. Eine deutsche GmbH. mit dem Sitz in Paris oder Rom ist unmöglich.

Eine Auflösung tritt nicht ein, wenn die Begründung des ausländischen Sitzes auf völkerrechtlichen Gebietsabtretungen beruht. Es wird regelmäßig anzunehmen sein, daß der fremde Staat die juristischen Personen, deren Sitz in dem neu erworbenen Gebiete liegt, anerkennt. Will er dies ausschließen oder von besonderen Voraussetzungen abhängig machen, so ist eine besondere abweichende gesetzliche Regelung notwendig (zu vgl. für Elsaß-Lothringen Art. 54 Abs. 3 des Friedensvertrages von Versailles und französisches Gesetz; für die deutsche GmbH. in dem an Polen abgetretenen Gebiete vgl. Deutsch-polnisches Abkommen vom 15. Mai 1922 Art. 4 § 4, welches die Anerkennung ihrer Rechtspersönlichkeit sichert). Werden zu den abgetretenen Gebieten gehörige Gesellschaften mit ihrem Sitz nach Deutschland zurückverlegt, so sieht die Rechtsprechung hierin mit Recht nicht einen Auflösungsbeschluß. Es bedarf für die unter deutschem Recht gegründeten Gesellschaften keiner Neugründung. Das auf sie anwendbare Recht ist durch die Gebietsabtretung unverändert geblieben. Eine Sitzverlegung unter Änderung der materiellen Rechtsgrundlage liegt nicht vor. Daher bedeutet auch die Zurückverlegung des Sitzes nach Deutschland keine Veränderung der Rechtsgrundlage (RG. 29. 6. 23 RGZ. 107, 94; KG. 7. 2. 24 OLGR. 43, 201; Quassowski in Gruchot 65, 403; Schwandt, Die deutschen AG. im Rechtsverkehre mit Frankreich und England; Staub-Pinner Anm. 20a zu § 292 HGB.). Anders wird zu entscheiden sein, wenn ehemalige deutsche Gesellschaften in Elsaß-Lothringen den Erfordernissen des französischen Gesetzes vom 10. 2. 26 nachgekommen sind und später eine Verlegung ihres Sitzes nach Deutschland beschließen. Sie sind alsdann nicht mehr dem deutschen Recht unterstehende Gesellschaften. Ihre Anerkennung in Deutschland als deutsche GmbH. erfordert eine Neugründung. Das OLG. Hamburg vom 16. 5. 09 OLGR. 16, 121 hat die Auflösung der GmbH. in dem Falle angenommen, wenn der Geschäftsführer, der alle Geschäftsanteile besitzt, tatsächlich den Sitz der Verwaltung ins Ausland verlegt. Das dürfte zu weit gehen. Wo tatsächlich die Geschäfte geführt werden, ist für die Bestimmung des Sitzes der Gesellschaft unerheblich (vgl. Anm. 4 zu § 3). **§ 60.**

Für Kriegsgesellschaften gibt das Gesetz vom 15. Juli 1921 über die Abwicklung von Kriegsgesellschaften und Kriegsorganisationen (RGBl. S. 942) einen besonderen Auflösungsgrund. § 6 ermächtigt die Reichsregierung, Kriegsgesellschaften für aufgelöst zu erklären. Mit der Auflösungserklärung tritt die Gesellschaft in Liquidation. Diese ist nach den Vorschriften des GmbHG. durchzuführen. Das Gesetz vom 15. Juli 1921 schafft aber erleichterte Formen für die Liquidation der Kriegsgesellschaften. Die Sperrfrist des § 73 ist auf drei Monate abgekürzt. Forderungen, die nicht schriftlich oder gerichtlich gegen die Gesellschaft geltend gemacht sind, erlöschen mit dem Ablauf der Sperrfrist. Die Liquidatoren werden von der Reichsregierung bestellt und abberufen. Die Liquidation kann endlich in der Weise durchgeführt werden, daß das Reich das Vermögen der Gesellschaft als Ganzes übernimmt. Es bedarf hierzu nur einer Erklärung der Reichsregierung gegenüber der Gesellschaft. Diese Erklärung bewirkt den Übergang des Gesellschaftsvermögens auf das Reich (Universalsukzession) und bringt die Kriegsgesellschaft zum Erlöschen. Über den Begriff „Kriegsgesellschaft" vgl. § 1 des Gesetzes vom 15. Juli 1921 und Anm. 9a zu § 13. Anm. 24.

δ) Kein Auflösungsgrund ist die Vereinigung aller Geschäftsanteile in einer Hand. Vgl. Anm. 1 zu § 13. Im französischen Recht führt sie die Auflösung herbei (Art. 5; ebenso bulg. Gesetz Art. 105 Nr. 6). Anm. 25.

Befinden sich sämtliche Geschäftsanteile in einer Hand, so kann die wirtschaftliche Vereinigung zu einer rechtlichen gemacht werden. So namentlich, wenn eine Aktiengesellschaft oder eine GmbH. alle Geschäftsanteile erworben hat. Doch sind auch Fälle denkbar, in denen eine physische Person, etwa der Vorbesitzer eines Geschäfts, der es wieder entgründen will, einen solchen Übergang des Vermögens der Gesellschaft auf seine Person herbeiführen will. Die Übertragung des gesamten Gesellschaftsvermögens auf diesen einen Gesellschafter kann nur im Wege der Auflösung der GmbH. und der Übertragung des Vermögens derselben auf den Alleingesellschafter geschehen. Das ist aber keine dem Erbgange ähnliche Universalnachfolge. Es bedarf der Übertragung der einzelnen Rechte, also bei Mobilien der Übergabe, bei Grundstücken der Auflassung und des Eintrags zum Grundbuche (vgl. KG. 23. 6. 02 OLGR. 5, 380 und KGJ. 25 A 129; OVG. 22. 9. 14 BauersZ. 23, 131). Dabei sind alle Vorschriften des Gesetzes über

§ 60. die Liquidation zu beobachten. Es ist der Gläubigeraufruf zu erlassen und das Sperrjahr zu beobachten. Eine Haftung des alleinigen Gesellschafters für Schulden der Gesellschaft tritt nicht ohne weiteres ein (vgl. oben Anm. 1 zu § 13; RG. 21. 1. 18 RGZ. 92, 84). Begnügt er sich damit, daß er nach Ablauf des Sperrjahres die einzelnen Aktiva der Gesellschaft erhält, so haftet er persönlich überhaupt nicht. Anders, wenn er das Geschäft der Gesellschaft als Ganzes übernimmt. Das GmbHG. entbehrt zwar einer dem § 303 HGB. entsprechenden Bestimmung (vgl. unten Anm. 29). Allein die Übertragung des Vermögens „als Ganzes" fällt auch hier unter § 419 BGB. Der Übernehmer hat bis zur Höhe der Passiva für die Schulden aufzukommen. Das kann nicht dadurch ausgeschlossen werden, daß alle Einzelstücke aufgezählt sind und der Alleingesellschafter sie als Deckung seines Liquidationsanspruchs empfängt. Die tatsächliche Überlassung des Gesamtvermögens als Einheit kann sich auch dann in der Fortführung des bisherigen Unternehmens zeigen. Führt er das Geschäft unter der alten Firma fort, so wird seine Haftung eine unbeschränkte (§ 25 HGB.), falls nicht bei der Überschreibung der Firma eine Beschränkung zum Handelsregister angemeldet ist. Die Vorteile, die der alleinige Gesellschafter bei dieser Übernahme des Vermögens im ganzen hat, bestehen in dem Übergange aller laufenden Geschäfte, deren Fortführung oft von großer Bedeutung ist. Freilich darf hieraus nicht geschlossen werden, daß alle Gegenkontrahenten verpflichtet sind, den Übernehmer als Gläubiger oder Schuldner anzunehmen. Wo dies durch die Abrede oder die Art der Leistung ausgeschlossen ist, bleibt es hierbei.

Die Übertragung kann vor Ablauf des Sperrjahres erfolgen. Es erscheint dies gerade dann erwünscht, wenn das Unternehmen ohne Unterbrechung weiter bestehen soll. Dafür ist das Liquidationsstadium leicht schädlich. Es muß der Liquidator das Geschäft durch die Auflösung so weiter führen, als sei diese nicht erfolgt (oben Anm. 4). Daher entsteht das Bedürfnis der früheren Übertragung. Dann verkauft die Gesellschaft ihr Vermögen als Ganzes an den Gesellschafter. Der Verkauf kann, wie oben gezeigt, ohne gleichzeitige Auflösung der Gesellschaft erfolgen. Der Gesellschafter bestellt, sofern er bisher auch alleiniger Geschäftsführer war, einen weiteren Geschäftsführer, der mit ihm den Vertrag abschließt. Nach dem Verkaufe erst löst er die Gesellschaft auf, wenn es ihm gut scheint. Ist die Gesellschaft schon aufgelöst, so schließt ihn der Liquidator ab. In beiden Fällen wird der Kaufpreis erst nach Ablauf des Sperrjahres zahlbar gestellt werden. Er wird nach diesem Zeitpunkte auf den Gesellschafter, der alle Geschäftsanteile besitzt, übertragen. Die Forderung erlischt dann durch Vermischung. Vorausgesetzt, daß dieser Kaufwille nicht nur simuliert ist, wird ein solches Verfahren nicht zu beanstanden sein. Die Gläubiger der Gesellschaft haben während des Sperrjahres in der Forderung an den Erwerber ein Zugriffsobjekt. Von einer Aufrechnung gegen diese mit der Gegenforderung des Gesellschafters ist keine Rede. Denn ihm steht eine Forderung in Geld nicht zu. Er hat nur Anspruch auf das Vermögen der Gesellschaft. Ebenso ist noch während des Sperrjahres eine Veräußerung oder Pfändung einzelner der in den Händen des Gesellschafters befindlichen Geschäftsanteile möglich. Er muß dann seinen Kaufpreis an die Gesellschaft bezahlen, die ihn unter die bei der Ausschüttung vorhandenen Beteiligten ausfolgt. Wollte der Gesellschafter, der das Vermögen erhalten hat, einwenden, daß das Kaufgeschäft nur simuliert, in Wahrheit eine sofortige Ausantwortung des Liquidationsvermögens an ihn als Gesellschafter gewollt sei, so bliebe er doch als Übernehmer des Vermögens gemäß § 419 BGB. haftbar. Ebenso entstände dann die Haftung der Liquidatoren (§ 73 Abs. 3; vgl. auch die Ausführungen über die Umwandlung der GmbH. in eine offene Handelsgesellschaft oder Kommanditgesellschaft, Anm. 48 zu § 80).

Anm. 26. ε) Ein Austrittsrecht hat der einzelne Gesellschafter auf Grund des GmbHG. nicht (zust. RG. 29. 10. 15 Recht 1915 Nr. 757). Durch die Möglichkeit der Aufkündigung seitens eines Gesellschafters, verbunden mit dem Recht der anderen Gesellschafter, diese durch den Erwerb des Geschäftsanteils des Kündigenden zu verhüten (unten Anm. 28), kann ein ähnliches Resultat erreicht werden. Eine Auflösung der Gesellschaft führt ein solcher Austritt nicht herbei (OLG. Königsberg 16. 4. 18 OLGR. 38, 191). Ein gesetzliches Austrittsrecht hat auch nicht die Kartellverordnung vom 2. November 1923 (RGBl. I 1067) geschaffen. Nach § 8 kann jeder Gesellschafter den Gesellschaftsvertrag der Kartell-GmbH. aus wichtigem Grunde fristlos kündigen. Das führt zur Auflösung der GmbH. (vgl. Anm. 11a Exkurs zu § 3). Das GmbHG. kennt auch kein gesetzliches Ausschließungsrecht der Gesellschaft gegen den Gesellschafter (vgl. Einl. zu § 61). Er kann nur wegen Nichtzahlung der Einlage gegen seinen Willen ausgeschlossen werden (Kaduzierung). Es kann die Einziehung des Geschäftsanteils erfolgen, aber nur mit seiner Zustimmung oder unter den im voraus festgesetzten Bedingungen des Gesellschaftsvertrages (Anm. 9 zu § 34; über eine Ausnahme vgl. Anm. 18 zu § 34). Er selbst hat wohl auch ein Recht auf Auflösung der Gesellschaft (§ 61). Aber ein Recht auf Austritt unter Fortbestehen der Gesellschaft gibt es für den einzelnen Gesellschafter nicht (Dernburg, Bürgerliches Recht I 268; vgl. aber RG. 7. 6. 10 RGZ. 73, 432; OLG. Dresden 10. 12. 17 SeuffA. 73, 271). Auch der Abandon ist kein Austreten (vgl. Anm. 2 zu § 27). Ein Recht, daß sein Anteil eingezogen werde, kann ihm nicht eingeräumt werden (vgl. Anm. 26 zu § 34). Über ein statutarisches Ausschließungsrecht vgl. LG. I Berlin 19. 9. 21 KGBl. 32, 98. Im französischen Recht gibt Art. 40 GmbHG. in Verbindung mit Art. 52 des Gesetzes vom 24. Juli 1867, betr. die société à capital variable jedem Gesellschafter das Recht, aus der Gesellschaft gegen Rückzahlung seiner Stammeinlage auszuscheiden, soweit hierdurch nicht die statutarische Grenze für Kapitalsherabsetzungen unterschritten wird. Der Gesellschaft kann im Gesellschaftsvertrage ein entsprechendes Ausschließungsrecht gegenüber den Gesellschaftern eingeräumt werden. **§ 60.**

ζ) Bloße Einstellung des Gewerbebetriebes ist kein Auflösungsgrund (KG. 13. 6. 13 KGJ. 45 A 178). Der Registerrichter ist nicht berechtigt, wenn er erfahren hat, daß die Gesellschaft ihren Gewerbebetrieb eingestellt hat, sie zur Anmeldung der Liquidation aufzufordern (LG. I Berlin 30. 12. 01 Recht 02, 231). Vgl. oben Anm. 21. Anm. 27.

b) **Durch Gesellschaftsvertrag können weitere Auflösungsgründe festgesetzt werden.** Sie müssen im Gesellschaftsvertrage selbst enthalten sein. Sie können nicht aus nebenher bestehenden Verträgen zwischen der Gesellschaft und den Gesellschaftern entnommen werden (RG. 21. 6. 12 BauersZ. 20, 42). So kann festgesetzt werden, daß die Gesellschaft sich auflöst, sobald das Patent, auf Grund dessen die Gesellschaft errichtet ist, abläuft, oder sobald sich eine Unterbilanz von einer bestimmten Höhe ergeben hat, oder wenn ein Gesellschafter stirbt oder wenn alle Gründe sterben oder wenn der Zweck der Gesellschaft erreicht ist oder nicht verwirklicht werden kann usw. Es kann bestimmt werden, daß ein Gesellschafter oder eine bestimmte Gesellschafteranzahl das Recht der Kündigung habe (vgl. auch Anm. 20 zu § 3). Eine Kündigung bedeutet die Auflösung der Gesellschaft durch eine einseitige Willenserklärung eines Gesellschafters. Sie ist in solchem Falle an die Gesellschaft zu richten. Zustellungen an die Gesellschafter sind wirkungslos. Mit dem Eingange der Kündigung bei der Gesellschaft tritt die Auflösung ein. Für die Kündigung gelten alle Vorschriften des BGB. über einseitige Willenserklärungen. Ist sie unwirksam, so ist auch die Gesellschaft nicht aufgelöst. Ein Bevollmächtigter hat die Vollmachtsurkunde vorzulegen. Anderenfalls hat die Gesellschaft das Recht, die Erklärung zurückzuweisen (§ 174 BGB.). Die von dem vollmachtlosen Vertreter abgegebene Kündigung ist wirkungslos. Ausgenommen, wenn der Geschäftsführer der Gesellschaft die Mängel der behaupteten Vollmacht nicht beanstandet oder in Kenntnis dieses Mangels die Ausübung der Kündigung zuläßt (§ 180 BGB). Die Gesellschafter können den Geschäftsführer hierfür verantwortlich machen. An der Wirksamkeit der Kündigung, sobald sie von dem Vertretenen nachträglich genehmigt ist, können sie nichts mehr ändern. Die Kündigung kann nach dem Gesellschaftsvertrage auch nur unter bestimmter Bedingung Anm. 28.

§ 60. zulässig sein. So namentlich beim Vorliegen von Verlusten. Es kann auch in Verbindung hiermit oder ohne solche Voraussetzung vorgeschrieben sein, daß der Kündigung ein Anbieten des Geschäftsanteils an die anderen Gesellschafter vorausgehen müsse. Ist im Gesellschaftsvertrage vorgesehen, daß die anderen Gesellschafter das Recht haben, die Kündigung durch einen Erwerb des Geschäftsanteils des Kündigenden abzuwenden, so ist damit die Wirksamkeit der Kündigung bedingt durch die Nichtausübung dieses Rechts der anderen Gesellschafter (vgl. RG. 27. 9. 18 RGZ. 93, 326). Ist nichts weiteres im Gesellschaftsvertrage bestimmt, so besteht dieses Recht bis zu dem Moment, in welchem die Auflösung der Gesellschaft eintritt und das Liquidationsstadium beginnt (vgl. RG. 25. 2. 19 RGZ. 95, 39; auch RundschGmbH. 1920, 319). Mangels einer anderweiten Festsetzung im Gesellschaftsvertrage ist als Kaufpreis der derzeitige auf Grund der letzten Bilanz zu berechnende Wert des Geschäftsanteils zu bezahlen. Über die Rechtmäßigkeit der Kündigung ist, wenn sie bestritten wird, in einem Prozesse zwischen der Gesellschaft und dem kündigenden Gesellschafter zu entscheiden. Durch die Einräumung eines Kündigungsrechts im Gesellschaftsvertrage ist eine Auflösung der GmbH. aus anderen Gründen, insbesondere auf Grund eines Auflösungsbeschlusses (§ 60 Ziff. 2), nicht ausgeschlossen (BauersZ. 26, 75). Über das Kündigungsrecht bei Verpfändung oder Nießbrauchsbestellung vgl. Anm. 4 u. 20 Exkurs I zu § 15. Das Kündigungsrecht steht nicht dem Nießbraucher, sondern dem Gesellschafter zu. Nur dieser kann die Beendigung seines Gesellschaftsrechts durch eigene Rechtsgestaltung herbeiführen.

Durch die Kündigung entsteht für jeden Gesellschafter ein Recht auf Durchführung der Liquidation, insbesondere auf Auszahlung seines Liquidationsguthabens. Die Folgen der Kündigung können daher nur mit Zustimmung aller Gesellschafter beseitigt werden. Wird aber diese Zustimmung erteilt, so steht nichts im Wege, auch hier die Auflösung rückgängig zu machen (vgl. oben Anm. 3). Der Gesellschaftsvertrag kann die Wirkung der Kündigung befristen. Die Auflösung tritt erst nach Ablauf einer bestimmten Frist ein. Dann ist die Rücknahme der Kündigung bis zu diesem Zeitpunkte mit Zustimmung der anderen Gesellschafter ohne weiteres zulässig. Es bedarf nicht einmal der Erfüllung der weiteren Voraussetzungen, die für die Rückgängigmachung der Auflösung zu erfüllen sind (oben Anm. 3).

Auch der abgeänderte Gesellschaftsvertrag kann besondere Auflösungsgründe festsetzen oder ändern. Sollte ein solcher Statutenänderungsbeschluß in Sonderrechte eingreifen (z. B. wenn das einem Gesellschafter zustehende Kündigungsrecht geändert werden soll), so muß außerdem die Zustimmung des betreffenden Gesellschafters vorliegen (Anm. 16ff. zu § 14). *Dagegen können die gesetzlichen Auflösungsgründe durch Vertrag nicht beseitigt werden.* Sie haben zwingenden Charakter (vgl. jedoch auch oben Anm. 9 und 12). Es ist daher unstatthaft, zu bestimmen, daß das Recht der Auflösung durch Beschluß aufgehoben sei. Es kann alsdann nur Einstimmigkeit verlangt werden. Unzulässig ist es auch, die Auflösungsklage (§ 61) auszuschließen. Darüber, daß einzelne Momente nicht als wichtige Gründe erscheinen sollen, vgl. Anm. 11 zu § 61.

Anm. 29. **Zusatz 1. Das GmbHG. enthält keine Sonderbestimmungen über die Fälle der Veräußerung des gesamten Gesellschaftsvermögens.** Hier sind die allgemeinen Bestimmungen anwendbar, während nach §§ 303ff. für die Aktiengesellschaft Sonderbestimmungen gegeben sind:

1. **Eine Verwertung des Gesellschaftsvermögens durch Veräußerung des Vermögens im ganzen** ist bei der Aktiengesellschaft nach § 303 HGB. nur auf Grund des Beschlusses der Generalversammlung zulässig. Er bedarf einer bestimmten Mehrheit. Die gesetzliche Vertretungsbefugnis des Vorstandes der Aktiengesellschaft ist hierdurch eingeschränkt. Im GmbHG. besteht diese Einschränkung nicht. Hier kann der Geschäftsführer mit Wirkung nach außen auch das gesamte Gesellschaftsvermögen veräußern (a. M. Brodmann Anm. 7 und Neukamp-Becker Anm. 9f.). Ob er zufolge seines Verhältnisses zur Gesellschaft die

Versammlung der Gesellschafter fragen muß, ist eine andere Frage (hierüber Anm. 6 zu § 49). Dritten gegenüber ist das Geschäft jedenfalls gültig. Eine solche Veräußerung hat hier auch nicht die Auflösung der Gesellschaft zur Folge, wie dies im § 303 Abs. 2 HGB. für die Aktiengesellschaften vorgeschrieben ist. Die Gesellschaft besteht fort. Es bleibt den Gesellschaftern überlassen, ob sie die Gesellschaft auf anderer Grundlage fortsetzen oder nunmehr auflösen wollen. Meist wird allerdings in solchem Falle die Liquidation beschlossen und den Liquidatoren die Veräußerung aufgetragen werden. Darüber, ob die Liquidatoren dagegen ohne Generalversammlungsbeschluß zu solcher Veräußerung ermächtigt sind oder ob dazu ein einstimmiger Beschluß der Gesellschafter erforderlich ist, s. Anm. 6 u. 8 zu § 70. Soll das ganze Geschäft der GmbH. unter ihrer Firma veräußert werden, so bedarf es gleichzeitig für diese der Annahme einer neuen Firma und aus diesem Grunde einer Statutenänderung (vgl. Anm. 38 u. 39 zu § 69). Das RG. (30. 10. 14 RGZ. 85, 397) hatte einen solchen Weg für unzulässig erklärt. Veräußere eine GmbH. ihr Handelsgeschäft mit der Firma, so werde sie nicht nur aufgelöst, sondern zugleich ihres Charakters als einer zur Firmenführung befähigten Handelsgesellschaft entkleidet. Sie erlösche. Sie könne eine neue Firma nicht annehmen. Es bliebe nur ein Gesamthandvermögen der Gesellschafter übrig. Vgl. hiergegen die Kritik Flechtheims LZ. 1915, 943 und Hachenburgs JW. 1923, 830. Das RG. hat denn auch diesen Standpunkt wieder aufgegeben und sich der hier vertretenen Ansicht angeschlossen (25. 5. 23 RGZ. 107, 31). Über die Veräußerung des Vermögens der GmbH. bei Umwandlung derselben in eine Aktiengesellschaft oder eine offene Handelsgesellschaft vgl. Anm. 46 u. 47 zu § 80. **§ 60.**

Nichts anderes gilt auch in dem Falle, daß das Vermögen der Gesellschaft als Ganzes an das Reich, einen Bundesstaat oder einen inländischen Kommunalverband veräußert wird. Im § 304 HGB. sind bei der Aktiengesellschaft für diesen Fall Sonderbestimmungen getroffen. **Anm. 30.**

2. **Ebenso gilt nichts anderes in dem Falle, wo das Vermögen einer GmbH. an eine andere GmbH. gegen Gewährung von Geschäftsanteilen der übernehmenden Gesellschaft übertragen wird** (Fusion). Auch diese Transaktion kann der Geschäftsführer bewirken. Seine Vertretungsbefugnis ist auch in dieser Hinsicht nicht eingeschränkt. Es gelten hier nicht wie im Aktienrecht (§ 305 HGB.) Sondervorschriften. Meist wird in diesem Falle allerdings die Auflösung beschlossen und den Liquidatoren die Übertragung des Vermögens an eine andere Gesellschaft aufgetragen werden. Ob die Geschäftsführer dazu nach innen die Genehmigung der Gesellschafter einholen müssen, darüber s. Anm. 6 zu § 49. Ob die Liquidatoren dazu nach außen und nach innen ermächtigt sind, ob dazu ein Gesellschafterversammlungsbeschluß oder gar ein einstimmiger Gesellschafterbeschluß gehört, darüber s. Anm. 6 u. 8 zu § 70. In steuerrechtlicher Beziehung vgl. § 12 KapVStG. Anm. 31.

Eine Fusion mit sofortiger Verschmelzung, wie sie im § 306 HGB. für die Aktiengesellschaft vorgesehen ist, ist für die GmbH. nicht gestattet. Hier muß vielmehr die bestehende oder die aufgelöste Gesellschaft ihr Vermögen auf die andere Gesellschaft übertragen. Die übertragende Gesellschaft besteht fort, bis sie aufgelöst und ihr Vermögen unter Beachtung der gesetzlichen Vorschriften verteilt ist. Eine rein tatsächliche Vereinigung ist keine Fusion (OLG. Hamburg 24. 10. 04 OLGR. 10, 240). Sie kann eine Gesellschaft zwischen den beiden Gesellschaften, meist eine solche des bürgerlichen Rechts bedeuten. **Anm. 32.**

Über einen Fall der Fusion einer Aktiengesellschaft mit einer GmbH. bei der Umwandlung der ersteren in eine GmbH. vgl. Anm. 34 zu § 80.

Zusatz 2. Steuerfragen. Die GmbH. bleibt auch im Stadium der Liquidation subjektiv und objektiv steuerpflichtig. Die GmbH. bewahrt ihre Rechtspersönlichkeit trotz Eintritts der Liquidation (oben Anm. 1). Sie erlischt erst mit Ausschüttung ihres gesamten Vermögens unter Beobachtung der Schutzvorschriften des § 73. Die Löschung im Handelsregister ist ohne zivilrechtliche und steuerrechtliche Bedeutung (RFH. 25. 2. 21 E. 5, 106; 29. 4. 21 Anm. 33.

§ 60. E. 6, 66; 7. 11. 22 E. 10, 318; PrOVG. 20. 6. 19 JW. 20, 512). Der Körperschaftsteuer unterliegt das gesamte Liquidationseinkommen einheitlich bei Beendigung der Liquidation. Zu versteuern ist also der Überschuß, der sich aus einem Vergleich zwischen der letzten Jahresbilanz der produzierenden Gesellschaft und der Liquidationsbilanz ergibt. Hinzu kommen in stillen Reserven versteckte Gewinne früherer Jahre. Eine Veranlagung auf Grund von Zwischenbilanzen findet zur Körperschaftsteuer während der Liquidation nicht statt. Körperschaftsteuererklärungen sind während dieser Zeit nicht abzugeben (RFH. 1. 7. 22 E. 10, 23). Für die Vermögensteuer ändert das Liquidationstadium nichts. Ausschüttungen an die Gesellschafter, die vor Ablauf des Sperrjahres vorgenommen werden, berühren die objektive Vermögensteuerpflicht nicht. An Stelle der unzulässigen Ausschüttungen treten die Ersatzansprüche der Gesellschaft gegen die Gesellschafter (§ 30) und gegen die Liquidatoren (§ 73). Zu dem Liquidationseinkommen gehört auch der Gewinn aus der Veräußerung des Gewerbebetriebes der GmbH. als Ganzes. Die Vorschrift des § 30 Abs. 1 EinkStG. findet keine Anwendung. Dagegen trifft diese jeden Gesellschafter der GmbH., der an ihr wesentlich, d. h. mindestens mit 25% beteiligt ist. Der bei der Veräußerung seiner Geschäftsanteile erzielte Gewinn ist als Sondereinkommen neben dem regulären zu versteuern (§ 30 Abs. 3, § 58 EinkStG.). Als Gewinn erscheint der Nettoerlös aus dem Verkauf gegenüber dem Anschaffungspreise. Hatte der Veräußerer sein Handelsgeschäft in die GmbH. eingebracht, so ist der im Gesellschaftsvertrage festgestellte Wert desselben (§ 5 Abs. 4 GmbHG.) maßgebend. Das Steuergesetz soll die bei der Gründung verborgenen, bei der Veräußerung realisierten Werte erfassen.

Anm. 34. **Zusatz 3. Ausländisches Recht.** Das österreichische Gesetz (§ 84) führt dieselben Auflösungsgründe auf wie das deutsche. Nur die Auflösung durch gerichtliches Urteil auf Grund der Klage eines Gesellschafters ist ihm fremd. Das bulgarische Recht folgt hierin dem deutschen (Art. 105 u. 106). Dagegen kennt es nicht die Auflösung durch die Verwaltungsbehörde. In den Fällen, in denen das österreichische Gesetz diese zuläßt, kann nach bulgarischem Recht die GmbH. auf Grund einer Klage des Staatsanwalts durch gerichtliches Urteil aufgelöst werden (Art. 106 Ziff. 2 u. 3). Die Auflösung tritt endlich durch Vereinigung aller Geschäftsanteile in einer Hand ein (Art. 105 Ziff. 6).

Das französische Gesetz enthält in Art. 36 lediglich Bestimmungen darüber, welche Gründe entgegen den allgemeinen Vorschriften über die Gesellschaften nicht zur Auflösung der GmbH. führen (z. B. Konkurs oder Tod eines Gesellschafters). Die Auflösungsgründe selbst sind dem code civil und den Vorschriften über die Handelsgesellschaften zu entnehmen. Man unterscheidet die Auflösung von Rechts wegen (dissolution de plein droit), die Auflösung durch Gesellschafterbeschluß und die Auflösung durch gerichtliches Urteil (dissolution iudiciaire). Von Rechts wegen erfolgt die Auflösung durch Ablauf der im Gesellschaftsvertrage vorgesehenen Zeit, durch Vereinigung aller Geschäftsanteile in einer Hand, durch Heirat der beiden einzigen Gesellschafter miteinander. Die Auflösung durch gerichtliches Urteil wird auf Grund der Klage eines Gesellschafters ausgesprochen, wenn wichtige Gründe vorliegen. Hierzu zählt der Konkurs der GmbH. Er ist nicht ein gesetzlicher Auflösungsgrund. Durch den Gesellschaftsvertrag können weitere Auflösungsgründe vorgesehen werden. Das polnische Gesetz enthält keine besonderen Bestimmungen über die Auflösung. Der Schweizer Entwurf (Art. 825) führt, abgesehen von der Auflösung durch die Verwaltungsbehörde, die gleichen Auflösungsgründe auf wie das deutsche Gesetz.

§ 61.

§ 61.

Die Gesellschaft kann durch gerichtliches Urteil aufgelöst werden, wenn die Erreichung des Gesellschaftszweckes unmöglich wird, oder wenn andere, in den Verhältnissen der Gesellschaft liegende, wichtige Gründe für die Auflösung vorhanden sind.

Die Auflösungsklage ist gegen die Gesellschaft zu richten. Sie kann nur von Gesellschaftern erhoben werden, deren Geschäftsanteile zusammen mindestens dem zehnten Teile des Stammkapitals entsprechen. **§ 61.**

Für die Klage ist das Landgericht ausschließlich zuständig, in dessen Bezirk die Gesellschaft ihren Sitz hat.

Das Gesetz gibt den Gesellschaftern ein Recht, auf Auflösung der Gesellschaft zu klagen. Einleitung. Dem Aktienrecht ist ein solches Recht unbekannt. Durch dieses Klagerecht kommt die Auffassung des Gesetzes zum Durchbruch, daß das Verhältnis der Gesellschafter zur Gesellschaft hier ein engeres ist als bei der Aktiengesellschaft. Sonst wäre es einem Gesellschafter nicht möglich, gegen den Willen der Gesamtheit oder der Majorität den Bestand der Gesellschaft unter Anrufung des Gerichts zu sprengen. Die Vorschrift lehnt sich hier an § 133 HGB. an (Motive 84). Ein Minderheitsrecht ist es nicht. Es ist kein Schutz der Minorität gegen Beschlüsse der Mehrheit. Es ist ein Recht des Einzelgesellschafters (Marcus bei Holdheim 16, 9). Es ist unentziehbar, also ein Sonderrecht, aber mehr als dieses. Es kann auch nicht mit Zustimmung der Gesellschafter aufgehoben werden. Nur eine Umgestaltung des Sonderrechts ist mit Zustimmung aller Gesellschafter zulässig, soweit hierin keine Minderung des Rechts liegt (vgl. unten Anm. 3 über Schiedsvertragsklausel und Kündigung). Die Auflösungsklage ist das Mittel, unhaltbar gewordene Zustände in der Gesellschaft zu beenden, allerdings durch Vernichten dieser selbst. Daneben allgemein ein Recht des einen Gesellschafters gegen den anderen unter analoger Anwendung des § 142 Abs. 1 HGB. auf Ausschließung des letzteren zu schaffen (Marcus bei Holdheim 21, 72), scheitert an der Natur der GmbH. und ihrer Geschäftsanteile. Nur der Gesellschaftsvertrag vermag eine solche Pflicht des Gesellschafters auf Abtretung an die Gesellschaft oder die von ihr bezeichneten Gesellschafter zu begründen.

Trotzdem kann in besonderem Fall eine Anwendung der §§ 140, 142 HGB. in Betracht kommen. Das setzt voraus, daß die Gesellschafter durch ausdrückliche oder stillschweigende Vereinbarung unter sich ein Gesellschaftsverhältnis begründeten und nur nach außen hin ihre Vereinigung in die Form der GmbH. kleideten (vgl. Allg. Einl. Anm. 25; a. M. RG. 7. 12. 20 RGZ. 101, 66). Sie erreichen durch solche internen Vereinbarungen, daß unmittelbare Rechtsbeziehungen unter ihnen wie unter Gesellschaftern einer offenen Handelsgesellschaft entstehen. Begeht dann ein Gesellschafter eine Verfehlung, die die übrigen Gesellschafter einer o.HG. zu seiner Ausschließung nach § 140 HGB. berechtigen würde, so sind diese nicht auf die Auflösungsklage des § 61 GmbHG. beschränkt, wenn sie die Verbindung mit dem schuldigen Gesellschafter lösen wollen. Eine analoge Anwendung des § 140 HGB. führt dazu, den Mitgesellschaftern einen Anspruch auf Abtretung des dem schuldigen Gesellschafter gehörenden Geschäftsanteils zu gewähren. Dadurch wird im Verhältnis der Gesellschafter untereinander die gleiche Rechtswirkung erzielt, wie im Regelfalle des § 140 HGB. Das Unternehmen bleibt bestehen. Eine Liquidation findet nicht statt. Die Form der GmbH. wird nicht aufgehoben. Das wäre nur nach den Vorschriften des GmbHG. zulässig (§ 60). Der schuldige Gesellschafter aber scheidet aus. Er wird nach Liquidationsgrundsätzen abgefunden. Als Entgelt für die Abtretung seines Gesellschaftsanteils erhält er sein Liquidationsguthaben. Dabei ist nach § 140 Abs. 2 HGB. für die Auseinandersetzung zwischen dem schuldigen und den übrigen Gesellschaftern die Vermögenslage in dem Zeitpunkte maßgebend, in dem die Klage auf Abtretung seines Geschäftsanteils erhoben wird. Er soll nicht mehr die Früchte des Unternehmens genießen, an dem teilzunehmen er sich unwürdig erwies.

Das RG. (a. a. O.) läßt Vereinbarungen zu, die unter den Gesellschaftern einer GmbH. intern die Rechtsverhältnisse einer o.HG. begründen (anscheinend a. M. Pinner JW. 1921, 462 Bem. zu RG. 7. 12. 20). Dann ist es nicht angängig, die Anwendung des § 140 HGB. in dem dargelegten Sinne von einer ausdrücklichen Parteiabrede abhängig zu machen. Die Gesellschafter einer o.HG. genießen das Recht des § 140 HGB. ohne Aufnahme einer ent-

§ 61. sprechenden Bestimmung in den Gesellschaftsvertrag. Dabei muß es auch im vorliegenden Falle bleiben. Damit ist dem schuldigen Gesellschafter nicht das Recht genommen, sich gegen die gegen ihn erhobene Klage zu wehren. Unterliegt er aber in diesem Rechtsstreite, so muß er seinen Mitgesellschaftern seinen Geschäftsanteil abtreten und sie hierbei so stellen, als wenn die Abtretung im Zeitpunkte der Klageerhebung erfolgt wäre. Er kann als Entgelt nur sein auf diesen Stichtag errechnetes Liquidationsguthaben beanspruchen.

Die Gesellschafter können in solchem Falle den Weg der Auflösungsklage des § 61 GmbHG. vorziehen. So war es in der vom RG. entschiedenen Sache geschehen. Dann bleibt nur eine Anwendung des Abs. 2 des § 140 HGB. übrig. Die GmbH. tritt in Liquidation. Daneben findet eine Auseinandersetzung auch unter den Gesellschaftern statt. Die Vereinbarungen eines besonderen internen Gesellschaftsverhältnisses behalten gerade für die Auflösung der GmbH. ihre Bedeutung. Die Wirkung liegt darin, daß der schuldige Gesellschafter die übrigen gemäß § 140 HGB. Abs. 2 so zu stellen hat, als wenn im Zeitpunkte der Erhebung der Auflösungsklage die Liquidation und eine Auseinandersetzung unter den Gesellschaftern stattgefunden hätte. Er hat, was er während des Prozesses durch seine Mitgliedschaft noch erlangte, herauszugeben oder bei der Auseinandersetzung zur Ausgleichung zu bringen.

Anm. 1. 1. **Das Recht** der Auflösungsklage hat jeder Gesellschafter. Doch er muß Geschäftsanteile, die dem zehnten Teil des Stammkapitals entsprechen, besitzen.

a) Jeder Gesellschafter. Also nicht, wer noch nicht und wer nicht mehr Gesellschafter ist. Wer einen neuen Geschäftsanteil übernimmt, wird erst mit der Eintragung der Erhöhung des Stammkapitals im Handelsregister Gesellschafter. Der Erwerber eines Geschäftsanteils durch Rechtsgeschäft wird es erst durch die Anzeige an die Gesellschaft (§ 16). Wer nicht mehr Gesellschafter ist, hat das Recht auf Auflösung nicht mehr. Die Veräußerung muß der Gesellschaft angezeigt sein (§ 16). Vorher ist der Veräußerer noch Gesellschafter. Der obligatorische Vertrag ist ohne jeden Einfluß. Die Kaduzierung nimmt das Klagerecht. Die Androhung genügt hierzu nicht. Das gleiche gilt von der Preisgabe des Geschäftsanteils im Nachschußverfahren (§ 27). Verliert der Kläger die Eigenschaft als Gesellschafter während des Prozesses, so ist die Klage abzuweisen. Eintritt seines Rechtsnachfolgers ist nur mit Zustimmung der Gesellschaft möglich. Andererseits genügt es, wenn die bei Zustellung der Klage noch nicht vorhandene Eigenschaft bis zum Schluß der mündlichen Verhandlung vorliegt (vgl. Anm. 2 zu § 50). Veräußert ein Gesellschafter einen Teil seines Gesellschaftsanteils, so nimmt ihm dies das Recht der Klage nicht, solange der verbleibende Teil noch ein Zehntel des Stammkapitals beträgt. In dieser Teilveräußerung liegt kein Verzicht auf den Auflösungsanspruch. Ein solcher kann wohl aus jedem Verhalten des Gesellschafters der Gesellschaft gegenüber geschlossen werden. In der Veräußerung des Teiles und dem Antrage auf Genehmigung allein läßt er sich aber nicht finden. Dabei muß es einerlei sein, daß die Veräußerung eines Geschäftsanteils nur mit Genehmigung der Gesellschaft zulässig ist. Ist ein Gesellschafter im Konkurse, so steht die Auflösungsklage dem Konkursverwalter zu. Es liegt kein dem Gesellschafter nur für seine Person zustehendes Recht vor (OLG. Hamburg 3. 12. 07 OLGR. 16, 116; RG. 27. 11. 08 RGZ. 70, 64). Gerät der Kläger nach Zustellung der Klage in Konkurs, so kann der Konkursverwalter den Prozeß aufnehmen. Ein Gläubiger eines Gesellschafters hat das Recht der Auflösungsklage nicht. Es ist mit dem Geschäftsanteile verbunden. Der Gläubiger kann nur in den Geschäftsanteil vollstrecken. Ebensowenig können sonstige Dritte aus wichtigen Ursachen, die in ihrem Verhältnisse zu der Gesellschaft liegen, auf deren Auflösung klagen, auch dann nicht, wenn in der Gründung der Gesellschaft eine unerlaubte Handlung der Gründer gegen den Kläger liegt. Ihnen steht nur der Anspruch auf Schadensersatz gegen die Gründer zu (RG. JW. 1911, 463). Ist der Geschäftsanteil verpfändet, so kann der Gesellschafter nur mit Zustimmung des Pfandgläubigers die Auflösungsklage erheben (vgl. Anm. 4 Exk. I zu § 15). Das gleiche hat bei Nießbrauchsbestellung zu gelten.

b) Die Geschäftsanteile der Kläger müssen zusammen 10 Proz. des Stammkapitals entsprechen. Ob dieselben voll eingezahlt sind oder nicht, ist gleichgültig. Ist das Stammkapital zur Beseitigung einer Unterbilanz herabgesetzt, wobei die Nominalbeträge der Geschäftsanteile sich nicht ändern (vgl. Anm. 7 zu § 58), so ist stets entscheidend, welchen Teil des Stammkapitals der Geschäftsanteil repräsentiert. Hat eine Erhöhung des Stammkapitals stattgefunden, so ist das Gesamtkapital maßgebend. Sind Geschäftsanteile eingezogen, wobei das Stammkapital sich nicht verminderte (vgl. Anm. 20 zu § 34), so ist wieder festzustellen, welcher Geschäftsanteil jetzt dem zehnten Teil dieses Stammkapitals entspricht. War z. B. ein Stammkapital von 100000 RM. auf 50000 RM. reduziert und dann wieder auf 100000 RM. erhöht worden, so repräsentiert ein früherer Geschäftsanteil von 10000 RM. nicht mehr den zehnten Teil des jetzigen Stammkapitals, sondern nur noch den zwanzigsten. Der Gesellschafter hatte zwar 10000 RM. Einlage auf die ersten 100000 RM. bezahlt, aber auf die neuen 50000 M. nichts. Andererseits wenn bei einem Stammkapital von 100000 RM. Geschäftsanteile von 50000 RM. amortisiert sind, so entspricht jetzt ein Geschäftsanteil von 5000 RM. dem zehnten Teile des Stammkapitals. Denn den 50000 RM. verbleibenden Geschäftsanteilen steht zusammen das ganze Stammkapital zu. Besitzt ein Gesellschafter allein so viele Geschäftsanteile nicht, so mag er sich mit anderen Gesellschaftern verbinden. Sie können dann gemeinsam die Klage erheben. Die Voraussetzung des Besitzes von 10 Proz. des Stammkapitals ist dispositives Recht. Der Gesellschaftsvertrag kann davon absehen. Erhöhen kann er den Prozentsatz nicht (ebenso Brodmann Anm. 1, Neukamp-Becker Anm. 2b und Liebmann Anm. 2, der die früheren Auflagen mißverstand). Über die Annahme eines solchen Inhalts des Gesellschaftsvertrags auch ohne ausdrückliche Anordnung bei Kartellgesellschaften vgl. Anm. 11 Exkurs zu § 3. § 61.

c) Jeder Gesellschafter ist berechtigt, sich der angestellten Klage als Nebenintervenient anzuschließen. Er kann dem Kläger oder der Beklagten beitreten (§ 66 ZPO.). Er ist Intervenient im Sinne des § 69 ZPO. Denn das die Auflösung aussprechende Urteil wirkt für alle Gesellschafter. Die mehreren Gesellschafter, die zusammen klagen, sind Streitgenossen im Sinne des § 62 ZPO. Die dem Rechtsstreite beitretenden Gesellschafter brauchen ein Zehntel des Stammkapitals nicht zu verkörpern. Die Vornahme selbständiger Prozeßhandlungen (z. B. Einlegung der Berufung), ist nicht von dieser Voraussetzung abhängig. Andererseits sind den klagenden Gesellschaftern die Anteile der Nebenintervenienten nicht hinzuzuzählen. Nimmt ein Kläger die Klage zurück, so ist die Auflösungsklage der übrigen abzuweisen, auch wenn deren Anteile zusammen mit denen der Nebenintervenienten ein Zehntel des Stammkapitals ausmachen (vgl. LG. Heidelberg 9. 6. 15 BadRechtspr. 17, 132). — Die Gläubiger der Gesellschaft haben kein Recht auf Anstellung der Auflösungsklage. Auch nicht die Gläubiger eines Gesellschafters. Ein dem § 135 HGB. analoges Recht gibt es hier nicht.

2. **Die Klage ist gegen die Gesellschaft zu richten.** Diese wird hierbei durch die Geschäftsführer vertreten. Darüber, wenn die Geschäftsführer in ihrer Eigenschaft als Gesellschafter selbst die Kläger sind oder die Gesellschaft keinen Geschäftsführer hat, vgl. Anm. 4 und 43 zu § 35. Anm. 2.

3. **Das Recht wird durch Klage beim ordentlichen Gericht ausgeübt.** Der Gesellschaftsvertrag kann von dem Wege der Klage absehen. Nur darf darin nicht eine Aufhebung oder Minderung des Sonderrechts liegen (vgl. oben Einl.). Er kann dem Gesellschafter das Recht geben, in den in § 61 vorgesehenen Fällen durch Kündigung die Gesellschaft aufzulösen. Die Zulässigkeit ergibt sich unzweifelhaft aus § 60 Abs. 2. Eine solche Vorschrift findet sich häufig in Verbindung mit der Festsetzung bestimmter Fälle als Auflösungsgrund. Es liegt dann ein Fall einer auf die besonderen Momente beschränkten Kündigung vor (vgl. unten Anm. 6, 11). Gegenüber der Klage aus § 61 bedeutet die Zulassung der Kündigung im Gesellschaftsvertrag eine Erleichterung und Erweiterung des Sonderrechts. Aus den gleichen Gründen ist es auch nicht unzulässig, die Auflösungsklage im Gesellschaftsvertrag einem Schiedsgericht zuzuweisen. Brodmann (Anm. 1) bestreitet dies. Ein Schieds- Anm. 3.

§ 61. vertrag sei nicht zulässig, weil die Parteien über die Auflösung keinen Vergleich schließen könnten (§ 1025 ZPO.). Eine juristische Person könne nicht über ihr Sein oder Nichtsein verfügen (LZ. 1925, 182). Es ist aber nicht einzusehen, warum ein Rechtsstreit über die Auflösung der GmbH. (§ 61) nicht durch Vergleich beendet werden könne. Die widerstrebenden Gesellschafter erkennen die Notwendigkeit der Auflösung an. Sie knüpfen vielleicht noch bestimmte Bedingungen an die Auflösung oder umgekehrt. Die Gesellschaft erwirbt den Geschäftsanteil des Klägers. Dieser verzichtet auf die Klage. Das sind gar nicht seltene Vergleiche. Man bedenke, daß, weil die GmbH. kein Ausscheiden des Gesellschafters kennt, häufig das Begehren der Auflösung nur das beste Rettungsmittel bei der Unmöglichkeit des Zusammenbleibens mit dem Kläger ist. Was die anderen Gesellschafter nicht freiwillig gewähren, bewilligen sie ihm zur Beseitigung der Auflösungsklage. Auch das weitere Argument Brodmanns schlägt nicht durch. Der Schiedsspruch könne nur für und gegen den klagenden Gesellschafter wirken, nicht für und gegen die übrigen Gesellschafter. Das ist mit Rücksicht auf § 60 Abs. 2 abzulehnen. Brodmann (LZ. 1925, 182) bringt jetzt eine andere Konstruktion. Er nimmt eine besondere unter den Gesellschaftern getroffene Vereinbarung an. Jeder Gesellschafter soll gegen die übrigen Gesellschafter vor dem Schiedsgericht auf Zustimmung zur Auflösung der Gesellschaft klagen können. Das führe zur Auflösung nach § 60 Ziff. 2. Die Bedenken hiergegen hebt Brodmann selbst hervor, indem er auf die Schwierigkeiten bei einem Wechsel der Gesellschafter hinweist (vgl. Dietz in LZ. 1925, 178 und Hachenburg daselbst S. 182). — Enthält der Gesellschaftsvertrag die Schiedsvertragsklausel nicht, so kann für eine Auflösungsklage die Zuständigkeit eines Schiedsgerichts nur mit Zustimmung aller Gesellschafter vereinbart werden. Würde die Vereinbarung nur zwischen dem klagenden Gesellschafter und der GmbH. getroffen, so würde der Schiedsspruch nur inter partes wirken können. Er würde die Auflösung der Gesellschaft mit Wirkung für und gegen alle nicht herbeiführen. Eine spätere Aufnahme der Schiedsgerichtsklausel in die Satzung bedarf nur einer gewöhnlichen Satzungsänderung. Die Zustimmung aller Gesellschafter ist nicht erforderlich.

Zur Vorbereitung der Klage und ihrer Folgen können auch einstweilige Verfügungen angeordnet werden. Durch richterliche Verfügung kann der Geschäftsführer seines Amtes enthoben und ein anderer Geschäftsführer eingesetzt werden. Oder es wird ein Sequester eingesetzt und dem Geschäftsführer die Vertretungsbefugnis einstweilen entzogen (OLG. Köln 13. 6. 17 RundschGmbH. 1917, 308; OLG. Frankfurt 19. 9. 22 JW. 1923, 87). Dem einzelnen Gesellschafter ist ein gegen den Bestand der Gesellschaft gerichtetes Klagerecht gegeben. Damit ist auch die Befugnis des Prozeßrichters ausgesprochen, alle zur Sicherung und wirksamen Durchführung dieses Rechts erforderlichen Maßregeln im Wege der einstweiligen Verfügung anzuordnen (§§ 938, 940 ZPO.). Eine solche einstweilige Verfügung bindet auch den Registerrichter (§ 16 HGB.). Sie muß von diesem auf Antrag des Klägers eingetragen werden.

Anm. 4. 4. **Die Klage wird gestützt:**

a) darauf, daß die Erreichung des Gesellschaftszweckes unmöglich wird. Damit ist der im Gesellschaftsvertrage bezeichnete Zweck gemeint. Verfolgt die Gesellschaft nachweislich ein anderes Ziel, so kann dessen Vereitelung nur unter den allgemeinen Gesichtspunkt der wichtigen Gründe fallen. Der Gesellschaftszweck ist unmöglich, wenn eine Verwirklichung desselben ausgeschlossen oder doch nur mit einem unverhältnismäßigen Aufwande erreichbar wäre (vgl. § 251 Abs. 2 BGB.). Nicht genügt, daß sie nur vorübergehend unmöglich wird (OLG. Hamburg 12. 12. 18 LZ. 1919, 499). Die wirtschaftliche Unmöglichkeit steht der rechtlichen gleich. Eine Unmöglichkeit liegt vor, wenn das Patent, zu dessen Ausbeutung die Gesellschaft begründet wurde, für nichtig erklärt oder durch ein anderes überholt ist oder sich als wertlos erwiesen hat. Aber ebenso, wenn es sich als abhängig von einem anderen Patent herausstellt und die an den Inhaber des Hauptpatents zu zahlende Lizenz eine im Verhältnis zum Nutzen aus der Ausbeutung des abhängigen

Patents übermäßige ist. Oder wenn ein Syndikat oder Kartell in Form einer GmbH. gegründet ist und die Bildung solcher Gesellschaften verboten wird. Dagegen wird der Zweck nicht schon dadurch unmöglich, daß ein Gesellschafter sein Geschäft veräußert, ohne dem Nachfolger die Übernahme seiner Verpflichtungen aus dem Syndikatsvertrag gegenüber der Gesellschaft aufzuerlegen (Anm. 37 zu § 3) oder wenn er in Konkurs gerät (vgl. RG. 30. 10. 23 RGZ. 108, 20). Es muß hier im Einzelfalle geprüft werden, ob dieses Ausscheiden eines Gesellschafters als „wichtiger Grund" erscheint (vgl. RG. 22. 5. 13 RGZ. 82, 288). Bis zum Urteile kann die Gesellschaft durch Änderung des Zweckes der Klage den Grund entziehen. § 61.

b) Andere Gründe, wenn sie wichtig sind und in den Verhältnissen der Gesellschaft liegen. Die erste im Gesetz erwähnte Voraussetzung, die Unmöglichkeit des Zweckes, ist ein besonders geregelter Fall des allgemeinen Prinzips. Auch sie ist ein wichtiger Grund. Nur ist bei ihrem Vorliegen das richterliche Ermessen ausgeschlossen. Sie ist kraft Gesetzes wichtiger Grund. Wichtig sind die anderen Gründe dann, wenn „dem Gesellschafter nicht zugemutet werden kann, die Gesellschaft fortzusetzen" (RG. 22. 4. 03 JW. 03, 249[35]). Erheblich sind Ereignisse, welche „die Gesamtentwicklung der Verhältnisse" beeinflussen (RG. 19. 1. 12 JW. 12, 360[31]). So wenn die beiden einzigen Gesellschafter gleichviel Stimmen haben und über einen besonders wichtigen Punkt sich nicht einigen können, oder wenn sie fortgesetzt verschieden stimmen, oder wenn der Geschäftsführer fortgesetzt Willkürlichkeiten begeht oder schädigende Maßregeln trifft, seine Abberufung aber nicht möglich ist, weil er oder seine Ehefrau die Majorität besitzt. Aber auch der unsichere Bezug des Rohstoffes, von dem das Haupterzeugnis der Gesellschaft abhängt, in Verbindung mit der Entfernung des Klägers aus dem Aufsichtsrate durch die Mehrheit (RG. 19. 1. 12 JW. 1912, 360[31]; LZ. 1911, 309). Die Zahl der Gesellschafter und das innigere oder lose Verhältnis ist stets von Einfluß. Je größer die Zahl der Gesellschafter, desto schwerer müssen die Gründe sein, die eine Sprengung der Gesellschaft herbeiführen (Hachenburg LZ. 2, 648; RG. 23. 4. 18 RGZ. 92, 409. Vgl. auch die von Marcus bei Holdheim 15, 339 mitgeteilte Entscheidung aus der Praxis des Registergerichts. Ein Gesellschafter, der Geschäftsführer war, hatte sein Amt niedergelegt. Er weigerte seine Zustimmung zur Bestellung des von den anderen Gesellschaftern vorgeschlagenen Geschäftsführers. Es ist nicht zutreffend, hier ein Unmöglichwerden des Gesellschaftszweckes anzunehmen. Die Auflösung erfolgt aus „wichtigen Gründen"). Von Einfluß ist auch die Erschwerung der Veräußerlichkeit der Geschäftsanteile. Je leichter die Veräußerung, desto weniger wird das Moment in den Verhältnissen der Gesellschaft zur Auflösung zwingen und umgekehrt (vgl. RG. 21. 3. 11 LZ. 1911, 789; 22. 3. 17 DJZ. 1917, 829). Anm. 5.

Ein Beschluß der Gesellschafter, der gegen die guten Sitten verstößt, ist nichtig. Seine Unwirksamkeit kann jederzeit im Wege der Klage festgestellt werden. Daneben ist aber auch die Auflösungsklage dann gegeben, wenn das sittenwidrige Verhalten der übrigen Gesellschafter bei der Beschlußfassung eine gedeihliche Fortsetzung der Gesellschaft erheblich beeinträchtigt oder ausschließt (OLG. Hamburg 18. 1. 23 HansGZ. 1923 Beibl. Nr. 43). Der wichtige Grund zur Auflösung muß bei Urteilsfällung bestehen. Wird er in einer Beschlußfassung der übrigen Gesellschafter erblickt, ist er aber vor Urteilsfällung durch einen neuen Beschluß fortgefallen, so könnte die Auflösungsklage mit einer Klageänderung nur aufrechterhalten werden, wenn der ursprüngliche Beschluß ein solches Verhalten der Gesellschafter an den Tag legte, daß für den klagenden Gesellschafter die Fortsetzung der Gesellschaft unmöglich wurde (vgl. BauersZ. 27, 11).

Die Gründe müssen in den Verhältnissen der Gesellschaft liegen. Das Gedeihen und die Fortentwicklung der Gesellschaft müssen gefährdet sein (RG. JW. 1903, 249; RG. 23. 1. 20 RGZ. 98, 66). Damit sind persönliche Gründe nicht absolut ausgeschlossen. Sie genügen, sobald sie auf die Verhältnisse der Gesellschaft zurückwirken (RG. JW. 1903, 249). So wenn derjenige Gesellschafter, der allein imstande ist, die Geschäfte Anm. 6.

§ 61. zu führen, weil er allein das Fabrikationsgeheimnis ausreichend kennt, fortgesetzt krank ist. Ebenso wenn ein Gesellschafter den Gesellschaftsvertrag oder Gesellschafterbeschlüsse fortgesetzt verletzt und das Gedeihen der Gesellschaft hierdurch schädigt (RG. JW. 1903, 249; RG. 23. 10. 13 LZ. 1914, 280; 9. 7. 15 JW. 1915, 1365). Auch daß ein Gesellschafter, der ein von der Gesellschaft zu erwerbendes Grundstück an sich brachte, dadurch die Gesellschaft absichtlich schädigt, ist Auflösungsgrund (RG. 29. 11. 10 LZ. 11, 301; BauersZ. 19, 12). Es genügt ferner zur Auflösung, wenn bei einer aus einem Techniker, einem Kapitalisten und einem Kaufmann gebildeten Gesellschaft die beiden letzteren, die zugleich Geschäftsführer sind, ausscheiden und ein Konkurrenzunternehmen begründen (OLG. Frankfurt 15. 5. 08 Recht 08, 2252; RG. 2. 3. 09 Recht 09, 1405). Ebenso Mißbrauch des Stimmrechts durch einen Gesellschafter, um Rechte der Gesellschaft lahmzulegen oder sich selbst Vorteile auf Kosten der Gesellschaft zu verschaffen (OLG. Frankfurt 3. 3. 09 OLGR. 22, 18). Überhaupt tiefgehende Zerwürfnisse zwischen den beiden einzigen Gesellschaftern oder zwei Gesellschaftergruppen (RG. 29. 11. 10 LZ. 1911 [5], 301; RG. 19. 1. 17 LZ. 1917, 732[12]; 22. 3. 17 BauersZ. 25, 59; 3. 7. 17 LZ. 1917, 1242[6]; RG. 26. 5. 11 BauersZ. 18, 259). **Auch die fortgesetzte Weigerung, die Zahlungen zur Stammeinlage zu machen, kann einen solchen Grund abgeben (Marcus bei Holdheim 16, 10). Über den Konkurs eines Gesellschafters als Grund zur Auflösungsklage vgl. Anm. 18 zu § 60. Es ist nicht einmal ein** besonderes Verhalten des Gesellschafters erfordert. Überall, wo aus irgendwelchen Ursachen für den Gesellschafter als solchen die Verhältnisse der Gesellschaft unleidliche und unerträgliche werden, soll er nicht an diese und die Genossen gefesselt sein (Hachenburg LZ. 2, 649; OLG. Dresden 5. 11. 15 DJZ. 1916, 350: hier wurde der Auflösungsklage stattgegeben, weil wegen der englischen Staatsangehörigkeit eines Gesellschafters während des Krieges die Geschäftslage der GmbH. gefährdet war). Verschulden eines Gesellschafters ist nicht Voraussetzung der Auflösungsklage (RG. BauersZ. 18, 259). Auch ohne Verschulden eines der Gesellschafter können die persönlichen Verhältnisse sich so gestaltet haben, daß die Auflösung notwendig erscheint. Beiderseitiges Verschulden, des klagenden Gesellschafters und einer Gegengruppe, schließt die Auflösung nicht aus (RG. 23. 1. 20 RGZ. 98, 66). Dagegen wird man einer Klage nicht stattgeben können, wenn die Zerrüttung der Beziehungen unter den Gesellschaftern auf die alleinige oder wesentliche Schuld des Klägers selbst zurückgeht (RG. 21. 3. 11 LZ. 1911, 187). Daß die Gesellschaft trotz des beiderseitigen unerträglichen Verhältnisses gut rentiert, schließt das Auflösungsbegehren an sich nicht aus.

Nicht in Betracht kommen solche Gründe, welche es nur einem Gesellschafter wünschenswert erscheinen lassen, der Gesellschaft ferner nicht anzugehören, während die Verhältnisse der Gesellschaft geordnete sind und gedeihen (Motive 84). In einer in Berlin domizilierenden Gesellschaft trat ein Wechsel der Gesellschafter ein. Ein in Köln wohnender Gesellschafter brachte die Mehrzahl der Geschäftsanteile an sich. Auf Grund seiner Stimmen wurde der Sitz der Gesellschaft nach Köln verlegt. Dem anderen Gesellschafter wurde dadurch der Zusammenhang mit den Verhältnissen der Gesellschaft erschwert. Gleichwohl lag darin allein kein Grund zur Auflösung nach § 61. Die Sitzverlegung übte auf das Gedeihen der Gesellschaft einen nachteiligen Einfluß nicht aus.

Mangelnde Rentabilität kann ein Grund zur Auflösung sein. Natürlich nicht immer, sondern nur, wenn eine Aussicht auf Rentabilität in absehbarer Zeit nicht vorhanden ist. Kinderkrankheiten und Krisen genügen nicht, sondern nur dauernde organische Zustände. Dabei ist freilich auch die Möglichkeit einer Kapitalserhöhung und die der Einziehung von Nachschüssen in Betracht zu ziehen. Doch ist stets zu erwägen, daß neue Opfer vernünftigerweise nur gefordert werden können, wenn Aussicht auf Besserung vorhanden ist. Ist im Gesellschaftsvertrag ein Kündigungsrecht jedes Gesellschafters bei Ausbleiben einer bestimmten Rente oder Eintreten eines bestimmten Verlustes festgesetzt, so kann ein diese Ziffern nicht erreichender Mißerfolg nicht zur Auflösungsklage berechtigen. Andererseits darf die Gesellschaft, wenn diese Ergebnisse vorliegen, die Wichtigkeit dieses Grundes, etwa in Anbetracht der sonstigen günstigen Lage des Unternehmens, nicht bestreiten. § 61. Ähnlich wie die mangelnde Rentabilität eines gewerblichen Unternehmens ist allgemein jedes Fehlschlagen eines Zieles der Gesellschaft zu beurteilen. So wenn bei einer GmbH. zur Herstellung und Vertrieb eines patentierten Artikels nach zwei Jahren keine Aussicht auf Absatzfähigkeit in absehbarer Zeit vorhanden ist (RG. 8. 5. 08 LZ. 2, 542[38]). So wenn bei einem Syndikate die freien Unternehmer in allzu großer Menge außerhalb der Gesellschaft bleiben oder nach ihrer Gründung entstehen, ohne daß ihre erfolgreiche Bekämpfung möglich wäre, oder wenn trotz der Ringbildung ein die Fabrikation lohnender Preis nicht zu erzielen ist. Auch hier muß eine Übergangszeit durchgemacht werden. Es ist Frage des Einzelfalles, ob ein Scheitern des Unternehmens vorliegt und den Mitgliedern ein weiteres Beharren nicht mehr zugemutet werden kann. Es ist derselbe Gedanke endlich auch bei Gesellschaften mit idealen Tendenzen maßgebend. Auch eine Gesellschaft zur Hebung gefallener Mädchen oder zur Rehabilitierung von Prostituierten kann fehlschlagen. Auch dann ist die Auflösungsklage gegeben. Bis zum Urteile kann die Gesellschaft durch Änderung des Zweckes der Klage den Grund entziehen (a. M. Liebmann Anm. 1; vgl. oben Anm. 5).

Der mangelnden Rentabilität kann unter Umständen die mangelnde Rente gleichstehen. Die Mehrheit beschließt, trotz vorhandenen Nutzens fortgesetzt keine Dividende zu bezahlen. Die Minderheit ist aber auf diese angewiesen. Die beiderseitigen Interessen sind zu berücksichtigen. Der Auflösungsklage ist stattzugeben, wenn das Aufspeichern der Gewinne nicht zur Erhaltung der Gesellschaft erforderlich erscheint.

Darauf, daß der Gesellschafter durch Betrug zum Beitritt bewogen worden ist (vgl. Anm. 7. Anm. 35 zu § 2), kann die Klage dann gestützt werden, wenn hieraus ein solches Spannungsverhältnis entsteht, daß bei der Anzahl der Gesellschafter und der Stellung des Betrügers, insbesondere einer ihm zustehenden Mehrheit der Stimmen, ein gedeihliches Entwickeln der Gesellschaft ausgeschlossen erscheint. Man kann dem betrogenen Gesellschafter nicht zumuten, einem Manne, der ihn bei der Gründung betrog, einen leitenden Einfluß auf die Gesellschaft anzuvertrauen (Hachenburg a. a. O. 650). Diese Klage auf Auflösung ist gegeben, auch wenn die Frist zur Anfechtung wegen Betrugs umlaufen wäre. Über den Fall, daß ein Gesellschafter die anderen Gesellschafter durch Betrug zur Annahme seines Beitrittes bestimmte, vgl. Anm. 37 zu § 2. Die Auflösungsklage kann auch angestellt werden, wenn ein erheblicher Teil der anderen Beteiligungen unwirksam ist (vgl. Anm. 21 zu § 2).

5. **Zuständig ist das Landgericht,** in dessen Bezirk die Gesellschaft ihren Sitz hat. Die Zu- Anm. 8. ständigkeit ist eine ausschließliche. Ein anderes Gericht kann nicht vereinbart werden. Wohl aber ein Schiedsgericht (vgl. oben Anm. 3). Nach § 95 Nr. 4a GVG. ist die Kammer für Handelssachen zuständig.

Das Landgericht ist auch dann zuständig, wenn etwa der Wert des Streitgegenstandes unter 500 RM. angenommen werden sollte.

Aus der ausschließlichen Zuständigkeit des Landgerichts ergibt sich **die Revision ohne Rücksicht auf den Wert des Streitgegenstandes** (§ 547 Nr. 2 ZPO.).

6. **Für den Wert des Streitgegenstandes** vgl. Anm. 33 zu § 45 und RG. 29. 4. 03 bei Gruchot Anm. 9. 47, 1148. Daß der Streitwert in Hinblick auf § 5 des Gesetzes in Verbindung mit § 17 Abs. 3 der GBilVo. nie unter 5000 RM oder bei Neugründungen nach der Novelle vom 28. Juni 1926 nicht unter 20000 RM betragen dürfe (Marcus bei Holdheim 16, 10), trifft nicht zu. Das Interesse des Klägers an der Auflösung ist maßgebend. Es kann bei einer Verminderung des Vermögens der Gesellschaft geringer sein als der Nominalbetrag der Einlagen.

7. **Das Urteil wirkt rechtsbegründend (konstitutiv),** nicht aber feststellend (deklarativ). Daher Anm. 10. wirkt es Rechtskraft auch für alle Gesellschafter, sobald es die Auflösung ausspricht. Anhängige Klagen anderer Gesellschafter werden hierdurch erledigt. Die Abweisung der Klage hindert die Erhebung derselben Klage durch andere Gesellschafter nicht. Aus-

§ 61. geschlossen ist aber eine neue Klage durch denjenigen, der die Geschäftsanteile des abgewiesenen Gesellschafters erwarb. Für diesen Teil des Gesellschaftsvermögens ist die Sache erledigt. Die Auflösung der Gesellschaft tritt mit der Rechtskraft und erst mit ihr ein. Alsdann ist sie von den Geschäftsführern zur Eintragung in das Handelsregister anzumelden (§§ 65, 77, 78). Es tritt dann die Liquidation ein. Die vorläufige Vollstreckbarkeit hat hier gar keine Wirkung. Urteile rechtsgestaltender Art können überhaupt nicht vollstreckt werden. Es gibt nur eine gültige Auflösung der Gesellschaft (KG. 6. 10. 11 RJA. 11, 225; ZBlFG. 13, 106; KGJ. 41 A 144). Der § 16 HGB. kann hier zu keinem anderen Ergebnisse führen (vgl. Einl.).

Anm. 11. 8. **Durch Vertrag** kann das Klagerecht nicht beseitigt werden. Die Vorschrift ist zwingendes Recht. Nicht unstatthaft ist es aber, zu bestimmen, daß einzelne aufgeführte Momente keinen Grund zur Auflösungsklage bilden. So der Wegfall des zum Geschäftsführer ernannten Erfinders, das Schwinden des Kapitals durch Verluste usw. (vgl. oben Anm. 6). Doch darf durch diese Ausschließung einzelner Momente von den Gründen der Auflösung dieses Recht als solches praktisch nicht illusorisch gemacht werden. Ebensowenig dürfen solche Punkte für unerheblich erklärt werden, deren Eintritt den Gesellschaftszweck unmöglich macht (Marcus bei Holdheim 16, 10). Umgekehrt kann festgesetzt werden, daß bestimmte Ereignisse stets zur Auflösungsklage berechtigen. Daß nicht die Zuständigkeit eines anderen Gerichts, wohl aber ein Schiedsgericht vereinbart werden kann (§ 40 Abs. 2 ZPO.), s. oben Anm. 3 und 8.

Zulässig ist es aber, die wirtschaftlichen Schäden der Auflösung zu verhüten. Der Gesellschaftsvertrag kann den Gesellschaftern, die nicht auf Auflösung klagten, ein Recht auf Übernahme des ganzen Vermögens der Gesellschaft samt der Firma geben. Das ist eine Vereinbarung über die Liquidation. Die Gesellschaft ist aufgelöst. Die Veräußerung des Vermögens als Ganzes ist nur eine Folge hiervon. Sie ist eine der mehreren Möglichkeiten der Liquidation. Der klagende Gesellschafter erhält seinen Anteil am Erlöse aus der Versilberung des Geschäftes, einerlei ob sie en bloc oder im einzelnen erfolgt. Daher ist diese Abrede keine Beschränkung des unentziehbaren Anspruches auf Auflösung. Ist nichts über den von den übernehmenden Gesellschaftern zu bezahlenden Gegenwert bedungen, so ist darunter der aus der Liquidationsbilanz ersichtliche Vermögensbetrag gemeint. Wird die Auflösungsklage auf ein schuldhaftes Verhalten der anderen Gesellschafter gestützt, so führt die Auslegung nach Treu und Glauben dazu, diesen trotz allgemeiner Fassung das Recht der Übernahme des Geschäftes zu versagen.

Anm. 12. Der Gesellschaftsvertrag kann die Klagebedingungen erleichtern. Der Gesellschaftsvertrag kann ja Auflösungsgründe festsetzen, Kündigungsrechte verleihen (§ 60 Abs. 2). Doch greift, sobald an Stelle der Auflösungsklage ein einseitiges Kündigungsrecht tritt, § 61 nicht mehr Platz. Bleibt es aber bei der Auflösungsklage, nur etwa mit der Milderung, daß schon 5 Proz. des Stammkapitals genügen, so bleibt es auch bei den aus § 61 fließenden Vorschriften. Das ist für die Zuständigkeit von Einfluß (oben Anm. 3 und 8).

Anm. 13. 9. Zu trennen von der Klage auf Auflösung ist der Anspruch eines Gesellschafters gegen die anderen Gesellschafter auf Beschluß der Auflösung. Dieser kann auf vertragsmäßiger Abrede beruhen. Er kann auch aus gesetzlichen Vorschriften abgeleitet werden (vgl. Anm. 54 und 55 zu § 45, Anm. 11 zu § 60).

Anm. 14. Über die Auflösung einer Kartell-GmbH. durch Kündigung eines Gesellschafters sind besondere Bestimmungen in der Kartellverordnung vom 2. 11. 1923 (RGBl. I 1067) erlassen. Vgl. hierüber Exkurs zu § 3 Anm. 11ff.

Anm. 15. 10. Dem österr. Recht ist diese Auflösung unbekannt. Es gestattet nur die Ergänzung der von der Gesellschaft versagten Genehmigung der Veräußerung des Geschäftsanteils durch das Handelsgericht (§ 77; vgl. Anm. 55 zu § 15). (Gegen das österr. System mit guten Gründen Marcus bei Holdheim 16, 10.) Vgl. im übrigen über ausländisches Recht Anm. 34 zu § 60.

§ 62. § 62.

Wenn eine Gesellschaft das Gemeinwohl dadurch gefährdet, daß die Gesellschafter gesetzwidrige Beschlüsse fassen oder gesetzwidrige Handlungen der Geschäftsführer wissentlich geschehen lassen, so kann sie aufgelöst werden, ohne daß deshalb ein Anspruch auf Entschädigung stattfindet.

Das Verfahren und die Zuständigkeit der Behörden richtet sich nach den für streitige Verwaltungssachen landesgesetzlich geltenden Vorschriften. Wo ein Verwaltungsstreitverfahren nicht besteht, kann die Auflösung nur durch gerichtliches Erkenntnis auf Betreiben der höheren Verwaltungsbehörde erfolgen. Ausschließlich zuständig ist in diesem Falle das Landgericht, in dessen Bezirk die Gesellschaft ihren Sitz hat.

1. **Voraussetzung** ist, daß die Gesellschaft das Gemeinwohl gefährdet. Es müssen entweder gesetzwidrige Beschlüsse der Gesellschafter oder ein wissentliches Geschehenlassen von gesetzwidrigen Handlungen der Geschäftsführer vorliegen. **Anm. 1.**

a) Gesetzwidrige Beschlüsse oder gesetzwidrige Handlungen verlangen, daß das Gesetz verletzt wird. Bloße Statutenwidrigkeiten genügen nicht. Welches Gesetz verletzt ist, ist gleichgültig. Es kann sowohl das Zivilrecht als ein Strafgesetz sein. Es kann sich um öffentliches wie um privates Recht handeln. Es können die Geschäftsführer fortgesetzt Betrügereien in großem Maßstabe begehen, ohne daß die Gesellschafter, obwohl sie davon wissen, dagegen einschreiten. Es können die Gesellschafter den Beschluß fassen, einer feindlichen Macht im Kriege Waffen, Flugzeuge usw. zu liefern. Verlangt wird ein wissentliches Verhalten. Die Gesellschafter müssen nicht nur von den Handlungen der Geschäftsführer, sondern von deren Gesetzwidrigkeit Kenntnis haben. Verlangt wird ein Verhalten der Gesellschafter. Gesetzesverletzungen durch die Geschäftsführer oder den Aufsichtsrat genügen nicht. Wird ein von der Mehrheit der Gesellschafter gefaßter Beschluß auf Anfechtungsklage wieder aufgehoben, so kann auf diesen die Auflösungsklage nicht mehr gestützt werden. Ebenso, wenn der Beschluß durch die Gesellschafter, ehe er in Wirksamkeit gesetzt wurde, wieder aufgehoben wurde. Doch kann die Wiederbeseitigung auch der Folgen des Beschlusses von Bedeutung für die Gefährdung des Gemeinwohles sein. Das „Geschehenlassen" gesetzwidriger Handlungen der Geschäftsführer setzt die Kenntnis der Mehrheit der Gesellschafter voraus. Nur diese könnte das Geschehene verhindern. Besitzen die Geschäftsführer die Mehrheit der Geschäftsanteile, so bedarf es einer besonderen Kenntnis auch der übrigen Gesellschafter nicht.

b) Das Gemeinwohl muß gefährdet sein. Es braucht nicht schon verletzt zu sein. Dazu genügt es, daß die Fortsetzung einer Gesetzwidrigkeit zu befürchten ist und dadurch die Interessen einer unübersehbaren Anzahl von Personen gefährdet sind. Das Interesse des Staates braucht nicht unmittelbar in Frage zu kommen (zust. Neukamp-Becker Anm. 2b; diesem gegenüber einschränkend Crüger-Crecelius Anm. 2). Eine Gefahr für eine unbegrenzte Zahl von Personen ist eine Gefahr für das Gemeinwohl. Man denke an den Betrieb des Mädchenhandels unter dem Deckmantel einer Wirtschaft. **Anm. 2.**

c) **Über das Verfahren** sind im Abs. 2 nur Normativvorschriften gegeben. Das Nähere ergibt das Landesrecht. Für Bayern ist ein eigenes Gesetz ergangen zur Ausführung (Gesetz vom 22. März 1892, Gesetz- und Verordnungsblatt S. 119). Für Preußen vgl. §§ 7 und 83 des Landesverwaltungsgesetzes vom 30. Juli 1883. **Anm. 3.**

2. **Die Folge des rechtskräftigen Urteils** ist die Auflösung der Gesellschaft. Diese muß von den Geschäftsführern angemeldet werden (§§ 65, 79). Es erfolgt dann die Liquidation. Eine vorläufige Vollstreckbarkeit gibt es auch in diesem Falle nicht (vgl. Anm. 9 zu § 61). **Anm. 4.**

§ 62. **Zusatz 1. § 43 Abs. 2 BGB. greift hier nicht Platz** (vgl. Staub-Pinner HGB. Anm. 16
Anm. 5. zu § 292 HGB.). Einem rechtsfähigen Verein, dessen Zweck nach der Satzung nicht auf einen wirtschaftlichen Geschäftsbetrieb gerichtet ist, kann die Rechtsfähigkeit entzogen werden, wenn er einen solchen Zweck verfolgt. Die Vorschriften über die Vereine finden auf die GmbH. subsidiäre Anwendung (Anm. 3 Allgem. Einleitung). Aber dann nicht, wenn sich aus der Rechtsnatur der letzteren ein Gegenteiliges ergibt. Die Vorschrift des § 43 Abs. 2 BGB. fließt aus dem Unterschiede zwischen den wirtschaftlichen und nichtwirtschaftlichen Vereinen des BGB. Die GmbH. aber kann wirtschaftliche oder nichtwirtschaftliche Zwecke verfolgen (§ 1).

Dagegen gibt § 4 der Kartellverordnung für die Kartell-GmbH. eine Sonderregelung. Gefährdet eine Kartell-GmbH. durch ihre Satzung oder ihre Beschlüsse die Gesamtwirtschaft oder das Gemeinwohl, so kann der Reichswirtschaftsminister beim Kartellgericht beantragen, daß der Gesellschaftsvertrag oder die beanstandeten Beschlüsse für nichtig erklärt werden. Die Nichtigkeitserklärung des Gesellschaftsvertrages löst die Gesellschaft auf. Sie tritt in Liquidation. Vgl. Anm. 11a Exkurs zu § 3.

Anm. 6. **Zusatz 2.** Das österr. Ges. § 86 kennt ebenfalls die Auflösung durch die Verwaltungsbehörde. Die Gründe sind etwas weiter gefaßt als im deutschen Gesetze. Das Verfahren ist geregelt.

§ 63.

§ 63.

Über das Vermögen der Gesellschaft findet das Konkursverfahren außer dem Falle der Zahlungsunfähigkeit auch in dem Falle der Überschuldung statt.

Die auf das Konkursverfahren über das Vermögen einer Aktiengesellschaft bezüglichen Vorschriften im § 207 Absatz 2, § 208 der Konkursordnung finden auf die Gesellschaft mit beschränkter Haftung entsprechende Anwendung.

§ 207 Abs. 2 KO.:

Nach Auflösung einer Aktiengesellschaft ist die Eröffnung des Verfahrens so lange zulässig, als die Verteilung des Vermögens nicht vollzogen ist.

§ 208 KO.:

Zu dem Antrage auf Eröffnung des Verfahrens ist außer den Konkursgläubigern jedes Mitglied des Vorstandes und jeder Liquidator berechtigt.

Wird der Antrag nicht von allen Mitgliedern des Vorstandes oder allen Liquidatoren gestellt, so ist derselbe zuzulassen, wenn die Zahlungsunfähigkeit oder Überschuldung glaubhaft gemacht wird. Das Gericht hat die übrigen Mitglieder oder Liquidatoren nach Maßgabe des § 105 Abs. 2, 3 zu hören.

Für die ganze Materie: Wiesener, Der Konkurs der GmbH., ArchBürgR. 28, 298ff.

Anm. 1. I. Nicht bloß über das Vermögen der bestehenden, sondern auch der aufgelösten und liquidierenden Gesellschaft kann der Konkurs eröffnet werden (Wiesener a. a. O.). Auch dann, wenn die Liquidationsbeendigung und das Erlöschen der Firma eingetragen ist, sich aber wieder neues Vermögen vorfindet (vgl. Jaeger KO. Anm. 2 zu § 208 für die Aktiengesellschaft). Der Konkurs ist auch möglich, wenn die Gesellschaft infolge Fehlens eines wesentlichen Bestandteils des Gesellschaftsvertrags nichtig ist, sowohl vor als nach der Nichtigkeitserklärung (RG. 20. 6. 04 SeuffArch. 60, 410; Recht 1905, 239).

Anm. 2. II. **Die Voraussetzungen der Zulässigkeit des Konkurses** sind entweder Zahlungsunfähigkeit oder Überschuldung. Der Einzelkaufmann, die offene Handelsgesellschaft, die Kommanditgesellschaft sind nur dann konkursreif, wenn sie in den Zustand der Zahlungsunfähigkeit geraten sind. Die Überschuldung reicht dazu nicht aus. Anders bei den Körperschaften des bürgerlichen Rechts. Bei Aktiengesellschaften und Aktienkommanditgesellschaften gilt das gleiche wie bei der GmbH. (§§ 207 und 209 KO.).

Anm. 3. 1. Die Zahlungsunfähigkeit ist das Fehlen bereiter Mittel zur Tilgung fälliger Schulden. Es muß sich nach außen fühlbar gemacht haben (RGSt. 3, 195; 3, 295; 4, 61). Zahlungs-

unfähigkeit ist insbesondere anzunehmen, wenn Zahlungseinstellung vorliegt (§ 102 KO.). § 63.
Das ist der Zustand, in welchem der Schuldner seine fälligen Verbindlichkeiten allgemein nicht mehr erfüllt (RGZ. 6, 95; RGSt. 14, 222; RG. 4. 10. 12 LZ. 1913, 700). Der Gemeinschuldner hört auf, die seine Zahlungen verlangenden Gläubiger zu einem wesentlichen Teile zu befriedigen. Dabei gelangt als Grund die Insolvenz zur äußeren Erscheinung. Der Umstand, daß einzelne Zahlungen geleistet werden, ist unerheblich (RGZ. 50, 41). Zu unterscheiden von der Zahlungseinstellung ist die Zahlungsstockung. Sie hat dieselben äußeren Kriterien. Sie unterscheidet sich aber von der Zahlungseinstellung dadurch, daß der Schuldner erwarten kann, innerhalb eines Zeitraums, der nach Auffassung des Verkehrslebens den Mangel an bereiten Mitteln als einen nur vorübergehenden erscheinen läßt, seinen Gläubigern gerecht werden zu können (RGZ. 50, 41). Aus der Nichtbezahlung von Wechseln kann trotz der Stundung und Annahme von Prolongationswechseln eine Zahlungsunfähigkeit folgen (KG. in SeuffBl. 7, 787). Welcher Art die Schulden sind, ist unerheblich. Auch Dividendenansprüche der Gesellschafter selbst, wenn diese ordnungsgemäß festgesetzt sind (vgl. Anm. 2ff. zu § 29), können eine Zahlungsunfähigkeit der Gesellschaft herbeiführen (vgl. aber unten Anm. 7 und 15). Ausgeschlossen ist dies jedoch, wenn die Dividende auf einer unrichtigen Bilanz beruht. Ebenso aber auch, wenn die Zahlung der Dividende eine Verminderung des zur Erhaltung des Stammkapitals erforderlichen Vermögens bedeutete (§ 30; vgl. Anm. 8 zu § 29). In diesem Falle ist die Ausschüttung verboten. Daher kann eine Zahlung nicht verlangt werden. Also tritt auch keine Zahlungsunfähigkeit ein. Wenn aber der Fall des § 30 nicht vorliegt, vielmehr bilanzmäßig der Reingewinn noch vorhanden ist, die Gesellschaft jedoch ihr Vermögen derart festgelegt hat, daß sie keine Mittel zur Zahlung der Dividenden, auch nicht mittels Aufnahme von Darlehen findet, so ist sie konkursfähig. Sie kann durch schlechte Verwaltung, welche die flüssigen Mittel nicht zu erhalten vermag, durch eine Krisis, die ihr den sonst sicheren Kredit abschneidet, aber ebenso auch durch einen unvernünftigen Beschluß der Gesellschafter, welche die Verteilung des Gewinnes beschließen, obwohl sie wissen, daß die Mittel hierzu nicht flüssig zu machen sind, in Konkurs geraten. Die mittelbare Ursache ihres Zusammenbruches ist der von ihr erzielte Gewinn des Vorjahres. Nur durch den nachherigen Verzicht der einzelnen Gesellschafter auf die Zahlung der Dividende ist die Zahlungsunfähigkeit wieder abzuwenden. (Neukamp-Becker Anm. 3 zu § 64 schließt, auf seiner Auffassung von der festgestellten Dividende vgl. Anm. 8 zu § 29 fußend, grundsätzlich jede Dividendenforderung von der Berücksichtigung im Konkurse, auch bei dem Konkursantrage aus. Die Argumentation aus § 30 Abs. 1 führt aber nicht weiter als hier geschehen (vgl. auch unten Anm. 7). Ist der Konkurs eröffnet, so können die Dividendenansprüche nicht neben den anderen Gläubigern Befriedigung fordern. Das Stammkapital dient in erster Linie für diese. Erst wenn diese Gläubiger befriedigt sind, kann der Dividendenanspruch an die Reihe kommen (vgl. auch Anm. 34 zu § 2 und Anm. 5 Exkurs II zu § 15).

2. Die Überschuldung. Sie ist vorhanden, wenn das Vermögen nicht mehr die Schulden Anm. 4.
deckt. Bei Feststellung der Überschuldung ist von den für die GmbH. geltenden Sondervorschriften für die Aufstellung der Bilanz abzusehen. Die regelmäßige Bilanz der GmbH. hat mit dem Begriff der Überschuldung nichts zu tun. Sie ist zwar auch Vermögensbilanz, aber sie dient einem anderen Zwecke (vgl. Anm. 1 zu § 42). Ihr ist es nur darum zu tun, den Gewinn durch Vergleichung mit den Vorjahren zu zeigen. Dabei werden die Aktiven zulässigerweise unter dem auch nach dem Gesetze vorgesehenen zulässigen Betrage eingesetzt (vgl. Anm. 2ff. zu § 42). Dann ergibt sich ein geringerer verteilungsfähiger Überschuß der Aktiva über die Passiva. Die vorhandenen Mehrwerte sind versteckte Reserven.

Für die Feststellung der Überschuldung sind ganz andere Gesichtspunkte maßgebend. Anm. 5.
Es handelt sich nicht mehr darum, ob ein Gewinn ausgewiesen oder Reserven versteckt werden sollen. Ob die Aktiva sich zur Verteilung unter die Gesellschafter als Überschuß eignen oder nicht, ist unerheblich. Zum Vermögen gehören alle Aktiva, bei nicht voll eingezahlten Stammeinlagen auch die Ansprüche der Gesellschaft auf die rückständigen Ein-

§ 63. zahlungen. Auch eigene Geschäftsanteile gehören dazu, wenn ihnen noch ein Verkehrswert zukommt (Anm. 14 u. 18a zu § 33). Zu bewerten sind die Aktiva nach ihrem wahren Werte (RG. 14. 5. 12 RGSt. 46, 99). Der Buchwert als solcher ist nicht maßgebend. Oft sind wertvolle Gegenstände auf 1 M. abgeschrieben. Die Bewertungsvorschrift des § 42 Nr. 1 kommt zur Anwendung, sowohl soweit sie eine Erschwerung, als auch soweit sie eine Erleichterung enthält. Staub (1. Auflage Anm. 5 S. 363) hatte es verneint. Aber andernfalls könnte jede verminderte Konjunktur, ein Rückgang der Immobilienwerte usw. die Gesellschaft zum Konkurse zwingen. Man darf die Frage, ob die Bilanz der Gesellschaft eine Überschuldung ergibt, nicht mit der Frage verwechseln, wie im Falle der Überschuldung der Konkursverwalter die Bilanz aufzumachen hat.

Als Passivum kommen lediglich die Schulden in Betracht. Die sonstigen Passivkonten scheiden aus. Also das Stammkapital und die Reservekonten. Selbst wenn das ganze Stammkapital verloren ist, braucht eine Überschuldung nicht vorzuliegen (OLG. Breslau 29. 9. 16 RundschGmbH. 1917, 267). Aber nur die echten Reservekonten fallen fort. Der Erneuerungsfonds, der Delkrederefonds und sonstige Gegenposten gegen zu hohe Bewertung der Aktiven (vgl. Anm. 50 zu § 42) bleiben auch bei der Feststellung der Überschuldung. Die Prämienreserve ist als wirkliche Schuld zu betrachten (§ 61 Abs. 2 des Reichsgesetzes über die Privatversicherungen vom 12. Mai 1901). Andererseits kann die Gesellschaft Verbindlichkeiten haben, die sie mit Recht nicht unter ihre Passiven bei der Prüfung ihrer Konkursmäßigkeit aufnimmt, so Giroverbindlichkeiten, wenn der Akzeptant, so Bürgschaften, wenn der Hauptschuldner solvent ist. Darlehen, welche Gesellschafter der Gesellschaft geben, rückzahlbar, wenn die Lage der Gesellschaft es gestattet, können bei der Bilanz als Passiva außer acht bleiben. Leistungen eines Gesellschafters, der seine Einlagepflicht bestreitet, gegen einen Verzicht der Gesellschaft auf ihre Einlageforderung (vgl. Anm. 9 zu § 19) mit der Bedingung, daß im Falle der Ungültigkeit der Abrede die Zahlung zurückzuerstatten ist, bilden kein Passivum. In solchen Fällen kann eine Gesellschaft vorsichtigerweise Reserven bilden, für den Fall solche Ansprüche erhoben werden. Nötig ist es aber nicht. Über die Überschuldung bei der Liquidationsbilanz vgl. Anm. 6 zu § 71 und RGZ. 80, 106.

Die Überschuldung wird beseitigt, sobald sich die Aktiven derart vermehren oder die Passiven derart mindern, daß die Aktiven die Passiven übersteigen. Dies kann durch freiwillige Zuwendungen der Gesellschafter geschehen. Auch durch Verzicht auf Ansprüche an die Gesellschaft. Die Verpflichtung zur Konkursanmeldung entfällt, sobald die Überschuldung wieder aufgehoben ist (vgl. Anm. 3 zu § 64).

Anm. 6. III. **Berechtigt, den Konkurs anzumelden sind:**

1. die Konkursgläubiger. Dazu können auch die Gesellschafter gehören. Sie können unabhängig von ihrer Mitgliedschaft Ansprüche erworben haben (Kauf, Darlehen usw.). Auch Ansprüche aus der Mitgliedschaft, z. B. wegen fälliger Dividendenforderungen (Anm. 8 zu § 29 und oben Anm. 3, aber auch unten Anm. 7), Rückzahlungsansprüche bei Herabsetzung des Grundkapitals (Anm. 19 zu § 58) und rückständige Forderungen aus § 3 Abs. 5 (s. unten Anm. 15) stellen sie den Gläubigern gleich.
2. Jeder Geschäftsführer und jeder Liquidator. Bei den Konkursanträgen müßten so viel Vertreter der Gesellschaft mitwirken, als zur Vertretung der Gesellschaft berechtigt sind. Der Konkursantrag ist ein Vertretungsakt. Das führte zu Schwierigkeiten. Daher ist jedes Mitglied des Vorstandes und jeder Liquidator allein dazu berechtigt (§ 208 KO.). Dann sind die anderen zu hören (§ 208 Abs. 2 KO.). Die Zahlungsunfähigkeit ist glaubhaft zu machen. Das auch dann, wenn so viele, als zur Vertretung berechtigt sind, den Konkursantrag stellen. Widerspricht ein Geschäftsführer dem von den anderen gestellten Konkursantrag, so steht ihm die sofortige Beschwerde gegen die Konkurseröffnung zu (OLG. Kolmar 24. 5. 07 OLGR. 15, 243). Dies auch dann, wenn beide nur gemeinsam die Gesellschaft vertreten (Neukamp-Becker Anm. 2b zu § 64; a. M. Liebmann Anm. 5 zu § 64).

Kostenschuldner und vorschußpflichtig ist nur die Gesellschaft. Auch wenn der Geschäftsführer, um der Haftung aus § 64 zu entgehen, im eigenen Interesse den Antrag stellt (a. M. LG. Hamburg 26. 3. 08 LZ. 2, 880², dagegen auch die Bemerkung des Einsenders; zust. Liebmann Anm. 5 zu § 64). § 63.

Die Gesellschafterversammlung hat nicht das Recht, den Konkurs zu beantragen, auch nicht alle Gesellschafter gemeinsam. Ebensowenig der Aufsichtsrat (a. M. Liebmann Anm. 6; vgl. aber unten Anm. 1 zu § 64). Auch nicht der Prokurist oder der Generalbevollmächtigte der Gesellschaft. Ein Beschluß der Gesellschafter, den Konkurs zu beantragen, bedeutet nur eine Anweisung an die Geschäftsführung. Nichtbefolgung kann als wichtiger Grund zum Widerrufen der Bestellung und auch des Dienstvertrags erscheinen. Ein Beschluß der Gesellschafter, daß der Konkurs nicht beantragt werden soll, bindet die Geschäftsführer nicht. Er befreit sie auch nicht von der Pflicht, den Konkurs zu beantragen (RG. 14. 12. 09 RGZ. 72, 285; vgl. Anm. 1 zu § 64). Er kann für diese aber als wichtige Ursache, das Amt niederzulegen, erscheinen. Die Amtsniederlegung befreit ihn jedoch nicht von der Pflicht, den Konkurs anzumelden. Auf Grund eines festgestellten Dividendenanspruchs kann ein Gesellschafter nur dann als Gläubiger den Konkursantrag stellen, wenn nicht Überschuldung, sondern Zahlungsunfähigkeit aus anderen Gründen vorliegt (vgl. Anm. 3 zu § 63). Andernfalls eine Rückzahlung des Kapitals unter der Form der Gewinnausschüttung verlangt würde. Das ist auch im Konkurse unzulässig (vgl. oben Anm. 3). Der Antrag ist daher abzulehnen, wenn sich die Zahlungsunfähigkeit mit der Überschuldung vereinigt, allerdings wird dann der Geschäftsführer bei Aufdeckung der Überschuldung zum Konkursantrage gezwungen sein. Auch wenn der Konkurs auf Antrag eines Gesellschafters wegen seines Dividendenanspruchs eröffnet wird, hat dieser eine Befriedigung erst nach den anderen Gläubigern zu erwarten (oben Anm. 3). Deshalb ist der Gesellschafter nach Feststellung der Bilanz doch Gläubiger. Nur darf er nie eine Befriedigung aus dem Stammkapital erhalten. Dagegen kann ein Gesellschafter nicht als Gläubiger auftreten, wenn die Gesellschaft in Liquidation die Ausschüttung eines Betrags nach Ablauf des Sperrjahres beschlossen hatte, nachträglich aber sich die Überschuldung herausstellte. Dann hat der Gesellschafter überhaupt keine Forderung. Er ist von der Masse ausgeschlossen. Mithin auch von dem Recht auf den Konkursantrag. Dasselbe gilt von der Verteilung des Stammkapitals bei einem Beschlusse auf Herabsetzung desselben oder von der Einziehung eines Geschäftsanteils. Eine Unterscheidung zwischen Gläubigern, die schon bei dem Herabsetzungsbeschlusse vorhanden waren, und späteren Gläubigern ist theoretisch nicht zu rechtfertigen und praktisch nicht durchzuführen (Neukamp-Becker Anm. 3 zu § 64). Anm. 7.

IV. **Die Geschäftsführer und Liquidatoren haben nach §§ 64, 69, 84 die Verpflichtung,** den Konkurs zu beantragen, wenn dessen Voraussetzungen vorliegen (s. darüber Anm. 1—3 zu § 64 und RG. 14. 12. 09 RGZ. 72, 285). Anm. 8.

V. **Die Rechtsfolgen des Konkurses, insbesondere die Organe und ihre Funktionen, sowie die Rechtsverhältnisse der Gesellschafter.** Anm. 9.

1. Der Konkurs löst die Gesellschaft auf (§ 60 Nr. 4). Die Folge ist aber hier nicht die Liquidation (§ 66). Die Gesellschaft soll allerdings auch das vorhandene Vermögen zu Geld machen und die Gläubiger befriedigen. Erst der Überschuß ist unter die Gesellschafter zu verteilen. Das geschieht im Interesse der Gesellschafter durch ihren Beauftragten. Für diese Liquidationstätigkeit ist im Konkursfalle kein Raum. An Stelle des Liquidators tritt der Konkursverwalter. An Stelle der gesellschaftsrechtlichen Regeln treten die Vorschriften des Konkursrechts. An Stelle der Interessen der Gesellschafter treten die der Gläubiger. Die Gesellschaft besteht aber auch hier trotz der Auflösung, bis der Konkurs durch Ausschüttung der Masse beendet ist. Daher kann eine beschränkte persönliche Dienstbarkeit (§ 1090 BGB.), die zugunsten der GmbH. eingetragen ist, nicht schon infolge des Konkurses im Grundbuch gelöscht werden (OLG. Braunschweig 26. 7. 12 ZBlFG. 13, 410; vgl. Anm. 2 zu § 60).

§ 63. Anm. 10. 2. Die Organe der Gesellschaft. Der Konkursverwalter wird kein Organ der Gesellschaft. Auf diesen sind alle diejenigen Funktionen des Geschäftsführers übergegangen, welche sich aus der Aufgabe des Konkursverwalters, das zur Zeit der Konkurseröffnung der Gesellschaft gehörige Vermögen zu verwalten und darüber zu verfügen, ergeben (§ 6 KO.). Er übt aber diese Rechte aus und erfüllt diese Pflichten nicht als Glied des Gesellschaftsorganismus, sondern im Interesse der Gläubiger der Gesellschaft. Neben ihm bestehen die Organe der Gesellschaft fort (Bett, Konkurs der Aktiengesellschaft 32; Jaeger LZ. 1913, 355; RG. 6. 5. 11 RGZ. 76, 244; a. M. KG. 15. 5. 17 KGBl. 29, 6 und 18. 12. 12 BauerZ. 21, 60 für den Geschäftsführer). Das KG. (a. a. O.) übersieht, daß durch Beendigung des Vertragsverhältnisses auch die Vertretungsbefugnis der Gesellschaftsorgane fortfallen würde. Zu diesem Ergebnisse will aber auch das KG. nicht gelangen. Freilich treten die Funktionen der Gesellschaftsorgane insoweit zurück, als die Funktionen des Konkursverwalters reichen. Sie haben das zur Zeit der Konkurseröffnung vorhandene Vermögen nicht zu verwalten. Sie dürfen nicht darüber verfügen. Alle übrigen sind ihnen geblieben. Zu den Organen der Gesellschaft gehört immer noch der Geschäftsführer. Die Gesellschaft erhält keinen Liquidator. Sie tritt ja nicht in Liquidation (oben Anm. 9). Der Geschäftsführer vertritt die GmbH., soweit diese als Gemeinschuldnerin im Konkurse tätig werden kann (vgl. unten Anm. 12 und 13). Er kann daher in den für oder gegen den Konkursverwalter geführten Prozessen Zeuge sein (RG. 13. 1. 14 LZ. 1914, 776). Hat die GmbH. keinen Geschäftsführer oder Liquidator, so kann ein solcher nach § 29 BGB. durch das Amtsgericht bestellt werden (Anm. 43 zu § 35; Anm. 12 zu § 66). Auch der Konkursverwalter kann dies beantragen. Die anderen Organe, die Gesellschafter als Beschlußorgan, der Aufsichtsrat und die sonstigen im Gesellschaftsvertrag etwa vorgesehenen Organe (Beirat, Delegierter der Gesellschaft, Obmann usw.) bleiben in ihrer Stellung (RGZ. 81, 333). Die durch den Wechsel eines Organs der Gesellschaft und ihren Eintrag zum Handelsregister entstehenden Kosten trägt nicht die Konkursmasse. Sie gehören nicht zu den gerichtlichen Kosten für das gemeinschaftliche Verfahren (KG. 26. 9. 04 KGJ. 28 B 48).

Anm. 10a. Die mit den Gesellschaftsorganen geschlossenen Dienstverträge der GmbH. werden durch die Konkurseröffnung nicht aufgehoben. § 23 KO. findet nach seinem Sinn und Zweck auf diese Verträge keine Anwendung (RG. 14. 2. 13 RGZ. 81, 333; zust. Jaeger LZ. 1913, 355). Die gegenteilige Meinung des KG. (15. 5. 17 KGBl. 29, 6 und 18. 12. 12 BauerZ. 21, 60) übersieht, daß durch Beendigung des Vertragsverhältnisses auch die Vertretungsbefugnis der Gesellschaftsorgane fortfallen würde. Zu diesem Ergebnis will aber auch das KG. nicht gelangen. Den richtigen Standpunkt nimmt es in seiner Entscheidung vom 1. 10. 15 (KGJ. 48 A 134) ein. Konkursverwalter und Geschäftsführer haben das Kündigungsrecht des § 22 KO. (vgl. Anm. 67 zu § 5 und Jaeger LZ. 1913, 355). Die Kündigung des Konkursverwalters bewirkt lediglich, daß die Gehaltsansprüche des Geschäftsführers mit dem Zeitpunkte, in dem die Kündigung wirksam wird, aufhören, Masseforderungen zu sein. Die Funktionen des Geschäftsführers in der GmbH. bleiben jedoch durch die Kündigung unberührt (vgl. oben). Denn der Konkursverwalter vermag in die Beziehungen des Geschäftsführers zur Gesellschaft nur insoweit einzugreifen, als sie die Konkursmasse betreffen. Soweit dagegen Funktionen des Geschäftsführers außerhalb des Konkursverfahrens auch während dessen Dauer zu erfüllen sind oder eine Vertretung der GmbH. neben dem Konkursverwalter oder gegen ihn in Betracht kommt, vermag die Kündigung des Konkursverwalters keinerlei Wirkung zu äußern. Hierzu wäre eine Abberufung durch Gesellschafterbeschluß erforderlich. Andererseits kann der Geschäftsführer durch eine Kündigung gegenüber dem Konkursverwalter nur erreichen, daß er von der Verpflichtung, bei der Verwaltung der Konkursmasse nach Weisung des Konkursverwalters tätig zu sein, frei wird. Seine weiteren Rechtsbeziehungen zu der GmbH. kann er nur durch Kündigung gegenüber den Gesellschaftern lösen. Das Recht zur sofortigen Kündigung gemäß § 626 BGB. wird ihm bei Konkurseröffnung regelmäßig zuzubilligen sein.

Ist im Anstellungsvertrage des Geschäftsführers bedungen, daß die Anstellung für die Dauer der Gesellschaft erfolgt, so wird regelmäßig das Vertragsverhältnis nicht mit der Konkurseröffnung aufgelöst werden (a. M. KG. 15. 5. 17 KGBl. 29, 6). Die Gesellschaft dauert auch nach der Konkurseröffnung fort. **§ 63.**

Im einzelnen:

a) Der **Konkursverwalter** hat alles zu tun, was zur Verfügung über das zur Zeit der Konkurseröffnung vorhandene Vermögen gehört. Eine Mitwirkung der Gesellschaftsorgane findet nicht statt. **Die rückständigen Einzahlungen auf die Stammeinlagen hat der Konkursverwalter zur Konkursmasse einzuziehen.** Er braucht hierbei nicht die Gesellschafter zu befragen. Der § 46 Nr. 2 fällt weg. Ob die Einzahlungen zur Zeit der Konkurseröffnung fällig sind oder nicht, ist gleichgültig. Es kommt nur darauf an, daß der Anspruch zur Zeit der Konkurseröffnung bestand. Doch hat die Konkurseröffnung nicht die Fälligkeit der Einlagen, die nach dem Gesellschaftsvertrage hinausgeschoben ist, zur Folge (OLG. Frankfurt 15. 11. 09 Recht 09, 3657; a. M. Brodmann Anm. 3). Sind sie nicht fällig, so wartet der Konkursverwalter die Fälligkeit ab. (Daß der Konkursverwalter die rückständigen Einzahlungen einzuziehen berechtigt ist, darüber siehe ROHG. 19, 227; Jaeger KO. Anm. 18 zu § 208; RG. 25. 3. 99 JW. 1899, 305; RG. 30. 3. 15 JW. 1915, 588[22]). Der Konkursverwalter hat das Prinzip der Gleichberechtigung in derselben Weise zu beachten, wie dies auch bei lebender Gesellschaft vorgeschrieben ist (§ 19 des Gesetzes). Er kann sich über diese Bestimmung des Gesetzes nicht hinwegsetzen. Sie ist eine Modalität der Einzahlungspflicht, die ihr als Charakteristikum anhaftet. Er darf nicht mehr an Einzahlungen einziehen, als zur Befriedigung der Gläubiger erforderlich ist. Ein hierauf gestützter Einwand ist zulässig. Er ist aber von dem in Anspruch genommenen Gesellschafter darzulegen und zu beweisen (RG. 25. 3. 99 JW. 1899, 305, 306; RGZ. 45, 155; OLG. Celle 16. 4. 15 ZAktW. 26, 68). **Rückständige Nachschüsse** kann der Konkursverwalter einziehen (RG. 25. 3. 99 JW. 1899, 305). Dagegen nicht Nachschüsse, deren Einziehung von den Gesellschaftern noch nicht beschlossen war. Hier ist der Gesellschafterbeschluß die Existenzbedingung des Anspruchs. Der Konkursverwalter kann nur bestehende Ansprüche einfordern. Nur hier kann er sich über die sonstigen Bedingungen der Geltendmachung hinwegsetzen (vgl. hierüber Anm. 1 und 4 zu § 26). Die Gesellschafterversammlung kann auch während des Konkurses die Einziehung von Nachschüssen beschließen (unten Anm. 13). Über die Anfechtung eines Einforderungsbeschlusses im Konkurse vgl. Anm. 19 zu § 45. Der Konkursverwalter zieht **nicht nur alle Forderungen** der Gesellschaft ein. Er vergleicht sich auch über dieselben wirksam. Sein Vergleich bindet die Gesellschafter, selbst wenn der eingeforderte Betrag höher ist, als die Deckung der Passiva verlangt. Vorsichtigerweise wird er in solchen Fällen, die Genehmigung durch die Gesellschafter selbst herbeiführen. Aber nur um sich gegen Vorwürfe der Gesellschafter zu schützen. Einen Regreßanspruch daraus allein, daß er nicht auch die Interessen der Gesellschaft beobachtet hat, wird man der Gesellschaft als Gemeinschuldner nicht zusprechen. Auf seinen Vergleich mit den Geschäftsführern, die zufolge § 9 Abs. 1 aus Verletzung der Gründungsvorschriften in Anspruch genommen sind, ist § 9 Abs. 2 nicht anwendbar. Über die Geltendmachung der Regreßansprüche gegen die Geschäftsführer vgl. Anm. 8 zu § 43. Bei Geltendmachung der Rechte der Gesellschaft gegen die Gesellschafter als solche oder als Gründer erscheint der Konkursverwalter als Vertreter der Gläubiger. Sie sind Dritte im Sinne des § 15 HGB. Eine in das Handelsregister einzutragende Tatsache kann ohne Eintragung ihm nicht entgegengehalten werden (RG. 20. 6. 11 JW. 1911, 779). Die Klage des Konkursverwalters gegen die Gesellschafter auf Erfüllung einer gesellschaftlichen Leistung, wie der Zahlung der Stammeinlage, kann im Gerichtsstand des § 22 ZPO. erhoben werden (OLG. Stuttgart 20. 6. 12 Recht 1912 Nr. 2067). **Anm. 11.**

b) **Den übrigen Organen stehen alle diejenigen Funktionen zu, welche dem Gemeinschuldner im Konkurse obliegen.** Die Geschäftsführer oder die Liquidatoren **Anm. 12.**

§ 63. haben Anträge gemäß §§ 135, 165, 180, 182, 202 KO. zu stellen. Sie haben gemäß § 173 KO. den Zwangsvergleich zu schließen. Die Entbindung eines Rechtsanwalts von der Amtsverschwiegenheit ist Sache des Geschäftsführers, nicht des Konkursverwalters (Bett a. a. O. 33; OLG. Darmstadt DJZ. 04, 128; Liebmann Anm. 15 zu § 64). Die Geschäftsführer haben auch die Auskunfts- und Offenbarungseidespflicht nach §§ 100 und 125 KO. Die Pflicht besteht fort, auch wenn die Geschäftsführer nach Konkurseröffnung abberufen werden (OLG. Augsburg 15. 1. 14 RundschGmbH. 1914, 221). Die Nichtigkeitsklage gegen ein Patent wird durch den Konkurs über das Vermögen der GmbH. nicht unterbrochen. Sie wird vom Geschäftsführer weitergeführt. RPatentamt 9. 2. 04 und RG. 3. 6. 05 (Bl. für Patentrechte 10, 213 und 11, 184); RPatentamt 6. 4. 05 DJZ. 06, 85 (a. M. Liebmann Anm. 17 zu § 64). Die Anfechtungsklagen gegen Beschlüsse der Gesellschafter sind gegen die Gesellschaft, nicht gegen den Konkursverwalter zu richten, wenn die Beschlüsse den Aufgabenkreis des Konkursverwalters nicht berühren (RG. 6. 5. 11 RGZ. 76, 244; vgl. Anm. 26 zu § 45; ferner Wulff LZ. 1913, 177). Die Gesellschafterversammlung und der etwa bestellte Aufsichtsrat haben diese Tätigkeit des Geschäftsführers zu überwachen.

Anm. 13. c) Die übrigen Organe haben ferner alle diejenigen Funktionen, welche mit dem Konkurse nichts zu tun haben, also alle internen gesellschaftlichen Angelegenheiten zu besorgen. Die Gesellschafter können sich versammeln. Es können Geschäftsführer und Aufsichtsratsmitglieder abberufen und bestellt, es kann ihnen Entlastung erteilt und verweigert werden (OLG. Hamburg 4. 8. 17 LZ. 1918, 180). Die Gesellschafter können beschließen, einen Ersatzanspruch, den der Konkursverwalter nicht für die Masse geltend macht, einzuklagen (BauersZ. 18, 213). Die Kosten solcher Versammlungen berühren aber die Konkursmasse nicht (vgl. oben Anm. 10). Es steht nichts entgegen, daß die Gesellschafter auch innerhalb des Konkurses wechseln. Es kann ein Gesellschafter seinen Anteil oder einen Teil desselben zedieren. Die hierzu erforderliche Genehmigung erteilt der Geschäftsführer auf Grund eines Gesellschafterbeschlusses (OLG. Dresden 26. 10. 09 BauersZ. 18, 133; OLG. Rostock 3. 4. 13 MecklZ. 32, 56; RG. 22. 1. 18 Recht 1918 Nr. 582; a. M. OLG. Hamburg 15. 1. 14 RundschGmbH. 1914, 383; OLG. München 4. 11. 14 RundschGmbH. 1915, 142). Die Konkursmasse kann hierbei keinen Schaden leiden. Denn soweit mit solcher Abtretung rückständige Pflichten verbunden sind, bleibt für dieselben ja derjenige Gesellschafter verhaftet, der es zur Zeit der Konkurseröffnung war (§ 16 Abs. 3; für Namensaktien liegen entgegengesetzte Urteile des RG. vor, je nachdem die Aktien voll eingezahlt sind oder nicht; im ersteren Fall soll nach RG. 26. 6. 13 LZ. 1913, 766 das satzungsgemäß bestimmte Gesellschaftsorgan, im letzteren Fall nach RG. 15. 12. 09 RGZ. 72, 291 der Konkursverwalter die Genehmigung erteilen). Es steht auch nichts entgegen, daß die Gesellschafter Nachschüsse einfordern. Die hieraus entstehenden Ansprüche gehören der Gesellschaft, nicht zur Konkursmasse. Doch kann, wenn die Gesellschaft zu neuem Vermögen gelangt, ein neuer Konkurs über sie verhängt werden (Jaeger KO. Anm. 59 zu § 1). Auch eine Kapitalserhöhung kann die Gesellschafterversammlung beschließen (Anm. 38 u. 39 zu § 69). Auch die in dieser Weise der Gesellschaft zufließenden Einlagen fließen nicht in die Konkursmasse. Dem steht § 1 KO. entgegen. In die Konkursmasse fällt nur dasjenige Vermögen, welches dem Gemeinschuldner zur Zeit der Konkurseröffnung gehört hat (§ 1 KO.). Solche Nachschüsse aber haben der Gesellschaft zur Zeit der Konkurseröffnung noch nicht gehört, auch nicht die Ansprüche auf sie. Der Gesellschafterbeschluß ist erst die Existenzbedingung des Anspruchs (Anm. 1 zu § 26). Das gleiche gilt von den Stammeinlagen, die nach der Konkurseröffnung bei einer Kapitalerhöhung übernommen werden. Brodmann Anm. 3 bezweifelt die Zulässigkeit der Einforderung von Nachschüssen. Diese sollen den Betrieb des Unternehmens fördern. Nach Konkurseröffnung seien aber Beiträge zu diesem Betriebe gegenstandslos. Das braucht nicht zuzutreffen. Solche Nachschüsse können z. B. notwendig sein, um einen Akkord abzuschließen und die Wiederaufnahme des Betriebes zu ermöglichen. Brodmann (Anm. 5 zu § 60) verneint auch die Zulässigkeit einer Kapitalerhöhung. § 63. Er folgt dabei der Entscheidung des RG. 20. 10. 1911 RGZ. 77, 152. Diese betrifft aber einen anderen Fall. In ihr wird die Klage des Konkursverwalters auf Einzahlung einer vor Konkurseröffnung übernommenen neuen Stammeinlage abgewiesen, weil der Kapitalerhöhungsbeschluß bis zur Konkurseröffnung ins Handelsregister nicht eingetragen war. Hier war die Kapitalerhöhung mangels Eintragung im Handelsregister vor der Konkurseröffnung noch nicht wirksam geworden. Die Übernahmeerklärung für die neue Stammeinlage wurde durch die Konkurseröffnung hinfällig (ebenso RG. 13. 1. 14 LZ. 1914, 775[19]). Anders liegt der Fall, wenn während des Konkursverfahrens ein Kapitalerhöhungsbeschluß gefaßt wird. Ein solcher Beschluß wird nur in Betracht kommen, wenn eine Aufhebung des Konkursverfahrens und eine Fortsetzung der Gesellschaft in Aussicht steht. Es ist kein Grund ersichtlich, hier eine Kapitalerhöhung für unzulässig zu erklären. Die Erwägung des RG. (RGZ. 77, 152), daß die Schaffung neuer Mitgliedschaften während des Konkurses ausgeschlossen sei, reicht zur Begründung nicht aus (vgl. Anm. 38, 39 zu § 69). Nach Liebmann (Anm. 15 zu § 64) entscheidet der Gesellschafterbeschluß, ob Nachschüsse oder neue Stammeinlagen in die Konkursmasse oder in das konkursfreie Vermögen der GmbH. fallen. Hierzu bietet das Gesetz keinen Anhalt.

Die Gesellschafterversammlung kann auch während des Konkurses die Statuten ändern (vgl. auch Anm. 38 zu § 69). So, wenn das Geschäft mit Firma veräußert werden soll. Die Gesellschaft, die wenn auch im Konkurse weiter besteht, muß einen anderen Namen annehmen (zust. KG. 6. 2. 14 RJA. 13, 240; a. M. Liebmann Anm. 16 zu § 64). Das geht nur auf dem Wege einer Statutenänderung. Nur die Gesellschaft selbst kann diese bewirken, nicht der Verwalter. Will daher der Verwalter das Geschäft mit Firma veräußern, so müssen der Verwalter, die Gesellschafterversammlung und der Geschäftsführer zusammenwirken. Jener veräußert das Geschäft. Die Gesellschafterversammlung ändert die Firma durch Statutenänderung. Der Geschäftsführer gibt auf Grund dieser Statutenänderung dem Erwerber die Genehmigung zur Führung der Firma (vgl. Anm. 17 u. 19 zu § 4 und Anm. 39 zu § 69). Anm. 14.

3. Das Verhältnis der Gesellschafter zur Gesellschaft im Konkurse. Die Gesellschafter können ihre Forderungen, mögen sie auch aus der Mitgliedschaft entsprungen sein, zur Konkursmasse als Gläubiger anmelden. Darunter fallen auch fällige Dividendenforderungen, Rückzahlungsansprüche auf Grund einer Kapitalherabsetzung, sofern diese Ansprüche zur Zeit der Konkurseröffnung bereits existent waren (darüber vgl. oben Anm. 3 u. 7). Stets folgt aus § 30 Abs. 1, daß das Stammkapital in erster Reihe für die Gläubiger bestimmt ist. Die Gesellschafter haben mit den beschriebenen Ansprüchen zurückzustehen. Erst nach Deckung der anderen Schulden beginnt ihr Anspruch auf Anteil der Masse (Anm. 8 zu § 29 und oben Anm. 3 u. 7). Unter der gleichen Voraussetzung können Ansprüche auf Rückzahlung von Nachschüssen erhoben werden (Anm. 12ff. zu § 30). Auch rückständige Ansprüche aus § 3 Abs. 2 gehören dazu. Soweit Leistungen der Gesellschafter rückständig, aber von einer Gegenleistung der Konkursmasse abhängig sind, ist der § 17 KO. anwendbar (vgl. Anm. 7 zu § 17). Dagegen können die Gesellschafter nie ihre Einlagen zur Konkursmasse anmelden. Ansprüche, die von den Gesellschaftern geltend gemacht werden können, die aber hinter den anderen Gläubigern zurückstehen, befriedigt der Konkursverwalter nach Deckung der anderen Gläubiger. Ansprüche auf Verteilung des Vermögens sind nur durch den Liquidator zu begleichen. Die Gesellschaft wird nicht zur Liquidationsgesellschaft, solange nicht die festgestellten Dividenden bezahlt sind. Erst wenn auch diese beglichen oder abgefunden sind, hört der Konkurs auf. Anm. 15.

Ihre gesellschaftlichen Rechte üben die Gesellschafter der Gesellschaft, also dem Geschäftsführer oder Liquidator gegenüber aus. So das Recht auf Einberufung einer Gesellschafterversammlung, auf Erteilung einer Genehmigung zur Abtretung eines Geschäftsanteils, endlich auch auf Anerkennung ihrer Mitgliedschaft (für letzteres siehe RG. 30. 5. 96 JW. 96, 373).

§ 63. VI. **Die Konkurseröffnung ist in das Handelsregister einzutragen** (§ 32 HGB).

Anm. 16. Ein Schutz des guten Glaubens ist an diese Eintragung in das Handelsregister nicht geknüpft. (Vgl. § 7 KO.; Jaeger KO. Anm. 18ff., besonders Anm. 29 zu § 7 KO.) Die Eintragung erfolgt von Amts wegen (§ 112 KO.). Eine Veröffentlichung durch das Registergericht ist nicht erforderlich. In gleicher Weise ist auch die Aufhebung des Konkurses einzutragen.

Anm. 17. VII. **Die Konkursbeendigung.**

1. Durch Zwangsvergleich (§ 60 Nr. 4), durch Einstellung des Verfahrens auf Antrag des Gemeinschuldners (§ 202 KO.), durch Ausschüttung der Masse (§ 163 KO.) und durch Beschluß des Gerichts wegen Geringfügigkeit der Masse (§ 204).

Anm. 18. 2. Mit der Konkursbeendigung tritt die Liquidation ein (BayObLG. 16. 1. 14 OLGR. 28, 365). An der Spitze der GmbH. stehen nunmehr Liquidatoren. Sie haben die Liquidation und sich als Liquidatoren anzumelden. Sie haben das Vermögen zu versilbern, die Gläubiger zu befriedigen und das Vermögen zu verteilen. Ist das Verfahren durch Ausschüttung der Masse beendet, so gibt es keine Liquidation mehr. Es ist kein Vermögen mehr da. Die Beendigung des Konkurses wird in diesem Falle in das Handelsregister eingetragen (§ 32 HGB.). Damit ist auch die Firma erloschen (KGJ. 34 B 12; Staub-Pinner Anm. 11 zu § 307). Findet sich nachträglich Vermögen vor, so wird es nach § 166 Abs. 2 KO. zur Verteilung gebracht. Unter Umständen kann auch noch nachträglich die Wiedereröffnung einer Liquidation, die Bestellung eines Liquidators erforderlich und von einem Interessenten beantragt werden. So bei einer Vormerkung für die in Konkurs geratene und durch Ausschüttung der Masse erloschene Gesellschaft, kraft deren ein Grundstück ohne ihre Zustimmung nicht aufgelassen werden kann. Dann muß der Eigentümer des Grundstücks nach § 29 BGB. die Bestellung eines Liquidators beantragen. Er hat sich mit diesem wegen der Vormerkung auseinanderzusetzen.

Anm. 19. 3. Über die Rückbildung einer in Liquidation befindlichen Gesellschaft vgl. Anm. 3 zu § 60.

Anm. 20. **Eine Fortsetzung der Gesellschaft ist im Gesetz als zulässig bezeichnet, wenn der Konkurs durch Zwangsvergleich oder durch Einstellung des Verfahrens auf Antrag des Gemeinschuldners beendet ist** (§ 60 Nr. 4).

Anm. 21. a) Der Konkurs ist durch Zwangsvergleich oder auf Antrag des Gemeinschuldners mit Zustimmung der Gläubiger beendet. Wird der Konkurs durch Ausschüttung der Masse (§ 163 KO.), oder wegen Mangels an Masse (§ 204 KO.) eingestellt, so findet die Fortsetzung der Gesellschaft nicht statt. Ihr fehlt die Vermögensunterlage.

Anm. 22. b) Die Fortsetzung erfolgt durch Beschluß. Besondere Erfordernisse für diesen Beschluß sind nicht gegeben. Es kann materiell nicht verlangt werden, daß die Gesellschaft noch Vermögen besitze (a. M. KG. 25. 7. 07 Recht 07, 1332[3375]; zust. Brodmann Anm. 6 zu § 60). Das Gesetz weiß nichts davon. Es ist Sache der Gesellschafter, für die Beschaffung der nötigen Mittel zu sorgen. Sind nach der Beendigung des Konkurses im Liquidationsstadium Auszahlungen an die Gesellschafter erfolgt, so müssen diese zurückerstattet werden. Die Vorschrift des § 30 Abs. 1 tritt in Wirksamkeit. Die Mithaftung der anderen Gesellschafter (§ 31 Abs. 3) findet nicht statt. Zur Zeit der Zahlung bestand das Verbot nicht. Formell folgt der Beschluß den allgemeinen Regeln (§ 48). Es ist weder eine Formvorschrift, noch eine besondere Abstimmungsvorschrift gegeben. Der Beschluß kann ohne gerichtliche oder notarielle Beurkundung gültig gefaßt werden. Schriftliche Abstimmung (§ 48 Abs. 2) ist statthaft. Der Beschluß bedarf nur der einfachen Mehrheit der abgegebenen Stimmen. Es muß ein Beschluß der Gesellschafter sein (vgl. Anm. 3 zu § 60). Andere Personen dürfen nicht mitstimmen (vgl. Anm. 4 zu § 47). Weder ist Dreiviertelmehrheit wie bei Statutenänderungen erforderlich, noch gar Einstimmigkeit (so Neukamp-Becker Anm. 8 zu § 60 und Brodmann Anm. 6 zu § 60). Meist wird die Fortsetzung der Gesellschaft nur durch eine Sanierung möglich sein. Diese verlangt eine Herabsetzung des Stammkapitals. Dann muß wieder die Mehrheit von drei Vierteln der Stimmen vorhanden sein (§ 53). Fehlt es aber daran, dann ist für die qualifizierte Mehrheit keine Grundlage gegeben. Das Gesetz enthält davon keine Andeutung. Jeder Gesellschafter muß es sich gefallen lassen, daß die Mehrheit die Fortsetzung der Gesellschaft in den hier vorgesehenen Fällen beschließt. Er hat kein Sonderrecht darauf, daß die einmal in Konkurs geratene Gesellschaft durch Liquidation und Ausschüttung endet. Das ist durch § 60 Nr. 4 geklärt. Die Fortsetzung der Gesellschaft soll dadurch erleichtert werden, daß ein einfacher Beschluß sie ermöglicht. Sowohl die Schwierigkeiten, die mit einer Neugründung, als diejenigen, die mit dem Widerstande eines einzelnen Gesellschafters verknüpft sind, sollen dadurch beseitigt werden. Selbst dann, wenn dadurch die Leistungspflichten der Gesellschafter gemäß § 3 Abs. 2 zeitlich ausgedehnt werden, ist Zustimmung der einzelnen Gesellschafter nicht erforderlich. Eine statutarische Vermehrung ihrer Leistungspflichten liegt nicht vor. Haben ihre Pflichten vielleicht während der Dauer des Konkurses und der Liquidation geruht, so haben sie doch auf die Fortdauer dieses Ruhens keinen Anspruch. Sie sind vielmehr kraft des Gesellschaftsvertrages verpflichtet, mit ihren Leistungen fortzufahren, sobald die Fortsetzung der Gesellschaft beschlossen wird. Der § 53 Abs. 3 greift nicht Platz. Ein Sonderrecht wird durch den Fortsetzungsbeschluß nur dann berührt, wenn ein Gesellschafter ein statutarisches Recht auf Aufhören der Gesellschaft in einem bestimmten Zeitpunkt hat. Soll dann über diesen Zeitpunkt hinaus die Fortsetzung beschlossen werden, so ist seine Zustimmung erforderlich. Auch sonst kann mit der Sanierung eine Statutenänderung verbunden sein, so wenn zwar die statutarische Dauer der Gesellschaft noch nicht abgelaufen ist, der Fortsetzungsbeschluß aber diese Gesellschaft über die Dauer hinaus fortsetzt. § 63.

c) **Der Beschluß ist einzutragen** (§ 65). Die Eintragung hat keine rechtserzeugende Kraft. Der Beschluß gilt von seiner Fassung ab (vgl. Anm. 22 am Ende). Nur wenn er eine Statutenänderung enthält, gilt er erst von der Eintragung ab. **Anm. 23.**

d) **Die Fortsetzung hat zur Folge**, daß die Gesellschaft wieder eine lebende, werbende Gesellschaft wird (vgl. RG. 16. 12. 15 Recht 1916 Nr. 559). Ihre Organe sind wieder die Geschäftsführer, nicht mehr die Liquidatoren. Was vorher geschehen ist, bleibt gültig und wirksam, insbesondere was der Konkursverwalter im Namen der Gesellschaft getan hat (vgl. über Vergleiche desselben oben Anm. 11). **Anm. 24.**

Zusatz. Geschäftsaufsicht. Sie ist unter den besonderen Voraussetzungen der VO. v. 14. 6. 24 (RGBl. I 641) bei Zahlungsunfähigkeit und Überschuldung der GmbH. anzuordnen (§ 72 der VO. in Verbindung mit § 63 des Ges.). Die Anordnung der Geschäftsaufsicht führt die Auflösung der GmbH. nicht herbei. Die Gesellschaftsorgane bleiben bestehen, werden aber durch die Bestellung der Aufsichtsperson den Beschränkungen der §§ 2 und 3 der Verordnung unterworfen. Die Aufgabe der Aufsichtsperson besteht vornehmlich in der Überwachung und Beratung der Geschäftsführer. Eine Verfügungsbeschränkung tritt nicht ein (vgl. § 3 Abs. 2). Die von dem Geschäftsführer abgeschlossenen Rechtsgeschäfte sind daher wirksam und für die GmbH. bindend, auch wenn die Aufsichtsperson dem Abschluß widersprochen hat. In solchen Fällen ist die GmbH. auf einen Schadensersatzanspruch gegen den Geschäftsführer beschränkt. Über die Pflicht zur Konkursanmeldung während der Geschäftsaufsicht vgl. § 64 Anm. 14. **Anm. 25.**

§ 64.

§ 64.

Die Geschäftsführer haben die Eröffnung des Konkursverfahrens zu beantragen, sobald die Zahlungsunfähigkeit der Gesellschaft eintritt oder aus der Jahresbilanz oder aus einer im Laufe des Geschäftsjahres aufgestellten Bilanz Überschuldung sich ergibt.

§ 64. Die Geschäftsführer sind der Gesellschaft zum Ersatze aller nach diesem Zeitpunkt geleisteten Zahlungen verpflichtet. Auf den Ersatzanspruch finden die Bestimmungen im § 43 Absatz 3 und 4 entsprechende Anwendung.

Anm. 1. 1. (Abs. 1.) **Die Pflicht zur Stellung des Konkursantrages.**

a) Sie liegt den Geschäftsführern ob. Ebenso den Liquidatoren, wenn während der Liquidation Zahlungsunfähigkeit oder Überschuldung eintritt. Nie aber den Gesellschaftern, auch wenn ein Gesellschafter alle Geschäftsanteile besitzt, oder dem Aufsichtsrat oder ähnlichen Organen (Anm. 2 zu § 52). Der Aufsichtsrat hat darüber zu wachen, daß die Geschäftsführer den Konkursantrag stellen, wenn die Voraussetzungen desselben vorliegen (§ 52 GmbHG. und § 249 HGB.). Andernfalls haftet der Aufsichtsrat für den durch die Unterlassung der Gesellschaft erwachsenen Schaden. Von dieser Verpflichtung, die dem Geschäftsführer und Liquidator im öffentlichen Interesse obliegt, können ihn weder die Gesellschaft noch die Gläubiger befreien (RG. 14. 12. 09 RGZ. 72, 285), auch nicht, wenn alle Gläubiger zustimmen. Denn die zur Zeit dieser Zustimmung vorhandenen Gläubiger wechseln. Neue treten hinzu. Nur wenn die Zustimmung aller Gläubiger als ein außergerichtlicher Nachlaßvergleich dahin anzusehen ist, daß sie auf die bei einer Liquidation nicht erreichten Beträge verzichten, kann die Konkurseröffnung unterbleiben. Die Zustimmung, die nur den Aufschub der Geltendmachung der Forderungen enthält, vermag wohl die Zahlungsunfähigkeit, nicht aber die Überschuldung zu beseitigen. Erst wenn diese fortfällt, hat der Konkursantrag keinen Boden mehr. Es kann dann auch später dem Geschäftsführer kein Vorwurf daraus gemacht werden, daß er, solange die Überschuldung bestand, nicht den Konkurs anmeldete. Der Konkursverwalter kann in einem nach einem Arrangement ausgebrochenen Konkurse den Geschäftsführer nicht für den Unterschied in der damaligen und jetzigen Lage der Masse haftbar machen. Nur muß die Überschuldung auch tatsächlich beseitigt sein. Das kann durch Nachlaß von Forderungen oder durch Zuschüsse vom Kapital erfolgen. Die darlehnsweise Überlassung dagegen vermag zwar die Zahlungsunfähigkeit, aber wieder nicht die Überschuldung zu beseitigen (RG. 12. 7. 10 RGSt. 44, 50).

Über die Beschlüsse der Gesellschaft auf Eröffnung und Nichteröffnung des Konkurses vgl. Anm. 7 zu § 63.

Anm. 2. Von den Geschäftsführern und Liquidatoren hat jeder die Verpflichtung bei Vermeidung der gesetzlichen Folgen. Er hat ja auch die Berechtigung dazu, auch wenn er nicht alleinige Vertretungsbefugnis hat (§ 63 des Gesetzes und § 208 Abs. 1 KO.).

Anm. 3. b) Die Pflicht entsteht unter der Voraussetzung, daß entweder die Zahlungsunfähigkeit der Gesellschaft eintritt, oder daß sich aus einer Bilanz Überschuldung ergibt. Nach einem Urteil des RG. I. Straffen. 27. 3. 05 JW. 05, 551[7] (vgl. auch Liebmann Anm. 4) wird die Pflicht zur Konkursanmeldung dadurch nicht ausgeschlossen, daß auch ein Gläubiger diesen Antrag stellte. In dieser Allgemeinheit ist der Satz sicher nicht zutreffend. Es kann doch unmöglich der Sinn des Gesetzes sein, daß die Geschäftsführer, um dem Wortlaut desselben zu genügen, neben dem Antrage eines Gläubigers auch selbst einen solchen einreichen. Daraus freilich, daß auch den Gläubigern die Zahlungsunfähigkeit durch Überschuldung bekannt war, läßt sich eine Entschuldigung des Geschäftsführers nicht begründen. Es liegt kein Selbstverschulden der geschädigten Seite vor. Als solche erscheint lediglich die Gesellschaft.

α) Wann das Erfordernis der Zahlungsunfähigkeit vorliegt, darüber siehe Anm. 3 zu § 63.

Grundsätzlich muß der Konkursantrag gestellt werden, sobald die Voraussetzungen desselben gegeben sind. Die Anmeldung hat unverzüglich zu erfolgen. Ein Spielraum für Sanierungsversuche, wie die Aufnahme von Kredit oder Erzielung von Stundungen, ist den Geschäftsführern nicht gelassen, wenn einmal für sie die Zahlungsunfähigkeit feststeht. Dieser Grundsatz darf aber nicht überspannt werden. Besteht die Möglichkeit der Beschaffung neuer Mittel oder Stundung, so daß mit einer Behebung der Zahlungsschwierigkeiten in naher Zeit gerechnet werden kann, braucht der Konkurs nicht beantragt zu werden. Dem Geschäftsführer muß hier eine, wenn auch mäßige Spanne Zeit gelassen werden, durch Verhandlungen den Zustand zu überwinden. Hier liegt aber noch keine Zahlungseinstellung, sondern nur Zahlungsstockung vor (RG. 26. 11. 04 RGSt. 37, 324; RGZ. 50, 42). Kann dagegen der Schuldner nicht mehr erwarten, seinen Gläubigern innerhalb eines Zeitraums gerecht zu werden, der nach Auffassung des Verkehrslebens den Mangel an bereiten Mitteln als einen nur vorübergehenden erscheinen läßt, ist Zahlungsunfähigkeit gegeben. Die Anmeldung des Konkurses hat hier sofort zu erfolgen (RG. 14. 12. 09 RGZ. 72, 285; 15. 5. 14 Recht 1914 Nr. 2193; OLG. Stuttgart 11. 10. 14 WürttZ. 27, 221; vgl. Liebmann Anm. 2; Crüger-Crecelius Anm. 3 hält den Standpunkt des RG. für zu streng). § 64.

β) Wegen Überschuldung siehe Anm. 4 zu § 63. Daß die Berechtigung zur Stellung des Konkursantrags nach § 63 schon dann vorliegt, wenn Überschuldung vorliegt, die betreffende Verpflichtung aber erst dann, wenn sich die Überschuldung aus einer aufgestellten Bilanz ergibt, mag richtig sein. Praktische Bedeutung wird diese Unterscheidung nicht haben. Es ist nicht abzusehen, wie anders als durch eine aufgestellte Bilanz, aus einer Gegenüberstellung der Aktiva und Passiva, sich das Vorhandensein einer Überschuldung ergeben soll. Wer die Bilanz aufstellt, ob der Geschäftsführer selbst, oder ein Prokurist, oder ein Buchhalter, oder ein Bücherrevisor, oder ein stiller Gesellschafter, oder ein Gläubiger, dem Einsicht gewährt wurde, oder eine von der Gesellschafterversammlung bestellte Revisionskommission, oder ein Aufsichtsratsmitglied, ist gleichgültig. Ergibt eine von irgendwelcher Seite erfolgte Gegenüberstellung der Aktiven und Passiven die Überschuldung und haben die Geschäftsführer davon Kenntnis, so besteht die Verpflichtung zur Konkurseröffnung. Hierzu genügt auch die Gegenüberstellung in einem Rundschreiben an die Gläubiger (RGSt. 37, 26). Es könnte höchstens noch der Fall gedacht werden, daß sich der Geschäftsführer eine solche Gegenüberstellung im Kopfe macht, nicht aber niederschreibt. Aber ein solcher Fall wird doch wohl kaum vorkommen. Überdies würde auch in diesem Falle die Verpflichtung zum Konkursantrage Platz greifen. Die Bilanz ist aufgestellt. Anm. 4.

Die Bilanz muß nicht unmittelbar die Überschuldung ergeben (vgl. RG. 12. 7. 10 RGSt. 44, 51 u. 4. 10. 12 LZ. 1913, 700). Die Bestimmung des Gesetzes ist nicht formalistisch aufzufassen, so daß die Überschuldung unmittelbar aus den Ziffern der Bilanz in die Augen springen müßte. Die Bilanz ergibt die Überschuldung auch dann, wenn aus der in ihr enthaltenen Zahlengruppierung in Verbindung mit sonstigen für die Gesellschaftsorgane erkennbaren Momenten die Überschuldung hervorgeht. Dies gilt überall da, wo eine anderweite Bewertung pflichtgemäß geboten ist (zust. RG. 16. 3. 17 RGSt. 51, 20 u. Bem. Hachenburgs hierzu JW. 1917, 607; OLG. Breslau 29. 9. 16 RundschGmbH. 1917, 267; auch RG. 4. 1. 16 Recht Nr. 605). So wenn sich ein Patent als wertlos herausstellt, oder wenn ein vollzogener Bau als unbrauchbar wieder eingerissen werden muß. Ebenso, wenn die Liquidatoren nur einen offen gelassenen Posten durch Einsetzung der ihnen bekannten Wertbestimmung zu ergänzen hätten (RG. 1. 10. 12 Recht 1912, 3260; JW. 1913, 49[40]). Nicht aber kann verlangt werden, daß bei Gegenständen, die dauernd dem Betriebe des Geschäfts gewidmet sind, eine von der Bestimmung des § 42 Ziff. 1 abweichende Bewertung erfolge (vgl. Anm. 5 zu § 63; Bett, Konkurs der Aktiengesellschaft 20). Umgekehrt kann der Geschäftsführer sich von der Pflicht zur Anmeldung des Konkurses dadurch befreien, daß er die Gegenstände, die nicht dauernd zum Geschäftsbetrieb bestimmt sind, statt wie bisher zu den Erwerbskosten, zu ihrem höheren Werte einstellt (vgl. Anm. 11 zu § 42; RG. 14. 5. 12 RGSt. 46, 99). Die Aufnahme zu dem Gestehungspreis mag durch den Gesellschaftsvertrag vorgeschrieben sein. Die Gesellschafter können darauf verzichten. Ihre Genehmigung der Bilanz macht diese höhere Art der Be- Anm. 5.

§ 64. wertung gültig. Zulässig ist es endlich, daß bei einer Bilanz, die eine formelle Überschuldung nachweist, der Geschäftsführer den höheren Wert einzelner Aktiven dartut. Der materielle Ausschluß der Überschuldung durch die zulässige höhere Bewertung entscheidet (RG. 14. 5. 12 a. a. O.). Über die Bewertung der dauernd dem Geschäftsbetriebe gewidmeten Gegenstände in der Liquidationsbilanz vgl. Anm. 6 zu § 71. Gleichgültig ist, ob später der wirkliche Vermögensstand der GmbH. die Unrichtigkeit der Bilanz ergibt, auf Grund deren der Geschäftsführer die Überschuldung annahm. Dies würde ihn nicht von den Folgen seiner Pflichtversäumung befreien (RGSt. 51, 21).

Anm. 6. 2. (Abs. 2.). **Die Haftung der Geschäftsführer für die Verletzung der Verpflichtung zur Konkursanmeldung.**

a) Sie setzt *schuldhaftes* Verhalten voraus. Dazu genügt nicht das Vorhandensein von Zahlungsunfähigkeit oder Überschuldung. Es kann die Überschuldung sich aus einer Bilanz ergeben, ohne daß dies für den Geschäftsführer wahrnehmbar ist. Er kann zu der fraglichen Zeit auf einer Geschäftsreise in einem fernen Erdteil sein. Er kann von seinen Mitgeschäftsführern über das Vorhandensein von Mitteln oder über die wahre Gestaltung der Bilanz, durch Vorlegung einer anderen, gefärbten oder gefälschten, getäuscht werden. Auch dann liegt keine subjektive Verschuldung vor. Deshalb greift Abs. 2 nicht Platz. Über Anstrengungen, auf Kredit der Gesellschaft hin Mittel zur Befriedigung der Gläubiger zu beschaffen und sonstige Sanierungen vgl. oben Anm. 3. Ist der Konkursgrund durch Überschuldung gegeben oder ist der Kredit bereits erschöpft, so besteht eine solche Frist zu Sanierungsversuchen nicht (RGSt. 37, 326).

Neben der schuldhaften Pflichtverletzung ist Voraussetzung der Schadensersatzpflicht, daß *objektive Zahlungsunfähigkeit* oder *Überschuldung* vorliegt. Das ergibt der Wortlaut und Sinn des Abs. 2 Satz 1. Wenn sich die Erstattungspflicht auf diejenigen Zahlungen erstreckt, die *nach dem Zeitpunkt der Zahlungsunfähigkeit oder der Überschuldung* geleistet sind, so kann der Geschäftsführer nur zur Erstattung verpflichtet sein, wenn tatsächlich ein Konkursgrund gegeben war. Für die Strafbarkeit dagegen genügt die subjektive Pflichtverletzung (vgl. oben Anm. 5; RGSt. 51, 21).

Anm. 7. b) *Die Folge der Pflichtverletzung* ist, daß die Geschäftsführer alle nach dem durch ihr Verschulden unterbliebenen Konkursantrag *geleisteten Zahlungen ersetzen müssen.* Das Gesetz geht hier scheinbar weiter als im Aktienrechte (§ 240 Abs. 2 HGB.). Allein inhaltlich decken sich beide Gesetze. Auch im Aktienrecht haftet der Vorstand den Gläubigern, wenn er, nachdem die Zahlungsunfähigkeit der Gesellschaft eingetreten war oder ihre Überschuldung feststand, Zahlungen leistet (§ 241 Abs. 2 Ziff. 6). Er ist zum Ersatz jeden Schadens verpflichtet. Dieser besteht aber in den Beträgen, welche der Vorstand an die einzelnen Gläubiger bezahlte, soweit diese zur Befriedigung aller erforderlich sind. Derselbe Gedanke findet sich im Erbrechte. Der Erbe haftet dem Gläubiger des Nachlasses für den Schaden, der ihm dadurch entsteht, daß der Erbe nicht unverzüglich bei Kenntnis von der Überschuldung des Nachlasses den Konkurs anmeldet (§ 1980 BGB.). Der Schaden besteht auch hier in den Beträgen, die durch die Zahlung der Konkursmasse entzogen sind. Mehr will auch § 64 Abs. 2 GmbHG. nicht sagen. Der Schadensersatzanspruch ist formell der *Gesellschaft* gegeben. Der einzelne Gläubiger kann den Geschäftsführer aus § 64 Abs. 2 nicht in Anspruch nehmen (anders im Aktienrecht § 241 Abs. 3 HGB.). Inhaltlich stellt sich aber die Ersatzpflicht als eine Haftung gegenüber der *Gläubigergesamtheit* dar. Die Gesellschaft ist durch die Zahlungen an die Gläubiger nicht benachteiligt. In Höhe der Zahlungen ist sie von ihren Verbindlichkeiten befreit. Geschädigt ist nur die Gläubigergesamtheit, für die durch die verspätete Konkursanmeldung und die inzwischen geleisteten Zahlungen ein Teil der Konkursmasse verlorengegangen ist. Ersatz ist also insoweit zu leisten, als in der Konkursmasse die nach Eintritt der Konkursmäßigkeit bezahlten Beträge fehlen. Hieraus folgt zunächst, daß der Geschäftsführer die Quote an der Ersatzleistung kürzen darf, die der von ihm unstatthafterweise befriedigte Gläubiger im Konkurs zu erhalten hätte. Die Mehrleistung wäre kein Ersatz für die Gesellschaft, sondern ein Gewinn. Er darf ferner den Gegenwert kürzen, der durch seine Zahlung in die Gesellschaft kam (RG. 1. 10. 12 RGZ. 80, 110). Das auch dann, wenn es der Gesellschaft vorteilhaft wäre, statt der in der Masse befindlichen, beim Spediteur und Frachtführer eingelösten Waren das Geld zu haben. Er hat, wenn die Ware minderwertig ist, die Differenz zu begleichen. Nicht aber haftet er dafür, daß bei ihrer Verwertung ein Verlust entsteht. Endlich kann der Ersatz nur verlangt werden, wenn er vom Empfänger nicht zu erreichen ist. Solange die Anfechtung möglich ist, haftet der Geschäftsführer nicht. Die gegenteilige Meinung Staubs (erste Auflage S. 369 Anm. 7), daß sich die Gesellschaft nicht auf diesen umständlichen Weg verweisen zu lassen brauche, führte zu der Unbilligkeit, daß dann der Gläubiger aus den Mitteln des Geschäftsführers voll bezahlt bliebe. Denn einen Regreß gegen diesen hat der Geschäftsführer nicht. Er soll aber doch nur der Gesellschaft den Schaden ersetzen, den seine Zahlung ihr verursachte. Kann die Gesellschaft ihn selbst abwenden, so ist es billig, daß sie es tue (§ 254 BGB.). Die Haftung des Geschäftsführers wird aber wieder wirksam, sobald der Anfechtungsbeklagte zwar verurteilt, aber insolvent ist. **§ 64.**

c) J e d e r G e s c h ä f t s f ü h r e r, d e n e i n V e r s c h u l d e n t r i f f t, h a f t e t. Mehrere sind Gesamtschuldner. Zwar sind nur Abs. 3 und 4 des § 43 für anwendbar erklärt. Aber die entsprechende Anwendbarkeit von § 43 Abs. 2 ist selbstverständlich. Anm. 8.

d) V e r z i c h t l e i s t u n g e n u n d V e r g l e i c h e d e r G e s e l l s c h a f t ü b e r d i e s e E r s a t z a n s p r ü c h e s i n d n u r v o n W i r k s a m k e i t, soweit der Ersatz zur Befriedigung der Gläubiger erforderlich ist (§ 43 Abs. 3). Insoweit ist auch eine Berufung auf einen Beschluß der Gesellschafter nicht statthaft. Auf Vergleiche des Konkursverwalters mit dem Geschäftsführer bezieht sich dies nicht. Diese Vergleiche oder Verzichte sind unbeschränkt zulässig. Anm. 9.

Näheres Anm. 14ff. zu § 43.

e) A u s d e r A n w e n d b a r k e i t d e s § 43 A b s. 4 f o l g t d i e V e r j ä h r u n g d e r A n s p r ü c h e i n f ü n f J a h r e n. Näheres Anm. 20ff. zu § 43. Anm. 10.

Zusatz 1. Eine weitere Folge der Verletzung der im Abs. 1 angeordneten Pflicht ist die Pflicht zum Ersatze allen weiteren Schadens, der der Gesellschaft dadurch erwachsen ist, daß der Konkursantrag unterblieben ist. Also insbesondere, wenn durch die Fortführung des Geschäfts weitere Verluste entstanden sind, die andernfalls vermieden worden wären. Wenn eine Gesellschaft mit Verlust arbeitet, so ist dieser von der Zeit, da die Verpflichtung zur Konkursanmeldung bestand, zu ersetzen (vgl. auch Anm. 14 zu § 49). Anm. 11.

Einzelne Gesellschafter haben nie einen Anspruch gegen die Geschäftsführer. Ebensowenig sonstige Dritte. (OLG. Cassel 6. 12. 06 Recht 07, 70[99]; RG. 4. 2. 10 RGZ. 73, 30. A. M. KG. in BauersZ. 13, 208). Die §§ 64, 84 enthalten kein den Schutz eines andern bezweckendes Gesetz im Sinne des § 823 Abs. 2 BGB.; vgl. Anm. 11 zu § 36, Anm. 25 zu § 43 und Anm. 5a zu § 82.

Zusatz 2. Über die Strafbarkeit nach § 84 bei unterlassener Konkursanmeldung vgl. Anm. 1ff. zu § 84 und oben Anm. 6. Anm. 12.

Zusatz 3. Während der Kriegs- und Nachkriegszeit sind die Geschäftsführer von den Verpflichtungen des § 64 durch besondere Gesetze zum Teil entbunden worden. Durch Bekanntmachung v. 8. 8. 1914 (RGBl. 365) ist die Vorschrift des § 64, soweit sie die Verpflichtung zur Konkursanmeldung bei Zahlungsunfähigkeit der GmbH. und die Schadensersatzpflicht wegen versäumter Anmeldung betrifft, bis auf weiteres außer Kraft gesetzt worden. Die Verordnungen v. 28. 4. 1920 u. 24. 12. 1922 (RGBl. 1920, 696 u. 1923, 21) heben die Anmeldungsverpflichtung bei Überschuldung der GmbH. auf, wenn die Überschuldung darauf beruht, daß sich Valuta- oder Goldzahlungsverpflichtungen in Mark durch den Währungsverfall erhöht haben. Diese Verordnungen haben ihre Bedeutung durch die Stabi- Anm. 13.

§ 64. lisierung der Währung verloren, sind aber noch nicht außer Kraft gesetzt worden. Man kann daher nicht sagen, daß sie durch die Umstellung der Bilanzen auf Goldmark gegenstandslos geworden sind (a. M. Quassowski-Susat GoldbilVO. § 14 Anm. 1; Staub-Pinner HGB. § 240 Anm. 18). § 14 GoldbilVO. befreit endlich die Geschäftsführer für die Zeit, in der die Umstellung auf Reichsmark durchzuführen ist, von der Anmeldungspflicht, wenn sich bei der Aufstellung der Eröffnungsbilanz eine Überschuldung ergibt. Die Vorschrift soll die Sanierung der Gesellschaften aus Inflationsverlusten erleichtern. Sie ist inzwischen bedeutungslos geworden, da die Umstellungsfristen abgelaufen sind.

Anm. 14. **Zusatz 4.** Die Anordnung der **Geschäftsaufsicht** (VO. v. 14. 6. 1924 RGBl. I 641) entbindet die Geschäftsführer von der Verpflichtung zur Konkursanmeldung. Stellen sie selbst den Antrag auf Anordnung der Geschäftsaufsicht und liegen die Voraussetzungen für diese vor, so erübrigt sich während der Dauer der Geschäftsaufsicht die Konkursanmeldung.

§ 65.

§ 65.

Die Auflösung der Gesellschaft ist außer dem Falle des Konkursverfahrens zur Eintragung in das Handelsregister anzumelden. Das gleiche gilt von einer Fortsetzung der Gesellschaft in den im § 60 Absatz 1 Nr. 4 bezeichneten Fällen.

Die Auflösung ist von den Liquidatoren zu drei verschiedenen Malen durch die im § 30 Absatz 2 bezeichneten öffentlichen Blätter bekanntzumachen. Durch die Bekanntmachung sind zugleich die Gläubiger der Gesellschaft aufzufordern, sich bei derselben zu melden.

Einleitung. **Die Anmeldung der Auflösung der Gesellschaft und die Anmeldung der Fortsetzung der Gesellschaft (Abs. 1) hat mit der Veröffentlichung durch die Liquidatoren (Abs. 2) inhaltlich nichts gemein. Beide Verpflichtungen haben verschiedene Ursachen.** Die Verpflichtung zur Bekanntmachung schränkt die Verordnung v. 14. 2. 24 ein (vgl. unten Anm. 11). Gleichen Inhalts sind § 88 und § 91 Abs. 1 österr. Ges. Im französischen Recht ist die Anmeldung und Bekanntmachung nur erforderlich, wenn sich die Auflösung nicht aus der Satzung ergibt. Anzumelden ist daher dort die Auflösung auf Grund gerichtlichen Urteils oder eines Gesellschafterbeschlusses, nicht dagegen die Auflösung durch Zeitablauf (vgl. Art. 12 u. 13 frz. Ges.).

Anm. 1. **1. Die Auflösung der Gesellschaft ist anzumelden:**

a) Verpflichtet hierzu ist der gesetzliche Vertreter, der zur Zeit legitimiert ist, die Gesellschaft zu vertreten. Das ist der Geschäftsführer nur, wenn die Auflösung zugleich eine Statutenänderung enthält, so daß sie erst mit der Eintragung wirksam wird. In allen anderen Fällen ist das Amt des Geschäftsführers mit der Auflösung der Gesellschaft ohne Rücksicht auf die Eintragung der Liquidation beendet. Demgemäß haben die Liquidatoren die Auflösung anzumelden (a. M. Liebmann Anm. 2, der die Anmeldung für alle Fälle den Geschäftsführern auferlegt). Solange seine Abberufung zum Handelsregister nicht angemeldet ist, erscheint der Geschäftsführer als berechtigt, die Liquidation anzumelden, wenn als Liquidatoren andere Personen zu bestellen sind, jedoch diese die Annahme des Amts ablehnen (vgl. unten Anm. 3). Eine Verpflichtung zur Anmeldung besteht in diesem Falle für den alten Geschäftsführer nicht (vgl. Anm. 9 zu § 60). Daher kann ihm gegenüber die Anmeldung durch Ordnungsstrafen nicht erzwungen werden (vgl. KG. 13. 6. 13 KGJ. 45A 178). Mangels einer gesetzlichen Vert etung kann jeder Beteiligte nach § 29 BGB. die Bestellung eines Vertreters beantragen. Dann hat dieser die Anmeldung der Auflösung zu besorgen (vgl. Anm. 5 zu § 66).

Anm. 2. So viele Vertreter, als zur Vertretung der Gesellschaft überhaupt nötig sind, haben anzumelden. Nicht sämtliche Geschäftsführer oder sämtliche Liquidatoren.

Zugleich ist die Person der Liquidatoren anzumelden (§ 67). Doch muß nicht **§ 65.**
die Auflösung und die Liquidatoren zu gleicher Zeit angemeldet und eingetragen werden. **Anm. 3.**
Getrennte Anmeldung ist zulässig. Sie kann unter Umständen geboten sein. So wenn das Amt des Geschäftsführers mit der Anmeldung der Auflösung enden soll, der gewählte Liquidator aber das Amt nicht annimmt.

b) Jede Art der Auflösung ist anzumelden, nur die durch Konkurseröffnung **Anm. 4.**
erfolgte nicht. Über diese siehe Anm. 16 zu § 63. Aber auch nur die Auflösung. Gibt die GmbH. nur ihren Geschäftsbetrieb auf, ohne sich aufzulösen, so besteht keine Befugnis des Registergerichts, eine Auflösung und deren Anmeldung zu erzwingen (vgl. KG. Holdheim 11, 29). Dies gilt auch, wenn die GmbH. ihr ganzes Unternehmen verkauft hat.

c) Die Anmeldung erfolgt bei allen Gerichten, bei welchen die Gesell- **Anm. 5.**
sellschaft eingetragen ist (§ 13 HGB.).

d) Form und Beilagen der Anmeldung. Die Form ist die im § 12 HGB. vor- **Anm. 6.**
geschriebene (persönlich oder in beglaubigter Form). Beigefügt werden muß die Urkunde, aus welcher die Auflösung sich ergibt, also das rechtskräftige Urteil, die Kündigung des kündigungsberechtigten Gesellschafters, der Auflösungsbeschluß usw. (So jetzt auch Crüger-Crecelius Anm. 1; a. M. Neukamp-Becker Anm. 2.) Der Registerrichter muß bei der schwerwiegenden Tatsache der Auflösung sich von ihrer Wahrheit überzeugt haben. Er ist berechtigt, Ermittelungen darüber anzustellen, ob die angemeldete Auflösung wirklich eingetreten ist (§ 12 FG.) Er kann den Nachweis fordern (vgl. Anm. 13 zu § 60).

e) Der Zwang zur Anmeldung entspricht den Vorschriften des HGB. (§ 14). Er **Anm. 7.**
entfällt, wenn die Auflösung eine Statutenänderung in sich birgt (§ 79; vgl. Anm. 15 zu § 60).

f) Die Auflösung tritt durch die Tatsachen ein, an die sie durch das Gesetz geknüpft ist, also **Anm. 8.**
durch rechtskräftiges Urteil, Kündigung, Ablauf der Zeit, Beschluß der Gesellschafter. Nur wenn der Auflösungsbeschluß eine Statutenänderung euthält, bewirkt erst die Eintragung die Rechtsgültigkeit des Beschlusses (vgl. Anm. 15 zu § 60). Sonst ist die Eintragung zur Wirksamkeit der Auflösungstatsache, auch des Beschlusses, nicht erforderlich. Daraus folgt, daß es keinen Unterschied machen kann, ob ein Beschluß der Gesellschafter, die Auflösung wieder rückgängig zu machen, vor oder nach der Eintragung erfolgt (vgl. oben Anm. 3 zu § 60. A. M. Neukamp-Becker Anm. 3b). Für die Behandlung der Gesellschaft Dritten gegenüber ist die Unterlassung des Eintrags in diesem Falle von Bedeutung. Wenn die Gesellschafter die Eintragung der Auflösung unterlassen, so ist der gutgläubige Dritte berechtigt, sie als bestehend zu behandeln. Denn stets hat die Eintragung die Rechtsfolgen des § 15 HGB. Sie kann jedem Dritten entgegengehalten werden. Solange sie nicht erfolgt, kann umgekehrt jeder Dritte, der sie nicht kennt, die Gesellschaft so behandeln, als sei sie nicht aufgelöst. Dies gilt insbesondere für Abschlüsse mit den Geschäftsführern.

g) Das Registergericht hat die Eintragung zu publizieren (§ 10 HGB.). **Anm. 9.**
Daß die Liquidatoren außerdem noch die Publikation zu bewirken haben, darüber siehe Anm. 11ff.

2. (Abs. 1.) **Die Fortsetzung der Gesellschaft in den im § 60 Abs. 1 Nr. 4 bezeichneten** **Anm. 10.**
Fällen ist anzumelden. Über diese vgl. Anm. 20ff. zu § 63. Auch diese Eintragung ist vom Registergericht zu publizieren (§ 10 HGB.). Über die Pflicht zur Anmeldung, die Form, den Zwang usw. gilt das oben Anm. 6 und 7 Gesagte.

3. (Abs. 2.) **Die Pflicht der Liquidatoren zur Bekanntmachung der Auflösung und zur** **Anm. 11.**
öffentlichen Aufforderung an die Gläubiger, sich zu melden.

a) Die Liquidatoren haben diese Verpflichtung sofort zu erfüllen, sobald dies nach dem ordnungsmäßigen Geschäftsgange tunlich ist. Die Eintragung des Auflösungsbeschlusses ist regelmäßig nicht Voraussetzung dieser Verpflichtung der Liquidatoren. Denn sie gehört an sich nicht zur Gültigkeit des Auflösungsbeschlusses (Anm. 9ff.

§ 65. zu § 60). Der Eintragung der Liquidatoren bedarf es überhaupt nicht, weder zur Gültigkeit der Auflösung noch der Publikation (Anm. 11 zu § 67).

Durch § 7 der Verordnung über die Einschränkung öffentlicher Bekanntmachungen vom 14. 2. 1924 (RGBl. I 119) kann das Gericht die Liquidatoren auf ihren Antrag von der Verpflichtung des § 65 Abs. 2 befreien. Voraussetzung hierfür ist die Glaubhaftmachung, daß die Kosten der Bekanntmachung durch das Reinvermögen der Gesellschaft nicht gedeckt sind. Vgl. über den Beginn des Sperrjahres in diesem Falle Anm. 4 zu § 73.

Anm. 12. b) Die Aufforderung ist dreimal in den im § 30 Abs. 2 bezeichneten Blättern (Anm. 16 zu § 30) zu publizieren. In welchen Zwischenräumen die Publikation zu erfolgen hat, ist nicht gesagt. Sie kann also auch an drei hintereinanderfolgenden Tagen erfolgen. Auch die Publikation in der Morgen- und in der Abendnummer einer Zeitung ist eine zweimalige Publikation.

Anm. 13. c) Nur die öffentliche Aufforderung an die Gläubiger ist erforderlich. Eine private Aufforderung an die bekannten Gläubiger, wie sie bei der Herabsetzung des Stammkapitals gefordert wird (§ 58 Nr. 1), findet nicht statt. Sie ist hier nicht nötig. Den bekannten Gläubigern sind, auch ohne daß sie sich melden, ihre Forderungen zu bezahlen oder zu hinterlegen (§ 73 Abs. 2). Anders bei der Herabsetzung (§ 58 Nr. 2).

Anm. 14. d) Ein Ordnungsstrafrecht zur Erzwingung dieser Verpflichtung besteht nicht. Auch § 14 HGB. enthält ein solches nicht. (Anders § 88 Abs. 3 österr. Ges.) Die Folge der unterlassenen Publikation ist, daß die Verteilung nicht, die Folge der verspäteten Publikation, daß sie erst später erfolgen kann (§ 73 Abs. 1). Für die Verspätung oder Unterlassung haften die Liquidatoren jedenfalls der Gesellschaft nach §§ 42, 69, desgleichen der Aufsichtsrat, der die Liquidatoren nicht zur Erfüllung ihrer Verpflichtungen anhielt (§ 52 des Gesetzes, § 249 HGB; RG. 23. 8. 20 RJA. 17, 100). Den Gesellschaftern steht ein Anspruch auf Schadensersatz (z. B. wegen entgangener Zinsen) gegen die Liquidatoren nicht zu. Es fehlt an einem Rechtsverhältnisse zwischen den Liquidatoren und den einzelnen Gesellschaftern. Die Gesellschafter können ihre Interessen durch Beschlüsse als Organ der Gesellschaft wahren.

Anm. 15. 4. **Das Erlöschen der Firma** ist nach Beendigung der Liquidation anzumelden (§ 31 HGB.; KG. 2. 1. 08 OLGR. 19, 376; KGJ. 35A, 189).

§ 66.

§ 66.

In den Fällen der Auflösung außer dem Falle des Konkursverfahrens erfolgt die Liquidation durch die Geschäftsführer, wenn nicht dieselbe durch den Gesellschaftsvertrag oder durch Beschluß der Gesellschafter anderen Personen übertragen wird.

Auf Antrag von Gesellschaftern, deren Geschäftsanteile zusammen mindestens dem zehnten Teile des Stammkapitals entsprechen, kann aus wichtigen Gründen die Bestellung von Liquidatoren durch das Gericht (§ 7 Absatz 1) erfolgen.

Die Abberufung von Liquidatoren kann durch das Gericht unter derselben Voraussetzung wie die Bestellung stattfinden. Liquidatoren, welche nicht vom Gericht ernannt sind, können auch durch Beschluß der Gesellschafter vor Ablauf des Zeitraums, für welchen sie bestellt sind, abberufen werden.

Anm. 1. 1. (Abs. 1.) **In erster Linie hat als Liquidator der Geschäftsführer zu fungieren.** Dieser ist vom Gesetz berufen. Enthält der Gesellschaftsvertrag keine Bestimmung über die Person der Liquidatoren, bestimmt auch die Generalversammlung hierüber nichts, so wird der Geschäftsführer ohne weiteres zum Liquidator. Er bleibt Vertreter der Gesellschaft, nur mit eingeschränkten Vertretungsbefugnissen (§ 70). Im Zweifel ist anzunehmen, daß er sein Gehalt als Geschäftsführer auch als Liquidator bezieht. **§ 66.**

2. **Der Gesellschaftsvertrag kann hierüber anderes bestimmen** (Abs. 1). Der Gesellschaftsvertrag muß bestimmte andere Personen benennen. Eine dieser Bestimmtheit ermangelnde Vorschrift der Statuten wäre unwirksam. Sie würde die gesetzliche Vorschrift, daß der Geschäftsführer zum Liquidator wird, nicht ausschließen. Es genügt jedoch, daß ein Zweifel nicht übrigbleibt. So wenn die Statuten den jeweiligen Bischof von Breslau oder den jeweiligen Syndikus einer bestimmten Bank oder den jeweiligen Vorsitzenden des Vorstandes einer bestimmten Anwaltskammer bezeichnen. Unzulässig wäre es, wenn das Ernennungsrecht einer anderen Person oder einem Kollegium, etwa dem Aufsichtsrat, übertragen würde (zust. KG. 22. 8. 21 OLGR. 42, 227; OLG. Hamburg 4. 12. 12 KJG. 45, 330). Ein Kooptationsrecht kann der Gesellschaftsvertrag den Liquidatoren nicht einräumen. Sind im Gesellschaftsvertrag mehrere Liquidatoren vorgesehen, so sind sie im Zweifel nur gemeinsam vertretungsberechtigt (§ 68). Lehnt einer von ihnen die Annahme des Amts ab und trifft der Gesellschaftsvertrag für diesen Fall nicht anderweitige Vorsorge, so entsteht die Frage, ob die Bestimmung hinfällig wird oder nicht. Soll die Vertretung durch zwei Liquidatoren genügen, so ist die Bestimmung solange aufrechtzuerhalten, als zwei der im Vertrage bezeichneten Liquidatoren vorhanden sind. Im übrigen kann die Bestimmung dadurch aufrechterhalten werden, daß die Gesellschafterversammlung für die ablehnenden oder später ausfallenden Liquidatoren Ersatzmänner bestellt (vgl. unten Anm. 3). Notfalls müssen solche Ersatzmänner auf Grund des § 29 BGB. vom Gericht bestellt werden (vgl. unten Anm. 12). Auf diese Weise die Bestimmung des Gesellschaftsvertrages aufrechtzuerhalten, wird meist dessen Sinn mehr entsprechen, als die Bestimmung in ihrem ganzen Umfang hinfällig werden zu lassen. Über die Abänderung der Satzungsvorschriften betreffs der Liquidatoren nach Auflösung der Gesellschaft vgl. Marcus bei Holdheim 17, 27 und Anm. 38 zu § 69. **Anm. 2.**

3. **Durch Beschluß der Gesellschafter kann die Liquidation anderen Personen übertragen werden.** Ob der Geschäftsführer durch den Dienstvertrag auf Jahre hinaus angestellt ist, ist gleichgültig. Ebenso ob ein wichtiger Grund vorliegt, den Geschäftsführer nicht als Liquidator zu belassen. Aber auch der Gesellschafterbeschluß beseitigt die gesetzliche Berufung des Geschäftsführers zum Liquidator nur, wenn er die Liquidation einer anderen Person überträgt. Er muß eine Person entweder dem Namen nach oder sonst so bestimmt bezeichnen, daß ein Zweifel nicht übrigbleibt (vgl. Anm. 2). Unzulässig ist die Übertragung der Bestellung des Liquidators durch den Gesellschafterbeschluß auf eine andere Person oder ein Kollegium, etwa den Aufsichtsrat (oben Anm. 2). Lehnt einer von zwei gemeinsam bestellten Liquidatoren die Annahme des Amtes ab, so ist der verbleibende Liquidator nicht allein zur Vertretung berechtigt. Der Gesellschafterbeschluß wird aber hierdurch nicht hinfällig (a. M. OLG. Rostock 3. 2. 25 ZfH. § 295 Abs. 2 u. 3 Nr. 3). Er kann durch Bestellung eines Ersatzmannes ergänzt werden, sei es durch einen zweiten Gesellschafterbeschluß, sei es durch richterliche Ernennung gemäß § 29 BGB. (vgl. unten Anm. 12). **Anm. 3.**

Der Beschluß erfolgt unter den allgemeinen Voraussetzungen von Gesellschafterbeschlüssen (§§ 45ff.). Im Gesellschaftsvertrage kann eine qualifizierte Mehrheit vorgeschrieben werden. Man will die Ernennung anderer Liquidatoren statt der Geschäftsführer erschweren. Stets muß es ein Beschluß der Gesellschafter sein. Andere Personen dürfen nicht mitstimmen (Anm. 4 zu § 47). Gerichtliche oder notarielle Beurkundung ist nicht erforderlich.

4. **Auch die Bestimmung des Gesellschaftsvertrages über die Person des Liquidators tritt dann nicht in Kraft, wenn der Gesellschafterbeschluß eine andere Person als Liquidator bezeichnet.** Dies ist bestritten von Neukamp-Becker Anm. 2 und **Anm. 4.**

§ 66. Förtsch Anm. 2. Aber hier sowie im Aktienrecht (Staub-Pinner HGB. Anm. 2 zu § 295), muß die erstere Ansicht für zutreffend erachtet werden. Die Gesellschafter haben ja nach Abs. 3 das jederzeitige Abberufungsrecht. Warum sollten sie also den durch den Gesellschaftsvertrag bestellten Liquidator nicht sofort abberufen oder — was dasselbe bedeutet — nicht sofort bestimmen können, daß er seine Funktionen überhaupt nicht anzutreten habe? (Vgl. auch BayersZ. 18, 14 und Marcus bei Holdheim 10, 291.) In dem Ernennungsbeschluß liegt keine Statutenänderung. Einfache Stimmenmehrheit genügt (vgl. oben Anm. 3).

Anm. 5. **5. Die richterliche Ernennung von Liquidatoren.**

a) Der Antrag muß an das Gericht des Sitzortes gerichtet werden (§ 7 Abs. 1). Antragsteller sind Gesellschafter, deren Geschäftsanteile zusammen mindestens dem 10. Teil des Stammkapitals entsprechen (vgl. hierüber Anm. 1 zu § 61). Dem Aufsichtsrat ist hier das Recht zu diesem Antrag nicht gegeben (anders im § 295 HGB.). Aber auch das Statut kann dies nicht. Es handelt sich um dispositives Recht (zust. KG. a. a. O.). Aus dem gleichen Grunde kann der Gesellschaftsvertrag das Antragsrecht auch nicht an einen größeren oder geringeren Besitz von Geschäftsanteilen knüpfen. Brodmann (Anm. 2) und Neukamp-Becker (Anm. 3) lehnen eine Beschränkung des Antragsrechts auf einen größeren Anteilbesitz ab, lassen aber die Erweiterung des Rechts zugunsten eines geringeren Anteilbesitzes zu. Dabei wird übersehen, daß der Antrag eine Verwaltungsentscheidung des Gerichts auslösen soll. Diese ist nur unter den gesetzlichen Voraussetzungen zu erlangen (vgl. den Unterschied zu § 61 Anm. 1). Die Unentziehbarkeit des Antragsrechts schließt nicht aus, daß es bei einer Verpfändung des Geschäftsanteils durch besondere Abrede auf den Pfandgläubiger mitübertragen wird und bei einer Nießbrauchsbestellung auf den Nießbraucher übergeht. Das KG. (28. 11. 13 RJA. 13, 232) lehnt diese Auffassung für die Verpfändung ab, weil das Antragsrecht nach der Absicht des Gesetzes mit der Gesellschaftereigenschaft untrennbar verbunden sei. Diese Schlußfolgerung ist aber aus der zwingenden Natur des § 66 Abs. 2 u. 3 nicht zu ziehen. Die Ausübung des Rechts durch einen Nichtgesellschafter kann hier ebensowenig wie bei der Übertragung des Stimmrechts auf den Pfandgläubiger dem Wesen des Gesellschaftsrechts widersprechen (Brodmann a. M. für die Verpfändung, zustimmend für Nießbrauch Anm. 2 zu § 66). Die Machtbefugnis des Richters, welche ihm im vorliegenden Paragraphen gegeben ist, sein Ernennungsrecht richtet sich gegen jede Art von Liquidatoren, sie mögen durch das Gesetz berufen sein oder durch Gesellschafterbeschluß oder durch den Gesellschaftsvertrag ernannt sein. Zuständig ist das Amtsgericht, nicht das Prozeßgericht (OLG. Dresden 26. 8. 07 ZBlFG. 8, 337; KG. 29. 6. 11 BayersZ. 19, 40, KGBl. 11, 99). Das Verfahren richtet sich nach §§ 145, 146, 148 FGG. Der Antrag wird an das Gericht gestellt. Er geschieht schriftlich oder zu Protokoll des Gerichtsschreibers (§ 11 FGG.). Als Gegner ist jedenfalls die Gesellschaft zu hören, wenn sie gesetzliche Vertreter hat. Andernfalls ist die Anhörung der Gesellschaft nicht tunlich. Sie kann unterbleiben (a. M. Holdheim 22, 301: hiernach soll der Gesellschaft nach § 29 BGB. ein Interimsvertreter bestellt werden, damit die Anhörung der Gesellschaft ermöglicht ist). Auch die anderen Gesellschafter zu hören, gegen deren Widerspruch der Antrag gestellt wird, ist nicht erfordert (KG. 30. 9. 10 RJA. 11, 30; vgl. für das Aktienrecht KG. in ZBlFG. 5, 92). Über Beschwerden vgl. unten Anm. 9. Den Gläubigern der Gesellschaft steht das Recht, die Bestellung eines Liquidators zu beantragen, nicht zu, solange ein Liquidator vorhanden ist (KG. 22. 5. 14 RJA. 14, 149; vgl. aber unten Anm. 12). Ein Antragsrecht auf gerichtliche Abberufung des Liquidators haben die Gläubiger niemals.

Anm. 6. b) Die Gründe müssen wichtig sein. Eine Liquidation durch diejenigen Personen, welche vom Gesellschaftsvertrage oder von der Gesellschafterversammlung oder durch das Gesetz zu Liquidatoren bestellt sind, muß für die Gesellschaft nachteilig erscheinen. Dies muß glaubhaft gemacht werden. Das Amtsgericht kann darüber Ermittelungen anstellen (§ 12 FGG.). Ein Verschulden der berufenen Liquidatoren ist nicht Voraussetzung des richterlichen Eingriffs. Auch in objektiven Verhältnissen kann ein wichtiger Grund zur Ernennung neuer Liquidatoren liegen, z. B. in einer Verfeindung einer Gesellschaftergruppe mit dem Liquidator oder in der Feindschaft zweier Gesellschaftergruppen, wenn einer von ihnen der Liquidator angehört oder nahesteht. Auch begründetes Mißtrauen gegen die Geschäftsführung des Liquidators genügt (BayObLG. 25. 10. 24 ZfH. § 295 Abs. 3 Nr. 1; 10. 12. 12 OLGR. 27, 390). **§ 66.**

c) Das Gericht kann dem Antrage stattgeben. Es liegt in seinem Ermessen. Aber wenn die Sachlage dazu angetan ist, so muß es dem Antrage entsprechen. Seine Entscheidung unterliegt sonst der Beschwerde. Bei der Auswahl der Person des zu bestellenden Liquidators ist das Gericht an Anträge der Parteien nicht gebunden. Es kann auch einen den Antragstellern nicht genehmen Liquidator bestellen. Nur eine unparteiische Persönlichkeit muß ausgewählt werden (vgl. BayObLG. 7. 2. 25 JFG. 2, 183). Die Bestellung der Liquidatoren kann schon vor Eintritt der Liquidation erfolgen. Wie die Gesellschafter in einem Auflösungsbeschluß, der erst auf einen späteren Termin wirksam werden soll, Liquidatoren bestimmen können, muß auch die gerichtliche Bestellung der Liquidatoren vor der Auflösung der Gesellschaft statthaft sein. Ihre Eintragung im Handelsregister erfolgt aber erst nach der Auflösung der Gesellschaft. Vorher steht den Liquidatoren auch keine Vertretungs- oder Geschäftsführungsbefugnis zu (vgl. KG. 24. 3. 16 RJA. 15, 121 für die offHG.). **Anm. 7.**

Gibt das Gericht dem Antrage statt, so kann es gleichzeitig darüber Bestimmung treffen, ob der Ernannte Kollektivvertretungsbefugnis oder Einzelbefugnis haben soll (§ 68 Abs. 1). Trifft es darüber keine Bestimmung, so besteht Kollektivbefugnis (§ 68 Abs. 1 Satz 2). **Anm. 8.**

In jedem Falle, das Gericht mag dem Antrage stattgeben oder ihn verwerfen, findet gegen die Entscheidung des Amtsgerichts sofortige Beschwerde und weitere Beschwerde statt. Die letztere geht an das OLG., in Preußen an das KG. (vgl. § 28 FGG. und Art. 7 des preußischen Gesetzes über die freiwillige Gerichtsbarkeit). In Konfliktsfällen ist die Entscheidung dem RG. zu überlassen (§ 28 FGG.). Den bei dem Antrag nicht beteiligten Gesellschaftern steht gegen die Abberufung und gerichtliche Bestellung von Liquidatoren keine Beschwerde zu (Anm. 22 zu § 14; KG. 30. 9. 10 RJA. 11, 30; ebenso Holdheim 22, 301). **Anm. 9.**

d) Die Kosten der Liquidatoren sind auch bei richterlicher Ernennung durch die Gesellschaft zu tragen. Die ernannten Liquidatoren können ein angemessenes Honorar für sich beanspruchen und der Liquidationsmasse entnehmen. Die Liquidatoren stehen auch im Falle richterlicher Ernennung in einem Dienstverhältnisse zur Gesellschaft. Der Vertrag ist zustande gekommen durch die Entscheidung des Richters einerseits, die Annahme des Amtes durch den Liquidator andererseits. Die erstere ergänzt die Anstellungserklärung der Gesellschaft, ähnlich wie ein richterliches Erkenntnis gemäß § 894 ZPO. **Anm. 10.**

e) Auch das Amt des richterlich ernannten Liquidators beginnt mit der Ernennung, nicht erst mit der Eintragung. Über die Eintragung siehe § 67 Abs. 3. **Anm. 11.**

6. **In dringenden Fällen kann auf Antrag jedes Beteiligten das Amtsgericht einen Liquidator bestellen,** wenn ein solcher nicht vorhanden ist oder die genügende zur Vertretung berechtigte Anzahl der Liquidatoren fehlt. Der gerichtlich bestellte Liquidator amtiert bis zur Behebung dieses Mangels. Gläubiger, Schuldner, einzelne Gesellschafter können von diesem Rechte Gebrauch machen. Das Recht beruht auf §§ 29, 48 BGB. Sie gelten auch hier (KG. 2. 12. 01 KGJ. 23A, 105 und RJA. 3, 25, und KG. 8. 5. 03 OLGR. 7, 152; KG. 15. 5. 14 RJA. 14, 59; OLG. Hamburg 21. 3. 16 OLGR. 34, 364; vgl. Allgemeine Einleitung Anm. 2 u. 3). Das Amt des so ernannten Liquidators beginnt ebenfalls mit der Ernennung. Für seine Eintragung gilt § 67 Abs. 3 **Anm. 12.**

§ 66. analog. Sie muß von Amts wegen erfolgen. Ein Recht, die von ihm ernannten Personen zur Annahme des Liquidatorpostens zu zwingen, hat der Richter nicht. Er kann auch eine vertragsmäßige Pflicht nicht zur Durchführung bringen (KG. 8. 4. 07 RJA. 8, 267; 13. 6. 13 RJA. 13, 112).

Anm. 13. 7. (Abs. 3.) **Die Abberufung von Liquidatoren.** Sie erfolgt durch Gesellschafterbeschluß oder durch den Richter. Dem Aufsichtsrat steht sie nicht zu.

a) Durch den Beschluß der Gesellschafter kann jeder Liquidator abberufen werden, nur nicht der vom Richter bestellte. Ein Recht, die Liquidation durchzuführen, hat auch der durch die Gesellschafter oder im Gesellschaftsvertrag bezeichnete Liquidator nicht. Ein solches kann ihm auch durch Gesellschaftsvertrag nicht gegeben werden. Die Ansprüche aus bestehenden Dienstverträgen sind ihm vorbehalten. Die Gesellschafter als Beschlußorgan haben das Recht, diese Liquidatoren abzuberufen. Davon können sie ohne Grund Gebrauch machen. Dann hat die Gesellschaft die Liquidatoren zu entschädigen. Eine Beschränkung aus wichtigen Gründen (§ 38 Abs. 2) kann durch Gesellschaftsvertrag hier nicht festgesetzt werden. Der Beschluß auf Abberufung folgt allgemeinen Regeln. Eine besondere Form ist von Gesetzes wegen nicht erforderlich (§§ 45ff.). Doch dürfen nur Gesellschafter mitstimmen (Anm. 4 zu § 47). Ob der abzuberufende Liquidator, wenn er Gesellschafter ist, mitstimmen kann, darüber siehe Anm. 23 zu § 47 (bejahend KG. 23. 4. 25 LZ. 1925, 1166).

Anm. 14. Der Gesellschafterbeschluß hat aber nicht die Macht, den vom Richter bestellten Liquidator abzusetzen. Auch nicht, wenn der Beschluß einstimmig gefaßt wird. Ausdrücklich bestimmt ist dies in § 89 Abs. 3 österr. Ges.

Anm. 15. b) Auch der Richter hat ein Abberufungsrecht. Die Voraussetzungen sind die gleichen wie bei dem Ernennungsrecht. Das Nähere über einen solchen Antrag und die Entscheidung darüber usw. siehe oben Anm. 5ff. Den Gläubigern der Gesellschaft steht das Antragsrecht niemals zu. Das richterliche Abberufungsrecht umfaßt nicht die Befugnis, die Liquidatoren zur Erfüllung ihrer mit der Abberufung erwachsenden Verpflichtungen anzuhalten. Rechnungslegung, Herausgabe der Geschäftsbücher u. dgl. können nur die neubestellten Liquidatoren gegenüber den abberufenen fordern (vgl. KG. 1. 5. 14, RJA. 14, 57; vgl. Anm. 9 zu § 71).

Das richterliche Abberufungsrecht richtet sich gegen jeden Liquidator, gleichviel worauf seine Berufung beruht, dieselbe mag auf Statut, auf Gesellschafterbeschluß oder auf richterlicher Ernennung beruhen (KG. 14. 6. 18 RJA. 16, 72). Aus der Begründetheit der Abberufung folgt noch nicht, daß auch die Voraussetzungen der Bestellung eines anderen Liquidators gegeben sind. Sie greift nur dann ein, wenn die Beschaffenheit der Gesellschaft hierzu Raum bietet (Marcus bei Holdheim 11, 322).

Ein Liquidator kann durch das Gericht im Wege einstweiliger Verfügung abberufen werden (Marcus bei Holdheim 15, 299 in analoger Anwendung der Bestimmungen der ZPO. auf das Verfahren der freiwilligen Gerichtsbarkeit. Dagegen OLG. Dresden SeuffArch. 63, 46 unter Ablehnung der entsprechenden Anwendung der ZPO. Die erstere Meinung verdient im Hinblick auf die praktischen Bedürfnisse den Vorzug).

Anm. 16. c) Der Aufsichtsrat hat kein Abberufungsrecht. Auch eine Delegation des Abberufungsrechts an den Aufsichtsrat durch Gesellschafterbeschluß oder durch Statut ist nicht zulässig (unten Anm. 17).

Anm. 17. 8. **Die Bestimmungen des vorliegenden Paragraphen sind zwingender Natur.** Der Gesellschaftsvertrag kann das Recht weder erweitern noch beschränken. So kann der Gesellschaftsvertrag nicht bestimmen, daß das Ernennungsrecht oder das Abberufungsrecht auch dem Aufsichtsrat oder sonstigen anderen Personen zustehen soll. Es kann auch nicht bestimmt werden, daß auch eine geringere oder eine größere Minderheit das Recht der Antragstellung aus Abs. 2 haben soll. Es kann auch nicht bestimmt werden, daß etwa eine Minderheit das Recht der Abberufung aus Abs. 3 haben soll (vgl. oben Anm. 5).

Zusatz 1. Die persönlichen Verhältnisse des Liquidators zur Gesellschaft sind die gleichen wie die der Geschäftsführer, vgl. Anm. 34—72 zu § 35. Über die Zahl der Liquidatoren, über ihre Fähigkeiten, über ihre Dienstverhältnisse usw. gilt das gleiche, wie das, was dort hinsichtlich der Geschäftsführer ausgeführt ist. Liquidator kann hiernach sein, wer Geschäftsführer sein kann. Wenn aber als Geschäftsführer nur physische Personen zuzulassen sind, so kann für den beschränkten Aufgabenkreis des Liquidatorenamts gestattet werden, auch juristische Personen als Liquidatoren zu bestellen (OLG. Karlsruhe 14. 4. 25 JW. 1925 S. 2017 u. 2338). **§ 66.** **Anm. 18.**

Wenn der Geschäftsführer Liquidator wird, so ändert sich dadurch allein sein Dienstvertrag nicht (RG. 24, 70). Es bleibt ihm sein Konkurs-Vorrecht für sein Gehalt (Anm. 67 zu § 35; a. M. LG. Frankfurt a. M. 1. 2. 12 BauersZ. 20, 14). Darüber, ob der Liquidator sein Amt auch niederlegen kann, siehe Anm. 10 und 11 zu § 38 (vgl. OLG. Hamm 10. 7. 17 RundschGmbH. 1917, 344; OLG. Karlsruhe 15. 12. 20 BadRpr. 23, 37). Die Niederlegung erfolgt durch Erklärung gegenüber den Gesellschaftern. Sie wird wirksam, wenn sie diesen zugeht. Nach Niederlegung des Amts ist der Liquidator nicht mehr befugt, seine Löschung im Handelsregister zu beantragen. Das ist Sache des neuen Liquidators (a. M. OLG. Hamm 10. 7. 17 RundschGmbH. 1917, 344). Wird ein neuer Liquidator von den Gesellschaftern nicht bestellt, so kann der alte Liquidator die gerichtliche Bestellung nach § 29 BGB. beantragen und alsdann die Gesellschaft auf Bewirkung seiner Löschung verklagen (OLG. Hamburg 21. 3. 16 OLGR. 34, 364; vgl. auch Anm. 2 zu § 39 u. Anm. 4 zu § 67). Eine Übertragung der Stellung des Liquidators und der Machtbefugnisse desselben auf einen Dritten ist unwirksam (KG. 29. 1. 09 RJA. 10, 49). Die Entlassung aus wichtigen Gründen findet hier in gleicher Weise statt. Nur tritt hier neben die Abberufung durch den Beschluß der Gesellschafter auch die durch das Gericht (oben Anm. 13).

Zusatz 2. Im Falle des Konkurses tritt keine Liquidation ein (Abs. 1 § 66 und § 60). Der Konkursverwalter übernimmt die Aufgabe, das Vermögen zu versilbern und die Gläubiger, soweit die Masse reicht, zu befriedigen. Die Gesellschaft ist Gemeinschuldner. Ihre Organe bestehen fort. Hat sie keinen Geschäftsführer, so ist ein solcher zu bestellen, notfalls durch das Amtsgericht gemäß § 29 BGB. Näheres vgl. Anm. 10 zu § 63. **Anm. 19.**

Wird aber der Konkurs beendet, so tritt die Gesellschaft in Liquidation (vgl. Anm. 20ff. zu § 63). **Anm. 20.**

Zusatz 3. Ausländisches Recht. Das österreichische Gesetz (§ 89) ist dem deutschen Recht nachgebildet. Auch der Aufsichtsrat hat ein Antragsrecht auf gerichtliche Bestellung und Abberufung von Liquidatoren. Im französischen Recht unterliegt die Auflösung durch Richterspruch (dissolution judiciaire; vgl. Anm. 34 zu § 60) einer besonderen Regelung. Die Liquidatoren werden vom Gericht bestellt. Sie sind nicht den Anweisungen der Gesellschafterversammlung unterworfen. Im Gegensatz zu diesem liquidateur judiciaire gleicht die Stellung des liquidateur amiable hinsichtlich Ernennung, Abberufung und Geschäftsführung der des Liquidators der deutschen GmbH. **Anm. 21.**

§ 67.

§ 67.

Die ersten Liquidatoren sind durch die Geschäftsführer, jede Änderung in den Personen der Liquidatoren sowie eine Beendigung ihrer Vertretungsbefugnis ist durch die Liquidatoren zur Eintragung in das Handelsregister anzumelden.

Der Anmeldung ist eine Abschrift der Urkunden über die Bestellung der Liquidatoren oder über die Änderung in den Personen derselben beizufügen. Diese Vorschrift findet auf die Anmeldung zum Handelsregister einer Zweigniederlassung keine Anwendung.

§ 67. Die Eintragung der gerichtlichen Ernennung oder Abberufung von Liquidatoren geschieht von Amts wegen.

Die Liquidatoren haben ihre Unterschrift zur Aufbewahrung bei dem Gerichte zu zeichnen.

Anm. 1. 1. **Die Personen der Liquidatoren sind anzumelden.** Das gilt für jeden Liquidator. Ausgenommen ist der gerichtlich bestellte. Zwar ist er ebenfalls in das Handelsregister einzutragen. Hier aber erfolgt die Eintragung von Amts wegen. Einer besonderen Anmeldung bedarf es nicht (Abs. 3). Alle anderen Liquidatoren sind zur Eintragung in das Handelsregister anzumelden. Das gilt für die von der Gesellschafterversammlung bestellten wie für die durch den Gesellschaftsvertrag ernannten, aber auch für die Geschäftsführer, wenn diese Liquidatoren werden (Anm. 1 zu § 66). Die Anmeldung hat ausnahmslos zu erfolgen. Auch daß sämtliche Geschäftsanteile in einer Hand sind und das Vermögen der Gesellschaft dem einzigen Gesellschafter schon ausgefolgt ist, befreit nicht (OLG. Karlsruhe ZBlFG. 4, 271 und Recht 1903, 531, 2744).

Anm. 2. Anzumelden ist jede Änderung in der Person der Liquidatoren und die Beendigung der Vertreterbefugnis. Durch die Anmeldung der Beendigung der Liquidation hört die Vertreterbefugnis nicht unbedingt auf. Sie besteht weiter, wenn noch Vermögen trotz der Veröffentlichung der Beendigung der Liquidation vorhanden ist (OLG. Hamburg 5. 7. 06 OLGR. 14, 369; vgl. Anm. 18 u. 19 zu § 74).

Anm. 3. Auch die Zeichnung der Unterschrift des Liquidators ist erforderlich (Abs. 4, unten Anm. 9). Auch die Art der Vertretungsbefugnis ist anzumelden, wenn nicht alle Liquidatoren kollektiv die Gesellschaft vertreten (vgl. § 68 Abs. 2).

Anm. 4. 2. **Die Verpflichtung zur Anmeldung** liegt für die ersten Liquidatoren „den Geschäftsführern" ob. Also anscheinend auch wenn sofort andere Personen als die bisherigen Geschäftsführer zu Liquidatoren bestellt sind. Dann endet zwar das Amt des Geschäftsführers mit dem Eintritt der Auflösung. Gleichwohl muß er den Liquidator anmelden. Das ist eine Anomalie. Die Anmeldungen erfolgen immer durch die jeweiligen gesetzlichen Vertreter. Die Vorschrift wäre oft nicht ausführbar. Die Geschäftsführer werden, nachdem ihre Beziehungen zur Gesellschaft gelöst sind, oft nicht geneigt sein, für die Gesellschaft freiwillig noch eine Anmeldung zu bewirken. Dazu gezwungen werden können sie nicht. Die Beziehungen sind gelöst. Gedacht hat das Gesetz wohl daran, daß die Geschäftsführer durch die Liquidation Liquidatoren werden (§ 66). In diesem Normalfalle findet ein Personenwechsel nicht statt. Wo er aber eintritt, da hat dies zur Folge, daß die Anmeldung der ersten Liquidatoren durch die nunmehrigen gesetzlichen Vertreter erfolgt. Die Auflösung selbst wird ja ebenfalls durch diese angemeldet (Anm. 1 zu § 65). Das Gesetz wollte in solchem Falle sicherlich nicht zwei gesonderte Anmeldungen, die der Liquidation und die der Liquidatoren (zust. Crüger-Crecelius Anm. 1; a. M. Brodmann Anm. 1). Die Verpflichtung wird erfüllt, wenn so viele Geschäftsführer oder Liquidatoren, als zur Vertretung der Gesellschaft erforderlich sind, die Anmeldung bewirken. Nichts steht entgegen, daß der bestellte Liquidator sich selbst anmeldet. Auch dann nicht, wenn neben ihm noch andere Liquidatoren fungieren. Nur muß er selbst alleinige Vertretungsbefugnis haben. Die Bedenken Neukamp-Beckers Anm. 1 stützen sich nur auf den Wortlaut des Gesetzes. Dieser ist aber nicht so zwingend, daß er zu einem unbrauchbaren Resultat nötigte. Bei einer vollständigen Änderung in der Person der Liquidatoren sind diejenigen Liquidatoren anmeldungspflichtig, welche durch die Änderung Liquidatoren werden (KGJ. 14, 27). Wenn also z. B. von zwei kollektivberechtigten Liquidatoren der eine durch den Tod ausscheidet und an seiner Stelle ein anderer bestellt wird, so haben nunmehr diese beiden, der bisherige und der neu bestellte, die Anmeldung gemeinschaftlich zu bewirken. Wenn durch Gesellschafterbeschluß der einzige Liquidator abberufen und ein anderer gewählt wird, so meldet der letztere sich selbst an. Wenn aber von zwei Liquidatoren, welche einzeln zur Vertretung legitimiert sind, der eine durch einen anderen ersetzt wird, so kann jeder von ihnen, der übriggebliebene und der neue Ersatzmann, die Anmeldung bewirken. Über den Fall, daß nach Niederlegung des Liquidatorenamts eine Neubestellung unterbleibt, vgl. Anm. 18 zu § 66. Nur bei Beendigung der Liquidation haben die letzten Liquidatoren auch die Beendigung ihres Amts zum Handelsregister anzumelden (Anm. 13 zu § 74). Die Anmeldung der Beendigung der Liquidation und des Erlöschens der Firma schließt die Niederlegung des Liquidatorenamts in sich (RFH. 16. 12. 22 E. 12, 16; a. M. RG. 6. 1. 25 RGZ. 109, 388; vgl. aber Anm. 18 zu § 74). § 67.

3. **Die Anmeldung erfolgt** persönlich bei Gericht oder durch notariell oder gerichtlich beglaubigte Erklärung (§ 12 HGB.). Beizufügen ist eine Abschrift der Urkunde über die Bestellung der Liquidatoren oder über die Änderung in den Personen. Eine beglaubigte Abschrift ist also nicht erfordert (anders nach § 296 HGB. für die Aktiengesellschaften). Der Registerrichter darf aber über die Richtigkeit der Urkunden (§ 12 FGG.) Ermittelungen anstellen. Oft wird übrigens weniger, oft auch mehr als eine Abschrift der Urkunde erfordert werden müssen. Weniger dann, wenn eine besondere Urkunde überhaupt nicht vorliegt. Der Gesellschaftsvertrag enthält schon die Bestellung. Oder der Geschäftsführer wird ohne weiteres Liquidator. Es kann eine Änderung eintreten, ohne daß überhaupt eine Urkunde vorliegt, z. B. wenn der Liquidator verschwunden ist oder mündlich sein Amt niedergelegt hat. In solchen Fällen wird die Anmeldung genügen. Es bleibt dem Registerrichter überlassen, die ihm geeignet erscheinenden Ermittelungen gemäß § 12 FGG. anzustellen. Mehr als eine einfache Abschrift wird man verlangen können, wenn die Tatsache öffentlich beurkundet zu werden pflegt. Stirbt der Liquidator, so kann eine Sterbeurkunde beigebracht werden oder eine beglaubigte Abschrift derselben. Doch kann dem Registerrichter auch die Versicherung des Anmeldenden genügen. Anm. 5.

4. **Die Anmeldung erfolgt** zum Gerichte des Hauptsitzes und zum Gerichte der Zweigniederlassung. Zu diesem letzteren sind die Abschriften der Urkunden nicht einzureichen (§ 67 Abs. 2). Hier genügt die Eintragung am Hauptsitze. Bei der Eintragung der gerichtlich bestellten Liquidatoren muß der Registerrichter das Gericht am Zweigsitze um Eintragung ersuchen. Anm. 6.

5. **Der Zwang zur Anmeldung** richtet sich nach § 14 HGB. Er erfolgt durch Ordnungsstrafen. Anm. 7.

6. **Ohne Anmeldung eingetragen werden die gerichtlich bestellten Liquidatoren.** (Abs. 3.) Auch beim Zweigregister (siehe Anm. 6). Anm. 8.

7. **Außer der Anmeldung erfolgt auch noch die Zeichnung der Unterschriften.** Die Liquidatoren haben auch noch ihre Unterschrift zur Aufbewahrung bei dem Gerichte zu zeichnen. Gemeint ist ihre persönliche Unterschrift, nicht die Firma. Diese Zeichnung liegt allen Liquidatoren ob. Wenn also nur einzelne Liquidatoren vermöge ihrer Vertretungsbefugnis die Anmeldung bewirken, so muß doch dieser Anmeldung die Zeichnung der Unterschriften aller Liquidatoren beigefügt werden. Auch diejenigen Liquidatoren sind davon nicht ausgenommen, deren Unterschrift sich schon bei den Registerakten befindet, also wenn die Geschäftsführer ohne weiteres Liquidatoren werden (Motive I 112; a. M. Crüger-Crecelius Anm. 1). Auch die richterlich bestellten müssen die Zeichnung einreichen. Sie sind nach § 14 HGB. dazu anzuhalten. Die Zeichnung muß auch dem Gericht der Zweigniederlassung eingereicht werden (§ 13 HGB.). Anm. 9.

8. **Nach der Anmeldung muß die Person der Liquidatoren** in das Handelsregister eingetragen werden, auch wenn die Geschäftsführer ohne weiteres Liquidatoren werden. Die Person der Liquidatoren muß auch veröffentlicht werden (§ 10 HGB.). Das gleiche gilt, wenn irgendeine Veränderung in der Person der Liquidatoren zum Handelsregister angemeldet ist. Anm. 10.

§ 67. **Zusatz. Bedeutung der Eintragung.** Das Amt des Liquidators datiert von der Be-
Anm. 11. stellung, nicht erst von der Eintragung (RG. bei Holdheim 13, 186). Das gilt auch von dem richterlich bestellten. In dem Falle, wo der Geschäftsführer ohne weiteres Liquidator wird, datiert sein Amt in der veränderten Gestalt von dem Moment der Auflösung. Die Eintragung in Verbindung mit der Veröffentlichung bewirkt aber, daß die eingetragene Tatsache jedem entgegengehalten werden kann (§ 15 HGB.). Die Abberufung eines eingetragenen Liquidators kann einem Dritten nur entgegengehalten werden, wenn dieser die Abberufung kannte. Ist die Auflösung eingetragen, nicht aber die ernannten Liquidatoren, so darf jeder gutgläubige Dritte den Geschäftsführer als den Liquidator betrachten. Vgl. auch Anm. 7a zu § 60.

§ 68.

§ 68.

Die Liquidatoren haben in der bei ihrer Bestellung bestimmten Form ihre Willenserklärungen kundzugeben und für die Gesellschaft zu zeichnen. Ist nichts darüber bestimmt, so muß die Erklärung und Zeichnung durch sämtliche Liquidatoren erfolgen.

Die Bestimmung ist mit der Bestellung der Liquidatoren zur Eintragung in das Handelsregister anzumelden.

Die Zeichnungen geschehen in der Weise, daß die Liquidatoren der bisherigen, nunmehr als Liquidationsfirma zu bezeichnenden Firma ihre Namensunterschrift beifügen.

Anm. 1. 1. (Abs. 1.) **Unter „Form" der Willenserklärung ist die Einzelvertretungsbefugnis und Kollektivvertretungsbefugnis zu verstehen.** Der Ausdruck „Form" ist hier ebensowenig glücklich gewählt, wie im § 35.

Anm. 2. Die Liquidatoren haben Gesamtvertretungsbefugnis (Abs. 1). Etwas anderes kann bei ihrer Bestellung bestimmt sein. Etwas anderes gilt auch dann, wenn der Gesellschaftsvertrag dies anordnet. Er kann den Liquidatoren Einzelvertretungsbefugnis geben. Er kann vorsehen, daß bei einer Mehrzahl von Liquidatoren immer zwei von ihnen die Gesellschaft gemeinschaftlich vertreten. Doch muß der Gesellschaftsvertrag für die Liquidatoren eine solche vom Gesetz abweichende Bestimmung treffen. Eine nur auf die Geschäftsführer bezügliche Vorschrift gilt nicht ohne weiteres für die Liquidatoren. Der Fortfall eines Liquidators verschafft den übrigbleibenden keine Einzelvertretung (OLG. Kolmar 3. 7. 07 ElsLothrZeitschr. 07, 545), es sei denn, daß der Gesellschaftsvertrag dies vorsah (vgl. auch Anm. 2 u. 3 § 66 und OLGRostock 3. 2. 25 JFG. 2, 231).

Anm. 3. Auch die Bestellung kann von der Gesamtvertretung absehen. Die Bestellung umfaßt den richterlichen Befehl und den Gesellschafterbeschluß. Die Bestimmung bei der Bestellung kann vom Gesetze abweichen. Aber auch vom Gesellschaftsvertrage. Sowohl der Richter als die Gesellschafter als Beschlußorgan haben das Recht, einen durch Gesetz oder Statut bestellten Liquidator gänzlich abzuberufen. Sie haben daher auch das Recht, dem von ihnen bestellten Liquidator eine vom Gesetze oder vom Gesellschaftsvertrage abweichende Vertretungsbefugnis zu verleihen.

Anm. 4. Man muß endlich auch über den Gesetzestext hinausgehen. Durch richterliche Verfügung oder durch Gesellschafterbeschluß kann nicht bloß bei der Bestellung eine von der Kollektivvertretung abweichende Bestimmung getroffen werden. Es kann durch diese Akte auch die Vertretungsbefugnis des irgendwie berufenen oder bestellten Liquidators abgeändert werden. Diese Maßregel ist gegenüber dem Akte der Bestellung mit einer vom Gesetze abweichenden Vertretungsbefugnis und gegenüber dem Akte der Abberufung das Geringere. Die Vertretungsbefugnis des vom Richter bestellten Liquidators kann die Gesellschafterversammlung nicht ändern (§ 66 Abs. 3). Wohl aber kann der Richter die

Anordnungen des Gesellschafterbeschlusses oder des Gesellschaftsvertrages über die Vertretungsbefugnis des Liquidators beseitigen (Liebmann Anm. 4 und Neukamp-Becker Anm. 2). Der Richter kann die Personen abberufen, die der Gesellschaftsvertrag zu Liquidatoren bestimmte. Daher ist er auch zu der geringeren Maßnahme der Änderung ihrer Befugnisse berechtigt. **§ 68.**

2. (Abs. 3.) Die Zeichnung geschieht durch Zeichnung der bisherigen Firma. Sie ist jetzt Liquidationsfirma. Ihr ist die persönliche Namensunterschrift beizufügen. **Anm. 5.**

a) Die Vorschrift ist keine Bedingung der Rechtsgültigkeit. Es genügt, daß die Liquidatoren in unzweideutiger Weise für die Gesellschaft handeln. Die Gesellschaft wird alsdann verpflichtet. Das Gesetz gibt eine Ordnungsvorschrift. Die Nichtbeachtung kann die Liquidatoren schadensersatzpflichtig machen. So wenn der andere Kontrahent mit Erfolg das Entstehen einer Rechtsbeziehung zur Gesellschaft bestreitet. Auch für Formalakte gelten keine strengeren Vorschriften. Auch Mietsverträge werden gültig durch die Unterschrift nur mit dem Namen des Liquidators. Es muß nur aus ihrem Inhalte hervorgehen, daß sie für die Gesellschaft geschlossen werden. Der Vorschrift des § 126 BGB. ist genügt. Bei Wechselerklärungen muß die Firma unterschrieben werden. Ist dies geschehen, so ist die Wechselerklärung gültig. Der Liquidationszusatz oder der Name des Liquidators oder beides kann fehlen (vgl. auch Anm. 30 zu § 35). Die Weglassung des Zusatzes kann dritte Kontrahenten über die Auflösung der Gesellschaft und damit über die Beschränkung der Vertretungsmacht der Liquidatoren täuschen. Das kann absichtlich oder unabsichtlich geschehen. Die Liquidatoren sind für den Mangel dieser Vertretung haftbar. Der Annahme einer culpa in contrahendo (Neukamp-Becker Anm. 5) bedarf es nicht.

b) Der Zusatz in Liquidation zeigt dem Dritten an, daß die Gesellschaft in Liquidation getreten ist. Der Dritte darf daher die Gesellschaft nicht mehr als bestehend erachten. Auf die Eintragung der Auflösung kommt es dann nicht an. **Anm. 6.**

c) Die Liquidationsfirma ist keine veränderte Firma. Sie ist die bisherige Firma mit einem den Liquidationszustand bezeichnenden Zusatze. Eine neue gleichlautende Firma darf daher von einem Dritten nicht eingetragen werden, bis die Liquidationsfirma gelöscht ist (KGJ. 10, 17; RGZ. 29, 68). Wird das Geschäft mit Firma veräußert, ohne daß die Liquidation damit abgeschlossen ist, muß die GmbH. eine neue Firma annehmen (Anm. 29 zu § 60 und Anm. 38 zu § 69). **Anm. 7.**

d) Die Firma kann auch noch im Liquidationsstadium geändert werden. Darüber siehe Anm. 38 und 39 zu § 69. **Anm. 8.**

3. (Abs. 2.) Die von der gesetzlichen Regel der Gesamtvertretung abweichende, bei der Bestellung des Liquidators erfolgende Bestimmung ist zur Eintragung in das Handelsregister anzumelden. Es ist einerlei, wer diese Bestimmung trifft. Auch die bei der Ernennung der Liquidatoren durch den Richter erfolgende ist einzutragen. Bleibt es bei der Kollektivvertretung, so unterbleibt die Anmeldung. **Anm. 9.**

Einzutragen ist jede Änderung der Vertretungsart. So wenn nach dem Gesellschaftsvertrage jeder Liquidator Einzelvertretungsbefugnis hat. Der Richter bestimmt Einzelvertretung. Hatte der Gesellschafterbeschluß bei der Bestellung Einzelvertretung angeordnet und bestimmt ein späterer Gesellschafterbeschluß, daß die bestellten Liquidatoren Kollektivvertretungsbefugnis haben sollen, so ist letzteres anzumelden. War der erstere Beschluß nicht eingetragen, so bedarf es einer Anmeldung des späteren nicht. **Anm. 10.**

Zusatz 1. Erklärungen gegenüber der Gesellschaft gelten der Gesellschaft gegenüber als abgegeben, wenn sie auch nur einem Liquidator gegenüber abgegeben sind, selbst wenn dieser nur Kollektivvertretungsbefugnis hat (§ 35 Abs. 2 Satz 3). (A. M. Förtsch Anm. 1 und Crüger-Crecelius Anm. 1.) Dieser Annahme steht § 68 nicht entgegen. Er behandelt die Erklärungen, welche namens der Gesellschaft abgegeben werden. Für Erklärungen gegenüber der Gesellschaft gilt nach § 69 die Bestimmung des § 35 Abs. 2 Satz 3. Zu dem **Anm. 11.**

§ 68. gleichen Ziele führt die Bezugnahme auf § 28 Abs. 2, § 48 Abs. 2 BGB. (ebenso Neukamp-Becker Anm. 1).

Anm. 12. Daraus folgt auch, daß, wo es auf das Wissen einer Tatsache ankommt, das Wissen eines Liquidators stets genügt, auch wenn die Liquidatoren nur kollektiv zur Vertretung berechtigt sind (vgl. Anm. 8 zu § 35).

Anm. 13. **Zusatz 2. Über die Kollektivvertretung siehe Anm. 9ff. zu § 35.** Sie ist keine beschränkte Vertretung, sondern eine volle Vertretung, nur getragen von mehreren Personen. Sie gilt für Rechtsakte aller Art, nicht bloß für schriftliche Erklärungen (§ 68 Abs. 1). Über die Ausübung der Kollektivvertretung, über den Beweis der Mitwirkung, darüber, daß, wenn ein Kollektivvertreter allein handelt, er Pseudovertreter ist und als solcher haftet, darüber, daß einem einzelnen der Kollektivberechtigten zur Vornahme bestimmter Geschäfte oder bestimmter Arten von Geschäften besondere Vollmacht erteilt werden kann, darüber, daß eine eigenmächtige Handlung eines kollektivberechtigten Liquidators auch durch nachträgliche Genehmigung seitens der sämtlichen Vertretungsberechtigten geheilt werden kann usw., vgl. Anm. 9ff. zu § 35.

Anm. 14. **Zusatz 3. Die Vertretung durch einen Geschäftsführer und einen Prokuristen** (Anm. 22 zu § 35) ist auf das Liquidationsstadium nicht zu übertragen. In diesem Stadium können Prokuristen nicht bestellt werden. Bei Aktiengesellschaften im Liquidationsstadium findet die Bestellung von Prokuristen nicht statt (§ 298 Abs. 4 HGB.). Die bestehenden Prokuren erlöschen durch den Eintritt der Liquidation (ROHG. 13, 225). Das ist für die GmbH. nicht ausdrücklich bestimmt. Es muß aber auch hier gelten. Es gilt auch für die offene Handelsgesellschaft, obgleich auch dort das ausdrückliche Verbot der Prokurenbestellung für das Liquidationsstadium nicht gegeben ist (vgl. Staub-Bondi HGB. Anm. 28 zu § 149). Vgl. auch Anm. 2 zu § 60.

§ 69.

§ 69.

Bis zur Beendigung der Liquidation kommen ungeachtet der Auflösung der Gesellschaft in bezug auf die Rechtsverhältnisse derselben und der Gesellschafter die Vorschriften des zweiten und dritten Abschnitts zur Anwendung, soweit sich aus den Bestimmungen des gegenwärtigen Abschnitts und aus dem Wesen der Liquidation nicht ein anderes ergibt.

Der Gerichtsstand, welchen die Gesellschaft zur Zeit ihrer Auflösung hatte, bleibt bis zur vollzogenen Verteilung des Vermögens bestehen.

Einleitung. **Die für die lebende Gesellschaft geltenden Bestimmungen finden in der Regel auf die liquidierende Anwendung.** Nur die produktive Tätigkeit der Gesellschaft hört mit ihrer Auflösung auf. Sie ist dieselbe Gesellschaft wie vorher (vgl. Anm. 1 zu § 60: RG. 4. 2. 10 Recht 1910, 1162 und 12. 7. 21 SeuffA. 77, 71). Nur soweit das Wesen der Liquidation dem entgegensteht, treten die allgemeinen Vorschriften des Gesetzes zurück. Bei sämtlichen in Frage kommenden Vorschriften muß untersucht werden, ob und inwieweit sie auf die liquidierende Gesellschaft Anwendung finden. Die Vorschriften des ersten Abschnittes kommen als Regel nicht in Frage. Sie sind Gründungsvorschriften (vgl. auch Anm. 38 a. E.). Nur die Bestimmungen des § 3 Abs. 2 über die besonderen Leistungen neben der Stammeinlage ergreifen die Gesellschaft während ihres Bestehens (vgl. Anm. 24ff. zu § 3). Es ist Auslegungsfrage, ob diese Leistungspflicht auch für das Liquidationsverfahren besteht. Im Zweifel wird man dies verneinen (BayersZ. 17, 139; vgl. RGZ. 21, 153 und 44, 83). **Für die Vorschriften des zweiten und dritten Abschnittes ist die Anwendbarkeit in § 69 vorgeschrieben** (vgl. Anm. 1ff.) Die Anwendung der Vorschriften des vierten Abschnittes wird von der herrschenden Ansicht bestritten. Die gegenteilige Ansicht wird hier vertreten (unten Anm. 38 und 39).

Anm. 1. I. **Die Vorschriften des zweiten Abschnittes** finden Anwendung, soweit sich nicht aus den Bestimmungen des gegenwärtigen Abschnittes oder aus dem Wesen der Liquidation ein anderes ergibt.

1. § 13 ist nach seinem ganzen Inhalte anwendbar. Abs. 1: Die Gesellschaft hat auch im Liquidationsstadium selbständig ihre Rechte und Pflichten. Sie kann klagen und verklagt werden, Eigentum erwerben usw. (vgl. Anm. 2 zu § 60). Auch im Prozesse wegen unlauteren Wettbewerbs kann sie Partei sein (BauersZ. 18, 92). Abs. 2: Für die Verbindlichkeiten der Gesellschaft haftet auch in diesem Stadium den Gläubigern nur das Gesellschaftsvermögen. Abs. 3: Die Gesellschaft gilt auch während der Liquidation als Handelsgesellschaft. Ihre Rechtsgeschäfte sind auch in diesem Stadium Handelsgeschäfte. Wenn die lebende Gesellschaft ein Gewerbe betrieben hat, so stellt die Liquidationstätigkeit den letzten Ausläufer dieses Betriebes dar. Sie gehört noch zum Gewerbebetrieb (a. M. RG. 28. 2. 22 Recht 1922, 1444). **§ 69.**

2. § 14 (der Geschäftsanteil jedes Gesellschafters richtet sich nach dem Betrage der übernommenen Stammeinlage). Die Anwendbarkeit ist selbstverständlich. Anm. 2.

3. § 15. Die Vorschriften über die Veräußerlichkeit und Vererblichkeit der Geschäftsanteile treten durch die Liquidation nicht außer Anwendung. Die Geschäftsanteile können auch in diesem Stadium ihren Besitzer wechseln (OLG. Dresden 23. 3. 21 RundschauGmbH. 21, 239). Eine für die Übertragung des Geschäftsanteils erforderliche Genehmigung der Gesellschaft wird durch den Liquidator erteilt. Der Gesellschaftsvertrag kann die Veräußerlichkeit in diesem Stadium ausschließen. Dann ist dies die Folge des Willens der Gesellschafter, nicht der Liquidation. Anm. 3.

4. § 16. Der Gesellschaft gegenüber gilt im Falle der Veräußerung eines Geschäftsanteils nur derjenige als Erwerber, dessen Erwerb der Gesellschaft gehörig angezeigt ist. Für die bis zu diesem Zeitpunkte rückständigen Verpflichtungen des veräußernden Gesellschafters bleibt derselbe neben dem Erwerber verhaftet. Das gilt auch für die Liquidation. Anm. 4.

5. § 17. Die Vorschriften über die Teilung von Geschäftsanteilen sind anwendbar. Anm. 5.

6. § 18. Die Bestimmung über das Rechtsverhältnis im Falle, daß ein Geschäftsanteil mehreren Mitberechtigten zusteht, findet Anwendung.

7. §§ 19—25. Die Vorschriften über die Einzahlung der Stammeinlagen und über die Maßregeln zur Erzwingung dieser Einzahlungen finden Anwendung. Hier, wie im Aktienrecht, kann der Liquidator rückständige Einlagen einfordern (vgl. RG. 27. 9. 18 RGZ. 93, 326). Er darf jedoch nicht mehr einziehen als für die Zwecke der Liquidation, also zum Zwecke der Beendigung der laufenden Geschäfte, zur Befriedigung der Gläubiger und zur gesetz- und statutenmäßigen Verteilung des Überschusses erforderlich ist. Darüber hinaus noch Vermögen einzuziehen, welches alsdann doch wieder zur Verteilung unter die einzahlenden Gesellschafter gelangt, wäre zwecklos (RG. 25. 3. 99 JW. S. 305, 306; RGZ. 45, 155 a. E.; RG. 20. 11. 13 WarnRspr. 7 Nr. 120). Der Gesellschafter hat ein Leistungsverweigerungsrecht infolge der Liquidation. Hieraus folgt zugleich: Er hat die Beweislast, daß die Einziehung die Grenzen des Liquidationsbedürfnisses überschreitet (RG. 25. 3. 99 JW. 305). Daran kann auch ein Gesellschafterbeschluß, der die Einziehung von Einlagerückständen angeordnet hat, nichts ändern. Das Verlangen der Einlage über das Liquidationsbedürfnis hinaus stünde mit dem Wesen der Liquidation in Widerspruch. Die Vorschrift des § 46 Nr. 2 ist auf das Liquidationsstadium nicht anwendbar. Ein solcher Beschluß wäre insoweit ungültig. Diese Ungültigkeit könnte auch einwandsweise von den belangten Gesellschaftern geltend gemacht werden. Anwendbar sind aber wieder die Bestimmungen über die Unzulässigkeit des Verzichts und die Annahme an Zahlungsstatt und die Aufrechnung. Ein Verzicht ist auch im Liquidationsstadium nur möglich unter Herabsetzung des Stammkapitals (vgl. unten Anm. 38 und 39). Anwendbar sind die Vorschriften über die Kaduzierung und die Haftung der Rechtsvorgänger des Ausgeschlossenen wie der anderen Gesellschafter. Auch diesen steht der Einwand zu, daß von ihnen nicht mehr, als zur Deckung der Schulden nötig ist, verlangt werden kann. Wenn der Liquidator einem Gesellschafter vergleichsweise die Leistung erläßt, so erwächst den anderen Gesellschaftern hieraus eine Einrede. Sie brauchen nicht mehr zu zahlen, als ohne Vergleich zu zahlen gewesen wäre (Bett, Konkurs der Aktiengesellschaft 50). Anm. 6.

§ 69. Darüber, ob umgekehrt zur Einforderung von Einlagen ein Gesellschafterbeschluß erforderlich und was unter Einforderung über das Liquidationsbedürfnis hinaus zu verstehen ist, siehe unten Anm. 30.

Anm. 7. Die §§ 26—28 über die Nachschußpflicht finden Anwendung. Auch hier kann der in Anspruch genommene Gesellschafter den Einwand erheben, daß der Nachschuß für die Zwecke der Liquidation nicht erforderlich sei (vgl. Anm. 6 und die dort zitierte Judikatur, auch Neukamp-Becker Anm. 2 a β). Bedenklich ist, wenn Neukamp-Becker einem Beschlusse, Nachschüsse zu zahlen, die Wirkung versagen will, sobald dies zu produktiven Zwecken geschehe. Es hängt dies mit der Auffassung Neukamps von der Unmöglichkeit eines werbenden Geschäfts im Liquidationsstadium zusammen (vgl. Anm. 4 zu § 60). Brodmann Anm. 2 läßt die Einforderung von Nachschüssen im Liquidationsstadium nur zu, wenn sie vor Auflösung der Gesellschaft beschlossen war. Auch zur Abdeckung der Gesellschaftsschulden soll die Einforderung der Nachschüsse nicht statthaft sein. Die Gesellschaft soll hier Konkurs anmelden. Damit lehnt Brodmann entgegen der ausdrücklichen Bestimmung des § 69 die Anwendung der §§ 26—28 für das Liquidationsstadium ab. Seine dem § 69 widersprechende Ansicht hätte im Gesetz Ausdruck finden müssen.

Anm. 8. 8. **§ 29. Der Anspruch auf den jährlichen Reingewinn fällt fort. Die Liquidationsgesellschaft schüttet keine periodischen Gewinne aus ohne Rücksicht darauf, ob die Gläubiger schon befriedigt sind.** Sie verteilt vielmehr lediglich dasjenige, was schließlich nach Tilgung oder Sicherstellung der Forderungen übrigbleibt, auch dies nicht vor Ablauf des Sperrjahres (§ 73). Hier liegt eine Sonderbestimmung vor. Sie tritt an die Stelle des § 29 für das Liquidationsstadium. Zwar haben die Liquidatoren bei Beginn der Liquidation und dann in jedem Jahre eine Bilanz aufzustellen (§ 71 Abs. 2). Es können sich dabei Überschüsse der Aktiva über die Passiva ergeben. Aber diese Überschüsse sind nicht als solche verteilbar. Sie fließen gleich jedem anderen Vermögensbestandteil der Gesellschaft nur dann an die Gesellschafter, wenn die Voraussetzungen des § 73 vorliegen. Dies gilt auch von demjenigen Bilanzüberschuß, der sich bei der Eröffnungsbilanz ergibt. Die Auffassung der Motive (S. 43), daß durch den § 73 die Verteilbarkeit des aus der Eröffnungsbilanz sich ergebenden Gewinnes nicht ausgeschlossen werde, weil dieser ja noch von der lebenden Gesellschaft erzielt sei (zust. Neukamp-Becker Anm. 2 a γ und Liebmann Anm. 5 zu § 72), ist nicht zutreffend. Von dem Augenblicke an, wo die Gesellschaft in Liquidation tritt, darf nichts verteilt werden, ehe nicht die Gläubiger befriedigt oder sichergestellt sind. Es mag sein, daß jener Gewinn noch bei lebender Gesellschaft erzielt ist. Aber der Anspruch der Gesellschafter auf diesen Gewinn ist doch nicht bei lebender Gesellschaft entstanden. Nach Eintritt der Liquidation ist jener unverteilte Gewinn nichts weiter als ein Bestandteil des Gesellschaftsvermögens. Dieses dient in erster Linie der Befriedigung der Gesellschaftsgläubiger. Zur Verteilung an die Gesellschafter ist es erst nach Befriedigung dieser geeignet (§ 73). Das gilt in gleicher Weise, wenn in dem Augenblicke der Auflösung das Geschäftsjahr zwar abgelaufen, der Gewinn aber noch nicht bilanzmäßig festgestellt war (a. M. Brodmann Anm. 2). Denn auch in diesem Falle ist der Anspruch der Gesellschafter auf den Gewinn noch nicht existent geworden. Er entsteht ja erst mit der Feststellung der Bilanz durch die Gesellschafter (vgl. Anm. 4 und 8 zu § 29). Die Gesellschafter hatten wohl ein Recht auf die Bilanzaufstellung. Die Auflösung wurde aber beschlossen, ehe die Gesellschafter einen Anspruch auf die Dividende erlangt hatten. Der an sich vorhandene Gewinn ist nunmehr wiederum nichts weiter als ein Bestandteil des Gesellschaftsvermögens. Erst nach Befriedigung der Gläubiger darf es unter die Gesellschafter verteilt werden. Es wird ja dadurch auch kein materielles Unrecht geschaffen. Der wirklich vorhandene Gewinn kommt den Gesellschaftern schließlich doch in den Liquidationsraten zugute. Anders liegt die Sache nur dann, wenn zu gleicher Zeit die Bilanz für das zur Zeit abgelaufen gewesene volle Geschäftsjahr festgestellt und die Auflösung beschlossen wird. In diesem Falle werden die Gesellschafter Gläubiger in Höhe der Dividende. Die Gesellschaft tritt mit diesen Gläubigeransprüchen in das Liquidations-

stadium. In dieser Eigenschaft als Gläubiger haben sie einen Anspruch auf Befriedigung. **§ 69.**
Der Vorbehalt, daß die Auszahlung der Dividende das Stammkapital nicht angreifen darf (vgl. Anm. 8 zu § 29), gilt auch hier. Erfolgt, trotzdem der Dividendenanspruch nicht zur selbständigen Forderung erwachsen war, eine Gewinnausschüttung, so kann die Gesellschaft die bezahlten Beträge zurückverlangen. Ein Schutz des guten Glaubens tritt hier nicht ein. Ist das Sperrjahr umlaufen, so kann wie jede Verteilung des Vermögens auch die des Gewinnes des letzten Geschäftsjahres erfolgen.

9. Der § 30 Abs. 1 bleibt bestehen. Er ist zwar teilweise überholt durch § 73. Dieser verbietet jede Auszahlung. Allein wenn diese gleichzeitig das zur Erhaltung des Stammkapitals erforderliche Vermögen angreift, treten die strengeren Bestimmungen des § 30 Abs. 1 auch im Stadium der Liquidation ein. Der § 30 Abs. 2 wird modifiziert durch § 73. Denn die Nachschüsse sind Bestandteile des Gesellschaftsvermögens. Dieses darf an die Gesellschafter erst ausgezahlt werden nach Befriedigung der Gesellschaftsgläubiger. Darüber, daß der § 30 Abs. 2 nicht durch § 73 ersetzt wird, daß vielmehr die Bestimmung auch hier praktische Bedeutung haben kann, siehe unten Anm. 31. **Anm. 9.**

10. Der § 31 greift auch hier Platz. Wird Vermögen entgegen dem § 30 verteilt, so müssen die Zahlungen der Gesellschaft erstattet werden. Das Nähere siehe zu § 31 und zu § 73. **Anm. 10.**

11. Der § 32 ist hier nur beschränkt anwendbar. Im Liquidationsstadium können Gewinne, die in diesem Stadium entstehen, nicht bezogen werden. In Betracht kommen nur solche Gewinne, auf deren Verteilung ein Gläubigeranspruch schon früher entstanden war. Auf Gewinne, die erst im Liquidationsstadium zur Verteilung kommen, kann § 32 Anwendung finden (vgl. oben Anm. 8). **Anm. 11.**

12. § 33 Abs. 1 findet Anwendung. Ebenso auch § 33 Abs. 2., Geschäftsanteile dürfen aus dem über das Stammkapital vorhandenen Vermögen erworben werden. Dies widerspricht nicht den Liquidationszwecken. **Anm. 12.**

13. § 34 findet Anwendung. Die Einziehung von Geschäftsanteilen ist auch bei der Liquidation gestattet. Das Wesen der Liquidation steht dem nicht entgegen. Einzelne Geschäftsanteile können billig erworben und dadurch die Verteilungschancen für die übrigen Gläubiger verbessert werden. Die Interessen der Gläubiger sind dabei nicht gefährdet. **Anm. 13.**

II. **Die Vorschriften des dritten Abschnitts** finden auf das Stadium der Liquidation Anwendung, soweit sich nicht aus den Bestimmungen des gegenwärtigen Abschnitts oder aus dem Wesen der Liquidation ein anderes ergibt. **Anm. 14.**

1. Die Vorschrift des § 35 über die gesetzlichen Vertreter der Gesellschaft, den Umfang ihrer Vertretungsbefugnis und die Form, in welcher sie ihre Willenserklärungen kundgeben, ist durch §§ 68 und 70 ersetzt. Nur § 35 Abs. 2 Satz 3 ist anwendbar (vgl. hierüber Anm. 11 zu § 68).

2. Der § 36 enthält das Prinzip der direkten Stellvertretung. Die Gesellschaft wird durch die in ihrem Namen von den Geschäftsführern vorgenommenen Rechtsakte unmittelbar berechtigt und verpflichtet. Er ist durch § 71 ausdrücklich für anwendbar erklärt. Nur muß sich hier das Geschäft innerhalb der Vertretungsbefugnis halten. Die Grenzen der Vertretungsbefugnis werden durch die Aufgabe der Liquidation bestimmt. Siehe darüber § 70 und Anm. 1ff. dazu, insbesondere Anm. 16 über die Frage, ob, wenn eine Grenzüberschreitung nicht erkennbar war, das Geschäft für die Gesellschaft gilt. **Anm. 15.**

3. Die Regel des § 37 (nach außen ist die Vertretungsbefugnis, wie sie vom Gesetz aufgestellt ist, unbeschränkbar, nach innen haben die Geschäftsführer die Beschränkungen innezuhalten, welche der Gesellschaftsvertrag und die Beschlüsse der Gesellschafter ihnen auferlegen) ist im § 71 für anwendbar erklärt. Siehe hierüber Näheres Anm. 20 zu § 70. **Anm. 16.**

4. Die Bestimmung des § 38 über die Widerruflichkeit der Geschäftsführer ist ersetzt durch § 66 Abs. 3. Sie ist hier nicht anwendbar. **Anm. 17.**

5. An Stelle des § 39 (Anmeldung der Änderung in den Personen der Geschäftsführer und der Beendigung ihrer Vertretungsbefugnis) tritt § 67. **Anm. 18.**

§ 69. 6. Der § 40 (Einreichung der jährlichen Gesellschafterliste) ist hier anwendbar (BauersZ.
Anm. 19. 17, 277). § 71 führt zwar unter den Pflichten der Liquidatoren die Bestimmung des § 40 nicht ausdrücklich auf. Deshalb verneint Brodmann (S. 240) eine Verpflichtung zur jährlichen Einreichung einer Gesellschafterliste. Dieser Grund kann aber nicht ausschlaggebend sein. Auch im Liquidationsstadium kann die Person der Gesellschafter und der Betrag ihrer Anteile sich ändern. Es können vor der Liquidation erfolgte Veräußerungen nach der Liquidation bei der Gesellschaft angemeldet werden. Es können auch während der Dauer der Liquidation Abtretungen stattfinden (vgl. oben Anm. 3 u. 4). Es können Gesellschafter während der Liquidation sterben. Es kann eine sonstige Universalrechtsnachfolge (Fusion von Aktiengesellschaften oder Einverleibung von Gemeinden, welche Mitglieder der Gesellschaft sind) eintreten. Es besteht also kein Unterschied gegenüber dem liquidationsfreien Stadium und damit kein Anlaß, während der Liquidation die Gesellschafterliste für überflüssig zu erklären.

Anm. 20. 7. § 41.

a) Abs. 1 (Verpflichtung der Geschäftsführer zur Sorge für die ordnungsmäßige Buchführung) ist durch § 71 ausdrücklich für anwendbar erklärt. Auch im Liquidationsstadium muß die Buchführung erfolgen. Die Gesellschaft bleibt ja in diesem Stadium eine Handelsgesellschaft (vgl. oben Anm. 1). Es sind jährliche Bilanzen zu ziehen (§ 71 Abs. 2).

Anm. 21. b) Die Absätze 2, 3 und 4 (Pflicht zur Aufstellung der Bilanz innerhalb der ersten drei Monate des Geschäftsjahres und Pflicht zur Publikation bei Bankgeschäften innerhalb derselben Frist) sind entsprechend anwendbar. Die Pflicht zur jährlichen Bilanzziehung selbst ist den Liquidatoren durch § 71 Abs. 2 auferlegt. Im § 41 Abs. 3 ist auch von der Gewinn- und Verlustrechnung die Rede. Aber aus § 71 Abs. 2 folgt, daß den Liquidatoren die Aufstellung einer Gewinn- und Verlustrechnung nicht zur Pflicht gemacht ist. Die Liquidatoren haben daher alljährlich eine Bilanz, aber keine Gewinn- und Verlustrechnung aufzustellen. Dies innerhalb der im § 41 Abs. 2 und 3 bezeichneten Fristen. Ebenso Neukamp-Becker Anm. 2bα und Warneyer-Koppe Anm. 1, während Liebmann Anm. 2 zu § 71, Förtsch Anm. 2 zu § 71 und Brodmann Anm. 3 zu § 71 den § 41 Abs. 2, 3 und 4 außer Anwendung setzen wollen, weil er im § 71 Abs. 1 nicht erwähnt ist. Doch ist das kein durchschlagender Grund. Auch macht Neukamp mit Recht darauf aufmerksam, daß auch die Publikationspflicht wichtig ist. Wenn auch der Betrieb von Bankgeschäften im Liquidationsstadium aufhört, so hat doch die Abwickelung der bankgeschäftlichen Transaktionen für die Öffentlichkeit Interesse (zust. KG. 25. 4. 13 OLGR. 28, 366).

Anm. 22. 8. Die in § 42 enthaltenen Vorschriften für die Aufstellung der Bilanz kommen hier nicht zur Anwendung. Näheres hierüber Anm. 6 zu § 71 und RG. 1. 10. 12 Recht 1912, 3259 und RundschGmbH. 1913, 6.

Anm. 23. 9. § 43.

a) Abs. 1 (die Geschäftsführer haben die Sorgfalt eines ordentlichen Geschäftsmannes anzuwenden) ist durch § 71 Abs. 1 ausdrücklich für anwendbar erklärt. Mithin haben auch die Liquidatoren diese Sorgfalt anzuwenden.

Anm. 24. b) Auch Abs. 2 (Haftung für Schadensersatz bei Verletzung dieser Sorgfalt) ist durch § 71 ausdrücklich für anwendbar erklärt.

Anm. 25. c) Die in Abs. 3 behandelten besonderen Fälle von Pflichtverletzung sind durch § 73 Abs. 3 ersetzt. Dort ist die ungesetzliche Verteilung von Gesellschaftsvermögen besonders hervorgehoben. In § 43 Abs. 3 ist auch noch der unzulässige Erwerb von Geschäftsanteilen besonders behandelt. In diesem letzteren Falle greifen also die Sonderbestimmungen des § 43 Abs. 3 nicht Platz, wenn die Zuwiderhandlung von Liquidatoren begangen wird. An sich ist der Erwerb von Geschäftsanteilen durch die Liquidatoren nicht absolut unerlaubt (vgl. oben Anm. 12).

Anm. 26. d) Abs. 4 (Verjährung der Ersatzansprüche in fünf Jahren) ist durch § 71 Abs. 1 und § 73 Abs. 3 ausdrücklich für anwendbar erklärt.

e) Was über die Haftung der Geschäftsführer gegenüber den Gesellschaftern und dritten Personen ausgeführt ist (Anm. 23ff. zu § 43), gilt hier analog. **§ 69. Anm. 27.**

10. § 44 (die für die Geschäftsführer gegebenen Vorschriften gelten auch für stellvertretende Geschäftsführer) ist analog anwendbar. Es können auch stellvertretende Liquidatoren gewählt werden (a. M. Brodmann Anm. 2, weil § 44 in § 71 Abs. 1 nicht für anwendbar erklärt sei). Über die Bedeutung einer solchen Wahl siehe Anm. 1ff. zu § 44. **Anm. 28.**

11. § 45 (die Gesellschafter machen im allgemeinen ihre Rechte durch Gesellschafterbeschlüsse geltend) ist entsprechend anwendbar. Insbesondere ist auch Abs. 2 anwendbar. Auch hier geht der Gesellschaftsvertrag vor. Er kann auch Bestimmungen für das Liquidationsstadium enthalten. Über Beschlüsse, welche den Liquidationszwecken widersprechen, vgl. Anm. 4—6 zu § 60. **Anm. 29.**

12. § 46 zählt auf, welche Gegenstände der Bestimmung der Gesellschafter unterliegen. **Anm. 30.**

a) Die Feststellung der Jahresbilanz und die Verteilung des aus derselben sich ergebenden Reingewinns. Die Feststellung der Jahresbilanz ist auch im Stadium der Liquidation Sache des Gesellschafterbeschlusses (vgl. Anm. 7 zu § 71). Die Beschlußfassung über die Verteilung des Reingewinns aber steht mit dem Wesen der Liquidation im Widerspruch (vgl. oben Anm. 8). Diese Bestimmung kommt deshalb hier in Wegfall.

b) Die Einforderung der Einzahlungen auf die Stammeinlagen. Auch im Liquidationsstadium hat die Gesellschafterversammlung die Bestimmung darüber. Doch ist diese Beschlußbefugnis eingeengt durch das Wesen der Liquidation. Ihre Beschlüsse sind nur insoweit gültig, als sie dem Wesen der Liquidation nicht widersprechen. Dies besteht darin, daß die Aktiva angemessen verwertet werden. Daraus sollen die Gläubiger befriedigt werden. Erst dann wird der Überschuß verteilt (§§ 69, 70, 72). Der Liquidator ist auf Grund dieser Gesetzesbestimmungen auch ohne Befragung der Gesellschafterversammlung berechtigt und verpflichtet, die Einlagerückstände einzuziehen, aber nur soweit sie für jene Zwecke erforderlich sind (OLG. Köln 17. 1. 06 OLGR. 13, 25). Ein Beschluß der Gesellschaft, der die Erfüllung dieses Zweckes verhindern würde, wäre ungültig. Wenn z. B. Geschäftsanteile zweier Emissionen bestehen, die älteren vollbezahlt, die jüngeren zu 50 Proz. gedeckt, so hat der Liquidator die Pflicht, die 50 Proz. einzuziehen, ohne Befragung der Gesellschafterversammlung und unter Ignorierung eines entgegenstehenden Beschlusses der Gesellschafterversammlung. Die Gesellschafter haben ein unentziehbares Recht darauf, daß das gesamte Vermögen gleichmäßig und statutenmäßig verteilt werde. Zu dem gesamten Vermögen gehören aber auch die Einlagerückstände (vgl. Anm. 16ff. zu § 14). Der Beschluß ist auch von jedem ihm nicht zustimmenden Gesellschafter anfechtbar. Wird er selbst einstimmig gefaßt, so darf und muß der Liquidator doch die Einziehung der Einlagen vornehmen, soweit dies zur Befriedigung der Gläubiger erforderlich ist. Der Beschluß, der dies verbietet, ist nichtig. Einlagerückstände, die nach Lage der Sache doch wieder an dieselben zahlenden Gesellschafter zurückgezahlt werden müssen, dürfen nicht eingezogen werden (siehe oben Anm. 6). Das österr. Ges. schreibt dies ausdrücklich vor. Eine Ausschreibung weiterer Einzahlungen ist nur insoweit zulässig, als es zur Befriedigung der Gläubiger erforderlich erscheint (§ 90 Abs. 3).

c) Die Rückzahlung von Nachschüssen kann beschlossen werden. Doch darf das Gesellschaftsvermögen erst zur Verteilung gelangen, wenn die Gläubiger befriedigt oder sichergestellt sind. Deshalb ist die Bestimmung des § 46 Nr. 3 im Liquidationsstadium nicht wesenlos oder durch § 73 ersetzt (a. M. Brodmann Anm. 2 S. 240). Denn es kann ja unter Wahrung des § 73, also nach Befriedigung oder Sicherstellung der Gläubiger und nach Ablauf des Sperrjahres eine Rückzahlung von Nachschüssen beschlossen werden. Allerdings bestimmt § 72, daß das Vermögen der Gesellschaft unter die Gesellschafter nach Verhältnis ihrer Geschäftsanteile zu verteilen ist. Allerdings werden die einmal eingezahlten Nachschüsse Vermögen der Gesellschaft werden. Sie nehmen aber innerhalb dieses Vermögens eine Sonderstellung ein. Es besteht zwar kein Recht auf Rückzahlung. Aber die Gesellschaft kann die betreffenden Beträge, für die auch in der Bilanz ein besonderes Passiv- **Anm. 31.**

§ 69. konto anzulegen ist (§ 42 Nr. 4), durch einen Beschluß der Gesellschafter zur Rückzahlung bringen (§ 30 Abs. 2). Die Nachschüsse werden anders behandelt als die Einlagen. Diese letzteren können nur zurückbezahlt werden in Verbindung mit einer Herabsetzung des Stammkapitals. Sie sind im übrigen ein Bestandteil des Gesellschaftsvermögens, das den Gesellschaftern nicht zurückbezahlt werden kann. Einen so untrennbaren Bestandteil des Gesellschaftsvermögens bilden die Nachschüsse nicht. Sie werden zwar Bestandteile des Gesellschaftsvermögens. Es besteht aber für sie die Möglichkeit der Rückzahlung. Es besteht kein Grund, den Nachschüssen ihre Sonderstellung im Stadium der Liquidation zu nehmen. Die §§ 30 Abs. 2 und 46 Nr. 3 widersprechen nicht dem Wesen der Liquidation. Der § 72 steht der Anwendung der §§ 30 Abs. 2 und 46 Nr. 3 nicht entgegen. Der § 72 bezieht sich nur auf die normalen Bestandteile des Gesellschaftsvermögens, nicht auch auf diesen schon bei Lebzeiten der Gesellschaft mit der Besonderheit der Rückzahlungsmöglichkeit ausgestatteten Bestandteil desselben. Es ist dieses Ergebnis besonders von Bedeutung, sobald die Nachschüsse nicht von allen Gesellschaftern geleistet waren (vgl. hierüber Anm. 12 zu § 26).

Anm. 32. d) Die Teilung sowie die Einziehung von Geschäftsanteilen. Die Bestimmung ist hier anwendbar. Daß sowohl die Teilung wie die Einziehung von Geschäftsanteilen im Liquidationsstadium erfolgen kann, darüber siehe oben Anm. 5.

e) Die Bestellung und Abberufung von Geschäftsführern sowie die Entlastung derselben. Die ersten beiden Punkte sind ersetzt durch § 66 Abs. 3. Der dritte Punkt, die Entlastung, ist hier anwendbar.

f) Die Maßregeln zur Prüfung und Überwachung der Geschäftsführung. Dieser Punkt ist hier anwendbar, ebenso die gesellschaftsvertragsmäßige Ausführung und Erweiterung dieser Rechte (BauersZ. 17, 253).

g) Die Bestellung von Prokuristen und von Handlungsbevollmächtigten zum gesamten Geschäftsbetriebe. Die Bestellung von Prokuristen fällt hier weg (vgl. Anm. 14 zu § 68) Handlungsbevollmächtigte zum gesamten Liquidationsbetriebe können bestellt werden.

h) Die Geltendmachung von Ersatzansprüchen, welche der Gesellschaft aus der Gründung und Geschäftsführung gegen Geschäftsführer und Gesellschafter zustehen, sowie zur Vertretung der Gesellschaft in Prozessen, welche sie gegen die Geschäftsführer zu führen hat. Dieser Punkt ist hier in allen Teilen anwendbar. Er ist auszudehnen auf Prozesse, die die Gesellschaft gegen die Liquidatoren zu führen hat (vgl. § 73 Abs. 3 und die dort gegebenen Erläuterungen).

Anm. 33. 13. § 47 ist anwendbar. Die Beschlußfassung erfolgt nach einfacher Stimmenmehrheit. Je 100 RM geben eine Stimme. Für die nicht unter die Novelle vom 28. Juni 1926 fallenden Gesellschaften gelten als Stimmmindestbeträge 50 bzw. 10 RM. Vollmachten bedürfen der schriftlichen Form. In gewissen Fällen darf ein Gesellschafter nicht mitstimmen.

Anm. 34. 14. § 48 (die Beschlüsse werden regelmäßig in Versammlungen gefaßt, ausnahmsweise ohne Versammlung) ist anwendbar.

Anm. 35. 15. § 49 (die Versammlung wird durch die Geschäftsführer berufen. Sie ist zu berufen, wenn dies im Interesse der Gesellschaft erforderlich erscheint, insbesondere wenn die Hälfte des Stammkapitals verlorengegangen ist) ist hier anwendbar. Für Abs. 1 und 2 ist dies im § 71 ausdrücklich angeordnet. Aber auch die Anwendbarkeit des Abs. 3 (Pflicht zur Berufung der Gesellschafterversammlung, wenn die Hälfte des Stammkapitals verlorengegangen ist), ist mit Neukamp-Becker Anm. 2b gegen Förtsch Anm. 2, Brodmann S. 241 und Liebmann Anm. 1f. zu § 71 anzunehmen. Auch im Liquidationsstadium haben die Gesellschafter ein erhebliches Interesse daran, zu erfahren, wann die Hälfte des Stammkapitals verlorengegangen ist. Vielleicht wollen sie dann die Liquidation in anderer Weise fortsetzen, vielleicht bei Zahlungsunfähigkeit den Konkurs anmelden usw. (vgl. Anm. 20 zu § 49).

Anm. 36. 16. § 50 (Recht der Minderheit, die Versammlung einzuberufen) gilt auch hier.

17. § 51 (Art der Einberufung der Versammlung und der Ankündigung der Tagesordnung) gilt auch hier. **§ 69.**

18. § 52 (die Vorschriften über den Aufsichtsrat) gilt auch hier. Wenn nach den Statuten ein Aufsichtsrat zu bestellen ist, so gilt dies auch für das Liquidationsstadium, falls das Statut nichts Gegenteiliges vorschreibt. Darüber, ob auch im Liquidationsstadium das Erfordernis des Aufsichtsrats dem Statut einverleibt werden kann, siehe Anm. 38 und 39. **Anm. 37.**

III. **Die Vorschriften des vierten Abschnitts über die Abänderungen des Gesellschaftsvertrags.** Auch diese sind anwendbar (zustimmend Brodmann S. 241; vgl. auch RG. 29. 5. 23 RGZ. 107, 31 und KG. 15. 6. 25 LZ. 1925, 1169. Die gegenteilige Meinung wird von den übrigen Kommentaren vertreten, ebenso OLG. Karlsruhe ZBlFG. 4, 271; KG. 29. 5. 14 RJA. 14, 152). Aus dem Wesen der Gesellschaft nach der Auflösung läßt sich nichts gegen die Anwendung folgern. Neukamp-Becker (Anm. 2 im Anschluß an Gierke Genossenschaftstheorie 892ff.) geht davon aus, daß die Auflösung die Existenz der Gesellschaft als solche aufhebe. Sie führe nur, um ihre völlige Selbstvernichtung herbeizuführen, ein N a c h l e b e n. Daher entspreche die Nichterwähnung des vierten Abschnitts in § 69 dem Wesen der Sache. Die Vordersätze sind aber unrichtig. Die Tatsache, daß die Gesellschaft sich auflöst, vernichtet sie nicht. Das „Nachleben" nach dem Tode ist nur ein Bild. Auch dies beruht auf unrichtigen Grundlagen. Es ergibt sich dies aus dem Gesetze selbst. Die Gesellschaft besteht als solche weiter. Nur bringt der veränderte Zweck Modifikationen. Er erfordert aber nicht die Beibehaltung der bei Eintritt der Liquidation vorhandenen Verfassung (a. M. KG. 29. 5. 14 RJA. 14, 152). Eine solche Beschränkung liegt nicht im Wesen der Liquidation. (Die Liquidation als Stadium der fortdauernden Gesellschaft nachgewiesen zu haben, ist das Verdienst der Arbeit Wimpfheimers, vgl. insbes. S. 95ff., Anm. 1 zu § 60). Die Tendenz der Gesetzesvorschrift geht offenbar dahin, nur diejenigen für die lebende Gesellschaft gegebenen Vorschriften von der Anwendung im Liquidationsstadium auszuschließen, welche sich mit dem Wesen der Liquidation nicht vertragen. Das letztere kann aber keineswegs von den Vorschriften über die Änderungen des Gesellschaftsvertrages schlechtweg gesagt werden. Das kann an zahlreichen Beispielen gezeigt werden. Es enthält mitunter das Statut Vorschriften über die Art, wie die Liquidation durchgeführt weden soll. Die Lage der Gesellschaft ist aber inzwischen eine ganz andere geworden, als man bei der Gründung erwartet hatte. Die Bestimmungen über die Liquidation sind unbrauchbar. Warum sollte dieser Teil des Gesellschaftsvertrags im Liquidationsstadium nicht geändert werden können? (vgl. KGJ. 15, 35). Weiter: Die Verwaltung der Gesellschaft kann vor der Liquidation eine sehr leichte gewesen sein. Sie bestand z. B. bloß in der Verwaltung von Grundstücken. Nach dem Eintritt der Liquidation beginnt erst die Schwierigkeit. Konnte man vorher von der Bestellung eines Aufsichtsrats absehen, so erweist sich jetzt ein solcher als erforderlich. Warum sollte es da nicht möglich sein, die Statuten dahin zu ändern, daß von jetzt an ein Aufsichtsrat bestellt werden soll? Wo läge der Sinn einer solchen Beschränkung? Ferner: Es erweist sich im Liquidationsstadium als nützlich und vorteilhaft, das Geschäft nebst Firma zu veräußern. Die Firmenveräußerung aber ist eine Firmenänderung, und diese ist eine Änderung der Statuten (vgl. Anm. 28 zu § 4; zustimmend OLG. Dresden 7. 8. 06 Recht 1907, 138[244], OLGR. 14, 370 und KG. 15. 6. 25 LZ. 1925, 1169; ferner RG. 29. 5. 23 JW. 1923, 830 und hierzu Bem. Hachenburgs gegen RGZ. 85, 397; vgl. auch § 60 Anm. 29). Weshalb sollte diese Art der Durchführung der Liquidation unmöglich sein? Ferner: Die Statuten enthalten Beschränkungen über die Veräußerung von Geschäftsanteilen. Warum sollten diese nicht jetzt noch aufgehoben werden können? Auch die Kapitalserhöhung erweist sich oft als nützlich (a. M. anscheinend RG. 13. 1. 14 LZ. 1914, 776). Vgl. Anm. 13 zu § 63. Was dort für den Konkursfall gesagt ist, gilt in gleicher Weise für die Liquidation. Die Gesellschaft hat z. B. ein Grundstück, welches mit einer Hypothek belastet ist. Wäre es lastenfrei, so könnte es zu gutem Preise veräußert werden. Oder die brachliegenden Terrains der Gesellschaft könnten vorteilhaft verwertet werden, **Anm. 38.**

§ 69. wenn auf einigen von ihnen Gebäude errichtet würden. Warum sollte es dem Wesen der Liquidation widersprechen, wenn zu diesen Zwecken eine Kapitalserhöhung erfolgt? Oder der Beschluß auf Fortsetzung der Gesellschaft gemäß § 60 Abs. 1 Nr. 4 kann vernünftigerweise nur dann gefaßt werden, wenn die Gesellschaft mit neuem Kapital ausgestattet wird. Ein vorsichtiger Gesellschafter wird in solchem Falle oft nur unter der Bedingung die Fortsetzung mitbeschließen, wenn die Kapitalserhöhung erfolgt. Warum sollte dies im Stadium der Liquidation nicht möglich sein? (zustimmend Brodmann Anm. 2; a. M. RundschGmbH. 1920, 414f.). Auch die Kapitalsherabsetzung wird dem Wesen der Liquidation nicht grundsätzlich widersprechen. Freilich eine Kapitalsherabsetzung zum Zwecke der Rückzahlung von Einlagen darf nicht erfolgen. Hier steht die positive Vorschrift des § 73 entgegen. Aber sonstige Kapitalsherabsetzungen sind begrifflich nicht ausgeschlossen. So wird z. B. die Gesellschaft nach Einstellung des Konkursverfahrens oft nur dann vernünftigerweise fortgesetzt werden können, wenn die Ziffer des Stammkapitals der wahren Vermögenslage entsprechend herabgesetzt wird. Warum sollte das Gesetz eine solche Transaktion verbieten? Ebenso kann es geboten sein, auf die ausstehenden Einlagen zu verzichten, wenn hierdurch andere Vorteile für die Gesellschaft erreicht werden. Man sieht, daß Statutenänderungen keineswegs dem Wesen der Liquidation widersprechen. Durch § 69 sollten nur solche Bestimmungen für unanwendbar erklärt werden, welche diese Eigenschaft haben. Daraus folgt, daß begrifflich auch Statutenänderungen beschlossen werden können. Daraus allein, daß der § 69 nur die Vorschriften des zweiten und dritten Abschnittes erwähnt, ist das Gegenteil nicht anzunehmen (Wimpfheimer a. a. O. 71). Der § 69 ist überhaupt nicht glücklich und einwandfrei gefaßt. Er bestimmt, daß in bezug auf „die Rechtsverhältnisse der Gesellschaft und der Gesellschafter" die Vorschriften des zweiten und dritten Abschnittes zur Anwendung kommen. Aber nur der zweite Abschnitt ist „Von den Rechtsverhältnissen der Gesellschaft und der Gesellschafter" betitelt. Übrigens sind auch Vorschriften des ersten Abschnittes, obgleich auch dieser im § 69 nicht erwähnt ist, von der Anwendung auf das Liquidationsstadium nicht ausgeschlossen. Denn wenn es im § 6 Abs. 2 heißt: „Zu den Geschäftsführern können Gesellschafter oder andere Personen bestellt werden", so ist dies eine Vorschrift des ersten Abschnittes, deren analoge Anwendung auf Liquidatoren nicht zweifelhaft ist. Ein weiteres Argument ergibt sich aus der Bestimmung des § 69 Abs. 2 (siehe unten Anm. 40) und aus § 72 Satz 2. Auch im Liquidationsstadium kann eine anderweite Verteilung des Gesellschaftsvermögens beschlossen werden. Durch § 69 ist es nicht verboten (Hachenburg in SeuffBl. 70, 305).

Anm. 39. **Es können hiernach im Liquidationsstadium auch Statutenänderungen, auch Kapitalserhöhungen und Kapitalsherabsetzungen vorgenommen werden.** Einen Fall der Kapitalsherabsetzung siehe BauersZ. 20, 58 und einen solchen der Firmenänderung daselbst 20, 62. Die hier niedergelegte Anschauung wird jetzt auch von Staub-Pinner Anm. 11 zu § 294 HGB. vertreten. Der engeren Auffassung folgte für das Genossenschaftsgesetz RGZ. 50, 130.

Der vor der Auflösung gefaßte Beschluß auf Satzungsänderung kann noch nach Eintritt der Liquidation eingetragen werden (vgl. Anm. 7 zu § 54). Das kann aber nur für solche Beschlüsse gelten, die durch die Auflösung der GmbH. nicht berührt werden. Die vor der Auflösung beschlossene Firmenänderung, Sitzverlegung oder Bildung eines Aufsichtsrats im Liquidationsstadium nachträglich einzutragen, unterliegt regelmäßig keinem Bedenken. Anders z. B. die Änderung des Gegenstandes des Unternehmens, eine Kapitalserhöhung oder eine die Nachschußpflicht der Gesellschafter begründende Satzungsänderung. Sie sind im Zweifel nicht für den Fall der Liquidation beschlossen. Ihre Durchführung setzt den Fortbestand der produktiven Gesellschaft voraus. Sie werden daher hinfällig (vgl. für den Konkurs Anm. 13 zu § 63).

Anm. 40. **Zusatz 1. Der Abs. 2 gibt eine prozessuale Bestimmung:** Der Gerichtsstand bleibt bestehen. Die früheren Auflagen sehen die Bedeutung dieser Bestimmung darin, daß der Gerichtsstand sich nicht ändere, auch wenn der Sitz der Gesellschaft im Liquidationsstadium verlegt werde (zustimmend Brodmann Anm. 3). Hierin fand man eine Bestätigung der Ansicht, daß auch nach Auflösung der Gesellschaft der Sitz verlegt, also die Satzung geändert werden könne. Denn wäre dies unmöglich, so würde Abs. 2 überflüssig sein (so Neukamp-Becker Anm. 3). Die Bedeutung des Abs. 2 erschöpft sich aber nicht darin, für den Fall der Sitzverlegung den früheren Gerichtsstand festzulegen. In erster Reihe scheint der Abs. 2 auf die Fälle abzuzielen, in denen im Liquidationsstadium ein Ort der Verwaltung (§ 17 ZPO.) nicht festgestellt werden kann. Das Geschäftslokal ist aufgegeben. Der Liquidator ist nicht aufzufinden. Hier erhält der Abs. 2 für Zwangsvollstreckungen (§ 829 ZPO.), insbesondere öffentliche Zustellungen, Bedeutung (vgl. LG. II Berlin 26. 9. 13 KGBl. 1913, 119). **§ 69.**

Zusatz 2. Das österr. Ges. § 92 Abs. 1 erklärt die Bestimmungen über die Geschäftsführer auf die Liquidatoren sachgemäß anwendbar. Auch hinsichtlich der Rechtsverhältnisse der Gesellschafter untereinander und gegenüber der Gesellschaft sowie der Gesellschaft zu dritten Personen und bezüglich des Aufsichtsrats bleibt es bei der Anordnung des Gesetzes, soweit sich nicht aus dem Zwecke der Liquidation ein anderes ergibt. Auch aus dieser Fassung läßt sich der Ausschluß der Änderung dieser Bestimmungen im Liquidationsstadium nicht ableiten. **Anm. 41.**

§ 70.

§ 70.

Die Liquidatoren haben die laufenden Geschäfte zu beendigen, die Verpflichtungen der aufgelösten Gesellschaft zu erfüllen, die Forderungen derselben einzuziehen und das Vermögen der Gesellschaft in Geld umzusetzen; sie haben die Gesellschaft gerichtlich und außergerichtlich zu vertreten. Zur Beendigung schwebender Geschäfte können die Liquidatoren auch neue Geschäfte eingehen.

Der vorliegende Paragraph umgrenzt die Aufgabe der Liquidatoren. Daraus ergibt sich die Beschränkung ihrer Vertretungsmacht. Der § 70 wendet sich nur an die Liquidatoren (Wimpfheimer 147). Über werbende Geschäfte der Gesellschaft und die Ermächtigung der Liquidatoren hierzu vgl. Anm. 4 zu § 60. **Einleitung.**

I. **Die Aufgaben der Liquidatoren** können nur durch diese erfüllt werden. Es ist unzulässig, die volle Durchführung einem Dritten zu übertragen. Die Liquidatoren können auch nicht in der Weise ausgeschaltet werden, daß die Gesellschaft ihr ganzes Vermögen einem Gesellschafter übergibt gegen dessen Zusage, die Schulden, soweit das Vermögen reicht, zu begleichen. Ein solcher Vertrag ist nichtig (RG. 29. 1. 00 OLGR. 19, 377; RGJ. 37 A 164). Eine andere Frage ist es, ob mit solchem Abkommen nicht eine Übertragung des Vermögens als Einheit zu eigen gewollt ist. Das ist Sache der Auslegung. Wollen dies die Beteiligten, dann entsteht die Frage der persönlichen Haftung aus § 419 BGB. (RG. 6. 6. 09 OLGR. 20, 164). Ein solcher Vertrag bedarf aber der notariellen Form. Eine Firmenfortsetzung im Sinne des § 25 HGB. ist dies aber nicht (RG. 21. 6. 10 Holdheim 10, 203; LZ. 1910, 771[15]; vgl. § 60 Anm. 29ff.). Möglich ist auch die Besorgung der Liquidation durch den Liquidator im eigenen Namen für Rechnung der Gesellschaft (RFH. in JW. 1926, 1688[3] Anm. von Hachenburg).

Die Aufgabe der Liquidatoren im einzelnen:

1. Sie haben die laufenden Geschäfte zu beendigen. Dazu gehört auch die Fortführung schwebender Prozesse (ROHG. 21, 127; BayObLG. 16. 1. 14 OLGR. 28, 365). Die Abwicklung der laufenden Geschäfte hat in ordnungsmäßiger Weise zu erfolgen. Sie in ihrem Laufe zu unterbrechen und zu schnellem oder gar vorzeitigem Ende zu führen, ist nicht verlangt und gestattet. Der Eintritt der Liquidation gibt den Liquidatoren dritten Kontrahenten gegenüber ein Recht dazu. Dritte haben kein vorzeitiges Lösungsrecht (RGZ. 5, 8). **Anm. 1.**

§ 70. 2. Sie haben die Verpflichtungen der aufgelösten Gesellschaft zu erfüllen.
Anm. 2. War eine Forderung bisher bestritten, so können sie nach ihrem pflichtgemäßen Ermessen anerkennen und erfüllen oder auch einen Vergleich abschließen. Die Liquidatoren sind auch befugt, verjährte Forderungen anzuerkennen und zu begleichen, wenn der Liquidationszweck es rechtfertigt (RG. 9. 10. 18 BauersZ. 26, 99; a. M. ROHG. 9, 85). Es kann sehr wohl sein, daß ein schwebendes Geschäft am besten dadurch erledigt wird, oder die Umsetzung eines Vermögensstückes in Geld am besten dadurch bewirkt wird, daß nebenher eine verjährte Forderung bezahlt wird.

Anm. 3. Zu den Gläubigern der Gesellschaft gehören auch die Gesellschafter, soweit sie Forderungen aus anderem Rechtsgrunde haben. Auch dann, wenn ihre Ansprüche zwar im Gesellschaftsverhältnisse ihren Ursprung haben, aber doch selbständige Forderungen geworden sind. So fällig gewordene Dividendenansprüche oder Ansprüche aus § 3 Abs. 2. Nur darf auch hier das zur Erhaltung des Stammkapitals erforderliche Vermögen nicht an die Gesellschafter ausbezahlt werden (vgl. Anm. 8 zu § 29, Anm. 8 zu § 69). Über die ähnliche Frage bei der offenen Handelsgesellschaft vgl. RGZ. 29, 16.

Anm. 4. 3. Sie haben die Forderungen der Gesellschaft einzuziehen. Dazu gehören auch die Ansprüche der Gesellschaft an die Mitglieder aus ihrer Mitgliedschaft. Also auch die rückständigen Einlageverpflichtungen und der Ersatz für zu Unrecht zurückbezahltes Stammkapital (§ 30 Abs. 1, § 31). Der Liquidator ist aber nicht berechtigt, mehr an Einlagerückständen einzuziehen als erforderlich ist, um die Liquidation sachgemäß durchzuführen, insbesondere die Gläubiger zu befriedigen. Es kann zwar nicht gesagt werden, daß er nicht Einlagerückstände einziehen dürfe, die zur Befriedigung der Gläubiger nicht erforderlich sind. Das Gesellschaftsvermögen dient nicht bloß zur Befriedigung der Gläubiger. Der Überschuß soll auch gesetz- und statutenmäßig verteilt werden (§ 72). Sonst würden ja diejenigen Gesellschafter, die ihrer Einzahlungspflicht vor der Liquidation genügt haben, gegen diejenigen, die zu dieser Zeit diese Pflicht nicht erfüllt hatten, benachteiligt werden. Nach § 72 ist der Überschuß des ganzen Vermögens zu verteilen. Zum Vermögen gehören auch Einlagerückstände. Nur unnötiges Hin- und Herzahlen soll vermieden werden. Gegen einen Einziehungsversuch, der dies zur Folge haben würde, kann sich der Gesellschafter wehren (Anm. 6 zu § 69). Die Beweislast trifft den in Anspruch genommenen Gesellschafter (RGZ. 45, 155 a. E.; RG. 23. 3. 99 JW. 99, 305, 306; LG. II Berlin 8. 11. 15 KGBl. 27, 28). Wieweit der Liquidator an die Beschlüsse der Gesellschafterversammlung bei der Einziehung von Einlagerückständen gemäß §§ 46 Nr. 2, 69 gebunden ist, darüber siehe Anm. 30 zu § 69. Der Liquidator ist aber nicht bloß zur Einziehung berechtigt, er kann auch zur anderweiten Verwertung der Forderungen (Verkauf, Stellung zur Kompensation usw.) schreiten. Er hat ja hinsichtlich aller Vermögensstücke das Recht, sie in Geld umzusetzen (RGZ. 44, 84). Des Nachweises, daß eine unmittelbare Einziehung nicht durchführbar war, bedarf es nicht.

Anm. 5. 4. Die Liquidatoren haben das Vermögen der Gesellschaft in Geld umzusetzen. Die Art, wie sie dies tun, bleibt ihrem pflichtgemäßen Ermessen überlassen. Sie können die Vermögensstücke freihändig oder durch Versteigerung veräußern. Sie können auch das ganze Geschäft, ja das ganze Vermögen in Bausch und Bogen verkaufen, wenn ihnen dies nach pflichtgemäßem Ermessen als die angemessenste Art der Abwicklung erscheint. Die Ansicht (Förtsch Anm. 7 und Neukamp-Becker Anm. 5), daß den Liquidatoren nur eine stückweise Versilberung gestattet sei, ein Verkauf des ganzen Geschäfts daher nur mit Zustimmung aller Gesellschafter von den Liquidatoren vorgenommen werden könne, ist nicht richtig. Das Gesetz kennt eine solche Einengung der Grenzen ihrer Aufgaben nicht. Der Verkauf in Bausch und Bogen widerspricht begrifflich nicht dem Liquidationszwecke und der den Liquidatoren gestellten Aufgabe (so auch Liebmann zu § 70 des Gesetzes; RG. 18. 9. 23 Recht 1924 Nr. 46 und 28. 2. 22 Recht 1922 Nr. 1444. Neukamps Ausführungen Anm. 5 leiden an einem inneren Widerspruche. Wenn er den Verkauf in Bausch und Bogen Dritten gegenüber für gültig hält, so kann er nicht gleichzeitig behaupten, daß § 70, der die Vollmacht der Liquidatoren behandelt, eine Versilberung im einzelnen vorschreibe). Die Verantwortlichkeit der Liquidatoren für den Verkauf des ganzen Vermögens fließt aus der allgemeinen Regel über die Führung der Geschäfte. Will der Liquidator gleichzeitig die Firma veräußern, so bedarf er dazu der Genehmigung der Gesellschafterversammlung. Denn Firmenüberlassung ist Firmenänderung, also Änderung des Gesellschaftsvertrags (zust. RG. 15. 6. 25 JW. 1926, 605). Die Voraussetzungen einer solchen müssen beobachtet werden. (Siehe hierüber Anm. 28 zu § 4 und darüber, daß im Stadium der Liquidation Statutenänderungen möglich sind, Anm. 38 und 39 zu § 69.) Eine andere Frage ist, ob der Liquidator, ehe er eine solche Transaktion vornimmt, zur Vermeidung eigener Verantwortlichkeit die Gesellschafterversammlung befragen soll (hierüber Anm. 35 zu § 69 und Anm. 6 zu § 49; vgl. einen Fall unzulässigen Geschäftsverkaufs BayObLG. in BauersZ. 21, 139). **§ 70.**

Das österr. Ges. (§ 90 Abs. 4) verlangt zu einer Veräußerung des Vermögens der Gesellschaft als Ganzes einen Beschluß der Gesellschafter mit einer Dreiviertelmehrheit.

Den Liquidatoren sind *nicht nur solche Geschäfte gestattet, bei welchen eine unmittelbare Umsetzung in Geld stattfindet*. Es liegt im Bereiche ihrer Aufgabe, *jedes Geschäft zu schließen, welches im letzten Ende darauf abzielt, die Vermögensstücke angemessen zu verwerten*. Aus der Aufgabe der Liquidatoren, dem Abbau des Geschäfts, darf aber nicht der Schluß gezogen werden, daß sofort nach Eintritt der Liquidation der Geschäftsbetrieb stillgestellt werden müsse. Die Aufgabe der Liquidatoren darf nicht in der Weise eingeengt werden, daß daraus ein Verlust der Gesellschaft entstände (RG. 27. 10. 09 RGZ. 72, 237, 240). Sie können Verträge jeder Art, also auch Erwerbsgeschäfte schließen, wenn das nur den wirtschaftlichen Endzweck verfolgt, die Vermögensstücke der Gesellschaft in Geld umzuwandeln. Hierbei haben die Liquidatoren nach eigenem pflichtgemäßen Ermessen zu entscheiden (vgl. auch BauersZ. 27, 9). Sie schließen Transportverträge, wenn sie die zu veräußernden Maschinen an einem anderen Ort besser versilbern. Der Transportvertrag selbst ist kein Geschäft, durch welches ein Vermögensstück in Geld umgesetzt wird. Sie können ein Lokal mieten, um dort die Vermögensstücke besser auszustellen. Sie können annoncieren usw. Sie können auch Umsetzungsgeschäfte vornehmen, bei denen sie zunächst kein Geld erhalten. *Sie tauschen ein Grundstück gegen Aktien ein.* Dann verkaufen sie die Aktien. Sie können demgemäß sich namens der Gesellschaft bei einer Aktienkapitalserhöhung oder *bei der Erhöhung des Stammkapitals einer GmbH. oder bei der Gründung einer GmbH. oder einer Aktiengesellschaft durch Illation oder auch sonst beteiligen*. Als Einlage kann das ganze Vermögen der GmbH. in Liquidation erscheinen. Das ist der Weg, auf dem sie sich in eine Aktiengesellschaft umwandelt. Auch hier wäre nicht die Genehmigung der Gesellschafter zur Wirksamkeit erfordert (vgl. unten Anm. 8). Nur ihre Verpflichtung gegenüber der Gesellschaft würden die Liquidatoren verletzen, falls sie auf eigene Faust vorgingen (vgl. Anm. 6 zu § 49 und unten Anm. 20). **Anm. 6.**

Sie haben auch die Aufgabe, das Vermögen angemessen zu verwalten. Das ist nicht ausdrücklich gesagt. Es ist selbstverständlich. So vermieten sie Grundstücke, die sich einstweilen nicht veräußern lassen. Gelder, die im Verlaufe der Liquidation noch gebraucht werden, müssen sie angemessen anlegen. Sie können Wertpapiere oder guten Diskont dafür kaufen. Es kann auch eine auf längere Dauer berechnete Pacht oder Miete dem Liquidationszwecke dienen. So wenn diese durch die Überschüsse es ermöglichen, die Schulden unter Zustimmung der Gläubiger allmählich zu amortisieren. Dann ist die Verwertung der Aktiva ohne Rücksicht auf die Deckung der Passiva möglich. Die Gesellschafter können Beschlüsse über die Art der Liquidation und die Verwaltung des Vermögens fassen. Sie können den Liquidatoren für einzelne Geschäfte Vollmacht erteilen, die über den Umfang der gesetzlichen Vertretungsmacht hinausgehen, sowohl zu solchen Verfügungen über Gesellschaftsaktiva als zur Eingehung von Verbindlichkeiten. Sie sind die Herren des Gesellschaftsvermögens (vgl. Anm. 4 zu § 60). **Anm. 7.**

§ 70. Anm. 8. Die vorstehend vorgetragenen Anschauungen werden vom RG. (44, 84) geteilt. Das KG. (Beschluß vom 4. 2. 01 KGJ. 21 A 260; OLGR. 3, 67) geht von engeren Anschauungen aus. Es lehnt sich an den Wortlaut des Gesetzes an. Der Liquidator soll nur zur Umsetzung des Vermögens in Geld, nicht in andere Vermögensobjekte berechtigt sein. Von diesem Standpunkte aus hält dieses Gericht die Beteiligung des Liquidators bei der Gründung einer GmbH., also die Umwandlung des Vermögens in Anteile einer anderen, neu zu gründenden GmbH., aus eigener Machtvollkommenheit des Liquidators, und zwar auch Dritten gegenüber nicht für zulässig. Allenfalls könne es mit Zustimmung sämtlicher Gesellschafter geschehen (ebenso BauersZ. 18, 65). Nach dem oben Ausgeführten ist diese Einengung seiner Machtvollkommenheit nicht zutreffend. Hier greift das Prinzip Platz, welches der analoge § 48 Abs. 2 BGB. zum Ausdruck bringt. Der Liquidator hat die rechtliche Stellung des Vorstandes, soweit sich nicht aus dem Zwecke der Liquidation ein anderes ergibt. In diesem umfassenden Sinne ist die im § 49 BGB. enthaltene Deklaration aufzufassen. Für das GmbHG. gilt das gleiche. Der § 48 Abs. 2 ist subsidiär anwendbar. Überdies ist das Prinzip der uneingeschränkten Vertretungsbefugnis des Geschäftsführers (§ 37 Abs. 2) auf die Liquidation insoweit anwendbar, als sich aus dem Wesen der Liquidation nicht ein anderes ergibt (§ 69). Aus dem Wesen der Liquidation ergibt sich aber diese Einengung der Vertretungsbefugnis nicht. Die betreffenden Akte können zur sachgemäßen Verwaltung und Verwertung des Gesellschaftsvermögens unter Umständen vorzüglich geeignet sein (zustimmend Pinner bei Holdheim 10, 136). Selbstverständlich können die Gesellschafter die Liquidatoren zu dem Rechtsakte der Verwertung des Vermögens gegen andere Werte als Geld ermächtigen, also auch zu einem Einbringen in eine GmbH. Vorsichtigerweise wird der Liquidator sie einholen. Über die erforderliche Mehrheit vgl. Anm. 5 und 6 zu § 60.

Anm. 9. Die Liquidatoren können auch Patente und Musterschutzrechte für Erfindungen nehmen. Unter Umständen dient dies zur vorteilhaften Umsetzung des Gesellschaftsvermögens. Außerhalb des Zweckes der Liquidation liegt das nicht (Liebmann zu § 70; Neukamp-Becker Anm. 4a; vgl. RGZ. 15, 106). Ebensowenig verbietet die Rücksicht auf die Liquidation eine Unterlassungsklage aus § 16 UnlWG. gegen den unzulässigen Gebrauch einer ähnlichen Firma (RG. 18. 9. 23 Recht 1924 Nr. 46). Sie können endlich auch Vergleiche und Schiedsverträge schließen, soweit dies in den Rahmen der Liquidationstätigkeit fällt (vgl. oben Anm. 2). Sie können Wechselverbindlichkeiten eingehen, wenn sie z. B. dadurch Stundung erreichen und damit die Versilberung des Vermögens auf einen späteren günstigeren Zeitpunkt verschieben können (vgl. aber OLG. Dresden 22. 3. 18 LZ. 1918, 498). Auch Schenkungen liegen nicht schlechthin außerhalb der Liquidationstätigkeit. Man denke an Trinkgelder, an Belohnungen an die Beamten für besonders hervorragende Dienste gegeben, um andere Beamte anzufeuern. Auch hier ist es nicht die juristische Natur des Rechtsgeschäfts, sondern lediglich seine tatsächliche Gestaltung im einzelnen Falle, welche es bewirken kann, daß das Geschäft aus dem Rahmen der Vertretungsbefugnis der Liquidatoren heraustritt (vgl. unten Anm. 16).

Anm. 10. 5. Sie haben die Gesellschaft gerichtlich und außergerichtlich zu vertreten. Durch § 69 wird auch der § 35 Abs. 1 auf die Liquidation für anwendbar erklärt. Die Vertretungsmacht der Liquidatoren folgte schon hieraus.

Anm. 11. Für die Stellung der Liquidatoren als gesetzliche Vertreter im Verkehr und in Prozessen gilt das gleiche wie für die Geschäftsführer als gesetzliche Vertreter im Verkehr und in Prozessen. Sie sind es, welche im Namen der Gesellschaft klagen. Sie werden im Namen der Gesellschaft verklagt (Bolze 13 Nr. 501). Sie leisten für die Gesellschaft die Eide. Auch im Offenbarungseidverfahren sind die Liquidatoren zur Ableistung des Eides zu laden. Der Haftantrag richtet sich gegen sie (vgl. die Ausführungen Anm. 4 zu § 35).

Anm. 12. 6. Sie können zur Beendigung schwebender Geschäfte auch neue Geschäfte abschließen. Die Vorschrift ist von geringerer Bedeutung. Die Liquidatoren sind zu neuen Geschäften überhaupt befugt, soweit sie im letzten Ende darauf hinzielen, das vorhandene Vermögen angemessen zu verwalten und zu verwerten (vgl. Anm. 6—8). Dann ist der Abschluß eines neuen Geschäfts nicht mehr davon abhängig, ob ein bestimmtes schwebendes Geschäft dadurch abgewickelt werden soll. Es genügt, daß das Geschäft seiner Tendenz und seinem Zwecke nach darauf abzielt, das Vermögen angemessen zu verwalten und zu verwerten. Dann fällt es in den Rahmen der den Liquidatoren zugewiesenen Aufgaben (vgl. auch unten Anm. 15). § 70.

7. Alle Rechtsgeschäfte, welche die Liquidatoren in Erfüllung ihrer Aufgabe, das Vermögen sachdienlich zu verwerten, vornehmen, fallen in den Kreis der ihnen zugewiesenen Aufgaben. Die Einzelaufgaben führen zu der allgemeinen Formulierung (oben Anm. 6). Die so umschriebene Aufgabe der Liquidatoren wirkt nach innen wie nach außen. Sie bildet den Inhalt ihres Dienst- und Auftragsverhältnisses gegenüber der Gesellschaft und den Inhalt ihrer Vollmacht gegenüber Dritten. Über das Verhältnis nach innen vgl. Anm. 14 und über das Verhältnis nach außen Anm. 15ff. Über die Frage, inwieweit dem Dritten entgegengehalten werden kann, daß ein Rechtsakt nicht dem Liquidationszwecke entspricht, Anm. 16. Anm. 13.

II. **Der rechtliche Charakter der Aufgaben der Liquidatoren und deren Rechtsstellung.** Anm. 14.

1. Die Festsetzung der Aufgaben der Liquidatoren ist zunächst eine Instruktion für ihre Geschäftsführung. Sie haben das Vermögen zu liquidieren. Demgemäß sollen sie nur solche Geschäfte im Rahmen dieser Aufgabe abschließen. Verletzen sie diese Verpflichtung, übertreten sie den Rahmen, obwohl ihnen eine pflichtgemäße Prüfung dies als unzweckmäßig hätte erweisen müssen, so machen sie sich der Gesellschaft gegenüber verantwortlich. Aber nur dieser, nicht auch den Gläubigern gegenüber. Zu diesen stehen sie in keiner Rechtsbeziehung (Anm. 27 zu § 69; vgl. auch unten Anm. 20). Die hierin liegende Beschränkung steht in bezug auf die Geschäftsführungsbefugnis auf gleicher Stufe wie die Beschränkungen, welche die Statuten oder die Beschlüsse der Gesellschafter ihnen auferlegen. Sie haben diese ebenso zu beobachten wie jene. Der § 37 Abs. 1, der nach § 71 auf Liquidatoren anwendbar ist, zeigt dies. In ihrer Geschäftsführungsbefugnis sind sie aber weiter beschränkt durch etwaige Vorschriften der Statuten, des Dienstvertrags und auch durch gesetzliche Vorschriften (§§ 46, 49, 69); vgl. unten Anm. 20.

2. Ihre Vertretungsbefugnis wird durch § 70 nach außen begrenzt (vgl. RG. 44, 82 für die Genossenschaft und alle Kommentare zum HGB. zu § 149 und § 298; vgl. insbesondere Staub-Pinner § 149 Anm. 2). Die Grenzen aber, die der Geschäftsführungsbefugnis der Liquidatoren in § 70 gezogen sind, können nicht ohne weiteres auf ihre Vertretungsbefugnis übertragen werden. Hierin würde eine unerträgliche Gefährdung des Verkehrs liegen. Anm. 15.

Beinahe jedes Rechtsgeschäft vermögensrechtlichen Inhalts kann ein Liquidationsgeschäft sein (Anm. 6—8 und 13). Die Liquidatoren können jedes Geschäft, welches den schließlichen Endzweck der Umsetzung des Vermögens in Geld oder der Abwicklung eines schwebenden Geschäfts verfolgt, jedes Geschäft, welches dem Zwecke der Liquidation entspricht, indem es die angemessene Verwaltung und Verwertung des Vermögens bezweckt, abschließen. Daher kann beinahe jedes Rechtsgeschäft ein Liquidationsgeschäft sein. Nicht die juristische Natur der von den Liquidatoren gemachten Geschäfte, sondern ihr wirtschaftliches Endziel (der Liquidationszweck, die Umsetzung des Vermögens in Geld oder die Abwicklung schwebender Geschäfte, die Verwaltung und Verwertung des Vermögens) entscheidet schließlich, ob ein Geschäft unter die Vertretungsbefugnis der Liquidatoren fällt oder nicht. Ein und dasselbe Geschäft kann in diesen Rahmen fallen oder aus ihm herausfallen, je nach dem wirtschaftlichen Zwecke, welchen die Liquidatoren mit ihm verfolgen. Dieses letztere Moment ist aber oft ein Internum der Liquidatoren. Soll nun die Gültigkeit der Geschäfte von dem Vorhandensein dieses Internums abhängig sein? Soll das Geschäft gültig sein, wenn die Liquidatoren in ihrem Herzen einen mit der Verwaltung und Verwertung vereinbarten Zweck mit dem Geschäfte verfolgen, und ungültig, wenn ihr Gedankengang eine solche Anm. 16.

§ 70. Richtung nicht verfolgt? Das kann ohne Gefährdung der Verkehrsinteressen nicht angenommen werden. **Der Liquidator muß Dritten gegenüber zu allen Geschäften als legitimiert gelten, welche sich nicht erkennbar als nicht zu Liquidationszwecken getätigt darstellen.** Dieser Grundsatz muß hier ebenso angenommen werden wie bei allen beschränkten Vertretungsverhältnissen. Auch der Prokurist hat beschränkte Vollmacht. Er ist zu allen Geschäften ermächtigt, welche der Betrieb eines Handelsgewerbes mit sich bringt. Ein und dasselbe Geschäft kann in den Rahmen dieser Vollmacht fallen oder nicht, je nach dem wirtschaftlichen Zwecke, welchen der Prokurist mit ihm verfolgt. Beispielsweise ist der Prokurist zum Erwerbe eines Grundstücks ermächtigt, wenn er damit geschäftliche Zwecke verfolgt. Dagegen fällt der Erwerb eines Grundstücks für den Prinzipal zu privaten Wohnungszwecken außerhalb des Rahmens seiner Vertretungsmacht. Aber für die Frage der Gültigkeit des von ihm getätigten Grundstückserwerbsgeschäfts ist nicht etwa die Frage entscheidend, welches wirtschaftliche Endziel der Prokurist in seinem Innern mit dem Geschäfte verfolgt hat. Vielmehr genügt es, wenn der Prokurist als solcher auftritt, das von ihm vorgenommene Geschäft unter die Prokura fallen kann und dem Dritten nicht erkennbar war, daß es nicht für die Zwecke des Handelsgewerbes getätigt wurde. Kauft der Prokurist als solcher im Namen des Prinzipals Wertpapiere, so ist dieses Geschäft gültig, auch wenn der Erwerb in Wahrheit mit dem Handelsgewerbe nichts zu tun hat, wenn nur die Nichtzugehörigkeit zum Betriebe des Handelsgewerbes nicht erkennbar war. So muß auch hier die Gültigkeit angenommen werden, wenn ein Liquidator als solcher ein Geschäft abschließt, dieses seiner juristischen Natur nach unter den Liquidationsbetrieb fallen kann, und die erkennbaren tatsächlichen Besonderheiten des Geschäfts nicht darauf hinweisen, daß der Liquidator damit nicht die Zwecke der Liquidation verfolgte.

Anm. 17. Für die rechtliche Stellung der Liquidatoren gilt hiernach das gleiche wie für die des Konkursverwalters. Auch für den Konkursverwalter ist im Gesetze nichts weiter gesagt, als daß das Verwaltungs- und Verfügungsrecht über das Vermögen des Gemeinschuldners auf ihn übergeht. Gleichwohl ist hieraus nicht der Schluß zu ziehen, daß nur solche Geschäfte des Konkursverwalters gültig sind, durch welche derselbe sein Verwaltungs- und Verfügungsrecht wirklich betätigt, sondern alle Geschäfte, die ihrer juristischen Natur nach hierzu geeignet sind und keine tatsächlichen Besonderheiten aufweisen, die darauf hinweisen, daß sie keine Betätigung jenes Verwaltungsrechts sind. „Abgesehen von solchen augenscheinlich gegen Grund und Zweck der Verwaltungsbefugnis des Konkursverwalters verstoßenden Akten kann die Gültigkeit eines vom Konkursverwalter in Ausübung der Verwaltungsbefugnis abgeschlossenen Rechtsgeschäfts nicht von der Prüfung der Frage abhängig gemacht werden, ob dieses Geschäft oder sein praktischer Erfolg für die Zwecke der Verwaltung nötig oder erforderlich war" (RGZ. 29, 23).

Anm. 18. Die ausgeführte Ansicht weicht von dem ab, was im allgemeinen im Handelsrecht über die Vollmacht von Liquidatoren gelehrt wird. Das ROHG. (21, 308) kommt ihr zwar nahe. Es nimmt an, daß das Geschäft gilt, wenn der Gegenkontrahent bei Anwendung gehöriger Sorgfalt zu der Annahme berechtigt war, daß es sich um ein Liquidationsgeschäft handelte. Das unterscheidet sich von der hier vertretenen Ansicht nur darin, daß das ROHG. dem dritten Kontrahenten den Beweis auferlegt, daß er bei gehöriger Sorgfalt zu jener Annahme berechtigt war. Zu dieser Verteilung der Beweislast liegt aber kein Grund vor. Vielmehr muß dem dritten Kontrahenten nachgewiesen werden, daß die tatsächlichen Besonderheiten des Geschäfts erkennen ließen, daß das Geschäft außerhalb des Rahmens des Liquidationszweckes lag. Das kann aus der Art des Geschäfts selbst folgen (Neukamp-Becker Anm. 3). Es ist auch im Gebiet des BGB. kaum möglich, den Schutz des guten Glaubens an eine Vollmacht des Liquidators anzunehmen (vgl. §§ 170 ff. BGB.; Hachenburg Vorträge 257 ff.). Für den Verkehr muß es zunächst genügen, daß eine Person, welche Vertretungsbefugnis hat, in dieser Eigenschaft auftritt und Geschäfte vornimmt, welche an sich in den Rahmen der Vertretungsbefugnis fallen können. Daß ein solches Geschäft wegen der erkennbar gewesenen tatsächlichen Besonderheiten des Falles

aus dem Rahmen der Vertretungsbefugnis gleichwohl heraustritt, ist eine Ausnahme. § 70.
Sie muß von dem bewiesen werden, der sie behauptet und Beschränkungen der Vertretungsbefugnis daraus ableitet. Neukamp-Becker (Anm. 3) erkennt zwar an, daß für den Rechtsverkehr davon ausgegangen werden muß, daß die Liquidatoren bei Rechtsgeschäften mit Dritten ihre gesetzlichen Befugnisse nicht überschreiten. Er will ebenfalls die Fälle, in denen nicht schon die Natur des Geschäfts ganz offensichtlich ergibt, daß dasselbe außerhalb des Rahmens des Liquidationszweckes fällt, besonders schützen. Aber er tut dies nicht genügend. Er nimmt in diesem Falle nicht einfach die Gültigkeit des Geschäfts an, nicht einmal wie das ROHG. dann, wenn der Dritte darlegt, daß er auch bei gehöriger Aufmerksamkeit das Geschäft für ein Liquidationsgeschäft halten mußte. Er will jene Fälle lediglich dadurch schützen, daß derjenige, der in solchem Falle die Ungültigkeit des Geschäfts behauptet, sie beweisen muß. Er will also lediglich die Beweislast verschieben. Wenn der Beweis, daß das Geschäft nicht zu den im vorliegenden Paragraphen aufgezählten Liquidationszwecken geschlossen wurde, geführt wird, läßt er das Geschäft ungültig sein, auch wenn es von den Liquidatoren als solchen abgeschlossen wurde, und seine Nichtzugehörigkeit zum Liquidationszweck für den Dritten nicht erkennbar war. Gerade darin aber liegt die Gefährdung des Verkehrs. Zu dieser liegt aber kein Anlaß vor. Die bei anderen beschränkten Vertretungsverhältnissen geltenden bewährten Grundsätze führen zu solchen Ergebnissen nicht. Mit der bloßen Verschiebung der Beweislast ist dem Verkehr nicht geholfen.

Der hier vertretenen Meinung folgen Wimpfheimer S. 302f., Crüger-Crecelius Anm. 2 und Liebmann Anm. 6. Die gleiche Auffassung findet sich bei den meisten Auslegern des BGB. bei der Erläuterung des analogen § 49 BGB. (Planck Anm. 1 zu § 49 BGB.; Enneccerus I § 107 II; Goldmann-Lilienthal I 93; Hölder Anm. 2 zu § 49; Rehbein I 57; abweichend anscheinend der Kommentar der Reichsgerichtsräte Bem. 2 zu § 49, der von einer Prüfungspflicht des Dritten ausgeht). Noch weiter geht Brodmann (Anm. 2). Er sieht die Vertretungsbefugnis der Liquidatoren als unbeschränkt an. § 70 regele nur die interne Geschäftsführungsbefugnis. Nach außen hin sei ein Unterschied zwischen der Rechtsstellung der Geschäftsführer nach § 36 und der Liquidatoren nicht zu machen. Die Unterscheidung zwischen liquidationsmäßigen und liquidationswidrigen Rechtsgeschäften sei für die Abgrenzung der Vertretungsmacht unverwendbar. Diese Ansicht geht zu weit. Brodmann beruft sich auf die gesetzliche Vertretungsbefugnis des Konkursverwalters und Testamentsvollstreckers. Allein auch für diese Verwalter fremden Vermögens greifen die gleichen Beschränkungen der gesetzlichen Vertretungsmacht Platz, wie sie für die Liquidatoren anzunehmen sind (vgl. oben Anm. 17). Das RG. hat zu der Streitfrage noch nicht Stellung genommen. Für eine Gewerkschaft hat es die von Brodmann vertretene Ansicht abgelehnt. Die Begründung läßt aber nicht erkennen, ob der Dritte, der mit den Liquidatoren kontrahiert, geschützt sein soll, wenn für ihn die Überschreitung der Vertretungsbefugnisse nicht erkennbar war (RG. 16. 12. 22 RGZ. 106, 68).

3. **Das von dem Liquidator in Überschreitung der ihm durch das Gesetz verliehenen Befugnis getätigte Geschäft ist nicht nichtig.** Es ist in der Schwebe, bis die Gesellschafter Beschluß fassen. Diesen steht die freie Entschließung zu. Die Gesellschafter haben freie Wahl, zu genehmigen oder abzulehnen (§ 178 BGB.). Die nachträgliche Zustimmung heilt das Geschäft. Hat der Gegenkontrahent gewußt, daß der Liquidator das Geschäft ohne Einwilligung der Gesellschafter schloß, so ist er gebunden. Auf sein Urteil über die Zugehörigkeit des Geschäfts zur Liquidation kommt es hierbei nicht an. Eine Anfechtung seiner Erklärung wegen Irrtums über den Inhalt derselben, weil er irrigerweise eine Zugehörigkeit des Geschäfts zum Liquidationskreise annahm (so Wimpfheimer 201), läßt sich nicht begründen. Die Meinung, dem anderen Kontrahenten bei der Abwicklung seines Geschäftsunternehmens behilflich zu sein, während er ihn in Wahrheit bei dessen Fortsetzung oder Erneuerung unterstützt, berührt nicht den Inhalt. Es ist ein außerhalb desselben liegender Punkt, der zum Beweggrund wird. Erst die Anm. 19.

§ 70. Aufforderung an die Gesellschaft macht dem Schwebezustand ein Ende. Ratifiziert diese nicht, so wird der Dritte frei. Die Aufforderung geht an den Liquidator. Ein anderes Organ zum Empfange hat die Gesellschaft nicht. Hierdurch mag es kommen, daß die Gesellschafter von dem für sie vielleicht ganz vorteilhaften Geschäfte nichts erfahren. Das ist aber nichts der Liquidation Eigentümliches. Es fließt aus der Stellung der Organe der Gesellschaft Dritten gegenüber. Die Liquidatoren bleiben für ihre Unterlassung verantwortlich. Nahm der Dritte an, daß der Liquidator ermächtigt sei, das Geschäft zu schließen, so ist er bei Kenntnis des Mangels berechtigt, ohne Aufforderung das Geschäft zu widerrufen (§ 178 BGB.; Wimpfheimer 200). Hatte der Liquidator fälschlicherweise die Einwilligung der Gesellschafter in gutem Glauben behauptet, so haftet er dem Dritten nur für den Schaden, den dieser durch sein Vertrauen auf die Vertretungsmacht erleidet (RG. 16. 12. 22 RGZ. 106, 68). Andernfalls auf das volle Interesse der Erfüllung (§ 179 BGB.). In dem Verschweigen der Eigenschaft als Liquidator und im Auftreten als Geschäftsführer liegt in gleicher Weise die Behauptung der unbeschränkten Vertretung (Anm. 13 zu § 35). Wird ein Genehmigungsbeschluß der Gesellschafter durch Anfechtung wieder beseitigt (Anm. 4 zu § 60), so hebt dies die Gültigkeit des mit dem Dritten geschlossenen Geschäfts nicht wieder auf.

Anm. 20. **Zusatz 1. Die gesetzliche Vertretungsbefugnis der Liquidatoren ist nach außen unbeschränkbar, nach innen beschränkbar** (§§ 37, 71). Statuten, Gesellschafterbeschlüsse oder Dienstverträge können den Liquidatoren zur Pflicht machen, nicht alle aus dem Liquidationszwecke folgenden Rechtsakte vorzunehmen. Es wird ihnen aufgegeben, bei Verkäufen von Grundstücken oder bei allen Rechtsakten die Genehmigung eines anderen Organs einzuholen. Dem Dritten gegenüber ist die Vertretungsbefugnis in den durch den Liquidationszweck (§ 70) gezogenen Grenzen unbeschränkbar. Über den Fall der Kollusion vgl. Anm. 12 zu § 37. Die Liquidatoren haben nur nach innen alle auferlegten Beschränkungen innezuhalten. Der Gesellschaftsvertrag kann vorschreiben, daß sie nach Eintritt der Liquidation das Geschäft mit der Firma einem Gesellschafter zu übertragen haben oder daß die Einzahlungen durch Bekanntmachung des Aufsichtsrats eingefordert werden. Darin liegt keine Einschränkung der Vertretungsmacht Dritten gegenüber, sondern den Gesellschaftern gegenüber (dies gegen RGZ. 45, 154, 155). Ebenso sind die Liquidatoren auch der Gesellschaft dafür verantwortlich, daß die innerhalb ihrer Vollmachten Dritten gegenüber gültig vorgenommenen Geschäfte auch in der Tat zu Liquidationszwecken dienen und angezeigt waren. Nach § 49 Abs. 1, der zufolge § 71 Abs. 1 auch für sie gilt, haben sie stets, wenn es im Interesse der Gesellschaft liegt, die Versammlung zu berufen (vgl. Anm. 6 zu § 49).

Die Verpflichtung der Liquidatoren zur Erfüllung ihrer gesetzlichen und statutarischen Aufgaben sowie zur Innehaltung der ihnen auferlegten Beschränkungen besteht nur der Gesellschaft gegenüber. Die Gesellschaft kann auf Erfüllung klagen. Auch im Wege einstweiliger Verfügungen wird sie die Pflichterfüllung der Liquidatoren durchsetzen können. Jedoch muß durch die Gesellschafter, notfalls nach § 29 BGB., für diese gerichtlichen Schritte ein besonderer Prozeßvertreter bestellt werden (Anm. 51 zu § 46; OLG. Stuttgart 17. 11. 21 OLGR. 42, 222). Doch wird die Abberufung des Liquidators das schnellere und wirksamere Mittel sein. Daneben ist die Schadensersatzklage der Gesellschaft gegen den Liquidator gegeben (§ 71). Der einzelne Gesellschafter hat keine Ansprüche gegen den Liquidator, weder auf Erfüllung noch auf Schadensersatz. Er kann gegen den Willen der Mehrheit die Abwicklung der Liquidation nicht durchsetzen, wenn der Liquidator die Geschäfte der GmbH. fortführt (vgl. BauersZ. 24, 70).

Anm. 21. Eine Erweiterung der gesetzlichen Vertretungsbefugnis kann durch Gesellschafterversammlung oder Statut geschehen. Staub (1. Auflage Anm. 21 S. 394) hat es verneint. Die Liquidatoren dürften alle Rechtsgeschäfte vornehmen, welche dem Liquidationszwecke entsprechen und nicht anderen Organen (Gesellschafterversammlung) vorbehalten sind. Wie könne da von einer Erweiterung noch gesprochen werden? Diese Ansicht war nicht aufrechtzuerhalten. Die Gesellschafter können neue Geschäfte beschließen (Anm. 4 zu § 60;

Wimpfheimer 194). Es kann lediglich in Frage kommen, ob der Beschluß anfechtbar ist. Wenn und insoweit ein Beschluß gültig gefaßt wird, muß auch der Liquidator befugt sein, ihn auszuführen. Die Genehmigung durch die Gesellschafter ist das einzige Mittel, die Zweifel zu heben, ob ein Geschäft dem Liquidationszwecke dient. Eine allgemeine Vollmacht zu aller Art von Rechtsgeschäften wird ungültig sein. Die für die konkreten Fälle erteilte ist wirksam. § 70.

Zusatz 2. Die Rechtswirkungen der von den Liquidatoren vorgenommenen Rechtshandlungen treffen die Gesellschaft und nur diese (vgl. Anm. 15 zu § 69). Über die Haftung der Gesellschaft für Delikte der Liquidatoren, über die Haftung der Liquidatoren selbst gegenüber Dritten für Delikte und schuldhafte Vertragsverletzungen, die sie bei der Geschäftsführung begehen, über die Haftung desjenigen, der sich fälschlich als Liquidator ausgibt, über die Zulässigkeit von Rechtsgeschäften der Liquidatoren mit sich selbst, über alle diese Fragen siehe Anm. 8ff. zu § 36. Anm. 22.

§ 71.

§ 71.

Die Liquidatoren haben die aus §§ 36, 37, § 41 Absatz 1, § 43 Absatz 1, 2 und 4, § 49 Absatz 1 und 2, § 64 sich ergebenden Rechte und Pflichten der Geschäftsführer.

Sie haben sofort bei Beginn der Liquidation und demnächst in jedem Jahre eine Bilanz aufzustellen.

Das Gesetz hebt nur einige Befugnisse und Verpflichtungen der Geschäftsführer hervor. Die Aufzählung ist nicht vollständig. Es ist aus der Nichtaufnahme eines Rechts oder einer Pflicht in den § 71 nicht zu entnehmen, daß dieses Recht oder diese Pflicht nicht besteht. Es bleibt stets zu untersuchen, ob auch die weiteren Rechte und Pflichten der Geschäftsführer nach dem Wesen der Liquidation für die Liquidatoren in Betracht kommen (vgl. z. B. Anm. 19 und 21 zu § 69).

1. Die in Abs. 1 hervorgehobenen Verpflichtungen sind bereits in der Erläuterung zu § 69 im Zusammenhange behandelt (vgl. Anm. 15ff. zu § 69). Anm. 1.

Zufolge § 64 sind die Liquidatoren verpflichtet, die Eröffnung des Konkurses zu beantragen, sobald die Zahlungsunfähigkeit der Gesellschaft eintritt oder aus einer aufgestellten Bilanz die Überschuldung sich ergibt. Sie haften hierbei wie die Geschäftsführer. Während des Konkurses hat der Liquidator die Stellung, welche der Geschäftsführer einer vor der Auflösung in Konkurs geratenen Gesellschaft hat (Neukamp-Becker Anm. 2). Vgl. Anm. 6ff. zu § 64. Anm. 2.

2. **Die Liquidatoren haben bei Beginn der Liquidation und „demnächst" in jedem Jahre eine Bilanz aufzustellen.** Gleichlautend § 91 Abs. 1 Satz 1 österr. Ges. Anm. 3.

a) Die Bilanz bei dem Beginn der Liquidation. Sie ist keine Eröffnungsbilanz für eine neue GmbH. in Liquidation. Es entsteht keine neue Gesellschaft. Die vorgeschriebene Bilanz eröffnet nur das besondere Stadium der Auflösung. Die bisher geführten Bücher sind für diesen Zeitpunkt abzuschließen. Die Bilanz ist unter Zugrundelegung eines Inventars aufzustellen. Fällt der Beginn der Liquidation in das Geschäftsjahr der Gesellschaft, so kann die Schlußbilanz für den abgelaufenen Bruchteil des Geschäftsjahres unterbleiben. Diese hätte ja auch keinen Zweck. Die Auflösung ist beschlossen. Der Gewinn kann also nicht mehr verteilt werden (vgl. Anm. 8 zu § 69). Wird die Auflösung kurz vor Ende eines Geschäftsjahres beschlossen, so kann beinahe für ein ganzes Jahr die Aufstellung einer Bilanz und die Verteilung von Dividenden fortfallen. Nur wegen der Tantiemen könnte eine solche Schlußbilanz in Frage kommen. Aber diese deckt sich keineswegs mit der ersten Bilanz der Liquidationsgesellschaft. Der Gewinn ist nicht verteilbar, wenn für das ganze abgelaufene Geschäftsjahr zur Zeit des Liquidationsbeginnes die Bilanz noch nicht festgestellt war (vgl. Anm. 8 zu § 69).

§ 71. Anm. 4. Die Eröffnungsbilanz ist der Gesellschafterversammlung nicht vorzulegen. Crüger-Crecelius (Anm. 2) hält die Vorlegung für erforderlich, verneint aber die Notwendigkeit der Feststellung der Bilanz durch die Gesellschafter. Neukamp-Becker (Anm. 3) fordern auch diese Feststellung der Bilanz. Der § 46 Nr. 1 bezieht sich aber nur auf die Jahresbilanz. Bei Bankgeschäften ist sie nicht zu publizieren. Auch § 41 Abs. 4 bezieht sich nur auf die Jahresbilanz (vgl. unten Anm. 6 und 7).

Anm. 5. b) *„Demnächst" ist in jedem Jahre eine Bilanz aufzustellen.* Das Gesetz gibt keinen bestimmten Zeitpunkt hierfür an. Es genügt, wenn die Bilanz spätestens ein Jahr nach der Aufstellung der Eröffnungsbilanz errichtet wird. Die Wahl eines früheren Zeitpunktes erscheint nach der Fassung des Gesetzes nicht ausgeschlossen. Es steht nichts entgegen, für die späteren Bilanzen den Schluß des Geschäftsjahres oder des Kalenderjahres zu wählen. § 299 HGB. sieht dies für das Geschäftsjahr ausdrücklich vor. Das Fehlen dieser Bestimmung im GmbHG. beweist nichts gegen die hier vertretene Ansicht. Seine Fassung schließt die Bestimmung ohnehin ein (zustimmend Brodmann; zu eng Neukamp-Becker Anm. 3, Liebmann Anm. 2, Crüger-Crecelius Anm. 2, Warneyer-Koppe und Esser, die teils das Geschäftsjahr, teils das Kalenderjahr für maßgebend erachten).

Anm. 6. c) **Die Grundsätze, nach welchen die Liquidationsbilanzen aufzustellen sind.** Die Sonderbilanzvorschriften des Gesetzes (§ 42) fallen hier fort. In § 299 Abs. 2 HGB. ist dies für die Aktiengesellschaft ausdrücklich vorgeschrieben. Hier folgt es aus der Natur der Sache (RG. 1. 10. 12 RGZ. 80, 106ff.; JW. 1913, 49[40]; vgl. Anm. 30 zu § 42). Dies mag die Kontinuität der Bilanz stören (Förtsch). Doch kommt dies nicht in Betracht. Die Auflösung bewirkt in dem Leben der Gesellschaft eine bedeutsame Zäsur. Sie durchbricht die Kontinuität in den mannigfachsten Richtungen. Über die Kontinuität vgl. Ziff. 9 Anm. 12 zu § 42. Gemeint ist nur die Anwendung gleicher Grundsätze absoluten Rechtes. Jene Grundsätze passen nur für die ordentlichen Geschäftsbilanzen. Sie sind *Ertrags*verteilungsbilanzen. Die Liquidationsbilanzen aber sind *Vermögens*verteilungsbilanzen (RG. 12. 5. 14 RGZ. 85, 43). Es soll das vorhandene Vermögen realisiert und der hierbei erzielte Erlös verteilt werden. Mit Rücksicht auf diesen Zweck muß überall dasjenige als Wert eingestellt werden, was sich bei der Realisation voraussichtlich als Erlös ergeben wird (RGZ. 80, 106). Dabei ist nicht überall notwendig, an Veräußerung zu denken. Hypotheken z. B., die einen geringeren Veräußerungswert haben, die aber durch Einziehung bei Fälligkeit voraussichtlich voll eingehen werden, können zum vollen Nennbetrage eingestellt werden. Wo die Veräußerung beabsichtigt ist, ist die voraussichtliche Art der Veräußerung bestimmend. So braucht nicht derjenige Wert eingestellt zu werden, der bei einer Einzelversilberung sich ergeben würde, wenn der Liquidator damit umgeht, das Geschäft in Bausch und Bogen zu verkaufen, und ein sicherer Käufer in Aussicht steht, vielleicht schon eine bindende Offerte abgegeben hat. Besondere Schwierigkeiten werden die nicht zur Weiterveräußerung, sondern dauernd zum Betriebe bestimmten Gegenstände machen. Hier sträubt sich die Geschäftsübung dagegen, sofort bei der Liquidationsbilanz im Hinblick auf eine Veräußerung den bisherigen Bilanzwert herabzusetzen. Mit Recht. Die Liquidatoren dürfen so lange davon ausgehen, daß der Gebrauchswert und der Erstehungswert auch den Verkaufswert bildet, als nicht bestimmte Momente zu der gegenteiligen Annahme zwingen. Es kann trotz eines momentanen Sinkens der Bodenwerte eine Minderung im Grundstückskonto abgelehnt werden, wenn eine Besserung der Preise zu erhoffen ist und der Liquidator diese Zeit abwarten kann. Ist jedoch die Fabrik zu teuer gebaut, so daß ein Verkauf nie diesen Preis bringen wird, so ist die sofortige Abschreibung nötig. Ergibt die Liquidationsbilanz die Überschuldung, so muß Konkurs angemeldet werden. — Das Stammkapital braucht in diesen Bilanzen nicht zu figurieren. Seine Einstellung wird aber ratsam sein. Denn man zeigt dadurch, wie das Liquidationsvermögen sich auf die Stammanteile verteilt. Eine Notwendigkeit, die Reserven besonders anzugeben, besteht nicht (vgl. Anm. 1 zu § 72).

Anm. 7. d) Die späteren Liquidationsjahresbilanzen sind innerhalb der in § 41 aufgestellten Frist aufzustellen. Bei Bankgeschäften sind sie zu publizieren (vgl. hierüber Anm. 21 zu § 69). Sie sind auch der Gesellschafterversammlung zur Feststellung vorzulegen (vgl. Anm. 30 zu § 69). Ebenso Neukamp-Becker Anm. 3 zu § 71; a. M. dagegen Förtsch, Liebmann und Brodmann Anm. 2 zu § 69. Letzterer sieht in der Aufstellung der Jahresbilanz im Liquidationsstadium nur eine Rechnungslegung des Liquidators, die für eine Feststellung durch die Gesellschafter keinen Raum lasse. Die Genehmigung dieser Bilanz durch die Gesellschafter bedeutet aber die Anerkennung der Rechnungslegung. Sie bildet die Grundlage für die weitere Liquidationstätigkeit. Die Jahresbilanzen sind zum Handelsregister nur bei Bankgeschäften einzureichen (§ 41 Abs. 4; Anm. 21 zu § 69). § 71.

e) Ein Zwang zur Aufstellung der Bilanzen durch den Registerrichter findet nicht statt, wohl aber zur Publikation bei Bankgeschäften (vgl. Anm. 33 u. 45 zu § 41; Anm. 20 u. 21 zu § 69). Anm. 8.

f) Über die Rechte der einzelnen Gesellschafter gegenüber dem Liquidator sowie über die Möglichkeiten, die Erfüllung der dem Liquidator obliegenden Pflichten zu erzwingen, vgl. Anm. 20 zu § 70 und OLG. Stuttgart 17. 11. 21 OLGR. 42, 222. Anm. 9.

Zusatz. Die steuerrechtlichen Pflichten des Liquidators sind in der RAbgO. geregelt. Der Liquidator hat dafür einzustehen, daß alle steuerrechtlichen Pflichten der GmbH. erfüllt werden. Er hat daher für ordnungsmäßige Buchführung und Bilanzaufstellung und für richtige und pünktliche Abgabe der Steuererklärungen zu sorgen, ebenso für die Entrichtung der Steuern aus der Liquidationsmasse (§ 84). Auf Verlangen der Steuerbehörde hat er aus der Masse Sicherheit zu leisten (§ 87, der über § 73 des GmbHG. hinausgeht). Der Liquidator haftet neben der GmbH. für die Steuerschuld persönlich, soweit durch schuldhafte Verletzung dieser Pflichten die Steueransprüche beeinträchtigt werden (§ 90). Eine Befreiung von den Verpflichtungen tritt für den Liquidator durch Erlöschen seines Amtes nicht ein, wenn sie vorher entstanden waren (§ 91; vgl. RFH. 7. 11. 22 E. 10, 319). Wegen Steuerhinterziehung der GmbH. ist der Liquidator strafbar (§§ 359, 367). Die GmbH. haftet neben ihm gemäß § 92 (vgl. Anm. 5 zu § 13). Anm. 10.

§ 72.

§ 72.

Das Vermögen der Gesellschaft wird unter die Gesellschafter nach Verhältnis ihrer Geschäftsanteile verteilt. Durch den Gesellschaftsvertrag kann ein anderes Verhältnis für die Verteilung bestimmt werden.

I. **Zur Verteilung unter die Gesellschafter** ist das nach Berichtigung der Schulden verbleibende Vermögen der Gesellschaft bestimmt (§ 300 HGB.; vgl. § 73). Nicht bloß ein der Ziffer des Stammkapitals entsprechender Teil des Gesellschaftsvermögens, sondern alles, was vorhanden ist, muß zunächst verwendet werden, um die Gläubiger zu befriedigen. Denn das ganze Gesellschaftsvermögen haftet den Gläubigern (§ 13 Abs. 2 und Anm. 16 dazu). Es haftet, auch soweit ihm Reservekonten gegenüberstehen. Auch ein etwaiger Dividendenergänzungsfonds macht keine Ausnahme. Denn auch dieser stellt keinen Gläubigeranspruch der Gesellschafter dar. Für diesen Zweck der Liquidation genügt daher eine Bilanz ohne Berücksichtigung der Reservekonten (vgl. Anm. 6 zu § 71). Sie enthält auf der einen Seite lediglich die Aktiva, auf der anderen lediglich die Schulden. Mit der Festsetzung der auszuschüttenden Masse und der zu verteilenden Quote entsteht ein Forderungsrecht der Gesellschafter gleich dem auf die festgestellte Dividende. Das abstrakte Recht auf die Liquidationsquote wird zum konkreten Zahlungsanspruch (Wimpfheimer, Die Gesellschaften im Stadium der Liquidation 191). Anm. 1.

II. **Die Grundsätze über die Verteilung des Liquidationsüberschusses.** Anm. 2.

1. Nach der gesetzlichen Regel wird das Vermögen nach Verhältnis der Geschäftsanteile verteilt. Es entscheidet der Nennbetrag der Geschäftsanteile, nicht der Nennbetrag im Verhältnis zu dem Stammkapitalbetrag, sondern im Verhältnis der Geschäftsanteile untereinander. Das wird bei Einziehung einzelner Geschäftsanteile ohne

§ 72. Herabsetzung des Stammkapitals (Anm. 20 zu § 34) und bei Herabsetzung des Stammkapitals zur Beseitigung einer Unterbilanz (Anm. 7 zu § 58) von praktischer Bedeutung. Hierbei verschiebt sich der ursprüngliche prozentuale Anteil des Gesellschafters am Gesellschaftsvermögen. Das Verhältnis der Beteiligungen untereinander bleibt aber konstant. Das Gleiche gilt bei der Kaduzierung von Geschäftsanteilen, die weder von Rechtsvorgängern übernommen noch durch Versteigerung verwertet werden konnten, also zur Verfügung der Gesellschaft stehen (OLG. Darmstadt 21. 5. 15 RundschGmbH. 1915, 388). Bei der Verteilung des Gesellschaftsvermögens wird keine Rücksicht darauf genommen, ob es sich um Sacheinlagen oder um Geldeinlagen handelt. Es hat nicht etwa der Geldeinzahler das Recht auf bare Auszahlung und der Sacheinleger einen Anspruch auf Rückgabe seiner Einlage oder des Erlöses aus derselben. Beide Arten von Einlagen sind durch den Akt der Gründung Eigentum der Gesellschaft geworden. Sie unterliegen nach Auflösung und Liquidation einfach der Verteilung unter die Gesellschafter nach Verhältnis der Nennbeträge ihrer Geschäftsanteile. Es sind auch nicht etwa vorher die gezahlten Nachschüsse zurückzuzahlen. Über die Rückzahlung von Nachschüssen s. Anm. 31 zu § 69.

Anm. 3. Das Gesetz scheint keine Rücksicht darauf zu nehmen, wieviel auf Geldeinlagen eingezahlt ist (vgl. RGZ. 33, 16 für das frühere Aktienrecht). Eine dem § 300 Abs. 3 HGB. analoge gesetzliche Vorschrift fehlt, während das österr. Ges. § 91 Abs. 3 Satz 2 die einbezahlten Stammeinlagen als Maßstab erklärte. Allein trotzdem muß das Ergebnis das gleiche sein. Man behandelt die Rückstände an Geldeinlagen als Forderungen der Gesellschaft. Bei der Einziehung von Rückständen und bei Ausführung der Verteilung läßt man eine Kompensation eintreten (vgl. Anm. 6 u. 30 zu § 69; Förtsch Anm. 1; Neukamp-Becker Anm. 3). Die Einziehung der ausstehenden Einlagen erfolgt aber auch hier nur, soweit dies zur Ausgleichung nötig ist. Damit gelangt man tatsächlich zu denselben Ergebnissen, wie es § 300 HGB. für das Aktienrecht vorschreibt. Wer mehr eingezahlt hat, empfängt mehr zurück. Ebenso sind die noch ausstehenden Einlagen einzuziehen, sofern das vorhandene Vermögen nicht zur Deckung der Einlagen der vollbezahlten Geschäftsanteile genügt. Es können nicht die säumigen Gesellschafter den Liquidationsverlust völlig auf die nicht säumigen abwälzen. Dieser muß gleichmäßig alle Gesellschafter treffen. Hatten also von den Gesellschaftern zwei die Einlagen, die für jeden 10000 M. betragen, einbezahlt, der Dritte aber nur 5000 M., waren bei Abschluß der Liquidation nur 10000 M. vorhanden, so muß der Verlust von 15000 M. von jedem Gesellschafter mit 5000 M. getragen werden. Würde man von den vorhandenen 10000 M. jedem ein Drittel geben, so erhielten die vollbezahlten Anteile 3333,33, während sie Anspruch auf 5000 M. hätten. Sie bekommen daher die 10000 M. jeder zur Hälfte. Der Dritte erhält nichts und gibt nichts. Wären nur 7000 M. vorhanden, der Verlust mithin 18000 M., so trägt jeder Beteiligte 6000 M. Der dritte Gesellschafter hätte noch 1000 M. einzubezahlen. Die dann vorhandenen 8000 M. erhielte jeder der beiden anderen Gesellschafter zur Hälfte.

Anm. 4. 2. **Durch den Gesellschaftsvertrag kann ein anderes Verhältnis für die Verteilung bestimmt werden** (vgl. RG. 22. 12. 14 JW. 1915, 335).

a) Ein anderes Verhältnis. Es kann also bestimmt werden, daß die Geldeinleger ihr Geld, die Sacheinleger den Erlös ihrer Sacheinlage oder diese selbst zurückerhalten, und der Überschuß geteilt wird (RG. LZ. 1911, 219), oder daß ein Gesellschafter bestimmte Sachen aus der Liquidationsmasse erhält (vgl. unten Anm. 8). Es kann bestimmt werden, daß gewisse Geschäftsanteile einen höheren Prozentsatz erhalten. Das wird dann geschehen, wenn Erfindungen statutarisch eingebracht werden, für die man wegen ihres ungewissen Wertes keinen allzu hohen Geschäftsanteil schaffen, die man aber andererseits den Geschäftsanteilen mit größerer Geldeinlage gleichstellen will. Es kann bestimmt werden, daß der Gesellschafter, der bei der Gründung der GmbH. ein Geschäft mit Aktiven und Passiven eingebracht hat, dieses Geschäftsunternehmen mit Aktiven und Passiven und der Firma auf sein Verlangen zurückerhält (BayObLG. 12. 11. 21 LZ. 1922, 127). Über das Vorrecht einer Übernahme des Geschäftes bei der Auflösung der Gesellschaft durch Urteil vgl.

Einleitung zu § 61. Selbstredend wirken diese Bestimmungen nur unter den Gesellschaftern. § 72.
Den Gläubigern gegenüber entsteht aus einer solchen Abrede kein Anspruch auf Aussonderung der Einlage. Dies ist nur dann möglich, wenn die Sache nur zum Gebrauche eingebracht würde. Es kann im Gesellschaftsvertrage bestimmt werden, daß das Verhältnis der eingezahlten Beträge entscheidet, daß nach Köpfen geteilt werde usw. usw.

b) Durch den Gesellschaftsvertrag kann dieses andere Verhältnis bestimmt werden. Anm. 5.
Zweifelsohne durch den ursprünglichen. Aber auch durch einen späteren. Ein solcher Statutenänderungsbeschluß greift aber in ein unentziehbares Recht der Gesellschafter auf die nach dem Gesetze bestimmte Liquidationsquote ein. Es ist in diesem Sinne ein Sonderrecht. Eine Abänderung bedarf der Zustimmung der hierdurch Betroffenen. Unter Umständen wird daher Einstimmigkeit vorhanden sein müssen. So wenn nachträglich bestimmt wird, daß die Sacheinleger ihre Sacheinlagen, die Geldeinleger ihre Bareinlagen zurückerhalten, der Überschuß aber geteilt wird. Hierdurch werden alle Gesellschafter berührt. Deshalb ist Zustimmung aller Gesellschafter erforderlich. Wäre aber im Gesellschaftsvertrage festgesetzt, daß die Sacheinleger ohne Rücksicht auf den Vermögensstand der Gesellschaft den Gegenstand ihrer Einlage wieder herausnehmen, so bedarf eine Änderung dieser Bestimmung, welche die gesetzliche Vorschrift der Teilung des Gesamtvermögens nach Stammeinlagen einführt, neben der für jede Statutenänderung erforderlichen Mehrheit nur der Zustimmung des Sacheinlegers (vgl. Anm. 16ff. und Anm. 22 zu § 53). Die Ansicht von Neukamp-Becker Anm. 4, der stets Einstimmigkeit fordert, verkennt das Wesen des Sonderrechts und seine Bedeutung für die Beschlüsse der Gesellschaft.

Ein solcher, das Verteilungsverhältnis behandelnder Beschluß kann auch noch im Liquidationsstadium gefaßt werden. Eine Statutenänderung ist auch im Liquidationsstadium möglich (Anm. 38 u. 39 zu § 69). Die herrschende Meinung verneint dies. Ein einstimmiger Beschluß aller Gesellschafter wird jedenfalls insofern gültig sein, als sie sich gegenseitig zur Gewährung der vom Gesellschaftsvertrag oder Gesetz abweichenden Quote verpflichten.

c) Ein anderes Verhältnis kann auch durch die besonderen Umstände des Falles erzeugt Anm. 6.
werden. So wenn ein Teil der Gesellschafter gegen den Widerspruch der Minderheit in unwirksamer Weise die Fortsetzung der Gesellschaft beschlossen hatte. Der Verlust aus der ungültigen Fortführung des Geschäfts berührt die widersprechenden Gesellschafter nicht. Sie können diejenigen Teilungsquoten verlangen, die sie nach einer Liquidation zur Zeit der vertragsmäßigen Auflösung der Gesellschafter erhalten hätten. Ihnen können die Gesellschafter, die für die Fortführung stimmten, nicht gleichgestellt werden (RG. 6. 12. 12 JW. 1913, 273[15]). Dies gilt aber nicht für einzelne Geschäfte, zu denen die Gesellschafter als Mehrheit die Liquidatoren ermächtigen, auch wenn diese nicht in den Rahmen der Liquidation fallen. Die Minderheit muß sie anfechten, wenn sie sich nicht fügt. Andernfalls könnte diese auf Kosten der Mehrheit spekulieren. Je nach dem Ausfalle wälzte sie die Folgen von sich ab.

Zusatz 1. Nicht behandelt ist die Frage, durch wen die Verteilung des Gesellschafts- Anm. 7.
vermögens unter die Gesellschafter zu erfolgen hat. Förtsch Anm. 2 zu § 73 meint, daß die Liquidatoren diese Aufgabe nicht haben. Ihre letzte Pflicht sei die „Ausantwortung" an die Anfallberechtigten. Diese hätten die Verteilung unter sich vorzunehmen. Gegen diese Ansicht sprechen zunächst praktische Bedenken. Allein auch die Gesetzesstellen, auf welche sie sich stützt, sprechen nicht dafür. Förtsch verweist auf § 49 Abs. 1 BGB. Aber nach § 72 des Gesetzes sind eben die Gesellschafter nach Verhältnis ihrer Geschäftsanteile anfallberechtigt. Auf die Verteilung in dieser Weise haben die Gesellschafter einen obligatorischen Anspruch an die Gesellschaft. Diesen zu befriedigen, ist die Aufgabe der gesetzlichen Vertreter der Gesellschaft. Auch aus § 73 Abs. 3 geht hervor, daß die Liquidatoren die Verteilung zu bewirken haben.

Die Liquidatoren haben ausschließlich das Recht der Verteilung und Zuweisung. Eine Aufteilung durch die Gesellschafter hat nur die Bedeutung eines internen Beschlusses. Es

§ 72. bedarf des Vollzuges durch die Liquidatoren genau so wie bei bestehender Gesellschaft jeder Beschluß der Ausführung durch den Geschäftsführer (Anm. 1 zu § 48). Die Rechte an den einzelnen Gegenständen, welche die Gesellschafter in Natur erhalten sollen, müssen durch die Liquidatoren übertragen werden. Dies gilt auch von solchem Vermögen, das sich nach dem Erlöschen der GmbH. und der Niederlegung des Amtes der Liquidatoren noch vorfindet. Es entsteht kein Bruchteilsmiteigentum unter den Gesellschaftern kraft Gesetzes (OLG. Kolmar 29. 6. 10 BauersZ. 18, 65).

Streitigkeiten über die Verteilung sind nicht durch Klage des Gesellschafters gegen die anderen Gesellschafter, sondern gegen die Liquidatoren auszutragen (RG. 5. 10. 04 RGZ. 59, 58; RundschGmbH. 1917, 271). Man kann auch keine Ausnahme für den Fall machen, daß ein Gesellschafter nicht den Verteilungsplan als Ganzes, sondern nur die Zuweisung an einen Gesellschafter angreift (so Neukamp-Becker Anm. 2). Die Bestimmung des § 155 Abs. 3 HGB. über die offene Handelsgesellschaft ist auf die juristischen Personen des Handelsrechts nicht anwendbar. Es wird auch für die übrigen Gesellschafter ohne Bedeutung sein, ob der Prozeß zwischen dem widersprechenden Gesellschafter und dem Liquidator oder unter Aussetzung der Verteilung zwischen jenem und einem anderen Gesellschafter geführt wird. In beiden Fällen müssen die anderen Interessenten den Austrag des Streites abwarten. Eine Unbilligkeit liegt freilich darin, daß ein Streit zweier Gesellschafter die anderen in Mitleidenschaft zieht. Das fließt aber aus der Gesellschaft, nicht aus der Stellung des Liquidators.

Sind die Liquidatoren Gesellschafter, so können sie die Verteilung des Vermögens an sich selbst vornehmen. § 181 BGB. steht nicht entgegen. Sie erfüllen nur eine bestehende Verbindlichkeit der GmbH. (LG. Mainz 5. 7. 13 RundschGmbH. 1913, 293). Nicht aber dürfen die Liquidatoren, ohne daß sie der Gesellschaftsvertrag oder ein Gesellschafterbeschluß hierzu ermächtigt, an sich Gesellschaftsvermögen in natura zur Verrechnung auf ihre Liquidationsquote ausantworten. Das würde nicht die Erfüllung einer Verbindlichkeit der GmbH. sein. Sie haben keinen Anspruch auf Naturalverteilung. Die Übertragung ist nur mit Zustimmung aller an eren Gesellschafter gültig (vgl. unten Anm. 8; unrichtig LG. Mainz a. a. O. und OLG. Darmstadt 21. 5. 15 RundschGmbH. 1915, 388).

Anm. 8. **Zusatz 2. Die Frage, in welchen Werten die Verteilung erfolgen muß, ist im Gesetze nicht behandelt.** Die Verteilung erfolgt in Geld. Das ist der regelmäßige Gang der Sache. Aber das Gesetz hat dem Gesellschafter kein unentziehbares Recht auf Auszahlung des Liquidationsüberschusses in Geld gewähren wollen. Das erhellt aus § 49 Abs. 1 Satz 3 BGB. für das Recht der Vereine. Es muß daher angenommen werden, daß regelmäßig allerdings der Liquidationsüberschuß in Geld auszuzahlen ist. Dies kann aber nicht nur dann unterbleiben, wenn der Gesellschaftsvertrag ein anderes bestimmt. Das ist selbstverständlich. Es kann auch ein einfacher Generalversammlungsbeschluß Naturalteilung anordnen (RG. 15. 11. 05 RGZ. 62, 56; OLG. Darmstadt 21. 5. 15 RundschGmbH. 1915, 388 und LG. Mainz 5. 7. 13 RundschGmbH. 1913, 293 übersehen das Erfordernis eines Gesellschafterbeschlusses). Letzteres kann natürlich nur geschehen, wenn der Gesellschaftsvertrag nicht entgegensteht. Dann müßte ein Statutenänderungsbeschluß und, wenn die Statuten ersehen lassen, daß ein Sonderrecht festgesetzt werden sollte, außerdem noch die Zustimmung der Sonderberechtigten vorliegen. Daß aber der Anspruch auf Geldauszahlung nicht ohne weiteres ein Sonderrecht der Gesellschafter ist, das durch Mehrheitsbeschluß nicht aufgehoben werden könnte, wird auch für das Aktienrecht angenommen (Behrend § 140 Anm. 41; Ring Anm. 2 zu § 300; Staub-Pinner § 300 Anm. 3). Vorausgesetzt ist aber stets, daß der Anspruch der Gesellschafter auf gleichmäßige Vornahme dieser Naturalteilung nicht verletzt wird. Dies liegt nicht vor, wenn statt Wertpapieren einzelnen Gesellschaftern, deren Geschäftsanteile geringer sind, Geld gegeben wird (RG. a. a. O.), wie überhaupt da, wo die Sachleistung wirtschaftlich als börsen- oder marktgängige Ware dem Gelde gleichsteht. Fehlt dies Moment, so hindert die Ungleichheit die Verteilung in Stücken. Bei Terraingesellschaften ist also eine solche Teilung nur bei gleichwertigen Parzellen möglich.

Zusatz 3. Nicht behandelt ist im Gesetze die Frage, in welchem Verhältnis Verluste der GmbH. unter die Gesellschafter zu verteilen sind. Ihre Haftung ist auf ihre Stammeinlage beschränkt. Die Frage einer Verteilung der Verluste entsteht daher überhaupt nur bei der Liquidation, wenn das Stammkapital teilweise verloren ist. Die Gesellschafter können aus der Liquidationsmasse den Nennbetrag ihrer auf die Stammeinlage geleisteten Einzahlungen nicht in voller Höhe erhalten. Sie erleiden insoweit einen Verlust. Aus der Vorschrift, daß die Verteilung der Liquidationsmasse nach Verhältnis der Geschäftsanteile zu erfolgen hat, ergibt sich die Tragung der Verluste im gleichen Verhältnis. Eine abweichende Regelung ist zulässig (oben Anm. 4). Es kann z. B. bestimmt werden, daß an einzelne Gesellschafter Liquidationsvermögen erst verteilt wird, wenn andere Gesellschafter in Höhe ihrer Stammeinlagen ausgezahlt sind. Zu unterscheiden hiervon sind Abreden ähnlicher Art außerhalb des Gesellschaftsvertrags unter den Gesellschaftern. So bei Garantien, die der eine dem andern leistet. Ein Anspruch gegen die Gesellschaft auf vorzugsweise Verteilung der Liquidationsmasse wird dadurch nicht begründet. Die Gesellschafter erwerben nur Ansprüche auf den unter ihnen besonders geregelten Ausgleich (RG. 22. 12. 14 JW. 1915, 335). § 72. Anm. 8a.

Zusatz 4. Bestimmungen des Gesellschaftsvertrags, durch welche die Liquidationsraten zugunsten der Gesellschaft verfallen, wenn sie innerhalb einer bestimmten Zeit nicht abgehoben werden, sind im ursprünglichen Gesellschaftsvertrag ohne Zweifel zulässig. Nach RGZ. 7, 32 kann auch ein Statutenänderungsbeschluß dies anordnen. Doch ist diese Ansicht bedenklich. Der Anspruch auf die Liquidationsraten ist ein unentziehbares Recht. Anm. 9.

Zusatz 5. Das gleiche gilt von einer Bestimmung, daß das Gesellschaftsvermögen ganz oder zum Teil nicht unter die Gesellschafter verteilt, sondern anderen Zwecken zugeführt werden soll. Durch die Vorschrift des § 72 sollte eine derartige Statutenbestimmung nicht ausgeschlossen werden. Sie ist gemäß § 45 BGB. für Vereine zugelassen. Deshalb gilt sie auch für die GmbH. So wird sie auch für das Aktienrecht für zulässig erachtet (vgl. Staub-Pinner HGB. Anm. 1 zu § 300). Anm. 10.

§ 73.

§ 73.

Die Verteilung darf nicht vor Tilgung oder Sicherstellung der Schulden der Gesellschaft und nicht vor Ablauf eines Jahres seit dem Tage vorgenommen werden, an welchem die Aufforderung an die Gläubiger (§ 65 Absatz 2) in den öffentlichen Blättern zum dritten Male erfolgt ist.

Meldet sich ein bekannter Gläubiger nicht, so ist der geschuldete Betrag, wenn die Berechtigung zur Hinterlegung vorhanden ist, für den Gläubiger zu hinterlegen. Ist die Berichtigung einer Verbindlichkeit zur Zeit nicht ausführbar oder ist eine Verbindlichkeit streitig, so darf die Verteilung des Vermögens nur erfolgen, wenn dem Gläubiger Sicherheit geleistet ist.

Liquidatoren, welche diesen Vorschriften zuwiderhandeln, sind zum Ersatze der verteilten Beträge solidarisch verpflichtet. Auf den Ersatzanspruch finden die Bestimmungen im § 43 Absatz 3 und 4 entsprechende Anwendung.

I. Durch die Auflösung der Gesellschaft und den Eintritt der Liquidation ändert sich die Rechtslage. Das Verbot der Auszahlung des Vermögens an die Gesellschafter kann nicht aufrechterhalten werden. Die Liquidation soll es ihnen ja gerade wieder zuführen. Es gilt daher nur, so lange die Gläubiger nicht befriedigt sind. Sie gehen den Gesellschaftern vor. Doch muß auch hier ein Zeitpunkt kommen, in dem die Ausschüttung des Stammkapitals zulässig ist. Dem dient die Vorschrift des Sperrjahres. Nach dessen Ablauf können unbekannte Gläubiger die Auszahlung an die Gesellschafter nicht mehr hindern. Auf der anderen Seite spielt es keine Rolle, welche Art des Gesellschaftsvermögens vorliegt. Das Verbot der Auszahlung vor der Deckung oder Sicherung der bekannten Gläubiger und Anm. 1.

§ 73. vor Ablauf des Sperrjahres erfaßt auch die Reserven und Nachschußkonten. Die Frist des § 30 Abs. 2 ist im Stadium der Liquidation bedeutungslos. Stets muß es sich um die Ansprüche der Gesellschafter auf Verteilung von Gesellschaftsvermögen handeln. Auf Vergütung für Tätigkeit als Organ der Gesellschaft (Tantiemeansprüche) erstreckt sich das Verbot des § 73 nicht. Sie können vor der Befriedigung oder Sicherstellung aller Gläubiger und vor Ablauf eines Sperrjahres befriedigt werden.

Anm. 2. Dividendenansprüche, welche vor dem Eintritt oder spätestens mit dem Eintritt der Liquidation entstehen, stehen den Ansprüchen anderer Gläubiger gleich (Jaeger KO. Anm. 12 zu § 208). Doch kann nach dem Eintritt der Liquidation ein Dividendenanspruch nicht mehr fällig und eine Verteilung von Dividenden für die Zeit vor der Liquidation im Stadium der Liquidation nicht mehr beschlossen werden (vgl. Anm. 8 zu § 69). Über den Einfluß des § 30 Abs. 1 auf den Dividendenanspruch vgl. Anm. 8 zu § 29 und Anm. 3 zu § 70.

Anm. 3. II. **Die Vorschriften zum Schutze der Gläubiger.**

1. **Die vorgesehene Aufforderung an die Gläubiger** (§ 65 Abs. 2). Hierüber s. Anm. 11 zu § 65.

Anm. 4. 2. **Das Sperrjahr. Es muß ein Jahr verflossen sein seit der dritten Publikation dieser Aufforderung.** Das Sperrjahr bedeutet keine Präklusivfrist. Es nimmt dem Gläubiger keines seiner Rechte. Sein Ablauf befreit nur den Liquidator von der Pflicht zur Zurückhaltung des Vermögens. Auch der Gesellschaftsvertrag kann an das Sperrjahr keine weiteren Wirkungen knüpfen. Es ordnet ja nur die Rechtsbeziehungen der Gesellschaft zu den Gesellschaftern (RG. 24. 2. 86 JW. 1886, 119). Der Gläubiger kann sich jederzeit melden. Er muß auch nach Ablauf des Sperrjahres befriedigt werden. Nur wenn die Ausschüttung des Vermögens in erlaubter Zeit und in Unkenntnis der Ansprüche des Gläubigers erfolgt war, muß dieser den Verlust leiden. Sein Recht selbst wird nicht berührt. Es ist nur kein Mittel zur Befriedigung mehr vorhanden.

Sind die Liquidatoren von der Verpflichtung zur öffentlichen Aufforderung der Gläubiger auf Grund eines Antrages nach § 7 der VO. vom 14. Febr. 1924 befreit worden (Anm. 11 zu § 65), so beginnt der Lauf des Sperrjahres mit dem Tage, an dem die Auflösung der Gesellschaft durch das Registergericht bekanntgemacht ist.

Für *Kriegsgesellschaften* ist die Sperrfrist durch Gesetz vom 15. Juli 1921 (RGBl. 942) auf drei Monate abgekürzt worden (vgl. Anm. 24 zu § 60).

Anm. 5. 3. **Die Befriedigung oder Sicherstellung der Gläubiger.**

a) *Ein Gläubiger meldet sich.* Unbestrittene und fällige Forderungen müssen befriedigt werden. Die Liquidation bewirkt keine Veränderung der Gläubigerrechte. Längere Verträge werden dadurch keinem vorzeitigen Ende zugeführt. Befristete Forderungen werden nicht fällig. Anders nur, wenn sich dies aus dem Vertragsinhalt als gewollt ergibt. So wenn das produktive Fortbestehen der Gesellschaft bei Eingehung des Vertragsverhältnisses allseitig vorausgesetzt wurde (ROHG. 24, 245; RGZ. 5, 7; 9, 14). In dem Eintritte der Liquidation liegt an sich kein Arrestgrund (ROHG. 23, 150). Ob ein solcher in der Verletzung der Gläubigerschutzvorschriften liegt, ist im Einzelfalle zu prüfen. Eine Schuld wird durch den Eintritt der Liquidation nicht etwa aus einer Bringschuld eine Holschuld oder aus einer Holschuld eine Bringschuld. Der Eintritt der Liquidation ist kein Hinterlegungsgrund für den Schuldner. Er ist kein Rechtsgrund zu dem Verlangen einer Sicherheit für den Gläubiger.

Ein bekannter Gläubiger meldet sich nicht. Der Liquidator kann die Forderung bei Fälligkeit bezahlen. Er muß es vor Austeilung des Vermögens. An das Unterlassen des Anmeldens ist weder eine Pflicht noch ein Recht des Liquidators auf Hinterlegung geknüpft. Er darf nur hinterlegen, wenn die zivilrechtlichen Voraussetzungen der Hinterlegung gegeben sind (Abs. 2). Der Gläubiger muß also im Annahmeverzug sein. Der Liquidator wird ihn bei einer Holschuld auffordern, sie zu holen. Bei der Bringschuld wird er ihm das Geld senden. Oder es muß die Gesellschaft aus einem in der Person des Gläubigers ruhenden Grunde außerstande sein, zu erfüllen (§ 372 BGB.). So bei Abwesenheit des Gläubigers an unbekannten Orten, bei Krankheit usw. Dasselbe Prinzip muß aber gelten, wenn die Liquidatoren zwar die Forderung kennen, nicht aber den derzeitigen Gläubiger. Das kann bei Wechseln und sonstigen Orderpapieren leicht eintreten. Es ist einerlei, ob man die Worte des Gesetzes „unbekannten Gläubiger" so auslegt, daß darunter „eine bekannte Schuld" gemeint ist, oder ob man den Nachdruck auf Kenntnis von der Person des Gläubigers legt. Auch im letzteren Falle müßte das Gesetz erweiternd auf den Fall der Ungewißheit über den konkret Berechtigten ausgedehnt werden. Auch in einem solchen Falle ist die Hinterlegung nach bürgerlichem Rechte zulässig (§ 372 BGB.). Allerdings wird dort verlangt, daß die Unkenntnis des Schuldners nicht auf Fahrlässigkeit beruhen darf. Es wäre dies z. B. denkbar, wenn er eine ihm mitgeteilte Abtretungserklärung verloren hat und vom ursprünglichen Gläubiger Auskunft nicht zu erlangen ist. Diese Bedingung darf für das Recht der GmbH. nicht gestellt werden. Hier muß das Spezialrecht die allgemeinen Vorschriften des BGB. beeinflussen. Die Liquidation muß beendet werden können. Daher muß hier die Hinterlegung ohne Rücksicht auf die Ursache der Unkenntnis von der Person des Gläubigers statthaft sein. Es muß also bei jeder Forderung, die fällig und unbestritten ist, entweder Zahlung oder Hinterlegung erfolgen. § 73.

Der Gläubiger ist bekannt. Die Tilgung seiner Forderung ist zur Zeit nicht ausführbar. Er weigert sich, das Geld anzunehmen, weil die Forderung noch nicht fällig ist. Oder die Forderung ist streitig. Dann darf die Verteilung nur erfolgen, wenn dem Gläubiger Sicherheit geleistet ist. Dies gilt für Gläubiger, die sich melden oder nicht melden. Das Verlangen der Hinterlegung kann für die Gesellschaft unter Umständen sehr hart sein. Es ist in der Praxis vorgekommen, daß jemand eine Forderung an die Liquidationsgesellschaft aus halb wahren, halb unwahren Tatsachen willkürlich konstruiert hat. Oder es wird ein Anspruch zwar behauptet, aber trotz Bestreitung und trotz Aufforderung nicht gerichtlich geltend gemacht. Die Gesellschaft kann die negative Feststellungsklage erheben. Sie weiß aber, daß die Kosten nicht beizutreiben sein werden. Soll dadurch unter allen Umständen die Verteilung völlig gehindert werden, ehe diesem Gläubiger Sicherheit geleistet ist? Man wird annehmen müssen, daß die Gesellschaftsorgane nach ihrem besten Ermessen die Höhe der Sicherstellung zu bestimmen haben. Das Recht des Forderungsprätendenten, durch den Prozeßrichter eine Erhöhung der Sicherheit zu erzielen, bleibt gewahrt (Ring Anm. 3b zu § 301 HGB.). Die Liquidatoren werden auch von einer Sicherheitsleistung gänzlich absehen können, wenn z. B. geraume Zeit vor der Liquidation ein völlig unbestimmter Regreßanspruch gegen die GmbH. angekündigt war, ohne daß der Gläubiger je wieder auf seinen Anspruch zurückgekommen wäre. Die Liquidatoren trifft kein Verschulden, wenn sie derartige Ansprüche als „unbekannt" behandeln und außer acht lassen (RG. 21. 1. 18 RGZ. 92, 77). Die Lage des Einzelfalles muß hier entscheiden. Anm. 6.

Die Sicherstellung erfolgt gemäß § 232 BGB. (RFH. 25. 2. 21 E. 5, 106). Sie kann nicht nur durch Hinterlegung geleistet werden (so jetzt auch Neukamp-Becker Anm. 2e u. g). Auch Bürgschaft eines tauglichen Bürgen, z. B. einer guten Bank, genügt. Keine Sicherstellung stellt bei Veräußerung des gesamten Geschäftes vor Ablauf des Sperrjahres die Übernahme der Verbindlichkeiten durch den Erwerber dar (RFH. a. a. O.). Über die Höhe der Sicherheit entscheidet im Streitfalle der Prozeßrichter nach Maßgabe der §§ 232ff. BGB. Anm. 7.

Daß der Gläubiger eine Sicherheit bereits besitzt, wie z. B. bei Hypotheken oder durch Pfand gesicherten Forderungen, befreit von der Stellung der Sicherheit nur dann, wenn die bestehende genügt (§§ 232ff. BGB.). Eine Hypothek muß mündelsicher sein (§ 238 BGB.). Daß eine Sicherungshypothek nicht genügt (wie Staub 1. Aufl. Anm. 7 S. 400 annahm), wird sich nicht begründen lassen. Wollte man für eine absolut sichere Forderung nochmals eine Sicherheit fordern, so würde dies zu Schikane (zust. Neukamp-Becker Anm. 2g).

§ 73. Bei rein dinglichen Verpflichtungen, wie Grundschulden, braucht eine verstärkte Sicherheit nicht gegeben zu werden. Hier ist vertragsmäßig die Sicherheit auf ein bestimmtes Objekt beschränkt. Auf eine andere, größere Sicherheit wird hier nicht gerechnet (Ring Anm. 3b zu § 301 HGB.; Neukamp-Becker Anm. 2g).

Anm. 8. Auch Gesellschafter können Gläubiger sein. Nicht nur, wenn sie als Dritte mit der Gesellschaft kontrahierten, ihr Geld liehen oder Waren lieferten. Auch wenn sie in Erfüllung gesellschaftlicher Pflichten (§ 3 Abs. 2) Anspruch auf Gegenleistung haben. Endlich auch für die vor der Auflösung festgestellte Dividende (vgl. Anm. 8 zu § 69). Sie brauchen hierfür das Sperrjahr nicht abzuwarten (a. M. Neukamp-Becker Anm. 2b).

Anm. 9. b) Ein Anspruch ist der Gesellschaft unbekannt. Der Gläubiger meldet sich nicht. Dann wird er nicht berücksichtigt. Der Gläubiger kann sich noch nach Beginn der Verteilung melden (vgl. oben Anm. 4). Dann ist diese einzustellen. Ist sie schon beendet, so hat der Gläubiger selbst die Folgen zu tragen. Das Nichtmelden des Gläubigers allein wirkt nicht präjudiziell. Wenn er bekannt ist, so ist er zu befriedigen. Wenn die Berechtigung zur Hinterlegung vorhanden ist, ist der Betrag zu hinterlegen. Behauptet ein Gläubiger, der sich nach Ablauf des Sperrjahres meldet, daß seine Forderung der Gesellschaft bekannt war, so muß er dies beweisen. Der Eintrag in den Büchern der Gesellschaft genügt hierzu. Wird nach dem Sperrjahre die Forderung dem Liquidator bekannt, so muß er auch jetzt noch auf sie Rücksicht nehmen. Der Betrag ist zu hinterlegen. Die Ausschüttung des Vermögens wäre vor Sicherstellung auch dieser nachträglich bekannt gewordenen Schuld nach § 73 Abs. 1 unzulässig. Ob sich der Gläubiger meldete oder dem Liquidator die Schuld anderweitig bekannt wurde, ist gleichgültig. Über die weitergehenden Wirkungen des Ablaufes der Sperrfrist für Kriegsgesellschaften vgl. Anm. 24 zu § 60. Über die Rechtsfolgen des § 73 für den unbekannten Gläubiger vgl. unten Anm. 21.

Anm. 10. c) Eine Verpflichtung der gleichmäßigen Befriedigung der Gläubiger schreibt das Gesetz nicht vor. Die Liquidatoren dürfen die Befriedigung der Gläubiger nur so lange bewirken, als sie die Gesellschaft nicht für überschuldet halten. Sonst haben sie den Konkurs anzumelden (§ 64). Abgesehen hiervon, liegt kein Anlaß vor, die Gläubiger nicht in der Reihenfolge, in der sie sich melden, zu bezahlen.

Anm. 11. III. **Rechtsfolgen der Verletzung dieser Schutzvorschriften.** Eine Verteilung von Gesellschaftsvermögen ohne Beachtung der Gläubigerschutzvorschriften widerspricht dem Gesetze. Der Fortsetzung einer solchergestalt drohenden oder begonnenen Verteilung kann von den Gläubigern durch Klage gegen die Gesellschaft, Arrest und einstweilige Verfügung entgegengetreten werden. Es kann dies nicht dadurch umgangen werden, daß die Gesellschaft die Geschäftsanteile ihrer Gesellschafter erwirbt (vgl. RFH. 16. 12. 22 E. 12, 16). Die Zahlung an die Gesellschafter ist in diesem Falle Ausschüttung des Gesellschaftsvermögens. Auch der Schleichweg der Beleihung der Geschäftsanteile durch die Gesellschaft fällt unter das Verbot (Ring Nr. 6 zu § 301 HGB.). Dritten, welche die Gesellschaft „entgründen", steht die Beleihung natürlich frei. Wird Gesellschaftsvermögen unter die Gesellschafter verteilt, ehe die Gläubiger befriedigt oder sichergestellt sind, und ehe das Sperrjahr abgelaufen ist, so ist doch das Rechtsgeschäft als solches gültig. Aus der besonderen Regelung der Folgen der Zuwiderhandlung im Gesetze ergibt sich, daß der Verstoß gegen das gesetzliche Verbot hier keine Nichtigkeit weder des obligatorischen noch des dinglichen Vertrags zur Folge hat. Die Vorschrift des § 73 Abs. 1 enthält nur eine Anweisung an die Liquidatoren (RG. 8. 3. 12 LZ. 1912 (6), 667[51]; vgl. RG. 21. 1. 18 RGZ. 92, 79; OLG. Darmstadt 21. 5. 15 RundschGmbH. 1915, 388; KG. 7. 2. 12 OLGR. 27, 389). Hieraus ergibt sich, daß die vorzeitige Überlieferung des Vermögens der GmbH. an die Gesellschafter möglich und nur von der Gefahr der persönlichen Haftung für die Liquidatoren und dem Rückforderungsanspruch gegen die Gesellschafter begleitet ist. Wenn die Gesellschafter das Geschäft der GmbH. übernehmen, so gehen auch die Passiven auf sie über (§ 419 BGB.; § 25 HGB.). Sie müssen also ohnedies für die Verbindlichkeiten der Gesellschaft aufkommen. Sind sie zugleich Liquidatoren, so deckt sich auch deren Haftung mit

der aus der Geschäftsübernahme entstehenden. Woraus wieder folgt, daß in diesen Fällen § 73.
das Verbot der Ausfolgung des Vermögens der GmbH. an die Gesellschafter vor Ablauf des Sperrjahres praktisch bedeutungslos wird. Es ist auch für die Gläubiger unerheblich, wer das Geschäft besitzt. Sie erhalten zu der GmbH. nun auch die persönliche Verpflichtung der Gesellschafter.

Durch die vorzeitige Ausfolgung des Vermögens an die Gesellschafter ist steuerrechtlich die Liquidation nicht beendet (RFH. 5, 106; 10, 318; 12, 19). Auch die vorherige Löschung im Handelsregister schließt das Fortbestehen der GmbH. nicht aus. An Stelle der ausgelieferten Vermögensstücke tritt der Ersatzanspruch an die Liquidatoren. Das Amt des Liquidators erlischt jedoch demungeachtet mit dem Momente der Löschung der Firma der GmbH. im Handelsregister und der tatsächlichen Erledigung aller Liquidationsgeschäfte. Daher kann dem Liquidator nicht nachträglich ein Steuerbescheid zugestellt werden (RFH. 12, 20). Vgl. im einzelnen Anm. 18ff. zu § 74.

1. Die Liquidatoren, welche den Vorschriften zuwidergehandelt haben, haften Anm. 12.
der Gesellschaft solidarisch auf Ersatz (Abs. 3). Sie müssen diejenigen Beträge, welche sie auf diese Weise zu Unrecht verteilt haben, der Gesellschaft ersetzen. Die Gesellschaft muß in die Lage kommen, sie dem unbefriedigten Gläubiger zuzuwenden. Zu Unrecht ist die Verteilung dann erfolgt, wenn das Sperrjahr nicht abgewartet oder wenn für die bekannte Forderung weder Hinterlegung noch Sicherstellung erfolgte. Kein Ersatzanspruch kann entstehen, wenn der Liquidator, statt zu hinterlegen, Sicherheit stellte. Ebensowenig kann ein Anspruch erhoben werden, wenn eine nicht bezahlte oder gesicherte Forderung sich als unbegründet erweist. Es kann nicht ein anderer Gläubiger, der verspätet auftaucht, wegen dieses Betrags Zahlung seines jetzt ausfallenden Guthabens fordern. Zu Unrecht verteilt ist jeder Betrag vor Ablauf des Sperrjahres. Jeder Gläubiger darf sich hierauf stützen. Auch wenn er sich erst nach dessen Ablauf und der Vollendung der Teilung meldete. Der Liquidator darf sich nicht darauf berufen, daß auch bei Beobachtung des Sperrjahres und Verschiebung der Ausschüttung bis zu dessen Ablauf der unbekannte Gläubiger doch nichts mehr erhalten hätte. Er haftet nach der Bestimmung des Gesetzes auf den „Ersatz" des zu Unrecht verteilten Betrags. Ist aber die Pflicht zur Hinterlegung oder Sicherheit verletzt, so sind hierdurch nur die Gläubiger dieser Forderungen berührt. Nur zu deren Deckung können die Liquidatoren herangezogen werden. Sind die Gläubiger aus noch nachträglich aufgetauchten Mitteln befriedigt, oder erweist sich ihre Forderung als unbegründet, oder verjährt sie, so besteht eine Ersatzpflicht nicht. Die Beträge, welche für diese Forderung zu hinterlegen und zu sichern waren, sind dann nicht zu Unrecht verteilt. Dabei finden die Vorschriften des § 43 Abs. 3 u. 4 entsprechende Anwendung (RG. 7. 12. 15 BauersZ. 23, 160). Vergleiche oder Verzichte der Gesellschaft sind unwirksam. Der Ersatz ist zur Befriedigung der Gläubiger erforderlich (§ 9 Abs. 3, § 43 Abs. 3). Doch findet dies keine Anwendung auf einen Vergleich, welchen der Ersatzpflichtige im Falle seiner Zahlungsunfähigkeit zur Abwendung oder Beseitigung des Konkursverfahrens mit seinen Gläubigern abschließt. Die Verpflichtung der Liquidatoren auf Ersatz wird dadurch nicht aufgehoben, daß sie in Verfolgung eines Beschlusses der Gesellschafter gehandelt haben (§ 43). Die Ansprüche verjähren in 5 Jahren (§ 43 Abs. 4). Vgl. hierüber Anm. 20ff. zu § 43. Vgl. auch RGZ. 83, 356 und RG. 7. 12. 15 BauersZ. 23, 160, insbesondere über den Beginn der Verjährung. Ist der Liquidator gleichzeitig Gesellschafter, so greift die dreißigjährige Verjährung Platz, wenn er unter Verletzung der §§ 30 und 73 Vermögen der Gesellschaft empfangen hat (vgl. unten Anm. 15). Andernfalls kommt ihm gegenüber eine längere als fünfjährige Verjährungsfrist auch dann nicht in Frage, wenn er „böslich" an dem Verstoß gegen §§ 30 und 73 teilnahm.

Die Geltendmachung der Ersatzansprüche der Gesellschaft gegen die Liquidatoren bedarf eines Beschlusses der Gesellschafter (§ 46 Nr. 8, § 69; vgl. hierüber Anm. 49 zu § 46). Die Gläubiger können durch Pfändung und Überweisung den Anspruch selbst geltend machen. Im Konkurse steht er dem Konkursverwalter zu. Der Anspruch kann noch geltend

§ 73. gemacht werden, wenn die Liquidation bereits beendet und in das Handelsregister eingetragen worden ist (vgl. Anm. 18 zu § 74 und unten Anm. 15). Über die Haftung der Liquidatoren gegenüber den einzelnen Gesellschaftern vgl. Anm. 27 zu § 69 und unten Anm. 16.

Der Anspruch geht nur gegen die Liquidatoren. Andere Beamte der GmbH., welche die Verteilung vornehmen, haften nicht, auch dann nicht, wenn sie infolge eines Beschlusses der Gesellschafter, der sie selbst zur Verteilung anwies, handeln. So wenn die Liquidatoren zugleich die Gesellschafter sind und die Prokuristen ihnen die Vermögensstücke der GmbH. übereignen, Grundstücke auflassen, Wertpapiere ausfolgen usw. Die Verantwortung ruht stets auf den Liquidatoren. Widersprechen diese aber der Verteilung, wird diese durch einen von den Gesellschaftern zu diesem Zwecke bestellten andern Liquidator oder einen Prokuristen vorgenommen, so können jene nicht verantwortlich gemacht werden. Sie stehen nur für die von ihnen selbst oder mit ihrer Zustimmung durch Dritte vorgenommene Ausschüttung des Vermögens ein.

Anm. 13. 2. Ein Ersatzanspruch der Gesellschaft gegen die Gesellschafter besteht nur, soweit ihnen unter Verletzung der Vorschrift des § 73 Gesellschaftsvermögen ausgeteilt ist. Nach Ablauf der Sperrfrist und nach Befriedigung oder Sicherstellung der bekannten Gläubiger ist ein Rückforderungsrecht der Gesellschaft gegen die Gesellschafter ausgeschlossen. Insoweit ist die Sperrfrist eine Präklusivfrist (zust. Brodmann Anm. 2; vgl. RG. 6. 1. 25 RGZ. 109, 388; es übersieht, daß Brodmann nur in dem auch hier gebrauchten einschränkenden Sinne eine Präklusionswirkung und diese auch nur für Auszahlungen behauptet, die dem § 73 nicht zuwiderlaufen; vgl. oben Anm. 9). Der Ersatzanspruch der Gesellschaft auf Erstattung der zu Unrecht gezahlten Beträge soll nach den Motiven 44 „nach allgemeinen Rechtsgrundsätzen" bestehen. Das sind die Regeln von der Bereicherung (RG. 6. 1. 25 RGZ. 109, 388). Handelt es sich um das zur Erhaltung des Stammkapitals erforderliche Vermögen, so ist die Rückforderung auch nach § 31 im Liquidationsverfahren begründet. Bei anderen Vermögensteilen ist diese Bestimmung mit ihren strengen Folgen nicht anwendbar. Die Ansicht Staubs (erste Auflage S. 401 Anm. 13) und Brodmanns (Anm. 2), daß jeder Verstoß gegen § 73 auch ein solcher gegen § 31 sei, hat im Gesetze keine Stütze (a. M. anscheinend RG. 21. 1. 18 RGZ. 92, 83). Soweit es sich um Vermögen handelt, das den Betrag des Stammkapitals übersteigt, also insbesondere Reserven, läßt sich die Rückforderung nur auf das unberechtigte Erlangen (§ 812 BGB.) gründen. Unrichtig ist es daher, wenn Neukamp-Becker (Anm. 3 γ) zwischen dem Empfange in gutem und bösem Glauben unterscheidet. § 31 Abs. 2 kann nicht in Betracht kommen, weil die Rückforderung stets nur zur Befriedigung eines Gläubigers erfolgt (zust. Brodmann Anm. 2). Der Gesellschafter muß den zu Unrecht bezahlten Betrag herausgeben. Aber er wird, wenn alle Gläubiger bezahlt oder gesichert sind, gegen den Anspruch auf Herausgabe sein Recht auf Ausschüttung einwenden. Dies auch dann, wenn er wußte, daß die Verteilung vor Ablauf des Sperrjahres erfolgt war. Dagegen steht dem Ersatzanspruch der Gesellschaft nicht § 817 Satz 2 BGB. entgegen (anscheinend a. M. Liebmann Anm. 6). Der Zweck der Leistung an die Gesellschafter verstieß nicht gegen ein gesetzliches Verbot.

Anm. 14. Der Ersatzanspruch gegen die Gesellschafter wird durch die Liquidatoren geltend gemacht. Es bedarf eines Beschlusses der Gesellschafter (§ 46 Nr. 8, § 69). (A. M. Neukamp-Becker Anm. 3; Liebmann Anm. 6; Crüger-Crecelius Anm. 4 und Brodmann Anm. 3). Der in Anspruch zu nehmende Gesellschafter darf hierbei nicht mitstimmen (§ 47 Abs. 4). Kommt kein Beschluß zustande, so besteht der Anspruch gleichwohl. Nur sind die Liquidatoren nicht in der Lage, ihn geltend zu machen. Die Gläubiger müssen sich in diesem Falle durch Pfändung und Überweisung des der Gesellschaft zustehenden Anspruchs an die Gesellschafter helfen. Nötigenfalls können sie auch Konkurs anmelden.

Anm. 15. Daß die Liquidation der Gesellschaft bereits beendet ist, daß die Beendigung vielleicht schon eingetragen, daß vielleicht auch schon der Konkurs über die Gesellschaft beendet ist, hebt die Möglichkeit, diese Ersatzansprüche geltend zu machen, nicht auf (vgl. Anm. 18 zu § 74; RFH. 7. 11. 22 JW. 23, 635 und 16. 12. 22 E. 12, 16). **§ 73.**

Der Ersatzanspruch der Gesellschaft gegen die Gesellschafter verjährt in 5 Jahren, wenn der Gesellschafter nicht wußte, daß bei der Verteilung bekannte Gläubiger noch nicht befriedigt oder sichergestellt waren, andernfalls in 30 Jahren (§ 31 Abs. 5). Hierbei darf es keinen Unterschied machen, ob an die Gesellschafter das zur Deckung des Stammkapitals erforderliche Vermögen oder ein Überschuß ausgezahlt wurde. Im letzteren Falle besteht nicht ein Erstattungsanspruch aus § 31, sondern der Bereicherungsanspruch des § 812 BGB. Es wäre widersinnig, dem bereicherten Gesellschafter die verkürzte Verjährungsfrist des § 31 zu versagen, obwohl auch ihm ein „bösliches Verhalten" nicht zur Last fällt.

3. Die Gläubiger haben keinen unmittelbaren Anspruch gegen die Liquidatoren. Die Liquidatoren stehen zu den Gläubigern in keinem Rechtsverhältnisse (RG. 21. 1. 18 RGZ. 92, 83). Bei Schaffung des Gesetzes ist es abgelehnt worden, den Gläubigern ein direktes Rückgriffsrecht zu gewähren. Aus diesem Grunde wird auch der § 53 BGB., der in Fällen dieser Art bei rechtsfähigen Vereinen ein direktes Klagerecht der Gläubiger gegen die Liquidatoren gibt, weder analog noch subsidiär Anwendung finden können (OLG. Zweibrücken 2. 4. 02 Ztschr. f. franz. ZivR. 34, 530; BankArch. 3, 47; zust. Neukamp-Becker Anm. 3). Anm. 16.

4. Die Gläubiger haben keinen unmittelbaren Anspruch gegen die Gesellschafter. Die Voraussetzungen des § 812 BGB. liegen nicht vor. Die Gesellschafter, welche zu Unrecht erhaltene Beträge empfangen haben, sind auf Kosten der Gesellschaft, nicht auf Kosten der Gläubiger bereichert (vgl. Planck Anm. 3 zu § 53 BGB.; RG. 21. 1. 18 RGZ. 92, 83). In § 31 sind die Rechtsfolgen der zu Unrecht empfangenen Zahlungen aus dem zur Erhaltung des Stammkapitals erforderlichen Vermögen und die Erstattungspflicht der Gesellschafter erschöpfend geordnet. Es geht nicht an, daneben noch eine Erstattungspflicht gegenüber den Gläubigern bestehen zu lassen. Aus diesem Grunde kann auch § 135 BGB. zugunsten der Gläubiger nicht in Anwendung kommen. Die Rechtslage ändert sich nicht dadurch, daß das gesamte, nach Beendigung der Liquidation verbliebene Gesellschaftsvermögen dem einzigen Gesellschafter einer GmbH. in natura ausgeantwortet wird. § 419 BGB. trifft nicht zu. Die Übernahme des Gesamtvermögens erfolgt nicht auf Grund eines Vertrags, sondern zur Erfüllung des Anspruchs auf den Liquidationserlös (RG. a. a. O.). Anm. 17.

5. Den nicht befriedigten Gläubigern steht gegen die befriedigten Gläubiger ein Rückgriffsrecht nicht zu (vgl. für das Aktienrecht RGZ. 5, 7; 7, 109; 9, 14; Ring Anm. 4 zu § 301; Pinner 298). Nur unter den Voraussetzungen der Konkursanfechtung besteht ein Anspruch gegen bevorzugte Gläubiger. Anm. 18.

6. Die Liquidatoren, welche Ersatz leisten, haben ein Rückforderungsrecht gegen die Gesellschafter. Die früheren Auflagen wandten § 812 BGB. an. Die Gesellschafter seien durch die Zahlung des Liquidators auf dessen Kosten ungerechtfertigt bereichert. Das läßt sich nicht aufrechterhalten. Die Bereicherung der Gesellschafter tritt nur mittelbar ein. Das Gesetz fordert aber die unmittelbare Bereicherung auf Kosten des Leistenden. Es liegt ein sog. unechtes Gesamtschuldverhältnis vor. Beide, Liquidator und Gesellschafter, schulden der Gesellschaft die gleiche Leistung. Freilich aus verschiedenem Rechtsgrunde. Der Liquidator aus § 73 Abs. 3. Die Gesellschafter aus § 812 BGB. oder § 31 GmbHG. Leistet der Liquidator Ersatz, so hat er gegen die Gesellschaft einen Anspruch auf Abtretung der gegen die Gesellschafter gerichteten Bereicherungsansprüche und Rückforderungsrechte. Er kann sich selbst als gesetzlicher Vertreter der Gesellschaft diese Ansprüche abtreten, da es sich um die Erfüllung einer Verbindlichkeit der Gesellschaft handelt (§ 181 BGB.). Als Zessionar der Gesellschaft kann er alsdann gegen die Gesellschaft vorgehen (wie oben Anm. 13). Liebmann (Anm. 6) schließt den Ersatzanspruch unter Berufung auf § 817 Satz 2 BGB. aus. Das muß schon deshalb unrichtig sein, weil „der Anm. 19.

§ 73. Leistende“ hier nicht der Liquidator, sondern die Gesellschaft ist. Darüber, daß § 817 aber auch nicht auf den Bereicherungsanspruch der Gesellschaft anzuwenden ist, vgl. oben Anm. 13.

Anm. 20. 7. Die unter Verletzung der Gläubigerschutzvorschriften erfolgende Verteilung von Gesellschaftsvermögen ist **nicht ungültig**. Die Folgen der vorzeitigen Verteilung sind erschöpfend geregelt (§ 134 BGB.). Daher darf der Grundbuchrichter die Eintragung der Auflassung von Grundstücken, die vor Ablauf des Sperrjahres den Gesellschaftern überlassen werden, nicht ablehnen. Der Akt an sich ist rechtsgültig (vgl. auch Ring Anm. 4 zu § 301; Makower Anm. III zu § 301 HGB.).

Anm. 21. 8. **Der unbekannte Gläubiger**, der **nach Ablauf des Sperrjahres** nicht berücksichtigt wird, verliert durch die Ausschüttung des Vermögens seinen Schuldner, nicht aber seine Forderung. Pfandrechte und Bürgschaften, die ihm bestellt sind, bleiben wirksam. Insoweit kann von einer Präklusivwirkung des § 73 nicht gesprochen werden (RGZ. 109, 388; Brodmann Anm. 2). Ansprüche gegen die **Gesellschafter** kann der Gläubiger, nachdem er durch Ausschüttung des Vermögens die GmbH. als Schuldner verloren hat, nicht geltend machen. Eine ungerechtfertigte Bereicherung liegt nicht vor. Die Verteilung des Vermögens unter die Gesellschafter erfolgte nicht ohne Rechtsgrund. Sie hatten Anspruch auf die Verteilung. Deshalb ist auch nicht gegenüber der GmbH. eine ungerechtfertigte Bereicherung der Gesellschafter anzunehmen (a. M. RGZ. 92, 82; dagegen mit Recht Brodmann Anm. 2; vgl. auch oben Anm. 17). Der Rechtsgrund der Verteilung des Gesellschaftsvermögens ist nicht dadurch weggefallen (§ 812 BGB. Satz 2), daß nachträglich der Gläubiger bekannt wurde. Andernfalls würde der Gläubiger seine Forderung trotz der Vorschrift des § 73 noch durchsetzen können. Die GmbH. hätte Vermögen in Gestalt ihrer Ansprüche gegen die Gesellschafter aus ungerechtfertigter Bereicherung. Sie wäre also nicht erloschen (§ 74 Anm. 18). Sie könnte die Gesellschafter noch dreißig Jahre lang in Anspruch nehmen. Der Gläubiger könnte sich durch Pfändung dieser Ansprüche befriedigen. Das kann nach § 73 nicht rechtens sein (zust. Brodmann Anm. 2).

Dieses Ergebnis ist praktisch wichtig für das Aufwertungsrecht kraft Rückwirkung. Die GmbH. war Eigentümerin eines mit Hypotheken belasteten Grundstücks. Sie zahlte die Hypotheken nach dem 15. 6. 1922 zurück und ließ die **Hypotheken** löschen. Später verkaufte sie das Grundstück in der Liquidation und schüttete vor Inkrafttreten des Aufwertungsgesetzes nach Ablauf des Sperrjahres ihr gesamtes Vermögen aus. Hier gehen die Hypothekengläubiger leer aus. Ihre Aufwertungsforderung war bei Verteilung des Gesellschaftsvermögens unbekannt. Das Wiederaufleben der Hypothekenforderung in aufgewerteter Form nimmt der Verteilung nicht den Rechtsgrund. Die GmbH. kann daher gegen die Gesellschafter Ansprüche aus § 812 Satz 2 BGB. nicht geltend machen. Die Gläubiger können gegen die GmbH. nicht vorgehen, weil sie erloschen ist.

Soweit die Hypothek erst nach der Veräußerung des Grundstücks gelöscht worden und demgemäß der dingliche Anspruch aus der Hypothek gegen den Erwerber des Grundstücks begründet war, verlieren die Hypothekengläubiger die Hypothek nicht. Die persönliche Forderung aus der Hypothek entsteht wieder kraft Rückwirkung, wenn auch der persönliche Schuldner, die GmbH., nicht mehr existiert. Weil aber die persönliche Forderung noch besteht, kann sich der Grundstückseigentümer auch der dinglichen Aufwertungslast nicht entziehen (§ 4 des Aufwertungsgesetzes).

Anm. 22. 9. Schulden der Gesellschaft, deren Gegenstand sich nicht zur Hinterlegung eignet, **hindern die Verteilung nicht**. Die Gesellschaft kann beim Annahmeverzug des Gläubigers die Sache versteigern lassen (§ 383 BGB.). Ebenso bei Ungewißheit des Gläubigers, wenn der Verderb der Sache zu befürchten ist oder ihre Aufbewahrung mit unverhältnismäßigen Kosten verknüpft ist. Der Erlös ist dann zu hinterlegen. In anderen Fällen, so z. B. wenn die Gesellschaft die Lagerung auf eine längere Zeit übernommen, muß sie diese durch einen Dritten besorgen lassen. Die Mehrkosten trägt sie selbst.

§ 73. Anm. 23.

Zusatz. Das österr. Ges. (§ 91 Abs. 2 u. 3) schreibt nur ein Zurückhalten, keine Hinterlegung oder Sicherheitsleistung vor. Es genügt also, wenn die Liquidatoren den erforderlichen Betrag im Vermögen der Gesellschaft lassen. Die Sperrfrist beträgt nur 3 Monate. Das bulgarische Gesetz schließt sich dem österreichischen an, verlängert aber die Sperrfrist auf 6 Monate. Das französische Recht kennt keine Sperrfrist. Statt dessen führt es die unmittelbare Haftung der Gesellschafter für alle Ansprüche der Gesellschaftsgläubiger ein, die nicht vor der Verteilung des Gesellschaftsvermögens befriedigt sind. Die Ansprüche verjähren in 5 Jahren seit der Auflösung (code de commerce Art. 64).

§ 74.

§ 74.

Nach Beendigung der Liquidation sind die Bücher und Schriften der Gesellschaft für die Dauer von zehn Jahren einem der Gesellschafter oder einem Dritten in Verwahrung zu geben. Der Gesellschafter oder der Dritte wird in Ermangelung einer Bestimmung des Gesellschaftsvertrages oder eines Beschlusses der Gesellschafter durch das Gericht (§ 7 Absatz 1) bestimmt.

Die Gesellschafter und deren Rechtsnachfolger sind zur Einsicht der Bücher und Schriften berechtigt. Gläubiger der Gesellschaft können von dem Gericht (§ 7 Absatz 1) zur Einsicht ermächtigt werden.

Die Pflichten der Liquidatoren nach Beendigung der Liquidation.

I. **Die Aufbewahrung der Bücher und Schriften der Gesellschaft.** Anm. 1.

1. Sie liegt den Liquidatoren, welche dieses Amt zur Zeit der Beendigung der Liquidation bekleiden, ob. Versäumen dieser Pflicht macht sie gegenüber der Gesellschaft schadensersatzpflichtig (§ 43 Abs. 2, § 71). Der Anspruch auf Schadensersatz kann auch nach Beendigung der Liquidation noch geltend gemacht werden (vgl. unten Anm. 18). Die Aufbewahrung kann von jedem Gesellschafter und jedem Gläubiger erzwungen werden (a. M. Liebmann Anm. 1). Wer nach Abs. 2 ein Recht auf Einsicht hat, muß auch das Recht haben, den in Abs. 1 bezeichneten Weg zu beschreiten. Über die Vollstreckung eines solchen Gerichtsbeschlusses vgl. unten Anm. 8. Das Gericht kann, falls kein Beschluß der Gesellschaft vorliegt, auch nach der Übergabe der Bücher an einen Dritten durch die Liquidatoren einen Verwahrer bestimmen (vgl. OLG. Hamburg 24. 11. 05 OLGR. 11, 400, wo die Frage dahingestellt blieb).
2. Aufzubewahren sind die Bücher und Schriften der Gesellschaft. Nicht bloß diejenigen, welche kraft gesetzlicher Notwendigkeit gemäß §§ 38, 39 HGB. geführt werden müssen (die ordentlichen Handelsbücher, die empfangenen Handelsbriefe, die Abschrift der abgesandten Handelsbriefe, die Inventuren und die Bilanzen), sondern alle Bücher und Schriften, welche überhaupt geführt werden. So auch ein Geschäftsanteilsbuch oder eine Geschäftsanteils- oder eine Gesellschafterliste, Quittungen, Frachtbriefe usw. Anm. 2.
3. Die Aufbewahrung dauert 10 Jahre, zu rechnen von der Beendigung der Liquidation an. Staub-Pinner Anm. 9 und Ring Anm. 3 zu § 302 HGB. meinen: seit der Hinterlegung, Makower Anm. IVd seit der letzten Eintragung in die Bücher. Brodmann wendet § 44 HGB. an. Es müsse mangels besonderer Vorschrift das gelten, was für jeden Kaufmann bei der Auflösung des Geschäfts maßgebend sei. Brodmann unterscheidet hiernach für die Geschäftsbücher und Korrespondenz. Allein § 74 verlangt einen einheitlichen Zeitpunkt. Anm. 3.
4. Die Bücher und Schriften sind bei einem Gesellschafter oder bei einem Dritten aufzubewahren. Dies bestimmt entweder der Gesellschaftsvertrag oder ein Beschluß der Gesellschafter. Fehlt eine solche Bestimmung, so haben die Liquidatoren sich an das Registergericht zu wenden. Auf die Bestimmungen des Registergerichts finden die Vorschriften der §§ 146, 148 FGG. Anwendung. Es muß der Gegner, wenn tunlich, gehört Anm. 4.

§ 74. werden. Ein Gegner ist aber nur dann vorhanden, wenn ein Streit entsteht. So wenn ein Gesellschafter eine bestimmte Stelle bezeichnet und die Liquidatoren eine andere in Antrag gebracht haben. Der Antrag kann aber auch von einem Gesellschafter oder einem Gläubiger ausgehen (vgl. oben Anm. 1). Dann ist die Gesellschaft, vertreten durch die Liquidatoren, der Gegner. Gegen die Verfügung des Registergerichts findet sofortige Beschwerde und weitere sofortige Beschwerde statt (vgl. Anm. 5 zu § 66).

Anm. 5. 5. Die Kosten der Aufbewahrung trägt die Gesellschaft. Die Liquidatoren haben daher einen angemessenen Betrag von der Verteilung unter die Gesellschafter auszuschließen und zurückzubehalten.

Anm. 6. 6. Wenn die Gesellschaft in der Liquidation bei der Veräußerung ihres Geschäfts die Handelsbücher dem Erwerber übergeben mußte, so fällt die Aufbewahrungspflicht fort (Ring Anm. 2 zu § 302 HGB.; vgl. RGZ. 43, 134). Doch sind über den Vorgang der Geschäftsveräußerung und die nachfolgenden Geschäftsführungsakte neue Bücher anzulegen. Diese sowie die weiteren Schriften, die hieraus erwachsen, sind aufzubewahren.

Anm. 7. 7. Die Benutzung der aufbewahrten Bücher und Schriften. Die Benutzung erfolgt durch Einsicht. Eine Ausfolgung kann in der Regel nicht verlangt werden. Doch kann eine ordnungsmäßige Einsicht unter Umständen die Auslieferung zur Voraussetzung haben. So z. B., wenn der Aufbewahrungsort die Einsicht oder eine längere Einsicht nicht gut gestattet. — Abschriften können nicht verlangt werden. Selbstanfertigung von Abschriften kann nicht verwehrt werden.

Anm. 8. 8. Das Recht der Benutzung steht den Gesellschaftern und ihren Rechtsnachfolgern und den Gläubigern zu. Zu den Gesellschaftern gehören nicht bloß diejenigen, die es bei der Auflösung waren, sondern auch die früheren (a. M. Brodmann Anm. 2; zust. Neukamp-Becker Anm. 3 und Liebmann Anm. 2). Zu den Gläubigern gehören nicht bloß die bei der Liquidation hervorgetretenen. Die dabei nicht hervorgetretenen haben ein noch größeres Interesse an der Einsicht. — Die Gesellschafter und ihre Rechtsnachfolger bedürfen zur Einsicht nicht der Ermächtigung des Gerichts. Sie haben ein direktes Recht gegen den, der die Aufbewahrung bewirkt. Sie brauchen die Hilfe des Registergerichts nicht anzurufen. Sie haben auch kein Recht darauf. Ihnen muß der Prozeßrichter helfen. Die Gläubiger dagegen müssen die Ermächtigung des Registergerichts nachsuchen. Hierauf finden dann die Vorschriften der §§ 146, 148 FGG. Anwendung (vgl. oben Anm. 4). Gegner ist hierbei die Gesellschaft, vertreten durch ihre Liquidatoren. Diese müssen tunlichst gehört werden. Das Gericht kann die Ermächtigung erteilen. Wenn die Sachlage dazu angetan ist, so ist es dazu verpflichtet. Über Beschwerde s. oben Anm. 4. Auf Grund der Ermächtigung kann dann der Gläubiger die Einsicht von dem Aufbewahrer verlangen. Er kann dies Recht durch Klage verfolgen. Die Landesgesetze sind aber befugt, auch unmittelbaren Zwang zu gestatten. So kann in Preußen auf Grund einer besonderen Verfügung des Gerichts Gewalt gebraucht werden, und zwar durch den Gerichtsvollzieher. Der Verfügung muß regelmäßig eine Androhung vorangehen (Art. 17 des preuß. Gesetzes über die freiwillige Gerichtsbarkeit vom 21. Sept. 1899). So auch Ring Anm. 4 zu § 302 HGB.

Anm. 9. 9. Vertretung und Zuziehung von Sachverständigen bei der Benutzung sind nicht ausgeschlossen. Die Ausschließung von Vertretern und Beiständen würde zu unbilligen Härten führen (vgl. Bolze 22 Nr. 508). Umgekehrt kann auch das Gericht die Ermächtigung an den Gläubiger einschränken. Es gestattet dem Gläubiger nur mit sachkundigen Beiständen oder einem bestimmten Sachverständigen als Vertreter die Einsicht.

Anm. 10. 10. Unter den Voraussetzungen des § 810 BGB. steht auch anderen Beteiligten das Recht der Einsicht zu.

II. Die sonstigen Pflichten der Liquidatoren nach beendigter Liquidation.

Anm. 11. 1. Sie haben Schlußrechnung zu legen. Das ist für die Aktiengesellschaft (§ 302 HGB.) ausdrücklich vorgeschrieben. Es gilt auch für die GmbH. Verwalter fremden Vermögens sind Rechenschaft schuldig. Ist die Verwaltung mit Einnahmen und Ausgaben verbunden, so wird die Rechenschaft durch eine geordnete Zusammenstellung der Einnahmen und Ausgaben abgelegt (§§ 666, 675, 259 BGB.). Empfänger der Schlußrechnung sind die Gesellschafter als Beschlußorgan (§ 46 Nr. 5, § 69). Die Gesellschafter haben die Bilanzen entgegenzunehmen. Sie haben in allen Fällen die Entlastung zu bewirken. Wer aber die Entlastung zu bewirken hat, der hat auch das Recht auf Überreichung der Schlußrechnung. Die Rechnungslegung kann in einer Gesellschafterversammlung geschehen. Sie kann den Gesellschaftern schriftlich zugehen. Die Entlastung ist auf gleichem Wege durch schriftliche Abstimmung zulässig (vgl. Anm. 13ff. zu § 48). — Der Gesellschaftsvertrag kann die Schlußrechnung einem anderen Organ übertragen. Auch die Gesellschafterversammlung kann dies durch Beschluß anordnen. § 74.

Der einzelne Gesellschafter hat kein Recht auf Legung der Schlußrechnung. Er kann den Beschluß der Gesellschafter auf Entlastung anfechten, wenn diese entgegen seinem Verlangen ohne Schlußrechnung erteilt ist. Dies führt mittelbar zu seinem Rechte auf Legung der Schlußrechnung (RGZ. 34, 57; OLG. Stuttgart 17. 11. 21 OLGR. 42, 222; vgl. Anm. 49 u. 50 zu § 49). Anm. 12.

2. Die Liquidatoren haben die Beendigung ihres Amtes zum Handelsregister anzumelden (§ 67). Sie verfallen sonst in Ordnungsstrafe (§ 14 HGB.). Das Handelsregistergericht hat die Eintragung zu bewirken und zu publizieren. Die Anmeldung der Beendigung der Liquidation und des Erlöschens der Firma (vgl. unten Anm. 14) schließt die Niederlegung des Liquidatorenamts und die Anmeldung seiner Beendigung in sich (RFH. 16. 12. 22 E. 12, 16; Anm. 11 zu § 73). Anm. 13.

3. Die Liquidatoren haben das Erlöschen der Gesellschaftsfirma zum Handelsregister anzumelden. Für die Aktiengesellschaft ist dies ausdrücklich in § 302 HGB. vorgeschrieben. Für die GmbH. folgt es aus den allgemeinen Vorschriften des HGB. (§ 13 Abs. 2 GmbHG. und § 6 HGB.). Das Erlöschen jeder Firma ist zur Eintragung in das Handelsregister anzumelden (§§ 29 u. 31 HGB.). Die Pflicht liegt den Liquidatoren ob (KG. 2. 1. 08 OLGR. 19, 376). Die Anmeldung erfolgt durch so viele Liquidatoren, als zur Vertretung der Gesellschaft erforderlich sind. Die Liquidatoren können durch Ordnungsstrafen dazu gezwungen werden (§ 14 HGB.; zust. Marcus bei Holdheim 22, 273). In der Anmeldung haben sie die Erklärung abzugeben, daß die Liquidation beendet ist. Das Registergericht kann Nachweise darüber verlangen. Es kann auch selbst Ermittlungen anstellen (§ 12 FGG.). Der Registerrichter darf die Eintragung nicht ablehnen, weil das Sperrjahr noch läuft. Es ist zwar möglich, daß wegen Verteilung des Vermögens Ersatzansprüche gegen die Liquidatoren bestehen. Vor deren Erledigung ist die Liquidation nicht beendet (KG. 16. 5. 04 KGJ. 28 A 51; BankArch. 05, 188). Aber hierfür müssen Anhaltspunkte gegeben sein. Versichert der Liquidator glaubhaft, daß alle Schulden getilgt sind, so muß die Löschung erfolgen. Anm. 14.

Die Anmeldung führt zur Eintragung der Löschung der Firma. Es muß nur eingetragen werden, daß die Firma erloschen ist. Es empfiehlt sich aber der Deutlichkeit wegen, auch dabei einzutragen, daß die Liquidation beendet sei. Anm. 15.

Die Eintragung ist vom Registergericht zu veröffentlichen (§ 10 HGB.). Anm. 16.

Auch von Amts wegen kann die Löschung herbeigeführt werden, wenn sie im Wege der Anmeldung nicht zu erzielen ist (§ 31 Abs. 2 HGB.; § 141 FGG.). Voraussetzung ist, daß dem Registergericht die Beendigung der Liquidation glaubhaft gemacht ist (OLG. Dresden 10. 10. 14 BayerZ. 23, 237).

Hatte die Gesellschaft ihr Geschäft nebst Firma veräußert, so ändert dies an dieser ganzen Rechtslage nichts. Denn in diesem Falle muß ja die Gesellschaft eine andere Firma durch Statutenänderung annehmen (vgl. Anm. 29 zu § 4 und Anm. 29 zu § 60). Nach beendeter Liquidation muß das Erlöschen dieser Firma angemeldet werden. Anm. 17.

Zusatz. Die Wiedereröffnung der Liquidation. (Marcus bei Holdheim 17, 27.) Die Liquidation ist mit der Verteilung des letzten Vermögensstückes beendet. Mit ihr endet die Gesellschaft. Es kann sich nachträglich herausstellen, daß noch Vermögensstücke da sind. Es Anm. 18.

§ 74. entsteht vielleicht ein Streit über die hinterlegten Beträge oder sonst bestellten Sicherheiten, oder es hat sich ein neues Vermögensstück gefunden, welches verwertet und dessen Erlös verteilt werden soll. So besonders, wenn aus ungesetzlichen Verteilungen oder sonstigen Verfehlungen Regreßansprüche entstanden sind (Anm. 13—15 zu § 73; RG. 6. 1. 25 RGZ. 109, 388; RFH. 7. 11. 22 JW. 23, 635; KG. 23. 8. 20 RJA. 17, 100). Oder es steht ein Vermögensstück auf den Namen eines anderen eingetragen, das der Gesellschaft gehört. Das zeigt dann, daß in Wahrheit der Auflösungsprozeß noch nicht beendet war (vgl. Anm. 1 zu § 60; Wimpfheimer 115 Note 119). In allen diesen Fällen muß die Liquidation fortgesetzt werden (OLG. München 27. 12. 20 JW. 1921, 253; KG. 9. 5. 13 OLGR. 27, 392). Dies ist nicht, wie in § 302 HGB. für die Aktiengesellschaft, ausdrücklich vorgeschrieben. Allein die Möglichkeit der Wiedereröffnung der Liquidation ergibt sich daraus, daß die Gesellschaft in solchen Fällen nicht untergegangen ist (Marcus a. a. O.). Daß die Firma gelöscht ist, ändert daran nichts (RG. 21. 1. 18 RGZ. 92, 84 und 12. 7. 21 SeuffArch. 77, 71; RFH. 7. 11. 22 E. 10, 320). Der Eintrag des Erlöschens der Firma hat nur die Bedeutung einer Kundbarmachung (RG. 12. 7. 21 LZ. 21, 620; KG. 15. 4. 10 KGJ. 41 A 138; 17. 3. 16 Recht 1916 Nr. 1998). Es besteht daher kein gesetzlicher Grund gegen die Wiederaufnahme der Liquidation. Das KG. läßt die Wiedereröffnung der Liquidation grundsätzlich zu. Bei der Frage jedoch, ob noch unverteiltes Vermögen der GmbH. vorhanden ist, insbesondere ob ein Ersatzanspruch der GmbH. gegen den Liquidator gegeben ist, stellte es zu weit gehende Erfordernisse auf. Es (15. 5. 14 RJA. 14, 59) lehnte die Wiedereröffnung der Liquidation ab, wenn der Ersatzanspruch der Gesellschaft gegen den Liquidator von dem Bestehen der nachträglich geltendgemachten Forderung eines Gläubigers abhängig sei. Solange diese Forderung nicht feststehe, könne auch der Ersatzanspruch gegen den Liquidator nicht angenommen werden. Es sei daher Vermögen der Gesellschaft nicht vorhanden. Das KG. hat zwar diese Entscheidung in seinem Beschluß vom 15. 6. 17 (OLGR. 38, 193) selbst aufgegeben. Wenn die Tatsachen, mit denen der Gläubiger seine Forderung begründe, erwiesen seien, bestehe auch der Ersatzanspruch der Gesellschaft gegen den Liquidator und sei noch verteilbares Vermögen vorhanden. Diese Einschränkung aber genügt nicht. Es kann nicht gefordert werden, daß der Gläubiger dem Registerrichter die Tatsachen, die seinen Anspruch rechtfertigen, nachweist. Damit würde der Streit über den Anspruch des Gläubigers, zu dessen prozessualer Geltendmachung die Wiedereröffnung der Liquidation beantragt wurde, dem Prozeßrichter vorweggenommen. Der Registerrichter wird sich mit einer Glaubhaftmachung der Gläubigerforderung zu begnügen haben (unklar BayObLG. 15. 11. 12 LZ. 1913, 163). Das gleiche gilt für den Ersatzanspruch gegen den Liquidator. Bei genügender Glaubhaftmachung ist dem Antrag auf Wiedereröffnung der Liquidation stattzugeben. Die Befürchtung, daß solche Anträge aus nichtigen Vorwänden gestellt werden und der Registerrichter trotzdem zur Wiedereintragung der GmbH. gezwungen sei, ist unberechtigt. Erkennt der Registerrichter, daß die Rechtsverfolgung gegen den Liquidator aussichtslos ist, hat er den Antrag zurückzuweisen. Das gilt bereits dann, wenn ihm nachgewiesen wird, daß der Liquidator vermögenslos ist. Der Ersatzanspruch der Gesellschaft wäre dann wertlos. Der Verteilung unterliegendes Vermögen ist nicht vorhanden.

Daraus, daß im HGB. § 302 nur von den Liquidatoren die Rede ist, folgt nicht, daß nicht auch die anderen Organe der Aktiengesellschaft wieder ins Leben treten. Auch für die GmbH. ist dies selbstverständlich. Sie kann ohne Gesellschafter nicht gedacht werden. Sobald diese vorhanden sind, müssen ihnen auch alle Funktionen derselben zustehen. Sie sind nicht nur dazu da, die Liquidatoren zu bestellen. Ein Aufsichtsrat tritt wieder in Tätigkeit (a. M. Staub-Pinner Anm. 21 zu § 302). Im Handelsregister ist ein Eintrag bezüglich des Fortbestehens der Gesellschaft zu machen. Es ist nicht nur eine Ernennung der Liquidatoren einzutragen. Für eine erloschene GmbH. können solche gar nicht gedacht werden. Aus dem Prinzip der Geschlossenheit (Exklusivität) des Handelsregisters folgt nicht, daß dieser Vermerk unstatthaft wäre (so Wimpfheimer a. a. O.). Der Eintrag muß erkennen lassen, daß der Auflösungsprozeß noch fortbestehe und mit ihm die Gesellschaft. Staub-Pinner (Anm. 20 zu § 302)

schlägt vor, einzutragen, die Gesellschaft, deren Firma gelöscht war, sei wiederum in Liquidation § 74.
getreten. Das erweckt das Bild, als sei ein neuer Prozeß der Auflösung eröffnet. Richtiger wäre einzutragen, daß die Liquidation fortgesetzt werde. Das KG. (7. 2. 19 RJA. 16, 94) erachtet eine Wiedereintragung der GmbH. in das Handelsregister für unnötig und unstatthaft. Es beruft sich auf RGZ. 85, 397, RGZ. 92, 84 und KG. 9. 5. 13 KGJ. 45 A 185. Die erste Entscheidung ist durch RGZ. 92, 84 aufgehoben. In den beiden letzteren ist aber die Frage der Wiedereintragung im Handelsregister nicht behandelt. Sie setzen vielmehr die Wiedereintragung als selbstverständlich voraus. Die Notwendigkeit hierzu ergibt sich einmal daraus, daß die Löschung der GmbH. zu Unrecht erfolgt war. Das muß wieder gutgemacht werden. Zum anderen müssen die Veränderungen, welche die Organisation der GmbH. während der fortgesetzten Liquidation erfährt, die Bestellung oder Abberufung von Liquidatoren u. dgl., nach außen kenntlich gemacht werden. Sollte hier eine Ausnahme von den allgemeinen Vorschriften über die Anmeldung zum Handelsregister gelten, so bedürfte es hierzu einer besonderen Bestimmung. Brodmann (Anm. 3), der gleichfalls die Wiedereintragung für überflüssig erachtet, erkennt die Notwendigkeit an, neu zu bestellende Liquidatoren einzutragen. Wie soll dies ohne Wiedereintragung der Gesellschaft selbst angängig sein? Die Begründung Brodmanns endlich, daß die Wiederaufnahme der Liquidation meist nur einen beschränkten Personenkreis berühren werde, kann auch nicht rechtfertigen, von einer Wiedereintragung abzusehen.

Die Liquidatoren können entweder durch Beschluß der Gesellschafter gemäß § 66 Abs. 1 Anm. 19.
oder auf Antrag von Gesellschaftern mit mindestens einem Zehntel des Stammkapitals durch das Registergericht (§ 66 Abs. 2) oder endlich auf Antrag eines jeden Beteiligten durch das Gericht gemäß § 29 BGB. ernannt werden (vgl. Anm. 12 zu § 66). Das Amt des früheren Liquidators lebt nicht ohne neue Bestellung wieder auf, wie Brodmann Anm. 3 und Neukamp-Becker Anm. 3a, ferner RG. 6. 1. 25 RGZ. 109, 388; KG. 9. 5. 13 OLGR. 27, 392 und 15. 5. 14 RJA. 14, 59 annehmen (wie hier RFH. 16. 12. 22 E. 12, 16; BayObLG. 15. 11. 12 LZ. 1913, 163; a. M. BayObLG. 16. 1. 14 KGJ. 47, 249). § 302 HGB. erfordert ausdrücklich gerichtliche Neubestellung. Wenn bei Schaffung dieser Vorschrift Einverständnis darüber herrschte, daß sie auf andere Gesellschaftsarten nicht zu übertragen sei, so bezieht sich dies auf die gerichtliche Bestellung der Liquidatoren. Für die anderen Gesellschaftsarten soll es bei der durch Statut oder Gesetz zugelassenen Bestellung der neuen Liquidatoren sein Bewenden haben. Kein Anhalt ist also dafür gegeben, daß eine Neubestellung überflüssig ist und das Amt der früheren Liquidatoren wieder auflebt, obwohl sie seinerzeit die Beendigung ihres Amtes angemeldet hatten (vgl. oben Anm. 13, auch Anm. 4 zu § 67). Der bei der Wiedereröffnung der Liquidation wieder bestellte frühere Liquidator hat gegen die Wiedereröffnung kein Beschwerderecht. Sie greift nicht in seine Rechte ein. Er kann sein Amt niederlegen. Aber er kann nicht der Fortsetzung der Liquidation widersprechen (KG. 17. 3. 11 BauersZ. 19, 105). Wohl aber wird im Verfahren über die Wiedereröffnung der bisherige Liquidator noch als Organ der Gesellschaft angesehen werden. Die Gesellschaft kann ein Interesse daran haben, daß die Liquidation nicht wieder aufgenommen wird. Daher steht dem bisherigen Liquidator als solchem die Beschwerde zu (BayObLG. 15. 11. 12, LZ. 1913 [7], 163).

Das Amt des so ernannten Liquidators beginnt mit seiner Ernennung, wenn er die Anm. 20.
Wahl annimmt. Ihm liegt die Pflicht ob, die Fortsetzung der Liquidation und sich selbst als Liquidator zum Handelsregister anzumelden (§ 67). Bei Ernennung durch das Gericht erfolgt die Eintragung von Amts wegen (§ 67 Abs. 3; vgl. Anm. 12 zu § 66). Die Gesellschaft erlangt durch die Wiedereröffnung der Liquidation ihre alte Organisation. Die Liquidatoren haben keine neue Eröffnungsbilanz zu machen. (Anders StaubHGB. in der 1. Auflage. Wie hier jetzt Staub-Pinner Anm. 21 zu § 302.) Es folgt dies aus der Fortdauer der Gesellschaft und ihres Liquidationsprozesses. Die Handelsbücher sind weiterzuführen. Nach Beendigung ihrer Aufgaben haben sie wieder alle Pflichten, welche den Liquidatoren bei Beendigung der Liquidation obliegen (vgl. oben Anm. 1ff.). Der Liquidator hat die Beendigung der wiedereröffneten Liquidation anzumelden.

§ 74. Auch bei der Beendigung des Konkurses der GmbH. kann die Liquidation wieder eröffnet werden. So wenn der Konkursverwalter sich über einen Rechtsanspruch nur unter Vorbehalt der Ansprüche der Gesellschaft verglich und sich mit der zur Deckung der Gläubiger nötigen Summe begnügte. Vorausgesetzt, daß nicht der Konkurs wieder eröffnet wird (§ 166 Abs. 2 KO.; vgl. Jaeger Anm. 2 zu § 208 KO.).

§ 75.

§ 75.

Enthält der Gesellschaftsvertrag nicht die nach § 3 Absatz 1 wesentlichen Bestimmungen oder ist eine dieser Bestimmungen nichtig, so kann jeder Gesellschafter, jeder Geschäftsführer und, wenn ein Aufsichtsrat bestellt ist, jedes Mitglied des Aufsichtsrats im Wege der Klage beantragen, daß die Gesellschaft für nichtig erklärt werde.

Die Vorschriften der §§ 272, 273 des Handelsgesetzbuchs finden entsprechende Anwendung.

§ 272 HGB. Die Klage ist gegen die Gesellschaft zu richten. Die Gesellschaft wird durch den Vorstand, sofern dieser nicht selbst klagt, und durch den Aufsichtsrat vertreten.

Zuständig für die Klage ist ausschließlich das Landgericht, in dessen Bezirke die Gesellschaft ihren Sitz hat. Die mündliche Verhandlung erfolgt nicht vor dem Ablaufe der im § 271 Abs. 2 bezeichneten Frist. Mehrere Anfechtungsprozesse sind zur gleichzeitigen Verhandlung und Entscheidung zu verbinden.

Das Gericht kann auf Verlangen anordnen, daß der Gesellschaft wegen der ihr drohenden Nachteile von dem klagenden Aktionär Sicherheit zu leisten ist. Art und Höhe der Sicherheit bestimmt das Gericht nach freiem Ermessen. Die Vorschriften der Zivilprozeßordnung über die Festsetzung einer Frist zur Sicherheitsleistung und über die Folgen der Versäumung der Frist finden Anwendung.

Die Erhebung der Klage und der Termin zur mündlichen Verhandlung sind unverzüglich von dem Vorstand in den Gesellschaftsblättern bekannt zu machen.

§ 273 HGB. Soweit der Beschluß durch rechtskräftiges Urteil für nichtig erklärt ist, wirkt das Urteil auch für und gegen die Aktionäre, die nicht Partei sind. Das Urteil ist von dem Vorstand unverzüglich zum Handelsregister einzureichen. War der Beschluß in das Handelsregister eingetragen, so ist auch das Urteil einzutragen; die Eintragung des Urteils ist in gleicher Weise wie die des Beschlusses zu veröffentlichen.

Für einen durch unbegründete Anfechtung des Beschlusses der Gesellschaft entstehenden Schaden haften ihr die Kläger, welchen eine bösliche Handlungsweise zur Last fällt, als Gesamtschuldner.

Anm. 1. **Vorbemerkung.** Die Frage der Nichtigkeit, ihre Voraussetzungen und ihre Rechtsfolgen waren in der ursprünglichen Fassung des Gesetzes nicht geregelt. Ebenso im Aktienrecht. Zur Beseitigung dieser Zweifel sind dort die §§ 309—311 HGB. geschaffen. Ihnen sind die §§ 75—77 nachgebildet. Zu diesen Vorschriften sind besondere Bestimmungen über die Nichtigkeit einer GmbH. im Kartellgesetz, in der Goldbilanzverordnung und in dem Gesetze vom 21. Mai 1926 (RGBl. I 248) getreten. Vgl. hierüber Anm. 11a im Exkurs zu § 3 und unten Anhang zu Bd. II.

Anm. 2. I. **Es handelt sich nur um die Nichtigkeit einer bereits eingetragenen Gesellschaft.** Solange die Gesellschaft noch nicht eingetragen ist, richten sich die Folgen eines Mangels des Gründungsaktes nach den Vorschriften des BGB. (RG. 16. 11. 15 Holdheim 25, 90). Mag er wesentliche oder unwesentliche Gründungserfordernisse betreffen, die Eintragung muß abgelehnt werden. Unter den Gründern kann die Nichtigkeit durch Feststellungsklage festgestellt und die Eintragung im Wege der einstweiligen Verfügung verhindert werden (§ 16 HGB.; vgl. Anm. 31ff. zu § 2). Nach der Eintragung der Gesellschaft darf nicht jeder Mangel im Gesellschaftsvertrage die Nichtigkeit des Ganzen nach sich ziehen. Die Eintragung desselben heilt die Nichtigkeit des Vertrags. Nur die in § 75 beschriebenen Fälle sind erheblich. Auch diese Nichtigkeit ist nicht die des Zivilrechts.

II. **Voraussetzung der Nichtigkeit.** Eine der in § 3 Abs. 1 vorgesehenen wesentlichen Bestimmungen fehlt. Sie kann entweder überhaupt nicht im Gesellschaftsvertrag enthalten oder nichtig sein. § 75. Anm. 3.

1. Ein Mangel des Gesellschaftsvertrags vermag die Nichtigkeit der Gesellschaft nur herbeizuführen, wenn er die in § 3 Abs. 1 enthaltenen Bestimmungen betrifft (vgl. Anm. 30 u. 45 zu § 2). Allen anderen ist dies versagt. Neben den im Gesetze geregelten Fällen gibt es keine anderen Gründungsmängel, welche trotz der Eintragung die Nichtigkeit bewirken (vgl. Staub-Pinner Anm. 2 zu § 309 und die daselbst zusammengestellte aktienrechtliche Literatur). Der Schwerpunkt liegt darin, welche Bedeutung das Nichterwähnen der anderen Verstöße gegen die gesetzlichen Vorschriften hat. Es ist ganz richtig, wenn Staub-Pinner (a. a. O.) bemerkt, daß nur dann eine andere als die im Gesetze behandelte Nichtigkeit zu beachten sei, wenn man den allgemeinen Satz aufstellt, daß die Eintragung heile. Aber gerade dieser Satz folgt aus der Art der Behandlung der Materie im Gesetze. Denn sonst käme man zu einer Reihe von Nichtigkeiten, die unmöglich sind und in der Praxis abgelehnt werden. Das RG. billigt diesen Standpunkt in seiner neueren Rechtsprechung (vgl. 22. 5. 13 RGZ. 82, 288; 11. 12. 13 Holdheim 23, 104). Brodmann erkennt ihn gleichfalls grundsätzlich an. Er läßt nur zwei besondere Ausnahmen hiervon zu (vgl. Anm. 3 a. E. und Anm. 5). Hiernach ist die Nichtigkeit einer Bestimmung des Gesellschaftsvertrags, die nicht zu den in § 3 Abs. 1 enthaltenen gehört, ohne Einfluß auf den Bestand der Gesellschaft. So die Nichtigkeit einer Schiedsklausel (RG. 7. 6. 10 RGZ. 73, 429; 11. 12. 13 Holdheim 23, 104). Ebenso die unzulässige Bestimmung des Gesellschaftsvertrags, daß Teile von Geschäftsanteilen ohne Genehmigung der Gesellschaft veräußert werden können (RG. 14. 3. 08 DJZ. 08, 594). Der Streit dreht sich im wesentlichen um die Verstöße gegen die Formvorschrift. Auch für diese aber muß eine Heilung gefordert werden (Anm. 13 zu § 2).

a) Ein Mangel in der Willenserklärung eines der Gesellschafter, die den Gesellschaftsvertrag vereinbaren, also Mangel beim Abschluß, hat keine Nichtigkeit des ganzen Rechtsgeschäfts zur Folge (vgl. KG. 11. 11. 01 OLGR. 4, 255; KGJ. 23 A 100). Er kann höchstens Nichtigkeit der einzelnen Erklärung herbeiführen. Die Anwendung des § 139 BGB. ist durch die besondere Bestimmung der §§ 75ff. ausgeschlossen (RG. 29. 10. 15 Recht 1916 Nr. 757; 7. 3. 16 JW. 1916, 745). Es kann die Nichtigkeit des ganzen Rechtsgeschäfts nicht dadurch begründet werden, daß die anderen Gesellschafter es ohne den nichtigen Teil nicht vorgenommen hätten (vgl. Anm. 46 zu § 2). Es steht den anderen Gesellschaftern nur frei, gemäß § 61 die Auflösung der Gesellschaft zu verlangen (vgl. Anm. 36 zu § 2 und Anm. 6 u. 7 zu § 61). Dann tritt derselbe Zustand ein wie bei durchgeführter Nichtigkeitsklage (vgl. Anm. 2 zu § 77). Hierher gehören also alle Fälle, bei denen ein vollmachtloser Vertreter handelte oder infolge Mangels des rechtsgeschäftlichen Willens eines Mitgründers eine Nichtigkeit oder Anfechtbarkeit seiner Erklärung eintritt. Dabei ist stets hervorzuheben, daß nach Eintragung zum Handelsregister jede Anfechtung des Beitritts zum Gesellschaftsvertrage wegen Irrtums, Betrugs und Zwanges ausgeschlossen ist (vgl. Anm. 34 zu § 2). Brodmann unterscheidet, ob der Ausfall, der durch die Ungültigkeit einer Beitrittserklärung herbeigeführt wird, von mehr oder weniger großer Bedeutung für den Bestand der Gesellschaft ist. Das können aber nur Erwägungen für die Frage sein, ob ein wichtiger Grund für die Auflösungsklage nach § 61 gegeben ist. Entscheidet man sich für die Ansicht, daß § 75 die Nichtigkeitsgründe erschöpfend aufführt und die Anwendung des § 139 BGB. hierdurch ausgeschlossen wird, wie auch Brodmann dies tut, so kann man eben nicht weitere Fälle der Nichtigkeit des Gesellschaftsvertrags zulassen.

b) Beim Mangel der vorgeschriebenen Form (§ 2) ist vor der Eintragung kein gültiger Gesellschaftsvertrag vorhanden. Jeder Gesellschafter kann die Erfüllung weigern und dem Eintrage widersprechen. Die ungültige GmbH. kann auch nicht als offene Handelsgesell- Anm. 4.

§ 75. schaft oder Gesellschaft bürgerlichen Rechts aufrechterhalten werden. Das wäre ein anderes als gewollt. Nach der Eintragung ist jede Geltendmachung dieser Ungültigkeit ausgeschlossen (vgl. Anm. 13 zu § 2). Es ist in § 75 gesagt, daß nur die Verstöße gegen den materiellen Inhalt des Gesellschaftsvertrags die Nichtigkeit nach sich ziehen. Über die gegenteilige Ansicht des RG. und die Gründe hiergegen vgl. Anm. 13 zu § 2. Mit den dort besprochenen Entscheidungen ist das Urteil des RG. vom 22. 5. 13 (RGZ. 82, 288) nicht vereinbar (vgl. oben Anm. 3). Brodmann verneint hier gleichfalls ausnahmsweise die heilende Wirkung der Eintragung (vgl. dagegen oben Anm. 3). Ebenso Neukamp-Becker (Anm. 3) im Gegensatz zu den früheren Auflagen.

Anm. 5. c) Der Gesellschaftsvertrag ist ungültig, soweit sein Inhalt gegen eine zwingende gesetzliche Bestimmung verstößt (§ 134 BGB.). Diese Ungültigkeit beschränkt sich aber nach dem Eintrage auf die unzulässige Stelle. Nur wenn sich der Verstoß auf die wesentlichen Bestandteile des Gesellschaftsvertrags, die in § 3 Abs. 1 aufgeführten Punkte bezieht, ist der ganze Gesellschaftsvertrag nichtig (Anm. 30ff. zu § 2; zust. Brodmann Anm. 1). Alle anderen Bestimmungen haben diesen Erfolg nicht, sie mögen für den Kontrahenten des Gesellschaftsvertrags noch so erheblich sein. Die Anwendung des § 139 BGB. ist auch hier ausgeschlossen. Es kann auch hier nur die Auflösungsklage aus wichtigen Gründen (§ 61 Abs. 2) in Frage kommen. Dies gilt also, wenn z. B. die Geschäftsanteile für formlos veräußerlich oder ohne Genehmigung der Gesellschaft teilbar erklärt sind (RG. 14. 3. 08 DJZ. 08, 594), wenn jeder Erwerber auch ohne Anmeldung bei der Gesellschaft als Gesellschafter betrachtet werden soll, wenn jeder Veräußerer durch den Verkauf von jeder Haftung frei erklärt wird usw. Hier ist stets nur die gegen das Gesetz verstoßende Statutenbestimmung ungültig. Die Gesellschaft bleibt gültig. Handelt es sich um eine Regelung einer Materie, die an sich der Willkür der Gesellschafter überlassen ist, und ist bei dieser ein Verstoß gegen eine zwingende Vorschrift des Gesetzes mit unterlaufen, so ist auf diese Stelle des Gesellschaftsvertrags § 139 BGB. anwendbar. So wenn bei der Einführung der Nachschußpflicht der Beschluß über die Einforderung dem Aufsichtsrat überlassen ist. Die ganze Nachschußverpflichtung bleibt alsdann nur in Kraft, sofern anzunehmen ist, daß sie nicht auch ohne den ungültigen Teil vorgenommen worden wäre (vgl. Anm. 4 u. 9 zu § 26).

Die Heilung eines solchen ungültigen Teiles des Gesellschaftsvertrags hat in der Form der Statutenänderung zu erfolgen. Selbstredend muß der Inhalt dann dem Gesetze entsprechen.

Über bedingt abgeschlossene Gesellschaftsverträge vgl. Anm. 39ff. zu § 2.

Anm. 6. Das Ausgeführte gilt auch für die Nichtigkeit der Übernahme der Stammeinlagen (vgl. unten Anm. 13). Es umfaßt auch den Fall der Übernahme der besonderen Pflichten der Gesellschafter neben der Einlage (§ 3 Abs. 2; vgl. Anm. 25ff. zu § 3), wie umgekehrt den der besonderen Zusagen der Gesellschaft gegenüber den Gesellschaftern (Anm. 58ff. zu § 5). Es bleibt bei der Nichtigkeit dieser besonderen Abreden, einerlei, aus welcher Ursache sich diese ergibt. Auch wenn sie als gegen die guten Sitten verstoßend nichtig wären (§ 138 BGB.), bleibt die Gesellschaft gültig. Nur kann auch hier die Auflösung der Gesellschaft verlangt werden (§ 61), sobald der Mangel dieser Abrede auf die Verhältnisse der Gesellschaft zurückwirkt. Stets wird der Anspruch gegen die Mitgründer, solange sie noch die Gesellschafter sind, auf Wiederauflösung gegeben sein (vgl. Anm. 36 zu § 2 und Anm. 44 u. 45 zu § 45).

Anm. 7. d) Aus Verstößen gegen die Vorschriften bei der Anmeldung kann nie eine Nichtigkeit der Gesellschaft entstehen (vgl. hierüber Anm. 13 zu § 7 und Anm. 23 zu § 57). Es kann diese weder darauf gestützt werden, daß entgegen der Angabe bei der Anmeldung die Mindesteinlage noch nicht geleistet war (vgl. RGZ. 54, 393; RG. 22. 5. 13 RGZ. 82, 288), noch darauf, daß die vorgeschriebene Versicherung nicht abgegeben war, oder noch weniger, daß die Anmeldung und Versicherung eines Geschäftsführers durch einen Vertreter erfolgte (vgl. Anm. 7 zu § 7 und Anm. 23 zu § 57). Auch eine Wiederlöschung von Amts wegen auf Grund des § 142 FGG. ist in diesem Falle ausgeschlossen (vgl. Anm. 13 zu § 7 und Anm. 23 zu § 57). **§ 75.**

Diese Grundsätze sind durch die Übergangsbestimmungen der Novelle vom 28. Juni 1926 (Anhang zu Bd. I) durchbrochen worden. Nach Art. II Abs. 2 Satz 1 unterliegen Gesellschaften, die bei Inkrafttreten der Novelle zum Handelsregister angemeldet waren, nicht den neuen Bestimmungen über Mindeststammkapital und Mindeststammeinlagen, wenn in diesem Zeitpunkt auch die Voraussetzungen erfüllt sind, an deren Nachweis die bisherigen Vorschriften die Eintragung knüpfen. Hiernach braucht die Anmeldung zur Zeit des Inkrafttretens der Novelle nicht ordnungsmäßig zu sein. Es kann der Nachweis der Voraussetzungen für die Eintragung noch fehlen, wenn nur die Voraussetzungen selbst tatsächlich erfüllt sind. Mängel der Anmeldung können daher auf Beanstandung des Registerrichters oder selbständig behoben werden, ohne daß sie zum Anlaß genommen werden könnten, eine Erhöhung des Stammkapitals oder der Stammeinlagen auf die in der Novelle eingeführten Mindestbeträge zu fordern. Bemerkt der Registerrichter die Mängel der Anmeldung nicht, sondern trägt er die GmbH. ein, so ist eine gültige Gesellschaft entstanden. Aber das bedingt, daß die Voraussetzungen für die Eintragung tatsächlich vorliegen. Fehlt es hieran, war z. B. tatsächlich ein Viertel der Stammeinlagen nicht eingezahlt, so ist mit der Eintragung eine nichtige Gesellschaft entstanden. Sie weist nicht das durch die Novelle vorgeschriebene Mindeststammkapital auf. Ihr Gesellschaftsvertrag enthält nicht eine nach § 3 Abs. 1 wesentliche Bestimmung (vgl. Schmidt II in JW. 1926, 2046). Die Nichtigkeit folgt freilich auch hier nicht unmittelbar aus dem Verstoße gegen die für die Anmeldung gegebenen Vorschriften. Dieser Verstoß führt aber zu einer Verletzung der Vorschriften über das Mindeststammkapital und damit mittelbar zur Nichtigkeit der GmbH. (vgl. unten Anm. 11).

2. Nichtigkeit des Gesellschaftsvertrags tritt nur ein, wenn es an dem wesentlichen Inhalte desselben, wie ihn § 3 Abs. 1 feststellt, fehlt oder eine hierüber getroffene Bestimmung ungültig ist. Das erstere tritt ein, wenn einer der wesentlichen Punkte ganz übergangen oder die getroffene Anordnung zu allgemein und unbestimmt ist, als daß sie den Vertragsinhalt bilden kann. Das letztere liegt vor, wenn eine Verletzung der gesetzlichen Vorschriften oder ein Verstoß gegen die guten Sitten erfolgt. Dieser Verstoß kann sich z. B. bei dem Zweck (vgl. Anm. 7 zu § 1), aber auch bei der Firma geltend machen. Verstößt der ganze Vertrag gegen die guten Sitten, so sind auch alle Bestimmungen über die Essentialien nichtig. Die Nichtigkeit tritt ein: **Anm. 8.**

a) Wenn die Firma oder der Sitz der Gesellschaft nicht bestimmt ist oder wenn eine unzulässige Sitzbestimmung getroffen ist (z. B. im Auslande), oder wenn eine nach den Vorschriften über die Firma unzulässige Firma gewählt ist (über Sitz vgl. Anm. 3—5 zu § 3, über die Firma näheres Anm. 2ff. zu § 4; vgl. auch KG. 29. 10. 08 OLGR. 19, 381; RJA. 10, 13 und die Mahnung, nur dann von Amts wegen wegen Unzulässigkeit der Firma vorzugehen, wenn schutzbedürftige Interessen vorliegen und wenn es sich um Verstöße gegen klares Recht handelt; ferner KG. 20. 10. 22 JW. 23, 998 und hierzu Bemerkung Hachenburgs). **Anm. 9.**

b) Wenn der Gegenstand des Unternehmens nicht oder nicht dem Gesetze entsprechend bestimmt ist. Hierüber s. RG. 16. 11. 15 Holdheim 1916, 90 und Anm. 8—12 zu § 3. Daselbst auch über die Unterscheidung des KG. (22. 11. 06 KGJ. 34 A 149; RJA. 8, 114), wonach eine allgemeine Angabe des Gegenstandes zur Gültigkeit des Gesellschaftsvertrags genügen, aber das Verlangen der Individualisierung kraft Ordnungsvorschrift bestehen soll. Über die Nichtigkeit wegen Verletzung der Vorschriften über den erlaubten Zweck vgl. Anm. 16 zu § 1. Über den Fall, daß die erforderliche Staatsgenehmigung nicht vorhanden war, vgl. Anm. 8 zu § 8. Es ist kein unzulässiger Gegenstand gewählt. Nur der Betrieb des Unternehmens bedarf der Genehmigung. Die Staatsgenehmigung kann noch nachträglich erteilt werden. Die Gesellschafter können durch Dreiviertelmehrheit einen anderen Gesellschaftszweck beschließen. Auch die Nichterteilung eines Patents, dessen Er- **Anm. 10.**

§ 75. werb Gegenstand der Gesellschaft sein soll, hat keine Nichtigkeit derselben zur Folge. Nur eine Klage auf Auflösung ist zulässig (KG. 3. 11. 09 OLGR. 19, 371).

Anm. 11. c) Wenn der Betrag des Stammkapitals nicht oder nicht dem Gesetze entsprechend bestimmt ist. Es gehört der Fall hierher, daß das Stammkapital auf weniger als 20000 RM normiert ist (vgl. Anm. 2 zu § 5 und die Anmerkungen zu der Novelle Bd. I. S. 523ff.). Unerheblich ist dagegen, daß die Angabe nicht in Reichswährung erfolgte (vgl. Anm. 9 zu § 5). Der Mangel der Angabe des Stammkapitals ist nicht heilbar. Die eingetragene Gesellschaft muß gelöscht und eine neue gebildet werden. Über die Nichtigkeit der Gesellschaften, die bei Inkrafttreten der Novelle vom 28. Juni 1926 zum Handelsregister mit einem Stammkapital von weniger als 20000 RM angemeldet, bei denen aber die Voraussetzungen zur Eintragung nicht erfüllt waren, vgl. oben Anm. 7.

Anm. 12. d) Wenn der Betrag der einzelnen Stammeinlagen nicht bestimmt oder nicht dem Gesetz entsprechend gewählt ist (RG. 7. 11. 13 RGZ. 83, 256). So wenn ein solcher weniger als 500 RM beträgt oder nicht in Reichsmark durch 100 teilbar ist, obwohl die Gesellschaft nach Inkrafttreten der Novelle vom 28. Juni 1926 gegründet ist (vgl. hierüber Bd. I S. 523f., unten Exkurs zu § 75 und Anm. 3 u. 8 zu § 5). Über die Rechtslage, wenn ein Gesellschafter mehrere Stammeinlagen übernimmt oder wenn der Gesamtbetrag der Einlagen nicht mit dem Stammkapital übereinstimmt, vgl. Anm. 5 u. 6 zu § 5. Unheilbare Nichtigkeit liegt endlich vor, wenn bei Eintragung der GmbH. nur ein Gesellschafter vorhanden ist. § 3 Abs. 1 Ziff. 4 setzt einen Vertrag, also eine Mehrheit von Gesellschaftern voraus. Wenn nur ein Gesellschafter das gesamte Stammkapital übernommen hat oder im Gründungsstadium alle künftigen Geschäftsanteile an eine dritte Person abgetreten sind, fehlt es an den Voraussetzungen des § 3 Ziff. 4 zur gültigen Entstehung der GmbH. (vgl. RFH. 14. 10. 24 JW. 1925, 158 und Anm. 41 zu § 15).

Anm. 13. e) Nicht unter die Nicht- oder nicht gültige Aufnahme der Stammeinlagen in den Gesellschaftsvertrag gehört die Übernahme derselben (vgl. Anm. 31ff. zu § 2). Der Betrag der zu leistenden Einlage ist festzustellen. Nicht aber muß die Verpflichtung zu dieser Leistung wirksam sein, um die gültige Entstehung der Gesellschaft herbeizuführen. Die Zeichnung des Vertrags durch einen Geschäftsunfähigen oder ohne Vollmacht Vertretenen bewirkt keine unheilbare Nichtigkeit (vgl. Anm. 31 zu § 2; a. M. Liebmann Anm. 3). Aus denselben Gründen tritt keine unheilbare Nichtigkeit der Gesellschaft ein, wenn die im Gesellschaftsvertrag erklärte Sacheinlage mangels ungenügender Bezeichnung nicht gültig übernommen ist (vgl. Anm. 47 zu § 5), oder wenn die Leistung der übernommenen Sacheinlage von Anfang an objektiv unmöglich ist (vgl. Anm. 33 zu § 2). Der Gesellschaftsvertrag ist in diesem Punkte unwirksam. Jeder Gesellschafter kann sich bis zur Eintragung der Gesellschaft ins Handelsregister darauf berufen (RG. 3. 12. 12 ZGesA. 23, 10). Mit der Eintragung ist dieser Mangel des Gesellschaftsvertrages geheilt. Die GmbH. ist entstanden. Hierher gehört auch der Fall, daß die Übernahme unter einer Bedingung oder unter Vorbehalt erfolgt. Auch dies ist unstatthaft (Anm. 39ff. zu § 2). Auch hier ist der Gesellschaftsvertrag nicht ungültig, sondern nur die bedingte oder unter Vorbehalt erfolgende Übernahme (RG. 7. 11. 13 RGZ. 83, 258). Über die Frage, wenn alle Beitrittserklärungen bis auf eine oder sämtliche Erklärungen ungültig sind, vgl. Anm. 55 zu § 2.

Anm. 14. **III. Die Rechtsfolgen der Nichtigkeit.**

1. Die rechtliche Bedeutung der Nichtigkeit.

a) Die Nichtigkeit vor der Eintragung des Urteils der Nichtigkeit zum Handelsregister (latente Nichtigkeit). Die Denkschrift zum HGB. erklärt (S. 171, 172), das Nichtigkeitsurteil habe nur deklarative Bedeutung. Es sei nicht etwa anzunehmen, daß die Gesellschaft bis zur Eintragung des Urteils zu Recht bestände. Das schließe aber nicht aus, daß der Gesellschaft insoweit, als es sich um die Abwicklung ihrer Verhältnisse handle, dennoch eine gewisse Rechtsbeständigkeit beigelegt werde. Das besagt, daß die Gesellschaft bestehe, wenn auch nicht zu Recht. Sie ist als GmbH. eingetragen, aber zu Unrecht. Daß sie als solche eingetragen ist, bewirkt, daß sie sich nach außen als solche betätigen kann. Sie gilt für den Rechtsverkehr als GmbH. Ihre Rechtsgeschäfte sind jedem Dritten gegenüber gültig (§ 77 Abs. 2), nicht nur dem gutgläubigen Dritten. Sie hat auch Organe. Sie hat einen Geschäftsführer. Sie kann einen Aufsichtsrat haben. Es können endlich die Gesellschafter Beschlüsse fassen. Sie sind gültig. § 75.

Die Nichtigkeitsklage bei der GmbH. beruht auf einem ähnlichen Gedanken wie die Nichtigkeitsklage im Eherecht. Ist die Ehe in das Standesbuch eingetragen, so ist sie so lange als bestehend zu behandeln, bis sie durch ein Urteil für nichtig erklärt ist. Auch bei dieser nichtigen Ehe können Rechtsfolgen entstehen, sowohl unter den Ehegatten als gegenüber den Kindern aus der nichtigen Ehe, als gegenüber gutgläubigen Dritten (§§ 1324, 1344, 1699 BGB.; § 632 ZPO.). Die Nichtigkeit besteht in beiden Fällen. Aber die Folge des Eintrags in ein öffentliches Buch und der Schutz der Dritten, die sich hierauf verlassen dürfen, gibt auch dem nichtigen Rechtsakte so lange Wirkung, bis die Eintragung durch das richterliche Urteil und dessen Vermerk aufgehoben ist. Auch dann sind die Folgen dieses formellen Bestehens nicht vollends beseitigt. Solange die Nichtigkeit der GmbH. nicht durch das Urteil des Gerichts oder das Vorgehen des Registerrichters gemäß § 144 FGG. ausgesprochen ist, muß jeder, der mit der Gesellschaft zu tun hat, sei es ihr Gesellschafter, sei es ein Dritter, sie wie eine gültige und zu Recht bestehende Gesellschaft behandeln (vgl. KG. 19. 11. 18 OLGR. 39, 50). Die Folge der Eintragung ist, daß trotz des nichtigen Gesellschaftsvertrags eine Gesellschaft entstanden ist. Allerdings eine solche, die den Todeskeim in sich trägt und deren Existenz ohne die erforderliche rechtliche Grundlage ist. Solange aber der Eintrag vorhanden ist, hält dieser die formelle Existenz aufrecht. Es finden daher Gesellschaftsversammlungen statt. In ihnen werden Gesellschafterbeschlüsse gefaßt. Es werden Rechtsgeschäfte abgeschlossen und vollzogen. Diese sämtlichen Lebensakte sind g ü l t i g. Sie bleiben es auch, wenn später die Nichtigkeit ausgesprochen wird. Sie werden nicht erst durch eine spätere Heilung der Nichtigkeit rechtsbeständig. Der Veräußerer eines Geschäftsanteils kann nicht schon deshalb auf Grund des § 437 BGB. auf Gewährleistung in Anspruch genommen werden, weil ein Grund zur Nichtigkeitsklage vorliegt. Die Nichtigkeit macht sich ja nicht geltend. Ihre Geltendmachung kann auch, zum Teil wenigstens, beseitigt werden. Unstatthaft ist es, daß bei Akten der freiwilligen Gerichtsbarkeit die Behörde die Gesellschaft zurückweise, weil sie einen Nichtigkeitsfehler habe. Der Grundbuchrichter kann nicht die Eintragung eines grundbuchmäßigen Geschäfts weigern, weil die Gesellschaft nichtig sei, z. B. den Eintrag einer Hypothek zugunsten der Gesellschaft aus diesem Grunde ablehnen (vgl. Keßler ZBlFG. 5, 219ff.; a. M. Liebmann Anm. 2). Unstatthaft ist es, als Einwand gegen die Wechselklage einer Gesellschaft deren Parteifähigkeit auf Grund der Nichtigkeit zu bestreiten (ungedrucktes Urteil des RG. 14. 1. 03 in Sachen Slops und Schnorr gegen Ziegelwerke München-Gladbach I 192/1903). Es bleibt ja auch der Gesellschaft nach durchgeführter Nichtigkeitsklage die Parteifähigkeit (RG. 21. 12. 04 RGZ. 59, 325 und bei Holdheim 14, 143), um so mehr vor derselben. Auch die Gesellschafter selbst können sich nicht einredeweise auf die latente Nichtigkeit berufen (zust. Neukamp-Becker Anm. 4a gegen die früheren Auflagen; a. M. Liebmann Anm. 4e). Es kann die Einzahlung der Resteinlage nicht geweigert werden, weil die Gesellschaft eine unstatthafte Firma habe und die verlangte Einlage nicht zur Deckung der Schulden im Liquidationsstadium nötig sei. Will ein Gesellschafter die Nichtigkeit geltend machen, so muß er die Nichtigkeitsklage erheben. Es wird dann die Klage auf Zahlung gegen ihn auszusetzen sein. Ebensowenig kann der Gesellschafter die Rechtsbeständigkeit der Organe der Gesellschaft, Geschäftsführer, Aufsichtsrat, Gesellschafterversammlung bestreiten und ihre Verfügungen bemängeln. Der Gesellschafter kann die Beschlüsse der Gesellschaftsorgane nicht einfach unbeachtet lassen (a. M. Staub-Pinner 12. Aufl. Anm. 12 zu § 309 gegen frühere Auflagen). Ein Gesellschafter, der Verpflichtungen neben der Stammeinlage übernahm, hat die Beschlüsse des Aufsichtsrates so lange zu respektieren,

§ 75. als die Gesellschaft nicht vernichtet ist. Es folgt dies aus dem ganzen System des Gesetzes. Nach ihm ist die Nichtigkeit eine Auflösbarkeit.

Anm. 15. b) **Die eingetragene Nichtigkeit.** Nach beiden Richtungen, nach innen und nach außen, ändert sich dieser Zustand durch Eintragung der Nichtigkeit. Durch Klage und durch Vorgehen des Registergerichts (vgl. unten Anm. 17ff. und Anm. 29ff.) kann diese Eintragung herbeigeführt werden. Durch die Eintragung tritt der Liquidationszustand ein. Wegen des Mangels der Rechtsbeständigkeit sind die gesamten Rechtsverhältnisse, die trotz dieses Mangels zur Entstehung gelangten, in den geordneten Bahnen des Liquidationsverfahrens abzuwickeln. Die Gesellschaft wird eine Liquidationsgesellschaft mit allen Rechten und Pflichten derselben, auch mit der hierzu nötigen Rechts- und Geschäftsfähigkeit. Ihre Organe werden Liquidationsorgane. Sie sind in ihrer Vertretungsbefugnis auf den Liquidationszweck beschränkt. Aber innerhalb dieses Zweckes sind sie rechtmäßige Organe (vgl. Anm. 2 zu § 77). Doch kann auch eine in Liquidation befindliche Gesellschaft für nichtig erklärt werden. Über die Streitfrage, ob die Rechtskraft des Nichtigkeitsurteils oder die Eintragung der Nichtigkeit die Wirkung der Auflösung der GmbH. herbeiführt, vgl. Anm. 1 zu § 77.

Eine Nichtigkeitserklärung hat nicht die Wirkung, daß ihre bisherigen Beschlüsse ungültig sind (so **Staub** in der 1. Auflage Anm. 10 S. 408). Das stände mit dem Wesen der Nichtigkeit im Sinne des § 75 im Widerspruche. Die Konsequenzen würden dem Zwecke des Gesetzes direkt zuwiderlaufen. Man nehme an, daß die Gesellschafter die Einberufung von Nachschüssen beschlossen und durchgeführt haben. Soll dieser Beschluß jetzt ungültig und jeder Gesellschafter berechtigt sein, seine Zahlung zurückzufordern? Oder es ist ein Gesellschafter kaduziert worden. Soll er befugt sein, sich noch als Gesellschafter zu betrachten? Oder es würde die Genehmigung zu einem Verkauf eines Geschäftsanteils gegeben. Soll der Erwerber sich wegen Ungültigkeit dieser Genehmigung von dem Kaufe, den er in Kenntnis des Nichtigkeitspunktes vornahm, losmachen können? Dies und alle ähnlichen Folgen sind unmöglich. Man bedenke auch, daß ja die Gesellschaft Organe hat, wenn sie auch zu Unrecht bestehen. Sie sind aber doch gültig gewählt, und der Beschluß der Gesellschafter, der den Geschäftsführer bestellt, kann nicht nichtig sein. Gerade weil die Gesellschaft durch die Nichtigkeitserklärung, sei es im Wege des Prozesses oder der freiwilligen Gerichtsbarkeit, in Liquidation tritt, folgt, daß sie vorher nicht ein Weniger, sondern ein Mehr gewesen sein muß.

Anm. 16. c) **Die Heilung der Nichtigkeit.** Der latente Nichtigkeitszustand kann, wie er durch Eintragung der Nichtigkeit zum offenen wird, durch Beseitigung des Nichtigkeitsgrundes gemäß § 76 beseitigt werden. Dann hört die Nichtigkeit auf. Fortan besteht die Gesellschaft zu Recht (Näheres Anm. 10 zu § 76). Eine Eintragung einer Nichtigkeit ist nicht mehr denkbar. Über die Unmöglichkeit des Wiederauflebens einer für nichtig erklärten Gesellschaft vgl. Anm. 8 zu § 76.

Anm. 17. 2. **Die Nichtigkeitsklage.** Die Nichtigkeit kann durch richterliches Urteil ausgesprochen werden. Auf die Nichtigkeitsklage finden die Vorschriften der §§ 272, 273 HGB. entsprechende Anwendung. Sie sind oben abgedruckt.

Anm. 18. a) **Die Klage kann von jedem Gesellschafter angestrengt werden.** Gesellschafter ist, wer der Gesellschaft gegenüber als Gesellschafter **gilt**. Regelmäßig ist das nur der, dessen Gesellschaftereigenschaft der Gesellschaft unter Nachweis des Überganges angezeigt ist (§ 16 und Anm. 12ff. hierzu). Unstatthaft ist die Klage eines gemäß § 21 ausgeschlossenen Gesellschafters, es sei denn, daß dieser einwendet, sein Ausschluß sei auf Grund von rechtsungültigen Beschlüssen erfolgt (vgl. ferner über die Legitimation Anm. 2 zu § 50, Anm. 1 zu § 61). Zur Klage befugt ist jeder Geschäftsführer, gleichviel, ob derselbe sonst alleinige Vertretungsbefugnis hat oder nicht, und jedes Mitglied des Aufsichtsrates. Das Aufsichtsratskollegium als solches kann nicht klagen. Dritte Personen dagegen, auch die Gläubiger der GmbH., sind zur Erhebung der Nichtigkeitsklage nicht legitimiert (OLG. Naumburg 15. 10. 12 OLGR. 27, 394).

b) Die Klage ist gegen die Gesellschaft zu richten (§ 272 Abs. 1 HGB.). Sie wird **§ 75.**
durch die Geschäftsführer und, wenn ein solcher bestellt ist, durch den Aufsichtsrat vertreten. **Anm. 19.**
Ähnliche Organe (Beirat, Verwaltungsrat, Obmann usw.; Anm. 2 zu § 52) sind hier nicht Vertreter der Gesellschaft. Wenn die sämtlichen Geschäftsführer klagen, so wird die Gesellschaft durch den Aufsichtsrat vertreten. Wenn es keinen Aufsichtsrat gibt, so ist ein Prozeßpfleger (§ 57 ZPO.) zu bestellen. Ebenso wenn die Gesellschaft weder Geschäftsführer noch Aufsichtsrat hat. In diesem Falle kann auch das Amtsgericht einen Geschäftsführer bestellen (§ 29 BGB.; vgl. Anm. 43 zu § 35). Auch die Gesellschaft kann gemäß § 46 Nr. 8 einen Vertreter ihrer Rechte bestellen. Die Vertretung der Gesellschaft durch ihre Organe im Nichtigkeitsprozesse zeigt wieder, daß diese bis zur Eintragung der Nichtigkeit bestehen und als zu Recht bestehend gelten (oben Anm. 15).

c) Zuständig ist ausschließlich das Landgericht am Sitze der Gesellschaft (§ 272 Abs. 2 HGB.). **Anm. 20.**
Aus dieser Zuständigkeitsvorschrift folgt, **daß die Revision ohne Rücksicht auf den Wert des Streitgegenstandes zulässig ist** (§ 547 Nr. 2 ZPO.). — Der Rechtsstreit gehört vor die Kammer für Handelssachen (§ 95 Nr. 4a GVG.).

d) Mehrere Nichtigkeitsklagen sind zu verbinden (§ 272 Abs. 2 HGB.). Die mehreren **Anm. 21.**
Nichtigkeitskläger sind, wenn sie die Nichtigkeit auf denselben Rechtsgrund stützen, notwendig Streitgenossen (§ 62 ZPO.).

e) Sicherheitspflicht (§ 272 Abs. 3 HGB.). Auf Verlangen der Gesellschaft kann das Ge- **Anm. 22.**
richt anordnen, daß der klagende Gesellschafter wegen der der Gesellschaft drohenden Nachteile Sicherheit zu leisten habe. Für den Geschäftsführer oder ein Mitglied des Aufsichtsrates als Kläger gilt dies nicht. Die Art und Höhe der Sicherheit bestimmt das Gericht nach freiem Ermessen. Die Bestimmung der Sicherheit erfolgt regelmäßig durch Zwischenurteil (RGZ. 24, 429). Nur dann, wenn über die Pflicht zur Bestellung der Sicherheit und über deren Höhe Einigkeit herrscht und nur die Fristbestimmung noch übrigbleibt, genügt ein Beschluß des Gerichts (RG. 28. 12. 01 JW. 02,90). Das Verlangen auf Sicherheitsleistung ist keine prozeßhindernde Einrede. Eine Berufung gegen das Zwischenurteil ist daher nicht gegeben. — Für die Höhe der Sicherheit ist § 273 Abs. 2 HGB. entscheidend. Es ist zu prüfen, ob Anlaß zu der Annahme böslicher Klageerhebung vorliegt. Eine summarische Prüfung der Klagebegründung wird dabei nicht zu umgehen sein. Die Vertreter der Gesellschaft müssen die für die Böslichkeit sprechenden Momente und die Gefahr, welche mit der Klageerhebung verknüpft ist, dartun. Die Sicherheit haftet für den der Gesellschaft durch die Erhebung einer unbegründeten Klage entstehenden Schaden. Die Haftung des Klägers tritt jedoch nur bei „böslicher Handlungsweise" (§ 273 Abs. 2) ein (unten Anm. 28). Wegen Rückgabe der Sicherheit hat sich der Kläger an die Gesellschaft zu wenden. Die Einwilligung der Geschäftsführer genügt. Doch ist auch Antrag an das Gericht gemäß § 109 ZPO. gestattet.

f) Die Klageerhebung und der Verhandlungstermin sind von den Geschäfts- **Anm. 23.**
führern in den Gesellschaftsblättern zu publizieren (§ 272 Abs. 4 HGB.). Über die Gesellschaftsblätter s. Anm. 16 zu § 30. Durch Ordnungsstrafe können die Geschäftsführer hierzu nicht gezwungen werden.

g) Die Zustellung der Klage. Sind mehrere Geschäftsführer vorhanden, so genügt die **Anm. 24.**
Zustellung an einen. Ist ein Aufsichtsrat bestellt, so muß die Zustellung auch an ihn erfolgen (§ 171 Abs. 3 HGB.). Es muß mindestens einem seiner Mitglieder zugestellt werden (RGZ. 14, 142). Die Klage muß so viel Geschäftsführer bezeichnen, als zur Vertretung der Gesellschaft erforderlich sind. Dagegen sind sämtliche Mitglieder des Aufsichtsrats anzugeben. Nur sie bilden den Aufsichtsrat (RG. 4. 5. 01 JW. 01, 482).

h) Die Erhebung der Nichtigkeitsklage ist nicht an eine Frist gebunden. Hier **Anm. 25.**
läßt sich die Parallele zur Anfechtungsklage nicht durchführen. Daher ist auch § 271 HGB. nicht für anwendbar erklärt.

i) Mit der Klage kann auch eine einstweilige Verfügung auf Sistierung jeder Gesellschaftstätigkeit verbunden werden.

§ 75. k) Das rechtskräftige Urteil, das auf Nichtigkeit lautet, wirkt für und gegen
Anm. 26. alle Gesellschafter (§ 273 Abs. 1 HGB.). Bis zur Rechtskraft kann der Kläger die Klage zurücknehmen oder einen Vergleich schließen. Das die Klage abweisende Urteil ist dagegen nicht präjudiziell.

Anm. 27. l) Das Urteil ist von den Geschäftsführern unverzüglich zum Handelsregister einzureichen (§ 273 Abs. 1 HGB.). Dies kann durch Ordnungsstrafe erzwungen werden (§ 14 HGB.). Die Nichtigkeit wird im Handelsregister eingetragen, und zwar ohne besondere Anmeldung (vgl. Anm. 1 zu § 77). Die Eintragung wird gemäß § 10 HGB. publiziert. Über die Wirkung des Urteils und die Eintragung der Nichtigkeit vgl. oben Anm. 15 sowie Anm. 1 zu § 77.

Anm. 28. m) Für einen durch eine unbegründete Nichtigkeitsklage entstehenden Schaden haften der Gesellschaft die Kläger, welchen eine bösliche Handlungsweise zur Last fällt, als Gesamtschuldner (§ 273 Abs. 2 HGB.).

Bösliche Handlungsweise liegt vor, wenn der Kläger weiß, daß seine Klage unbegründet ist (vgl. über den Begriff der böslichen Handlungsweise Anm. 11 zu § 31). Dem Wissen steht die hohe Wahrscheinlichkeit der Unbegründetheit der Klage gleich. Bloße Zweifel an der Durchführbarkeit genügen nicht. Der Kläger handelt auch dann nicht böslich, wenn die GmbH. ihm ein Rechtsgutachten zu ihren Gunsten vorlegt. Bei bestrittenen Fragen darf er den ihm günstigen Standpunkt für richtig halten. Ohne Einfluß ist es auch, daß die Gesellschaft wirtschaftlich gut arbeitet und kein Grund zu ihrer Vernichtung vorliegt. Daraus kann eine Böslichkeit des Klägers nicht abgeleitet werden. Der Schaden muß der Gesellschaft erwachsen sein. Ein den Gesellschaftern zugefügter kommt nicht in Betracht. So, wenn durch die Nichtigkeitsklage ein Verkauf eines Geschäftsanteils zu vorteilhaften Bedingungen vereitelt wurde. Das Wissen von der Unbegründetheit der Klage genügt nicht, um den Tatbestand des § 826 BGB. zugunsten des geschädigten Gesellschafters zu erfüllen. Es muß ein weiteres Moment hinzutreten. Der Nachteil des Gesellschafters muß mit in den Vorsatz des Klägers aufgenommen sein. Der Verstoß gegen die guten Sitten wird dann meist sich aus dem Bewußtsein einer aussichtslosen Klage in Verbindung mit dem Bewußtsein der Schädigung der Gesellschafter ergeben.

Die Haftung trifft jeden Kläger, also sowohl einen Gesellschafter als einen Geschäftsführer oder ein Mitglied des Aufsichtsrates. Die Ursache der Haftung liegt in der wissentlichen Erhebung einer nicht begründeten Klage.

Anm. 29. 3. Die Löschung von Amts wegen. Das Registergericht oder das übergeordnete Landgericht kann eine nichtige Gesellschaft auch von Amts wegen löschen (§ 144 FGG.; vgl. Anm. 56 zu § 2, Anm. 47 zu § 5, Anm. 10 zu § 7, Anm. 13 zu § 10 und Anm. 13ff. zu § 57). Über die Entstehungsgeschichte des § 144 FGG. vgl. Düringer-Hachenburg I Anhang zu § 144 FGG.).

Anm. 30. a) Die Voraussetzungen der Löschung von Amts wegen sind dieselben wie bei der Nichtigkeitsklage. Sie kann dann erfolgen, wenn ein Gesellschafter oder Geschäftsführer berechtigt ist, die Nichtigkeitsklage zu erheben. Jeder Gesellschafter oder Geschäftsführer kann, statt auf eigene Kosten einen Prozeß anzustrengen, eine Anzeige beim Registergericht machen. Die Löschungsbefugnis tritt aber auch nur ein, wenn die Voraussetzungen der Nichtigkeitsklage gegeben sind. Es muß ein Mangel eines wesentlichen Teiles des Gesellschaftsvertrags (§ 3 Abs. 1) dem Inhalte nach vorliegen (vgl. KG. 11. 11. 01 OLGR. 4, 254; KGJ. 23 A 100; ZBlFG. 2, 274). Sie ist ausgeschlossen, wenn andere Teile des Gesellschaftsvertrags als die im § 3 Abs. 1 aufgeführten nichtig sind (vgl. oben Anm. 5). Sie ist ausgeschlossen, wenn nur einzelne Beitrittserklärungen zum Gesellschaftsvertrag unwirksam sind (vgl. Anm. 46 zu § 2; oben Anm. 3). Sie ist ausgeschlossen, wenn der Gesellschaftsvertrag der vorgeschriebenen Form entbehrt (vgl. hierüber und über die gegenteilige Ansicht des RG. Anm. 13 zu § 2; oben Anm. 4). Sie ist ausgeschlossen, wenn eine der Voraussetzungen der Eintragung mangelt (vgl. hierüber und über die Ansicht des KG. Anm. 13 zu § 7 und oben Anm. 7), also insbesondere wenn die vorgeschriebene Einzahlung

nicht erfolgt war, wenn die Anmeldung nicht von allen hierzu Verpflichteten abgegeben § 75.
wurde, wenn sie nicht den gesetzlichen Inhalt aufweist oder wesentliche Beilagen fehlen usw. Aus § 75 ergibt sich die Tendenz des Gesetzes, an eingetragenen und als bestehend behandelten Gesellschaften nur in den schwerwiegendsten Fällen zu rühren. Es müssen die unbedingt nötigen Bestandteile des Gesellschaftsvertrags fehlen. Der § 142 FGG., der die Löschung einer Eintragung zuläßt, die erfolgt war, „obgleich sie wegen Mangels einer wesentlichen Voraussetzung unzulässig war", ist durch § 144 Abs. 1, der die spezielle Vorschrift gibt, ausgeschlossen (a. M. anscheinend KG. 28. 11. 04 ZBlFG. 6, 86 und KGJ. 28 A 299; vgl. Anm. 10 zu § 7; Anm. 23 zu § 57).

Maßgebend ist der Gesellschaftsvertrag, nicht der Eintrag zum Handelsregister. Eine Anm. 31.
Verbesserung bei diesem schließt die Löschung nicht aus. So wenn der Registerrichter aus der beigelegten Liste der Gesellschafter die im Gesellschaftsvertrage fehlende Stammeinlage ergänzt. Oder es fehlte bei der Firma der Zusatz „Gesellschaft mit beschränkter Haftung", während der Eintrag die richtige Bezeichnung enthielt (vgl. Keßler in ZBlFG. 5, 210).

Wird der Sitz der Gesellschaft verlegt, so steht das Recht der Löschung dem Anm. 32.
Registerrichter der derzeitigen Hauptniederlassung zu. Der Widerspruch kann nicht darauf gestützt werden, daß nur der Richter, der die Eintragung vornahm, sie auch wieder beseitigen könne. Allerdings sind auch die §§ 142ff. FGG. ein Ausfluß des Prinzips (§ 18 FGG.) von den Rechten des Richters in Sachen der freiwilligen Gerichtsbarkeit, seine Verfügung abzuändern (Denkschr. z. FGG. S. 72/73). Daraus allein folgt nicht, daß nur der verfügende Richter selbst zu dieser Änderung legitimiert sei. Doch darf der Registerrichter bei einer Sitzverlegung die Eintragung der Gesellschaft in das Handelsregister ihres neuen Sitzes nicht ablehnen, der Mangel mag noch so schwerwiegend sein. Es findet keine Eintragung der GmbH., sondern nur eine Übertragung statt.

Dem Registerrichter einer Zweigniederlassung steht die Einleitung eines Anm. 33.
Löschungsverfahrens nicht zu (vgl. Anm. 25 zu § 12). Er kann nur den Richter der Hauptniederlassung auf den Mangel aufmerksam machen.

Daß die Beseitigung der eingetragenen Gesellschaft wegen des wesent- Anm. 34.
lichen Mangels „im öffentlichen Interesse erforderlich erscheint", ist nur für die Löschung von eintragungspflichtigen Beschlüssen, nicht für die der Gesellschaft selbst vorgeschrieben (§ 144 Abs. 2 FGG.). Das Gesetz stellt aber nur eine Befugnis des Registerrichters („kann") auf. Von dieser Befugnis wird der Registerrichter nur Gebrauch machen, wenn eine klare Sachlage gegeben ist. Bei streitigen Fragen wird er sich der Einleitung des Verfahrens enthalten (Dorner Kommentar Bem. 3a zu § 142 FGG.; LG. Leipzig in BuschsZ. 32, 401; Reichel das. 406; KG. 29. 10. 08 OLGR. 19, 381). Eine Verpflichtung besteht nicht. Es kann also der Antrag eines Gesellschafters oder eines Dritten abgelehnt werden, auch wenn die materiellen Voraussetzungen (oben Anm. 30) gegeben sind. Der Gesellschafter oder Geschäftsführer, dessen Antrag auf Einleitung des Nichtigkeitsverfahrens abgelehnt ist, hat keine Beschwerde. Er ist kein Beteiligter im Sinne der §§ 16 und 20 FGG. Sein Recht ist nicht durch die Verfügung beeinträchtigt. Zulässig ist jedoch ein selbständiger Antrag an das Landgericht gemäß § 143 FGG. Der Effekt ist ähnlich wie bei der Beschwerde. Hat die Handelskammer gemäß § 126 FGG. den Antrag auf Löschung beim Registerrichter eingereicht, so steht ihr gegen die Ablehnung die Beschwerde zu (§ 126 Abs. 1 FGG.).

b) Das Verfahren bei der Löschung von Amts wegen (§ 142 FGG.) beginnt mit der Anm. 35.
Benachrichtigung durch das Gericht. Dabei ist diesen „Beteiligten" von der Mitteilung der beabsichtigten Löschung an eine angemessene Frist zur Geltendmachung eines Widerspruchs zu setzen. Sie muß mindestens 3 Monate betragen (§ 142 Abs. 2 und § 144 Abs. 3 FGG.). Einer geringeren Frist kann die Gesellschaft widersprechen. Nimmt sie aber ohne Widerspruch innerhalb der kurzen Frist das Verfahren auf, so ist dieses gültig (KG. 7. 10. 10 RJA. 11, 34). Die Beteiligten sind hier nur die Gesellschaft selbst (so auch Liebmann Anm. 5b). Daß darunter alle zur Nichtigkeitsklage Berechtigten gemeint seien (so Dorner Kommentar

§ 75. zum FGG. Bem. 7 zu § 144), hat im Gesetz keine Stütze. Die Gesellschafter sind auch nicht deshalb Beteiligte, weil sie im Rahmen des Löschungsverfahrens in der Lage sind, innerhalb der Frist eine Beseitigung der Nichtigkeit herbeizuführen (Marcus bei Holdheim 17, 187). Das Gericht kennt die Gesellschafter nicht. Die bei ihm hinterlegte Liste bietet keinerlei Gewähr für die Richtigkeit. Es ist Sache der Organe der Gesellschaft, den Heilungsbeschluß herbeizuführen. (So auch KG. 7. 10. 10 RJA. 11, 35; vgl. OLG. Karlsruhe 15. 1. 26 Rundsch. GmbH. 1926, 444). Hat die Handelskammer den Löschungsantrag gestellt, so wird sie hierdurch beteiligt (Marcus a. a. O.; KG. 5. 6. 14 RundschGmbH. 1914, 347; a. M. Liebmann Anm. 5d). Die Benachrichtigung ist gemäß § 16 Abs. 2 FGG. der Gesellschaft bekanntzugeben. Das geschieht durch Zustellung. Denn mit ihr beginnt der Lauf einer Frist.

Anm. 36. Eine Androhung der Löschung ist erfordert. Es genügt die Mitteilung der Absicht der Löschung. Noch weniger ist eine Aufforderung zur Beseitigung des Mangels verlangt. Die Setzung der Frist ist zum Widerspruch wesentlich. Ohne sie läuft für den Widerspruch keine Frist. Er kann jederzeit erfolgen. Der Ausspruch der Löschung ist unstatthaft, da der Widerspruch noch zulässig ist. Gegen eine ohne die Widerspruchsfrist ausgesprochene und eingetragene Löschung ist die Beschwerde gegeben. Die Frist soll der Gesellschaft die Vornahme einer Heilung ermöglichen. Wo dies nicht möglich, soll sie doch wenigstens die Vorbereitungen zu einer Überleitung der unheilbar nichtigen Gesellschaft in eine neu gegründete treffen können. Ein Höchstbetrag der Frist ist im Gesetze nicht vorgeschrieben. Hier hat der Registerrichter freien Spielraum. Die Frist kann daher auch noch nach Bekanntgabe erstreckt werden.

Anm. 37. Über den Widerspruch der Gesellschaft hat das Gericht zu entscheiden (§ 144 Abs. 1, § 142 Abs. 3, § 141 Abs. 3 FGG.). Der Widerspruch wird durch die Gesellschaft eingelegt. Sie wird dabei durch so viel Geschäftsführer, als zu wirksamen Rechtshandlungen erforderlich ist, vertreten. Der Widerspruch ist an eine Form nicht gebunden. Er kann schriftlich oder zu Protokoll des Registerrichters oder des Gerichtsschreibers eines jeden deutschen Amtsgerichts erfolgen (§ 11 FGG.). Das Gericht kann die Erörterung der Sache in einem Termine beschließen (§ 134 FGG.). Beim Ausbleiben der Vertreter der Gesellschaft kann die Entscheidung nach Sachlage erfolgen. Auch bei verspätetem Widerspruch wird das Gericht die vorgebrachten Gründe prüfen. Erkennt es hieraus die Unrichtigkeit seiner Auffassung, so ist es auch jetzt noch seine Pflicht, von der Löschung abzusehen. Eine inzwischen eingetretene Heilung schließt die Löschung aus (§ 18 FGG.). Einer Begründung bedarf der Widerspruch nicht. Er nötigt das Gericht zu einer mit Gründen zu versehenden Entscheidung. Kennt die Gesellschaft die Gründe des Gerichts, so mag sie diesen schon im Widerspruch begegnen. Auch die erst infolge der Benachrichtigung erfolgte Heilung des Mangels (§ 76) ist im Wege des Widerspruches geltend zu machen. Das Gericht wird jedoch auch ohne solchen aus der Anmeldung des Heilungsbeschlusses (vgl. Anm. 7 zu § 76) den Fortfall der Nichtigkeitsgründe ersehen. Dann muß es die Löschung unterlassen. Erfolgt die Löschung trotz der Heilung, so ist hiergegen die Beschwerde begründet (§ 20 FGG.). Die Löschung ist zu Unrecht erfolgt.

Anm. 38. Gegen die Zurückweisung des Widerspruchs steht der Gesellschaft die sofortige Beschwerde zu (§ 141, § 22 Abs. 3 FGG.). Erklärt das Landgericht als Beschwerdeinstanz den Widerspruch für begründet, so hat die Löschung zu unterbleiben. Hatte die Handelskammer den Löschungsantrag gestellt (§ 126 FGG.; vgl. oben Anm. 31), so steht ihr die Beschwerde gegen den Beschluß des Gerichts zu. Die Verfügung, wonach dem Widerspruch endgültig stattgegeben wird, ist für das Registergericht bindend. Eine Wiederholung des Löschungsverfahrens ist unstatthaft. Das Recht des Landgerichts zum Einschreiten gemäß § 143 FGG. ist dadurch nicht berührt.

Anm. 39. Ist der Widerspruch rechtskräftig verworfen oder ist kein Widerspruch eingelegt, so kann das Gericht die Löschung aussprechen. Es muß dies nicht. Es kann sich, sei es infolge einer Vorstellung der Gesellschaft, sei es aus eigener Nachprüfung, überzeugen, daß die Löschung unbegründet oder unzweckmäßig wäre. So wenn die Gesellschaft in Liquidation getreten ist. Es kann ebenso auch die bereits ausgesprochene Löschung wieder aufheben (§ 18 FGG.). Auch dann, wenn diese der Gesellschaft, was nicht vorgeschrieben ist (vgl. § 130 Abs. 2 FGG.), bekanntgegeben wurde. Auch wenn die Eintragung der Löschung erfolgt war. Durch die Eintragung der Gesellschaft wird nur zu deren Gunsten das Recht hervorgerufen, daß ein besonderes Löschungsverfahren (§ 142 HGB.) eingeleitet werde. Die zu Unrecht erfolgte Löschung des Eintrags untersteht der allgemeinen Bestimmung des § 18 FGG. **§ 75.**

Die Löschung geschieht durch Eintragung eines Vermerkes (§ 142 Abs. 1 Satz 2 FGG.). Gründe braucht der Vermerk nicht zu enthalten. Es genügt z. B.: „Durch Beschluß des Amtsgerichts vom 1. Okt. 1925 wurde die Gesellschaft als nichtig gelöscht". Damit wird nicht die erfolgte Eintragung ungeschehen gemacht. Die Gesellschaft tritt vielmehr in das Liquidationsstadium (vgl. Anm. 2 zu § 77). **Anm. 40.**

c) Das Verhältnis der Nichtigkeitsklage zu dem Verfahren des Registerrichters. Beide stehen selbständig nebeneinander. Es kann insbesondere jeder Gesellschafter, auch wenn die Löschung von Amts wegen rechtskräftig abgelehnt wurde, die Nichtigkeitsklage erheben. Die rechtskräftige Abweisung dieser schließt die Einleitung des Offizialverfahrens nicht aus. Praktisch dürfte das letztere wenig Wert haben, falls die dem Registergerichte vorgesetzte Instanz sich bereits materiell äußerte. Die Nichtigkeitsklage kann von Bedeutung werden, um die Frage zur Entscheidung des RG. zu bringen. Wird sie während der Einleitung des Offizialverfahrens erhoben, so kann das Registergericht die Aussetzung der Verfügung bis zu der Entscheidung des Prozesses beschließen (§ 197). Die Aussetzung wird die Regel bilden (Denkschr. zum FGG. 75). **Anm. 41.**

Zusatz 1. Beschlüsse der Gesellschaft, die in das Handelsregister eingetragen sind, also Abänderungen des Gesellschaftsvertrags, Erhöhungen und Herabsetzungen des Stammkapitals können von Amts wegen wieder gelöscht werden, sobald ihr Inhalt zwingende Vorschriften des Gesetzes verletzt und ihre Beseitigung im öffentlichen Interesse geboten ist (§ 144 Abs. 2 FGG.; vgl. hierüber Anm. 19 zu § 54). In gleicher Weise steht dem Gesellschafter die Klage auf Feststellung der Nichtigkeit zu (Anm. 15 zu § 45). Eine Beschränkung auf bestimmte Nichtigkeitsgründe kennt das Gesetz hier nicht. Über das Wesen dieser Nichtigkeit vgl. auch Anm. 11 zu § 77. **Anm. 42.**

Zusatz 2. Über die **Nichtigkeit der GmbH. wegen Unterlassung der Umstellung** vgl. Anhang zu Bd. II über die Verordnung vom 21. 3. 1926 (RGBl. I 248). **Anm. 43.**

Zusatz 3. Dem österreichischen Gesetze ist die Nichtigkeitsklage des deutschen Rechts unbekannt. Kein Gesellschafter hat das Recht, einen Eintrag der Ungültigkeit herbeizuführen. Wenn ein Gesellschaftsvertrag der wesentlichen Bestandteile entbehrt oder wenn die notarielle Beurkundung fehlt, so ist auf Antrag der Finanzprokuratur durch das Handelsgericht ihres Sitzes die Gesellschaft aufzulösen (§ 87). Diese Auflösung kann durch Beseitigung des Mangels innerhalb einer durch das Gericht zu bestimmenden Frist abgewendet werden (§ 43 Abs. 2). Auch das bulgarische Recht kennt die Nichtigkeitsklage der Gesellschafter nicht. Art. 106 gewährt für die Fälle des deutschen § 75 die Auflösungsklage. Sie ist durch den Staatsanwalt von Amts wegen oder auf Antrag interessierter Personen, also auch der Gläubiger, zu erheben. Das Urteil führt, wie im österreichischen und deutschen Recht, zur Liquidation. Beide Gesetze sehen also, wie das deutsche Recht, die GmbH. als bestehend an. Einen anderen Standpunkt nimmt das französische Recht ein. Die Gesellschaft kann auf Klage eines Gesellschafters oder eines Gläubigers durch Urteil für nichtig erklärt werden, wenn die Vorschriften über die Gründung und den Gesellschaftsvertrag oder die Vorschriften über die Art der Veröffentlichung der GmbH. verletzt sind (Art. 9). Die Folgen des Urteils gehen weit über die Wirkungen der Nichtigkeit im deutschen, österreichischen und bulgarischen Rechte hinaus. Die Gründer und ersten Geschäftsführer haften den Gesellschaftern und Gläubigern für den Schaden, den sie durch die Nichtigkeitserklärung erleiden (Art. 10). Grundsätzlich kann Dritten die Nichtigkeit der GmbH. nicht entgegengehalten werden. Der Gläubiger aber, der selbst die Nichtigkeitsklage erhebt, ist auf einen Schadensersatzanspruch gegen die Gesellschaft beschränkt. **Anm. 44.**

§ 76.

§ 76.

Ein Mangel, der die Bestimmungen über die Firma oder den Sitz der Gesellschaft oder den Gegenstand des Unternehmens betrifft, kann durch einstimmigen Beschluß der Gesellschafter geheilt werden.

Einleitung. **Die Nichtigkeit der GmbH. ist in bestimmten Fällen** (unten Anm. 4) **heilbar.** Die Zulassung dieser Heilung ist eine Abweichung von den Grundsätzen der Nichtigkeit. Denn ein nichtiges Rechtsgeschäft muß völlig neu vorgenommen werden (§ 141 BGB.). Aber wie die nichtige, aber in das Heiratsregister eingetragene Ehe einer formlosen Bestätigung (§ 1324 Abs. 2 BGB.), ja auch einer Heilung durch Zeitablauf (§ 1324 Abs. 2) fähig ist, so kennt das GmbHG. eine Beseitigung des Mangels der in das Handelsregister eingetragenen Gesellschaft. Sie beseitigt die Nichtigkeit. Dies erfolgt durch einen Beschluß der Gesellschaft. Das zeigt wieder, daß sie trotz des Fehlers, solange sie nicht für nichtig erklärt ist, wirksam Beschlüsse faßt (vgl. Anm. 15ff. zu § 75). Staub (1. Aufl. Einl. zu § 76) sah in der Zulassung des Beschlusses eine Ausnahme seiner Auffassung von den internen Beschlüssen dieser Gesellschaft (Einl. zu § 75). Nach der hier vertretenen Auslegung wird die Heilung als Ausfluß der besonderen Art von Nichtigkeit, die weniger eine Nichtigkeit als eine Auflösbarkeit ist, und der Beschluß als eine Folge der bis zur Vernichtung der Gesellschaft bestehenden Gesellschaft erscheinen.

Anm. 1. 1. Heilbare und nichtheilbare Nichtigkeiten.

Unheilbar sind Verstöße gegen § 3 Nr. 3 und Nr. 4. Sie betreffen die Bestimmungen über die Höhe des Stammkapitals und den Betrag der einzelnen Stammeinlagen (vgl. Anm. 13 zu § 3; Anm. 2 zu § 5; Anm. 11 zu § 75). Wenn also die Ziffer des Stammkapitals im Gesellschaftsvertrage fehlt, so kann dies nicht geheilt werden. Die Gesellschaft bleibt nichtig. Doch kann sich die Ziffer des Stammkapitals aus sonstigen Bestimmungen des Gesellschaftsvertrags ergeben. Dann liegt kein Verstoß gegen § 3 Nr. 3 vor. So wenn das Stammkapital durch 6 Stammeinlagen zu 10000 RM aufgebracht wird. Daß das Stammkapital in solchen Fällen 60000 RM beträgt, ist klar. Wenn aber das Stammkapital auch nicht mittelbar angegeben, sondern die Gesellschaft so wie etwa eine Gewerkschaft geplant wäre, so ist sie unheilbar nichtig. Ebenso ist die Nichtigkeit unheilbar, wenn das Stammkapital unter 5000 RM oder bei einer nach Inkrafttreten der Novelle vom 28. Juni 1926 gegründeten Gesellschaft unter 20000 RM festgesetzt ist. Es ist nicht möglich, durch Erhöhung desselben um den Fehlbetrag den Gesellschaftsvertrag gültig zu machen (vgl. Anm. 2 zu § 5).

Anm. 2. Das gleiche ist der Fall, wenn die Stammeinlagen auf weniger als den für die betreffende GmbH. geltenden Mindestbetrag lauten (10, 50 oder 500 RM; vgl. § 5 Einl. und Anm. 3 u. 4, § 75 Anm. 12 und Nachtrag zu Bd. I über die Novelle vom 28. Juni 1926). Bei Mängeln der unheilbaren Art bleibt auch bei Einstimmigkeit aller Gesellschafter nur der Weg der Neugründung. In die neue Gesellschaft sind alle Aktiven und Passiven der alten gegen Geschäftsanteile der neuen Gesellschaft (vgl. Anm. 2 zu § 5) einzubringen. Ein Verstoß gegen § 3 Nr. 4 im Sinne der Nichtigkeitsvorschriften liegt dann nicht vor, wenn der Gesellschaftsvertrag die Stammeinlagen richtig angibt, eine Übernahmeerklärung aber aus zivilrechtlichen Gründen unwirksam ist (KG. 11. 11. 01 KGJ. 23 A 101 und RJA. 3, 16; vgl. Anm. 21 zu § 2 und Anm. 3 zu § 75; Staub-Pinner Anm. 2 zu § 310; Ring HGB. Anm. 8 zu § 309; vgl. Anm. 45 zu § 2 und Anm. 3 zu § 75). Die Ungültigkeit einer Übernahmeerklärung gibt den andern Gesellschaftern nicht das Recht, ihre eigene Beteiligung für unwirksam zu erklären (vgl. Anm. 47 zu § 2). Sie erzeugt nur die Klage auf Auflösung gemäß § 61 oder den Anspruch gegen die Mitgründer auf Mitwirkung zur Auflösung (Anm. 47 zu § 2 und Anm. 44 zu § 45). Über Ungültigkeit sämtlicher Übernahmeerklärungen vgl. Anm. 55 zu § 2.

Heilbar sind Mängel, welche die Bestimmungen über die Firma oder **§ 76.**
den Sitz der Gesellschaft oder den Gegenstand des Unternehmens betreffen. **Anm. 3.**
Über diese Erfordernisse vgl. Anm. 3ff. zu § 3; Anm. 2ff. zu § 4 und Anm. 8 zu § 3 sowie Anm. 9 u. 10 zu § 75.

2. **Die Heilung erfolgt durch einstimmigen Beschluß der Gesellschafter.** **Anm. 4.**

a) Alle Gesellschafter müssen mitstimmen und zustimmen. Für das Aktienrecht (§ 310 HGB.) genügt ein Beschluß mit einer Mehrheit von drei Vierteln der abgegebenen Stimmen, wie bei jeder Änderung der Statuten. Bei der GmbH. kann ein Gesellschafter, wenn sein Geschäftsanteil auch nur den geringst möglichen Betrag ausmacht, die Heilung vereiteln. Erforderlich ist der Beschluß aller, die zur Zeit desselben Gesellschafter sind. Also derjenigen, welche der Gesellschaft gegenüber gemäß § 16 Gesellschafter geworden sind. Kaduzierte oder amortisierte Geschäftsanteile kommen nicht in Betracht. Für Geschäftsanteile, welche die Gesellschaft gültig erworben hat, stimmen die Geschäftsführer der Gesellschaft (vgl. Anm. 16 zu § 33). Die Geschäftsführer sind verpflichtet, den Heilungsbeschluß zu beantragen. Berechtigt hierzu sind auch Aufsichtsrat und Gesellschafter (vgl. § 50). Da alle Gesellschafter zustimmen müssen, liegt Universalversammlung vor. Der Verzicht auf die Einladungsform ist möglich.

b) Der Beschluß muß gerichtlich oder notariell beurkundet werden. Es handelt **Anm. 5.**
sich um eine Änderung des Gesellschaftsvertrages. Deshalb bedarf es auch einer Versammlung (§ 53). Der § 48 Abs. 2 kommt nicht in Anwendung (Anm. 10 zu § 53).

c) Der Heilungsbeschluß muß den Mangel durch eine dem Gesetz entsprechende Bestim- **Anm. 6.**
mung beseitigen. So ist an Stelle eines gesetzlich unzulässigen Gegenstandes des Unternehmens ein zulässiger zu wählen. Von Heilung der Nichtigkeit im Sinne des § 76 kann nicht gesprochen werden, wenn der Mangel durch Abänderung anderer Bestimmungen des Gesellschaftsvertrages behoben würde. Eine Firma ist unzulässig, weil sie den Namen einer Person, die nicht Gesellschafter ist, enthält. Der Gesellschaftsvertrag wird dahin geändert, daß diese Person eine Stammeinlage übernimmt (RG. 9. 3. 15 WarnRspr. 8 Nr. 181). Hierdurch wird die unzulässige Firma statthaft. Die ursprüngliche Gründung war nichtig. Die Abänderung und Ergänzung des Gesellschaftsvertrages ist eine Neugründung. § 76 ist nicht anwendbar.

d) Der Beschluß muß zur Eintragung in das Handelsregister angemeldet, in das **Anm. 7.**
Handelsregister eingetragen und vom Registergericht publiziert werden (§ 54 GmbHG.; § 10 HGB.). Erst durch die Eintragung erlangt der Beschluß rechtliche Wirkung. Es handelt sich um eine Statutenänderung.

3. **Eine Frist, innerhalb deren die Heilung erfolgen kann, ist nicht bestimmt.** Die Heilung **Anm. 8.**
ist auch nach Zustellung der Nichtigkeitsklage und nach Einleitung des Offizialverfahrens auf Löschung (Anm. 29ff. zu § 75) zulässig bis zur Eintragung des Nichtigkeitsurteils oder bis zur Löschung gemäß § 144 FGG. Darüber hinaus (so Förtsch Anm. 2) ist es unmöglich. Die in § 144 FGG. vorgesehene Frist von mindestens 3 Monaten bezweckt gerade, der Gesellschaft Gelegenheit zu geben, in der Zwischenzeit die Heilung zu beschließen. Nach § 34 der Allgemeinen Verfügung des Preuß. Justizministers vom 7. Nov. 1899 über die Führung des Handelsregisters ist die Gesellschaft bei der Benachrichtigung gemäß § 144 FGG. auf die Möglichkeit der Heilung hinzuweisen. Wird diese Frist versäumt und kommt es zur Eintragung der Nichtigkeit im Handelsregister, so ist die Gesellschaft ebenso zu behandeln wie eine Gesellschaft, die unheilbar nichtig ist. Daß eine solche im Liquidationsstadium nach erfolgter Nichtigkeitserklärung nicht wieder aufleben kann, ist unzweifelhaft. Die Gründe, die bei einer gültig entstandenen Gesellschaft für ein Wiederaufleben im Liquidationsstadium sprechen, scheiden bei einer für nichtig erklärten Gesellschaft aus (vgl. Anm. 3 zu § 60). Auch die in Konkurs befindliche Gesellschaft kann nach rechtskräftiger Feststellung ihrer Nichtigkeit nicht wieder aufleben, selbst wenn die Voraussetzungen des § 60 Ziff. 4 erfüllt wären (zust. Brodmann Anm. 1 zu § 77; vgl. Anm. 10 zu § 77; a. M.

§ 76. Liebmann Anm. 7 zu § 60). Brodmann (Anm. zu § 76) läßt die Möglichkeit der Heilung nur bis zur Rechtskraft des Nichtigkeitsurteils zu, obwohl er die Rechtsfolgen des Urteils erst mit der Eintragung der Nichtigkeit im Handelsregister eintreten läßt (vgl. Brodmann Anm. 1 zu § 77). Das geht nicht an. Legt man erst der Eintragung der Nichtigkeit die Wirkung der Auflösung der GmbH. bei, so kann bis zu diesem Zeitpunkte die Heilung der Mängel gemäß § 76 durchgeführt werden. Sämtliche Gesellschafter fassen nach Rechtskraft des Urteils auf Grund einer nachträglich erzielten Einigung den zur Heilung erforderlichen einstimmigen Beschluß. Dem Registerrichter ist mit Eintragung dieses Beschlusses die Handhabe genommen, die Einreichung des Urteils zu erzwingen und die Nichtigkeit einzutragen (vgl. Anm. 27 zu § 75 und Anm. 1 zu § 77).

Anm. 9. Ergeht trotz und nach der Heilung ein rechtskräftiges Nichtigkeitsurteil oder wird ein ergangenes rechtskräftig, so bewirkt das Urteil die Nichtigkeit, auch wenn es unrichtig ist. Es schafft Rechtskraft auch für Dritte, die nicht Prozeßpartei waren (§ 75 GmbHG., § 273 HGB.). Die Geschäftsführer, welche die Heilung nicht rechtzeitig im Prozesse geltend machten, sind haftbar. Der Fall ist nicht anders, als wenn eine gültig entstandene Gesellschaft durch ein falsches Urteil für nichtig erklärt wird.

Anm. 10. 4. **Die Heilung macht die Gesellschaft gültig.** Eine nach der Heilung erhobene Klage ist abzuweisen. Die Heilung wirkt auch während des Prozesses. Nur die Kosten hätte die Gesellschaft zu tragen. Denn die Tatsache, daß sie bisher mit dem Fehler behaftet war, bleibt bestehen. Daß die bisherigen Beschlüsse von neuem gefaßt werden müssen, nahm StaubHGB. (1. Aufl. S. 412 Anm. 10) in Konsequenz der Auffassung von dem Wesen der Nichtigkeit und der Wirkung auf die Beschlüsse (vgl. Anm. 15 zu § 75) an. Nach der jetzt vertretenen Ansicht bleiben die Beschlüsse gültig (vgl. auch Pinner 325, Ring Anm. 4 zu § 310 und Staub-Pinner HGB. 12. Aufl. Anm. 5 zu § 310).

Über den Fall, daß die Heilung erfolgt und nachher ein rechtskräftiges Nichtigkeitsurteil ergeht, s. Anm. 9.

Anm. 11. 5. **Eine Verpflichtung zur Mitwirkung bei der Heilung besteht nicht für jeden Gesellschafter.** Die Gesellschafter stehen als solche miteinander nicht in rechtlichen Beziehungen. Wohl aber die Gründer. Denn diese sind einander verpflichtet, zur Entstehung einer gültigen Gesellschaft mitzuwirken. Es kann auf die Stimmabgabe in der Gesellschafterversammlung geklagt werden (a. M. Brodmann Anm. 1, der nur einen Schadensersatzanspruch zubilligt). Das rechtskräftige Urteil ist die Abstimmung. Sie ist gesellschaftliches Rechtsgeschäft (vgl. Anm. 44 zu § 45). Sind die Geschäftsanteile nicht mehr in den Händen der ersten Gesellschafter, so ist eine Heilung nicht erzwingbar.

Aus demselben Gesichtspunkte beantwortet sich die Frage, ob bei einer unheilbaren Nichtigkeit die Neugründung erzwungen werden kann. Dies ist stets dann zu bejahen, wenn ein gültiger Vorvertrag vorliegt (vgl. Anm. 14 u. 53 zu § 2) und die Erfüllung desselben dem einzelnen Kontrahenten noch zugemutet werden kann. Letzteres ist dann nicht mehr der Fall, wenn Momente vorliegen, aus denen ein Gesellschafter nach der Gründung die Auflösung fordern könnte (§ 61 und Anm. 5 hierzu).

Anm. 12. **Zusatz. Auf andere Ungültigkeiten des Gesellschaftsvertrages sind die Bestimmungen des § 76 nicht anwendbar.** Handelt es sich um Stellen desselben, die nicht zu den im § 3 Abs. 1 benannten Punkten gehören (vgl. Anm. 3 u. 5 zu § 75), so sind nur diese selbst, nicht der ganze Gesellschaftsvertrag nichtig (Anm. 30 u. 46 zu § 2). Um diese anderen Stellen gültig zu machen, bedarf es nur der gewöhnlichen Statutenänderung. Selbstredend muß der Inhalt des Beschlusses jetzt zulässig sein. Handelt es sich um *formelle Mängel*, so heilt diese schon der Eintrag zum Handelsregister (vgl. Anm. 13 zu § 2).

Eine ungültige *Beitrittserklärung* kann insofern geheilt werden, als eine Heilung des Rechtsgeschäfts von dem in Frage stehenden Mangel möglich ist. Anderenfalls bedarf es einer neuen Übernahmeerklärung (vgl. Anm. 25 u. 27 zu § 2).

Beschlüsse, welche den Gesellschaftsvertrag abändern, auch solche, die eine Erhöhung oder Herabsetzung des Stammkapitals bezwecken, sind *nicht heilbar*. Sind sie trotz Eintragung zum Handelsregister nichtig, so müssen sie von neuem vorgenommen und angemeldet werden. Sie wirken erst von der wiederholten Anmeldung und deren Vermerk im Handelsregister ab (vgl. Anm. 11 zu § 54 und Anm. 14 zu § 57). Über den Fall der Unwirksamkeit der Sacheinlage und deren Heilung vgl. Anm. 43 u. 44 zu § 5. Über nichtige Kapitalerhöhungsbeschlüsse vgl. insbesondere Anm. 11 zu § 77. § 76.

§ 77.

§ 77.

Ist die Nichtigkeit einer Gesellschaft in das Handelsregister eingetragen, so finden zum Zwecke der Abwicklung ihrer Verhältnisse die für den Fall der Auflösung geltenden Vorschriften entsprechende Anwendung.

Die Wirksamkeit der im Namen der Gesellschaft mit Dritten vorgenommenen Rechtsgeschäfte wird durch die Nichtigkeit nicht berührt.

Die Gesellschafter haben die versprochenen Einzahlungen zu leisten, soweit es zur Erfüllung der eingegangenen Verbindlichkeiten erforderlich ist.

Die Folgen der Eintragung der Nichtigkeit. Anm. 1.

1. Die Nichtigkeit ist zum Handelsregister einzutragen, sowohl die auf Grund des Nichtigkeitsurteils (gemäß § 75 GmbHG., § 273 HGB.) als die im Offizialverfahren gemäß § 144 FGG. ausgesprochene (vgl. Anm. 29 zu § 75). Für beide Fälle bestimmt § 77 die Rechtsfolgen in gleicher Weise. Er bezieht sich auf beide Fälle. Einzutragen ist die Tatsache des Urteils. Eine Nachprüfung durch den Registerrichter findet nicht statt (vgl. Simonis, Die Nichtigkeitserklärung der Aktiengesellschaft 36; vgl. auch unten Anm. 3).

2. a) Die Gesellschaft wird eine Liquidationsgesellschaft. Ein Wiederaufleben ist nicht mehr möglich. Die Gesellschaft, die nicht zu Recht besteht, geht unter, aber in geordneten Bahnen. Ihre Verhältnisse müssen abgewickelt werden. Die Liquidationsvorschriften finden Anwendung. Die Rechts- und Geschäftsfähigkeit der Gesellschaft besteht für die Zwecke der Liquidation. Es sind Liquidatoren einzutragen. Sie funktionieren nach außen und nach innen beschränkt. Aber nach beiden Seiten zu Recht. Liquidatoren sind auch hier die bisherigen Geschäftsführer, wenn nicht der Gesellschaftsvertrag oder ein Gesellschafterbeschluß ein anderes bestimmt. Auch hier kann die Ernennung von Liquidatoren durch das Gericht beantragt werden (§ 66 GmbHG.; § 29 BGB.). Die Liquidatoren sind einzutragen und anzumelden (§ 67). Die Gesellschaft bleibt auch in diesem Auflösungszustande parteifähig (RG. 21. 12. 04 RGZ. 59, 325). Eine als nichtig aufgelöste Gesellschaft kann ihr ganzes Vermögen in eine neugegründete GmbH. einbringen. Sie kann sich bei der Gründung beteiligen. Darüber, ob die Liquidatoren der Genehmigung der Gesellschafter bedürfen, vgl. Anm. 6 zu § 70. Anm. 2.

b) Die bis zur Eintragung der Nichtigkeit im Namen der Gesellschaft mit Dritten vorgenommenen Rechtsgeschäfte werden durch die Nichtigkeit nicht berührt. Die Liquidatoren können aus der Nichtigkeit der Gesellschaft keinen Einwand gegen deren Geschäftsfähigkeit ableiten. Den Rechtsverkehr berührt die nicht durch Eintragung offenkundige Nichtigkeit nicht. Für ihn ist eine solche Gesellschaft gültig. Auch die in der Zwischenzeit zwischen der Nichtigkeitserklärung und der Eintragung der Nichtigkeit vorgenommenen Rechtsgeschäfte machen hiervon keine Ausnahme. Dies ergibt deutlich § 77 Abs. 2, im Zusammenhang mit § 77 Abs. 1. Bis zu der Eintragung der Nichtigkeit besteht die GmbH. als lebende Gesellschaft (vgl. Anm. 14 u. 15 zu § 75). Erst von der Eintragung ab treten nach außen die Wirkungen der Liquidation ein. Bis zu diesem Zeitpunkte können heilbare Mängel gemäß § 76 behoben werden (Anm. 8 zu § 76). Einem Dritten, der die Rechtskraft des Nichtigkeitsurteils kennt, kann die Nichtigkeit nicht entgegengehalten werden, wenn sie bei Abschluß des Rechtsgeschäfts im Handelsregister noch nicht eingetragen war. Insoweit ist § 15 Abs. 1 HGB. durch § 77 GmbHG. außer Kraft gesetzt (zust. Brodmann Anm. 1, Staub-Pinner Anm. 4 zu § 311 HGB.; Ring Anm. 3.

§ 77. Anm. 2 zu § 311 HGB.; a. M. Liebmann Anm. 3, Neukamp-Becker Anm. 2 und Crüger-Crecelius S. 327). Der Dritte ist also geschützt, auch wenn er nach Rechtskraft des Urteils, aber vor Eintragung der Nichtigkeit mit der GmbH. ein Rechtsgeschäft tätigt, das erkennbar während des Liquidationsstadiums von dem Geschäftsführer nicht mehr abgeschlossen werden durfte (vgl. Anm. 16 zu § 70). § 77 regelt aber nur die Wirkung nach außen. Der Geschäftsführer, der nach Rechtskraft des Urteils liquidationswidrige Geschäfte tätigt, macht sich schadensersatzpflichtig. Wirkt der Dritte hierbei mit ihm bewußt zusammen, so kann ihm von der Gesellschaft die Einrede der Arglist entgegengehalten werden. Einlagen kann der Geschäftsführer nach Rechtskraft des Urteils über die in § 77 Abs. 3 gezogene Grenze hinaus nicht mehr einfordern (a. M. Pinzger Recht 1915, 418). Eine Kaduzierung, welche diese Beschränkung außer acht lassen würde, wäre ungültig.

Anm. 4. c) Die Gesellschafter haben die versprochenen Einzahlungen zu leisten. Aber nicht mehr, als zur Erfüllung der eingegangenen Verbindlichkeiten der Gesellschaft erforderlich ist. Auch hier also die gleiche Regel wie bei der Liquidation (Anm. 4 zu § 70; vgl. unten Anm. 9). Doch verschiebt der § 77 Abs. 3 die Beweislast zu ungunsten der Gesellschaft. Die Übernahme der Einlageverpflichtungen wird dem Registergericht und dem ganzen Rechtsverkehr gegenüber erklärt. Ihre Tragweite reicht so weit, als der Zweck der Erklärung reicht. Der Zweck der Erklärung aber ist die Schaffung einer Kreditbasis für die im Rechtsverkehr auftretende Gesellschaft. Auch die nichtige Gesellschaft tritt infolge ihrer Eintragung im Verkehr wie eine gültige auf (§ 77 Abs. 2). Daher sind die Einlageverpflichtungen insoweit zu erfüllen, als zur Erfüllung der durch dieses Auftreten im Rechtsverkehr entstandenen Verpflichtungen erforderlich ist (Denkschr. zum HGB. § 171; vgl. RG. 7. 11. 13 RGZ. 83, 256; KG. 19. 11. 18 OLGR. 39, 50).

Anm. 5. Diese Einlageverpflichtung besteht vor der Eintragung der Nichtigkeit. Durch die Eintragung der Nichtigkeit kann hier keine Veränderung erfolgen. Die Gesellschaft ist jetzt eine zu Recht bestehende Liquidationsgesellschaft. Das Fortbestehen der Einlageverpflichtungen ist die Folge des ganzen Systems.

Anm. 6. Dieses Fortbestehen bezieht sich sowohl auf alle Einlageverpflichtungen, also auch auf die bei einer Kapitalserhöhung übernommenen. Dieses letzte Moment begründete Staub (1. Aufl. Anm. 6 S. 413) damit, daß, wenn auch die Beschlüsse der nichtigen Gesellschaft an sich von den Gesellschaftern als ungültig betrachtet werden können, hier doch mehr vorliege, als ein solcher Beschluß. Hier liege die Übernahme der Verpflichtung und die Abgabe der Erklärung gegenüber dem Registerrichter und dem Rechtsverkehr vor. Die Haftung für die Folgen der Beschlüsse erklärt sich jedoch einfacher aus ihrer Gültigkeit bis zur Nichtigkeitserklärung. Über die Wirkung nichtiger Kapitalerhöhungsbeschlüsse vgl. unten Anm. 11.

Anm. 7. Daß wegen Willensmängeln (Irrtum, Betrug, Zwang) die Erklärung der Übernahme nicht angefochten werden kann, gilt auch für dieses Stadium. Als gültig ist auch eine nur bedingte Übernahme der Stammeinlage anzusehen (RG. 7. 11. 13 RGZ. 83, 264ff.). Das gleiche gilt für den Fall, daß der Gesellschaftsvertrag nicht in der vorgeschriebenen Form abgeschlossen ist (vgl. Anm. 13 zu § 2). Die Übernahme der Stammeinlagen wird trotzdem als gültig behandelt. Dagegen ist die Geltendmachung von absoluter oder relativer Unwirksamkeit der Beitrittserklärung (vgl. Anm. 3 zu § 75) auch in diesem Stadium zulässig, so Geschäftsunfähigkeit, Geisteskrankheit. Ebenso Minderjährigkeit und der Mangel der Vollmacht usw. (vgl. Anm. 31ff. zu § 2).

Anm. 8. Auch wenn die Nichtigkeit der Gesellschaft gerade darauf beruht, daß die Stammeinlagen nicht oder nicht gehörig festgesetzt wurden, wenn z. B. Stammeinlagen von 200 M. in der Gesamthöhe von 4000 M. bestimmt sind, tritt die Einlagepflicht ein. Es genügt, daß die rechtsgültige Übernahme einer Verpflichtung vorliegt, wenn auch die fehlerhafte Festsetzung des Statuts die Nichtigkeit der Gesellschaft nach sich zieht. Umgekehrt besteht, wenn der Gesellschaftsvertrag sämtliche wesentlichen Bestandteile (§ 3 Abs. 1) enthält, die Leistungspflicht nicht, sobald die Übernahmeerklärung ungültig ist (vgl. Anm. 46 zu § 2; Anm. 3 zu § 75, Anm. 2 zu § 76). Sämtliche Bestimmungen des Gesetzes über die Art der Einlageleistung gelten auch hier. Es muß die Einziehung alle Gesellschafter gleichmäßig treffen (§ 19 Abs. 1). Es ist weder ein Erlaß noch eine Stundung, weder eine Aufrechnung noch eine Hingabe an Zahlungs Statt zulässig (vgl. Anm. 8—24 zu § 19). **§ 77.**

An Einlagen kann nicht mehr eingefordert werden, als zur Befriedigung der Gläubiger erforderlich ist. Allein auch in dieser Beziehung besteht zwar ein Unterschied von der lebenden und nicht für nichtig erklärten Gesellschaft, nicht aber von der liquidierenden Gesellschaft. Auch bei dieser darf nicht mehr an Einlagen eingefordert werden, als der Liquidationszweck erfordert (vgl. Anm. 4 zu § 70). Zum Liquidationszwecke gehört neben der Befriedigung der Gläubiger auch die Verteilung des Vermögens (§ 72). Das gleiche gilt auch hier. Die Einziehung der Einlagen darf das Prinzip der Gleichberechtigung nicht verletzen. Haben einzelne Gesellschafter ihre Einlagen voll eingezahlt, so dürfen die anderen Gesellschafter die Einzahlung ihrer Rückstände nicht deshalb verweigern, weil die Gläubiger schon befriedigt seien. Sie dürfen die Einzahlung nur insoweit ablehnen, als sie unter Berücksichtigung der Gläubigeransprüche und unter Wahrung des Prinzips der Gleichberechtigung doch nur das zahlen würden, was ihnen wieder zurückgezahlt werden müßte. Soweit Gesellschafter mehr an Einlagen gezahlt haben, als sie bei gesetz- und statutenmäßiger Heranziehung zur Befriedigung der Gläubiger hätten beitragen müssen, sind sie selbst Gläubiger geworden. Insoweit haben sie einen Rückforderungsanspruch an die Gesellschaft auf Grund der Nichtigkeit der Gesellschaft. Anm. 9.

Zusatz 1. Anm. 10.

1. Auch eine vor dem 1. Januar 1900 entstandene GmbH. kann für nichtig erklärt werden. Vgl. hierüber Staub-Pinner HGB. Anm. 16 zu § 309.
2. Die Liquidation kann, wenn sich nach Beendigung derselben neues Vermögen findet, wieder eröffnet werden (Anm. 18 zu § 74).
3. Auch der Konkurs kann über die für nichtig erklärte Gesellschaft ausbrechen, sowohl vor der Eintragung der Nichtigkeit als nachher (Jaeger KO. Anm. 2 zu § 208).
4. Der Fortsetzungsbeschluß gemäß § 60 Nr. 4 ist aber nicht zulässig. Es kann nicht eine nichtige Gesellschaft durch einen Beschluß der Gesellschafter zu einer gültigen werden. Dagegen steht nichts entgegen, daß die Gesellschaft im Wege der Liquidation umgegründet wird. Es kann der Liquidator das Vermögen der Gesellschaft in eine andere Gesellschaft inferieren (Anm. 6 zu § 70, Anm. 2 zu § 76).

Zusatz 2. Die Nichtigkeit von Kapitalerhöhungsbeschlüssen. Das RG. (9. 10. 14 RGZ. 85, 311) erklärt die Vorschriften der §§ 75—77 auf Kapitalerhöhungen für anwendbar (zust. Brodmann Anm. 3 zu § 75). Die Erhöhung des Stammkapitals sei ein der Gründung verwandter Vorgang. Durch sie werde der durch die Gründung geschaffene rechtliche Bestand der Gesellschaft erweitert. Die Kapitalerhöhung erlange, wie die Gründung, erst mit der Eintragung rechtliche Wirkung. Es sei daher berechtigt, die für die Gründung gegebenen Vorschriften dort, wo das Gesetz Lücken zeige, auf die Erhöhung des Stammkapitals entsprechend anzuwenden. Das RG. wendet insbesondere den § 77 Abs. 3 auf die Kapitalerhöhung an. Die Übernehmer der neuen Stammeinlagen sollen die übernommenen Einzahlungen insoweit leisten müssen, als es zur Erfüllung der eingegangenen Verbindlichkeiten der Gesellschaft erforderlich sei. Das RG. setzt sich mit dieser Entscheidung in Gegensatz zu der gesamten Rechtsprechung und Rechtslehre, die im Aktienrecht und bisher im GmbH.-Recht für Kapitalerhöhungsbeschlüsse vorliegt. Die Nichtigkeit der Kapitalerhöhungsbeschlüsse ist wahre Unwirksamkeit (vgl. Anm. 14ff. zu § 57). Die Nichtigkeit der Gesellschaft im Sinne der §§ 75—77 ist Auflösbarkeit. Es handelt sich also um grundverschiedene Rechtsformen. Es geht daher nicht an, trotz Nichtigkeit des Kapitalerhöhungsbeschlusses die Haftung der Übernehmer auf die Stammeinlagen anzunehmen. Der Kapitalerhöhungsbeschluß ist trotz Eintragung unwirksam. Eine Inanspruchnahme der Übernehmer ist unmöglich. Was sie geleistet haben, ist ihnen Anm. 11.

§ 77. zurückzuerstatten. Anders bei der Eintragung einer nichtigen Gesellschaft. Die GmbH. ist — einmal eingetragen — vorhanden. Wird sie für nichtig erklärt, so wird sie in dem ordnungsmäßigen Liquidationsverfahren, wie eine gültige GmbH., abgewickelt. Die notwendige Vorbedingung für das Leben dieser GmbH. ist die Haftung der Gründer. Auch die Berufung des RG. auf die gleiche Notwendigkeit des Gläubigerschutzes geht fehl. Daß nichtige Gesellschafterbeschlüsse auch einmal im Handelsregister eingetragen werden, davor sind die Gläubiger nicht zu schützen. Bei jeder wahren Nichtigkeit versagt der Gläubigerschutz. Die Gläubiger sind aber hier gar nicht rechtlos, wie sie es mangels der Vorschriften der §§ 75—77 bei einer nichtigen Gründung wären. Die GmbH. haftet ihnen. Freilich nur mit einem geringeren Kapital, als sie annahmen. Aber hiergegen sind die Gläubiger auch nicht bei der Gründung der GmbH. geschützt. Ist die Übernahmeerklärung eines Gründers nichtig, so steht den Gläubigern gleichfalls nicht das volle Stammkapital, das aus dem Handelsregister ersichtlich ist, zur Verfügung. Die Kollektivhaftung des § 24 kommt ihnen hier nicht zugute (vgl. Einl. zu § 24).

Anm. 12. **Zusatz 3.** Zweigniederlassungen österreichischer GmbH. (vgl. Anm. 26 Allg. Einl.) sind nur dann als nichtig zu löschen, wenn die Gesellschaft selbst auf Antrag der Finanzprokuratur für nichtig erklärt wurde (Anm. 43 zu § 75). Eine dem deutschen Rechte entsprechende Klage der Gesellschafter ist auch für die in Deutschland befindliche Filiale nicht statthaft.

Sechster Abschnitt.

Schlußbestimmungen.

§ 78.

§ 78.

Die in diesem Gesetze vorgesehenen Anmeldungen zum Handelsregister sind durch die Geschäftsführer oder die Liquidatoren, die im § 7 Absatz 1, § 12 Absatz 1, § 57 Absatz 1, § 58 Absatz 1 Nr. 3, § 80 Absatz 5 vorgesehenen Anmeldungen sind durch sämtliche Geschäftsführer zu bewirken.

Anm. 1. **Die Anmeldungen zum Handelsregister** sind durch die Geschäftsführer und die Liquidatoren zu bewirken. Dann entscheidet über die hierzu erforderliche Zahl der Gesellschaftsvertrag. Ist Einzelvertretung eingeführt, so gilt sie auch gegenüber dem Registergerichte. Die Pflicht zur Anmeldung ruht auf allen Vertretern. Sie wird aber dadurch erfüllt, daß so viele von ihnen, als zur Vertretung der Gesellschaft berechtigt sind, die Anmeldung bewirken (KG. 20. 5. 10 RJA. 10, 262). Wo aber alle Geschäftsführer mitwirken müssen, ist dies als Ausnahme besonders hervorgehoben (§ 78). Die einzelnen Fälle sind an den betreffenden Stellen des Gesetzes behandelt. Ist eine Anmeldung von sämtlichen Geschäftsführern vorzunehmen, so müssen auch die stellvertretenden Geschäftsführer mitwirken. Auch sie sind Geschäftsführer im Sinne des Gesetzes (vgl. Anm. 3 zu § 44).

Anm. 2. Für die Art der Anmeldung ist § 12 HGB. und § 128 FGG., für die Wirkungen der Eintragung § 15 HGB. maßgebend. Die Anmeldung muß auf eine bestimmte Eintragung gerichtet sein. Es ist unstatthaft, Beschlüsse der Gesellschaft einzureichen und dem Registerrichter zu überlassen, das zur Eintragung Geeignete herauszusuchen (KG. RJA. 9, 172).

Anm. 3. Ein Mangel der Anmeldung kann nie eine Nichtigkeit der Gesellschaft zur Folge haben (Anm. 7 zu § 75; Anm. 23 zu § 57). Auch als Mangel einer Voraussetzung des Eintrages, die zu einer Wiederlöschung desselben führen kann, darf er nicht betrachtet werden (§ 142 FGG. und Anm. 7 u. 30 zu § 75). Über die Mängel der Anmeldung und ihre Wirkung auf Gesellschaften, die bei Inkrafttreten der Novelle vom 28. Juni 1926 erst angemeldet, aber noch nicht eingetragen waren, vgl. Einlage zu Bd. I S. 524ff. und Anm. 7 zu § 75.

Anm. 4. Über die Anmeldung durch einen Vertreter vgl. Anm. 7 zu § 7, Anm. 1 zu § 54, Anm. 3 zu § 57. Sie ist zulässig. Das KG. (13. 4. 22 OLGR. 42, 227) läßt die allgemeine Frage offen.

Es erklärt nur, daß ein Prokurist kraft Prokura den Geschäftsführer bei der Anmeldung nicht ersetzen könne. KG. (23. 4. 15 RJA. 14, 177) hält die Erteilung einer Generalvollmacht des Geschäftsführers an einen Dritten für unzulässig und erklärt aus diesem Grunde die Anmeldung durch den Generalbevollmächtigten für unstatthaft. § 78.

Ein Beschwerderecht gegenüber der Ablehnung eines Antrages hat nur der Geschäftsführer. Nicht auch die Gesellschafter (BayObLG. 22. 10. 09 OLGR. 19, 389; RJA. 10, 202). Anm. 5.

§ 79.

§ 79.

In Ansehung der in §§ 7, 54, § 57 Absatz 1, § 58 Absatz 1 Nr. 3, § 80 Absatz 5 bezeichneten Anmeldungen zum Handelsregister findet, soweit es sich um die Anmeldung zum Handelsregister des Sitzes der Gesellschaft handelt, eine Verhängung von Ordnungsstrafen nach § 14 des Handelsgesetzbuchs nicht statt.

Die Fälle, in denen die Anmeldung zum Handelsregister nicht durch Ordnungsstrafe erzwungen wird, sind die, bei welchen die Eintragung konstitutiven Charakter hat (Eintragung der Gesellschaft selbst, Eintragung der Statutenänderung, der Kapitalserhöhung, der Kapitalsherabsetzung). Die Rechtswirkung entsteht erst mit der Eintragung. Das Gesetz überläßt es den Beteiligten, ob sie die Anmeldung bewirken wollen. Ein öffentliches Interesse an der Eintragung besteht nur, wenn die Tatsachen auch ohne Eintragung Rechtswirkung haben. Dann soll die Tatsache auch öffentlich bekundet werden. Nur dann findet ein Zwang zur Anmeldung statt. Die Befreiung vom Anmeldezwang trifft nur die Eintragung in das Hauptregister. Nur insoweit hat die Eintragung konstitutive Wirkung. Ist aber die Eintragung in das Hauptregister erfolgt, so hat die Tatsache Rechtswirkung erlangt. Nun erfordert es das öffentliche Interesse, daß die rechtswirksam gewordene Tatsache auch im Zweigregister bekundet werde. Anm. 1.

Sind bei der Anmeldung Ordnungswidrigkeiten vorgekommen, z. B. es haben nicht alle Geschäftsführer angemeldet oder die Anmeldung selbst ist unvollständig, so ist wieder die Androhung der Ordnungsstrafe zulässig. Der Registerrichter war zwar verpflichtet, die nicht korrekte Anmeldung zurückzuweisen. Nach erfolgter Eintragung kann er sie nicht wieder beseitigen (vgl. Anm. 23 zu § 57; Anm. 30 zu § 75). Daher muß ihm die Möglichkeit gegeben sein, diesen Mangel zu beheben. Er kann die Anmeldung des Gesellschaftsvertrages und seiner Abänderungen nicht erzwingen. Ist diese aber einmal erfolgt, so steht ihm bei der Durchführung sein Ordnungsstrafrecht zu (a. M. Brodmann Anm. 1).

Zusatz. Der § 14 HGB. lautet: Anm. 2.

> Wer verpflichtet ist, eine Anmeldung, eine Zeichnung der Unterschrift oder eine Einreichung von Schriftstücken zum Handelsregister vorzunehmen, ist hierzu von dem Registergerichte durch Ordnungsstrafen anzuhalten. Die einzelne Strafe darf den Betrag von dreihundert Mark nicht übersteigen.

Der Betrag der Strafe ist durch die Verordnung über Vermögensstrafen und Bußen vom 6. Febr. 1924 (RGBl. I 44) in Verbindung mit der 2. DurchfV. zum Münzgesetz vom 12. Dez. 1924 (RGBl. I 775) bis zu 1000 RM festgesetzt.

Über das Ordnungsstrafverfahren vgl. §§ 1—34, 132—139 FGG., Staub-Bondi Anm. 3ff. zu § 14 HGB., Düringer-Hachenburg I, Anm. 1ff. zu § 14.

1. Das Registergericht gibt dem Beteiligten unter Androhung einer Ordnungsstrafe auf, innerhalb einer bestimmten Frist seiner gesetzlichen Verpflichtung nachzukommen. Er kann statt dessen die Unterlassung mittels Einspruchs gegen die Verfügung rechtfertigen. Die Beschwerde gegen diese Verfügung ist unzulässig (§ 132 FGG.). Die Verfügung richtet sich gegen die Anmeldungspflichtigen, das sind hier also die Geschäftsführer und Liquidatoren, nicht gegen die Gesellschaft. Anm. 3.

§ 79. 2. Wird innerhalb der gesetzten Frist weder der Pflicht genügt, noch Einspruch erhoben, so
Anm. 4. ist die angedrohte Strafe festzusetzen. Zugleich wird die frühere Verfügung unter Androhung einer erneuten Ordnungsstrafe wiederholt usf. Das geht so lange, bis der gesetzlichen Verpflichtung genügt oder Einspruch erhoben ist (§ 133 FGG.).

Anm. 5. 3. Wird rechtzeitig Einspruch erhoben, so sind zwei Fälle möglich. Entweder das Gericht erachtet den Einspruch für begründet. Dann nimmt es seine Verfügung zurück. Oder es hält ihn nicht für begründet. Dann lädt es den Beteiligten zur Erörterung der Sache zu einem Termin. Die Verhandlung ist nicht öffentlich. Wenn auf Grund ihrer Ergebnisse der Einspruch für begründet erachtet wird, so hat das Gericht die erlassene Verfügung aufzuheben. Anderenfalls verwirft es den Einspruch. Die angedrohte Strafe wird festgesetzt. Der Richter kann aber auch von der Festsetzung einer Strafe absehen. Er kann eine geringere als die angedrohte Strafe festsetzen. In allen Fällen der Verwerfung des Einspruchs hat das Gericht zugleich eine erneute Verfügung nach § 132 FGG. zu erlassen.

Anm. 6. 4. Gegen den Beschluß, durch welchen die Ordnungsstrafe festgesetzt oder der Einspruch verworfen wird, findet die sofortige Beschwerde statt (§ 139 FGG.). Die Frist ist 2 Wochen. Eine Form ist nicht vorgeschrieben. Neue Tatsachen und Beweise sind zulässig. Die Beschwerde hat aufschiebende Wirkung. Wenn durch die angefochtene Verfügung eine Strafe festgesetzt ist, so wird vom Landgericht entschieden. Dieses sowohl wie das Amtsgericht können stets die Vollziehung der angefochtenen Verfügung aussetzen, bis über die Beschwerde entschieden ist. Gegen die Entscheidung des Landgerichts ist die sofortige weitere Beschwerde zulässig, wenn die Entscheidung auf einer Gesetzesverletzung beruht. Für diese ist das Oberlandesgericht (in Preußen das KG., in Bayern das Oberste Landesgericht) zuständig. Will dieses bei der Auslegung einer reichsgesetzlichen Vorschrift von der auf weitere Beschwerde ergangenen Entscheidung eines anderen Oberlandesgerichts oder einer Entscheidung des RG. abweichen, so hat es die weitere Beschwerde dem RG. vorzulegen. Dieses entscheidet. Die weitere Beschwerde kann zu Protokoll des Gerichtsschreibers eingelegt werden. Sonst muß sie von einem Rechtsanwalt unterzeichnet sein. Nur die Behörden oder der Notar, welcher in der Angelegenheit für den Beschwerdeführer einen Antrag an das Gericht erster Instanz gestellt hat, bedarf dessen nicht. Die Frist ist ebenfalls 2 Wochen.

Anm. 7. Das Gericht kann seine eigene Verfügung nicht aufheben. Es handelt sich um Verfügungen, welche entweder der sofortigen Beschwerde, oder solche, welche der weiteren Beschwerde unterliegen (§§ 18, 29 FGG.).

Anm. 8. Auch die Organe des Handelsstandes sind berechtigt und verpflichtet, bei dem Ordnungsstrafverfahren durch Anträge und Beschwerden mitzuwirken.

§ 80.

§ 80.

Wird eine Aktiengesellschaft zum Zweck der Umwandlung in eine Gesellschaft mit beschränkter Haftung aufgelöst, so kann die Liquidation derselben unterbleiben, wenn hinsichtlich der Errichtung der neuen Gesellschaft den nachstehenden Bestimmungen genügt wird.

Das Stammkapital der neuen Gesellschaft darf nicht geringer sein als das Grundkapital der aufgelösten Gesellschaft.

Den Aktionären ist durch öffentliche Bekanntmachung oder in sonst geeigneter Weise Gelegenheit zu geben, mit dem auf ihre Aktien entfallenden Anteil an dem Vermögen der aufgelösten Gesellschaft sich bei der neuen Gesellschaft zu beteiligen. Die Aktien der sich beteiligenden Mitglieder müssen mindestens drei Vierteile des Grundkapitals der aufgelösten Gesellschaft darstellen.

Der auf jede Aktie entfallende Anteil an dem Vermögen der aufgelösten Gesellschaft wird auf Grund einer Bilanz berechnet, welche der Generalversammlung der Aktionäre zur Genehmigung vorzulegen ist. Der Beschluß, durch welchen die Genehmigung erfolgt, bedarf einer Mehrheit von drei Vierteilen des in der Generalversammlung vertretenen Grundkapitals. **§ 80.**

Die neue Gesellschaft muß spätestens binnen einem Monate nach Auflösung der Aktiengesellschaft zur Eintragung in das Handelsregister angemeldet werden. Die Eintragung darf nur erfolgen, nachdem die Beobachtung der vorstehenden Bestimmungen nachgewiesen ist.

[1]) Lit.: Müller, Die Umwandlung einer Aktiengesellschaft in eine Gesellschaft mit beschränkter Haftung. Leipzig 1896.

Einleitung

Eine Umwandlung einer Körperschaft in eine andere durch Umstellung auf deren Erfordernisse ohne Neugründung kennt das deutsche Recht nicht. Man kann weder eine GmbH. durch Änderung ihres Gesellschaftsvertrages zu einer Aktiengesellschaft machen, auch nicht unter Beobachtung der Vorschriften der §§ 186ff. HGB., noch kann eine Aktiengesellschaft durch Verzicht auf die Ausgabe von Aktien und durch die dadurch bedingte Anpassung ihrer Satzung zu einer GmbH. werden. Eine solche Möglichkeit eröffnet jetzt das Gesetzbuch für Lichtenstein (Art. 425). Nach deutschem Systeme ist ein Übergang von der einen Körperschaft zur andern nur wirtschaftlich eine Umwandlung. Rechtlich muß stets der Weg der Neugründung der anderen Form unter Einbringung des Vermögens der aufgegebenen Gesellschaft beschritten werden (RG. 26. 4. 10 JW. 10, 720). Das gilt für beide Vorgänge, sowohl für den Übergang von der AG. zur GmbH. als von der GmbH. zur AG. Nur der erstere ist im Gesetze geregelt. Er ist bevorzugt. Die als Folge der allgemeinen Regel notwendige Liquidation der aufgelösten Aktiengesellschaft wird vermieden. Das Vermögen derselben kann sofort wie bei der Fusion zweier Aktiengesellschaften als Einheit ohne Einhaltung des Sperrjahres (§ 303 Abs. 3 HGB.) auf die neue GmbH. übergehen. Die AG. verschwindet zugleich vom Rechtsboden. Der grundsätzliche Rechtsgedanke wird aber nicht geändert. Die neu errichtete GmbH. erwirbt das Vermögen der untergehenden AG. Aber die Veräußerung des Vermögens von dieser an jene ist bevorzugt. In der gleichen rechtlichen Form bewegt sich die Umwandlung der GmbH. in eine AG. oder eine offene HG. Nur fehlen die Erleichterungen. Es findet keine Universalnachfolge statt (vgl. unten Anm. 46ff.). Die Umwandlung der AG. in eine GmbH. ist kein Kaufvertrag über das Vermögen der AG., der von der Neugründung der GmbH. zu trennen wäre. Es liegt ein einheitlicher Gesellschaftsvertrag vor (RG. 26. 6. 06 RGZ. 64, 10; auch OLG. Hamburg 24. 10. 10 HansGZ. 1911 Beibl. 152 Nr. 93; vgl. über die steuerrechtlichen Folgen unten Anm. 46). Aus dieser Natur des Rechtsvorganges ergibt sich, daß der Registerrichter bei Eintragung der neuen GmbH. dieselbe Prüfung vorzunehmen hat, wie bei jeder Anmeldung einer solchen (unten Anm. 26 u. 27). Über die Besonderheit des Rechtsüberganges als Universalnachfolge siehe Anm. 1 zu § 81, BayObLG. 24. 1. 10 OLGR. 22, 24).

Die Vorschrift des § 80 bezieht sich nur auf Aktiengesellschaften. Sie ist einer Ausdehnung oder analogen Anwendung nicht zugänglich. Auch nicht bei einer Kommanditgesellschaft auf Aktien (a. M. Ritter „Recht" 1923 Nr. 156) oder einer anderen juristischen Person. Noch weniger bei einer Umwandlung einer offenen Handelsgesellschaft oder Kommanditgesellschaft (KG. 9. 12. 95 KGJ. 15, 39 und 9. 7. 04 OLGR. 9, 246), oder bei der Umwandlung der GmbH. in eine andere Gesellschaftsform, sei es AG. oder offene Handelsgesellschaft (vgl. unten Anm. 46ff.).

Die Umwandlung kann nur wirtschaftlich als solche gewollt sein. Rechtlich liegen zwei verschiedene Akte, die Auflösung der Aktiengesellschaft und die Neubildung der GmbH. vor. Daher muß jeder für sich nach den Vorschriften des für ihn geltenden Gesetzes erfolgen. **Anm. 1.**

§ 80. Die Verbindung wird durch die Übertragung des Vermögens hergestellt. Dieser Zweck wirkt wieder auf die einzelnen Vorgänge zurück. Die Bevorzugung dieses Übergangs des Vermögens der AG. auf die GmbH. findet nur unter bestimmten Voraussetzungen statt. Sie müssen bei den beiden Vorgängen beobachtet sein. Fehlt es daran, so bleibt es bei der allgemeinen Regel des Überganges des Vermögens der aufgelösten AG. auf einen Dritten (§ 303 HGB.). In welcher Reihenfolge die Beteiligten verfahren, ist an sich gleichgültig. Es kann zuerst die neue GmbH. gegründet und dann die AG. aufgelöst werden. Man kann aber auch umgekehrt vorgehen. Nur der Übergang des Vermögens der AG. auf die GmbH. kann erst nach der Auflösung jener und der Errichtung dieser erfolgen. Er vollzieht sich „von Rechts wegen" mit der Eintragung der neuen GmbH. in das Handelsregister (§ 81). Die weiteren Voraussetzungen des Gesetzes schließen sich an die beiden Akte der Auflösung der AG. und die Gründung der GmbH. an. Mit jener verbindet sich die Genehmigung der Übertragungsbilanz und die Gewährung der Beteiligung bei der GmbH. an die Aktionäre. (Abs. 3) Mit dieser die Festsetzung des Stammkapitales derselben. Es muß mindestens die Höhe des Grundkapitals der aufgelösten AG. erreichen (Abs. 2). Das Gesetz erwähnt die Auflösung der AG. zum Zwecke der Veräußerung des Vermögens als Ganzes nicht ausdrücklich. Es spricht nur von der „aufgelösten Gesellschaft" (Abs. 2, Abs. 3 Satz 2) und von der „Auflösung der Aktiengesellschaft" (Abs. 4 Satz 1). Es setzt dies als selbstverständlich voraus. Hier greifen die Vorschriften des Aktienrechtes (§ 301 HGB.) ein. Aus der Reihenfolge der Darstellung im folgenden ist nicht zu schließen, daß in dieser vorgegangen werden soll oder gar muß. Es bleibt dies den Beteiligten überlassen. Da aber das Gesetz die Wirksamkeit dieses Umwandlungsaktes von der Beteiligung von mindestens Dreivierteln der Aktionäre abhängig macht, ist es praktisch, vor jedem weiteren Schritte sich hierüber zu vergewissern. Man beginnt also mit der Aufforderung an die Aktionäre. Denkbar ist freilich, daß der Übergang des Vermögens der AG. auf eine GmbH. von der einfachen Mehrheit gewollt ist. Diese will die Umwandlung notfalls unter Beobachtung der allgemeinen Vorschriften des § 303 HGB. und unter Verzicht auf die Universalsukzession durchführen. Da aber auch zur Auflösung der AG. die Mehrheit von Dreivierteln der Stimmen erforderlich ist, dürfte der Fall kaum je praktisch werden.

Anm. 2. 1. Die Gewährung der Beteiligung an die Aktionäre. Jeder Aktionär kann, wenn er will, Gesellschafter der GmbH. werden. Er muß die Umwandlung der AG. auch für sich wollen. Wird aus der Gesellschaft eine GmbH., so wird der Aktionär Gesellschafter. Aber schon hier zeigt sich, daß die Umwandlung nicht durch einen einzigen körperschaftlichen Akt geschieht. Es muß eine neue GmbH. gegründet werden. An dieser müssen die Aktionäre sich beteiligen können. Sonst wäre es auch wirtschaftlich keine Umwandlung.

Die Gelegenheit zur Beteiligung wird meist durch öffentliche Bekanntmachung gewährt werden. Maßgebend ist, wie nach den Statuten der Aktiengesellschaft ihre Bekanntmachungen erfolgen. Das Gesetz läßt aber auch jede sonst geeignete Weise zu. Das ist, da sie im Gegensatz zur öffentlichen steht, die private Mitteilung. Sie setzt voraus, daß die Gesellschaft ihre Aktionäre kennt. Sie wird sich praktisch daher meist auf die Fälle der Namensaktien beschränken. Möglich ist sie aber auch in dem Falle der Vereinigung aller Aktien in einigen wenigen Händen. Sie kann durch Gerichtsvollzieherzustellung, durch eingeschriebenen Brief, durch mündliche Aufforderung erfolgen. In dem letzteren Falle wird der nach Abs. 5 zu führende Nachweis auf Schwierigkeiten stoßen. Unmöglich aber ist er nicht. Eidesstattliche Versicherungen oder sonstige Feststellungen gemäß § 12 FGG. können dem Registerrichter genügen.

Die öffentliche Bekanntmachung erscheint stets als die geeignete Weise. Der hiervon abweichende Weg unterliegt der Prüfung. Auch bei Namensaktien kann der aufgeforderte Aktionär eine telephonische Mitteilung beanstanden. Er kann schriftliche Erklärung fordern. Dagegen wird der Prokurist der AG., der zwei Aktien besitzt, während alle anderen dem Vorstande gehören, die persönliche Aufforderung, sich mit seinen Aktien bei der Umwandlung zu beteiligen, nicht beanstanden dürfen.

Den Aktionären ist Gelegenheit zu geben, sich zu beteiligen. Dazu genügt, daß die beabsichtigte Umwandlung in die GmbH. ihnen eröffnet wird. Eine nähere Angabe über das künftige Stammkapital der GmbH., über die Geschäftsanteile oder über den sonstigen Inhalt des Gesellschaftsvertrages der GmbH. ist nicht erforderlich. Die wirtschaftliche Grundlage des Unternehmens bleibt. Die Aktionäre wissen, daß das Stammkapital nicht geringer sein darf als das Grundkapital der AG. Eine Frist, innerhalb deren sich die Aktionäre erklären müssen, schreibt das Gesetz nicht vor. Die AG. kann sie bestimmen. Sie muß so groß sein, daß sich der Aktionär schlüssig machen kann. Ist keine solche mit der Aufforderung verbunden, so muß die AG. eine den Umständen entsprechende Zeit zuwarten. Nur dann haben die Aktionäre Gelegenheit, sich zu beteiligen. Es genügt nicht, daß am Tage vor der Auflösung der AG. und der Errichtung der GmbH. ein Aufruf in den öffentlichen Blättern steht. Der benachteiligte Aktionär kann den Beschluß der Generalversammlung auf Überlassung des Vermögens an die GmbH. anfechten (vgl. unten Anm. 44). Eine Nichtigkeit desselben entsteht nicht. Der Mangel ist verzichtbar. Wenn keine Anfechtung erfolgte, darf der Registerrichter die Eintragung der GmbH. nicht ablehnen, weil die Gewährung der Gelegenheit zur Beteiligung nicht ordnungsgemäß war. Er muß sich damit begnügen, daß Dreiviertel der Aktionäre bei der GmbH. beteiligt sind (Abs. 3 Satz 2). Dies gilt auch dann, wenn eine Bekanntgabe an die Aktionäre ganz unterblieben war. Wenn alle Aktionäre auf eine ausdrückliche Mitteilung verzichten, hätte es keinen Sinn, ihnen trotzdem eine Aufforderung zuzustellen. Aber auch, wenn nichts derart erfolgte, muß es den Aktionären überlassen sein, ihre Interessen zu wahren. Wer der Generalversammlung mit dem Gegenstande „Auflösung zwecks Übergang in eine GmbH." fernbleibt, oder wer erscheint und das Unterlassen der Aufforderung zur Beteiligung nicht rügt, legt keinen Wert darauf. Es ist nicht Sache des Registerrichters, die Interessen des Aktionärs mehr zu beachten als dieser selbst. **§ 80.**

Die Gewährung der Gelegenheit ist eine einseitige Willenserklärung gesellschaftlicher Art. Sie geht vom Vorstande der AG. aus. Sie ist wirksam mit der Ausgabe der Zeitung. Daß die Aktionäre sie lesen, ist nicht erforderlich. Anders bei der Mitteilung auf anderem Wege. Hier ist sie empfangsbedürftig. Sie muß dem Aktionär, an den sie gerichtet ist, zugehen. Andernfalls entbehrt sie der Wirksamkeit. **Anm. 3.**

Ein Recht des einzelnen Aktionärs auf Durchführung der Umwandlung entsteht durch die Mitteilung nicht. Es liegt kein Vertragsanerbieten vor, das der Aktionär annehmen könnte und das auf gemeinsame Herstellung des neuen Zustandes ginge. Die Mitteilung erzeugt allerdings ein Recht der Aktionäre. Aber nur ein Recht auf Beteiligung an der neuen GmbH., falls sie entsteht. Wenn die AG. von dem Umwandlungsplane wieder absieht, hat der einzelne Aktionär trotz der Veröffentlichung oder der privaten Mitteilung kein Widerspruchsrecht. Das Recht auf Beteiligung kann in der Mitteilung befristet werden. Dann braucht die AG. spätere Mitteilungen nicht mehr zuzulassen. Andernfalls muß angenommen werden, daß sie bis zum Abschluß des Gründungsaktes der GmbH. zulässig ist. Wird ein Aktionär trotz rechtzeitiger Meldung zur Beteiligung an der GmbH. nicht zugelassen, so liegt auch hierin kein Ungültigkeitsgrund. Der Registerrichter darf die Eintragung der GmbH. nicht ablehnen. Auch nicht auf Widerspruch des ausgefallenen Aktionärs. Der zu Unrecht zurückgewiesene Aktionär hat neben der Geldabfindung (§ 81 Abs. 2) Anspruch auf Schadensersatz. Er richtet sich gegen die Aktiengesellschaft. Mit deren Vermögen geht er auf die GmbH. über.

2. Die Auflösung der Gesellschaft. Hier treten die aktienrechtlichen Vorschriften ein. Die Auflösung muß gehörig angekündigt werden (§ 256, insbesondere § 256 Abs. 2 HGB.). Die Ankündigung muß nicht nur die Auflösung, sondern auch ihren eigenartigen Zweck, die Umwandlung der Gesellschaft in eine GmbH. enthalten. Die Auflösung kann eine Statutenänderung enthalten. Dann muß auch dies aus der Einladung zu ersehen sein (§ 274 Abs. 2 HGB.). Eine ordnungswidrige Berufung macht den Beschluß anfechtbar (Müller 14). Ist der Protest unterblieben oder die Anfechtungsfrist umlaufen, so wird er gültig (Staub- **Anm. 4.**

§ 80. Pinner Anm. 9 zu § 256). Der Beschluß selbst muß gerichtlich oder notariell beurkundet werden (§ 259 HGB.). Für jede Auflösung ist eine Mehrheit von mindestens Dreiviertel des bei der Beschlußfassung vertretenen Grundkapitals erforderlich. Das Statut kann noch andere Erfordernisse aufstellen (§ 292 Nr. 2 HGB.). Der Beschluß muß ersehen lassen, daß er zu dem Zwecke der Umwandlung der Aktiengesellschaft in eine GmbH. gefaßt wird (Müller 20, RundschGmbH. 1911, 297). Nur in diesem Falle kann die Liquidation unterbleiben. Nur ein solcher Beschluß gewährt der Aktiengesellschaft die Macht, ihr Vermögen der neuen Gesellschaft zuzuführen. Nur ein solcher Beschluß gewährt der AG. auch die Fortsetzungsmöglichkeit nach § 307 HGB., wenn die Umwandlung scheitert (vgl. unten Anm. 35 u. 39). Die Wirkung des Beschlusses ist ein eigenartiger Rechtszustand der Gesellschaft (vgl. unten Anm. 10). Ohne diesen Beschluß müßte die Liquidation eintreten. Das Einbringen des Vermögens der AG. in die GmbH. wäre den Regeln über die Veräußerung desselben unterworfen. Das allein schon zwingt dazu, bei dem Auflösungsbeschlusse die Umwandlung in die GmbH. als Grund anzugeben. Dazu kommt, daß die Auflösung der AG. gar nicht Selbstzweck ist. Die Aktionäre wollen an Stelle der AG. eine GmbH. Nur weil das Gesetz dies nicht unmittelbar zuläßt, müssen sie die Auflösung wollen. Sie ist formell ein selbständiger Akt. Materiell aber nur ein Stück aus einem Gesamtvorgang. Daher muß dieser Zusammenhang sich im Beschlusse selbst ausdrücken.

Anm. 5. Der Auflösungsbeschluß kann wegen Verletzung des Gesetzes oder des Statutes angefochten werden (§ 271 HGB.). Durch die Anfechtung entsteht eine schwierige Lage. Die neue GmbH. muß innerhalb eines Monats nach dem Auflösungsbeschlusse zur Eintragung in das Handelsregister angemeldet sein. Die Anfechtung muß innerhalb der gleichen Frist erfolgen. Der Austrag des Rechtsstreites nimmt jedenfalls mehr Zeit in Anspruch, als die Anmeldefrist gewährt. Das Anfechtungsrecht kann nicht mit Rücksicht darauf ausgeschlossen werden, daß sonst die Umwandlung unmöglich werde. Sie kann trotz der Anfechtung fortgesetzt werden. Ist die Anfechtung begründet, so werden die Organe der AG. die Umwandlung nicht fortsetzen. Ist sie zweifelhaft, so werden sie die Frist wahren. Die Anmeldung der neuen Gesellschaft genügt. Der Registerrichter kann die Eintragung aussetzen. Er kann warten, bis die Anfechtung erledigt ist. Er kann die Eintragung sofort vollziehen. Dann geht der Anfechtungsprozeß auf die GmbH. über (§ 308 HGB.). Über die Wirkung der erfolgreichen Anfechtung vgl. unten Anm. 44.

Anm. 6. Der Auflösungsbeschluß der AG. ist zum Handelsregister anzumelden (§ 293 HGB.). Diese Anmeldung kann erzwungen werden (§ 14 HGB.). Einen Zwang zur Anmeldung der neuen GmbH. gibt es nicht (s. unten Anm. 36). Die Anmeldung der Auflösung der AG. darf aber deshalb nicht unterbleiben. Auch wenn die Umwandlung nicht gelingt, bleibt die Auflösung. Wird die AG. nicht wiederhergestellt (§ 307 HGB.), so muß die Liquidation eintreten. Deshalb muß die Auflösung vom Registerrichter kontrolliert werden (KG. 28. 12. 99 KGJ. 19, 10).

Anm. 7. Die Eintragung des Beschlusses (§ 293 HGB.) und die Veröffentlichung desselben durch das Handelsregistergericht (§ 10 HGB.) sind die selbstverständlichen Folgen der Anmeldung.

Anm. 8. Die Eintragung ist aber hier, so wenig wie sonst, Voraussetzung der Gültigkeit des Auflösungsbeschlusses. Anders nur, wenn er eine Statutenänderung in sich schließt. So wenn nach dem Gesellschaftsvertrage die AG. erst in einer bestimmten späteren Zeit ihr Ende erreichen sollte.

Anm. 9. Die Ernennung und Anmeldung von Liquidatoren unterbleibt (§§ 295 und 296 HGB.). Ebenso die in § 297 HGB. vorgesehene Aufforderung an die Gläubiger, sich zu melden. An deren Stelle tritt die Aufforderung nach der Eintragung der GmbH. (§ 81 Abs. 3 GmbHG.).

Anm. 10. Bis zur Eintragung der neuen GmbH. befindet sich die AG. in einem Übergangszustand. Sie besteht noch wie auch sonst als Gesellschaft in Liquidation. Deren Zweck ist die Umsetzung des Vermögens in verteilbare Werte. Hier ist der Zweck der aufgelösten AG. die Umwandlung in eine GmbH. Der Beschluß ist nicht durch die Umwandlung aufschiebend bedingt. Er ist definitiv (KGJ. 19, 10). Die Gesellschaft ist aufgelöst. Aber sie tritt nicht in Liquidation. Sie besteht bis zur Erreichung ihres Zweckes. Sie wird nach wie vor durch den Vorstand geleitet. Das Unternehmen der Gesellschaft muß er weiterbetreiben. Es soll ja in die neue Gesellschaft übergeleitet werden. Es geht in dem Zustande über, in welchem es sich zur Zeit der Anmeldung der neuen Gesellschaft befindet. Die Gefahr der Veränderungen während der Zwischenzeit trägt die neue Gesellschaft. Es liegt hier nichts anderes vor als bei jedem Einbringen eines bestehenden Handelsgeschäfts auf Grund einer früheren Bilanz (Anm. 19ff. zu § 5) in eine GmbH. Es wird ihr dasjenige Vermögen zugeführt, welches ein im Verkehr stehendes Aktienunternehmen gehabt hat. Das ist der Bestand, welchen das während der Dauer der Umwandlung fortgeführte Unternehmen zur Zeit der Eintragung der neuen Gesellschaft hat. Wenn freilich zwischen Auflösung und Eintragung Konkurs ausbricht, scheitert die Umwandlung. § 80.

Zu Rechtshandlungen, welche mit der beabsichtigten Umwandlung in eine GmbH. unverträglich sind, ist der Vorstand der AG. nicht mehr befugt. Insoweit ist seine Vertretungsbefugnis eingeschränkt. Rechtshandlungen, die für den Dritten erkennbar im Widerspruch mit dem Zwecke der Auflösung stehen, sind für die Gesellschaft unverbindlich. Die Stellung des Vorstandes nähert sich der des Liquidators. Sobald der Beschluß der Auflösung eingetragen und publiziert ist, müssen auch Dritte die Folgerung hieraus gegen sich gelten lassen. (Brodmann beschränkt die Befugnis zur Geschäftsführung im Verhältnis zur Gesellschaft in gleicher Weise. Er läßt aber nach außen hin die Vertretungsbefugnis der Geschäftsführer unbeschränkt bestehen; Anm. 2). Zu den Pflichten des Vorstandes kann auch die Sorge für die Errichtung der neuen GmbH. und deren Anmeldung zum Handelsregister gehören. Doch kann die Generalversammlung hiermit andere Personen beauftragen. Sie kann solche als Geschäftsführer der GmbH. vorsehen.

Neben dem Vorstande bestehen auch Aufsichtsrat und Generalversammlung. Der erstere hat die gleichen Pflichten wie bisher, nur angepaßt an den veränderten Zweck der AG. Auch er hat die Durchführung der Umwandlung zu überwachen, zugleich auch die Geschäftsführung des Vorstandes. Sein statutarisches Recht, den Vorstand zu ernennen, besteht weiter. Auch die Generalversammlung behält ihre Aufgaben und ihren Machtbereich. Sie ist nicht auf die Genehmigung der Beteiligungsbilanz beschränkt (so Müller 20). Sie kann auch alle sonstigen Beschlüsse fassen. Sie muß notwendig werdende Aufsichtsratswahlen vornehmen. Aufsichtsrat und Vorstand können die Genehmigung besonderer Handlungen beantragen. Auch Satzungsänderungen sind zulässig (vgl. Anm. 38 zu § 69). Sie kann auch den Beschluß der Umwandlung in eine GmbH. wieder aufheben. Auch hierzu bedarf sie einer Mehrheit von Dreiviertel der abgegebenen Stimmen. Das kann den Eintritt der Liquidation bedeuten. Es kann aber auch zugleich die Fortsetzung der AG. beschlossen werden. Beschlüsse während des Zwischenstadiums, die im Widerspruch mit der beschlossenen Umwandlung stehen, sind unzulässig. So die Festsetzung einer Lebensdauer der Gesellschaft. Ein solcher Beschluß ist anfechtbar. Ebenso der Beschluß, das Vermögen als Ganzes an Dritte zu veräußern. Doch können solche Beschlüsse die Wiederaufhebung des Umwandlungsbeschlusses bedeuten. Sie sind dann mit der Dreiviertelmehrheit zulässig. Der Beschluß, das Grundkapital der AG. zu erhöhen oder herabzusetzen, ist trotz der Auflösung möglich. Er enthält eine Abänderung der Umwandlungsbedingungen. Er muß, auch wenn die Statuten der AG. die Erhöhung des Grundkapitales mit einfacher Mehrheit gestatten, doch hier mit der Mehrheit von Dreivierteln der Stimmen gefaßt werden. Denn er ist ein, wenn auch nachträglich eingefügter Teil des Umwandlungsbeschlusses.

Der Beschluß der Auflösung kann nicht aufschiebend bedingt gefaßt Anm. 11.
werden. Auch nicht unter der Bedingung der Errichtung der neuen GmbH. Die besonderen Wirkungen der Umwandlungsauflösung treten nur bei bedingungslosem Beschlusse

§ 80. ein. Es muß ja auch die neue GmbH. errichtet werden (a. M. Liebmann Anm. 2b und Brodmann Anm. 2; KGJ. 19, 12 läßt die Frage offen).

Anm. 12. 3. Die Beteiligungsbilanz. Jeder Aktionär kann sich mit seinem an der AG. ihm zustehenden Anteil an der neuen Gesellschaft beteiligen. Wer sich nicht beteiligt, muß wegen seines Anteiles mit Geld abgefunden werden (§ 81). Für beide Zwecke wird sein Anteil auf Grund einer Bilanz berechnet. Sie ist der Generalversammlung zur Genehmigung vorzulegen. Eine Verpflichtung zur Auslegung dieser Bilanz vor der Generalversammlung oder der abschriftlichen Mitteilung oder der Veröffentlichung besteht nicht. Der § 263 HGB. ist nicht anwendbar. Er bezieht sich nur auf die Jahresbilanz.

Die Beteiligung kann sich auf das Grundkapital der AG. beschränken. Die über dasselbe hinaus vorhandenen Reserven werden dann unter die Aktionäre aufgeteilt. Aktionäre, die sich an der GmbH. beteiligen, können die auf sie entfallenden Beträge der Reserve zur Leistung auf die Stammeinlagen benutzen, die sie übernehmen müssen, um die Differenz zwischen den durch sie vertretenen Dreivierteln des Grundkapitals und dessen Höhe auszufüllen (vgl. BauersZ. 15, 250).

Anm. 13. Die Genehmigung der Bilanz kann mit dem Auflösungsbeschluß verbunden werden. Auch dann, wenn zugleich eine Satzungsänderung in der Auflösung liegt (a. M. Neukamp-Becker Anm. 1e. Allein neben einer Satzungsänderung können vorbehaltlich ihrer Eintragung auch weitere von ihr abhängige Beschlüsse erfolgen; vgl. Anm. 8 zu § 54).

Wird eine besondere Generalversammlung berufen, so müssen auch für diese alle gesetzlichen und statutarischen Vorschriften beobachtet werden. Daß der Umwandlungsbeschluß schon vorliegt, ändert daran nichts. Der Gegenstand ist bekanntzumachen. Auch die Genehmigung dieser Bilanz bedarf einer Mehrheit von Dreiviertel des in der Generalversammlung vertretenen Grundkapitals (§ 80 Abs. 4; vgl. auch Anm. 4 zu § 51).

Anm. 14. Bilanztag ist der Tag der Auflösung (Müller 30). Eine Bilanz setzt aber eine vorgehende Aufnahme voraus. Die Aufnahme kann nicht erst an dem Tage erfolgen, an dem über die Bilanz beschlossen wird. Es finden seit dem Tage der Inventur und dem Abschlusse der Konti fortwährend Änderungen statt. Das muß mit in Kauf genommen werden. Trotz dieses Moments kann aber nicht eine beliebige frühere Bilanz oder ein beliebiger früherer Bilanztag gewählt werden. Die Bilanz ist zum Zwecke der Umwandlung errichtet. Sie hat sich dem Tage des Beschlusses möglichst zu nähern.

Anm. 15. Die Vorschriften des § 261 HGB. greifen nicht Platz. Die Bilanz dient nicht der Gewinnverteilung. Sie soll die Lage des gesamten Vermögens der Gesellschaft ergeben. Es soll festgestellt werden, wie hoch der Anteil jedes einzelnen Aktionärs an demselben ist. Es liegt also eine reine Vermögensbilanz vor. Sie gleicht der Liquidationseröffnungsbilanz.

Doch hat sie im Gegensatze zu dieser die Vermögensgegenstände zu den Werten einzustellen, die sie für das bestehende Unternehmen haben. Dieses Unternehmen soll fortgeführt werden (Simon Bilanzen 463; RundschGmbH. 1911, 297). Demgemäß fällt die Vorschrift weg, daß gewisse Vermögensgegenstände höchstens mit dem Anschaffungspreise anzusetzen sind. Andererseits kommt auch nicht der Liquidationswert (Versilberungs- oder Schmelzwert) zum Ansatz. Es ist der wahre Geschäftswert zu finden (zust. Brodmann Anm. 3). Reservekonten haben in dieser Bilanz keinen Raum. Die Einstellung des Grundkapitals unter die Passiva unterliegt aber keinem Bedenken. Dieses zeigt den Anteil jedes einzelnen Aktionärs an dem gesamten Vermögen. Ein Gegensatz zu der von Brodmann (Anm. 3) vertretenen Ansicht, daß das Grundkapital auf der Passivseite zu streichen sei, besteht hierbei nicht. Das Grundkapital stellt ja nicht ein echtes Passivum dar.

Anm. 16. Mehr als der wahre Wert darf nicht in Ansatz kommen. Andernfalls würde die neue Gesellschaft „übergründet". Es würden Geschäftsanteile geschaffen, die dem wahren Werte der der Gesellschaft zugeführten Gegenstände nicht entsprechen. Die ausscheidenden Aktionäre erhielten eine zu hohe Abfindung (vgl. auch unten Anm. 24). Der Einstellung der Aktiva zu einem geringeren als dem wahren Werte steht dagegen nichts entgegen. Die Gesellschaft wird dann auf solider Basis gegründet. Sie hat stille Reserven. Aber die Aktionäre haben hiergegen ein Einspruchsrecht. Ihre Beteiligung an der neuen Gesellschaft und die Abfindung der ausscheidenden Aktionäre wird zu gering. (Über das Anfechtungsrecht s. unten Anm. 17.) § 80.

Auf Grund dieser Bilanz wird der Anteil jedes einzelnen Aktionärs berechnet. Gibt es nur eine Gattung von Aktien, so ist die Berechnung einfach. Wenn das Vermögen einen Wert von $1\frac{1}{2}$ Millionen hat, bei einem Grundkapital von einer Million und 1000 Aktien zu 1000 M., so ist jede Aktie zu 1500 M. beteiligt. Anders bei verschiedenen Gattungen von Aktien, wenn statutenmäßig der Anteil der Aktien bei der Ausschüttung des Gesellschaftsvermögens verschieden ist. Hier muß bei der Verteilung des Vermögens so verfahren werden, wie es bei der Liquidation wäre. Haben Vorzugsaktien einen Anspruch auf Befriedigung vor den Stammaktien, so erhalten nur jene bei einer Unterbilanz volle Deckung. Diese allein tragen den Verlust. Ist einer Aktiengattung ein Zuschlag vor der andern zugewiesen, so hat sie hierauf Anspruch. Über sonstige Vorzugsrechte vgl. unten Anm. 30.

Anm. 17. Auch der Bilanzgenehmigungsbeschluß kann gemäß §§ 271ff. HGB. angefochten werden (Müller 35). Die Umwandlung wird durch diese Anfechtungsklage allein nicht in Frage gestellt (so Simon § 123). Die einmonatliche Frist des Abs. 5 kann durch die Anmeldung der neuen Gesellschaft gewahrt werden. Deshalb besteht kein Grund, die Anfechtung der Bilanzgenehmigung (wie dies Liebmann Anm. 4 entgegen seinen früheren Auflagen für erforderlich hält) auszuschließen. Es kann nicht in der Absicht des Gesetzes liegen, eine Schädigung der Minorität, die gerade bei Ausschluß der Anfechtung dieser Bilanz eintreten wird, hinzunehmen. Die Anfechtung folgt den Regeln der §§ 271, 272 HGB. Auf unrichtige Schätzung kann die Anfechtung nur gestützt werden, wenn die Wertansätze auf Willkür oder bösem Willen beruhen (vgl. Staub-Pinner HGB. Anm. 6 zu § 261). Ist die Bilanz höher als der wahre Wert des Vermögens, so begünstigt sie die ausscheidenden und beschwert die bleibenden Aktionäre. Ist sie zu niedrig, so sind beide benachteiligt.

Der Bilanzgenehmigungsbeschluß ist zum Handelsregister einzureichen (§ 259 Abs. 5 HGB.).

Anm. 18. 4. Die Errichtung der neuen Gesellschaft (Abs. 1). Die notwendige Begleiterscheinung zur Auflösung der AG. zum Zwecke der Umwandlung in die GmbH. ist die Errichtung einer solchen mit der gleichen Aufgabe. Beide Vorgänge sind zwei durch den wirtschaftlichen Erfolg verbundene, wenn auch juristisch getrennte Rechtsakte. Die Auflösung der AG. macht deren Vermögen frei. Die Errichtung der GmbH. schafft die neue zu dessen Aufnahme bereite Form. Daher mit der Entstehung der letzteren die Nachfolge in das Vermögen der ersteren vollendet ist. Die Errichtung der GmbH. kann nicht im gleichen Akte wie die Auflösung der AG. geschehen. Diese vollzieht sich in der Generalversammlung der AG. In ihr ist für ein Rechtsgeschäft auf dem Gebiete einer anderen Körperschaft, namentlich für deren Entstehung, kein Raum. Die Umwandlung ist in zwei Vorgänge zerlegt. Der eine gehört dem Aktienrechte, der andere dem Rechte der GmbH. an. Jeder folgt daher den Vorschriften seines Rechtsgebietes. Die Errichtung der GmbH. muß in gesonderter Urkunde erfolgen. Sie kann der die Auflösung der AG. beschließenden Generalversammlung auf dem Fuße folgen. Sie kann ihr auch vorhergehen. Sie setzt dann den folgenden Auflösungsbeschluß voraus. Sie ist aber stets ein eigener Rechtsvorgang.

Anm. 19. Die neue GmbH. muß nicht den Inhalt des Gesellschaftsvertrages der AG. übernehmen. Sie muß nicht die getreue Kopie der AG. lediglich unter Streichung der rein aktienrechtlichen Bestimmungen sein. Der Gesellschaftsvertrag der GmbH. kann völlig neu und unabhängig von der AG. gestaltet werden. Nicht einmal das Stammkapital der GmbH. muß dieselbe Ziffer wie das Grundkapital der AG. zeigen. Es darf nur nicht kleiner sein als dieses (Abs. 2). Ein höherer Betrag ist erlaubt (unten Anm. 24). Um so mehr können auch alle anderen Punkte neu geregelt werden. Eine GmbH. ist etwas anderes als

§ 80. eine Aktiengesellschaft ohne Aktien. Die Identität der aufgelösten AG. mit der neu errichteten GmbH. wird durch den Übergang des Vermögens gewährleistet. Damit dieser stattfindet, muß wieder die Identität feststehen. Daraus ergibt sich die Notwendigkeit, im Gesellschaftsvertrag der neuen GmbH. als deren Zweck die Umwandlung der AG. in die GmbH. zu erwähnen. Genau so wie dies bei dem Beschlusse der Auflösung der AG. als notwendig erkannt wurde (oben Anm. 4). Diese beiden Erklärungen des Zweckes bilden den gemeinsamen Berührungspunkt bei den Vorgängen. Sie stellen die wirtschaftliche Einheit her. Die praktische Auswirkung zeigt sich dann in der Vorschrift, daß sich mindestens Dreiviertel des Anlagekapitals bei der neuen GmbH. beteiligen müssen (Abs. 3 Satz 2; unten Anm. 33). Neben die Identität des Vermögens tritt die teilweise Identität der Personen. Beides muß zusammentreffen. Die Beteiligung der Aktionäre mit Dreiviertel des Grundkapitals der AG. schließt die Notwendigkeit der Erwähnung des Zweckes der neuen GmbH. nicht aus.

Anm. 20. Der Inhalt des Gesellschaftsvertrages der neuen GmbH. wird von den Gründern derselben vereinbart. Das sind die alten Aktionäre, die sich an der GmbH. beteiligen. Möglicherweise auch neu hinzutretende weitere Gesellschafter (unten Anm. 29 und 34). Ausgearbeitet wird der Gesellschaftsvertrag tatsächlich von den Organen der AG. werden, dem Vorstande und Aufsichtsrat. Einer Genehmigung durch die Generalversammlung bedarf er nicht. Wohl aber kann jeder Aktionär bei der Errichtung der GmbH. die Mitwirkung ablehnen, wenn die Bestimmungen der Satzungen von denen der Statuten der GmbH. abweichen. Dies auch dann, wenn er sich bereit erklärte, sich bei der Umwandlung in die GmbH. zu beteiligen. Diese ist so auszulegen, daß er eine Umwandlung der AG., aber keine innere Neugestaltung der Gesellschaft will. Daher empfiehlt es sich aus praktischen Gründen, die Zustimmung der Aktionäre zu der Satzung der neuen GmbH. einzuholen. Wer in der Generalversammlung der AG. sich für sie aussprach, kann sie beim Errichtungsakte nicht mehr beanstanden.

Anm. 21. Der Gesellschaftsvertrag der neuen GmbH. muß die notwendigen Bestandteile dieser enthalten (§ 3 Abs. 1). Er kann weitere Bestimmungen aufnehmen. Es kann die Zeitdauer der GmbH. begrenzt werden (Anm. 20 a u. b zu § 3 und Anm. 9 zu § 60). Es kann eine Kündigung gewährt werden (Anm. 28 zu § 60). Die Einführung besonderer Leistungen neben der Stammeinlage (§ 2 Abs. 2) ist nur mit Zustimmung der hiervon Betroffenen möglich. Sie liegt in der Mitwirkung bei der Errichtung der neuen Gesellschaft.

Anm. 22. Die notwendigen Bestimmungen:

a) Die Firma der Gesellschaft kann die der AG. sein. Das Geschäft der letzteren geht samt ihr auf die GmbH. über. Es genügt, daß dieser Erwerb der Zweck des ganzen Vorganges ist. Das Geschäft muß nicht im Augenblick der Errichtung der Gesellschaft schon dieser gehören (vgl. Anm. 4 zu § 4). Der bisherige Zusatz „Aktiengesellschaft" fällt fort. Die Beifügung „mit beschränkter Haftung" ist jetzt notwendiger Bestandteil der Firma. Es kann aber auch die neue GmbH. eine andere Firma wählen. Ihre wirtschaftliche Identität mit der AG. besteht trotzdem.

Anm. 23. b) Der Sitz der Gesellschaft kann ebenfalls von dem der AG. abweichen. Die Kontinuität des Unternehmens wird hierdurch nicht in Frage gestellt (a. M. Müller 38). Die neue GmbH. könnte ja sofort den Sitz verlegen.

c) Der Gegenstand des Unternehmens wird in der Regel mit dem der AG. übereinstimmen. Es soll deren Unternehmen weitergeführt werden. Man will nur die Form der Gesellschaft, nicht den wirtschaftlichen Kern umgestalten. Die AG. selbst aber war berechtigt, ihren Gegenstand jederzeit zu ändern. Sie kann dies auch bei der Gelegenheit ihrer Umwandlung in die GmbH. Vielleicht bietet der Übergang zu einem anderen Geschäftszweige gerade den Anlaß zum Übergang in das Lager der GmbH. Nicht zum Gegenstande der GmbH. gehört der Zweck ihrer Errichtung als Teil des Umwandlungsprozesses. Er kann hier nur in der Weise in die Erscheinung treten, daß die Fortführung des Unternehmens der AG. als Gegenstand der GmbH. bezeichnet wird. Das gleiche ist auch sonst bei jeder Übernahme eines bestehenden Geschäftes möglich. Die Verbindung des allgemein umschriebenen Gegenstandes mit dem konkreten der Fortsetzung des Unternehmens der AG. ist auch hier zulässig (vgl. Anm. 10 zu § 3). § 80.

d) Das Stammkapital der GmbH. muß jetzt wieder mindestens 20000 RM. betragen. Es muß so groß sein wie das Grundkapital der AG. Gleichheit ist auch hier nicht verlangt. Es kann freiwillig durch die neuen Gesellschafter größer gestellt werden (unten Anm. 28). Erzwungen wird dies durch die Novelle vom 28. Juni 1926 (vgl. Bd. I S. 523). Ist das Kapital der AG. kleiner als 20000 RM., so überwiegt die Vorschrift des GmbHG. Die AG. wird nicht schon durch den Beschluß der Aktionäre umgewandelt. Eine neue GmbH. wird errichtet. Für sie sind die Vorschriften ihres Rechtes bestimmend. Anm. 24.

Die niedrigeren Mindestbeträge des Stammkapitals, welche in Höhe von 500 und 5000 RM. durch die GoldBilV. zugelassen waren, gelten nur für solche Umwandlungen, bei denen die neue GmbH. am 1. Juli 1926 (Inkrafttreten der Novelle vom 28. Juni 1926) im Handelsregister eingetragen oder zur Eintragung angemeldet war. Im letzteren Falle müssen außerdem am 1. Juli 1926 die Voraussetzungen erfüllt sein, an deren Nachweis die Eintragung der GmbH. geknüpft ist. Eine besondere Erleichterung der Umwandlung gewährte § 44 der 2. DurchfV. zur GBilV. Das Mindestgrundkapital einer auf Goldmark umzustellenden AG. mußte 5000 GM. betragen, das Mindeststammkapital einer neu zu gründenden GmbH. gleichfalls 5000 GM. Wenn das Eigenkapital der AG. 5000 GM. nicht erreichte, wäre also eine Umwandlung in eine GmbH. nur bei Übernahme neuer Einlagen möglich gewesen. § 44 der 2. DurchfV. zur GBilV. läßt ausnahmsweise als Mindeststammkapital für die neu zu gründende GmbH., in welche die AG. umgewandelt wird, den Betrag von 500 GM. zu.

Wer das Stammkapital deckt, ob die alten Aktionäre oder neu hinzutretende Gesellschafter ist einerlei. Nur müssen sich stets soviel von jenen beteiligen, daß ihre Aktien drei Vierteile des Grundkapitals der AG. ausmachen (vgl. unten Anm. 33).

Das Vermögen der neuen GmbH. muß nicht identisch sein mit dem der AG. Es kann größer werden, sobald noch neue Beteiligungen hinzutreten. Es kann kleiner werden, wenn sich nicht alle Aktionäre an der Umwandlung beteiligen. Ihnen muß ihr nach der Abrechnungsbilanz (oben Anm. 2) festgestellter Anteil am Vermögen der AG. herausbezahlt werden. Die GmbH. entsteht mit dieser Verpflichtung. Das auf sie übergehende Vermögen der AG. mindert sich um den Betrag dieser Passiven. Voraussetzung zur Durchführung der Umwandlung ist aber, daß entweder das Vermögen der AG. um soviel das Grundkapital übersteigt, als zur Befriedigung der ausscheidenden Aktionäre erforderlich ist, oder daß die verbleibenden die Fehlbeträge zuzahlen (vgl. unten Anm. 27). Anm. 25.

Die neue GmbH. kann mit einem Reservefond ins Leben treten. Er kann von der AG. herrühren. Beteiligen sich alle Aktionäre an der GmbH., so bleibt die Reserve der AG. unangetastet. Verlangen einzelne Aktionäre Auszahlung, so ist sie aus der Reserve zu entnehmen. Das Vermögen, das auf die GmbH. übergeht, wird je um die darauf ruhende Abfindung gekürzt. Es kann eine Reserve auch neu gebildet werden. Dies ist nicht schon dann zulässig, wenn das auf die GmbH. übergehende Vermögen, wie es die Verteilungsbilanz ergibt, größer ist als das Grundkapital der AG. und das ihm entsprechende Stammkapital der GmbH. und eine Auszahlung an ausscheidende Aktionäre nicht erforderlich wird. Denn das könnte zu einer Ausschüttung an die Gesellschafter führen (Brodmann Anm. 4). In diesem Falle kann nicht das Stammkapital dem tatsächlichen Werte des Vermögens entsprechend erhöht werden. Es kann der Übergang des Vermögens auf die GmbH. nur zu dem Nennbetrage des Grundkapitals der AG. und des ihm gleichen Stammkapitals der GmbH. erfolgen. Auch dann besteht tatsächlich ein Überschuß des Vermögens der GmbH. über ihr Stammkapital. Bilanzmäßig tritt er aber nicht in Erscheinung. Es liegt lediglich eine Unterbewertung der Sacheinlagen vor. Die das Stammkapital übersteigenden Wertbeträge sind stille Reserven. Sie waren es schon bisher bei der AG. Den Mehrbetrag des Vermögens der AG. über das Grundkapital kann man auch nicht als „Nach- Anm. 26.

§ 80. schüsse" behandeln (so Neukamp-Becker Anm. 1f β). Eine Nachschußpflicht setzt die Einrufung durch die Gesellschafterversammlung voraus. Solange dies nicht vorliegt, kann eine Einzahlung hierauf nicht erfolgen. Auch sonst spricht man nicht von Nachschüssen, wenn der Wert einer Sacheinlage den Nennbetrag des auf sie entfallenden Geschäftsanteils übersteigt. Eine Neubildung offener Reserven bei der neuen GmbH. ist nur durch freiwillige Zahlungen der Gesellschafter möglich. Sie finden sich besonders bei dem Hinzutritt Dritter. Diese müssen zur Ausgleichung des inneren Mehrwertes des Geschäftes ein in die Reserve fließendes Aufgeld leisten.

Anm. 27. Das Stammkapital der neuen GmbH. muß auch dann mindestens dem Grundkapital der AG. gleich bleiben, wenn das Vermögen der AG. geringer ist als ihr Grundkapital. Würde die AG. durch einfachen Beschluß ihrer Generalversammlung in eine GmbH. verwandelt, so setzte diese die Unterbilanz jener fort. Sie wäre die gleiche juristische Person in anderem Kleide. Die Spaltung in die zwei getrennten Rechtsvorgänge zwingt aber zur Beobachtung der besonderen Vorschriften für jede. Die GmbH. muß ihr Stammkapital gleich dem Grundkapital der AG. halten. Sie muß aber für dessen volle Deckung sorgen. Dafür genügt das Vermögen der AG. nicht. Jeder Aktionär, der Gesellschafter der GmbH. wird, ersetzt die Stammeinlage durch seinen Anteil am Vermögen der AG. Soweit dieser unter dem Betrage des Stammanteiles bleibt, fehlt die vorgesehene Übereinstimmung der Stammeinlagen mit dem Stammkapital. Die Umwandlung der AG. in die GmbH. kann daher nur erfolgen, wenn die Unterbilanz beseitigt ist. Die Eintragung der neuen GmbH. ist sonst abzulehnen (KG. 29. 8. 08, OLGR. 19, 384, RJA. 10, 7). Die Umwandlung kann hier in doppelter Weise geschehen. Entweder die AG. setzt ihr Grundkapital herab, oder es werden auf die GmbH. weitere Einlagen neben dem Vermögen der AG. gemacht. Die Herabsetzung des Grundkapitals zur Beseitigung der Unterbilanz wird mit ihrer Eintragung zum Handelsregister wirksam. Ein Sperrjahr findet hier nicht statt. Es wird ja hierdurch kein Vermögen der AG. an die Aktionäre ausbezahlt. Diese Herabsetzung des Grundkapitals ist auch nach der Auflösung der AG. zulässig (oben Anm. 10). Dies kann notwendig werden, wenn die Verteilungsbilanz erst nach der Auflösung genehmigt wird und sich hierbei der Verlust am Grundkapital ergibt. Die Folge dieser Minderung des Grundkapitals ist die Minderung auch des Stammkapitals der neuen GmbH. Daß sich bei dieser nicht alle Aktionäre beteiligen, schließt die Beseitigung der Unterbilanz durch die Herabsetzung des Grundkapitals nicht aus (a. M. Liebmann 5d). Die Auszahlung des Vermögens der AG. an die ausscheidenden Aktionäre ist nicht die Folge der Herabsetzung des Grundkapitals, sondern der Umwandlung. Der Gläubigerschutz ist für diesen Fall besonders in § 81 geregelt. Doch genügt dann die Beseitigung der Unterbilanz noch nicht. Denn um die Summe der Ausgleichsgelder mindert sich wieder das auf die GmbH. übergehende Vermögen der AG. Wenn um den Betrag hierfür frei zu machen, auch in dessen Höhe das Grundkapital herabgesetzt werden sollte, so müßten hierfür die Gläubigerschutzvorschriften des Aktienrechtes beachtet werden. Das Sperrjahr müßte umlaufen sein. Dann erst würde der zur Auszahlung erforderliche Betrag zur freien Reserve. Solange müßte mit der Auflösung gewartet werden. Sonst kann die Frist zur Durchführung der Umwandlung durch Anmeldung der GmbH. nicht gewahrt werden. Man wird daher lieber für die Beseitigung der Unterbilanz, jedenfalls für die an die Ausscheidenden zu zahlende Summe, wohl zu der Auffüllung durch anderweite Einlagen greifen. Sie können durch die Aktionäre, die sich beteiligen, erfolgen. Auf den im Nennbetrag auf jeden derselben entfallenden Anteil am Grundkapital der AG. und des Stammkapitals der GmbH. wird ihm sein Anteil an dem Vermögen jener gutgeschrieben. Den Rest hat er anderweit durch eine Einlage zu decken. Er erhält dafür nur einen einheitlichen Geschäftsanteil (vgl. auch unten Anm. 29). Die Aktionäre können sich aber auch auf ihren Anteil am Vermögen der AG. beschränken. Dann muß der Fehlbetrag durch die Beteiligung Dritter aufgebracht werden. Diese übernehmen Stammeinlagen wie bei jeder Gründung einer GmbH. (unten Anm. 28).

Das Stammkapital der neuen GmbH. kann größer sein als das Grundkapital der **§ 80.**
AG. Das Gesetz verlangt nur, daß es nicht geringer sein darf. Denn dies würde zu einer **Anm. 28.**
Ausschüttung des Vermögens der AG. an die Aktionäre führen. Gegen den Zufluß neuen Kapitals bestehen keine Bedenken. Auch hier macht sich der Gedanke der Neuerrichtung der GmbH. geltend. Eine Umwandlung bedingte das Gleichbleiben der Grundlagen der Körperschaft. Ob sie ein Grund- oder ein Stammkapital hat, wäre gleichgültig. Soll es größer werden, so wäre vor oder nach der Umwandlung der Weg der Kapitalerhöhung zu beschreiten. Anders bei der Neuerrichtung der GmbH. (vgl. oben Anm. 1). Weil eine neue Körperschaft ins Leben gerufen wird, kann dies auch unter anderen Bestimmungen geschehen. Also kann auch das Stammkapital höher sein als das Grundkapital der AG. Es ist einerlei, wer den Mehrbetrag übernimmt, ob die Aktionäre oder Fremde, einerlei wodurch er aufgebracht wird, ob durch Bar- oder durch Sacheinlagen. Einerlei auch, welcher Teil des Stammkapitals der größere ist, der des alten Grundkapitals oder des erhöhten Mehrbetrags. Auch wenn die Mehrheit der neuen GmbH. auf die fremden Gesellschafter übergeht, liegt doch eine Umwandlung der AG. vor. Die neue GmbH. konnte ja doch alsbald nach ihrer Errichtung ihr Stammkapital erhöhen und die Außenseiter zur Übernahme der neuen Anteile zulassen. Über den umgekehrten Fall, daß eine bestehende GmbH. durch Übernahme des Vermögens der AG. zur Durchführung der Umwandlung benützt werden soll, vgl. unter Anm. 34.

e) Die Stammeinlagen und ihre Übernahme. Die Neuerrichtung der GmbH. erfordert **Anm. 29.**
die Zerlegung des Stammkapitals in Anteile. Sie prägt sich in den Stammeinlagen aus. Jeder Gesellschafter hat einen Anteil zu übernehmen. Mehr als einen kann er nicht erhalten. Auch nicht ein Aktionär, der sich zu Einlagen über seinen Anteil am Vermögen der AG. hinaus verpflichtet. Das besondere des vorliegenden Falles liegt darin, daß die Aktionäre, die sich an der Umwandlung beteiligen, zwar Anteile der GmbH. übernehmen, aber selbst keine Einlagen machen. Der Übergang des Vermögens der AG. auf die GmbH. vollzieht sich kraft des Auflösungsbeschlusses zum Zwecke der Umwandlung in Verbindung mit der aus gleicher Ursache erfolgten Entstehung der neuen GmbH. (§ 81). Hier bricht der Umwandlungsgedanke durch. Das Vermögen der aufgelösten AG. geht wie bei der Fusion unmittelbar von ihr auf die GmbH. über. Einer Übertragung durch die Aktionäre bedarf es nicht. Für diese ist auch kein Raum. Man braucht auch nicht (so Staub 1. Aufl. Anm. 27 und ihm folgend die früheren Auflagen) eine Machtbefugnis, welche den sich beteiligenden Aktionären durch den Auflösungsbeschluß beigelegt ist, das Gesamtvermögen der aufgelösten Gesellschaft durch den Errichtungsakt der neuen Gesellschaft zuzuführen, zu unterstellen. Das wäre doch nur eine Fiktion. Die Aktionäre sollen keine Sacheinlage machen. Die Vorschriften des § 5 Abs. 4 sind nicht auf sie anwendbar. Sie haften nicht aus der Sacheinlage. Sie müssen diese nicht beschreiben. Es bedarf keiner Feststellung, mit welchem Geldbetrage jede einzelne Aktie aufgerechnet wird (vgl. RG. 26. 6. 06 RGZ. 64, 10, OLG. Hamburg 24. 10. 10 HansGZ. 1911, Beibl. 152 Nr. 93; zust. Brodmann Anm. 4a). Es genügt, daß durch den Umwandlungsakt das Vermögen der AG. auf die GmbH. übergeht und daß sich die Aktionäre beteiligen. Damit ist die Einlage erledigt. Denn die Aktionäre wollen nur den wirtschaftlichen Erfolg. An Stelle der AG. soll eine GmbH. treten. Daher wollen sie auch für ihre Aktien Geschäftsanteile. Sie müssen den vom Gesetze verlangten Weg der Auflösung der AG. und der Neugründung der GmbH. gehen. Aber nur diesen Formen fügen sie sich. Eine materielle neue Einlagepflicht mit deren Rechtsfolgen liegt ihrem Bewußtsein fern. Sie bringen auch nicht ihre Aktien in die GmbH. ein. Diese sollen ja untergehen. Die Aktionäre haben nur zu erklären, daß sie die ihrem Aktienbesitze entsprechende Stammeinlage zum Zwecke der Umwandlung der AG. in die GmbH. übernehmen. Dadurch ist der Zusammenhang mit dem kraft Gesetzes sich vollziehenden Übergang des Vermögens der AG. auf die GmbH. hergestellt. Sie können beifügen, daß ihre Stammeinlagen durch ihre Anteile am Vermögen der AG. gedeckt werden. Das ist aber nur die Feststellung eines auch ohne ihre Erklärung sich vollziehenden Rechtsvorganges.

§ 80. Soweit aber ein Aktionär über seinen Anteil am Vermögen der aufgelösten Gesellschaft hinaus die Stammeinlage zusagt, unterliegt er den allgemeinen Regeln über diese. Sacheinlagen müssen im Gesellschaftsvertrage deutlich beschrieben sein. Der Betrag, zu dem für sie der Geschäftsanteil gewährt wird, muß bezeichnet werden usw. (§ 5 Abs. 4; vgl. Anm. 35 zu § 5). Erst recht gilt dies, wenn Fremde zur Beteiligung bei der neuen GmbH. zugelassen werden.

Anm. 30. Jedem Aktionär steht das **Recht** zu, sich mit seinem Aktienbesitze an der Errichtung der neuen Gesellschaft zu beteiligen. Dies Recht entsteht mit dem Beschlusse der Auflösung. Es erlischt spätestens mit der Errichtung der neuen GmbH. Über die Setzung einer früher beendeten Frist und die Folgen der unberechtigten Zurückweisung vgl. oben Anm. 2. Ein Aktionär, der mehrere Aktien besitzt, kann sich mit sämtlichen oder nur einem Teile beteiligen. Erklärt er dies auch nur für einen Teil, so kann er den Auflösungsbeschluß nicht mehr anfechten. Anfechtungskläger ist die Person, nicht die Aktie (RG. 18. 4. 94 RGZ. 33, 92). Andererseits ist die Beteiligung nur mit dem vollen Werte der Aktie zulässig (a. M. Müller 43). Der Aktionär kann nicht für eine Quote dieses Wertes die Beteiligung, für die andere die Abfindung in Geld wählen. Die Aktie wird in den Geschäftsanteil umgewandelt. Die teilweise Auszahlung käme auf eine Ausschüttung des Grundkapitals an die Aktionäre hinaus. Die Stammeinlage muß durch 100 teilbar sein. Dadurch können bei ungeraden Ziffern der Beteiligung Schwierigkeiten erwachsen. Das Prinzip, daß nur die ganze Aktie zur Beteiligung berechtigt, gilt auch hier. Ergibt sich ein Wert einer Aktie etwa mit RM. 1325,—, so kann ein Geschäftsanteil in dieser Höhe nicht geschaffen, es kann dem Aktionär auch nicht der Betrag von RM. 25.— herausbezahlt werden. Entschließt sich der Aktionär zur Aufzahlung von 75 RM., so erhält er einen Anteil von RM. 1400.—. Lehnt er dies ab, so kann er nur einen solchen von RM. 1300 übernehmen. Den Überschuß behielte die GmbH. Dies wird vermieden, wenn nicht das Vermögen der AG., sondern deren Grundkapital für das Stammkapital der GmbH. bestimmend ist. Aktien über RM. 1000 entsprechen stets den Anforderungen des GmbHG. Daher kann ein Aktionär, der entweder zu einer Aufzahlung oder einem Verluste genötigt wäre, dem Beschlusse der AG., die GmbH. mit dem Stammkapital in Höhe des Vermögens, statt des Grundkapitals der AG. zu errichten, widersprechen. Das Prinzip der Gleichheit der Aktionäre wäre verletzt. Ihm steht das Recht der Anfechtung zu. Er kann es bei dieser Sachlage auch ablehnen, sich an der GmbH. zu beteiligen. Entweder fehlt dann die nötige Dreiviertelbeteiligung. Dann mißlingt die ganze Umwandlung. Oder er erzwingt die Auszahlung seines ganzen Anteils am Vermögen. Er bewahrt sich dadurch vor Verlust. Doch braucht er sich hiermit nicht zu begnügen. Er muß sich nicht gegen seinen Willen aus der Gesellschaft hinausdrängen lassen. Daher bleibt ihm trotz der Möglichkeit des Ausscheidens der Protest gegen eine Neuerrichtung der GmbH., die ihn benachteiligt, während andere Aktionäre durch den Besitz mehrerer Aktien in entsprechender Zahl davor behütet sind. Jede Stammeinlage muß auch bei der neu errichteten GmbH. mindestens 500 RM. betragen. Aktien unter diesem Betrage haben kein Recht auf Beteiligung. Dies gilt sowohl von den vinkulierten Namensaktien über RM. 200 als den durch die GoldBilV. und ihre 2. DurchführBest. geschaffenen Kleinaktien über RM. 20.—. Hat der Aktionär nur drei solche zu je RM. 20.—, so ist hierdurch die Beteiligung an der GmbH. unmöglich. Hier ist nicht der Beschluß der Generalversammlung, sondern die Beschaffenheit der Aktien die Ursache der Schwierigkeit. Sie wird durch den Zusammenschluß der Kleinaktien vermieden werden. Einen Zwang zur Zusammenlegung gibt es nicht. Sie kann nur freiwillig erfolgen. Geschieht dies nicht, so bleibt nur die Geldabfindung.

Anm. 31. Sind Aktien mit **Vorzugsrechten** ausgestattet, mit **Mehrgewinnbezug** oder mit **Mehrstimmrecht**, so können die Aktionäre die Übertragung dieser Vorrechte auf ihre neuen Geschäftsanteile fordern. Hier macht sich der Umwandlungscharakter wieder geltend. Andernfalls könnte die Mehrheit durch den Beschluß der Auflösung der AG. zum Zwecke der Errichtung der neuen GmbH. den Aktionär seiner Vorzugsstellung berauben. Er greift in ein Sonderrecht desselben ein. Das wird vermieden, wenn vor der Auflösung und Genehmigung der neuen GmbH. die Vorzugsaktien unter Beobachtung der besonderen Vorschriften über die Abstimmung (§ 275 Abs. 3 HGB.) aufgehoben wurden. (Über Vorzugsaktien mit Vorrecht bei der Liquidation vgl. oben Anm. 12.) § 80.

Das Recht auf Beteiligung steht dem Aktionär als solchem zu. Es ist an das Eigentum an der Aktie geknüpft. Zur Mitwirkung bei der Errichtung der GmbH. ist das Eigentum an den Aktien in diesem Augenblick erforderlich. Der Nachweis wird bei Inhaberaktien durch deren Vorlegung, bei Namensaktien durch den Eintrag zum Aktienbuche erbracht. Die Ausfolgung der Aktien kann weder seitens der AG. noch der GmbH. verlangt werden. Die erstere besteht ja noch bis zur Eintragung der letzteren in das Handelsregister. Das Stimmrecht kommt noch zur Ausübung. Es kann, falls die Umwandlung mißlingt, zur Wiederherstellung der AG. nötig werden. Mit dem Übergang des Vermögens der AG. auf die GmbH. werden die Aktien der nunmehr erloschenen AG. wertlos. Sie sind dann zur Vernichtung einzureichen. In der Satzung der neuen GmbH. kann dies als Übergangsvorschrift ausdrücklich bedungen werden. Nötig ist es nicht. Die Verpflichtung fließt aus der Beteiligung an der neuen GmbH.

Sind die Aktien verpfändet oder zum Nießbrauch bestellt, so bedarf der Aktionär der Mitwirkung des Pfandgläubigers oder Nießbrauchers nicht. Es handelt sich nur um die Umwandlung des Anteils an der Körperschaft in eine andere Rechtsform. Die Sicherheit und die Nutzungsquelle bleibt die gleiche. Wenn der Aktionär sich gegen die Beteiligung und für die Auszahlung in Geld entscheidet, ergreifen Pfandrecht und Nießbrauch diesen Anspruch.

Genußscheine sind keine Aktien. Auch dann nicht, wenn sie an Stelle amortisierter Aktien traten. Sie geben kein Recht der Beteiligung mit Stammeinlagen an der neuen GmbH. Die Ansprüche der Genußscheininhaber lasten auf dem Vermögen der AG. Sie gehen mit diesem auf die GmbH. über. Ein Widerspruchsrecht steht den Inhabern der Genußscheine nur zu, wenn es sich aus der Satzung ergibt. Auch dann führt es zu keiner Anfechtung des Auflösungsbeschlusses. Genußscheine geben nie Anfechtungsrechte. Sie können zu einer Klage auf Unterlassung führen. Dieser Anspruch kann durch einstweilige Verfügung gesichert werden. Es kann aber auch nur die Klage auf Schadensersatz bleiben. In der einfachen Tatsache der Umwandlung liegt an sich keine Quelle des Schadens. Sind die Genußscheine Gegenstand des Handelsverkehrs, so kann die Abstreifung der Eigenschaft der AG. auf die Verkäuflichkeit von Einfluß sein. Dann muß die neue GmbH. als allgemeine Rechtsnachfolgerin der AG. die Differenz ersetzen. Die AG. kann verpflichtet sein, im Falle ihrer Auflösung für die Genußscheine einen festen Betrag an die Genußscheininhaber zu bezahlen. Es ist Auslegungsfrage, ob diese Bestimmung bei der Auflösungsumwandlung anwendbar ist. Im Zweifel ist es zu verneinen. Der wirtschaftliche Gedanke dieser Zusage trifft nicht auf die nur zu Zwecken der Umwandlung erfolgende Auflösung zu. Das Genußrecht besteht ja weiter. Anders wenn aus den konkreten Umständen ersichtlich ist, daß jede Änderung in der AG. die Rückzahlungspflicht entstehen läßt.

Eine Verpflichtung der Aktionäre, sich an der neuen GmbH. zu beteiligen, besteht Anm. 32. nicht. Sie erwächst auch nicht durch die Abgabe der Stimme für die Auflösung der AG. und für die Errichtung der GmbH. Sie entspringt aber aus der Zusage der Beteiligung. Diese geschieht formlos. Die Streitfrage über die Formbedürftigkeit des Vorvertrages einer GmbH. über die Errichtung greift hier nicht ein (Anm. 14 zu § 2). Es handelt sich hier um einen besonderen gesellschaftsrechtlichen Akt der Umwandlung. Aus der vom Gesetze gewählten Form der Spaltung in die besonderen Vorgänge der Auflösung der AG. und der Neuerrichtung dürfen keine weiteren als die aus dem Zwecke der ganzen Handlung sich notwendigerweise ergebenden Folgerungen gezogen werden. Weigert der Aktionär trotz seiner Zusage die Mitwirkung bei der Neuerrichtung der GmbH., so kann die AG. darauf klagen. Das hat den Nachteil, daß praktisch die Frist des Abs. 5 (vgl. unten Anm. 37) nicht eingehalten werden kann. Scheitert die Umwandlung wegen Fehlens

§ 80. der erforderlichen Beteiligungsziffer (unten Anm. 33), so haftet der wortbrüchige Aktionär der AG. auf vollen Schadensersatz. Wird diese nicht wieder fortgesetzt (§ 307 HGB.), so kann der Schaden aus der dann unvermeidlichen Liquidation recht erheblich werden.

Anm. 33. Die Umwandlung ist nur durchführbar, wenn die Beteiligungen der Aktionäre mindestens Dreiviertel des Grundkapitals der aufgelösten AG. darstellen (Abs. 3 Satz 2). Ob diese Aktionäre für oder gegen die Auflösung stimmten, ob sie bei diesem Beschlusse schon Aktionäre waren oder es erst später wurden, ob ihre Anteile am Vermögen der AG. drei Viertel des Grundkapitales oder ob mehr oder weniger bedeuten, ist unerheblich. Es kommt nur auf den Nennbetrag der Aktien und ihr Verhältnis zum Grundkapital der AG. an. Das Fehlen der Dreiviertel des Grundkapitals kann nicht dadurch ersetzt werden, daß der Vermögenswert der Aktienbeteiligung Dreiviertel des Grundkapitals ausmacht (Neukamp-Becker S. 460f.; Liebmann 6c). Gleichgültig ist auch die Höhe des Stammkapitales der GmbH. Dieses kann höher sein als das Grundkapital der AG. (oben Anm. 28). Dann kann der Anteil Beteiligungen an jenem geringer sein als an diesem. Auch wenn bei mehreren Aktiengattungen die eine Anspruch auf vorzugsweise Befriedigung aus dem Ausschüttungsvermögen der AG. hat, ist doch nur der Nennbetrag der Aktien maßgebend. Es genügt, daß bei einer AG. mit 2 Millionen Grundkapital von 500000 RM. Vorzugs- und $1^1/_2$ Millionen Stammaktien, die letzteren allein sich bei der neuen GmbH. beteiligen. Die ersteren haben dann Anspruch auf Auszahlung des satzungsgemäß ihnen zukommenden Betrages (oben Anm. 12). Es ist Sache der Stammaktionäre, für die Auffüllung des Vermögens bis zur vollen Mindesthöhe zu sorgen (oben Anm. 27; über Vorzugsaktien mit Mehrstimmrecht und Mehrgewinnbezug vgl. oben Anm. 31).

Anm. 34. g) Die Benützung einer bestehenden GmbH. an Stelle einer neu errichteten ist im Gesetz nicht erwähnt. Sie erscheint aber nach dessen wirtschaftlichem Zwecke erlaubt. Es ist auch bei der Fusion zweier Aktiengesellschaften zwar im Gesetze vorausgesetzt, daß die aufnehmende AG. ihr Grundkapital erhöht. Nötig ist dies nicht. Sie kann ihre Vorratsaktien oder überhaupt solche, die ihr zur Verfügung stehen, benutzen. Im vorliegenden Falle kann die neue GmbH. auch unter Beteiligung fremder Personen unter Erhöhung des Stammkapitals gebildet werden. Diese können statt Geld Sachen einlegen. Auch Geschäftsanteile einer bestehenden GmbH. Die letztere kann dann aufgelöst und ihr Vermögen unmittelbar in die neue GmbH. übergeleitet werden. Ihre Firma wird von dieser übernommen. Alles was auf Umwegen geschehen kann, muß auch unmittelbar zulässig sein. Nur müssen die besonderen Vorschriften des Umwandlungsprozesses beobachtet werden. Mit dem Auflösungsbeschlusse ist der Beschluß zu verbinden, die AG. in die bestehende GmbH. umzuwandeln. Deren Stammkapital muß dem Grundkapital der AG. mindestens gleich kommen. Die alten Aktionäre müssen sich mit soviel Aktien, als mindestens Dreiviertel des Grundkapitals der AG. darstellen, bei der GmbH. beteiligen. Dies geschieht im Wege der Erhöhung des Stammkapitals der bestehenden GmbH. Die Eintragung dieser (§ 57) entspricht der Eintragung der neu errichteten GmbH. zum Handelsregister. Mit der Anmeldung ist die Frist des Abs. 5 gewahrt. Mit der Eintragung geht das Vermögen der AG. auf die GmbH. über. Es ist kein Grund zu finden, des Wortlautes des Gesetzes wegen der AG. diesen einfachen und unmittelbaren Weg zu versagen. Richtig ist, daß dieser Vorgang zu einer Fusion zwischen der AG. und der GmbH. führt. Richtig auch, daß das Gesetz eine Fusion zwischen zwei GmbH. analog der zweier AG. nicht kennt. Aber das schließt nicht aus, daß die Vorschriften über die Umwandlung der AG. in die GmbH. die Fusion zwischen diesen beiden Gesellschaftsformen ermöglichen.

Anm. 35. Die Anmeldung der GmbH. vollzieht sich formell nach den hierfür allgemein geltenden Vorschriften. Sie erfolgt durch sämtliche Geschäftsführer der neuen Gesellschaft (§ 78). Sie kann nicht durch Ordnungsstrafe erzwungen werden (§ 79). Die Geschäftsführer verletzen aber ihre Pflicht gegenüber der Gesellschaft, wenn sie die rechtzeitige Anmeldung unterlassen (vgl. Anm. 1 zu § 7). Die Anmeldung erfolgt in beglaubigter Form (§ 12 HGB.). Die Geschäftsführer haben ihre Unterschrift zu hinterlegen. Zuständig ist das Gericht in dem Bezirk, wo die neue Gesellschaft ihren Sitz haben soll (§ 7 GmbHG.). Auf Zweigniederlassungen finden die Vorschriften des § 12 GmbHG. Anwendung. Soweit es sich um neue Bareinlagen handelt, muß mindestens ein Viertel einbezahlt sein. Die Geschäftsführer müssen die Versicherung der Richtigkeit dieser Zahlung abgeben (Anm. 12 zu § 8). Über die Frage der Erfüllung der Sacheinlage vor der Anmeldung vgl. Anm. 14ff. zu § 7. Aber auch von dem dort abgelehnten Standpunkte der der Anmeldung vorausgehenden Leistung aus kann diese hier nicht gefordert werden. Daher auch keine entsprechende Versicherung der anmeldenden Geschäftsführer. Denn die Aktionäre, die sich an der neuen GmbH. beteiligen, machen keine Sacheinlage (oben Anm. 29). Der Übergang des Vermögens der AG. auf die GmbH. vollzieht sich kraft des in der Auflösung zutage tretenden Willens der AG. selbst. Aber erst mit der Eintragung der GmbH. in das Handelsregister (§ 81). Daher kann unmöglich schon vorher die Erfüllung einer anscheinenden Sacheinlage gefordert werden. Erst recht nicht eine Versicherung der Geschäftsführer. § 80.

Soweit eine staatliche Genehmigung erforderlich ist (§ 81 Abs. 2), ist sie wieder neu einzuholen. Dies wegen der Veränderung in der Rechtsnatur der Gesellschaft (a. M. Müller 39). Es muß dem Staat überlassen bleiben, ob er sie auch einer GmbH. gewähren will.

Anm. 36. Bis zur Eintragung der GmbH. haben die Geschäftsführer die neuen Einlagen sachdienlich zu verwahren und zu verwalten. Das Geschäft der AG. aber ist nicht Gegenstand einer Sacheinlage. Es bleibt bis zur Eintragung der GmbH. Eigentum der aufgelösten AG. Die Verwaltung liegt deren Vorstand ob. Im Augenblick der Eintragung der GmbH. geht das Vermögen auf diese und dessen Verwaltung auf deren Geschäftsführer über. Die Schicksale des Vermögens in dieser Zwischenzeit treffen die neue GmbH. Maßgebend ist der Zeitpunkt ihrer Gründung. Verluste, welche das Vermögen unter die Verteilungsbilanz bringen, kommen nicht in Betracht. Die Forderung der ausscheidenden Aktionäre verringert sich nicht. Die verbleibenden Aktionäre sind nicht zu Zuzahlungen verpflichtet.

Die Prüfung der Registerrichter hat sich nicht nur auf die allgemeinen Erfordernisse der Errichtung der GmbH. zu erstrecken (Anm. 1ff. zu § 10). Sie umfaßt auch die besonderen Voraussetzungen der Umwandlung. Denn die Deckung des Stammkapitals erfolgt hier nicht durch Einlagen der Gesellschafter, sondern durch den Übergang des Vermögens der AG. auf die GmbH. kraft körperschaftsrechtlichen Aktes (§ 81). Daher müssen die Vorschriften hierüber beobachtet werden. Es muß also der Beschluß der Auflösung der AG. und der Errichtung der neuen GmbH. zum Zwecke der Umwandlung jener in diese vorliegen. Es müssen Aktionäre mit mindestens Dreiviertel des Grundkapitals der AG. sich bei der GmbH. beteiligen. Dagegen ist es nicht Sache des Registerrichters, die Interessen der Aktionäre zu wahren. Er kann die Eintragung nicht ablehnen, weil ihnen nicht Gelegenheit zur Beteiligung gegeben wurde. Die Bilanz zur Verteilung des Vermögens ist vorzulegen. Doch können die Aktionäre auch auf deren Errichtung verzichten. Sowie alle Aktionäre sich an der GmbH. beteiligen und das Stammkapital der GmbH. nicht höher ist als das Grundkapital der AG. (vgl. auch oben Anm. 24 und unten Anm. 40), hat die Bilanz überhaupt praktisch keine Bedeutung.

Anm. 37. Die Anmeldung muß innerhalb eines Monats seit der Auflösung erfolgen (Abs. 5). Nur dann tritt die Umwandlung ein. Nur dann vollzieht sich der Übergang des Vermögens der AG. im Wege der allgemeinen Nachfolge auf die GmbH. Daher ist nur in diesem Falle das Stammkapital belegt. Eine verspätete Anmeldung entbehrt dieser Wirkung. Die Gesellschaft ist nicht mehr eintragungsfähig. Eine Beschleunigung der Errichtung der GmbH. ist daher dringend geboten. Am besten erfolgt sie am gleichen Tage mit der Auflösung der AG. Die Verspätung der Anmeldung vereitelt die Umwandlung. Die Auflösung der AG. aber bleibt. Sie muß liquidiert werden. Die Aktionäre können aber deren Wiederherstellung beschließen (§ 307 HGB.). Dazu muß der Zweck der Auflösung aus dem Beschlusse hervorgehen. Die „Fortsetzung“ der AG. bietet zugleich den Weg, die Folgen der Fristversäumung wieder zu beseitigen. Die AG. besteht wieder wie vordem. Also kann sie auch wieder ihre Umwandlung beschließen. Sie kann sich wieder zu diesem

§ 80. Zwecke auflösen. Die GmbH. muß dann nochmals errichtet werden. Die erste ist ja gar nicht entstanden. Durch die Fristversäumnis ist dann schließlich nichts verloren als Zeit und Geld.

Anm. 38. Die Frist zur Anmeldung beginnt mit der Auflösung der AG. Nur wenn dieser Beschluß zugleich eine Satzungsänderung enthält (vgl. oben Anm. 1), hängt die Wirksamkeit von der Eintragung zum Handelsregister ab. Dann beginnt die Frist von diesem Tage. Die Anmeldung der GmbH. kann aber schon vorher erfolgen. Der Beschluß der Generalversammlung der AG., sie zu errichten, und der Gründungsakt selbst sind unter Vorbehalt der Eintragung der Satzungsänderung erfolgt.

Anm. 39. Der Verspätung der Anmeldung steht deren Zurückweisung wegen des Mangels wesentlicher Voraussetzungen gleich. Gegen die Ablehnung des Eintrages ist der Beschwerdeweg zulässig. Hat die Beschwerde Erfolg, so bleibt die Anmeldung rechtzeitig. Ist die Zurückweisung rechtskräftig bestätigt, so bewendet es bei der Versäumung der Frist. Sie ist aber auch dann nicht gewahrt, wenn der Registerrichter durch Zwischenverfügung oder durch halbamtliche Anregung eine Ergänzung der Anmeldung oder Verbesserung des Gesellschaftsvertrages anregt und diese nachträglichen Ergänzungen und Verbesserungen nicht noch innerhalb der Frist beim Registergericht eingereicht werden. Der innerhalb der Frist eingelaufene Antrag war nicht zur Eintragung geeignet. Er kann die Wirkungen des Gesetzes nicht haben. Handelt es sich nur um eine andere Fassung des Gesellschaftsvertrages, war die ursprüngliche eintragungsfähig, so ist trotz des Eingangs der vorgenommenen Änderung nach Ablauf der Frist diese nicht versäumt.

Anm. 40. Der Registerrichter ist berechtigt und verpflichtet, soweit die vorgetragenen Tatsachen sich nicht aus den vorgelegten Urkunden ergeben, sich über deren Richtigkeit zu vergewissern. Er kann Auskunft und Belege fordern. Er kann von Amts wegen Erhebungen veranlassen (§ 12 FGG.). Die zur Verteilung des Vermögens unter die Aktionäre errichtete Bilanz hat er nicht zu kontrollieren. Er hat noch weniger die dabei vorgenommenen Schätzungen nachzuprüfen. Hat kein Aktionär Protest und Anfechtungsklage erhoben, so muß der Registerrichter sich hierbei beruhigen. Hier handelt es sich um eine interne Angelegenheit der Aktionäre. Behaupten die anmeldenden Geschäftsführer, daß die Aktionäre auf die Errichtung der Bilanz als unnötig verzichtet haben, so muß dies bewiesen werden. Einer Aufnahme in das Protokoll der Generalversammlung bedarf es nicht. Der Beweis kann auch sonstwie geführt werden. Der Verzicht ist auch nach dem Auflösungsbeschlusse möglich, ja auch nach der Anmeldung. Nur muß er innerhalb der Monatsfrist erfolgt und dem Registergericht mitgeteilt sein.

Anm. 41. Ist die Anmeldung vollständig, so wird die GmbH. in das Handelsregister eingetragen. Hier gelten die allgemeinen Regeln. Von dem Inhalte des Gesellschaftsvertrages ist das gleiche wie bei jeder GmbH. einzutragen. Ebenso hat die Veröffentlichung zu erfolgen (§ 10 Abs. 3). Da hierdurch auch jede nicht durch bare Zahlung erfolgte Einlage bekanntzumachen ist, muß auch der Übergang des Vermögens der AG. und die hierdurch erfolgende Deckung der Stammanteile, welche die Aktionäre zeichneten, in der Publikation enthalten sein. Damit wird zugleich die Umwandlung der AG. in die GmbH. bekanntgegeben. Die Aufforderung durch die Geschäftsführer an die Gläubiger der AG. besteht daneben.

Anm. 42. Wann die Eintragung erfolgt, ist unerheblich. Die Frist des Abs. 3 gilt nur für die Anmeldung. Das Schicksal der Umwandlung ist nicht von der Zeit abhängig, die das Gericht zur Entscheidung braucht. Andererseits soll der Richter durch den drohenden Fristablauf nicht zu einer Übereilung gezwungen werden.

Anm. 43. Mit der Eintragung ist die Umwandlung beendet. In diesem Augenblicke geht das Vermögen der AG. auf die GmbH. über. Die AG. hört auf zu bestehen. Weitere Vorgänge sind nicht erforderlich. Was nun folgt, sind nur Ausführungen des abgeschlossenen Rechtsvorganges.

Anm. 44. Zu diesen Durchführungsakten gehört nicht die Löschung der Firma der AG. (so Neukamp-Becker 1i). In den meisten Fällen geht sie auf die GmbH. über. Auch wo dies nicht der Fall ist, wird im Handelsregister der Übergang der AG. auf die GmbH. zu vermerken und damit auch das Erlöschen der Firma einzutragen sein. Der Vorstand hat das Aufhören der AG. anzumelden wie bei der vollendeten Liquidation. **§ 80.**

Zusatz 1. Anfechtung und Nichtigkeit. Anfechtbar sind nur Beschlüsse der Generalversammlung der AG. (oben Anm. 5). Eine Anfechtung des Eintrags der GmbH. gibt es nicht. Ist die neue GmbH. eingetragen, so kann nur die Nichtigkeitsklage (§ 75) oder die Vernichtung von Amts wegen (§ 144 FG.) in Frage kommen. Fehlt einer der aktienrechtlichen Momente des Umwandlungsprozesses oder leidet er an einem wesentlichen Mangel, so berührt dies die Existenz der GmbH. nicht (vgl. Anm. 3ff. zu § 75). Werden die aktienrechtlichen Beschlüsse mit Erfolg angefochten, so entzieht dies der GmbH. das Vermögen. Es liegt ein Grund zur Auflösungsklage vor (§ 61). Der Registerrichter aber kann nicht auf Grund des § 142 FGG. zur Löschung schreiten. Bei einer Anfechtung des Auflösungsbeschlusses wird der Registerrichter nach Lage der Sache die Eintragung aussetzen (§ 127 FGG.). Gegenüber der neuen Gesellschaft besteht kein Anfechtungsrecht (so zu Unrecht Liebmann Anm. 8). Sie muß auch nicht gelöscht werden, weil ihr das Substrat entzogen ist (Neukamp Becker Anm. 1k δ). Die Aufhebung der Beschlüsse der Aktiengesellschaft kann nur mittelbar die Auflösung der GmbH. nach sich ziehen. (A. M. Flechtheim, Festschrift für Zitelmann 27. Er will auch bei erfolgreicher Anfechtung der aktienrechtlichen Beschlüsse den Übergang des Vermögens der Aktiengesellschaft auf die GmbH. nicht mehr in Frage stellen. Die wieder auflebende Aktiengesellschaft erwerbe die Geschäftsanteile der GmbH. Dabei wird aber der Zusammenhang des ganzen Vorganges ausgeschaltet.) Wenn die GmbH. für nichtig erklärt wird, so lebt auch dadurch die Aktiengesellschaft nicht auf. Die Folge der Nichtigkeit ist ja nur Liquidation der GmbH. Diese kann durch Liquidation wieder untergehen. Sie verschwindet aber nicht aus der Welt, als wäre sie nie dagewesen. **Anm. 45.**

Zusatz 2. Steuerfragen. Die Umwandlung der AG. in die GmbH. unterliegt der Gesellschaftssteuer (§ 6 KVStG.). Das Steuergesetz hält sich an den formalrechtlichen Vorgang. Steuerpflichtig ist die Einbringung des Vermögens der AG. in die neugegründete GmbH., sowie die etwaige Leistung neuer Einlagen. Die Steuer beträgt 1% für die Einbringung des Vermögens der AG. (§ 12 KVStG. in Verbindung mit § 8 des Ges. v. 31. 3. 1926 RGBl. I S. 186), im übrigen 4% (§ 11). Gehören zu dem Vermögen der AG. auch Grundstücke, so ist aus deren gemeinem Wert Grunderwerbsteuer zu zahlen. Diese Steuerpflicht trifft auch den Eigentumsübergang kraft Gesetzes und bei Gesamtrechtsnachfolge (RFH. 12. 6. 23 E. 12, 209). Die Grunderwerbsteuer beträgt $1^1/_2$% (§ 17 GEStG. in der Fassung vom 10. 8. 25 RGBl. I 242 in Verbindung mit § 8 des Ges. v. 31. 3. 1926 RGBl. I S. 186). Länder und Gemeinden dürfen Zuschläge zu diesem Steuersatz im Falle der Umwandlung einer AG. in eine GmbH. nicht erheben (§ 36 Abs. 3 Finanzausgleichsges.). **Anm. 46.**

Zusatz 3. Die Umwandlung der GmbH. in eine Aktiengesellschaft ist im Gesetze nicht geregelt. Auch sie vollzieht sich auf dem Boden der Neugründung einer AG. Diese soll das Geschäft der GmbH. übernehmen und weiterführen. Auch hier löst sich die GmbH. auf und wird gelöscht. Der Unterschied zur Umwandlung der AG. in die GmbH. liegt aber darin, daß hier das Vermögen der GmbH. nicht unmittelbar („von Rechts wegen", § 81) auf die AG. übergeht. Es gibt hier keine Universalnachfolge. Es bedarf eines besonderen Übertragungsaktes. Die neue AG. wird im Wege der Sacheinlagen gebildet. Die Übernahme des Unternehmens der GmbH. durch die neue AG. ist in doppelter Weise möglich. Entweder die GmbH. tritt selbst als Aktienzeichner auf. Sie übernimmt soviel Aktien, als ihrem Reinvermögen entspricht. Sie bringt dieses als Sacheinlage in die Aktiengesellschaft ein. Oder die Gesellschaft erscheint als Bargründung. Die GmbH. ist nicht Mitbegründer. Sie verkauft in einem selbständigen Akte ihr Geschäft gegen Zahlung seines Wertes an die AG. In beiden Fällen liegt für die AG. eine qualifizierte Gründung vor. Sowohl die unmittelbare Sacheinlage als der Verkauf an die AG. muß im Gesellschaftsvertrage bei der Gründung enthalten sein (§ 186 Abs. 2 HGB.). Es muß die Gründererklärung erfolgen. Die Revisoren haben ihr **Anm. 47.**

§ 80. Gutachten abzugeben (§§ 191—194 HGB.). In beiden Fällen muß die GmbH. mit der Verteilung der ihr zufließenden Gegenleistung, der Aktien im ersten, des Geldes im zweiten Falle, den Ablauf des Sperrjahres abwarten. Dieses läuft von der Bekanntmachung der Auflösung und der Gläubigeraufforderung (§ 73 GmbHG.). Für den Fall Gesellschafter der GmbH. Aktien der neuen AG. zeichnen, so kann ihnen im Aktiengesellschaftsvertrage gestattet werden, ihre Geldeinlage mit dem von der AG. der GmbH. geschuldeten Kaufpreise zu verrechnen. Eine solche Aufrechnung setzt die Abtretung des Anspruches der GmbH. gegen die AG. aus dem Kaufvertrage an ihre Gesellschafter voraus. Diese ist aber erst nach Jahresfrist erlaubt. Darüber kann sich die GmbH. hinwegsetzen. Die Übertragung auf die einzelnen Gesellschafter vor Ablauf des Sperrjahres ist nicht nichtig (vgl. Anm. 11 zu § 73). Doch kann man auch dies vermeiden, wenn die AG. im Gesellschaftsvertrage den Anspruch ihres Aktionärs an die GmbH. auf das Liquidationsergebnis als Sacheinlage übernimmt. Das ist alsbald bei der Auflösung der GmbH. und der Gründung der AG. möglich.

Die Veräußerung des ganzen Gesellschaftsvermögens löst die GmbH. nicht wie die AG. kraft Gesetzes auf (a. M. Brodmann Anm. 7 und Neukamp-Becker Anm. 9f. zu § 60 RGZ. 85, 397; vgl. aber Anm. 29 zu § 60). Es bedarf noch eines besonderen Beschlusses. Es ist nicht einmal ratsam, diesen gleichzeitig mit der Veräußerung des Vermögens zu fassen. Erst wenn der Übergang des Vermögens an die eingetragene AG. vollzogen ist, steht das Gelingen der Umwandlung fest. Dann ist es noch Zeit, die GmbH. aufzulösen.

Übernimmt die AG. auch die Firma der GmbH., so muß diese gleichzeitig mit der Übertragung von Geschäft und Firma ihre Firma ändern. Auch aus diesem Grunde ist die Auflösung besser bis zuletzt zu verschieben (Anm. 29 zu § 60).

Die Umwandlung der GmbH. in eine AG. kann wirtschaftlich auch dadurch herbeigeführt werden, daß die Gesellschafter der GmbH. Aktien zeichnen und ihre Geschäftsanteile als Sacheinlagen in die AG. einbringen. Dann bestehen zunächst rechtlich beide Gesellschaften nebeneinander. Die AG. als alleinige Inhaberin aller Geschäftsanteile beschließt die Auflösung und die Übertragung des Vermögens als Ganzes auf sie selbst. Sie muß dann entweder während des Sperrjahres das Geschäft der GmbH. in Liquidation durch diese weiter führen lassen oder unter Verletzung des Gesetzes schon vorher selbst übernehmen. Sie haftet dann den Gläubigern auf Rückzahlung zum Zwecke ihrer Befriedigung. Neben ihr haftet der Liquidator (vgl. auch Anm. 25 zu § 60). Statt der Übertragung des Vermögens der GmbH. findet sich auch unter Fortbestand derselben eine Überlassung desselben zum Gebrauche. Das ist nur insoweit durchführbar, als es sich um Gegenstände handelt, die dem Geschäftsbetrieb dauernd gewidmet sind. Das umlaufende Kapital muß ihr als **Darlehen** überlassen werden. Von wesentlichem Einfluß für die Wahl der Vorkehrungen ist die steuerliche Belastung der Rechtsvorgänge. Erhält die GmbH. nichts für die Überlassung des Gebrauches ihres Vermögens, so wird sie auch nicht mehr als steuerpflichtig erscheinen. Sie hat dann selbst kein Einkommen mehr. Wird das Vermögen der GmbH. als Ganzes übertragen und erhalten die Gesellschafter Anteilsrechte an dem neuen Unternehmen, so gewährt § 12 KapVStG. eine steuerrechtliche Erleichterung.

Anm. 48. **Zusatz 4. 1. Die Umwandlung der GmbH. in eine offene Handels- oder Kommanditgesellschaft** und die Umwandlung der offenen Handelsgesellschaft oder Kommanditgesellschaft in eine GmbH. unterscheidet sich von der der AG. in die GmbH. und von dieser in die AG. schon dadurch, daß es sich nicht um die Wahl einer anderen Körperschaftsform für eine bestehende Körperschaft handelt. Hier stehen sich Körperschaft und Personengesellschaft gegenüber. Hier ist eine Umwandlung nur im wirtschaftlichen Sinne denkbar. Die Personengemeinschaft hat keine andere rechtliche Stellung gegenüber der Körperschaft als jede physische Einzelperson. Das Gesetz behandelt die Umwandlung einer GmbH. in eine offene Handelsgesellschaft oder Kommanditgesellschaft nicht. Diese muß neu gegründet werden. Sie hat das Geschäft der GmbH. mit Aktiven und Passiven zu erwerben. Diese Übertragung steht der an jeden Dritten gleich. Es muß die notarielle Form, auch wenn keine Liegenschaften vorhanden sind, gewahrt werden (§ 311 BGB.). Es macht keinen Unterschied, ob sämtliche Gesellschafter der GmbH. zugleich die Mitglieder der erwerbenden Gesellschaft sind, oder ob bei diesen einzelne von jenen fehlen, oder noch andere hinzutreten. Auch im ersteren Falle ist der Vorgang derselbe. Als Ursache der Übertragung auf die neue Gesellschaft des Handelsrechts, soweit deren Mitglieder die Gesellschafter der GmbH. sind, erscheint in erster Reihe die Verteilung des Vermögens der GmbH. unter die Gesellschafter (§ 72 GmbHG.). Das kann sich auch in der Weise vollziehen, daß das Gesamtvermögen den Gesellschaftern zusammen ausgefolgt wird. Diese haben sich dann unter sich darüber auseinanderzusetzen. Sie können es verteilen. Sie können es als ihre Einlage in eine von ihnen begründete Gesellschaft behandeln. Hinderlich erscheint hier das Sperrjahr (§ 73). Die Verteilung darf nicht vor Ablauf eines Jahres seit der letzten Gläubigeraufforderung erfolgen und auch nach Ablauf dieser Frist nicht vor Tilgung oder Sicherstellung der Schulden der Gesellschaft. An die Verletzung dieser Vorschrift knüpft das Gesetz aber weder eine Strafe noch die Folge der Nichtigkeit (vgl. Anm. 11 zu § 73; RG. 8. 3. 12 LZ. 1912 [6], 667[51]). Die Liquidatoren sind zum Ersatze der verteilten Beträge verpflichtet. Die Gesellschafter können zur Rückerstattung der zu Unrecht vor Deckung der Gläubiger ausbezahlten Beträge angehalten werden. Nun soll aber das Geschäft unter der alten Firma mit allen Passiven auf die neue Handelsgesellschaft übergehen. Sind die bisherigen Gesellschafter der GmbH. Mitglieder dieser, werden die Geschäftsführer und Liquidatoren offene Handelsgesellschafter, so haften sie auch aus diesen Gründen für die Schulden der GmbH. Es tritt daher keine Verschärfung ihrer Verbindlichkeiten ein, wenn sie unmittelbar nach der Auflösung der GmbH. deren Vermögen an die Gesellschafter ausfolgen. Es wäre dann in diesem Akte die Übertragung des Geschäftes als Akt der Vermögensverteilung anzusehen und anzugeben. § 80.

Es kann statt dessen auch ein Verkauf des Geschäftes an die Mitglieder der Handelsgesellschaft erfolgen. Sie werden dadurch Schuldner der GmbH. für den Kaufpreis. Das ist zulässig. So gut die GmbH. ihr Vermögen an jeden Dritten verkaufen kann, kann sie es auch an einen Gesellschafter als Dritten. Der Kaufpreis wird nach der Höhe des Reinvermögens der Gesellschaft, das auf den Käufer übergeht, bemessen. Er ist erst nach Ablauf des Sperrjahres fällig. Nach diesem Termine wird er unter die Gesellschafter verteilt. Jeder empfängt seine eigene Schuld. Sie geht durch die Vereinigung unter. Der Unterschied zwischen diesem und dem erstbeschriebenen Wege ist wesentlich darin zu sehen, daß hier die Schuld der Erwerber des Geschäftes auf einem Vertrage beruht, dort auf dem Gesetze. Hier ist sie in voller Höhe des Kaufpreises begründet, dort durch die Ansprüche ungedeckter Gläubiger begrenzt. Im praktischen Ergebnisse kommen beide, sobald die alten und neuen Gesellschafter identisch sind, auf dasselbe hinaus. Von Bedeutung wird aber, welcher Weg der wenigst kostspielige ist.

Soweit die Gesellschafter selbst Schuldner der GmbH. sind, wird mit der Ausfolgung des Vermögens an sie diese Forderung der Gesellschaft erlöschen. Sie können nicht ihre eigenen Schulden als Aktiven in ihre neue Handelsgesellschaft einbringen. Daher mindert sich das Vermögen dieser um die durch die Vereinigung getilgten Beträge. Jedem kann nur so viel auf Kapitalkonto gutgeschrieben werden, als sein Anteil an dem tatsächlich übrigbleibenden Vermögen beträgt. Auch wenn sich die Gesellschafter verpflichten, ihren Gewinn so lange in ihrem Geschäfte zu lassen, bis die Höhe des Stammkapitals der früheren GmbH. wieder erreicht ist, kann hieraus keine Gutschrift auf Kapitalkonto abgeleitet werden.

Die GmbH. soll ihr Geschäft mit der Firma übertragen. Daraus entsteht die Schwierigkeit, daß die GmbH. ihren bisherigen Namen verliert. Es ist rechtlich undenkbar, daß sie dieselbe Firma behält und abgibt. Daher muß mit dem Beschlusse, die Gesellschaft aufzulösen und das Geschäft nebst der Firma auf die Gesellschafter zu übertragen, eine Änderung der Firma der GmbH., die sie „in Liquidation" führt, Hand in Hand gehen. Beide Beschlüsse werden gemeinsam gefaßt, beide zusammen zum Handelsregister angemeldet. Mitunter lassen die Registerrichter die Beibehaltung auch der alten Firma für die GmbH. in Liquidation zu. Das ist praktisch und entspricht vielfach den Handelsbedürfnissen. Im Gesetz aber hat es keinen Anhalt. Die Gesellschafter müssen sich daher vergewissern, ob der

§ 80. Registerrichter auf dem ihnen günstigen Standpunkte steht. Danach wird sich die Ausarbeitung des Vertrages richten.

Sind die Gesellschafter zugleich Geschäftsführer und demnach auch Liquidatoren, so fragt es sich, ob sie auf sich selbst namens der GmbH. das Vermögen derselben übertragen (§ 181 BGB.). Jedenfalls kann ihnen durch Beschluß aller Gesellschafter ausdrücklich die Vollmacht hierzu übertragen werden. Soweit nur eine Ausschüttung des Vermögens der Gesellschaft an die Gesellschafter vorliegt, handelt es sich lediglich um die Erfüllung einer Verbindlichkeit der GmbH. Dann können die Liquidatoren an sich selbst leisten (§ 181 BGB.). Die Gesellschaft kann aber die Übertragung durch eine andere Person vornehmen lassen. Man ist versucht, Prokuristen zu beauftragen. Dafür spricht, daß diese der persönlichen Haftung als Folge der verfrühten Ausantwortung nicht unterworfen sind. Dagegen, daß der Prokurist nur zu den Geschäften ermächtigt ist, welche der Betrieb eines Handelsgewerbes mit sich bringt (§ 49 Abs. 1 HGB.). Hierzu ist die Veräußerung des ganzen Geschäftes nicht zu zählen. Es müßten also besondere Geschäftsführer oder Liquidatoren ernannt werden. Diese sind dann nicht mehr identisch mit den Gesellschaftern der erwerbenden Handelsgesellschaft.

Über die Bildung einer Kommanditgesellschaft aus der GmbH. und ihren Gesellschaftern vgl. Anm. 7 § 13.

Anm. 49. 2. **Die Umwandlung der offenen Handelsgesellschaft in eine GmbH.** vollzieht sich lediglich im Wege des Einbringens des Geschäftes derselben in die GmbH. Es liegt hier kein von dem Einbringen eines Geschäftes eine Einzelkaufmannes verschiedener Vorgang vor. Es gibt kein Einbringen der Geschäftsanteile der offenen Handelsgesellschaft in die GmbH. Die Gesellschafter derselben haben eine andere Art der Einbringung verabredet (RG. RGZ. 74, 6). Eine besondere Regelung im Gesetz war nicht erforderlich (vgl. Anm. 16 u. 19 zu § 5).

Anm. 50. **Zusatz 5.** Auch das österr. Ges. (§§ 97—101) kennt besondere Vorschriften über die Umwandlung der AG. in eine GmbH. Es folgt im allgemeinen dem deutschen Vorbilde. Nur in Einzelheiten weicht es von ihm ab. Es verlangt keinen Auflösungsbeschluß, sondern einen Umwandlungsbeschluß. Dieser ist an die Voraussetzungen des Auflösungsbeschlusses gebunden. Die Aufforderung an die Aktionäre muß durch öffentliche Bekanntmachung oder durch rekommandiertes Schreiben erfolgen usw. Die Rechtsverhältnisse zu Dritten werden durch die Umwandlung nicht berührt. Eine Aufforderung an die Gläubiger zwecks vorzeitiger Befriedigung (entsprechend § 81 Abs. 3 des deutschen Gesetzes) findet nicht statt. Das bulgarische Recht lehnt sich an das österreichische Gesetz an, folgt jedoch in der Behandlung der Gläubigerrechte dem deutschen Recht § 81 Abs. 3 (Art. 123—126). Im französischen Gesetz sieht Art. 41 eine Umwandlung von offenen Handelsgesellschaften, Kommandit- und Aktiengesellschaften in eine GmbH. vor, ebenso die Umwandlung einer GmbH. in eine AG. Die Art dieser Umwandlungen ist nicht besonders geregelt. Sie ist der Ausbildung durch die Rechtspraxis vorbehalten. In Polen ist eine dem deutschen Recht entlehnte Umwandlung von Aktiengesellschaften und Kommanditgesellschaften auf Aktien in eine GmbH. für Fälle vorgesehen, in denen die AG. nach den Vorschriften der poln. GBilV. vom 25. 6. 1924 wegen zu geringem Grundkapitales in Liquidation treten müßte. Die Regelung ist in der V. vom 30. 12. 1924 enthalten (vgl. Bd. I S. 60). Über Lichtenstein vgl. oben Einleitung.

§ 81.

§ 81.

In dem Falle des § 80 geht das Vermögen der aufgelösten Gesellschaft einschließlich ihrer Schulden mit der Eintragung der neuen Gesellschaft in das Handelsregister auf diese von Rechts wegen über.

Jeder Aktionär, welcher bei der neuen Gesellschaft sich nicht beteiligt hat, kann von dieser die Auszahlung eines seinem Anteil an dem Vermögen der aufgelösten Gesellschaft entsprechenden Betrages verlangen.

Unverzüglich nach der Eintragung der neuen Gesellschaft in das Handelsregister sind die Gläubiger der aufgelösten Gesellschaft nach Maßgabe der Bestimmungen des § 297 des Handelsgesetzbuchs durch die Geschäftsführer der neuen Gesellschaft aufzufordern, sich bei dieser zu melden. Die Gläubiger, welche sich melden und der Umwandlung nicht zustimmen, sind zu befriedigen oder sicherzustellen. Die Geschäftsführer sind den Gläubigern der aufgelösten Gesellschaft persönlich und solidarisch für die Beobachtung dieser Vorschriften verantwortlich. § 81.

Das Besondere der Umwandlung der AG. in die GmbH. besteht in der Erleichterung des Überganges des Vermögens der ersteren auf die letztere (vgl. Anm. 1 zu § 80). Er vollzieht sich „kraft Gesetzes" (Abs. 1). Es ist nicht erforderlich, daß alle Aktionäre der neuen GmbH. beitreten. Ein Viertel darf ausscheiden. Die Inhaber dieser Aktien sind abzufinden (Abs. 2). Der Übergang des Vermögens der AG. auf die GmbH. vollzieht sich ohne Mitwirkung oder Zustimmung der Gläubiger. Sie sind nicht wie bei der Liquidation vor der Ausfolgung des Vermögens an die Gesellschafter aufzufordern. Hier macht sich das Umwandlungsmoment geltend. Das Stammkapital der GmbH. muß mindestens dem Grundkapital der AG. gleich sein. Daher begnügt sich das Gesetz hier mit einer nachträglichen Aufforderung der Gläubiger durch die Geschäftsführer der neuen GmbH. (Abs. 3). Einleitung.

I. (Abs. 1.) **Der Übergang des Vermögens der aufgelösten Gesellschaft auf die neue GmbH.** vollzieht sich „von Rechts wegen". Der Ausspruch des Gesetzes, nicht ein Willensakt der neuen Gesellschafter bewirkt ihn. Es liegt eine Universalsukzession vor. Die aufgelöste AG. geht unter. Ihr Vermögen und ihre Schulden gehen im Augenblicke der Eintragung der neuen Gesellschaft ohne besonderen Übertragungsakt auf die neuerrichtete und durch die Eintragung zur Entstehung gelangende GmbH. über. Der Rechtsvorgang ist der gleiche wie bei der Fusion. Wie bei dieser, geht die eine Gesellschaft unter. Auf die andere geht das Vermögen der aufgelösten Gesellschaft über. Nur daß bei der Fusion die Gesellschaft, auf welche das Vermögen der aufgelösten übergeht, schon besteht. Hier dagegen entsteht sie erst mit der Eintragung. Sie wird mit der Entstehung Eigentümerin des Vermögens der aufgelösten Gesellschaft. Anm. 1.

1. Die Aktiva der AG. werden durch den Spruch des Gesetzes jetzt die Aktiva der GmbH. Besondere Rechtsgeschäfte zum Zwecke der Eigentumsübertragung finden nicht statt. Grundstücke werden nicht aufgelassen (vgl. KGJ. 11, 129) und Mobilien nicht übergeben. Forderungen brauchen nicht abgetreten, Orderpapiere nicht indossiert zu werden. Bei Grundstücken erfolgt die Umschreibung auf einfachen Antrag. Dieser bewirkt nicht erst die Rechtsveränderung. Er stellt nur die Übereinstimmung des Grundbuches mit der bereits eingetretenen Rechtslage her. Das Grundbuch wird berichtigt. Gehören zu dem Vermögen der AG. Geschäftsanteile einer GmbH., so bedarf es keiner Genehmigung der Übertragung. Der Fall steht auch hier dem des Erbganges gleich. Ist ein Geschäftsanteil für unvererblich erklärt (vgl. Anm. 2 zu § 15), so gilt dies nicht ohne weiteres für den Übergang von der AG. auf die GmbH. Die Auslegung des Gesellschaftsvertrages kann aus besonderen Momenten ergeben, daß jede allgemeine Rechtsnachfolge ausgeschlossen sein soll. Dann müßte das Verbot sich auch auf die hier in Frage stehende Universalsukzession erstrecken. Im Zweifel ist dies zu verneinen. Anm. 2.

Die Ansprüche der AG. aus einer Bürgschaft für alle Verbindlichkeiten des Hauptschuldners aus seinem Geschäftsverkehr mit der AG. gehen auf die GmbH. über. Die Bürgschaft erfaßt auch die Forderungen der letzteren aus der mit ihr weiterbestehenden Geschäftsverbindung des Schuldners. Es gilt dasselbe wie beim Erbgange. Anm. 3.

Zu den Aktiven gehört auch der Besitz. Auch er geht ohne weiteres wie beim Erben auf die neue Gesellschaft über (a. M. Brodmann Anm. 1). Wird der bisherige Vorstand Geschäftsführer der GmbH., so besitzt er von jetzt ab für diese. Wird ein anderer Geschäfts- Anm. 4.

§ 81. führer bestellt, so wird dieser mittelbarer Besitzer, der bisherige Vorstand besitzt für ihn kraft des bisherigen Rechtsverhältnisses als unmittelbaren Besitzer. Hatte er auch nur mittelbaren Besitz, so geht dieser mit dem Anspruch gegen den unmittelbaren Besitzer (Pächter, Mieter, Pfandgläubiger usw.) „von Rechts wegen" auf die GmbH. und deren Geschäftsführer über.

Anm. 5. 2. Die Passiven der AG. sind jetzt Passiven der GmbH. Sie tritt nicht als weiterer Schuldner zu der AG. hinzu. Sie ist auch hier Rechtsnachfolgerin der AG. Diese verschwindet. Die Gläubiger können nur gegen die GmbH. ihre Ansprüche geltend machen. Ihre Rechtslage ändert sich durch die Umwandlung nicht. Befristete Forderungen werden nicht fällig. Über den Anspruch auf Sicherstellung (Abs. 3) vgl. unten Anm. 15.

Anm. 6. 3. Prozesse, die für und gegen die übertragende Gesellschaft geschwebt haben, werden nach Maßgabe der §§ 239ff. ZPO. unterbrochen und wieder aufgenommen. Die untergegangene AG. wird hierbei wie eine verstorbene und beerbte Partei behandelt. Rechtskräftige Schuldtitel, welche gegen die AG. schon bestanden, sind gegen die GmbH. umzuschreiben (§ 727 ZPO.).

Anm. 7. 4. Die Aktionäre der aufgelösten AG. hören mit dem Momente der Eintragung der GmbH. auf, dies zu sein. Der Übergang des Vermögens der AG. auf die GmbH. ist der Untergang der AG. und damit der Aktionärrechte. Die Aktienurkunden werden wertlos. Eine Veräußerung derselben kann keine Rechte übertragen. Erfolgt der Verkauf in der Meinung, die GmbH. sei noch nicht entstanden, so entscheidet doch nur der objektive Tatbestand. Eine Übertragung der Rechte aus der Beteiligung bei der neuen GmbH. kann durch die Übergabe der Aktien nicht erfolgen. Zu dieser bedarf es der notariellen Urkunde (§ 15 Abs. 3).

Anm. 8. II. Die Abfindung der ausscheidenden Aktionäre. Die Aktionäre sind berechtigt, aber nicht verpflichtet, sich an der GmbH. zu beteiligen. Sie können die Beteiligung ablehnen. Dann ist ihnen ihr Anteil am Vermögen der AG. in bar auszubezahlen. Jeder Aktionär kann sich auch nur mit einem Teile seiner Aktien beteiligen. Dann kann er für den anderen die Auszahlung fordern (Anm. 30 zu § 80). Für die Abfindung ist die Verteilungsbilanz zu errichten und zu genehmigen (Anm. 12 ff. zu § 80). Sie hat dieselbe Bedeutung wie die Auseinandersetzungsbilanz der offenen Handelsgesellschaft. Ist sie aber von der Generalversammlung genehmigt, so steht der Anspruch der Aktionäre endgültig fest. Eine Mehrforderung mit dem Anbieten des Beweises, daß die Bilanz unrichtig sei, ist nicht mehr statthaft. Nur im Wege des Protestes in der Generalversammlung und der Anfechtungsklage kann der Aktionär die Unrichtigkeit der Bilanz geltend machen.

Anm. 9. Das Urteil, das der Anfechtungsklage stattgibt, wirkt auch hier für alle Aktionäre. Die Bilanz ist zu berichtigen. Danach erhöhen sich ziffernmäßig die Anteile aller Aktionäre. Damit auch die Ansprüche der andern Ausscheidenden. War die neue GmbH. trotz der Anfechtung eingetragen (oben Anm. 45 zu § 80), so ist das Urteil im Anfechtungsprozesse ohne Wirkung auf das Bestehen der GmbH. Nur ihre Verbindlichkeit gegenüber den ausscheidenden Aktionären erhöht sich. Zugleich wird aber auch festgestellt, daß der Wert des auf die GmbH. übergegangenen Vermögens höher ist, als die Bilanz angab. Da nur ein Viertel des Grundkapitals der AG. die Abfindung fordern kann, drei Viertel aber sich beteiligen müssen (§ 80 Abs. 2 u. 3), so kann für die GmbH. sich nie ein Verlust ergeben. Die Vermehrung der Passiven wird stets durch den Mehrwert der Aktiven ausgeglichen.

Anm. 10. Der Anspruch der ausscheidenden Aktionäre entsteht mit der Eintragung der GmbH. zum Handelsregister. Bis dahin kann er durch das Aufgeben des Umwandlungsplanes oder durch die Versäumung der rechtzeitigen Anmeldung des Auszahlungsanspruches vereitelt werden. Der Abtretung ist er trotzdem fähig. Auch künftige Rechte können veräußert werden. Der Auszahlungsanspruch wird mit seiner Entstehung fällig. Weder die Generalversammlung bei der Auflösung der AG. noch die Gesellschafter bei Gründung der GmbH. können Zahlungsfristen festsetzen. Diese bedürfen der Zustimmung der ausscheidenden Aktionäre. Ist diese Stundung im Auflösungsbeschlusse mitenthalten, so ent-

hält die Abgabe der Stimme für diesen Beschluß auch die Genehmigung der Zahlungs- § 81.
bedingungen durch den ausscheidenden Aktionär. Er kann für die Umwandlung stimmen und doch sich nicht beteiligen.

III. Die Vorschriften zum Gläubigerschutz.

1. Das Vermögen der AG. geht auf eine GmbH. über. In einer reinen Umwandlung der Anm. 11.
Körperschaftsform läge keine Änderung der Lage der Gläubiger. Geschähe sie durch einen einheitlichen Akt, so bestände kein Anlaß zu Schutzmaßnahmen für diese. Allein formalrechtlich löst sich die AG. auf. Eine neue GmbH. entsteht. Ein Viertel der Aktionäre kann sein Kapital aus dem Geschäfte ziehen. Allerdings muß das Stammkapital der GmbH. mindestens dem Grundkapital der AG. gleich sein. Eine Ausschüttung dieses findet nicht statt. Aber eine Verminderung des Vermögens tritt ein. Dazu kommen noch die Abweichungen in den Vorschriften für die GmbH. von denen der AG. Die Bilanzen werden nicht mehr veröffentlicht. Der Aufsichtsrat fällt fort. Es gibt keine unmittelbare Haftung der Geschäftsführer gegenüber den Gläubigern mehr. Die strafrechtliche Verantwortung der Organe der GmbH. ist gemildert (Einl. zu § 82). All diese Momente führen zu Gläubigerschutzbestimmungen. Sie sind aber verschieden von den Vorschriften bei der Herabsetzung des Stammkapitals (§ 58) und der Liquidation (§ 73). Es gibt auch keine Trennung der Vermögenseinheit der AG. zugunsten ihrer Gläubiger von dem Vermögen der GmbH. während eines Sperrjahres wie bei der Fusion zweier AG. (§ 306 HGB.). Das Gesetz begnügt sich hier mit einer milderen Form. Es läßt das Vermögen der AG. auf die GmbH. unverändert übergehen. Es gibt den Gläubigern der AG. nur ein Recht auf Sicherstellung. Damit entsteht doch wieder eine Absonderung des Vermögens der AG. zugunsten ihrer Gläubiger. Nur müssen sie es verlangen. Auch kann es nur die Gegenstände ergreifen, die zur besonderen Sicherheit verwendet wurden. Gerät die GmbH. in Konkurs, so unterliegt die Sicherheitsleistung nicht der Konkursanfechtung. Die Gläubiger haben einen Anspruch darauf. Nur wenn sie die Zahlungseinstellung bereits kennen, fällt ihre Sicherheit wieder.

2. Die Aufforderung an die Gläubiger. Aufzufordern haben die Geschäfts- Anm. 12.
führer der neuen GmbH. Der Vorstand der AG. besteht nicht mehr. Eine von ihm vor der Eintragung der GmbH. ergangene Aufforderung ist belanglos. Sie deckt die Unterlassung der Geschäftsführer nicht. Die Aufforderung erfolgt durch öffentliche Bekanntmachung. Sie hat dreimal in den Gesellschaftsblättern zu geschehen (§ 297 HGB.). Das sind neben dem Reichsanzeiger die im Gesellschaftsvertrag bestimmten Zeitungen (§ 182 Abs. 2 Nr. 3 und Abs. 3 HGB.).

Die Aufforderung richtet sich an die Gläubiger der AG. Nur sie können aus ihrer Anm. 13.
Versäumung Ansprüche ableiten. Die Aktionäre der AG., welche statt der Beteiligung Auszahlung ihres Wertanteiles verlangen, gehören nicht dazu. Sie werden erst mit der Eintragung der GmbH. deren Gläubiger.

Die Aufforderung hat unverzüglich zu erfolgen. Sie schließt sich an die Eintragung Anm. 14.
der GmbH. an. Unverzüglich bedeutet nicht gleichzeitig. Die Bekanntmachung darf nur nicht schuldhaft verzögert sein (§ 121 BGB.). Zunächst muß der Geschäftsführer Kenntnis von der vollzogenen Eintragung der GmbH. haben. Dann steht ihm noch ein angemessener Zeitraum zur Ausführung zur Verfügung. Krankheit und Abwesenheit vom Geschäftssitze entschuldigen. Doch muß bei längerer Dauer Fürsorge für die Vornahme dieses wichtigen Aktes getroffen werden.

3. Der Anspruch auf Sicherheit. Gläubiger, die sich nicht melden, werden nicht be- Anm. 15.
rücksichtigt. Es bleibt für sie nur der Anspruch auf Befriedigung am Verfalltage. Dies gilt auch für Bringschulden.

Gläubiger, welche der Umwandlung zustimmen, haben keinen Anspruch auf Sicher- Anm. 16.
heitsleistung. Sie sind damit einverstanden, an Stelle der AG. die neue GmbH. als Schuldnerin zu haben. Auch wenn andere Gläubiger Sicherheit verlangen und erhalten, kann der Zustimmende dies nicht nachträglich beanspruchen. Doch kann er seine Zustimmung

§ 81. nur unter Vorbehalt geben. Das kann auch aus den Umständen erhellen. Dann lebt sein Recht wieder auf. Ist ein Aktionär zugleich Gläubiger, so liegt in der Mitwirkung bei der Umwandlung in seiner Eigenschaft als Aktionär auch die Zustimmung als Gläubiger. Er kann dies durch eine Rechtsverwahrung ausschließen.

Anm. 17. Gläubiger, die sich melden und der Umwandlung nicht zustimmen, sind zu befriedigen oder sicherzustellen. Die Forderungen der Gläubiger der AG. werden durch die Umwandlung nicht ohne weiteres fällig. Einen Anspruch auf Befriedigung hat ein Gläubiger nur bei vertragsmäßiger Fälligkeit. Daß dann diese zu erfolgen hat, gibt dem Gläubiger kein besonderes Recht. Das neue besteht in der Sicherheitsleistung. Sie kann dem Gläubiger der fälligen Forderung bestellt werden. Er kann sich damit begnügen, wenn keine Zahlung möglich ist. Auch dann ist die Sicherheitsleistung gerechtfertigt. Mindestens Sicherheit kann der Gläubiger der fälligen Forderung erwarten. Aber ebenso der Gläubiger der noch nicht fälligen. Das Vermögen der AG. soll all ihren Gläubigern bewahrt bleiben. Dazu genügt nicht die Erklärung der Geschäftsführer, daß sie es für jene gesondert verwalten wollen. Das Fehlen einer der aktienrechtlichen Vorschrift für die Fusion (§ 306 Abs. 2 HGB.) entsprechenden Anordnung kann nicht durch eine Willenserklärung der GmbH. ersetzt werden. Die Sicherheit muß durch dinglichen Akt konkrete Gegenstände absondern. Eintrag einer Hypothek, Pfandbestellung oder Sicherungsübereignung an Fahrnissen oder Rechten sind erforderlich. Als Sicherheit dient auch hier die Bürgschaft eines zahlungsfähigen Dritten (vgl. §§ 232ff. BGB. und Anm. 26 zu § 58). Forderungen, die bereits hinreichend gesichert sind, haben keinen Anspruch auf nochmalige Sicherheitsleistung. Über die Behandlung streitiger Forderungen vgl. Anm. 26 zu § 58.

Anm. 18. 4. Die Verantwortlichkeit der Geschäftsführer. Für die Beobachtung dieser Vorschriften sind die Geschäftsführer den Gläubigern verantwortlich. Darin liegt nicht (vgl.Förtsch Anm. 6, Neukamp-Becker 8, 468) eine solidarische Haftbarkeit oder eine Bürgschaft für die Schulden der aufgelösten Gesellschaft. Die Geschäftsführer sind sonst nur der Gesellschaft für ihre Geschäftsführung verantwortlich. Hier aber haften sie den Gläubigern direkt. Die Folgen der Verantwortlichkeit sind keine anderen. Mit keinem Worte ist angedeutet, daß die Verantwortlichkeit hier eine solidarische Haftbarkeit oder eine Bürgschaft für Schulden der Gesellschaft bedeuten solle. Sie sollen ja nicht für die Schulden der Gesellschaft haften, sondern nur verantwortlich sein „für die Beobachtung der Vorschriften".

Die Geschäftsführer haften den Gläubigern für den aus der Nichtbeachtung der Vorschriften ihnen entstehenden Schaden. Ein unmittelbarer Anspruch gegen die Geschäftsführer auf Zahlung steht ihnen nicht zu. Nur den Ersatz des ihnen durch die schuldhafte Versäumung der Befriedigung oder Sicherung entstehenden Schadens können sie fordern. Durch diese Vernachlässigung muß nicht immer ein Schaden erwachsen. Er ist wieder beseitigt, wenn die Befriedigung oder Sicherstellung nachträglich erfolgt. Er war nie vorhanden, wenn sie wegen Mangels an Befriedigungs- oder Sicherstellungsmitteln auch zur Zeit der Eintragung nicht erfolgen konnte. Die analoge Vorschrift des § 306 Abs. 6 HGB. hat in der Literatur die gleiche Auslegung erfahren (vgl. Staub-Pinner HGB. Anm. 19 zu § 306).

Ein sogenanntes Sperrjahr besteht hier nicht. § 301 HGB. kommt nicht zur Anwendung. Etwas Ähnliches ist nicht bestimmt. Es ist also nicht verlangt, daß seit der letzten Aufforderung ein Jahr verstrichen sein muß, ehe eine Gewinnverteilung an die Gesellschafter erfolgen darf.

§ 82.

§ 82.

Mit Gefängnis bis zu einem Jahre und zugleich mit Geldstrafe bis zu fünftausend Mark werden bestraft:

1. Geschäftsführer und Mitglieder einer Gesellschaft mit beschränkter Haftung, welche behufs Eintragung der Gesellschaft in das Handels-

register, sowie Geschäftsführer, welche behufs Eintragung einer Erhöhung des Stammkapitals in das Handelsregister dem Gericht (§ 7 Absatz 1) hinsichtlich der Einzahlungen auf die Stammeinlagen wissentlich falsche Angaben machen; § 82.

2. Geschäftsführer einer Gesellschaft mit beschränkter Haftung, welche, um die Eintragung einer Herabsetzung des Stammkapitals in das Handelsregister zu erwirken, dem Gericht (§ 7 Absatz 1) hinsichtlich der Befriedigung oder Sicherstellung der Gläubiger wissentlich eine unwahre Versicherung abgeben;

3. Geschäftsführer, Liquidatoren, sowie Mitglieder eines Aufsichtsrats oder ähnlichen Organs einer Gesellschaft mit beschränkter Haftung, welche in einer öffentlichen Mitteilung die Vermögenslage der Gesellschaft wissentlich unwahr darstellen oder verschleiern.

Zugleich kann auf Verlust der bürgerlichen Ehrenrechte erkannt werden.

Sind mildernde Umstände vorhanden, so tritt ausschließlich die Geldstrafe ein.

Vorbemerkung. Es gibt ein besonderes Strafrecht für Körperschaften. Es ist nicht gegen sie gerichtet, sondern geht aus ihrer Eigenart hervor. Aus ihr entsteht das besondere Schutzbedürfnis, das sich zuerst in den zivilrechtlichen Vorschriften über die Gründung und über die Haftbarkeit der Organe für den durch sie verursachten Schaden zeigt. Verstärkt wird diese Fürsorge durch die an bestimmte Fälle geknüpfte Strafbarkeit. Der Unterschied zwischen Aktiengesellschaft und GmbH. (Allg. Einl. Anm. 17ff.) macht sich auch hier bemerkbar. Bei jener ist die Ausgabe der Aktie und deren leichte Veräußerlichkeit der Ausgangspunkt auch der Vorschriften des HGB. Auch die Aktionäre, ja diese in erster Linie, sind Gegenstand der Fürsorge des Gesetzes. Dasselbe gilt für die Strafbestimmungen. An deren Spitze steht die Strafbarkeit von Vorstand und Aufsichtsrat, wenn sie bewußt zum Nachteil der Aktiengesellschaft handeln (§ 312 HGB.). Bei der GmbH. fehlt dies. Es ist den Gesellschaftern möglich, durch eigene Aufmerksamkeit sich gegen ihre Geschäftsführer zu schützen. Strafrechtliche besondere Maßnahmen sind für sie nicht erforderlich. Die allgemeinen Bestimmungen über Untreue genügen (vgl. Exkurs zu § 84 Anm. 1ff.). Strafrechtlich kommt für die GmbH. nur die aus ihrer Eigenart fließende Beschränkung der Haftung in Betracht. Die Gläubiger können nur aus dem Vermögen der Gesellschaft Befriedigung erwarten. Daher muß für das Vorhandensein und die Erhaltung desselben gesorgt werden. Das gleiche Interesse können Dritte haben, welche Geschäftsanteile erwerben oder als neue Gesellschafter in die GmbH. eintreten wollen. Die Strafvorschriften gehen hier nur von der Verhütung von Täuschungen oder sonstigen Nachteilen der Dritten aus. Den Schutz der Gesellschafter selbst bezwecken sie nicht (Motive 46). Anm. 1.

Die Strafbestimmungen des Körperschaftsrechts sind Bestandteil des allgemeinen Strafrechts. Sie sind nur durch besondere Tatbestandsmerkmale ausgezeichnet. Daher finden die Vorschriften des allgemeinen Teiles des RStGB. Anwendung, diese allerdings stets durch den Sondertatbestand beeinflußt. So gelten zwar die Vorschriften über Teilnahme (§§ 47—50 StGB.). Aber Mittäter können stets nur die Geschäftsführer oder Mitglieder sonstiger Organe der GmbH. sein. Aus den Strafmaßen, welche die §§ 82—84 GmbHG. aussprechen, folgt, daß es sich um Vergehen im Sinne des RStGB. handelt. Daher die für diese geltenden Vorschriften anzuwenden sind. Der Versuch ist daher hier nicht strafbar. Er ist nicht ausdrücklich als strafbar erklärt (§ 43 StGB.). Die Verjährung ist die für Vergehen angeordnete fünfjährige (§ 67 StGB.). Sie hat die gleiche Zeitdauer wie die der zivilrechtlichen Haftung (§ 43 GmbHG.). Doch kann bei der einen eine Unterbrechung eintreten, ohne daß dies für Anm. 2.

§ 82. die andere der Fall ist. Die Zustellung der Klage auf Schadensersatz unterbricht die Verjährung der Strafverfolgung nicht.

Anm. 3. Die Vorschriften des StGB. über reale und ideale Konkurrenz ergreifen auch die Sonderdelikte des Körperschaftsrechts. Wenn zu dem Tatbestand eines Vergehens allgemeiner Art die besonderen Merkmale eines Vergehens gegen §§ 312ff. HGB. oder §§ 82ff. GmbHG. hinzutreten, so liegt Gesetzeskonkurrenz vor. Eine Berücksichtigung des Zusammentreffens zweier Straftaten bei der Strafbemessung findet nicht statt.

Auf die Vergehen gegen das GmbHG. sind die Vorschriften der StPO. und der Gerichtsverfassung anwendbar. Sonderbestimmungen hierfür kommen nicht in Betracht.

Die Vorschriften des Bankdepotgesetzes finden auf die Geschäftsführer einer GmbH. Anwendung (§ 12 BDG.; vgl. Anm. 10 zu § 41).

Anm. 4. Inwieweit die Strafbestimmungen des GmbHG. auch Schutzgesetze im Sinne des § 823 Abs. 2 BGB. sind, ist für jeden einzelnen Fall zu prüfen. Die Entscheidung der Frage hängt davon ab, ob die zivilrechtliche Haftung im GmbHG. bereits abschließend geregelt ist. Ist für bestimmte Handlungen oder Unterlassungen der Geschäftsführer bestimmt, daß sie der Gesellschaft gegenüber eine Haftung begründen, so kann nicht eine Strafvorschrift, welche die gleichen Handlungen und Unterlassungen unter Strafe stellt, darüber hinaus zu einer allgemeinen Haftung gegenüber jedem Geschädigten führen. Sonst wären die zivilrechtlichen Haftungsbestimmungen überflüssig gewesen. Aus diesen Gründen sind die § 82 Ziff. 1 u. 2 und § 84 keine Schutzgesetze im Sinne des § 823 Abs. 2 BGB. Die zivilrechtliche Haftung der Geschäftsführer aus den dort behandelten Tatbeständen ist in den §§ 9, 57 und 64 geregelt. Gesellschafter, Gläubiger der Gesellschaft und sonstige Dritte können nicht unmittelbar Ansprüche gegen die Geschäftsführer auf Schadensersatz geltend machen, es müßten denn die Voraussetzungen des § 826 BGB. gegeben sein. Dagegen ist § 82 Ziff. 3 ein solches Schutzgesetz (vgl. RG. 16. 9. 08 LZ. 08, 853 für § 314 HGB.; RGZ. 63, 329; vgl. auch Anm. 25 zu § 43).

Anm. 5. In § 82 sind zwei Arten von Vergehen zusammengestellt. Die eine (Ziff. 1 u. 2) gehört dem Gebiete der Erhaltung des Stammkapitals an. Sie wendet sich gegen die Verletzung der Vorschriften über dessen Entstehung und dessen Minderung. Die andere ist allgemeiner Art. Sie soll das Vertrauen Dritter in die Mitteilungen über das Vermögen der GmbH. sichern. Die erstere befaßt sich mit dem Stammkapital, die letztere mit dem Vermögen der GmbH. Jene schließt sich an bestimmte Vorschriften des Gesetzes an. Diese will die Zuverlässigkeit aller für die Öffentlichkeit bestimmten Angaben erzwingen. Die §§ 83 u. 84 befassen sich mit dem Konkursfalle. Sie dienen der Anwendung der konkursrechtlichen Vorschriften auf die GmbH.

Anm. 6. 1. **Falsche Angaben bei der Gründung und bei der Kapitalserhöhung.** Die Grundlage der Entstehung der Gesellschaft ist die Ausstattung mit einem Mindestvermögen. Eine Kontrolle hierüber kann der Registerrichter nicht ausüben. Das Gesetz begnügt sich mit der Versicherung der Geschäftsführer. Die Wichtigkeit dieses Moments führt zu einer Bestrafung der unrichtigen Angabe.

a) Bestraft werden die Geschäftsführer. Auch die stellvertretenden Geschäftsführer. Auch sie haben die Gründung und Kapitalserhöhung anzumelden (RG. 4. 11. 13 LZ. 1914, 398; vgl. Anm. 1 zu § 78). Sollten andere Organe derartige Angaben machen, so bleiben sie straflos, auch wenn die Angaben falsch sind, es müßte denn der Tatbestand anderer Strafgesetze, z. B. Betrug, Urkundenfälschung vorliegen. Die Erwähnung der Gesellschafter ist die Folge eines Versehens. Nach dem Entwurfe des Gesetzes sollten auch die Gesellschafter die Anmeldung bewirken. Nach der schließlichen Fassung fiel diese Mitwirkung weg. Man übersah dann in der RK., nach der Änderung des § 7 Abs. 3 auch die entsprechende Strafbestimmung zu redigieren. StaubHGB. (1. Aufl. Anm. 6 S. 431) nahm im Widerspruche mit der herrschenden Meinung trotzdem die Strafbarkeit des Gesellschafters an, der eine unwahre Anmeldung vornimmt. Das Gesetz bestimme doch nun einmal, daß auch die

Gesellschafter bestraft werden sollen, wenn sie falsche Angaben über die Einzahlung machen. Darüber könne man sich nicht einfach hinwegsetzen. Allein hierbei ist übersehen, daß § 82 der strafrechtliche Schutz für ein zivilrechtliches Gebot ist. Nur den Geschäftsführern liegt die Pflicht zur Anmeldung ob. Nur sie haben das Recht der Anmeldung. Nur sie können also hierbei die Versicherungen wirksam abgeben. Nur sie können demnach eine schuldhafte Verletzung dieser Vorschrift begehen (RG. 4. 6. 07 RGSt. 40, 191 und 28. 9. 15 Recht 1915 Nr. 2632; zust. Zaeschmar DJZ. 1914, 138; a. M. Liebmann Anm. 2). Bei der Kapitalserhöhung sind schon nach der Fassung des Gesetzes nur die Geschäftsführer strafbar. Da auch während der Liquidation Kapitalserhöhungen vorkommen können (Anm. 38 zu § 65), so sind auch die Liquidatoren getroffen (a. M. Brodmann Anm. 1). Als ausdehnende Interpretation kann man das letztere wohl nicht bezeichnen. Nicht ausgeschlossen ist die Teilnahme anderer Personen an dem Vergehen. So die Anstiftung des Geschäftsführers durch einen Gesellschafter (RG. 8. 7. 13 ZGesA. 23, 144), nicht aber Mittäterschaft (RG. 1. 12. 14 Recht 1915 Nr. 762). § 82.

b) Die Angaben müssen wissentlich falsch abgegeben sein. Sie müssen sich auf die Einzahlung beziehen. Sie müssen behufs Eintragung der Gesellschaft oder einer Kapitalserhöhung gemacht sein. Sie müssen dem **Gerichte** gegenüber erfolgen. Für ihre Auslegung ist nicht eine Abrede unter den Beteiligten, sondern nur der Inhalt der Erklärung selbst maßgebend (RG. 24. 9. 07 RGSt. 40, 285). **Anm. 7.**

α) Wissentlich falsch. Dolus eventualis gibt es also hier nicht. Man kann wohl etwas eventuell wollen, aber nicht eventuell wissen. Mehrere falsche Angaben auch in verschiedenen Schriftstücken, durch dieselbe Person, behufs Eintragung derselben Gesellschaft oder derselben Kapitalserhöhung sind eine strafbare Handlung (RGSt. 18, 115). Ein Irrtum über die Zulässigkeit der Hingabe von Wechseln statt Barzahlung schließt die Bestrafung nicht aus. Der Geschäftsführer wußte, daß er statt des Geldes eine andere Leistung erhielt (RG. 7. 4. 03 RGSt. 36, 185). Ein Irrtum über den Begriff der Einzahlung oder die Bedeutung der Einreichung der Erklärung ist unbeachtlich (RG. 9. 12. 15 LZ. 1916, 617). Ebensowenig schützt ein Irrtum, daß nach § 7 Abs. 2 nicht ein Viertel auf jede Stammeinlage, sondern ein Viertel des gesamten Stammkapitals eingezahlt sein müsse (RG. 30. 1. 14 LZ. 1914, 950). Daß unter den Gründern oder Übernehmern des erhöhten Kapitals sich Strohmänner befinden, also Personen, die in eigenem Namen, aber für fremde Rechnung Anteile übernehmen, macht die Erklärung nicht unwahr. Denn die Strohmänner sind wahre Gründer (vgl. Anm. 38 zu § 2). Die von ihnen oder von ihren Auftraggebern für sie bewirkte Einzahlung ist also eine wahre, von ihnen bewirkte Einzahlung. **Anm. 8.**

β) Behufs Eintragung der Gesellschaft oder einer Kapitalserhöhung muß die Angabe gemacht sein. Dies liegt auch dann vor, wenn in der Anmeldung die Versicherung unterblieb, die Eintragung versehentlich erfolgte und die Versicherung nachträglich noch abgegeben wurde.

γ) Hinsichtlich der Einzahlungen müssen die Angaben gemacht sein. Man streitet darüber, ob unter Einzahlungen nur Barzahlungen zu verstehen sind oder auch Sacheinlagen. Staub HGB. (1. Aufl. Anm. 8 S. 431) nahm auf Basis einer Bemerkung der Motive an, daß die Vorschrift die weitere Bedeutung haben sollte. „Namentlich muß", sagen die Motive, „jede arglistige Täuschung des Publikums über die wesentlichen finanziellen Grundlagen des Unternehmens strafrechtlich geahndet werden." Daß die Sacheinlagen aber ebenso zu den finanziellen Grundlagen des Unternehmens gehören wie die Bareinlagen, sei selbstverständlich. Der Wortlaut des Gesetzes stehe dieser Auffassung und dieser Absicht des Gesetzes nicht entgegen. In Betracht kommt dabei aber, ob man überhaupt eine Verpflichtung der Geschäftsführer, auch bezüglich der Sacheinlage die Versicherung abzugeben, annimmt. Verneint man dies mit der hier vertretenen Ansicht (vgl. Anm. 14—16 zu § 7), so kann so wenig wie die unterlassene Versicherung die unrichtige Angabe strafbar sein. Die Behauptung, daß die Sacheinlage

§ 82. erfüllt sei, ist für die Eintragung unwesentlich. Man kann auch nicht sagen, daß, wenn auch keine Verpflichtung bestehe, die freiwillige Abgabe der Versicherung doch wahrheitsgemäß sein müsse und daher die unwahre strafbar sei. Die letztere Schlußfolgerung wäre nicht richtig. Das Gesetz straft nur die Verletzung seiner Gebote (a. M. RG. 26. 6. 05 RGSt. 38, 128; 15. 2. 10 RGSt. 43, 250; 3. 6. 10 RGSt. 43, 430 und 6. 2. 14 RGSt. 48, 153; vgl. Anm. 16a zu § 7; wie RG. auch Brodmann Anm. 1 zu § 82).

Das RG. zieht den Rahmen der Strafbarkeit weiter. Es faßt unter „Einzahlungen auf die Stammeinlagen" auch die Sacheinlagen (RG. 30. 1. 14 LZ. 1914, 950). Es begreift unter § 82 Ziff. 1 alle Angaben, die über die Stammeinlagen anläßlich der Anmeldung der Gesellschaft oder der Kapitalserhöhung gemacht werden. Es unterscheidet nicht, ob eine Verpflichtung zur Abgabe der Erklärung besteht oder nicht, ob die Eintragung von ihr abhängig ist oder auch ohne sie erfolgen würde. Diese ausdehnende Auslegung erscheint bei einer Strafvorschrift nicht zulässig. Nur wissentlich falsche Angaben über die „Einzahlung", d. h. über die Bewirkung der Leistung sind strafbar. Andere Angaben, mögen sie auch vom Gesetze vorgeschrieben sein, fallen nicht unter die Strafvorschrift. Eine unrichtige Versicherung, daß sich die Einzahlungen in der freien Verfügung des Geschäftsführers befinden (§ 8 Abs. 2), ist nicht mehr eine Angabe „hinsichtlich der Einzahlungen auf die Stammeinlagen". Sie wird von der Strafvorschrift nicht getroffen (a. M. RG. 3. 5. 12 BauersZ. 20, 38 für Geldeinlagen und RG. 30. 1. 14 LZ. 1914, 950 für Sacheinlagen; ebenso RGSt. 24, 291 und 30, 319 zu HGB. § 313 Nr. 1).

Eine strafbare Handlung liegt hiernach auch nicht vor, wenn die gesetzlich vorgeschriebene Mindestleistung von 25 Proz. erbracht ist, und nur die nicht verlangte Mehrzahlung zu Unrecht versichert wurde (a. M. auch hier RG. 10. 3. 10 RGSt. 43, 322 und Brodmann Anm. 1). Strafbar ist auch nicht die Versicherung, daß die nach dem Gesellschaftsvertrage auf die Stammeinlagen einzubringenden Sachwerte eingebracht seien, wenn diese Sacheinlagen im Gesellschaftsvertrage überbewertet sind und der Geschäftsführer dies weiß (a. M. RG. 26. 9. 13 RGSt. 49, 340). Strafbar sind nach § 82 Ziff. 1 nur solche Angaben, durch die zu Unrecht eine Eintragung erreicht werden soll. Das unstatthafte Erschleichen des Eintrags will das Gesetz treffen. Ob eine 25 Prozent überschreitende Einzahlung auf die Stammeinlage gemacht ist oder nicht, ob die Bewertung einer Sacheinlage, deren Einbringen der Geschäftsführer anmeldet, richtig ist oder nicht (Anm. 1 zu § 10), ist für die Eintragung der Gesellschaft oder der Kapitalserhöhung unerheblich. Der Registerrichter darf die Eintragung aus diesen Gründen nicht ablehnen. Möglich ist, daß die nicht vorgeschriebene weitere Versicherung für die Beurteilung der Gesellschaft durch das Publikum sehr erheblich ist (RGSt. 7. 10. 10 JW. 1911, 251). Aber mit diesem Momente hat die Strafvorschrift des § 82 Ziff. 1 nichts zu tun.

Keine falsche Angabe liegt vor, wenn eine Bargründung beurkundet ist, die 25 Prozent auch bezahlt sind, die Absicht aber dahin geht, mittels der Bareinlage eine vom Gesellschafter gemachte Sacheinlage zu erwerben. Der Gesellschafter erhält nach der Eintragung durch einen Kaufvertrag sein Geld zurück. Die Handlung macht zivilrechtlich haftbar (§ 31). Sie ist unwirksam (§ 19). Aber eine unwahre Angabe liegt nicht vor. Anders liegt die Frage, wenn die Einlage gemacht ist, aber statt in bar in Sachen. Hier wird man die Strafbarkeit bejahen. Denn es wird die Einzahlung versichert. Sind die Bestimmungen des Gesetzes über die Bareinlage auch nicht so streng wie bei der Aktiengesellschaft, so muß doch eine Geldleistung erfolgen. Die Sachleistung statt der zugesagten Geldleistung ist keine Erfüllung (§ 19 Abs. 4). Dasselbe gilt, wenn die Einlage statt in bar durch Aufrechnung geleistet ist, auch wenn die Aufrechnung durch die Geschäftsführer erfolgte (RGSt. 7. 10. 10 JW. 1911, 251 und 20. 2. 12 BauersZ. 20, 37). Ebenso wenn die Einlage nur zum Scheine erfolgt und die Geschäftsführer versprochen hatten, den Geldbetrag alsbald wieder zurückzugeben (RG. 17. 2. 11 BauersZ. 18, 275; 25. 11. 14 BauersZ. 22, 182 und 25. 11. 18 RGSt. 53, 149, freilich mit der abweichenden Begründung, daß in derartigen Fällen die Geschäftsführer ihre freie Verfügungsmöglichkeit falsch versichert haben). Darüber, wann die Einzahlungen als bewirkt anzusehen sind, s. Anm. 19 zu § 7. Es genügt nicht, daß der Geschäftsführer willens und imstande ist, die Einlage für die Gesellschafter aus seinen Mitteln zu leisten (RG. 7. 3. 99 RGSt. 32, 82). Die spätere Nachholung der vorgeschriebenen Einlage hebt die Strafbarkeit nicht wieder auf (RG. 15. 12. 08 DJZ. 09, 436). § 82.

δ) Erfolgt die Anmeldung durch einen Vertreter (vgl. Anm. 7 zu § 7), so ist der Geschäftsführer strafbar, wenn er von der Unwahrheit der in seinem Namen abgegebenen Versicherung Kenntnis hat und sie geschehen läßt. Die Anmeldung ist seine Erklärung („mittelbare Täterschaft"; vgl. hierüber RGSt. 28, 109 und 44, 69; a. M. Brodmann Anm. 1, der straflose Anstiftung annimmt). Umgekehrt ist der Geschäftsführer ja auch straffrei, wenn er selbst die Anmeldung zeichnet, in dem von einem Beauftragten erregten Irrtum, die Einlagen seien bewirkt. Anm. 9.

ε) Dem Gericht muß die Angabe gemacht sein. Das Vergehen ist also erst dann vollendet, wenn die Urkunde dem zuständigen Gericht überreicht ist. Die vorherige Erklärung zu notariellem Protokoll bringt das Delikt noch nicht zur Vollendung (vgl. Anm. 9 zu § 8). Wenn die von dem Notar bereits gezeichnete Erklärung von diesem zurückgehalten werden soll, bis ausdrückliche Weisung kommt, infolge eines Versehens des Notars oder seiner Angestellten aber die Urkunde vorher dem Gericht übergeben wird, so liegt keine strafbare Handlung vor. Das Wissen von der Unwahrheit muß im Momente der Einreichung der Anmeldung beim Gerichte vorhanden sein. Gleichgültig ist die Kenntnis, daß im Momente der Unterzeichnung die Geldeinlage noch aussteht, sofern nur der Wille der Geschäftsführer feststeht, erst nach der Zahlung die Anmeldung zu vollziehen. Dagegen bedarf es des Eintritts eines Erfolges, also der Eintragung usw. nicht zur Vollendung des Deliktes (RGSt. 37, 26). Es kommt auch nicht auf die Kenntnis des Registerrichters von dem Inhalte des Schriftstücks an. Maßgebend ist die Entgegennahme der Anmeldung im regulären Geschäftsgange (RGSt. 16. 5. 04 DJZ. 04, 996; RG. 10. 3. 10 RGSt. 43, 323). Endlich bleibt auch die Strafbarkeit bei einer Zurückweisung des Antrages. Das Delikt ist mit dessen Einreichung vollendet (RG. 3. 6. 10 RGSt. 43, 430). Anm. 10.

c) Konkurrenz mit anderen Delikten (Betrug, Urkundenfälschung) ist nicht ausgeschlossen. Darin allein aber, daß infolge der falschen Versicherung der Registerrichter die Gesellschaft einträgt, liegt keine intellektuelle Urkundenfälschung. Anm. 11.

2. **Falsche Angaben über Befriedigung oder Sicherstellung der Gläubiger bei der Anmeldung der Kapitalsherabsetzung.** Die Eintragung der Herabsetzung des Stammkapitals ist von der Versicherung der Geschäftsführer über die Befriedigung oder Sicherstellung der Gläubiger abhängig. Für die Richtigkeit dieser Angabe haben sie sich auch strafrechtlich zu verantworten. Anm. 12.

Hier sind schon nach dem Gesetzestexte nur die Geschäftsführer strafbar (vgl. oben Anm. 6). Das Vergehen muß wissentlich begangen sein (oben Anm. 7). Die Angabe muß dem Gerichte gemacht sein (oben Anm. 10). Mehrere falsche Versicherungen sind ein Delikt (oben Anm. 7). Keine Strafbarkeit liegt vor, wenn ein Gläubiger nicht befriedigt, seine Forderung in gutem Glauben bestritten ist. Ratsam ist die Angabe dieser strittigen Forderung in der Anmeldung. Über die Behandlung streitiger Ansprüche gegen die GmbH. vgl. Anm. 26 zu § 58.

3. **Wissentlich unwahre Darstellungen oder Verschleierungen der Vermögenslage der Gesellschaft in der Öffentlichkeit.** Anm. 13.

a) Die Mitteilung muß öffentlich sein. Falsche Darstellungen innerhalb der Gesellschaft, also den Gesellschaftern gegenüber, auch in einer Gesellschafterversammlung, oder dem Aufsichtsrat gegenüber, genügen hier nicht. Es soll nur die Allgemeinheit geschützt

§ 82. werden, nicht die Gesellschafter (oben Anm. 1). Anders § 341 HGB. für das Aktienrecht. Hier ist die bei jeder Darstellung, jeder Übersicht über den Vermögensstand und jedem in der Generalversammlung gehaltenen Vortrag stattgehabte Unwahrheit oder Verschleierung strafbar. Öffentliche Mitteilung liegt dann vor, wenn sie an einen unbegrenzten Kreis von Personen erfolgt. Es genügt nicht, daß sie einem Dritten in einer nur für diesen bestimmten Weise geschieht. Ein Geschäftsführer, der dem künftigen Schwiegervater eines Freundes, um dessen Bewerbung zu unterstützen, falsche Angaben über die Vermögenslage der von jenem mitgeleiteten Gesellschaft macht, ist nicht nach § 82 Ziff. 3 strafbar. Ebenso genügt nicht zur Strafbarkeit, daß der Geschäftsführer annehmen mußte, daß die Gesellschafter seine Mitteilungen weitererzählen. Anders wenn er die Angaben machte, damit sie weitergegeben werden (zust. OLG. Naumburg 5. 3. 14 RundschGmbH. 1914, 241). Es ist im Einzelfalle festzustellen, ob die einem Gesellschafter oder einem Dritten gemachten Angaben für eine weitere Verbreitung bestimmt sind. So ist das Erfordernis der Öffentlichkeit erfüllt, wenn zu einer Gesellschafterversammlung die Presse zugelassen wird, nicht aber, wenn einzelne fremde Personen zufällig gelegentlichen Zutritt haben. Wirt und Personal des Gasthauses, in dem die Gesellschafterversammlung stattfindet, gehören nicht zu den Personen, an die die Mitteilungen gerichtet sind. Es genügt nicht, daß sich der Geschäftsführer bewußt war oder fühlte, seine Mitteilungen könnten weitergetragen werden. Diese Möglichkeit ist stets vorhanden.

Anm. 14. b) Auf die Art der Mitteilung kommt es nicht an. Sie kann schriftlich oder mündlich erfolgen, durch Zirkulare, Briefe, in Plakaten, Inseraten, Reden. Sie kann insbesondere auch durch Vorlegen einer unrichtigen Bilanz erfolgen. Eine strafbare Handlung der unwahren oder verschleierten Bilanz kennt das GmbHG. nicht. Die falsche Bilanz wird nur strafbar, wenn sie als Mittel zur Verbreitung falscher Angaben dient. Dasselbe gilt von einem Geschäftsbericht der Geschäftsführer oder des Aufsichtsrates, falls ein solcher erstattet wird (vgl. Anm. 28 zu § 41).

Anm. 15. c) Die Mitteilung muß von den Leitern der Gesellschaft in ihrer dienstlichen Eigenschaft ausgehen. Private Mitteilungen fallen darunter nicht. (Für das Aktienrecht vgl. Staub-Pinner Anm. 1 zu § 314). Wenn also z. B. ein Bankier, um Geschäftsanteile billig zu bekommen, die Vermögenslage der Gesellschaft in einem Zeitungsartikel privater Natur ungünstig darstellt, so kann das den Tatbestand des Betrugs oder des versuchten Betrugs darstellen. Die vorliegende Strafvorschrift aber findet keine Anwendung, auch wenn der Bankier Mitglied des Aufsichtsrats der Gesellschaft ist oder einem sonstigen Organ der Gesellschaft angehört. Dagegen muß die Publikation nicht von den Gesellschaftsorganen unterschrieben sein. Die Mitteilung einer falschen Bilanz durch die Geschäftsführer in ihrer Eigenschaft ist strafbar, auch wenn die Unterschriften fehlen. Es muß nur ersichtlich sein, daß die Publikation eine von den Leitern ausgehende offizielle Bekanntmachung ist. — Das hier in Frage kommende Delikt können alle Gesellschaftsorgane begehen. Also sowohl die Geschäftsführer und Liquidatoren, als die Mitglieder des Aufsichtsrats oder eines ähnlichen Organs (z. B. ein Delegierter, ein Obmann, die Mitglieder eines Beirats). Über den Begriff eines ähnlichen Organs s. Anm. 2 zu § 52.

Anm. 16. d) Unwahr ist die Darstellung dann, wenn falsche positive Tatsachen darin enthalten sind, aber ebenso wenn erhebliche wahre Tatsachen verschwiegen sind. Zu der ersten Gruppe gehört auch die Kenntnis von unrichtigen Schätzungen. So wenn in der Bilanz die Außenstände erheblich über ihrem wahrscheinlichen Werte angegeben sind (RGSt. 14, 80). Ebenso wenn Grundstücke über ihrem Werte geschätzt, eingetretene Abnutzungen nicht abgeschrieben, Warenvorräte zu hoch abgeschätzt sind usw. Freilich wird man bei Schätzungen in der Anwendung der Strafbestimmungen stets sehr vorsichtig sein müssen. Nur auffällige, in die Augen springende Fehlschätzungen werden hier geahndet werden können. Schätzungen sind eben Meinungssachen. Sie fallen fast immer verschieden aus. Das Sprichwort „Taxen sind Faxen" enthält trotz der Übertreibung einen wahren Kern. Vermögensgegenstände, welche dauernd zum Betriebe des Unternehmens bestimmt sind (§ 42 Ziff. 1), dürfen nur

so lange zu den Gestehungskosten aufgenommen werden, als dieser Gebrauch besteht. Hat § 82.
diese Benutzung endgültig aufgehört, soll das Gebäude, die Maschine usw. abgestoßen werden, so darf dieser Gegenstand nur noch zu dem zu erwartenden Verkaufswerte eingestellt werden (Rehm, Die Bilanzen der Aktiengesellschaften und GmbH. 874; daselbst auch weitere Beispiele von Überbewertung). Das bewußte Festhalten an der nicht mehr erlaubten Bewertung macht die Darstellung der Vermögen strafbar. Neben die Überwertung eines vorhandenen Aktivums fällt auch die Einstellung gar nicht bestehender Vermögensstücke. Der Geschäftsführer darf nicht, um Verluste zu verdecken, sich selbst dafür belasten. Anders nur, wenn er haftbar gemacht wird und die Verpflichtung hieraus anerkennt. Dabei wird auch hier seine Zahlungsfähigkeit Voraussetzung für die Ausfüllung der Lücke sein. Bei Solvenz des Geschäftsführers wird meist auch ohne Vereinbarung mit den Gesellschaftern in seiner Selbstbelastung mindestens ein Angebot liegen, das das Bewußtsein einer wissentlich falschen Darstellung ausschließt (vgl. Anm. 17).

Die andere Gruppe bildet das Unterdrücken von erheblichen Posten. Dies bezieht sich wesentlich auf die Passivseite. Das Fortlassen von Schulden verändert die Vermögenslage. Bei Eventualverpflichtungen (Bürgschaften, Garantien usw.) muß mit der Wahrscheinlichkeit der Haftung gerechnet werden. Ist diese nicht anzunehmen, so mag der Posten fortbleiben. Dagegen ist das Nichteinsetzen einer Bürgschaft bei bevorstehendem Zusammenbruche des Hauptschuldners eine Fälschung. Die Bilanz kann auch durch Weglassen eines Aktivpostens unrichtig werden. Dann erscheint der Vermögensstand niedriger als er ist. Optionsrechte und -pflichten gehören nicht in die Bilanz. Sie besagen nur, daß ein Anspruch oder eine Verbindlichkeit zum Abschluß eines Kaufvertrages besteht.

Die Angabe muß wissentlich unwahr sein (vgl. Anm. 7). Der gute Glaube schließt Anm. 17.
die Strafbarkeit aus. Hielt der Geschäftsführer usw. die Darstellung für wahr, so ist er straflos. Auch dann, wenn er bei einiger Sorgfalt die Unrichtigkeit hätte erkennen müssen (§ 59 RStGB.). Das Übersehen von Momenten, die eine Herabsetzung der bisherigen Schätzung, die Einstellung eines Passivpostens verlangen, macht nicht strafbar. Hierher sind auch die Fälle zu rechnen, in denen die Geschäftsführer zwar Kenntnis von solchen Tatsachen erhalten, sie aber aus Irrtum oder Mangel an Überlegung nicht mit den Vermögensposten ihrer Gesellschaft in Verbindung bringen. So ist es z. B. denkbar, daß sie von dem Zusammenbruche des Hauptschuldners, für den die Gesellschaft bürgte, erfahren und doch bei der Aufstellung der Bilanz dieses Moment und daher die Einstellung des Passivums übersehen. Es sind dies die Fälle des „Nichtdarandenkens". Man wird auch in Fällen, in denen eine objektiv unrichtige Bewertung des nicht mehr dauernd dem Geschäftsbetriebe gewidmeten Gegenstandes stattfand, den Geschäftsführer für straflos halten, wenn er dartut, daß er dieses Moment übersehen habe. Die Schwierigkeit wird stets in der Beweisführung liegen. Erscheint dem Richter nach der ganzen Sachlage ein solches Übersehen als wahrscheinlich, so wird er dem Geschäftsführer glauben. Das wird namentlich dann zutreffen, wenn keinerlei Absicht, die Lage des Geschäfts besser oder schlechter zu machen, anzunehmen ist. Bedarf es auch dieser zur Strafbarkeit nicht, so dient sie doch als wichtiges Erkennungsmittel gegenüber dem behaupteten guten Glauben und dem nur fahrlässigen Versehen. Es ist dies erheblich für die Fälle, in denen bei gut stehenden Gesellschaften unrichtige Bewertungen erfolgten, die dann von Gegnern der Gesellschaft oder eines Geschäftsführers zu Denunziationen benutzt werden.

Auch der Rechtsirrtum entschuldigt. Er ist kein Irrtum über das Strafgesetz. Dieses enthält nur das Verbot falscher Mitteilungen. Bezieht sich der Irrtum aber auf die handels- oder gesellschaftsrechtlichen Vorschriften, so schließt er die Strafbarkeit aus. So wenn der Geschäftsführer der Annahme war, er dürfe den früher dem Betriebe gewidmeten Gegenstand auch nach Aufhören der Benutzung zu den Gestehungskosten einstellen. Der Beweis seines Irrtums wird auch hier nach den Umständen zu würdigen sein. Das vorherige Einholen eines Rechtsgutachtens wird hier wie überhaupt stets dann wesentlich, wenn es einer Auslegung des Gesetzes bedarf.

§ 82. Eine genügende Aufklärung über die Unrichtigkeit der Bilanz schließt die Strafbarkeit aus. Man kann dann auch nicht von einer unwahren Darstellung sprechen. Doch wird bei Gesellschaften, die ihre Bilanzen veröffentlichen (Bankgeschäfte § 41), die Strafbarkeit nicht schon durch die Mitteilung an die Gesellschafterversammlung ausgeschlossen. Es bleiben die unwahren Angaben in der publizierten Bilanz.

Anm. 18. Bösliche Absicht ist nicht erfordert. Auch die in guter Absicht erfolgende unrichtige Darstellung ist strafbar (Rehm a. a. O. 890ff.; v. Gordon in DJZ. 02, 381). Hierher sind also alle die Fälle zu rechnen, in denen die Geschäftsführer nicht im eigenen Interesse, sonden um eine geplante Sanierung durchzuführen, den wahren Stand der Gesellschaft geheim halten und unrichtig darstellen. Es gibt auch bei dieser Sachlage kein anderes Mittel, als offene Darlegung der Verhältnisse.

Anm. 19. Verschleierung ist diejenige Art der Darstellung, welche die wahren Tatsachen undeutlich oder unkenntlich macht. Dadurch wird eine unrichtige Beurteilung der Sachlage veranlaßt (Renaud Aktiengesellschaften 623; Rehm 852). Zur Verschleierung des Vermögensstandes gehört das Bewußtsein, daß in einem Dritten eine unrichtige Vorstellung entsteht. Sie kann durch den Gebrauch undeutlicher oder mehrdeutiger Benennungen erfolgen. So wenn der Wechselbestand als Wertpapierkonto bezeichnet wird. Zwar sind Wechsel auch Wertpapiere im weiteren Sinne. Allein der Verkehr denkt sich unter Wertpapierkonto nur Effekten. Ebenso ist es eine Verschleierung, wenn die Effekten unter den Debitoren erscheinen. Es kann eine Verschleierung auch durch das Weglassen von Vorkommnissen geschehen, die in der Bilanz oder in der Gewinn- und Verlustrechnung zu erscheinen haben. So wenn die zur Deckung eines Verlustes erfolgende freiwillige Zuwendung durch die Gesellschafter verschwiegen wird. Es braucht dies nicht mit ausführlicher Breite berichtet zu werden. Es muß aber jeder, der die Bilanz liest, erkennen können, daß ohne den Zuschuß ein Verlust vorläge. Nicht zu den Verschleierungen gehört das Zusammenfassen mehrerer in den Büchern getrennt geführter Posten. So wenn Grundstücks- und Gebäudekonto als Immobilienkonto erscheinen. Nur muß es sich dabei immer noch um einen nach der Verkehrsauffassung zusammengehörenden Komplex handeln. Der gute Glauben oder die Unkenntnis von der Verschleierung schließt auch hier die Strafbarkeit aus (vgl. oben Anm. 17). Über erlaubte Verschleierungen vgl. Rehm 853ff.

Anm. 20. Die Vermögenslage der Gesellschaft muß falsch dargestellt sein. Das ist enger als der Begriff „Stand der Verhältnisse" nach § 314 HGB. Unter dem Stande der Verhältnisse sind auch Ereignisse zu verstehen, die eine Einwirkung auf die Vermögenslage der Gesellschaft noch nicht bewirkt haben, die aber möglicherweise einen solchen Einfluß in der Zukunft haben können. Die Vermögenslage dagegen ist der gegenwärtige Vermögensstand. Hier sind nur die bereits erfolgten Einwirkungen der Ereignisse zu berücksichtigen. Doch gehören bereits eingetretene Gefährdungen zur Vermögenslage der Gesellschaft. Unter „Vermögenslage" fällt aber nicht nur die unrichtige Darstellung des vorhandenen Wertes. Die Straffreiheit tritt nicht ein, wenn dasselbe Resultat sich bei unverschleierter oder wahrer Aufstellung hätte erreichen lassen. Die „Vermögenslage" umfaßt auch die Art der Anlage des Vermögens. Die Darstellung ist falsch oder verschleiert, wenn das Warenkonto kleiner und das Debitorenkonto größer, als es ist, erscheinen. Die Bilanz ist falsch, wenn Aktiva und Passiva um denselben Betrag verringert werden. Es kann für den Dritten, der sich auf die Mitteilungen verläßt, erheblich sein, wie sich das Vermögen der Gesellschaft zusammensetzt. Doch gibt es auch Fälle, in denen die Unrichtigkeit der Aufstellung, die aus irgendwelchen anderen Gründen geschah, dem Dritten gleichgültig ist. Dann liegt keine Strafbarkeit vor. Selbstredend muß die Darstellung diese unrichtigen Punkte enthalten. Wenn die Geschäftsführer in Zeitungsbekanntgaben lediglich das Reinvermögen der Gesellschaft angeben, ohne es zu detaillieren, so umfaßt es die falschen Bezeichnungen in der nicht publizierten Bilanz nicht.

Anm. 21. Die unwahre Darstellung braucht nicht für die Gesellschaft günstig zu sein. Auch ungünstige Darstellungen fallen darunter. Sie können Gesellschafter und

Gläubiger in ihren Entschließungen beeinflussen. Abschreibungen oder Minderbewertungen in der Bilanz, durch die die Vermögenslage geringer erscheint, als sie in Wahrheit ist, begründen keinen strafrechtlichen Vorwurf (vgl. Anm. 7 zu § 42). Die Öffentlichkeit muß darauf gefaßt sein, daß solche Minderbewertungen versteckt in der Bilanz enthalten sind. Die Interessen der Gläubiger aber sind dadurch nur gewahrt. Eine Bilanz mit versteckten Reserven enthält daher keinen Verstoß gegen die vorliegende Strafvorschrift (vgl. auch Neukamp GZ. 48, 457; Rehm 870). Anders wenn die Publikation den falschen Schein erweckt, als enthalte die Bilanz keine versteckten Reserven. Dann ist die Darstellung wieder wissentlich falsch. § 82.

Zusatz 1. Zuständig ist ausschließlich das Amtsgericht (§ 24 GVG.). **Anm. 22.**

Zusatz 2. Der Versuch ist nicht strafbar. Es liegt ein Vergehen vor. Der Versuch ist nicht für strafbar erklärt (§ 43 StGB.). **Anm. 23.**

Zusatz 3. Die Höchstgrenze der Geldstrafe beträgt nach § 27 Abs. 2 StGB. 10000 RM, die Mindestgrenze 3 RM. Durch Art. XIV der VO. über Vermögensstrafen und Bußen vom 6. Febr. 1924 (RGBl. I 44) ist die frühere Festsetzung des Strafmaßes (5000 M.) aufgehoben. **Anm. 24.**

Zusatz 4. Das österreichische Gesetz (§§ 122 u. 123) gibt die Bestimmungen des deutschen Gesetzes wieder. Es enthält aber zwei weitere Strafbestimmungen. Es stellt die Ausstellung von Inhaber- oder Orderurkunden über die Beteiligung und von Dividendenscheinen unter Strafe (§ 121). Ebenso eine falsche Angabe in dem Anteilbuche oder der auf Grund desselben dem Gerichte vorzulegenden Liste, sofern diese geeignet ist, über den Vermögensstand der Gesellschaft zu täuschen (§ 122 Ziff. 2). **Anm. 25.**

§ 83.

§ 83.

Die Strafvorschriften der §§ 239 bis 241 der Konkursordnung finden gegen die Geschäftsführer einer Gesellschaft mit beschränkter Haftung, welche ihre Zahlungen eingestellt hat oder über deren Vermögen das Konkursverfahren eröffnet worden ist, Anwendung, wenn sie in dieser Eigenschaft die mit Strafe bedrohten Handlungen begangen haben.

1. Die Strafvorschriften der KO.:

§ 239 KO. Schuldner, welche ihre Zahlungen eingestellt haben, oder über deren Vermögen das Konkursverfahren eröffnet worden ist, werden wegen betrüglichen Bankerotts mit Zuchthaus bestraft, wenn sie in der Absicht, ihre Gläubiger zu benachteiligen, **Anm. 1.**

1. Vermögensstücke verheimlicht oder bei Seite geschafft haben,
2. Schulden oder Rechtsgeschäfte anerkannt oder aufgestellt haben, welche ganz oder teilweise erdichtet sind,
3. Handelsbücher zu führen unterlassen haben, deren Führung ihnen gesetzlich oblag, oder
4. ihre Handelsbücher vernichtet oder verheimlicht oder so geführt oder verändert haben, daß dieselben keine Übersicht des Vermögenszustandes gewähren.

Sind mildernde Umstände vorhanden, so tritt Gefängnisstrafe nicht unter drei Monaten ein.

§ 240 KO. Schuldner, welche ihre Zahlungen eingestellt haben, oder über deren Vermögen das Konkursverfahren eröffnet worden ist, werden wegen einfachen Bankerotts mit Gefängnis bestraft, wenn sie

1. durch Aufwand, Spiel oder Wette oder durch Differenzhandel mit Waren oder Börsenpapieren übermäßige Summen verbraucht haben oder schuldig geworden sind;
2. in der Absicht, die Eröffnung des Konkursverfahrens hinauszuschieben, Waren oder Wertpapiere auf Kredit entnommen und diese Gegenstände erheblich unter dem Werte in einer den Anforderungen einer ordnungsmäßigen Wirtschaft widersprechenden Weise veräußert oder sonst weggegeben haben;
3. Handelsbücher zu führen unterlassen haben, deren Führung ihnen gesetzlich oblag, oder dieselben verheimlicht, vernichtet oder so unordentlich geführt haben, daß sie keine Übersicht ihres Vermögenszustandes gewähren, oder

§ 83. 4. es gegen die Bestimmung des Handelsgesetzbuchs unterlassen haben, die Bilanz ihres Vermögens in der vorgeschriebenen Zeit zu ziehen.

Neben der Gefängnisstrafe kann in den Fällen der Nr. 1, 2 auf Verlust der bürgerlichen Ehrenrechte erkannt werden.

Sind mildernde Umstände vorhanden, so kann auf Geldstrafe bis zu sechstausend Mark erkannt werden.

§ 241 KO. Schuldner, welche ihre Zahlungen eingestellt haben, oder über deren Vermögen das Konkursverfahren eröffnet worden ist, werden mit Gefängnis bis zu zwei Jahren bestraft, wenn sie, obwohl sie ihre Zahlungsunfähigkeit kannten, einem Gläubiger in der Absicht, ihn vor den übrigen Gläubigern zu begünstigen, eine Sicherung oder Befriedigung gewährt haben, welche derselbe nicht oder nicht in der Art oder nicht zu der Zeit zu beanspruchen hatte.

Sind mildernde Umstände vorhanden, so kann auf Geldstrafe bis zu sechstausend Mark erkannt werden.

Die Höhe der Geldstrafe des § 241 Abs. 2 ist auf 10000 Reichsmark bemessen (vgl. Anm. 24 zu § 82).

Anm. 2. 2. Eine eingehende Erläuterung dieser Paragraphen kann nicht die Aufgabe dieses Kommentars sein. Sie gehört in den Kommentar einer Konkursordnung (vgl. Jaeger, Kommentar zur Konkursordnung zu diesen Paragraphen, und Stenglein, Strafrechtliche Nebengesetze). Folgendes ist hervorzuheben. Zahlungseinstellung und Konkurs sind Voraussetzung der Strafbarkeit. Die einzelnen in den §§ 239—241 aufgeführten Bankrotthandlungen sind nicht selbständige strafbare Handlungen. Sie werden erst strafbar, wenn Zahlungseinstellung oder Konkurs hinzukommt (RGSt. 6, 94). Bei Zusammentreffen mehrerer Bankrotthandlungen liegt nicht Realkonkurrenz vor, sondern sind unselbständige Bestandteile desselben Konkursdelikts gegeben (RG. 9. 1. 86 RGSt. 13, 242 und 14. 10. 24 RGSt. 58, 304). Ein Verschulden an der Zahlungseinstellung oder der Konkurseröffnung ist nicht erfordert. Das Schuldmoment kommt nur für die Bankrotthandlungen in Betracht (RG. 13. 1. 11 RGSt. 45, 88). Ob hierfür Fahrlässigkeit genügt, ist streitig. Das RG. nimmt mit der überwiegenden Meinung der Schriftsteller an, daß jedes Verschulden zur Strafbarkeit ausreicht (RGSt. 13, 241 für Verabsäumung der Buchführungspflicht). Im einzelnen:

Anm. 3. a) Strafbar sind die Geschäftsführer, aber auch die Liquidatoren (RG. 8. 5. 08 RGSt. 41, 309). Die Strafvorschriften der §§ 239—241 finden auch auf die Liquidatoren einer Handelsgesellschaft Anwendung (§ 244 KO.). Die GmbH. ist eine Handelsgesellschaft (§ 13 Abs. 3 GmbHG.). Andere Gesellschaftsorgane können nur als Teilnehmer bestraft werden.

Anm. 4. b) Die Anfechtbarkeit der Bestellung zum Geschäftsführer oder Liquidator schließt die Bestrafung nicht aus. Es genügt, daß sie das Amt betätigt und in dieser Eigenschaft gehandelt haben (RGSt. 16, 269). Ebenso ist gleichgültig, ob die Konkurseröffnung grundlos erfolgte. Die Strafbarkeit bleibt, auch wenn das Verfahren wegen des Fehlens der Zahlungsunfähigkeit zu Unrecht eröffnet war. Für den Strafrichter ist die formale Sachlage maßgebend (RGSt. 23. 9. 12 JW. 12, 1071[15b]).

Anm. 5. c) Der frühere Geschäftsführer, unter dessen Amtszeit die vorgeschriebene Buchführung unterblieb, ist strafbar, auch wenn die Zahlungseinstellung erst nach seinem Austritte erfolgte (RG. 26. 10. 06 RGSt. 39, 217 und 27. 6. 14 LZ. 1915, 231). Doch darf zu seinen Ungunsten lediglich die Zeit in Betracht gezogen werden, während deren er Geschäftsführer war (RGSt. 23. 9. 12 JW. 1912, 1071). Über die Verpflichtung der Geschäftsführer zur Buchführung s. Anm. 1ff. zu § 41 GmbHG.

Anm. 6. d) Die Konkursstrafvorschriften sind auf den Geschäftsführer anwendbar, wenn er die strafbaren Handlungen „in dieser Eigenschaft" begangen hat (RG. 6. 5. 26 Recht 1926, 371 Nr. 1221). Eine unrichtige Buchführung in seinem eigenen Geschäfte ist für die GmbH. unerheblich. Die Anmeldung erdichteter Forderungen, die der Geschäftsführer im eigenen Namen im Konkurs der GmbH. vornimmt, fällt nicht unter § 239 KO. Sie kann aber den Tatbestand des § 242 KO. bilden (RG. 6. 5. 26 a. a. O.). Aufwand, Spiel und Wette,

Differenzhandel müssen für das Vermögen der GmbH. erfolgt sein. Übermäßiger Aufwand des Geschäftsführers aus seinen Mitteln und für seine Person machen ihn beim Konkurse der GmbH. nicht strafbar. Auch dann nicht, wenn er das Geld dazu unberechtigterweise aus der Kasse der GmbH. entnahm. Es kann eine Unterschlagung oder Untreue gegenüber der Gesellschaft vorliegen, nicht aber das Konkursdelikt. Ein übermäßiger Aufwand kann aber durch die GmbH. erfolgen. So durch Zuwendungen von Bezügen an Angestellte, durch Reklame, Einrichtungen usw., sobald bei Aufwendungen für solche an sich berechtigte Zwecke die durch Umfang und Leistungskraft des Geschäfts gestatteten Grenzen überschritten werden (RG. 29. 3. 09 RGSt. 42, 278ff.). § 83.

e) Für die Zahlungseinstellung der GmbH. genügt es, daß sie keine Mittel zur Befriedigung der fälligen Forderungen hat. Auf den Grund kommt es nicht an. Unerheblich ist, ob die GmbH. nach ihrem Gesellschaftsvertrage und den Verpflichtungen ihrer Gesellschafter den zur Deckung genügenden Betrag hätte aufbringen können (RG. 8. 5. 08 RGSt. 41, 309). Anm. 7.

f) Über die Verpflichtung zur Buchführung vgl. Anm. 1ff. zu § 41. Vorausgesetzt ist ein schuldhaftes Versäumen (RG. 25. 1. 07 DJZ. 1907, 716). Die unordentliche Buchführung muß grundgebend für die Zahlungseinstellung sein. Wohl aber müssen beide Tatbestände zeitlich zusammentreffen. Die unordentliche Buchführung muß zur Zeit der Zahlungseinstellung oder Konkurseröffnung die Übersicht über den Vermögensstand ausschließen (RG. 27. 11. 96 RGSt. 29, 222). Dazu genügt, daß die Übersicht über den Vermögensstand sich erst durch zeitraubende, mühevolle Arbeit gewinnen läßt. Die ordentliche Buchführung muß jederzeit den Überblick über die Vermögenslage gestatten (RG. 16. 9. 13 RGSt. 47, 311). Es ist also zum Ausschluß der Strafbarkeit auch nicht ausreichend, daß der Geschäftsführer gegen Ende seiner Amtszeit durch einen Bücherrevisor unter Vorlage einiger loser Schriftstücke und durch mündliche Auskünfte Bücher anlegen ließ, die eine Übersicht gewähren. Diese neuen Bücher sind keine ordentlich geführten (RG. 26. 10. 06 RGSt. 39, 217). Über die Unterscheidung zwischen Unterlassung der Buchführung und unordentlicher Buchführung vgl. RG. 21. 9. 15 RGSt. 49, 277. Anm. 8.

g) Über die Verpflichtung zur Errichtung der Eröffnungsbilanz bei der Übernahme eines Geschäfts durch die GmbH. vgl. Anm. 12 zu § 41 und RG. 27. 11. 96 RGSt. 29, 222, auch 27. 6. 13 Recht 1913 Nr. 2540. Anm. 9.

h) Die Strafbarkeit der Gläubigerbegünstigung (§ 241 KO.) setzt Anfechtbarkeit der Rechtshandlung, durch die der Schuldner den Gläubiger befriedigt oder sichergestellt hat, nicht voraus (RG. 21. 11. 13 RGSt. 48, 19). Anm. 10.

§ 84.

§ 84.

Die Geschäftsführer oder Liquidatoren einer Gesellschaft mit beschränkter Haftung werden mit Gefängnis bis zu drei Monaten und zugleich mit Geldstrafe bis zu eintausend Mark bestraft, wenn entgegen den Vorschriften im § 64, § 71 Absatz 1 der Antrag auf Eröffnung des Konkursverfahrens unterlassen ist.

Sind mildernde Umstände vorhanden, so tritt ausschließlich die Geldstrafe ein.

Straflos bleibt derjenige, bezüglich dessen festgestellt wird, daß der Antrag auf Eröffnung des Konkursverfahrens ohne sein Verschulden unterblieben ist.

Der vorliegende Paragraph bestraft die Unterlassung des Konkursantrags in den gesetzlich vorgeschriebenen Fällen. Er entspricht dem § 315 Nr. 2 HGB. Über das Strafmaß vgl. Anm. 24 zu § 82.

§ 84. 1. Strafbar sind die Geschäftsführer oder Liquidatoren, nicht auch die Mit-
Anm. 1. glieder des Aufsichtsrats oder die Prokuristen oder die Generalbevollmächtigten der Gesellschaft oder gar die Gesellschafter (vgl. Anm. 1 u. 2 zu § 64).

Anm. 2. 2. Das Vergehen liegt in der Unterlassung des Antrags auf Konkurseröffnung entgegen der Vorschrift des § 64. Über die Voraussetzungen der Verletzung dieser Vorschrift vgl. Anm. 3—5 zu § 64. Bei bloßer Zahlungsstockung macht die Unterlassung des Konkursantrags nicht strafbar. Liegt aber die Einstellung der Zahlungen vor, so haben die Geschäftsführer keinen Spielraum (RG. 26. 11. 04 RGSt. 37, 324; vgl. RG. 3. 11. 16 LZ. 1917, 126). Eine irrige Beurteilung der Sachlage muß dem Geschäftsführer zugute kommen, soweit der Irrtum nicht auf Fahrlässigkeit beruht (StGB. § 59). Durfte er nur eine Zahlungsstockung für vorliegend erachten, durfte er eine Überschuldung verneinen, so ist er straffrei. Maßgebend wird die Beweiswürdigung sein und der Glaube, den ihm das Gericht schenkt. Unrichtig ist, in diesen Fällen einen unbeachtlichen strafrechtlichen Irrtum anzunehmen, wie dies in RG. 51, 21 geschieht. Zahlungsunfähigkeit und Überschuldung sind Tatbestandsmerkmale, deren Kenntnis nach StGB. § 59 zu werten ist.

Der Geschäftsführer genügt seiner Pflicht nicht, wenn er einen Konkursantrag stellt und ihn vor der Eröffnung des Verfahrens zurücknimmt. Er gilt als nicht gestellt (RG. 12. 7. 10 RGSt. 44, 52).

Anm. 3. Die Vorschrift erfordert Verschulden. Sie kann Vorsatz oder Fahrlässigkeit sein (RG. 27. 3. 05 JW. 1905, 551; Stenglein I S. 964). Straflosigkeit tritt ein beim Mangel des Verschuldens (Abs. 3). Der Angeklagte braucht seine Unschuld nicht zu beweisen. Allein auf der anderen Seite genügt doch zu seiner Verurteilung, daß beim Vorliegen des objektiven Tatbestandes festgestellt wird, daß ein Mangel des Verschuldens nicht erwiesen sei. Es liegt eine strafprozessualische Schuldpräsumtion vor. Wohl hat auch hier der Richter zu erforschen und zu erwägen, ob er zu derjenigen Feststellung gelangen kann, welche nach Abs. 3 die Straflosigkeit des Angeklagten herbeiführt. Zur Freisprechung kommt er erst dann, wenn er den Mangel des Verschuldens festzustellen vermag. Er muß aber verurteilen, wenn der objektive Tatbestand vorhanden ist und er den Mangel des Verschuldens nicht feststellen kann (ebenso Liebmann Anm. 2; jetzt auch Stenglein 4. Aufl. 964, der früher, wie auch RG. 18. 6. 12 GoltdArch. 60, 91, die letztere Feststellung nur dann für nötig hielt, wenn das Nichtverschulden behauptet ist; wiederum anders Ring Anm. 3 zu § 315 HGB. Er leugnet nicht bloß die Beweislast des Angeklagten, sondern will auch hier die allgemeinen Grundsätze über die Notwendigkeit der Schuldfeststellung anwenden. Das widerspricht aber dem Wortlaut und der in den Motiven 46 ausgesprochenen Absicht unseres Gesetzes).

Anm. 4. Ein Verschulden kann dann mangeln, wenn der Geschäftsführer durch nicht von ihm verschuldete Umstände verhindert worden ist, den Antrag auf Konkurseröffnung zu stellen oder von dem Zustande der Zahlungsunfähigkeit oder Überschuldung der Gesellschaft Kenntnis zu erhalten (Förtsch Anm. zu § 84; vgl. auch RGSt. 5, 163, 165). Z. B. wenn er als Geschäftsführer eine Geschäftsreise nach dem Auslande machte und während dieser Zeit falsche Berichte über die Geldverhältnisse der Gesellschaft empfing, oder wenn er so schwer krank war, daß er nicht imstande war, sich um die Geschäfte zu kümmern. Daß ein Konkursantrag von anderer Seite gestellt und noch nicht erledigt ist, schließt die Strafbarkeit der Geschäftsführer nicht aus (RGSt. 27. 3. 05 JW. 05, 551[7]). Über die Sanierungsversuche vgl. Anm. 6 zu § 64.

Zwischen dem Vergehen des § 84 und den Konkursvergehen des § 83 ist Realkonkurrenz möglich (RG. 18. 6. 12 GoltdArch. 60, 91). Unterläßt es der Geschäftsführer, nach Verurteilung aus § 84 den Konkurs anzumelden, obwohl die Voraussetzungen hierzu fortbestehen, so macht er sich erneut strafbar (RG. 2. 5. 13 RGSt. 47, 154).

Über die zeitweise Aufhebung der Anmeldepflicht vgl. Anm. 13 zu § 64; über das Ruhen der Pflicht während der Geschäftsaufsicht vgl. Anm. 14 zu § 64.

Exkurs zu § 84.

Exkurs zu § 84.

Fehlende Strafvorschriften.

Einleitung. Das Aktienrecht enthält eine Reihe weiterer besonderer Strafbestimmungen. Sie fließen aus der Sonderart der Aktiengesellschaft. Für die GmbH. waren sie nicht notwendig.

1. Vorstand und Aufsichtsrat der Aktiengesellschaft sind strafbar, wenn sie absichtlich zum Nachteile der Gesellschaft handeln (§ 312 HGB.). Das Delikt der aktienrechtlichen Untreue ist erheblich weiter als das der Untreue im Sinne des § 266 StGB. Das Aktiengesetz schützt die Aktionäre derart, daß nicht nur die Veruntreuung konkreter Vermögensgegenstände bestraft wird, sondern jeder auch sonst der Gesellschaft zugefügte Nachteil. Wie dies geschieht, ist gleichgültig. Für die GmbH. bleibt es bei den allgemeinen Vorschriften des § 266 Nr. 2 StGB.[1]) Anm. 1.

„Wegen Untreue werden mit Gefängnis, neben welchem auf Verlust der bürgerlichen Ehrenrechte erkannt werden darf, bestraft:

2. Bevollmächtigte, welche über Forderungen oder andere Vermögensstücke des Auftraggebers absichtlich zum Nachteile desselben verfügen."

a) Bevollmächtigter im Sinne des § 266 Ziff. 2 ist auch der Geschäftsführer einer GmbH. Anm. 2. wie der Vorstand einer Aktiengesellschaft (RGSt. 7, 279). Das gleiche gilt von den Mitgliedern des Aufsichtsrats. Erforderlich und ausreichend ist, daß ein Verhältnis besteht, kraft dessen dem Handelnden der Abschluß von Rechtsgeschäften übertragen ist. Eine direkte Stellvertretung ist nicht verlangt (RGSt. 7, 377). Soweit diese Erfordernisse zutreffen, gilt die Strafvorschrift auch für ähnliche Organe (Anm. 2 zu § 52) und auch für sonstige Beamte der Gesellschaft. Nur wenn der Geschäftsführer in seiner Eigenschaft als Organ der Gesellschaft handelt, kann er eine Untreue begehen. Das RG. erklärt dies für § 312 HGB. für unerheblich. Auch wenn der Vorstand der Aktiengesellschaft während der Dauer seines Amtes als Gegenkontrahent der Aktiengesellschaft mit anderen Vertretern einen Vertrag schließt, soll ihn eine absichtliche Benachteiligung der Aktiengesellschaft strafbar machen (RGSt. 26, 137; 36, 71; zust. Staub-Pinner Anm. 4 zu § 312 StGB.). Das fließt aus der Besonderheit des Aktienrechts. Dagegen hat das RG. im Urteil RGSt. 13, 333 für den Vormund entschieden, daß er keine Untreue begehe, wenn er in einer bestimmten Angelegenheit, in der für die Wahrnehmung der Interessen des Mündels ein besonderer Pfleger bestellt sei, zum Nachteil des Mündels handele. Es ist für das Aktienrecht jeweils im Einzelfalle zu prüfen, ob der Vertreter seine eigenen Interessen hinter die des Geschäftsherrn zurückstellen muß. Auch wenn er nicht in seiner Eigenschaft als Vertreter handelt, kann er sich durch eine absichtliche Benachteiligung strafbar machen, sobald er nur durch diese Eigenschaft und den aus ihr fließenden Einfluß das Ergebnis herbeiführte. Bei der GmbH. bewendet es auch hier bei den Folgerungen aus den allgemeinen Vorschriften. Auch wenn der Geschäftsführer alle Geschäftsanteile besitzt, nimmt das RG. (29. 3. 09 RGSt. 42, 283) eine strafbare Handlung des Geschäftsführers gegenüber der Gesellschaft an. Das geht offensichtlich zu weit. Jede Zustimmung der Geschädigten schließt die Unzulässigkeit der Handlung aus. Das Delikt der Untreue und der Unterschlagung kann nur gegen die Gesellschaft begangen werden. Diese vertritt der Gesellschafter allein. Die Interessen der Gläubiger, die das RG. anführt, sind nur zivilrechtlich geschützt.

b) Nicht jedes absichtliche Handeln zum Nachteil der Gesellschaft genügt. Es ist eine Anm. 3. nachteilige Verfügung über Forderungen und andere Vermögensstücke der Gesellschaft verlangt.

---

[1]) § 266 Nr. 1 StGB. greift nicht Platz. Der Geschäftsführer einer GmbH. ist weder Vormund noch Kurator, noch Güterpfleger, noch Sequester, noch Massenverwalter.

Exkurs zu § 84. Im Unterschied von § 312 HGB. wird eine Verfügung über ein bestimmtes Vermögensstück der Gesellschaft vorausgesetzt. Bloße Belastung der Gesellschaft mit einer Schuldverbindlichkeit ist keine strafbare Untreue (Olshausen StGB. Anm. 9b zu § 266). Das Vergehen ist hiernach nicht begangen dadurch, daß der Geschäftsführer eine verjährte Schuld anerkennt. Auch nicht durch den Mißbrauch der Firma zur Zeichnung eines seine persönliche Schuld angehenden Wechsels (RGSt. 12. 6. 11 BauersZ. 19, 12). Der strafrechtliche Begriff der „Verfügung" ist aber nicht mit dem zivilrechtlichen identisch. Jede absichtliche Veränderung des Vermögensrechts ist strafbar. Dazu genügt sogar eine Veränderung des Vermögenswertes. Untreue liegt z. B. vor, wenn der Geschäftsführer in der Zeit fortschreitender Geldentwertung eine fällige Forderung stundet und dadurch absichtlich deren Entwertung herbeiführt. Nicht erfordert der strafrechtliche Begriff der „Verfügung" stets ein positives Handeln des Geschäftsführers. Auch ein absichtliches Unterlassen genügt. Der Geschäftsführer macht absichtlich eine Forderung nicht geltend, so daß sie verjährt. Oder er legt absichtlich gegen ein offenbar falsches Urteil kein Rechtsmittel ein. Endlich erfüllt den Tatbestand der Untreue auch die Eingehung einer obligatorischen Verpflichtung zur Hergabe eines bestimmten Vermögensstückes. Denn hier ist Gegenstand des Rechtsgeschäfts ein bestimmtes, im Eigentum der Gesellschaft befindliches Vermögensstück. Der im Strafgesetzbuch enthaltene Begriff Verfügung kann nicht in der engen Bedeutung angewandt werden, welche das Wort im BGB. hat, wo es nur die dingliche Verfügung umfaßt. Die Benachteiligung setzt eine Vermögensbeschädigung voraus. Sie liegt regelmäßig vor, wenn ein positiver Verlust eingetreten ist. Sie wird aber nach herrschender Lehre auch schon dann angenommen, wenn ein mit Sicherheit zu erwartender Gewinn der Gesellschaft entzogen wird (RGSt. 38, 108; 41, 376 unter Heranziehung des § 252 BGB.).

Anm. 4. 2. **Keine Strafvorschrift enthält das GmbHG. über die unbefugte Ausgabe von Geschäftsanteilscheinen.** Der § 314 Nr. 2, 3, 4 u. 5 HGB. gibt für die unbefugte Ausgabe von Aktien (Ausgabe vor der Leistung des Ausgabepreises, vor der Eintragung des erhöhten Grundkapitals, Ausgabe unter dem gesetzlichen Nennbetrage) Strafvorschriften. Bei der GmbH. fehlen solche Vorschriften. Denn die Ausgabe von Anteilscheinen ist gesetzlich nicht vorgesehen. Sie ist nicht verboten (Exkurs I zu § 14). Aber es ist dem Gesellschaftsvertrage überlassen, das Nähere hierüber in den gesetzlichen Grenzen festzusetzen. Von einer Strafvorschrift für den Fall, daß die statutarischen oder gesetzlichen Grenzen nicht innegehalten werden, ist abgesehen worden.

Anm. 5. 3. **Eine Strafvorschrift für den Fall, daß die Gesellschaft längere Zeit ohne Aufsichtsrat bleibt,** kann es für die GmbH. nicht geben (§ 315 Nr. 1 HGB.). Das Gesetz legt auf das Bestehen eines Aufsichtsrats überhaupt keinen Wert. Nur wenn das Statut einen solchen vorschreibt, ist er zu wählen (§ 52). Die Verabsäumung der Wahl ist nur die Verletzung privatrechtlicher Vorschriften. Auf die Geltendmachung der Rechtsfolgen der Verletzung kann von den Beteiligten verzichtet werden.

Anm. 6. 4. **Eine Strafvorschrift über falsche Hinterlegungsbescheinigungen von Geschäftsanteilen zum Zwecke der Ausübung des Stimmrechts** (§ 316 HGB.) kann es nicht geben. Es gibt keine Hinterlegung von Urkunden als Voraussetzung der Ausübung des Stimmrechts. Eine solche kann erschlichen werden. Dann kann Bestrafung eintreten, wenn der Tatbestand anderer Delikte (Betrug, Urkundenfälschung) vorliegt.

Anm. 7. 5. **Der sog. Stimmenkauf** (§ 317 HGB.) ist bei der GmbH. möglich. Unter Strafe ist er nicht gestellt. Das ist eine Lücke. Der Mißbrauch kann auch hier vorkommen. Zivilrechtlich verstößt ein solches Abkommen gegen die guten Sitten. Es ist nichtig (OLG. Kolmar 27. 3. 03 OLGR. 6, 503; Einleitung zu § 47).

Anm. 8. 6. **Der Mißbrauch fremder Geschäftsanteile zur Ausübung des Stimmrechts** ist im Gegensatz zum Aktienrecht (§ 318 HGB.) hier nicht unter Strafe gestellt. Hier kann ein Mißbrauch nicht leicht erfolgen. Möglich ist er. Man denke daran, daß jemandem ein Geschäftsanteil zum Schein oder zur Legitimation (Anm. 76 zu § 15) für eine bestimmte Gesellschafterversammlung übertragen wurde. Er benutzt dies, um mit dem Geschäftsanteile auch in künftigen Versammlungen zu stimmen. Strafbarkeit tritt nicht ein. Den Beteiligten bleibt nur der Weg der Anfechtung. Möglicherweise können andere Strafvorschriften (Betrug usw.) Platz greifen. **Exkurs zu § 84.**

7. **Das entgeltliche Leihen und Verleihen von Geschäftsanteilen und das Stimmen mit solchen Geschäftsanteilen** (§ 318 Satz 2 HGB.) ist nicht unter eine Strafvorschrift gestellt. Denkbar ist, daß jemand sich zum Schein Geschäftsanteile abtreten läßt. An sich ist das nicht unzulässig (Anm. 76 u. 80 zu § 15). Auch dann, wenn es gegen Entgelt geschieht, kann es hiernach nicht bestraft werden. Es ist auch zivilrechtlich nicht anfechtbar oder zur Anfechtung des Beschlusses zu benutzen. Anm. 9.
8. **Falsche Angaben über die Übernahme der Stammeinlagen** sind hier nicht strafbar. Strafbar ist nur die falsche Versicherung über die Einzahlungen auf die Stammeinlagen — § 82 Nr. 1 — (anders § 313 Nr. 1 HGB.). Anm. 10.
9. § 75 des Börsengesetzes **(Anwendung täuschender Mittel in betrügerischer Absicht, um auf den Marktpreis von Waren oder Wertpapieren einzuwirken, und wissentlich unrichtige öffentliche Kundgebungen, durch welche die Zeichnung oder der Ankauf oder Verkauf von Wertpapieren herbeigeführt werden soll)** ist auf die GmbH. nicht anwendbar. Geschäftsanteile einer GmbH. sind weder Waren noch Wertpapiere (Staub-Bondi Anm. 36 ff. zu § 1; vgl. oben Anm. 2 im Exkurse I zu § 14). Auch hier kann nur Bestrafung eintreten, wenn der Tatbestand anderer Delikte, z. B. des Betrugs, vorliegt. Anm. 11.

Anhang.

Verordnung über die Eintragung der Nichtigkeit und die Löschung von Gesellschaften und Genossenschaften wegen Unterlassung der Umstellung. Vom 21. Mai 1926 (RGBl. I 248 und Berichtigung RGBl. I 254).

Auf Grund des § 20 der Goldbilanzverordnung vom 28. Dezember 1923 (RGBl. I S. 1253) wird hiermit verordnet:

§ 1.

(1) Hat eine Aktiengesellschaft, Kommanditgesellschaft auf Aktien oder Gesellschaft mit beschränkter Haftung bis zum 30. September 1926 einen Beschluß der Generalversammlung über die Umstellung nicht angemeldet, so hat ihr das Gericht eine angemessene Frist unter der Androhung der Eintragung der Nichtigkeit der Gesellschaft zu bestimmen. Ist innerhalb der Frist ein Umstellungsbeschluß nicht angemeldet, so ist die Nichtigkeit der Gesellschaft ohne Rücksicht darauf einzutragen, ob die Umstellung beschlossen ist oder nicht. Die Vorschriften der §§ 142, 143 des Reichsgesetzes über die Angelegenheiten der freiwilligen Gerichtsbarkeit gelten entsprechend.

(2) Ist am 30. September 1926 die Frist für die Aufstellung der Reichsmarkeröffnungsbilanz noch nicht abgelaufen, so ist das Verfahren gemäß Abs. 1 einzuleiten, wenn ein Umstellungsbeschluß innerhalb drei Monaten nach Ablauf der Frist nicht angemeldet ist.

§ 2.

(1) Ruht der Geschäftsbetrieb einer Aktiengesellschaft, Kommanditgesellschaft auf Aktien oder Gesellschaft mit beschränkter Haftung seit dem 1. Januar 1924 oder, wenn die Gesellschaft erst nach diesem Zeitpunkt errichtet ist, seit der Errichtung und ist Vermögen der Gesellschaft nicht vorhanden, so hat das Gericht die Gesellschaft ohne Rücksicht darauf, ob die Umstellung beschlossen ist oder nicht, von Amts wegen zu löschen, wenn nicht bis zum 30. September 1926 ein Beschluß über die Umstellung angemeldet ist; eine Liquidation findet nicht statt. Vor der Löschung ist die zuständige amtliche Berufsvertretung des Handelsstandes zu hören.

(2) Das Gericht hat die Absicht der Löschung den gesetzlichen Vertretern der Gesellschaft, soweit deren Person und Aufenthalt bekannt ist, nach den für die Zustellung von Amts wegen geltenden Vorschriften der Zivilprozeßordnung und außerdem durch Einrückung in den Blättern, die für die Bekanntmachungen der Eintragungen in das Handelsregister bestimmt sind, bekanntzumachen. Die Bekanntmachung in weiteren Blättern kann angeordnet werden. In der Bekanntmachung ist eine Frist zur Geltendmachung eines Widerspruchs zu bestimmen. Zur Erhebung des Widerspruchs ist jeder berechtigt, der an der Unterlassung der

Löschung ein berechtigtes Interesse hat. Die Vorschriften des § 141 Abs. 3, 4 des Reichsgesetzes über die Angelegenheiten der freiwilligen Gerichtsbarkeit gelten entsprechend. **Anhang.**

(3) Stellt sich nach der Löschung das Vorhandensein von Vermögen heraus, das der Verteilung unterliegt, so findet die Liquidation statt; die Liquidatoren sind auf Antrag eines Beteiligten durch das Gericht zu ernennen.

(4) Ist am 30. September 1926 die Frist für die Aufstellung der Reichsmarkeröffnungsbilanz noch nicht abgelaufen, so ist das Verfahren gemäß Abs. 1 bis 3 einzuleiten, wenn ein Umstellungsbeschluß innerhalb drei Monaten nach Ablauf der Frist nicht angemeldet ist.

§ 3.

Liegen die Voraussetzungen des § 2 vor, so finden die Vorschriften des § 1 dieser Verordnung und des § 16 der Goldbilanzverordnung keine Anwendung.

§ 4.

Die Vorschriften der §§ 1 bis 3 finden auf eingetragene Genossenschaften mit der Maßgabe entsprechende Anwendung, daß bei Genossenschaften, die einem Revisionsverband angeschlossen sind, im Falle des § 2 Abs. 1 Satz 2 dieser Revisionsverband an die Stelle der amtlichen Berufsvertretung tritt.

Einleitung. Die **Goldbilanzverordnung** schreibt die Umstellung der Gesellschaften mit beschränkter Haftung auf Reichsmark vor. Ein Verfahren, diese Umstellung zwangsweise vorzunehmen, ist nicht eingeführt. Nur mittelbarer Zwang ist vorgesehen. Wird die Umstellung nicht in der vorgeschriebenen Zeit beschlossen, so ist die GmbH. für nichtig zu erklären (§ 16). Der Grundgedanke steht dem § 62 des GmbHG. nahe. Die Regelung schließt sich den §§ 75ff. des GmbHG. an. § 62 sieht bei Gefährdung des Gemeinwohls die Auflösung der GmbH. im Verwaltungsstreitverfahren vor. Wenn die Umstellung auf Reichsmark unterbleibt, ist gleichfalls öffentliches Interesse verletzt. Es erfordert zur Reinhaltung und Sicherheit des Rechtslebens Beseitigung der trügerischen Inflationszahlen und Wiedereinführung eines sicheren Maßstabes zur Beurteilung des Vermögensstandes der Gesellschaften. Die Überwachung der Umstellung liegt dem Registergericht ob. Ihm ist auch die Befugnis der Nichtigkeitserklärung gegeben, wenn die Umstellung unterbleibt. Das Verfahren schließt sich dem des § 142 FGG. an. Über die Bedeutung der Nichtigkeitserklärung an Stelle einer Auflösung der GmbH. vgl. unten Anm. 7. Anm. 1.

Als Voraussetzungen für die Nichtigkeitserklärung sieht die GBilVo. drei Fälle vor: Unterlassung der Anmeldung des Umstellungsbeschlusses, mangelnder Nachweis für die Einhaltung der für Stammkapital und Geschäftsanteile vorgeschriebenen Mindestgrenzen der Umstellung, Versäumung der Anzeige rechtzeitiger Abdeckung eines Kapitalentwertungskontos. Für die beiden letzten Fälle sei auf die Spezialliteratur zur GBilVo. verwiesen. Der erste Fall ist hier zu erörtern. Er deckt sich mit § 1 der Verordnung vom 21. Mai 1926 und hat durch diese Verordnung eine authentische Interpretation erfahren. Anm. 2.

Nach § 15 GBilVo. hat die Anmeldung des Umstellungsbeschlusses binnen 6 Monaten nach Abhaltung der Gesellschafterversammlung zu erfolgen, in der die Satzungsänderung beschlossen worden ist. § 16 schreibt die Eintragung der Nichtigkeit vor, wenn innerhalb der Frist die Anmeldung des Umstellungsbeschlusses unterbleibt. Nach dem Wortlaut dieser Bestimmungen wäre die Nichtigkeitserklärung nur zulässig, wenn ein Umstellungsbeschluß gefaßt, aber nicht angemeldet ist. Sie wäre unzulässig, wenn die Umstellung überhaupt nicht beschlossen wird. Quassowski-Susat (Goldbilanzen § 15 II) verneinen, daß die GBilVo. eine bestimmte Frist für die Umstellung selbst vorsehe. Der sechsmonatige Fristenlauf für die Anmeldung des Umstellungsbeschlusses beginne erst mit dem Tage des Umstellungsbeschlusses selbst. Sei

Anhang. die Beschlußfassung überhaupt unterblieben und damit der Lauf der Frist nicht in Gang gesetzt, so könne die GmbH. nicht für nichtig erklärt werden. Die GBilVo. zwingt nicht zu dieser Wortinterpretation. Sie spricht in § 14 von der „Frist für die Umstellung" (Breit GBilVo. § 16 Anm. 3). Es ist die Frist, „innerhalb deren bei regelmäßigem Geschäftsbetrieb die Umstellung erfolgen kann" (§ 41 der 2. DV. zur GBilVo.). Sie wird mindestens 6 Monate umfassen müssen. Das ist die Frist des § 15. Sie wird aber auch länger zu erstrecken sein, wenn die besonderen Verhältnisse des Geschäftsbetriebes die Umstellung innerhalb dieser Frist nicht ermöglichen. Ist aber die so bestimmte Frist abgelaufen, ohne daß ein Umstellungsbeschluß angemeldet ist, so hat der Registerrichter zur Nichtigkeitserklärung zu schreiten. Gleichgültig ist dabei, ob ein Umstellungsbeschluß gefaßt ist oder nicht (Breit a. a. O., OLG. Karlsruhe 15. 1. 1926 RundschGmbH. 1926, 444).

Anm. 3. Die **Verordnung vom 21. Mai 1926** regelt zwei Tatbestände. § 1 sieht gegenüber nicht umgestellten Gesellschaften die Eintragung der Nichtigkeit im Handelsregister vor. Er entscheidet die Streitfrage über den oben in Anm. 2 behandelten Tatbestand des § 16 GBilVo. Er bestimmt ferner die Endtermine, bis zu denen die Anmeldung der Umstellung erfolgt sein muß. § 2 schreibt die Löschung stilliegender, vermögensloser Gesellschaften, deren Umstellung nicht angemeldet ist, unter erleichterten Formen vor. In beiden Fällen ist das Verfahren des § 142 FGG. anzuwenden.

Anm. 4. I. 1. **Die Eintragung der Nichtigkeit** (§ 1).

a) Die Voraussetzungen. Die Anmeldung eines Umstellungsbeschlusses muß spätestens bis zum 30. September 1926 erfolgt sein (Abs. 1). Ein Aufschub ist nur vorgesehen, wenn am 30. September 1926 die Frist für die Aufstellung der Reichsmarkeröffnungsbilanz noch nicht abgelaufen ist. Derartige Ausnahmefälle können vorliegen, wenn nach § 2 GBilVo. und § 2 der 2. DV. zur GBilVo. die Frist zur Vorlegung der Reichsmarkeröffnungsbilanz vom Registerrichter über den 30. September 1926 hinaus verlängert worden ist. Hier sind den Gesellschaften seit Ablauf dieser Frist noch 3 weitere Monate für die Anmeldung eines Umstellungsbeschlusses gewährt (Abs. 2). Die Einhaltung der Fristen setzt die Anmeldung eines gültigen Umstellungsbeschlusses voraus. Ein Beschluß, der nicht die für Stammkapital und Geschäftsanteile bestimmten Mindestbeträge enthält oder der den Vorschriften über die Bemessung des Kapitalentwertungskontos zuwiderläuft, ist ungültig. Seine Anmeldung wahrt nicht die Frist (zust. Breit GBilVo. § 16 Anm. 3; Quassowski-Susat, Goldbilanzen § 16 II 1). Dagegen rechtfertigt eine nicht ordnungsmäßige Anmeldung noch nicht die sofortige Einleitung des Verfahrens der Nichtigkeitseintragung. Es fehlt z. B. die Beglaubigung einer Unterschrift. Für ihre Beibringung ist eine Frist zu setzen. Erst wenn diese Frist fruchtlos verstrichen ist, liegt eine Anmeldung im Sinne der Verordnung nicht vor. Keinen Unterschied macht die Verordnung, je nachdem die Umstellung beschlossen ist oder nicht. Gesellschaften, welche den Beschluß gefaßt haben, aber dessen Anmeldung versäumen, werden nicht anders behandelt als diejenigen, die eine Umstellung überhaupt nicht beschließen. Das stellt die Verordnung gegenüber der Streitfrage, die zu § 16 GBilVo. entstanden war (vgl. oben Anm. 2), ausdrücklich klar. Ob die beschlossene und angemeldete Umstellung tatsächlich durchgeführt wird, z. B. die beschlossenen Maßnahmen zur Heraufsetzung oder Ermäßigung des Stammkapitals erfolgen und die erfolgte Umstellung angemeldet wird, läßt die Verordnung vom 21. Mai 1926 wie die GBilVo. außer Betracht. Versäumnisse dieser Art führen nicht zur Nichtigkeitserklärung durch den Registerrichter.

Anm. 5. b) Das Verfahren. Nach fruchtlosem Ablauf der Anmeldungsfrist hat der Registerrichter das Verfahren der Eintragung der Nichtigkeit einzuleiten. Er ist hierzu verpflichtet. Die verabsäumte Umstellung wird als ein schwererer Mangel angesehen als die Mängel der Gründung der GmbH., die nach § 75 GmbHG. zur Nichtigkeitserklärung führen. § 142 FGG. stellt die Löschung der nichtigen GmbH. in das Ermessen des Richters (Anm. 39 zu § 75). Die Nichtigkeit der nicht umgestellten Gesellschaft muß der Richter eintragen. Die Verordnung gibt aber Möglichkeiten, das Verabsäumte nachzuholen, und hinreichende Sicherheiten gegen voreilige, ungerechtfertigte Löschungen. **Anhang**

Zunächst ist eine angemessene Frist zur Nachholung der Anmeldung der Umstellung zu setzen. Gleichzeitig ist die Eintragung der Nichtigkeit anzudrohen. Erst nach Ablauf der Nachholungsfrist ist das eigentliche Eintragungsverfahren einzuleiten. Hinsichtlich der Einzelheiten des Verfahrens sind die §§ 142, 143 FGG. für entsprechend anwendbar erklärt. Dies muß sowohl für die Bestimmung der Nachholungsfrist wie für die Eintragung der Nichtigkeit der GmbH. gelten. Daraus folgt, daß ein zweifaches Widerspruchs- und Beschwerdeverfahren gegeben ist (so auch für GBilVo. § 16: Quassowski-Susat, Goldbilanzen § 16 III 2 und Breit Anm. 8 u 9). Schon mit der Bestimmung der Nachholungsfrist ist daher eine angemessene Frist zur Geltendmachung eines Widerspruchs festzusetzen (§ 142 Abs. 2 FGG.). Fehlt es hieran, so ist die Bestimmung der Nachholungsfrist unwirksam. Die Frist für die Erhebung des Widerspruchs wird kürzer zu bemessen sein als die Nachholungsfrist selbst. Deren Bemessung wird sich danach richten müssen, ob die Umstellung bereits beschlossen ist oder nur noch die Anmeldung der Umstellung zu erfolgen hat. Der Widerspruch gegen die Nachholungsfrist ist begründet, wenn die Frist zur Anmeldung der Umstellung nach § 1 Abs. 1 Satz 1 oder § 1 Abs. 2 noch nicht abgelaufen ist oder wenn der Registerrichter zu Unrecht einen gültigen Umstellungsbeschluß oder eine nicht ordnungsmäßige Anmeldung angenommen hatte. Der Widerspruch kann sich auch gegen eine zu kurze Bemessung der Nachholungsfrist richten. Wird der Widerspruch zurückgewiesen, so stehen der GmbH. die sofortige Beschwerde und die weitere Beschwerde als Rechtsmittel zur Verfügung (§ 141 Abs. 3 FGG.).

Wird die Umstellung innerhalb der Nachholungsfrist nicht angemeldet und ist ein Widerspruch nicht erhoben oder rechtskräftig zurückgewiesen, ohne daß inzwischen die Anmeldung der Umstellung nachgeholt ist, so hat der Registerrichter der GmbH. die beabsichtigte Eintragung der Nichtigkeit mitzuteilen und hierbei wiederum eine angemessene Frist zur Geltendmachung eines Widerspruchs zu bestimmen (§ 142 Abs. 2 FGG.). Der Widerspruch kann nicht mehr darauf gestützt werden, daß die Voraussetzungen für die Bestimmung der Nachholungsfrist nicht vorgelegen hätten (zust. Breit GBilVo. § 16 Anm. 9). Er ist gerechtfertigt, wenn der Registerrichter die Nachholung der Anmeldung des Umstellungsbeschlusses zu Unrecht nicht anerkennt. Gegen die Zurückweisung des Widerspruchs findet wiederum die sofortige Beschwerde statt. Über die Einzelheiten des Verfahrens vgl. Anm. 35—39 zu § 75. Zum Widerspruch berechtigt ist nur die GmbH.

c) Die Eintragung der Nichtigkeit im Handelsregister erfolgt, wenn ein Widerspruch nicht erhoben oder rechtskräftig zurückgewiesen ist und die Anmeldung der Umstellung nicht nachgeholt ist. Der Vermerk wird lauten: „Die Gesellschaft ist wegen Unterlassung der Umstellung nichtig." Die Eintragung ist gemäß § 10 HGB. bekanntzumachen. **Anm. 6.**

2. **Die Rechtsfolgen der Nichtigkeit.** Mit der Eintragung der Nichtigkeit tritt die GmbH. in das Liquidationsstadium. Die hierfür gegebenen Vorschriften des GmbHG. finden Anwendung. Die Liquidation ist anzumelden. Liquidatoren sind zu bestellen, soweit nicht die Geschäftsführer als Liquidatoren zu fungieren haben. Die Liquidation ist durchzuführen. Mit der Verteilung des Vermögens ist sie abgeschlossen. Die Gesellschaft wird gelöscht (vgl. §§ 65—74). Die Nichtigkeit mangels Umstellung bedeutet also Auflösbarkeit (Anm. 14 zu § 75). Sie ist aber — darin liegt der Unterschied gegenüber den Fällen der Nichtigkeit des § 75 GmbHG. — nicht ursprüngliche Nichtigkeit, sondern nachträglich entstandene Nichtigkeit. Den Todeskeim erhält die Gesellschaft erst mit Versäumung der Umstellung und ihrer Anmeldung. Bis zur Eintragung der Nichtigkeit lebt sie im Rechtsverkehr wie eine ordnungsmäßig umgestellte GmbH. Ihre internen Rechtsakte wie auch ihre mit Dritten vorgenommenen Rechtsgeschäfte sind wirksam (§ 77). Die Eintragung der Nichtigkeit läßt diese Wirksamkeit unberührt. Die Gesellschaft wird jetzt in den geordneten Bahnen der Liquidation abgewickelt. **Anm. 7.**

 Eine Heilung der Nichtigkeit ist nach deren Eintragung nicht mehr möglich. Die Umstellung und ihre Anmeldung kann nur bis zur Eintragung der Nichtigkeit nachgeholt werden (vgl. auch OLG. Karlsruhe 15. 1. 1926 RundschGmbH. 1926, 447, das das Nichtigkeitsverfahren des § 16 GBilVo. als eine Art Zwangsstrafverfahren zur ordnungsmäßigen Umstellung ansieht und aus diesem Grunde die Nachholung der Umstellungsanmeldung bis zur Verhängung der Strafe zuläßt). Auch durch einstimmigen Beschluß der Gesellschafter ist bei gleichzeitiger Nachholung des Versäumten die Liquidation nicht mehr aufhebbar (Anm. 8 zu § 76). Die alte Gesellschaft kann nicht mehr fortgesetzt werden. Hierin liegt der Unterschied zu den Fällen der Auflösung der GmbH. (Anm. 3 zu § 60).

Anm. 8. II. **Die Löschung stilliegender, vermögensloser Gesellschaften** (§ 2). Sie bezweckt die Reinigung des Handelsregisters von Gesellschaften, die in der Inflation ihr Vermögen verloren und einen Geschäftsbetrieb nicht mehr aufgenommen haben. Die Löschung ist an leichtere Bedingungen als die Eintragung der Nichtigkeit (§ 1) geknüpft. Erfordert ist auch hier, daß die Anmeldung eines Umstellungsbeschlusses bis zum 30. September 1926 oder bis zu dem nach § 1 Abs. 2 verlängerten Termin nicht erfolgt ist. Kommt hinzu, daß der Geschäftsbetrieb der GmbH. seit dem 1. Januar 1924, nämlich seit der Stabilisierung der Währung, ruht und Vermögen nicht vorhanden ist, so hat der Registerrichter die Gesellschaft von Amts wegen zu löschen. Auch hier besteht die Verpflichtung des Registerrichters zur Löschung. Sein Ermessen ist ausgeschlossen (vgl. oben Anm. 5). Der Bestimmung einer Nachholungsfrist für die Anmeldung der Umstellung bedarf es nicht (§ 3). Vorgeschrieben ist nur, daß vor der Löschung die zuständige amtliche Berufsvertretung des Handelsstandes zu hören ist. Diese Anhörung erfolgt im Rahmen der Ermittelungstätigkeit des Registerrichters nach § 12 FGG.

Sind die Voraussetzungen des § 2 festgestellt, so teilt der Registerrichter die beabsichtigte Löschung der Gesellschaft mit. Sind die Geschäftsführer nicht bekannt, so kann die unmittelbare Mitteilung an die GmbH. unterbleiben. Es genügt in diesem Falle allein die Bekanntmachung der beabsichtigten Löschung in den Gesellschaftsblättern. Die Bekanntmachung muß eine Frist zur Geltendmachung eines Widerspruchs bestimmen. Hinsichtlich der Einzelheiten des Verfahrens gilt das oben Anm. 5 Gesagte. § 141 Abs. 3 u. 4 FGG. sind für entsprechend anwendbar erklärt. Nur der Kreis der Widerspruchsberechtigten ist erweitert. Nicht nur die GmbH., sondern jeder, der an der Unterlassung der Löschung ein berechtigtes Interesse hat, ist zum Widerspruch berechtigt. Hierzu gehören die Gesellschafter und auch die Gläubiger der Gesellschaft.

Wird die Anmeldung der Umstellung nicht nachgeholt, so wird die Löschung der GmbH. im Handelsregister eingetragen. Eine Liquidation findet nicht statt. Sie ist gegenstandslos. Voraussetzung für die Löschung war, daß Gesellschaftsvermögen nicht vorhanden ist. Ergibt sich nachträglich Vermögen, so findet die Liquidation statt. Die Löschung ohne Liquidation war zu Unrecht erfolgt (vgl. Anm. 18 zu § 74). Die Gesellschaft bleibt aber gelöscht. Sie war nur noch nicht erloschen, weil noch Gesellschaftsvermögen vorhanden war. Durch Nachholung der Umstellungsanmeldung die Gesellschaft fortzusetzen, ist nicht zulässig.

Ergibt ein Widerspruch gegen die beabsichtigte Löschung, daß das Löschungsverfahren des § 2 nicht durchzuführen ist, oder trifft der Registerrichter bei seinen Ermittelungen die gleiche Feststellung, so kann das Löschungsverfahren in das Verfahren der Nichtigkeitseintragung nach § 1 übergeleitet werden. Es stellt sich z. B. während des Löschungsverfahrens heraus, daß Vermögen der GmbH. vorhanden ist oder daß ihr Geschäftsbetrieb nicht bereits seit dem 1. Januar 1924 geruht hat. Der Registerrichter hat in diesem Falle statt der Löschung die Nichtigkeit unter Beobachtung des in § 1 vorgeschriebenen Verfahrens einzutragen. War eine Nachholungsfrist für die Anmeldung der Umstellung noch nicht gesetzt, so muß dies jetzt geschehen.

Anm. 9. Die Verordnung unterscheidet die Eintragung der Nichtigkeit in § 1 und die Löschung in § 2. Die Unterscheidung liegt nicht nur in der Bezeichnung. Die Eintragung der Nichtigkeit macht die GmbH. zur Liquidationsgesellschaft. Die Löschung des § 2 stellt fest, daß die GmbH. nicht mehr besteht. Diese Feststellung ist nur eine deklaratorische. Die Löschung kann aber auch konstitutive Wirkung haben. Ergibt sich, daß die Feststellung zu Unrecht erfolgt ist, weil Vermögen der GmbH. noch vorhanden ist, so besteht die GmbH. weiter. Der Löschung des § 2 muß in diesem Falle die gleiche Wirkung zukommen, die eine Eintragung der Nichtigkeit nach § 1 gehabt hätte. Denn § 2 bestimmt, daß in diesem Falle die Liquidation stattfindet. Die Löschung hat daher, wenn Gesellschaftsvermögen vorhanden ist, die GmbH. zu einer Liquidationsgemeinschaft gemacht. **Anhang.**

Die Unterscheidung ist nicht glücklich gewählt. § 142 FGG. spricht von der Löschung im Sinne der „Eintragung der Nichtigkeit" (vgl. Anm. 29ff. zu § 75). Die Löschung des § 142 FGG. löst die GmbH. auf und versetzt sie in Liquidation. Die Löschung des § 2 der Verordnung hat diese Wirkung nur, wenn noch Gesellschaftsvermögen vorhanden war.

Alphabetisches Sachregister.

Die großen Zahlen weisen auf die Paragraphen des Gesetzes, die kleinen auf die Anmerkungen zu den betreffenden Paragraphen; E weist auf die allgemeine Einleitung zu Beginn des Kommentars, Exk. auf den Exkurs zu einzelnen Paragraphen, Nacht. S. auf den Nachtrag in Bd. I S. 523ff., Anh. auf den Anhang in Bd. II S. 418ff.

Printed and bound by CPI Group (UK) Ltd, Croydon, CR0 4YY

30/09/2026

14973055-0005